DISCLAIMER

The author and publisher are providing this book and its contents on an "as is" basis and make no representations or warranties of any kind with respect to this book or its contents. The author and publisher disclaim all such representations and warranties, including but not limited to warranties of merchantability. In addition, the author and publisher do not represent or warrant that the information accessible via this book is accurate, complete, or current.

Except as specifically stated in this book, neither the author nor publisher, nor any authors, contributors, or other representatives will be liable for damages arising out of or in connection with the use of this book. This is a comprehensive limitation of liability that applies to all damages of any kind, including (without limitation) compensatory; direct, indirect, or consequential damages; loss of data, income, or profit; loss of or damage to property; and claims of third parties.

This Book Offers Free Bonus Puzzles

Available Here:

BestActivityBooks.com/WSBONUS20

Ready, Set... Go!

Did you know there are around 7,000 different languages in the world? Words are precious.

We love languages and have been working hard to make the highest quality books for you. Our ingredients?

One part easy-to-read print, three parts entertainment, then we add some challenging words and a pinch of rare ones. We brew them with care to serve you lots of fun and an opportunity to solve the best puzzles.

Your feedback is essential. You can be an active participant in the success of this book by leaving us a review. Tell us what you liked most in this edition!

Here is a short link which will take you to your Amazon orders review page.

BestBooksActivity.com/Review50

Thanks for your fidelity and enjoy the Game!

Puzzle 1

E	K	T	Ί	M	Η	Σ	H	U	T	I	J	J	C	R	P	J
X	S	M	J	U	A	H	I	R	M	Y	F	I	V	U	W	U
G	J	B	M	D	V	M	S	V	P	S	Φ	H	P	R	Ά	X
A	W	T	L	K	Y	B	U	U	D	E	S	Ώ	Y	V	M	D
E	Ό	T	H	O	N	A	T	A	K	G	G	Z	N	L	Y	P
M	D	T	P	P	D	Π	A	Ξ	I	M	Ά	Δ	I	A	N	E
Y	Π	G	C	Ώ	F	T	N	E	Ό	N	A	T	N	Ϊ	A	M
O	Σ	A	H	N	Y	O	N	Ά	T	Φ	A	T	A	O	F	Π
N	K	Λ	N	A	M	E	P	Ό	Φ	Έ	K	Ό	Λ	Π	O	O
Ί	O	Ά	Ώ	Ά	M	B	J	Y	S	Λ	O	Y	H	L	P	
E	T	Γ	Λ	W	N	R	P	P	I	Λ	S	V	Z	N	E	I
T	Ά	K	Π	T	Ω	A	M	Ή	P	E	B	I	Λ	Θ	I	K
O	Δ	T	O	H	P	H	P	V	E	I	Y	X	H	Y	T	Ό
P	I	F	Q	N	Ύ	W	S	E	R	Ψ	V	V	F	O	E	X
Π	K	A	T	H	Γ	O	P	Ί	A	H	W	P	E	T	M	K

ΦΤΆΝΟΥΝ
ΘΛΙΒΕΡΉ
ΚΑΤΗΓΟΡΊΑ
ΣΚΟΤΆΔΙ
ΓΎΡΩ
ΦΌΡΕΜΑ
ΆΜΥΝΑ
ΠΡΟΤΕΊΝΟΥΜΕ
ΈΛΛΕΙΨΗ
ΚΟΡΏΝΑ
ΕΜΠΟΡΙΚΌ
ΜΠΑΝΆΝΑ
ΤΥΦΏΝΑ
ΠΑΞΙΜΆΔΙ
ΜΑΪΝΤΑΝΌ
ΕΚΤΊΜΗΣΗ
ΓΆΛΑ
ΟΠΛΩΝ
ΚΌΛΠΟ
ΚΑΤΑΝΟΗΤΌ

Puzzle 2

ΞΕΣΠΆΣΕΙ
ΠΊΕΣΗ
ΤΑΠΕΙΝΉ
ΦΟΡΈΣ
ΒΑΜΒΑΚΙΟΎ
ΨΩΜΆΚΙΑ
ΕΝΗΜΈΡΩΣΗ
ΠΑΡΆΞΕΝΑ
ΑΝΑΚΑΛΎΨΕΤΕ
ΠΟΡΤΡΈΤΟ
ΑΓΓΟΎΡΙ
ΣΧΈΔΙΟ
ΔΙΚΑΣΤΉΡΙΟ
ΣΥΣΤΉΜΑΤΟΣ
ΤΡΊΑ
ΕΡΓΑΣΊΑΣ
ΚΑΝΑΠΈ
ΚΌΛΛΑ
ΆΡΡΩΣΤΟ
ΚΡΕΒΆΤΙ

C	U	B	Q	W	L	G	T	D	A	T	O	Ψ	Π	R	Δ	K
C	N	I	A	S	I	H	R	X	E	L	U	Ω	A	X	I	P
V	N	U	T	M	D	H	E	Y	N	B	Y	M	P	L	K	E
Π	R	O	J	F	B	U	E	N	G	X	L	Ά	Ά	A	A	B
E	O	F	P	U	O	A	T	M	H	B	U	K	Ξ	I	Σ	A
E	I	P	R	Z	T	B	K	X	L	M	Z	I	E	Z	T	T
P	Δ	Φ	T	S	U	A	P	I	E	B	Έ	A	N	Q	Ή	I
Γ	Έ	O	D	P	Z	B	W	P	O	S	X	P	A	I	P	K
A	X	P	N	I	Έ	X	Q	Ύ	H	Ύ	E	K	Ω	E	I	A
Σ	Σ	Έ	Z	O	O	T	M	O	M	H	Q	Ό	Π	Σ	O	N
Ί	U	S	T	R	Ί	A	O	G	R	V	H	L	Ί	Ά	H	A
A	Ά	P	P	Ω	Σ	T	O	G	I	I	F	Λ	E	Π	G	Π
Σ	F	E	T	E	Ψ	Ύ	L	A	K	A	N	A	Σ	Σ	Q	Έ
T	A	Π	E	I	N	Ή	A	O	B	O	D	K	H	E	U	K
Σ	Y	Σ	T	Ή	M	A	T	O	Σ	E	B	K	D	Ξ	R	V

Puzzle 3

A	R	J	B	E	K	H	N	N	Σ	S	E	K	F	M	I	O
Π	N	H	I	F	Y	M	O	J	Y	W	N	E	K	D	B	G
Λ	Π	A	Q	F	K	U	X	H	M	P	E	Q	Ό	M	N	E
O	E	F	Z	E	B	G	X	M	B	V	P	S	K	Q	Ή	A
Y	T	J	L	Ή	N	D	O	B	O	Π	Γ	V	K	U	K	Π
Σ	A	V	F	Ά	T	Π	E	Λ	Ύ	E	Ό	X	I	D	I	Ά
I	Λ	D	Q	I	A	H	D	X	Λ	P	O	M	N	X	T	P
Ό	O	X	R	C	U	Ί	Σ	E	I	I	Ί	Ό	O	Z	N	K
T	Ύ	T	L	H	M	K	X	H	O	O	Λ	K	Ύ	K	O	O
E	Δ	I	L	K	K	F	H	Y	T	X	B	Y	W	R	Λ	J
P	A	G	T	Η	Σ	Ά	P	B	T	Ή	I	E	W	R	Λ	H
O	G	B	B	K	Y	T	M	O	J	Σ	B	Λ	U	T	E	I
K	A	Θ	Ή	K	O	N	G	E	R	J	Y	Λ	A	I	M	Ό
D	U	P	N	H	Ί	E	Θ	E	P	A	B	Δ	L	W	M	T
X	Σ	O	T	A	M	Έ	Λ	I	Σ	A	B	O	I	Λ	H	J

ΜΕΛΛΟΝΤΙΚΉ
ΚΆΜΕΡΑ
ΚΑΘΉΚΟΝ
ΣΥΜΒΟΎΛΙΟ
ΚΌΚΚΙΝΟ
ΑΝΑΖΉΤΗΣΗ
ΠΛΟΥΣΙΌΤΕΡΟ
ΒΑΡΕΘΕΊ
ΕΝΕΡΓΌ
ΚΎΚΛΟ
ΠΕΡΙΟΧΉΣ
ΠΕΤΑΛΟΎΔΑ
ΔΥΣΤΥΧΊΑ
ΛΕΥΚΌ
ΛΑΙΜΌ
ΛΕΠΤΆ
ΒΡΆΣΗ
ΠΆΡΚΟ
ΗΛΙΟΒΑΣΙΛΈΜΑΤΟΣ
ΒΙΒΛΊΟ

Puzzle 4

ΑΚΟΛΟΥΘΊΑ
ΒΡΕΘΕΊ
ΠΡΆΣΟ
ΕΎΡΗΜΑ
ΑΠΌΔΟΣΗ
ΕΙΔΉΣΕΩΝ
ΑΚΟΎΣΕΙ
ΣΥΝΕΡΓΆΖΟΝΤΑΙ
ΑΝΌΗΤΟ
ΦΛΟΙΌ
ΚΑΤΆΣΤΗΜΑ
ΓΥΑΛΙΆ
ΚΊΝΔΥΝΟ
ΠΏΣ
ΕΠΙΣΤΡΟΦΉ
ΣΤΆΔΙΟ
ΚΑΚΆΟ
ΚΟΥΛΤΟΎΡΑ
ΕΠΕΝΔΎΣΕΩΝ
ΛΊΚΝΟ

A	H	Γ	D	I	C	Π	M	S	N	A	M	H	P	Ύ	E	K
N	G	H	Y	P	T	L	P	G	Q	Ί	V	N	D	W	H	O
Ό	Y	F	L	A	B	F	J	Ά	J	Θ	T	N	A	U	C	Y
H	H	Y	S	Π	Λ	K	K	D	Σ	Y	I	R	Π	B	N	Λ
T	W	K	U	Ώ	W	I	E	Σ	Ύ	O	K	A	Ό	P	Ή	T
O	H	W	G	Σ	C	W	Ά	N	N	Λ	G	S	Δ	E	Φ	O
E	Π	E	N	Δ	Ύ	Σ	E	Ω	N	O	M	K	O	Θ	O	Ύ
K	Ί	N	Δ	Y	N	O	P	V	C	K	D	S	Σ	E	P	P
D	Z	A	L	E	I	V	S	W	F	A	R	F	H	Ί	T	A
Σ	Y	N	E	P	Γ	Ά	Z	O	N	T	A	I	L	J	Σ	L
K	A	T	Ά	Σ	T	H	M	A	N	Λ	Σ	T	Ά	Δ	I	O
E	I	Δ	Ή	Σ	E	Ω	N	L	P	T	Ί	I	D	H	Π	W
A	H	K	A	K	Ά	O	V	P	L	H	U	K	O	B	E	F
Z	J	X	K	I	R	Z	B	N	F	Q	V	I	N	V	J	B
X	E	G	I	U	P	V	C	A	E	I	T	Ό	I	O	Λ	Φ

Puzzle 5

K	K	Π	W	J	L	O	M	Π	Ά	Λ	A	U	Z	Y	G	Γ
A	A	Ά	I	T	Ό	Q	R	A	Γ	L	N	P	V	E	U	I
Π	N	H	Π	Θ	V	W	T	I	Λ	H	Έ	A	Θ	C	O	A
Ά	Ό	U	O	O	A	Y	G	T	Y	O	M	I	R	P	X	Γ
K	M	W	E	J	I	N	R	Ί	K	F	Σ	W	J	K	Ά	I
I	O	I	E	Δ	Ά	O	Ώ	A	I	S	I	Z	P	A	Z	Ά
E	I	X	X	J	C	F	Σ	Σ	Ά	H	P	H	S	K	C	Γ
Z	A	N	Ώ	P	Y	X	A	A	Ί	Γ	O	Λ	O	M	O	Λ
I	P	Π	E	Ί	P	A	M	A	W	Q	N	Ώ	P	E	Σ	Ω
L	P	P	S	S	B	A	P	Ύ	T	H	T	A	Σ	G	M	Σ
M	Π	O	Y	K	Ά	Λ	I	A	N	P	K	M	L	A	I	Σ
L	C	O	Q	Q	B	X	M	D	J	Q	D	K	Ό	P	H	Ά
U	G	S	X	H	M	U	E	O	Z	L	G	L	Q	K	V	P
N	V	V	V	R	C	Q	X	T	Z	F	O	Q	Y	M	F	I
C	O	M	F	V	R	D	Z	R	W	U	M	R	H	E	Z	O

ΑΝΌΜΟΙΑ
ΠΕΊΡΑΜΑ
ΚΆΠΟΙΟΣ
ΚΑΠΆΚΙ
ΓΙΑΓΙΆ
ΏΡΕΣ
ΒΑΡΎΤΗΤΑΣ
ΜΠΆΛΑ
ΚΌΡΗ
ΟΡΙΣΜΈΝΑ
ΟΜΟΛΟΓΊΑ
ΆΡΘΡΑ
ΜΠΟΥΚΆΛΙΑ
ΑΙΤΊΑ
ΓΛΥΚΙΆ
ΆΔΕΙΟ
ΓΛΩΣΣΆΡΙΟ
ΌΤΙ
ΑΧΥΡΏΝΑ
ΠΙΘΑΝΏΣ

Puzzle 6

ΤΕΧΝΟΛΟΓΊΑΣ
ΣΎΖΥΓΟ
ΚΕΡΔΊΖΟΥΝ
ΣΤΡΑΤΙΩΤΙΚΉ
ΔΙΚΑΣΤΉΣ
ΔΙΆΣΗΜΗ
ΑΚΑΔΗΜΑΪΚΌ
ΜΟΛΎΒΙ
ΧΉΝΑΣ
ΙΔΙΟΚΤΗΣΊΑΣ
ΑΊΜΑΤΟΣ
ΔΑΓΚΏΣΕΙ
ΈΚΘΕΣΗ
ΟΝΤΙΣΙΟΝ
ΒΟΛΤ
ΠΡΌΚΛΗΣΗ
ΦΩΣ
ΔΏΡΟ
ΔΙΣΤΆΖΕΙ
ΤΕΊΝΟΥΝ

Φ	O	P	Ώ	Δ	Z	U	M	Δ	S	L	N	R	Ό	X	C	S
Ω	M	N	Z	E	G	U	O	I	E	Σ	Ώ	K	Γ	A	Δ	D
Σ	P	W	T	C	F	A	Λ	Ά	B	S	V	P	Y	Δ	Z	Q
T	I	U	N	I	X	M	Ύ	Σ	K	M	P	L	Z	I	R	I
L	E	T	T	W	S	M	B	H	E	M	X	X	Ύ	K	Σ	Δ
M	Z	X	Q	W	Y	I	I	M	P	C	Ή	A	Σ	A	T	I
B	Ά	G	N	D	E	K	Ό	H	Δ	T	N	E	L	Σ	P	O
G	T	Z	D	O	L	X	W	N	Ί	Έ	A	J	F	T	A	K
G	Σ	A	J	T	Λ	O	I	Y	Z	K	Σ	K	W	Ή	T	T
A	I	B	O	Λ	T	O	P	O	O	Θ	S	D	P	Σ	I	H
B	Δ	Z	R	X	P	Σ	Γ	N	Y	E	G	T	I	B	Ω	Σ
A	Ί	M	A	T	O	Σ	W	Ί	N	Σ	G	G	E	U	T	Ί
Π	P	Ό	K	Λ	H	Σ	H	E	A	H	Q	K	O	P	I	A
N	G	K	W	O	J	L	S	T	W	S	H	D	U	A	K	Σ
B	W	F	Z	A	K	A	Δ	H	M	A	Ϊ	K	Ό	L	Ή	O

Puzzle 7

```
Z F I I R Q N L K N F W Π L A N L
D Q N Ί K H K O Γ I Ό T T E M O Δ
U E Ύ A Σ Γ Q H O G B A Ώ S I Σ I
W I O X L Ί Ή Γ Y A P K Σ G N O A
J S P Y J L Γ M P V T H H A Q K Π
U D I W O F L O P O P Q Θ W K Ό I
Π A Π O Ύ T Σ I Y Y S R K I O M Σ
Π O T É M T B R X P M Z A T K A T
X T X F D I P N Ό Z A K Γ P T Ό Ώ
F X Ά I Λ H Π Σ É X Y T Y E A H Σ
Y M Γ Y E D D L T H U J C T Λ R E
B O X U Z V U C C Q T J Z Ύ É U T
H F O L G B A Λ Λ Ά R N L O N T E
Y Q Σ É K I T K A P Π I Q K T X F
E R F K V C W R I J T K U Σ O E H
```

ΤΑΛΈΝΤΟ
ΔΙΑΠΙΣΤΏΣΕΤΕ
ΑΛΛΆ
ΠΡΑΚΤΙΚΈΣ
ΝΟΣΟΚΌΜΑ
ΠΑΠΟΎΤΣΙ
ΣΊΓΟΥΡΑ
ΠΤΏΣΗ
ΚΡΑΥΓΉ
ΝΊΚΗ
ΆΓΧΟΣ
ΓΚΑΖΌΝ
ΣΠΗΛΙΆ
ΠΙΡΟΎΝΙ
ΣΚΟΎΤΕΡ
ΜΥΡΜΉΓΚΙ
ΚΟΓΪΟΤ
ΗΘΙΚΌ
ΕΥΤΥΧΈΣ
ΠΟΤΈ

Puzzle 8

ΜΥΡΊΖΕΙ
ΟΜΙΛΊΑΣ
ΑΠΌΦΟΙΤΟΣ
ΕΡΓΆΖΟΝΤΑΙ
ΜΗΤΈΡΑ
ΚΟΛΎΜΒΗΣΗΣ
ΚΡΑΓΙΌΝΙΑ
ΕΡΓΑΣΊΑ
ΜΠΆΝΙΟ
ΣΥΡΤΆΡΙ
ΓΡΉΓΟΡΗ
ΔΟΚΙΜΑΣΊΑ
ΠΛΆΚΑ
ΈΚΠΛΗΞΗ
ΜΟΝΆΔΑ
ΜΈΣΟ
ΘΕΤΙΚΌ
ΚΑΤΆΡΤΙΣΗΣ
ΣΤΑΜΆΤΗΣΕ
ΕΣΤΙΑΤΌΡΙΟ

```
H Γ K G N K B R N M B Y V P H B S
M P A Q A P D O Q K Π H L V N S E
Έ Ή T R Π A T L G Π X Ά Y B E H B
Σ Γ Ά Σ Ό G N Y X Λ L P N R M Y Y
O O P H Φ I Δ Z B Ά R M Q I E R E
K P T Σ O Ό E O Ό K I T E Θ O D P
Q H I H I N F Σ K A M H T É P A Γ
S T Σ B T I O É T I J J X B U E Ά
B X H M O A O K C I M U R I D P Z
E Q Σ Ύ Σ F U Π P Z A A W E P Γ O
O M I Λ Ί A Σ Λ S D Δ T Σ Z A A N
G U C O F O X H N B Ά I Ό Ί T Σ T
K O B K R Q R Ξ X A N K Y P A Ί A
Σ Y P T Ά P I H W U O M Z Y I A I
Σ T A M Ά T H Σ E B M E I M A O G
```

Puzzle 9

```
Σ  O  M  M  Ί  Σ  O  Y  Σ  K  E  Σ  P  R  F  C  A
Y  K  Y  Ξ  X  E  I  D  C  M  Ξ  T  Ί  C  S  N  R
N  L  P  N  Έ  Z  E  N  W  L  H  A  Ξ  G  C  I  Z
E  L  Ω  F  Y  N  K  U  Έ  T  Γ  Θ  T  O  U  O  C
I  Λ  Δ  N  Y  Y  Ω  B  G  T  Ή  M  E  T  Z  X  W
Δ  F  I  Ύ  N  O  A  N  M  E  Σ  Ό  K  A  L  N  I
H  R  Ά  O  J  Σ  Q  T  D  E  E  Σ  H  Λ  P  X  D
T  O  F  K  Y  Ά  T  I  J  R  I  N  Θ  Ή  Q  C  E
O  X  M  I  I  X  P  Ό  N  O  L  Ή  Δ  S  E  Y
Π  E  O  P  A  T  N  Y  O  N  Ί  E  T  O  P  Π  O
O  I  H  O  M  B  O  M  X  A  Λ  Ί  N  Π  H  T  K
I  M  C  T  D  J  Ό  Λ  Π  I  Δ  E  A  V  Z  H  X
O  Ώ  B  Σ  Y  S  U  Z  I  C  W  E  N  I  Z  N  J
Ύ  N  J  I  W  F  R  L  U  Π  O  D  Y  A  P  Q  H
N  A  L  O  R  A  M  Σ  A  Ύ  E  K  Σ  A  T  A  K
```

ΞΈΝΩΝ
ΚΑΤΑΣΚΕΎΑΣΜΑ
ΙΣΤΟΡΙΚΟΎ
ΕΞΉΓΗΣΕΙ
ΣΤΑΘΜΌΣ
ΣΥΝΑΝΤΉΘΗΚΕ
ΜΊΣΟΥΣ
ΡΊΞΤΕ
ΠΟΔΉΛΑΤΟ
ΧΡΌΝΟ
ΜΟΒ
ΧΆΣΟΥΝ
ΠΙΛΟΤΙΚΆ
ΠΡΟΤΕΊΝΟΥΝ
ΜΥΡΩΔΙΆ
ΣΥΝΕΙΔΗΤΟΠΟΙΟΎΝ
ΧΑΛΊ
ΧΕΙΜΏΝΑ
ΤΈΝΙΣ
ΔΙΠΛΌ

Puzzle 10

ΒΆΤΡΑΧΟΣ
ΚΟΥΝΟΥΠΙΏΝ
ΜΈΤΡΗΣΗ
ΣΤΙΓΜΉ
ΛΆΣΟ
ΔΟΜΉ
ΝΑ
ΤΥΠΙΚΌ
ΣΥΝΈΧΕΙΑ
ΠΡΟΣΩΠΙΚΌ
ΤΡΈΝΟ
ΛΑΓΌΣ
ΤΥΧΕΡΟΊ
ΜΑΪΜΟΎ
ΜΑΤΙΆ
ΠΟΛΥΤΕΛΉ
ΠΟΡΤΟΚΑΛΊ
ΕΚΕΊ
ΣΥΝΤΟΜΟΓΡΑΦΊΑ
ΔΉΛΩΣΗ

```
K  M  Y  B  B  M  T  S  W  Q  I  B  J  Σ  W  X  K
G  O  Z  O  S  A  W  F  X  T  L  Ά  V  Y  Q  A  H
Y  Σ  Y  Δ  Ή  Λ  Ω  Σ  H  I  M  T  L  N  D  S  Q
W  Ά  K  N  Λ  Α  Γ  Ό  Σ  I  J  P  U  T  N  C  V
Ί  Λ  A  K  O  T  P  O  Π  M  C  A  D  O  N  A  Π
U  U  Δ  B  L  Y  F  Ό  C  K  P  X  F  M  Q  F  P
Σ  W  S  O  K  Y  Π  K  I  W  Y  O  M  O  S  T  O
F  Y  U  J  M  O  Ά  I  T  A  M  Σ  Έ  G  Σ  Y  Σ
G  J  N  G  J  Ή  C  Π  Ώ  C  G  I  T  P  T  X  Ω
S  D  A  Έ  N  D  G  Y  A  N  F  N  P  A  I  E  Π
B  H  A  R  X  Ί  U  T  C  N  B  A  H  Φ  Γ  P  I
D  E  M  Q  E  E  T  P  Έ  N  O  L  Σ  Ί  M  O  K
H  G  K  F  U  K  I  C  Y  S  I  N  H  A  Ή  Ί  Ό
Y  I  N  S  S  E  X  A  M  A  Ϊ  M  O  Ύ  U  B  V
S  Q  Y  T  S  U  E  W  Π  O  Λ  Y  T  E  Λ  Ή  F
```

Puzzle 11

```
A  B  A  R  A  N  O  Ί  Χ  A  P  B  H  S  H  W  S
N  I  Ί  J  N  N  Ύ  O  P  O  Φ  A  C  F  D  N  E
A  P  Σ  B  J  G  A  O  W  U  Ή  C  H  O  P  A  H
Φ  C  A  O  D  B  U  N  P  P  K  J  L  H  P  Q  Z
Έ  Z  P  C  E  Y  Q  D  Ά  K  I  P  E  M  R  U  D
P  S  K  K  O  I  Λ  Ό  T  H  T  A  R  M  Y  U  G
Ω  O  O  A  P  Ά  X  N  H  A  A  Σ  H  M  A  Ί  A
M  A  M  Ά  P  E  R  V  K  G  M  V  K  A  L  N  X
K  Ύ  P  I  O  E  U  Έ  E  U  A  U  P  V  X  S  X
J  X  E  M  J  N  K  Y  X  V  P  M  P  V  U  I  V
L  D  Θ  X  U  O  S  Ό  H  O  Δ  U  X  F  P  T  Z
Σ  T  Ή  P  I  Ξ  H  Σ  P  Z  Y  Έ  N  O  X  O  I
Γ  A  Λ  O  Π  O  Ύ  Λ  A  Σ  X  N  Y  O  N  Έ  M
K  I  N  H  M  A  T  O  Γ  P  Ά  Φ  O  Y  X  W  D
X  O  Q  Q  H  N  A  P  K  Ω  T  I  K  Ώ  N  F  M
```

PEKΌP
ANANΆ
BPAXΊONA
KΎPIO
ΔPAMATIKΉ
NAPKΩTIKΏN
APΆXNH
KOIΛΌTHTA
ΘEPMOKPAΣΊA
MΈNOYN
ANAΦΈPΩ
AΦOPOΎN
ΣTΉPIΞHΣ
KINHMATOΓPΆΦOY
ΣHMAΊA
ΈXOYN
MEPIKΆ
ΈNOXOI
MAMΆ
ΓAΛOΠOΎΛAΣ

Puzzle 12

ΔAΠΆNH
AΠOPPΊΨEI
ΠΎΛH
ΠANTOΎ
ΣYΓXΩPΉΣEI
ΠAΠAΓΆΛOΣ
ΓΌMA
KΌΣMO
EΛΛEIΠTIKΉ
ZΉTHMA
ΆNΘPΩΠOΣ
YΠENΘYMΊΣΩ
ΦΆPMA
OPΘOΓPAΦΊA
ΆMMO
MHTPIKΉ
OPΓANΏΣEI
KATAIΓΊΔA
AΠΆNTHΣH
KAMΠΎΛH

```
K  O  M  M  Ά  A  M  H  T  Ή  Z  N  Q  U  Y  O  J
V  A  P  L  Σ  O  Π  Ω  P  Θ  N  Ά  V  D  A  P  X
W  W  M  Γ  T  P  V  Ά  M  H  T  P  I  K  Ή  Θ  P
D  X  F  Π  A  U  T  A  N  R  Γ  Ό  M  A  O  O  R
K  D  M  E  Ύ  N  Y  P  A  T  M  I  M  X  T  Γ  K
V  L  L  O  O  Λ  Ώ  A  M  Y  H  E  S  D  P  P  Ό
N  I  W  C  T  R  H  Σ  W  L  Λ  Σ  L  A  Π  A  Σ
W  U  P  D  N  J  S  K  E  I  Ύ  Ή  H  Π  A  Φ  M
J  Z  B  H  A  W  K  G  R  I  Π  P  C  Ά  Π  Ί  O
U  S  L  R  Π  U  G  B  Z  L  E  Ω  B  N  A  A  H
A  Π  O  P  P  Ί  Ψ  E  I  K  M  X  C  H  Γ  E  P
E  Λ  Λ  E  I  Π  T  I  K  Ή  P  Γ  R  I  Ά  Q  M
K  A  T  A  I  Γ  Ί  Δ  A  T  B  Y  G  R  Λ  N  X
L  Φ  Ά  P  M  A  H  C  B  E  Z  Σ  X  E  O  Z  U
Y  Π  E  N  Θ  Y  M  Ί  Σ  Ω  C  O  N  E  Σ  X  N
```

Puzzle 13

```
K  O  Y  T  Ά  Λ  I  X  B  Ό  Γ  A  Q  V  I  K  O
P  D  E  L  J  F  H  T  A  M  I  V  L  W  D  W  A
E  I  K  O  N  I  K  Ό  Θ  O  Γ  N  B  T  M  D  A
Y  U  M  F  S  Ώ  D  G  M  P  A  N  Ό  N  A  K  P
N  P  O  X  V  G  N  C  Ό  Φ  N  Δ  V  H  Σ  K  X
Π  A  Ί  Ξ  I  M  O  Y  Z  H  T  E  Ό  T  K  O  A
P  Σ  R  R  C  N  R  T  O  O  I  Ξ  C  Σ  O  Y  Ί
W  A  X  I  Ό  N  I  Z  J  B  A  Y  Y  X  P  Δ  A
I  Π  E  K  Π  O  M  Π  Ή  F  Ί  Π  L  U  Ά  O  C
X  I  L  H  D  Λ  R  S  F  X  E  N  P  Q  P  Ύ  B
A  K  S  O  I  D  Ό  U  L  W  Σ  Ό  G  U  E  N  M
E  Γ  A  J  N  F  P  Φ  A  M  A  T  Q  B  I  I  F
B  Ί  H  H  O  Z  J  I  O  U  D  E  X  B  W  G  U
Q  P  T  O  T  P  N  H  O  M  Ω  P  X  Ύ  Λ  O  Π
A  Π  Έ  N  A  N  T  I  Ω  Σ  L  A  H  G  T  E  N
```

EIKONIKΌ
ΠΟΛΎΧΡΩΜΟ
ΒΟΥΝΏΝ
ΑΡΧΑΊΑ
ΕΞΥΠΝΌΤΕΡΑ
ΚΑΝΌΝΑ
ΑΠΈΝΑΝΤΙ
ΌΜΟΡΦΗ
ΩΣ
ΣΌΔΑ
ΧΙΌΝΙ
ΚΟΥΔΟΎΝΙ
ΣΚΟΡΆΡΕΙ
ΠΑΊΞΙΜΟ
ΓΙΓΑΝΤΙΑΊΕΣ
ΕΚΠΟΜΠΉ
ΛΌΦΟ
ΚΟΥΤΆΛΙ
ΒΑΘΜΌ
ΠΡΊΓΚΙΠΑΣ

Puzzle 14

ΕΜΠΙΣΤΟΣΎΝΗ
ΜΑΓΕΙΡΕΎΟΥΝ
ΔΈΚΑ
ΣΚΛΗΡΌ
ΑΝΑΠΝΕΎΣΕΙ
ΣΎΝΤΟΜΗ
ΤΎΠΟΥ
ΣΎΡΜΑ
ΚΑΜΠΆΝΑ
ΣΤΌΧΟΣ
ΨΥΧΡΌΣ
ΖΆΧΑΡΗ
ΤΗΣ
ΆΣΚΗΣΗ
ΟΔΥΝΗΡΆ
ΣΙΝΤΡΙΒΆΝΙ
ΆΝΔΡΕΣ
ΧΑΛΆΖΙ
ΣΤΆΣΗ
ΠΡΩΊ

```
F  L  G  L  K  X  J  G  Z  Ά  X  T  T  Δ  X  L  Σ
T  H  Σ  O  X  Ό  T  Σ  E  Ά  Σ  I  N  Έ  K  Q  K
X  J  E  O  H  Q  Z  K  A  P  X  K  O  K  Q  W  Λ
E  M  Π  I  Σ  T  O  Σ  Ύ  N  H  A  H  A  X  Ά  H
A  I  T  R  Ά  G  G  O  D  Ά  X  P  Σ  R  N  P
D  L  C  H  T  W  O  G  Ί  Ω  P  Π  Z  H  H  Δ  Ό
T  R  O  M  Σ  Ό  P  X  Y  Ψ  D  J  M  W  R  P  R
T  Ύ  Π  O  Y  V  G  A  U  I  S  K  Z  A  S  E  L
Σ  I  N  T  P  I  B  Ά  N  I  Σ  E  T  Y  K  Σ  C
X  Z  H  N  N  A  S  I  E  Σ  Ύ  E  N  Π  A  N  A
A  B  D  Ύ  O  C  V  J  O  X  P  F  J  X  Z  X  A
Λ  O  K  Σ  H  C  I  O  Y  T  M  L  J  L  K  N  B
Ά  R  R  O  Δ  Y  N  H  P  Ά  A  G  P  I  D  Q  O
Z  M  A  Γ  E  I  P  E  Ύ  O  Y  N  G  E  E  L  T
I  U  F  Q  U  L  H  T  K  R  R  E  F  M  T  H  R
```

Puzzle 15

```
G R N N L R J I G Y V P T T V I Έ
Y S R Q I T D Y H P R X R F L R K
M H X A N I K Ό Σ Y Q B S L C V P
M Ξ Q M Y A Q W Q F Π I Σ X Ύ H H
E Y D Ω O Σ T S N Ή Γ O Λ Λ Y Σ Ξ
Ί E T Λ Z T Y Ή Ύ Φ O Σ B B Y Ά H
Ω T E Π Ά E A L L F U Φ M Ά N P O
Σ N Π Ί T N G V Z L Q A Ό Ή Λ Φ M
H Έ A Δ E Ό Z Ω N T A N Ή P E E Y
S N P B Ξ K F Σ H Σ H Ξ Ύ A O C I
B Y K B E U S O A F T W S Θ W Y S
F Σ Ή E Λ I K Ό Π T E P O A A F L
Σ Y M M E T Ά Σ X O Y N H K G Y N
P V Q K Z E Q O P A X R T Y J K L
C Y M J M Y G P Y V M Y M K V L R
```

ΑΎΞΗΣΗΣ
ΔΊΠΛΩΜΑ
ΦΌΡΟΥ
ΣΤΕΝΌ
ΣΥΛΛΟΓΉ
ΈΚΡΗΞΗ
ΕΞΕΤΆΖΟΥΝ
ΚΑΘΑΡΉ
ΣΥΜΜΕΤΆΣΧΟΥΝ
ΕΛΙΚΌΠΤΕΡΟ
ΖΩΝΤΑΝΉ
ΕΠΑΡΚΉ
ΙΣΧΎ
ΉΤΑΝ
ΜΗΧΑΝΙΚΌΣ
ΣΥΝΈΝΤΕΥΞΗ
ΎΦΟΣ
ΦΡΆΣΗ
ΥΠΟΒΆΛΕΙ
ΜΕΊΩΣΗ

Puzzle 16

ΓΕΝΝΉΘΗΚΕ
ΕΞΑΙΡΟΎΝ
ΑΠΡΌΣΕΚΤΗ
ΙΚΑΝΌΤΗΤΑ
ΝΈΟΙ
ΚΥΡΊΑΡΧΗ
ΠΟΥΚΆΜΙΣΟ
ΑΓΓΛΙΚΆ
ΡΕΎΜΑ
ΓΡΆΦΗΜΑ
ΚΑΓΚΟΥΡΌ
ΤΟΙΧΟΓΡΑΦΊΑ
ΠΑΤΡΊΔΑ
ΣΚΎΛΟΣ
ΙΣΧΎΟΥΝ
ΚΑΛΟΚΑΙΡΙΝΌ
ΘΆΛΑΣΣΑ
ΠΉΔΗΞΕ
ΠΑΡΆΘΥΡΟ
ΠΕΡΙΈΧΕΙ

```
K Π Q N Θ S L R M R M H D M R C Q
A A I E I Ά J X R J Z X F V Y K Z
Λ P Σ M E T Λ R P J N D P P G E B
O Ά X O X L O A T H T Ό N A K I D
K Θ Ύ M Έ G L C Σ O Λ Ύ K Σ Z Z Z
A Y O I I O Έ N O Σ I M Ά K Y O Π
I P Y Γ P Ά Φ H M A A Δ Ί P T A Π
P O N K E E W T Γ E N N Ή Θ H K E
I B Ύ A Π T T K K Ξ A R U A R Z Y
N V O Γ M S T E Y H N H Γ N A X E W
Ό C P K X Ύ K Σ T Δ S P Γ M I A M
T J I O L M E Ό M Ή J W E Λ P K A
X L A Y Q I U P M Π M O M Z I C E
I T Ξ P D I Z Π H X P A Ί P Y K S
C H E Ό A Ί Φ A P Γ O X I O T S Ά
```

Puzzle 17

```
A  Ί  A  T  Y  E  Λ  E  T  T  Y  C  R  K  J  N  S
N  A  D  V  D  C  V  Σ  Q  Q  U  F  Z  A  R  T  D
T  Ξ  Ό  P  K  I  L  T  W  K  U  W  Ϊ  N  R  Π  H
I  Z  A  N  N  A  F  O  A  Λ  Ή  Θ  E  I  A  E  K
Σ  A  Π  Ά  K  W  I  N  W  M  A  K  E  Σ  Ί  Ά
T  E  O  K  O  Σ  S  X  S  E  K  Π  Ό  Σ  Y  T  T
A  B  M  I  A  I  C  E  C  B  A  Ό  X  Ί  O  E  Ω
Θ  C  O  Δ  Ί  P  Z  Ί  S  M  P  K  Z  Σ  Ύ  U  R
E  V  N  A  Σ  Z  Δ  O  P  R  A  P  E  A  E  F  J
Ί  Έ  Ω  K  H  V  W  I  P  O  Π  Y  Ύ  Φ  P  U  L
Q  Θ  M  E  V  U  D  M  Ά  U  P  Ψ  K  O  E  L  T
R  I  Έ  Δ  I  Σ  T  O  P  Ί  A  H  O  Π  T  J  M
U  M  N  L  P  F  Z  V  A  B  L  I  Λ  A  Y  D  L
G  O  E  W  R  V  X  W  P  M  N  R  O  L  E  G  H
W  F  Σ  R  K  J  Y  D  Q  D  W  T  T  P  Δ  W  T
```

ΕΎΚΟΛΟ
ΧΌΚΕΪ
ΣΤΟΙΧΕΊΟ
ΊΣΗ
ΞΌΡΚΙ
ΔΕΚΑΔΙΚΆ
ΑΠΟΜΟΝΩΜΈΝΕΣ
ΣΟΚ
ΈΘΙΜΟ
ΑΛΉΘΕΙΑ
ΚΑΡΔΙΆ
ΑΝΤΙΣΤΑΘΕΊ
ΤΕΛΕΥΤΑΊΑ
ΑΠΟΦΑΣΊΣΕΙ
ΠΕΊΤΕ
ΑΠΌΚΡΥΨΗ
ΚΆΤΩ
ΔΕΥΤΕΡΕΎΟΥΣΑ
ΠΑΡΑΚΜΉ
ΙΣΤΟΡΊΑ

Puzzle 18

ΑΣΤΈΡΙ
ΧΆΣΕΤΕ
ΑΠΕΛΕΥΘΈΡΩΣΗ
ΒΡΑΔΙΆ
ΣΆΝΤΟΥΙΤΣ
ΣΎΓΧΡΟΝΗ
ΔΙΑΤΡΙΒΉ
ΚΟΥΡΤΊΝΕΣ
ΑΓΈΛΗΣ
ΜΕΤΕΓΚΑΤΆΣΤΑΣΗ
ΣΚΑΘΆΡΙ
ΠΡΟΧΩΡΉΣΤΕ
ΡΟΚ
ΖΏΩΝ
ΟΙΚΟΝΟΜΊΑ
ΚΑΛΠΑΣΜΌ
ΣΕΛΗΝΙΑΚΌ
ΣΟΥΉΔΟΣ
ΑΠΌΛΥΤΗ
ΒΑΘΙΆ

```
A  Π  P  O  X  Ω  P  Ή  S  T  E  T  P  G  M  O  Σ
X  Π  Σ  O  Y  H  Δ  Ό  S  T  N  S  O  B  E  I  Ύ
X  Ά  E  F  Q  U  V  N  L  C  O  T  K  B  T  K  Γ
U  R  Σ  Λ  W  F  T  E  Q  D  H  Z  M  N  E  O  X
B  E  O  E  E  Σ  Ά  N  T  O  Y  I  T  Σ  Γ  N  P
I  R  X  D  T  Y  W  R  F  M  R  P  P  H  K  O  O
Ό  D  O  C  H  E  Θ  I  S  T  L  Ά  C  Λ  A  M  N
K  K  Z  F  D  Z  C  Έ  C  K  L  Θ  B  Έ  T  Ί  H
A  Ό  Λ  Y  T  H  B  P  L  R  A  A  Γ  Ά  A  P
I  P  Έ  T  Σ  A  P  Ά  G  Ω  F  K  Θ  A  Σ  U  F
N  Ω  Ώ  Z  L  W  K  I  O  F  Σ  Σ  I  E  T  P  Q
H  P  N  W  Y  G  T  Δ  C  Z  U  H  Ά  P  A  C  O
Λ  X  A  T  G  U  K  A  Λ  Π  A  Σ  M  Ό  Σ  K  G
E  Y  O  Z  Ή  B  I  P  T  A  I  Δ  W  B  H  O  M
Σ  I  O  R  W  U  A  B  K  O  Y  P  T  Ί  N  E  Σ
```

Puzzle 19

```
Q O G X L S U Π Π B Φ M K U M E J
Q I F X R H Z Λ K P D Ω Ξ Έ S J B
Σ K V M H I O A U K Ώ H Λ M S P C
Λ Y M G I M X T T G Ά T K I O N A
E E Γ Π Ό Δ I E U I P U O T Ά I Y
Ω Π Π Γ M L G Ί L O N K I Z O F C
Φ I P G P R T A C D Q Q U Φ Ί Δ I
O T O F A A K O T Ό Π O Y Λ O R P
P P Φ Y G Y Φ E Π I Φ Ά N E I A Ά
E Έ A D G B Έ M Y Σ T Ή P I A I Γ
Ί Π N S N A P H A Y B B D C S D Y
Ω O Ή H K Ή Θ N Y Σ Ή Γ O Λ I Π E
N Y H U E Ξ A I P E T I K Ά H V Z
M N A Π O Ξ H P A M Έ N A O A G L
A N E Ξ Ά P T H T O D D N T L U H
```

ΛΕΩΦΟΡΕΊΩΝ
ΠΌΔΙ
ΣΥΓΓΡΑΦΈΑΣ
ΠΡΟΦΑΝΉ
ΈΞΩ
ΑΠΟΞΗΡΑΜΈΝΑ
ΠΛΑΤΕΊΑ
ΕΠΙΤΡΈΠΟΥΝ
ΦΊΔΙ
ΑΝΕΞΆΡΤΗΤΟ
ΚΟΤΌΠΟΥΛΟ
ΕΞΑΙΡΕΤΙΚΆ
ΠΡΏΤΟ
ΦΩΛΙΆ
ΕΠΙΦΆΝΕΙΑ
ΑΝΟΙΚΤΆ
ΜΥΣΤΉΡΙΑ
ΖΕΥΓΆΡΙ
ΕΠΙΛΟΓΉΣ
ΣΥΝΘΉΚΗ

Puzzle 20

ΊΔΙΑ
ΧΡΉΜΑΤΑ
ΦΑΙΝΌΤΑΝ
ΑΝΤΊ
ΤΎΜΠΑΝΟ
ΣΥΓΚΡΊΝΕΤΕ
ΤΣΑΓΙΈΡΑ
ΜΙΛΉΣΩ
ΑΧΛΆΔΙ
ΜΠΡΟΣΤΆ
ΑΊΣΘΗΣΗ
ΟΔΟΝΤΌΚΡΕΜΑ
ΣΑΦΏΣ
ΔΩΜΆΤΙΟ
ΔΈΝΤΡΑ
ΠΕΡΆΣΕΙ
ΤΣΑΙ
ΒΕΛΑΝΊΔΙΑ
ΧΩΡΊΣ
ΠΟΣΌ

```
H X Z K E Q T E K D X P Δ T T C F
L N P H I R O J X F Ω H Ω Σ Ύ N U
L O E T N T A K D S P X M A M D I
O V E V U J W F Y A Ί X Ά Γ Π P T
B E Λ A N Ί Δ I A A Σ F T I A O J
Φ J S M I Λ Ή Σ Ω S Σ W I E N Δ J
E A A Ί Σ Θ H Σ H F Y T O P O O Z
R P I X P Ή M A T A Γ P Σ A V N B
V T H N V R E A D T K F B Ά K T Π
X N Q Σ Ό O N O G D P U T V I Ό E
A Έ U Z A T E G Y J Ί T N A Q K P
E Δ E F I Φ A N V K N R E G L P Ά
A X Λ Ά Δ I Ώ N T X E M D H I E Σ
V F U R Ί Q T Σ N V T C G U M M E
M Π P O Σ T Ά N X E Π O Σ Ό A I
```

Puzzle 21

```
I  K  A  N  O  Π  O  I  H  M  Έ  N  O  I  H  Γ  Σ
N  Π  Z  Ω  Σ  Ή  T  Ω  P  I  Φ  A  Ί  Π  O  Y  H
Ί  P  Δ  D  Ά  Δ  Z  C  U  I  A  E  O  U  N  M
Φ  O  I  Z  P  B  X  Ί  B  S  D  E  B  Λ  M  A  E
Λ  Σ  E  K  O  S  E  I  Δ  L  W  P  A  I  E  Ί  I
E  Φ  Y  Π  Φ  B  A  E  P  A  C  X  P  T  Έ  K  Ω
Δ  O  K  Δ  A  I  Z  Έ  P  Φ  Ξ  E  B  I  Λ  E  M
E  P  P  Ί  T  I  W  I  M  A  L  E  B  Σ  Ξ  Σ  A
Q  Ά  I  K  E  E  X  U  A  I  I  Δ  Ά  M  H  Σ  T
P  G  N  T  M  Λ  B  N  Ό  Ϊ  O  P  Π  Ό  Σ  A  Ά
I  I  Ί  Y  Ά  V  P  Ί  N  O  M  I  K  Ή  Q  P
B  R  Σ  O  C  B  H  U  U  Δ  B  U  D  K  S  B  I
W  S  E  E  J  A  Q  E  A  I  I  B  K  I  C  G  O
I  C  I  B  S  N  M  Π  I  Z  Έ  Λ  I  A  V  T  G
H  O  D  E  G  A  F  G  Q  A  W  Q  P  P  O  J  J
```

ΠΟΛΙΤΙΣΜΌ
ΈΛΞΗΣ
ΡΩΤΉΣΩ
ΓΥΝΑΊΚΕΣ
ΜΠΙΖΈΛΙΑ
ΔΙΕΥΚΡΙΝΊΣΕΙ
ΝΟΜΙΚΉ
ΒΡΑΒΕΊΟ
ΦΡΈΖΙΑ
ΔΊΚΤΥΟ
ΠΡΟΣΦΟΡΆ
ΔΊΔΑΞΕ
ΙΚΑΝΟΠΟΙΗΜΈΝΟΙ
ΣΗΜΕΙΩΜΑΤΆΡΙΟ
ΣΗΜΆΔΙ
ΠΡΟΪΌΝ
ΜΕΤΑΦΟΡΆΣ
ΑΝΑΒΆΛΕΙ
ΠΑΙΧΝΊΔΙ
ΔΕΛΦΊΝΙ

Puzzle 22

ΣΕΖΌΝ
ΑΔΕΛΦΌ
ΑΠΟΦΎΓΕΤΕ
ΣΥΜΠΌΝΙΑ
ΔΕΊΧΝΟΥΝ
ΆΓΡΙΑ
ΔΡΟΣΙΆ
ΟΜΠΡΈΛΑΣ
ΚΑΤΑΣΤΡΟΦΉ
ΠΡΌΤΥΠΟ
ΦΆΣΜΑ
ΤΙΜΉ
ΠΛΗΘΥΣΜΟΎ
ΜΥΤΕΡΆ
ΆΡΕΣΕ
ΓΝΩΣΤΌ
ΞΎΣΤΡΑ
ΆΛΛΕΣ
ΕΝΤΌΠΙΣΕ
ΦΟΎΡΝΟ

```
Δ  Ρ  Ο  Σ  I  Ά  U  Ή  Φ  Ο  P  T  Σ  A  T  A  K
M  I  S  N  S  E  E  R  O  E  N  T  Ό  Π  I  S  E
Y  I  E  K  H  K  K  D  Ύ  Ά  Y  S  Φ  A  L  U  A
T  J  A  W  E  Ά  H  V  P  P  O  K  Λ  J  N  I  T
E  R  D  B  N  I  Γ  F  N  E  N  O  E  T  V  R  T
P  J  E  F  Ή  S  P  P  O  Σ  X  M  D  A  E  K  B
Ά  P  N  C  C  M  L  T  I  E  Ί  Π  A  Σ  L  N  F
X  U  U  D  A  L  I  Ό  S  A  E  P  E  Y  I  X  V
N  G  P  C  Ξ  Ύ  Σ  T  P  A  Δ  Έ  Φ  M  G  Z  W
Π  P  Ό  T  Y  Π  O  Σ  Q  M  S  Λ  Ά  Π  U  G  Z
Ά  L  T  G  P  B  P  Ω  T  W  R  A  Σ  Ό  N  Y  X
Z  Λ  F  E  U  A  L  N  Ό  Z  E  Σ  M  N  R  G  O
N  I  Λ  X  Z  W  M  Γ  X  U  B  N  A  I  C  N  V
S  G  E  E  A  Π  O  Φ  Ύ  Γ  E  T  E  A  C  C  T
E  Ύ  O  M  Σ  Y  O  Θ  H  Λ  Π  Z  V  T  R  E  G  U
```

Puzzle 23

```
K A N É N A N W N Z F Q S E A Γ P
B I A Σ T I K Ά Ω F J C K T T K E
J V S H N É M I P K E K Γ Y Σ Ό O
K Θ L V C B E D Ί A H H N M M M N
Π A E Σ F T B T Σ F S X Ή W I E G
P T B P Z I I R X K V O O Γ M N C
A N D O M Φ O P T H Γ Ό B U P A X
K Ό A N Ύ Ό O I Δ Ί N I T K A A Γ
T Δ S X T P T É Π E Σ E C S Δ K Ά
I Γ X O F A I E Σ K E C U P I Ό I
K O D O C T W A P M D W M Z Ό M Δ
Ή Y A K Σ É P A B O Σ C R G Φ M A
V F F F Y P E G K T Σ M W S Ω A P
Π A P A K O Λ O Ύ Θ H Σ A N N T O
K J M R E Π Ό M E N O L Z N O A S
```

ΠΑΡΑΚΟΛΟΎΘΗΣΑΝ
ΈΠΕΣΕ
ΟΓΔΌΝΤΑ
ΑΡΓΉ
ΚΌΜΜΑΤΑ
ΠΡΑΚΤΙΚΉ
ΚΑΝΈΝΑΝ
ΒΙΑΣΤΙΚΆ
ΑΚΤΙΝΊΔΙΟ
ΓΆΙΔΑΡΟ
ΣΕ
ΣΥΓΚΕΚΡΙΜΈΝΗ
ΘΕΡΜΌΤΕΡΟΣ
ΕΠΌΜΕΝΟ
ΚΑΒΟΎΡΙΑ
ΡΑΔΙΌΦΩΝΟ
ΣΟΒΑΡΈΣ
ΝΩΡΊΣ
ΦΟΡΤΗΓΟ
ΓΚΌΜΕΝΑ

Puzzle 24

ΣΥΝΌΛΟΥ
ΕΠΊΣΚΕΨΗ
ΑΚΤΉ
ΚΕΝΌ
ΧΑΡΑΚΤΉΡΑΣ
ΕΝΟΧΛΉΣΕΙ
ΚΊΤΡΙΝΟ
ΑΝΏΤΕΡΟΣ
ΣΟΦΉ
ΛΆΜΨΗ
ΣΤΑΦΊΔΑ
ΠΑΓΕΤΌ
ΧΡΌΝΙΑ
ΑΝΟΙΧΤΉ
ΑΓΌΡΑΣΕ
ΜΈΣΑ
ΛΗΣΤΈΨΕΙ
ΕΠΙΛΈΞΤΕ
ΚΑΡΠΟΎΖΙ
ΧΆΛΥΒΑ

```
E N K Ί T P I N O W P K N X A A M
I Π B C A Δ Ί Φ A T Σ E P A Γ N É
E J Ί V F K A N O I X T Ή P Ό Ώ Σ
Σ I F Σ L E T Ξ É Λ I Π E A P T A
Ή Ό N E K V I Ή D Z Z U S K A E D
Λ Ά M Ψ H E B P X Y Ύ P K T Σ P K
X C I M D X Ψ G S A O Z Y Ή E O H
O B G M E S S H N R Π H O P K Σ B
N I R L C M J U A M P P Λ A L S U
E Π A Γ E T Ό M Σ B A J Ό Σ C L Y
Λ H Σ T É Ψ E I O T K B N U I W Y
O G Z I W K H I Φ A J U Y Q A A L
X Y A M S P O S Ή R R J Σ Λ K G I
X P Ό N I A R G Z V M O G K Ά L D
C H D S K S K I B Z B U T V D X I
```

Puzzle 25

K	I	G	Ό	M	Π	O	Y	K	Ά	Λ	I	F	Δ	M	Π	Σ
C	A	M	M	I	P	Έ	Π	I	Π	J	R	U	Ύ	Έ	I	Ή
N	R	Θ	Σ	N	D	O	I	F	H	I	Y	Λ	N	Γ	Σ	M
J	Z	K	Ά	I	O	E	L	C	M	W	E	C	A	I	Ί	A
F	O	Ό	I	P	G	Π	F	Δ	Ά	K	P	Y	M	Σ	N	T
Q	P	M	Σ	A	Ό	I	S	M	D	X	T	O	H	T	A	O
Ξ	L	M	A	N	K	Θ	N	G	T	R	N	G	Σ	H	Q	Σ
L	H	A	Λ	A	Q	E	T	Σ	Ή	I	O	Π	O	Λ	Π	A
Z	U	P	Π	K	R	T	P	Y	W	D	S	G	K	I	H	M
F	G	M	A	N	Y	I	Σ	O	Λ	E	Φ	Ό	Ά	Q	T	D
K	E	X	Λ	Σ	X	K	O	B	K	E	J	U	P	I	X	M
T	Y	H	Λ	K	Ί	Ή	Z	A	T	T	P	Z	Δ	F	N	F
D	Y	H	O	A	G	A	E	O	Q	W	Ώ	H	F	U	X	T
A	X	R	Π	U	X	X	L	V	T	Έ	T	A	P	T	O	S
E	K	A	T	O	N	T	Ά	Δ	E	Σ	Ό	Λ	E	P	T	H

ΕΠΙΘΕΤΙΚΉ
ΜΠΟΥΚΑΛΙ
ΜΈΓΙΣΤΗ
ΕΚΑΤΟΝΤΆΔΕΣ
ΔΎΝΑΜΗ
ΞΗΡΑΣΊΑ
ΚΑΝΑΡΊΝΙ
ΟΚΤΏ
ΤΡΕΛΌΣ
ΠΟΛΛΑΠΛΑΣΙΑΣΜΌ
ΠΙΣΊΝΑ
ΚΑΘΑΡΌ
ΣΉΜΑΤΟΣ
ΔΡΆΚΟΣ
ΤΈΤΑΡΤΟ
ΑΠΛΟΠΟΙΉΣΤΕ
ΌΦΕΛΟΣ
ΚΌΜΜΑ
ΠΙΠΈΡΙ
ΔΆΚΡΥ

Puzzle 26

ΓΕΡΆΚΙ
ΠΑΠΆΚΙ
ΑΡΝΊ
ΣΠΊΤΙ
ΚΑΠΈΛΟ
ΚΑΝΟΝΊΣΕΙ
ΜΉΚΟΣ
ΔΙΑΦΆΝΕΙΑ
ΑΠΟΣΤΟΛΉΣ
ΤΑ
ΤΡΟΜΕΡΉ
ΠΟΣΌΤΗΤΑ
ΜΕΤΑΞΈΝΙΑ
ΡΑΜΦΊΖΟΥΝ
ΠΆΝΤΑ
ΠΊΣΤΗΣ
ΚΕΦΆΛΑΙΟ
ΝΕΡΟΧΎΤΗ
ΤΊΤΛΟ
ΕΠΗΡΕΆΖΟΥΝ

Y	E	S	Z	N	C	K	A	T	L	H	K	F	S	I	C	Π
Z	I	Π	Σ	D	R	Q	P	P	Y	E	Q	V	S	R	T	O
Σ	Q	N	H	A	A	U	N	O	L	G	B	H	K	Y	J	Σ
Ή	V	E	T	P	I	H	Ί	M	Π	Π	A	Π	Ά	K	I	Ό
Λ	I	P	Σ	R	E	W	X	E	Ά	G	B	Y	G	F	S	T
O	T	O	Ί	S	N	Ά	I	P	N	K	A	Π	Έ	Λ	O	H
T	O	X	Π	P	Ά	Σ	Z	Ή	T	Q	X	X	D	Z	I	T
Σ	U	Ύ	M	K	Φ	Π	Q	O	A	M	Ή	K	O	Σ	V	A
O	Λ	T	Ί	T	A	Ί	E	N	Y	O	Z	Ί	Φ	M	A	P
Π	D	H	L	X	I	T	D	A	I	N	Έ	Ξ	A	T	E	M
A	P	N	V	I	Δ	I	Y	T	K	C	H	K	U	U	K	N
K	E	Φ	Ά	Λ	A	I	O	X	Ά	G	C	D	R	K	Q	N
K	A	N	O	N	Ί	Σ	E	I	P	B	G	V	Z	O	F	M
G	K	X	U	V	I	O	D	E	E	M	G	S	O	P	M	J
E	Y	G	O	D	O	S	M	S	Γ	U	J	C	J	S	W	U

Puzzle 27

```
Φ Α Α Ο Ο Η Λ Ά G E M O G A B F Σ
Ω N Π C Ί Σ F T N A Q A Δ Ά M O Έ
N A O W W E J E C P B O K N I H Λ
Ά Ψ Δ Q O Θ Γ M X R Y C L P T L I
Z Y E Y Q Ί V Y D I H P Θ I I O N
O X Ί E G Π G E Ψ A P E P Έ J N O
Y Ή Ξ F O E D W Y T E K N C A Q Ό
N Σ E U N L I W X N T Γ Z J J M D
Γ C I R M C B Z B Ύ Ύ P S B N L A
E U H J S X Λ A Π O Λ Y Θ P Ό N A
N U U Z P J C Q L P A O E N P H Π
I E Σ Ή P E T Σ K H Γ P U A X A
Ά D C Y X C M D V Λ E M F L Λ O Λ
F Z F C P Y L Z O Π M Ά P D A M T
K A P Φ Ί T Σ A I J M X Q U X O Ό
```

ΕΠΊΘΕΣΗ
ΚΑΡΦΊΤΣΑ
ΠΑΛΤΌ
ΨΥΓΕΊΟ
ΘΈΑΜΑ
ΑΝΑΨΥΧΉΣ
ΜΕΓΆΛΗ
ΧΆΜΠΟΥΡΓΚΕΡ
ΣΈΛΙΝΟ
ΣΤΕΡΉΣΕΙ
ΠΛΗΡΟΎΝΤΑΙ
ΜΕΓΑΛΎΤΕΡΗ
ΜΑΚΡΙΝΌ
ΠΟΛΥΘΡΌΝΑ
ΧΑΛΑΡΌ
ΦΩΝΆΖΟΥΝ
ΓΕΝΙΆ
ΟΜΆΔΑ
ΜΕΤΆ
ΑΠΟΔΕΊΞΕΙ

Puzzle 28

ΠΡΌΘΥΜΑ
ΡΆΒΩ
ΣΧΟΛΕΊΟ
ΑΠΛΉ
ΖΕΎΓΟΣ
ΑΥΤΆ
ΑΞΙΟΛΌΓΗΣΗ
ΑΝΆΛΥΣΗ
ΛΗΦΘΕΊ
ΠΑΡΆΛΟΓΗ
ΛΕΩΦΟΡΕΊΟ
ΤΗ
ΑΠΑΡΑΊΤΗΤΟ
ΤΡΈΞΕΙ
ΕΡΩΔΙΌΣ
ΤΕΡΆΣΤΙΑ
ΑΎΡΙΟ
ΕΤΉΣΙΑ
ΚΑΝΈΝΑ
ΟΔΟΝΤΌΒΟΥΡΤΣΑ

```
F C O A Π A P A Ί T H T O E F Q Z
S J T Δ W I L X Z L Σ F W F U K Q
N O H Γ O Λ Ά P A Π Y N A K A U V
L F D J A N H E F B Λ Q Ύ X P D H
U L O V Ξ T Σ F W Ά A P A P G Y
A O Ί V I A B Ό W R N I I O Q V Q
I Π E E O Y W I B X A E O O T Z G
T Λ Λ R Λ T X Δ V O M Ξ H P Ά B Ω
Σ H O Ή Ό Ά G Ω B M Y Έ Q E R S I
Ά Φ X N Γ Z A P T G Θ P F A G O N
P Θ Σ C H I E E K B Ό T T I H U N
E E Δ Y Σ N H Ύ B G P Q I Σ D T Y
T Ί R M H I L R Γ Z Π N V H Ή A H P
K A N Έ N A K Q S O I E L T D J N
Λ E Ω Φ O P E Ί O T Σ A M E O J S
```

Puzzle 29

O	R	U	D	W	W	A	H	V	B	R	K	O	Π	K	Π	M
J	Y	W	J	D	I	P	S	H	Σ	H	Θ	Ώ	P	O	E	E
P	I	Σ	X	U	O	K	I	U	O	G	H	Z	Ό	Y	P	T
W	R	Y	Ί	B	U	E	L	N	Y	Z	A	I	Σ	N	Ί	A
H	M	N	S	A	E	T	P	N	T	U	P	P	B	O	M	Φ
F	Q	F	G	A	Σ	Έ	J	K	D	C	L	I	A	Y	E	O
P	O	I	Y	K	Σ	Σ	J	U	Y	I	K	D	Σ	Π	T	P
Έ	Z	K	E	I	Σ	B	Ά	Λ	O	Y	N	C	H	Ί	P	Ά
K	N	V	P	E	M	O	Y	Σ	I	K	Ή	Q	Z	Δ	O	V
Z	O	A	Ή	R	R	Ά	E	Ξ	O	X	I	K	Ή	I	T	G
L	S	Y	Π	A	K	Δ	Π	P	O	Ϊ	Ό	N	T	Ω	N	A
J	W	O	T	A	R	E	M	Ύ	O	O	N	Γ	A	Y	E	U
U	W	E	A	Ά	Q	I	K	Ή	Λ	Y	O	K	Σ	H	V	M
G	V	Y	O	G	B	A	N	D	P	I	X	K	Ό	Ψ	E	I
X	P	R	Y	A	Ά	I	Λ	I	Σ	A	B	I	J	X	Y	N

ΕΙΣΒΆΛΟΥΝ
ΚΌΨΕΙ
ΠΡΌΣΒΑΣΗ
ΈΝΑ
ΣΟΥΤ
ΒΑΣΙΛΙΆ
ΚΟΥΝΟΥΠΊΔΙ
ΣΚΟΥΛΉΚΙ
ΠΡΟΪΌΝΤΩΝ
ΠΕΡΊΜΕΤΡΟ
ΑΡΚΕΤΈΣ
ΆΔΕΙΑ
ΜΟΥΣΙΚΉ
ΠΉΡΕ
ΏΘΗΣΗ
ΟΥΣΊΑΣ
ΚΟΥΤΆΒΙ
ΕΞΟΧΙΚΉ
ΑΓΝΟΟΎΜΕ
ΜΕΤΑΦΟΡΆ

Puzzle 30

ΦΎΛΛΑ
ΑΓΆΠΗ
ΣΤΡΑΤΌΠΕΔΟ
ΧΡΉΣΙΜΕΣ
ΝΤΟΥΛΆΠΙ
ΠΑΡΑΚΟΛΟΥΘΕΊ
ΠΙΝΈΛΟ
ΚΡΈΜΑ
ΠΟΥ
ΚΟΥΡΤΊΝΑ
ΔΥΝΑΤΆ
ΚΥΝΗΓΉΣΕΙ
ΚΟΚΚΙΝΟΛΑΊΜΗΔΕΣ
ΦΙΛΟΔΟΞΊΑ
ΠΛΟΎΣΙΟ
ΚΈΝΤΡΟ
ΚΊΝΗΣΗ
ΚΑΟΥΜΠΌΗ
ΤΡΆΒΗΞΕ
ΚΡΑΣΊ

Δ	Y	N	A	T	Ά	K	T	F	Q	W	O	C	Z	K	V	X
M	L	V	C	O	R	Y	K	P	H	Ό	Π	M	Y	O	A	K
K	P	Έ	M	A	I	N	W	U	Ά	W	D	O	A	K	Π	N
X	A	Γ	Ά	Π	H	H	N	X	H	B	A	L	T	K	I	T
K	P	O	B	O	R	Γ	L	D	P	Φ	H	O	O	I	N	O
J	O	Ή	D	L	L	Ή	M	R	G	Ύ	Σ	Ξ	Δ	N	Έ	Y
Y	P	Y	Σ	Y	Ί	Σ	A	P	K	Λ	H	Φ	E	O	Λ	Λ
W	T	T	P	I	T	E	T	B	V	Λ	N	I	Π	Λ	O	Ά
L	N	H	A	T	M	I	P	E	D	A	Ί	Λ	Ό	A	Y	Π
G	Έ	C	N	B	Ί	E	J	L	W	E	K	O	T	Ί	R	I
K	K	C	V	Y	T	N	Σ	I	L	R	W	D	A	M	U	Π
Π	Λ	O	Ύ	Σ	I	O	A	P	Y	L	H	O	P	H	R	O
Π	A	P	A	K	O	Λ	O	Y	Θ	E	Ί	Ξ	T	Δ	A	Y
M	G	D	J	K	N	K	L	K	W	J	Y	Ί	Σ	E	K	I
V	B	U	F	I	R	Y	C	B	C	W	J	A	S	Σ	K	O

Puzzle 31

Σ	A	M	B	K	I	O	J	W	X	S	P	J	B	Y	A	E
N	T	R	Ό	Λ	Z	M	E	K	Θ	E	Σ	I	A	K	Ό
Σ	W	A	Z	M	K	Ή	M	Y	U	K	S	D	J	T	A	Z
Δ	Y	B	Φ	Θ	C	U	Σ	Π	P	Ά	Γ	M	A	T	A	D
Ά	Ή	N	K	Y	Π	R	I	H	T	A	Φ	Σ	Ό	P	Π	H
Σ	V	E	E	P	Λ	Π	O	Δ	O	Σ	Φ	A	Ί	P	O	Y
K	F	X	U	Δ	E	I	N	Ό	Γ	A	B	O	P	Q	X	V
A	Ό	M	Θ	I	P	A	Ώ	Ξ	E	X	Ω	P	I	Σ	T	Ή
Λ	M	M	I	A	E	Ί	J	N	P	A	C	Ύ	P	K	T	Y
O	D	U	I	W	Φ	J	A	Ί	Φ	A	P	Γ	O	T	Ω	Φ
Σ	B	W	Y	J	É	J	A	Σ	Q	S	R	R	U	M	R	I
H	Σ	A	P	Δ	Ί	Π	E	Λ	H	Λ	Λ	A	D	M	W	Q
A	N	T	A	N	A	K	Λ	Ά	X	K	A	Q	L	B	S	O
G	O	I	S	K	W	A	Λ	O	Γ	A	P	I	A	Σ	M	Ό
Π	P	Ό	K	E	I	T	A	I	L	N	T	Z	M	D	M	S

ΣΤΑΦΥΛΙΏΝ
ΑΡΙΘΜΌ
ΕΚΘΕΣΙΑΚΌ
ΣΥΝΕΔΡΊΑΣΗ
ΓΎΡΟ
ΦΩΤΟΓΡΑΦΊΑ
ΡΥΘΜΌ
ΠΡΆΓΜΑΤΑ
ΑΝΤΑΝΑΚΛΆ
ΠΥΚΝΉ
ΛΟΓΑΡΙΑΣΜΌ
ΔΆΣΚΑΛΟΣ
ΠΡΌΚΕΙΤΑΙ
ΠΟΔΟΣΦΑΊΡΟΥ
ΚΛΉΣΗ
ΈΦΕΡΕ
ΠΡΌΣΦΑΤΗ
ΞΕΧΩΡΙΣΤΉ
ΑΛΛΗΛΕΠΊΔΡΑΣΗ
ΒΑΓΌΝΙ

Puzzle 32

ΔΙΑΣΚΈΔΑΣΗ
ΊΔΡΥΜΑ
ΑΓΡΙΌΓΑΤΑ
ΚΈΡΔΙΣΑΝ
ΠΑΡΑΓΩΓΉΣ
ΤΡΙΆΝΤΑ
ΑΊΤΗΜΑ
ΛΕΜΟΝΆΔΑ
ΠΕΡΙΠΕΤΕΙΏΔΗ
ΕΡΓΑΛΕΊΟ
ΟΙ
ΘΕΡΜΌΤΗΤΑΣ
ΓΡΉΓΟΡΑ
ΛΕΠΤΌ
ΜΕΓΑΛΏΝΟΥΝ
ΚΛΆΔΟ
ΚΑΤΑΣΚΕΥΉΣ
ΛΎΣΗ
ΠΑΡΌΜΟΙΑ
ΤΎΠΟ

Q	N	A	Σ	I	Δ	P	É	K	Z	R	A	Λ	A	Π	J	M
Γ	P	Ή	Γ	O	R	A	Y	W	Y	X	Ί	Ύ	Γ	A	Θ	E
P	M	C	F	Π	Π	K	N	M	M	R	T	Σ	P	P	E	Γ
V	Y	J	U	Ύ	N	E	A	Λ	J	B	H	H	I	Ό	P	A
P	Z	Q	X	T	N	Y	P	T	E	F	M	W	Ό	M	M	Λ
E	P	Γ	A	Λ	E	Ί	O	I	A	Π	A	A	Γ	O	Ό	Ώ
O	Π	S	Δ	A	Q	W	Δ	I	Π	Σ	T	Z	A	I	T	N
E	A	B	Ά	M	P	S	Ά	I	L	E	K	Ό	T	A	H	O
Ί	P	S	N	P	E	F	Λ	R	I	D	T	E	A	H	T	Y
Δ	A	Y	O	H	X	C	K	J	I	Y	K	E	Y	Y	A	N
P	Γ	K	M	T	P	I	Ά	N	T	A	Q	C	I	Ή	Σ	Q
Y	Ω	V	E	Δ	I	A	Σ	K	É	Δ	A	Σ	H	Ώ	Σ	M
M	Γ	V	Λ	V	M	Z	E	S	B	T	I	H	O	X	Δ	H
A	Ή	J	T	N	O	W	H	U	S	T	U	Z	R	F	R	H
N	Σ	F	C	F	V	W	D	J	K	E	I	Y	O	W	O	P

Puzzle 33

N	M	E	Γ	É	Θ	O	Y	Σ	Σ	Π	A	Θ	Ί	T	X	B
Y	Z	H	P	Γ	Ί	T	A	I	P	I	Á	Z	E	I	P	P
O	Σ	Y	N	A	I	Σ	Θ	H	M	A	T	I	K	Ή	H	H
N	Y	O	N	Ά	B	M	A	Λ	O	Π	A	I	J	M	T	I
Ά	O	S	R	Q	L	Q	Π	E	Π	Λ	A	Σ	T	I	K	Ό
B	A	O	K	F	T	Z	K	H	Γ	M	F	I	J	M	B	Λ
M	Ί	Λ	I	A	A	I	Λ	Ύ	Γ	Γ	O	Γ	K	Q	R	O
A	Λ	M	H	Σ	H	Ξ	Ύ	A	W	A	P	Z	E	Λ	É	Y
Λ	I	N	Ω	Δ	Ί	T	Y	P	Σ	Π	Ί	A	Y	C	X	K
I	K	H	T	A	J	K	X	W	T	A	I	N	Φ	H	R	Ά
P	I	W	É	T	U	G	I	V	O	I	Z	A	E	Ή	Y	N
E	O	Q	Θ	M	J	H	X	Σ	U	D	G	Z	W	I	Σ	I
Π	Π	C	O	V	R	Q	S	N	T	Ί	N	J	J	W	V	K
C	R	E	Π	Y	Q	M	S	G	D	A	U	D	N	W	D	A
H	P	N	Y	Z	C	O	Q	X	X	G	K	L	Z	F	A	G

ΕΓΓΡΑΦΉΣ
ΚΑΤΣΙΚΊΣΙΟ
ΠΕΡΙΛΑΜΒΆΝΟΥΝ
ΠΑΙΔΊ
ΣΠΑΘΊ
ΠΗΓΑΊΝΕΙ
ΖΕΛΈ
ΑΎΞΗΣΗ
ΠΛΑΣΤΙΚΌ
ΑΠΟΛΑΜΒΆΝΟΥΝ
ΠΟΙΚΙΛΊΑ
ΛΟΥΚΆΝΙΚΑ
ΣΥΝΑΙΣΘΗΜΑΤΙΚΉ
ΜΕΓΈΘΟΥΣ
ΡΥΤΊΔΩΝ
ΤΊΓΡΗ
ΥΠΟΘΈΤΩ
ΤΑΙΡΙΆΖΕΙ
ΜΊΛΙΑ
ΓΟΓΓΎΛΙΑ

Puzzle 34

ΚΑΤΑΔΎΣΕΙΣ
ΑΚΡΙΒΆ
ΣΥΝΈΔΡΙΟ
ΑΠΟΓΟΗΤΕΥΜΈΝΟΣ
ΚΟΝΤΆ
ΒΊΑΣ
ΕΚΤΌΣ
ΚΑΟΥΤΣΟΎΚ
ΘΎΜΑ
ΚΡΕΜΜΎΔΙ
ΑΌΡΑΤΟ
ΣΚΟΠΌ
ΚΆΣΤΑΝΑ
ΠΛΉΡΗ
ΑΝΑΜΟΝΉ
ΔΊΝΟΥΝ
ΤΕΧΝΙΚΉ
ΦΑΝΤΑΣΊΑΣ
ΧΕΛΏΝΑ
ΠΗΓΉΣ

Δ	Q	Ά	B	I	P	K	A	S	N	U	V	I	R	P	H	A
Ί	N	T	X	T	Σ	Ί	B	M	P	T	R	P	H	E	Π	
N	T	W	E	Ή	O	K	P	S	N	V	F	K	D	N	O	
O	S	V	Λ	X	Γ	Y	Ά	T	N	O	K	L	Z	L	Q	Γ
Y	X	Q	Ώ	N	H	T	Σ	Ί	S	A	T	N	A	Φ	O	
N	A	I	N	I	Π	Σ	T	M	I	Π	E	K	T	Ό	Σ	H
A	F	Ό	A	K	O	O	A	Ύ	T	K	Λ	V	O	R	I	T
P	N	V	P	Ή	L	Ύ	N	Θ	R	Z	E	Ή	I	L	E	E
Q	D	A	P	A	B	K	A	Y	E	S	O	L	P	F	Σ	Y
E	W	M	M	B	T	U	A	Y	V	B	H	Y	Δ	H	Ύ	M
Ό	Y	E	D	O	E	O	W	W	G	K	Y	M	E	N	Δ	É
Π	O	K	V	N	W	P	Z	L	P	T	T	N	J	A	N	
O	O	O	J	Q	U	Ή	U	M	V	Y	W	N	Y	R	T	O
K	P	E	M	M	Ύ	Δ	I	Z	L	W	B	I	Σ	L	A	Σ
Σ	E	N	T	Q	H	C	G	Y	E	J	W	P	R	E	K	F

Puzzle 35

```
C A U P N Π O R X A A B R Q X Y R
Z P D B N P A E T B K X O T M Y T
E K É I K O I Π O P H P A V W H A
B F I A R Σ W Δ P I J F Í Z F R I
T H E S I É T I O O I X G B T S N
Δ M B Z U Γ Σ A E Z Ó W S D E A Í
Π Ή Ά Q X Γ K Φ V C I Δ C V N I A
A T Λ J I I A O K R R P O O V E A
P Σ A Ω M Σ M P É T O Y Σ Y A V A
A I T Y Σ H N Ά D A Π Ό Ψ E Έ Ξ I
Σ Π A O C H Í A P K O Y Δ Ά K I O
K E K B K V Σ Π Ύ Σ H Σ R A Q G
E E I I W Q Π É N T E Φ Í Λ O K G
Y O P T É M X B Z P W C B K G J V
Ή Δ I A Φ O P E T I K Ό J S H Z R
```

ΈΤΟΥΣ
ΣΚΑΜΝΊ
ΔΉΛΩΣΗΣ
ΈΞΙ
ΠΡΟΣΈΓΓΙΣΗ
ΑΡΚΟΥΔΆΚΙ
ΔΙΑΦΟΡΆ
ΠΈΝΤΕ
ΠΡΟΌΔΟΥ
ΦΊΛΟ
ΠΛΎΣΗΣ
ΜΈΤΡΟΥ
ΤΑΙΝΊΑ
ΠΑΡΑΣΚΕΥΉ
ΑΚΡΊΒΕΙΑ
ΔΙΑΦΟΡΕΤΙΚΌ
ΚΑΤΑΛΆΒΕΙ
ΆΠΟΨΕ
ΕΠΙΣΤΉΜΗ
ΚΈΙΚ

Puzzle 36

ΛΕΠΤΟΜΈΡΕΙΑ
ΣΗΜΑΝΤΙΚΉ
ΦΘΆΝΟΥΝ
ΤΡΟΠΟΠΟΊΗΣΗ
ΤΡΏΝΕ
ΤΈΣΣΕΡΙΣ
ΑΝΤΙΣΤΆΘΜΙΣΗΣ
ΖΩΉ
ΟΡΤΎΚΙΑ
ΠΑΡΆΓΟΝΤΑ
ΛΎΣΕΙ
ΠΙΆΤΑ
ΟΡΓΑΝΏΣΤΕ
ΚΆΤΟΙΚΟΣ
ΑΡΚΟΎΔΑ
ΧΟΙΡΙΝΟΎ
ΕΠΊΠΕΔΟ
ΗΛΊΘΙΟ
ΠΛΑΝΉΤΕΣ
ΘΕΩΡΟΎΝ

```
N C T Ή K I T N A M H Σ O B A A T
W M R K E Ά C O J P G Z M G S N É
F Q P F V E T Σ Ώ N A Γ P O P T Σ
O P T Ύ K I A O A Δ Ύ O K P A I Σ
T N Y J J Z T X I E Σ Ύ Λ M T Σ E
P T C P Z Ω N O E K W Y T I Ά T P
O R N F K Ή O I P Y O C U B I Ά I
Π Φ X U G C Γ P É P E Σ H R Π Θ Σ
O Θ Θ X M N Ά I M T P Ώ N E T M L
Π M E Ά Y C P N O H Λ Ί Θ I O I I
O Y L Ω N A A O T Y J S I F D Σ O
Ί F A G P O Π Ύ Π Q D B O Q D H C
H G X O U O Y X E C J K A W E Σ P
Σ C C A Q T Ύ N Λ Π Λ A N Ή T E Σ
H C O B Y X L N E Π Ί Π E Δ O P C
```

Puzzle 37

```
K  Π  Σ  M  G  V  A  Ή  B  P  I  B  A  R  N  G  Π
O  O  E  K  P  L  T  P  C  J  F  A  Z  A  P  D  Ω
Π  Π  Λ  P  E  Y  U  E  Q  B  O  D  T  P  V  J  Λ
O  Έ  Ά  Έ  I  G  A  T  L  Z  M  Z  G  P  Y  S  O
Ί  P  K  Φ  G  B  F  Σ  Γ  E  Λ  O  Ί  A  I  Z  Ύ
Ω  A  Σ  I  P  I  Ά  I  P  A  B  O  I  B  I  K  N
N  Σ  K  Λ  F  V  O  Λ  L  H  H  U  X  J  B  X  Ή
G  E  A  I  K  O  N  A  Λ  X  C  S  W  D  P  Z  U
P  K  Λ  K  Y  B  H  Y  Σ  O  T  Σ  Ό  K  K  D  P
J  L  A  Ό  P  Σ  Ό  Γ  P  E  N  E  S  I  H  E  O
C  M  M  D  B  X  O  T  Ά  T  E  K  P  A  W  J  F
I  X  Ά  X  Σ  E  I  E  N  Έ  Γ  O  K  I  O  R  F
L  I  P  L  F  A  I  G  E  M  M  Π  I  Ά  N  O  F
M  O  I  U  V  W  F  P  M  Ψ  Ω  M  Ί  X  D  T  R
M  Y  A  W  B  Q  C  R  O  Π  I  O  Λ  Ό  Π  Y  C
```

ΠΕΡΙΒΆΛΛΟΝ
ΓΥΑΛΙΣΤΕΡΉ
ΟΠΟΊΩΝ
ΥΠΌΛΟΙΠΟ
ΚΌΣΤΟΣ
ΚΑΛΑΜΆΡΙΑ
ΑΡΚΕΤΆ
ΠΩΛΟΎΝ
ΙΑΤΡΙΚΉ
ΕΝΕΡΓΌΣ
ΠΈΡΑΣΕ
ΆΝΕΜΟ
ΣΚΆΛΕΣ
ΓΕΛΟΊΑ
ΟΙΚΟΓΈΝΕΙΕΣ
ΚΟΛΈΓΙΟ
ΠΙΆΝΟ
ΨΩΜΊ
ΒΑΡΙΆ
ΦΙΛΙΚΌ

Puzzle 38

ΡΑΒΔΊ
ΕΠΑΝΈΛΘΕΙ
ΣΥΝΟΨΊΖΟΥΝ
ΡΙΠΉ
ΕΠΈΤΕΙΟ
ΈΚΒΑΣΗ
ΣΤΑΔΙΑΚΉ
ΔΗΜΌΣΙΩΝ
ΤΙΜΩΡΉΣΕΙ
ΆΝΕΣΗ
ΣΗΜΕΊΩΣΗ
ΠΡΟΗΓΟΎΜΕΝΟ
ΑΝΘΡΏΠΟΥΣ
ΛΩΡΊΔΑ
ΚΑΙΡΌ
ΧΈΡΙ
ΧΑΡΤΊ
ΔΕΎΤΕΡΟΣ
ΔΑΝΕΊΖΟΥΝ
ΑΠΟΣΎΡΕΙ

```
Δ  W  Y  X  S  W  O  I  E  Τ  Έ  Π  E  P  P  M  Έ
V  A  R  O  P  Y  I  L  P  I  P  Έ  X  I  D  O  K
T  Δ  N  N  H  I  E  C  C  M  E  O  B  Π  U  J  B
E  E  Ω  E  K  D  P  R  Q  Ω  Y  B  R  Ή  M  E  A
Π  Ύ  I  M  Ί  M  Ύ  A  Ό  P  I  A  K  Z  Z  V  Σ
A  T  Σ  Ύ  U  Z  S  B  L  Ή  X  N  B  Q  Z  Y  H
N  E  Ό  O  Y  K  O  N  I  Σ  V  N  D  H  X  D  Σ
Έ  P  M  Γ  I  M  Π  Y  M  E  U  F  X  T  N  Ή  Ω
Λ  O  H  H  H  Z  A  L  N  I  R  N  A  T  I  K  Ί
Θ  Σ  Δ  O  N  I  B  Σ  Y  O  Π  Ώ  P  Θ  N  A  E
E  T  Q  P  P  N  S  T  K  E  Ά  T  T  G  L  I  M
I  T  V  Π  Z  A  D  Ί  P  Ω  Λ  N  Ί  B  E  Δ  H
C  W  Q  I  I  G  B  G  E  Z  T  R  E  O  H  A  Σ
K  Q  F  V  M  L  K  Δ  Q  K  K  P  B  Σ  H  T  B
Y  I  U  L  N  Y  O  Z  Ί  Ψ  O  N  Y  Σ  H  Σ  Z
```

Puzzle 39

```
K Y R U H Y N Σ E Θ X C R R F K A
N Y D W I O J A C P Ή I Y Γ P Ό Φ
N H M O A Ό K I T A M E Θ O Π A I
M A C V T O T E Γ Ύ I Σ T S F N E
A H P G N I F N V Σ K Ί H V D Έ P
X Σ F R O G Y Ά O M O P Γ I Σ M Ώ
H H T C Z K D Φ K A Δ Ω Ά Q I E Σ
N Φ A Y Ί Q S O A Ύ L N N Y E Δ E
A Ό K F N E Ξ I P Έ M Γ I U Ξ P I
I P F D A O Y Λ B J L A M Γ Ί E M
Z P A U Φ G M H Έ Q X N A S E Π F
F O H P A G Q I Z X R A U T Δ M E
Q Π P R Ξ O X U K K V Q B Y O U H
I A V Z E O O A M Ό N C Y U Π L K
Π P O B Λ Έ Π O Y N Σ W R T A H D
```

ΥΓΡΌ
ΑΣΤΥΝΟΜΙΚΌΣ
ΑΠΟΡΡΌΦΗΣΗ
ΤΗΓΆΝΙ
ΖΈΒΡΑ
ΚΎΜΑ
ΘΡΑΎΣΜΑ
ΝΑΙ
ΜΕΊΓΜΑ
ΑΦΙΕΡΏΣΕΙ
ΑΠΟΔΕΊΞΕΙΣ
ΠΡΟΒΛΈΠΟΥΝ
ΕΞΑΦΑΝΊΖΟΝΤΑΙ
ΗΛΙΟΦΆΝΕΙΑΣ
ΈΡΙΞΕ
ΑΝΑΓΝΩΡΊΣΕΙ
ΔΟΚΙΜΉ
ΑΠΟΘΕΜΑΤΙΚΌ
ΜΠΕΡΔΕΜΈΝΑ
ΧΘΕΣ

Puzzle 40

ΠΡΟΣΠΆΘΕΙΑΣ
ΑΛΆΤΙ
ΨΥΧΙΚΉ
ΑΤΜΌ
ΦΡΆΧΤΗ
ΖΩΓΡΑΦΙΚΉΣ
ΜΌΝΟ
ΈΤΣΙ
ΖΩΑ
ΑΣΤΥΝΟΜΊΑ
ΑΠΟΒΛΉΤΩΝ
ΣΥΜΒΑΊΝΟΥΝ
ΣΤΡΑΤΟΎ
ΕΊΔΕ
ΜΑΛΑΚΌ
ΡΌΠΑΛΟ
ΑΙΣΘΆΝΘΗΚΕ
ΒΡΏΣΙΜΑ
ΣΥΝΕΧΊΣΕΙ
ΕΚΣΤΡΑΤΕΊΑ

```
Σ H P E E Σ Y N E X Ί Σ E I Σ E A
L T L K Ή K I X Y Ψ I I O Ό Y Ί Σ
Π X P C E Z Σ I E E A B T K M Δ T
P Ά F A E N Ω T Ή Λ B O Π A B E Y
O P A M T A W Z P N L N I Λ A Q N
Σ Φ N I D O C D N A Y Ό X A Ί I O
Π S D Σ H Z Ύ R L T T M W M N A M
Ά R P Ώ E G E E A M T E N P O T Ί
Θ B T P E X Z B R U L Z Ί B Y M A
E L K B E K H Θ N Ά Θ Σ I A N Ό H
I Z Ω Γ P A Φ I K Ή Σ W I X M F M
A Έ P H A H Z Y H B M J C Q K Z I
Σ T V O N G H Ώ Y A R I W Q D U Z
H Σ V D Z N B A A U T W Y S Z E L
I I T Ά Λ A J Q L B L P Ό Π A Λ O
```

Puzzle 41

```
K D K K L Δ B P Ώ M I K O Π K Έ X
F E Q Q X Ή E N W W B T P Λ Y P P
L W Φ Φ D B K Y Ί U A T Z K O K X I
M L M Ά C I L A K Σ Ά M Ύ Ή Λ O Σ
L R A T Λ T E P Σ T T E K Γ O N T
Ά Λ Λ O Σ I P Έ T D H O N H Φ T O
K A P Έ K Λ A T A C Q Σ O Σ O A Ύ
T W M G D O B Y Θ Y G L C H P I Γ
V Z Z W N Π E E M J K X A O S E
N F Ί M V V D Δ Ί X Z N O W Ύ S N
P Y I N E I Σ A Γ Ά E I A N Y N
N N W K T K O Λ Λ Ά E I Π P N F A
R J P S E Z F P H U F F Ά Γ O J C
Q N Ω Ί Λ Θ E N E Γ A K Σ Ά H Y B
H Y F D J X E P Q Z W N M M N W W
```

ΑΡΓΆ
ΔΕΊΚΤΗΣ
ΠΟΛΙΤΙΚΉ
ΚΑΡΈΚΛΑ
ΠΛΟΉΓΗΣΗ
ΚΕΦΆΛΙ
ΈΡΧΟΝΤΑΙ
ΚΎΚΝΟ
ΣΆΠΙΟ
ΕΙΣΑΓΆΓΕΙ
ΓΕΝΕΘΛΊΩΝ
ΒΡΏΜΙΚΟ
ΜΆΣΚΑ
ΤΖΊΝΤΖΕΡ
ΔΕΥΤΈΡΑ
ΆΛΛΟΣ
ΚΟΛΛΆΕΙ
ΚΥΚΛΟΦΟΡΟΎΝ
ΣΤΑΘΕΊ
ΧΡΙΣΤΟΎΓΕΝΝΑ

Puzzle 42

ΑΚΡΙΒΉ
ΛΟΥΛΟΎΔΙ
ΜΈΡΟΣ
ΑΥΞΉΘΗΚΕ
ΠΡΩΤΑΡΧΙΚΌ
ΓΕΝΝΑΊΑ
ΠΛΕΥΡΈΣ
ΔΗΛΏΣΕΙ
ΑΚΟΎΣΕΤΕ
ΚΟΥΝΈΛΙ
ΧΑΛΑΡΏΣΕΤΕ
ΣΑΛΆΧΙ
ΟΎΤΕ
ΏΘΗΣΕ
ΠΑΝΊ
ΑΠΟΔΏΣΕΙ
ΔΙΑΤΑΡΑΧΉ
ΔΙΠΛΟΎΝ
ΞΗΡΌ
ΕΜΠΕΙΡΊΑ

```
T Π E A O V J J O Ύ T E Σ H Θ Ώ Δ
Λ P M Π H W C N N R Z T X L H Γ I
O Ω Π O X H D M J V Y E P L Z E A
Y T E Δ A M I Y H W N Σ P O U N T
Λ A I Ώ Λ Σ A Λ Ά X I Ύ K Q M N A
O P P Σ A N E T N O R O O N C A P
Ύ X Ί E P F V T K O Y K A Λ L Ί A
Δ I A I Ώ Π A N Ί A F A F R Π A X
I K O Δ Σ I Λ Έ N Y O K C W X I Ή
B Ό I O E G Y Z X Ξ O G Y U D K A
Z U Ξ E T K N G D Ή B I P K A S X
K J W H E D I O T Θ C J K H V M F
D H Σ Έ P Y E Λ Π H M É P O Σ D F
Y E D Q E O W B G K N E P W S E
D Y F J V R I V I E Σ Ώ Λ H Δ O
```

Puzzle 43

```
I  Y  X  E  Q  E  X  Σ  L  M  P  Ί  Ξ  E  I  Q  E
O  Y  C  S  R  Y  G  Ά  Ύ  U  E  N  J  K  G  Q  Π
N  H  P  Ά  X  Θ  W  X  N  N  L  P  E  Z  I  J  A
A  T  W  F  D  Ύ  V  X  O  O  Δ  K  I  Y  E  A  Γ
Φ  H  K  H  P  N  T  A  X  P  N  E  D  K  Σ  T  Γ
Ή  T  J  B  X  H  Y  F  I  W  N  T  Σ  L  Έ  H  E
P  Ί  Y  Π  Ό  Σ  X  O  N  T  A  I  A  H  T  Σ  Λ
E  A  I  E  Λ  Έ  T  Q  W  S  Z  O  U  I  Σ  H  M
Π  P  Ό  Γ  O  N  O  T  A  B  B  Ά  Σ  U  A  P  A
Y  A  Δ  I  A  X  E  Ί  P  I  Σ  H  G  N  M  Ώ  T
D  Π  F  E  H  A  Γ  Γ  A  P  E  Ί  A  H  Y  E  I
P  A  M  Y  N  Ή  M  M  Z  D  Q  X  W  A  A  Θ  K
Σ  Ύ  N  T  P  O  Φ  O  V  A  F  Z  I  Y  Θ  A  O
G  X  M  A  B  Y  H  H  I  K  S  U  Y  U  J  N  Ύ
M  Y  P  Δ  H  M  O  Σ  Ί  E  Y  Σ  H  B  U  A  H
```

ΘΑΥΜΑΣΤΈΣ
ΔΙΑΧΕΊΡΙΣΗ
ΥΠΌΣΧΟΝΤΑΙ
ΕΠΑΓΓΕΛΜΑΤΙΚΟΎ
ΤΈΛΕΙΑ
ΜΕΡΙΚΈΣ
ΥΠΕΡΉΦΑΝΟΙ
ΡΊΞΕΙ
ΠΡΌΓΟΝΟ
ΔΗΜΟΣΊΕΥΣΗ
ΜΉΝΥΜΑ
ΑΓΓΑΡΕΊΑ
ΑΠΑΡΑΊΤΗΤΗ
ΕΥΘΎΝΗ
ΧΆΝΟΝΤΑΙ
ΣΆΒΒΑΤΟ
ΣΎΝΤΡΟΦΟ
ΧΆΡΗ
ΣΎΝΔΕΣΗ
ΑΝΑΘΕΏΡΗΣΗ

Puzzle 44

ΠΕΤΣΈΤΑ
ΠΑΡΑΤΉΡΗΣΗΣ
ΌΜΩΣ
ΔΕΙ
ΣΧΟΛΙΚΉ
ΦΑΣΟΛΙΏΝ
ΑΓΡΌΤΗΣ
ΑΡΝΗΤΙΚΉ
ΜΟΡΦΉ
ΑΝΌΗΤΟΣ
ΚΟΛΎΜΠΙ
ΣΗΜΕΊΟ
ΜΆΤΙΑ
ΠΊΣΩ
ΑΦΗΓΗΤΉ
ΣΥΛΛΑΜΒΆΝΕΙ
ΠΡΌΛΗΨΗ
ΞΑΦΝΙΚΉ
ΠΡΟΕΙΔΟΠΟΊΗΣΗ
ΕΥΓΕΝΉ

```
A  N  Ό  H  T  O  Σ  A  X  F  Σ  I  Q  O  J  S  T
Σ  A  N  R  F  Z  T  N  Y  O  W  H  G  M  N  V  Q
H  Σ  Y  Λ  Λ  A  M  B  Ά  N  E  I  M  R  B  E  Π
Σ  I  Q  J  M  E  Y  Γ  E  N  Ή  L  X  E  C  O  Ί
H  Σ  H  Ί  O  Π  O  Δ  I  E  O  P  Π  U  Ί  I  Σ
P  U  N  Y  P  B  X  Π  Σ  A  T  E  Y  E  A  O  Ω
Ή  K  I  N  Φ  A  Ξ  E  X  A  P  K  B  D  Y  Y  X
T  O  Σ  Y  Ή  N  B  T  O  O  R  N  P  J  B  C  Ό
A  Φ  H  Γ  H  T  Ή  Σ  Λ  K  P  Q  H  P  R  E  M
P  L  T  Ψ  S  L  Q  Έ  I  V  M  J  S  T  I  W  Ω
A  M  Ό  Q  H  A  T  T  K  H  Ά  M  K  N  I  A  Σ
Π  Δ  R  O  P  Λ  H  A  Ή  G  T  F  V  J  S  K  V
R  E  Γ  T  J  O  Ό  L  N  Ώ  I  Λ  O  Σ  A  Φ  Ή
J  I  A  F  Q  K  N  P  H  C  A  E  F  E  F  B  A
K  O  Λ  Ύ  M  Π  I  O  Π  R  U  Q  A  C  P  A  B
```

Puzzle 45

```
E  Θ  I  D  O  U  Q  Z  Σ  A  Í  N  Ω  Φ  M  Y  Σ
Π  B  É  V  J  L  M  Z  K  Y  Σ  X  Y  Y  J  T  R
E  B  G  M  N  G  K  X  E  T  I  T  P  Δ  K  V  J
Ξ  C  C  P  A  A  M  E  Φ  O  K  P  Λ  B  K  Z  F
E  Q  O  B  E  S  L  N  T  K  F  K  U  Á  C  I  I
P  C  S  R  M  A  V  Q  E  Í  Z  A  M  A  K  A  I
Γ  J  K  W  M  U  Y  D  Í  N  Q  R  H  H  P  W  W
A  Σ  Φ  Θ  H  N  Ή  D  T  H  Σ  Í  P  K  X  S  W
Σ  Ω  H  N  É  M  A  T  E  T  A  Π  Ó  Θ  E  M  A
Í  Σ  P  Z  I  A  H  S  T  O  J  M  T  P  D  A  T
A  T  P  I  Λ  O  U  Λ  O  Ύ  Δ  I  A  F  Ω  Q  E
Σ  Ή  Λ  H  Ψ  Y  F  R  Π  U  V  Π  Z  T  H  M  N
G  D  K  A  A  M  W  U  Á  I  D  Á  D  U  L  B  Á
A  J  D  D  C  H  E  A  K  Q  C  X  Y  C  Z  Q  F
Π  Λ  Ί  A  P  X  O  Σ  O  N  Y  Θ  Ύ  E  Π  Y
```

ΘΈΜΑ
ΤΕΤΑΜΈΝΗ
ΣΥΜΦΩΝΊΑΣ
ΜΩΡΌ
ΣΩΣΤΉ
ΛΟΥΛΟΎΔΙΑ
ΕΠΕΞΕΡΓΑΣΊΑΣ
ΥΠΕΎΘΥΝΟΣ
ΆΝΕΤΑ
ΚΡΊΣΗ
ΣΚΕΦΤΕΊΤΕ
ΑΠΌΘΕΜΑ
ΥΨΗΛΉΣ
ΑΥΤΟΚΊΝΗΤΟ
ΧΆΠΙ
ΚΆΛΤΣΑ
ΜΑΖΊ
ΚΆΠΟΤΕ
ΦΘΗΝΉ
ΠΛΟΊΑΡΧΟΣ

Puzzle 46

ΣΦΆΛΜΑΤΟΣ
ΑΣΤΑΘΉ
ΘΛΙΒΕΡΌ
ΣΠΆΣΕΙ
ΠΑΣΧΑΛΊΤΣΑ
ΔΌΝΤΙ
ΓΗΣ
ΌΠΛΟ
ΞΕΝΟΔΟΧΕΊΟ
ΕΝΤΆΞΕΙ
ΠΙΟ
ΡΟΖ
ΚΥΡΙΑΚΉ
ΣΥΝΈΛΕΥΣΗ
ΚΑΣΚΌΛ
ΓΆΝΤΙΑ
ΣΤΟΜΆΧΙ
ΖΩΓΡΑΦΊΖΕΙ
ΠΕΡΙΟΔΙΚΌ
ΒΙΒΛΙΟΘΉΚΗ

```
Ξ  Σ  K  A  Σ  K  Ό  Λ  R  I  I  E  R  N  L  T  T
E  Φ  Σ  Θ  P  R  F  C  V  C  S  G  Z  P  O  Z  P
N  Ά  I  T  Λ  F  M  N  X  K  S  P  Δ  Ό  N  T  I
O  Λ  H  C  O  I  A  Σ  Ί  Λ  A  X  Σ  A  Π  M
Δ  M  Σ  D  G  M  B  Γ  Ά  N  T  I  A  K  Z  E  G
O  A  Y  V  F  W  Ά  E  W  Y  H  J  K  D  L  P  V
X  T  E  T  W  R  O  X  P  A  Ή  S  U  M  W  I  K
E  O  Λ  E  V  L  T  Y  I  Ό  K  X  I  H  Q  O  A
Í  Σ  É  I  G  I  E  Z  Ί  Φ  A  P  Γ  Ω  Z  Δ  Σ
O  E  N  T  Ά  Ξ  E  I  G  W  I  Z  W  V  J  I  T
B  Γ  Y  H  Z  V  J  B  B  Q  P  W  X  O  L  K  A
L  H  Σ  M  Y  O  C  V  R  K  Y  L  C  Z  J  Ό  Θ
A  Σ  B  I  B  Λ  I  O  Θ  Ή  K  H  C  M  D  O  Ή
N  A  S  R  E  Π  I  S  I  E  X  Σ  Π  Ά  Σ  E  I
P  V  T  J  D  Ό  C  Z  U  Π  V  F  W  I  D  A  I
```

Puzzle 47

```
Σ  V  M  M  U  L  K  F  M  Έ  X  Z  B  Y  S  F  Π
Α  Ή  Π  Ι  Θ  Α  Ν  Ό  O  D  Γ  T  K  Γ  O  Y  Λ
M  K  M  T  D  H  K  Ι  Γ  Δ  Y  K  G  P  O  D  E
Α  Α  Π  E  B  K  D  V  Ί  A  Ή  R  A  Ά  E  W  O
Ι  T  E  K  P  F  T  N  Λ  Ι  O  Γ  H  Y  B  B  N
L  H  T  Σ  Α  Α  O  Y  Ι  U  O  Q  H  Ι  M  T  Έ
L  Γ  P  Ά  Π  E  Θ  Φ  P  G  Q  E  P  Σ  M  Α  K
O  O  E  Π  O  Y  E  Ί  G  F  Ι  J  E  C  H  T  T
Θ  P  Λ  M  Δ  X  Ω  T  Ι  D  B  A  A  G  L  Σ  H
Y  O  Α  E  Ί  Α  P  Σ  E  N  H  Λ  Ί  K  Ω  N  M
M  Ύ  Ί  F  Δ  P  Ί  Α  P  K  W  F  J  X  P  L  A
Ά  N  O  Α  O  Ι  Α  M  Έ  S  Ι  Y  O  P  K  N  P
Σ  J  Y  U  Y  Σ  Z  C  Φ  F  X  X  Z  R  F  T  N
T  Q  B  Ι  N  T  E  Λ  E  Y  Θ  E  P  Ί  Α  Σ  G
E  J  V  T  Z  Ώ  G  P  Y  V  E  V  R  V  D  F  N
```

ΥΓΡΆ
ΈΓΚΑΥΜΑ
Φ'ΈΡΕΙ
ΘΕΩΡΊΑ
ΜΠΆΣΚΕΤ
ΕΝΗΛΊΚΩΝ
ΠΛΕΟΝΈΚΤΗΜΑ
ΕΛΕΥΘΕΡΊΑΣ
ΠΕΤΡΕΛΑΊΟΥ
ΝΥΦΊΤΣΑ
ΛΊΓΟ
ΤΟ
ΜΑΣ
ΠΙΘΑΝΌ
ΕΥΧΑΡΙΣΤΏ
ΑΠΟΔΊΔΟΥΝ
ΚΑΤΗΓΟΡΟΎΝ
ΘΥΜΆΣΤΕ
ΣΉΜΕΡΑ
ΟΔΉΓΗΣΗΣ

Puzzle 48

ΚΑΡΌΤΟ
ΑΠΟΣΤΟΛΉ
ΠΑΠΠΟΎΣ
ΑΕΡΟΠΛΆΝΟ
ΕΞΑΦΑΝΙΣΤΕΊ
ΜΈΤΡΗΣΗΣ
ΕΒΔΟΜΆΔΑ
ΈΤΟΙΜΟΙ
ΕΠΙΤΥΓΧΆΝΟΥΝ
ΣΚΟΝΙΣΜΈΝΟ
ΙΔΙΟΚΤΉΤΗ
ΦΆΛΑΙΝΑ
ΣΥΝΕΡΓΆΤΗ
ΠΑΡΟΝΟΜΑΣΤΉ
ΠΑΧΎ
ΚΕΝΤΡΙΚΉ
ΤΑΧΥΔΡΌΜΟΣ
ΉΣΥΧΟ
ΠΑΡΑΤΗΡΉΣΤΕ
ΕΝΈΡΓΕΙΑΣ

```
H  K  E  N  T  P  Ι  K  Ή  H  U  Y  L  P  H  P  Y
E  T  Σ  Ή  P  H  T  A  P  A  Π  K  F  Y  Σ  L  R
Π  Z  J  Σ  K  O  N  Ι  Σ  M  Έ  N  O  U  O  Ή  A
Ι  W  D  G  X  T  E  B  Δ  O  M  Ά  Δ  A  M  T  Y
T  M  Ι  O  N  W  N  O  H  B  Y  L  H  A  Ό  Σ  W
Y  G  L  Z  A  D  N  L  Y  X  X  O  T  Ό  P  A  K
Γ  Ί  E  T  Σ  Ι  N  A  Φ  A  Ξ  E  Ή  W  Δ  M  Π
X  D  W  Y  U  F  Π  P  W  Ά  J  O  T  V  Y  O  A
Ά  L  C  A  U  S  L  A  V  X  Λ  X  K  N  X  N  Π
N  Έ  T  O  Ι  M  O  Ι  X  G  Z  A  O  M  A  O  Π
O  N  Ά  Λ  Π  O  P  E  A  Ύ  N  P  Ι  X  T  P  O
Y  X  M  Έ  T  P  H  Σ  H  Σ  C  C  D  N  K  A  Ύ
N  H  Y  E  N  Έ  P  Γ  E  Ι  A  Σ  Ι  Z  A  Π  Σ
P  L  S  Σ  J  Z  O  T  Σ  Y  N  E  P  Γ  Ά  T  H
B  L  C  B  Ή  A  Π  O  Σ  T  O  Λ  Ή  L  A  V  Ι
```

Puzzle 49

```
Γ  Z  J  R  D  I  I  T  Q  O  R  Z  D  V  A  J  O
P  W  X  S  E  A  M  V  Z  O  H  J  J  W  Z  X  I
A  Υ  Γ  Ι  Ή  Π  O  K  I  P  E  Π  T  F  C  G  Q
Σ  Γ  Υ  E  Σ  A  Π  Σ  Έ  D  P  L  Z  U  A  X  Q
Ί  P  Υ  Σ  O  Δ  P  Έ  K  U  T  S  O  B  R  A  K
Δ  A  Ί  N  S  P  Σ  Υ  Γ  K  P  Ό  T  H  M  A
I  Φ  B  E  B  E  Π  Ό  M  E  N  H  Ξ  Z  M  K  Z
U  E  O  Π  A  T  Q  J  Q  Y  D  X  B  Ύ  E  T  Ύ
C  Ί  T  H  Σ  Ω  T  Π  Ί  P  E  Π  B  R  Λ  V  O
B  O  X  I  I  E  Σ  Ώ  I  E  M  O  P  D  L  O  Λ
W  R  T  U  K  P  S  Y  E  C  Q  B  F  G  G  H  Π
G  I  V  Q  Ό  T  E  Λ  E  K  Σ  V  M  H  P  G  M
B  O  Υ  T  I  Ά  J  V  R  R  R  S  K  U  Q  C  X
Θ  A  N  A  T  H  Φ  Ό  P  A  Y  Q  V  J  K  Z  W
P  Ό  Λ  O  I  Δ  I  Ω  T  I  K  Ό  R  L  S  V  L
```

ΥΓΙΉ
ΣΥΓΚΡΌΤΗΜΑ
ΈΣΠΑΣΕ
ΠΕΡΊΠΤΩΣΗ
ΠΕΊΣΕΙ
ΞΎΛΟ
ΜΕΙΏΣΕΙ
ΘΑΝΑΤΗΦΌΡΑ
ΣΚΕΛΕΤΌ
ΚΈΡΔΟΣ
ΒΟΥΤΙΆ
ΙΔΙΩΤΙΚΌ
ΓΡΑΣΊΔΙ
ΜΕ
ΠΕΡΙΚΟΠΉ
ΡΌΛΟ
ΕΠΌΜΕΝΗ
ΜΠΛΟΎΖΑ
ΓΡΑΦΕΊΟ
ΒΑΣΙΚΌ

Puzzle 50

ΓΑΤΆΚΙ
ΓΡΑΒΆΤΑ
ΠΑΊΖΟΥΝ
ΜΠΑΛΟΝΙΏΝ
ΣΚΗΝΉ
ΣΥΝΟΛΙΚΌ
ΑΤΟΜΙΚΉ
ΠΡΟΣΕΚΤΙΚΉ
ΟΛΟΚΛΗΡΏΣΕΙ
ΕΛΈΦΑΝΤΑ
ΠΡΟΣΩΠΙΚΆ
ΤΡΆΠΕΖΑ
ΝΌΣΟ
ΠΟΙΌΤΗΤΑ
ΟΡΊΖΟΥΝ
ΦΑΣΌΛΙΑ
ΠΡΩΙΝΌ
ΤΑΧΎΤΗΤΑ
ΑΕΤΟΣ
ΕΞΩΤΕΡΙΚΌΣ

```
Π  H  O  L  B  X  Σ  K  H  N  Ή  A  H  E  B  A  S
Y  P  A  T  H  T  Ό  I  O  Π  U  M  Q  B  J  N  B
A  P  O  M  N  A  T  H  T  Ύ  X  A  T  G  Q  Y  W
T  O  D  Σ  X  I  E  Σ  Ώ  P  H  Λ  K  O  Λ  O  Z
N  Q  B  G  Ω  N  A  Z  E  Π  Ά  P  T  T  I  Z  H
A  Ό  Y  C  X  Π  U  K  R  D  N  D  R  H  X  Ί  C
Φ  G  Σ  Q  Π  S  I  K  Ά  T  A  Γ  Z  Z  W  A  Σ
Έ  F  B  O  P  A  Ή  K  I  T  K  E  Σ  O  P  Π  Y
Λ  X  O  N  Ω  U  T  C  Ά  H  O  A  T  E  F  O  N
E  M  E  S  I  Y  L  O  H  F  V  J  S  N  F  P  O
G  G  U  S  N  A  I  G  M  O  X  C  G  A  O  Ί  Λ
K  A  H  J  Ό  P  N  K  A  I  Λ  Ό  Σ  A  Φ  Z  I
Γ  P  A  B  Ά  T  A  M  C  L  K  Y  O  R  G  O  K
M  Π  A  Λ  O  N  I  Ώ  N  S  U  Ή  A  W  I  Υ  Ό
E  Ξ  Ω  T  E  P  I  K  Ό  Σ  K  J  G  N  H  N  O
```

Puzzle 51

```
D  J  C  G  X  A  M  Σ  I  Λ  Ύ  Ρ  Γ  Ρ  F  Q  X
N  E  P  Ό  S  Q  Q  O  Ύ  P  K  C  D  Y  O  Z  E
M  K  E  N  J  B  I  Ύ  H  N  X  N  A  A  E  I
S  X  O  Π  H  H  D  Σ  X  M  D  K  Z  Ί  V  W  P
N  S  U  H  I  Q  R  Ά  M  Ά  I  Θ  O  P  Γ  Δ  Ό
A  K  X  H  A  Σ  E  T  O  Λ  A  Π  O  W  I  T
V  Σ  B  O  J  J  T  Σ  P  A  A  M  P  Φ  X  A  E
E  Y  K  O  Λ  Ί  A  O  U  C  Σ  H  Ό  O  I  Δ  P
V  A  A  N  K  P  M  Γ  Λ  O  Π  Θ  Σ  Φ  Q  I  H
W  I  N  Π  A  W  F  P  B  Ή  Ω  Ά  Φ  H  P  K  Π
G  L  X  Ί  J  T  V  E  Γ  Π  M  M  A  Ψ  C  A  Έ
C  W  Q  E  M  G  N  V  Z  Ω  Έ  E  T  I  W  Σ  Σ
M  K  M  Δ  S  N  Q  X  P  I  N  O  A  H  A  Ί  T
A  N  Ά  Γ  K  H  S  D  I  Σ  O  A  T  M  X  A  T
P  Z  U  E  Π  I  T  Y  X  H  M  Έ  N  H  Y  Σ  I
```

ΔΕΊΠΝΟ
ΕΠΙΣΤΟΛΉ
ΚΡΎΟ
ΜΟΎΜΙΑ
ΝΕΡΌ
ΓΡΟΘΙΆ
ΨΗΦΟΦΟΡΊΑ
ΑΣ
ΕΡΓΟΣΤΆΣΙΟ
ΣΙΩΠΉ
ΕΥΚΟΛΊΑ
ΧΕΙΡΌΤΕΡΗ
ΑΝΆΓΚΗ
ΤΣΈΠΗ
ΓΡΎΛΙΣΜΑ
ΠΡΌΣΦΑΤΑ
ΔΙΑΔΙΚΑΣΊΑΣ
ΛΑΣΠΩΜΈΝΟ
ΕΠΙΤΥΧΗΜΈΝΗ
ΜΆΘΗΜΑ

Puzzle 52

ΦΟΡΗΤΌ
ΡΉΜΑ
ΤΗΛΈΦΩΝΟ
ΑΝΕΜΏΝΗ
ΤΟΥΡΚΊΑ
ΑΛΛΑΓΉ
ΠΟΔΙΆ
ΠΑΙΧΝΙΔΙΆΡΙΚΟ
ΤΟΥΛΊΠΑ
ΑΠΌΦΑΣΗ
ΦΡΈΣΚΑ
ΚΑΛΆ
ΗΛΕΚΤΡΙΚΌ
ΧΑΝΤΆΚΙ
ΠΡΟΠΟΝΗΤΉΣ
ΧΛΕΥΑΣΜΌΣ
ΚΟΙΝΩΝΙΚΉ
ΛΕΞΙΛΌΓΙΟ
ΜΈΛΟΣ
ΠΟΛΙΤΙΣΤΙΚΉ

```
A  M  Ή  P  E  Q  I  M  Έ  Λ  O  Σ  V  A  U  Z  I
K  O  I  N  Ω  N  I  K  Ή  U  O  P  H  Λ  U  F  V
Σ  I  C  Q  B  X  Π  M  X  A  F  Q  K  Λ  I  P  T
Έ  Γ  Z  O  T  C  R  P  L  U  P  E  S  A  H  D  O
P  Ό  M  R  A  W  U  B  O  N  G  Ό  Z  Γ  Z  R  Y
Φ  Λ  X  E  R  X  A  R  Q  Π  T  D  Φ  Ή  N  F  P
Ά  I  Δ  O  Π  A  F  V  K  O  O  O  S  A  X  E  K
M  Ξ  X  Λ  E  Y  A  Σ  M  Ό  Σ  N  Y  Q  Σ  M  Ί
O  E  T  H  Λ  Έ  Φ  Ω  N  O  Z  D  H  Λ  J  H  A
W  Λ  Φ  O  P  H  T  Ό  P  D  D  D  N  T  Ί  E  J
K  A  Λ  Ά  P  H  Q  P  K  T  K  D  Ώ  O  Ή  Π  P
X  A  N  T  Ά  K  I  T  Y  M  L  F  M  L  F  Σ  A
J  P  B  M  J  F  Ό  K  I  P  T  K  E  Λ  H  J  F
O  O  E  B  O  K  I  P  Ά  I  Δ  I  N  X  I  A  Π
N  Π  O  Λ  I  T  I  Σ  T  I  K  Ή  A  Z  K  B  R
```

Puzzle 53

```
Ο  Ι  Κ  Ο  Γ  Ε  Ν  Ε  Ι  Α  Κ  Ό  Q  Ο  Ι  Κ  Δ
Ί  W  I  N  I  K  S  F  Σ  Υ  Ρ  Κ  Τ  Ρ  Π  Α  Ι
Ο  Q  J  A  S  A  B  Ρ  Α  Τ  Α  Μ  S  C  Π  Τ  Α
Λ  I  I  V  Ο  Π  G  B  Ρ  U  Ί  N  S  C  Ο  Ά  B
Π  Ε  S  Ε  N  N  Ε  Έ  Α  Υ  Β  Ά  Ζ  Π  Π  Ε
Ε  L  Q  C  Ρ  Ό  Ο  Α  Μ  Ό  Κ  Α  Ο  C  Ό  Α  B
Ο  Ζ  Α  C  Ι  Σ  Ρ  G  Η  Ρ  Κ  Ο  G  Υ  Τ  Υ  Α
Υ  Π  Η  Ρ  Ε  Σ  Ι  Ώ  Ν  Κ  Ο  Μ  Υ  Β  Α  Σ  Ι
Μ  Α  Θ  Η  Τ  Ή  Q  Κ  G  Ι  Ν  G  Α  L  Μ  Η  Ώ
D  Ε  Η  Έ  Ν  Θ  Ε  Τ  Ο  Μ  S  C  Q  Ι  Ο  G  Σ
Λ  Α  Ρ  Ι  Θ  Μ  Ο  Μ  Η  Χ  Α  Ν  Ή  L  Σ  F  Ω
Έ  S  Η  Μ  S  C  U  Ο  Ρ  Τ  Α  Ί  Τ  Ν  Ο  Δ  Ο
Ξ  Q  U  Ο  Μ  Τ  Υ  Υ  F  Ν  Ο  Ζ  Χ  Ν  Α  Κ  Ρ
Η  J  Ο  Q  Κ  V  Τ  J  F  Σ  Ή  Ν  Ο  Μ  Α  Ν  Α
Δ  Ρ  Α  Σ  Τ  Η  Ρ  Ι  Ό  Τ  Η  Τ  Α  Υ  Υ  D  C
```

ΑΚΌΜΑ
ΈΝΘΕΤΟ
ΑΝΑΜΟΝΉΣ
ΗΜΈΡΑΣ
ΜΙΚΡΌ
ΟΔΟΝΤΊΑΤΡΟ
ΑΝΆ
ΛΈΞΗ
ΜΑΘΗΤΉ
ΚΑΠΝΌΣ
ΚΑΤΆΠΑΥΣΗ
ΤΟΝ
ΔΡΑΣΤΗΡΙΌΤΗΤΑ
ΟΙΚΟΓΕΝΕΙΑΚΌ
ΣΤΊΒΟΥ
ΥΠΗΡΕΣΙΏΝ
ΙΠΠΟΠΌΤΑΜΟΣ
ΑΡΙΘΜΟΜΗΧΑΝΉ
ΔΙΑΒΕΒΑΙΏΣΩ
ΠΛΟΊΟ

Puzzle 54

ΚΑΛΛΙΤΈΧΝΗ
ΔΈΚΑΤΟ
ΦΑΝΤΑΣΤΕΊΤΕ
ΠΥΓΟΛΑΜΠΊΔΑ
ΚΑΝΟΝΙΣΜΟΎ
ΓΕΩΓΡΑΦΊΑ
ΚΟΜΜΆΤΙ
ΛΑΜΒΆΝΟΝΤΑΣ
ΣΎΝΤΟΜΟ
ΧΎΝΕΤΑΙ
ΜΈΤΡΙΑ
ΉΘΕΛΕ
ΑΝΑΓΝΩΡΊΣΤΕ
ΣΤΆΘΗΚΕ
ΑΣΦΑΛΈΣ
ΦΛΙΤΖΆΝΙ
ΑΠΟΡΡΊΠΤΟΥΝ
ΤΟΥΣ
ΑΓΏΝΑ
ΕΓΧΕΙΡΊΔΙΟ

```
S  D  Z  A  Κ  C  Z  Ε  Λ  Ε  Θ  Ή  Α  Ε  Υ  Φ  Χ
Ε  Ο  Τ  Ί  Π  Ι  Η  Τ  L  Η  Υ  Ι  Σ  G  Π  Α  Ύ
Η  G  L  Φ  Υ  Ο  V  Σ  V  Β  Ε  Ι  Φ  Χ  Υ  Ν  Ν
Δ  Έ  Κ  Α  Τ  Ο  Ρ  Ί  Β  V  Κ  F  Α  Ε  Γ  Τ  Ε
Ο  Q  Β  Ρ  W  Τ  Ο  Ρ  Κ  Ε  Η  C  Λ  Ι  Ο  Α  Τ
Β  C  Ρ  J  Ζ  Ν  Ω  Ί  Χ  Θ  Η  Έ  Ρ  Λ  Σ  Α
Η  V  Υ  Ω  Ο  U  C  Ν  F  Π  Ά  Ν  Σ  Ί  Α  Τ  Ι
Α  S  Ι  Ε  Ι  Χ  C  Γ  Ρ  Ι  Τ  Η  U  Δ  Μ  Ε  Κ
Ν  Ν  Ο  Γ  Ν  Χ  Ο  Α  Τ  Β  Σ  Ο  D  Ι  Π  Ί  W
Λ  Α  Μ  Β  Ά  Ν  Ο  Ν  Τ  Α  Σ  G  Υ  Ο  Ί  Τ  Μ
Α  Ε  Ο  Ρ  Ζ  Β  Ζ  Α  Ι  Υ  U  Α  G  Ν  D  Ε  Έ
Γ  W  Τ  R  Τ  Τ  Η  Ν  Χ  Έ  Τ  Ι  Λ  Λ  Α  Κ  Τ
Ώ  Ο  Ν  V  Ι  Τ  Ά  Μ  Μ  Ο  Κ  J  S  V  Β  Η  Ρ
Ν  Ζ  Ύ  Κ  Λ  Τ  Ο  Υ  Σ  U  Ι  Ο  Ο  Ζ  J  Κ  Ι
Α  S  Σ  C  Φ  Κ  Α  Ν  Ο  Ν  Ι  Σ  Μ  Ο  Ύ  Χ  Α
```

Puzzle 55

```
K O U N I É M A I E Σ Ώ I Λ C N B
I F Z X T D P X S Q P N Q E B H I
L W O Y F W G X V H B Y X Ή G Σ O
Δ Z R K H Q G H N I M J F O H Ί Λ
Π I X W J F C N I A T Ά T P A Ξ E
Y O A I E Θ Ά Π Σ O P Π K P Y A T
N F Λ Ί G C I K Ά Δ Y O Γ A Λ I Ί
E D P Ύ P R F S R T Z Ά N I T A Π
A Σ Z F T E G A X U X N Ό Δ E X Σ
K Π T O B I Σ E Ξ A Σ K O Y N O Ό
P Ά Z Ί O J M H T A M Ό T Y A A P
I Γ M B A N Y O Ύ E P O Γ A Π A I
B Ω Y L Y Σ V A Q W B J E Y J S O
Ώ M U E N P H D X E Z C P E M K Y
Σ A I E K P Ά I Δ Z F R T I R N T
```

ΚΟΥΝΙΈΜΑΙ
ΠΟΛΎΤΙΜΟ
ΑΚΡΙΒΏΣ
ΔΙΑΊΡΕΣΗ
ΠΆΓΩΜΑ
ΑΥΤΌΜΑΤΗ
ΌΡΙΟ
ΝΗΣΊ
ΔΙΆΡΚΕΙΑ
ΛΙΏΣΕΙ
ΔΙΑΡΡΟΉ
ΕΣΤΊΑΣΗ
ΣΧΕΔΌΝ
ΠΡΟΣΠΆΘΕΙΑ
ΕΞΑΣΚΟΎΝ
ΒΙΟΛΕΤΊ
ΛΑΓΟΥΔΆΚΙ
ΠΑΤΙΝΆΖ
ΑΠΑΓΟΡΕΎΟΥΝ
ΕΞΑΡΤΆΤΑΙ

Puzzle 56

ΣΟΦΟΎΣ
ΑΝΆΓΝΩΣΗΣ
ΛΎΚΟΣ
ΈΠΙΠΛΑ
ΚΟΙΝΩΝΊΑΣ
ΓΙΑ
ΣΤΌΜΑ
ΨΗΛΆ
ΜΈΓΑΙΡΑ
ΔΌΝΤΙΑ
ΣΧΕΔΙΑΣΜΟΎ
ΠΡΟΈΔΡΟΥ
ΝΤΟΥΣ
ΣΑΜΠΟΥΆΝ
ΙΑΤΡΙΚΉΣ
ΤΡΈΧΟΥΣΑ
ΛΙΟΝΤΆΡΙ
ΑΝΤΑΓΩΝΙΣΜΌ
ΑΚΡΊΔΑ
ΚΕΡΆΣΙ

```
T K T Σ A M Π O Y Ά N S E G T V Λ
Π P A N Ά Γ N Ω Σ H S N I M J Q Ύ
P X Έ G N Έ Π I Π Λ A M Ό T Σ T K
O I M X D D H N Y G I Σ Ά P E K O
Έ E P P O K K L V T T R S W H M Σ
Δ K T Q U Y Ό M Σ I N Ω Γ A T N A
P C C P M K Σ Q M P Ό A K P Ί Δ A
O L H P U O Ή A X R Δ S W V L Z Q
Y D L C W I K M Έ Γ A I P A R P Y
N E K F G N I P Ά T N O I Λ Y S N
I T F L J Ω P U Λ O Γ D A Y D W B
V A O A Z N T M H B K I D N J A F
X W R Y H Ί A F Ψ F A R A B K I M
K Ύ O M Σ A I Δ E X Σ L R L N D N
Z A Q T Y Σ Ύ O Φ O Σ D L T E N P
```

Puzzle 57

```
U X J O O K O P T A É Θ P Á H L C
S J W M H F Λ I A D O P Π P W K K
W O P Q N Y O N Ά B M A Λ Θ P M E
Q V B S M X K V I P A Σ Ά P N O I
U M L Z Ί K Ό O S P N Σ T O J I Σ
L Y C E Λ I P Q L F Ύ I O J M Λ A
M A X T U Z Π V V G O Γ Σ Q Q Ό Γ
É Z Q A W Q M A N Ω T Ά M Ω P X Ω
Δ P U I P Ά T I Σ F E M Π K L Σ Γ
P A I P K A Λ Ύ T E P A V Ά B H Ή
A E N Ί Π Λ Ή P Ω Σ H Σ N Λ P N Σ
K H P A M V Γ F A Q Π Z M H P E D
E X C P T O H H C S Y W F M V X I
M E F V M V Π I H S Ξ G J A I D A
M I M H Θ O Ύ N L Z E Z U X T U H
```

ΕΙΣΑΓΩΓΉΣ
ΚΑΛΎΤΕΡΑ
ΈΔΡΑ
ΧΡΩΜΆΤΩΝ
ΣΧΌΛΙΟ
ΧΑΜΗΛΆ
ΕΤΑΙΡΊΑ
ΕΞΥΠΗΡΕΤΟΎΝ
ΜΆΓΙΣΣΑ
ΣΙΤΆΡΙ
ΠΛΆΤΟΣ
ΜΠΡΌΚΟΛΟ
ΆΡΘΡΟ
ΘΈΑΤΡΟ
ΠΆΡΕΙ
ΠΗΓΉ
ΠΛΉΡΩΣΗΣ
ΜΙΜΗΘΟΎΝ
ΛΊΜΝΗ
ΛΑΜΒΆΝΟΥΝ

Puzzle 58

ΕΠΊΣΗΜΑ
ΜΠΑΡ
ΕΙΡΉΝΗ
ΕΠΙΚΊΝΔΥΝΟ
ΛΙΒΆΔΙ
ΕΥΚΑΙΡΊΑ
ΠΉΓΑΝ
ΔΕΚΑΕΤΊΑ
ΕΦΗΜΕΡΊΔΑ
ΕΥΈΛΙΚΤΟ
ΔΙΑΚΟΠΉ
ΠΑΡΑΔΟΣΙΑΚΌ
ΏΡΑ
ΛΌΓΟ
ΓΩΝΊΑ
ΠΡΟΝΌΜΙΟ
ΓΛΏΣΣΑ
ΛΆΧΑΝΟ
ΤΊΓΡΗΣ
ΕΝΤΟΠΙΣΕΙ

```
R W A M H Σ Ί Π E Π P O N Ό M I O
H G E S L S O N Y Δ N Ί K I Π E H
G J M F S C E L K C M E U U K B E
O S R Π I Y T M A Δ E K A E T Ί A
V T H N Ή P I E I N N O Ί I E K S
W Y E N K G J W P A Π M N R C V B
Λ I B Ά Δ I A A Ί V O A Ω A W L G
C P E Z U J J N A N X Q Γ Δ X M E
P W H Y Δ I A K O Π Ή P T Ί H Ά V
Q X R V É Ό K A I Σ O Δ A P A Π Λ
R B O N W Λ S Q H T R B B E C U S
T Ί Γ P H Σ I Γ Λ Ώ Σ Σ A M Ώ C P
U A M S K M N K Z U I B G H P E F
Λ Ό Γ O O P G Y T Y F W N Φ A U G
E N T O Π Ί Σ E I O J S N E N U F
```

Puzzle 59

```
Y  X  G  M  D  E  Σ  Ώ  P  I  M  H  U  P  F  C  E
W  A  T  B  X  O  I  A  T  E  X  P  É  L  Y  U  Ί
H  L  P  L  P  X  E  L  S  I  S  M  S  X  G  E  T
K  L  T  Π  P  O  Σ  T  A  T  E  Ύ  O  Y  N  N  E
Ά  X  W  C  W  M  Ώ  I  T  P  J  L  F  E  N  I  L
Θ  K  Y  G  T  E  T  D  É  E  É  J  C  I  K  A  Q
E  M  Ύ  J  M  Λ  Π  É  Λ  Y  Q  I  O  R  L  Ί  L
W  T  I  K  K  Ό  I  Δ  K  N  Z  Π  P  Ό  Λ  O  Θ
U  I  I  Σ  Λ  Π  Π  Ω  I  O  A  M  R  A  Ά  J  B
L  Y  A  J  Ή  O  E  Σ  Σ  Ϊ  G  Ό  C  Z  K  L  M
L  O  P  C  P  O  Y  E  O  K  W  X  U  Ί  I  K  L
G  N  E  W  X  O  M  T  Ή  O  R  Q  P  T  Y  T
L  A  A  W  L  P  A  F  O  O  D  E  A  K  Y  X  H
Q  V  K  Y  O  Y  P  L  M  W  X  O  A  Γ  Φ  M  W
Σ  Π  Ά  N  I  A  Δ  I  A  Σ  K  E  Δ  Ά  Σ  E  I
```

ΦΥΤΙΚΆ
ΜΙΣΉ
ΕΥΝΟΪΚΉ
ΧΌΜΠΙ
ΚΎΚΛΟΥ
ΈΔΩΣΕ
ΘΟΛΌ
ΠΡΟΣΤΑΤΕΎΟΥΝ
ΕΠΙΠΤΏΣΕΙΣ
ΣΠΆΝΙΑ
ΏΡΙΜΗ
ΜΟΤΟΣΙΚΛΈΤΑ
ΓΚΡΊΖΑ
ΚΑΡΙΈΡΑ
ΠΌΛΕΜΟ
ΕΊΤΕ
ΈΡΧΕΤΑΙ
ΔΙΑΣΚΕΔΆΣΕΙ
ΕΝΙΑΊΟ
ΚΆΘΕ

Puzzle 60

ΖΕΣΤΌ
ΗΛΙΌΛΟΥΣΤΗ
ΜΠΟΡΕΊ
ΣΤΥΛΌ
ΘΥΜΩΜΈΝΟΣ
ΤΡΎΠΑ
ΑΝΟΙΧΤΉΡΙ
ΚΆΠΟΥ
ΣΤΥΛ
ΔΗΜΟΚΡΑΤΙΚΉ
ΌΠΩΣ
ΤΈΤΟΙΑ
ΒΆΡΚΑ
ΚΑΛΩΣΌΡΙΣΜΑ
ΗΓΈΤΗΣ
ΣΥΧΝΉ
ΑΝΤΊΔΡΑΣΗ
ΑΚΑΝΌΝΙΣΤΗ
ΥΠΟΣΤΗΡΊΖΟΥΝ
ΠΕΡΙΣΣΌΤΕΡΑ

```
W  R  F  B  H  Q  I  Δ  B  N  M  M  A  F  P  A  Θ
U  W  D  R  T  M  G  H  D  Ά  I  L  W  X  V  N  Y
H  Z  R  M  Σ  L  T  M  S  J  P  Q  K  K  T  T  M
T  R  L  Z  I  P  S  O  H  W  Ή  K  E  E  É  Ί  Ω
Σ  P  S  O  N  Z  L  K  I  E  T  O  A  Z  T  Δ  M
Y  F  Ύ  C  Ό  T  A  P  D  Z  X  Σ  W  G  O  P  É
O  K  D  Π  N  W  U  A  K  T  I  Y  H  D  I  A  N
Λ  Y  T  Σ  A  K  V  T  Ά  F  O  X  D  T  A  Σ  O
Ό  K  E  B  K  U  Y  I  Π  H  N  N  H  R  Έ  H  Σ
I  Σ  E  G  A  Z  F  K  O  E  Ά  H  E  T  G  E
Λ  T  O  Ό  Π  Ω  Σ  Ή  Y  Q  J  N  M  C  J  I  H
H  Y  D  T  Z  J  K  A  Λ  Ω  Σ  Ό  P  I  Σ  M  A
L  Λ  P  Σ  Π  E  P  I  Σ  Σ  Ό  T  E  P  A  E  D
F  Ό  Ί  E  P  O  Π  M  E  T  K  Y  L  E  L  T  M
N  Y  O  Z  Ί  P  H  T  Σ  O  Π  Y  U  P  H  E  Z
```

Puzzle 61

```
Π D J X C S C U Π L U B G T P B Π
O A Z K Ή O Π Ω P Θ N Ά N O I X T
S Λ N E Δ L J A Ά Σ N R Z C H E
X Έ F T Y K D C Γ Π X Q K N Π P
J N N Σ E J M Y M F R Ά L J H A Ύ
K A C Ά Ψ L J A M M Y N U P Ύ Γ
R K Y B L Q Ό A T Ά P Φ A I U Σ I
Ά W G A K X D N I N R L E L O H O
B N F I B W B O I Π Ό K Σ E Λ H T
H A Θ Δ N Ό K I T A T Σ Y Σ Σ Σ H
U W V I E K Π A Ί Δ E Y Σ H Ύ Έ U
B R Q H Σ E Y X Ά P I Σ T H N M D
A S O X X H Σ Ω N Ά Γ P O P O Q S
V E N Δ I A Φ Έ P O Y Σ A T Λ I V
E K T Έ Λ E Σ H Q Z X Z H G Ό L B
```

ΆΝΘΙΣΗ
ΠΤΕΡΎΓΙΟ
ΕΚΤΈΛΕΣΗ
ΔΙΑΒΆΣΤΕ
ΠΑΎΣΗ
ΣΥΣΤΑΤΙΚΌ
ΧΙΟΝΆΝΘΡΩΠΟ
ΣΎΝΟΛΟ
ΕΥΧΆΡΙΣΤΗ
ΠΡΆΓΜΑΤΙ
ΣΠΆΝΙΟ
ΕΚΠΑΊΔΕΥΣΗ
ΠΑΝΤΕΛΌΝΙΑ
ΜΈΣΗ
ΤΗΛΕΣΚΌΠΙΟ
ΨΕΥΔΉ
ΚΑΝΈΛΑ
ΟΡΓΆΝΩΣΗ
ΕΝΔΙΑΦΈΡΟΥΣΑ
ΑΦΡΆΤΑ

Puzzle 62

ΑΥΤΟΠΕΠΟΊΘΗΣΗ
ΕΝΤΟΠΙΣΜΌ
ΟΡΑΤΌ
ΕΣΤΊΑΣΗΣ
ΑΓΚΆΛΙΑΣΕ
ΚΆΛΤΣΕΣ
ΑΥΓΌ
ΧΥΜΌ
ΓΙΑΤΊ
ΔΙΑΤΗΡΗΘΕΊ
ΔΎΟ
ΚΑΘΗΓΗΤΉΣ
ΣΎΓΚΡΟΥΣΗ
ΛΕΙΤΟΥΡΓΊΑ
ΈΝΤΙΜΑ
ΕΛΚΥΣΤΙΚΉ
ΒΡΟΧΉΣ
ΒΛΈΜΜΑ
ΘΑΥΜΆΣΙΑ
ΓΕΛΆΣΕΙ

```
O E Γ F H X E Z E E B X C A K A F
G Σ Σ E U B A D I N Λ C M S Ά Y Y
G A Ή T Λ Δ Ύ O T Έ D U U Λ T Y
O I X Ό Ί Ά O N E O M Q A I T O P
I Λ O T U A Σ Z T Π M V X P Σ Π V
R Ά P A N I Σ E H I A T H J E E O
N K B P I A M H I Σ U J Σ H Σ Π L
E Γ D O J Σ B Q Σ M Ό Γ Y A Ή O J
P A W P F L Ά L S Ό J I O I T Ί R
U I L C P M Ό M Y X M E P E H Θ Z
A D D F Z E Λ K Y Σ T I K Ή G H I
W Έ N T I M A Q W A J T Γ H H Σ G
Λ E I T O Y P Γ Ί A Θ F Ύ U O Θ Y
Δ I A T H P H Θ E Ί C W S H A R E
Γ I A T Ί E R V A A W J O Q K X X
```

Puzzle 63

```
C  V  V  Ά  P  F  T  H  V  D  A  Q  Σ  L  K  Υ  Π
V  A  P  Σ  F  N  W  D  Z  Y  Σ  Z  Y  W  O  Y  P
N  Y  L  K  I  E  Φ  K  P  L  T  Y  M  T  W  O  O
Δ  T  B  O  I  Λ  Ή  O  P  A  Έ  E  Φ  I  Q  Z  Σ
T  Ά  N  Π  E  M  A  M  P  J  P  N  Ω  E  Z  W  E
A  I  X  O  Y  Ή  M  E  V  Ά  I  Ώ  N  Σ  Y  B  K
Y  G  F  T  J  N  J  U  M  A  A  B  Ί  Ή  V  N  T
T  W  H  Σ  Y  A  M  Π  Λ  O  K  I  A  T  Σ  B  I
Ό  R  T  U  N  Λ  Π  Y  T  J  X  O  B  A  U  E  K
T  N  M  C  J  I  Ό  A  A  I  X  M  H  P  Ό  N  Ά
H  C  Q  Φ  Z  U  Y  N  Ί  X  M  A  M  K  W  Z  F
T  R  K  Y  D  Y  Σ  Έ  Q  X  D  F  Q  H  C  Ί  O
A  K  O  T  L  M  B  T  Z  O  T  Ά  I  Π  M  N  S
Σ  X  H  Ά  L  E  Y  X  E  N  C  H  J  U  E  H  H
E  Ξ  Έ  Π  Λ  H  Ξ  E  X  I  G  I  Σ  F  Y  J  D
```

ΣΥΜΦΩΝΊΑ
ΔΆΧΤΥΛΟ
ΑΙΧΜΗΡΌ
ΤΑΥΤΌΤΗΤΑΣ
ΠΡΟΣΕΚΤΙΚΆ
ΧΤΈΝΑ
ΠΑΊΧΤΗΣ
ΆΣΚΟΠΟ
ΕΞΈΠΛΗΞΕ
ΑΣΤΈΡΙΑ
ΜΠΛΟΚ
ΣΤΟ
ΑΜΟΙΒΏΝ
ΚΡΑΤΉΣΕΙ
ΦΟΡΆ
ΉΛΙΟ
ΠΙΆΤΟ
ΦΥΤΆ
ΜΉΝΑ
ΒΕΝΖΊΝΗ

Puzzle 64

ΦΟΡΗΤΈΣ
ΔΙΟΊΚΗΣΗΣ
ΚΟΥΤΊ
ΠΕΡΙΕΧΟΜΈΝΟΥ
ΛΕΟΠΆΡΔΑΛΗ
ΈΚΑΝΕ
ΜΕΊΝΕΤΕ
ΦΆΣΗ
ΠΟΛΛΏΝ
ΣΟΥ
ΚΥΒΈΡΝΗΣΗΣ
ΕΚΛΟΓΉ
ΑΝΤΑΠΟΚΡΊΝΟΝΤΑΙ
ΓΕΙΑ
ΟΙΚΟΝΟΜΙΚΏΝ
ΞΑΦΝΙΚΆ
ΑΛΕΎΡΙ
ΚΟΡΆΚΙ
ΜΑΚΡΆ
ΚΑΚΌ

```
V  X  V  S  V  L  H  U  E  Z  E  L  S  E  E  K  M
F  Z  Q  I  K  J  M  Z  N  T  K  N  I  O  I  O  E
Δ  I  O  Ί  K  H  Σ  H  Σ  M  Λ  P  A  Ό  Q  P  Ί
Λ  E  O  Π  Ά  P  Δ  A  Λ  H  O  G  I  K  H  Ά  N
W  U  Φ  O  P  H  T  Έ  Σ  K  Γ  S  E  A  Έ  K  E
Σ  O  Y  Ί  X  E  M  R  Q  M  Ή  T  G  K  S  I  T
P  G  H  T  Π  A  Q  B  E  M  T  R  X  V  J  B  E
K  H  C  Y  O  N  Έ  M  O  X  E  I  P  E  Π  V  F
O  T  E  O  Λ  W  J  Σ  H  Σ  H  N  Ή  Έ  B  Y  K
U  N  C  K  Λ  V  T  S  Z  F  U  D  Ύ  B  G  I
V  N  M  T  Ώ  O  E  W  O  I  V  U  F  P  E  V  H
F  Z  L  K  N  Ώ  K  I  M  O  N  O  K  I  O  Λ  X
A  N  T  A  Π  O  K  P  Ί  N  O  N  T  A  I  G  A
D  Z  S  Q  Z  Y  X  Φ  Ά  Σ  H  Q  P  X  I  A  T
M  A  K  P  Ά  K  I  N  Φ  A  Ξ  A  R  C  Z  P  R
```

Puzzle 65

```
U Y Y N N Y O Γ Ύ E Φ O Π A A B Y
G I T U E O U Λ F A Π T I F P X A
T A I E Θ Ή N Y Σ E V E T Ψ Έ Λ K
U K L N T L H K T Y B E P E C D W
H P L O Z E Ά P A M W M I I M D
B L V I E J Σ K O I N Ό A K O Y U
O F U K S G Q Έ N U A A X Ά N X V
Ύ A N Ί Z Y O K Θ C J P A N O Σ Ή
P C X A X A N P Σ X H Ί A Θ Y Σ
T D D Σ I X Ό C Z I O W P Π Φ Z E
Σ X T H S G Π J X J E P I Σ Ά Ή N
A M H Λ B Ό P Π A Z Y F Π S P T Ά
E N T Y Π Ω Σ I Ά Z O Y N E J H P
Π Λ H P O Φ O P I Ώ N N S J G Σ I
X A P T A E T Ό O U P F A N B H O
```

ΆΦΘΟΝΟ
ΠΌΝΟ
ΣΕΝΆΡΙΟ
ΒΟΎΡΤΣΑ
ΠΡΌΒΛΗΜΑ
ΣΥΝΉΘΕΙΑ
ΕΝΟΙΚΊΑΣΗ
ΧΑΡΤΑΕΤΌ
ΣΥΖΉΤΗΣΗ
ΓΛΥΚΆ
ΜΑΧΑΊΡΙ
ΠΡΟΣΘΈΣΕΤΕ
ΚΟΥΖΊΝΑ
ΚΟΙΝΌ
ΕΝΤΥΠΩΣΙΆΖΟΥΝ
ΚΛΈΨΤΕ
ΠΕΡΙΟΧΉ
ΣΠΑΝΆΚΙ
ΑΠΟΦΕΎΓΟΥΝ
ΠΛΗΡΟΦΟΡΙΏΝ

Puzzle 66

ΒΟΉΘΕΙΑ
ΕΚΔΉΛΩΣΗ
ΕΙΡΗΝΙΚΉ
ΚΥΚΛΙΚΉ
ΔΙΔΆΣΚΕΙ
ΠΟΛΊΤΗ
ΔΏΔΕΚΑ
ΚΤΊΡΙΟ
ΤΎΠΟΣ
ΠΕΔΙΆΔΕΣ
ΣΥΜΠΕΡΙΦΟΡΆ
ΑΝΕΞΑΡΤΗΣΊΑΣ
ΕΜΦΆΝΙΣΗ
ΠΡΏΗΝ
ΟΝΌΜΑΤΟΣ
ΠΑΡΆ
ΑΡΙΣΤΕΡΌ
ΜΑΡΓΑΡΊΤΑ
ΑΝΆΒΑΣΗ
ΝΌΜΙΣΜΑ

```
I L K A M Σ I M Ό N V H O G S Π B
N K Y P Π L U C T H Π H X Q Y O O
N U K I E Σ Z F P E L P W S H Λ Ή
H A Λ Σ Δ Z Q H R Σ Z R Ώ R B Ί Θ
Z I I T I O N Ό M A T O Σ H I T E
Π A K E Ά I L U R Ί U L Y V N H I
N A Ή P Δ P P Z E Σ O Π Ύ T X I A
G F P Ό E Ί D C K H Σ I N Ά Φ M E
A F D Ά Σ T L V A T Ί P A Γ P A M
L M Q I Ή K I N H P I E G Z X O M
Δ I Δ Ά Σ K E I K A Z T U N Q L T
Δ Ώ Δ E K A M T K Ξ Z L K I S L O
Y O H Ά P O Φ I P E Π M Y Σ D X A
A N Ά B A Σ H Y F N I V Q O N S L
E K Δ Ή Λ Ω Σ H R A N J M K Q M Z
```

Puzzle 67

```
T K N O W T U H D X Ή K I M P E Θ
B P K Y R Ί R P W T T P Z X S Q M
T T E Ή X E S A O Z R E Z E L P Y
N Z L Λ M T Z O M Y E B N J X A Σ
Y U R I Ό Y E J R G V A Ω H G Π T
I Y X E A E Δ P H U R T Ί Δ W A Ή
K V E Π V P Ύ P Ί E S O Δ Ώ E N P
Q O Σ A W T Σ R F Δ C K I I Π Ά I
W E Y I H N K B S I A Ά T E I K O
T V O N Y A O Λ E Γ Ό M A X T I A
R X Λ Έ Ά Π Λ S W T W A M I Y Δ M
Q Z Ί M D B O R I S R P Ω O X Ί T
J U Φ H S F I X Ή N A A Σ T Ί Λ E
V R M Σ A I E Δ Ά E Y B B Σ A A X
E R O A Z S Π V D H C T K W D Ψ F
```

ΦΊΛΟΥΣ
ΧΑΜΌΓΕΛΟ
ΑΠΕΙΛΉ
ΆΔΕΙΑΣ
ΑΣΗΜΈΝΙΑ
ΚΡΕΒΑΤΟΚΆΜΑΡΑ
ΡΑΠΑΝΆΚΙ
ΣΤΟΙΧΕΙΏΔΗ
ΠΕΙ
ΤΡΕΛΌ
ΣΩΜΑΤΙΔΊΩΝ
ΚΟΥΝΆΒΙ
ΝΥΧΤΕΡΊΔΑ
ΕΠΙΤΥΧΊΑ
ΔΎΣΚΟΛΟ
ΧΉΝΑ
ΘΕΡΜΙΚΉ
ΜΥΣΤΉΡΙΟ
ΨΑΛΊΔΙ
ΠΑΝΤΡΕΥΤΕΊ

Puzzle 68

ΕΥΧΉ
ΔΙΑΘΈΤΟΥΝ
ΒΌΛΤΑ
ΧΏΡΑΣ
ΗΛΙΈΛΑΙΟ
ΜΈΘΟΔΟΣ
ΔΊΚΗ
ΉΔΗ
ΚΑΛΟΎΜΕ
ΒΡΟΧΕΡΈΣ
ΝΌΤΙΑ
ΑΝΤΙΠΡΟΣΩΠΕΎΟΥΝ
ΕΊΝΑΙ
ΣΥΧΝΆ
ΈΡΗΜΟ
ΦΥΣΙΚΆ
ΑΠΑΣΧΟΛΟΎΝ
ΧΑΡΑΚΤΗΡΙΣΤΙΚΌ
ΝΈΚΤΑΡ
ΠΑΡΆΓΟΝΤΑΣ

```
O E S E Δ I A Θ Έ T O Y N J M M S
B J P J J Q D T J E R E U H S Έ Z
P M B P T W V P Z U M B I U U Θ Z
W G X W F N L J I O T Ύ Z R K O X
A N T I Π P O Σ Ω Π E Ύ O Y N Δ W
U M O O Ά A G Έ O M H P Έ Λ C O Π
X A P A K T H P I Σ T I K Ό A Σ A
U S W I I K K E A G B A T Q O K P
H I I T Σ Έ Ί X Λ Z Ό N J U X W Ά
Σ L M Ό Y N Δ O Έ L Λ Ί D D T A Γ
A Y X N Φ E F P I B T E Y H W F O
F T X U M F Z B Λ Z A T V U A G N
K Z H N E Y X Ή H Δ Ή P A A J A T
D K D I Ά A Π A Σ X O Λ O Ύ N T A
S Z B O O Q X Ώ P A Σ A M D U Q Σ
```

Puzzle 69

```
G T C N I Λ Έ Z I Π M O H W U K I
O D H W Q E Δ F H M L Ω I N Y Q Π
K A M Π Ί N A E D R T T P P J D Π
N I P Ό Γ A I E I T Q M C O B L Ό
K E Φ A Λ A Ί O Y Λ Y U E R Ύ E T
Ό Σ Y P X C P U Y M Ά I E O X H H
D Ί X P O N O Δ I Ά Γ P A M M A Σ
I X C Y W O V N H L H B U D C Z R
D P H Σ A T Σ Ά T A K G A M O J G
A A T L A Ί B Σ E I P Ά Y V D B Y
Z Ξ K L W P P Δ I A T H P O Ύ N I
K E Ί E Q T K N T K D I M R Z U F
X N E A K Σ K Ί O Y P O Σ Ό B Σ A
T T Δ H Σ Ω Ί T Λ E B B Q X U W S
D K I C J G N R Δ E Δ O M Έ N A H
```

ΧΡΥΣΌ
ΣΕΙΡΆ
ΑΡΧΊΣΕΙ
ΜΠΙΖΈΛΙ
ΚΑΜΠΙΝΑ
ΧΡΟΝΟΔΙΆΓΡΑΜΜΑ
ΚΑΤΆΣΤΑΣΗ
ΚΕΦΑΛΑΊΟΥ
ΤΡΊΤΟ
ΔΙΑΤΗΡΟΎΝ
ΔΕΔΟΜΈΝΑ
ΣΚΊΟΥΡΟΣ
ΑΞΊΑΣ
ΑΓΌΡΙ
ΜΩΡΟΎ
ΒΕΛΤΊΩΣΗ
ΑΣΒΌΣ
ΔΕΊΚΤΗ
ΔΕΙΛΆ
ΙΠΠΌΤΗΣ

Puzzle 70

ΣΚΑΝΤΖΌΧΟΙΡΟΣ
ΔΗΛΗΤΉΡΙΟ
ΚΊΝΗΤΡΟ
ΠΡΟΤΙΜΟΎΝ
ΔΡΟΣΕΡΌ
ΒΉΜΑ
ΕΠΙΚΟΙΝΩΝΊΑ
ΣΎΝΟΡΑ
ΕΔΏ
ΚΌΤΑ
ΑΠΕΙΚΟΝΊΖΟΥΝ
ΑΝΤΙΚΕΊΜΕΝΟ
ΧΙΛΙΆΔΕΣ
ΌΡΟ
ΠΌΡΤΑ
ΜΆΓΕΙΡΑΣ
ΣΟΦΊΑΣ
ΑΓΕΝΉΣ
ΎΨΟΣ
ΑΦΙΕΡΏΝΩ

```
Δ M Y G U C O J N N Σ Ή N E Γ A A
G P A U Q K Q V Y I K Q F V Z Ώ N
A W O Z V Ό N J O J A U O Y T Δ T
Φ D T Σ L T B E Z X N T I K J E I
I K C L E A B R Ί T T M P E N Π K
E Ύ Ί W T P M Ό N E Z B Ή Ό H I E
P Ψ M N E E Ό P O Σ Ό Ή T V Π K Ί
Ώ O Ά Ύ H Q O O K Q X M H L W O M
N Σ Γ O L T I P I Q O A Λ K M I E
Ω P E M S M P T E L I P H Z N N N
U T I I H C N O Π Q P O Δ A M Ω O
P H P T Σ O Φ Ί A Σ O N T M Y N O
S G A O O J T X F Z Σ Ύ T C D Ί B
R Y Σ P D H T T I Q J Σ Y N N A A
Z L J Π X I Λ I Ά Δ E Σ V A W D L
```

Puzzle 71

```
A Ρ Σ E N I K Ό P O M A N Ύ Δ A Π
Φ S J Z E K B V S A Y Ί P X Y A P
T E F Ύ Θ X V M C T C Θ C Ύ P H O
Ω A Φ O P Ά S J X D N O F K A I Σ
X S J I Ή R N X A S G Y C J C Σ Δ
Ά E N Z Q N Y Φ Ό B O Σ X S K V O
B M N Y O X Σ Ά Π P M A Y D C G K
Γ A Δ P Π Ά N Ω R E U N P O F R O
N Έ K O Y P A Σ M Έ N O Σ Z Λ V Ύ
T V Φ R T A K T C W Y G U V P Ό N
G F T Y T P A M E K V T S C K E Ω
H N Ύ O P Δ I Π E Λ H Λ Λ A Q X P
K W L F T A E Σ Ω T E P I K Ή O Ί
B F V W L S I E E E L J Z Y I A O
Π A N O M O I Ό T Y Π A X I H E X
```

ΠΡΟΣΔΟΚΟΎΝ
ΑΡΣΕΝΙΚΌ
ΧΟΊΡΩΝ
ΑΛΛΗΛΕΠΙΔΡΟΎΝ
ΑΔΎΝΑΜΟ
ΑΦΟΡΆ
ΑΊΘΟΥΣΑ
ΠΑΝΟΜΟΙΌΤΥΠΑ
ΡΥΖΙΟΎ
ΣΑΎΡΑ
ΦΤΩΧΆ
ΠΆΝΩ
ΚΟΥΡΑΣΜΈΝΟ
ΤΡΑΜ
ΉΡΘΕ
ΌΛΟΥΣ
ΦΌΒΟ
ΓΈΦΥΡΑ
ΕΣΩΤΕΡΙΚΉ
ΠΆΣΧΟΥΝ

Puzzle 72

ΚΌΜΠΟΣ
ΕΠΈΚΤΑΣΗ
ΣΎΝΝΕΦΟ
ΣΚΙΆ
ΣΩΣΤΌ
ΝΈΩΝ
ΑΠΑΛΌ
ΣΤΡΑΤΙΏΤΗΣ
ΈΧΕΙ
ΕΊΣΟΔΟ
ΣΥΝΤΡΙΒΉ
ΔΕΙΛΌΣ
ΦΏΝΑΞΕ
ΑΣΤΈΡΩΝ
ΓΝΩΣΗ
ΥΠΆΛΛΗΛΟ
ΑΔΕΙΆΖΕΙ
ΕΦΕΎΡΕΙ
ΧΤΎΠΗΜΑ
ΤΏΡΑ

```
I E Z Ά I E Δ A P F M F Γ D H P D
B Π K I X U M D T G S N D N Q F M
Y Έ V K C Φ Ώ N A Ξ E Έ Y Ω Ώ E M
H K F Σ Q B A A Q B R Ω D P D Σ H
N T Y B R E P L I V R N T Έ Σ G H
A A P Ώ T O Z R R J K G Z T Ύ U I
Y Σ H T Ώ I T A P T Σ K A Σ N Σ J
W H U W B C D O V C G L Π A N Y E
G Q M N K V Q P L Δ K B A M E N Φ
A Y K H Ό T Σ Ω Σ T E W Λ I Φ T E
Έ S P A M H Π Ύ T X C I Ό G O P Ύ
V X T Q Π M T P Q R E Λ A S F I P
L T E Y O Δ O Σ Ί E T D E Ό S B E
N A H I Σ Y Π Ά Λ Λ H Λ O K Σ Ή I
T X R U J R N K R J Z U T W I X A
```

Puzzle 73

```
P Ο Π Κ Θ Β G T J J G Β Δ Β F W Β
Ο W Λ Ά Ζ Ε D Κ W Q Σ Ο Ά Β J U A
Δ Ζ Η Λ Ι Ί Ε Β Ο Ο Υ Σ Ι Α F M
Ά Μ Μ Υ Σ Ε Τ Α Ι Ο Κ Ι Ο Π Έ Η Π
Κ Β Μ Ψ G U Σ Η P C Q Η Σ Q N E Ί
Ι Ζ Ύ Η G Ν Ο Ή Ά Κ Ο Κ Η Α Ι Ο Ρ
Ν Ν Ρ Σ Τ C Φ C Γ Δ Έ Ν Τ Ρ Ο Λ Π
Ο Υ Α Ο Ι U Υ Σ Γ Ρ Δ C S F Q Ί Α
J Ο G J D U Λ J Υ Υ Υ Ε Η Υ Τ Σ Τ
Ν Τ Ι Q Α Β Έ Η Ο Α Ο Ο Ξ Ν U Θ Ά
Q Π Υ L J Α Κ F Φ Ζ Δ S Ι Ι Μ Η Τ
Α Ί Λ Α Ρ Α Π Μ Σ J Ό Ν Ο Μ Ά Σ Α
L Π Ζ Ή Τ Η Σ Ε W U Σ S X Κ Η Η Ρ
Ε Μ L Ζ Β Α Ί Μ Υ Θ Ι Π Ε Ρ F Δ Τ
Μ Ε Γ Ά Λ Α L Ο G Μ Ε Ρ Ο Χ Ο S X
```

ΠΑΤΆΤΑ
ΕΙΣΌΔΟΥ
ΘΕΊΑ
ΟΛΊΣΘΗΣΗ
ΡΟΔΆΚΙΝΟ
ΜΕΓΆΛΑ
ΠΛΗΜΜΎΡΑ
ΖΉΤΗΣΕ
ΕΠΙΘΥΜΊΑ
ΕΜΠΊΠΤΟΥΝ
ΔΗΜΙΟΥΡΓΉΣΕΙ
ΣΦΟΥΓΓΆΡΙ
ΚΈΛΥΦΟΣ
ΚΆΛΥΨΗΣ
ΔΈΝΤΡΟ
ΔΕΞΙΆ
ΈΠΟΙΚΟΙ
ΔΆΣΟΣ
ΒΑΜΠΊΡ
ΠΑΡΑΛΊΑ

Puzzle 74

ΕΚΚΕΝΏΣΤΕ
ΈΞΥΠΝΗ
ΑΦΑΊΡΕΣΗ
ΘΕΡΑΠΕΊΑ
ΚΑΤΟΙΚΊΑ
ΕΞΈΤΑΣΗΣ
ΔΙΑΦΑΝΉ
ΤΟΛΜΗΡΉ
ΑΓΑΠΗΜΈΝΟ
ΛΕΠΤΉ
ΠΥΡΟΣΒΈΣΤΗΣ
ΠΑΤΆΤΑΣ
ΤΡΟΦΊΜΩΝ
ΑΝΑΚΑΤΕΎΟΥΜΕ
ΓΡΑΜΜΑΤΈΑΣ
ΈΒΔΟΜΗ
ΚΆΤΙ
ΑΚΑΤΆΛΛΗΛΗ
ΚΑΘΟΡΊΖΟΥΝ
ΚΑΦΈ

```
Θ Υ Κ Χ Κ U Γ Q Ή Ρ Η Μ Λ Ο Τ Α Ο
Ν Ε L Κ Κ Ά U Ρ Ν C Α Η Κ L Ρ Γ Ι
L Ρ Ρ S W Μ Τ Σ Α Τ Ά Τ Α Π Ο Α Q
Ζ L Κ Α Κ R C Ι Φ Μ Υ D U Ζ Φ Π G
L J Ο G Π C F Q Α J Μ Μ W F Ί Η J
F D Ε Ν Α Ε Χ Ζ Ι Ν F Α Μ Τ Μ Μ Ε
Υ J F D V Ι Ί L D G Α C Τ U Ω Έ Κ
Η Λ Η Λ Λ Ά Τ Α Κ Α W Α Χ Έ Ν Ν Κ
Ν Β J Κ Β Α Φ Α Ί Ρ Ε Σ Η Έ Α Ο Ε
Π Ε Ξ Έ Τ Α Σ Η Σ Ν Ζ U Τ Β C Σ Ν
Υ Α Ν Α Κ Α Τ Ε Ύ Ο Υ Μ Ε Δ Κ F Ώ
Ξ Η Ν Ρ Χ G U Μ Λ Ε Π Τ Ή Ο Α Α Σ
Έ Κ Α Τ Ο Ι Κ Ί Α Ζ Q Ρ Χ Μ Φ W Τ
Κ Α Θ Ο Ρ Ί Ζ Ο Υ Ν C U Α Η Έ Β Ε
Π Υ Ρ Ο Σ Β Έ Σ Τ Η Σ Ρ F G Κ G D
```

Puzzle 75

```
Σ G J I T V F N Z Q M T L P U A C
Y T F D R H S H C E H P F Ί Y F R
O C A I N O Λ F G H V Y F P M I D
Λ V N Φ P O J E X I N Φ G I E E K
Λ M Έ P Ύ T P N Ό W A E M Δ G O
Ά Y P E K Λ P O K P R P C A A Y Y
F I A M F W I W A V A Ά Γ Σ Λ C K
N I K Ή Σ E I A S T I Σ G H O Z O
Y Π O Ψ Ή Φ I O Σ R Σ R H B E N Y
O X X A I N Y O X Έ T E M M Y Σ B
G V Ί Σ T A Y P Ό Ί H E T F A Ά
D R O Π H Λ Ί K O A P O K Ό K V Γ
K H T Y R H S X P R O U H S A Y I
M A K I Γ I Ά Z M S K O K X D E A
M Y A Λ Ό Δ I A T H P O Ύ N T A I
```

ΔΙΑΤΗΡΟΎΝΤΑΙ
ΝΙΚΉΣΕΙ
ΚΌΚΟΡΑ
ΜΑΚΙΓΙΆΖ
ΣΤΑΥΡΌ
ΤΗΛΕΌΡΑΣΗ
ΚΟΥΚΟΥΒΆΓΙΑ
ΚΟΡΊΤΣΙΑ
ΜΕΓΆΛΟ
ΓΗ
ΣΤΑΦΎΛΙΑ
ΣΥΜΜΕΤΈΧΟΥΝ
ΤΟΊΧΟ
ΠΗΛΊΚΟ
ΥΠΟΨΉΦΙΟΣ
ΤΡΥΦΕΡΆ
ΊΡΙΔΑΣ
ΆΛΛΟΥΣ
ΑΡΈΝΑ
ΜΥΑΛΌ

Puzzle 76

ΔΙΑΦΥΓΉΣ
ΑΣΦΑΛΕΊΑΣ
ΕΊΔΟΣ
ΥΛΙΚΌ
ΕΠΙΣΤΉΜΟΝΑΣ
ΒΡΑΣΤΉΡΑ
ΠΩΛΗΤΉ
ΧΏΡΟ
ΣΥΝΉΘΩΣ
ΔΈΣΜΕΥΣΗ
ΕΘΝΙΚΌΣ
ΣΥΖΗΤΉΣΟΥΝ
ΤΆΞΗ
ΠΕΡΑΙΤΈΡΩ
ΣΚΙ
ΘΈΛΕΙ
ΛΑΟΓΡΑΦΙΚΌ
ΜΑΛΛΊ
ΣΥΜΦΩΝΉΣΟΥΝ
ΒΕΛΌΝΑ

```
Σ A N O M Ή T Σ I Π E Δ U B X Q I
T Y E P F T Q X Σ Ό K I N Θ E Q L
F T M Y Λ I K Ό K I Φ A P Γ O A Λ
D E H Φ Y P U D A G B Φ K G C P E
K P M Σ Ω Θ Ή N Y Σ V Y P X L H O
Σ K O I A N Ό Λ E B G Γ H Ξ Ά T O
T Y J T K F Ή M O D W Ή A A H Σ L
Z Y Z W J G J Σ Y M A Σ Σ I E A A
L Σ U H V H X I O O T T Φ Q Ί P I
G K J R T N Q Ώ E Y U N A B Δ B N
P I E J P Ή Y O P E N Θ Λ E O E M
Π Ω Λ H T Ή Σ K T O N Έ E L Σ J A
I P K E F O D O H R C Λ Ί T P F Λ
Δ Έ Σ M E Y Σ H Y W Q E A F D Z Λ
Π E P A I T Έ P Ω N Z I S U K G Ί
```

Puzzle 77

```
Σ  R  T  Q  I  Y  T  L  Y  D  K  Q  Z  A  D  N  F
Y  I  J  I  E  Ξ  Ί  Λ  Y  T  A  Δ  Ά  Λ  E  Γ  A
N  Q  K  T  Σ  Σ  O  T  A  M  M  Ά  P  Γ  O  P  Π
A  M  A  I  Ή  H  Y  O  Ί  P  H  T  N  Y  Λ  Π  C
N  Έ  M  E  P  R  M  Γ  M  C  Λ  J  D  N  B  E  T
T  Λ  Ή  Σ  Ω  A  J  Y  U  L  O  N  Π  Ύ  O  B  V
H  I  Λ  Ύ  X  G  D  A  W  Σ  Π  O  F  C  B  Z  L
Θ  Σ  A  E  K  Ή  V  Λ  I  P  Ά  K  Γ  I  Λ  A  Σ
O  Σ  W  N  E  R  M  Ί  T  E  P  G  H  T  E  H  O
Ύ  A  P  Π  Q  Y  X  A  Z  X  Δ  K  A  I  Z  Q  J
N  B  Q  M  G  N  K  P  K  K  A  C  G  J  B  J  S
R  O  N  E  M  Ά  M  E  P  T  Λ  F  M  Z  W  D  N
Έ  N  T  O  N  O  Σ  S  J  U  H  Ξ  Ά  P  Π  H  Q
N  Y  V  P  I  D  L  E  T  Y  M  H  Γ  O  P  Ί  A
A  Π  O  T  Έ  Λ  E  Σ  M  A  Q  K  E  P  E  J  O
```

ΜΈΛΙΣΣΑ
ΠΡΆΞΗ
ΠΛΥΝΤΗΡΊΟΥ
ΑΓΕΛΆΔΑ
ΚΑΜΉΛΑ
ΣΥΝΑΝΤΗΘΟΎΝ
ΤΥΛΊΞΕΙ
ΠΡΟΓΡΆΜΜΑΤΟΣ
ΚΑΜΗΛΟΠΆΡΔΑΛΗ
ΑΠΟΤΈΛΕΣΜΑ
ΣΧΉΜΑ
ΚΑΙ
ΕΤΥΜΗΓΟΡΊΑ
ΈΝΤΟΝΟΣ
ΕΜΠΝΕΎΣΕΙ
ΣΑΛΙΓΚΆΡΙ
ΤΡΕΜΆΜΕΝΟ
ΕΚΧΩΡΉΣΕΙ
ΎΠΝΟ
ΓΥΑΛΊ

Puzzle 78

ΑΞΙΌΠΙΣΤΗ
ΧΟΡΌ
ΜΝΉΜΗ
ΠΡΟΜΉΘΕΙΕΣ
ΑΝΗΣΥΧΊΑ
ΒΟΥΒΆΛΙΑ
ΚΑΜΠΑΝΟΎΛΕΣ
ΓΕΝΙΚΉ
ΑΠΕΛΠΙΣΜΈΝΟΙ
ΕΡΓΑΖΌΜΕΝΟΣ
ΟΙΚΟΓΈΝΕΙΑ
ΠΑΡΈΧΕΙ
ΌΝΕΙΡΟ
ΑΙΜΟΡΡΑΓΊΑ
ΓΝΩΣΤΉ
ΉΧΟΥ
ΦΟΒΆΤΑΙ
ΠΟΤΌ
ΕΞΆΠΛΩΣΗ
ΠΡΟΣ

```
I  I  H  P  K  E  P  Γ  A  Z  Ό  M  E  N  O  Σ  E
V  T  A  G  S  D  Z  W  H  T  Σ  I  Π  Ό  I  Ξ  A
S  H  Ί  T  L  N  Σ  E  Λ  Ύ  O  N  A  Π  M  A  K
Z  H  X  S  Ά  S  Ό  A  J  C  B  D  P  N  Π  G  T
R  R  Y  O  B  B  P  B  G  F  K  X  Έ  Y  P  M  O
I  I  Σ  H  H  E  O  H  V  R  V  G  X  D  O  M  I
D  E  H  J  H  Y  X  Φ  E  O  G  Q  E  O  M  Z  K
P  Γ  N  Ω  Σ  T  Ή  A  O  Π  Y  V  I  B  Ή  M  O
B  A  A  Ό  N  E  I  P  O  P  O  B  V  O  Θ  K  Γ
Ή  J  S  C  Y  U  H  W  L  M  N  T  F  Y  E  M  Έ
K  X  Σ  L  E  Ξ  Ά  Π  Λ  Ω  Σ  H  Ό  B  I  N  N
I  I  O  N  Έ  M  Σ  I  Π  Λ  E  Π  A  Ά  E  Ή  E
N  X  P  Y  R  Y  G  G  J  R  V  T  I  Λ  Σ  M  I
E  Σ  Π  H  P  J  Z  E  U  G  O  L  H  I  U  H  A
Γ  A  I  M  O  P  P  A  Γ  Ί  A  A  P  A  W  G  U
```

Puzzle 79

K	Y	B	E	P	N	Ή	T	H	Σ	Ή	Π	M	O	Π	K	E
B	A	Θ	M	O	Ύ	B	P	Σ	J	Q	Z	C	G	M	Ϊ	Φ
Θ	Λ	Λ	Y	K	Ό	R	X	E	Y	F	O	E	Z	Y	O	O
I	Π	Π	A	Σ	Ϊ	A	Σ	T	F	N	L	T	A	O	K	P
Y	U	F	D	L	Ή	E	O	W	J	V	Ή	L	C	J	I	E
S	S	E	E	O	T	Z	B	O	X	Σ	Θ	T	S	T	Θ	
Σ	A	Π	O	Ύ	N	I	N	Ώ	Γ	Y	A	B	E	Z	K	E
K	A	Λ	Ύ	T	E	P	O	Y	V	T	Φ	N	Y	I	E	Ϊ
M	Ύ	Γ	A	Q	A	M	Q	O	Θ	K	Έ	W	R	Γ	Σ	Π
C	Y	U	O	J	T	M	V	G	F	Y	Σ	P	A	Ή	O	P
K	A	Λ	Ύ	Π	T	O	N	T	A	I	E	G	E	N	P	Ό
B	N	K	W	K	Ά	K	A	M	Π	T	H	I	M	Y	Π	Σ
L	J	E	T	C	Λ	W	W	V	B	W	C	D	Δ	K	T	Ω
I	Σ	A	Δ	Ά	B	I	T	Σ	O	N	O	I	X	N	M	Π
A	G	A	N	Z	F	G	Π	T	P	E	M	S	L	Z	Z	O

ΔΙΕΥΘΥΝΤΉΣ
ΚΑΛΎΤΕΡΟ
ΘΗΛΥΚΌ
ΚΛΙΠ
ΦΟΡΕΘΕΊ
ΜΎΓΑ
ΣΥΝΉΘΕΙΣ
ΚΑΛΎΠΤΟΝΤΑΙ
ΕΚΠΟΜΠΉΣ
ΆΚΑΜΠΤΗ
ΠΡΟΣΕΚΤΙΚΟΊ
ΚΥΒΕΡΝΉΤΗΣ
ΣΑΦΈΣ
ΚΥΝΉΓΙ
ΙΠΠΑΣΊΑΣ
ΣΑΠΟΎΝΙ
ΧΙΟΝΟΣΤΙΒΆΔΑΣ
ΠΡΌΣΩΠΟ
ΒΑΘΜΟΎ
ΑΥΓΏΝ

Puzzle 80

ΜΑΎΡΟ
ΚΆΡΔΑΜΟ
ΑΡΚΕΊ
ΊΣΩΣ
ΔΟΘΕΊ
ΚΆΘΙΣΕ
ΦΎΓΕΙ
ΓΌΝΑΤΟ
ΑΝΆΚΑΜΨΗ
ΓΙΑΤΡΌ
ΨΆΡΙΑ
ΣΊΓΟΥΡΟΙ
ΦΡΟΝΤΊΔΑ
ΟΠΟΤΕΔΉΠΟΤΕ
ΠΊΝΑΚΑ
ΆΝΟΙΞΗ
ΚΛΟΥΒΊ
ΕΠΙΒΙΏΣΟΥΝ
ΚΆΘΟΝΤΑΙ
ΔΕΔΟΜΈΝΩΝ

E	H	Y	R	P	E	G	J	P	Y	R	H	Z	X	Δ	O	G		
F	E	I	N	H	Ψ	M	A	K	Ά	N	A	I	S	E	Π	L		
A	K	A	N	Ί	Π	I	A	T	N	O	Θ	Ά	K	Δ	O	K		
Δ	I	H	U	N	A	N	O	Ύ	W	P	N	C	I	O	T	E		
Ί	O	W	S	T	C	B	P	Ό	P	T	A	I	Γ	M	E	P		
T	P	Θ	F	W	E	Φ	H	F	Y	O	I	Y	W	Έ	Δ	R		
N	Y	A	E	J	N	Ύ	K	F	T	W	P	R	X	N	Ή	C		
O	O	E	Σ	Ί	Γ	Γ	S	L	U	T	Ά	I	E	Ω	Π	E		
P	Γ	R	I	S	Ό	E	J	M	O	K	Ψ	F	M	N	O	S		
Φ	Ί	D	Θ	F	N	I	N	D	N	Y	H	B	P	S	T	E		
O	Σ	D	Ά	P	A	C	L	Z	B	V	B	Z	W	X	E	U		
M	Ω	N	K	A	T	C	O	F	O	J	G	Ί	U	W	U	C		
N	Σ	I	N	J	O	E	Π	I	B	I	Ώ	Σ	O	Y	N	V		
D	Ί	K	Ά	P	Δ	A	M	O	C	C	A	P	K	E	Ί	O		
U	A	P	O	H	Ά	N	O	I	Ξ	H	J	K	P	G	Q	V		

Puzzle 81

S	Z	T	F	K	V	D	P	S	X	C	V	É	Π	T	M	Σ
Σ	Ω	Λ	Ή	N	A	I	Δ	Ό	Π	O	F	K	P	Ύ	O	X
Φ	P	P	D	B	T	F	I	Υ	T	K	U	A	O	X	Σ	É
A	P	V	N	K	O	W	P	B	A	G	Q	Ψ	Σ	H	X	Σ
K	I	O	I	O	N	É	M	Σ	A	N	I	E	Π	M	O	H
E	K	Ώ	Ύ	Y	G	Q	Ά	H	Λ	K	N	V	A	A	K	Π
T	J	I	N	T	J	I	N	W	Ύ	A	D	S	Θ	N	Ά	P
N	S	F	Λ	A	A	F	Θ	D	O	T	O	F	E	I	P	I
É	I	V	U	Ά	Ή	X	P	A	Π	Ά	G	I	Ί	T	Y	N
Λ	Ύ	Γ	K	A	L	O	A	H	O	Λ	T	B	V	Ά	Δ	I
A	U	H	Ά	K	P	H	K	P	Λ	Λ	Q	J	M	P	O	T
F	K	Y	O	K	O	Q	A	D	A	H	V	E	J	I	T	A
W	S	L	V	S	X	F	S	G	Γ	Λ	C	I	O	A	A	V
J	K	C	P	V	R	U	Z	Y	W	O	G	V	U	U	L	M
O	R	C	I	D	C	W	T	X	L	G	B	Z	I	Q	A	K

ΜΑΝΙΤΆΡΙΑ
ΚΙΛΆ
ΑΡΧΉ
ΆΝΘΡΑΚΑ
ΜΟΣΧΟΚΆΡΥΔΟ
ΈΚΑΨΕ
ΠΕΙΝΑΣΜΈΝΟΙ
ΛΎΓΚΑ
ΠΌΔΙΑ
ΠΡΟΣΠΑΘΕΊ
ΣΧΈΣΗ
ΓΑΛΟΠΟΎΛΑ
ΑΙΏΝΑ
ΣΩΛΉΝΑ
ΚΑΤΆΛΛΗΛΟ
ΆΚΡΗ
ΈΝΤΕΚΑ
ΤΎΧΗ
ΠΡΙΝ
ΦΡΟΎΤΑ

Puzzle 82

ΕΠΙΚΊΝΔΥΝΑ
ΕΝΑΛΛΑΚΤΙΚΉ
ΛΕΠΤΟΜΈΡΕΙΕΣ
ΣΚΆΛΑ
ΉΞΕΡΕ
ΌΜΟΡΦΟ
ΆΓΓΕΛΟΣ
ΕΡΜΊΝΑ
ΧΆΣΕΙ
ΚΟΎΚΛΑ
ΕΠΙΜΈΡΟΥΣ
ΤΑΚΤΟΠΟΙΗΜΈΝΟ
ΜΟΝΑΧΙΚΌ
ΠΕΡΙΣΤΑΤΙΚΌ
ΔΑΧΤΥΛΊΔΙ
ΕΠΙΤΡΟΠΉ
ΑΠΟΘΉΚΕΥΣΗ
ΥΠΟΛΟΓΙΣΜΌ
ΚΥΡΊΑ
ΥΠΟΔΟΧΉΣ

L	U	I	I	Π	M	Z	E	I	A	H	S	Σ	K	Y	T	E
P	H	V	Δ	S	E	P	E	Ξ	Ή	B	Y	K	O	Π	A	N
Λ	W	J	Ί	V	G	P	A	E	F	F	H	Ά	Ύ	O	K	A
M	E	Ή	Λ	M	Z	C	I	E	Σ	Ά	X	Λ	K	Δ	T	Λ
O	K	Π	Y	Σ	W	E	I	Σ	E	G	C	A	Λ	O	O	Λ
N	B	O	T	Y	C	Q	O	X	T	M	D	Ό	A	X	Π	A
A	N	P	X	O	Φ	P	O	M	Ό	A	H	M	Ί	Ή	O	K
X	Y	T	A	P	M	W	C	Y	R	N	T	Σ	P	Σ	I	T
I	J	I	Δ	É	Ά	É	C	P	Y	Ί	T	I	Y	R	H	I
K	H	Π	P	M	C	G	P	F	N	M	E	G	K	F	M	K
Ό	P	E	K	I	N	H	Γ	E	C	P	P	O	Q	Ό	É	Ή
Z	W	F	U	Π	X	T	X	E	I	E	R	Λ	X	H	N	K
K	B	L	A	E	U	P	K	L	Λ	E	O	O	U	M	O	A
E	Π	I	K	Ί	N	Δ	Y	N	A	O	Σ	Π	L	B	T	H
A	Π	O	Θ	Ή	K	E	Y	Σ	H	N	Σ	Y	C	T	Q	T

Puzzle 83

Π	Κ	Π	Υ	R	P	U	Q	Z	Z	D	K	N	Q	G	H	C
P	A	F	P	Π	I	Έ	Σ	T	E	M	Ύ	O	P	A	X	H
Ό	T	O	Φ	A	P	Γ	Ά	P	A	Π	A	T	Y	C	R	T
Σ	A	U	W	Π	Γ	A	Γ	O	P	Ά	Γ	Σ	Λ	N	X	F
K	Σ	Z	M	Ύ	Q	M	H	S	K	L	A	I	T	A	Ά	A
Λ	K	O	E	O	X	A	A	R	V	L	Π	X	C	C	B	Ω
H	E	L	Q	Σ	G	P	I	T	I	Z	H	Ά	N	E	Y	Ή
Σ	Y	W	W	O	G	Ό	Λ	Σ	I	K	T	Λ	G	Z	X	S
H	Ή	N	Ω	Φ	Z	E	Θ	Έ	Y	K	Έ	Y	M	Ύ	Λ	O
M	X	P	O	J	Q	S	Ά	K	C	F	Ό	O	O	M	R	O
R	I	F	Q	X	Φ	Υ	Σ	I	K	Ό	Σ	T	Z	Z	M	J
Σ	Ί	Δ	H	P	O	W	N	T	W	N	P	H	H	F	Z	Z
V	H	D	P	O	B	S	Y	K	I	U	B	T	I	T	J	W
R	T	Y	T	G	U	Z	E	P	M	D	A	B	R	W	A	B
K	X	F	P	Ή	K	I	T	A	M	Ω	Σ	R	K	L	B	U

ΧΑΡΟΎΜΕ
ΣΟΎΠΑ
ΚΑΤΑΣΚΕΥΉ
ΜΎΛΟ
ΠΑΡΆΓΡΑΦΟ
ΌΡΑΜΑ
ΑΓΑΠΗΤΈ
ΣΊΔΗΡΟ
ΛΑΒΉ
ΠΙΈΣΤΕ
ΤΟΥΛΆΧΙΣΤΟΝ
ΦΥΣΙΚΌΣ
ΆΘΛΙΑ
ΠΡΑΓΜΑΤΙΚΌΤΗΤΑ
ΦΩΝΉ
ΠΡΌΣΚΛΗΣΗ
ΑΡΚΤΙΚΈΣ
ΚΟΥΝΆΩ
ΑΓΟΡΆ
ΣΩΜΑΤΙΚΉ

Puzzle 84

ΒΡΟΧΉ
ΣΦΥΡΊ
ΕΠΑΝΆΛΗΨΗ
ΜΠΛΕ
ΚΡΟΚΟΔΕΊΛΙΑ
ΓΕΎΣΗ
ΣΥΛΛΆΒΕΙ
ΠΑΡΆΞΕΝΟ
ΨΈΜΑ
ΥΠΝΗΛΊΑ
ΣΚΛΗΡΉ
ΗΡΕΜΊΑ
ΠΊΤΣΑ
ΤΜΉΜΑ
ΕΙΚΌΝΑ
ΘΑ
ΚΡΊΣΙΜΗ
ΝΌΣΤΙΜΑ
ΛΙΛΆ
ΕΛΈΓΧΟΥ

T	P	W	G	B	K	K	Ή	T	B	O	T	M	Ή	M	A	Θ
S	T	E	R	H	I	T	P	N	M	L	A	S	E	L	C	M
E	G	Ψ	Έ	M	A	I	H	O	N	E	Ξ	Ά	P	A	Π	M
S	I	D	I	S	Λ	W	Λ	L	K	H	F	H	R	T	N	C
Z	O	K	L	W	I	H	K	W	X	O	P	A	V	L	A	Y
D	B	R	Ό	D	Λ	O	Σ	D	U	T	Δ	E	V	B	G	J
K	P	J	B	N	Ά	H	F	C	B	C	U	E	M	Y	J	B
E	O	T	P	V	A	P	I	I	A	R	H	C	Ί	Ί	K	O
E	X	I	R	D	X	Z	S	A	Ί	P	Y	Φ	Σ	Λ	A	S
E	Ή	A	M	G	O	M	Σ	Y	Λ	Λ	Ά	B	E	I	I	R
X	U	J	G	A	U	P	H	Ψ	H	Λ	Ά	N	A	Π	E	A
Q	Y	U	O	Z	E	Λ	M	T	N	P	C	H	Z	N	C	X
L	X	E	V	G	I	E	I	A	Π	T	C	P	B	Q	K	X
N	Ό	Σ	T	I	M	A	X	W	Y	O	X	Γ	Έ	Λ	E	K
Γ	E	Ύ	Σ	H	M	I	Σ	Ί	P	K	Π	Ί	T	Σ	A	T

Puzzle 85

```
Π Φ Ο Ι Τ Η Τ Ή Σ Τ F C C I Δ C Π
Κ Ρ Η I F X Ρ I M K S P T T I S Λ
E Z Ά C N N A F R S A S V E A Y Ή
G Ό M Σ A Y Δ N Y Σ O X Z V N Ψ P
I Ά J E I E Σ Ί Π O T K E E Έ H Ω
S Γ J J A N D L P L R X T C M Λ Σ
K Y U D O P O Ρ Ύ T Ύ O B T O Ό H
X A O T O H N B L C T X M A Y T S
A T Δ O N H K Σ Ά M A Δ E Ξ N E K
N J E N B K Ά Θ O M A I Ξ Ί A P G
T S T E M Ύ W T B G I U C Ί C H V
Ί U Ό U K G Λ Φ Ω T I Ά A M Δ L P
K K Γ W H P B O N C T Y M J P I K
E N I K K Δ Σ Y M Π Ύ K N Ω M A A
Σ I Λ Ύ O P A M Σ H M A N T I K Ό
```

ΠΡΆΣΙΝΟ
ΣΗΜΑΝΤΙΚΌ
ΑΥΓΆ
ΕΚΤΟΠΊΣΕΙ
ΠΛΉΡΩΣ
ΔΑΜΆΣΚΗΝΟ
ΤΑΞΊΔΙΑ
ΔΙΑΝΈΜΟΥΝ
ΤΑΞΊ
ΒΟΎΤΥΡΟ
ΣΥΜΠΎΚΝΩΜΑ
ΚΆΘΟΜΑΙ
ΦΟΙΤΗΤΉΣ
ΣΥΝΔΥΑΣΜΌ
ΛΙΓΌΤΕΡΟ
ΜΑΡΟΎΛΙ
ΥΨΗΛΌΤΕΡΗ
ΦΩΤΙΆ
ΜΟΛΎΒΔΟΥ
ΑΝΤΊΚΕΣ

Puzzle 86

ΣΟΚΟΛΆΤΑΣ
ΠΕΡΙΓΡΆΨΕΙ
ΔΙΕΎΘΥΝΣΗ
ΧΤΥΠΉΣΕΙ
ΕΞΑΠΑΤΉΣΕΙ
ΜΆΛΛΟΝ
ΚΎΡΙΕ
ΑΝΤΊΘΕΣΗ
ΑΠΌ
ΕΠΕΚΤΕΊΝΟΥΝ
ΠΑΡΑΜΕΊΝΕΙ
ΠΑΡΤΊΔΑ
ΤΈΛΟΣ
ΙΔΈΑ
ΧΆΡΤΗ
ΤΥΧΑΊΑ
ΦΩΤΕΙΝΌ
ΜΉΛΟ
ΤΡΟΦΟΔΟΣΊΑΣ
ΓΙΓΑΝΤΙΑΊΑ

```
M O I Z T N D N O B M V I K I O O
Φ Ή I Δ Z P K G D H O X Z R S P X
Ω I Λ G Έ G O Z I M Q V E C H E S
T M F O X A Z Φ M Z C J T Z Σ S Z
E Y F K Ά M N Y O N Ί E T K E Π E
I K R Z P W L Y R Δ T G I P Θ Π X
N I B W T X S E W F O H E N Ί E T
Ό R B Ό H M Ά Λ Λ O N Σ N O T P Y
E Ξ A Π A T Ή Σ E I K N Ί Z N I Π
O I Σ A T Ά Λ O K O Σ Y E A A Γ Ή
V X Π A P T Ί Δ A P O Θ M Ί Σ P Σ
K Ύ P I E G H U X Z Λ Ύ A A F A E
E E G T U U M T X R Έ E P X A Ψ I
M W H O D S S S K W T I A Y G E Z
Γ I Γ A N T I A Ί A H Δ Π T C I C
```

Puzzle 87

```
Ο Ν Π Ρ Σ Σ Ο Θ Ά Λ Τ L Ο Τ Ε Γ Θ
Υ Ε Ά J Ό Υ Υ C K E W V Z S K Ά Ρ
Ρ Χ Π V Z K M N X E Ί Λ Ο Σ Λ Τ Η
A F I D X R A Π O I T Ό N Ά E A Σ
N Y A X T T M A Έ M Y K Z I Ι Π K
Ό K A T Ά Λ Ο Γ Ο Ρ I T D T Δ Ρ E
K Ά T A Γ M A H S T A Λ V I A O Y
C G S Q G F I X Z Y U Σ Ί Y Ρ Ά Τ
G I L W I G N O W H T Ύ M A I Σ I
Φ I Λ Ί V N Ό U Z S D L S A Ά Π K
L L S O G Y Λ B S S M M R L A I Έ
Y V Z N U Q A Y C K W S W Y H Σ Σ
I G A M U M Π M N F F S H G T H D
V T Σ O N Έ M Σ I Ρ Y E N K E Σ X
K U E M Φ A N I Σ T E Ί Ρ Z Z F J
```

ΙΤΙΆΣ
ΕΚΝΕΥΡΙΣΜΈΝΟΣ
ΧΕΊΛΟΣ
ΚΆΤΑΓΜΑ
ΜΎΤΗ
ΛΆΘΟΣ
ΝΌΤΙΟ
ΣΥΝΟΜΙΛΊΑ
ΕΜΦΑΝΙΣΤΕΊ
ΦΙΛΊ
ΡΌΚΑ
ΚΑΤΆΛΟΓΟ
ΜΠΑΛΌΝΙΑ
ΓΆΤΑ
ΣΥΜΠΈΡΑΣΜΑ
ΘΡΗΣΚΕΥΤΙΚΈΣ
ΠΆΠΙΑ
ΟΥΡΑΝΌ
ΠΡΟΆΣΠΙΣΗΣ
ΚΛΕΙΔΑΡΙΆ

Puzzle 88

ΑΝΑΜΈΝΕΤΑΙ
ΘΈΛΟΥΝ
ΜΆΘΟΥΝ
ΕΛΆΦΙΑ
ΒΊΣΟΝΕΣ
ΕΚΚΛΗΣΊΑ
ΧΡΈΩΣΗ
ΑΡΙΘΜΗΤΉ
ΠΕΡΊΟΔΟ
ΜΗΔΈΝ
ΌΡΟΣ
ΔΈΡΜΑ
ΤΡΊΤΗ
ΑΠΛΟΠΟΊΗΣΗ
ΈΓΚΛΗΜΑ
ΣΥΜΒΟΥΛΈΣ
ΙΔΙΑΊΤΕΡΑ
ΣΤΉΛΗ
ΕΛΈΓΧΕΤΑΙ
ΠΕΡΊΕΡΓΟ

```
M H Δ Έ N Y O Λ Έ Θ R A Q W W A M
X E Λ K A L X T A Q Z Ρ Q M M Π Ά
C B C Ή M Έ I I I D K I F X A Λ Θ
M C A V T X Γ Z Φ Q L Θ K G E O O
Z J U O W Σ W K Ά E W M I U Z Π Y
X R D Z U M T E Λ R I H A E Π O N
B Ρ Ό Ρ O Σ Ρ K E H I T T Λ E Ί Π
Ί N Έ M Q Z Ί K E Y M Ή E Έ Ρ H E
Σ X L Ω B V T Λ R J E A N Γ Ί Σ Ρ
O B F Y Σ C H H T S T L Έ X E H Ί
N G F J D H A Σ U Y A B M E Ρ K O
E I H C X U N Ί A E W Q A T Γ K Δ
Σ U J E L U Q A M Ρ Έ Δ N A O X O
B S T Y O X G A Ρ E T Ί A I Δ I G
Σ Y M B O Y Λ Έ Σ H W D D Y L A K
```

Puzzle 89

A	W	E	K	Δ	Ώ	Σ	E	I	C	J	X	M	N	M	C	K
Ξ	Π	I	C	H	G	M	K	A	T	E	Ύ	Θ	Υ	N	Σ	H
Ί	A	E	S	G	N	V	J	L	K	T	K	E	T	Ώ	O	Σ
Z	P	C	Π	L	A	X	C	T	V	E	A	N	O	I	M	Y
E	O	B	H	I	K	O	M	Z	Ή	T	T	Δ	K	T	O	A
I	Ύ	A	Y	D	K	N	V	Ά	Γ	Ά	Σ	I	L	N	Σ	Λ
F	Σ	Z	A	Q	V	Ί	Q	K	A	P	A	A	W	O	Π	Ό
X	A	X	H	L	I	T	N	I	Π	T	P	Ί	Ψ	Δ	O	Π
J	C	Z	X	X	P	K	Q	Δ	M	H	Ό	T	H	O	N	A
E	Π	I	Λ	Έ	Ξ	E	T	E	Y	J	Λ	H	Λ	B	Δ	S
S	U	B	P	R	I	K	I	O	Σ	N	A	M	Ό	Z	I	E
U	C	V	O	F	H	E	G	Y	Q	U	Ω	A	T	V	A	B
V	D	H	Ύ	B	B	Ί	Φ	Θ	O	P	Ά	N	E	G	K	X
K	U	R	X	P	Y	X	M	I	Λ	Ά	M	E	P	Y	Ή	C
V	Ή	Λ	A	K	U	E	F	P	X	C	U	T	O	E	I	X

ΕΠΙΚΊΝΔΥΝΩΝ
ΔΟΝΤΙΏΝ
ΕΝΔΙΑΊΤΗΜΑ
ΕΠΙΛΈΞΕΤΕ
ΑΞΊΖΕΙ
ΤΕΤΆΡΤΗ
ΚΑΤΣΑΡΌΛΑ
ΣΥΜΠΑΓΉ
ΜΙΛΆΜΕ
ΨΗΛΌΤΕΡΟ
ΠΑΡΟΎΣΑ
ΚΑΤΕΎΘΥΝΣΗ
ΤΖΆΚΙ
ΕΊΧΕ
ΑΠΌΛΑΥΣΗ
ΦΘΟΡΆ
ΡΟΎΧΑ
ΕΚΔΏΣΕΙ
ΟΜΟΣΠΟΝΔΙΑΚΉ
ΚΑΛΉ

Puzzle 90

ΘΈΣΗ
ΣΉΜΑ
ΚΕΡΊ
ΟΔΟΝΤΌΠΑΣΤΑ
ΤΡΊΜΗΝΟ
ΜΕΤΑΞΎ
ΕΥΧΑΡΙΣΤΉΣΟΥΝ
ΚΛΊΣΗ
ΥΨΌΜΕΤΡΟ
ΕΠΙΣΤΉΣΕΙ
ΠΈΝΕΣ
ΚΑΛΑΜΠΟΚΙΟΎ
ΣΚΈΦΤΟΝΤΑΙ
ΞΕΧΝΆΜΕ
ΓΈΛΑΣΕ
ΓΕΊΤΟΝΑ
ΕΥΤΥΧΙΣΜΈΝΗ
ΞΩΤΙΚΌ
ΔΑΝΕΙΣΤΕΊ
ΚΑΤΆΡΡΕΥΣΗ

Ξ	Υ	R	R	E	R	T	H	T	V	H	M	L	I	K	E	C
Γ	Ε	Ψ	F	N	Y	O	Σ	Ή	T	Σ	I	P	A	X	Y	E
E	W	X	Ό	Γ	Έ	Λ	A	Σ	E	Y	A	O	T	Q	T	L
Ί	O	K	N	M	E	D	M	E	K	E	X	Δ	N	D	Y	U
T	E	Λ	F	Ά	E	B	Ή	N	X	P	K	O	O	L	X	V
O	M	Ί	N	N	M	T	Σ	Έ	D	P	E	N	T	Y	I	R
N	E	Σ	A	M	O	E	P	Π	O	Ά	P	T	Φ	M	Σ	A
A	T	H	V	P	Θ	T	G	O	K	T	Ί	Ό	Έ	Ξ	M	W
E	A	X	L	F	R	Έ	L	R	F	A	T	Π	K	Ω	Έ	U
O	Ξ	J	N	N	G	W	Σ	K	R	K	P	A	Σ	T	N	X
W	Ύ	Z	G	F	Z	D	X	H	Z	R	Ί	Σ	C	I	H	O
K	A	Λ	A	M	Π	O	K	I	O	Ύ	M	T	H	K	K	O
Δ	A	N	E	I	Σ	T	E	Ί	T	J	H	A	W	Ό	Z	A
E	Π	I	Σ	T	Ή	Σ	E	I	P	V	N	C	L	S	W	L
C	A	A	G	E	L	Y	V	J	L	P	O	Z	Y	H	I	R

Puzzle 91

```
K F C N A Q F O H S B Ά Q Q C H J
Y A Σ Ό Λ O D B B U A Z Λ V T V F
T W P K S B H Δ I O Σ Γ E O X U E
K Y B Φ V B T F H S I R E V Γ L D
I I J X Ί Δ I E Λ K A K L Ύ H O I
B I T A M Ί N E Σ H I T A U M V Π
F L M H O D M E Y R K C Ί T Π A P
D U A Q X B F P G Y Ή Z Σ V I T A
Π E Δ Ί O P T X Ά I K Σ A Z Σ Ά Γ
R T L M W C F G Z Λ A Ϊ K Ά T M M
E Ξ A I P E T I K Ό V H I P E O A
S Z D O I H E H N Έ M E Δ Y Ύ T T
Q G P T H Σ Ω Π Ύ T O Π A E O N I
Q L Y Π O Λ O Γ Ί Z E I I Λ Y R K
K F M E Λ Έ T H Σ O F O Δ Π N G Ά
```

ΣΚΙΆΧΤΡΟ
ΓΕΎΜΑ
ΔΙΑΔΙΚΑΣΊΑ
ΜΕΛΈΤΗΣ
ΚΛΕΙΔΊ
ΠΡΑΓΜΑΤΙΚΆ
ΣΌΛΟ
ΝΤΟΜΆΤΑ
ΕΞΑΙΡΕΤΙΚΌ
ΚΑΡΦΊ
ΠΛΕΥΡΆ
ΥΠΟΛΟΓΊΖΕΙ
ΔΕΜΈΝΗ
ΒΑΣΙΛΙΚΉ
ΑΠΟΤΎΠΩΣΗ
ΠΙΣΤΕΎΟΥΝ
ΒΙΤΑΜΊΝΕΣ
ΆΛΟΓΟ
ΛΑΪΚΆ
ΠΕΔΊΟ

Puzzle 92

ΑΦΉΝΟΝΤΑΣ
ΚΟΡΜΌ
ΚΆΝΕΙ
ΑΝΤΊΟ
ΕΑΥΤΌ
ΧΏΝΈΨΕΙ
ΖΥΓΊΖΕΙ
ΔΙΆΔΡΟΜΟ
ΓΕΝΙΚΈΣ
ΒΙΑΣΎΝΗ
ΤΟΥ
ΔΥΤΙΚΈΣ
ΑΡΓΌΤΕΡΑ
ΠΛΆΝΟ
ΕΥΤΥΧΏΣ
ΟΧΗΜΆΤΩΝ
ΣΥΝΔΥΆΖΟΥΝ
ΓΚΡΙ
ΚΕΊΜΕΝΟ
ΣΥΜΒΕΊ

```
Σ Y N Δ Y Ά Z O Y N X R X X T F J
J O Δ N Y R Q Ί Q U X Ω J D L B N
X T R I P K Γ T C D B J N L A D F
O Σ V E Ά G L N T Z I R V Έ G H F
Z Ώ E N I Δ W A O A E V Z B Ψ Y D
Z X E Ά K A P E T Ό G P A O U E W
J Y T K I F I O J M V J F B Y A I
L T Γ P U G R S M P Π Y U E U B L
V Y I Ί F O N W D O Λ H I K O I U
E E L E Z N M Y A K Ά Q U M N A J
A Z G B U E Σ Έ K I N E Γ N L Σ D
Y X M M S M I Q Z R O P I N X Ύ C
T W Y Y Ί A Φ Ή N O N T A Σ N X
Ό S O Σ M E O X H M Ά T Ω N Q H D
I H R Σ Έ K I T Y Δ B D H R K M P
```

Puzzle 93

F	B	B	T	Q	P	C	W	Σ	Σ	U	Ή	Σ	A	P	Έ	T
F	F	I	W	I	Σ	U	F	Y	Y	Q	K	Ό	D	N	O	Σ
H	I	G	Q	Y	A	C	X	M	N	D	I	P	P	O	M	Y
X	D	Q	D	P	K	V	W	B	E	Y	T	T	Έ	N	F	Γ
G	H	L	U	O	Ά	T	F	Ά	X	P	I	A	Z	A	X	X
Ό	Γ	K	O	H	K	E	Δ	Λ	Ό	U	P	I	W	U	Σ	Έ
K	V	O	S	Ί	I	Z	H	O	M	F	K	Γ	S	H	Ω	O
Λ	E	F	E	F	E	J	U	Y	E	F	Z	J	B	B	Σ	Y
Ί	X	P	Ώ	M	A	T	A	N	N	H	Σ	O	Δ	K	Έ	N
Π	U	V	J	I	R	N	Σ	P	H	R	F	E	T	A	M	W
O	Φ	O	P	Ό	H	Ό	N	A	I	Σ	A	Φ	Ά	U	A	K
Σ	T	A	K	T	O	Π	O	I	H	M	Έ	N	A	N	A	K
V	F	Y	B	T	X	A	P	A	K	T	Ή	P	A	N	J	O
T	Σ	A	Λ	A	K	Ω	M	Έ	N	O	B	J	Q	C	C	E
U	S	V	Z	P	L	F	B	M	S	N	N	N	E	I	X	L

ΣΥΜΒΆΛΟΥΝ
ΦΑΣΙΑΝΌ
ΓΙΑΤΡΌΣ
ΑΣΤΕΊΟ
ΧΡΏΜΑΤΑ
ΣΥΝΕΧΌΜΕΝΗ
ΣΑΚΆΚΙ
ΌΓΚΟ
ΈΚΔΟΣΗ
ΣΥΓΧΈΟΥΝ
ΑΜΈΣΩΣ
ΕΆΝ
ΚΡΈΑΣ
ΧΑΡΑΚΤΉΡΑ
ΌΡΟΦΟ
ΤΑΚΤΟΠΟΙΗΜΈΝΑ
ΛΊΠΟΣ
ΤΣΑΛΑΚΩΜΈΝΟ
ΚΡΙΤΙΚΉ
ΤΈΡΑΣ

Puzzle 94

ΤΡΟΧΙΆ
ΠΑΙΔΙΆ
ΔΕΝ
ΈΔΕΙΞΕ
ΔΙΑΘΈΣΙΜΗ
ΠΡΑΓΜΑΤΙΚΉ
ΚΟΎΠΑ
ΡΟΛΌΙ
ΓΕΓΟΝΌΣ
ΤΕΧΝΟΛΟΓΊΑ
ΚΑΡΑΜΈΛΑ
ΔΙΆΦΟΡΑ
ΑΠΌΣΤΑΣΗ
ΜΠΎΡΑ
ΕΞΕΡΕΥΝΉΣΕΤΕ
ΧΩΡΙΌ
ΠΟΥΛΌΒΕΡ
ΣΑΒΒΑΤΟΚΎΡΙΑΚΟ
ΜΕΙΟΨΗΦΊΑ
ΚΑΤΆ

D	Z	T	Δ	I	A	Θ	Έ	Σ	I	M	H	S	A	C	T	R
S	G	P	X	S	W	N	Z	M	H	X	X	A	Π	Ύ	O	K
N	J	O	M	E	I	O	Ψ	H	Φ	Ί	A	B	K	T	W	Z
V	H	X	M	Π	Ύ	P	A	U	Σ	G	M	B	K	O	D	F
Ή	K	I	T	A	M	Γ	A	P	Π	Ό	I	A	I	E	P	L
S	Z	Ά	K	A	P	A	M	Έ	Λ	A	N	T	A	Δ	O	J
W	R	U	T	L	Δ	I	Ά	Φ	O	P	A	O	Ί	E	Λ	R
S	F	Z	P	A	U	B	Z	L	O	X	F	K	Γ	N	Ό	H
A	F	U	Z	K	K	F	W	J	P	Q	F	Ύ	O	E	I	Π
E	Ξ	E	P	E	Y	N	Ή	Σ	E	T	E	P	Λ	Q	Γ	A
I	W	F	X	D	X	N	T	Z	K	H	D	I	O	C	U	I
Έ	Δ	E	I	Ξ	E	Ω	Q	R	I	P	R	A	N	R	K	Δ
D	W	L	N	E	K	M	P	L	Y	B	S	C	K	X	B	Z	I
Π	O	Y	Λ	Ό	B	E	P	I	I	H	Y	O	E	W	B	Ά
I	A	Π	Ό	Σ	T	A	Σ	H	Ή	Ό	A	E	G	T	W	S	B

Puzzle 95

B	B	L	N	N	Y	Q	M	V	C	B	I	A	M	V	T	Δ
M	Ά	T	B	L	N	Y	V	K	S	H	Z	P	E	K	O	I
C	Y	Σ	Q	A	A	N	X	H	H	B	V	O	T	Λ	Z	O
B	B	M	H	Δ	Ί	E	T	Ί	E	Δ	T	Y	A	Έ	A	P
U	H	E	Y	Σ	Έ	P	E	Y	N	A	Y	P	B	Ψ	Λ	Ί
E	W	A	S	Y	E	E	Q	K	K	I	D	A	Λ	O	E	Σ
I	E	Π	Ί	Σ	H	M	O	T	Y	P	Ί	Ί	H	Y	Π	E
Σ	N	Z	V	S	W	B	N	L	O	M	O	T	N	O	I	
A	Δ	Ί	Π	Λ	E	L	Y	B	J	L	L	Σ	Ή	C	Ύ	E
Γ	T	A	X	Y	Δ	P	O	M	E	Ί	O	Y	Q	L	D	Σ
Ω	N	Ά	Π	A	P	A	Π	A	P	G	X	Y	B	W	J	Ή
Γ	H	Έ	Ξ	A	Λ	Λ	O	Σ	X	X	S	R	L	C	G	Θ
I	U	X	Y	Σ	T	P	A	T	H	Γ	I	K	Ή	F	Q	H
K	N	K	K	Λ	Έ	Σ	X	H	P	U	X	U	S	E	I	O
Ά	U	W	A	M	J	P	V	Σ	K	Y	Λ	Ί	Y	T	E	B

ΈΡΕΥΝΑ
ΕΠΊΣΗΜΟ
ΒΟΗΘΉΣΕΙ
ΛΈΣΧΗ
ΕΙΣΑΓΩΓΙΚΆ
ΚΛΈΨΟΥΝ
ΜΕΤΑΒΛΗΤΉ
ΔΙΟΡΊΣΕΙ
ΣΚΥΛΊ
ΒΆΣΗΣ
ΔΕΊΤΕ
ΕΊΔΗ
ΣΤΡΑΤΗΓΙΚΉ
ΈΞΑΛΛΟΣ
ΑΡΟΥΡΑΊΟΣ
ΑΛΕΠΟΎ
ΤΑΧΥΔΡΟΜΕΊΟΥ
ΤΥΡΊ
ΕΛΠΊΔΑ
ΠΑΡΑΠΆΝΩ

Puzzle 96

ΑΥΛΉ
ΓΡΑΦΕΊΟΥ
ΆΤΟΜΟ
ΓΟΝΕΊΣ
ΒΟΟΕΙΔΉ
ΕΜΠΕΙΡΟΓΝΩΜΌΝΩΝ
ΙΚΑΝΉ
ΑΠΟΣΠΆΣΕΙ
ΛΑΜΠΡΉ
ΒΌΡΕΙΑ
ΕΘΕΛΟΝΤΙΚΉ
ΈΡΩΣ
ΣΥΓΓΝΏΜΗ
ΠΆΓΟ
ΜΠΑΜΠΆ
ΠΟΥΡΝΆΡΙΑ
ΚΑΤΕΥΘΎΝΣΕΙΣ
ΣΎΛΛΗΨΗ
ΤΟΜΉΣ
ΣΦΡΑΓΊΔΑ

R	C	K	N	Σ	I	E	Σ	Ν	Ύ	Θ	Y	E	T	A	K	Σ
T	U	X	Ω	Ύ	Έ	P	Ω	Σ	O	M	Z	V	Γ	L	W	Y
L	W	S	N	Λ	E	B	A	R	P	L	G	Q	O	A	O	Γ
V	I	V	Ό	Λ	Σ	Θ	I	E	U	Z	L	Z	N	Π	R	Γ
P	O	T	M	H	Ή	Φ	E	L	E	I	R	M	E	O	F	N
C	V	C	Ω	Ψ	M	G	P	Λ	Z	Y	L	Q	Ί	Σ	C	Ώ
Y	Y	Q	N	H	O	H	Ό	A	O	Γ	Ά	Π	Σ	Π	W	M
S	C	H	Γ	C	T	X	B	Q	Γ	N	D	O	B	Ά	Z	H
D	W	H	O	R	K	O	T	A	D	Ί	T	F	D	Σ	W	M
O	J	Γ	P	A	Φ	E	Ί	O	Y	W	D	I	T	E	D	W
M	Ή	Δ	I	E	O	O	B	B	M	Ή	N	A	K	I	A	H
R	B	I	E	W	G	T	W	C	N	O	T	C	D	Ή	D	Q
T	F	Ά	Π	M	A	Π	M	O	F	X	T	N	C	Λ	T	X
Ή	P	Π	M	A	Λ	P	S	T	B	W	Z	Ά	S	Y	O	Y
D	O	P	E	Π	O	Y	P	N	Ά	P	I	A	Q	A	B	R

Puzzle 97

J	G	J	E	S	T	S	X	J	Z	G	Π	K	Φ	M	K	I
Ή	K	I	M	O	N	O	K	I	O	K	A	A	Ά	H	Ύ	D
T	T	Y	O	N	Έ	M	I	E	K	O	P	Π	N	X	P	I
Ί	P	V	S	Έ	Δ	G	J	X	K	J	A	O	T	A	I	D
Π	E	H	F	M	Y	U	T	T	V	K	K	Φ	A	N	O	M
O	I	T	B	Σ	N	J	N	F	O	L	O	Ά	Σ	I	Σ	I
T	Σ	G	H	A	A	P	T	Έ	Π	Y	Λ	Σ	M	K	Q	Y
A	Σ	Έ	K	I	T	N	A	M	H	Σ	O	E	A	Ά	V	B
N	X	T	O	Σ	Ό	A	M	T	E	H	Y	Ω	A	O	U	C
Ω	X	A	Λ	Y	N	D	Λ	C	Y	Y	Θ	N	Z	E	O	O
Φ	A	T	Π	O	R	H	Ά	A	P	C	Ή	Φ	L	E	D	A
M	Λ	H	Ί	Θ	Θ	Ό	P	Y	B	O	Σ	H	X	D	Y	T
Ύ	K	L	P	N	H	F	Σ	A	P	O	Δ	N	Ό	K	B
Σ	O	S	E	E	A	Q	D	L	E	G	Y	G	N	C	L	M
K	Ύ	H	Π	U	C	J	B	K	Q	S	N	K	Q	X	Z	D

AΔΕΛΦΉ
ΚΌΝΔΟΡΑΣ
ΧΑΛΚΟΎ
ΜΗΧΑΝΙΚΆ
ΠΈΤΡΑ
ΚΎΡΙΟΣ
ΑΠΟΦΆΣΕΩΝ
ΣΎΜΦΩΝΑ
ΔΥΝΑΤΌΝ
ΕΝΘΟΥΣΙΑΣΜΈΝΟΣ
ΠΡΟΚΕΙΜΈΝΟΥ
ΦΆΝΤΑΣΜΑ
ΤΡΕΙΣ
ΤΊΠΟΤΑ
ΣΗΜΑΝΤΙΚΈΣ
ΆΛΜΑ
ΘΌΡΥΒΟ
ΠΕΡΊΠΛΟΚΗ
ΠΑΡΑΚΟΛΟΥΘΉΣΟΥΝ
ΟΙΚΟΝΟΜΙΚΉ

Puzzle 98

ΓΊΝΟΝΤΑΙ
ΠΟΡΕΊΑ
ΠΡΌΒΑΤΑ
ΠΟΥΛΙΆ
ΠΡΌΘΕΣΗ
ΤΣΆΝΤΑ
ΑΝΆΠΤΥΞΗΣ
ΔΙΑΘΈΣΙΜΟ
ΆΜΕΣΗ
ΟΜΙΛΊΑ
ΦΡΑΓΚΟΣΤΆΦΥΛΟ
ΟΥΣΙΑΣΤΙΚΌ
ΠΑΡΑΚΆΤΩ
ΚΑΘΡΈΦΤΗ
ΕΝΌΤΗΤΑ
ΑΝΉΚΟΥΝ
ΓΝΏΜΗΣ
ΓΈΝΝΗΣΗ
ΠΕΡΊΦΡΑΞΗ
ΡΙΝΌΚΕΡΟΣ

O	M	I	Λ	Ί	A	Γ	Ί	N	O	N	T	A	I	K	C	Γ
K	S	N	Y	Y	U	T	Q	E	V	P	W	H	I	A	Z	N
C	K	A	S	M	B	B	P	T	N	A	W	Σ	H	Θ	M	Ώ
M	Q	X	R	Y	F	N	L	M	B	J	M	E	Ξ	P	M	M
O	S	Y	X	D	D	I	Y	R	T	M	R	Θ	A	Έ	W	H
Δ	I	A	Θ	Έ	Σ	I	M	O	G	H	Z	Ό	P	Φ	A	Σ
Π	O	Λ	Y	Φ	Ά	T	Σ	O	K	Γ	A	P	Φ	T	Π	E
V	P	Z	A	Y	B	I	H	Z	H	Ή	T	Π	Ί	H	O	N
D	R	Ό	R	X	Σ	O	P	E	K	Ό	N	I	P	N	Y	Ό
B	B	N	B	F	X	J	D	R	P	K	Ά	A	E	R	Λ	T
Ω	T	Ά	K	A	P	A	Π	F	S	Z	Z	Σ	Z	Π	A	I	H
L	Q	G	K	Q	T	C	I	O	K	G	T	L	Y	Q	Ά	T
Z	Ό	K	I	T	Σ	A	I	Σ	Y	O	M	R	T	G	L	A
P	I	A	K	Π	O	P	E	Ί	A	Γ	Έ	N	N	H	Σ	H
Ά	M	E	Σ	H	P	A	N	Ά	Π	T	Y	Ξ	H	Σ	X	E

Puzzle 99

Ε	Π	Ι	Θ	Ε	Ώ	Ρ	Η	Σ	Η	Κ	J	Z	K	I	W	L
Δ	Π	Α	Ν	Τ	Ί	Σ	Τ	Ρ	Ο	Φ	Η	Η	I	S	C	N	B
Ε	Ι	Ο	Ί	Ε	Σ	Υ	Ο	M	C	Ε	Η	Δ	L	R	G	Y
Ι	Ε	Κ	Ν	Μ	Ί	Λ	Η	Σ	Ε	Μ	Ν	Ί	V	T	X	Y
Δ	Χ	Ε	Η	T	D	S	S	V	T	Q	Π	Ξ	Q	M	H	Q
Ι	Έ	Ρ	Μ	Γ	Ί	Ν	Q	W	G	S	X	A	Π	Μ	Ά	Λ
Κ	Ρ	Ώ	Ώ	Q	Ό	K	C	H	A	I	R	T	M	T	D	E
Ά	T	Τ	Ρ	D	W	P	I	H	Z	F	H	N	L	Π	V	R
Δ	Q	H	A	A	S	C	O	M	B	T	L	R	U	V	Ά	V
Ω	Z	Σ	Χ	F	Q	F	R	Σ	P	X	V	B	Y	S	O	Σ
Ρ	Μ	Η	Γ	T	E	I	Δ	I	Α	Λ	E	I	M	M	A	L
Ε	Κ	Ο	Υ	Ρ	Α	Σ	Μ	Έ	Ν	Ο	Σ	E	A	F	B	O
Ά	C	W	Σ	Χ	Φ	Ο	Β	Ο	Ύ	Ν	Τ	Α	I	Z	V	Y
Ν	Α	Ν	Α	Τ	Ο	Λ	Ι	Κ	Ά	Τ	Α	Μ	Ε	Ί	O	O
F	C	J	J	I	W	Σ	Υ	Ν	Ά	Ν	Τ	Η	Σ	H	C	I

ΑΝΑΤΟΛΙΚΆ
ΔΙΆΛΕΙΜΜΑ
ΑΝΤΊΣΤΡΟΦΗ
ΕΠΙΘΕΏΡΗΣΗ
ΛΆΜΠΑ
ΕΡΏΤΗΣΗ
ΜΟΥΣΕΊΟ
ΜΠΑΜΠΆΣ
ΕΙΔΙΚΆ
ΔΙΚΗΓΌΡΟΣ
ΣΥΝΆΝΤΗΣΗ
ΜΊΛΗΣΕ
ΤΑΞΊΔΙ
ΤΑΜΕΊΟ
ΔΩΡΕΆΝ
ΚΟΥΡΑΣΜΈΝΟΣ
ΦΟΒΟΎΝΤΑΙ
ΣΥΓΧΑΡΏ
ΤΡΈΧΕΙ
ΠΟΝΤΊΚΙ

Puzzle 100

ΔΙΑΠΡΑΓΜΑΤΕΥΤΕΊ
ΛΕΜΌΝΙ
ΠΑΛΙΆ
ΒΛΈΠΟΝΤΑΣ
ΑΥΤΊ
ΦΎΛΛΟ
ΣΠΟΡ
ΦΤΆΣΕΙ
ΧΑΛΑΡΏΣΤΕ
ΝΤΟΥΛΆΠΑ
ΧΑΡΟΎΜΕΝΑ
ΠΆΡΑ
ΠΟΛΛΆ
ΣΕΛΊΔΑ
ΜΆΤΙ
ΕΠΙΔΙΏΚΟΥΝ
ΚΑΛΆΘΙ
ΠΥΓΜΑΧΊΑΣ
ΤΡΟΠΙΚΉ
ΑΠΟΚΑΛΎΠΤΟΥΝ

B	X	Q	P	Y	R	B	F	E	E	T	J	A	E	L	G	Δ
Z	Λ	Α	Ρ	Ά	Π	Ε	Ν	Υ	Q	P	V	H	M	W	F	I
N	U	Έ	Λ	Π	Ο	Λ	Λ	Ά	R	O	Λ	Ύ	Φ	D	A	
T	O	V	Π	Α	U	K	E	U	G	Π	Π	Α	Λ	I	Ά	Π
O	A	S	E	O	P	S	T	G	P	I	T	Ά	M	Θ	B	P
Y	Σ	H	N	J	N	Ώ	U	L	L	K	E	Y	Φ	Ά	C	A
Λ	A	Z	C	H	C	T	Σ	B	T	Ή	J	E	T	Λ	A	Γ
Ά	Ί	T	Y	A	Y	R	A	T	Σ	I	K	Y	Ά	A	W	M
Π	Χ	Σ	E	Λ	Ί	Δ	A	Σ	E	Π	K	F	Σ	K	F	A
A	A	N	E	M	Ύ	O	P	A	X	G	O	A	E	Λ	U	T
F	M	K	G	G	F	I	W	A	G	R	K	P	I	E	W	E
R	Γ	L	B	M	E	Y	Y	U	O	S	I	X	S	M	W	Y
N	Y	O	K	Ώ	I	Δ	I	Π	E	O	M	K	F	Ό	G	T
A	Π	O	K	A	Λ	Ύ	Π	T	O	Y	N	X	Y	N	I	E
T	S	B	V	W	L	M	D	U	H	H	H	L	T	N	I	U	Ί

Puzzle 101

```
R R I Ρ Π A I Σ T Ύ O Π A Π S L B
R B C G P N Ω X Έ T E M M Y Σ S G
O J X N Ό Σ A B Ά T A K Q Z Z G
Π H Y E Θ Σ E M Π A Λ K Ό N I D L
O Ό W T Y V K Γ P A M M Ή C C V
Λ K W Y M X T O Φ O Z D P Z L J F
Ύ I O S O O D B E P Θ Y M Ί Z E I
P X J Y I Ύ E B Λ A Ά C K T D M Y
G O O I N N V Z K W Z I U V I Γ
A T P Ά K E N N J Z V X O S L Z P
K E A Π Λ Ά L R D M X B K V V A
J M Ά V L Ό K I Γ A P T N W N B Σ
R Q L Λ F I G S Ώ T P Ί Γ Ω N O Ί
J U A Q Λ N B A T N Ά P A Σ A H A
M A R M W O A Π O Σ T A Λ E Ί W E
```

ΣΑΡΆΝΤΑ
ΓΡΑΜΜΉ
ΑΠΛΆ
ΤΡΑΓΙΚΌ
ΚΟΥΝΕΛΙΏΝ
ΚΆΡΤΑ
ΚΑΤΆΒΑΣΗ
ΜΕΤΟΧΙΚΌ
ΣΥΜΜΕΤΈΧΩΝ
ΠΡΌΘΥΜΟΙ
ΜΠΑΛΚΌΝΙ
ΑΠΟΣΤΑΛΕΊ
ΆΛΛΟ
ΠΑΠΟΎΤΣΙΑ
ΕΚΦΡΆΖΟΥΝ
ΤΡΊΓΩΝΟ
ΘΥΜΊΖΕΙ
ΠΟΛΎ
ΑΝΗΣΥΧΟΎΝ
ΥΓΡΑΣΊΑ

Puzzle 102

ΣΚΑΠΆΝΗ
ΣΥΝΑΊΣΘΗΜΑ
ΕΞΑΊΡΕΣΗ
ΧΑΡΙΤΩΜΈΝΟ
ΜΌΛΙΣ
ΨΆΡΙ
ΠΛΕΙΟΨΗΦΊΑ
ΧΡΏΜΑ
ΣΥΓΚΡΟΎΟΝΤΑΙ
ΦΕΓΓΆΡΙ
ΟΜΟΙΟΚΑΤΑΛΗΞΊΑ
ΕΠΙΣΚΕΥΉΣ
ΈΚΤΟΥ
ΔΏΡΑ
ΜΗΧΑΝΉ
ΑΠΑΙΤΟΎΝ
ΊΝΤΣΕΣ
ΕΠΑΦΉ
ΕΠΤΆ
ΣΦΆΛΜΑ

```
Π Σ X A P I T Ω M Έ N O Φ B H Q Ί
Λ I Y I Ή N A X H M V P E R G G N
E Λ M N Φ E I H A C W D Γ D G B T
I Ό S I A T N O Ύ O P K Γ Y Σ W Σ
O M V S Π Ί O W A A B E Ά T Π E E
Ψ Σ Ή Y E K Σ I Π E Π O P Δ T X Σ
H N Ά Π A K Σ Θ A Q I A I Y Ώ C Q
Φ Q N M T M B H H R P T I O J P G
Ί G H T W W J E Σ M L X P T T Z A
A O P B R S G I E R A S Ά K O A F
N Q T H G V O A P Z C R Ψ Έ V Ύ
H A B D G D Q T Ί Σ Φ Ά Λ M A W N
N Y E A Ί Ξ H Λ A T A K O I O M O
K J O L G C Q G Ξ E A T D C O D J X
X P Ώ M A W T X E W U D K S E F L
```

Puzzle 103

```
P Z O A P É O A Λ Y Σ Í Δ A E Ύ Y
H A A Δ Ί Λ E Σ O T Σ I Φ Ά P O Π
Σ K O Σ Ή K I M O N O K I O W P A
Θ Y N A K H Θ Ά Σ A T A K Γ E P
D E N B Q Θ Σ Y N O Δ Ύ O Y N A
F L P H K P E W R H T L E N Ή Σ Δ
B Y F M Θ O C D W U K B I B Γ I É
I A T C Ό I E N N É A T Σ Ύ O Φ X
J Ή Z L Q M Σ B Y C T Π R T Λ G O
M X L X R Ψ E M Ί Λ Y O Π O I V N
O O K A Ά W T É J U T H Π Π L T
Z Σ T J Q X P X P N J A C I E W A
V O X É E N J M T O H M W K Q D I
V P M K Λ E W K W S G O U Ή Q H W
E Π J H C I O L H K J Ύ F J P J Q
```

ΣΥΝΟΔΕΎΟΥΝ
ΡΆΦΙ
ΣΥΝΗΘΙΣΜΈΝΗ
ΙΣΤΟΣΕΛΊΔΑ
ΤΟΠΙΚΉ
ΈΛΚΗΘΡΟ
ΕΓΚΑΤΑΣΤΆΘΗΚΑΝ
ΠΡΟΣΟΧΉ
ΘΕΡΜΌΜΕΤΡΟ
ΜΟΤΈΛ
ΠΟΥΛΊ
ΕΝΝΈΑ
ΕΠΙΛΟΓΉ
ΑΛΥΣΊΔΑ
ΠΟΤΑΜΟΎ
ΠΑΡΑΔΈΧΟΝΤΑΙ
ΨΆΧΝΕΙ
ΟΙΚΟΝΟΜΙΚΉΣ
ΝΕΡΟΎ
ΦΟΎΣΤΑ

Puzzle 104

ΩΡΑΊΑ
ΜΠΟΛ
ΘΕΊΟΣ
ΣΤΑΘΕΡΉ
ΕΝΟΧΛΕΊ
ΕΝΔΙΑΦΈΡΟΝ
ΥΠΟΚΑΤΆΣΤΗΜΑ
ΚΟΡΊΤΣΙ
ΗΛΙΚΊΑ
ΥΠΟΤΊΘΕΤΑΙ
ΝΟΣΟΚΟΜΕΊΟ
ΕΥΓΕΝΙΚΌ
ΦΡΑΟΥΛΑ
ΕΜΠΛΕΚΌΜΕΝΗ
ΤΣΙΠ
ΕΊΣΟΔΟΣ
ΑΛΙΕΥΜΆΤΩΝ
ΓΕΝΝΑΙΟΔΩΡΊΑ
ΕΚΑΤΟΜΜΎΡΙΑ
ΔΙΕΘΝΉ

```
P B K N E B S Ω O W P O E K E P Γ
M Π O Λ O O D G P P S S Ί O K A E
N Ω T Ά M Y E I Λ A T B Σ P A N N
Φ P Ά O Y Λ A C R R Ί D O Ί T C N
E E N Δ I A Φ Έ P O N A Δ T O H A
A M H T Σ Ά T A K O Π Y O Σ M Y I
Ί G Π X O U F Π Δ T N B Σ I M Π O
K B I Λ Ί I Ό K I N E Γ Y E Ύ O Δ
I E V K E O X P E Σ F B W W P T Ω
Λ S V S Θ K T Z Θ V T O N H I Ί P
H V M Y Q G Ό P N R T J V B A Θ Ί
B F H K O F I M Ή P E Θ A T Σ E A
M Q N L P H G Ί E Λ X O N E P T L
O Ί E M O K O Σ O N E B G Y Z A N
U M V G F D Z F W W H G V U N I N
```

Puzzle 105

A	M	É	P	K	Q	K	Q	S	S	F	M	N	R	C	O	W
T	Π	A	I	Φ	Ά	Λ	E	Q	J	Y	V	H	M	Y	R	D
Ά	K	Ό	K	N	A	I	G	S	S	R	Z	U	M	O	S	K
P	U	P	Φ	I	N	L	X	C	J	E	V	É	C	T	W	V
Φ	A	Π	Ί	O	G	V	D	C	B	E	F	T	B	L	C	K
A	I	Ά	M	Σ	I	I	Z	N	U	N	X	Σ	P	Z	E	F
N	Π	Σ	P	O	I	T	Ά	I	N	E	Γ	I	L	K	K	J
É	A	X	O	Δ	M	M	O	Z	I	K	G	L	K	R	W	O
M	P	O	Ό	P	H	Ξ	Σ	É	K	I	T	Y	Δ	W	S	
Σ	Ά	Y	Ί	E	J	Q	Y	R	C	D	K	D	W	K	H	F
I	Γ	N	Ή	K	Ϊ	O	N	Y	E	S	A	D	X	R	V	G
P	O	R	K	O	N	T	Ά	Σ	T	A	M	Ά	T	H	Σ	E
O	N	S	R	U	Q	O	D	R	D	É	Ύ	O	Π	E	Λ	A
W	T	C	H	Q	F	R	E	G	P	P	E	N	G	X	I	H
Z	A	G	R	C	A	F	D	N	S	K	Γ	W	Q	W	E	B

ΟΡΙΣΜΈΝΑ
ΣΤΑΜΆΤΗΣΕ
ΑΠΌΦΟΙΤΟΣ
ΓΕΝΙΆ
ΚΡΈΜΑ
ΚΟΝΤΆ
ΠΑΡΆΓΟΝΤΑ
ΈΤΣΙ
ΞΗΡΌ
ΚΈΡΔΟΣ
ΕΥΝΟΪΚΉ
ΑΦΡΆΤΑ
ΠΆΣΧΟΥΝ
ΜΑΚΙΓΙΆΖ
ΚΡΊΣΙΜΗ
ΕΛΆΦΙΑ
ΓΕΎΜΑ
ΔΥΤΙΚΈΣ
ΚΡΈΑΣ
ΑΛΕΠΟΎ

Puzzle 106

ΚΆΠΟΙΟΣ
ΠΕΊΡΑΜΑ
ΔΑΠΆΝΗ
ΔΕΚΑΔΙΚΆ
ΝΕΡΟΧΎΤΗ
ΤΕΧΝΙΚΉ
ΚΕΦΆΛΙ
ΔΌΝΤΙ
ΘΈΑΤΡΟ
ΥΠΟΣΤΗΡΊΖΟΥΝ
ΚΥΒΈΡΝΗΣΗΣ
ΜΕΊΝΕΤΕ
ΔΈΣΜΕΥΣΗ
ΚΥΝΉΓΙ
ΥΠΟΛΟΓΙΣΜΌ
ΜΉΛΟ
ΣΥΜΠΈΡΑΣΜΑ
ΙΤΙΆΣ
ΓΈΝΝΗΣΗ
ΑΛΥΣΊΔΑ

U	N	B	Z	C	H	Z	H	Ά	K	I	Δ	A	K	E	Δ	O
Θ	P	E	P	M	Q	T	W	V	F	H	D	O	Y	M	T	M
U	É	Y	Σ	Y	M	Π	Έ	P	A	Σ	M	A	N	V	L	E
F	S	A	M	A	P	Ί	E	Π	X	H	P	A	Ή	X	C	A
N	B	B	T	K	G	V	Z	C	S	N	R	L	Γ	K	A	Λ
E	R	V	J	P	I	T	N	L	A	N	A	G	I	Ά	T	Y
Ό	M	Σ	I	Γ	O	Λ	O	Π	Y	É	A	H	Λ	Π	E	Σ
N	E	P	O	X	Ύ	T	H	H	V	Γ	V	Σ	Ά	O	X	Ί
K	Y	B	É	P	N	H	Σ	H	Σ	C	V	Y	Φ	I	N	Δ
I	T	I	Ά	Σ	O	P	O	N	G	H	E	E	O	I	A	
Y	Π	O	Σ	T	H	P	Ί	Z	O	Y	N	M	K	Σ	K	V
M	E	Ί	N	E	T	E	T	V	X	S	Ά	Σ	Ή	N	Ή	R
T	D	N	V	H	M	K	J	O	V	M	Π	Έ	M	Λ	C	M
V	A	D	L	Z	W	G	A	C	W	L	A	Δ	R	L	O	A
P	N	W	U	Y	Δ	Ό	N	T	I	J	Δ	H	C	N	L	O

Puzzle 107

X	X	V	Λ	Ε	Π	Τ	Ό	Ι	U	Ι	Δ	Κ	R	D	S	U
F	Σ	Y	Z	Η	Τ	Ή	Σ	Ο	Υ	Ν	Ι	Α	Ε	F	X	G
Λ	Κ	Α	Ά	Θ	Ι	Η	Ν	Π	Ί	Α	Ο	Β	Ό	Φ	G	
Ή	Ύ	Ο	Ρ	Τ	Μ	Η	Τ	Έ	Α	Ρ	Φ	Υ	Ο	Η	Τ	Ρ
Κ	Ε	Κ	Ι	Q	D	G	Τ	Μ	Ρ	Α	Ο	Τ	Η	Α	W	Ά
Ι	Α	R	Ο	D	C	Κ	J	Σ	Α	Ν	Ρ	Σ	Ξ	Ο	Μ	Φ
Τ	Α	Τ	W	Σ	Ί	W	R	Ι	Π	Α	Ε	Ο	Η	G	J	Θ
Π	Ν	U	Ά	Z	Κ	Ρ	U	Π	Ά	Κ	Τ	Ύ	Λ	G	Ε	Ο
Ι	Ώ	Ε	Z	Ρ	Τ	Ν	Ι	Λ	Ν	U	Ι	Κ	Π	Ν	Β	Ν
Ε	Τ	R	Q	Ι	Τ	S	Ε	Ε	Ω	R	Κ	L	Κ	J	S	Ο
Λ	Ε	X	Ο	Β	U	Ι	Ν	Π	X	S	Ό	Τ	Έ	Ρ	Α	Σ
Λ	Ρ	U	Τ	W	V	Β	Σ	Α	F	Γ	Ν	Τ	F	Κ	Κ	Υ
Ε	Ο	Β	U	G	J	W	Ρ	Η	Ι	S	Ε	X	D	D	R	Z
U	Σ	Z	Β	Β	V	S	L	Q	Σ	L	Ε	Α	Q	Z	Μ	W
X	Ή	Ν	Α	D	X	C	Ι	U	S	Σ	Τ	Ή	Λ	Η	J	Ρ

KATΆΡΤΙΣΗΣ
ΈΚΠΛΗΞΗ
ΕΛΛΕΙΠΤΙΚΉ
ΤΗΣ
ΑΝΏΤΕΡΟΣ
ΚΑΝΑΡΊΝΙ
ΛΕΠΤΌ
ΚΑΟΥΤΣΟΎΚ
ΔΙΑΦΟΡΕΤΙΚΌ
ΕΓΧΕΙΡΊΔΙΟ
ΛΎΚΟΣ
ΆΦΘΟΝΟ
ΧΉΝΑ
ΦΌΒΟ
ΣΥΖΗΤΉΣΟΥΝ
ΑΠΕΛΠΙΣΜΈΝΟΙ
ΣΤΉΛΗ
ΤΈΡΑΣ
ΠΑΡΑΠΆΝΩ
ΚΑΛΆΘΙ

Puzzle 108

BΡΕΘΕΊ
ΠΡΌΚΛΗΣΗ
ΟΜΙΛΊΑΣ
ΚΑΛΟΚΑΙΡΙΝΌ
ΓΡΆΦΗΜΑ
ΠΛΗΘΥΣΜΟΎ
ΠΛΟΊΑΡΧΟΣ
ΑΥΤΟΚΊΝΗΤΟ
ΒΑΣΙΚΌ
ΠΟΙΌΤΗΤΑ
ΓΑΤΆΚΙ
ΜΠΑΡ
ΦΥΣΙΚΆ
ΗΛΙΈΛΑΙΟ
ΚΛΟΥΒΊ
ΌΡΑΜΑ
ΤΑΞΊ
ΠΕΡΊΟΔΟ
ΒΙΑΣΎΝΗ
ΑΠΛΆ

M	Y	F	E	E	O	T	D	C	A	Ό	Y	H	B	H	Π	A		
H	Π	L	W	J	U	A	K	N	P	P	V	P	P	Λ	P	Y		
R	R	A	M	S	L	Ξ	J	E	D	A	F	S	E	I	Ό	T		
D	B	Q	P	Ό	A	Ί	I	R	E	M	P	P	Θ	Έ	K	O		
J	E	R	H	Ύ	Σ	A	I	B	A	A	G	E	Λ	Λ	K			
P	V	T	J	I	K	Λ	O	Y	B	Ί	B	E	Ί	A	H	Ί		
L	S	O	M	P	O	M	I	Λ	Ί	A	Σ	A	F	I	Σ	N		
D	F	Δ	H	I	S	M	T	F	Y	Y	A	U	Σ	O	H	H		
Π	Λ	O	Ί	A	P	X	O	Σ	F	D	T	F	V	I	Ά	T		
V	A	Ί	C	K	M	G	X	A	M	K	H	Z	Q	F	K	O		
D	Q	P	Q	O	V	H	Z	T	Γ	A	T	Ά	K	I	I	Ό		
A	R	E	W	Λ	M	V	Φ	B	Z	S	Ό	Λ	W	J	Σ	K		
G	W	Π	V	A	D	K	A	Ά	X	I	I	Π	B	F	Y	U		
M	T	S	F	K	Q	N	I	D	P	P	O	A	D	Y	Φ	A		
Π	Λ	H	Θ	Y	Σ	M	O	Ύ	E	Γ	Π	M	I	I	A	Z		

Puzzle 109

Σ	Π	Λ	F	Z	I	V	L	E	S	T	E	N	Ό	W	Z	Q
K	Λ	Q	E	I	K	Ά	K	A	Σ	D	Z	F	Π	Y	R	C
A	Ή	A	E	Π	Ί	C	G	Q	X	O	E	P	Q	O	Ά	T
N	P	K	Y	V	T	S	O	U	F	A	T	W	T	Ί	T	T
T	Ω	Έ	Q	G	N	O	I	F	U	R	A	I	X	A	Y	Έ
Z	Σ	P	V	X	O	J	M	M	A	B	I	A	M	Λ	Φ	Γ
Ό	H	Δ	T	Q	Π	B	K	Έ	V	Δ	P	E	P	A	I	O
X	Σ	I	Ά	P	Θ	P	A	B	P	N	Ί	J	D	Φ	L	N
O	V	Σ	L	Σ	Έ	Λ	I	N	O	E	A	T	D	E	C	E
I	M	A	Σ	Ύ	O	P	A	Π	X	L	I	U	P	K	V	Ί
P	W	N	M	Z	P	Q	U	T	K	L	P	E	U	A	S	Σ
O	B	B	P	Y	M	X	P	B	X	G	Ύ	R	Σ	L	Π	N
Σ	X	B	K	K	A	N	O	N	Ί	Σ	E	I	U	H	A	D
A	N	T	Ί	Σ	T	P	O	Φ	H	O	Λ	S	X	T	P	K
T	E	Λ	E	Y	T	A	Ί	A	G	O	A	V	P	R	C	O

ΆΡΘΡΑ
ΠΟΤΈ
ΣΤΕΝΌ
ΤΕΛΕΥΤΑΊΑ
ΚΑΝΟΝΊΣΕΙ
ΣΈΛΙΝΟ
ΚΈΡΔΙΣΑΝ
ΠΛΉΡΩΣΗΣ
ΕΤΑΙΡΊΑ
ΦΥΤΆ
ΑΛΕΎΡΙ
ΚΕΦΑΛΑΊΟΥ
ΣΚΑΝΤΖΌΧΟΙΡΟΣ
ΛΕΠΤΟΜΈΡΕΙΕΣ
ΠΑΡΤΊΔΑ
ΠΑΡΟΎΣΑ
ΣΑΚΆΚΙ
ΓΟΝΕΊΣ
ΠΟΝΤΊΚΙ
ΑΝΤΙΣΤΡΟΦΗ

Puzzle 110

ΓΛΩΣΣΆΡΙΟ
ΟΜΟΛΟΓΊΑ
ΚΑΘΑΡΉ
ΑΛΉΘΕΙΑ
ΑΣΤΈΡΙ
ΣΚΑΜΝΊ
ΣΆΠΙΟ
ΤΈΛΕΙΑ
ΤΑΧΥΔΡΌΜΟΣ
ΣΙΩΠΉ
ΣΟΦΟΎΣ
ΕΞΈΠΛΗΞΕ
ΤΏΡΑ
ΠΑΡΈΧΕΙ
ΚΥΒΕΡΝΉΤΗΣ
ΦΥΣΙΚΌΣ
ΛΑΒΉ
ΕΚΔΏΣΕΙ
ΚΕΡΊ
ΣΥΓΧΈΟΥΝ

E	K	T	X	V	T	T	K	Y	B	E	P	N	Ή	T	H	Σ
F	C	A	Ώ	Z	C	S	A	Σ	Y	Γ	X	Έ	O	Y	N	Ό
L	H	I	Θ	P	A	K	Ί	X	G	U	N	S	M	Σ	J	K
S	Q	E	R	A	A	O	Γ	I	Y	H	O	G	T	I	P	I
M	X	Θ	S	G	P	R	O	L	U	Δ	C	B	Q	Ω	E	Σ
L	T	Ή	B	A	Λ	Ή	Λ	N	F	P	P	P	J	Π	H	Y
J	V	Λ	Z	A	M	Σ	O	L	O	M	J	Ό	N	Ή	L	Φ
R	V	A	G	N	G	K	M	E	O	P	U	S	M	U	Z	L
A	Σ	T	Έ	P	I	A	O	Ξ	Q	W	F	G	W	O	E	T
J	Ύ	S	R	E	E	M	Z	H	K	U	M	X	F	U	S	Έ
D	O	Y	L	O	X	N	Γ	Λ	Ω	Σ	Σ	Ά	P	I	O	Λ
P	Φ	Z	I	F	Έ	Ί	G	Π	H	Q	A	U	Q	N	I	E
J	O	K	I	E	P	P	H	Έ	F	R	I	Z	V	U	Π	I
M	Σ	W	V	S	A	E	T	Ξ	R	J	A	P	V	O	Ά	A
W	A	W	W	A	Π	K	I	E	Σ	Ώ	Δ	K	E	P	Σ	X

Puzzle 111

```
A D X J R W J R X R J P F Q I K A
S H N O U G V Z T W X E G Y D O K
T A Ξ Ί Δ I E Ξ A Ί P E Σ H R Y O
K C H P Σ Έ T H P O Φ K Ά T I Λ Λ
F G U Y X Y P O O Z Q X J K G T O
Σ O L N O A Π Ά N T H Σ H D T O Y
Φ L E E Λ Y O Ί P H T N Y Λ Π Ύ Θ
Ά Λ I Λ I D M U S C T T Z O Z P Ί
Λ K A I K N X B C L A M O Q Λ A A
M E Y Σ Ή Π I P G Z K D Y O U Ί A
A J S Λ E H J W K B O C I E G M Φ
T A T A Γ Ό I P Γ A Ύ V U A R K L
O E Ξ A I P O Ύ N I Σ D C Z Y M O
Σ O P E K Ό N I P S E M A Λ Λ Ί X
E A N F X C J B V R I E B R B J D
```

ΚΟΥΛΤΟΎΡΑ
ΑΚΟΎΣΕΙ
ΑΚΟΛΟΥΘΊΑ
ΑΠΆΝΤΗΣΗ
ΕΞΑΙΡΟΎΝ
ΑΓΡΙΌΓΑΤΑ
ΡΙΠΉ
ΣΧΟΛΙΚΉ
ΣΦΆΛΜΑΤΟΣ
ΦΟΡΗΤΈΣ
ΓΛΥΚΆ
ΦΊΛΟΥΣ
ΚΆΤΙ
ΜΑΛΛΊ
ΚΑΙ
ΠΛΥΝΤΗΡΊΟΥ
ΛΙΛΆ
ΡΙΝΌΚΕΡΟΣ
ΤΑΞΊΔΙ
ΕΞΑΊΡΕΣΗ

Puzzle 112

ΜΠΆΝΙΟ
ΒΆΤΡΑΧΟΣ
ΚΑΜΠΎΛΗ
ΣΚΟΡΆΡΕΙ
ΝΤΟΥΛΆΠΙ
ΊΔΡΥΜΑ
ΧΕΛΏΝΑ
ΑΝΑΜΟΝΉ
ΚΑΡΈΚΛΑ
ΠΙΟ
ΜΠΛΟΎΖΑ
ΓΡΑΣΊΔΙ
ΧΑΝΤΆΚΙ
ΜΙΚΡΌ
ΦΑΝΤΑΣΤΕΊΤΕ
ΣΥΜΦΩΝΉΣΟΥΝ
ΕΚΧΩΡΉΣΕΙ
ΚΑΜΉΛΑ
ΚΑΤΑΣΚΕΥΉ
ΔΕΝ

```
J L C O X R K X O I K U T A E N F
X K H Λ Ύ Π M A K Y Z J A J K T M
Y K E D C P X L P O T M A A X O P
B Ά T P A X O Σ B Έ F H Λ F Ω Y Φ
W B E N H C I G M U K H Ή E P Λ A
C U C Y F R Π D X N S Λ M J Ή Ά N
T P H O R X Ή N O M A N A V Σ Π T
Γ P A Σ Ί Δ I E P Ά P O K Σ E I A
X B M Ή H A P Δ V M F Q T M I Z Σ
A E Y N E V D S J U I L V R L O T
N U P Ω M Π Ά N I O X K R O M Y E
T L Δ Φ M Π Λ O Ύ Z A G P T N K Ί
Ά H Ί M K A T A Σ K E Y Ή Ό F F T
K U S Y I X D I S S X E Λ Ώ N A E
I Y S Σ S O R K U W V G J N M D X
```

Puzzle 113

E	K	N	Σ	J	Q	Y	A	X	Έ	A	M	K	A	P	Ά	Π
I	Ά	P	Z	Y	L	D	F	S	K	P	Π	Y	Γ	B	I	Π
F	Λ	I	T	Ω	N	I	P	Π	B	K	E	N	P	A	Λ	Y
M	T	I	H	P	G	Ό	Z	A	A	Y	P	H	Ό	P	A	Γ
N	Σ	S	V	Q	R	N	Λ	Δ	Σ	A	Δ	Γ	T	Ύ	Π	M
V	E	M	S	O	B	M	W	O	H	N	E	Ή	H	T	L	A
Ή	Σ	R	R	O	P	T	K	Λ	Y	Ά	M	Σ	Σ	H	J	X
M	Έ	Γ	A	I	P	A	G	Ύ	B	K	Έ	E	L	T	Z	Ί
Γ	V	S	F	N	B	A	R	M	B	A	N	I	W	A	C	A
I	V	W	E	Ά	U	M	S	O	W	M	A	S	P	Σ	F	Σ
T	P	X	P	Π	W	Q	Y	R	F	Ψ	Π	A	I	Δ	I	Ά
Σ	Q	O	G	Σ	R	K	R	W	U	H	Y	U	L	A	M	E
K	O	I	K	O	Γ	Έ	N	E	I	A	B	O	M	W	D	B
W	N	N	L	G	K	Γ	P	A	M	M	A	T	Έ	A	Σ	X
D	I	K	Σ	Ύ	N	Δ	E	Σ	H	C	A	V	G	N	O	F

ΒΑΡΎΤΗΤΑΣ
ΣΤΙΓΜΉ
ΣΥΝΌΛΟΥ
ΚΥΝΗΓΉΣΕΙ
ΈΚΒΑΣΗ
ΜΠΕΡΔΕΜΈΝΑ
ΣΎΝΔΕΣΗ
ΑΓΡΌΤΗΣ
ΜΈΓΑΙΡΑ
ΣΠΆΝΙΟ
ΚΆΛΤΣΕΣ
ΓΡΑΜΜΑΤΈΑΣ
ΟΙΚΟΓΈΝΕΙΑ
ΑΝΆΚΑΜΨΗ
ΠΡΙΝ
ΜΎΛΟ
ΠΑΙΔΙΆ
ΠΥΓΜΑΧΊΑΣ
ΠΆΡΑ
ΠΑΛΙΆ

Puzzle 114

ΆΡΡΩΣΤΟ
ΠΕΡΙΟΧΉΣ
ΣΤΆΔΙΟ
ΣΎΖΥΓΟ
ΣΥΝΕΙΔΗΤΟΠΟΙΟΎΝ
ΕΛΙΚΌΠΤΕΡΟ
ΜΠΟΥΚΆΛΙ
ΠΑΡΆΛΟΓΗ
ΠΕΡΊΜΕΤΡΟ
ΠΡΌΚΕΙΤΑΙ
ΜΑΣ
ΠΑΊΖΟΥΝ
ΆΡΘΡΟ
ΦΟΡΆ
ΔΩΔΕΚΑ
ΧΡΟΝΟΔΙΆΓΡΑΜΜΑ
ΈΠΟΙΚΟΙ
ΤΡΟΦΊΜΩΝ
ΑΦΑΊΡΕΣΗ
ΆΝΘΡΑΚΑ

Z	U	Ά	V	V	E	E	A	P	H	C	X	E	X	K	V	Π
N	B	M	N	W	G	X	A	B	H	F	H	L	S	Y	J	A
Ω	A	S	X	Θ	N	W	L	C	Z	Σ	A	M	V	O	B	P
M	Φ	O	P	Ά	P	Q	Q	B	J	L	E	Z	D	F	X	Ά
Ί	Π	P	Q	C	I	A	T	I	E	K	Ό	P	Π	U	P	Λ
Φ	P	O	P	X	N	K	K	M	F	R	O	Ί	O	E	O	
O	J	H	Y	M	I	V	F	A	Ά	P	Θ	P	O	A	Y	Γ
P	U	Q	G	K	Έ	Π	O	I	K	O	I	S	U	Φ	H	
T	H	H	M	B	Ά	Σ	Ύ	Z	Y	Γ	Ό	U	K	P	D	A
Σ	T	Ά	Δ	I	O	Λ	Π	E	P	Ί	M	E	T	P	O	K
O	P	E	T	Π	Ό	K	I	Λ	E	X	G	W	E	K	H	E
Σ	Y	N	E	I	Δ	H	T	O	Π	O	I	O	Ύ	N	D	Δ
Ά	P	P	Ω	Σ	T	O	P	K	Π	A	Ί	Z	O	Y	N	Ώ
Π	E	P	I	O	X	Ή	Σ	Z	N	U	G	P	V	S	P	Δ
X	P	O	N	O	Δ	I	Ά	Γ	P	A	M	M	A	T	K	E

Puzzle 115

```
A  Z  H  E  F  Y  K  Ί  T  N  A  S  Έ  A  Θ  Δ  I
A  M  I  I  H  V  N  N  T  A  V  M  Ξ  E  A  H  Δ
C  D  F  N  Σ  M  H  Π  Y  Z  E  Y  B  N  M  I
P  P  O  N  Y  J  V  Σ  Ό  Λ  O  Θ  Π  N  A  O  O
A  G  F  D  A  X  B  E  E  L  O  N  N  Ω  T  Σ  K
E  N  O  X  Λ  E  Ί  Σ  Ψ  M  D  Ί  H  P  H  Ί  T
Σ  P  Λ  Y  Ό  E  W  H  A  I  Ά  S  O  Ί  Φ  E  H
Y  Z  Ύ  I  Π  Π  Y  Σ  K  S  L  N  W  Σ  Ό  Y  Σ
N  U  Ξ  T  A  I  S  H  Έ  J  Y  G  R  K  P  Σ  Ί
Ή  L  X  V  Z  M  Z  B  M  A  M  U  S  P  A  H  A
Θ  D  R  P  B  Έ  X  M  N  Δ  I  Ά  Φ  O  P  A  Σ
E  Y  R  M  B  P  H  Ύ  R  W  B  M  V  Y  G  N  N
I  T  Y  V  T  O  C  Λ  S  S  D  W  Ύ  I  F  N  N
A  Z  E  Λ  Έ  Y  F  O  D  I  W  H  S  O  V  E  L
G  U  P  D  T  Σ  B  K  T  E  A  G  Y  G  M  Z  R
```

ΙΔΙΟΚΤΗΣΊΑΣ
ΚΟΛΎΜΒΗΣΗΣ
ΑΝΤΊ
ΝΩΡΊΣ
ΖΕΛΈ
ΔΗΜΟΣΊΕΥΣΗ
ΘΑΝΑΤΗΦΌΡΑ
ΞΎΛΟ
ΜΟΎΜΙΑ
ΠΛΟΊΟ
ΘΟΛΌ
ΣΥΝΉΘΕΙΑ
ΈΞΥΠΝΗ
ΈΚΑΨΕ
ΕΠΙΜΈΡΟΥΣ
ΑΠΌΛΑΥΣΗ
ΔΙΆΦΟΡΑ
ΆΜΕΣΗ
ΊΝΤΣΕΣ
ΕΝΟΧΛΕΊ

Puzzle 116

ΜΠΆΛΑ
ΠΡΟΣΩΠΙΚΌ
ΓΥΝΑΊΚΕΣ
ΚΊΤΡΙΝΟ
ΑΝΆΛΥΣΗ
ΑΝΤΑΝΑΚΛΆ
ΤΎΠΟ
ΤΡΏΝΕ
ΠΡΟΗΓΟΎΜΕΝΟ
ΑΚΡΙΒΉ
ΡΉΜΑ
ΣΤΊΒΟΥ
ΑΓΏΝΑ
ΠΛΗΜΜΎΡΑ
ΠΑΤΆΤΑΣ
ΤΆΞΗ
ΎΠΝΟ
ΑΡΚΕΊ
ΜΑΎΡΟ
ΚΑΤΣΑΡΌΛΑ

```
H  H  V  O  W  G  L  O  Π  Ύ  T  I  A  I  Π  H  S
M  K  F  N  H  I  Γ  Y  N  A  Ί  K  E  Σ  P  C  C
Ή  Ό  K  I  Π  Ω  Σ  O  P  Π  Q  Q  N  W  O  U  B
B  I  O  P  Ύ  A  M  B  Q  V  Ύ  I  Ώ  W  H  U  U
I  W  K  T  Z  C  Ί  T  Ά  Ξ  H  P  D  G  Y  B
P  E  J  Ί  F  V  C  T  R  Z  D  I  T  Z  O  X  P
K  Q  L  K  Q  U  K  Σ  N  G  N  F  L  D  Ύ  L  G
A  N  T  A  N  A  K  Λ  Ά  N  L  I  M  H  M  M  A
M  Λ  E  J  B  Y  G  L  B  R  J  N  M  E  J  Γ
Ή  Z  Ά  A  P  Ύ  M  M  H  Λ  Π  F  E  L  N  T  Ώ
P  E  R  Π  P  F  W  L  W  T  G  T  O  P  O  G  N
Q  Q  B  M  M  K  T  F  P  A  N  Ά  Λ  Y  Σ  H  A
M  J  J  J  V  W  E  Π  A  T  Ά  T  A  Σ  D  R  Y
U  M  A  I  A  O  H  Ί  K  A  T  Σ  A  P  Ό  Λ  A
Q  G  H  Y  E  E  A  R  M  C  D  S  X  L  W  F  Z
```

Puzzle 117

A	Μ	Ό	Γ	O	R	P	A	B	P	E	Π	J	R	G	W	K
L	Y	F	A	J	N	O	Ί	P	O	Λ	J	Ω	Q	C	Y	Ύ
B	K	T	Q	X	I	I	T	A	T	E	T	Ή	Λ	D	F	P
M	K	V	O	Q	F	Z	H	Σ	E	Y	I	B	D	O	R	I
Y	O	Y	J	Π	D	S	M	T	S	Θ	K	I	A	D	Ύ	E
Γ	N	Σ	L	C	E	B	Ή	J	E	A	P	X	Δ	G	N	
P	Ω	Ω	X	E	F	Π	Y	P	T	P	H	T	G	Ύ	Q	Y
A	Φ	Θ	D	O	Q	B	O	A	J	Ί	J	A	E	O	N	J
Σ	Ό	Ή	A	F	K	F	Y	Ί	D	A	O	I	X	S	X	M
Ί	I	N	Ί	I	E	Ά	I	Q	Θ	Σ	O	Δ	Ί	E	B	W
A	Δ	Y	M	J	X	I	P	K	B	H	Σ	H	M	Ά	Δ	I
U	A	Σ	A	G	O	Θ	V	Y	L	H	Σ	Ώ	Φ	A	Σ	L
A	P	B	T	R	A	O	Q	Z	Δ	Y	S	H	W	D	C	T
S	G	M	O	A	H	P	Z	C	I	O	H	Λ	I	K	Ί	A
H	B	T	Σ	R	Ή	Γ	A	Π	M	Y	Σ	M	Z	C	T	D

ΑΊΜΑΤΟΣ
ΓΌΜΑ
ΔΙΑΤΡΙΒΉ
ΣΑΦΏΣ
ΣΗΜΆΔΙ
ΡΑΔΙΌΦΩΝΟ
ΑΊΤΗΜΑ
ΠΩΛΟΎΝ
ΕΛΕΥΘΕΡΊΑΣ
ΓΡΟΘΙΆ
ΔΎΟ
ΑΥΤΟΠΕΠΟΊΘΗΣΗ
ΣΥΝΉΘΩΣ
ΒΡΑΣΤΉΡΑ
ΕΊΔΟΣ
ΜΟΣΧΟΚΆΡΥΔΟ
ΚΎΡΙΕ
ΣΥΜΠΑΓΉ
ΥΓΡΑΣΊΑ
ΗΛΙΚΊΑ

Puzzle 118

ΟΡΓΑΝΏΣΕΙ
ΕΜΠΙΣΤΟΣΎΝΗ
ΠΑΡΑΚΜΉ
ΚΑΤΑΣΤΡΟΦΉ
ΔΕΊΧΝΟΥΝ
ΠΡΑΚΤΙΚΉ
ΡΑΜΦΊΖΟΥΝ
ΠΛΎΣΗΣ
ΛΎΣΕΙ
ΦΑΣΟΛΙΏΝ
ΥΓΡΆ
ΣΑΜΠΟΥΆΝ
ΡΑΠΑΝΆΚΙ
ΑΠΑΣΧΟΛΟΎΝ
ΠΕΡΑΙΤΈΡΩ
ΣΤΡΑΤΗΓΙΚΉ
ΣΎΛΛΗΨΗ
ΠΟΥΡΝΆΡΙΑ
ΆΤΟΜΟ
ΘΕΡΜΌΜΕΤΡΟ

K	Σ	Z	Π	X	H	F	F	H	A	A	A	F	Q	E	O	Π
Π	T	O	O	P	T	E	M	Ό	M	P	E	Θ	Ω	N	P	A
P	P	K	Y	Z	Q	H	T	N	S	K	Y	Γ	Ά	G	P	
A	A	Q	P	S	C	K	N	V	V	Y	L	M	Έ	Y	A	A
K	T	H	N	Y	O	Z	Ί	Φ	M	A	P	N	T	O	N	K
T	H	M	Ά	B	M	V	Φ	Σ	M	K	X	N	I	Π	Ώ	M
I	Γ	N	P	N	O	B	E	A	Ύ	F	R	K	A	M	Σ	Ή
K	I	P	I	T	T	P	T	Q	Σ	Λ	Z	A	P	A	E	H
Ή	K	Z	A	J	Ά	E	A	F	V	O	Λ	R	E	Σ	I	M
F	Ή	C	Σ	H	Σ	Ύ	Λ	Π	O	T	A	Λ	H	Π	I	E	R
B	J	N	Ύ	O	Λ	O	X	Σ	A	Π	A	I	Ψ	D	Σ	D
X	W	A	E	W	P	O	W	S	C	N	F	B	Ώ	H	Y	E
Δ	E	Ί	X	N	O	Y	N	V	N	G	Ά	F	M	N	Λ	R
R	H	P	Ή	Φ	O	P	T	Σ	A	T	A	K	F	A	I	L
M	L	W	A	J	G	H	N	Ύ	Σ	O	T	Σ	I	Π	M	E

Puzzle 119

A	K	Π	Θ	Ε	Ί	A	N	Σ	V	A	T	O	Q	N	G	C
M	B	Π	A	Σ	T	Y	T	Y	X	Γ	T	X	V	K	G	Q
P	D	J	Ά	Λ	X	P	O	O	Ά	K	Π	O	Λ	Λ	Ώ	N
J	F	H	U	P	T	P	Y	Π	Π	Ά	M	Έ	Σ	A	E	K
M	S	E	C	U	K	Ό	Λ	Ώ	I	Λ	B	S	Q	L	T	I
L	O	R	H	C	H	O	Ά	P	I	I	P	Ά	Γ	Γ	E	Φ
T	Έ	T	A	P	T	O	Π	Θ	L	A	J	K	O	Y	Γ	Y
T	X	A	Y	D	Ή	F	A	N	I	Σ	O	Λ	O	K	Ύ	E
N	Y	X	T	E	P	Ί	Δ	A	Ί	E	P	O	Π	L	Φ	F
M	N	C	O	J	E	P	V	Y	W	C	Ψ	T	V	H	O	E
O	S	P	N	C	Θ	W	W	K	E	W	N	Έ	U	L	Π	E
U	C	P	L	Z	A	C	Z	B	P	S	S	S	T	M	A	M
N	I	I	P	Ή	T	X	I	O	N	A	U	D	Q	Σ	O	I
H	J	Q	C	P	Σ	Σ	Σ	Y	M	B	Ά	Λ	O	Y	N	H	J
T	E	X	N	O	Λ	O	Γ	Ί	A	Σ	B	I	F	B	P	Λ

ΠΆΡΚΟ
ΤΕΧΝΟΛΟΓΙΑΣ
ΕΎΚΟΛΟ
ΑΠΟΦΎΓΕΤΕ
ΛΗΣΤΈΨΕΙ
ΜΈΣΑ
ΤΈΤΑΡΤΟ
ΠΑΛΤΌ
ΑΝΘΡΏΠΟΥΣ
ΧΆΠΙ
ΑΝΟΙΧΤΉΡΙ
ΑΓΚΆΛΙΑΣΕ
ΠΟΛΛΏΝ
ΝΥΧΤΕΡΊΔΑ
ΘΕΊΑ
ΣΥΜΒΆΛΟΥΝ
ΠΟΡΕΊΑ
ΝΤΟΥΛΆΠΑ
ΦΕΓΓΆΡΙ
ΣΤΑΘΕΡΉ

Puzzle 120

ΛΊΚΝΟ
ΔΑΓΚΏΣΕΙ
ΚΑΓΚΟΥΡΌ
ΣΟΚ
ΑΠΟΜΟΝΩΜΈΝΕΣ
ΣΤΟΙΧΕΊΟ
ΜΠΙΖΈΛΙΑ
ΣΟΒΑΡΈΣ
ΠΑΡΑΚΟΛΟΎΘΗΣΑΝ
ΜΕΓΈΘΟΥΣ
ΠΗΓΉΣ
ΔΟΚΙΜΉ
ΜΈΤΡΙΑ
ΣΥΧΝΆ
ΌΡΟ
ΓΝΏΣΗ
ΕΙΚΌΝΑ
ΗΡΕΜΊΑ
ΛΑΪΚΆ
ΚΟΡΊΤΣΙ

D	A	B	A	Ί	M	E	P	H	Σ	Ώ	N	Γ	Y	A	Y	Π
P	C	M	D	A	Έ	F	C	E	R	G	T	D	S	Π	B	A
K	G	V	D	B	T	U	F	C	H	S	P	Y	H	O	W	P
O	A	U	I	G	P	Σ	O	B	A	P	Έ	Σ	R	M	Z	A
Σ	I	Γ	N	Q	I	B	J	T	V	R	D	W	T	O	F	K
K	Λ	Ά	K	Ï	A	Λ	M	H	I	C	U	O	N	N	A	O
Y	Έ	A	G	O	S	W	I	E	Σ	Y	X	N	Ά	Ω	Σ	Λ
K	Z	N	X	F	Y	S	J	Δ	Γ	I	W	K	O	M	T	O
T	I	Ό	Q	C	Z	P	X	A	K	Έ	B	H	K	Έ	O	Ύ
R	Π	K	P	J	I	C	Ό	Γ	O	I	Θ	I	P	N	I	Θ
Ή	M	I	K	O	Δ	E	B	K	P	F	V	O	G	E	X	H
T	S	E	Λ	Ί	K	N	O	Ώ	Ί	U	T	T	Y	Σ	E	Σ
Π	H	Γ	Ή	Σ	Z	W	Q	Σ	T	Y	T	O	X	Σ	Ί	A
U	V	N	S	A	V	R	L	E	Σ	S	O	O	J	N	O	N
F	C	O	P	O	I	C	B	I	I	D	V	B	V	I	G	Y

Puzzle 121

```
Y O M Π Ρ Έ Λ Α Σ S J M W L Σ O Q
U Π I J K M A A Ύ Ξ Η Σ Η Σ Ύ A Y
N Y O Σ Ή T Σ I P A X Y E N Π J
Q O H T H T Ί A P A Π A L Q O E L
R W U G Ί Y X B O Ύ T Y P O P P Π
W Z R L V Θ K Z G Q U G F A A I A
E Ά T A K S E A L E B E C H Ί Γ P
K N W J B C J T P D I N Σ L A P Ά
O I T H R Q C E A Π P S K X I Ά Θ
P T P Ό X O N T K I O D I J T Ψ Y
Ί A Σ A Π I K Γ Ί P Π Ύ Ά D N E P
T Π Q V A I E Z Ί P Y M Z M A I O
Σ K N T M K Σ H T Έ Λ E M I Γ O W
I U I I N L V E J C P D W C I S G
A K H O U K O T Ό Π O Y Λ O Γ D Z
```

MΥΡΊΖΕΙ
ΠΡΊΓΚΙΠΑΣ
ΑΎΞΗΣΗΣ
ΠΑΡΆΘΥΡΟ
ΚΟΤΌΠΟΥΛΟ
ΕΝΤΌΠΙΣΕ
ΟΜΠΡΈΛΑΣ
ΚΑΡΠΟΎΖΙ
ΑΠΑΡΑΊΤΗΤΗ
ΠΑΤΙΝΆΖ
ΣΎΝΟΡΑ
ΣΚΙΆ
ΚΟΡΊΤΣΙΑ
ΒΟΎΤΥΡΟ
ΓΙΓΑΝΤΙΑΊΑ
ΠΕΡΙΓΡΆΨΕΙ
ΕΥΧΑΡΙΣΤΉΣΟΥΝ
ΜΕΛΈΤΗΣ
ΚΑΤΆ
ΥΠΟΤΊΘΕΤΑΙ

Puzzle 122

ΘΛΙΒΕΡΉ
ΠΕΤΑΛΟΎΔΑ
ΠΡΆΣΟ
ΔΙΣΤΆΖΕΙ
ΛΑΓΌΣ
ΔΡΑΜΑΤΙΚΉ
ΎΦΟΣ
ΛΕΩΦΟΡΕΊΩΝ
ΠΑΙΧΝΊΔΙ
ΚΡΑΣΊ
ΕΞΑΦΑΝΙΣΤΕΊ
ΦΑΣΌΛΙΑ
ΕΥΈΛΙΚΤΟ
ΚΎΚΛΟΥ
ΣΥΖΉΤΗΣΗ
ΤΑΚΤΟΠΟΙΗΜΈΝΟ
ΚΟΎΚΛΑ
ΘΑ
ΆΛΟΓΟ
ΑΔΕΛΦΉ

```
J S U Λ E D A O Φ W T O Σ Ά Ρ Π Λ
L W E N E Y M H Y A Λ K Ύ O K E A
H X Ί O G Ω Έ O Z Θ Σ V Y U W T Γ
A Δ E Λ Φ Ή Φ Λ J Z Τ Ό O J G A Ό
U N T T Y L B O I Q I K Λ W F Λ Σ
Δ I Σ T Ά Z E I P K O M K I E O Ύ
Θ Δ I J Z U W E W E T V Ύ Q A Ύ Φ
Λ Ί N B H I C E O Y Ί O K Y U Δ O
I N A Ί Σ A P K A V N Ω M Q J A Σ
B X Φ K H O A F H Y M R N A Z M R
E I A K T A K T O Π O I H M Έ N O
P A Ξ W Ή Δ P A M A T I K Ή P D Γ
Ή Π E O Z N L E M L V H N R K Q O
V J B Z Y N A P F V Y O W D J H Λ
D R X O Σ C E X H Z B M X Z T T Ά
```

Puzzle 123

```
Δ Γ Α Λ Ο Π Ο Ύ Λ Α Σ Σ Ω Λ Ή Ν Α
Ρ Ι Α Τ Ν Ο Χ Έ Δ Α Ρ Α Π U H Z W
Ε Τ Α Ν Ή Μ G N Y J Z E L L T P J
Ο Π Α Τ Ρ Ό Λ Ο Υ Τ Κ Ί Δ F V E Q
Μ Τ Ι Π Η Κ Μ Η Χ Α Ν Ι Κ Ό Σ J S
Ι Υ Ε Σ Ε Ρ L Χ Ρ Q Ά Ρ Ο Φ Α Ι Δ
Λ Ρ L Ο Τ Ι Ο Α W F Α Α Ν Q Ί Ρ D
Ί Ζ F W Τ Ή Ν Ύ C Ο C Ι Ό G Φ G Q
Α C Ε J Ε Κ Σ Ή Ν Ο Β Ρ Μ V Ο Q J
S K S W L X K E J T E E Ρ Ν Σ T F
Μ Ζ V Q Ι Ο J J Ι Ζ Α Ί Ο Λ Ε Γ Ι
Π Ρ Ο Π Ο Ν Η Τ Ή Σ Κ Ι Q R U L Z
Ζ U Ν Q Σ Κ Ο Ν Ι Σ Μ Έ Ν Ο Μ Μ Α
Κ Α Λ Α Μ Π Ο Κ Ι Ο Ύ G C F Y X C
Π Ο Ι Κ Ι Λ Ί Α Ν Ε Μ Ύ Ο Ρ Α Χ L
```

ΤΑΠΕΙΝΉ
ΓΑΛΟΠΟΎΛΑΣ
ΜΗΧΑΝΙΚΌΣ
ΔΊΚΤΥΟ
ΠΟΙΚΙΛΊΑ
ΔΙΑΦΟΡΆ
ΓΕΛΟΊΑ
ΜΌΝΟ
ΣΚΟΝΙΣΜΈΝΟ
ΡΌΛΟ
ΠΡΟΠΟΝΗΤΉΣ
ΜΉΝΑ
ΣΟΦΊΑΣ
ΔΙΑΤΗΡΟΎΝΤΑΙ
ΣΩΛΉΝΑ
ΚΑΛΑΜΠΟΚΙΟΎ
ΕΠΙΣΤΉΣΕΙ
ΟΜΙΛΊΑ
ΧΑΡΟΎΜΕΝΑ
ΠΑΡΑΔΈΧΟΝΤΑΙ

Puzzle 124

ΚΑΚΆΟ
ΒΟΥΝΏΝ
ΑΓΈΛΗΣ
ΆΓΡΙΑ
ΓΚΌΜΕΝΑ
ΟΔΟΝΤΌΒΟΥΡΤΣΑ
ΤΊΓΡΗ
ΛΟΥΛΟΎΔΙΑ
ΞΕΝΟΔΟΧΕΊΟ
ΣΉΜΕΡΑ
ΕΝΗΛΊΚΩΝ
ΤΗΛΈΦΩΝΟ
ΦΛΙΤΖΆΝΙ
ΛΑΜΒΆΝΟΝΤΑΣ
ΠΆΓΩΜΑ
ΠΕΡΙΕΧΟΜΈΝΟΥ
ΚΟΥΖΊΝΑ
ΦΩΤΙΆ
ΔΕΊΤΕ
ΦΡΑΓΚΟΣΤΆΦΥΛΟ

```
Φ Τ Η Λ Έ Φ Ω Ν Ο Φ Ο J Λ Β Α S Z
Λ U F Z N T S A Ρ Δ Ε Α Ο Γ Σ V
S Ο Ι U A K T B U A Ο Ν Μ Υ Έ Ή Z
Μ S Y T S F Ε Y L Γ Ν Η Β Ν Λ Μ Ο
Κ U Ο Λ Z X B Ρ R K T Λ Ά Ώ Η Ε Ε
W S Ν Z Ο Ά Κ Α Κ Ο Ό Ί Ν Ν Σ P U
J G Έ Ε S Ύ Ν V Ρ Σ Β Κ Ο Π U A I
G X Μ F D Ν Δ Ι Ο Τ Ο Ω Ν Ά Ν Ν Β
Β R Ο Ν V W T I L Ά Y Ν Τ Γ D Ί Z
V Z X Δ Ε Ί Τ Ε Α Φ Ρ F Α Ω Α Z Q
Ε R Ε Τ G L Τ Η Ι Y Τ Ζ Σ Μ W Y P
J Ρ Ι Ε Q Ε Q J Ρ Λ Σ Ν Β Α Ρ Ο C
F Η Ρ Γ Ί Τ Τ F Ε Γ Ο Α Ν Ε Μ Ό Κ Γ
Y Q Ε V A T A Q Ά Ι Τ Ω Φ Ρ Ι Q Τ
Ν Κ Π Ξ Ε Ν Ο Δ Ο Χ Ε Ί Ο Η C U T
```

Puzzle 125

```
Π  Μ  Α  Ί  Σ  Η  Λ  Κ  Κ  Ε  J  Κ  Δ  Ζ  Α  Υ  R
Υ  J  C  W  Η  Μ  J  Μ  Β  U  Η  Α  Ι  S  G  Η  Μ
Γ  Ο  Β  Ζ  Μ  Χ  Ό  D  Ν  J  Ν  Μ  Α  F  Ι  Α  Ι
Ο  Ι  G  Α  Ε  Ε  J  Λ  Ρ  W  Μ  Π  Θ  V  F  Κ  Q
Λ  Κ  U  J  Ί  Η  S  Ο  Ι  Τ  Π  Ά  Έ  Κ  Υ  Κ  Ο
Α  Ο  Η  L  Ο  Q  Ι  J  C  Σ  Α  Ν  Τ  J  V  Ρ  Μ
Μ  Ν  Λ  Ω  Ρ  Ί  Δ  Α  Φ  Τ  Μ  Α  Ο  Ι  Ι  Τ  Ρ
Π  Ο  Υ  J  Ι  Η  Σ  Ε  Θ  Ί  Π  Ε  Υ  S  F  Κ  W
Ί  Μ  Ρ  Π  Α  W  W  G  Ά  Q  Ά  Ή  Ν  Θ  Ε  Ι  Δ
Δ  Ι  Υ  Ρ  Ο  Κ  Ι  Ε  Ν  Ά  Β  Μ  Α  Λ  Λ  Υ  Σ
Α  Κ  Θ  Υ  Q  D  C  Υ  Ο  Π  Ά  Κ  Η  Υ  Μ  Β  U
J  Ώ  Μ  V  Α  Μ  Ο  Μ  Υ  Π  Α  Q  Υ  Χ  L  Β  Ο
C  Ν  Ό  F  Κ  S  Τ  Χ  Ν  Ζ  Ή  Τ  Κ  Α  R  G  Ο
U  C  S  Μ  Υ  W  Υ  J  Ή  L  Κ  Ρ  V  R  V  Ζ  Μ
Γ  Κ  Α  Ζ  Ό  Ν  S  S  Χ  Σ  W  Κ  Ε  Μ  Α  Ζ  Ί
```

ΓΚΑΖΌΝ
ΚΑΜΠΆΝΑ
ΑΚΤΉ
ΕΠΊΘΕΣΗ
ΠΉΡΕ
ΡΥΘΜΌ
ΦΘΆΝΟΥΝ
ΛΩΡΊΔΑ
ΣΥΛΛΑΜΒΆΝΕΙ
ΣΗΜΕΊΟ
ΜΑΖΊ
ΠΥΓΟΛΑΜΠΊΔΑ
ΚΆΠΟΥ
ΟΙΚΟΝΟΜΙΚΏΝ
ΔΙΑΘΈΤΟΥΝ
ΥΠΟΔΟΧΉΣ
ΕΚΚΛΗΣΊΑ
ΜΠΑΜΠΆ
ΜΌΛΙΣ
ΔΙΕΘΝΉ

Puzzle 126

ΔΏΡΟ
ΈΚΘΕΣΗ
ΣΤΆΣΗ
ΑΝΟΙΚΤΆ
ΡΩΤΉΣΩ
ΦΆΣΜΑ
ΧΆΛΥΒΑ
ΈΦΕΡΕ
ΈΤΟΥΣ
ΚΎΚΝΟ
ΥΠΕΡΉΦΑΝΟΙ
ΜΕΓΆΛΟ
ΠΡΟΣ
ΑΝΗΣΥΧΊΑ
ΠΑΡΑΜΕΊΝΕΙ
ΠΆΠΙΑ
ΈΞΑΛΛΟΣ
ΣΥΓΓΝΏΜΗ
ΆΛΜΑ
ΜΆΤΙ

```
Τ  Α  Η  Α  Η  D  Η  Χ  Π  Ά  Π  Ι  Α  Έ  F  Υ  Ά
D  S  Ρ  L  J  Η  Σ  Ά  Τ  Ε  S  V  F  Ξ  Μ  Β  Λ
Β  Ζ  Κ  Ο  Έ  Φ  Ε  Ρ  Ε  W  Α  Ζ  G  Α  Q  Q  Μ
Β  Α  Ι  Λ  V  Η  Θ  S  Μ  W  W  Τ  F  Λ  G  R  Α
L  W  G  Ά  Ο  Ν  Κ  Ύ  Κ  C  Ι  Ι  R  Λ  Χ  F  Ί
J  G  C  Γ  Τ  R  Έ  Φ  Ά  Σ  Μ  Α  C  Ο  Α  Β  Χ
Ι  D  G  Ε  Α  Κ  Β  Ν  G  D  Υ  U  Χ  Σ  Λ  Ι  Υ
Τ  Χ  W  Μ  Υ  Μ  Ι  Η  V  J  Ν  Ο  Q  Υ  Υ  Q  Σ
Υ  Υ  L  S  U  Σ  Υ  Ο  Τ  Έ  G  Ε  F  R  Β  D  Η
S  Ρ  Ω  S  Ε  Τ  Ι  Ε  Ν  Ί  Ε  Μ  Α  R  Α  Π  Π
Κ  Η  Σ  Χ  L  F  Ζ  Ρ  U  Α  Ι  Κ  Τ  U  V  S  Α
Ν  Τ  Ή  Ν  Ι  Δ  Σ  Υ  Γ  Γ  Ν  Ώ  Μ  Η  J  C  Ο
Μ  Ά  Τ  Ι  V  Ώ  L  Ε  Ν  S  D  Β  Τ  Ε  Ι  Τ  D
C  Ζ  Ω  Σ  Ο  Ρ  Π  G  Q  Ε  S  R  J  D  C  Η  Α
Μ  Ι  Ρ  Μ  Ι  Ο  Ν  Α  Φ  Ή  Ρ  Ε  Π  Υ  D  J  Ε
```

Puzzle 127

```
A G G E S K B J Δ I A K O Π Ή Χ Σ
Z Λ V Π Λ Ό Σ Φ P A Γ Ί Δ A Y N Ύ
C T Z I N Ψ Q G U U O C N N L O Γ
N H W T A E Π Ή Δ H Ξ E K I B B K
H G Λ Y K I Σ T Ύ O Π A Π E A G P
N H L X Ά Δ O K P Z P G O Y Q T O
Ή Έ C Ί Λ Ώ O T K W S C I P P I Y
P T K A Π T L E Έ S G N Σ V Q Δ Σ
I Y B T T Σ J P C T Y M Ί S C N H
E Λ W C A I V X V P V M K Z X Z S
Y Ί M O S P T E P Ά Σ T I A S B P
E Ξ P O B A W I E Σ Ά Π Σ O Π A Q
N E O Y Z X P X T Σ Ά N T A E P P
T I P N O Y J I E Σ Ί Σ A Φ O Π A
D L A W T E T Σ Ά M Y Θ K D I U X
```

ΠΑΠΟΎΤΣΙ
ΠΛΆΚΑ
ΠΉΔΗΞΕ
ΑΠΟΦΑΣΊΣΕΙ
ΤΕΡΆΣΤΙΑ
ΚΌΨΕΙ
ΚΑΤΣΙΚΊΣΙΟ
ΤΑΙΝΊΑ
ΘΥΜΆΣΤΕ
ΕΥΧΑΡΙΣΤΏ
ΔΙΑΚΟΠΉ
ΕΙΡΉΝΗ
ΤΈΤΟΙΑ
ΣΎΓΚΡΟΥΣΗ
ΕΠΙΤΥΧΊΑ
ΝΈΚΤΑΡ
ΤΥΛΊΞΕΙ
ΣΦΡΑΓΊΔΑ
ΑΠΟΣΠΆΣΕΙ
ΤΣΆΝΤΑ

Puzzle 128

ΑΝΑΖΉΤΗΣΗ
ΣΥΜΒΟΎΛΙΟ
ΛΌΦΟ
ΧΙΌΝΙ
ΕΤΉΣΙΑ
ΔΥΝΑΤΆ
ΛΟΓΑΡΙΑΣΜΌ
ΚΛΆΔΟ
ΕΠΈΤΕΙΟ
ΜΈΤΡΗΣΗΣ
ΑΣ
ΑΠΌΦΑΣΗ
ΠΕΡΙΣΣΌΤΕΡΑ
ΚΟΥΤΊ
ΑΡΧΊΣΕΙ
ΑΦΙΕΡΏΝΩ
ΦΟΡΕΘΕΊ
ΒΌΡΕΙΑ
ΦΤΆΣΕΙ
ΣΥΜΜΕΤΈΧΩΝ

```
Π E P I Σ Σ Ό T E P A R L A W X W
X E T Ή Σ I A K G I T N U N Q I V
Λ O Γ A P I A Σ M Ό Σ Ά Y W R Ό H
Λ Ό Φ O S A K A H Σ H T Ή Z A N A
A V A G I Ί Σ I Z F S A K D J I C
Φ A Π A I E P Ό B Z H N Z O E N O
I F Ό S A Θ T I I P P Y V H Y X V
E Q Φ S P E W Έ L H T Δ W P F T L
P N A R X P P U Π N Έ W S G W G Ί
Ώ S Σ N Ί O U I C E M H S E I Y B
N P H S Σ Φ Σ Y M M E T Έ X Ω N X
Ω K S H E J R B F K T O Q V Y L F
M Q L Z I B F H Φ T Ά Σ E I V J T
K Λ Ά Δ O I Λ Ύ O B M Y Σ E O S G
H J Y Y R J V P J O U A H T G R H
```

Puzzle 129

```
Π Τ J D A Έ P W E G E Ό E Έ A Π U
G A P M P X Ξ O S G K P D N Π O B
P Δ P Y D K F I Δ Ά B I Λ T Ό Λ E
O Ί Q A Φ T P Ά Π E Z A U O Λ Y Π
N Φ L Z K E Q D J S H K R N Y Θ P
I A U P U O P T P H Σ N K O T P A
K T Q G K T Λ Ά F D A I Σ Σ Η Ό Γ
Ά Σ P Z M Q M O N F Ί Σ S U L N M
Δ E Ί K T H Σ I Y G P H J V F A A
O I Θ Ί Λ H N T O Θ Δ Σ R W T Y T
P D Y X M T V Ά Z N E A F N E V I
M A X A Ί P I M Ί K N Ί L Q C G K
B E X C F O X Ω P A Y T I K X R Ή
E C P N A H A Δ O K Σ Σ U D G Q D
H Σ A N O M Ή T Σ I Π E S O Z A U
```

ΑΠΌΛΥΤΗ
ΔΩΜΆΤΙΟ
ΣΤΑΦΊΔΑ
ΠΟΛΥΘΡΌΝΑ
ΠΑΡΑΚΟΛΟΥΘΕΊ
ΣΥΝΕΔΡΊΑΣΗ
ΈΞΙ
ΗΛΊΘΙΟ
ΚΑΙΡΌ
ΔΕΊΚΤΗΣ
ΟΡΊΖΟΥΝ
ΤΡΆΠΕΖΑ
ΛΙΒΆΔΙ
ΕΣΤΊΑΣΗΣ
ΜΑΧΑΊΡΙ
ΡΟΔΆΚΙΝΟ
ΤΡΥΦΕΡΆ
ΕΠΙΣΤΉΜΟΝΑΣ
ΈΝΤΟΝΟΣ
ΠΡΑΓΜΑΤΙΚΉ

Puzzle 130

ΒΑΜΒΑΚΙΟΎ
ΣΤΑΘΜΌΣ
ΑΓΌΡΑΣΕ
ΧΑΡΑΚΤΉΡΑΣ
ΑΠΟΣΤΟΛΉΣ
ΦΎΛΛΑ
ΔΉΛΩΣΗΣ
ΚΆΤΟΙΚΟΣ
ΒΡΏΣΙΜΑ
ΨΥΧΙΚΉ
ΥΠΗΡΕΣΙΏΝ
ΔΕΚΑΕΤΊΑ
ΕΠΙΠΤΏΣΕΙΣ
ΑΚΑΝΌΝΙΣΤΗ
ΧΑΜΌΓΕΛΟ
ΑΡΣΕΝΙΚΌ
ΓΝΩΣΤΉ
ΣΩΜΑΤΙΚΉ
ΔΙΑΘΈΣΙΜΟ
ΤΡΑΓΙΚΌ

```
Y Φ Ύ Λ Λ A Ψ C K B Δ X P G X F Q
B Π I A T Q Y A Ά A I A N S A N D
P K H O S K X H T M A M P U P W T
Ώ J T P G Σ I M O B Θ Ό E S A O S
Σ U Σ O E H K O I A Έ Γ U K K N N
I I I O E Σ Ή H K K Σ E Σ A T I Y
M A N W Y Ω I A O I I Λ Ό A Ή R K
A A Ό K B Λ U Ώ Σ O M O M Γ P O G
W X N Y Ή D H N Ύ O F Θ Ό A X F
Y D A S S Δ E K A E T Ί A P Σ X A
K W K A P Σ E N I K Ό C T A I U N
U J A E Π I Π T Ώ Σ E I Σ Σ K N E
T P A Γ I K Ό A D R J N T E F E R
Q K K B Z U A Π O Σ T O Λ Ή Σ K T
Γ N Ω Σ T Ή K I T A M Ω Σ B S F H
```

Puzzle 131

```
Ε Π Ί Σ Η Μ Ο Ε Κ G Ι D A Ι D Ό Π
Β Α Σ Ί Λ Ι Σ Σ Α Ά Z R U S W G Ό
R Λ T D L R B Ά W F P C R B H Z Δ
Μ Π Η Σ Ε Ή Κ Ι Τ Ω Ι Τ Α Ρ Τ Σ Ι
Υ Ι Η Α Ύ Σ Ι Λ J C G Κ Α Β S Ι Υ
S Π Χ Ί R Ο Τ Η Λ Ε Ό Ρ Α Σ Η Ε Z
Τ Έ Α Σ Μ Α Φ Π Μ Μ Κ Ε Ρ C Τ Ξ Ε
Z G U H X D Η Σ F F Τ Α Α Υ Α Ί Υ
Κ Β Κ Τ Ν D L T J Υ D Ε Ρ Η Κ Ε Γ
Χ Α U Ρ Υ Α Ά Γ Γ Ε Λ Ο Σ Φ D Δ Ά
Ρ W N Α Ε Π Ι Κ Ί Ν D Υ Ν Α Ί Ο Ρ
Τ Β Ο Ξ Ι Σ Τ Ο Σ Ε Λ Ί D Α F Π Ι
C C Ι Ε Σ Ά D Ε Κ Σ Α Ι Δ W Μ Α Ε
R Υ R N J Υ C N J T V S V W C Μ Μ
F G Κ Α Π Υ Τ Ό Ι Ο Μ Ο Ν Α Π Η Τ
```

ΒΑΣΊΛΙΣΣΑ
ΣΤΡΑΤΙΩΤΙΚΉ
ΣΠΗΛΙΆ
ΖΕΥΓΆΡΙ
ΠΌΔΙ
ΑΠΟΔΕΊΞΕΙΣ
ΜΕ
ΈΠΙΠΛΑ
ΔΙΑΣΚΕΔΆΣΕΙ
ΑΝΕΞΑΡΤΗΣΊΑΣ
ΠΑΝΟΜΟΙΌΤΥΠΑ
ΤΗΛΕΌΡΑΣΗ
ΠΌΔΙΑ
ΆΓΓΕΛΟΣ
ΕΠΙΚΊΝΔΥΝΑ
ΚΑΡΦΊ
ΕΠΊΣΗΜΟ
ΚΆΡΤΑ
ΦΟΎΣΤΑ
ΙΣΤΟΣΕΛΊΔΑ

Puzzle 132

ΑΝΌΗΤΟ
ΜΈΓΙΣΤΗ
ΑΡΚΟΎΔΑ
ΤΡΟΠΟΠΟΊΗΣΗ
ΛΙΟΝΤΆΡΙ
ΚΑΡΙΈΡΑ
ΣΠΆΝΙΑ
ΧΑΡΤΑΕΤΌ
ΤΎΠΟΣ
ΣΤΟΙΧΕΙΏΔΗ
ΧΑΡΑΚΤΗΡΙΣΤΙΚΌ
ΑΝΤΙΚΕΊΜΕΝΟ
ΚΑΛΎΠΤΟΝΤΑΙ
ΕΛΈΓΧΟΥ
ΕΆΝ
ΕΛΠΊΔΑ
ΔΙΆΛΕΙΜΜΑ
ΣΠΟΡ
ΕΚΦΡΆΖΟΥΝ
ΕΥΓΕΝΙΚΌ

```
N B Z Ε Μ Τ Ε Κ Φ Ρ Ά Z Ο Υ Ν Ε V
Α Ό Μ Ν F Ν Ρ Τ Ύ Π Ο Σ J Ο Ά Υ Z
C Κ Β Ρ Τ S Ε Ο J Υ Β U Ε Χ Ε Γ W
Ε Ι Υ Ρ Ν Ι Z Λ Π G W Μ Ο Γ Μ Ε Λ
Β Τ Η Ν Ε Ν J L Π Ο Μ F Ν Έ Μ Ν Ι
Ε Σ Κ Τ Β J Α Ρ Σ Ί Π Μ Ε Λ Ν Ι Ο
G Ι Η Τ W C Z Ν G Π Δ Ο Μ Ε Μ Κ Ν
Α Ρ Κ Ο Ύ Δ Α D Ν Z Ο Α Ί R Χ Ό Τ
Μ Η Σ Π Ά Ν Ι Α Ν Β U Ρ Ε Η C Ο Ά
Έ Τ Σ Τ Ο Ι Χ Ε Ι Ώ Δ Η Κ Ε Σ Z Ρ
Γ Κ Α Ρ Ι Έ Ρ Α Ν Ο Ρ R Ι R U Η Ι
Ι Α Μ Μ Ι Ε Λ Ά Ι Δ F Ν Τ D Ι J Τ
Σ Ρ Α Ν Ό Η Τ Ο J F Ε Ι Ν Κ Κ Ε Α
Τ Α Χ Α Ρ Τ Α Ε Τ Ό D Υ Α J R Ν Ν
Η Χ Ν Κ Α Λ Ύ Π Τ Ο Ν Τ Α Ι F Z Ρ
```

Puzzle 133

```
Θ  Ρ  Η  Σ  Κ  Ε  Υ  Τ  Ι  Κ  Έ  Σ  Ι  Α  Μ  Ν  Φ
Ε  Ρ  Ώ  Τ  Η  Σ  Η  Α  Ν  Τ  Ί  Ο  Β  Ν  W  Κ  Ο
Α  D  S  B  F  Κ  Ο  S  W  W  Γ  Ο  Κ  Τ  Ι  F  Ι
Ζ  S  J  Ζ  D  Ζ  Ν  Τ  F  Ο  Κ  U  Α  Ί  Ν  Σ  Τ
Γ  Ρ  Α  Φ  Ε  Ί  Ο  U  Ο  Ο  Ρ  Η  Μ  Κ  F  Υ  Η
Ο  G  S  Ε  Ι  Η  Ι  Ρ  F  Υ  Ι  Η  Η  Ε  Ο  Μ  Τ
Ν  Ζ  Ρ  S  Σ  Ε  Χ  V  Υ  V  Σ  Κ  Λ  Σ  L  Β  Ή
Ό  Α  Ο  Χ  Α  Ω  D  Ο  Ι  Μ  Ό  Ν  Ο  Ρ  Π  Ε  Σ
Μ  Ρ  J  J  Ρ  Α  Τ  Η  Τ  Ό  Σ  Ο  Π  Ζ  Μ  Ί  J
Α  Χ  Ν  Ρ  Ι  V  F  Ε  Q  Ε  U  Α  Ά  D  W  Κ  Ρ
Τ  Ή  Ο  J  Ε  Α  Q  Α  Ρ  C  Q  V  Ρ  G  S  Η  Τ
Ο  Κ  Β  Ζ  Γ  Ε  Υ  Χ  Ή  Ι  J  Β  Δ  Χ  Ι  Ι  V
Σ  Ζ  S  Q  Ά  Τ  Τ  Ά  Τ  Ε  Κ  Ρ  Α  Ζ  Ν  J  X
R  Β  Κ  U  Μ  Χ  Ε  Χ  Μ  Ι  G  Ή  Λ  J  R  C  V
Κ  Π  Ρ  Ό  Λ  Η  Ψ  Η  Β  U  Ο  Ε  Η  Κ  Ζ  G  Ν
```

ΠΟΣΌΤΗΤΑ
ΑΡΚΕΤΆ
ΠΡΌΛΗΨΗ
ΡΟΖ
ΤΟΥΣ
ΠΡΟΝΌΜΙΟ
ΟΝΌΜΑΤΟΣ
ΕΥΧΉ
ΜΆΓΕΙΡΑΣ
ΕΣΩΤΕΡΙΚΗ
ΚΑΜΗΛΟΠΆΡΔΑΛΗ
ΑΡΧΉ
ΑΝΤΊΚΕΣ
ΦΟΙΤΗΤΉΣ
ΘΡΗΣΚΕΥΤΙΚΈΣ
ΣΥΜΒΕΊ
ΓΚΡΙ
ΑΝΤΊΟ
ΓΡΑΦΕΊΟΥ
ΕΡΏΤΗΣΗ

Puzzle 134

ΟΝΤΙΣΙΌΝ
ΚΟΥΝΟΥΠΙΏΝ
ΣΤΉΡΙΞΗΣ
ΤΑ
ΟΥΣΊΑΣ
ΥΠΟΘΈΤΩ
ΙΑΤΡΙΚΉ
ΟΠΟΊΩΝ
ΣΤΡΑΤΟΎ
ΣΆΒΒΑΤΟ
ΛΑΣΠΩΜΈΝΟ
ΌΡΙΟ
ΠΑΡΆ
ΔΆΣΟΣ
ΤΟΛΜΗΡΉ
ΜΈΛΙΣΣΑ
ΠΟΤΌ
ΦΟΒΆΤΑΙ
ΑΓΟΡΆ
ΠΕΡΊΦΡΑΞΗ

```
D  Q  U  H  W  F  Λ  Ά  Σ  Ο  Σ  Σ  V  Ι  Κ  F
G  F  Ο  Ν  Έ  Μ  Ω  Π  Σ  Α  Λ  Φ  Ά  Ζ  Μ  Κ  Α
Β  G  F  Η  Ν  C  Ο  Β  J  Ί  Χ  Ο  Β  Τ  F  Ζ  R
Π  Ε  Ρ  Ί  Φ  Ρ  Α  Ξ  Η  Σ  Ν  Β  Β  Ο  Ζ  Σ  S
F  V  Π  R  Ι  Ι  Υ  Υ  F  Υ  Ζ  Ά  Α  Λ  Η  Τ  W
Σ  D  Q  Α  W  Ν  Ζ  Q  Π  Ο  Α  Τ  Τ  Μ  Κ  Ρ  Β
Υ  Η  Ν  Ή  Ρ  Τ  Q  Ά  Ρ  Ο  G  Α  Ο  Η  Ν  Α  Τ
G  F  Ξ  Κ  Ν  Ά  Ι  F  W  R  Θ  Ι  W  Ρ  F  Τ  Ν
Ο  Ν  Τ  Ι  Σ  Ι  Ό  Ν  Α  D  Π  Έ  U  Ή  C  Ο  S
C  Ω  Β  Ρ  Ρ  Ό  Ρ  Ι  Ο  G  Ο  Ζ  Τ  Q  Ζ  Ύ  X
F  Ί  V  Τ  Χ  Ή  Ρ  Υ  G  Μ  Τ  Β  F  Ω  L  Ε  D
Β  Ο  D  Α  L  W  Τ  Τ  L  F  Ό  G  L  J  Ν  W  V
Υ  Π  Σ  Ι  Ζ  Χ  Α  Σ  Σ  Ι  Λ  Έ  Μ  G  Τ  Ζ  Ο
J  Ο  Α  R  L  Q  Κ  Ο  Υ  Ν  Ο  Υ  Π  Ι  Ώ  Ν  X
Κ  Κ  D  Η  Ο  Υ  R  Α  Ρ  R  Ε  Ν  Ο  L  S  L  W
```

Puzzle 135

```
Ε Π Μ Η Δ Έ Ν Ώ Ι Τ Ν Ο Δ Δ Κ Τ Λ
Ρ Κ Ρ Β Ρ L O A E V B J J Z O E E
Γ A K O V G D E T Y S L G R Λ T O
A M Έ E B Q Y M Ί I K K R I Έ Ά Π
Λ Π Λ G M Λ F J E C E A D N Γ P Ά
E A Y Γ W X Έ F Π Q Z S I Ω I T P
Ί N Φ C K E K Π X E E E N P O H Δ
O O O W D P N P O Z Ξ K Ό Έ Ί H A
P Ύ Σ Q E P Ί H A Y A W Γ T S A Λ
P Λ P D Z X Q Z C G N G A S M V H
Ί E T Y E P T N A Π Ώ G B A Z B M
H Σ H Ξ Ύ A H Λ I O Φ Ά N E I A Σ
Λ I Γ Ό T E P O K O I N Ω N I K Ή
O O D F V E T W G Y U P N S H Y P
D A N P G X H O T X G D E D I O E
```

ΠΕΊΤΕ
ΒΑΓΌΝΙ
ΕΡΓΑΛΕΊΟ
ΑΎΞΗΣΗ
ΚΟΛΈΓΙΟ
ΗΛΙΟΦΆΝΕΙΑΣ
ΠΡΟΒΛΈΠΟΥΝ
ΚΟΙΝΩΝΙΚΉ
ΕΥΚΑΙΡΊΑ
ΓΚΡΊΖΑ
ΛΕΟΠΆΡΔΑΛΗ
ΠΑΝΤΡΕΥΤΕΊ
ΑΣΤΈΡΩΝ
ΦΏΝΑΞΕ
ΚΈΛΥΦΟΣ
ΚΑΜΠΑΝΟΎΛΕΣ
ΛΙΓΌΤΕΡΟ
ΜΗΔΈΝ
ΤΕΤΆΡΤΗ
ΔΟΝΤΙΏΝ

Puzzle 136

ΚΌΛΠΟ
ΦΛΟΙΌ
ΒΟΛΤ
ΓΕΡΆΚΙ
ΜΕΤΑΦΟΡΆ
ΣΥΝΑΙΣΘΗΜΑΤΙΚΉ
ΣΚΟΠΌ
ΤΈΣΣΕΡΙΣ
ΑΛΆΤΙ
ΑΕΡΟΠΛΆΝΟ
ΚΑΛΆ
ΜΑΘΗΤΉ
ΛΌΓΟ
ΠΛΗΡΟΦΟΡΙΏΝ
ΠΡΏΗΝ
ΒΕΛΤΊΩΣΗ
ΕΠΙΘΥΜΊΑ
ΤΡΟΦΟΔΟΣΊΑΣ
ΣΥΝΟΜΙΛΊΑ
ΣΚΙΆΧΤΡΟ

```
J G K W C K Q M F R H R K M T L Σ
Π Τ O Z G Ό A Ί M Y Θ I Π E P J Y
V Λ B A Ί Λ I M O N Y Σ P T O B N
W O H W W Π D F Γ D M O L A Φ F A
T B Σ P J O J J Ό E T Z S Φ O Q I
G I Ω X O B V Λ W I Q D O A M Σ
H C Ί Y N Φ K Σ N J N S W P O M Θ
Z Q T Σ Ά F O I B Π Y A B Ά Σ E H
U N Λ K Λ J C P Ό K P Σ J T Ί Z M
V B E I Π A E E I I V Ώ K W A L A
Z X B Ά O Λ R Σ O Ώ L Z H O Σ W T
U F G X P Ά W Σ Λ D N G R N Π R I
Z X X T E T U Έ Φ E V K A Λ Ά Ό K
Q C F P A I Ή T Η Θ A M R P Q N Ή
O M O O G E P Ά K I N R D F G E H
```

Puzzle 137

N	N	H	C	Ξ	Δ	O	M	F	V	H	J	P	C	Z	L	F
H	X	N	O	E	I	E	Σ	Ή	T	A	Π	A	Ξ	E	C	T
F	Q	W	M	X	K	T	Y	P	K	S	Y	J	Y	C	I	B
O	S	Q	B	N	Γ	N	E	T	Σ	Ώ	N	E	K	K	E	O
X	B	E	B	Ά	Ή	Έ	Ξ	I	E	Q	S	Z	N	F	Ό	N
Z	A	Λ	M	M	M	Π	O	W	X	P	G	R	N	N	M	Έ
C	I	Λ	Έ	E	P	X	X	L	P	Z	E	B	N	X	O	M
X	L	N	Ά	M	Y	U	I	X	X	N	Ή	Ύ	Q	W	P	Ω
J	N	U	K	Z	M	C	K	M	R	J	Λ	H	O	R	Φ	T
Y	V	B	A	Γ	I	A	Ή	K	I	Π	O	T	I	Y	H	I
Ό	T	I	Π	E	C	G	O	U	Z	G	T	V	P	F	Σ	R
L	F	A	Έ	I	V	T	V	N	Z	K	Σ	C	Ύ	P	J	A
G	K	I	Λ	Ά	Ύ	O	M	Σ	I	N	O	N	A	K	A	X
T	Z	V	O	Δ	E	Π	Ί	Π	E	F	Π	C	H	K	C	R
V	Φ	A	I	N	Ό	T	A	N	U	E	A	Z	Z	Y	Q	S

ΌΤΙ
ΜΥΡΜΉΓΚΙ
ΌΜΟΡΦΗ
ΧΑΛΆΖΙ
ΔΕΥΤΕΡΕΎΟΥΣΑ
ΦΑΙΝΌΤΑΝ
ΚΑΠΈΛΟ
ΑΎΡΙΟ
ΕΞΟΧΙΚΉ
ΠΈΝΤΕ
ΕΠΊΠΕΔΟ
ΑΠΟΣΤΟΛΉ
ΚΑΝΟΝΙΣΜΟΎ
ΒΛΈΜΜΑ
ΓΕΙΑ
ΕΚΚΕΝΏΣΤΕ
ΕΞΑΠΑΤΉΣΕΙ
ΞΕΧΝΆΜΕ
ΧΑΡΙΤΩΜΈΝΟ
ΤΟΠΙΚΉ

Puzzle 138

ΓΆΛΑ
ΠΊΕΣΗ
ΠΕΡΙΈΧΕΙ
ΣΗΜΕΊΩΣΗ
ΠΡΌΓΟΝΟ
ΞΑΦΝΙΚΉ
ΜΆΤΙΑ
ΑΣΤΑΘΉ
ΙΔΙΟΚΤΉΤΗ
ΒΟΥΤΙΆ
ΑΝΆ
ΔΙΑΡΡΟΉ
ΨΗΛΆ
ΠΥΡΟΣΒΈΣΤΗΣ
ΣΥΝΑΝΤΗΘΟΎΝ
ΕΡΜΊΝΑ
ΚΑΤΕΎΘΥΝΣΗ
ΓΕΝΙΚΈΣ
ΑΠΟΦΆΣΕΩΝ
ΣΥΝΆΝΤΗΣΗ

B	A	Π	O	Φ	Ά	Σ	E	Ω	N	Q	P	Σ	Q	U	N	E
L	O	M	Ά	T	I	A	U	H	Q	Q	Z	Y	U	F	A	P
L	T	Y	D	J	U	A	Σ	T	A	Θ	Ή	N	H	Z	L	M
I	P	F	T	K	P	Λ	R	Ή	F	J	V	Ά	Λ	H	Ψ	Ί
J	T	G	U	I	E	Ά	F	T	N	Y	N	N	U	P	N
D	D	K	I	Q	Ά	Γ	R	K	B	K	E	T	J	A	C	A
Π	P	Ό	G	Ό	N	O	M	O	Π	C	X	H	Σ	E	Ί	Π
Σ	H	M	E	Ί	Ω	Σ	H	I	I	E	A	Σ	K	J	Y	U
P	G	V	Q	A	Z	G	H	Δ	O	P	P	H	L	G	N	K
H	F	F	Ή	O	R	R	A	I	Δ	Ή	K	I	N	Φ	A	Ξ
K	A	T	E	Ύ	Θ	Y	N	Σ	H	X	U	Y	Έ	P	U	F
Σ	Y	N	A	N	T	H	Θ	O	Ύ	N	L	H	G	X	D	W
Π	Y	P	O	Σ	B	Έ	Σ	T	H	Σ	V	F	C	O	E	P
Z	A	X	H	U	H	Q	K	G	E	N	I	K	Έ	Σ	U	I
W	O	X	V	Z	S	Q	D	V	N	O	A	E	U	B	J	I

Puzzle 139

```
Z  K  S  W  X  U  Π  G  Φ  C  I  B  W  K  O  A  Σ
G  D  T  S  C  M  C  A  Ό  Ί  Y  C  T  S  P  V  K
Σ  Ύ  N  T  P  O  Φ  O  T  X  Λ  P  Σ  D  G  A  E
M  R  X  U  F  N  X  D  Y  P  E  O  Ά  A  Ά  F  Φ
S  K  Z  T  M  J  G  J  A  A  Ί  N  Π  T  N  P  T
Ά  N  O  I  Ξ  H  N  V  E  P  X  Δ  M  R  Ω  A  E
A  Z  Ό  M  Σ  I  Π  O  T  N  E  E  A  Π  Σ  M  Ί
C  B  W  J  Y  P  Ή  S  F  P  O  Π  A  H  O  T
A  Σ  T  Έ  P  I  A  B  Γ  G  K  O  M  Π  C  P  E
Έ  P  X  E  T  A  I  H  Σ  A  T  K  Έ  Π  E  Φ  Σ
Z  F  M  R  F  C  E  S  B  J  N  Y  Q  O  P  Ή  Ί
E  K  N  E  Y  P  I  Σ  M  Έ  N  O  Σ  Ύ  G  D  Δ
D  O  I  P  Ά  T  A  M  Ω  I  E  M  H  Σ  A  A  H
P  I  C  J  N  T  L  Q  V  F  F  N  H  L  B  U  P
Ξ  E  X  Ω  P  I  Σ  T  Ή  E  Ί  Σ  O  Δ  O  R  O
```

ΠΑΤΡΊΔΑ
ΣΗΜΕΙΩΜΑΤΆΡΙΟ
ΞΕΧΩΡΙΣΤΉ
ΦΊΛΟ
ΣΎΝΤΡΟΦΟ
ΜΟΡΦΉ
ΣΚΕΦΤΕΊΤΕ
ΠΑΠΠΟΎΣ
ΠΉΓΑΝ
ΈΡΧΕΤΑΙ
ΟΡΓΆΝΩΣΗ
ΕΝΤΟΠΙΣΜΌ
ΑΣΤΈΡΙΑ
ΕΊΣΟΔΟ
ΕΠΈΚΤΑΣΗ
ΆΝΟΙΞΗ
ΣΊΔΗΡΟ
ΕΚΝΕΥΡΙΣΜΈΝΟΣ
ΕΑΥΤΌ
ΜΠΑΜΠΆΣ

Puzzle 140

ΠΟΡΤΡΈΤΟ
ΚΆΜΕΡΑ
ΝΑ
ΚΑΤΑΙΓΊΔΑ
ΠΕΡΆΣΕΙ
ΜΥΤΕΡΆ
ΑΡΙΘΜΌ
ΚΆΠΟΤΕ
ΨΕΥΔΉ
ΓΕΛΆΣΕΙ
ΔΆΧΤΥΛΟ
ΣΠΑΝΆΚΙ
ΣΕΙΡΆ
ΛΑΟΓΡΑΦΙΚΌ
ΓΕΝΙΚΉ
ΜΟΝΑΧΙΚΌ
ΚΡΙΤΙΚΉ
ΑΡΟΥΡΑΊΟΣ
ΛΆΜΠΑ
ΕΊΣΟΔΟΣ

```
F  Q  O  M  C  E  V  E  P  C  B  A  N  G  J  A  J
Σ  Π  A  N  Ά  K  I  Ί  Z  J  J  P  C  X  P  Y  K
X  Ό  R  A  Ή  P  B  Σ  B  C  J  I  C  B  Γ  Π  A
M  Λ  M  Z  K  J  V  O  Y  P  B  Θ  K  E  E  O  T
D  Y  Σ  E  I  P  Ά  Δ  M  M  L  M  C  Y  Λ  P  A
D  T  T  T  T  X  Σ  O  Λ  V  O  Ό  H  L  Ά  T  I
O  X  E  E  I  G  O  Σ  Ά  H  S  N  W  M  Σ  P  Γ
Γ  Ά  M  C  P  N  Ί  T  M  M  S  Y  A  M  E  Έ  Ί
E  Δ  U  K  K  Ά  A  R  Π  O  A  T  H  X  I  T  A
N  S  T  M  M  P  O  A  B  L  H  D  H  I  O  A
I  C  Q  M  I  T  Y  B  C  B  D  P  H  K  Q  K  T
K  M  Q  E  E  T  O  Π  Ά  K  Ά  M  E  P  A  T  Ό
Ή  Δ  Y  E  Ψ  B  P  Λ  A  O  Γ  P  A  Φ  I  K  Ό
J  U  O  E  W  L  A  Π  E  P  Ά  Σ  E  I  U  U  G
I  K  A  U  P  F  Q  H  Z  L  R  P  L  Y  P  S  L
```

Puzzle 141

```
Δ Q T A E Y J N W A Γ Ξ H T E U E
R Ί J T Γ P C P B D N Ω P Y Θ E W
P J N Ύ S I Ω M M O Ω T Λ H E O X
T Z W O W S Γ Δ T G Σ I Ά M Λ X C
I Y R P Y N J A I C T K Θ I O Z R
N Q H Φ O N S Έ N Ό Ό Ό O P N F U
A N Ή K O Y N Δ Z T Σ H Σ Ώ T K O
A B K F Ή X B I Ά K I P E M I H L
A N T A Γ Ω N I Σ M Ό A J A K U H
V R I J O E A H Z M J X Ί F Ή G T
V Z Y H Λ I A T B W S Ά S E V R E
G Q Ή K I T E Θ I Π E Z F D Σ J I
Θ Ύ M A Π R W V S Y S T A T I K Ό
H X K R E A Π Έ N A N T I Y U M Q
V D M B C J D B Z A F Y Z Q N M W
```

ΜΕΡΙΚΆ
ΓΙΓΑΝΤΙΑΊΕΣ
ΑΠΈΝΑΝΤΙ
ΖΆΧΑΡΗ
ΓΝΩΣΤΌ
ΟΚΤΏ
ΕΠΙΘΕΤΙΚΉ
ΕΡΩΔΙΌΣ
ΔΊΝΟΥΝ
ΘΎΜΑ
ΑΝΤΑΓΩΝΙΣΜΌ
ΏΡΙΜΗ
ΣΥΣΤΑΤΙΚΌ
ΦΡΟΎΤΑ
ΙΔΈΑ
ΛΆΘΟΣ
ΞΩΤΙΚΌ
ΕΘΕΛΟΝΤΙΚΉ
ΑΝΉΚΟΥΝ
ΕΠΙΛΟΓΉ

Puzzle 142

ΛΕΠΤΆ
ΑΚΑΔΗΜΑΪΚΌ
ΑΝΑΠΝΕΎΣΕΙ
ΑΠΌΚΡΥΨΗ
ΒΡΑΔΙΆ
ΒΑΣΙΛΙΆ
ΦΑΝΤΑΣΊΑΣ
ΕΞΑΦΑΝΊΖΟΝΤΑΙ
ΣΥΝΕΧΊΣΕΙ
ΟΎΤΕ
ΚΟΛΎΜΠΙ
ΚΥΡΙΑΚΉ
ΔΙΑΤΗΡΗΘΕΊ
ΑΓΑΠΗΜΈΝΟ
ΑΠΟΘΉΚΕΥΣΗ
ΣΚΈΦΤΟΝΤΑΙ
ΚΕΊΜΕΝΟ
ΚΟΎΠΑ
ΠΕΡΊΠΛΟΚΗ
ΕΠΙΘΕΏΡΗΣΗ

```
A Z U R Q Ά I Λ I Σ A B P V D Π C
S T P Y K M E V M C W L N X C E K
E S H C I E Σ Ύ E N Π A N A E P O
K O Σ H X Λ Ί A N V Y F D T Ξ Ί Λ
A Y H P C E X M B P A Δ I Ά A Π Ύ
K Σ P K O Π E O E A E H B W Φ Λ M
A K Ώ I Y T N Y Ύ N Q K K H A O Π
Δ Έ E Y A Ά Y W H T O Z C Y N K I
H Φ Θ V B K Σ P B H E Y C P Ί H W
M T I V J V Ή K O Ύ Π A S G Z K R
A O Π Δ I A T H P H Θ E Ί H O L J
Ϊ N E P A I U D S A Ί S A T N A Φ
K T A Π O Θ Ή K E Y Σ H Y X T N S
Ό A O Z A Π Ό K P Y Ψ H Q G A B V
U I A Γ A Π H M Έ N O A V M I T G
```

Puzzle 143

```
E Y A Π Ό M K L Ί Ά X B K N M J D
M M B M G T B B Δ Q Λ Θ R S F O M
Π Z N U U J S R I P Γ Λ E Q A Γ U
O I W Σ Ή Γ Ω Γ A Σ I E E Σ N Ύ G
P V Y O Ή Y B R A F J O K Σ Z P Π
I Ί E Λ A T Σ O Π A A P T V Σ Ω P
K Z L Έ J A H K X G M Q D U E R O
Ό N H M T O Y Λ Ά X I Σ T O N K K
Έ N T E K A K L Ω M T E I K Ί Ά E
E N J W U H N U Z Π N T Σ I M Θ I
L F Y T C V J R O K Έ Ή T H A O M
M Q A K T I N Ί Δ I O N O Z T N Έ
X Ά M Π O Y P Γ K E P A P E I T N
U E J D T V C A V B Λ Ί J B A O
Z F E W F L P V L F A Π A P R I Y
```

EMΠOPIKΌ
ΓΎΡΩ
IΣTOPΊA
ΊΔIA
ΆΛΛEΣ
AKTINΊΔIO
XΆMΠOYPΓKEP
ΠΛANΉTEΣ
XΘEΣ
MΈΛOΣ
EIΣAΓΩΓΉΣ
ΈNTIMA
ΠΩΛHTΉ
KΆΘONTAI
ΈNTEKA
TOYΛΆXIΣTON
AΠΌ
BITAMΊNEΣ
ΠPOKEIMΈNOY
AΠOΣTAΛEΊ

Puzzle 144

ΓPΉΓOPH
OPΘOΓPAΦΊA
BAΘMΌ
ΔIEYKPINΊΣEI
XPΉΣIMEΣ
ΠIΆNO
EΠAΓΓEΛMATIKOΎ
APNHTIKΉ
ΣYNEPΓΆTH
IΠΠOΠΌTAMOΣ
EΊNAI
ΠΌPTA
NΈΩN
AYΓΏN
ΆKAMΠTH
ΦPONTΊΔA
ΠΊTΣA
XΩNΈΨEI
BΆΣHΣ
TΣIΠ

```
J W Ή K I T H N P A P T B Φ X P B
N T E X D Π T P L J Π Σ Ά P Ω I A
Έ R Z K H G Π S K H I I Σ O N T Θ
Ω X U P T X M O U A Ά Π H N Έ X M
N P D N Ά V A U Π J N P Σ T Ψ R Ό
Q Ή L H Γ S K A S Ό O Q Q Ί E M T
U Σ O Q P L Ά K Y X T E F Δ I P K
S I F T E Ί N A I Γ U A Π A Y V P
W M A K N H U B T Q Ώ A M Ό O C O
A E T R Y G B U J D O N N O P G I
P Σ I E Σ Ί N I P K Y E I Δ Σ T F
E Π A Γ Γ E Λ M A T I K O Ύ Z X A
L W Q I X C U Q B M Z M X U J I B
O P Θ O Γ P A Φ Ί A Γ P Ή Γ O P H
Π Ί T Σ A R O Q B Z S A O R A J T
```

Puzzle 145

Γ	Χ	U	K	Σ	E	Δ	Ά	I	Λ	I	Χ	L	H	U	I	C
M	A	Έ	N	N	E	Π	Π	P	O	Σ	E	K	T	I	K	Ή
Y	Γ	Λ	Y	O	U	E	E	L	U	E	Χ	Χ	E	U	Ό	D	Χ
P	E	Έ	O	G	Y	T	Π	N	Ω	Ί	Λ	Θ	E	N	E	Γ
Ω	N	P	Σ	Π	H	I	U	I	Δ	Χ	E	Y	K	A	A	L
Δ	N	I	Ώ	L	O	T	A	U	Λ	Ύ	G	Q	C	I	G	E
I	Ή	Ξ	I	Q	A	Ύ	E	M	W	Έ	Σ	H	J	Σ	V	Ξ
Ά	Θ	E	B	Y	H	Χ	Λ	C	B	N	Ξ	E	K	A	D	H
T	H	T	I	P	L	P	N	A	D	V	O	Θ	E	Ω	Φ	Y	Γ
Π	K	B	Π	Γ	E	N	N	Ά	Ί	A	E	C	T	N	J	Ή
E	E	S	E	T	J	Q	N	R	W	G	T	F	U	E	G	Σ
A	Π	O	T	Ύ	Π	Ω	Σ	H	L	A	I	Ό	Λ	O	P	E
L	C	G	R	M	Έ	K	Δ	O	Σ	H	K	Χ	J	Y	I	I
Χ	B	R	E	N	S	N	E	F	L	T	Ό	Y	R	B	O	Q
A	Π	O	Λ	A	M	B	Ά	N	O	Y	N	K	L	E	G	F

ΕΠΕΝΔΎΣΕΩΝ
ΘΕΤΙΚΌ
ΜΥΡΩΔΙΆ
ΕΞΗΓΉΣΕΙ
ΓΕΝΝΉΘΗΚΕ
ΑΠΟΛΑΜΒΆΝΟΥΝ
ΈΡΙΞΕ
ΓΕΝΕΘΛΊΩΝ
ΓΕΝΝΑΊΑ
ΠΡΟΣΕΚΤΙΚΉ
ΧΙΛΙΆΔΕΣ
ΕΠΙΒΙΏΣΟΥΝ
ΓΑΛΟΠΟΎΛΑ
ΕΠΙΛΈΞΕΤΕ
ΑΠΟΤΎΠΩΣΗ
ΈΚΔΟΣΗ
ΦΑΣΙΑΝΌ
ΡΟΛΌΙ
ΕΠΤΆ
ΕΝΝΈΑ

Puzzle 146

ΞΕΣΠΆΣΕΙ
ΣΥΜΜΕΤΆΣΧΟΥΝ
ΈΘΙΜΟ
ΠΡΟΧΩΡΉΣΤΕ
ΚΟΥΡΤΊΝΕΣ
ΑΓΆΠΗ
ΟΙΚΟΓΈΝΕΙΕΣ
ΔΗΜΌΣΙΩΝ
ΜΈΡΟΣ
ΑΦΗΓΗΤΉ
ΠΕΊΣΕΙ
ΈΣΠΑΣΕ
ΕΞΑΣΚΟΎΝ
ΕΥΧΆΡΙΣΤΗ
ΣΕΝΆΡΙΟ
ΎΨΟΣ
ΜΟΛΎΒΔΟΥ
ΤΡΊΜΗΝΟ
ΕΙΣΑΓΩΓΙΚΆ
ΕΝΌΤΗΤΑ

E	H	F	Ά	K	I	Γ	Ω	Γ	A	Σ	I	E	K	S	S	C
N	Ύ	O	K	Σ	A	Ξ	E	Y	T	M	Z	T	W	G	O	Y
Ό	E	Ύ	B	P	D	C	Y	Δ	H	M	Ό	Σ	I	Ω	N	P
T	Σ	Χ	Ψ	A	H	Z	Χ	O	Π	W	D	Ή	E	I	Y	T
H	A	D	O	O	B	I	Ά	I	Ά	U	I	P	Σ	F	O	Χ
T	Π	Φ	N	E	Σ	J	P	K	Γ	T	J	Ω	Ά	Χ	Χ	G
A	Σ	Z	H	J	W	W	I	O	A	U	A	Χ	Π	H	Σ	F
I	Έ	I	M	Γ	I	O	Σ	Γ	B	G	M	O	Σ	Z	Ά	Σ
Z	F	O	Ί	P	H	J	T	Έ	J	V	O	P	E	R	T	E
D	E	N	P	B	R	T	H	N	U	S	Λ	Π	Ξ	W	E	N
U	F	I	T	Y	Q	L	Ή	E	D	B	Ύ	C	B	N	M	Ά
V	S	A	F	G	Y	Χ	F	I	E	E	B	T	N	Χ	M	P
D	S	T	R	I	E	Σ	Ί	E	Π	G	Δ	Z	Q	L	Y	I
Q	M	N	J	S	I	I	N	S	C	S	O	P	Έ	M	Σ	O
K	O	Y	P	T	Ί	N	E	Σ	N	M	Y	Έ	Θ	I	M	O

Puzzle 147

```
Α  Ί  Φ  Α  Ρ  Γ  Ω  Ε  Γ  Δ  J  N  W  J  D  Φ  C
Ι  Π  Σ  Ή  Υ  Ε  Κ  Σ  Ι  Π  Ε  N  W  C  W  T  P
Ε  Ι  Ό  Υ  Τ  F  W  R  Ε  Υ  Ε  Υ  Μ  S  Ι  Ω  R
Κ  Λ  Ρ  Ψ  Ν  Σ  Κ  J  W  U  Q  Ο  Τ  Ρ  Κ  Χ  Μ
Ρ  Κ  U  Ο  Ε  Ο  F  D  I  S  I  Τ  Q  Έ  Η  Ά  Ά
Ά  Τ  Τ  J  Q  Τ  Ψ  Τ  S  Ζ  Η  Π  Ζ  Q  Ρ  J  Κ
Ι  Τ  Χ  Ζ  C  Ά  Α  Ί  S  C  Μ  Ί  Ν  J  L  Α  Ι
Δ  Η  R  J  V  Λ  F  Α  Ζ  S  Ι  Π  Ο  Π  Λ  Ώ  Ν
Π  Ρ  Ο  Σ  Ω  Π  Ι  Κ  Ά  Ο  Μ  Μ  Q  Ο  F  Ζ  Φ
Π  Ρ  Α  Γ  Μ  Α  Τ  Ι  Κ  Ά  Υ  Ε  Ρ  Ι  Β  R  Α
R  Χ  Ν  Q  Ζ  Β  Τ  Χ  Ο  D  D  Ν  Q  Q  W  D  Ξ
Υ  Κ  Ι  Ν  Η  Μ  Α  Τ  Ο  Γ  Ρ  Ά  Φ  Ο  Υ  Η  L
Σ  Ω  Μ  Α  Τ  Ι  Δ  Ί  Ω  Ν  Ρ  Υ  Τ  Ί  Δ  Ω  Ν
S  G  Ε  Π  Ό  Μ  Ε  Ν  Η  Σ  Ύ  Ε  Γ  Υ  Ν  Υ  Ο
R  D  Τ  F  S  Α  Κ  Α  Τ  Ά  Ρ  Ρ  Ε  Υ  Σ  Η  Μ
```

ΟΠΛΏΝ
ΚΙΝΗΜΑΤΟΓΡΆΦΟΥ
ΡΥΤΊΔΩΝ
ΑΠΌΨΕ
ΣΥΝΟΨΊΖΟΥΝ
ΔΕΥΤΈΡΑ
ΕΠΌΜΕΝΗ
ΠΡΟΣΩΠΙΚΆ
ΓΕΩΓΡΑΦΊΑ
ΔΙΆΡΚΕΙΑ
ΠΛΆΤΟΣ
ΞΑΦΝΙΚΆ
ΣΩΜΑΤΙΔΊΩΝ
ΦΤΩΧΆ
ΕΜΠΊΠΤΟΥΝ
ΚΛΙΠ
ΓΕΎΣΗ
ΚΑΤΆΡΡΕΥΣΗ
ΠΡΑΓΜΑΤΙΚΆ
ΕΠΙΣΚΕΎΗΣ

Puzzle 148

ΧΌΚΕΪ
ΒΡΑΒΕΊΟ
ΜΕΓΆΛΗ
ΕΥΓΕΝΉ
ΟΔΉΓΗΣΗΣ
ΟΛΟΚΛΗΡΏΣΕΙ
ΕΞΥΠΗΡΕΤΟΎΝ
ΕΦΗΜΕΡΊΔΑ
ΗΛΙΌΛΟΥΣΤΗ
ΓΙΑΤΊ
ΜΑΚΡΆ
ΔΕΊΚΤΗ
ΉΡΘΕ
ΥΠΆΛΛΗΛΟ
ΖΉΤΗΣΕ
ΟΛΊΣΘΗΣΗ
ΧΆΣΕΙ
ΤΈΛΟΣ
ΚΑΛΉ
ΟΜΟΣΠΟΝΔΙΑΚΉ

```
Η  Χ  Κ  Ζ  Ε  F  Ρ  Υ  U  Ο  Ε  Ή  Ν  Ε  Γ  Υ  Ε
Τ  Λ  Ό  Α  F  W  L  J  J  Ι  Ξ  Λ  Η  V  Ι  Ο  Θ
Κ  Μ  Ι  Κ  Ε  Β  Ν  C  Α  Ε  Υ  Α  Κ  Ο  Α  Μ  Ρ
Ί  Ο  Ε  Ό  Ε  S  Ρ  S  Κ  Υ  Π  Κ  Ο  Λ  Τ  Ο  Ή
Ε  F  Σ  Χ  Λ  Ϊ  Ν  Ο  Υ  Q  Η  Μ  Λ  Ο  Ί  Σ  Ο
Δ  Τ  Ά  S  D  Ο  Ί  Ε  Β  Α  Ρ  Β  Ί  Κ  Ο  Π  Δ
Υ  L  Χ  Ζ  Ζ  Ν  Υ  Τ  Κ  Ζ  Ε  Ι  Σ  Λ  Α  Ο  Ή
Ν  Π  Υ  Τ  U  Ι  Ζ  Σ  Α  V  Τ  Α  Θ  Η  F  Ν  Γ
Ε  W  Ά  Ρ  Κ  Α  Μ  Τ  Τ  Q  Ο  G  Η  Ρ  Q  Δ  Η
Ο  V  V  Λ  Κ  Q  J  Έ  S  Η  Υ  Μ  Σ  Ώ  Χ  Ι  Σ
Ζ  R  Α  Ε  Λ  W  V  Λ  Η  Λ  Ν  Q  Η  S  Κ  Α  Η
Κ  L  G  Ε  S  Η  F  Ο  Ζ  Ά  Q  Q  Τ  Ε  Ν  Κ  Σ
Ζ  Ή  Τ  Η  Σ  Ε  Λ  Σ  Υ  Γ  R  U  S  Ι  Ι  Ή  Ζ
Χ  Ρ  Ο  R  Q  U  Μ  Ο  V  Ε  U  R  Υ  V  Υ  Ε  Χ
Ο  L  G  V  Κ  J  Ε  Φ  Η  Μ  Ε  Ρ  Ί  Δ  Α  D  Ρ
```

Puzzle 149

```
A A N G B F L S Q V F E B V M L Q
G N N L I N P Y W Q A W E K H K S
J Y A Ά B S E Δ Ά T N O T A K E Q
E O I Θ Γ F W H O W V Ή C W P P J
M Γ E G E N L X B E J K L L R E P
B Ύ J G I Ώ Ω E H T Σ I Π Ό I Ξ A
J E K M V P P Σ O X Ό T Σ P Z Ή Π
F Φ I D M A I H H L J I D Ω I U H
R O T V I X B Λ Σ Σ Z Λ A M E Ό Γ
Q Π Σ J Σ Γ Ύ Ί A H D O V M Ξ N A
R A E Φ Ή Y Λ M S E T Π P Έ I Ί
V Y H O Ά Σ O N E M Ό Z A Γ P E N
M R K T J Λ M E Θ N I K Ό Σ T T E
H W Y O Ί E M O P Δ Y X A T D Ω I
A O Y K S S P A R P K Z G E N Φ X
```

ΜΟΛΎΒΙ
ΣΤΌΧΟΣ
ΕΚΑΤΟΝΤΆΔΕΣ
ΤΡΈΞΕΙ
ΠΗΓΑΊΝΕΙ
ΠΟΛΙΤΙΚΉ
ΑΝΑΘΕΏΡΗΣΗ
ΜΩΡΌ
ΑΝΆΓΝΩΣΗΣ
ΜΙΣΉ
ΑΠΟΦΕΎΓΟΥΝ
ΕΘΝΙΚΌΣ
ΕΡΓΑΖΌΜΕΝΟΣ
ΑΞΙΌΠΙΣΤΗ
ΉΞΕΡΕ
ΦΩΤΕΙΝΌ
ΤΑΧΥΔΡΟΜΕΊΟΥ
ΣΥΓΧΑΡΏ
ΜΊΛΗΣΕ
ΣΦΆΛΜΑ

Puzzle 150

ΠΟΛΥΤΕΛΉ
ΘΕΡΜΟΚΡΑΣΊΑ
ΉΤΑΝ
ΑΝΤΙΣΤΑΘΕΊ
ΖΏΩΝ
ΜΥΣΤΉΡΙΑ
ΕΞΑΙΡΕΤΙΚΆ
ΑΝΑΒΆΛΕΙ
ΘΕΡΜΌΤΕΡΟΣ
ΣΚΟΥΛΉΚΙ
ΠΕΡΙΟΔΙΚΌ
ΚΕΝΤΡΙΚΉ
ΤΣΈΠΗ
ΣΎΝΤΟΜΟ
ΠΡΟΣΤΑΤΕΎΟΥΝ
ΚΌΤΑ
ΚΑΤΆΛΛΗΛΟ
ΕΠΑΝΆΛΗΨΗ
ΨΗΛΌΤΕΡΟ
ΔΙΚΗΓΌΡΟΣ

```
K M S B P Σ Δ Π M A V O S Z C M X
W D P P S K I O E Θ N X I R I Z N
K V J E S O K Λ Ξ E N A K T C Z F
K K A X E Y H Y A P E H B Ό V M C
E A B G I Λ Γ T I M Π N A Ά T F P
N Ί I E X Ή Ό E P Ό A F N D Λ A C
T Σ B P J K P Λ E T N A T Ή Π E C
P A M F Ή I O Ή T E Ά R I T E Ψ I
I P C Q W T Σ E I P Λ G S Z P H N
K K S L D R Σ K K O H L T C I Λ V
Ή O T Σ Έ Π H Y Ά Σ Ψ P A Z O Ό G
O M O T N Ύ Σ T M E H W Θ Ώ Δ T Q
Π P O Σ T A T E Ύ O Y N E Ω I E T
A E K A T Ά Λ Λ H Λ O U Ί N K P H
Q Θ A Y V I N S N N S W G W Ό O Z
```

Puzzle 151

A	S	Ï	K	Θ	A	Y	M	A	Σ	T	É	Σ	E	B	Y	Y
Π	S	Λ	R	A	T	Ά	M	O	T	N	É	V	Π	I	Π	B
O	O	Y	D	H	N	M	Ï	Λ	U	V	Δ	C	E	B	O	Y
Θ	T	K	M	D	Ά	A	S	I	V	X	E	Z	Ξ	Λ	Λ	M
E	I	Σ	M	Π	Π	Ή	Π	L	Y	Z	I	R	E	I	O	R
M	O	D	Y	P	E	G	C	É	O	Z	Ξ	W	P	O	Γ	E
A	Y	H	I	Ó	Γ	P	E	N	E	U	E	N	Γ	Θ	Ϊ	Y
T	H	J	M	C	B	A	I	N	A	S	O	Y	A	Ή	Z	T
I	Δ	Ά	M	I	Ξ	A	Π	Φ	P	W	F	P	Σ	K	E	Y
K	Y	I	Y	Q	Σ	T	H	Z	O	R	D	H	Ϊ	H	I	X
Ó	K	X	Z	Z	V	É	N	Ύ	O	P	H	T	A	I	Δ	Ώ
F	A	O	J	T	G	U	Θ	A	B	K	Ά	P	Σ	R	C	Σ
G	K	P	X	Y	H	C	S	A	Z	H	T	Ά	Z	E	Q	J
D	R	T	I	C	J	X	J	C	I	G	I	X	A	I	V	S
U	V	E	F	G	V	J	I	J	A	Δ	J	A	R	A	S	C

ΠΑΞΙΜΆΔΙ
ΚΑΝΑΠΈ
ΕΝΕΡΓΌ
ΑΡΓΉ
ΠΆΝΤΑ
ΑΠΟΘΕΜΑΤΙΚΌ
ΘΑΥΜΑΣΤΈΣ
ΕΠΕΞΕΡΓΑΣΊΑΣ
ΒΙΒΛΙΟΘΉΚΗ
ΛΊΜΝΗ
ΣΥΜΠΕΡΙΦΟΡΆ
ΔΙΑΤΗΡΟΎΝ
ΧΆΡΤΗ
ΥΠΟΛΟΓΊΖΕΙ
ΝΤΟΜΆΤΑ
ΕΥΤΥΧΏΣ
ΔΙΑΘΈΣΙΜΗ
ΈΔΕΙΞΕ
ΤΡΟΧΙΆ
ΣΚΥΛΊ

Puzzle 152

ΚΎΚΛΟ
ΚΌΣΜΟ
ΥΠΟΒΆΛΕΙ
ΤΎΜΠΑΝΟ
ΠΡΟΪΌΝ
ΠΡΌΤΥΠΟ
ΛΗΦΘΕΊ
ΠΑΙΔΊ
ΦΙΛΙΚΌ
ΆΝΕΣΗ
ΣΤΟΜΆΧΙ
ΧΕΙΡΌΤΕΡΗ
ΚΟΜΜΆΤΙ
ΟΡΑΤΌ
ΜΠΙΖΈΛΙ
ΘΕΡΑΠΕΊΑ
ΣΤΑΦΎΛΙΑ
ΕΠΙΤΡΟΠΉ
ΠΑΡΑΚΟΛΟΥΘΉΣΟΥΝ
ΤΡΕΙΣ

K	M	K	N	O	Ά	M	M	A	Σ	I	E	P	T	A	Λ	E
Y	O	A	D	O	N	O	Π	P	J	T	X	K	F	N	H	Π
Π	Π	M	W	L	E	F	I	N	Ό	Ϊ	O	P	Π	D	Φ	I
O	P	Θ	M	Y	Σ	M	Z	O	Z	U	B	M	D	I	Θ	T
B	Ό	E	Ά	H	J	É	E	C	O	A	Π	Ά	A	E	P	
Ά	T	P	D	D	T	W	Λ	Z	P	P	A	H	X	Ϊ	O	
Λ	Y	A	C	Z	O	I	I	A	U	A	V	I	H	V	I	Π
E	Π	Π	V	W	K	W	Q	N	Y	T	Z	Δ	P	R	Z	Ή
I	O	E	W	R	D	E	K	N	I	Ό	W	Ϊ	G	B	Q	L
L	P	Ϊ	V	V	K	Σ	T	A	Φ	Ύ	Λ	I	A	M	Z	Y
A	F	A	W	M	F	Ό	K	I	Λ	I	Φ	N	T	F	K	M
T	Ύ	M	Π	A	N	O	Σ	X	E	I	P	Ό	T	E	P	H
E	E	H	T	A	Σ	P	Z	M	V	E	N	L	Y	A	T	E
L	Y	G	U	S	M	A	Q	R	O	Λ	K	Ύ	K	T	A	E
Π	A	P	A	K	O	Λ	O	Y	Θ	Ή	Σ	O	Y	N	Y	Q

Puzzle 153

```
Δ  Ω  P  E  Ά  N  Q  D  Z  P  K  O  Π  B  O  M  A
S  Y  J  P  N  A  B  P  A  O  N  I  E  O  M  U  Δ
W  F  V  Σ  V  G  W  I  M  R  L  K  P  H  Ά  E  E
W  Σ  W  A  M  Σ  I  Λ  Ύ  P  Γ  O  I  Z  Δ  H  I
K  Έ  Q  T  Π  E  L  L  E  M  H  N  Π  M  A  T  Ά
X  P  Ό  N  O  O  Π  F  P  T  E  O  E  U  T  M  Z
M  Y  N  O  Φ  X  Δ  A  L  C  W  M  T  Π  E  I  E
O  E  I  Γ  K  Y  K  Ί  P  L  J  I  E  G  A  R  I
X  Λ  Ω  Ά  Y  K  T  U  Δ  K  M  K  I  Έ  Γ  T  N
S  Π  P  P  R  Z  D  I  B  O  Ή  Ή  Ώ  N  G  C  N
J  M  Π  A  P  C  B  C  K  O  Y  Σ  Δ  A  A  E  Z
K  S  U  Π  A  K  X  Z  F  Ά  B  N  H  F  P  U  J
M  Ά  Θ  H  M  A  O  I  L  H  L  H  B  V  E  N  U
K  Z  J  F  Y  U  J  H  E  C  S  Z  A  C  Ί  S  S
C  V  R  U  B  Π  E  Δ  I  Ά  Δ  E  Σ  W  A  H  D
```

MOB
ΧΡΌΝΟ
ΕΠΑΡΚΉ
ΡΕΎΜΑ
ΟΜΆΔΑ
ΈΝΑ
ΠΕΡΙΠΕΤΕΙΏΔΗ
ΠΛΕΥΡΈΣ
ΑΓΓΑΡΕΊΑ
ΑΠΟΔΊΔΟΥΝ
ΠΡΩΙΝΌ
ΜΆΘΗΜΑ
ΓΡΎΛΙΣΜΑ
ΦΥΤΙΚΆ
ΠΕΔΙΆΔΕΣ
ΠΕΙ
ΠΑΡΆΓΟΝΤΑΣ
ΑΔΕΙΆΖΕΙ
ΔΩΡΕΆΝ
ΟΙΚΟΝΟΜΙΚΉΣ

Puzzle 154

ΕΙΔΉΣΕΩΝ
ΝΑΡΚΩΤΙΚΏΝ
ΙΣΧΎΟΥΝ
ΨΩΜΊ
ΚΑΡΌΤΟ
ΛΕΞΙΛΌΓΙΟ
ΧΡΩΜΆΤΩΝ
ΕΚΛΟΓΉ
ΑΞΊΑΣ
ΌΛΟΥΣ
ΑΦΟΡΆ
ΠΑΤΆΤΑ
ΣΥΜΜΕΤΈΧΟΥΝ
ΣΚΛΗΡΉ
ΠΛΉΡΩΣ
ΓΕΊΤΟΝΑ
ΠΙΣΤΕΎΟΥΝ
ΒΟΟΕΙΔΉ
ΠΡΌΘΕΣΗ
ΑΝΗΣΥΧΟΎΝ

```
X  Z  R  T  Q  P  C  U  Π  K  V  N  G  K  I  A  N
W  U  B  E  L  Y  R  D  I  U  X  P  Z  J  U  N  A
M  L  Σ  A  H  N  Ω  E  Σ  Ή  Δ  I  E  A  E  H  P
A  U  A  K  P  B  G  Ψ  T  T  K  G  T  Q  N  Σ  K
U  Q  Ί  Q  Λ  B  Z  Ω  E  R  K  Y  T  W  Y  Y  Ω
K  O  Ξ  Σ  U  H  Ά  M  Ύ  F  U  A  D  Q  O  X  T
F  H  A  Y  H  Z  P  Ί  O  V  G  N  P  G  X  O  I
E  K  Λ  O  Γ  Ή  O  Ή  Y  Π  F  O  X  Ό  Έ  Ύ  K
I  C  F  Λ  A  X  Φ  S  N  Λ  Π  T  P  B  T  N  Ώ
N  L  J  Ό  D  C  A  Z  J  Ή  A  Ί  Ω  O  E  O  N
I  Σ  X  Ύ  O  Y  N  I  V  P  T  E  M  O  M  U  M
Π  P  Ό  Θ  E  Σ  H  H  K  Ω  Ά  Γ  Ά  E  M  P  P
Λ  E  Ξ  I  Λ  Ό  Γ  I  O  Σ  T  G  T  I  Y  O  V
X  Q  N  C  V  U  V  O  J  L  A  T  Ω  Δ  S  W  M
Y  W  E  W  D  K  B  R  E  H  X  M  N  Ή  N  M  N
```

Puzzle 155

O	I	Q	G	F	U	O	C	C	A	B	H	C	R	O	S	Θ
U	K	L	M	E	G	E	E	A	Φ	O	P	O	Ύ	N	V	Λ
N	W	N	X	C	Ω	Ξ	Έ	Φ	B	D	F	K	L	A	N	I
D	P	O	B	O	D	A	Y	H	E	M	U	U	F	É	I	B
U	W	I	B	I	S	P	X	T	B	Ύ	I	N	D	X	M	E
J	S	Π	A	X	L	T	B	Z	U	R	P	V	B	O	A	P
Σ	X	Ό	Λ	I	O	Ά	D	L	C	S	W	E	I	Y	N	Ό
E	N	K	Ά	X	T	T	Γ	N	Ώ	M	H	Σ	I	N	I	A
N	S	Σ	K	R	S	A	B	P	O	X	Ή	Σ	F	C	T	G
É	Z	E	Σ	Ό	Λ	I	E	Δ	X	Ό	U	Λ	N	M	Ά	R
Π	Z	Λ	E	P	M	S	N	W	Ί	P	F	M	Y	G	P	N
A	C	H	J	G	R	K	Y	É	O	O	Q	V	P	A	I	G
E	P	T	N	K	S	A	M	H	T	Σ	Ά	T	A	K	A	N
E	N	A	Λ	Λ	A	K	T	I	K	Ή	U	F	B	E	G	F
E	C	Y	W	Q	Z	A	C	B	R	G	A	Q	H	Y	L	V

ΚΑΤΆΣΤΗΜΑ
ΤΈΝΙΣ
ΈΧΟΥΝ
ΑΦΟΡΟΎΝ
ΈΞΩ
ΘΛΙΒΕΡΌ
ΕΞΑΡΤΆΤΑΙ
ΣΧΌΛΙΟ
ΤΗΛΕΣΚΌΠΙΟ
ΒΡΟΧΉΣ
ΕΦΕΎΡΕΙ
ΔΕΙΛΌΣ
ΤΟΊΧΟ
ΜΑΝΙΤΆΡΙΑ
ΣΚΆΛΑ
ΕΝΑΛΛΑΚΤΙΚΉ
ΌΡΟΣ
ΠΈΝΕΣ
ΑΥΛΉ
ΓΝΏΜΗΣ

Puzzle 156

ΕΥΤΥΧΈΣ
ΣΊΓΟΥΡΑ
ΔΙΑΠΙΣΤΏΣΕΤΕ
ΚΟΥΤΆΒΙ
ΚΑΤΑΔΎΣΕΙΣ
ΑΝΤΙΣΤΆΘΜΙΣΗΣ
ΛΟΥΛΟΎΔΙ
ΑΝΑΓΝΩΡΊΣΤΕ
ΚΟΙΝΩΝΊΑΣ
ΓΩΝΊΑ
ΤΡΎΠΑ
ΚΥΚΛΙΚΉ
ΚΑΛΟΎΜΕ
ΚΊΝΗΤΡΟ
ΣΤΡΑΤΙΏΤΗΣ
ΠΡΆΣΙΝΟ
ΙΔΙΑΊΤΕΡΑ
ΘΈΣΗ
ΌΡΟΦΟ
ΓΙΑΤΡΌΣ

P	V	Σ	I	K	J	K	Θ	Έ	Σ	H	H	G	Λ	U	A	A
Z	Y	F	Ί	K	O	I	N	Ω	N	Ί	A	Σ	O	G	N	N
O	Y	X	S	Γ	T	P	Ύ	Π	A	V	L	F	Y	Z	A	T
Q	T	B	E	U	O	N	I	Σ	Ά	P	Π	P	Λ	R	Γ	I
A	J	K	G	I	E	Y	Z	G	Q	L	K	I	O	U	N	Σ
K	L	Σ	S	P	J	O	P	T	H	N	Ί	K	Ύ	S	Ω	T
I	A	H	D	M	K	S	G	A	R	G	L	R	Δ	Z	P	Ά
Δ	Ί	T	E	T	E	Σ	Ώ	T	Σ	I	Π	A	I	Δ	Ί	Θ
I	N	Ώ	A	K	Y	K	Λ	I	K	Ή	B	B	H	F	Σ	M
A	Ω	I	P	Δ	U	Q	F	L	O	R	W	Ά	B	O	T	I
Ί	Γ	T	O	S	Ύ	G	H	L	C	K	O	X	T	E	E	Σ
T	R	A	Φ	M	R	Σ	Έ	X	Y	T	Y	E	D	Y	G	H
E	H	P	O	D	S	A	E	M	Ύ	O	Λ	A	K	X	O	Σ
P	N	T	P	A	E	J	F	I	U	N	E	F	G	B	R	K
A	V	Σ	Ό	P	T	A	I	Γ	Σ	B	Y	S	M	Y	G	D

Puzzle 157

```
C T K O I K O G E N E I A K Ό X T
Z P X A T J C T C W K E M A M P Z
B Ί B Q Θ Ί A E T Ό Σ S H O P Ή Ά
J T A K Q Ή Π D Z Q H Ή S X O M K
B H R M P O K O Z B H P L S K A I
S A B K Ά Θ E O T L G E O M N T R
U W P Q G Z Y A N A X T J W W A Z
D J P I Q F B P H V M Σ Z T P Y P
N X T V Ά M Y Σ T Ή P I O D Q I V
A N A N Ά K I Λ O T A N A L B Q R
N P Q P A Π E I K O N Ί Z O Y N E
K M P J Σ A P Ά N T A L V B N X G
V I W X X P I Σ T O Ύ Γ E N N A Q
Π E T P E Λ A Ί O Y B J N A Q B T
E N O X Λ Ή Σ E I J U N Ό Π Ω Σ E
```

ΚΑΘΉΚΟΝ
ΑΝΑΝΆ
ΧΡΉΜΑΤΑ
ΕΝΟΧΛΉΣΕΙ
ΣΤΕΡΉΣΕΙ
ΒΑΡΙΆ
ΧΡΙΣΤΟΎΓΕΝΝΑ
ΠΕΤΡΕΛΑΊΟΥ
ΑΕΤΌΣ
ΟΙΚΟΓΕΝΕΙΑΚΌ
ΚΆΘΕ
ΌΠΩΣ
ΜΥΣΤΉΡΙΟ
ΑΠΕΙΚΟΝΊΖΟΥΝ
ΤΡΊΤΗ
ΤΖΆΚΙ
ΚΟΡΜΌ
ΤΊΠΟΤΑ
ΑΝΑΤΟΛΙΚΆ
ΣΑΡΆΝΤΑ

Puzzle 158

ΤΥΦΏΝΑ
ΔΙΠΛΌ
ΟΔΥΝΗΡΆ
ΕΞΕΤΆΖΟΥΝ
ΣΚΑΘΆΡΙ
ΣΥΓΚΕΚΡΙΜΈΝΗ
ΜΉΚΟΣ
ΜΑΛΑΚΌ
ΌΜΩΣ
ΙΔΙΩΤΙΚΌ
ΑΡΙΘΜΟΜΗΧΑΝΉ
ΣΧΕΔΙΑΣΜΟΎ
ΚΑΛΎΤΕΡΑ
ΕΛΚΥΣΤΙΚΉ
ΒΡΟΧΕΡΈΣ
ΤΡΊΤΟ
ΓΈΦΥΡΑ
ΠΑΡΆΓΡΑΦΟ
ΓΆΤΑ
ΓΈΛΑΣΕ

```
A P I Θ M O M H X A N Ή L O Γ B G
D H K D W R Π M H V N L C Δ Έ P D
Q H V A D X A N Ώ Φ Y T X Y Φ O S
M H N Έ M I P K E K Γ Y Σ N Y X N
S Ή U N K P Ά Z Σ W B N Ω H P E Y
Ή L K D V Ά Γ Γ A Σ B Y M P A P G
K K I O C Θ P Ά Λ X W O Ό Ά C Έ B
I L D G Σ A A T Έ E Y Z W J T Σ J
T Δ V C D K Φ A Γ Δ C Ά N N P O P
Σ Q I L S Σ O Q G I W T Δ I Π Λ Ό
Y C I Ω H C X N A P E T Ύ Λ A K
K X G U T W H J M Σ W Ξ R B G N A
Λ F W H B I H N Q M V E S M L K Λ
E L E G E Q K O G O T Ί P T J L A
I E W H R F F Ό C Ύ S Y J M C A M
```

Puzzle 159

```
E  I  B  J  G  I  B  X  O  N  I  K  K  Ό  K  D
E  Σ  A  P  Έ  Π  I  K  Ά  Π  A  K  E  N  E  S  Q
Π  Ά  V  V  O  Φ  E  N  N  Ύ  Σ  P  Φ  N  W  D  P
Ί  P  L  D  Π  X  Σ  U  J  B  I  S  Ά  J  U  I  Σ
Σ  E  N  W  O  F  Ή  P  Π  M  A  Λ  Λ  Σ  S  H  Y
H  K  R  S  Λ  A  Θ  R  V  C  U  W  A  Y  W  K  N
M  Z  I  M  Ύ  V  H  X  P  O  W  G  I  Σ  G  M  A
A  K  Z  H  X  X  O  Ύ  P  K  P  S  O  T  D  U  Ί
A  H  N  Y  P  N  B  E  X  N  E  I  N  Ή  R  G  Σ
X  Y  C  Z  Ω  G  N  N  Y  O  N  Ά  B  M  A  Λ  Θ
W  T  Y  A  M  B  O  Y  B  Ά  Λ  I  A  A  Y  M  H
V  H  S  S  O  E  P  Γ  A  Σ  Ί  A  Σ  T  T  F  M
T  A  Ξ  Ί  Δ  I  A  K  Q  C  V  C  M  O  K  Y  A
R  A  Π  E  Λ  E  Y  Θ  Έ  P  Ω  Σ  H  Σ  A  C  J
Π  P  O  Σ  E  K  T  I  K  O  Ί  N  T  O  F  M  A
```

ΕΡΓΑΣΊΑΣ
ΣΥΣΤΉΜΑΤΟΣ
ΚΌΚΚΙΝΟ
ΚΑΠΆΚΙ
ΠΟΛΎΧΡΩΜΟ
ΑΠΕΛΕΥΘΈΡΩΣΗ
ΚΕΦΆΛΑΙΟ
ΠΈΡΑΣΕ
ΚΡΎΟ
ΚΕΡΆΣΙ
ΛΑΜΒΆΝΟΥΝ
ΕΠΊΣΗΜΑ
ΣΎΝΝΕΦΟ
ΒΟΥΒΆΛΙΑ
ΠΡΟΣΕΚΤΙΚΟΊ
ΒΡΟΧΉ
ΤΑΞΊΔΙΑ
ΒΟΗΘΉΣΕΙ
ΛΑΜΠΡΉ
ΣΥΝΑΊΣΘΗΜΑ

Puzzle 160

ΆΜΥΝΑ
ΏΡΕΣ
ΣΥΝΤΟΜΟΓΡΑΦΊΑ
ΜΠΡΟΣΤΆ
ΤΣΑΓΙΈΡΑ
ΜΕΤΑΦΟΡΆΣ
ΠΑΓΕΤΌ
ΣΉΜΑΤΟΣ
ΨΥΓΕΊΟ
ΕΚΤΌΣ
ΑΡΚΟΥΔΆΚΙ
ΣΚΆΛΕΣ
ΔΗΜΟΚΡΑΤΙΚΉ
ΘΥΜΩΜΈΝΟΣ
ΣΑΎΡΑ
ΚΑΦΈ
ΑΡΙΘΜΗΤΉ
ΜΙΛΆΜΕ
ΚΛΕΙΔΊ
ΛΕΜΌΝΙ

```
Ψ  Σ  Q  J  M  X  Q  B  Q  Σ  Δ  E  Ά  Ώ  K  I  P
Y  O  D  E  A  L  O  T  F  Y  H  K  M  A  P  T  C
Γ  T  M  A  A  Z  H  L  G  N  M  T  Y  P  Θ  E  V
E  A  P  I  Θ  M  H  T  Ή  T  O  Ό  N  K  Y  K  Σ
Ί  M  R  I  B  Y  J  G  O  Ό  K  Σ  A  O  M  W  M
O  Ή  Ά  M  Y  X  W  S  E  M  P  H  O  Y  Ω  T  I
K  Σ  E  Λ  Ά  K  Σ  F  X  O  A  E  M  Δ  M  Σ  N
G  V  N  D  I  P  K  E  M  Γ  T  K  Π  Ά  Έ  A  G
G  T  Z  O  N  M  E  U  U  P  I  K  P  K  N  Γ  W
S  H  T  V  Ό  F  Q  Έ  Φ  A  K  Λ  O  I  O  I  I
W  R  T  C  M  T  V  Q  A  Φ  Ή  E  Σ  N  Σ  Έ  M
U  U  C  W  E  D  E  Y  P  Ί  L  I  T  H  Z  P  O
R  P  Z  E  Λ  T  J  Γ  Ύ  A  N  Δ  Ά  Q  I  A  E
X  U  L  Q  W  U  T  S  A  L  J  Ί  P  Q  T  G  F
M  E  T  A  Φ  O  P  Ά  Σ  Π  T  C  Y  R  X  G  Z
```

Puzzle 161

```
L  C  C  Z  P  S  R  J  M  A  Y  T  Ό  M  A  T  H
Y  E  F  G  A  I  F  V  G  E  G  N  N  X  Z  Q  A
X  J  V  I  U  Ό  K  I  T  A  T  Σ  I  P  E  Π  T
H  Y  A  Ί  Ξ  H  Λ  A  T  A  K  O  I  O  M  O  Z
M  Y  H  X  K  A  Λ  Π  A  Σ  M  Ό  X  F  O  O  Ί
A  Π  A  I  T  O  Ύ  N  K  T  D  Z  Y  I  A  A  N
Δ  E  Δ  O  M  Έ  N  Ω  N  O  O  W  X  E  K  U  T
A  I  P  Ά  M  A  Λ  A  K  W  Y  M  V  Q  P  Ό  Z
Ί  Σ  Ή  T  N  Y  Θ  Y  E  I  Δ  N  Ή  K  Ό  N  E
T  I  V  E  Ή  X  O  Σ  O  P  Π  M  E  Σ  K  L  P
I  B  B  G  M  X  J  P  R  F  S  I  S  Λ  A  L  A
A  H  S  D  H  P  K  Ά  O  P  X  Y  T  D  I  T  O
Π  P  O  Σ  Θ  Έ  Σ  E  T  E  Z  M  E  W  L  Ώ  D
D  M  Π  A  Λ  O  N  I  Ώ  N  C  K  T  M  M  W  N
C  O  L  J  R  O  Δ  O  N  T  Ί  A  T  P  O  F  W
```

ΑΙΤΊΑ
ΚΑΛΠΑΣΜΌ
ΚΑΛΑΜΆΡΙΑ
ΤΖΊΝΤΖΕΡ
ΜΠΑΛΟΝΙΏΝ
ΟΔΟΝΤΊΑΤΡΟ
ΑΥΤΌΜΑΤΗ
ΠΡΟΣΘΈΣΕΤΕ
ΜΝΉΜΗ
ΔΙΕΥΘΥΝΤΉΣ
ΔΕΔΟΜΈΝΩΝ
ΆΚΡΗ
ΠΕΡΙΣΤΑΤΙΚΌ
ΡΌΚΑ
ΤΟΜΉΣ
ΜΕΤΟΧΙΚΌ
ΚΟΥΝΕΛΙΏΝ
ΑΠΑΙΤΟΎΝ
ΟΜΟΙΟΚΑΤΑΛΗΞΊΑ
ΠΡΟΣΟΧΉ

Puzzle 162

ΕΝΗΜΈΡΩΣΗ
ΕΡΓΑΣΊΑ
ΕΚΕΊ
ΑΠΟΡΡΊΨΕΙ
ΑΞΙΟΛΌΓΗΣΗ
ΜΟΥΣΙΚΉ
ΠΛΟΎΣΙΟ
ΚΟΚΚΙΝΟΛΑΊΜΗΔΕΣ
ΚΟΥΡΤΊΝΑ
ΕΒΔΟΜΆΔΑ
ΜΠΡΌΚΟΛΟ
ΣΤΥΛ
ΜΈΘΟΔΟΣ
ΚΟΥΡΑΣΜΈΝΟ
ΡΥΖΙΟΎ
ΧΤΎΠΗΜΑ
ΑΚΑΤΆΛΛΗΛΗ
ΣΥΜΠΎΚΝΩΜΑ
ΜΠΎΡΑ
ΝΕΡΟΎ

```
K  Ή  A  X  P  B  X  P  W  T  V  K  C  M  V  K  A
O  K  L  G  M  F  T  Y  V  D  P  O  K  Π  Y  Y  Ξ
Y  I  R  G  X  N  Ύ  Z  T  B  X  K  T  Ύ  R  H  I
P  Σ  O  D  N  Y  Π  I  O  Λ  O  K  Ό  P  Π  M  O
A  Y  A  J  Y  S  H  O  Y  Y  J  I  A  A  Π  E  Λ
Σ  O  Δ  O  Θ  Έ  M  Ύ  U  T  W  N  K  A  Λ  N  Ό
M  M  Ά  A  I  D  A  R  S  Σ  V  O  A  Π  O  H  Γ
Έ  F  M  U  F  W  N  B  H  W  F  Λ  T  O  Ύ  M  H
N  T  O  Z  Ύ  C  Ί  I  V  W  B  A  Ά  P  Σ  Έ  Σ
O  K  Δ  O  V  O  T  I  T  O  V  Ί  Λ  P  I  P  H
X  L  B  Q  A  D  P  B  R  Y  U  M  Λ  Ί  O  Q  W
A  F  E  R  Z  L  Y  E  K  E  Ί  H  H  Ψ  L  Σ  M
W  R  T  P  Y  P  Q  N  O  Y  Δ  L  E  V  H  P
U  H  I  Z  H  K  K  X  U  F  A  E  H  I  D  V  O
Σ  Y  M  Π  Ύ  K  N  Ω  M  A  Ί  Σ  A  Γ  P  E  V
```

Puzzle 163

```
Ε  Δ  Ε  L  P  Η  Z  V  X  G  S  D  O  M  M  E  T
Π  Ε  V  G  Z  Q  Y  W  A  P  V  R  P  R  Ί  Υ  X
Ι  Λ  Α  Ε  Q  C  S  L  F  Κ  Ό  T  X  J  S  K  W
Λ  Φ  X  Μ  Δ  Ε  Μ  Έ  Ν  Η  P  Ν  P  I  O  O  R
Έ  Ί  S  Π  Ά  Σ  Θ  Η  Σ  Η  I  I  E  Υ  Λ  O
Ξ  Ν  Ά  Ά  Σ  Ν  Κ  Τ  L  Ε  Ν  P  B  A  Σ  Ί  Ε
Τ  Ι  Λ  Σ  Ό  Υ  O  G  L  D  W  G  L  Ά  Q  A  C
Ε  Π  Λ  Κ  Μ  O  Λ  Κ  A  Τ  Η  Γ  O  P  O  Ύ  Ν
Μ  Α  O  Ε  Σ  Λ  Π  Λ  Ε  Ι  Σ  Ό  Δ  O  Υ  Ν  P
D  Ν  Υ  Τ  Α  Έ  Μ  J  O  Ν  Ε  Μ  Ά  Μ  Ε  P  T
S  Τ  Σ  Ν  Υ  Θ  Η  Υ  Γ  O  J  Z  Τ  P  Ί  A
J  O  J  I  Ε  G  Ε  Q  D  V  Ή  G  Τ  Μ  O  L  W
Η  Ύ  Ι  Ι  Λ  Ν  Μ  S  Τ  Κ  C  S  O  I  Μ  A  M
Ν  J  Z  G  X  F  W  B  U  P  C  U  Ν  Η  G  U  C
Μ  Ε  Τ  Ε  Γ  Κ  Α  Τ  Ά  Σ  Τ  Α  Σ  Η  P  Υ  W
```

ΤΡΊΑ
ΜΊΣΟΥΣ
ΠΑΝΤΟΎ
ΣΥΛΛΟΓΉ
ΜΕΤΕΓΚΑΤΆΣΤΑΣΗ
ΑΊΣΘΗΣΗ
ΔΕΛΦΊΝΙ
ΕΠΙΛΈΞΤΕ
ΧΡΌΝΙΑ
ΑΚΡΙΒΆ
ΚΑΤΗΓΟΡΟΎΝ
ΜΠΆΣΚΕΤ
ΕΥΚΟΛΊΑ
ΧΛΕΥΑΣΜΌΣ
ΜΠΛΟΚ
ΕΙΣΌΔΟΥ
ΆΛΛΟΥΣ
ΤΡΕΜΆΜΕΝΟ
ΘΈΛΟΥΝ
ΔΕΜΈΝΗ

Puzzle 164

ΑΠΌΔΟΣΗ
ΚΟΓΙΌΤ
ΠΡΟΤΕΊΝΟΥΝ
ΞΈΝΩΝ
ΑΡΆΧΝΗ
ΊΣΗ
ΔΡΟΣΙΆ
ΠΙΣΊΝΑ
ΚΑΝΈΝΑ
ΑΛΛΗΛΕΠΊΔΡΑΣΗ
ΠΑΡΌΜΟΙΑ
ΕΠΙΤΥΓΧΆΝΟΥΝ
ΜΕΙΏΣΕΙ
ΕΚΠΑΊΔΕΥΣΗ
ΚΟΙΝΌ
ΑΣΒΌΣ
ΒΕΛΌΝΑ
ΚΑΛΎΤΕΡΟ
ΑΝΑΜΈΝΕΤΑΙ
ΕΊΔΗ

```
Ε  Π  Ι  Τ  Υ  Γ  Χ  Ά  Ν  Ο  Υ  Ν  Ι  Ε  Κ  Μ  Α
Ε  Κ  Π  Α  Ί  Δ  Ε  Υ  Σ  Η  Ν  Χ  Ά  Ρ  Α  Ε  Β
Χ  Α  Ν  Α  Μ  Έ  Ν  Ε  Τ  Α  Ι  U  P  Z  Ν  I  U
Κ  Ν  S  Τ  Β  Κ  X  S  D  Z  Q  Ξ  Κ  U  Έ  Ώ  Κ
W  Ό  Υ  Β  A  L  J  Μ  J  Q  P  C  Έ  F  Ν  Σ  O
Α  Λ  Λ  Η  Λ  Ε  Π  Ί  Δ  Ρ  Α  Σ  Η  Ν  Α  Ε  Ι
Ι  Ε  Η  Τ  Α  Ν  Ο  Κ  Π  Α  C  L  Ί  Υ  Ω  Ι  Ν
Ο  Β  Τ  U  S  Α  Ι  Α  Ι  Π  L  P  Σ  O  Η  Ν  Ό
Μ  Κ  Ο  Γ  Ι  Ό  Τ  Λ  Σ  Ό  D  U  Η  Ν  R  Υ  Κ
Ό  A  W  L  F  Υ  Β  Ύ  Ί  Δ  Μ  L  C  Ί  Q  E  Δ
P  E  V  Q  Ν  U  R  Τ  Ν  O  W  F  P  E  X  F  P
A  R  Ί  Z  D  Υ  Τ  Ε  Α  Σ  O  W  C  Τ  I  O  O
Π  Z  Q  Δ  R  F  L  P  Η  Η  V  O  Ν  O  P  Z  Σ
Q  D  O  E  Η  S  Υ  O  U  P  Η  P  B  P  B  F  I
J  A  S  Β  Ό  Σ  W  I  Η  F  Μ  Q  J  Π  U  C  Ά
```

Puzzle 165

```
U X N E F Π O P Γ A N Ώ Σ T E X E
J N K Π O O K K A T Ύ A A H L T Π
V W Q I I Λ C X Σ Ί O N T Z X Y E
M H Y Λ Ά Λ H W H P P A H G X Π K
P K B O Γ A M D M A Δ M T N M Ή T
L A Z Γ X Π I U Έ Γ I O Ό W Σ E
U Ί Q Ή O Λ Q O N P Π N T H W E Ί
Ή Φ O Σ Σ A Π A I A E Ή Y P Q I N
A H Q D T Σ Ί A M Λ Σ A U T E O
N Ψ Z G J I D P Σ P H M T V D P Y
I O Y E X A I Ω L Ω Λ Q O Z H Έ N
B I I C V Σ R E K Z Λ Z R N G Φ O
U E Y T A M T Θ T X A Z C L Ά Γ S
B Λ Z N H Ό K Ά Σ T A N A P D Δ H
Z Π T P I Ά N T A G F K Q V R T A
```

ΆΓΧΟΣ
ΜΟΝΆΔΑ
ΕΠΙΛΟΓΉΣ
ΣΟΦΉ
ΠΟΛΛΑΠΛΑΣΙΑΣΜΌ
ΤΡΙΆΝΤΑ
ΚΆΣΤΑΝΑ
ΟΡΓΑΝΏΣΤΕ
ΠΊΣΩ
ΘΕΩΡΊΑ
ΦΈΡΕΙ
ΑΝΑΜΟΝΉΣ
ΤΑΥΤΌΤΗΤΑΣ
ΜΑΡΓΑΡΊΤΑ
ΑΣΗΜΈΝΙΑ
ΑΛΛΗΛΕΠΙΔΡΟΎΝ
ΓΗ
ΕΠΕΚΤΕΊΝΟΥΝ
ΧΤΥΠΉΣΕΙ
ΠΛΕΙΟΨΗΦΊΑ

Puzzle 166

ΔΟΚΙΜΑΣΊΑ
ΨΥΧΡΌΣ
ΦΌΡΟΥ
ΒΙΑΣΤΙΚΆ
ΔΡΆΚΟΣ
ΠΛΗΡΟΎΝΤΑΙ
ΧΟΙΡΙΝΟΎ
ΦΘΗΝΉ
ΥΠΕΎΘΥΝΟΣ
ΕΝΈΡΓΕΙΑΣ
ΚΑΛΛΙΤΈΧΝΗ
ΠΡΌΒΛΗΜΑ
ΕΜΦΆΝΙΣΗ
ΧΟΊΡΩΝ
ΣΧΉΜΑ
ΣΑΦΈΣ
ΣΥΝΉΘΕΙΣ
ΝΌΣΤΙΜΑ
ΔΈΡΜΑ
ΧΩΡΙΌ

```
E J L A Ί Σ A M I K O D Σ J W L O
Φ P C V M L A M Ή X Σ V K A A U M
Y Ό L W Y Ά K I T Σ A I B P Φ Q W
Π E P Q Y A F D E I M Q H F S Έ B
E Y F O G K H M E Γ E Σ M E H V Σ
Ύ L U K Y Q L Y O Σ P M G T X L K
Θ Δ Έ P M A J M U Ό Σ Έ Ή J V Ό A
Y E Q R Z V Π Λ H P O Ύ N T A I Λ
N H F L Q C L Σ Σ X K L H E M P Λ
O D U S J S N B I Y Ά Z O Θ V I Ω I
Σ I E Θ Ή N Y Σ N Ψ P G Φ E T X T
X O I P I N O Ύ Ά O D R M I Σ Z Έ
X O Ί P Ω N Y A Φ K U W I N Ό P X
Π P Ό B Λ H M A M W P N F E T V N Z
V C T V P D S A E U G H V I J M H
```

Puzzle 167

```
W D Έ N K O Φ Q V U O B A H I X X
N K S P M X Ί Q O E I N Ώ Y A O Ύ
N J U F X J Δ L N A K Y Z Y T H N
P N Z C O O I I L G O Φ P Z N Ί E
Π S O R O O N T W L N Ί E C O C T
A I E P Ά Π F T F V O T Z N N I A
P E I A D C U V A T M Σ R J Ί O I
O Z H E D L K Y E I I A V Z Γ S G
N Ί Έ Λ Ξ H Σ Q Q P K C W W F J I
O Φ E D A Z D I E Σ Ή P Ω X Γ Y Σ
M A Π P O T E Ί N O Y M E T F M O
A P E T Ό N Π Y Ξ E W Y T X Ά X Ί
Σ Γ A Π Λ O Π O Ί H Σ H E F O K E
T Ω H Π E P I Λ A M B Ά N O Y N Θ
Ή Z A Q R H A Έ Λ K H Θ P O Z A V
```

ΠΡΟΤΕΊΝΟΥΜΕ
ΣΥΓΧΩΡΉΣΕΙ
ΕΞΥΠΝΌΤΕΡΑ
ΚΆΤΩ
ΦΊΔΙ
ΈΛΞΗΣ
ΠΕΡΙΛΑΜΒΆΝΟΥΝ
ΖΏΑ
ΈΡΧΟΝΤΑΙ
ΖΩΓΡΑΦΊΖΕΙ
ΝΥΦΊΤΣΑ
ΠΑΡΟΝΟΜΑΣΤΉ
ΧΎΝΕΤΑΙ
ΠΆΡΕΙ
ΑΠΛΟΠΟΊΗΣΗ
ΟΙΚΟΝΟΜΙΚΉ
ΓΊΝΟΝΤΑΙ
ΑΥΤΊ
ΈΛΚΗΘΡΟ
ΘΕΊΟΣ

Puzzle 168

ΠΑΡΆΞΕΝΑ
ΑΛΛΆ
ΜΑΪΜΟΎ
ΈΝΟΧΟΙ
ΑΝΑΦΈΡΩ
ΣΎΓΧΡΟΝΗ
ΕΠΙΦΆΝΕΙΑ
ΑΧΛΆΔΙ
ΤΙΜΉ
ΟΓΔΌΝΤΑ
ΕΠΊΣΚΕΨΗ
ΠΛΑΣΤΙΚΌ
ΠΕΤΣΈΤΑ
ΘΈΜΑ
ΕΠΙΚΊΝΔΥΝΟ
ΥΛΙΚΌ
ΑΙΜΟΡΡΑΓΊΑ
ΖΥΓΊΖΕΙ
ΑΝΆΠΤΥΞΗΣ
ΜΟΤΈΛ

```
A Θ Y R Y E Π I K Ί N Δ Y N O A K
N Λ Έ T O M G E O A Λ Λ Ά F G O E
A Q E M U D B Z Γ O M Y A L A A Q
Φ T Π A A F Q Ί Δ W E E C Q N K Ό
Έ F I Σ X A Z Γ Ό O F C A Ύ M T K
P H Φ X Ύ Λ V Y N Y R Έ N O X O I
Ω U Ά J K Γ Ά Z T B W H E M E Y T
P V N I Y S X Δ A J O B Ξ Ϊ A D Σ
X R E F O C B Π I A G V Ά A O S A
Ή M I T S C U V O O W M P M U D Λ
G J A I Ό M Q F R N P N A S Y R Π
E Π Ί Σ K E Ψ H H U H Y Π G M F G
I A Q M I Π E T Σ Έ T A Q F W S O
C E N B Λ A I M O P P A Γ Ί A H X
W Σ H Ξ Y T Π Ά N A O J S Y X K L
```

Puzzle 169

```
Σ Ά B N S I T I Q R R B R B W D S
K K Λ A Γ O Y Δ Ά K I Ρ Ύ O Γ Γ A
Ρ I Λ Q I A Ί Γ O Λ O N X E T S W
A T V H N E K Ή Δ H T E Ί N O Y N
Y O Ω A Ρ X Ρ Ό A N Ά Γ K H S N J
Γ Λ T D Y Ό V J M S U B T O G Z J
Ή I Ά F M N Q P Ρ A I E B Ί Ρ K A
T Π K Y K K J V W Ρ X X Π M V T B
Σ Π A Θ Ί U H K E T Σ Ώ Ρ A Λ A X
N K Ρ T F I J C Ά B Y C Ό B T M Q
A Ό A Ρ K H Z Y Ρ N Y S Σ Ρ A M A
X K Π E H S M X Ρ Y E Y B T K H G
Q O W L I Π I Θ A N Ό I A H C J B
W Ρ F B O U Φ Ρ Ά X T H Σ C E I U
E A T Έ Λ K I Σ O T O M H F V I F
```

AΓΓΟΎΡΙ
ΤΕΊΝΟΥΝ
ΚΡΑΥΓΉ
ΠΙΛΟΤΙΚΆ
ΣΚΛΗΡΌ
ΠΡΌΣΒΑΣΗ
ΣΠΑΘΊ
ΑΚΡΊΒΕΙΑ
ΦΡΆΧΤΗ
ΠΙΘΑΝΌ
ΑΝΆΓΚΗ
ΑΚΌΜΑ
ΛΑΓΟΥΔΆΚΙ
ΜΟΤΟΣΙΚΛΈΤΑ
ΉΔΗ
ΚΌΚΟΡΑ
ΚΆΝΕΙ
ΤΕΧΝΟΛΟΓΊΑ
ΠΑΡΑΚΆΤΩ
ΧΑΛΑΡΏΣΤΕ

Puzzle 170

ΠΊΣΤΗΣ
ΦΩΝΆΖΟΥΝ
ΣΟΥΤ
ΠΙΝΈΛΟ
ΓΡΉΓΟΡΑ
ΒΊΑΣ
ΥΠΌΛΟΙΠΟ
ΚΥΚΛΟΦΟΡΟΎΝ
ΒΡΏΜΙΚΟ
ΣΥΜΦΩΝΊΑ
ΔΎΣΚΟΛΟ
ΔΡΟΣΕΡΌ
ΥΠΟΨΉΦΙΟΣ
ΠΡΌΣΩΠΟ
ΑΓΑΠΗΤΈ
ΤΥΧΑΊΑ
ΜΎΤΗ
ΤΥΡΊ
ΑΠΟΚΑΛΎΠΤΟΥΝ
ΈΚΤΟΥ

```
O E H Γ Π O W Q K W E W A J Ρ Δ Y
Λ G A P P H G S V M Q U W K E Ρ Π
O E C Ή Ό A X Y W A O T Z W S O Ό
K T J Γ S H T Σ Ί Π G A A X J Σ Λ
Σ K D O Ω M P G V O K S M G A E O
Ύ O V Ρ Π Ύ C H X J R T Y Ρ Ί Ρ I
Δ O Y A O T Σ Y M Φ Ω N Ί A A Ό Π
Φ J Z T F H Z Z U W G E Ρ M X J O
Π Ω P M Q N Ύ O Ρ O Φ O Λ K Y K W
I M N A A Ρ V E I O E O I Y T X O
N V J Ά A Π O K A Λ Ύ Π T O Y N R
Έ R Q B Z Y Π O Ψ Ή Φ I O Σ A Ί B
Λ S K K I O B Ρ Ώ M I K O S A Q Z
O X I W T E Y O T K Έ T H Π A G A
F U W J C S E N Q Q U L M Y I Q U
```

Puzzle 171

Κ	Υ	Γ	Ό	D	U	Υ	Ψ	Η	Λ	Ή	Σ	Δ	Τ	Ι	Ή
Α	Α	Χ	Ι	Ο	Ν	Ά	Ν	Θ	Ρ	Ω	Π	Ο	Α	Έ	J	Σ
Μ	Π	Ν	U	U	Χ	D	Κ	J	Χ	Α	Ν	Α	Λ	Χ	Δ	Ν	Υ
Ι	Ά	Ο	Ό	Β	Η	J	Ρ	Χ	R	Π	R	Α	Τ	Ω	Α	Χ
G	Τ	Γ	Ρ	Ν	D	Ρ	R	Ν	Ο	Ο	G	Ύ	Υ	Σ	Μ	Ο
Q	Α	Ο	Ι	Ρ	Α	Α	Ζ	Α	F	Β	Τ	Φ	Λ	Ε	Ε	Ι
Η	Τ	Κ	Ε	Σ	Ό	Ρ	Π	Α	Ε	Λ	Κ	Ί	Τ	Ρ	G
J	F	W	S	Ε	Σ	Φ	Τ	Ζ	J	Ή	D	Ε	Δ	G	Κ	L
Ν	Ζ	F	U	C	Η	Α	Η	Ι	W	Τ	Τ	J	Ι	J	Ό	Ν
Ν	Ι	W	Ο	Α	L	V	G	Σ	Χ	Ω	Α	J	Χ	Τ	Τ	Ζ
J	V	Η	Υ	Ο	Π	Η	W	J	Η	Ν	Τ	Ν	Μ	F	Ν	Ο
Ε	Γ	Κ	Α	Τ	Α	Σ	Τ	Ά	Θ	Η	Κ	Α	Ν	Ο	Ο	C
Δ	Ε	Ι	Λ	Ά	Κ	Α	Τ	Ά	Σ	Τ	Α	Σ	Η	V	Δ	C
W	Ν	Η	Λ	Ι	Ο	Β	Α	Σ	Ι	Λ	Έ	Μ	Α	Τ	Ο	Σ
Α	W	Ι	Ε	Π	Τ	Ο	Ι	Χ	Ο	Γ	Ρ	Α	Φ	Ί	Α	V

ΗΛΙΟΒΑΣΙΛΈΜΑΤΟΣ
ΚΑΝΌΝΑ
ΤΟΙΧΟΓΡΑΦΊΑ
ΑΠΡΌΣΕΚΤΗ
ΟΔΟΝΤΌΚΡΕΜΑ
ΠΟΥ
ΑΠΟΡΡΌΦΗΣΗ
ΥΓΡΌ
ΑΠΟΒΛΉΤΩΝ
ΥΨΗΛΉΣ
ΉΣΥΧΟ
ΜΆΓΙΣΣΑ
ΈΔΩΣΕ
ΧΙΟΝΆΝΘΡΩΠΟ
ΠΙΆΤΟ
ΔΕΙΛΆ
ΚΑΤΆΣΤΑΣΗ
ΔΑΧΤΥΛΊΔΙ
ΦΎΛΛΟ
ΕΓΚΑΤΑΣΤΆΘΗΚΑΝ

Puzzle 172

ΑΠΟΞΗΡΑΜΈΝΑ
ΚΑΒΟΎΡΙΑ
ΣΕ
ΚΊΝΗΣΗ
ΕΝΕΡΓΌΣ
ΑΙΣΘΆΝΘΗΚΕ
ΤΟΝ
ΚΑΠΝΌΣ
ΛΆΧΑΝΟ
ΚΑΘΗΓΗΤΉΣ
ΒΟΎΡΤΣΑ
ΚΟΥΚΟΥΒΆΓΙΑ
ΣΚΙ
ΔΟΘΕΊ
ΔΙΑΝΈΜΟΥΝ
ΜΠΑΛΌΝΙΑ
ΝΌΤΙΟ
ΣΥΝΔΥΆΖΟΥΝ
ΠΟΥΛΌΒΕΡ
ΈΡΩΣ

Ε	Κ	Η	Θ	Ν	Ά	Θ	Σ	Ι	Α	U	G	Τ	Α	L	Α	G
J	W	Α	Ν	Έ	Μ	Α	Ρ	Η	Ξ	Ο	Π	Α	Ά	Η	Ζ	Χ
Α	Ε	Σ	Π	R	C	Μ	Ε	D	J	Ι	Κ	Σ	Χ	Μ	Κ	U
Ρ	L	Τ	Β	Ν	U	J	Μ	J	S	Τ	Σ	Ω	Α	G	Α	Τ
Ι	W	Ρ	Μ	Σ	Ό	U	Π	Ο	J	Ό	Ζ	Ρ	Ν	Β	Μ	W
Ο	Η	Ύ	Χ	Ή	V	Σ	C	Ο	Ρ	Ν	Χ	Έ	Ο	U	L	F
C	Ζ	Ο	R	Τ	Ι	Κ	G	Ν	Υ	Ο	Μ	Έ	Ν	Α	Ι	Δ
Ί	W	Β	Χ	Η	Σ	Η	Ν	Ί	Κ	Λ	Μ	Ρ	G	Q	Α	Κ
Ε	Ν	Ε	Ρ	Γ	Ό	Σ	G	G	Α	J	Ό	Ο	Ζ	Ν	J	Η
Θ	Τ	Ο	W	Η	Τ	W	Ο	Κ	U	U	Υ	Β	V	U	R	Ι
Ο	Ε	D	Τ	Θ	Μ	Π	Α	Λ	Ό	Ν	Ι	Α	Ε	Κ	Ι	Μ
Δ	C	Ο	Χ	Α	Κ	Α	Β	Ο	Ύ	Ρ	Ι	Α	Σ	Ρ	Ρ	Χ
G	Μ	Ο	W	Κ	Κ	Ο	Υ	Κ	Ο	Υ	Β	Ά	Γ	Ι	Α	Ρ
Σ	Υ	Ν	Δ	Υ	Ά	Ζ	Ο	Υ	Ν	Ο	F	L	S	Τ	R	Υ
Μ	R	J	Ι	Μ	S	U	Ι	V	G	Τ	Χ	Β	Χ	Ζ	G	Μ

Puzzle 173

```
Α Π Α Ρ Α Ϊ Τ Η Τ Ο Λ Π Ό Α V L X
U S E I A B F S W R Z R W V B M F
D Ρ Ο Υ P K E R E Q P A S C E K E
D B I O Ε Σ K Ύ N T O M H W A O
A I O G H K H V L K G O H H T X
F P W Z A O Θ Σ E H N E J K L A E
Π Α N U T P Ά M A T A B Ό P Π N M
V Ρ N Ϊ M Ά T V Δ T M N I Ϊ I O A
Ρ H O A Ό K Σ P Ά H Έ P T Σ T H Ϊ
G J M T L I V G N Y H Ξ B H D T N
G R S E I X J F O N I C E X Ρ Ό T
Λ Έ Σ X H M T B M Φ T Ά N O Υ N A
Π Ο Δ I Ά Z O Υ E Έ T O I M O I N
K Ά P Δ A M O Ύ Λ Φ O P T H Γ Ό Ό
I Y W I X S T K N D B S P Y F X G
```

ΚΑΤΑΝΟΗΤΌ
ΜΑΪΝΤΑΝΌ
ΦΤΆΝΟΥΝ
ΣΎΝΤΟΜΗ
ΦΟΡΤΗΓΌ
ΑΡΝΊ
ΑΠΑΡΑΊΤΗΤΟ
ΛΕΜΟΝΆΔΑ
ΑΤΜΌ
ΚΡΊΣΗ
ΌΠΛΟ
ΈΤΟΙΜΟΙ
ΠΟΔΙΆ
ΣΤΆΘΗΚΕ
ΚΟΡΆΚΙ
ΠΡΟΤΙΜΟΎΝ
ΕΞΈΤΑΣΗΣ
ΚΆΡΔΑΜΟ
ΛΈΣΧΗ
ΠΡΌΒΑΤΑ

Puzzle 174

ΤΎΠΟΥ
ΧΆΣΕΤΕ
ΆΡΕΣΕ
ΑΡΚΕΤΈΣ
ΦΩΤΟΓΡΑΦΊΑ
ΘΕΡΜΌΤΗΤΑΣ
ΛΕΠΤΟΜΈΡΕΙΑ
ΣΥΝΈΛΕΥΣΗ
ΔΙΑΒΕΒΑΙΏΣΩ
ΚΤΊΡΙΟ
ΆΔΕΙΑΣ
ΤΎΧΗ
ΥΨΗΛΌΤΕΡΗ
ΟΥΡΑΝΌ
ΦΘΟΡΆ
ΕΠΙΚΊΝΔΥΝΩΝ
ΠΛΕΥΡΆ
ΑΠΌΣΤΑΣΗ
ΘΌΡΥΒΟ
ΕΙΔΙΚΆ

```
X B M K Q L H N T Ρ Τ Ύ Π Ο Υ M Υ
Λ Ε Π Τ Ο Μ Έ Ρ Ε I A F J G D C Ψ
C S K X J B I F V T Ρ E J N G H H
Σ C N E E Ύ X H Σ A T Σ Ό Π A Λ
Φ Υ Ω Θ B R O O D Ά F Z Ά E E I Ό
Ω G N S Ό D K T Ί Ρ I O Δ O Ρ X T
T R Y Έ M P E W E O U K E Y F Ά E
O W Δ T Λ G Y P W Θ W X I Ρ A M Ρ
Γ I N K A E F B E Φ M O A A O A H
Ρ O Ί E X T Y F O S B M Σ N R Ρ V
A X K X J E J Σ C H T E Ό X K H
Φ Y I G J Σ A T H T Ό M Ρ E Θ E C
Ί E Π N V Y Ά K I Δ I E I C S M T A
A Ρ E H Q X Π Λ E Υ Ρ Ά Q N A Έ E
Δ I A B E B A I Ώ Σ Ω R U X B Σ Y
```

Puzzle 175

```
K I C K T P Ά T E M I W M A C J N
N Y L C T H F W Π U Z Δ O W Z T D
Q P P E L Σ J N Ό D K I Y S J M M
N U S Ί T I O L M E N K Σ B R Q Z
R H Ή Y A P M P E F S A E P L O Z
T D K K K Ί Έ X N M N Σ Ί Y Z U E
Z P I A Έ E B N O F L T O B E G Z
O R T T Δ X L E O S L Ή Z I Δ P Ω
M Ή N A Φ A I Δ A E L P B B I O N
E A A M Π I U A Y A O I A Λ Ά P T
D O M Γ Ό Δ R A C S N O W Ί Σ V A
S R H Ά Λ T X A Λ Ί A Ί L O H Z N
D X Σ P E K O Y N Ά B I Δ A M V Ή
N U O Π M T H Γ Ά N I Y S I H B L
J U U K O Θ P A Ύ Σ M A Y R A Q L
```

ΔΙΚΑΣΤΉΡΙΟ
ΒΙΒΛΊΟ
ΔΙΆΣΗΜΗ
ΧΑΛΊ
ΤΡΈΝΟ
ΔΈΚΑ
ΖΩΝΤΑΝΉ
ΒΕΛΑΝΊΔΙΑ
ΕΠΌΜΕΝΟ
ΜΕΤΆ
ΠΡΆΓΜΑΤΑ
ΣΗΜΑΝΤΙΚΉ
ΘΡΑΎΣΜΑ
ΤΗΓΆΝΙ
ΔΙΑΧΕΊΡΙΣΗ
ΠΌΛΕΜΟ
ΚΟΥΝΆΒΙ
ΔΙΑΦΑΝΉ
ΚΥΡΊΑ
ΜΟΥΣΕΊΟ

Puzzle 176

ΚΑΤΗΓΟΡΊΑ
ΠΡΩΊ
ΙΚΑΝΌΤΗΤΑ
ΝΟΜΙΚΉ
ΔΑΝΕΊΖΟΥΝ
ΆΛΛΟΣ
ΑΥΞΉΘΗΚΕ
ΧΆΝΟΝΤΑΙ
ΑΠΌΘΕΜΑ
ΣΧΕΔΌΝ
ΒΆΡΚΑ
ΠΡΆΓΜΑΤΙ
ΔΙΑΒΆΣΤΕ
ΔΙΔΆΣΚΕΙ
ΘΗΛΥΚΌ
ΑΙΏΝΑ
ΜΑΡΟΎΛΙ
ΜΕΙΟΨΗΦΊΑ
ΕΝΘΟΥΣΙΑΣΜΈΝΟΣ
ΠΟΤΑΜΟΎ

```
U B I Y E X Π P Q U A N Ώ I A E R
N Ά Q W O I F P X J Y Ό J Λ Ί N K
J P F T K N W C Ω M Ξ Δ O Ύ P Θ I
M K X Θ H Λ Y K Ό Ί Ή E Y O O O A
S A T Ά Q C Z F Q T Θ X A P Γ Y Π
J H E W N D V N L L H Σ E A H Σ O
M F D N Σ O Λ Λ Ά A K X L M T I T
N Y O Z Ί E N A Δ N E H U C A A A
B L E O Q D V T R D O X D S K Σ M
Δ I A B Ά Σ T E A R I M W M G M O
Q T G I E K Σ Ά Δ I Δ Z I D W Έ Ύ
I M V O F Q A T H T Ό N A K I N E
O X V R Π P Ά Γ M A T I Y X Ή O C
A Π Ό Θ E M A Ί Φ H Ψ O I E M Σ P
G Z A W I O A T O U R N R U O O D
```

Puzzle 177

W	Σ	Ν	Π	Π	C	J	C	M	K	X	G	B	T	Δ	O	J
O	A	O	A	Ψ	A	E	Z	E	Ύ	E	X	I	A	I	I	O
Π	B	O	P	Q	Ά	Ύ	X	Ί	P	Y	Φ	Σ	K	A	K	J
P	B	Ί	A	Q	Y	X	Σ	Q	I	M	A	T	T	Π	O	Q
O	A	E	Σ	H	Θ	Ώ	N	H	O	U	H	I	O	P	N	Σ
Έ	T	Λ	K	Σ	B	D	W	E	Σ	O	K	M	Π	A	O	Y
Δ	O	O	E	H	Y	C	V	A	I	G	P	Ω	O	Γ	M	Γ
P	K	X	Y	Λ	Y	M	C	O	L	S	W	P	I	M	Ί	K
O	Ύ	Σ	Ή	K	V	A	B	T	X	A	Q	Ή	H	A	A	P
Y	P	U	G	S	P	O	J	A	N	Ω	E	Σ	M	T	E	Ί
S	I	P	M	Ό	H	M	U	N	Ί	Ά	I	E	Έ	E	K	N
S	A	Q	P	P	B	I	W	Ό	B	N	Z	I	N	Y	S	E
U	K	X	Y	Π	B	V	M	Γ	C	Y	O	P	A	T	D	T
N	O	B	A	P	E	Θ	E	Ί	V	O	O	Y	I	E	E	E
K	P	E	M	M	Ύ	Δ	I	X	Y	K	R	I	N	Ί	Q	C

BAPEΘEΊ
OIKONOMΊA
ΣYΓKPΊNETE
ΣXOΛEΊO
KPEMMΎΔI
ΠAPAΣKEYΉ
TIMΩPΉΣEI
ΣYMBAΊNOYN
ΏΘHΣE
ΠPOΈΔPOY
ΠAΎΣH
ΓΌNATO
KOYNΆΩ
ΠPΌΣKΛHΣH
ΣΦYPΊ
TAKTOΠOIHMΈNA
ΣABBATOKΎPIAKO
KΎPIOΣ
ΔIAΠPAΓMATEYTEΊ
ΨΆXNEI

Puzzle 178

TYΠIKΌ
AΓΓΛIKΆ
METAΞΈNIA
AΠOΔEΊΞEI
ZΈBPA
KΆΛTΣA
ΠAXΎ
EΊTE
KPATΉΣEI
XTΈNA
ΔΊKH
AΔΎNAMO
ΈBΔOMH
KATΆΛOΓO
ENΔIAΊTHMA
ΠEΔΊO
BAΣIΛIKΉ
ΠΛΆNO
TΣAΛAKΩMΈNO
ΣYNOΔEΎOYN

P	E	F	K	O	Σ	N	N	I	K	F	D	E	L	R	Z	K
E	N	S	Ά	A	Y	I	Y	E	G	B	B	C	J	C	Έ	A
B	Δ	M	Λ	L	N	S	S	U	R	N	M	B	A	H	B	T
A	I	Z	T	Z	O	Έ	X	M	B	L	I	A	Y	M	P	Ά
Σ	A	M	Σ	S	Δ	K	T	A	Δ	Ύ	N	A	M	O	A	Λ
I	Ί	Π	A	Y	E	I	S	X	Z	C	R	J	E	Δ	U	O
Λ	T	A	D	Ά	Ύ	G	C	B	C	V	Q	P	O	B	Q	Γ
I	H	X	S	K	O	Π	J	Q	F	S	L	M	D	Έ	U	O
K	M	Ύ	Π	I	Y	S	E	T	Ί	E	T	Y	Π	I	K	Ό
Ή	A	A	D	Λ	N	X	K	Δ	B	N	J	Z	U	P	V	D
X	G	V	T	Γ	Ά	U	K	Z	Ί	Δ	Ί	K	H	Q	S	K
K	W	Z	B	Γ	H	N	D	Z	O	O	Q	O	O	L	T	Z
J	S	A	O	A	L	Q	O	M	E	T	A	Ξ	Έ	N	I	A
A	Π	O	Δ	E	Ί	Ξ	E	I	K	P	A	T	Ή	Σ	E	I
T	Σ	A	Λ	A	K	Ω	M	Έ	N	O	V	Z	U	P	M	K

Puzzle 179

```
V O Σ I N T R I B Ά N I I I R I M
V I H P E T Ύ Λ A G E M K A S I W
T W P S N Ξ G X I U Ή Φ A Π E I O
D I Q Q H W Ί Q G A G U N W Q E M
Έ Θ N O Σ Q T P K D T U O W R P F
B I Γ R Ω M T L Y E F V Π Σ Ή M A
A E Λ M Ί Δ A E J Π R V O Y A S U
Γ Σ Ώ R E C Ώ B Ά I Γ A I Γ Φ X F
E Ί Σ K M F X P N Σ N F H B Ή O R
Λ P Σ B Ή M A L A T S L M P N E N
Ά O A D M P H P A P D E Έ I O G A
Δ I Π B O F A Z E O P O N H N V I
A Δ H M Ή X O Y G Φ W Y O L T A T
Y I T R F G T O H Ή C U I M A W B
Σ T P A T Ό Π E Δ O G X Q L Σ Y A
```

ΈΘΝΟΣ
ΕΠΙΣΤΡΟΦΉ
ΓΙΑΓΙΆ
ΣΙΝΤΡΙΒΆΝΙ
ΜΕΊΩΣΗ
ΙΚΑΝΟΠΟΙΗΜΈΝΟΙ
ΜΕΓΑΛΎΤΕΡΗ
ΣΤΡΑΤΌΠΕΔΟ
ΝΑΙ
ΡΊΞΕΙ
ΓΛΏΣΣΑ
ΒΉΜΑ
ΑΓΕΛΆΔΑ
ΉΧΟΥ
ΣΉΜΑ
ΑΦΉΝΟΝΤΑΣ
ΔΙΟΡΊΣΕΙ
ΕΠΑΦΉ
ΔΏΡΑ
ΜΠΟΛ

Puzzle 180

ΔΥΣΤΥΧΊΑ
ΚΊΝΔΥΝΟ
ΣΥΡΤΆΡΙ
ΕΙΚΟΝΙΚΌ
ΣΚΎΛΟΣ
ΤΡΟΜΕΡΉ
ΡΆΒΩ
ΠΡΟΪΌΝΤΩΝ
ΣΥΝΈΔΡΙΟ
ΤΕΤΑΜΈΝΗ
ΓΙΑ
ΠΗΓΉ
ΣΙΤΆΡΙ
ΑΝΤΊΔΡΑΣΗ
ΠΑΡΑΛΊΑ
ΜΥΑΛΌ
ΣΤΑΥΡΌ
ΡΟΎΧΑ
ΧΡΏΜΑΤΑ
ΠΆΓΟ

```
Σ X E E P F X S V D X J V U B W K
Y T R F I L W P H Σ A P Δ Ί T N A
P E C Y P K V P P K L Z Ώ A X G R
T T Ω B Ά P O Γ Ά Π Π G N M W Q C
Ά A F Y T D I N I X H W Ό Λ A Y M
P M A Y I O P Ω I O Γ P U Y X T V
I É E W Σ P Δ T S K Ή S C Ύ Γ A
A N V M T V É N F K Ό D E N O I Ί
O H Z T O Z N Ό M S Ί H E B P A X
U R B V W E Y Ϊ B B B N U R U E Y
O N F D R P Σ O Λ Ύ K Σ D C Q X T
T P O M E P Ή P T A A Ό P Y A T Σ
Π A P A Λ Ί A Π Q A K V S D N I Y
N Q H Y Y Z P O T E B J W T U O Δ
E A U I B R C L X X B V F D R G J
```

Puzzle 181

```
Π  I  W  R  S  F  L  C  C  Q  U  K  U  B  N  V  Σ
A  B  R  Z  C  A  Z  Q  H  C  T  Π  F  Z  J  R  Υ
N  F  S  Σ  O  Π  Ί  Λ  Σ  O  P  E  T  Ύ  E  Δ  Γ
Ί  B  B  L  Ώ  F  I  Z  A  G  Ώ  P  E  G  K  Ά  K
N  I  O  X  S  B  Ό  Λ  T  A  Θ  Ί  X  P  A  N  P
Γ  Λ  Υ  K  I  Ά  I  P  P  R  H  E  B  A  K  Δ  O
Σ  S  P  P  Z  Z  M  P  S  K  Σ  P  L  C  Λ  P  Ύ
I  T  S  Q  H  M  C  R  K  Σ  H  Γ  Λ  Θ  E  E  O
T  Υ  Ό  T  P  C  Y  N  V  A  M  O  Ύ  A  I  Σ  N
B  U  R  M  P  D  J  A  K  Δ  N  M  Γ  Υ  Δ  E  T
Σ  A  Ί  Σ  A  K  I  Δ  A  I  Δ  I  K  M  A  N  A
T  K  K  Ά  T  A  Γ  M  A  P  B  Ξ  A  Ά  P  I  I
Π  P  O  Σ  Φ  O  P  Ά  G  Ί  S  Ί  O  Σ  I  A  Z
C  G  G  E  C  P  C  Y  Y  V  T  A  H  I  Ά  Ί  K
Q  R  B  D  M  K  X  S  V  Z  Y  Π  S  A  F  O  U
```

ΓΛΥΚΙΆ
ΠΑΊΞΙΜΟ
ΆΝΔΡΕΣ
ΠΡΟΣΦΟΡΆ
ΏΘΗΣΗ
ΔΕΎΤΕΡΟΣ
ΠΑΝΊ
ΔΙΑΔΙΚΑΣΊΑΣ
ΑΚΡΙΒΏΣ
ΣΤΟΜΑ
ΕΝΙΑΊΟ
ΘΑΥΜΆΣΙΑ
ΒΌΛΤΑ
ΊΡΙΔΑΣ
ΛΎΓΚΑ
ΚΛΕΙΔΑΡΙΆ
ΚΆΤΑΓΜΑ
ΠΕΡΊΕΡΓΟ
ΛΊΠΟΣ
ΣΥΓΚΡΟΎΟΝΤΑΙ

Puzzle 182

ΚΌΛΛΑ
ΚΑΤΑΣΚΕΎΑΣΜΑ
ΔΉΛΩΣΗ
ΣΌΔΑ
ΠΟΣΌ
ΚΑΝΈΝΑΝ
ΠΡΌΣΦΑΤΗ
ΠΥΚΝΉ
ΠΡΟΌΔΟΥ
ΔΕΙ
ΚΑΣΚΌΛ
ΑΤΟΜΙΚΉ
ΧΌΜΠΙ
ΑΓΌΡΙ
ΤΡΑΜ
ΚΌΜΠΟΣ
ΑΣΦΑΛΕΊΑΣ
ΣΑΠΟΎΝΙ
ΠΡΟΆΣΠΙΣΗΣ
ΕΊΧΕ

```
K  O  Q  K  F  O  K  E  L  B  Y  F  T  W  S  P  R
X  A  H  T  A  Φ  Σ  Ό  P  Π  W  V  T  Y  F  X  Q
Δ  R  Σ  U  R  N  J  T  T  E  U  A  K  O  O  G  L
A  Ή  N  K  Υ  Π  Έ  F  A  U  K  Y  D  Δ  K  P  O
Σ  M  Λ  C  Ό  W  A  N  K  F  H  B  X  Ό  M  Π  I
Ό  C  H  Ω  Υ  Λ  Y  K  A  W  A  L  S  O  Π  A  E
Δ  X  E  E  Σ  J  H  L  E  N  R  R  V  P  P  T  Δ
A  A  J  G  U  H  K  Ό  Λ  Λ  A  F  C  Π  O  O  G
E  K  A  T  A  Σ  K  E  Ύ  A  Σ  M  A  H  Ά  M  W
A  Σ  Φ  A  Λ  E  Ί  A  Σ  A  Γ  Ό  P  I  Σ  I  T
Π  O  Σ  Ό  U  X  Σ  A  Π  O  Ύ  N  I  P  P  K  T
J  Π  T  M  Z  Ί  N  B  V  D  U  Y  G  F  I  Ή  G
L  M  P  F  F  E  Q  S  I  S  J  G  R  V  E  M  S
W  Ό  A  E  S  T  O  Y  D  O  L  A  U  L  H  Q  P
W  K  M  S  G  K  A  O  Y  R  B  Z  Q  E  Σ  K  B
```

Puzzle 183

```
Τ  Τ  Η  Τ  Σ  Ύ  Μ  Φ  Ω  Ν  Α  Μ  Ι  Ε  F  Μ  G
Α  Σ  Τ  Υ  Ν  Ο  Μ  Ί  Α  Υ  J  Η  Μ  Α  Ν  Ύ  Δ
Μ  Ι  Ν  Ε  Ε  Υ  Κ  Α  C  Ο  Ο  Τ  Σ  C  Z  V  J
Π  Ο  Λ  Ι  Τ  Ι  Σ  Τ  Ι  Κ  Ή  Έ  Δ  Η  Χ  Μ  Α
Χ  Τ  V  F  Σ  Ε  G  W  Ν  Κ  Η  Ρ  Ι  Ά  Κ  Ζ  Τ
Σ  Ώ  U  W  Ή  C  Σ  Ζ  V  Ι  Τ  Α  Ε  U  Κ  Σ  G
Ω  Ρ  Β  Ν  Ρ  Α  J  Ύ  Α  Η  Η  Ζ  Σ  U  Κ  Ρ  Ά
Σ  Π  Υ  J  Η  J  Η  Η  Ο  G  Κ  Η  Ί  Α  Β  W  Υ
Τ  C  Β  Ο  Τ  F  Ρ  Ε  Ζ  Κ  Ρ  Ο  Ρ  Τ  Ν  Έ  Δ
Ή  G  Q  Β  Α  Σ  Ο  Ύ  Π  Α  Α  Ο  Ω  R  Κ  Ν  Χ
Κ  Α  Θ  Α  Ρ  Ό  L  Σ  Ε  Ζ  Ό  Ν  Ν  Ε  Ζ  Ο  Ν
Ρ  Χ  Α  J  Α  L  Ο  V  S  L  Β  Τ  G  Τ  Κ  Ζ  L
Μ  Ε  L  C  Π  Η  J  Ο  Τ  Χ  U  Χ  Α  Λ  Α  Ρ  Ό
Κ  Ο  Υ  Ν  Ι  Έ  Μ  Α  Ι  S  W  U  Ν  J  Ζ  D  Β
Δ  Ι  Α  Δ  Ι  Κ  Α  Σ  Ί  Α  Ν  Ι  Α  Ν  Ε  Ν  V
```

ΜΗΤΈΡΑ
ΆΣΚΗΣΗ
ΠΡΏΤΟ
ΣΕΖΌΝ
ΔΆΚΡΥ
ΚΑΘΑΡΌ
ΔΎΝΑΜΗ
ΧΑΛΑΡΌ
ΑΝΑΓΝΩΡΊΣΕΙ
ΑΣΤΥΝΟΜΊΑ
ΑΚΟΎΣΕΤΕ
ΣΩΣΤΉ
ΠΑΡΑΤΗΡΉΣΤΕ
ΠΟΛΙΤΙΣΤΙΚΉ
ΚΟΥΝΙΈΜΑΙ
ΣΤΟ
ΔΈΝΤΡΟ
ΣΟΎΠΑ
ΔΙΑΔΙΚΑΣΊΑ
ΣΎΜΦΩΝΑ

Puzzle 184

ΈΛΛΕΙΨΗ
ΚΕΡΔΊΖΟΥΝ
ΗΘΙΚΌ
ΜΗΤΡΙΚΉ
ΔΊΠΛΩΜΑ
ΛΆΜΨΗ
ΕΙΣΒΆΛΟΥΝ
ΚΈΝΤΡΟ
ΜΈΤΡΟΥ
ΣΤΑΔΙΑΚΉ
ΣΥΜΦΩΝΊΑΣ
ΠΑΣΧΑΛΊΤΣΑ
ΧΡΥΣΌ
ΕΞΆΠΛΩΣΗ
ΆΘΛΙΑ
ΜΕΤΑΞΎ
ΚΑΤΕΥΘΎΝΣΕΙΣ
ΤΡΈΧΕΙ
ΨΆΡΙ
ΕΝΔΙΑΦΈΡΟΝ

```
Μ  Ι  Q  D  Ζ  J  Κ  G  Μ  Ύ  Ξ  Α  Τ  Ε  Μ  Ε  Σ
W  Έ  Q  Μ  Β  Ε  Α  S  Η  Ρ  Ό  Σ  Υ  Ρ  Χ  Κ  Τ
Q  V  Τ  Q  Υ  Τ  Τ  V  Τ  Ρ  Δ  Τ  C  U  Σ  C  Α
Κ  L  J  Ρ  Ν  Μ  Ε  F  Ρ  Q  Ε  Ί  J  L  Α  Τ  Δ
Έ  Κ  Κ  S  Ο  Ν  Υ  Χ  Ι  Χ  Χ  Λ  Π  Η  Ί  Η  Ι
Ν  Ε  Ε  Ζ  Ρ  Υ  Θ  C  Κ  Ο  U  Α  Ο  Λ  Ν  Η  Α
Τ  Ρ  Ρ  R  Έ  Ο  Ύ  Τ  Ή  Τ  S  Χ  Α  Q  Ω  Ψ  Κ
Ρ  Δ  Τ  Α  Φ  Λ  Ν  S  Ρ  Ο  Ι  Σ  Χ  Χ  Φ  Μ  Ή
Ο  Ί  Χ  R  Α  Ά  Σ  Q  Α  Έ  Η  Α  S  Τ  Μ  Ά  Α
Υ  Ζ  F  R  Ι  Β  Ε  S  Χ  S  Χ  Π  Q  Η  Υ  Λ  Ι
Μ  Ο  Q  Q  Δ  Σ  Ι  Α  G  Η  Χ  Ε  Τ  Θ  Σ  U  Λ
Μ  Υ  Χ  Ε  Ν  Ι  S  Ρ  Τ  R  Ε  Ι  Ι  Ο  Α  Θ
Ζ  Ν  J  Ρ  Ε  Ε  Ο  Υ  U  V  Α  Ρ  Ρ  Κ  Κ  Α  Ά
Α  U  Η  Έ  Λ  Λ  Ε  Ι  Ψ  Η  Ζ  Η  Ά  Ό  J  Β  Ν
Ε  Ξ  Ά  Π  Λ  Ω  Σ  Η  C  Ρ  Ζ  Ε  Ψ  W  D  C  C
```

Puzzle 185

```
H Z H X A N Q H I C P A Y A L Φ A
D Z J S R Ί N B G J D I D T C O N
K G V A Y S E S A Q C Z I G X P T
U Φ Ό P E M A T N A Φ Έ Λ E M Έ Ί
F Z B Ή L Z T Y A Φ O P H T Ό Σ Θ
Z S G T W N A M Ώ P X Φ G G T M E
X Ω X K W D Φ O E L T G B M E W Σ
F Γ A Γ A V H Σ I Γ Γ Έ Σ O P Π B H
R D O P Ύ Γ Ό Δ V X A W K H I S D
Θ U J A A D P Έ A P Έ N A E J H R
Π Έ M X Z Φ Π X K Ό M M A N T E L
Έ D A T I G I Σ D M H X A N I K Ά
T M X M O U Y K X F F K L I S P P
P P E Z A J C C Ή R F M K F M B W
A F Z C O U S V H Σ N Y O Ύ E I Δ
```

ΦΌΡΕΜΑ
ΣΧΈΔΙΟ
ΦΟΡΈΣ
ΦΡΈΖΙΑ
ΚΌΜΜΑ
ΘΈΑΜΑ
ΓΎΡΟ
ΠΡΟΣΈΓΓΙΣΗ
ΕΚΣΤΡΑΤΕΊΑ
ΖΩΓΡΑΦΙΚΉΣ
ΕΛΈΦΑΝΤΑ
ΠΡΌΣΦΑΤΑ
ΦΟΡΗΤΌ
ΑΡΈΝΑ
ΑΝΤΊΘΕΣΗ
ΔΙΕΎΘΥΝΣΗ
ΧΑΡΑΚΤΉΡΑ
ΠΈΤΡΑ
ΜΗΧΑΝΙΚΆ
ΧΡΏΜΑ

Puzzle 186

ΨΩΜΆΚΙΑ
ΠΙΘΑΝΏΣ
ΣΚΟΎΤΕΡ
ΚΡΑΓΙΌΝΙΑ
ΆΝΘΡΩΠΟΣ
ΠΎΛΗ
ΘΆΛΑΣΣΑ
ΕΠΙΤΡΈΠΟΥΝ
ΣΥΜΠΌΝΙΑ
ΚΕΝΌ
ΣΤΑΘΕΊ
ΆΝΕΤΑ
ΣΠΆΣΕΙ
ΓΡΑΦΕΊΟ
ΔΕΊΠΝΟ
ΠΕΡΙΟΧΉ
ΤΡΕΛΌ
ΔΗΛΗΤΉΡΙΟ
ΣΥΝΤΡΙΒΉ
ΓΥΑΛΊ

```
Q C T M I Σ K O Ύ T E P H T Q Θ Σ
Π E P I O X Ή I C Y L Δ E P F Ά Y
Γ W I B G H V R R H A H Π E U Λ N
V P J V L G U P G E X Λ I Λ S A T
K Y A K B G F F R H H H T Ό E Σ P
S X Σ Φ E Ά N E T A V T P I J Σ I
H Λ Ύ Π E N N V Ψ I U Ή Έ I C A B
B P H X Ά Ί Ό C Ω N M P Π W J I Ή
O N R H H Σ O D M Ό Σ I O Y C N E
A Q M Z O Ώ E Z Ά I T O Y S P Ό D
M A C X N N G I K Γ A U N M V Π L
R U Q D Π A E S I A Θ I H T U M N
Γ Y A Λ Ί Θ L Q A P E R K G J Y U
E W C B E I X S U K Ί Q M T M Σ H
S F L L Δ Π Ά N Θ P Ω Π O Σ M D L
```

Puzzle 187

P	B	C	U	Σ	N	O	H	O	B	Q	Y	Π	W	Ά	S	H
N	U	L	A	K	Έ	S	M	Z	H	O	Π	A	Σ	Δ	Y	J
B	P	A	V	Ί	O	Ί	E	M	A	T	N	N	S	E	C	X
U	J	H	F	O	I	G	L	D	J	J	H	T	H	I	E	U
Δ	W	H	Σ	Y	A	Π	Ά	T	A	K	Λ	E	R	O	K	L
A	Y	A	Ό	P	E	T	Σ	I	P	A	Ί	Λ	N	Σ	Π	U
Λ	Ί	N	V	O	Λ	T	Ί	T	X	V	A	Ό	K	Ό	O	R
Ά	M	Θ	A	Σ	X	I	Ξ	W	C	T	T	N	Y	N	M	Y
Γ	G	S	O	T	I	N	N	Ό	Z	Y	X	I	P	Ύ	Π	F
E	O	F	P	Y	Ό	O	T	C	P	P	A	A	Ί	O	Ή	T
M	W	G	Y	B	Σ	N	O	C	F	K	Z	U	A	Λ	H	G
I	M	Z	I	D	R	A	Y	K	L	D	I	O	P	Π	L	I
S	N	C	H	G	P	I	Σ	G	O	W	X	O	X	I	Z	W
V	R	W	I	E	Σ	Ή	Γ	P	Y	O	I	M	H	Δ	A	T
Δ	E	Δ	O	M	Έ	N	A	O	G	S	Q	L	G	G	C	X

ΆΔΕΙΟ
ΕΚΠΟΜΠΉ
ΚΥΡΊΑΡΧΗ
ΝΈΟΙ
ΞΌΡΚΙ
ΤΊΤΛΟ
ΔΙΠΛΌΥΝ
ΝΌΣΟ
ΚΑΤΆΠΑΥΣΗ
ΝΤΟΥΣ
ΠΑΝΤΕΛΌΝΙΑ
ΑΡΙΣΤΕΡΌ
ΣΚΊΟΥΡΟΣ
ΔΕΔΟΜΈΝΑ
ΑΊΘΟΥΣΑ
ΔΗΜΙΟΥΡΓΉΣΕΙ
ΜΕΓΆΛΑ
ΥΠΝΗΛΊΑ
ΔΥΝΑΤΌΝ
ΤΑΜΕΊΟ

Puzzle 188

ΜΠΟΥΚΆΛΙΑ
ΧΆΣΟΥΝ
ΆΜΜΟ
ΦΩΛΙΆ
ΑΓΝΟΟΎΜΕ
ΟΙ
ΔΙΑΣΚΈΔΑΣΗ
ΣΑΛΆΧΙ
ΠΡΟΕΙΔΟΠΟΊΗΣΗ
ΥΓΊΗ
ΕΣΤΊΑΣΗ
ΔΙΑΊΡΕΣΗ
ΆΝΘΙΣΗ
ΕΝΤΥΠΩΣΙΆΖΟΥΝ
ΝΙΚΉΣΕΙ
ΣΑΛΙΓΚΆΡΙ
ΚΆΘΙΣΕ
ΣΥΝΔΥΑΣΜΌ
ΒΊΣΟΝΕΣ
ΕΥΤΥΧΙΣΜΈΝΗ

Π	Q	J	R	Z	W	X	Σ	N	I	K	Ή	Σ	E	I	K	E
C	P	C	F	A	Ά	E	A	V	L	P	L	D	Z	Ά	Y	
O	M	O	P	H	G	Σ	N	B	Λ	X	U	L	F	R	Θ	T
L	Ά	V	E	X	G	O	O	F	D	Ά	M	S	H	R	I	Y
D	M	K	M	I	P	Y	Σ	C	M	N	X	G	N	N	Σ	X
G	M	I	Ύ	K	Δ	N	Ί	N	X	N	C	I	R	E	E	I
P	O	L	O	W	O	O	B	Q	Y	Γ	I	Ή	K	R	J	Σ
C	M	P	O	H	C	S	Π	W	H	K	Φ	Ω	Λ	I	Ά	M
C	Z	F	N	U	O	R	H	O	Y	Z	J	A	I	Z	O	Έ
T	D	M	Γ	I	H	Σ	E	P	Ί	A	I	Δ	V	D	V	N
Ό	M	Σ	A	Y	Δ	N	Y	Σ	P	H	Σ	I	Θ	N	Ά	H
M	Π	O	Y	K	Ά	Λ	I	A	T	H	Σ	A	Ί	T	Σ	E
Σ	A	Λ	I	Γ	K	Ά	P	I	F	L	C	H	L	T	X	F
E	N	T	Y	Π	Ω	Σ	I	Ά	Z	O	Y	N	D	P	N	F
Δ	I	A	Σ	K	Έ	Δ	A	Σ	H	N	K	D	M	J	A	T

Puzzle 189

```
J  R  T  J  J  M  E  Λ  Λ  O  N  T  I  K  Ή  N  U
O  Φ  C  O  R  V  M  E  Ί  Γ  M  A  Φ  Ύ  Γ  E  I
K  Σ  Ά  H  A  Λ  F  P  I  I  F  O  L  D  Y  S  E
I  Y  I  Σ  M  M  E  K  O  I  Λ  Ό  T  H  T  A  Λ
P  N  Σ  Ή  H  C  W  Y  C  Z  R  V  W  H  T  W  Έ
Ά  H  T  Λ  Ή  H  N  H  K  Σ  G  E  M  T  I  S  Θ
I  Θ  O  K  Ό  D  X  L  O  Ό  G  F  I  Y  R  G
Δ  I  P  S  P  P  Π  A  Π  O  Ύ  T  Σ  I  A  S  Q
I  Σ  I  Y  K  H  O  K  X  P  W  F  K  V  Z  F  H
N  M  K  Y  Γ  Y  Y  X  L  Σ  W  P  W  V  I  F  N
X  Έ  O  E  Y  Y  V  R  Ύ  A  A  P  E  O  C  Y
I  N  Ύ  Y  Σ  T  O  D  L  N  Π  Ί  N  A  K  A  M
A  H  T  B  L  N  Ώ  B  I  O  M  A  I  G  I  H  J
Π  I  Έ  Σ  T  E  N  U  Q  Λ  V  X  I  S  T  F  Z
U  F  M  J  V  K  B  S  V  Ό  P  E  N  Z  A  R  H
```

ΛΕΥΚΌ
ΜΕΛΛΟΝΤΙΚΉ
ΙΣΤΟΡΙΚΟΎ
ΚΟΙΛΌΤΗΤΑ
ΚΛΉΣΗ
ΜΕΊΓΜΑ
ΣΥΓΚΡΌΤΗΜΑ
ΣΚΗΝΉ
ΝΕΡΌ
ΠΑΙΧΝΙΔΙΆΡΙΚΟ
ΣΎΝΟΛΟ
ΑΜΟΙΒΏΝ
ΦΆΣΗ
ΘΈΛΕΙ
ΧΟΡΌ
ΠΊΝΑΚΑ
ΦΎΓΕΙ
ΠΙΈΣΤΕ
ΠΑΠΟΎΤΣΙΑ
ΣΥΝΗΘΙΣΜΈΝΗ

Puzzle 190

ΧΕΙΜΏΝΑ
ΦΡΆΣΗ
ΣΕΛΗΝΙΑΚΌ
ΣΥΝΘΉΚΗ
ΑΥΤΆ
ΘΕΩΡΟΎΝ
ΑΝΌΗΤΟΣ
ΕΡΓΟΣΤΆΣΙΟ
ΑΚΡΊΔΑ
ΕΝΤΟΠΊΣΕΙ
ΜΈΣΗ
ΚΑΚΌ
ΚΛΈΨΤΕ
ΕΝΟΙΚΊΑΣΗ
ΌΝΕΙΡΟ
ΔΑΜΆΣΚΗΝΟ
ΈΓΚΛΗΜΑ
ΚΑΡΑΜΈΛΑ
ΕΜΠΕΙΡΟΓΝΩΜΌΝΩΝ
ΣΕΛΊΔΑ

```
Σ  E  M  Π  E  I  P  O  Γ  N  Ω  M  Ό  N  Ω  N  X
Ό  E  Σ  Y  N  Θ  Ή  K  H  E  L  O  Z  G  J  K  F
N  A  Λ  Έ  M  A  P  A  K  A  K  P  Ί  Δ  A  A  Z
E  N  C  Ί  L  V  R  R  X  E  I  M  Ώ  N  A  K  N
I  W  U  X  Δ  M  O  U  X  D  H  M  L  W  Y  O  Ύ
P  X  H  U  G  A  P  E  P  Γ  O  Σ  T  Ά  Σ  I  O
O  Ό  B  G  M  Έ  Σ  H  H  E  G  T  Ά  L  Y  E  P
O  W  K  K  Λ  Έ  Ψ  T  E  M  A  Y  S  P  T  Σ  Ω
C  Z  W  A  Y  T  Ά  H  F  A  P  N  Z  A  Φ  Ί  E
Y  C  D  M  I  Δ  A  M  Ά  Σ  K  H  N  O  H  Π  Θ
Σ  O  T  H  Ό  N  A  M  Y  E  H  N  J  O  J  O  M
P  B  L  Λ  N  Z  H  Σ  A  Ί  K  I  O  N  E  T  Y
L  D  N  K  T  C  W  Λ  X  K  M  B  O  L  T  N  H
E  H  R  Γ  I  R  C  Y  E  H  S  K  J  E  S  E  N
G  G  T  Έ  M  Q  O  O  W  Σ  L  J  A  K  P  N  S
```

Puzzle 191

```
Σ  V  R  B  Y  Θ  E  R  M  I  K  Ή  E  Λ  M  K  Π
Ω  Π  N  A  Q  W  E  J  X  Q  P  K  K  I  A  D  O
Φ  F  Ί  W  W  B  D  U  G  R  Ό  A  T  Ὠ  Γ  P  Δ
H  A  Π  T  N  A  N  Ὠ  P  O  K  P  Έ  Σ  E  A  O
D  N  Λ  I  I  M  Έ  Σ  O  K  I  Φ  Λ  E  I  M  Σ
J  O  O  W  F  P  T  E  M  W  T  Ί  E  I  P  Δ  Φ
T  I  Ή  U  T  Ά  I  X  T  E  T  Σ  I  E  Ό  A
U  X  Γ  M  E  Φ  P  E  Q  B  P  Σ  H  W  Ύ  N  Ί
J  T  H  Σ  Ὠ  T  Π  Θ  L  H  I  A  W  P  O  T  P
Γ  Ή  Σ  E  K  H  Θ  Ή  T  N  A  N  Y  Σ  Y  I  O
A  Y  H  M  R  X  N  M  X  H  Ξ  M  S  Z  N  A  Y
B  K  A  W  R  I  D  O  C  H  E  J  X  M  I  V  U
I  K  N  Λ  G  O  D  P  X  O  Δ  I  D  M  K  B  X
F  W  P  H  I  Q  U  Π  L  U  Ί  T  Y  T  T  H  D
Y  Z  C  R  R  Ά  W  O  D  K  E  B  X  O  B  M  C
```

KOPΩNA
ΓΥΑΛΙΆ
ΦΩΣ
ΠΤΩΣΗ
ΜΈΣΟ
ΣΥΝΑΝΤΉΘΗΚΕ
ΦΆΡΜΑ
ΜΑΓΕΙΡΕΎΟΥΝ
ΑΝΟΙΧΤΉ
ΣΠΙΤΙ
ΚΑΡΦΊΤΣΑ
ΠΟΔΟΣΦΑΊΡΟΥ
ΕΊΔΕ
ΠΛΟΉΓΗΣΗ
ΛΙΏΣΕΙ
ΔΌΝΤΙΑ
ΕΚΤΈΛΕΣΗ
ΘΕΡΜΙΚΉ
ΠΡΟΜΉΘΕΙΕΣ
ΕΞΑΙΡΕΤΙΚΌ

Puzzle 192

ΠΙΡΟΎΝΙ
ΒΡΑΧΊΟΝΑ
ΣΥΝΈΝΤΕΥΞΗ
ΣΟΥΗΔΌΣ
ΤΣΆΙ
ΠΟΛΙΤΙΣΜΌ
ΞΎΣΤΡΑ
ΔΙΑΦΆΝΕΙΑ
ΠΡΌΘΥΜΑ
ΤΡΆΒΗΞΕ
ΑΦΙΕΡΏΣΕΙ
ΚΎΜΑ
ΠΡΟΣΠΆΘΕΙΑ
ΏΡΑ
ΠΌΝΟ
ΈΡΗΜΟ
ΠΡΟΣΔΟΚΟΎΝ
ΕΜΠΝΕΎΣΕΙ
ΕΤΥΜΗΓΟΡΊΑ
ΔΙΆΔΡΟΜΟ

```
E  Z  Z  E  Π  P  O  Σ  Δ  O  K  O  Ύ  N  L  J  H
M  X  J  T  Έ  P  H  M  O  J  T  L  J  P  U  J  W
Π  H  Ξ  Y  E  T  N  Έ  N  Y  Σ  P  G  F  E  B  X
N  Y  Ό  M  Σ  I  T  I  Λ  O  Π  Y  Ά  L  D  F  X
E  O  H  H  S  P  Ά  Q  Z  N  E  A  U  B  U  A  R
Ύ  N  Δ  Γ  O  P  W  Σ  Y  Ό  L  L  A  Σ  H  G  A
Σ  Z  I  O  H  A  A  Y  T  Π  A  H  U  O  M  Ξ  I
E  Ξ  Ά  P  R  O  M  W  G  L  A  T  P  Y  Q  U  E
I  Ύ  Δ  Ί  U  K  Y  L  T  O  N  C  F  H  N  R  N
N  Σ  P  A  I  E  Θ  Ά  Π  Σ  O  P  Π  Δ  H  C  Ά
A  T  O  M  P  Z  Ό  R  E  R  Ί  P  A  Ό  R  Q  Φ
Q  P  M  Ύ  R  Ὠ  P  K  N  D  X  F  E  Σ  L  B  A
U  A  O  K  Z  F  Π  E  Q  A  A  P  M  K  F  U  I
L  J  U  Π  I  P  O  Ύ  N  I  P  M  K  R  O  E  Δ
A  Φ  I  E  P  Ὠ  Σ  E  I  B  B  T  E  P  Y  E  E
```

Puzzle 193

```
B  S  O  S  G  Z  Z  N  Φ  X  N  D  Z  Ή  K  Ξ  K
Ύ  A  M  Έ  Σ  Ω  Σ  N  N  O  F  K  A  Θ  O  H  A
Λ  T  U  A  E  V  C  L  Ύ  S  Ύ  P  T  E  Y  P  O
O  Π  O  T  E  Δ  Ή  Π  O  T  E  P  H  Λ  N  A  Y
Π  P  M  A  A  J  L  U  Θ  F  O  A  N  E  Έ  Σ  M
P  X  Ώ  X  Π  X  Z  N  H  B  P  R  Ύ  O  Λ  Ί  Π
A  W  K  X  Ί  Λ  M  T  M  Z  J  T  Θ  D  I  A  Ό
K  H  G  Y  Λ  G  O  T  I  O  Ό  Γ  Y  A  Y  H  H
T  V  C  N  Y  M  Q  Π  M  B  C  I  E  P  Y  P  H
I  M  B  F  O  S  K  N  O  Y  S  X  P  Έ  Ω  Σ  H
K  Z  Z  Q  T  J  T  F  D  I  N  Ύ  O  Δ  Y  O  K
Έ  Π  A  P  A  Γ  Ω  Γ  Ή  Σ  Ή  O  H  I  H  I  Z
Σ  Q  H  M  Έ  P  A  Σ  E  L  O  Σ  D  B  U  H  D
D  A  U  M  R  G  B  G  V  G  P  G  T  H  V  M  D
E  Π  A  N  Έ  Λ  Θ  E  I  S  K  X  O  E  B  G  R
```

ΠΡΑΚΤΙΚΈΣ
ΚΟΥΔΟΎΝΙ
ΦΟΎΡΝΟ
ΑΠΛΟΠΟΙΉΣΤΕ
ΞΗΡΑΣΊΑ
ΚΑΟΥΜΠΌΗ
ΠΑΡΑΓΩΓΉΣ
ΕΠΑΝΈΛΘΕΙ
ΚΟΥΝΈΛΙ
ΕΥΘΎΝΗ
ΤΟΥΛΊΠΑ
ΗΜΈΡΑΣ
ΉΘΕΛΕ
ΜΙΜΗΘΟΎΝ
ΑΥΓΟ
ΧΏΡΟ
ΟΠΟΤΕΔΉΠΟΤΕ
ΧΡΈΩΣΗ
ΑΜΈΣΩΣ
ΠΟΛΎ

Puzzle 194

ΠΛΟΥΣΙΌΤΕΡΟ
ΝΊΚΗ
ΜΈΤΡΗΣΗ
ΒΑΘΙΆ
ΔΊΔΑΞΕ
ΆΔΕΙΑ
ΕΚΘΕΣΙΑΚΌ
ΧΑΡΤΊ
ΤΡΈΧΟΥΣΑ
ΠΑΊΧΤΗΣ
ΚΑΤΟΙΚΊΑ
ΣΧΈΣΗ
ΣΥΛΛΆΒΕΙ
ΧΕΊΛΟΣ
ΟΔΟΝΤΌΠΑΣΤΑ
ΑΡΓΌΤΕΡΑ
ΚΛΈΨΟΥΝ
ΚΑΘΡΈΦΤΗ
ΚΟΥΡΑΣΜΈΝΟΣ
ΓΡΑΜΜΉ

```
C  F  M  A  O  E  B  I  K  Λ  Έ  Ψ  O  Y  N  M  A
M  Y  Q  Z  K  Y  K  A  P  E  T  Ό  Γ  P  A  Έ  I
M  N  Q  N  Y  W  Θ  Θ  C  W  P  R  X  I  T  T
F  W  V  N  L  D  O  J  E  I  D  M  S  E  E  P  P
W  H  Σ  X  Έ  Σ  H  R  L  Σ  Ά  H  X  Ί  Δ  H  Έ
Π  A  Ί  X  T  H  Σ  A  M  N  I  L  D  Λ  Ά  Σ  X
Z  N  T  D  N  A  Ί  K  I  O  T  A  K  O  L  H  O
P  O  P  N  A  Γ  P  A  M  M  Ή  I  K  Σ  X  T  Y
I  I  A  T  Σ  A  Π  Ό  T  N  O  Δ  O  Ό  L  Φ  Σ
F  Y  X  N  N  K  B  V  W  U  D  Q  I  V  I  Έ  A
Π  Λ  O  Y  Σ  I  Ό  T  E  P  O  I  R  Z  B  P  K
Σ  Y  Λ  Λ  Ά  B  E  I  C  F  B  W  D  H  K  Θ  X
R  Z  U  Q  M  J  Z  Y  I  Z  B  Y  M  A  Y  A  C
K  O  Y  P  A  Σ  M  Έ  N  O  Σ  K  I  C  Ξ  K  T
N  Ί  K  H  N  E  Q  H  W  O  Y  Y  U  D  H  E  O
```

Puzzle 195

Ι	Ε	Ά	Σ	Κ	Ο	Π	Ο	Τ	W	Κ	Ο	Λ	Λ	Ά	Ε	Ι
Π	Ι	Ξ	F	Ε	Ι	C	Χ	Α	F	Ν	Κ	Χ	R	Τ	Ρ	Φ
Α	Ρ	Ν	Ω	Π	Ε	Ρ	Ι	Κ	Ο	Π	Ή	Α	Ρ	Α	Α	Ά
Δ	Ό	Α	Υ	Τ	Ρ	W	E	F	Λ	Κ	V	Ρ	Ν	Λ	Ε	Ν
Ε	Κ	Ι	G	Ε	Ε	Ν	Χ	J	Λ	S	W	R	Ε	Έ	Κ	Τ
Λ	Ε	Ρ	G	Μ	Ν	Ρ	Έ	Κ	Ά	Β	Γ	Η	Σ	Ν	Ο	Α
Φ	Ρ	Ύ	Χ	Κ	Α	J	Ι	Κ	Χ	Ε	Η	Ν	Η	Τ	Υ	Σ
Ό	Β	Μ	R	V	C	Τ	Ο	Κ	Μ	L	F	Ί	Ρ	Ο	Τ	Μ
S	W	Μ	R	Χ	Κ	Μ	Ι	U	Ό	Χ	S	Ζ	G	Μ	Ά	Α
V	V	Ο	Ο	F	Ν	Ι	Ζ	Κ	Π	Σ	Q	Ν	Ί	Ν	Λ	Μ
D	Ο	Τ	G	Μ	Η	G	Ο	Ρ	Ό	Ο	W	Ε	Τ	J	Ι	Η
C	Ζ	Α	Τ	Η	Τ	Ύ	Χ	Α	Τ	Τ	Υ	Β	Χ	G	Q	Τ
Ζ	Η	Κ	Χ	Ά	Ρ	Η	Ρ	Q	Ζ	Ο	Η	Λ	C	Μ	Q	Ή
Χ	C	Ε	Ι	S	W	D	Μ	C	Υ	Ζ	Ι	Τ	Ι	R	L	Ζ
J	J	Q	V	Χ	Υ	Ο	Ρ	Ν	Χ	Ο	Υ	G	Α	Ά	G	Τ

ΤΑΛΈΝΤΟ
ΡΕΚΌΡ
ΖΉΤΗΜΑ
ΚΟΥΤΆΛΙ
ΑΔΕΛΦΌ
ΚΟΛΛΆΕΙ
ΧΆΡΗ
ΓΗΣ
ΠΕΡΙΚΟΠΉ
ΕΞΩΤΕΡΙΚΌΣ
ΤΑΧΎΤΗΤΑ
ΤΊΓΡΗΣ
ΒΕΝΖΊΝΗ
ΆΣΚΟΠΟ
ΈΧΕΙ
ΠΡΑΓΜΑΤΙΚΌΤΗΤΑ
ΦΆΝΤΑΣΜΑ
ΠΟΥΛΙΆ
ΆΛΛΟ
ΕΚΑΤΟΜΜΎΡΙΑ

Puzzle 196

ΚΌΡΗ
ΑΝΌΜΟΙΑ
ΠΟΥΚΆΜΙΣΟ
ΑΠΛΉ
ΠΡΟΣΠΆΘΕΙΑΣ
ΜΉΝΥΜΑ
ΕΠΙΤΥΧΗΜΈΝΗ
ΠΟΛΊΤΗ
ΕΚΔΉΛΩΣΗ
ΒΟΉΘΕΙΑ
ΨΑΛΊΔΙ
ΙΠΠΌΤΗΣ
ΣΩΣΤΌ
ΣΦΟΥΓΓΆΡΙ
ΔΙΑΦΥΓΉΣ
ΠΡΆΞΗ
ΜΎΓΑ
ΚΙΛΆ
ΣΥΝΕΧΌΜΕΝΗ
ΕΠΙΔΙΏΚΟΥΝ

W	Τ	Α	Μ	Π	Η	Χ	R	Ν	R	V	Π	Η	G	Π	Π	Ε
Σ	Τ	Ζ	Ζ	Ρ	Ο	U	Q	Ζ	Ο	C	Ρ	Α	Χ	Ο	Ο	C
Μ	Υ	Κ	Η	Ά	Λ	Ι	Κ	U	Β	C	Ο	Α	J	Λ	Υ	Σ
F	Ρ	Ν	Ι	Ξ	D	Ν	S	Ζ	Ό	Τ	Σ	Ω	Σ	Ί	Κ	Φ
L	Ι	D	Ε	Η	Β	Τ	Υ	R	Ν	W	Π	Ε	J	Τ	Ά	Ο
V	V	R	Ο	Χ	D	V	U	Ο	Τ	D	Ά	J	U	Η	Μ	Υ
Ν	Μ	Κ	S	Q	Ό	Τ	Η	Χ	Κ	Υ	Θ	Ε	R	V	Ι	Γ
Α	Ύ	Ε	V	V	Ε	Μ	R	L	Α	Ώ	Ε	Η	F	Ρ	Σ	Γ
Ν	Γ	Β	Κ	Ρ	G	Χ	Ε	Υ	F	Κ	Ι	L	L	G	Ο	Ά
Ό	Α	Ο	J	Δ	V	Ρ	Α	Ν	J	Ό	Α	Δ	Ε	Υ	Υ	Ρ
Μ	Μ	Ή	L	L	Ή	Ζ	Κ	Ρ	Η	Ρ	Σ	Υ	Ι	Α	S	Ι
Ο	Υ	Θ	Α	Ζ	V	Λ	Κ	Μ	Σ	Η	Τ	Ό	Π	Π	Ι	Κ
Ι	Ν	Ε	Α	Π	Λ	Ή	Ω	Τ	L	Χ	U	Ε	G	Μ	Ε	Τ
Α	Ή	Ι	Δ	Ί	Λ	Α	Ψ	Σ	Ή	Γ	Υ	Φ	Α	Ι	Δ	Κ
Η	Μ	Α	V	R	Η	Ν	Έ	Μ	Η	Χ	Υ	Τ	Ι	Π	Ε	Ρ

Puzzle 197

```
Ί D J I X A N Ώ P Y X A U F N K A
E P Z E Ώ Q I E R Ή T Π E Λ C N Π
Θ Z Z Γ P Π B X Y O T H Σ Ά P B O
A R Ά A O Ά O M T Q Q N H B F P
Π B Q Γ Σ H Π N W H N Ά Π A K Σ P
Σ H M A Ί A A A Ω T P R I A N H Ί
O B J Σ Y Y Π W U P Q Ό Σ D M T Π
P W E I M W A O R Ά V M X C A Έ T
Π N A E N T Γ H X Ξ M Y Ύ E N Γ O
I J I Q K M Ά L Y E S X A S G H Y
U Y M E Q C Λ O J N N Z L T A E N
A A H B A M O S G A H U D F U A K
P A B Δ Ί P Σ Λ E Ώ Φ O P E Ί O Z
U K T T B B O Q V X U A I X P Q F
L L Q Q A F O O Q R B L I O Z X A
```

ΒΡΆΣΗ
ΑΧΥΡΏΝΑ
ΣΗΜΑΊΑ
ΠΑΠΑΓΆΛΟΣ
ΙΣΧΎ
ΑΝΕΞΆΡΤΗΤΟ
ΤΗ
ΛΕΩΦΟΡΕΊΟ
ΡΑΒΔΊ
ΕΙΣΑΓΆΓΕΙ
ΤΟ
ΑΠΟΡΡΊΠΤΟΥΝ
ΗΓΈΤΗΣ
ΧΥΜΌ
ΑΙΧΜΗΡΌ
ΧΏΡΑΣ
ΠΆΝΩ
ΛΕΠΤΉ
ΠΡΟΣΠΑΘΕΊ
ΣΚΑΠΆΝΗ

Puzzle 198

ΔΙΚΑΣΤΉΣ
ΔΟΜΉ
ΈΠΕΣΕ
ΠΑΠΆΚΙ
ΚΟΥΝΟΥΠΊΔΙ
ΚΑΤΑΣΚΕΥΉΣ
ΑΠΟΣΎΡΕΙ
ΔΙΑΤΑΡΑΧΉ
ΜΕΡΙΚΈΣ
ΕΝΤΆΞΕΙ
ΑΛΛΑΓΉ
ΖΕΣΤΌ
ΔΙΟΊΚΗΣΗΣ
ΝΌΤΙΑ
ΕΠΙΚΟΙΝΩΝΊΑ
ΕΞΕΡΕΥΝΉΣΕΤΕ
ΧΑΛΚΟΎ
ΤΡΊΓΩΝΟ
ΜΗΧΑΝΉ
ΠΟΥΛΊ

```
A A Π O Σ Ύ P E I E Ξ Ά T N E U N
Λ M L C J Y T Z Δ I K A Σ T Ή S R
Λ H V V G I M U X Y Y P R O E K S
A C G F Σ Δ E Π I K O I N Ω N Ί A
Γ Y Ή Q Ή O E Y J W Z N T K R Λ I
Ή S X V Y M C Σ Έ X O F Ω T M Y T
U E A B E Ή K H B Π D Q M Γ C O Ό
M E P I K Έ Σ Σ Z H E B J G Ί Π N
Π M A R Σ O B H A Z D S W M K P I
A H T S A J G K G C E M E U A Y T
Π X A Q T G I Ί B D N S P A I W U
Ά A I X A Λ K O Ύ A L I T H L D O
K N Δ W K N C I X A K V I Ό A V X
I Ή N Z I Z I Δ Ί Π Y O N Y O K J
E Ξ E P E Y N Ή Σ E T E L D Y Q L
```

Puzzle 199

```
I  L  H  G  V  X  C  Ά  Λ  H  M  A  X  U  I  D  Ψ
Α  Π  A  Γ  O  P  E  Ύ  O  Y  N  N  I  N  A  G  Ά
T  E  A  N  A  Ψ  Y  X  Ή  Σ  Y  T  O  J  T  F  P
N  X  M  Ό  Λ  Y  T  Σ  R  Ή  O  A  N  T  N  Y  I
O  X  A  Φ  Γ  U  R  B  D  Π  N  Π  O  P  O  K  A
Z  C  B  Λ  A  K  M  S  Y  M  Έ  O  Σ  E  Z  K  U
Ά  K  K  A  A  N  O  L  N  O  M  K  T  K  Ά  B  E
Γ  Z  R  F  U  P  I  A  W  Π  C  P  I  T  Γ  Z  G
P  D  T  Z  Q  D  Ώ  Σ  Q  K  G  Ί  B  O  P  J  B
E  B  I  L  K  V  O  Σ  T  E  W  N  Ά  Π  E  N  H
N  Σ  Y  X  N  Ή  K  S  E  E  M  O  Δ  Ί  V  W  D
Y  I  A  T  P  I  K  Ή  Σ  T  Ί  N  A  Σ  N  T  H
Σ  Θ  Y  M  Ί  Z  E  I  S  A  E  T  Σ  E  Q  E  B
Λ  E  I  T  O  Y  Γ  Ί  A  D  A  V  I  I  Y  Z
T  Q  U  E  Q  J  M  T  S  P  V  I  R  Y  N  O  R
```

ΣΥΝΕΡΓΆΖΟΝΤΑΙ
ΕΡΓΆΖΟΝΤΑΙ
ΜΈΝΟΥΝ
ΡΟΚ
ΑΝΑΨΥΧΉΣ
ΧΑΛΑΡΏΣΕΤΕ
ΑΠΑΓΟΡΕΎΟΥΝ
ΙΑΤΡΙΚΉΣ
ΧΑΜΗΛΆ
ΣΥΧΝΉ
ΣΤΥΛΌ
ΛΕΙΤΟΥΡΓΊΑ
ΑΝΤΑΠΟΚΡΊΝΟΝΤΑΙ
ΧΙΟΝΟΣΤΙΒΆΔΑΣ
ΕΚΠΟΜΠΉΣ
ΨΆΡΙΑ
ΕΚΤΟΠΊΣΕΙ
ΕΜΦΑΝΙΣΤΕΊ
ΌΓΚΟ
ΘΥΜΊΖΕΙ

Puzzle 200

ΜΠΑΝΆΝΑ
ΧΩΡΊΣ
ΣΤΑΦΥΛΙΏΝ
ΛΎΣΗ
ΕΓΓΡΑΦΉΣ
ΑΌΡΑΤΟ
ΚΈΙΚ
ΓΥΑΛΙΣΤΕΡΉ
ΧΈΡΙ
ΦΡΈΣΚΑ
ΔΡΑΣΤΗΡΙΌΤΗΤΑ
ΔΈΚΑΤΟ
ΠΟΛΎΤΙΜΟ
ΕΔΏ
ΦΙΛΊ
ΥΨΌΜΕΤΡΟ
ΟΧΗΜΆΤΩΝ
ΜΕΤΑΒΛΗΤΉ
ΙΚΑΝΉ
ΜΠΑΛΚΌΝΙ

```
C  Z  S  L  Q  G  J  Z  E  N  Y  P  X  P  K  M  Π
E  K  B  B  N  B  A  Ό  P  A  T  O  Έ  M  O  Π  O
Ώ  R  D  V  G  Z  V  N  T  M  X  Y  P  Z  B  A  Λ
Δ  Q  Y  J  G  N  D  Y  Z  F  Q  Ω  I  V  K  N  Ύ
E  U  Q  A  Y  Ψ  Ό  M  E  T  P  O  P  N  Y  Ά  T
Φ  Γ  Γ  Y  A  Λ  Ί  Σ  T  E  P  Ή  H  Ί  Y  N  I
P  V  Γ  P  N  H  N  Ώ  I  Λ  Y  Φ  A  T  Σ  A  M
Έ  P  Q  P  K  H  N  Ω  T  Ά  M  H  X  O  L  O
Σ  L  B  A  A  T  H  T  Ό  I  P  H  T  Σ  A  P  Δ
K  P  Ί  Λ  I  Φ  N  T  F  A  U  N  J  D  Ύ  N  I
A  K  Έ  I  K  I  Ή  T  H  Λ  B  A  T  E  M  Λ  K
B  H  L  L  I  U  A  Σ  M  Π  A  Λ  K  Ό  N  I  A
V  E  Z  E  M  D  Q  T  Q  D  W  K  N  U  O  V  N
U  H  X  V  M  D  T  P  R  B  E  G  I  F  Z  Y  Ή
S  L  P  W  A  L  Δ  Έ  K  A  T  O  B  Q  O  H  E
```

Puzzle 201

```
L A B M I B Σ Z Y H U Z X N K Π Έ
C D V Ω F P Y N Π X Y D G M P P Γ
D D O P A H Γ F Ό Σ A Q K K O O K
Q Ί C O Ά M Γ K Σ O T Σ Ό K K Γ A
Q E P Ύ N C P F X Γ J S W C O P Y
A T O N E U A A Ό X T B B Δ Ά M
N Σ A Y M X Φ X N E U B S C E M A
T I J H O M Έ C T Z M B I V Ί M O
I E Z Ί Ξ A A Z A I T N Ά Γ Λ A P
X N V T T H Σ O I P P Π A D I T T
K A Λ Ω Σ Ό P I Σ M A Έ Λ Z A O Ύ
M Δ M F D W J K J P D C Π Ή O Σ K
E Ί K O Σ I M S Έ Ά V A M I P H I
Π E P Ί Π T Ω Σ H Φ Y N Q Y Π H A
C M M F Y W G I T I L I X U U O F
```

ΕΊΚΟΣΙ
ΈΚΡΗΞΗ
ΣΥΓΓΡΑΦΈΑΣ
ΠΙΠΈΡΙ
ΖΕΎΓΟΣ
ΠΛΉΡΗ
ΟΡΤΎΚΙΑ
ΆΝΕΜΟ
ΚΌΣΤΟΣ
ΥΠΌΣΧΟΝΤΑΙ
ΓΆΝΤΙΑ
ΈΓΚΑΥΜΑ
ΠΕΡΊΠΤΩΣΗ
ΚΑΛΩΣΌΡΙΣΜΑ
ΜΩΡΟΎ
ΠΡΟΓΡΆΜΜΑΤΟΣ
ΚΡΟΚΟΔΕΊΛΙΑ
ΑΞΊΖΕΙ
ΔΑΝΕΙΣΤΕΊ
ΡΆΦΙ

Puzzle 202

ΠΟΡΤΟΚΑΛΊ
ΕΠΗΡΕΆΖΟΥΝ
ΦΙΛΟΔΟΞΊΑ
ΛΟΥΚΆΝΙΚΑ
ΕΠΙΣΤΉΜΗ
ΑΣΤΥΝΟΜΙΚΌΣ
ΠΡΩΤΑΡΧΙΚΌ
ΈΔΡΑ
ΣΟΥ
ΑΠΑΛΌ
ΔΕΞΙΆ
ΑΠΟΤΈΛΕΣΜΑ
ΓΙΑΤΡΌ
ΊΣΩΣ
ΠΑΡΆΞΕΝΟ
ΚΆΘΟΜΑΙ
ΜΆΘΟΥΝ
ΓΕΓΟΝΌΣ
ΚΌΝΔΟΡΑΣ
ΦΡΆΟΥΛΑ

```
C Z Q W L C W A X Y T Φ K O V D G
D U W X W M M H D C J I Ό U F R R
V A Λ O Y K Ά N I K A Λ N O H H Q
P Π Z T N E D Y A M K O Δ W X O R
W A U A G R X O Σ Ά V Δ O X B J Q
R Λ A M Λ U Ί Ό Z T Θ B O P I Q J G
C Ό F Y H Λ K Ά Y O G Ξ A N M Q D
K Ά Θ O M A I E N Y Γ Ί Σ B I T T
C P K Ά H K X P Ό N E A O L Σ M Z
Z A T P T O P H M A Γ Έ Δ P A O R
Δ G X Φ Σ T A Π I A O Y M Y L V Y
M E B Q I P T E K O N E Ξ Ά P A Π
U J Ξ K Π O Ω J Ό H Ό P T A I Γ Q
O V M I E Π P D Σ H Σ Ω Σ Ί H A G
Y J P I Ά P Π A Π O T E Έ Λ E Σ M A
```

Puzzle 203

```
E N N W J O Π I E I D Q Σ K T K K
S Λ B B X N O M Ά Σ K A O M O E P
B B Έ Z R E Λ O B H Z M N Ά Y C E
J C V Γ L Ί Λ I A Σ Y Έ Έ Λ P Q B
Ά O W R X T Ά P M H L Ψ M Λ K V A
K F K C T E C Ό Π P S O Y O Ί S T
I A B X W Λ T T Ί Ή B M E N A T O
T G Θ K K O S A P T Σ I T V I X K
K H F O G I I I A O K H W F Z Ά
E V N Λ P B Ή T B P Λ P O F R D M
Σ B H Ό Z Ί Ω Σ H A E D Γ T M Y A
O F M Σ B J Z E P Π Φ R O G Ά D P
P K A N Έ Λ A O D I Ό Q Π N I Δ A
Π D X N T V I S Y F J U A L G C I
H Λ E K T P I K Ό N D J C T B R V
```

ΣΚΟΤΆΔΙ
ΕΣΤΙΑΤΌΡΙΟ
ΌΦΕΛΟΣ
ΑΠΟΓΟΗΤΕΥΜΈΝΟΣ
ΖΩΉ
ΜΆΣΚΑ
ΠΑΡΑΤΉΡΗΣΗΣ
ΗΛΕΚΤΡΙΚΌ
ΤΟΥΡΚΊΑ
ΒΙΟΛΕΤΊ
ΚΑΝΈΛΑ
ΠΡΟΣΕΚΤΙΚΆ
ΚΡΕΒΑΤΟΚΆΜΑΡΑ
ΒΑΜΠΊΡ
ΚΑΘΟΡΊΖΟΥΝ
ΨΈΜΑ
ΜΆΛΛΟΝ
ΕΛΈΓΧΕΤΑΙ
ΣΌΛΟ
ΠΟΛΛΆ

Puzzle 204

ΠΟΔΉΛΑΤΟ
ΜΑΤΙΆ
ΔΆΣΚΑΛΟΣ
ΜΕΓΑΛΏΝΟΥΝ
ΜΊΛΙΑ
ΠΕΡΙΒΆΛΛΟΝ
ΑΠΟΔΏΣΕΙ
ΣΥΝΟΛΙΚΌ
ΕΠΙΣΤΟΛΉ
ΑΝΕΜΏΝΗ
ΚΆΛΥΨΗΣ
ΑΝΑΚΑΤΕΎΟΥΜΕ
ΠΗΛΊΚΟ
ΑΡΚΤΙΚΈΣ
ΦΩΝΉ
ΤΜΉΜΑ
ΑΥΓΆ
ΣΟΚΟΛΆΤΑΣ
ΑΛΙΕΥΜΆΤΩΝ
ΕΜΠΛΕΚΌΜΕΝΗ

```
A E Σ A T Ά Λ O K O Σ E T G N S G
P M Δ A Λ C P B M Ί Λ I A M W L J
K Π Ά Π L I Σ Y N O Λ I K Ό Ή Z X
T Λ Σ O P K E N E G W D Q Y S M N
I E K Δ L S N Y O N Ώ Λ A G E M A
K K A Ώ V Z Y T M U A K N O N S T
Έ Ό Σ S G R A W Ά I T A M Z O D
Σ M O E T L Y Y Q O T A Λ Ή Δ O Π
W E Σ I H F G Γ A N H Ω V Λ E V K
H N Ώ M E N A Ά U B X S N O O K P
Σ H Ψ Y Λ Ά K Π H Λ Ί K O T K B X
A N A K A T E Ύ O Y M E U S L O Q
M U Z E K R G N O Λ Λ Ά B I P E Π
W I C Φ Ω N Ή L O T K A G Π S N Y
H M P Z G Z S E A W T B W E Q Q N
```

Puzzle 205

```
Τ  Ρ  Σ  R  Σ  Υ  Μ  Β  Ο  Υ  Λ  Έ  Σ  Α  Τ  Ε  Α
Γ  Τ  Α  Υ  Ε  Β  Ο  Η  Χ  Β  G  Z  L  Ρ  Ρ  Ν  Ν
Ε  Α  Ί  Μ  Ν  U  Λ  W  Ν  Κ  U  Ν  Α  Χ  Ο  Δ  Τ
Ν  Η  Σ  D  Α  Έ  Μ  Έ  F  Ν  Ν  F  F  Α  Π  Ι  Ι
Ν  Χ  Α  C  Κ  Σ  Χ  Ρ  Π  Ω  Σ  W  Ι  Ί  Ι  Α  Π
Α  G  Π  Ζ  Έ  Ι  W  Ε  Q  Ο  J  Ν  W  Α  Κ  Φ  R
Ι  Ζ  Π  Q  Ω  Σ  Ή  Λ  Ι  Μ  Ν  U  W  Ι  Ή  Έ  Ο
Ο  F  Ι  Χ  D  Σ  Χ  V  Μ  Α  Χ  Τ  Ρ  C  L  Ρ  Σ
Δ  F  Ο  Κ  Α  Ρ  Δ  Ι  Ά  Α  C  R  Α  D  Ε  Ο  Ω
Ω  Η  Μ  Τ  Ε  Β  Έ  Ρ  Ε  Υ  Ν  Α  D  Σ  Ν  Υ  Π
Ρ  W  Υ  Ε  Ν  Ε  Α  Τ  Α  Μ  Μ  Ό  Κ  D  Ν  Σ  Ε
Ί  L  Θ  Ε  V  L  R  Θ  F  Α  Ι  U  Κ  U  W  Α  Ύ
Α  J  Ό  L  R  Ω  Σ  Ί  Μ  Υ  Θ  Ν  Ε  Π  Υ  Χ  Ο
Ο  Φ  Ρ  Ο  Μ  Ό  Χ  Q  Ρ  Ο  Τ  Ε  Θ  Ν  Έ  Η  Υ
W  Σ  Π  V  J  Α  R  Ε  R  Α  Ύ  Ζ  Ε  Σ  R  Ζ  Ν
```

ΣΥΝΈΧΕΙΑ
ΥΠΕΝΘΥΜΊΣΩ
ΩΣ
ΑΡΧΑΊΑ
ΚΑΡΔΙΆ
ΜΙΛΉΣΩ
ΚΌΜΜΑΤΑ
ΈΝΘΕΤΟ
ΕΝΔΙΑΦΈΡΟΥΣΑ
ΈΚΑΝΕ
ΑΝΤΙΠΡΟΣΩΠΕΎΟΥΝ
ΒΑΘΜΟΎ
ΙΠΠΑΣΊΑΣ
ΌΜΟΡΦΟ
ΣΥΜΒΟΥΛΈΣ
ΈΡΕΥΝΑ
ΤΡΟΠΙΚΉ
ΒΛΈΠΟΝΤΑΣ
ΠΡΌΘΥΜΟΙ
ΓΕΝΝΑΙΟΔΩΡΊΑ

Puzzle 206

ΝΟΣΟΚΌΜΑ
ΚΎΡΙΟ
ΣΎΡΜΑ
ΣΆΝΤΟΥΙΤΣ
ΜΑΚΡΙΝΌ
ΠΙΆΤΑ
ΡΌΠΑΛΟ
ΕΜΠΕΙΡΊΑ
ΔΗΛΏΣΕΙ
ΠΛΕΟΝΈΚΤΗΜΑ
ΣΚΕΛΕΤΌ
ΨΗΦΟΦΟΡΊΑ
ΛΈΞΗ
ΝΗΣΊ
ΠΤΕΡΎΓΙΟ
ΉΛΙΟ
ΑΠΕΙΛΉ
ΠΕΙΝΑΣΜΈΝΟΙ
ΚΛΊΣΗ
ΚΑΤΆΒΑΣΗ

```
Ο  Ι  Υ  Χ  Π  Κ  Ή  Π  Δ  Η  Λ  Ώ  Σ  Ε  Ι  F  U
Λ  Έ  Ξ  Η  Λ  Α  D  Λ  Ι  Η  Q  Β  W  Σ  U  Τ  Β
Α  Τ  Q  Η  Ε  Τ  Β  W  Ι  Ά  Ε  Κ  G  Ν  Μ  F  Q
Π  Μ  W  Ε  Ο  Ά  Ε  F  Q  Ο  Τ  J  Q  Ο  Q  V  V
Ό  C  V  V  Ν  Β  Μ  U  W  Κ  F  Α  Β  W  D  Ι  Κ
Ρ  C  Ο  Ο  Έ  Α  Π  Τ  Ο  L  Β  L  Κ  Ί  Σ  Η  Ν
Ζ  Ε  R  Ο  Κ  Σ  Ε  Κ  L  V  F  J  Ε  Ε  Τ  L  Υ
Μ  U  F  Ι  Τ  Η  Ι  Ο  Ν  Έ  Μ  Σ  Α  Ν  Ι  Ε  Π
G  Α  Α  Γ  Η  Σ  Κ  Ν  W  Ι  Κ  Μ  Ι  Υ  Μ  D
Μ  Μ  Κ  Ύ  Μ  Ί  Ί  Β  Ή  Q  Β  Ρ  Ό  Β  Ο  D  Ρ
J  Ρ  Κ  Ρ  Α  Λ  Α  C  Α  R  Ε  J  Κ  L  Τ  Ο  Ζ
Σ  Ύ  R  Ε  Ι  Κ  Ύ  Ρ  Ι  Ο  Ζ  Χ  Ο  L  Ν  Η  J
Ι  Σ  Τ  Τ  Ε  Ν  Ό  Τ  Ε  L  Ε  Κ  Σ  Χ  Ά  F  D
Ζ  Q  R  Π  Ν  Υ  Ό  J  Π  F  D  U  Ο  C  Σ  Α  V
Ψ  Η  Φ  Ο  Φ  Ο  Ρ  Ί  Α  Ρ  J  D  Ν  Ρ  W  Α  C
```

Puzzle 207

```
Π Ο Α Γ S W B B X H M F K A V T K
Φ Ρ Ι U P P L J C A Y C H N R E Z
O W O Ά A M H P Ύ E Y B A E R G
B L P Φ M I B X P V R W J K I Y B
O G E K A Π Ι Ά A P Γ Ά H A P Y A
Ύ W X M N O H T O T U T Λ H Γ W
N M Y O T T Ή P A A Λ S A Ύ N Ά C
T E T T H J K O E D Ί J I Ψ I I Φ
A L M Σ A N Ή X Ί Γ T P E K Δ Ά
I T M T A I Λ Ύ Γ Γ O Γ I T Ή A Λ
C W V W B Π Λ A T E Ί A Ά E J P A
W B W H Ά A U C N R L L Z W V O I
Y U E F N S V W F Y M N E R E N N
B A S A A Q W R V A I L I I Q L A
Q S Y Π Ο Κ Α Τ Ά Σ Τ Η Μ Α Z B I
```

ΑΝΑΚΑΛΎΨΕΤΕ
ΕΎΡΗΜΑ
ΧΉΝΑΣ
ΤΥΧΕΡΟΊ
ΜΑΜΆ
ΠΛΑΤΕΊΑ
ΠΡΟΦΑΝΉ
ΓΆΙΔΑΡΟ
ΓΟΓΓΎΛΙΑ
ΤΑΙΡΙΆΖΕΙ
ΑΡΓΆ
ΛΊΓΟ
ΦΆΛΑΙΝΑ
ΓΡΑΒΆΤΑ
ΜΠΟΡΕΊ
ΑΝΆΒΑΣΗ
ΕΙΡΗΝΙΚΉ
ΤΟΥ
ΦΟΒΟΎΝΤΑΙ
ΥΠΟΚΑΤΆΣΤΗΜΑ

Puzzle 208

ΕΚΤΙΜΗΣΗ
ΚΡΕΒΆΤΙ
ΛΑΙΜΌ
ΠΏΣ
ΛΆΣΟ
ΔΈΝΤΡΑ
ΤΡΕΛΌΣ
ΚΑΤΑΛΆΒΕΙ
ΑΣΦΑΛΈΣ
ΠΑΡΑΔΟΣΙΑΚΌ
ΝΌΜΙΣΜΑ
ΑΓΕΝΉΣ
ΣΊΓΟΥΡΟΙ
ΧΑΡΟΎΜΕ
ΜΠΛΕ
ΣΗΜΑΝΤΙΚΌ
ΑΣΤΕΊΟ
ΣΗΜΑΝΤΙΚΈΣ
ΟΥΣΙΑΣΤΙΚΌ
ΝΟΣΟΚΟΜΕΊΟ

```
Χ Ρ Α Π Σ Τ Ρ Ε Λ Ό Σ Ι Ζ Κ R Λ B
Α Α Σ Ε Α Η V Z U E U R S P L A Q
Ρ Υ Τ Λ Κ Ρ Μ A B H J J R E Y I N
Ο Ζ Ε Π Υ Τ Α Α Ρ Τ Ν Έ Δ Β Α Μ O
Ύ Χ Ί Μ Τ L Ί Δ Ν Ρ Ζ J Χ Ά Γ Ό Σ
Μ Β Ο Σ Ά Λ Ν Μ Ο Τ Q Ρ Κ Τ Ε Σ O
Ε D Χ Β Η Ε Ν Q Η Σ Ι Ζ Ι Ι Ν Η Κ
Κ Α Τ Α Λ Ά Β Ε Ι Σ Ι Κ J Κ Ή Μ O
Π Ώ Σ Έ Λ Α Φ Σ Α J Η Α Έ Μ Σ Α Μ
F N F R A M X J A T D H K S K N E
Ο Υ Σ Ι Α Σ Τ Ι Κ Ό J U V Ό W T Ί
Ρ Ε V Α Ν Ι Σ Ί Γ Ο Υ Ρ Ο Ι W I O
Ε F Β Ε D Μ Ι Α Ρ Ο Ι C D U V Κ S
Κ Ν S G Κ Ό Κ Τ U Χ V Τ V C S Ό Ε
Ρ Ι Υ Ι J Ν Ζ Ρ V Τ Β Α D Ρ Υ Ι G
```

Puzzle 209

S	E	B	F	I	H	L	G	G	N	J	W	O	P	H	O	T
Σ	Π	Ό	Ρ	Τ	Α	Ι	Γ	Ρ	W	M	H	D	R	C	Y	Y
Y	Ι	Σ	Ο	Ο	F	G	R	Q	J	O	P	T	H	N	Ί	K
Γ	Κ	Ε	Ε	Q	X	Y	Z	S	I	T	O	M	Σ	M	Σ	Ε
X	Ί	Ί	Λ	F	N	E	J	O	Σ	O	X	Γ	Ά	Ω	Y	Φ
A	N	A	W	Ά	O	W	P	G	H	M	D	H	T	P	N	Ά
P	Δ	I	Y	Z	B	C	N	Έ	O	Ή	V	Q	Σ	Ό	Ή	Λ
Ώ	Y	T	H	K	T	O	A	G	Σ	Σ	O	P	Έ	M	Θ	I
A	N	N	P	A	X	A	Π	Δ	E	Λ	Φ	Ί	N	I	Ω	K
S	Ω	A	Y	Σ	R	H	Ύ	Y	W	L	A	K	G	T	Σ	Ά
U	N	Γ	D	T	F	J	O	B	H	Y	D	K	S	J	B	T
C	J	I	D	Λ	B	A	K	T	P	O	Φ	Ί	M	Ω	N	A
D	T	Γ	Z	Ά	N	U	Q	W	W	Y	P	Z	G	V	X	Γ
X	A	P	A	K	T	H	P	I	Σ	T	I	K	Ό	P	W	T
U	S	K	X	J	L	H	W	E	F	Q	Q	W	H	E	V	K

ΚΕΦΆΛΙ
ΓΑΤΆΚΙ
ΤΡΟΦΊΜΩΝ
ΣΥΝΉΘΩΣ
ΣΤΆΣΗ
ΧΑΡΑΚΤΗΡΙΣΤΙΚΌ
ΓΙΓΑΝΤΙΑΊΕΣ
ΚΟΎΠΑ
ΜΈΡΟΣ
ΣΥΓΧΑΡΏ
ΜΩΡΌ
ΥΠΟΒΆΛΕΙ
ΚΊΝΗΤΡΟ
ΒΡΟΧΕΡΈΣ
ΤΟΜΉΣ
ΔΕΛΦΊΝΙ
ΆΓΧΟΣ
ΕΠΙΚΊΝΔΥΝΩΝ
ΚΆΛΤΣΑ
ΓΙΑΤΡΌ

Puzzle 210

ΠΟΙΚΙΛΊΑ
ΔΕΚΑΕΤΊΑ
ΠΕΡΊΦΡΑΞΗ
ΜΗΔΈΝ
ΒΕΛΤΊΩΣΗ
ΜΑΚΡΆ
ΛΊΜΝΗ
ΑΡΙΘΜΟΜΗΧΑΝΉ
ΣΑΎΡΑ
ΜΈΘΟΔΟΣ
ΠΛΑΣΤΙΚΌ
ΑΛΛΆ
ΥΓΡΌ
ΑΙΏΝΑ
ΝΌΣΟ
ΠΟΛΙΤΙΣΜΌ
ΧΏΡΟ
ΧΏΡΑΣ
ΡΑΒΔΊ
ΚΑΤΑΛΆΒΕΙ

W	O	Z	B	L	V	F	N	P	Ά	P	K	A	M	X	Π	A
X	U	B	B	Π	O	I	K	I	Λ	Ί	A	P	B	E	O	P
Δ	E	K	A	E	T	Ί	A	F	Λ	G	D	Ύ	O	O	Λ	I
P	J	D	Λ	I	G	P	Ό	R	A	R	M	A	Y	Z	I	Θ
S	C	Ί	Δ	B	A	P	G	Q	N	X	Σ	L	O	T	M	
F	H	F	M	U	G	M	Γ	G	K	M	Ώ	C	Z	F	I	O
R	D	S	N	W	G	F	Y	W	T	F	P	I	F	N	Σ	M
V	D	Y	H	Y	B	I	E	B	Ά	Λ	A	T	A	K	M	H
Z	T	U	N	U	S	Y	Ό	K	I	T	Σ	A	Λ	Π	Ό	X
Π	E	P	Ί	Φ	P	A	Ξ	H	Σ	Ω	Ί	T	Λ	E	B	A
G	J	V	X	C	Q	B	V	D	O	R	H	N	V	Z	F	N
B	B	U	Ώ	R	J	Z	U	J	Q	I	O	E	L	S	I	Ή
M	K	Z	P	F	M	N	L	C	F	S	N	Ό	Σ	O	K	C
Y	D	Σ	O	Δ	O	Θ	Έ	M	W	Q	C	C	T	R	T	S
D	I	Y	M	Z	E	U	C	M	H	Δ	Έ	N	X	K	K	G

Puzzle 211

```
Y D K E Σ A Ί Σ A Γ Ρ E Ξ E Π E Π
Q C I A Ξ K T W L Σ L Ρ X Δ Q M Έ
Σ J O G Λ Y H Σ H Ρ T Έ M E V G Ρ
F Ό A V N Ύ Π N H Σ K V Ρ Ί U S A
Έ K Θ E Σ H T N Ή V H U G T Z U Σ
Y I Ρ O Έ Ρ B E Ό M X E F E C K E
Π Φ B Z Φ Z W K Ρ Τ Σ Έ Λ I N O N
O A M N A Y I C U A E Ρ J A U X S
Λ Ρ W Q Σ W A M H T Ό Ρ K Γ Y Σ Π
O Γ M H X A N I K Ό Σ F A Σ O Y H
Γ O Ρ E Ξ A Φ A N Ί Z O N T A I Γ
Ί A K A M Π A N O Ύ Λ E Σ F E S Ή
Z Λ D R H F I J W R Π E I Y H I U
E G I R R V Y G Π E Ρ I O Δ I K Ό
I B I A T Ρ I K Ή Σ S Z L J M O V
```

ΣΈΛΙΝΟ
ΜΗΧΑΝΙΚΌΣ
ΔΕΊΤΕ
ΈΚΘΕΣΗ
ΚΑΜΠΑΝΟΎΛΕΣ
ΛΑΟΓΡΑΦΙΚΌ
ΕΞΑΦΑΝΊΖΟΝΤΑΙ
ΠΕΡΙΟΔΙΚΌ
ΥΠΟΛΟΓΊΖΕΙ
ΕΠΕΞΕΡΓΑΣΊΑΣ
ΠΕΙ
ΚΑΛΎΤΕΡΑ
ΠΈΡΑΣΕ
ΣΑΦΈΣ
ΕΞΥΠΝΌΤΕΡΑ
ΠΗΓΉ
ΣΚΗΝΉ
ΣΥΓΚΡΌΤΗΜΑ
ΜΈΤΡΗΣΗ
ΙΑΤΡΙΚΉΣ

Puzzle 212

ΜΉΛΟ
ΠΕΊΡΑΜΑ
ΟΜΟΛΟΓΊΑ
ΣΥΝΕΙΔΗΤΟΠΟΙΟΎΝ
ΒΟΥΝΏΝ
ΦΎΛΛΑ
ΟΥΣΊΑΣ
ΣΗΜΕΊΩΣΗ
ΠΑΡΑΚΟΛΟΥΘΉΣΟΥΝ
ΤΎΜΠΑΝΟ
ΧΟΙΡΙΝΟΎ
ΜΟΥΣΕΊΟ
ΣΕΖΌΝ
ΣΥΜΦΩΝΊΑ
ΔΙΑΊΡΕΣΗ
ΚΑΚΌ
ΑΠΛΟΠΟΙΉΣΤΕ
ΧΑΡΤΊ
ΠΆΝΩ
ΚΑΤΑΣΚΕΥΉΣ

```
Q N H E X X I Φ N G Z G N B Π M M
U B H W O E L M Ύ K B A W O A L O
K Ρ I A I A Ί Γ O Λ O M O Y Ρ J Σ
A C Q M Ρ Y T H I H Λ Σ V N A L Σ
Σ C A A I N Ρ V O Ό K A K Ώ K A E
T H B Ρ N G A I Π E O Ί S N O Π Ί
H Y Ύ M Ί O J X M O F Σ E E E Λ Λ O
I G M E Ύ Ρ Q Ή T T C Y X O O O Σ
O Z G Π Ί W Ρ Λ H O E O M G Y Π Y
W U D X A Ω Ρ O Δ Σ E Z Ό N Θ O M
I U S R W N Σ Ρ I H Y D I X Ή I Π
M Q B S F Ά O H E R A D Z G Σ Ή Ό
C A L O Z Π N V N D I X A H O Σ N
Δ I A Ί Ρ E Σ H Y Ρ X U X C Y T I
F F H Σ Ή Y E K Σ A T A K Ρ N E A
```

Puzzle 213

```
Π G K B Y B X D S Π Υ V W B L Φ R
P B A B Ό E S E W O H J H V F P C
O G Θ Γ S P G R P Λ V E N S M Ά W
T C O G E I E A P I P L J M S Σ X
I T P P X Λ C I Q T X I A N L H T
M A Ί P Y K O Y A I Σ Υ M Π A Γ Ή
O Δ Z Ό Q K L Ί G K Λ F B W M K K
Ύ Ύ O Y N Y P F A Ή E C L W E A I
N O Y V R E T W L S Ξ J I Y Θ N M
R K N T N E I E Σ Ώ I Λ H F Ό Ό P
S P Z L I H R P P D Λ I F I Π N E
P A Ί T I A A I O M Ό P A Π A A Θ
Π A P A M E Ί N E I Γ U Y E K V Q
U B Q H R Ω N Ώ P E I Φ A Z A P I
M H T P I K Ή M U N O S W P T G P
```

ΣΥΜΠΑΓΉ
ΓΕΛΟΊΑ
ΠΑΡΑΜΕΊΝΕΙ
ΒΌΡΕΙΑ
ΑΦΙΕΡΏΝΩ
ΑΡΚΟΎΔΑ
ΠΟΛΙΤΙΚΉ
ΛΕΞΙΛΌΓΙΟ
ΑΙΤΊΑ
ΠΑΡΌΜΟΙΑ
ΚΑΝΌΝΑ
ΠΡΟΤΙΜΟΎΝ
ΚΥΡΊΑ
ΑΠΌΘΕΜΑ
ΜΗΤΡΙΚΉ
ΌΝΕΙΡΟ
ΦΡΆΣΗ
ΘΕΡΜΙΚΉ
ΛΙΏΣΕΙ
ΚΑΘΟΡΊΖΟΥΝ

Puzzle 214

ΔΑΠΆΝΗ
ΛΕΠΤΟΜΈΡΕΙΕΣ
ΑΥΤΟΠΕΠΟΊΘΗΣΗ
ΤΈΤΑΡΤΟ
ΚΑΤΆ
ΣΎΝΟΡΑ
ΚΑΛΑΜΠΟΚΙΟΎ
ΛΌΦΟ
ΦΏΝΑΞΕ
ΗΛΙΟΦΆΝΕΙΑΣ
ΣΕΝΆΡΙΟ
ΕΚΑΤΟΝΤΆΔΕΣ
ΚΑΦΈ
ΠΡΌΒΛΗΜΑ
ΠΆΡΕΙ
ΘΈΜΑ
ΑΚΡΊΒΕΙΑ
ΟΥΡΑΝΌ
ΚΑΤΑΣΚΕΎΑΣΜΑ
ΚΡΑΓΙΌΝΙΑ

```
Σ K N Σ E I E P Έ M O T Π E Λ O N
K Ύ P N W O K S N I L K B K V Y H
B A N A M Έ Θ W B U E W K A Π P Λ
S C T O Γ Ώ N A Ξ E O A T P A I
R U T Ά P I V M W W T W T O Ό N O
F X C R J A Ό U T O K Q A N B Ό Φ
V V G X Q H O N Λ Ό Φ O Σ T Λ U Ά
A K P Ί B E I A I B I I K Ά H D N
O K T Έ T A P T O A M P E Δ M Y E
W S C Φ Π Ά P E I T Y Ά Ύ E A W I
Q O O A F D T J N H A N A Σ Ω M A
B H T K K X D N Y B V E S L T Q Σ
K A Λ A M Π O K I O Ύ Σ M N P T N
H Σ H Θ Ί O Π E Π O T Y A B R V M
U E G R R M O E Δ A Π Ά N H H U H
```

Puzzle 215

```
M  J  W  A  S  B  X  Ά  S  V  Y  K  W  M  J  M  V
T  A  Ί  Λ  I  M  O  I  Λ  J  M  G  M  X  Z  B  V
M  X  X  K  D  B  N  Θ  G  M  E  G  V  C  L  V  A
Z  F  S  A  K  H  Ω  O  I  Q  A  A  Z  G  U  T  N
Y  E  U  B  Ί  W  Φ  P  T  K  Ή  A  Έ  J  U  F  T
F  Y  D  N  O  P  Ό  Γ  T  R  P  F  N  P  R  G  I
E  T  Ψ  Έ  Λ  K  I  E  Σ  Ά  Π  Σ  O  Σ  Ά  Λ  K
M  Y  Σ  A  A  U  Δ  E  U  V  M  F  X  P  I  A  E
O  X  H  Y  V  G  A  C  Q  E  A  H  O  E  I  N  Ί
P  Έ  Σ  K  M  Ό  P  E  N  C  Λ  B  I  A  T  Z  M
Φ  Σ  H  O  X  B  S  O  Φ  O  I  T  H  T  Ή  Σ  E
Ή  Y  Ξ  V  K  I  E  Σ  Ί  Σ  A  Φ  O  Π  A  P  N
N  T  Ύ  Y  Z  X  B  Ί  X  E  L  B  U  J  Z  A  O
W  K  A  Σ  Y  O  P  Έ  Φ  A  I  Δ  N  E  L  N  W
A  P  I  Θ  M  Ό  C  G  E  Y  Z  A  E  F  Y  M  B
```

ΓΡΟΘΙΆ
ΡΑΔΙΌΦΩΝΟ
ΑΎΞΗΣΗΣ
ΟΜΙΛΊΑ
ΆΛΜΑ
ΑΠΟΦΑΣΊΣΕΙ
ΜΑΧΑΊΡΙ
ΑΝΤΙΚΕΊΜΕΝΟ
ΣΥΜΒΕΊ
ΦΟΙΤΗΤΉΣ
ΜΟΡΦΉ
ΑΡΙΘΜΌ
ΕΥΤΥΧΈΣ
ΛΑΜΠΡΉ
ΈΝΟΧΟΙ
ΣΠΆΣΕΙ
ΝΕΡΌ
ΚΛΈΨΤΕ
ΕΝΔΙΑΦΈΡΟΥΣΑ
ΛΆΣΟ

Puzzle 216

ΚΡΊΣΙΜΗ
ΓΈΝΝΗΣΗ
ΣΟΚ
ΑΔΕΛΦΉ
ΑΝΤΊΚΕΣ
ΑΡΧΉ
ΔΆΣΟΣ
ΛΕΠΤΆ
ΟΡΘΟΓΡΑΦΊΑ
ΓΕΝΝΉΘΗΚΕ
ΟΔΥΝΗΡΆ
ΚΟΓΪΌΤ
ΦΌΡΟΥ
ΕΠΊΣΚΕΨΗ
ΔΑΧΤΥΛΊΔΙ
ΚΊΝΗΣΗ
ΑΝΟΙΧΤΉ
ΚΌΝΔΟΡΑΣ
ΚΆΘΟΜΑΙ
ΣΎΡΜΑ

```
O  K  E  J  C  V  A  Ί  Φ  A  P  Γ  O  Θ  P  O  D
W  T  V  J  P  C  M  T  B  R  M  X  U  D  S  F  V
U  H  M  I  Σ  Ί  P  K  Ά  Θ  O  M  A  I  F  B  E
K  Ί  N  H  Σ  H  Ύ  T  O  E  V  W  A  V  B  Φ  F
K  O  Γ  I  Ό  T  Σ  A  P  O  Δ  N  Ό  K  W  Ό  I
Σ  Y  N  A  Q  A  V  H  Ψ  E  K  Σ  Ί  Π  E  P  V
R  O  J  Λ  E  Π  T  Ά  N  N  R  R  Z  Δ  K  O  S
B  I  K  B  J  P  J  E  A  N  Q  J  H  A  H  Y  P
Ή  Φ  Λ  E  Δ  A  A  P  X  Ή  Έ  A  M  X  Θ  O  G
T  S  W  V  Ά  P  H  N  Y  Δ  O  Γ  D  T  Ή  Y  G
X  C  C  E  S  E  K  Ί  T  N  A  Z  Z  Y  N  N  S
I  R  C  X  O  E  C  V  R  T  R  P  N  Λ  N  E  X
O  W  Q  J  Σ  L  V  J  C  C  U  U  W  Ί  E  V  T
N  U  F  Y  F  P  K  Q  I  Z  G  K  K  Δ  Γ  X  R
A  W  M  B  G  I  Z  B  K  M  T  S  D  I  Q  L  Q
```

Puzzle 217

```
Π D E E R Λ Ε Π Τ Ή F O Έ B J F G
C P E N Έ P Γ E I A Σ K Ό K L E P
Q G Ό Π P O Ϊ Ό N T Ω N P N T K T
O Q P Θ Σ Y M P H D D R A A K O M
E S N K Y A I O T Έ T N M W Y F Y
S W Ύ Ά O M V P F W B J A L Z F S
W D O Θ I O Π Ω P Θ N Ά N O I X
Ξ W P I Έ Σ N I M Ω P O Ύ Ύ Z M Π
O Ω H Σ G Ώ Έ Λ F P H Λ O F N P
G S T E X P M Ά G L B T O Θ I I Ό
S W A I T B H K A K B K Π H G V T
D Y I Z K D Π Y H P E F Z M Q S Y
P K Δ Y P Ό A O B Y E E C I Z X Π
L J O K Z Γ Γ Π M E E U J M L V O
H O D L I B A M Δ H M Ό Σ I Ω N G
```

Puzzle 218

```
Y P L L E G W K Σ Ψ U T N I H A B
J A B P F Q Π Έ T H E R I K Λ Π A
A Ά Λ O Γ O O Λ I Λ E V K T E O N
I P Q N S B Δ Y Γ Ά G Ή Ή H K P T
P V K U B G O Φ M M K Λ Σ X T P A
Ά Σ I E V B Σ O Ή S M O E X P Ί N
T Y O E T A Φ Σ J S J T I X I Ψ A
I Y J Ύ X Ά A A P X Ί Σ E I K E K
N K Q W Π O Ί E M A T O D V Ό I Λ
A A V Y L A P E Q M Y Π N A C Ή A
M N Γ O Q R O N Έ M Σ A P Y O K W
U Ί D Ώ Y X Y G X P P D A R J I I
M Σ X Q N P P H C N X P O Ό W Π K
A I Q A H A E T F B O U M P S O Q
F Π G F U L N G D L Q J M O Y T J
```

Puzzle 219

A	K	A	Λ	O	K	A	I	P	I	N	Ό	J	D	B	Σ	R
Π	T	L	P	Π	X	A	Λ	A	P	Ώ	Σ	T	E	A	Y	Π
Λ	K	H	E	H	I	H	C	D	D	F	I	T	R	Σ	Λ	P
H	L	N	T	S	D	Ά	A	I	M	E	L	C	I	I	Λ	O
Θ	A	E	Ύ	Ό	X	Q	T	H	P	I	J	Y	E	K	Ά	Ό
Y	M	M	O	T	I	O	Λ	O	K	Ό	P	Π	M	Ό	B	Δ
Σ	I	Ό	K	B	P	O	N	É	M	Ω	Π	Σ	A	Λ	E	O
M	Q	X	Σ	C	Ά	X	Π	L	E	B	W	E	Q	D	I	Y
O	Y	E	E	W	Γ	Δ	H	M	O	K	P	A	T	I	K	Ή
Ύ	H	N	S	O	Γ	P	Y	X	Φ	A	J	K	N	Q	Z	Λ
M	U	Y	U	G	Y	O	P	E	T	Ό	I	Σ	Y	O	Λ	Π
E	G	Σ	X	C	O	Q	N	X	K	B	P	A	K	F	D	A
K	U	S	C	T	Φ	B	Q	K	O	O	Ί	E	Φ	A	P	Γ
O	V	I	S	F	Σ	Y	N	Ή	Θ	E	I	Σ	M	P	H	L
M	O	Λ	Ύ	B	Δ	O	Y	S	G	C	Y	M	W	A	B	C

ΠΟΙΌΤΗΤΑ
ΒΑΣΙΚΌ
ΠΛΗΘΥΣΜΟΎ
ΚΑΛΟΚΑΙΡΙΝΌ
ΛΑΣΠΩΜΈΝΟ
ΜΟΛΎΒΔΟΥ
ΔΗΜΟΚΡΑΤΙΚΉ
ΜΠΡΌΚΟΛΟ
ΣΥΝΉΘΕΙΣ
ΧΑΛΑΡΏΣΤΕ
ΠΙΆΤΟ
ΠΡΟΌΔΟΥ
ΦΌΡΕΜΑ
ΓΡΑΦΕΊΟ
ΣΚΟΎΤΕΡ
ΣΥΛΛΆΒΕΙ
ΠΛΟΥΣΙΌΤΕΡΟ
ΣΥΝΕΧΌΜΕΝΗ
ΣΦΟΥΓΓΆΡΙ
ΑΠΛΉ

Puzzle 220

ΚΟΝΤΆ
ΥΠΟΣΤΗΡΊΖΟΥΝ
ΡΙΝΌΚΕΡΟΣ
ΚΟΥΛΤΟΎΡΑ
ΤΎΠΟ
ΑΝΘΡΏΠΟΥΣ
ΘΛΙΒΕΡΉ
ΠΑΠΟΎΤΣΙ
ΦΤΆΣΕΙ
ΕΚΝΕΥΡΙΣΜΈΝΟΣ
ΑΠΟΘΉΚΕΥΣΗ
ΔΙΑΤΗΡΗΘΕΊ
ΈΣΠΑΣΕ
ΕΚΛΟΓΉ
ΕΒΔΟΜΆΔΑ
ΑΝΑΜΟΝΉΣ
ΤΕΊΝΟΥΝ
ΧΆΝΟΝΤΑΙ
ΑΤΟΜΙΚΉ
ΕΜΠΕΙΡΊΑ

P	I	N	Ό	K	E	P	O	Σ	D	O	H	Δ	Φ	E	W	A
T	E	Ί	N	O	Y	N	P	L	I	Y	Σ	I	T	K	H	A
N	Y	O	Z	Ί	P	H	T	Σ	O	Π	Y	A	Ά	N	F	U
T	Ύ	Π	O	T	Z	V	M	R	T	V	E	T	Σ	E	Z	P
E	M	Π	E	I	P	Ί	A	P	K	F	K	H	E	Y	J	H
K	O	N	T	Ά	A	T	O	M	I	K	Ή	P	I	P	T	O
C	M	K	E	Θ	P	X	F	C	N	M	Θ	H	Σ	I	K	A
E	J	F	N	U	Λ	J	Ά	H	H	W	O	Θ	T	Σ	F	N
A	B	Y	G	T	K	I	U	N	M	H	Π	E	Ύ	M	O	O
E	E	Δ	R	Q	I	R	B	T	O	W	A	Ί	O	É	U	P
Σ	Ή	N	O	M	A	N	A	E	Q	N	B	F	Π	N	N	Ώ
A	W	H	A	M	H	J	Q	M	P	U	T	G	A	O	C	Π
Π	Y	N	B	T	Ά	Q	W	T	A	Ή	K	A	Π	Σ	C	O
Σ	Y	O	J	V	T	Δ	E	K	Λ	O	Γ	Ή	I	B	N	Y
Έ	T	Y	P	R	G	Q	A	P	Ύ	O	T	Λ	Y	O	K	Σ

Puzzle 221

T	A	S	W	Ά	D	D	R	R	C	K	Ί	N	Δ	Y	N	O
J	I	Y	U	P	E	W	Q	J	J	Y	L	Σ	K	V	R	B
Έ	Σ	Γ	W	P	B	Ξ	Δ	I	Ά	Δ	P	O	M	O	G	G
X	Θ	K	R	Ω	V	K	A	Φ	M	Z	R	A	L	K	J	P
O	Ά	P	I	Σ	U	Z	U	P	O	Έ	Σ	Έ	O	U	A	Q
Y	N	Ί	H	T	P	O	V	G	T	B	Ξ	M	H	H	N	Λ
N	Θ	N	X	O	I	C	P	J	B	Ά	O	Y	Q	N	T	Ω
P	H	E	B	A	Σ	I	Λ	I	K	Ή	T	Ύ	Π	L	Ί	P
H	K	T	K	O	Ύ	K	Λ	A	G	F	C	A	N	N	O	Ί
S	E	E	Ύ	P	H	M	A	Ί	N	Ω	G	I	T	H	Δ	
Σ	Y	P	T	Ά	P	I	P	Ά	Γ	Y	E	Z	J	M	A	A
G	U	B	E	L	P	D	D	G	F	U	Q	S	W	O	D	I
Σ	Y	M	M	E	T	Έ	X	Ω	N	E	C	J	I	V	A	O
K	A	M	H	Λ	O	Π	Ά	P	Δ	A	Λ	H	R	H	K	J
K	I	P	N	O	G	C	O	M	G	D	L	T	Y	M	C	V

ΆΡΡΩΣΤΟ
ΈΞΥΠΝΗ
ΚΟΎΚΛΑ
ΛΩΡΊΔΑ
ΣΥΜΜΕΤΈΧΩΝ
ΖΕΥΓΆΡΙ
ΑΝΤΊΟ
ΚΑΜΗΛΟΠΆΡΔΑΛΗ
ΜΈΛΟΣ
ΕΞΑΡΤΆΤΑΙ
ΈΧΟΥΝ
ΓΩΝΊΑ
ΑΙΣΘΆΝΘΗΚΕ
ΣΥΓΚΡΊΝΕΤΕ
ΒΑΣΙΛΙΚΉ
ΣΥΡΤΆΡΙ
ΚΊΝΔΥΝΟ
ΔΙΆΔΡΟΜΟ
ΦΟΒΟΎΝΤΑΙ
ΕΎΡΗΜΑ

Puzzle 222

ΡΑΠΑΝΆΚΙ
ΠΑΡΑΚΟΛΟΎΘΗΣΑΝ
ΣΟΦΊΑΣ
ΤΣΆΝΤΑ
ΣΥΜΒΟΎΛΙΟ
ΠΡΑΓΜΑΤΙΚΉ
ΠΡΏΗΝ
ΑΠΌΚΡΥΨΗ
ΑΠΟΣΤΑΛΕΊ
ΜΥΡΩΔΙΆ
ΠΡΑΓΜΑΤΙΚΆ
ΑΝΤΙΣΤΆΘΜΙΣΗΣ
ΡΥΖΙΟΎ
ΑΛΛΗΛΕΠΊΔΡΑΣΗ
ΜΠΑΛΌΝΙΑ
ΧΡΏΜΑΤΑ
ΜΥΑΛΌ
ΔΗΛΗΤΉΡΙΟ
ΣΤΑΘΕΊ
ΚΑΘΡΈΦΤΗ

M	X	Σ	Y	M	B	O	Ύ	Λ	I	O	D	M	P	X	D	T
Y	P	Π	P	A	Γ	M	A	T	I	K	Ά	X	T	C	C	C
A	Ώ	Δ	H	Λ	H	T	Ή	P	I	O	W	U	B	E	G	L
Λ	M	Y	F	H	Σ	A	P	Δ	Ί	Π	E	Λ	H	Λ	Λ	A
Ό	A	I	N	Ό	Λ	A	Π	M	B	P	R	V	Q	I	Σ	G
D	T	Π	P	A	Γ	M	A	T	I	K	Ή	Ώ	A	D	T	Ί
Σ	A	Ί	Φ	O	Σ	M	O	W	J	C	E	X	H	D	A	E
Π	A	P	A	K	O	Λ	O	Ύ	Θ	H	Σ	A	N	Θ	Λ	
R	T	N	X	P	Ύ	W	D	O	G	U	X	V	R	K	E	A
Y	N	C	U	Z	T	O	F	H	V	G	Q	A	T	T	Ί	T
G	Ά	N	F	A	N	T	I	Σ	T	Ά	Θ	M	I	Σ	H	Σ
S	Σ	U	P	D	B	O	Y	Z	A	N	E	N	H	J	O	O
J	T	H	I	Ά	I	Δ	Ω	P	Y	M	T	N	L	C	K	Π
K	A	Θ	P	Έ	Φ	T	H	Ψ	Y	P	K	Ό	Π	A	J	A
Y	Q	I	K	W	X	Y	P	A	Π	A	N	Ά	K	I	C	X

Puzzle 223

```
Π Ε Ρ Ι Ε Χ Ο Μ Έ Ν Ο Υ V F O S K
Φ J I I W Η Σ Α Ρ Δ Ί T N A M Q A
Υ V I O D D A M Ί Z K H K P S V N
T R V F H G Σ N A Ί Λ O K Y E O
Ά A B B I D H I V A I O M Ό N A N
M O N I L K M P V Έ N T O N O Σ I
Φ O Ρ H T Έ Ό A I Ω M N N I V Σ
U A Y W T D K Σ X X E D B A O I M
B B R Z P Q U Ω G G Σ A A Ί Γ W O
E N V T Ώ B E Λ I Σ Ί Ά W Σ M U I Ύ
Π Ρ Ο Σ N X V A T W Φ R I E F B Γ
D L A X E Ά Ι K P Y O T Λ P Y P K
Σ K Ί O Y P O Σ M G Π U I H L W A
Σ K O N I Σ M Έ N O A T Ά C M R E
Ε Π Ι Σ T Ή M O N A Σ I Z G W S U
```

ΦΥΤΆ
ΦΟΡΗΤΈΣ
ΤΡΏΝΕ
ΗΡΕΜΊΑ
ΓΙΓΑΝΤΙΑΊΑ
ΣΚΟΝΙΣΜΈΝΟ
ΠΕΡΙΕΧΟΜΈΝΟΥ
ΠΡΟΣ
ΈΝΤΟΝΟΣ
ΕΠΙΣΤΉΜΟΝΑΣ
ΚΑΝΟΝΙΣΜΟΎ
ΑΠΟΦΆΣΕΩΝ
ΒΑΣΙΛΙΆ
ΕΥΚΟΛΊΑ
ΑΝΤΊΔΡΑΣΗ
ΣΚΊΟΥΡΟΣ
ΟΙ
ΑΝΌΜΟΙΑ
ΚΑΛΩΣΌΡΙΣΜΑ
ΤΟΥΡΚΊΑ

Puzzle 224

ΕΞΈΠΛΗΞΕ
ΤΑΞΊΔΙ
ΔΕΝ
ΕΠΊΣΗΜΟ
ΕΥΚΑΙΡΊΑ
ΠΊΕΣΗ
ΨΕΥΔΉ
ΘΎΜΑ
ΓΕΎΣΗ
ΕΦΗΜΕΡΊΔΑ
ΣΥΝΑΊΣΘΗΜΑ
ΦΎΛΛΟ
ΠΟΤΑΜΟΎ
ΔΙΑΔΙΚΑΣΊΑ
ΤΡΈΧΕΙ
ΠΟΥΛΊ
ΕΝΤΆΞΕΙ
ΛΎΣΗ
ΓΆΙΔΑΡΟ
ΤΥΧΕΡΟΊ

```
O M Y P E E W S X B D C Y Z T E D
T G Q E Φ Π V L L U M T S V O V D
A M Ύ Θ H Ί O P E X Y T Γ Δ E Y V
Ξ Π X B M Σ Λ E X Σ E U S E E K Z
Ί O B K E H Λ Ξ Π Υ S N N A Ύ N Z
Δ T K Δ P M Ύ Έ Ί N E N T F K Σ I
I A E I Ί O Φ Π E A V V R Ά N U H
E M Y A Δ Γ Z Λ Σ Ί Λ Y O Π Ξ F W
X O K Δ A Ά A H H Σ E C X Y Ψ E E
Έ Ύ A I D I C Ξ R Θ G I O G E E I
P U I K B Δ S E G H M T I Q Y A P
T Λ P A T A V D Z M F O C V Δ M N
Z Ύ Ί Σ W P I V P A W W H N Ή G X
W Σ A Ί C O Q A Q U O M L N J D M
E H C A A D X D D M B S F X T X Q
```

Puzzle 225

```
K M O L Q N J G I N K X D N A B F
Π A H R A O L A E F C U P R L Ί B
A N T Λ O B D F F V N H Z Ώ K A I
P Έ Ί A P B Έ Z G T E I I G M Σ B
A N Λ Ί Δ I A Π E T E Σ Ύ O K A Λ
T A O E Π Ύ M Π Λ E Q B Z C K Y Ί
H K Π K Ά P Σ O T A M Ό N O N H O
P Γ N Π Θ A Ω E T Σ Ή P Ω X O P Π
Ή E H O Λ T Σ I I W C B W J T U F
Σ I K M I D Έ E N Σ A N Z D D C T
T A M Π A M M Σ R Ό G F J D F A K
E S Y Ή V S A Ά F N U K X I K J L
O C V N B M Δ G U K O B N Q N R
S Y Q J J B G E O L U Z E S G U I
D B C D J W C Γ T X D X O G R R X
```

ΟΝΌΜΑΤΟΣ
ΒΟΛΤ
ΓΕΙΑ
ΓΕΛΆΣΕΙ
ΠΡΟΧΩΡΉΣΤΕ
ΠΑΙΔΊ
ΠΡΩΙΝΌ
ΚΑΤΑΔΎΣΕΙΣ
ΚΑΝΈΝΑ
ΒΊΑΣ
ΒΙΒΛΊΟ
ΖΈΒΡΑ
ΠΑΡΑΤΗΡΉΣΤΕ
ΑΚΟΎΣΕΤΕ
ΆΘΛΙΑ
ΧΡΏΜΑ
ΕΚΠΟΜΠΉ
ΑΜΈΣΩΣ
ΠΟΛΊΤΗ
ΜΠΛΕ

Puzzle 226

ΓΛΩΣΣΆΡΙΟ
ΦΊΛΟΥΣ
ΠΗΓΉΣ
ΚΑΤΣΙΚΊΣΙΟ
ΚΑΛΎΠΤΟΝΤΑΙ
ΕΥΧΉ
ΛΆΘΟΣ
ΙΣΤΟΡΊΑ
ΞΕΣΠΆΣΕΙ
ΑΝΑΤΟΛΙΚΆ
ΠΕΤΣΈΤΑ
ΚΌΚΟΡΑ
ΑΓΕΛΆΔΑ
ΠΑΡΑΛΊΑ
ΣΩΣΤΉ
ΠΡΟΜΉΘΕΙΕΣ
ΤΟ
ΑΝΕΞΆΡΤΗΤΟ
ΑΠΟΤΈΛΕΣΜΑ
ΒΑΜΠΊΡ

```
Φ A C R U I U Ξ X V P V E U G E A
Ί S Y C L W E A E S Z I G J R V Γ
Λ H Z J S M C A V Σ P S E Y X Ή E
O A N A T O Λ I K Ά Π T T I R T Λ
Y T I E K Λ K T D T I Ά O U F Σ Ά
Σ Ή Γ H Π Ό Ά Q U J Σ P Σ U H Ω Δ
B A M Π Ί P K Θ C I T O Z E O Σ A
D Ί B O P L M O O I O E E X I J T
J Λ R N M H K V P Σ P Y M F P Y Έ
A A C I O J W H S A Ί S G E A Ύ Σ
F P O I Σ Ί K I Σ T A K P E Σ T
S A X A N E Ξ Ά P T H T O K Σ Z E
O Π A Π O T Έ Λ E Σ M A X W Ω H Π
C V C M X H I A T N O T Π Ύ Λ A K
K B T F Π P O M Ή Θ E I E Σ Γ A M
```

Puzzle 227

```
S  P  E  I  E  Ψ  Έ  N  Ω  X  Δ  J  I  A  R  A
D  G  Ή  A  C  U  X  H  Q  X  Έ  Σ  Ί  E  Δ  M  E
J  R  P  T  V  G  W  Σ  D  Z  P  T  N  Π  Ύ  T  Σ
Q  Q  E  P  Q  R  T  Ω  W  X  M  Ά  X  Σ  O  R  Ά
Φ  F  Θ  I  R  T  V  Σ  V  V  A  Δ  O  Y  Λ  Σ  N
U  Ω  A  K  D  A  W  T  T  I  W  I  B  M  A  A  T
H  H  T  Ή  W  N  U  Ό  Y  T  M  O  O  B  T  Ί  O
Q  R  Σ  I  Q  A  O  P  Ί  Z  O  Y  N  A  E  N  Y
R  A  K  Π  Ά  M  X  O  M  Δ  Ώ  P  O  Ί  Π  Ω  I
F  W  A  M  Q  O  K  A  G  L  N  W  Z  N  R  Φ  T
C  A  Ό  T  N  K  T  P  O  I  I  X  O  B  M  Σ
Y  D  F  X  Q  Ή  B  C  E  O  D  V  E  Y  G  Y  Q
R  X  I  G  Q  I  B  W  I  Y  Ύ  Y  B  N  J  Σ  O
N  Y  G  Y  L  Γ  B  G  O  D  X  M  W  L  U  F  J
P  E  K  Γ  P  Y  O  Π  M  Ά  X  I  E  S  E  N  W
```

ΑΝΑΜΟΝΉ
ΣΤΆΔΙΟ
ΣΤΑΘΕΡΉ
ΠΕΤΑΛΟΎΔΑ
ΦΩΤΙΆ
ΔΏΡΟ
ΟΡΊΖΟΥΝ
ΜΕ
ΙΑΤΡΙΚΉ
ΧΆΜΠΟΥΡΓΚΕΡ
ΧΩΝΈΨΕΙ
ΔΈΡΜΑ
ΣΥΜΒΑΊΝΟΥΝ
ΛΊΠΟΣ
ΧΌΜΠΙ
ΣΥΜΦΩΝΊΑΣ
ΥΓΙΉ
ΣΩΣΤΟ
ΣΆΝΤΟΥΙΤΣ
ΧΑΡΟΎΜΕ

Puzzle 228

ΚΆΠΟΙΟΣ
ΤΑΞΊ
ΔΙΑΘΈΤΟΥΝ
ΑΣ
ΓΡΑΦΕΊΟΥ
ΠΑΡΆ
ΌΜΟΡΦΗ
ΓΡΉΓΟΡΗ
ΓΕΝΝΑΊΑ
ΕΞΑΙΡΕΤΙΚΆ
ΟΙΚΟΓΕΝΕΙΑΚΌ
ΚΡΎΟ
ΚΟΥΝΕΛΙΏΝ
ΘΕΊΟΣ
ΠΑΡΟΝΟΜΑΣΤΉ
ΠΟΥΛΌΒΕΡ
ΜΕΓΆΛΑ
ΧΕΙΜΏΝΑ
ΠΡΟΣΠΆΘΕΙΑ
ΓΡΑΜΜΉ

```
O  X  Θ  F  T  R  K  Γ  M  A  E  G  I  M  U  K  Γ
I  M  E  B  W  O  Ά  P  Γ  E  B  P  W  R  Π  O  E
G  D  Ί  H  N  E  Π  Ή  Q  P  Γ  J  S  N  O  Y  N
M  Y  O  N  F  H  O  Γ  J  J  A  Ά  P  C  Y  N  N
V  K  Σ  S  D  O  I  O  X  O  A  M  Λ  K  Λ  E  A
N  C  A  A  R  S  O  P  H  W  G  L  M  A  Ό  Λ  Ί
Y  D  L  P  I  S  Σ  H  Φ  P  O  M  Ό  Ή  B  I  A
O  I  K  O  Γ  E  N  E  I  A  K  Ό  O  B  E  Ώ  Q
T  L  T  T  V  K  Θ  N  H  C  Π  A  P  Ά  P  N  F
Έ  S  N  A  Z  P  Z  Ά  K  I  T  E  P  I  A  Ξ  E
Θ  U  M  Ξ  Y  Ύ  D  P  Π  K  X  E  I  M  Ώ  N  A
A  Y  E  Ί  F  O  G  A  V  Σ  F  C  H  U  D  Y  T
I  X  N  T  T  G  K  S  J  Y  O  Ί  E  Φ  A  P  Γ
Δ  H  Y  F  K  E  T  I  C  U  M  P  A  W  F  T  K
Π  A  P  O  N  O  M  A  Σ  T  Ή  W  Π  J  L  X  Q
```

Puzzle 229

```
Δ  Έ  Σ  Μ  Ε  Υ  Σ  Η  V  X  Z  Y  D  J  J  Z  L
Ε  Λ  Έ  Φ  Α  Ν  Τ  Α  R  Y  J  B  D  Z  A  O  K
I  Δ  Ύ  Μ  Μ  Ε  Ρ  K  P  P  L  T  A  X  R  I  N
V  R  C  R  Y  P  R  Y  Ή  I  B  K  J  Q  Θ  L
J  V  P  P  Θ  Ή  Υ  T  I  X  T  L  W  T  T  Ί  M
S  B  S  Τ  Ό  Π  L  Ε  X  Σ  Η  Σ  Ω  Ρ  Ή  Λ  Π
F  M  C  M  P  H  S  K  U  Ε  Μ  Φ  Α  S  P  H  I
K  Ο  Τ  Ό  Π  Ο  Υ  Λ  Ο  Ν  Ε  Ω  Τ  Ρ  I  Ε  Z
Ε  Θ  Ν  I  Κ  Ό  Σ  R  U  Έ  Τ  Ν  Ρ  Γ  Β  Ί  Έ
J  O  B  U  W  D  B  Ε  J  Π  Α  Ά  Υ  Ε  Μ  Ν  Λ
Ε  Κ  Π  Α  Ί  Δ  Ε  Υ  Σ  Η  Φ  Z  Φ  Ν  Ά  Α  I
Μ  Η  Χ  Α  Ν  Ή  Ρ  K  U  I  O  O  Ε  I  Τ  I  X
W  P  F  P  P  F  L  K  Z  G  P  Y  Ρ  K  I  I  H
X  Ν  Υ  P  I  C  F  Y  K  D  Ά  Ν  Ά  Ή  A  A  X
X  H  C  T  W  W  S  R  Y  U  Σ  Ν  F  M  A  T  L
```

ΔΈΣΜΕΥΣΗ
ΠΛΉΡΩΣΗΣ
ΒΡΑΣΤΉΡΑ
ΚΟΤΌΠΟΥΛΟ
ΠΉΡΕ
ΤΡΥΦΕΡΆ
ΗΛΊΘΙΟ
ΜΆΤΙΑ
ΓΕΝΙΚΉ
ΕΊΝΑΙ
ΕΘΝΙΚΌΣ
ΜΠΙΖΈΛΙ
ΠΈΝΕΣ
ΜΕΤΑΦΟΡΆΣ
ΕΚΠΑΊΔΕΥΣΗ
ΦΩΝΆΖΟΥΝ
ΚΡΕΜΜΎΔΙ
ΕΛΈΦΑΝΤΑ
ΠΡΌΘΥΜΑ
ΜΗΧΑΝΉ

Puzzle 230

ΠΑΡΑΠΆΝΩ
ΕΝΟΧΛΕΊ
ΑΚΑΝΌΝΙΣΤΗ
ΠΕΊΤΕ
ΚΑΠΈΛΟ
ΦΡΟΎΤΑ
ΒΡΑΔΙΆ
ΞΑΦΝΙΚΆ
ΜΊΛΗΣΕ
ΒΙΒΛΙΟΘΉΚΗ
ΔΩΡΕΆΝ
ΠΛΕΥΡΈΣ
ΒΟΟΕΙΔΉ
ΒΟΥΒΆΛΙΑ
ΕΝΕΡΓΌΣ
ΠΑΝΊ
ΕΙΣΒΆΛΟΥΝ
ΜΗΧΑΝΙΚΆ
ΣΥΝΕΡΓΆΖΟΝΤΑΙ
ΜΆΘΟΥΝ

```
Β  P  X  Ε  Q  R  H  R  M  M  B  C  F  B  H  B  Σ
H  T  Σ  I  N  Ό  N  A  K  A  M  M  B  C  W  I  Y
C  G  Q  Σ  Έ  P  Υ  Ε  Λ  Π  Π  U  D  Q  V  B  N
X  X  H  B  D  F  N  Q  F  S  N  Ε  R  R  U  Λ  Ε
S  U  I  Ά  V  Σ  Ό  Γ  P  Ε  N  Ε  Ί  I  C  I  P
S  Ε  S  Λ  O  N  D  K  I  M  N  D  O  T  L  O  Γ
U  Ά  U  O  A  V  K  T  F  Ά  Ά  O  I  W  Ε  Θ  Ά
O  I  Ή  Υ  P  V  O  Υ  U  Θ  Ε  K  X  I  Ε  Ή  Z
I  Δ  Δ  N  X  U  L  B  X  O  P  R  Ξ  Λ  Ε  K  O
Φ  A  I  Λ  Ά  B  Υ  O  B  Υ  Ω  J  A  U  Ε  H  N
A  P  Ε  Σ  H  Λ  Ί  M  U  N  Δ  Ε  Φ  M  Q  Ί  T
G  B  O  S  X  Q  K  A  Π  Έ  Λ  O  N  Y  I  N  A
A  D  O  Ύ  Π  A  P  A  Π  Ά  N  Ω  I  N  M  A  I
N  C  B  I  T  D  P  T  T  C  Ε  V  K  R  R  Π  J
T  Ά  K  I  N  A  X  H  M  C  Ε  F  Ά  K  L  I  B
```

Puzzle 231

```
O W J G W Σ A M Λ G P Q R T C Σ Δ
A F B R R O I V D O I S R Z Z T E
Π K Δ W D Y Λ Z K V Υ Ή S L W Ά Δ
O Ή I S T H U Ύ M A L K I L D Θ O
Δ K E Φ A Δ G F Σ G C I Ά O E H M
Ώ I Υ Θ Ξ Ό T T Ό E R Σ M N S K Έ
Σ T K H Ί Σ K Q B T I Y O P I E N
E A P N Δ W Z K Σ S G O F U X K A
I M Ή I H F N A G E M E R W M A
Σ A N E A F Σ O T A M Ή T Σ Y Σ M
L P Ί S X X W Ί R K Ύ G S J Z B F
Z Δ Σ E Π Έ T E I O O G W D L Y T
W B E K I U N Γ I R Λ M O A P G S
L G I C W Z C Y S H A A M L Y G A
E I Σ Ό Δ O Y Ψ Σ Ή K I P T N E K
```

ΜΑΣ
ΛΎΣΕΙ
ΔΡΑΜΑΤΙΚΉ
ΕΠΈΤΕΙΟ
ΔΙΕΥΚΡΙΝΊΣΕΙ
ΚΕΝΤΡΙΚΉ
ΚΑΛΟΎΜΕ
ΤΑΞΊΔΙΑ
ΣΥΣΤΉΜΑΤΟΣ
ΨΥΓΕΊΟ
ΜΟΥΣΙΚΉ
ΕΙΣΌΔΟΥ
ΑΣΒΌΣ
ΦΘΗΝΉ
ΣΤΆΘΗΚΕ
ΔΕΔΟΜΈΝΑ
ΣΟΥΗΔΌΣ
ΛΟΥΚΆΝΙΚΑ
ΑΠΟΔΏΣΕΙ
ΣΥΝΈΧΕΙΑ

Puzzle 232

ΔΌΝΤΙ
ΠΆΠΙΑ
ΑΡΣΕΝΙΚΌ
ΌΤΙ
ΜΟΛΎΒΙ
ΑΝΤΙΣΤΑΘΕΊ
ΣΥΜΠΎΚΝΩΜΑ
ΤΡΊΑ
ΔΕΙΛΆ
ΈΒΔΟΜΗ
ΒΉΜΑ
ΤΡΟΜΕΡΉ
ΕΚΣΤΡΑΤΕΊΑ
ΔΥΝΑΤΌΝ
ΤΊΤΛΟ
ΜΕΛΛΟΝΤΙΚΉ
ΟΔΟΝΤΌΠΑΣΤΑ
ΓΗΣ
ΖΕΣΤΌ
ΝΗΣΊ

```
H V K O Π B B F H M O Δ B Έ A T L
K P L B Ά Λ I E Δ O Λ V B Ή M A Q
F S W G Π D G R O Λ T O A V E Ή X
J Ή A X I K U X T Ύ Ί E H W V K T
T P Ί A A O F N B B T F J Y X I Q
R E E E Q E N Ό K I N E Σ P A T N
F M T M Θ A D V A A F B C K N N H
Δ O A A U A T Σ A Π Ό T N O Δ O Σ
Ό P P N H R T Z E Σ T Ό Ό J J Λ Ί
N T T Ό X C S Σ H Γ X S T P J Λ E
T B Σ Y T N G T I S W P A K S E B
I L K V U I O N D T D N N E O M K
P Z E H H H L M P I N N Y M V Z H
Σ Y M Π Ύ K N Ω M A N A Δ V R V D
F D P P X N C O F U P B E Q Q I O
```

Puzzle 233

```
Q J M W C R A Π A P A K M Ή L W Z
N V V P N L N Π Π A P O Ύ Σ A B Y
V W B N P L T X M A P I Θ M H T Ή
O L Q O P Y I Z S Ά T N T U H R Q
J H N F B Y Π Y Y Z Λ R C W R A Q
Y A X H Φ O P T Σ Ί T N A O H Q A
Π A I Δ I Ά O M E Γ A Λ Ώ N O Y N
Έ Ό X G B I Σ N D T B C T Q I O T
Ί K G F M K Ω U A K Ξ K Z Q P Σ N
N Y Δ Q X Y Π N B H R Ί C O Ύ T W
T Λ T O J Λ E Z I K G E P N A U W
Σ H V G Σ Γ Ύ Λ E O Π Ά P Δ A Λ H
E Θ A I P H O Σ T O I X E Ί O L N
Σ W Y Q N O Y Γ Y A Λ I Σ T E P Ή
Γ Έ Φ Y P A N A Π O P P Ό Φ H Σ H
```

ΡΊΞΤΕ
ΑΝΤΙΣΤΡΟΦΗ
ΠΑΡΟΎΣΑ
ΠΑΙΔΙΆ
ΊΝΤΣΕΣ
ΠΑΡΑΚΜΉ
ΣΤΟΙΧΕΊΟ
ΛΕΟΠΆΡΔΑΛΗ
ΑΎΡΙΟ
ΛΆΜΠΑ
ΈΚΔΟΣΗ
ΓΈΦΥΡΑ
ΑΡΙΘΜΗΤΉ
ΑΠΟΡΡΌΦΗΣΗ
ΘΗΛΥΚΌ
ΓΛΥΚΙΆ
ΓΥΑΛΙΣΤΕΡΉ
ΣΟΥ
ΜΕΓΑΛΩΝΟΥΝ
ΑΝΤΙΠΡΟΣΩΠΕΎΟΥΝ

Puzzle 234

ΑΠΌΦΟΙΤΟΣ
ΤΕΧΝΙΚΉ
ΔΎΟ
ΝΥΧΤΕΡΊΔΑ
ΜΠΑΜΠΆ
ΜΆΤΙ
ΕΥΓΕΝΙΚΌ
ΣΥΝΆΝΤΗΣΗ
ΟΚΤΏ
ΚΟΥΚΟΥΒΆΓΙΑ
ΘΌΡΥΒΟ
ΧΆΣΕΤΕ
ΚΑΤΗΓΟΡΊΑ
ΚΑΘΑΡΌ
ΤΡΕΛΌ
ΠΑΠΟΎΤΣΙΑ
ΑΚΡΊΔΑ
ΓΕΝΝΑΙΟΔΩΡΊΑ
ΈΚΑΝΕ
ΓΡΑΒΆΤΑ

```
T W D Γ P A B Ά T A Δ Ί P K A Π M
P P A Π Ό Φ O I T O Σ V G Q U A Π
E T E Σ Ά X Ύ W A D Q K Y P D Π A
Λ F T N C X Δ U U N J G X T Z O M
Ό B D A Ί P Ω Δ O I A N N E Γ Ύ Π
K Θ O Δ Έ E V E F Σ I K I D T T Ά
I Y Ό Ί T K M F K Y Γ M Ά T I Σ I
N U P P I L A E W N Ά J I B V I Y
E B A E Y Q F N P Ά B I W V U A W
Γ N Θ T M B P U E N Y K T X Q T D
Y D A X O H O O C T O B L P H V E
E U K Y G K C Z F H K D U C N K C
Ή K I N X E T Y P Σ Y J X W F O B
K Y S P X R R Ώ M H O N D D T O A
Q B A Ί P O Γ H T A K H J Q O H Z
```

Puzzle 235

```
I  I  E  Λ  Ά  B  A  N  A  R  Z  X  L  Q  Q  Z  L
C  I  N  Ί  F  M  Z  V  K  I  R  W  F  P  K  E  S
S  G  O  E  Σ  H  Σ  H  P  Ή  T  A  P  A  Π  Λ  H
D  A  P  Ά  Π  O  G  V  F  K  E  M  X  Z  H  Έ  Λ
G  U  Έ  T  B  T  Δ  A  P  K  T  I  K  E  Σ  E  I
Γ  M  Φ  A  O  R  Ά  O  K  R  X  T  M  G  A  Π  Ό
K  Π  A  E  L  P  O  Q  Σ  Q  W  Σ  W  E  Έ  I  Λ
P  O  I  Γ  Έ  Λ  O  K  H  T  E  Ό  M  K  Φ  T  O
Ί  Y  Δ  Q  Y  S  U  E  T  Σ  O  N  Θ  Έ  A  P  Y
Z  K  N  V  K  A  Y  L  X  F  F  T  A  P  P  O  Σ
A  Ά  E  J  T  Z  L  O  Ί  R  X  L  N  Δ  Γ  Π  T
V  Λ  N  S  E  O  O  H  A  S  G  C  T  I  Γ  Ή  H
E  I  E  Σ  Ά  Π  Σ  O  Π  A  C  V  X  Σ  Y  G  V
M  A  M  I  T  F  K  U  P  H  C  X  T  A  Σ  F  M
O  E  L  X  H  M  Q  V  L  R  S  Y  C  N  Z  V  G
```

ΚΈΡΔΙΣΑΝ
ΠΆΡΑ
ΖΕΛΈ
ΑΠΟΣΠΆΣΕΙ
ΤΑ
ΓΚΡΊΖΑ
ΚΟΛΈΓΙΟ
ΕΊΣΟΔΟΣ
ΕΠΤΆ
ΗΛΙΌΛΟΥΣΤΗ
ΑΝΑΒΆΛΕΙ
ΕΠΙΤΡΟΠΉ
ΝΌΣΤΙΜΑ
ΈΘΝΟΣ
ΕΝΔΙΑΦΈΡΟΝ
ΜΠΟΥΚΆΛΙΑ
ΠΑΊΧΤΗΣ
ΣΥΓΓΡΑΦΈΑΣ
ΠΑΡΑΤΉΡΗΣΗΣ
ΑΡΚΤΙΚΈΣ

Puzzle 236

ΠΑΡΆΓΟΝΤΑ
ΑΛΕΎΡΙ
ΠΛΥΝΤΗΡΊΟΥ
ΔΙΑΤΗΡΟΎΝΤΑΙ
ΧΆΛΥΒΑ
ΣΤΉΡΙΞΗΣ
ΜΕΤΑΦΟΡΆ
ΕΝΤΟΠΙΣΜΌ
ΈΝΤΕΚΑ
ΈΝΑ
ΛΟΥΛΟΎΔΙ
ΠΕΤΡΕΛΑΊΟΥ
ΤΡΕΜΆΜΕΝΟ
ΜΊΣΟΥΣ
ΕΜΦΆΝΙΣΗ
ΝΌΤΙΟ
ΘΈΑΜΑ
ΦΆΣΗ
ΕΚΑΤΟΜΜΎΡΙΑ
ΠΡΟΓΡΆΜΜΑΤΟΣ

```
N  Ό  T  I  O  L  L  H  E  V  X  Ά  Λ  Y  B  A
I  Δ  Ύ  O  Λ  Y  O  Λ  I  J  A  W  N  E  R  L  I
X  Π  I  D  S  Έ  L  M  T  H  K  P  X  Q  Π  E  P
H  W  P  A  O  N  E  M  Ά  M  E  P  T  J  Λ  N  Ύ
R  I  Ύ  O  T  A  M  A  Έ  Θ  T  L  M  C  Y  T  M
W  U  E  G  Γ  H  A  M  V  E  N  M  Ί  O  N  O  M
H  Z  Λ  S  D  P  P  M  E  J  Έ  T  Σ  W  T  Π  O
A  W  A  R  V  H  Ά  O  I  T  L  G  O  Σ  H  I  T
Z  O  V  Έ  K  V  E  M  Ύ  A  A  X  Y  H  P  Σ  A
T  Q  K  L  L  B  Z  F  M  N  W  Φ  Σ  Ξ  Ί  M  K
Π  A  P  Ά  Γ  O  N  T  A  A  T  E  O  I  O  Ό  E
Π  E  T  P  E  Λ  A  Ί  O  Y  T  A  U  P  Y  P  L
K  G  N  A  I  V  Q  P  V  N  I  O  Ί  H  Ά  Z  B
H  E  M  Φ  Ά  N  I  Σ  H  Σ  Ά  Φ  Σ  T  J  I  E
M  V  R  F  T  T  J  L  P  U  S  Q  K  Σ  D  R  R
```

Puzzle 237

```
Δ Π Α Ύ Σ Η Μ Ο Τ Ν Ύ Σ N J W F B
U P W O L Q E D G S G M G T O Q J
Τ Π Ά C B Υ Ο Λ Α Π Ό P E Z I N O
P Λ Υ K R D N Δ I A P P O Ή E N F
O H X T O P H J T M E N O W Ξ P D
Φ P D Ά A Σ M Υ Π E N Θ Υ M Ί Σ Ω
O O M M X J Ί G O M Δ R O M Λ K H
Δ Ύ X A A Ω P B H Ά Γ Ί I Q Y U Γ
O N Σ Ή M A T O Σ N K M N Q T X N
Σ T J Y Σ P R Φ D X A M H O K D Ώ
Ί A V G A T M V A E Z Z A B Y O M
A I K O T Έ V R K Ξ Ό J I L T N H
Σ K X E Π Π Υ B C M N G Q N V G Σ
U H H K Ά A Π Ό Λ Υ T H R D U B Z
C G G B Φ E N O X Λ Ή Σ E I K Y V
```

ΓΚΑΖΌΝ
ΤΥΛΊΞΕΙ
ΑΠΌΛΥΤΗ
ΤΡΟΦΟΔΟΣΊΑΣ
ΞΕΧΝΆΜΕ
ΔΙΑΡΡΟΉ
ΔΊΝΟΥΝ
ΤΡΊΜΗΝΟ
ΦΤΩΧΆ
ΓΝΏΜΗΣ
ΕΝΟΧΛΉΣΕΙ
ΣΉΜΑΤΟΣ
ΠΛΗΡΟΎΝΤΑΙ
ΔΡΆΚΟΣ
ΣΎΝΤΟΜΗ
ΠΑΎΣΗ
ΠΈΤΡΑ
ΦΆΝΤΑΣΜΑ
ΥΠΕΝΘΥΜΊΣΩ
ΡΌΠΑΛΟ

Puzzle 238

ΑΥΤΟΚΊΝΗΤΟ
ΚΑΝΟΝΊΣΕΙ
ΜΠΛΟΎΖΑ
ΧΑΡΟΎΜΕΝΑ
ΛΙΒΆΔΙ
ΠΟΛΥΘΡΌΝΑ
ΑΠΟΣΤΟΛΉΣ
ΠΕΡΊΠΛΟΚΗ
ΆΚΑΜΠΤΗ
ΔΕΊΚΤΗ
ΓΙΑΤΡΌΣ
ΚΑΛΛΙΤΈΧΝΗ
ΚΑΤΑΝΟΗΤΌ
ΚΟΥΝΆΒΙ
ΘΆΛΑΣΣΑ
ΜΈΣΗ
ΜΉΝΥΜΑ
ΠΕΡΊΠΤΩΣΗ
ΠΗΛΊΚΟ
ΑΝΑΚΑΤΕΎΟΥΜΕ

```
Π Ο Λ Υ Θ Ρ Ό Ν Α Ο D Z A T D A D
G D O S Y L M H Q U D I Π R K U I
A N A K A T E Ύ O Y M E O G K X I
W R O F Ί S H D X X A Σ Σ A Λ Ά Θ
Π E P Ί Π Λ O K H A K Ί T A M V M
R G G S S N H Σ Σ P A N O Y Π Z Έ
G L U X G S Z Π Ω O Λ O Λ T Λ I Σ
Ά K A M Π T H N T Ύ Λ N Ή O O N H
Λ I B Ά Δ I X Υ Π M I A S K Ύ I T
H T C M L G J P Ί E T K Ό Ί Z A K
K K V O Ή Q P J P N Έ N P N A L Ί
Z W B I A N Y C E A X K T H Q Y E
P X F U F Y Y M Π K N N A T E G Δ
K O Y N Ά B I M M E H D I O Z W A
Z J Q Ό T H O N A T A K Γ D P U B
```

Puzzle 239

```
A M D K U V X N Z X Q K I E R S H
P Π E P I Γ P Ά Ψ E I I Ύ S O B J
Ά Y N O Σ O K O M E Ί O A P Q R K
X Z N T A A Δ E Λ Φ Ό V N X I J B
N P W I Ί E T Σ I E N A Δ M O T
H W S Ή Q N X Y T C I Φ A Π M Σ
H M M U X P Z F V Ά X G Έ Λ E E T
Σ T A Φ Y Λ I Ώ N K S W P Y P I Y
Ό N A Θ I Π L Z U I D S Ω Σ Δ O Φ
P O Z Σ Y N Δ Y A Σ M Ό B Ί E Ψ Ώ
E N P T H I Z Σ K Q K Y O Δ M H N
Σ L A N J D N Π A Y F Y E A Έ Φ A
O F R P P W L O S M I J E W N Ί P
P T N E D V E P I U X J V S A A J
Δ E Π I Σ K E Ή Σ C W H H E M D
```

ΑΛΥΣΊΔΑ
ΚΆΤΙ
ΜΠΕΡΔΕΜΈΝΑ
ΠΕΡΙΓΡΆΨΕΙ
ΣΠΟΡ
ΡΟΖ
ΕΠΙΣΚΕΥΉΣ
ΤΥΦΏΝΑ
ΑΡΆΧΝΗ
ΑΝΑΦΈΡΩ
ΠΙΘΑΝΌ
ΔΡΟΣΕΡΌ
ΜΕΙΟΨΗΦΊΑ
ΚΎΡΙΟΣ
ΣΥΝΔΥΑΣΜΌ
ΑΔΕΛΦΌ
ΣΤΑΦΥΛΙΏΝ
ΔΑΝΕΙΣΤΕΊ
ΧΉΝΑΣ
ΝΟΣΟΚΟΜΕΊΟ

Puzzle 240

ΒΡΕΘΕΊ
ΣΤΡΑΤΗΓΙΚΉ
ΣΥΛΛΑΜΒΆΝΕΙ
ΑΝΑΖΉΤΗΣΗ
ΚΆΡΤΑ
ΆΓΓΕΛΟΣ
ΕΠΊΠΕΔΟ
ΦΊΛΟ
ΑΠΌ
ΑΠΟΛΑΜΒΆΝΟΥΝ
ΟΔΉΓΗΣΗΣ
ΧΕΙΡΌΤΕΡΗ
ΟΙΚΟΝΟΜΙΚΉΣ
ΑΦΟΡΆ
ΘΛΙΒΕΡΌ
ΘΈΣΗ
ΙΚΑΝΌΤΗΤΑ
ΑΓΌΡΙ
ΠΥΚΝΉ
ΈΚΡΗΞΗ

```
K A Q M V S I I M V R X S Σ C A D
T T Γ J T A P X H O E N J Y N Φ Θ
U P K Ό M V Π E U A Έ L K Λ G O Έ
E Ά X Z P R B Ό T B K W J Λ I P Σ
J K Z Ή K I Γ H T A P T Σ A K Ά H
G F K D J V L Π F I H F O M A D Σ
O Δ Ή Γ H Σ H Σ Y D Ξ H Λ B N X H
Δ Y V Φ P R R W X K H H E Ά Ό R T
E W P Ί E M T Y Ώ O N M Γ N T I Ή
Π B D Λ T Z O N F B S Ή Γ E H U Z
Ί P Y O Ό O F C B B T R Ά I T T A
Π E D Y P K E N L S P I V Q A P N
E Θ X P I N Y O N Ά B M A Λ O Π A
R E V W E Z O I K O N O M I K Ή Σ
D Ί T K X Θ Λ I B E P Ό S U Z W Y
```

Puzzle 241

K	A	E	T	K	D	A	K	Π	Y	D	V	F	M	T	W	T
U	N	N	H	G	G	V	P	H	Q	I	N	A	C	X	Ή	P
T	Ά	C	I	C	W	N	H	G	Γ	N	Q	I	K	M	R	K	Ί
T	Λ	Q	F	Y	H	S	A	A	M	R	E	A	X	Ό	I	T
Σ	Y	D	Y	M	A	P	B	Ϊ	A	E	O	T	U	V	T	O
A	Σ	G	I	H	Ω	H	N	T	Q	B	Ά	Y	S	K	Σ
M	H	F	Ώ	Θ	H	Σ	H	E	I	N	Ώ	Λ	Π	O	A	F
Π	Φ	Ω	Λ	I	Ά	Ή	G	I	Ά	M	W	Λ	N	I	Λ	P
O	A	W	I	X	I	T	V	Y	Z	Σ	P	H	E	V	Λ	C
Y	Π	G	M	D	Y	Ω	V	M	L	X	L	A	K	Y	A	K
Ά	Q	Ό	Q	R	B	P	Y	Y	R	Ό	W	H	L	Q	N	M
N	Z	E	P	E	Φ	Έ	A	H	G	Λ	X	N	K	J	E	G
R	D	U	Z	T	S	G	C	H	L	I	A	L	B	F	C	G
Σ	A	Φ	Ώ	Σ	A	Λ	Λ	Ό	K	O	R	G	H	X	Z	I
S	S	F	P	Y	T	Ί	Δ	Ω	N	T	Ώ	P	A	P	G	L

ΤΏΡΑ
ΑΝΆΛΥΣΗ
ΣΑΦΏΣ
ΣΑΜΠΟΥΆΝ
ΈΦΕΡΕ
ΡΩΤΉΣΩ
ΠΌΡΤΑ
ΚΛΙΠ
ΡΥΤΊΔΩΝ
ΟΠΛΩΝ
ΠΗΓΑΊΝΕΙ
ΕΝΑΛΛΑΚΤΙΚΉ
ΣΧΌΛΙΟ
ΤΡΊΤΟ
ΑΚΑΤΆΛΛΗΛΗ
ΣΤΌΜΑ
ΏΘΗΣΗ
ΚΌΛΛΑ
ΦΩΛΙΆ
ΜΑΤΙΆ

Puzzle 242

ΆΦΘΟΝΟ
ΓΡΆΦΗΜΑ
ΑΣΤΈΡΙ
ΑΠΟΦΎΓΕΤΕ
ΜΕΛΈΤΗΣ
ΚΆΠΟΥ
ΑΥΓΏΝ
ΠΛΆΤΟΣ
ΕΡΓΑΖΌΜΕΝΟΣ
ΤΣΈΠΗ
ΣΚΥΛΊ
ΒΡΟΧΉ
ΣΥΜΦΩΝΊΑ
ΓΛΏΣΣΑ
ΔΆΚΡΥ
ΨΩΜΆΚΙΑ
ΚΟΙΛΌΤΗΤΑ
ΣΥΝΈΝΤΕΥΞΗ
ΚΟΥΝΈΛΙ
ΑΠΟΓΟΗΤΕΥΜΈΝΟΣ

K	I	U	H	N	B	P	X	M	A	Ί	N	Ω	Φ	M	Y	Σ
Y	O	K	Y	I	K	Z	C	Y	Σ	D	Ά	K	P	Y	Ψ	H
D	Γ	Y	C	W	H	Ξ	Y	E	T	N	Έ	N	Y	Σ	Ω	T
U	P	O	N	Y	R	J	U	S	Έ	Y	P	O	V	C	M	Έ
Q	Ά	Π	Y	Έ	G	C	I	A	P	K	E	A	L	L	Ά	Λ
Z	Φ	Ά	Q	Ί	Λ	Y	K	Σ	I	Z	K	W	F	U	K	E
G	H	K	E	G	W	I	Γ	Λ	Ώ	Σ	Σ	A	J	T	I	M
P	M	E	P	Γ	A	Z	Ό	M	E	N	O	Σ	T	R	A	L
M	A	U	C	K	O	I	Λ	Ό	T	H	T	A	Σ	Z	J	Q
W	T	A	C	A	Ά	Φ	Θ	O	N	O	H	Q	Έ	C	O	Y
B	P	O	X	Ή	Y	Π	Λ	Ά	T	O	Σ	C	Π	K	I	Z
A	J	J	W	S	V	Γ	H	R	W	U	P	M	H	N	R	P
X	K	X	L	C	I	U	Ώ	A	Π	O	Φ	Ύ	Γ	E	T	E
F	K	U	X	E	D	Q	I	N	U	Y	L	Q	Q	B	D	Y
J	E	B	A	Π	O	Γ	O	H	T	E	Y	M	Έ	N	O	Σ

Puzzle 243

A	C	A	V	Z	N	Q	B	F	D	I	T	W	I	H	J	J
P	X	T	N	Ω	K	Ί	Λ	H	N	E	Π	P	I	C	R	C
K	B	J	J	H	H	T	E	Λ	Ι	Σ	O	N	H	G	J	B
E	Y	S	J	H	Σ	T	E	C	R	Ώ	P	A	P	E	R	A
T	Ω	N	X	W	M	Y	S	L	P	Δ	T	E	X	U	B	M
Έ	L	Q	F	W	X	Έ	X	U	V	K	P	F	O	B	Y	B
Σ	K	A	Π	Ά	K	I	Λ	Ί	K	E	Έ	R	N	L	W	A
Π	H	Ψ	Ά	P	I	A	D	I	A	Z	T	Z	C	M	F	K
I	N	Y	O	Λ	Έ	Θ	R	Δ	Σ	R	O	I	F	H	Φ	I
Ά	O	K	I	M	Ώ	P	B	Ί	Σ	Σ	P	T	P	C	P	O
T	P	S	B	M	D	R	Y	Λ	R	Ή	A	Ά	N	H	Ά	Ύ
A	X	F	X	E	J	P	P	A	S	C	M	B	F	I	O	X
H	Γ	O	L	F	X	R	O	Ψ	G	Y	O	E	Q	P	Y	A
F	Ύ	Σ	Ί	Γ	O	Y	P	O	I	G	D	P	P	W	Λ	Π
A	Σ	T	E	Ί	O	Z	L	G	A	P	U	K	I	A	A	W

ΕΚΔΏΣΕΙ
ΕΝΗΛΙΚΩΝ
ΣΉΜΕΡΑ
ΑΝΗΣΥΧΊΑ
ΒΑΜΒΑΚΙΟΎ
ΜΈΛΙΣΣΑ
ΠΟΡΤΡΈΤΟ
ΚΑΠΆΚΙ
ΘΈΛΟΥΝ
ΣΎΓΧΡΟΝΗ
ΒΡΏΜΙΚΟ
ΑΡΚΕΤΈΣ
ΠΑΧΎ
ΨΑΛΊΔΙ
ΨΆΡΙΑ
ΦΡΆΟΥΛΑ
ΠΙΆΤΑ
ΑΣΤΕΊΟ
ΣΊΓΟΥΡΟΙ
ΚΡΕΒΆΤΙ

Puzzle 244

ΓΟΝΕΊΣ
ΤΕΛΕΥΤΑΊΑ
ΣΚΑΜΝΊ
ΎΠΝΟ
ΥΓΡΑΣΊΑ
ΜΠΙΖΈΛΙΑ
ΚΑΚΆΟ
ΕΡΜΊΝΑ
ΚΆΘΟΝΤΑΙ
ΤΈΛΟΣ
ΕΠΙΛΟΓΉΣ
ΥΛΙΚΌ
ΚΆΤΑΓΜΑ
ΧΑΛΑΡΌ
ΝΈΟΙ
ΠΙΈΣΤΕ
ΝΊΚΗ
ΚΟΥΝΟΥΠΊΔΙ
ΦΙΛΟΔΟΞΊΑ
ΑΛΙΕΥΜΆΤΩΝ

O	N	Y	X	A	Λ	A	P	Ό	S	M	E	I	N	E	K	Y
Q	Έ	Λ	L	E	S	X	E	H	O	D	Y	K	M	Ί	O	E
P	O	I	C	V	R	O	F	Π	R	H	I	X	G	E	K	T
Z	I	K	E	F	Q	V	G	E	I	Q	O	E	X	R	P	H
O	O	Ό	A	J	P	D	Σ	V	P	Λ	W	E	Y	P	Q	Y
K	O	Y	N	O	Y	Π	Ί	Δ	I	M	O	Ά	K	A	K	Γ
M	N	Ω	T	Ά	M	Y	E	I	Λ	A	Ί	Γ	T	Y	Σ	P
A	T	Q	I	N	Y	O	N	D	H	K	Y	N	Ή	H	K	A
I	P	F	X	Q	L	E	O	D	B	A	Q	R	A	Σ	A	Σ
Λ	Y	T	U	L	H	P	Γ	B	O	O	D	C	M	O	M	Ί
Έ	I	X	Φ	I	Λ	O	D	O	Ξ	Ί	A	X	Γ	Λ	N	A
Z	K	Ά	Θ	O	N	T	A	I	W	J	T	A	A	Έ	Ί	K
I	H	P	K	H	A	Ί	A	T	Y	E	Λ	E	T	T	N	P
Π	I	Έ	Σ	T	E	Z	N	N	L	N	K	T	Ά	H	B	S
M	O	S	N	H	O	Ύ	Π	N	O	G	V	J	K	E	N	X

Puzzle 245

```
L  K  U  L  I  M  A  Γ  E  I  P  E  Ύ  O  Y  N  H
U  W  F  O  B  A  Θ  M  Ό  P  T  V  H  V  C  D  L
R  F  Σ  G  Q  V  Δ  S  M  Ή  K  S  O  Y  A  A  Q
O  C  Π  R  H  O  P  F  I  T  Δ  Έ  N  T  P  O  K
F  P  H  X  X  C  A  U  A  X  G  S  R  S  G  D  A
V  P  Λ  S  T  Q  Σ  A  Λ  I  Q  P  Ί  Ξ  E  I  S
J  S  I  U  I  U  T  V  I  O  O  A  R  E  Z  H  X
T  F  Ά  B  H  I  H  K  K  N  O  B  L  S  A  V  S
Δ  A  Γ  Ά  Π  H  P  A  E  A  Ά  Σ  Ω  Λ  Ή  N  A
W  Έ  Z  V  Z  T  I  Λ  P  O  M  Π  P  Έ  Λ  A  Σ
J  Δ  N  X  Q  P  Ό  Ά  Ί  Y  N  A  Σ  M  V  P  D
G  I  F  T  G  Ά  T  A  N  T  Z  G  H  P  N  L  K
C  P  G  Q  P  X  H  R  Y  Q  Y  W  T  B  H  G  I
X  O  P  Ό  J  A  T  K  S  S  G  S  F  I  V  F  S
Ί  E  T  Σ  I  N  A  Φ  A  Ξ  E  Φ  Y  T  I  K  Ά
```

KEPΊ
ANOIXTΉPI
OMΠPΈΛAΣ
EΞAΦANIΣTEΊ
ΣΩΛΉNA
ΣΠHΛIΆ
ΣΠΆNIA
KAΛΆ
IΔΈA
BAΘMΌ
AΓΆΠH
XΆPTH
ΦYTIKΆ
PΊΞEI
ΔΈNTPO
XOPΌ
MAΓEIPEΎOYN
ΔPAΣTHPIΌTHTA
ΔΈNTPA
ΛAIMΌ

Puzzle 246

NTOYΛΆΠI
AKTΉ
ΔYNATΆ
KAIPΌ
ΘPHΣKEYTIKΈΣ
ΞAΦNIKΉ
EΦEΎPEI
TPΎΠA
IΔIΩTIKΌ
PΌKA
TAYTΌTHTAΣ
ΛAΓOYΔΆKI
ΠPΌΣBAΣH
BAPEΘEΊ
ΘAYMΆΣIA
ΛΆMΨH
ENTYΠΩΣIΆZOYN
HMΈPAΣ
AΛΛAΓΉ
BΛΈΠONTAΣ

```
I  E  P  Ύ  E  Φ  E  T  P  Ύ  Π  A  K  R  P  R  W
V  Δ  P  I  O  E  A  K  J  R  V  L  W  Z  Y  E  J
O  I  I  G  U  D  A  H  K  J  G  F  S  N  U  I  G
O  N  W  Ω  Y  G  Y  Σ  Z  B  N  B  W  Y  B  V  X
A  Y  T  T  T  Ή  Γ  A  Λ  Λ  A  N  Z  O  T  G  V
Λ  J  J  O  X  I  T  B  U  F  Σ  Y  I  Z  Z  I  Q
Ά  B  L  B  Y  H  K  Σ  A  Θ  A  Y  M  Ά  Σ  I  A
M  P  Y  T  A  Λ  Z  Ό  K  F  T  Ξ  I  I  A  Δ  A
Ψ  H  J  S  H  P  Ά  P  T  D  N  A  K  Σ  P  Y  K
H  L  M  R  S  B  E  Π  Ή  B  O  Φ  A  Ω  Έ  N  K
F  M  A  M  E  T  C  Θ  I  F  Π  N  I  Π  M  A  B
O  P  Ό  K  A  L  T  M  E  Σ  Έ  I  P  Y  H  T  I
Λ  A  Γ  O  Y  Δ  Ά  K  I  Ί  Λ  K  Ό  T  V  Ά  U
T  A  Y  T  Ό  T  H  T  A  Σ  B  Ή  Z  N  A  Y
Θ  P  H  Σ  K  E  Y  T  I  K  Έ  Σ  B  E  A  E  L
```

Puzzle 247

```
Ε  Η  Ν  Ά  Π  Α  Κ  Σ  Β  R  Υ  Μ  Π  Ο  Λ  Η  Ά
Ρ  Η  Χ  Υ  Ι  Ε  Ξ  Ί  Ε  Δ  Ο  Π  Α  Σ  Ι  Ο  Σ
Ώ  Σ  G  Z  Π  Ι  Ρ  Δ  Ι  Ά  Ρ  Κ  Ε  Ι  Α  J  Κ
Τ  Ω  Α  J  Χ  Ο  Α  Ι  Α  Τ  Ε  Χ  Γ  Έ  Λ  Ε  Η
Η  Ρ  Τ  G  S  Τ  Λ  Ε  Π  Κ  Ο  Μ  Μ  Ά  Τ  Ι  Σ
Σ  Έ  S  Ι  L  C  Q  Ο  G  Ε  Ρ  Β  L  W  C  Η  Η
Η  Θ  Ε  J  G  S  Ε  Ι  Γ  Α  Τ  Η  Τ  Ό  Ν  Ε  Γ
Τ  Υ  Α  G  Η  Κ  U  Ρ  Η  Ι  Η  Ε  Ε  Τ  Q  J  Ν
Τ  Ε  Ζ  U  Ν  F  V  Δ  Q  Ε  Σ  Ι  Ι  J  Ο  Ν  Ω
Ε  Λ  Η  L  Τ  Ν  V  Έ  Δ  Ξ  Ή  Μ  F  Ώ  C  Ν  Σ
Θ  Ε  Ω  Ρ  Ί  Α  V  Ν  Ζ  Ο  Λ  Ρ  Ό  Ι  Δ  Ο  Τ
Μ  Π  S  Ν  Χ  Η  Ν  Υ  D  Χ  Κ  Υ  Ζ  Χ  W  Η  Ή
Β  Α  Q  J  Χ  Μ  Ν  Σ  Β  Ι  Ε  Ζ  Ί  Γ  Υ  Ζ  W
Α  Σ  Τ  Υ  Ν  Ο  Μ  Ί  Α  Κ  Ε  Α  L  Ο  Ν  Τ  Ρ
R  Β  C  U  Κ  Β  R  F  Α  Ή  Μ  Η  Τ  Α  V  J  F
```

ΥΠΟΛΟΓΙΣΜΌ
ΓΝΩΣΤΉ
ΕΡΏΤΗΣΗ
ΕΞΟΧΙΚΉ
ΕΝΌΤΗΤΑ
ΔΙΆΡΚΕΙΑ
ΚΟΜΜΆΤΙ
ΠΕΡΙΠΕΤΕΙΏΔΗ
ΑΠΕΛΕΥΘΈΡΩΣΗ
ΘΕΩΡΊΑ
ΖΥΓΊΖΕΙ
ΤΟΝ
ΑΠΟΔΕΊΞΕΙ
ΜΠΟΛ
ΣΥΝΈΔΡΙΟ
ΑΣΤΥΝΟΜΊΑ
ΆΣΚΗΣΗ
ΚΛΉΣΗ
ΣΚΑΠΆΝΗ
ΕΛΈΓΧΕΤΑΙ

Puzzle 248

NEΡΟΧΎΤΗ
ΤΑΧΥΔΡΌΜΟΣ
ΔΙΑΤΡΙΒΉ
ΛΕΩΦΟΡΕΊΩΝ
ΦΟΡΕΘΕΊ
ΠΡΌΛΗΨΗ
ΦΛΟΙΌ
ΧΑΡΙΤΩΜΈΝΟ
ΚΆΠΟΤΕ
ΕΜΠΟΡΙΚΌ
ΑΊΣΘΗΣΗ
ΞΈΝΩΝ
ΠΊΣΤΗΣ
ΜΆΓΙΣΣΑ
ΣΕ
ΕΠΑΦΉ
ΒΊΣΟΝΕΣ
ΣΗΜΑΊΑ
ΔΈΚΑΤΟ
ΜΠΟΡΕΊ

```
D  Ρ  Α  Ι  Ο  Α  Ε  C  D  Ί  Ε  Θ  Ε  Ρ  Ο  Φ  Υ
U  G  Β  R  C  Q  S  J  L  Ο  Μ  Δ  Σ  Ρ  Ε  Λ  Μ
Q  G  V  Ε  Q  Μ  U  G  Ν  Τ  Π  Β  Έ  Ι  L  Ο  R
Σ  Ο  Μ  Ό  Ρ  Δ  Υ  Χ  Α  Τ  Ο  U  J  Κ  L  Ι  J
Λ  Ε  Ω  Φ  Ο  Ρ  Ε  Ί  Ω  Ν  Ρ  Υ  Α  F  Α  Ό  Q
Β  D  Ν  Ε  Μ  Τ  D  Ε  Ν  Ω  Ι  Α  Q  Ε  Υ  Τ  C
J  C  S  Ο  V  Ο  Q  Ρ  J  Ν  Κ  S  G  Μ  Ζ  J  Ο
R  Ζ  Υ  Ζ  Σ  Α  Ε  Ο  R  Έ  Ό  Ε  Π  Α  Φ  Ή  Ε
Η  Σ  Η  Θ  Σ  Ί  Α  Π  Η  Ξ  Κ  Α  F  Σ  Ζ  Β  D
Τ  Q  Ψ  S  Ν  C  Β  Μ  Χ  J  Ά  Σ  J  Η  R  Ι  R
Q  U  Η  Μ  Ά  Γ  Ι  Σ  Σ  Α  Π  Η  Η  Q  Ν  Ρ  Κ
Ο  D  Λ  V  U  Τ  F  Ν  Α  L  Ο  Μ  Μ  U  U  Τ  J
W  Ζ  Ό  Π  Ί  Σ  Τ  Η  Σ  V  Τ  Α  Κ  Χ  Τ  Α  Ζ
Χ  Α  Ρ  Ι  Τ  Ω  Μ  Έ  Ν  Ο  Ε  Ί  Τ  Κ  C  Ι  Ζ
Ι  R  Π  Ν  Ε  Ρ  Ο  Χ  Ύ  Τ  Η  Α  G  Ι  Κ  Δ  Κ
```

Puzzle 249

```
Δ  Ι  Α  Β  Ε  Β  Α  Ι  Ώ  Σ  Ω  Β  Τ  G  Φ  Ο  Π
Ί  Ε  U  Y  S  R  Y  K  R  D  T  B  V  Z  Θ  M  A
Ε  Ι  Ρ  Η  Ν  Ι  Κ  Ή  Α  Ά  Ρ  Ε  Σ  Ε  Ά  Ο  Ν
Θ  Α  Δ  Σ  N  W  R  B  Q  O  C  R  D  M  N  I  T
O  N  I  A  K  P  C  V  Q  K  Y  Y  N  M  O  O  O
Δ  J  A  P  Y  Z  V  A  I  O  S  M  O  X  Y  K  Ύ
Χ  S  Φ  Ό  N  U  D  D  M  Y  J  R  Π  Π  R  N  A  A
F  A  O  E  E  L  X  K  P  T  U  U  I  Ό  E  T  Γ
W  X  P  Λ  A  Z  E  R  J  Ά  D  V  O  E  H  A  Γ
M  N  Ά  H  B  Ό  Λ  T  A  L  Z  D  Λ  T  J  Λ  Λ
D  I  I  T  G  C  S  D  Y  I  T  M  Ό  H  Y  H  I
O  I  K  O  Γ  Έ  N  E  I  E  Σ  A  Π  O  F  Ξ  K
G  O  N  B  Z  Π  Ά  Ί  Z  O  Y  N  Y  R  O  Ί  Ά
Π  O  Λ  I  T  I  Σ  T  I  K  Ή  Q  M  U  J  A  O
M  Y  Σ  T  Ή  P  I  A  Γ  E  Ί  T  O  N  A  M  F
```

ΠΑΊΖΟΥΝ
ΔΙΑΦΟΡΆ
ΦΘΆΝΟΥΝ
ΤΗΛΕΌΡΑΣΗ
ΟΙΚΟΓΈΝΕΙΕΣ
ΜΥΣΤΉΡΙΑ
ΓΕΊΤΟΝΑ
ΟΜΟΙΟΚΑΤΑΛΗΞΊΑ
ΠΑΝΤΟΎ
ΥΠΟΛΟΙΠΟ
ΔΟΘΕΊ
ΔΙΑΒΕΒΑΊΩΣΩ
ΆΡΕΣΕ
ΑΓΓΛΙΚΆ
ΝΑΙ
ΒΌΛΤΑ
ΠΟΛΙΤΙΣΤΙΚΉ
ΚΑΟΥΜΠΌΗ
ΚΟΥΤΆΛΙ
ΕΙΡΗΝΙΚΉ

Puzzle 250

ΈΤΣΙ
ΜΠΑΡ
ΠΑΡΈΧΕΙ
ΓΛΥΚΆ
ΣΧΟΛΙΚΉ
ΘΟΛΌ
ΜΠΆΛΑ
ΎΦΟΣ
ΑΝΕΞΑΡΤΗΣΊΑΣ
ΕΚΚΕΝΏΣΤΕ
ΨΩΜΊ
ΆΚΡΗ
ΚΟΚΚΙΝΟΛΑΊΜΗΔΕΣ
ΑΝΑΜΈΝΕΤΑΙ
ΚΆΤΩ
ΟΙΚΟΝΟΜΊΑ
ΤΣΑΛΑΚΩΜΈΝΟ
ΚΌΜΜΑ
ΣΑΛΆΧΙ
ΔΕΞΙΆ

```
T  D  O  N  C  K  E  M  U  S  H  Ά  Z  I  I  N  M
O  S  E  Δ  H  M  Ί  A  Λ  O  N  I  K  K  O  K  A
Σ  I  A  Ό  A  U  Σ  U  P  Φ  Q  Ξ  M  Γ  A  M  N
A  E  K  Λ  I  N  V  X  F  Ύ  X  E  Π  Λ  N  E  A
Λ  X  E  O  A  S  M  I  O  T  G  Δ  Ά  Y  E  D  M
Ά  Έ  K  Θ  N  K  L  X  G  Λ  K  H  Λ  K  Ξ  M  Έ
X  P  K  B  F  O  Ω  T  Ά  K  I  P  A  Ά  A  Π  N
I  A  E  G  X  A  M  M  Ό  K  Σ  K  D  Y  P  A  E
B  Π  N  O  D  D  P  Ί  Έ  G  T  Ά  Ή  F  T  P  T
R  J  Ώ  U  U  N  N  M  A  N  Έ  H  A  I  H  F  A
G  L  Έ  Z  M  N  S  Ω  F  X  O  P  G  Q  S  T  I
P  I  T  T  J  J  T  Ψ  Z  B  T  O  L  G  Ί  Q  K
M  I  E  X  J  Y  J  S  A  A  L  D  L  O  A  W  Y
G  Z  A  P  X  T  L  B  D  D  N  B  G  L  S  R  Z
S  W  C  G  W  Z  G  H  G  A  P  H  I  G  Y  F  D
```

Puzzle 251

```
R O F F V A U Q L W D N S K O O Π
V P Y K D U G I O S M V B A L M Λ
M V F V E T E Σ Ή N Y E P E Ξ E O
Σ Ά B B A T O P T E M Ό P P E Θ Ύ
Φ X F U T Φ N M Έ S O C R P N N Σ
Σ Y V C N Έ J Έ Y H Σ Ί P K O E I
Δ Y Σ N Ά P Z J Π Σ G I Z W T G O
I Φ Σ I Π E W H X Ω Q E D O Σ Y P
Π Ό L T K I L R Π P O Σ Ω Π I K Ό
Λ B B X A Ά F S Q Έ P Ύ X U X W S
O O O H L T G E U M H E A K Ά Λ Π
Ύ H B R E M I P O H I N A Λ N Λ A P
N R O T A C J K K N I Π Ί B Y Z U
T A X Ύ T H T A Ό E J M T M O D E
S P V R L J G R N T G E E L T I W
```

ΦΌΒΟ
ΦΥΣΙΚΆ
ΠΡΟΣΩΠΙΚΌ
ΘΕΡΜΌΜΕΤΡΟ
ΠΛΆΚΑ
ΣΆΒΒΑΤΟ
ΠΈΝΤΕ
ΣΥΣΤΑΤΙΚΌ
ΤΟΥΛΆΧΙΣΤΟΝ
ΠΆΝΤΑ
ΠΛΟΎΣΙΟ
ΕΝΗΜΈΡΩΣΗ
ΦΈΡΕΙ
ΚΡΊΣΗ
ΧΑΛΊ
ΔΙΠΛΟΎΝ
ΜΈΣΟ
ΕΜΠΝΕΎΣΕΙ
ΤΑΧΎΤΗΤΑ
ΕΞΕΡΕΥΝΉΣΕΤΕ

Puzzle 252

ΕΓΧΕΙΡΊΔΙΟ
ΣΥΜΒΆΛΟΥΝ
ΓΑΛΟΠΟΎΛΑΣ
ΠΆΓΩΜΑ
ΓΚΌΜΕΝΑ
ΛΙΟΝΤΆΡΙ
ΤΡΟΠΟΠΟΊΗΣΗ
ΣΚΟΠΌ
ΠΕΡΆΣΕΙ
ΓΆΤΑ
ΕΞΕΤΆΖΟΥΝ
ΤΣΑΓΙΈΡΑ
ΠΡΟΣΘΈΣΕΤΕ
ΑΧΛΆΔΙ
ΥΠΟΨΉΦΙΟΣ
ΦΩΤΟΓΡΑΦΊΑ
ΣΠΊΤΙ
ΣΧΈΣΗ
ΆΛΛΟ
ΑΠΑΓΟΡΕΎΟΥΝ

```
E B A P A S W T O X Γ E U V E A N
Y Ξ N A C Z J R V C A T Ά Γ C A M
Π I E Σ Ά P E Π B I Λ Ά Λ Λ O Π Y
O X M T A Y H W V Ό O N K W A A X
Ψ Ό Ό Y Ά A W V I A Π Y M Q T Γ R
Ή I K U W Z E V X N O O B K Σ O E
Φ Y Γ D Z J O X W N Ύ Λ K H A P Γ
I Z X X Z T D Y M C Λ Ά O Σ Γ E X
O B J U Z U C Z N L A B Q Έ I Ύ E
Σ P C E Σ Π Ί T I T Σ M L X Έ O I
A X Λ Ά Δ I Z H I M B Y Ω Σ P Y P
Φ Ω T O Γ P A Φ Ί A U S P Γ A N Ί
Π P O Σ Θ Έ Σ E T E O C A H Ά I Δ
C P Q X F H U Λ I O N T Ά P I Π I
P T O T P O Π O Π O Ί H Σ H S B O
```

Puzzle 253

```
F Σ U F K Γ Σ E J U P H W R N B K
K É J M I P T A N O A H A F Y O E
A Κ Ό M A Ύ P Π A T K W O O Φ Ύ Y
T I S A W Λ A P I M Ό G X O Ϊ P J
I P V C J I T Ό Π G O Π I A T T E
P E N Z X Σ I Σ Π E O I I Q Σ Σ Ξ
Ά M Y P R M Ω E Ό M N Λ B Σ A A Y
K F V X W A T K T H I V E Ώ E U Π
Γ A Π A Λ Ό I T H Y K R W Y N K H
I A W G Z K K H Σ M Ά W A Q K G P
Λ F T Y Z Σ Ή F M R Δ Y P J C Ό E
A G V B I E N I A Ϊ O T N É Λ A T
Σ Y N O Ψ Ϊ Z O Y N P B H N A E O
T A K T O Π O I H M É N A S J X Ύ
A Q S Y Π O Y Λ I Ά U D C O A G N
```

ΕΝΤΌΠΙΣΕ
ΡΟΔΆΚΙΝΟ
ΣΤΡΑΤΙΩΤΙΚΉ
ΣΥΝΟΨΊΖΟΥΝ
ΕΞΥΠΗΡΕΤΟΎΝ
ΓΡΎΛΙΣΜΑ
ΝΥΦΊΤΣΑ
ΑΚΌΜΑ
ΑΠΡΌΣΕΚΤΗ
ΒΟΎΡΤΣΑ
ΤΑΚΤΟΠΟΙΗΜΈΝΑ
ΕΝΙΑΊΟ
ΣΑΛΙΓΚΆΡΙ
ΑΜΟΙΒΏΝ
ΛΕΥΚΌ
ΠΟΥΛΙΆ
ΤΑΛΈΝΤΟ
ΙΠΠΌΤΗΣ
ΜΕΡΙΚΈΣ
ΑΠΑΛΌ

Puzzle 254

ΞΗΡΌ
ΣΥΖΗΤΉΣΟΥΝ
ΡΙΠΉ
ΔΏΔΕΚΑ
ΠΡΑΚΤΙΚΉ
ΤΗΛΈΦΩΝΟ
ΕΣΩΤΕΡΙΚΉ
ΜΟΝΑΧΙΚΌ
ΜΥΣΤΉΡΙΟ
ΚΕΡΆΣΙ
ΕΠΙΛΈΞΤΕ
ΑΛΛΗΛΕΠΙΔΡΟΎΝ
ΥΨΗΛΉΣ
ΕΠΙΣΤΡΟΦΉ
ΠΑΝΤΕΛΌΝΙΑ
ΞΌΡΚΙ
ΕΣΤΊΑΣΗ
ΒΕΝΖΊΝΗ
ΑΙΧΜΗΡΌ
ΜΆΛΛΟΝ

```
M Ξ X K F S N Q Π A A D M N X R L
N Y H W U M P Y A I Λ E O A D Q D
Ή G Σ P A M S H N X Λ Σ N W M T X
K B A T Ό K U H T M H Ω A U I G G
I Z Ί I Ή A E K E H Λ T X T Y V C
T R T B T P H N Λ P E E I R D I B
K Q Σ J T Z I Ό Ό Π P K F U R T
A K E Δ Ώ Δ Σ O N A I I Ό Q B T O
P Z E J S B Ά Σ I U Δ K Ξ Ό P K I
Π I P Z V G Ή A O P Ή X E E K Z
P K Π G M F E T Ή Φ O P T Σ I Π E
D Y N Ή G U K H N J Ύ K K D X C O
B E N Z Ί N H Z S X N O Λ Λ Ά M J
P P Σ Ή Λ H Ψ Y T H Λ É Φ Ω N O J
T C V D E B A Σ E Π I Λ É Ξ T E Q
```

Puzzle 255

```
Θ  Μ  Ε  Ν  Ω  Ώ  Ζ  Ω  Γ  Ρ  Α  Φ  Ί  Ζ  Ε  Ι  F
Υ  F  Π  L  Q  L  Β  Μ  Υ  G  Υ  V  W  F  Χ  Α  J
Μ  Ο  Ι  Κ  Ο  Λ  Λ  Ά  Ε  Ι  Ν  L  Q  Ο  Μ  Η  Τ
Ί  Α  Λ  Ε  Π  Ι  Τ  Υ  Χ  Η  Μ  Έ  Ν  Η  Κ  Κ  Ο
Ζ  L  Έ  Υ  L  Ι  C  Ρ  G  Χ  Ο  Τ  Χ  Α  Β  Κ  Δ
Ε  L  Ξ  Α  Σ  Τ  Ρ  Υ  Ο  Β  Ό  Τ  Ν  Ο  Δ  Ο  Ρ
Ι  Ν  Ε  Η  Ρ  Υ  Ρ  Ρ  Χ  Ε  G  Ι  G  Β  Μ  Λ  Ο
Μ  Τ  Τ  V  Υ  Τ  Ν  Υ  Ό  Π  Ε  Λ  Α  Ό  Π  Σ
S  Ό  Ε  Ρ  Β  Q  Α  Τ  Ά  Ρ  Φ  Α  Χ  Γ  Λ  Μ  Ι
Ό  Μ  Ν  Ι  Ό  Γ  Η  Τ  Ρ  Ο  Φ  Ν  Ν  Ό  Ι  U  Ά
Ρ  Λ  R  Ο  C  V  Α  Λ  Π  Ι  Π  Έ  U  Ν  Σ  Q  L
Ο  Δ  Ο  Υ  Ζ  D  J  S  Μ  Κ  Β  F  Q  Ι  Ε  Ο  G
R  Ν  Ζ  Υ  W  Ε  W  J  Ε  Ζ  F  Ή  Τ  Η  Θ  Α  Μ
Τ  Β  Χ  Β  Σ  G  C  Δ  Ε  Υ  Τ  Έ  Ρ  Α  L  Ο  Q
Η  Η  U  U  Υ  Ο  G  Ι  Ε  Μ  Η  R  J  Υ  Ν  Υ  D
```

ΑΛΕΠΟΎ
ΑΦΡΆΤΑ
ΜΌΝΟ
ΟΔΟΝΤΟΒΟΥΡΤΣΑ
ΜΌΛΙΣ
ΈΠΙΠΛΑ
ΒΑΓΌΝΙ
ΜΑΘΗΤΉ
ΕΠΙΛΈΞΕΤΕ
ΔΕΥΤΈΡΑ
ΖΏΩΝ
ΌΛΟΥΣ
ΜΠΛΟΚ
ΔΡΟΣΙΆ
ΖΩΓΡΑΦΊΖΕΙ
ΦΟΡΤΗΓΟ
ΣΥΝΤΡΙΒΉ
ΚΟΛΛΆΕΙ
ΕΠΙΤΥΧΗΜΈΝΗ
ΘΥΜΊΖΕΙ

Puzzle 256

ΣΆΠΙΟ
ΊΔΡΥΜΑ
ΜΠΆΝΙΟ
ΦΟΡΆ
ΡΥΘΜΌ
ΤΕΡΆΣΤΙΑ
ΒΑΣΊΛΙΣΣΑ
ΥΠΟΘΈΤΩ
ΕΞΑΠΑΤΉΣΕΙ
ΉΞΕΡΕ
ΚΥΚΛΙΚΉ
ΣΥΓΚΕΚΡΙΜΈΝΗ
ΕΡΓΑΣΊΑ
ΠΟΔΙΆ
ΛΕΠΤΟΜΈΡΕΙΑ
ΒΆΡΚΑ
ΣΙΝΤΡΙΒΆΝΙ
ΣΤΑΥΡΌ
ΑΝΌΗΤΟΣ
ΠΟΥΚΆΜΙΣΟ

```
Υ  Λ  Ε  Π  Τ  Ο  Μ  Έ  Ρ  Ε  Ι  Α  Μ  Η  C  Χ  Ι
S  Π  V  Ο  C  Υ  R  Β  Ρ  V  G  L  F  Ν  Α  Α  L
Α  U  Ο  Ρ  J  Α  Ί  Σ  Α  Γ  Ρ  Ε  J  Έ  Ε  Ε  Ν
Τ  G  Ν  Θ  W  Ν  Β  Δ  Κ  V  Υ  Ν  Χ  Μ  Η  Σ  G
Μ  D  Ρ  Ε  Έ  L  Ζ  W  Ρ  Ρ  F  V  Ά  Ι  Δ  Ο  Π
Ο  Ζ  V  Ν  Ι  Τ  Ν  W  Ά  Υ  S  Ν  Ε  Ρ  Ν  Τ  Η
Σ  Τ  Α  Υ  Ρ  Ό  Ω  U  Β  W  Μ  Κ  U  Κ  Ο  Η  Ο
Β  Α  Σ  Ί  Λ  Ι  Σ  Σ  Α  Α  Ι  Α  Χ  Ε  Ι  Ό  Τ
Π  Ο  Υ  Κ  Ά  Μ  Ι  Σ  Ο  U  Υ  Ι  W  Κ  Ε  Ν  L
Φ  Χ  Κ  Η  Ρ  Η  Υ  S  Ν  Α  Ζ  Τ  S  Γ  Ι  Α  Β
U  Ο  Ι  Ν  Ά  Μ  Π  Μ  J  C  S  F  Σ  Ρ  Υ  Θ  Μ  Ό
J  Τ  Ρ  Τ  Q  Κ  Ι  Ρ  Χ  Χ  G  Ά  G  S  Β  Ρ  Μ
J  Ι  Ν  Ά  Β  Ι  Ρ  Τ  Ν  Ι  Σ  Ρ  L  U  D  Χ  Υ
Ζ  V  Ε  W  Σ  Ά  Π  Ι  Ο  U  Ρ  Ε  Ρ  Ε  Ξ  Ή  V
Κ  Υ  Κ  Λ  Ι  Κ  Ή  Ι  Ε  Σ  Ή  Τ  Α  Π  Α  Ξ  Ε
```

Puzzle 257

```
Κ Α Ε Δ Q Q Υ Μ Τ Ν U V C R Έ D E
Ο Ν Ρ Ι Π D Q Α V Ρ Ε Υ W Α Ρ W Κ
Υ Ά Γ Ε Σ Α Λ Ι Λ Ά Έ Ρ Ζ Q Ε U Τ
Ν Κ Ο Θ G Ί Ρ Χ Η Χ Μ Χ Ο Ρ Υ Χ Έ
Ο Α Σ Ν Ν Ρ Υ Α Ζ Ρ Ν G Ο Ύ Ν Ε Λ
Υ Μ Τ Ή G Ο Κ R Σ Κ C Ε Ο Υ Α F Ε
Π Ψ Ά Ρ Ο Φ Υ Τ Ι Κ Ά Ρ Ο Κ Σ Σ Ν
Ι Η Σ Ό Λ Ο Ν Ύ Σ Ι Ε Ε Ζ V L Α Η
Ώ U Ι Υ Μ Φ Κ Α Ν Ί Ζ Υ Ο Κ Τ Ρ Ρ
Ν Ι Ο D Ε Η F Ε Ε Ζ Ν Ή Ο Τ Ρ Ρ
Ε Ι W L Ί Ψ Μ Α Ρ Γ Α Ρ Ί Τ Α F Α
Ι Σ Κ Ι Γ S Ζ Σ Ζ Ο Ι Υ Ε F S Ι U
Ν S C C Μ Α Π Ε Ι Κ Ο Ν Ί Ζ Ο Υ Ν
Ζ Ζ Κ Α Α Κ Ο L Π Ι Ρ Ο Ύ Ν Ι Ε Υ
Υ Π Ο Κ Α Τ Ά Σ Τ Η Μ Α S Ο V Μ Ο
```

ΛΙΛΆ
ΑΝΆΚΑΜΨΗ
ΚΟΥΖΊΝΑ
ΔΙΕΘΝΉ
ΚΟΥΝΟΥΠΙΏΝ
ΑΠΕΙΚΟΝΊΖΟΥΝ
ΝΕΡΟΎ
ΜΑΡΓΑΡΊΤΑ
ΣΚΙ
ΚΟΡΆΚΙ
ΠΑΡΑΣΚΕΥΉ
ΣΎΝΟΛΟ
ΜΕΊΓΜΑ
ΕΡΓΟΣΤΆΣΙΟ
ΕΚΤΈΛΕΣΗ
ΠΙΡΟΎΝΙ
ΤΡΈΧΟΥΣΑ
ΈΡΕΥΝΑ
ΨΗΦΟΦΟΡΊΑ
ΥΠΟΚΑΤΆΣΤΗΜΑ

Puzzle 258

ΜΑΛΛΊ
ΚΑΤΑΣΚΕΥΉ
ΚΥΝΗΓΉΣΕΙ
ΠΑΤΆΤΑΣ
ΕΊΔΟΣ
ΕΥΈΛΙΚΤΟ
ΛΑΜΒΆΝΟΝΤΑΣ
ΙΠΠΟΠΌΤΑΜΟΣ
ΑΡΝΗΤΙΚΉ
ΣΎΝΤΟΜΟ
ΑΠΟΘΕΜΑΤΙΚΌ
ΕΝΕΡΓΟ
ΑΝΑΝΆ
ΜΉΚΟΣ
ΚΆΡΔΑΜΟ
ΜΕΤΑΞΈΝΙΑ
ΚΕΝΌ
ΣΥΝΑΝΤΉΘΗΚΕ
ΑΧΥΡΏΝΑ
ΈΝΘΕΤΟ

```
C R J Σ Q V G Κ Μ L C F C E B Π V
F Υ Ο Ο Υ F Χ E Z E I W X Ί C A V
C Z D A I N N N O E T M E Δ O T S
L Ό T W V B A Ό A Q Z A P O U Ά G
T Γ D H O V R N P X L Ξ Σ U T Ό
A P N H T I K Ή T E Υ P N Έ O A K
W E M C E L U R O Ή X P J A N Σ I
Σ N A K Θ V C M B D Θ H Ώ G O I T
Ύ E Λ Υ N N B V G A T H M N M M A
N W Λ Z Έ P B J J D Υ F K A A Ή M
T T Ί K Υ N H Γ Ή Σ E I Q E D K E
O I Π Π Ο Π Ό Τ Α Μ Ο Σ V H P O Θ
Μ Λ Α Μ Β Ά Ν Ο Ν Τ Α Σ A X Ά Σ O
O T K I Λ Έ Υ E X A N A N Ά K S Π
Κ Α Τ Α Σ Κ Ε Υ Ή T L T F N L D A
```

Puzzle 259

```
B D G Y W B O J K Έ Ύ O T A P T Σ
B D T X T Ύ Π H M A Δ N S P Q O Ω
Σ L Z K S Z Λ Ψ Z P Ί E K P A Σ Φ
O Ω V Q G F Ό H X Ώ E Ξ I D O T Π
R C M K E P K Λ G Δ H Ά M Ξ M P Λ
P A L A Z J W Λ U K M P P J E A A
J Z D X T S M Ύ H P S A R E F T N
G Γ P Ά I M Σ M R H Π K A H Ό Ή
X A Λ K O Ύ Δ O M Ά Δ A D N Y Π T
D Y N P L U L Ί Σ I T Ά P I U E E
L P U F R Y M M Ω D Y S U U L Δ Σ
O M I Λ Ί A Σ V E N M X F M Z O L
I G W A A A Υ Ξ Ή Θ H K E Z E W W
V G W T P M H V A N A Ψ Y X Ή Σ S
A N Ά Γ N Ω Σ H Σ V Y X I K T D R
```

ΟΜΙΛΊΑΣ
ΑΡΚΕΊ
ΣΎΛΛΗΨΗ
ΥΓΡΆ
ΣΤΡΑΤΟΎ
ΚΌΛΠΟ
ΠΛΑΝΉΤΕΣ
ΣΩΜΑΤΙΔΊΩΝ
ΑΝΆΓΝΩΣΗΣ
ΈΔΕΙΞΕ
ΟΜΆΔΑ
ΧΤΎΠΗΜΑ
ΑΥΞΉΘΗΚΕ
ΔΏΡΑ
ΣΤΡΑΤΌΠΕΔΟ
ΣΙΤΆΡΙ
ΦΩΣ
ΧΑΛΚΟΎ
ΑΝΑΨΥΧΉΣ
ΠΑΡΆΞΕΝΟ

Puzzle 260

ΚΑΜΠΊΝΑ
ΕΥΝΟΪΚΉ
ΔΕΚΑΔΙΚΆ
ΣΑΚΆΚΙ
ΘΑΝΑΤΗΦΌΡΑ
ΑΊΜΑΤΟΣ
ΣΤΑΘΜΌΣ
ΠΟΣΌΤΗΤΑ
ΤΕΤΆΡΤΗ
ΑΔΕΙΆΖΕΙ
ΡΕΎΜΑ
ΕΠΑΡΚΉ
ΒΕΛΌΝΑ
ΔΙΑΧΕΊΡΙΣΗ
ΕΊΧΕ
ΣΑΠΟΎΝΙ
ΨΆΡΙ
ΕΙΣΑΓΆΓΕΙ
ΊΣΩΣ
ΕΠΙΣΤΉΜΗ

```
B I X K V A I Q Z G O I A T C H F
I E Γ Ά G A Σ I E U G W B N S T E
U X Λ K W A Ί M A T O Σ Ω Σ Ί X R
A Ί Q Ό A O T E Y N O Ϊ K Ή N Z F
P E I A N Q E C E B R L E T H X K
Ψ E Z F Ί A T Y Π Π O Σ Ό T H T A
O Ά Ύ Z Π P Ά Δ I K Ά K A Σ Σ A B
P K P M M Ό P D Σ G A P L S I H G
Y I T I A Φ T N T U X Z E D P E V
J Δ C O K H H A Ή K P A Π E Ί W X
A A X R T T Σ Ό M Θ A T Σ L E Q L
N K X P F A T P H M P Z D X X U N
K E P C G N A Δ E I Ά Z E I A T K
V Δ I Q Z A Σ A Π O Ύ N I B I C J
D P O A O Θ V H I Z W H U K Δ N S
```

Puzzle 261

P	N	V	W	B	F	Δ	Δ	Γ	Z	C	Z	U	G	H	A	Σ
H	Z	G	B	H	P	Ή	Ό	K	Y	W	K	I	I	M	A	Ύ
Π	A	T	Ά	T	A	Λ	N	O	E	A	K	B	I	Π	Π	N
O	B	D	I	F	J	Ω	T	Y	E	C	Λ	A	X	E	Ό	T
Λ	L	S	S	E	A	Σ	I	N	Y	D	Q	I	N	P	Σ	P
Ί	Ώ	P	E	Σ	L	H	A	Ά	K	E	G	E	Ά	I	T	O
Σ	C	P	G	H	O	N	N	Ω	A	G	F	P	I	O	A	Φ
Θ	R	Q	E	Ψ	T	A	I	N	Ί	A	Q	Ύ	A	X	Σ	O
H	V	M	B	Y	X	V	A	E	E	Z	J	Σ	Q	Ή	H	P
Σ	W	S	K	Λ	K	E	Λ	Π	R	Y	O	Q	D	Ξ	V	
H	A	S	Y	Ά	U	R	Ά	V	A	U	O	Π	T	B	Ά	O
N	Z	C	R	K	O	P	Φ	P	P	F	F	A	X	M	T	A
K	Λ	Έ	Ψ	O	Y	N	J	W	E	C	M	Έ	T	P	I	A
E	Y	T	Y	X	Ώ	Σ	V	A	Θ	M	A	S	N	N	E	U
T	C	C	E	I	E	K	Ύ	K	N	O	U	W	N	I	F	L

ΤΆΞΗ
ΜΈΤΡΙΑ
ΚΎΚΝΟ
ΤΑΙΝΊΑ
ΣΎΝΤΡΟΦΟ
ΟΛΊΣΘΗΣΗ
ΕΥΤΥΧΏΣ
ΘΕΡΑΠΕΊΑ
ΠΑΤΆΤΑ
ΏΡΕΣ
ΑΠΌΣΤΑΣΗ
ΚΟΥΝΆΩ
ΔΉΛΩΣΗ
ΠΕΡΙΟΧΉ
ΔΌΝΤΙΑ
ΓΥΑΛΙΆ
ΚΛΈΨΟΥΝ
ΑΠΟΣΎΡΕΙ
ΚΆΛΥΨΗΣ
ΦΆΛΑΙΝΑ

Puzzle 262

ΚΑΟΥΤΣΟΎΚ
ΜΈΓΑΙΡΑ
ΈΚΑΨΕ
ΜΥΡΜΉΓΚΙ
ΣΥΝΑΝΤΗΘΟΎΝ
ΑΡΟΥΡΑΊΟΣ
ΦΙΛΙΚΌ
ΚΎΚΛΟ
ΑΞΊΑΣ
ΓΈΛΑΣΕ
ΜΕΤΟΧΙΚΌ
ΠΕΡΙΣΤΑΤΙΚΌ
ΧΩΡΙΌ
ΠΙΛΟΤΙΚΆ
ΦΘΟΡΆ
ΠΡΟΆΣΠΙΣΗΣ
ΚΟΥΝΙΈΜΑΙ
ΔΎΝΑΜΗ
ΚΑΡΑΜΈΛΑ
ΛΕΩΦΟΡΕΊΟ

X	R	R	M	Y	Π	A	Π	P	O	A	Ά	Σ	Π	I	Σ	H	Σ
Ω	K	P	E	F	Q	E	P	K	A	O	Y	T	Σ	O	Ύ	K	
P	R	S	T	Z	G	Σ	P	O	U	V	Ό	K	I	Λ	I	Φ	
I	H	I	O	T	Y	A	I	I	Y	U	J	J	E	K	K	J	
Ό	F	G	X	W	H	Λ	A	Σ	Σ	P	R	V	J	Ύ	C	K	
M	A	P	I	A	Γ	Έ	M	Y	U	T	A	C	R	K	L	J	
X	Y	L	K	X	V	Γ	Έ	N	X	Σ	A	Ί	Ξ	A	L	E	
Y	W	P	Ό	Z	C	W	I	A	Ά	K	I	T	O	Λ	I	Π	
K	Z	B	M	M	Z	D	N	N	H	H	S	D	I	Σ	T	X	
Z	V	J	W	Ή	V	Z	Y	T	Φ	Θ	O	P	Ά	K	S	P	
W	J	B	J	L	Γ	N	O	H	M	A	N	Ύ	D	G	Ό	Y	
Έ	K	A	Ψ	E	E	K	K	Θ	G	J	W	E	V	L	J	A	
Y	U	Z	K	D	Q	T	I	O	Ί	E	P	O	Φ	Ω	E	Λ	
R	Z	W	C	C	I	C	W	Ύ	H	M	Z	A	Y	R	B	M	
K	A	P	A	M	Έ	Λ	A	N	X	I	D	M	U	W	T	D	

Puzzle 263

```
E  C  V  Q  U  Γ  L  I  Y  C  G  B  K  K  A  E
Q  Ξ  V  X  U  H  E  Y  W  J  Q  Έ  K  H  A  Σ  Π
Ή  B  H  Ξ  Ά  P  Π  N  E  J  E  Π  J  Y  T  T  E
K  L  R  Γ  L  Q  E  F  I  I  D  E  G  Y  O  Έ  N
A  Ύ  K  H  Ή  J  Z  W  W  Ά  P  Σ  B  V  I  P  Δ
I  Σ  K  W  C  Σ  E  P  Δ  N  Ά  E  I  D  K  Ω  Ύ
Δ  O  S  Λ  I  I  E  Σ  Ί  Π  O  T  K  E  Ί  N  Σ
A  Φ  K  S  O  N  A  I  Δ  Ό  Π  P  Q  X  A  H  E
T  Ή  Z  Z  Π  Y  Φ  P  O  N  T  Ί  Δ  A  Q  Σ  Ω
Σ  O  Q  T  O  A  I  M  O  P  P  A  Γ  Ί  A  T  N
M  Q  P  R  K  A  A  L  C  H  K  L  E  P  H  Y  I
M  W  C  H  Σ  E  Θ  Ί  T  N  A  N  T  H  T  Λ  N
U  N  O  N  Ά  Λ  Π  O  P  E  A  Q  A  C  I  J  I
I  G  V  P  F  H  L  H  C  G  G  D  H  C  L  A  P
Π  A  Π  A  Γ  Ά  Λ  O  Σ  Z  N  D  O  B  W  M  T
```

ΓΕΝΙΆ
ΚΎΚΛΟΥ
ΠΌΔΙΑ
ΑΣΤΈΡΩΝ
ΑΕΡΟΠΛΆΝΟ
ΦΡΟΝΤΊΔΑ
ΕΞΗΓΉΣΕΙ
ΕΠΕΝΔΎΣΕΩΝ
ΣΤΥΛ
ΣΟΦΉ
ΑΙΜΟΡΡΑΓΊΑ
ΆΝΔΡΕΣ
ΣΤΑΔΙΑΚΉ
ΑΝΤΊΘΕΣΗ
ΚΑΤΟΙΚΊΑ
ΆΣΚΟΠΟ
ΠΡΆΞΗ
ΠΑΠΑΓΆΛΟΣ
ΈΠΕΣΕ
ΕΚΤΟΠΊΣΕΙ

Puzzle 264

ΣΤΕΝΌ
ΦΑΝΤΑΣΤΕΊΤΕ
ΚΑΡΈΚΛΑ
ΆΜΕΣΗ
ΙΔΙΟΚΤΗΣΊΑΣ
ΣΗΜΆΔΙ
ΣΎΓΚΡΟΥΣΗ
ΔΙΑΚΟΠΉ
ΛΗΦΘΕΊ
ΛΑΜΒΆΝΟΥΝ
ΧΛΕΥΑΣΜΌΣ
ΕΝΔΙΑΊΤΗΜΑ
ΑΊΘΟΥΣΑ
ΣΕΛΗΝΙΑΚΌ
ΚΑΡΦΊΤΣΑ
ΚΟΡΏΝΑ
ΟΠΟΤΕΔΉΠΟΤΕ
ΚΈΙΚ
ΓΆΝΤΙΑ
ΓΟΓΓΎΛΙΑ

```
B  G  Σ  E  Λ  H  N  I  A  K  Ό  X  H  V  S  D  T
I  Δ  I  O  K  T  H  Σ  Ί  A  Σ  T  Z  C  Z  Ή  Y
D  O  Λ  A  E  Γ  Z  R  L  C  M  Y  R  A  K  Π  Σ
A  Π  A  H  Σ  Y  O  P  K  Γ  Ύ  Σ  N  U  K  O  T
X  O  M  B  M  X  A  Γ  B  A  Λ  K  Έ  P  A  K  E
E  T  B  I  T  Λ  L  L  Γ  A  Ί  Θ  O  Y  Σ  A  N
N  E  Ά  U  S  E  D  J  V  Ύ  J  N  N  Q  A  I  Ό
Δ  Δ  N  I  B  Y  R  S  L  K  Λ  R  D  P  W  Δ  W
I  Ή  O  V  E  A  I  T  N  Ά  Γ  I  J  I  J  V  Q
A  Π  Y  Y  W  S  E  T  Ί  E  T  Σ  A  T  N  A  Φ
Ί  O  N  U  H  M  Ά  T  O  Σ  H  M  Ά  D  I  X  T
T  T  Y  C  C  Ό  I  M  K  O  P  Ώ  N  A  M  X  J
H  E  M  M  I  Σ  G  J  E  A  Q  Λ  H  Φ  Θ  E  Ί
M  J  K  Έ  I  K  F  E  O  Σ  P  Y  N  U  Z  Z  K
A  Σ  T  Ί  Φ  P  A  K  X  O  H  T  G  A  I  D  V
```

Puzzle 265

```
T I M Ω Ρ Η Σ E I Σ P L I Ó N R N
Ξ Π U R E K O P Θ R K S I I P Q A
E P H O Π I Λ N K P L O C F A O A
X O E R A M Í B A V Ή M Y R J R Σ
Ω É Σ H P O E C T F K B H Λ A D W
P Δ A D T N X M E U I D C Z Ή V C
I P I R Í O B C Ύ M N X X Σ U K A
Σ O Λ K Δ K N J Θ L Ω H V Y P R I
T Y Ά H A I T Σ Y A N U Y Γ K Q P
Ή D K G J O O X N A I D S Γ K Z Ά
T Í Γ P H I Y O Σ B O X A N W Z M
E L A O X U Σ Λ H J K I U Ώ S V A
K Ό Σ M O T Σ E Σ T Λ Ά K M H G Λ
M E U J E P F Í Z K R C I H F N A
U B H O H Z Q O Π Ό Δ I M W L W K
```

ΠΑΡΤΊΔΑ
ΚΆΛΤΣΕΣ
ΑΓΚΆΛΙΑΣΕ
ΤΊΓΡΗ
ΣΥΓΓΝΏΜΗ
ΠΌΔΙ
ΚΟΙΝΩΝΙΚΉ
ΚΑΤΕΎΘΥΝΣΗ
ΞΕΧΩΡΙΣΤΉ
ΉΡΘΕ
ΣΚΟΥΛΉΚΙ
ΚΌΣΜΟ
ΌΡΟΣ
ΚΑΛΑΜΆΡΙΑ
ΟΙΚΟΝΟΜΙΚΉ
ΠΡΟΈΔΡΟΥ
ΤΙΜΩΡΉΣΕΙ
ΣΧΟΛΕΊΟ
ΝΤΟΥΣ
ΧΕΊΛΟΣ

Puzzle 266

ΚΡΈΜΑ
ΘΕΊΑ
ΧΙΌΝΙ
ΑΠΟΔΕΊΞΕΙΣ
ΛΙΓΌΤΕΡΟ
ΛΌΓΟ
ΚΟΥΡΤΊΝΕΣ
ΣΤΌΧΟΣ
ΣΤΑΦΎΛΙΑ
ΟΔΟΝΤΊΑΤΡΟ
ΈΛΞΗΣ
ΠΑΡΆΞΕΝΑ
ΕΓΚΑΤΑΣΤΆΘΗΚΑΝ
ΚΑΠΝΌΣ
ΕΙΚΟΝΙΚΌ
ΚΛΕΙΔΑΡΙΆ
ΈΓΚΛΗΜΑ
ΔΑΜΆΣΚΗΝΟ
ΤΟΥΛΊΠΑ
ΛΊΓΟ

```
R L H M Z E K K Z Y É Q C O W X M
O N H K Σ Ά M A Δ Y I Γ A L M I P
C I H T H H W Π Y Z C Y K V M Ό G
S U R J Ξ G I N R Σ X O P Λ D N C
Θ O E R Λ P S Ό P T T S K O H I F
E Γ Δ J É E N Σ E D G A L X Z M U
Í Ό P O E I K O N I K Ό Φ H E R A
A Λ Σ E N Í T P Y O K G Z Ύ U D U
R N S E Q T Λ I Γ Ό T E P O Λ D E
I H N E A Π Í Λ Y O T D B S M I L
N V B F Ά I P A Δ I E Λ K K M R A
Σ T Ό X O Σ P I T M W N Λ Í Γ O M
Π A P Ά Ξ E N A X P L P Z O P W É
S R Z Z I E Ξ Í E Δ O Π A W B Y P
E Γ K A T A Σ T Ά Θ H K A N X E K
```

Puzzle 267

Α	Ί	Α	Χ	Ρ	Α	Τ	Έ	Λ	Κ	Ι	Σ	Ο	Τ	Ο	Μ	Ν
Ε	Δ	Κ	Ο	Λ	Ύ	Μ	Π	Ι	C	Ό	W	J	D	W	F	U
I	C	Ύ	Μ	X	V	L	W	A	L	Λ	E	R	C	A	K	A
Σ	G	S	N	Y	P	Z	S	N	S	O	Σ	O	X	Δ	I	Ξ
A	Σ	H	Σ	A	T	Έ	Ξ	E	C	P	Ί	X	I	Ί	F	I
Γ	Y	O	Z	Π	M	S	Q	M	T	N	P	Σ	Ή	Π	X	O
Ω	S	U	Z	T	I	O	G	Ώ	X	G	Ώ	A	P	M	K	Λ
Γ	H	T	A	R	A	N	Q	N	O	I	N	Ί	N	A	A	Ό
Ή	W	Q	L	I	H	M	Έ	H	A	Δ	E	P	S	Λ	X	Γ
Σ	W	W	T	N	Y	P	M	Λ	N	Ά	Y	E	Z	O	V	H
Γ	E	N	E	Θ	Λ	Ί	Ω	N	O	M	T	Θ	V	Γ	M	Σ
T	Έ	P	A	Σ	H	N	Έ	M	Σ	I	X	Y	T	Y	E	H
Y	M	B	I	I	N	Y	Y	L	F	Ξ	T	E	C	Π	C	P
K	A	T	A	Σ	T	P	O	Φ	Ή	A	K	Λ	H	Y	P	N
A	J	S	R	T	V	L	A	Δ	Ί	Π	Λ	E	F	M	S	O

ΤΈΡΑΣ
ΝΩΡΊΣ
ΕΛΕΥΘΕΡΊΑΣ
ΚΑΤΑΣΤΡΟΦΉ
ΠΥΓΟΛΑΜΠΊΔΑ
ΕΛΠΊΔΑ
ΚΟΛΎΜΠΙ
ΕΙΣΑΓΩΓΉΣ
ΡΟΛΌΙ
ΓΕΝΕΘΛΊΩΝ
ΠΑΞΙΜΆΔΙ
ΑΞΙΟΛΌΓΗΣΗ
ΣΧΉΜΑ
ΜΟΤΟΣΙΚΛΈΤΑ
ΠΙΝΈΛΟ
ΕΞΈΤΑΣΗΣ
ΑΔΎΝΑΜΟ
ΕΥΤΥΧΙΣΜΈΝΗ
ΑΝΕΜΏΝΗ
ΑΡΧΑΊΑ

Puzzle 268

ΠΡΌΚΛΗΣΗ
ΛΊΚΝΟ
ΦΡΑΓΚΟΣΤΆΦΥΛΟ
ΧΑΡΤΑΕΤΌ
ΌΡΙΟ
ΚΡΙΤΙΚΉ
ΔΆΧΤΥΛΟ
ΑΝΉΚΟΥΝ
ΏΡΙΜΗ
ΚΕΊΜΕΝΟ
ΠΊΤΣΑ
ΤΟΊΧΟ
ΚΟΥΡΤΊΝΑ
ΤΎΧΗ
ΠΡΑΓΜΑΤΙΚΌΤΗΤΑ
ΕΜΦΑΝΙΣΤΕΊ
ΛΕΙΤΟΥΡΓΊΑ
ΣΌΛΟ
ΆΥΓΆ
ΑΝΆΒΑΣΗ

D	T	T	Π	Φ	R	A	Γ	K	O	Σ	T	Ά	Φ	Υ	Λ	O
H	N	B	Ύ	P	T	O	Ί	X	O	W	M	Γ	N	V	W	E
Y	W	Z	T	X	A	S	C	U	I	M	L	Y	C	X	D	M
D	D	H	V	T	H	Γ	L	R	P	J	A	A	Y	N	Y	Φ
S	V	Q	Q	L	Σ	A	M	H	Ό	G	Σ	W	I	Y	P	A
Ή	L	G	A	F	H	N	A	A	N	Ί	T	P	Y	O	K	N
K	Σ	Ό	Λ	O	Λ	Ά	Δ	Ί	T	Y	Ί	P	Y	K	H	I
I	E	W	A	E	K	B	Ά	Γ	H	I	Π	A	Q	Ή	D	Σ
T	G	Ί	G	D	Ό	A	X	P	B	W	K	M	Y	N	Z	T
I	E	D	M	C	P	Σ	T	Y	B	Q	M	Ό	F	A	O	E
P	T	Ώ	I	E	Π	H	Y	O	R	X	D	B	T	U	V	Ί
K	V	P	S	C	N	B	Λ	T	Λ	Ί	K	N	O	H	Y	O
O	P	I	A	I	B	O	Ό	I	Z	T	H	S	Z	I	T	A
B	X	M	V	O	I	U	Q	E	L	K	Y	J	T	Z	E	A
L	I	H	F	E	K	W	B	Λ	X	A	P	T	A	E	T	Ό

Puzzle 269

```
Χ Υ Π Ε Ι Η Υ Υ Υ Λ Ρ J Ψ F N J I J
Ά Τ Α Τ Λ Μ Σ C U Q G Ρ Έ J W X N
Σ Ρ Ρ Ρ L I Έ Α Κ Ρ J Β Ά Μ L I O
Ο Μ Ά U Μ Σ Κ Μ Χ J V W Μ G Α Υ L
Υ Υ Γ V F Έ Ι Ό Π Σ Κ Ι Ά Χ Τ Ρ Ο
Ν Ρ Ρ Λ Ε Θ Τ W Π Α Ι Δ Ί U Ρ W Ρ
Υ Ί Α Ε W Α Υ Ε Β Τ Μ Σ R L S U Ύ
Τ Ζ Φ Μ W Ι Δ U Ι Έ Ε Π Ι Ζ D Β Α
Έ Ε Ο Ο Q Δ S Χ Λ Δ Α Ρ Ά Υ W Ρ Μ
Λ Ι Ν Ν R U U D S Ω Α S Ο S Α Τ Ν
Ε Ρ D Ά Ν C U Μ R Σ Π Ρ Ά Σ Ι Ν Ο
Ι Α Ζ Δ R Χ Q Μ S Ε Κ Α Ν Έ Λ Α Ε
Α Ν D Α Ή Δ Η Χ D Μ Ε Γ Ά Λ Η W Ζ
Ζ Ο Ν Β Χ Ε Λ Έ Γ Χ Ο Υ Q Ο Β W C
Ι Ρ Μ Ν Χ C Q C Ζ Ι Υ W Χ Q Β Ι Β
```

ΔΥΤΙΚΈΣ
ΤΈΛΕΙΑ
ΕΛΙΚΌΠΤΕΡΟ
ΜΑΎΡΟ
ΜΥΡΊΖΕΙ
ΕΛΈΓΧΟΥ
ΣΚΊΑΧΤΡΟ
ΜΠΑΜΠΆΣ
ΊΔΙΑ
ΜΕΓΆΛΗ
ΔΙΑΘΈΣΙΜΗ
ΠΡΆΣΙΝΟ
ΠΑΡΆΓΡΑΦΟ
ΑΚΡΙΒΆ
ΉΔΗ
ΈΔΩΣΕ
ΛΕΜΟΝΆΔΑ
ΧΆΣΟΥΝ
ΨΈΜΑ
ΚΑΝΈΛΑ

Puzzle 270

ΚΈΡΔΟΣ
ΣΥΜΦΩΝΉΣΟΥΝ
ΜΎΛΟ
ΕΠΙΤΥΧΊΑ
ΕΆΝ
ΣΗΜΕΙΩΜΑΤΆΡΙΟ
ΠΑΤΡΊΔΑ
ΑΡΓΉ
ΣΥΜΜΕΤΈΧΟΥΝ
ΣΧΕΔΙΑΣΜΟΎ
ΜΑΛΑΚΌ
ΆΜΥΝΑ
ΆΛΛΟΥΣ
ΣΥΛΛΟΓΉ
ΥΠΕΎΘΥΝΟΣ
ΨΥΧΡΌΣ
ΧΙΟΝΟΣΤΙΒΆΔΑΣ
ΜΊΛΙΑ
ΔΗΛΏΣΕΙ
ΝΌΜΙΣΜΑ

```
D J Κ Μ Ε Π Ι Τ Υ Χ Ί Α G Κ Σ Σ Κ
Μ Ύ Λ Ο Ί Δ Η Λ Ώ Σ Ε Ι J W Υ Χ Σ
Ε Ά Ν Ο Ι Λ Μ Α Λ Α Κ Ό V Ζ Μ Ε Η
Κ U Τ Χ U V Ι Q Ο U U L W L Φ Δ Μ
Ν Ν C Κ Κ J J Α Κ Έ Ρ Δ Ο Σ Ω Ι Ε
Υ Η S Ε L Ι G Μ Τ Τ Τ Ι S Υ Ν Α Ι
Ο S Ζ V R F U S Κ Ο D Ζ S Ο Ή Σ Ω
Χ Ι Ο Ν Ο Σ Τ Ι Β Ά D Α S Λ Σ Μ Μ
Έ Υ R Ν Ι J Υ Μ Ο Ψ Σ Δ Α Λ Ο Ο Α
Τ W Η Ζ Υ Μ F Ό Ζ Υ Υ Ί Ο Ά Υ Ύ Τ
Ε Η F J Κ Θ R Ν Α Χ Λ Ρ C W Ν F Ά
Μ Β U Ρ F G Ύ Τ R Ρ Λ Τ W G J Q Ρ
Μ J Α V Β J R Ε Υ Ό Ο Α Ν Υ Μ Ά Ι
Υ W Μ J G U V D Π Σ Γ Π Χ Ο W Β D Ο
Σ Μ Ζ Q Β L G Ρ Ι Υ Ή Γ R Α J Ο D
```

Puzzle 271

```
P N Z U D R O V I W P R P M K O Π
G S W J Π O Λ Ύ X P Ω M O Π A F E
H K S I S X W K X G Q Q I A N F P
R L E E Π I B I Ώ Σ O Y N N A L Ί
H N I Π A Y Λ Ή H U A C M Ά Π U M
I A Ί Λ I M O N Y Σ N M J N Έ W E
X Δ C F M Φ Y X Σ F H W G A H Q T
O Ό A P A M Ά K O T A B E P K N P
S Σ G H L X D N P V L J A X M A O
Π Ά O I Π Ό K Σ E Λ H T J P W X P
Λ I J X O K T O T I C S X N F Z Q
A T O C A E L K Ύ Σ A Ί Σ A Π Π I
B I F N W P J O E Δ I Ά Φ O P A K
Ή O B H Z I K Ά Δ Y O K P A K H I
Π Y P O Σ B Έ Σ T H Σ K H W J C E
```

ΙΤΊΑΣ
ΛΑΒΉ
ΠΙΟ
ΠΕΡΊΜΕΤΡΟ
ΔΙΆΦΟΡΑ
ΣΥΝΟΜΙΛΊΑ
ΠΥΡΟΣΒΈΣΤΗΣ
ΝΑ
ΕΠΙΒΙΏΣΟΥΝ
ΚΑΝΑΠΈ
ΑΥΛΉ
ΤΗΛΕΣΚΌΠΙΟ
ΠΟΛΎΧΡΩΜΟ
ΑΡΚΟΥΔΆΚΙ
ΕΠΙΦΆΝΕΙΑ
ΔΕΎΤΕΡΟΣ
ΣΌΔΑ
ΜΠΑΝΆΝΑ
ΚΡΕΒΑΤΟΚΆΜΑΡΑ
ΙΠΠΑΣΊΑΣ

Puzzle 272

ΓΕΎΜΑ
ΑΝΏΤΕΡΟΣ
ΞΎΛΟ
ΤΕΧΝΟΛΟΓΊΑΣ
ΑΠΟΜΟΝΩΜΈΝΕΣ
ΜΉΝΑ
ΚΑΜΠΆΝΑ
ΨΥΧΙΚΉ
ΠΡΟΚΕΙΜΈΝΟΥ
ΠΩΛΗΤΉ
ΠΙΣΤΕΎΟΥΝ
ΒΑΡΙΆ
ΤΥΠΙΚΌ
ΑΦΉΝΟΝΤΑΣ
ΣΚΎΛΟΣ
ΗΘΙΚΌ
ΦΡΈΖΙΑ
ΚΎΜΑ
ΟΡΤΎΚΙΑ
ΚΑΡΔΙΆ

```
T Π I Σ T E Ύ O Y N Φ M M L U P I
E E P N X S V R C E Y P Ή X T N G
X O P T Ύ K I A T F K K Έ N K C K
N A B Z Σ A T N O N Ή Φ A Z A K X
O N G Y C Y I Ά X O U D M P I K I
Λ Ώ Σ E U O K Π N D Q X P D A C
O T K Σ E N Έ M Ω N O M O Π A I L
Γ E Ύ C D Έ J A L B B S F G E F Ά
Ί P Λ P Q M T K T Ψ Γ E Ύ M A J E
A O O Ό K I Θ Η Π Y K Ύ M A Q E T
Σ Σ Σ G D E X P Ω X K Z W Y T E K
G V V W Z K Y M Λ I Ξ M T L G D E
Y F U U J O G S H K Ύ Y Y I E Y F
U B B B A P I Ά T Ή Λ F T L C T Y
U U Ό K I Π Y T Ή W O U L S E L I
```

Puzzle 273

Σ	Z	Ω	N	T	A	N	Ή	R	G	I	Δ	I	E	Σ	Ά	X
T	O	W	A	N	O	I	K	T	Ά	Ό	E	Σ	R	N	V	Q
P	R	N	P	K	Δ	T	O	N	B	Γ	M	T	Π	Δ	Σ	U
A	G	Z	P	G	V	B	D	S	C	K	Έ	O	E	V	Y	H
T	X	Y	M	V	F	K	K	E	K	O	N	P	I	J	N	F
I	E	Π	I	Δ	I	Ώ	K	O	Y	N	H	I	N	C	Δ	T
Ώ	M	F	O	Ί	Φ	O	P	H	T	Ό	I	K	A	K	Y	P
T	A	I	Z	Δ	L	X	Έ	Ό	O	G	W	O	Σ	A	Ά	Έ
H	S	Q	C	I	S	U	N	P	K	V	S	Ύ	M	Θ	Z	Ξ
Σ	V	H	Σ	E	Δ	N	Ύ	Σ	H	E	J	P	Έ	Ή	O	E
R	I	E	Θ	Λ	Έ	N	A	Π	E	M	P	Y	N	K	Y	I
N	O	Σ	O	K	Ό	M	A	H	N	E	O	C	O	O	N	W
S	K	A	W	D	A	H	S	D	P	J	C	J	I	N	K	J
R	Q	D	P	H	R	J	X	O	N	O	H	C	Q	X	K	S
U	V	I	A	V	W	W	W	N	B	L	K	B	K	L	P	L

ΣΎΝΔΕΣΗ
ΑΝΟΙΚΤΆ
ΧΆΣΕΙ
ΤΡΈΞΕΙ
ΣΤΡΑΤΙΏΤΗΣ
ΚΑΘΉΚΟΝ
ΚΛΕΙΔΊ
ΔΕΜΈΝΗ
ΣΥΝΔΥΆΖΟΥΝ
ΖΩΝΤΑΝΉ
ΦΟΡΗΤΌ
ΙΣΤΟΡΙΚΟΎ
ΈΡΗΜΟ
ΕΠΑΝΈΛΘΕΙ
ΡΕΚΌΡ
ΕΠΙΔΙΏΚΟΥΝ
ΌΓΚΟ
ΡΟΚ
ΠΕΙΝΑΣΜΈΝΟΙ
ΝΟΣΟΚΌΜΑ

Puzzle 274

ΜΑΚΙΓΙΆΖ
ΚΑΜΉΛΑ
ΚΟΡΊΤΣΙ
ΦΛΙΤΖΆΝΙ
ΕΑΥΤΌ
ΟΎΤΕ
ΠΡΌΘΕΣΗ
ΑΠΑΙΤΟΎΝ
ΤΕΧΝΟΛΟΓΊΑ
ΔΙΑΠΡΑΓΜΑΤΕΥΤΕΊ
ΕΊΤΕ
ΔΙΑΔΙΚΑΣΊΑΣ
ΓΥΑΛΊ
ΒΡΑΧΊΟΝΑ
ΆΔΕΙΑ
ΒΟΉΘΕΙΑ
ΔΙΚΑΣΤΉΣ
ΦΩΝΉ
ΠΤΕΡΎΓΙΟ
ΚΎΡΙΟ

J	Δ	S	R	Π	S	I	G	W	V	E	V	I	S	A	Φ	U
P	I	Σ	Ή	T	Σ	A	K	I	Δ	E	H	I	E	Π	Λ	T
U	A	V	O	E	Ύ	O	R	P	Y	H	X	Z	A	I	L	L
V	Δ	N	Q	P	P	Y	G	K	A	I	E	Δ	Ά	I	T	Q
U	I	I	N	Ύ	F	T	I	V	Λ	Y	I	S	S	T	Z	X
V	K	U	Z	G	B	C	A	U	Ή	Φ	Ω	N	Ή	O	Ά	A
B	A	Z	Ά	I	Γ	I	K	A	M	T	K	B	J	Ύ	N	W
B	Σ	J	J	O	Σ	I	R	C	A	V	J	Ύ	T	N	I	R
O	Ί	Λ	A	Y	Γ	T	O	V	K	F	P	E	P	C	G	H
Ή	A	W	R	Q	O	E	Ί	C	Q	A	N	P	A	I	N	Σ
Θ	Σ	Y	L	K	O	A	G	P	E	I	J	Z	M	Y	O	E
E	T	Ί	E	G	F	A	Ί	Γ	O	Λ	O	N	X	E	T	Θ
I	X	I	D	E	G	D	V	M	Y	K	O	E	K	D	N	Ό
A	N	O	Ί	X	A	P	B	E	T	T	I	U	C	P	X	P
Δ	I	A	Π	P	A	Γ	M	A	T	E	Y	T	E	Ί	Y	Π

Puzzle 275

K	A	B	O	Ύ	P	I	A	Y	K	U	A	H	D	D	H W
Σ	Φ	Ά	Λ	M	A	P	E	M	O	K	W	K	X	E	A L
T	T	V	W	U	A	B	W	M	Y	U	A	T	X	R	J F
K	T	T	K	H	F	Ί	G	X	Δ	A	O	R	T	W	K C
R	Q	C	F	G	L	Z	N	B	O	Z	Z	L	Q	J	H D
X	S	N	D	F	M	R	E	Ω	Ύ	Σ	K	A	Θ	Ά	P I
Ά	Σ	T	T	F	M	W	V	I	N	A	C	I	Z	B	M Γ
Π	O	E	Π	I	Λ	O	Γ	Ή	I	I	T	R	J	C	A Y
I	Λ	B	Θ	E	K	T	Ό	Σ	U	L	O	M	D	U	Ϊ N
L	A	P	S	X	T	L	V	P	X	Q	W	K	Ό	W	M A
E	K	A	Q	Ά	P	Y	Έ	Θ	I	M	O	L	I	M	O Ί
X	Σ	B	J	P	A	P	Γ	Ό	T	E	P	A	A	Π	Ύ K
T	Ά	E	O	Θ	E	I	Σ	A	Γ	Ω	Γ	I	K	Ά	E E
E	Δ	Ί	T	P	Δ	I	A	Σ	K	E	Δ	Ά	Σ	E	I Σ
W	R	O	M	A	Ϊ	Φ	H	Ψ	O	I	E	Λ	Π	P	R X

ΆΡΘΡΑ
ΓΥΝΑΪΚΕΣ
ΧΆΠΙ
ΔΙΑΣΚΕΔΆΣΕΙ
ΕΠΙΛΟΓΉ
ΧΘΕΣ
ΕΙΣΑΓΩΓΙΚΆ
ΈΘΙΜΟ
ΒΡΑΒΕΊΟ
ΣΦΆΛΜΑ
ΣΚΑΘΆΡΙ
ΕΚΤΌΣ
ΠΛΕΙΟΨΗΦΊΑ
ΜΑΪΜΟΎ
ΚΑΒΟΎΡΙΑ
ΑΤΜΌ
ΚΟΥΔΟΎΝΙ
ΑΡΓΌΤΕΡΑ
ΕΠΙΚΟΙΝΩΝΊΑ
ΔΆΣΚΑΛΟΣ

Puzzle 276

ΗΛΙΈΛΑΙΟ
ΣΦΆΛΜΑΤΟΣ
ΕΚΧΩΡΉΣΕΙ
ΆΝΘΡΑΚΑ
ΠΡΌΚΕΙΤΑΙ
ΣΦΡΑΓΊΔΑ
ΦΑΙΝΌΤΑΝ
ΖΆΧΑΡΗ
ΕΠΙΘΕΏΡΗΣΗ
ΑΞΙΌΠΙΣΤΗ
ΛΕΜΌΝΙ
ΈΛΚΗΘΡΟ
ΓΡΉΓΟΡΑ
ΜΕΤΆ
ΠΆΓΟ
ΈΛΛΕΙΨΗ
ΠΑΙΧΝΙΔΙΆΡΙΚΟ
ΠΛΟΉΓΗΣΗ
ΕΓΓΡΑΦΉΣ
ΑΣΤΥΝΟΜΙΚΌΣ

A	Π	Ά	Γ	O	B	K	N	O	F	M	Z	O	K	K	C	N
H	T	Σ	I	Π	Ό	I	Ξ	A	Δ	Ί	Γ	A	P	Φ	Σ	Π
Σ	Λ	L	E	M	E	H	D	K	Z	E	E	Π	R	B	O	Λ
H	A	I	Φ	Z	V	F	P	A	H	Γ	J	A	J	D	T	O
P	N	Σ	Έ	A	X	W	S	P	K	Γ	Z	I	U	Z	A	Ή
Ώ	C	S	T	Λ	I	T	M	Θ	H	P	A	X	Ά	Z	M	Γ
E	D	D	W	Y	A	N	P	N	C	A	Έ	N	E	I	Λ	H
Θ	I	L	Y	T	N	I	Ό	Ά	U	Φ	Λ	I	N	A	Ά	Σ
I	J	Z	K	S	J	O	O	T	Q	Ή	K	Δ	E	T	Φ	H
Π	Λ	E	M	Ό	N	I	M	Q	A	S	H	I	F	I	Σ	Ψ
E	H	W	F	Q	T	U	N	I	K	N	Θ	Ά	T	E	M	I
Γ	P	Ή	Γ	O	P	A	H	A	K	G	P	P	L	K	E	E
E	K	X	Ω	P	Ή	Σ	E	I	X	Ό	O	I	V	Ό	Y	Λ
P	M	C	B	X	E	U	C	J	J	K	Σ	K	O	P	B	Λ
Q	M	O	D	H	W	G	R	Z	I	K	U	O	B	Π	Q	Έ

Puzzle 277

```
O T P O Π I K Ή A X R R M Ξ K O K
Λ I M J T E S L K A C W J E Ύ Υ Ό
Ό I K G U H P Ά P E T Y M N P Σ M
P O J O Σ Ή X O I P E Π Q O I I M
L X R N Γ Q F D B A H H T Δ E A A
B X V F Q Έ Y M Ώ C T D T O Z Σ T
B C V T W T N Π Σ F U J R X X T A
I R G F T O Ύ E H Π U Y T E O I X
K B S E T Π O I I P E U M Ί M K Ή
Ά A E U N Λ G X A E P M O W Ό N
N P R W J Υ Ω F Y P W Σ Ί J Q Q A
A Σ H Ξ Y T Π Ά N A M V I O O J E
Π O Δ Ή Λ A T O C A U H U Ώ Δ B H
Σ A B B A T O K Ύ P I A K O N O J
E Q O E Ξ A I P O Ύ N E B L J T X
```

ΧΉΝΑ
ΠΕΡΊΟΔΟ
ΠΟΤΈ
ΕΞΑΙΡΟΎΝ
ΟΙΚΟΓΈΝΕΙΑ
ΠΕΡΙΟΧΉΣ
ΚΎΡΙΕ
ΠΩΛΟΎΝ
ΡΌΛΟ
ΞΕΝΟΔΟΧΕΊΟ
ΥΠΗΡΕΣΙΏΝ
ΣΠΑΝΆΚΙ
ΜΥΤΕΡΆ
ΑΝΆΠΤΥΞΗΣ
ΣΑΒΒΑΤΟΚΎΡΙΑΚΟ
ΑΚΡΙΒΏΣ
ΠΟΔΉΛΑΤΟ
ΤΡΟΠΙΚΉ
ΚΌΜΜΑΤΑ
ΟΥΣΙΑΣΤΙΚΌ

Puzzle 278

ΠΟΥΡΝΆΡΙΑ
ΣΟΒΑΡΈΣ
ΤΑΚΤΟΠΟΙΗΜΈΝΟ
ΥΠΕΡΉΦΑΝΟΙ
ΚΆΜΕΡΑ
ΕΥΓΕΝΉ
ΔΙΑΠΙΣΤΏΣΕΤΕ
ΧΡΙΣΤΟΎΓΕΝΝΑ
ΚΑΤΗΓΟΡΟΎΝ
ΜΟΝΆΔΑ
ΖΏΑ
ΔΙΑΦΑΝΉ
ΒΕΛΑΝΊΔΙΑ
ΠΡΩΊ
ΠΑΣΧΑΛΊΤΣΑ
ΔΕΊΠΝΟ
ΆΝΕΤΑ
ΠΊΝΑΚΑ
ΕΚΔΉΛΩΣΗ
ΠΟΛΛΆ

```
Π O M B Y K A T H Γ O P O Ύ N X T
O T Q E Π H T F R Y D C O E Q P A
Λ A K Λ E K E Y V Q T N M E W I X
Λ R Ά A P Ή N E Γ Y E E F T R Σ N
Ά H M N Ή O Ά C V O M E U E O T Π
A P E Ί Φ Π A Σ X A Λ Ί T Σ A O P
Δ J R D A I P Ά N P Y O Π Ώ Δ Ύ Ω
E E A I N I Z G T X X X D T Ά Γ Ί
G K Ί A O U R O O A Π Z X Σ N E Σ
V Z Δ Π I C A Z L V O Ί L I O N O
J C O Ή N A Φ A I Δ W P N M P N B
J U A K Λ O F Ώ M P E T H A I A A
N G N W N Ω G Z N M G Y P I K Υ P
P J X D Σ H Σ O V J H Q L Δ W A Έ
O E V O N Έ M H I O Π O T K A T Σ
```

Puzzle 279

O	L	H	X	Σ	Έ	Λ	I	Φ	Δ	T	Π	Σ	F	P	Σ Y
E	L	F	Ά	A	J	Σ	A	Ύ	J	Ή	T	B	H	K	P
T	Z	K	N	N	Q	O	X	Σ	Σ	R	Γ	A	N	I	Έ G
Σ	Ά	C	K	N	Z	V	Ύ	O	K	A	A	Φ	A	V	Φ Q
Ά	N	H	K	E	P	A	T	Λ	O	N	N	Ί	W	Q	T H
B	I	V	W	Φ	X	R	J	I	Λ	W	Y	Δ	T	Q	O X
A	T	Ά	M	O	T	N	Z	Ώ	O	C	Σ	A	L	R	N W
I	A	F	F	A	R	U	P	N	D	K	Y	F	E	J	T C
Δ	Π	Z	M	G	P	W	W	R	Z	H	N	V	Q	K	A O
T	O	B	Ή	Λ	E	T	Y	Λ	O	Π	Θ	B	K	C	I V
Z	Ω	Γ	P	A	Φ	I	K	Ή	Σ	O	Ή	V	T	T	U N
Π	A	P	A	Δ	O	Σ	I	A	K	Ό	K	W	B	B	D L
Π	Λ	O	Ί	A	P	X	O	Σ	R	S	H	Δ	Ί	E	I G
Π	E	P	Ί	E	P	Γ	O	X	L	N	T	A	H	D	D V
Π	E	Ί	Σ	E	I	F	V	Q	Y	G	N	C	A	C	J V

ΠΛΟΊΑΡΧΟΣ
ΦΑΣΟΛΙΏΝ
ΠΑΤΙΝΆΖ
ΣΤΑΦΊΔΑ
ΠΉΓΑΝ
ΣΚΈΦΤΟΝΤΑΙ
ΠΕΊΣΕΙ
ΠΟΛΥΤΕΛΉ
ΝΤΟΜΆΤΑ
ΣΎΝΝΕΦΟ
ΕΊΔΗ
ΔΎΣΚΟΛΟ
ΛΈΣΧΗ
ΔΙΑΒΆΣΤΕ
ΠΕΡΊΕΡΓΟ
ΤΡΑΜ
ΖΩΓΡΑΦΙΚΉΣ
ΣΥΝΘΉΚΗ
ΙΣΧΎ
ΠΑΡΑΔΟΣΙΑΚΌ

Puzzle 280

ΜΟΎΜΙΑ
ΜΕΓΈΘΟΥΣ
ΚΑΡΦΊ
ΕΡΩΔΙΌΣ
ΈΡΙΞΕ
ΠΡΟΣΩΠΙΚΆ
ΕΙΔΉΣΕΩΝ
ΣΑΡΆΝΤΑ
ΔΙΕΥΘΥΝΤΉΣ
ΧΡΌΝΙΑ
ΧΤΥΠΉΣΕΙ
ΠΟΛΛΑΠΛΑΣΙΑΣΜΌ
ΈΡΩΣ
ΠΡΌΒΑΤΑ
ΠΡΆΓΜΑΤΙ
ΉΘΕΛΕ
ΤΡΊΓΩΝΟ
ΝΌΤΙΑ
ΔΙΟΊΚΗΣΗΣ
ΈΔΡΑ

E	R	A	U	L	D	R	I	O	X	G	H	T	S	K	Δ	L
Y	P	X	C	D	V	G	G	H	W	G	V	P	S	P	I	H
U	D	Ω	K	B	B	F	M	O	Q	J	Z	Ί	X	M	E	O
N	X	E	Δ	B	C	Z	D	K	I	W	N	Γ	T	L	Y	Y
Ό	K	D	N	I	T	A	M	Γ	Ά	P	Π	Ω	P	K	Θ	B
T	A	T	U	W	Ό	F	Q	E	Z	K	G	N	T	D	Y	Y
I	Ά	K	I	Π	Ω	Σ	O	P	Π	U	R	O	J	S	N	E
A	I	N	Ό	P	X	T	Y	Π	P	Ό	B	A	T	A	T	Έ
S	M	W	L	A	I	M	Ύ	O	M	H	W	I	Ή	T	Ή	Δ
E	I	Δ	Ή	Σ	E	Ω	N	Έ	Θ	P	H	B	Θ	N	S	P
K	C	T	O	V	L	U	Σ	Ω	P	Έ	D	I	E	Ά	W	A
L	V	E	K	A	P	Φ	Ί	A	B	I	Γ	C	Λ	P	J	V
X	T	Y	Π	Ή	Σ	E	I	R	G	A	Ξ	E	E	A	L	J
Δ	I	O	Ί	K	H	Σ	H	Σ	W	R	P	E	M	Σ	E	I
Π	O	Λ	Λ	A	Π	Λ	A	Σ	I	A	Σ	M	Ό	M	Z	W

Puzzle 281

```
H  Π  I  Θ  Υ  M  Ί  A  Π  K  I  Σ  L  I  A  T
T  B  X  Y  P  X  C  Ό  T  Λ  A  Π  I  X  L  Γ  Ί
K  A  T  Σ  A  Ρ  Ό  Λ  A  N  H  K  Ό  P  H  I  P  Π
K  A  T  A  I  Γ  Ί  Δ  A  P  G  F  E  T  T  I  O
Π  Δ  Π  W  O  Y  O  T  Z  O  Δ  O  Σ  Ί  E  Ό  T
Z  P  I  P  Q  X  Z  W  H  Φ  X  F  Σ  Δ  I  Γ  A
J  A  O  A  O  T  D  U  L  O  O  Z  Έ  V  Z  A  B
K  A  G  Σ  T  T  Ω  B  Ά  P  I  R  T  A  M  T  W
P  I  V  P  E  A  E  M  I  I  C  D  Y  C  I  A  Σ
Ά  I  Θ  A  B  K  P  Ί  Z  Ώ  Σ  H  M  E  Ί  O  Y
M  W  T  D  Z  G  T  A  N  N  M  P  Y  L  Z  Z  X
M  T  T  X  P  Q  R  I  X  O  Q  E  G  K  I  N  N
O  Z  N  K  G  U  R  H  K  Ή  Y  Q  X  N  Z  F  Ά
M  Ά  Γ  E  I  P  A  Σ  Q  Ά  X  N  H  B  F  K  N
Π  Λ  E  O  N  Έ  K  T  H  M  A  L  Q  J  C  V  P
```

ΑΓΡΙΌΓΑΤΑ
ΚΑΤΣΑΡΌΛΑ
ΠΑΛΤΌ
ΣΥΧΝΆ
ΣΗΜΕΊΟ
ΜΆΓΕΙΡΑΣ
ΕΠΙΘΥΜΊΑ
ΠΛΗΡΟΦΟΡΙΏΝ
ΤΈΣΣΕΡΙΣ
ΕΊΣΟΔΟ
ΚΑΤΑΙΓΊΔΑ
ΤΊΠΟΤΑ
ΠΡΟΤΕΊΝΟΥΝ
ΡΆΒΩ
ΆΜΜΟ
ΒΑΘΙΆ
ΚΌΡΗ
ΔΙΑΤΑΡΑΧΉ
ΠΡΟΣΕΚΤΙΚΆ
ΠΛΕΟΝΈΚΤΗΜΑ

Puzzle 282

ΚΥΒΕΡΝΉΤΗΣ
ΠΡΙΝ
ΥΠΟΔΟΧΉΣ
ΜΈΤΡΗΣΗΣ
ΛΟΓΑΡΙΑΣΜΌ
ΣΩΜΑΤΙΚΉ
ΠΡΟΣΕΚΤΙΚΉ
ΚΙΝΗΜΑΤΟΓΡΆΦΟΥ
ΤΡΕΙΣ
ΜΙΛΆΜΕ
ΤΖΊΝΤΖΕΡ
ΠΑΡΑΚΆΤΩ
ΠΡΌΣΩΠΟ
ΕΙΔΙΚΆ
ΘΡΑΎΣΜΑ
ΙΚΑΝΟΠΟΙΗΜΈΝΟΙ
ΜΕΤΑΞΎ
ΜΈΝΟΥΝ
ΜΠΑΛΚΌΝΙ
ΈΓΚΑΥΜΑ

```
K  P  W  I  N  C  M  C  I  Y  Έ  J  Z  K  L  E  Y
I  K  V  Z  X  N  Y  X  K  I  Π  G  L  R  M  M  E
N  I  P  Π  V  D  J  E  A  Z  C  O  K  T  G  Ά  Y
H  Ύ  V  M  P  E  Z  T  N  Ί  Z  T  Δ  A  P  Λ  R
M  Ξ  E  S  K  B  E  S  O  N  C  G  Y  O  Y  I  A
A  A  A  T  B  S  E  O  Π  B  Y  J  D  S  X  M  Y
T  T  C  Y  K  X  R  F  O  Π  Π  Ω  Σ  Ό  P  Π  Ή  A
O  E  A  P  I  K  Ή  K  I  T  A  M  Ω  Σ  F  J  Σ
Γ  M  Έ  N  O  Y  N  G  H  M  Π  A  Λ  K  Ό  N  I
P  M  G  H  Y  Y  C  Ό  M  Σ  A  I  P  A  G  O  Λ
Ά  Θ  P  A  Ύ  Σ  M  A  Έ  T  P  E  I  Σ  O  F  J
Φ  D  F  A  A  B  J  U  N  M  Έ  T  P  H  Σ  H  Σ
O  E  I  Δ  I  K  Ά  O  O  Π  A  P  A  K  Ά  T  Ω
Y  F  O  L  T  H  Ή  K  I  T  K  E  Σ  O  P  Π  D
U  V  W  K  Y  B  E  P  N  Ή  T  H  Σ  W  F  I  R
```

Puzzle 283

T	M	R	M	J	H	Q	L	Ό	M	Π	J	U	P	B	Q	V
M	U	L	O	P	T	N	Έ	K	M	R	Λ	F	A	R	B	Δ
I	O	R	G	V	A	H	T	Ϊ	E	O	R	Ύ	K	U	H	E
Ί	Σ	H	Q	M	B	I	H	A	M	X	S	H	Σ	U	D	Δ
O	Λ	Ά	Γ	E	M	H	Π	M	T	G	F	W	Έ	H	G	O
I	E	Σ	Ύ	O	K	A	A	H	M	T	O	N	P	B	Σ	M
P	L	J	X	S	A	V	Γ	Δ	L	E	F	G	Φ	Y	H	Έ
Ή	M	I	K	O	Δ	I	A	A	E	H	Λ	I	K	Ί	A	N
T	E	Ξ	Ω	T	E	P	I	K	Ό	Σ	A	Δ	I	P	Ί	Ω
Σ	A	T	D	Z	T	M	K	A	Π	Ά	Λ	Y	O	T	N	N
A	Π	O	K	A	Λ	Ύ	Π	T	O	Y	N	G	E	H	Y	Z
K	Q	D	B	R	U	D	A	Π	O	Φ	E	Ύ	Γ	O	Y	N
I	A	T	N	O	N	Ί	P	K	O	Π	A	T	N	A	O	H
Δ	A	Π	Ό	Λ	A	Y	Σ	H	F	E	D	D	P	L	X	C
H	C	P	X	J	L	X	A	V	N	J	T	V	A	R	Ή	F

ΑΚΟΎΣΕΙ
ΑΠΟΛΑΥΣΗ
ΗΛΙΚΊΑ
ΠΛΎΣΗΣ
ΝΤΟΥΛΆΠΑ
ΔΟΚΙΜΉ
ΜΕΓΆΛΟ
ΑΚΑΔΗΜΑΪΚΌ
ΑΠΟΦΕΎΓΟΥΝ
ΔΕΔΟΜΈΝΩΝ
ΊΣΗ
ΑΠΟΚΑΛΎΠΤΟΥΝ
ΑΓΑΠΗΤΈ
ΔΙΚΑΣΤΉΡΙΟ
ΉΧΟΥ
ΊΡΙΔΑΣ
ΚΈΝΤΡΟ
ΕΞΩΤΕΡΙΚΌΣ
ΑΝΤΑΠΟΚΡΊΝΟΝΤΑΙ
ΦΡΈΣΚΑ

Puzzle 284

ΒΙΑΣΎΝΗ
ΑΠΑΡΑΊΤΗΤΗ
ΔΙΣΤΆΖΕΙ
ΈΞΑΛΛΟΣ
ΕΣΤΊΑΣΗΣ
ΜΈΓΙΣΤΗ
ΣΊΔΗΡΟ
ΧΙΛΙΆΔΕΣ
ΤΈΝΙΣ
ΚΟΙΝΩΝΊΑΣ
ΣΊΓΟΥΡΑ
ΑΕΤΌΣ
ΠΡΟΣΟΧΉ
ΕΠΕΚΤΕΊΝΟΥΝ
ΛΎΓΚΑ
ΚΡΟΚΟΔΕΊΛΙΑ
ΛΈΞΗ
ΣΗΜΑΝΤΙΚΌ
ΑΣΦΑΛΈΣ
ΠΩΣ

X	I	Λ	I	Ά	Δ	E	Σ	O	A	Δ	L	C	E	I	S	E
Σ	H	M	A	N	T	I	K	Ό	C	I	N	C	Q	L	H	J
A	Σ	Φ	A	Λ	Έ	S	D	I	C	Σ	O	Λ	Λ	A	Ξ	Έ
A	Π	A	P	A	Ί	T	H	T	H	T	Ό	X	K	I	Έ	K
H	X	K	Y	G	A	Z	A	L	Z	Ά	C	T	P	V	A	P
T	N	Q	S	U	S	Y	B	B	D	Z	Z	Y	E	P	J	O
Σ	Έ	N	Y	O	N	Ί	E	T	K	E	Π	E	X	A	L	K
I	P	N	U	Q	Y	Σ	W	T	D	I	Λ	J	Π	Ώ	Σ	O
Γ	E	B	I	E	B	F	Ί	I	G	F	Ύ	Σ	Z	X	B	Δ
Έ	Ή	X	O	Σ	O	P	Π	Δ	H	C	G	Ί	U	R	I	E
M	E	Σ	T	Ί	A	Σ	H	Σ	H	I	K	Γ	P	E	A	Ί
K	O	I	N	Ω	N	Ί	A	Σ	W	P	A	O	J	E	Σ	Λ
Y	L	I	X	C	O	K	R	J	D	T	O	Y	B	K	Ύ	I
H	N	T	O	W	W	S	W	U	Z	S	B	P	V	Q	N	A
Y	L	A	U	Z	K	Y	K	T	T	H	Z	A	R	X	H	O

Puzzle 285

```
U R I M J A Δ Ί Λ Ε Σ Ο Τ Σ Ι Ο Υ
O T I E Z P K S N T H H E I C Δ Π
Δ I Δ Ά Σ K E I R E M N C A Ξ O Ά
Y V U H K Ώ F Q O Ψ I Έ X Y Ύ N Λ
U A K U G G I C A Ύ N M F P Σ T Λ
Π A Ί Ξ I M O E Z Λ T Σ L X T Ό H
Σ Y N A I Σ Θ H M A T I K Ή P K Λ
N Σ P Z Z N K S C K N Θ E C A P O
Z Έ W E Y Ί Έ C U A Q H I S M E Y
Π P O Φ A N Ή K N N X N K J C M W
O O M O V I V B T A V Y Ό P M A S
B Φ Φ A Σ Ό Λ I A A O Σ N J Ή N G
E Θ E Λ O N T I K Ή P R A N H M V
J B E R K L X A P A K T Ή P A Z A
Π T Ώ Σ H E Λ Λ E I Π T I K Ή H H
```

ΕΛΛΕΙΠΤΙΚΉ
ΡΉΜΑ
ΕΙΚΌΝΑ
ΦΑΣΌΛΙΑ
ΝΈΚΤΑΡ
ΙΣΤΟΣΕΛΊΔΑ
ΣΥΝΑΙΣΘΗΜΑΤΙΚΉ
ΕΘΕΛΟΝΤΙΚΉ
ΥΠΆΛΛΗΛΟ
ΜΕΙΏΣΕΙ
ΟΔΟΝΤΌΚΡΕΜΑ
ΔΙΔΆΣΚΕΙ
ΠΑΊΞΙΜΟ
ΧΑΡΑΚΤΉΡΑ
ΦΟΡΈΣ
ΣΥΝΗΘΙΣΜΈΝΗ
ΠΤΏΣΗ
ΞΎΣΤΡΑ
ΠΡΟΦΑΝΉ
ΑΝΑΚΑΛΎΨΕΤΕ

Puzzle 286

ΜΕΊΝΕΤΕ
ΣΠΆΝΙΟ
ΠΛΗΜΜΎΡΑ
ΚΊΤΡΙΝΟ
ΔΊΚΤΥΟ
ΈΡΧΕΤΑΙ
ΣΥΝΕΧΊΣΕΙ
ΑΓΓΑΡΕΊΑ
ΧΡΉΜΑΤΑ
ΕΡΓΑΣΊΑΣ
ΦΡΆΧΤΗ
ΧΤΈΝΑ
ΜΈΤΡΟΥ
ΚΑΤΆΠΑΥΣΗ
ΠΡΟΣΠΆΘΕΙΑΣ
ΠΡΟΣΠΑΘΕΊ
ΧΥΜΌ
ΤΗ
ΖΕΎΓΟΣ
ΑΠΕΙΛΉ

```
V A Π Ό M Y X C A W O V W G H K O
N Π P V Q D P Q D S Z I O O E F Z
M E O W X D Ή W G O N I P T Ί K V
E I Σ W A J M I Σ Y N E X Ί Σ E I
Ί Λ Π A S Z A N Έ T X R G R T E B
N Ή Ά S Ί Z T S O K J D U R G B L
E W Θ G X Σ A V A Ί E P A Γ Γ A M
T X E R X S A J B Δ O R N Φ M H Έ
E O I N Ά Π Σ Γ K Q M L I P P K T
M I A T E X Έ P M F G H Ά O A P
C P Σ P V O M C V E E U P X T A O
Z E Ύ Γ O Σ U H Σ Y A Π Ά T A K Y
Π P O Σ Π A Θ E Ί A E I F H C B S
D F V T Π Λ H M M Ύ P A W M T T L
P R K J R H L Y W Z Z F O L R V O
```

Puzzle 287

```
X Z H J B G F J X U E O Θ A B T O
F C J J P N R Q L A Π Π Έ Π Ά E I
N U Έ P X O N T A I I O Λ Έ T T K
P P Y T S L O M Σ F T Ί E N P A O
Σ H M A N T I K Ή H Y Ω I A A M N
A L D Π I E G H D P Γ N P N X Έ O
E Π V G Λ A N Y T U X Y X T O N M
K X A C Q Ή H Έ Ξ I Ά O Φ I Σ H I
Θ A Σ X O P A I E N Ά Φ A I Δ K
E M W D X J Ά Ω S L O H O U I U Ώ
Σ Ό L O U O X Y Σ A Y E I G O Δ N
I Γ A V F H Λ T C O N Ό P X Q E Y
A E V I A T N O X Έ Δ A P A Π I Y
K Λ X Y N P L B Ύ O X H M Ά T Ω N
Ό O X P S H B B L N P Z E U T S T
```

ΒΆΤΡΑΧΟΣ
ΑΠΑΣΧΟΛΟΎΝ
ΠΑΡΑΔΈΧΟΝΤΑΙ
ΟΙΚΟΝΟΜΙΚΏΝ
ΈΞΙ
ΧΑΜΌΓΕΛΟ
ΟΠΟΊΩΝ
ΑΠΈΝΑΝΤΙ
ΧΡΌΝΟ
ΠΛΉΡΩΣ
ΕΠΙΤΥΓΧΆΝΟΥΝ
ΈΡΧΟΝΤΑΙ
ΣΗΜΑΝΤΙΚΉ
ΤΕΤΑΜΈΝΗ
ΘΈΛΕΙ
ΔΙΑΦΆΝΕΙΑ
ΕΚΘΕΣΙΑΚΌ
ΧΆΡΗ
ΔΙΑΦΥΓΉΣ
ΟΧΗΜΆΤΩΝ

Puzzle 288

ΑΛΉΘΕΙΑ
ΚΑΘΑΡΉ
ΣΥΝΉΘΕΙΑ
ΑΊΤΗΜΑ
ΜΈΣΑ
ΠΟΤΌ
ΕΠΙΘΕΤΙΚΉ
ΝΈΩΝ
ΕΠΑΝΆΛΗΨΗ
ΣΚΛΗΡΉ
ΘΥΜΩΜΈΝΟΣ
ΕΚΕΊ
ΓΗ
ΔΟΚΙΜΑΣΙΑ
ΚΑΤΆΣΤΑΣΗ
ΈΤΟΙΜΟΙ
ΠΛΕΥΡΆ
ΚΑΤΆΛΟΓΟ
ΔΙΕΎΘΥΝΣΗ
ΠΟΡΤΟΚΑΛΊ

```
Π U A H Σ N Y Θ Ύ E I Δ B K Q S Θ
A Λ O Z D H Γ C K Y K Y H A N Z Y
B Z E F X Ψ Σ N R N L E W T M A M
N F L Y F H K R Ί Q B Y Ί Ά Έ A Ω
Έ K O R P Λ Λ Z Λ C D R L Σ V M
Ω U Z G K Ά H K A Θ A P Ή O A U Έ
N Δ N Z O N P Q K M E H Z Γ C N N
P U O S V A Ή D O T Π L L O I Z O
Y X Z K I Π B X T A I E Θ Ή Λ A Σ
B F C V I E S M P P Θ Q K X G D Z
P R A H A M B F O K E I O S K I Q
H L X O R M A T Π Ό T O Π K B X H
A I E Θ Ή N Y Σ U D I A Ί T H M A
Έ T O I M O I E Ί B K L F N I L T
K A T Ά Σ T A Σ H A Ή I Y P Y G V
```

Puzzle 289

```
A Q O S W Z J J T Δ E I Λ Ό Σ M K
N Z G G X G S F J Ύ B U O K R I A
T Σ Y M B O Υ Λ Έ Σ Π Z B G I L N
Ί M G L A I Ω Έ T M L O X G I N A
T Y L X M C P T I A N C Y D X A P
D T X N X Ι Έ O O R Ύ P Q X X Ί Ί
G N F X D H T M N Y O Έ X Γ Y Σ N
Δ I A Θ Έ Σ I M O U K Γ Ό M A A Ι
H E N I D Ω A S H U O M Ό F K P N
Z Ψ Έ Y Ι Ί P J Ι J Δ I T Z Ά K I
H Έ P L F E E O C J Σ O Π S P O W
V T A B F M Π J G E O E E F O M V
V Σ A Σ T Έ P I A T P K Λ M Γ P C
A H Σ H T Ή Z Y Σ S Π Y B S A E R
I Λ O O W F Y M Y G E Y O A K Θ Z
```

ΛΕΠΤΌ
ΚΑΝΑΡΊΝΙ
ΣΥΓΧΈΟΥΝ
ΑΝΤΊ
ΓΌΜΑ
ΠΕΡΑΙΤΈΡΩ
ΛΗΣΤΈΨΕΙ
ΣΥΖΉΤΗΣΗ
ΔΙΑΘΈΣΙΜΟ
ΑΓΟΡΆ
ΑΣΤΈΡΙΑ
ΘΕΡΜΟΚΡΑΣΊΑ
ΔΕΙΛΌΣ
ΤΖΆΚΙ
ΜΟΤΈΛ
ΤΎΠΟΥ
ΜΕΊΩΣΗ
ΑΡΈΝΑ
ΠΡΟΣΔΟΚΟΎΝ
ΣΥΜΒΟΥΛΈΣ

Puzzle 290

ΕΛΆΦΙΑ
ΑΓΈΛΗΣ
ΔΕΊΚΤΗΣ
ΠΑΡΑΚΟΛΟΥΘΕΊ
ΔΩΜΆΤΙΟ
ΔΙΆΛΕΙΜΜΑ
ΑΝΤΑΓΩΝΙΣΜΌ
ΓΝΩΣΤΌ
ΕΞΑΣΚΟΎΝ
ΓΕΩΓΡΑΦΊΑ
ΑΠΌΨΕ
ΣΥΜΠΕΡΙΦΟΡΆ
ΚΟΥΤΆΒΙ
ΕΛΚΥΣΤΙΚΉ
ΧΟΊΡΩΝ
ΚΥΡΊΑΡΧΗ
ΕΞΑΙΡΕΤΙΚΌ
ΒΡΆΣΗ
ΠΑΠΆΚΙ
ΠΛΑΤΕΊΑ

```
Σ H T K Ί E Δ R Σ Π K X D T T J H
Υ K Y Ί A P X H Λ E O Q U D X Y
M E Γ F E Ί G J Λ A Ξ H Y W V N X
Π Λ N U Θ Φ R P Έ T A A V T L Q Ό
E K Ω Π Y A R S Γ E Σ X L J Ά Y M
P Y Σ A O P M E A Ί K E B E C B Σ
I Σ T Π Λ Γ A O V A O B P Ά Σ H I
Φ T Ό Ά O Ω L Q P R Ύ W Q D B S N
O I B K E Ψ Ό Π A N W K M A I Ω
P K D I A Γ Y I X O Ί P Ω N T R Γ
Ά Ή Y W P R N Z T Δ Ω M Ά T I O A
B F F S A S M I Y G E Λ Ά Φ I A T
Z L D P Π E Ξ A I P E T I K Ό Z N
L Q F K Δ I Ά Λ E I M M A N O Z A
E V Y F U H X W O Y C S C O Y W Z
```

Puzzle 291

```
X  F  E  R  Q  W  Ά  Λ  Λ  E  Σ  F  E  K  S  Z  R
P  Π  Ω  Ρ  Y  I  E  N  Ά  K  J  W  S  Y  J  X  O
O  Q  P  B  O  Y  Ρ  T  H  H  L  V  M  Z  D  U  Φ
N  J  Ύ  Ό  R  P  Ά  Ρ  Σ  H  K  P  A  X  Ύ  O  P
O  E  Γ  E  Σ  K  Φ  Q  A  Ί  K  G  N  Y  X  P  O
Δ  O  H  N  I  Φ  I  B  B  B  E  P  O  A  P  Σ  M
I  R  L  Q  G  J  A  E  K  B  S  Ω  Γ  E  Y  Ύ  Ό
Ά  H  X  P  A  A  J  T  Έ  C  L  D  N  U  Σ  M  F
Γ  N  A  R  H  Z  S  X  H  O  Y  R  Ω  Γ  Ό  Φ  B
P  P  V  C  E  K  K  Λ  H  Σ  Ί  A  P  X  A  Ω  D
A  Y  Π  Ό  Σ  X  O  N  T  A  I  Q  Ί  E  K  N  F
M  Z  D  Φ  T  H  Γ  Ά  N  I  R  L  Σ  D  Έ  A  A
M  I  I  I  O  N  Y  L  W  Y  K  J  E  B  Δ  R  U
A  J  G  Λ  R  H  M  U  N  Ό  Λ  Π  I  Δ  F  H  U
Y  C  F  Ί  Π  Ρ  Ά  Γ  M  A  T  A  L  H  X  U  C
```

ΈΚΒΑΣΗ
ΧΡΟΝΟΔΙΆΓΡΑΜΜΑ
ΕΚΚΛΗΣΊΑ
ΆΛΛΕΣ
ΓΎΡΩ
ΑΝΑΓΝΩΡΊΣΤΕ
ΔΙΠΛΌ
ΚΆΝΕΙ
ΤΗΓΆΝΙ
ΠΡΆΓΜΑΤΑ
ΔΈΚΑ
ΡΟΎΧΑ
ΠΡΌΣΦΑΤΗ
ΣΎΜΦΩΝΑ
ΑΝΑΓΝΩΡΊΣΕΙ
ΧΡΥΣΌ
ΦΙΛΊ
ΡΆΦΙ
ΥΠΌΣΧΟΝΤΑΙ
ΌΜΟΡΦΟ

Puzzle 292

ΑΦΑΊΡΕΣΗ
ΔΗΜΟΣΊΕΥΣΗ
ΠΟΡΕΊΑ
ΠΉΔΗΞΕ
ΧΑΡΑΚΤΉΡΑΣ
ΕΠΈΚΤΑΣΗ
ΠΙΆΝΟ
ΓΑΛΟΠΟΎΛΑ
ΝΑΡΚΩΤΙΚΏΝ
ΤΡΊΤΗ
ΜΕΤΕΓΚΑΤΆΣΤΑΣΗ
ΤΙΜΉ
ΚΡΑΥΓΉ
ΛΆΧΑΝΟ
ΕΠΌΜΕΝΟ
ΤΡΈΝΟ
ΑΥΓΌ
ΚΙΛΆ
ΕΡΓΆΖΟΝΤΑΙ
ΜΆΣΚΑ

```
E  Ρ  Γ  Ά  Z  O  N  T  A  I  Λ  Δ  A  Y  N  B  M
E  Π  Έ  K  T  A  Σ  H  A  Y  Ά  H  E  I  Ώ  J  E
U  J  X  G  R  Ί  D  T  Φ  Q  X  M  T  E  K  P  T
I  W  S  M  U  E  Y  Ί  A  A  A  O  N  Ά  I  Π  E
X  M  N  O  Q  P  K  P  Ί  E  N  Σ  P  S  T  T  Γ
B  A  U  X  P  O  E  T  P  J  O  Ί  K  H  Ω  P  K
K  I  P  W  N  Π  E  G  E  Z  Z  E  I  C  K  Έ  A
D  A  G  A  H  X  Σ  G  Z  Y  Λ  A  P  N  T
M  R  T  S  K  J  F  I  H  A  N  Σ  Ά  P  A  O  Ά
M  J  S  D  Z  T  F  A  M  K  Y  H  P  G  N  T  Σ
T  Ά  M  O  M  M  Ή  J  Y  H  Ή  Γ  Y  A  P  K  T
S  T  Σ  X  R  Q  M  P  O  N  E  M  Ό  Π  E  D  A
W  Q  Q  K  P  M  I  I  A  Π  Ή  Δ  H  Ξ  E  W  Σ
T  K  Q  J  A  A  T  B  A  Σ  G  N  X  H  Z  G  H
H  Z  C  H  F  A  G  A  Γ  A  Λ  O  Π  O  Ύ  Λ  A
```

Puzzle 293

F	B	E	Π	Ί	Σ	H	M	A	U	H	G	F	B	R	Π	F
B	Π	D	Q	K	A	T	Ά	P	T	I	Σ	H	Σ	Q	A	M
T	L	A	Ί	Φ	A	P	Γ	O	X	I	O	T	Φ	H	I	A
G	M	F	P	A	A	Q	E	E	Z	R	I	X	A	Z	X	Z
Q	O	Ί	O	A	Π	Ξ	H	Q	F	Y	Δ	K	N	G	N	Ί
Ό	P	O	Φ	O	Γ	Ό	Ί	P	B	K	Ί	O	T	I	Ί	B
A	U	K	N	T	X	Ω	Φ	Z	Z	D	N	P	A	E	Δ	B
E	C	I	V	H	Δ	Σ	Γ	A	E	P	I	Ί	Σ	Ί	I	I
Π	Q	T	P	T	T	Ί	O	Ή	Σ	I	T	T	Ί	Δ	X	T
Ί	W	K	B	Ί	C	Π	D	K	Σ	H	K	Σ	A	E	G	A
Θ	O	E	N	A	D	Y	K	X	O	S	A	I	Σ	J	E	M
E	K	Σ	X	P	Y	K	F	O	T	Ό	P	A	K	V	R	Ί
Σ	H	O	Z	A	N	U	D	M	Σ	Y	X	R	X	R	B	N
H	K	P	O	Π	Z	G	Y	U	Ό	L	G	J	Y	P	G	E
K	M	Π	Z	A	E	T	R	I	K	I	B	E	T	C	P	Σ

ΚΑΤΆΡΤΙΣΗΣ
ΚΟΡΊΤΣΙΑ
ΠΑΙΧΝΊΔΙ
ΜΑΖΊ
ΕΠΊΘΕΣΗ
ΑΠΌΦΑΣΗ
ΦΑΝΤΑΣΊΑΣ
ΒΙΤΑΜΊΝΕΣ
ΑΚΤΙΝΊΔΙΟ
ΚΑΡΌΤΟ
ΌΡΟΦΟ
ΠΡΟΣΕΚΤΙΚΟΊ
ΕΠΊΣΗΜΑ
ΠΊΣΩ
ΤΟΙΧΟΓΡΑΦΊΑ
ΑΠΑΡΑΊΤΗΤΟ
ΕΊΔΕ
ΠΑΡΑΓΩΓΉΣ
ΑΞΊΖΕΙ
ΚΌΣΤΟΣ

Puzzle 294

ΕΤΉΣΙΑ
ΕΠΙΠΤΏΣΕΙΣ
ΧΑΛΆΖΙ
ΓΕΝΙΚΈΣ
ΟΡΓΆΝΩΣΗ
ΚΑΤΆΡΡΕΥΣΗ
ΦΩΤΕΙΝΌ
ΔΙΚΗΓΌΡΟΣ
ΚΑΤΆΛΛΗΛΟ
ΑΦΟΡΟΎΝ
ΚΌΚΚΙΝΟ
ΟΓΔΌΝΤΑ
ΑΝΆΓΚΗ
ΜΑΪΝΤΑΝΌ
ΣΉΜΑ
ΆΝΘΙΣΗ
ΦΆΡΜΑ
ΉΛΙΟ
ΤΑΙΡΙΆΖΕΙ
ΣΗΜΑΝΤΙΚΈΣ

Σ	O	Ό	S	Y	U	N	E	T	F	G	A	N	N	Φ	L	S
H	A	N	Ά	Γ	K	H	Π	O	A	G	Q	J	C	Ω	A	L
M	I	A	O	L	Z	Σ	I	I	P	S	G	F	J	T	A	J
A	Σ	T	Γ	D	W	Y	Π	Λ	J	G	E	X	F	E	Σ	K
N	Ή	N	Δ	A	S	E	Ή	E	S	Ά	Q	X	I	O	K	K
T	T	Ϊ	Ό	Φ	D	P	Ώ	T	B	M	J	N	K	N	P	A
I	E	A	N	O	S	P	Σ	C	H	A	W	R	Ω	Ό	Ό	T
K	Q	M	T	P	M	Ά	E	S	Σ	W	O	A	S	Σ	Γ	Ά
Έ	P	Σ	A	O	D	T	I	S	I	Ή	V	D	D	D	H	Λ
Σ	J	Έ	N	Ύ	M	A	Σ	Q	Θ	X	M	O	M	R	K	Λ
M	C	K	I	N	R	K	X	F	N	A	W	A	U	Q	I	H
T	A	I	P	I	Ά	Z	E	I	Ά	Λ	Y	I	M	G	Δ	Λ
F	O	N	I	K	K	Ό	K	T	R	Ä	E	I	W	P	R	O
M	D	E	M	E	H	Q	Y	I	A	Z	X	F	M	M	Ά	K
A	E	Γ	K	K	E	Q	V	V	U	I	M	U	N	W	X	Φ

Puzzle 295

V	Z	Z	B	P	P	D	Q	G	P	Π	D	V	I	T	M	R
B	P	O	X	Ή	Σ	D	P	T	J	P	Ά	Γ	P	A	A	O
N	X	Z	F	E	A	N	E	D	A	O	L	G	M	N	K	W
P	Z	E	Σ	H	T	Ά	M	A	T	Σ	O	Z	S	E	P	Z
G	B	J	A	H	R	L	H	V	O	T	Z	W	M	I	I	H
W	D	W	N	N	M	F	Δ	Δ	Q	A	A	V	Z	N	N	O
L	M	C	A	Y	F	Z	Ώ	A	C	T	Π	G	F	Ή	Ό	S
O	Q	B	T	O	O	K	I	Γ	H	E	Ό	Λ	Y	T	Σ	
M	O	Σ	Σ	N	Δ	Ύ	E	K	N	Ύ	T	S	F	Z	E	E
G	N	E	Ά	Ά	Ά	J	X	Ώ	I	O	Ύ	Z	D	T	Λ	Y
E	T	K	K	T	Λ	U	I	Σ	P	Y	Π	Π	G	C	E	R
I	O	I	H	Φ	K	I	O	E	I	N	Ω	W	Ά	F	K	M
V	K	Y	N	Ί	C	C	T	I	U	O	Σ	H	F	P	Σ	P
A	Q	U	H	Δ	C	Y	Σ	P	L	I	H	Z	M	W	K	H
Γ	Ύ	P	O	I	Έ	N	T	I	M	A	P	W	J	Q	R	O

ΣΤΑΜΆΤΗΣΕ
ΚΑΙ
ΠΆΡΚΟ
ΔΑΓΚΏΣΕΙ
ΤΑΠΕΙΝΉ
ΚΛΆΔΟ
ΣΤΟΙΧΕΙΏΔΗ
ΈΝΤΙΜΑ
ΑΠΟΤΎΠΩΣΗ
ΠΡΟΣΤΑΤΕΎΟΥΝ
ΙΣΧΎΟΥΝ
ΒΡΟΧΉΣ
ΚΆΣΤΑΝΑ
ΦΊΔΙ
ΦΤΆΝΟΥΝ
ΓΎΡΟ
ΣΤΥΛΌ
ΣΚΕΛΕΤΌ
ΜΑΚΡΙΝΌ
ΑΡΓΆ

Puzzle 296

ΚΛΟΥΒΊ
ΠΟΝΤΊΚΙ
ΣΤΊΒΟΥ
ΤΡΆΠΕΖΑ
ΒΛΈΜΜΑ
ΓΆΛΑ
ΑΝΑΠΝΕΎΣΕΙ
ΖΉΤΗΣΕ
ΜΙΣΉ
ΆΝΕΣΗ
ΧΡΩΜΆΤΩΝ
ΠΕΔΊΟ
ΑΓΝΟΟΎΜΕ
ΔΊΔΑΞΕ
ΖΉΤΗΜΑ
ΜΎΓΑ
ΗΓΈΤΗΣ
ΧΩΡΊΣ
ΣΟΚΟΛΆΤΑΣ
ΚΛΊΣΗ

T	E	L	Y	H	Q	M	Z	J	Y	U	W	S	B	Q	Q	X
V	F	Y	M	J	D	I	S	Ή	E	Q	Z	H	Λ	K	N	Ω
L	F	V	G	R	Σ	B	D	T	X	X	I	Έ	K	R	P	
G	Y	L	R	L	A	Ή	M	E	E	H	N	B	M	Y	P	Ί
Σ	T	Ί	B	O	Y	O	V	G	M	Σ	Σ	Z	M	I	D	Σ
X	P	Ω	M	Ά	T	Ω	N	F	Ύ	Ί	D	E	A	E	O	U
Δ	Ί	Δ	A	Ξ	E	Ί	B	Y	O	Λ	K	E	E	S	C	O
F	O	O	M	Y	I	Q	C	S	O	K	X	T	Ύ	Z	O	
A	Γ	Ύ	M	H	I	K	Ί	T	N	O	Π	Ά	N	E	Σ	H
Z	X	I	Y	D	X	Q	D	I	Γ	V	D	U	R	N	E	V
E	Ή	W	B	U	I	C	G	L	A	Ά	Y	R	P	Π	S	I
Π	N	T	V	Y	N	G	D	R	W	Q	Λ	L	G	A	A	F
Ά	X	Σ	H	T	Έ	Γ	H	B	F	T	J	A	E	N	Q	M
P	G	V	W	M	Y	L	Π	E	Δ	Ί	O	W	H	A	V	Z
T	R	J	L	Σ	A	T	Ά	Λ	O	K	O	Σ	P	D	I	K

Puzzle 297

```
Π Ά Σ Χ Ο Υ Ν Υ G G W Τ Π Χ Ν Ω Α
Ε J O W Υ Ή Ε Β R Ο Σ Σ Ε Ρ Α Ρ Κ
Ν Κ Ν Q Ί R Π Κ Ό Τ Α Ά Ρ Έ Ρ Α Λ
Ο Α Έ Ζ Ρ Ι Ε Ω Α G U Ι Ι Ω Ε Ί Χ
Β Τ Μ Ε Υ Χ Α Ρ Ι Σ Τ Ώ Κ Σ Τ Α Ν
Ε Ε Σ Η Τ Ά Α Ε Ν Σ V D O H Ό Β Α
Q Υ Α Ο Ε Μ Ζ R Έ R D Ν Π F Σ Υ Ν
D Θ Ι Υ Ν Ο Ν Χ Μ Ε Ζ Ε Ή J Σ D A
Ρ Ύ Σ R Ζ Τ Β Ζ Η Κ Α Λ Ά Θ Ι C Θ
Υ Ν Υ Ζ Q Σ Ι Ε Σ Ή Ρ Ε Τ Σ Ρ Τ Ε
Ε Σ Ο Ρ Χ Ζ F Σ Α Ν Μ Β G O E O Ώ
Υ Ε Θ Α Η Β Τ G I D V J E J Π Υ Ρ
F Ι Ν C Q A F M C Ό Ο Ε Χ Σ R Σ Η
Μ Σ Ε J Q A D S A K N C T Q L D Σ
Η Q F V V Π Ε Δ Ι Ά Δ Ε Σ G Ρ U Η
```

ΩΡΑΊΑ
ΠΆΣΧΟΥΝ
ΚΑΛΆΘΙ
ΣΙΩΠΉ
ΕΥΧΑΡΙΣΤΏ
ΠΕΡΙΣΣΌΤΕΡΑ
ΤΟΥΣ
ΟΝΤΙΣΙΌΝ
ΑΝΑΘΕΏΡΗΣΗ
ΚΌΤΑ
ΣΤΟΜΆΧΙ
ΠΕΔΙΆΔΕΣ
ΣΤΕΡΉΣΕΙ
ΑΣΗΜΈΝΙΑ
ΤΥΡΊ
ΕΝΘΟΥΣΙΑΣΜΈΝΟΣ
ΚΑΤΕΥΘΎΝΣΕΙΣ
ΤΣΆΙ
ΧΡΈΩΣΗ
ΠΕΡΙΚΟΠΉ

Puzzle 298

ΚΥΝΉΓΙ
ΒΑΡΎΤΗΤΑΣ
ΠΡΟΗΓΟΎΜΕΝΟ
ΕΜΠΙΣΤΟΣΎΝΗ
ΕΥΧΑΡΙΣΤΉΣΟΥΝ
ΣΚΙΆ
ΕΙΡΉΝΗ
ΚΑΡΙΈΡΑ
ΓΚΡΙ
ΠΡΟΒΛΈΠΟΥΝ
ΓΕΡΆΚΙ
ΜΠΡΟΣΤΆ
ΑΠΟΞΗΡΑΜΈΝΑ
ΔΊΠΛΩΜΑ
ΚΕΡΔΊΖΟΥΝ
ΕΥΘΎΝΗ
ΚΟΥΡΑΣΜΈΝΟΣ
ΕΠΙΣΤΟΛΉ
ΚΑΤΆΒΑΣΗ
ΤΟΥ

```
Κ Α Τ Ά Β Α Σ Η Μ Σ Τ Χ Ι D Γ Κ Π
Ε Ι Ρ Ή Ν Η F U Π S K P W C E N P
G Γ Ρ Ο Α Ρ Έ Ι Ρ Α Κ Ι R E P Υ O
Q Ή Τ Κ G P Β R O X V Ν Ά Μ Ά O B
Υ Ν Β C Γ C Β C Σ U U Q Τ Π Κ Σ Λ
V Y Α Χ V Ή Λ O T Σ Ι Π Ε Ι Ι Ή Έ
U K F H K T W Ά W Y K L Σ D T Π
Χ F N K E P Δ Ί Z O Y N W T S Σ O
Κ O Υ Ρ Α Σ Μ Έ Ν Ο Σ H B O X I Y
Π Ρ Ο Η Γ Ο Ύ Μ Ε Ν Ο Κ Ν S J P N
Β Ι Τ C T Q U Β S A T H T Ύ Ρ A B
Α Π Ο Ξ Η Ρ Α Μ Έ Ν Α Μ Μ Ν Θ Χ Τ
R Τ Υ L Δ Ί Π Λ Ω Μ Α Κ U H G Y D
Z L C D S R Χ Ε Ρ Η Τ Α U C N E E
L Τ Χ Ε R D Β Α J M R T J Z T C C
```

Puzzle 299

K	E	T	P	Ά	B	H	Ξ	E	Σ	A	P	Ό	G	A	N	M
C	A	M	D	F	M	G	Q	T	C	O	Y	Z	B	U	Ώ	N
D	E	T	Π	I	Σ	T	E	K	Σ	Ά	Π	M	F	D	Λ	Ή
R	P	D	Ά	E	Π	A	P	Ά	G	O	N	T	A	Σ	Λ	M
Ί	Θ	A	Π	Σ	I	E	Σ	Ώ	P	H	Λ	K	O	Λ	O	H
C	Έ	X	E	I	T	P	A	Y	Q	U	B	N	I	F	Π	L
M	Z	I	K	J	S	H	O	S	G	P	E	Ά	T	Y	G	E
K	N	C	N	Z	T	B	M	Γ	A	I	F	D	Σ	I	B	F
O	S	T	H	N	R	B	Y	A	N	Q	Q	L	K	H	L	Y
T	O	Λ	M	H	P	Ή	O	N	W	Ω	E	V	W	N	Σ	D
Π	P	Ί	Γ	K	I	Π	A	Σ	S	Z	M	I	M	K	M	R
C	G	A	R	N	R	W	L	L	K	P	N	Ό	Δ	E	X	Σ
C	M	W	L	C	O	N	Y	O	Ύ	E	Δ	O	N	Y	Σ	I
K	Ό	Ψ	E	I	C	L	V	J	Z	N	F	S	K	Ω	A	U
E	Δ	Ώ	Σ	Y	N	E	P	Γ	Ά	T	H	Y	B	H	N	P

ΠΟΛΛΏΝ
ΠΡΊΓΚΙΠΑΣ
ΚΌΨΕΙ
ΑΓΌΡΑΣΕ
ΤΟΛΜΗΡΉ
ΤΣΙΠ
ΒΆΣΗΣ
ΣΥΝΕΡΓΆΤΗ
ΟΛΟΚΛΗΡΏΣΕΙ
ΠΑΡΆΓΟΝΤΑΣ
ΚΑΤΆΣΤΗΜΑ
ΜΝΉΜΗ
ΜΠΆΣΚΕΤ
ΣΠΑΘΊ
ΣΧΕΔΌΝ
ΣΥΝΟΔΕΎΟΥΝ
ΕΜΠΕΙΡΟΓΝΩΜΌΝΩΝ
ΤΡΆΒΗΞΕ
ΈΧΕΙ
ΕΔΏ

Puzzle 300

ΜΙΚΡΌ
ΜΟΣΧΟΚΆΡΥΔΟ
ΛΟΥΛΟΎΔΙΑ
ΦΆΣΜΑ
ΘΥΜΆΣΤΕ
ΔΉΛΩΣΗΣ
ΠΡΟΝΌΜΙΟ
ΠΑΝΤΡΕΥΤΕΊ
ΤΑΧΥΔΡΟΜΕΊΟΥ
ΉΤΑΝ
ΟΡΓΑΝΏΣΤΕ
ΕΠΙΚΊΝΔΥΝΟ
ΠΌΛΕΜΟ
ΔΙΆΣΗΜΗ
ΚΡΑΤΉΣΕΙ
ΔΕΙ
ΕΠΙΤΡΈΠΟΥΝ
ΧΑΜΗΛΆ
ΑΌΡΑΤΟ
ΣΥΝΟΛΙΚΌ

L	E	B	X	A	M	H	Λ	Ά	U	J	Q	Φ	M	M	Z	Π
E	Π	I	T	P	Έ	Π	O	Y	N	Y	N	Ά	J	U	E	P
D	A	Ό	K	I	Λ	O	N	Y	Σ	Z	K	Σ	E	I	H	O
Δ	Ί	P	A	G	S	O	X	U	A	B	W	M	C	V	R	N
K	E	K	J	N	M	U	E	T	Σ	Ώ	N	A	Γ	P	O	Ό
P	T	I	E	P	U	O	M	E	Λ	Ό	Π	P	H	K	I	M
A	Y	M	S	H	E	T	Σ	F	Δ	Ή	Λ	Ω	Σ	H	Σ	I
T	E	A	Ό	P	A	T	O	X	Δ	I	Ά	Σ	H	M	H	O
Ή	P	Z	H	G	M	D	Σ	L	O	E	T	K	X	I	G	L
Σ	T	W	M	L	D	W	S	Ά	S	K	K	R	I	V	J	P
E	N	A	T	Ή	P	A	W	R	M	O	Ά	K	V	S	U	S
I	A	I	Δ	Ύ	O	Λ	Y	O	Λ	Y	V	P	J	Y	J	N
Q	Π	C	X	V	J	J	S	V	Z	F	Θ	W	Y	P	B	U
T	A	X	Y	Δ	P	O	M	E	Ί	O	Y	I	Y	Δ	K	C
E	Π	I	K	Ί	N	Δ	Y	N	O	N	W	E	X	T	O	I

Puzzle 301

```
N  J  J  L  M  L  P  Π  F  G  U  A  E  O  K  B  E
H  L  O  M  O  I  A  Λ  Ά  Φ  E  K  A  Σ  I  J  P
J  O  H  J  I  Y  Σ  Ή  T  H  N  O  Π  O  P  Π  Γ
A  W  I  E  X  Έ  I  P  E  Π  Y  I  Ί  U  T  M  A
M  Π  B  U  B  A  I  H  E  Λ  O  P  H  O  U  I  Λ
Ή  A  O  I  O  Q  E  H  G  A  M  Ό  V  T  Λ  Σ  E
M  Z  U  Δ  Z  T  P  I  Ά  Ϊ  Έ  T  N  F  A  Π  Ί
T  Z  W  Ί  Ί  F  Ά  C  P  K  N  A  H  H  J  Z  O
H  R  N  Σ  Q  Δ  P  Z  Θ  Ά  A  I  H  G  H  S  S
Ά  I  Γ  A  I  Γ  O  R  P  U  I  T  S  B  I  L  P
Q  Y  B  P  U  Z  K  Y  O  E  Δ  Σ  E  Λ  Ά  K  Σ
N  P  B  Γ  A  I  Σ  B  N  R  Π  E  B  T  E  R  A
O  I  D  E  M  Y  O  N  Ί  E  T  O  P  Π  S  S  O
S  B  P  V  K  H  X  O  T  N  R  Ω  Σ  Ή  Λ  I  M
Σ  K  A  N  T  Z  Ό  X  O  I  P  O  Σ  Ό  J  H  E
```

ΣΚΑΝΤΖΌΧΟΙΡΟΣ
ΓΡΑΣΊΔΙ
ΣΚΟΡΆΡΕΙ
ΆΡΘΡΟ
ΠΛΟΊΟ
ΛΑΪΚΆ
ΠΡΟΠΟΝΗΤΉΣ
ΕΡΓΑΛΕΊΟ
ΠΕΡΙΈΧΕΙ
ΑΠΟΔΊΔΟΥΝ
ΚΕΦΆΛΑΙΟ
ΣΚΆΛΕΣ
ΠΡΟΤΕΊΝΟΥΜΕ
ΔΙΑΝΈΜΟΥΝ
ΓΙΑΓΙΆ
ΠΟΣΌ
ΠΛΉΡΗ
ΕΣΤΙΑΤΌΡΙΟ
ΤΜΉΜΑ
ΜΙΛΉΣΩ

Puzzle 302

ΣΟΦΟΎΣ
ΑΚΟΛΟΥΘΊΑ
ΣΥΝΌΛΟΥ
ΟΡΓΑΝΏΣΕΙ
ΚΑΡΠΟΎΖΙ
ΆΓΡΙΑ
ΚΟΥΤΊ
ΙΔΙΟΚΤΉΤΗ
ΣΥΜΜΕΤΆΣΧΟΥΝ
ΚΑΛΉ
ΜΟΒ
ΚΆΘΕ
ΠΕΡΙΛΑΜΒΆΝΟΥΝ
ΜΎΤΗ
ΤΥΧΑΊΑ
ΠΟΥ
ΣΥΓΚΡΟΎΟΝΤΑΙ
ΔΗΜΙΟΥΡΓΉΣΕΙ
ΕΊΚΟΣΙ
ΖΩΉ

```
K  P  Q  G  V  X  S  O  I  Σ  O  K  Ί  E  Q  A  A
I  A  Ί  A  X  Y  T  X  Δ  Ά  O  W  Z  Θ  R  K  N
T  M  P  E  E  E  P  K  I  U  Γ  X  Y  Ά  E  O  Π
O  O  D  Π  O  X  S  Y  O  Π  X  P  Q  K  C  Λ  E
M  B  Σ  Ύ  O  Φ  O  Σ  K  D  H  N  I  W  Σ  O  P
Ύ  Z  Z  Q  T  Ύ  T  Ί  T  Y  O  K  S  A  Y  Y  I
T  D  H  A  P  T  Z  T  Ή  Λ  A  K  I  H  N  Θ  Λ
H  X  A  N  F  V  I  I  T  Ω  X  S  D  K  Ό  Ί  A
C  C  P  Z  Y  U  V  K  H  Z  Z  W  E  E  Λ  A  M
Δ  H  M  I  O  Y  P  Γ  Ή  Σ  E  I  O  V  O  Q  B
B  U  R  D  N  Y  O  X  Σ  Ά  T  E  M  M  Y  Σ  Ά
O  P  Γ  A  N  Ώ  Σ  E  I  Z  K  U  P  L  A  Q  N
Σ  Y  Γ  K  P  O  Ύ  O  N  T  A  I  O  Y  L  F  O
Y  G  W  F  R  Q  D  E  I  G  T  J  U  L  C  S  Y
L  R  O  T  N  G  P  E  A  H  N  E  Y  I  F  X  N
```

Puzzle 303

```
Σ  Α  Έ  Ρ  Κ  F  Μ  D  Α  F  Β  J  U  Υ  Θ  J  Κ
Ό  Κ  Ι  Τ  Ε  Θ  Χ  Μ  Η  R  Ο  Ι  Μ  V  Ε  Κ  Α
S  G  Ο  Ί  Α  Σ  G  L  Ο  J  Ύ  L  Τ  Ν  Ρ  Υ  Σ
Ι  C  Χ  Τ  Υ  Β  Κ  Ϊ  L  Η  Τ  R  Ρ  V  Μ  U  Κ
Ε  Β  R  Υ  Ά  Q  Η  Ε  Η  Α  Υ  Μ  Α  Β  Ό  Η  Ό
Σ  Π  L  Α  Ο  Δ  C  Κ  Φ  Α  Ρ  Α  Γ  Ο  Τ  Χ  Λ
Ή  G  Η  Β  Ν  Ν  Ι  Ό  Ε  Τ  Ο  Χ  Ι  Υ  Ε  U  Χ
Τ  U  Ο  Ρ  R  L  R  Χ  Α  Σ  Ε  L  Κ  Τ  Ρ  Φ  Ι
Σ  V  Β  Ζ  Ε  Α  Ν  Σ  Τ  Ύ  Τ  Ί  Ό  Ι  Ο  Ύ  Ε
Ι  Β  Ζ  Τ  G  Ά  Ζ  Η  Χ  Ο  W  Κ  Τ  Ά  Σ  Γ  Σ
Π  Χ  F  Q  Χ  Ο  Ζ  Υ  D  Φ  Τ  Α  W  Ε  Η  Ε  Ί
Ε  C  Ζ  V  Q  Ζ  Α  Ο  Λ  Ο  Κ  Ύ  Ε  L  Κ  Ι  Ρ
Ε  Τ  Α  Ι  Ρ  Ί  Α  Ρ  Υ  Κ  Α  Λ  Ύ  Τ  Ε  Ρ  Ο
C  Ν  F  Μ  Η  L  Ν  L  R  Ν  Α  Ν  Έ  Ν  Α  Κ  Ι
V  Q  W  R  G  Ο  L  Κ  Ο  Η  D  V  Η  Μ  V  L  Δ
```

ΚΡΈΑΣ
ΕΤΑΙΡΊΑ
ΕΎΚΟΛΟ
ΒΟΎΤΥΡΟ
ΕΠΙΣΤΉΣΕΙ
ΤΡΑΓΙΚΌ
ΦΟΎΣΤΑ
ΒΟΥΤΙΆ
ΣΚΕΦΤΕΊΤΕ
ΘΕΤΙΚΌ
ΧΌΚΕΪ
ΘΕΡΜΌΤΕΡΟΣ
ΚΑΛΎΤΕΡΟ
ΑΥΤΊ
ΔΙΟΡΊΣΕΙ
ΚΑΣΚΌΛ
ΚΑΝΈΝΑΝ
ΦΎΓΕΙ
ΕΠΗΡΕΆΖΟΥΝ
ΣΚΟΤΆΔΙ

Puzzle 304

ΔΙΑΦΟΡΕΤΙΚΌ
ΚΕΦΑΛΑΊΟΥ
ΑΚΡΙΒΉ
ΓΝΏΣΗ
ΤΎΠΟΣ
ΔΟΝΤΙΏΝ
ΑΎΞΗΣΗ
ΑΝΆ
ΠΡΌΓΟΝΟ
ΦΑΣΙΑΝΌ
ΓΙΑΤΊ
ΠΡΟΪΌΝ
ΙΔΙΑΊΤΕΡΑ
ΚΥΚΛΟΦΟΡΟΎΝ
ΥΨΗΛΌΤΕΡΗ
ΣΦΥΡΊ
ΑΥΤΆ
ΕΤΥΜΗΓΟΡΊΑ
ΠΌΝΟ
ΧΈΡΙ

```
Π  G  Α  Ο  Ι  U  R  Φ  Α  Σ  Ι  Α  Ν  Ό  Π  Π  Α
Ρ  Υ  Υ  D  Ι  C  Ν  W  Ι  Α  Β  Ρ  Τ  R  Ρ  Ό  Κ
Ο  Σ  Τ  U  D  U  U  J  Κ  Υ  Α  Ε  F  Β  Ό  Ν  Ρ
Ϊ  Φ  Ά  Υ  W  Μ  Σ  Σ  Ο  Π  Ύ  Τ  Ζ  R  Γ  Ο  Ι
Ό  Υ  Ο  Ί  Α  Λ  Α  Φ  Ε  Κ  Q  Ί  Η  Κ  Ο  Ο  Β
Ν  Ρ  F  Κ  Ν  V  Χ  Ρ  Υ  J  Β  Α  Α  Τ  Ν  G  Ή
Υ  Ί  Υ  R  Υ  S  Υ  Χ  Υ  W  Q  Ι  Ι  Ο  Ο  Q  Α
G  Τ  W  Ψ  Κ  Ο  F  R  Τ  R  Ε  Δ  Μ  Κ  Ρ  Υ  W
U  Α  Μ  Ο  Η  Σ  Η  Ξ  Ύ  Α  Υ  Ι  F  Ι  S  Υ  U
U  Ι  Ρ  Έ  Χ  Λ  Δ  Ι  Α  Φ  Ο  Ρ  Ε  Τ  Ι  Κ  Ό
Η  Γ  S  S  Ι  Ο  Ό  Χ  Χ  V  Γ  Ν  Ώ  Σ  Η  Χ  V
R  S  Ά  Ν  U  W  Ι  Τ  Α  Ρ  Τ  F  Ο  C  Α  Β  Ε
Δ  Ο  Ν  Τ  Ι  Ώ  Ν  J  Ε  Β  Κ  Ι  Ι  Η  Η  C  Q
Η  Μ  Α  Ζ  Κ  D  Ν  Ύ  Ο  Ρ  Ο  Φ  Ο  Λ  Κ  Υ  Κ
Η  Ο  Ο  S  C  Α  Ί  Ρ  Ο  Γ  Η  Μ  Υ  Τ  Ε  Ε  C
```

Puzzle 305

Β	Η	Σ	Υ	Ε	Λ	Έ	Ν	Υ	Σ	S	G	R	T	A	H	A
J	I	Y	L	X	A	Σ	Φ	A	Λ	E	Ί	A	Σ	W	J	N
D	W	O	M	E	P	I	K	Ά	H	C	J	Σ	Y	P	S	H
Β	U	P	Λ	Π	A	P	Ά	Θ	Y	P	O	L	A	N	Q	Σ
S	O	Έ	U	E	E	M	Π	Ί	Π	T	O	Y	N	P	D	Y
N	I	M	D	H	T	Σ	I	P	Ά	X	Y	E	K	I	K	X
T	I	I	K	B	Z	Ί	C	W	D	R	O	N	B	R	O	O
A	L	Π	Π	A	Π	Π	O	Ύ	Σ	Ά	Y	Y	K	Z	Λ	Ύ
Φ	T	E	Ά	T	O	M	O	S	H	N	U	N	G	T	Ύ	N
O	A	N	B	L	N	F	Ό	P	Y	O	K	Γ	A	K	M	Y
Β	P	K	Ά	T	O	I	K	O	Σ	I	T	Z	U	C	B	Y
Ά	Ά	Δ	E	I	O	S	H	Z	M	Ξ	V	Y	D	W	H	A
T	P	A	C	V	P	E	D	I	K	H	C	O	G	C	Σ	R
A	B	Y	R	J	X	T	S	Z	T	B	X	I	Z	G	H	C
I	Z	G	M	W	Π	E	P	I	B	Ά	Λ	Λ	O	N	Σ	J

ΕΠΙΜΈΡΟΥΣ
ΚΟΛΎΜΒΗΣΗΣ
ΆΤΟΜΟ
ΚΑΓΚΟΥΡΌ
ΠΑΡΆΘΥΡΟ
ΚΡΑΣΊ
ΚΆΤΟΙΚΟΣ
ΦΟΒΆΤΑΙ
ΆΝΟΙΞΗ
ΠΑΠΠΟΎΣ
ΜΕΡΙΚΆ
ΕΥΧΆΡΙΣΤΗ
ΕΜΠΊΠΤΟΥΝ
ΑΝΗΣΥΧΟΎΝ
ΤΡΙΆΝΤΑ
ΣΥΝΈΛΕΥΣΗ
ΑΣΦΑΛΕΊΑΣ
ΆΔΕΙΟ
ΒΙΟΛΕΤΊ
ΠΕΡΙΒΆΛΛΟΝ

Puzzle 306

ΤΗΣ
ΈΚΠΛΗΞΗ
ΧΕΛΏΝΑ
ΠΑΡΆΛΟΓΗ
ΔΕΊΧΝΟΥΝ
ΦΕΓΓΆΡΙ
ΑΛΆΤΙ
ΨΗΛΌΤΕΡΟ
ΈΞΩ
ΑΥΤΌΜΑΤΗ
ΚΟΙΝΌ
ΒΙΑΣΤΙΚΆ
ΑΠΛΟΠΟΊΗΣΗ
ΝΟΜΙΚΉ
ΠΡΟΕΙΔΟΠΟΊΗΣΗ
ΘΕΩΡΟΎΝ
ΑΠΟΡΡΊΠΤΟΥΝ
ΜΕΤΑΒΛΗΤΉ
ΓΕΓΟΝΌΣ
ΤΡΕΛΌΣ

Ψ	C	V	F	U	A	K	Z	Ά	R	X	Φ	E	Γ	A	R	R
O	H	I	O	T	Λ	U	O	K	G	O	E	G	E	Π	M	L
V	T	Λ	R	V	Ά	Q	A	I	E	Γ	Z	Γ	O	X	Π	
E	A	A	Ό	X	T	F	Q	T	N	P	Γ	A	O	P	W	P
X	M	N	Π	T	I	Y	S	Σ	Ύ	Ό	Ά	W	N	P	Π	O
I	Ό	Ώ	Q	Λ	E	Z	I	A	O	Z	P	V	Ό	Ί	A	E
H	T	Λ	K	T	O	P	P	I	P	A	I	Έ	Σ	Π	P	I
J	Y	E	L	G	Q	Π	O	B	Ω	L	A	Ξ	Έ	T	Ά	Δ
P	A	X	T	V	K	X	O	H	E	N	T	Ω	K	O	Λ	O
T	P	E	Λ	Ό	Σ	J	S	Ί	Θ	Z	T	Y	Π	Y	O	Π
M	E	T	A	B	Λ	H	T	Ή	H	H	J	Q	N	Λ	N	Γ	O
N	O	M	I	K	Ή	P	D	F	R	S	N	Q	H	F	H	Ί
Δ	E	Ί	X	N	O	Y	N	W	W	F	H	I	Ξ	T	D	H
O	T	J	Z	P	W	I	F	X	L	K	J	M	H	H	O	Σ
Q	D	I	R	V	F	J	V	V	D	L	T	N	Y	Σ	N	H

Puzzle 307

```
Π Ο Ν Ω Τ Ή Λ Β Ο Π Α Ο Υ Π Ν Α Β
Ρ Ο Α Ρ Ώ S D Τ Ό Ρ Ι F Ι Ύ Ν Π J
Ο Α Γ Μ Χ Ύ Ν Ε Τ Α Ι Π Υ Λ Ή Ε C
Σ Ο Ε F Π Ν Q Β Ε S C S Έ Η Κ Λ Κ
Έ G N G R A P X Γ P E G C P A Π T
Γ Χ Ή G V H Λ N A H E I V X I I Ί
Γ S Σ T B U E O Π Z T J P N Δ Σ P
I W K I L Y T X N N E L Γ Ά N M I
Σ Ε Ξ Ά Π Λ Ω Σ H I Σ G Ί P O Έ O
H U X Σ Κ Ά Λ A D G Ώ D N I Π N C
Σ Υ Ν Ε Δ Ρ Ί Α Σ Η P N O L Σ O G
Γ Ό Ν Α Τ Ο Μ Α Μ Ά Α Ν Ν S O I G
U T H D X Z H N G W Λ E T S M M H
V E D J I V H S A A A P A N O X M
B N C Z E E N R Q Q X A I N E S I
```

ΑΠΕΛΠΙΣΜΈΝΟΙ
ΣΥΝΕΔΡΊΑΣΗ
ΣΕΙΡΆ
ΟΜΟΣΠΟΝΔΙΑΚΉ
ΣΚΆΛΑ
ΠΑΓΕΤΌ
ΜΠΑΛΟΝΙΏΝ
ΓΊΝΟΝΤΑΙ
ΧΎΝΕΤΑΙ
ΑΠΟΒΛΉΤΩΝ
ΚΤΊΡΙΟ
ΓΌΝΑΤΟ
ΕΞΆΠΛΩΣΗ
ΠΡΟΣΈΓΓΙΣΗ
ΠΎΛΗ
ΏΡΑ
ΧΑΛΑΡΏΣΕΤΕ
ΠΙΠΈΡΙ
ΜΑΜΆ
ΑΓΕΝΉΣ

Puzzle 308

ΘΈΑΤΡΟ
ΦΥΣΙΚΌΣ
ΕΞΑΊΡΕΣΗ
ΠΑΛΙΆ
ΣΎΖΥΓΟ
ΕΠΙΚΊΝΔΥΝΑ
ΑΣΤΑΘΉ
ΕΠΑΓΓΕΛΜΑΤΙΚΟΎ
ΑΦΗΓΗΤΉ
ΣΚΛΗΡΌ
ΌΠΛΟ
ΑΡΝΊ
ΆΔΕΙΑΣ
ΜΕΓΑΛΎΤΕΡΗ
ΣΤΟ
ΕΝΤΟΠΊΣΕΙ
ΞΗΡΑΣΊΑ
ΔΟΜΉ
ΠΟΛΎΤΙΜΟ
ΆΝΕΜΟ

```
A U S K S C S V Ξ E J Ή I Q M V S
X V B X Z X L U H B Ξ Θ B J X I T
Ά Δ E I A S J F P A W A Ά N E M O
I X Ή T H Γ H Φ A V W T Ί G P X R
Λ S Ό K I Σ Y Φ Σ I G Σ C P F K V
A S V W E Q M B Ί I P A U M E G S
Π Q B U Σ U Z M A N D I T P A Σ W
Σ O R G Ί E G Q Q I P O R G Q C H
K Ό Λ L Π Θ Έ A T P O A D X E S H
Λ P C Ύ O K I T A M Λ E Γ Γ A P E
H Λ J P T M E Γ A Λ Ύ T E P H N Y
P O V W N I Ή E Π I K Ί N Δ Y N A
Ό O H Q E B M C B Σ Ύ Z Y Γ Ό D V
Z Y F X C Y O O D D R B J K S I V
O Z Q L M R Δ H E H S T O I J B J
```

Puzzle 309

```
Α Π Σ Ώ L V Υ Π Ο Τ Ί Θ Ε Τ Α Ι Λ
Π Ρ Υ Η Ε J Ο Ρ Ι Σ Μ Έ Ν Α Έ Ζ Α
Ό Ω Ν Α Ο D J Η U Η F Ν Α Χ Ν Τ Γ
Δ Τ Τ W Β Α F J U D Ε Ρ Μ U Ν Ρ Ό
Ο Α Ο Σ C Η Τ Ε Τ Σ L Υ L Υ Ε Ο Σ
Σ Ρ Μ Υ Ν Χ Q Η Σ Η Τ Ν Ά Π Α Χ J
Η Χ Ο Γ Ή S Α Ρ Έ Τ Η Μ R Q C I C
Ε Ι Γ Χ Σ Α Τ Η Τ Ό Μ Ρ Ε Θ Υ Ά Υ
U Κ Ρ Ω Υ G Ρ Υ Κ Ρ U R C Α Ε Α U
Μ Ό Α Ρ Χ Γ Ι Α Ό G Μ V Q D Α W
Η C Φ Ή Ο C Κ Ζ Μ Α Π L R Ν R Ε Α
C Κ Ί Σ Ο V Η Β Π D Η Λ Ύ Π Μ Α Κ
F Ζ Α Ε U W Κ U Ο Ν C D Ά C G V Ζ
Ζ Β Ι Ι R W S W Σ Q Ν D Ε Ν Κ W D
Υ Κ Υ Ε Μ Π Λ Ε Κ Ό Μ Ε Ν Η Ο Κ Ε
```

ΟΡΙΣΜΈΝΑ
ΑΠΆΝΤΗΣΗ
ΚΑΜΠΎΛΗ
ΑΓΡΌΤΗΣ
ΥΠΟΤΊΘΕΤΑΙ
ΛΑΓΌΣ
ΕΝΝΈΑ
ΤΡΟΧΙΆ
ΣΥΝΤΟΜΟΓΡΑΦΊΑ
ΑΠΌΔΟΣΗ
ΣΥΓΧΩΡΉΣΕΙ
ΉΣΥΧΟ
ΘΕΡΜΌΤΗΤΑΣ
ΠΛΆΝΟ
ΓΙΑ
ΚΌΜΠΟΣ
ΜΗΤΈΡΑ
ΠΡΩΤΑΡΧΙΚΌ
ΕΜΠΛΕΚΌΜΕΝΗ
ΩΣ

Puzzle 310

ΣΥΜΠΈΡΑΣΜΑ
ΑΠΛΆ
ΧΑΝΤΆΚΙ
ΠΥΓΜΑΧΊΑΣ
ΈΠΟΙΚΟΙ
ΘΑ
ΔΕΥΤΕΡΕΎΟΥΣΑ
ΧΡΉΣΙΜΕΣ
ΜΠΎΡΑ
ΣΟΥΤ
ΠΡΌΣΚΛΗΣΗ
ΠΡΟΣΦΟΡΆ
ΠΡΏΤΟ
ΠΡΌΣΦΑΤΑ
ΥΠΝΗΛΊΑ
ΑΡΙΣΤΕΡΌ
ΦΟΎΡΝΟ
ΠΡΑΚΤΙΚΈΣ
ΤΊΓΡΗΣ
ΌΦΕΛΟΣ

```
Μ G F U I Ο Χ R Υ Π Ρ Ο Σ Φ Ο Ρ Ά
Σ Έ Κ I Τ Κ Α Ρ Π L D Ε U Ζ Υ C Ρ
Α S Ε Ο Η Α Ν Θ Ν Χ C W Χ Ά Δ Β I
G Κ L Ν Σ Μ Τ W Η Ρ G Σ Ο Λ Ε Φ Ό
Τ Ί Γ Ρ Η Σ Ά F Λ Ή Α Ε C Π Υ Ρ Α
Χ Ζ D Ύ Λ Α Κ D Ί Σ Χ F Τ Α Τ Χ Κ
Υ I V Ο Κ Ρ I Κ Α I I Ζ Β C Ε Α L
Π Χ Β Φ Σ Έ I Κ Ρ Μ Υ Ο Τ Ώ Ρ Π Υ
J Ρ W S Ό Π Κ F Ύ Ε C Ζ Κ R Ε Κ Χ
Ε Q Ό Χ Ρ Μ Ρ Η Π Σ W D Ζ Ί Υ Q Κ
Χ Ρ Β Σ Π Υ Χ F Μ D Α S F Ν Ο S Μ
Β Ε Τ Β Φ Σ Α Ί Χ Α Μ Γ Υ Π Υ Π Ν
I S I Υ Q Α Κ Μ U L F L Ε Α Σ Υ Έ
I U Ν Β U U Τ Υ Ο Σ U Ε C Β Α G Μ
W F S Ο Τ V F Α Α Ρ I Σ Τ Ε Ρ Ό I
```

Puzzle 311

K	F	E	R	D	Ή	N	A	K	I	U	Y	X	J	K	J	Σ
Y	Q	Π	A	E	F	L	Ί	U	P	E	R	D	W	A	X	X
B	B	Ό	U	I	E	N	X	Ά	Ψ	M	J	Z	Z	Θ	U	Έ
Έ	N	M	E	V	E	G	Y	A	V	G	R	U	Y	H	Z	Δ
P	Π	E	Z	U	F	J	T	M	G	I	Q	N	S	Γ	Θ	I
N	P	N	T	Δ	I	A	Σ	K	Έ	Δ	A	Σ	H	H	A	O
H	Ά	H	H	W	Z	R	Y	E	G	K	E	Ω	U	T	Y	V
Σ	Σ	Ό	Π	Ω	Σ	Y	Δ	D	K	V	F	M	V	Ή	M	W
H	O	Ύ	Π	I	Θ	A	N	Ώ	Σ	Φ	Y	Ό	F	Σ	A	B
Σ	P	Ψ	N	X	J	T	D	W	C	W	P	L	A	D	Σ	A
Q	I	O	P	T	E	M	Ό	Ψ	Y	G	V	Ά	L	N	T	Θ
H	H	Σ	J	Σ	Ή	Π	M	O	Π	K	E	O	Z	V	Έ	M
M	A	C	B	W	Z	A	P	O	Q	I	D	B	Z	O	Σ	O
V	J	O	T	I	Λ	Ύ	O	P	A	M	C	O	K	Y	Y	Ύ
E	Q	E	P	W	A	T	K	H	O	R	V	A	S	K	J	N

ΚΥΒΈΡΝΗΣΗΣ
ΠΡΆΣΟ
ΕΚΦΡΆΖΟΥΝ
ΎΨΟΣ
ΕΠΌΜΕΝΗ
ΘΑΥΜΑΣΤΈΣ
ΚΟΡΜΌ
ΌΠΩΣ
ΌΜΩΣ
ΚΑΘΗΓΗΤΉΣ
ΜΑΡΟΎΛΙ
ΨΆΧΝΕΙ
ΔΥΣΤΥΧΊΑ
ΣΧΈΔΙΟ
ΠΙΘΑΝΏΣ
ΔΙΑΣΚΈΔΑΣΗ
ΕΚΠΟΜΠΉΣ
ΙΚΑΝΉ
ΥΨΌΜΕΤΡΟ
ΒΑΘΜΟΎ

Puzzle 312

ΣΤΉΛΗ
ΛΎΚΟΣ
ΓΡΑΜΜΑΤΈΑΣ
ΠΑΝΟΜΟΙΌΤΥΠΑ
ΑΝΌΗΤΟ
ΚΥΡΙΑΚΉ
ΟΡΑΤΌ
ΜΆΘΗΜΑ
ΒΟΗΘΉΣΕΙ
ΚΑΛΠΑΣΜΌ
ΑΓΓΟΎΡΙ
ΆΛΛΟΣ
ΔΑΝΕΊΖΟΥΝ
ΏΘΗΣΕ
ΔΊΚΗ
ΆΝΘΡΩΠΟΣ
ΣΕΛΊΔΑ
ΕΝΟΙΚΊΑΣΗ
ΑΦΙΕΡΏΣΕΙ
ΣΥΧΝΉ

M	Ά	S	I	M	Y	M	J	A	K	Ά	W	L	I	O	X	Γ
Ά	Λ	Σ	M	O	N	Δ	S	Γ	A	N	E	D	E	E	M	P
Θ	Λ	E	E	H	G	Ί	U	Γ	Λ	Θ	U	A	Σ	G	E	A
H	O	K	Σ	Λ	R	K	Q	O	Π	P	N	J	Ώ	Q	B	M
M	Σ	C	H	Ή	Ί	H	U	Ύ	A	Ω	F	P	R	N	Λ	M
A	K	G	Θ	E	Δ	K	P	Σ	Π	I	J	E	Z	Ύ	A	
M	Z	G	Ώ	Σ	R	N	A	I	M	O	H	E	I	Y	K	T
D	D	K	X	P	X	O	O	H	Ό	Σ	G	Ή	Φ	U	O	Έ
O	C	R	A	Π	Y	T	Ό	I	O	M	O	N	A	Π	Σ	A
F	P	X	F	G	K	H	M	Σ	K	N	O	X	P	T	F	Σ
U	X	A	K	V	N	Ό	G	X	T	Ί	J	Y	M	P	G	N
Q	F	F	T	H	I	N	H	Q	D	S	A	Σ	D	L	T	F
O	U	Y	U	Ό	P	A	I	J	Y	Q	Z	Σ	E	C	U	Z
B	O	H	Θ	Ή	Σ	E	I	W	J	I	T	I	H	Z	T	U
Δ	A	N	E	Ί	Z	O	Y	N	K	Y	P	I	A	K	Ή	H

Puzzle 313

```
A  P  S  M  E  Γ  A  Λ  Ώ  N  O  Y  N  A  Φ  Π  Y
Z  A  Y  Z  K  Ά  M  E  P  A  T  M  Y  Λ  A  E  I
X  T  M  Z  Φ  O  P  H  T  Ό  A  Λ  O  Λ  Σ  P  W
T  Q  U  K  I  Σ  T  Ό  X  O  Σ  C  Z  H  I  I  B
Q  L  W  A  A  O  N  Y  Δ  Ί  K  Ί  Λ  A  B  E  E
P  R  D  T  Ί  Π  Ύ  M  Z  T  B  P  Δ  E  N  Ά  M
U  T  S  O  X  W  Ά  Q  W  I  Y  B  P  Π  Ό  Λ  Π
E  P  R  I  Y  Z  U  N  C  Z  N  M  E  Ί  T  Λ  Λ
K  K  D  K  T  D  R  X  T  G  L  P  K  Δ  P  O  E
W  Λ  J  Ί  Σ  I  X  Ω  N  H  U  S  H  P  Ά  N  K
I  Y  I  A  Y  S  H  P  O  G  Σ  W  I  A  B  W  Ό
A  W  B  Π  Δ  T  W  I  V  P  E  H  Y  Σ  H  M  M
A  Λ  Ή  Θ  E  I  A  Ό  I  X  M  C  N  H  Ξ  H  E
H  T  N  K  Y  B  Έ  P  N  H  Σ  H  Σ  Z  E  B  N
O  K  W  Λ  E  Π  T  O  M  Έ  P  E  I  A  J  R  H
```

ΚΊΝΔΥΝΟ
ΑΛΛΗΛΕΠΊΔΡΑΣΗ
ΡΥΖΙΟΎ
ΜΕΓΑΛΏΝΟΥΝ
ΚΛΙΠ
ΛΕΠΤΟΜΈΡΕΙΑ
ΧΩΡΙΌ
ΚΑΤΟΙΚΊΑ
ΣΤΌΧΟΣ
ΦΟΡΗΤΌ
ΚΆΜΕΡΑ
ΑΛΉΘΕΙΑ
ΚΕΡΔΊΖΟΥΝ
ΤΡΆΒΗΞΕ
ΦΑΣΙΑΝΌ
ΠΕΡΙΒΆΛΛΟΝ
ΕΜΠΛΕΚΌΜΕΝΗ
ΑΠΆΝΤΗΣΗ
ΔΥΣΤΥΧΊΑ
ΚΥΒΈΡΝΗΣΗΣ

Puzzle 314

ΚΕΦΆΛΙ
ΔΆΣΟΣ
ΧΆΜΠΟΥΡΓΚΕΡ
ΑΠΟΡΡΌΦΗΣΗ
ΤΡΕΛΌ
ΤΥΛΊΞΕΙ
ΝΈΟΙ
ΠΕΡΆΣΕΙ
ΔΎΝΑΜΗ
ΘΕΊΑ
ΙΣΤΟΡΙΚΟΎ
ΒΡΑΒΕΊΟ
ΠΑΙΧΝΙΔΙΆΡΙΚΟ
ΕΙΔΙΚΆ
ΌΜΟΡΦΟ
ΕΊΔΕ
ΠΕΔΙΆΔΕΣ
ΑΝΆ
ΕΠΙΜΈΡΟΥΣ
ΒΟΗΘΉΣΕΙ

```
Π  M  X  G  T  D  O  C  T  K  R  H  A  Z  E  P  Q
A  N  Έ  O  I  C  Y  Z  P  Σ  E  Δ  Ά  I  Δ  E  Π
I  E  Σ  Ά  P  E  Π  B  E  I  S  Φ  L  X  W  K  B
X  D  G  C  T  M  O  R  Λ  H  V  Ό  Ά  A  C  F  G
N  Y  Z  L  X  G  N  Q  Ό  C  F  M  I  Λ  G  P  I
I  N  D  R  E  R  B  Θ  E  Ί  A  O  E  A  I  Y  Σ
Δ  E  I  Δ  I  K  Ά  P  Z  F  W  P  P  Π  E  O  T
I  T  Y  Λ  Ί  Ξ  E  I  A  V  D  Φ  M  O  Σ  Π  O
Ά  B  U  P  C  P  T  E  E  B  N  O  W  P  Ή  M  P
P  Δ  Σ  Y  O  P  Έ  M  I  Π  E  Z  Z  P  Θ  Ά  I
I  Ύ  Q  L  M  Y  E  H  U  W  U  Ί  S  Ό  H  X  K
K  N  A  O  Q  V  K  Ί  Z  C  V  U  O  Φ  O  F  O
O  A  Q  D  W  Z  A  V  Δ  L  X  N  Σ  H  B  M  Ύ
M  M  E  B  Z  G  N  R  E  E  B  T  Ά  Σ  N  H  P
V  H  Z  I  L  N  Ά  E  U  S  Q  R  D  H  I  J  I
```

Puzzle 315

```
L F P Y N T P Ί Δ I E Λ K Y A H Π
A Π Ό Φ O I T O Σ H Q M D Q Ί E A
Π T E P Ύ Γ I O K Z Λ Y E Y Φ Y P
Σ R E T M T J A S G U Ώ A A H T A
O F Π K U K T Ί P I O O Σ Ί Ψ Y K
Φ Y Ί J N A S V B D N Λ T E O X O
O X Σ V P Λ E F Ά Z F Ί P Π I I Λ
Ύ M H V Z E Z Σ Σ T Y Σ B A E Σ O
Σ R M W P Π X G H H Z Θ P P M M Y
S W O W O O A E Σ T C H S E E Έ Θ
X Ά Π I U Ύ M Y I Q F Σ U Θ Y N Ή
E Y Θ Ύ N H Ή W Γ M P H D A M H Σ
O H E F L B Σ F L Ώ Ώ M A Y O G O
A P O Y P A Ί O Σ M N N Y G W H Y
J L M P U R F I M Y Z E A C T O N
```

ΠΑΡΑΚΟΛΟΥΘΉΣΟΥΝ
ΕΠΊΣΗΜΟ
ΧΕΙΜΏΝΑ
ΑΠΌΦΟΙΤΟΣ
ΜΕΙΟΨΗΦΊΑ
ΑΥΓΏΝ
ΑΛΕΠΟΎ
ΘΕΡΑΠΕΊΑ
ΟΛΊΣΘΗΣΗ
ΑΡΟΥΡΑΊΟΣ
ΕΥΤΥΧΙΣΜΈΝΗ
ΔΗΛΏΣΕΙ
ΚΛΕΙΔΊ
ΠΤΕΡΎΓΙΟ
ΧΆΠΙ
ΣΉΜΑ
ΕΥΘΎΝΗ
ΒΆΣΗΣ
ΣΟΦΟΎΣ
ΚΤΊΡΙΟ

Puzzle 316

ΕΝΔΙΑΦΈΡΟΥΣΑ
ΤΑΜΕΊΟ
ΑΠΟΣΤΟΛΉ
ΈΚΔΟΣΗ
ΟΔΉΓΗΣΗΣ
ΒΕΝΖΊΝΗ
ΔΕΥΤΈΡΑ
ΥΠΟΚΑΤΆΣΤΗΜΑ
ΣΎΝΤΡΟΦΟ
ΚΎΚΛΟ
ΑΚΟΎΣΕΙ
ΣΊΓΟΥΡΑ
ΠΛΉΡΩΣ
ΕΠΙΘΕΤΙΚΉ
ΚΑΝΑΡΊΝΙ
ΝΑΡΚΩΤΙΚΏΝ
ΚΑΤΆΡΤΙΣΗΣ
ΑΣΗΜΈΝΙΑ
ΑΌΡΑΤΟ
ΜΕΡΙΚΆ

```
K K Δ E Y T Έ P A Σ Ί Γ O Y P A Y
A H A M H T Σ Ά T A K O Π Y R S F
T L I N W P N A P K Ω T I K Ώ N
Ά E N Z A M E P I K Ά J E I Y Q B
P Z Έ A H P Έ P X W T A M E Ί O L
T S M C R Σ Ί K O Z B M F Σ Y N P
I B H A A U H N Δ R L X K Ύ H G Y
Σ H Σ H Y Ή O Σ I O Z L L O Q C S
H B A V Z Λ Q O H W Σ X P K D Y B
Σ V O W Q O B F J Γ W H S A M O F
E Π I Θ E T I K Ή T Ή A Ό P A T O
U J P L B Σ Ω P Ή Λ Π Δ A U I L X
K Ύ K Λ O O A Σ Ύ N T P O Φ O E A
D D O Z V Π B E N Z Ί N H E I X L
T C X Y G A Σ Y O P Έ Φ A I Δ N E
```

Puzzle 317

K	X	R	O	Z	Y	N	X	E	K	K	E	N	Ώ	Σ	T	E
Y	L	G	V	X	P	Q	L	E	D	R	P	B	G	O	Q	O
I	B	D	O	L	Q	A	K	H	A	M	Y	F	E	P	Q	H
K	P	Y	Y	F	N	J	A	G	G	Y	O	X	Γ	Έ	Λ	E
A	N	Έ	M	A	P	H	Ξ	O	Π	A	Γ	U	X	E	O	A
T	P	D	I	B	A	Σ	T	I	Γ	M	Ή	P	Q	X	I	Σ
P	J	K	I	X	Ω	N	Έ	Ψ	E	I	N	Σ	Ά	Σ	K	T
Ό	V	G	O	X	T	Έ	N	A	L	Q	P	O	E	O	O	Έ
Π	M	Z	Z	Ύ	B	Y	T	W	Y	S	P	K	D	B	N	P
Έ	X	E	I	O	Δ	H	T	Σ	I	Π	Ό	I	Ξ	A	O	Ω
U	O	E	J	F	M	A	C	X	O	D	X	F	N	P	M	N
S	H	K	O	Ύ	K	Λ	A	Y	W	Φ	U	S	N	Έ	I	P
E	I	Δ	Ή	Σ	E	Ω	N	Y	E	N	Ύ	H	G	Σ	K	T
K	A	T	A	Σ	T	P	O	Φ	Ή	Z	L	H	K	I	Ή	L
N	I	P	T	K	Λ	Ά	Δ	O	I	L	A	Z	O	R	A	P

ΑΡΚΟΎΔΑ
ΣΟΚ
ΣΤΙΓΜΉ
ΚΟΎΚΛΑ
ΧΩΝΈΨΕΙ
ΠΌΡΤΑ
ΕΚΚΕΝΏΣΤΕ
ΎΦΟΣ
ΥΓΡΆ
ΑΣΤΈΡΩΝ
ΟΙΚΟΝΟΜΙΚΉ
ΚΑΤΑΣΤΡΟΦΉ
ΕΛΈΓΧΟΥ
ΑΞΙΌΠΙΣΤΗ
ΣΟΒΑΡΈΣ
ΕΙΔΉΣΕΩΝ
ΧΤΈΝΑ
ΚΛΆΔΟ
ΑΠΟΞΗΡΑΜΈΝΑ
ΈΧΕΙ

Puzzle 318

ΑΡΙΘΜΟΜΗΧΑΝΉ
ΣΚΗΝΉ
ΑΚΡΊΒΕΙΑ
ΓΡΟΘΙΆ
ΚΌΝΔΟΡΑΣ
ΣΥΜΜΕΤΈΧΩΝ
ΕΠΙΣΚΕΥΉΣ
ΣΠΟΡ
ΣΊΓΟΥΡΟΙ
ΜΈΛΙΣΣΑ
ΣΉΜΕΡΑ
ΔΟΘΕΊ
ΕΠΑΡΚΉ
ΤΙΜΩΡΉΣΕΙ
ΕΙΣΑΓΩΓΉΣ
ΠΟΛΥΤΕΛΉ
ΒΆΤΡΑΧΟΣ
ΤΗΓΆΝΙ
ΜΠΎΡΑ
ΒΑΘΜΟΎ

Ή	N	H	K	Σ	N	Ά	M	S	J	P	O	C	I	U	E	Z
A	K	P	Ί	B	E	I	A	Έ	Δ	O	Θ	E	Ί	W	I	M
E	Y	P	W	W	D	Θ	W	I	Λ	J	F	I	C	S	Σ	T
B	G	P	A	V	J	O	Y	Q	N	I	P	R	I	T	A	H
K	I	W	P	Π	P	I	B	Ώ	Σ	Σ	C	G	I	Γ	F
Σ	K	A	Ύ	I	E	Γ	B	L	X	Π	Q	S	H	R	Ω	Ά
Ή	W	Y	Π	O	K	L	W	Ά	Έ	O	Z	K	A	B	Γ	N
Y	A	H	M	P	I	Z	G	Z	T	P	W	J	H	A	Ή	I
E	V	V	F	Y	L	O	G	F	E	P	Z	I	D	Θ	Σ	C
K	Ό	N	Δ	O	P	A	Σ	T	M	H	A	P	E	M	Ή	Σ
Σ	B	V	Y	Γ	O	Σ	B	R	M	E	F	X	M	O	T	Z
I	I	P	I	Ί	Ή	Λ	E	T	Y	Λ	O	Π	O	Ύ	I	U
Π	D	J	Y	Σ	D	E	P	L	Σ	V	D	P	S	Σ	K	D
E	A	P	I	Θ	M	O	M	H	X	A	N	Ή	S	X	R	S
T	I	M	Ω	P	Ή	Σ	E	I	F	N	B	S	G	U	R	C

Puzzle 319

```
H G N A H Σ A T Σ Ά T A K A W Y Y
E Σ X O M O Y X X Y Σ Λ E G O N O
Λ Ά Θ O Σ Έ Y N R C Y Ά Z W Σ O X
S H Y N H Y Σ Y A O V K P T S G P
I S F X Λ U T Ω J N M Σ J I A C J
P L B W Έ B F P Σ V T Δ P Ά K O Σ
K F G Q Γ K Ά Δ E I A H Y Z E I Q
V A V H A I I J M S B C Θ Z F K I
N O T Σ I X Ά Λ Y O T Z X O K P J
C T Σ A M Σ A T N Ά Φ S M R Ύ U Θ
A P Γ Ή I E Σ Ή Π Y T X C M O N A
N V T E D Γ I Δ I O K T H Σ Ί A Σ
S M F V A G Ί C J U Y E Ί Σ O Δ O
M O N Ά Δ A G Δ K K W Θ H Λ Y K Ό
G N Y O N Ά B M A Λ I P E Π T Z J
```

ΑΜΈΣΩΣ
ΛΆΘΟΣ
ΜΕ
ΘΗΛΥΚΌ
ΦΆΝΤΑΣΜΑ
ΔΡΆΚΟΣ
ΤΟΥΛΆΧΙΣΤΟΝ
ΣΥΝΑΝΤΗΘΟΎΝ
ΙΔΙΟΚΤΗΣΊΑΣ
ΑΡΓΉ
ΆΔΕΙΑ
ΜΟΝΆΔΑ
ΧΤΥΠΉΣΕΙ
ΚΑΤΑΙΓΊΔΑ
ΕΊΣΟΔΟ
ΚΑΤΆΣΤΑΣΗ
ΑΓΈΛΗΣ
ΠΕΡΙΛΑΜΒΆΝΟΥΝ
ΣΚΆΛΑ
ΘΑ

Puzzle 320

ΑΡΚΕΤΆ
ΔΙΑΤΗΡΗΘΕΊ
ΒΙΒΛΊΟ
ΣΟΥΗΔΌΣ
ΓΛΥΚΙΆ
ΑΠΟΣΤΟΛΉΣ
ΣΧΌΛΙΟ
ΚΡΕΒΆΤΙ
ΕΞΟΧΙΚΉ
ΘΟΛΌ
ΠΑΞΙΜΆΔΙ
ΈΔΩΣΕ
ΤΕΧΝΟΛΟΓΊΑΣ
ΕΠΑΝΈΛΘΕΙ
ΑΝΑΓΝΩΡΊΣΕΙ
ΚΡΑΥΓΉ
ΦΤΆΝΟΥΝ
ΠΡΟΝΌΜΙΟ
ΠΑΡΆΘΥΡΟ
ΜΑΡΟΎΛΙ

```
Ί E Θ H P H T A I Δ Y S X Z V M E
A J Π E K D K A I Π R O C T L A Ξ
Z Π N A B I B Λ Ί O A O Q V R P O
K W O R N Έ Δ Ω Σ E Γ Ξ Y E U O X
P G I Σ E Έ T J S V A Z I G D Ύ I
A Σ M W T L A T R R Y L T M C Λ K
Y X Ό K A O H Θ A J K E Ά S Ά I Ή
Γ Ό N P T Q Λ Z E C I Φ B A A Δ H
Ή Λ O W E K D Ή Y I Ά T E R Q Q I
V I P O V Q P N Σ U W Ά P Z K P L
R O Π Π A P Ά Θ Y P O N K R D L B
A P K E T Ά Σ Ό Δ H Y O Σ M D Θ Q
A N A Γ N Ω P Ί Σ E I Y B W X O G
C O O O Σ A Ί Γ O Λ O N X E T Λ H
N M L U K L L N O C B Y T A R Ό L
```

Puzzle 321

```
M D E Y D A Σ X É Δ I O P Π G Π V
E E W T X I N Ί Φ Λ E Δ V Λ Q P L
K A T H C B V É K I S X V O M A Σ
B O M A E Q L R M H K X B Ί N Γ T
M T S C Φ A O F L Σ P C J A Δ M P
O X P V W O Y I K O I I R P H A A
H M É P A Σ P U L Δ T P B X Λ T T
Ό T I I D E H Ά R Ό I Ύ O O H I I
S D E Σ A P É Π Σ P K E Λ Σ T K Ώ
M E Σ S I T H Σ K A Ή Λ O X Ή Ή T
O N Ά J Δ Y V Σ W D H A K U P L H
X E Λ Y Ί Q Π Λ E Y P Ά Ό H I R Σ
C G E G Ξ H B K L N P X P S O W M
I P Γ F A V N R H I Ά O Π J P U Q
E G W F T A I A L L J X M L C W D
```

ΔΕΛΦΊΝΙ
ΠΈΡΑΣΕ
ΜΠΡΌΚΟΛΟ
ΔΗΛΗΤΉΡΙΟ
ΠΡΑΓΜΑΤΙΚΉ
ΓΕΛΆΣΕΙ
ΜΕΤΑΦΟΡΆΣ
ΤΑΞΊΔΙΑ
ΌΤΙ
ΑΛΕΎΡΙ
ΗΜΈΡΑΣ
ΚΡΙΤΙΚΉ
ΣΤΡΑΤΙΏΤΗΣ
ΠΛΟΊΑΡΧΟΣ
ΠΛΕΥΡΆ
ΆΝΕΣΗ
ΤΗΣ
ΑΠΌΔΟΣΗ
ΟΡΙΣΜΈΝΑ
ΣΧΈΔΙΟ

Puzzle 322

ΡΑΜΦΊΖΟΥΝ
ΒΟΥΝΏΝ
ΚΑΛΑΜΠΟΚΙΟΎ
ΤΈΤΑΡΤΟ
ΤΟΠΙΚΉ
ΑΡΧΊΣΕΙ
ΚΑΛΟΚΑΙΡΙΝΌ
ΕΞΑΡΤΆΤΑΙ
ΕΦΗΜΕΡΊΔΑ
ΤΡΊΑ
ΠΑΡΑΚΜΉ
ΚΈΡΔΙΣΑΝ
ΑΣΤΥΝΟΜΊΑ
ΞΕΧΩΡΙΣΤΉ
ΑΡΓΌΤΕΡΑ
ΔΙΑΣΚΕΔΆΣΕΙ
ΕΠΙΘΕΏΡΗΣΗ
ΠΕΡΊΕΡΓΟ
ΑΠΈΝΑΝΤΙ
ΓΙΑ

```
K K M M Q I Z U O D P K O A E E F
A A É L N T M D Y A A A Ξ P Ξ Π U
T Σ Λ P G H D Z X Π M Λ E X A I T
X D T O Δ B D L G É Φ A X Ί P O A
E I W Y K I X C W N Ί M Ω Σ T E W
A W O N N A Σ L E A Z Π P E Ά Ώ W
Y Ή T L Ώ O I A Y N O O I I T P B
L K P O N Γ M P N T Y K Σ N A H Z
Γ I A U Y P Q Ί I I N I T X I Σ M
T Π T O O E X K A N V O Ή T L H S
P O É H B Ί E G F X Ό Ύ O B B Y S
Ί T T K T P E Φ H M E P Ί Δ A R V
A B U M I E Σ Ά Δ E K Σ A I Δ Z
R W S A K Π R Z L N Π A P A K M Ή
Z L E A P Γ Ό T E P A C C S W R S
```

Puzzle 323

```
N N C H J M X F K Y Π L F Z E K O
O C Q Y Q I Π N L I E Σ Ή P E T Σ
X V Y O E N Ύ O K O Δ Σ O Π T Σ
A N Ά K A M Ψ H Y U Ί P Γ Σ V G Y
G M N C Q N Z H H K O F Ί H I F M
A Π O Φ A Σ Ί Σ E I Ά A Λ M B H M
E Π E K T E Ί N O Y N Λ X A T B E
Δ P A M A T I K Ή N E L I Ί P A T
E K P Έ M A A P K E T Έ Σ A P Γ Έ
E Π Z E Π I T P Έ Π O Y N B Ή Ό X
F M Ί Π O Δ O Σ Φ A Ί P O Y M N O
K I B Π K Ά Π O I O Σ R E W A I Y
K S Y X E T O Π Ή Δ E T O Π O B N
M M C Y J Δ A H D R U X G H Z G L
J R B N M X O D D Q G Q A L V H C
```

ΑΠΟΦΑΣΊΣΕΙ
ΜΠΟΥΚΆΛΙ
ΠΟΔΟΣΦΑΊΡΟΥ
ΚΆΠΟΙΟΣ
ΔΡΑΜΑΤΙΚΉ
ΕΠΊΠΕΔΟ
ΑΡΚΕΤΈΣ
ΣΗΜΑΊΑ
ΒΑΓΌΝΙ
ΑΝΆΚΑΜΨΗ
ΟΠΟΤΕΔΉΠΟΤΕ
ΛΊΓΟ
ΚΡΈΜΑ
ΣΥΜΜΕΤΈΧΟΥΝ
ΕΠΕΚΤΕΊΝΟΥΝ
ΡΉΜΑ
ΠΡΟΣΔΟΚΟΎΝ
ΠΕΔΊΟ
ΣΤΕΡΉΣΕΙ
ΕΠΙΤΡΈΠΟΥΝ

Puzzle 324

ΒΌΡΕΙΑ
ΣΕΝΆΡΙΟ
ΑΝΤΑΝΑΚΛΆ
ΧΑΛΑΡΏΣΤΕ
ΕΚΑΤΟΜΜΎΡΙΑ
ΑΝΗΣΥΧΊΑ
ΆΡΕΣΕ
ΠΟΥΛΙΆ
ΚΥΝΗΓΉΣΕΙ
ΛΑΜΒΆΝΟΥΝ
ΜΠΑΜΠΆΣ
ΚΡΕΒΑΤΟΚΆΜΑΡΑ
ΚΌΡΗ
ΕΠΙΘΥΜΊΑ
ΧΟΊΡΩΝ
ΔΩΜΆΤΙΟ
ΕΡΓΆΖΟΝΤΑΙ
ΒΛΈΜΜΑ
ΤΥΡΊ
ΔΙΑΝΈΜΟΥΝ

```
E K A T O M M Ύ P I A T S P K H K
B F M H I A Y B Y M J N P R J B S
R I M R P W U F W X H N F X A V L
Q R Έ U Ά Ό I K B Q O K Y O C E E
S T Λ H N X K C Ό W H D C Ί Ά L B
T P B C E T Σ Ώ P A Λ A X P P N N
E Σ Y M Σ T B C E B T V V Ω E Y J
E Ά Y L D H K Ά I Λ Y O Π N Σ O T
O Π R Q M D P K A L I S R J E M Δ
E M I E Σ Ή Γ H N Y K Q B S I Έ Ω
C A K Θ L A N T A N A K Λ Ά L N M
J Π D N Y O N Ά B M A Λ B R Z A Ά
L M A P A M Ά K O T A B E P K I T
B T Y W Z A Ί X Y S H N A U A D I
M B Z P K O I A T N O Z Ά Γ P E O
```

Puzzle 325

```
R U L Γ T P S B N Ω T Ή Λ B O Π A
D Ή T X I O N A P Ώ T V Y P U P M
Z I R E D Γ G X Ή Ά Λ Λ O Y Σ O K
G J B M I T A T K B E I Y F T Ά Y
H M O Δ B Έ U N I K D P T E H Σ K
T X Ά Λ Y B A Q T D D I K O K Π Λ
K A Λ A M Ά P I A I G W Ί M E I O
E E I P R Z F S M I A T Δ Y K Σ Φ
Σ W Z A Y M S W Ω A C Ί N Γ T H O
Ό M W M C T X Y Σ Q G M A Ά H Σ P
P O W W T A K O Ύ Σ E T E Λ O U O
Π O R V W Σ T A Φ Ύ Λ I A A G X Ύ
A T Σ A Π Ό T N O Δ O I E Δ Ά U N
A Π Ο Φ E Ύ Γ O Y N E D J C S J W
J I L K O Y P A Σ M Έ N O V S E W
```

ΑΝΟΙΧΤΉ
ΚΟΥΡΑΣΜΈΝΟ
ΓΙΓΑΝΤΙΑΊΑ
ΑΚΟΎΣΕΤΕ
ΟΔΟΝΤΌΠΑΣΤΑ
ΈΒΔΟΜΗ
ΧΆΛΥΒΑ
ΤΏΡΑ
ΑΠΡΌΣΕΚΤΗ
ΠΡΟΆΣΠΙΣΗΣ
ΚΑΛΑΜΆΡΙΑ
ΣΤΑΦΎΛΙΑ
ΆΛΛΟΥΣ
ΣΩΜΑΤΙΚΉ
ΑΠΟΦΕΎΓΟΥΝ
ΔΊΚΤΥΟ
ΓΆΛΑ
ΚΥΚΛΟΦΟΡΟΎΝ
ΆΔΕΙΟ
ΑΠΟΒΛΉΤΩΝ

Puzzle 326

ΚΑΦΈ
ΕΠΊΣΚΕΨΗ
ΌΡΟ
ΓΛΩΣΣΆΡΙΟ
ΦΙΛΟΔΟΞΊΑ
ΧΆΡΤΗ
ΡΥΘΜΌ
ΘΑΝΑΤΗΦΌΡΑ
ΚΎΚΝΟ
ΟΔΟΝΤΊΑΤΡΟ
ΠΛΕΙΟΨΗΦΊΑ
ΓΥΝΑΊΚΕΣ
ΉΘΕΛΕ
ΠΟΛΛΑΠΛΑΣΙΑΣΜΌ
ΤΈΣΣΕΡΙΣ
ΚΑΡΙΈΡΑ
ΚΌΨΕΙ
ΠΟΥ
ΜΟΒ
ΑΠΟΡΡΊΠΤΟΥΝ

```
A G K S L Γ K B Q V P Y Q D Π A D
W A B F O Λ A K U J Y A Z A Λ Π Γ
N A Z P J Ω Φ P Ό E G P E E E O Y
Σ I P E Σ Σ Έ T Έ Ψ R D K V I P N
M Y I J P Σ W B I E O T G O P A A
L U N C D Ά N Z H J P I E K Ψ Ί Ί
C A L K R P M Ό A Z Y A E X H Π K
K Ύ K N O I O P R J C W K B Φ T E
Ή Θ E Λ E O B O O L J E M P Ί O Σ
O Δ O N T Ί A T P O M G J Y A Y Y
K T N B Φ I Λ O Δ O Ξ Ί A Θ O N R
E Π Ί Σ K E Ψ H S V A R C M V Π H
Θ A N A T H Φ Ό P A Y E Y Ό W C P
Π O Λ Λ A Π Λ A Σ I A Σ M Ό O J T
K K G B Y O Y F S X Ά P T H Y W R
```

Puzzle 327

```
A M Φ R T E O X Q V Σ G R O A C Ά
N D Q Ό Φ R G S B Y H X K C C G T
Θ R G Λ B Ό G T O H T Φ Έ P E Θ A K
P M T Ω V O P T E M Ό M P E Θ Λ I
Ώ U G P J D H O Δ I Π Λ O Ύ N Λ O
Π L I Ί R E E Z Y O Π I S L Y Ύ N
O F E Δ A G V A N B I O R X O Φ A
Y W R A I O M Ό P A Π K B R Λ E U
Σ A N Έ M E Δ P E Π M F H X Έ H O
Y M H Ω A Π A P A Ί T H T H Θ T H
S Ώ G C Έ N X Y U A O N F Y U H E
K P A Σ Ί N U M K P R H C M V U D
K X O X Q B Z B S U V M E Z X W J
O M I Λ Ί A Σ H T X Ί A Π M E Y V
K A S N C E Π I Σ T Ή M O N A Σ O
```

ΦΎΛΛΑ
ΠΑΡΌΜΟΙΑ
ΦΌΡΟΥ
ΑΝΘΡΏΠΟΥΣ
ΛΩΡΊΔΑ
ΚΑΘΡΈΦΤΗ
ΕΠΙΣΤΉΜΟΝΑΣ
ΧΡΏΜΑ
ΠΑΊΧΤΗΣ
ΜΠΕΡΔΕΜΈΝΑ
ΘΈΛΟΥΝ
ΔΙΠΛΟΎΝ
ΘΕΡΜΌΜΕΤΡΟ
ΦΌΒΟ
ΙΠΠΌΤΗΣ
ΟΜΙΛΊΑΣ
ΑΝΟΙΚΤΆ
ΑΠΑΡΑΊΤΗΤΗ
ΝΈΩΝ
ΚΡΑΣΊ

Puzzle 328

ΓΕΎΣΗ
ΜΠΙΖΈΛΙ
ΕΠΈΤΕΙΟ
ΈΚΡΗΞΗ
ΚΑΙΡΌ
ΜΠΟΛ
ΤΗΛΕΌΡΑΣΗ
ΕΣΤΊΑΣΗ
ΣΙΝΤΡΙΒΆΝΙ
ΠΑΡΆΞΕΝΟ
ΦΑΝΤΑΣΤΕΊΤΕ
ΑΔΎΝΑΜΟ
ΠΛΟΉΓΗΣΗ
ΠΑΤΙΝΆΖ
ΠΛΗΜΜΎΡΑ
ΕΠΙΤΥΓΧΆΝΟΥΝ
ΟΠΟΊΩΝ
ΚΑΤΆΛΟΓΟ
ΣΤΟΙΧΕΙΏΔΗ
ΣΥΧΝΉ

```
E Π A T I N Ά Z O Έ K P H Ξ H W E
Π I P Φ I S X V A Π B M L M H E Π
Έ E Ύ N A I S U Q I O I K Π K Σ I
T L M Q A N D W P Q P Ί J O L T T
E I M K Δ Ά T I R D V X Ω Λ S Ί Y
I M H A Ύ B E A F J L Y E N T A Γ
O X Λ I N I L H Σ H Γ Ή O Λ Π Σ X
M K Π P A P Γ Σ O T O X J V B H Ά
Δ Π P Ό M T E A O N E Ξ Ά P A Π N
G F I L O N Ύ P D H G Ί R P E C O
P B S Z V I Σ Ό C E D C T A Y M Y
M J Z E Έ S H E G A U O Y E N Q N
A F Q N A Λ B Λ Y C U I A R H K R
S M T F S A I H Δ Ώ I E X I O T Σ
F C O Γ O Λ Ά T A K Σ Y X N Ή U V
```

Puzzle 329

Q	P	L	R	N	Ά	Y	O	Π	M	A	Σ	O	K	P	M	Π
X	T	P	U	Q	X	L	H	P	T	M	R	I	A	Λ	A	I
F	C	Π	P	O	Ϊ	Ό	N	A	O	Y	O	K	P	E	Γ	P
E	Π	I	Σ	T	O	Λ	Ή	K	Ί	T	E	O	Π	Y	E	O
I	U	W	M	R	I	S	N	T	X	E	Z	Γ	O	K	I	Ύ
L	G	H	Ή	A	O	L	J	I	O	P	E	Έ	Ύ	Ό	P	N
I	F	G	K	G	K	D	S	K	S	Ά	Z	N	Z	S	E	I
Z	T	F	I	A	P	P	D	Έ	L	K	Q	E	I	T	Ύ	M
B	U	H	X	C	P	Z	Ά	Σ	H	S	D	I	Q	M	O	M
H	A	G	Y	Ά	T	A	N	Y	Δ	E	O	E	G	Y	Y	M
Z	W	P	Ψ	K	L	P	M	V	E	S	O	Σ	M	Y	N	W
Z	W	Q	I	V	Y	O	W	Έ	G	G	M	I	Λ	Ά	M	E
Ά	Λ	M	A	Ά	Y	N	A	C	Λ	G	M	K	S	T	O	R
I	E	Z	L	U	I	B	F	M	X	A	G	S	G	Y	E	U
Π	P	O	E	I	Δ	O	Π	O	Ϊ	H	Σ	H	M	Φ	P	R

ΜΑΚΡΆ
ΆΛΜΑ
ΦΥΤΆ
ΣΑΜΠΟΥΆΝ
ΜΑΓΕΙΡΕΎΟΥΝ
ΔΥΝΑΤΆ
ΟΙΚΟΓΈΝΕΙΕΣ
ΛΕΥΚΌ
ΠΙΡΟΎΝΙ
ΚΑΡΑΜΈΛΑ
ΤΟΊΧΟ
ΒΑΡΙΆ
ΨΥΧΙΚΉ
ΜΥΤΕΡΆ
ΜΙΛΆΜΕ
ΕΠΙΣΤΟΛΉ
ΚΑΡΠΟΎΖΙ
ΠΡΟΪΌΝ
ΠΡΟΕΙΔΟΠΟΊΗΣΗ
ΠΡΑΚΤΙΚΈΣ

Puzzle 330

ΙΑΤΡΙΚΉΣ
ΚΑΤΑΣΚΕΎΑΣΜΑ
ΛΕΠΤΉ
ΜΥΡΩΔΙΆ
ΗΡΕΜΊΑ
ΠΟΥΛΌΒΕΡ
ΑΦΟΡΆ
ΆΓΓΕΛΟΣ
ΕΠΙΛΟΓΉΣ
ΚΆΘΟΝΤΑΙ
ΤΑΧΥΔΡΌΜΟΣ
ΟΙΚΟΝΟΜΊΑ
ΦΥΣΙΚΆ
ΜΉΚΟΣ
ΣΑΠΟΎΝΙ
ΛΕΜΟΝΆΔΑ
ΖΏΑ
ΚΑΤΣΑΡΌΛΑ
ΜΕΤΑΞΎ
ΘΑΥΜΑΣΤΈΣ

A	Ί	M	O	N	O	K	I	O	M	M	L	E	P	L	L	K
Ί	R	H	Ή	D	I	R	I	K	Y	E	T	A	R	Σ	S	Ά
M	H	J	T	K	D	A	K	M	P	T	T	S	A	Ή	D	Θ
E	W	L	Π	Λ	O	M	E	T	Ω	A	B	D	K	K	X	O
P	E	C	E	E	T	Σ	M	F	Δ	Ξ	O	N	Q	I	V	N
H	V	I	Λ	M	A	A	E	R	I	Ύ	V	E	O	P	L	T
Z	W	V	I	O	X	Ύ	A	Π	Ά	I	U	Σ	F	T	V	A
R	Ώ	L	O	N	Y	E	Λ	I	I	N	Ύ	O	Π	A	Σ	I
O	F	A	C	Ά	Δ	K	Ό	K	H	Λ	O	Λ	X	I	M	P
Y	E	M	S	D	P	Σ	P	V	N	P	O	E	R	K	B	F
Z	H	Z	I	A	Ό	A	A	X	S	U	P	Γ	S	I	K	A
Q	G	Y	K	S	M	T	Σ	K	B	C	X	Γ	Ή	R	Z	N
A	Φ	O	P	Ά	O	A	T	R	J	Q	N	Ά	H	Σ	Q	E
H	K	J	J	H	Σ	K	A	Θ	A	Y	M	A	Σ	T	Έ	Σ
F	U	N	Φ	Y	Σ	I	K	Ά	Π	O	Y	Λ	Ό	B	E	P

Puzzle 331

G	Ό	X	Z	E	Z	C	S	T	G	H	U	Λ	Y	E	A	R
C	K	C	X	L	C	L	Y	E	Y	G	T	I	Π	Σ	H	M
Π	I	Σ	T	Δ	I	O	P	Ί	Σ	E	I	Λ	E	I	K	A
X	Λ	K	W	Q	J	Q	H	V	M	R	N	Ά	N	Θ	Z	I
Π	Y	Y	G	V	G	F	W	D	C	M	B	F	Θ	Ά	Z	E
W	A	A	N	V	E	X	T	Q	H	Q	F	X	Y	K	N	X
F	T	T	I	T	Π	A	P	Ό	Σ	A	X	M	Q	X	Έ	
E	Ά	Ύ	P	T	H	Σ	Ώ	N	Γ	V	M	Q	Ί	L	J	N
M	B	O	W	Ί	Q	P	R	Z	B	C	H	R	Σ	V	L	Y
S	A	P	K	Z	Δ	U	Ί	F	S	N	T	E	Ω	E	A	Σ
I	P	Φ	C	T	P	A	X	O	I	Θ	Ί	Λ	H	I	G	Y
F	Γ	Έ	T	Σ	I	Y	S	F	Y	O	A	N	M	J	H	O
K	O	K	K	I	N	O	Λ	A	Ί	M	H	Δ	E	Σ	H	Λ
B	R	G	O	O	B	B	N	X	Γ	P	A	Σ	Ί	Δ	I	Ί
X	V	S	L	G	R	M	L	B	J	D	B	T	R	V	W	Φ

ΚΆΘΙΣΕ
ΦΊΛΟΥΣ
ΗΛΊΘΙΟ
ΦΡΟΎΤΑ
ΣΥΝΈΧΕΙΑ
ΠΑΡΟΎΣΑ
ΓΡΑΒΆΤΑ
ΠΛΥΝΤΗΡΊΟΥ
ΥΠΕΝΘΥΜΊΣΩ
ΥΛΙΚΌ
ΚΟΚΚΙΝΟΛΑΊΜΗΔΕΣ
ΈΤΣΙ
ΣΚΙ
ΛΙΛΆ
ΠΑΤΡΊΔΑ
ΑΊΤΗΜΑ
ΤΣΙΠ
ΓΡΑΣΊΔΙ
ΔΙΟΡΊΣΕΙ
ΓΝΏΣΗ

Puzzle 332

ΣΕΖΌΝ
ΠΡΌΒΛΗΜΑ
ΤΈΤΟΙΑ
ΤΡΟΦΟΔΟΣΊΑΣ
ΕΡΓΑΖΌΜΕΝΟΣ
ΑΜΟΙΒΏΝ
ΡΟΔΆΚΙΝΟ
ΡΙΠΉ
ΊΔΡΥΜΑ
ΣΥΝΑΝΤΉΘΗΚΕ
ΧΤΎΠΗΜΑ
ΔΙΑΚΟΠΉ
ΞΕΝΟΔΟΧΕΊΟ
ΑΝΤΑΠΟΚΡΊΝΟΝΤΑΙ
ΜΕΓΆΛΟ
ΠΑΊΞΙΜΟ
ΜΕΊΝΕΤΕ
ΠΟΤΌ
ΣΤΑΜΆΤΗΣΕ
ΠΌΛΕΜΟ

J	U	A	Ί	L	R	N	O	O	M	E	T	E	N	Ί	E	M
W	X	N	A	Δ	M	L	U	M	E	L	B	S	Ό	R	P	S
T	K	T	V	A	P	F	D	I	Γ	C	Z	I	Z	P	Γ	R
G	M	A	D	U	Q	Y	R	Ξ	Ά	U	Y	J	E	S	A	R
Z	G	Π	E	S	O	Z	M	Ί	Λ	Z	J	S	Σ	Y	Z	T
Ή	Π	O	K	A	I	Δ	T	A	O	S	Y	Q	L	I	Ό	P
P	Π	K	H	M	U	D	Q	Π	T	Έ	T	O	I	A	M	O
O	P	P	Θ	H	I	S	A	F	Ό	Y	F	Q	O	I	E	Φ
Δ	Ό	Ί	Ή	Π	I	P	M	T	Λ	D	U	G	U	N	O	
Ά	B	N	T	Ύ	I	A	B	L	O	O	E	H	Q	E	O	Δ
K	Λ	O	N	T	C	P	P	R	Π	I	X	M	O	N	Σ	O
I	H	N	A	X	N	J	I	W	Q	H	B	A	O	A	M	Σ
N	M	T	N	B	B	B	A	Q	I	F	Y	Ώ	S	Z	J	I
O	A	A	Y	Σ	T	A	M	Ά	T	H	Σ	E	N	Y	O	A
Z	T	I	Σ	Ξ	E	N	O	Δ	O	X	E	Ί	O	N	N	Σ

Puzzle 333

```
Α Σ Υ Σ Τ Ή Μ Α Τ Ο Σ Κ Ε Σ Ε Χ Q
Μ Φ Ύ Α Ν Α Ψ Υ Χ Ή Σ Γ Λ Υ Π Η Q
Α Τ Ο Η Ά Σ L Z K J I Ν Ο Σ I Ο T
Έ Α Κ Ρ Ε V T U G L M Ώ Υ Τ Λ C C
Θ Χ I Ρ Ο Ζ C Α Κ Μ U Μ Λ Α Έ D Ο
Ν Υ Τ Ζ Ε Ύ D Ε Α V Ε Η Ο Τ Ξ R Q
Ο Δ Α J G Κ Ν Κ Ν Ρ Υ Σ Ύ I Τ P W
L Ρ Μ Β V Σ F Ε Α W Χ G Δ Κ Ε Η V
S Ο Λ Β Ρ C Ί Π Η Ή R I Ό F P V
Χ Μ Ε Η L Ώ Χ J Έ Φ Ο I Τ Η Τ Ή Σ
Ε Ε Γ Κ Χ Ε Σ Κ Α Τ Ε Ύ Θ Υ Ν Σ Η
C Ί Γ F W Ε Σ I Ε Σ Ύ Δ Α Τ Α Κ C
Ν Ο Α Μ Τ Ο G Η Μ G Υ W G R Η D W
Τ Υ Π J Ζ Ω Σ Ώ I Α Β Ε Β Α I Δ J
Ο Ί Ε Μ Ο Κ Ο Σ Ο Ν Τ L Μ Η Ε Ζ Β
```

ΦΟΙΤΗΤΉΣ
ΒΡΏΣΙΜΑ
ΚΑΤΑΔΎΣΕΙΣ
ΕΥΧΉ
ΣΥΣΤΉΜΑΤΟΣ
ΘΈΑΜΑ
ΛΟΥΛΟΎΔΙ
ΓΝΏΜΗΣ
ΝΟΣΟΚΟΜΕΊΟ
ΔΙΑΒΕΒΑΙΏΣΩ
ΣΥΣΤΑΤΙΚΌ
ΕΠΙΛΈΞΤΕ
ΑΝΑΨΥΧΉΣ
ΚΑΤΕΎΘΥΝΣΗ
ΕΆΝ
ΚΑΝΑΠΈ
ΕΚΕΊ
ΑΦΟΡΟΎΝ
ΤΑΧΥΔΡΟΜΕΊΟΥ
ΕΠΑΓΓΕΛΜΑΤΙΚΟΎ

Puzzle 334

ΥΠΟΒΆΛΕΙ
ΣΑΎΡΑ
ΠΛΗΘΥΣΜΟΎ
ΚΑΝΈΝΑ
ΠΑΡΑΛΊΑ
ΚΑΛΎΠΤΟΝΤΑΙ
ΤΕΧΝΙΚΉ
ΑΡΚΤΙΚΈΣ
ΠΑΡΑΤΉΡΗΣΗΣ
ΜΕΛΈΤΗΣ
ΠΑΡΤΊΔΑ
ΝΩΡΊΣ
ΣΚΎΛΟΣ
ΖΆΧΑΡΗ
ΖΩΓΡΑΦΙΚΉΣ
ΜΕΓΈΘΟΥΣ
ΔΙΔΆΣΚΕΙ
ΣΚΛΗΡΉ
ΚΑΤΆΛΛΗΛΟ
ΑΡΙΣΤΕΡΌ

```
Ζ Ω Γ Ρ Α Φ Ι Κ Ή Σ Κ Κ Π Σ V Τ Ρ
Κ Β G Τ Q Β Ε Ρ V Ί Η Α Λ Κ F Ε Η
Μ R Ζ Q R F Τ Ε Α Ρ Μ Τ Η Λ Ζ Χ F
Κ Υ Π Ο Β Ά Λ Ε Ι Ο Ω V Ά Θ Η J Ν J
Π Α Α R Μ Η Ε F W Ν Κ Λ Υ Ρ V I Β
Α Ρ Λ Ό Ρ Ε Τ Σ Ι Ρ Α Λ Σ Ή C Κ C
Ρ Ύ Α Ύ Ρ Ρ Γ F R J W Η Μ Q L Ή I
Α Α Ν Ρ Π Ζ W Έ Κ Η J Λ Ο Ν R Q Ε
Τ Σ Έ Ο Κ Τ Υ Β Θ Α Χ Ο Ύ Η R Ε Κ
Ή Υ Ν Ο D Τ Ο Ζ Κ Ο Μ Ε Λ Έ Τ Η Σ
Ρ C Α W Υ Ο Ι Ν Ο Ο Υ D Ζ J D Α Ά
Η C Σ Κ Ο Κ J Ν Κ Τ Q J Σ Χ R Ο Α Δ
Σ Σ Κ Ύ Λ Ο Σ G Έ Α V Χ Ζ Β Ε Χ Ι
Η Κ Υ Β Τ U Τ R Α Σ Ι Χ Ζ Μ Τ Ά Δ
Σ Π Α Ρ Α Λ Ί Α Δ Ί Τ Ρ Α Π V Ζ Ζ
```

Puzzle 335

P	K	P	C	G	J	A	X	O	F	X	A	K	M	B	S	T
Q	U	Ά	Γ	P	A	Φ	E	Ί	O	A	G	Z	A	P	Y	B
Σ	B	B	Z	Y	R	H	I	N	Ό	M	E	Λ	K	H	C	E
Ό	T	Ω	Y	Y	I	P	P	C	F	H	Π	Π	Ί	T	Σ	A
K	I	A	I	E	K	P	Ά	I	Δ	Λ	V	Έ	P	C	P	K
I	J	T	Δ	Π	Λ	O	Ί	O	X	Ά	K	Z	T	Ό	T	O
N	K	Έ	O	I	Γ	Ό	Λ	I	Ξ	E	L	J	W	P	E	I
A	C	Σ	V	R	A	Σ	Y	N	Έ	Δ	P	I	O	Ω	A	Λ
X	E	T	O	Π	Ά	K	J	Ξ	E	B	G	L	J	Q	M	E	Ό
H	X	E	X	G	O	D	Ή	K	H	B	B	S	A	R	F	T
M	Ή	Π	M	O	P	K	E	Z	Ά	P	O	Θ	Φ	V	L	H
R	C	O	S	N	Z	X	G	Z	V	C	A	Q	H	O	W	T
U	Z	F	L	Γ	I	A	T	P	Ό	Σ	F	Σ	R	D	I	A
G	O	S	J	R	V	N	X	V	V	Y	J	D	Ί	W	Q	C
F	Z	R	G	S	A	T	U	M	W	F	S	Z	O	A	P	U

ΜΩΡΌ
ΜΗΧΑΝΙΚΌΣ
ΛΕΞΙΛΌΓΙΟ
ΓΡΑΦΕΊΟ
ΕΚΠΟΜΠΉ
ΠΕΤΣΈΤΑ
ΠΈΤΡΑ
ΓΙΑΤΡΌΣ
ΚΟΙΛΌΤΗΤΑ
ΣΥΝΈΔΡΙΟ
ΔΙΆΡΚΕΙΑ
ΚΆΠΟΤΕ
ΦΘΟΡΆ
ΣΤΑΔΙΑΚΉ
ΠΊΤΣΑ
ΛΕΜΌΝΙ
ΡΆΒΩ
ΧΑΜΗΛΆ
ΠΛΟΊΟ
ΞΗΡΑΣΊΑ

Puzzle 336

ΣΗΜΕΊΩΣΗ
ΕΞΈΠΛΗΞΕ
ΣΤΆΘΗΚΕ
ΠΑΠΟΎΤΣΙΑ
ΠΕΡΊΠΤΩΣΗ
ΨΩΜΊ
ΕΞΕΤΆΖΟΥΝ
ΣΧΟΛΕΊΟ
ΉΡΘΕ
ΑΡΧΑΊΑ
ΦΑΙΝΌΤΑΝ
ΚΟΙΝΩΝΊΑΣ
ΚΙΛΆ
ΤΙΜΉ
ΠΑΡΑΓΩΓΉΣ
ΓΕΝΙΚΈΣ
ΕΤΉΣΙΑ
ΣΤΊΒΟΥ
ΣΥΜΜΕΤΆΣΧΟΥΝ
ΠΡΌΣΚΛΗΣΗ

E	Φ	A	I	N	Ό	T	A	N	S	F	Ή	L	Z	Y	V	Π
Ξ	C	I	N	B	E	Y	O	Q	V	H	P	N	A	P	O	E
Έ	E	Σ	S	Σ	Ξ	R	D	E	K	H	Θ	Ά	T	Σ	F	P
Π	N	T	W	Σ	E	T	F	F	I	Σ	E	Y	T	K	S	Ί
Λ	X	Ύ	T	Y	T	L	Σ	Ή	Γ	Ω	Γ	A	P	A	Π	Π
H	J	O	V	M	Ά	G	Q	L	Y	Ί	T	P	W	Q	Q	T
Ξ	J	Π	I	M	Z	G	Y	Z	I	E	U	X	J	B	C	Ω
E	Γ	A	G	E	O	L	C	C	X	M	H	A	S	A	V	Σ
Σ	E	Π	G	T	Y	T	I	M	Ή	H	C	Ί	M	Ω	Ψ	H
X	N	J	U	Ά	N	O	F	S	Y	Σ	C	A	H	S	K	I
O	I	X	H	Σ	H	Λ	K	Σ	Ό	P	Π	I	F	J	W	Z
Λ	K	K	Z	X	L	P	I	W	Q	E	Y	Σ	K	T	D	S
E	Έ	E	F	O	S	B	K	O	Z	O	R	Ή	S	I	G	J
Ί	Σ	C	S	C	Y	O	B	Ί	T	Σ	I	S	T	X	N	Λ	W
O	Σ	A	Ί	N	Ω	N	I	O	K	S	B	E	H	I	B	Ά

Puzzle 337

```
Α Π Ε Λ Π Ι Σ Μ Έ Ν Ο Ι Β S S Β W
J Q Α Ι W Ι Τ Ρ Ί Τ Η Χ Μ Ε Χ F C
Α Ι Ε Ν Έ Γ Ο Κ Ι Ο Υ Α Χ Q Τ Ζ W
Τ Π Σ Κ Ο Ρ Ά Ρ Ε Ι Ρ Ό Γ Α Δ Η Ν
Α R Ο Η Χ Ε Π W V Ζ Q G Τ L Ι Λ S
Μ Υ Ρ Δ Α Σ Τ Ί Λ Α Χ Σ Α Π Α Ι F
Ώ V Θ C Ώ J Σ Ι Ε Θ Ή Ν Υ Σ Χ Έ Κ
Ρ Α Η C Ο Σ Q Α V Σ Κ Ε Q Α Ε Λ L
Χ Ο Κ Χ Η Σ Ε Ν W Ο Η F C S Ί Α W
Μ Ή Λ Α Κ Α J Ι Τ Υ Χ Α Ί Α Ρ Ι G
F L Έ Μ Μ D Τ Α F V Π G J Ζ Ι Ο U
Γ Α Λ Ο Π Ο Ύ Λ Α Σ Α Υ Β L Σ Ν Α
Γ Ω Ν Ί Α F V Ά Ν C P Ι L S Η V Κ
Α S J Μ Χ Ζ S Φ Η Κ Ά Κ Χ R Ν Η G
Π Λ Ε Ο Ν Έ Κ Τ Η Μ Α Τ Q Υ Τ C P
```

ΣΥΝΉΘΕΙΣ
ΓΩΝΊΑ
ΧΡΏΜΑΤΑ
ΠΊΕΣΗ
ΠΑΡΆ
ΑΠΟΔΏΣΕΙ
ΑΓΌΡΙ
ΓΑΛΟΠΟΎΛΑΣ
ΔΙΑΧΕΊΡΙΣΗ
ΦΆΛΑΙΝΑ
ΈΛΚΗΘΡΟ
ΗΛΙΈΛΑΙΟ
ΟΙΚΟΓΈΝΕΙΑ
ΠΑΣΧΑΛΊΤΣΑ
ΠΛΕΟΝΈΚΤΗΜΑ
ΤΡΊΤΗ
ΣΚΟΡΆΡΕΙ
ΤΥΧΑΊΑ
ΚΑΛΉ
ΑΠΕΛΠΙΣΜΈΝΟΙ

Puzzle 338

ΠΡΟΤΙΜΟΎΝ
ΠΟΛΙΤΙΚΉ
ΠΟΛΊΤΗ
ΘΕΊΟΣ
ΕΝΤΟΠΙΣΜΌ
ΓΛΏΣΣΑ
ΜΟΝΑΧΙΚΌ
ΜΠΆΝΙΟ
ΑΠΟΜΟΝΩΜΈΝΕΣ
ΣΦΆΛΜΑΤΟΣ
ΕΞΑΙΡΟΎΝ
ΈΔΡΑ
ΚΑΡΦΊ
ΚΥΒΕΡΝΉΤΗΣ
ΈΞΙ
ΚΥΡΊΑΡΧΗ
ΠΟΝΤΊΚΙ
ΠΡΌΓΟΝΟ
ΕΝΤΟΠΊΣΕΙ
ΌΦΕΛΟΣ

```
D Ι Ε Σ Ί Π Ο Τ Ν Ε Β C F D Q Ι Θ
Κ Ν Τ L Ι Β Ρ F Ύ Α G U Υ D Ι Q Ε
Ε Υ Γ Λ Ώ Σ Σ Α Ο Ι Ν Ά Π Μ Κ J Ί
Π Υ Β Β Κ Ε Μ Ό Μ Σ Ι Π Ο Τ Ν Ε Ο
Ρ Η Ε Ε Κ L L J Ι Ο Κ Σ Ο W Η F Σ
Ό Υ Η Π Ρ F S Η Τ Λ Ί Φ Ρ Λ J Η Η
Γ L G F Ο Ν Α V Ο Ε Τ Ά Υ Μ Ί Ν Ζ
Ο Υ Η Q S Λ Ή Η Ρ Φ Ν Λ C Ο F Τ D
Ν Β Χ Μ G Χ Ι Τ Π Ό Ο Μ Q Ν D V Η
Ο Ε Ρ Ζ Ο D V Τ Η C Π Α Υ Α Ρ Δ Έ
Ε Ξ Α Ι Ρ Ο Ύ Ν Ι Σ Χ Τ V Χ Α Κ Q
Τ Ζ Ί Υ G G J Μ Υ Κ Μ Ο L Ι F Α Ο
Υ Ρ Ρ Έ Ξ Ι Β Β Q U Ή Σ J Κ L Ρ R
Ε Ρ Υ C G L R C Κ Α Α V R Ό Q Φ J
G F Κ Α Π Ο Μ Ο Ν Ω Μ Έ Ν Ε Σ Ί V
```

Puzzle 339

```
M G V W Z W S Y C T X W A E E P K
Κ Π Ε Τ Σ Ώ Ν Α Γ Ρ Ο Κ Γ Κ Λ Κ Ι
S Y A B A M Π Ί Ρ O D G A T K T N
U Q B Λ G W G G P Φ S R Π Έ Y L H
U G Z X Ό B A I V Ί T K H Λ Σ W M
N O N A L N M D Q M P N M E T S A
Φ U J I O O I Ρ Ό Ω N F Έ Σ I P T
Z Θ T P Q C G A Π N K M N H K C O
J L H Ά N Ί Ε Ρ O Π M Π O J Ή Σ Γ
I A T N O T Φ Έ K Σ S Q Ό H M Ά P
I M X Ρ Ή C N S Σ L T C Z Δ D B Ά
E H S Y Σ Y M Π Ύ K N Ω M A I B Φ
A Δ W O K J E K H Θ N Ά Θ Σ I A O
V Έ K Π I C D I Q C T O M Ή Σ T Y
B N L B B Q H W W K H A R K S O W
```

ΤΟΜΉΣ
ΤΡΟΦΊΜΩΝ
ΜΗΔΈΝ
ΑΓΑΠΗΜΈΝΟ
ΑΙΣΘΆΝΘΗΚΕ
ΜΠΑΛΌΝΙΑ
ΒΑΜΠΊΡ
ΦΘΗΝΉ
ΣΥΜΠΎΚΝΩΜΑ
ΜΠΟΡΕΊ
ΣΆΒΒΑΤΟ
ΣΚΟΠΌ
ΕΚΤΈΛΕΣΗ
ΠΌΔΙ
ΌΡΙΟ
ΠΟΥΡΝΆΡΙΑ
ΣΚΈΦΤΟΝΤΑΙ
ΚΙΝΗΜΑΤΟΓΡΆΦΟΥ
ΕΛΚΥΣΤΙΚΉ
ΟΡΓΑΝΏΣΤΕ

Puzzle 340

ΕΒΔΟΜΆΔΑ
ΠΡΟΣ
ΑΝΑΤΟΛΙΚΆ
ΜΊΛΗΣΕ
ΘΈΣΗ
ΔΆΚΡΥ
ΓΡΆΦΗΜΑ
ΞΌΡΚΙ
ΚΟΡΆΚΙ
ΑΥΞΉΘΗΚΕ
ΚΆΛΥΨΗΣ
ΕΓΚΑΤΑΣΤΆΘΗΚΑΝ
ΑΝΕΜΏΝΗ
ΠΙΟ
ΈΘΙΜΟ
ΑΓΟΡΆ
ΓΑΛΟΠΟΎΛΑ
ΠΡΟΣΕΚΤΙΚΟΊ
ΣΠΑΘΊ
ΣΥΝΈΛΕΥΣΗ

```
H Σ Y E Λ Έ N Y Σ Y Έ Π F D R T M
W L E B K X N N K F I Θ P B P Π Ί
A P D Δ A Y Ξ Ή Θ H K E I O J P Λ
G B G O M P Γ J O E Ά Q K M Σ O H
Σ L Q M H K N A X S P L R O O Σ Σ
Π Y D Ά Φ Ά A Z Λ I O V Ό O H E E
A U X Δ Ά Δ V E J O K E Ξ O F K H
Θ E M A P Q C W Z T Π C P F Z T O
Ί W Z V Γ C Θ V G Y P O A G H I A
A Γ O P Ά U Έ Z H I N K Ύ U M K N
X K G T G V Σ H Ψ Y Λ Ά K Λ M O E
C D G X Π T H Q O T Y X A C A Ί M
O X Ά K I Λ O T A N A P Q G Y F Ώ
V C P R O F S U T C D P G P G J N
E Γ K A T A Σ T Ά Θ H K A N E U H
```

Puzzle 341

```
O D Q I A B T L Π Χ R Q Γ G R B K
D J F W G J Y J A O H T P V W Q O
E L V Q U X W G Π I J Y Ή Z Q P Γ
I H B W Z O G D A P L D Γ Ά Q M I
E H B Π Ά Π I A Γ I E H O J K V Ό
L J W I Q A W J Ά N V V P U K P T
Ά Δ E I A Σ F F Λ O Q T H B Χ Q H
Σ H P Ω T Ή Σ Ω O Ύ K U O H Ή Q N
T Y Σ Ό M Θ A T Σ H E E P N N P U
C C N O E E Ί B A Σ I Λ I Ά A G M
Z K V Ό D E Ξ K I A K P I B Ή Q T
L H O G Λ K A T H T Ό N E W W P N
V W C A Σ O N Y Θ Ύ E Π Y L W G U
A M A M Ά Σ Y S V B A K O Q W O Q
E Π Ί Θ E Σ H K O Λ Ύ M B H Σ H Σ
```

XOIPINOΎ
KOΓΪOT
BAΣIΛIΆ
ΓPΉΓOPH
ΠΆΠIA
PΩTΉΣΩ
TON
ENΌTHTA
ΆKPH
ΣTAΘMΌΣ
AΞΊAΣ
ΠAΠAΓΆΛOΣ
YΠEΎΘYNOΣ
XΉNA
EΠΊΘEΣH
ΣYNΌΛOY
AKPIBΉ
KOΛΎMBHΣHΣ
MAMΆ
ΆΔEIAΣ

Puzzle 342

ΠEI
ΘΈMA
ΔHMΌΣIΩN
ENEPΓΌΣ
METAΦOPΆ
IKANΌTHTA
ΎΠNO
ΔΈNTPO
AΠEIKONΊZOYN
MΈTPIA
ENΔIAΊTHMA
AΞIOΛΌΓHΣH
KATHΓOPOΎN
ΠEΊΣEI
ΠPIN
TETAMΈNH
ΔΈKA
ΘEPMΌTEPOΣ
ΠPΩTAPXIKΌ
ΣOYT

```
I K K B C F Σ I Ά P O Φ A T E M V
K E A M H T Ί A I Δ N E Ξ P Y F I
A A T Δ V J X U I A V A I E Π O H
N C H H K Z Ύ V U C K T O Z U K Σ
Ό T Γ M P E Π X I V A F Λ U B X V
T N O Ό X N N Σ O P E T Ό M P E Θ
H R P Σ K E O Θ Έ M A P Γ Π I N
T G O I E I E Σ Ί E Π F H T S H I
A R Ύ Ω D K X Y G K L P Σ E K Y H
G F N N A L N P Z P F F H T E O L
Δ Έ N T P O X H A K F D S A P E A
E N E P Γ Ό Σ H W T F F K M Δ C Z
J Q H L O P G M D D Ω T E Έ Έ Q M
M Έ T P I A C D C R M P Q N K W E
A Π E I K O N Ί Z O Y N Π H A H X
```

Puzzle 343

I	Σ	Ή	X	O	I	P	E	Π	K	I	B	Ά	N	Y	O	K
Q	Ώ	T	K	O	X	A	C	U	Ό	I	E	T	O	L	P	
B	W	A	Ί	P	K	Γ	Y	Δ	Λ	Δ	Έ	N	T	P	A	
X	Z	N	P	Z	Q	S	M	Q	B	O	Ί	E	Σ	Y	O	M
K	A	Ί	Θ	Y	O	Λ	O	K	A	P	P	I	K	G	M	P
Q	A	P	F	Δ	E	S	O	C	Y	J	A	I	A	K	H	Ά
O	D	N	A	G	Ί	T	H	H	N	S	Y	Q	M	V	P	Φ
N	A	Q	O	K	S	Π	P	E	S	P	T	E	N	H	Έ	Z
M	M	H	P	N	T	Y	Λ	P	V	Ώ	Ί	X	Ί	N	C	N
P	T	K	M	S	I	Ή	W	Ω	L	P	F	D	I	Z	M	T
P	P	M	B	K	K	Σ	P	G	M	A	F	B	K	C	Q	Z
C	J	S	R	U	D	S	M	A	Z	A	K	X	H	K	F	L
V	G	Z	E	Q	N	Z	N	O	Σ	K	Ά	Θ	E	E	B	I
D	U	N	D	W	H	S	H	Ξ	Ύ	A	H	O	I	N	I	V
T	U	B	M	L	N	W	U	T	F	R	E	W	Y	Ό	O	Z

ΜΟΥΣΕΊΟ
ΚΑΝΟΝΙΣΜΟΎ
ΟΚΤΏ
ΓΚΡΊΖΑ
ΚΟΥΝΆΒΙ
ΣΚΑΜΝΊ
ΔΈΝΤΡΑ
ΚΕΝΌ
ΡΟΛΌΙ
ΈΡΗΜΟ
ΠΕΡΙΟΧΉΣ
ΧΑΡΑΚΤΉΡΑΣ
ΦΆΡΜΑ
ΔΊΠΛΩΜΑ
ΉΤΑΝ
ΚΆΘΕ
ΑΚΟΛΟΥΘΊΑ
ΑΥΤΊ
ΑΎΞΗΣΗ
ΏΡΑ

Puzzle 344

ΓΕΝΝΉΘΗΚΕ
ΜΈΛΟΣ
ΠΑΙΔΊ
ΕΝΔΙΑΦΈΡΟΝ
ΚΟΛΈΓΙΟ
ΤΑ
ΛΑΓΟΥΔΆΚΙ
ΜΆΓΙΣΣΑ
ΚΑΟΥΜΠΌΗ
ΕΞΈΤΑΣΗΣ
ΨΈΜΑ
ΣΌΔΑ
ΣΥΝΘΉΚΗ
ΔΎΣΚΟΛΟ
ΤΡΕΙΣ
ΥΠΟΔΟΧΉΣ
ΤΟΥ
ΓΕΡΆΚΙ
ΥΨΌΜΕΤΡΟ
ΆΛΛΟΣ

G	M	D	F	K	Y	Ί	Δ	I	A	Π	S	E	Y	R	Y	M
R	B	T	O	S	Q	I	Ύ	Q	W	M	N	Ξ	A	K	L	Γ
S	K	O	T	I	B	H	Σ	O	Λ	Λ	Ά	Έ	A	A	D	E
W	V	P	I	V	A	P	K	K	V	H	T	T	T	T	B	P
Ψ	V	T	P	C	D	I	O	Ή	B	Z	C	A	Δ	Ό	Σ	Ά
C	Έ	E	S	L	T	U	Λ	R	Θ	O	Y	Σ	K	Q	Q	K
Y	E	M	L	N	F	X	O	F	W	N	P	H	O	S	F	I
A	K	Ό	A	M	Ά	Γ	I	Σ	Σ	A	Y	Σ	Λ	K	F	Y
U	H	Ψ	H	R	J	W	U	Q	F	S	Z	Z	Έ	A	B	Π
B	Θ	Y	U	C	W	C	F	X	W	X	R	O	Γ	O	C	O
V	Ή	I	N	Q	R	X	G	S	I	U	B	Λ	I	Y	T	Δ
E	N	Δ	I	A	Φ	Έ	P	O	N	W	X	Έ	O	M	P	O
E	N	C	L	U	U	H	K	X	T	Z	J	M	L	Π	E	X
L	E	V	I	U	J	V	I	D	O	A	T	O	Y	Ό	I	Ή
R	Γ	Λ	A	Γ	O	Y	Δ	Ά	K	I	M	I	V	H	Σ	Σ

Puzzle 345

```
A T H T Ό I O Π Y A Y L P L R Z Σ
Ί X F H H Σ H T Ή Z A N A H K A I
Γ Λ Y H X W Y L M D Ί A K H W L Ω
O A G P O G Z U R T P O O C O S Π
Λ Γ L Y Ώ C X P N Ύ O Θ H M I M Ή
O Ό F W J N E H Ω P T Q Ψ C Δ G T
N Σ N I J E A N N S Σ B M Z Ά J W
X K A K Q N V M Y E I E Ά F T Ό Έ
E L Z J O O V A Δ Ά M O L O Σ Σ Ξ
T Y S E Q X D T N B E Π Ή X O Y A
L F J Σ H Σ H K Ί O I Δ O O A P Λ
I E B Ά Λ A T A K J Z T A P E X Λ
E L Π T Q L D L I X U T D T I V O
I Y U T J U S Z Π G H J L B Q K Σ
C Q F C Ά A Q Ί E Λ X O N E N J Ό
```

ΕΠΙΚΊΝΔΥΝΩΝ
ΚΑΤΑΛΆΒΕΙ
ΜΙΜΗΘΟΎΝ
ΠΟΙΌΤΗΤΑ
ΙΣΤΟΡΊΑ
ΣΤΆΔΙΟ
ΕΝΟΧΛΕΊ
ΕΠΤΆ
ΑΝΑΖΉΤΗΣΗ
ΛΆΜΨΗ
ΕΜΠΟΡΙΚΌ
ΑΧΥΡΏΝΑ
ΟΜΆΔΑ
ΤΕΧΝΟΛΟΓΊΑ
ΔΙΟΊΚΗΣΗΣ
ΉΧΟΥ
ΈΞΑΛΛΟΣ
ΧΡΥΣΌ
ΣΙΩΠΉ
ΛΑΓΌΣ

Puzzle 346

ΈΤΟΥΣ
ΈΣΠΑΣΕ
ΤΡΏΝΕ
ΕΚΠΑΊΔΕΥΣΗ
ΑΠΟΣΠΆΣΕΙ
ΕΦΕΎΡΕΙ
ΠΆΝΤΑ
ΚΟΥΖΊΝΑ
ΠΛΑΝΉΤΕΣ
ΠΌΔΙΑ
ΚΌΣΜΟ
ΕΜΦΑΝΙΣΤΕΊ
ΜΉΝΑ
ΠΟΛΛΆ
ΥΠΆΛΛΗΛΟ
ΑΠΑΣΧΟΛΟΎΝ
ΔΊΔΑΞΕ
ΣΧΕΔΌΝ
ΘΕΤΙΚΌ
ΠΛΆΝΟ

```
K O O H E M Z A H Z G J I Y Z G B
Q O M Σ Ό K Z Π A Y J C F T J V W
V Q Y E U X I O J A R N T J W J Y
S Π B Z F O W Σ E T Ή N A Λ P K N
P O S E Ί O L Π I N O H A Δ J Ί V
X Λ N J Q N E Ά Q Ά V Σ L Ί M E A
P Λ H Ά T I A Σ Y Π G Y C Δ R T Z
Q Ά B Z Λ F N E Π K Ό E Σ A Π Σ Έ
Έ T O Y Σ Π J I Ά F K Δ Y Ξ Z I F
E Φ E Ύ P E I L A A I Ί I E U N R
N Ό Δ E X S D Y Λ T A M A S A U
Ώ B F U B V U F H W E Π K X M Φ T
P I X Y K P K Y Λ G Θ K Y S V M F
T B A V Q P J V O P Y E F P W E E
Α Π Α Σ Χ Ο Λ Ο Ύ N M Ή N A E R Q
```

Puzzle 347

```
Σ  Β  Ό  Λ  Τ  Α  S  K  C  R  P  I  S  M  A  Σ  Δ
O  H  Σ  K  I  Ά  Z  V  J  V  E  F  I  X  A  Υ  P
P  W  M  M  A  I  E  Θ  Ή  N  Y  Σ  F  V  C  Λ  A
I  T  E  A  V  B  V  D  P  B  E  A  Q  Y  T  Λ  Σ
O  P  Y  K  N  Ά  Έ  Δ  E  I  Ξ  E  F  T  H  O  T
X  Z  T  Γ  H  T  B  A  Σ  Ί  Λ  I  Σ  Σ  A  Γ  H
Ό  N  Y  F  Y  I  Π  Π  W  V  J  Y  X  Q  Ή  P
Z  E  X  Λ  Π  O  Φ  K  A  P  Y  Φ  Έ  Γ  Z  Π  I
T  P  Έ  T  P  K  O  Y  Ή  P  O  M  O  T  Ά  P  Ό
N  Ό  Σ  R  Ό  J  P  W  O  I  Ά  Ό  X  I  J  Ό  T
A  W  U  E  Σ  D  H  L  V  Y  E  Γ  Δ  K  C  T  H
K  O  A  P  Φ  P  T  A  P  H  J  Z  P  O  T  Y  T
Σ  U  X  F  A  E  Έ  W  D  N  Q  T  K  A  Y  Π  A
K  S  X  J  T  L  Σ  F  C  B  K  A  K  T  Φ  O  M
O  K  S  I  A  B  I  G  G  Z  Y  O  O  Y  P  O  A
```

NEPΌ
EYTYXΈΣ
ΠPΌTYΠO
ΠPOΌΔOY
ΦOPHTΈΣ
ΓΈΦYPA
ΔPAΣTHPIΌTHTA
BΌΛTA
BAΣΊΛIΣΣA
ΈΔEIΞE
ΠAPΆΓPAΦO
ΣYΛΛOΓΉ
ΛΎΓKA
ΣHMANTIKΉ
ΣYNΉΘEIA
KOYTΆBI
ΣKIΆ
ΣKANTZΌXOIPOΣ
ΆTOMO
ΠPΌΣΦATA

Puzzle 348

ΔHMOKPATIKΉ
ΣYΓKPΊNETE
ENTΆΞEI
AΠΌΛYTH
ΔPOΣEPΌ
ΣKYΛΊ
ΦYTIKΆ
OMΠPΈΛAΣ
AKΌMA
ΔΌNTIA
NTOYΣ
TΎXH
ΈΛΛEIΨH
KΌMMATA
ΔEΊΠNO
AΓΓAPEΊA
AΣTΈPIA
ΦANTAΣΊAΣ
KOYPAΣMΈNOΣ
XΈPI

```
V  W  T  M  Δ  Φ  A  N  T  A  Σ  Ί  A  Σ  T  R  G
J  U  M  C  T  Ό  X  S  A  O  G  T  F  E  Z  T  O
K  J  U  G  Σ  O  N  Έ  M  Σ  A  P  Y  O  K  H  E
Ό  S  D  I  Σ  Y  O  T  N  A  V  N  Q  N  H  J  Q
M  X  D  R  Q  Δ  Γ  Ή  I  A  Σ  T  Έ  P  I  A  R
M  Έ  X  P  T  P  N  K  L  A  Ί  E  P  A  Γ  Γ  A
A  P  B  C  A  O  E  I  P  O  M  Π  P  Έ  Λ  A  Σ
T  I  E  C  H  Σ  B  T  H  Ί  Έ  Λ  E  I  Ψ  H
A  K  R  N  K  E  T  A  C  O  N  Π  Ί  E  Δ  Q  T
R  E  C  Y  Σ  P  Ύ  P  Φ  K  C  E  M  H  X  C  Y
A  C  M  I  K  Ό  X  K  Y  C  R  T  T  A  S  V  Λ
C  K  P  C  Y  E  H  O  T  V  S  F  O  E  G  W  Ό
S  D  Ό  T  Λ  P  Z  M  I  E  Ξ  Ά  T  N  E  A  Π
T  N  U  M  Ί  D  J  H  K  O  V  D  B  C  P  Y  A
Z  P  R  Q  A  U  P  Δ  Ά  Z  B  O  Z  G  F  E  O
```

Puzzle 349

```
V Ά W R B G A Q J Q B X M L Y N R
C Λ W T X B G I D V Ή N I E Π A T
H Λ A M Σ A P Έ Π M Y Σ X A E I X
E O H X O T T Ή K I Π O P T P G K
Δ O K I M A Σ Ί A A R Q D S Ή E H
A Π O Θ Ή K E Y Σ H N F E A Φ I T
K Ά T A Γ M A Σ O P Y E I X A Δ K
R U Y Ί N C A K N Ή O T Λ E N I P
M M S K V T J A Έ Λ N A Ό H O Ω E
B L M I T Z Y Π M Π X R Σ T I T M
K P S Λ F C E Ά Ω X Ί Σ O Ψ Ύ I M
Y D A H C C J N M F E F Π J K K Ύ
B G E Δ J G H Y N Δ P X Ί H Ό Δ
R W W T I H U Z Θ Z B N V X T Y I
O H O I Q Ά S J D U Y A K M V I O
```

ΑΠΟΘΉΚΕΥΣΗ
ΚΡΕΜΜΎΔΙ
ΒΡΑΔΙΆ
ΈΚΑΝΕ
ΚΆΤΑΓΜΑ
ΙΔΙΩΤΙΚΌ
ΣΚΑΠΆΝΗ
ΆΛΛΟ
ΣΠΊΤΙ
ΤΡΟΠΙΚΉ
ΥΠΕΡΉΦΑΝΟΙ
ΗΛΙΚΊΑ
ΔΟΚΙΜΑΣΊΑ
ΘΥΜΩΜΈΝΟΣ
ΔΕΙΛΌΣ
ΤΑΠΕΙΝΉ
ΠΛΉΡΗ
ΔΕΊΧΝΟΥΝ
ΣΥΜΠΈΡΑΣΜΑ
ΎΨΟΣ

Puzzle 350

ΕΚΑΤΟΝΤΆΔΕΣ
ΚΑΤΆ
ΛΆΣΟ
ΑΝΑΜΟΝΉ
ΜΠΛΟΎΖΑ
ΠΑΊΖΟΥΝ
ΕΝΙΑΊΟ
ΜΥΣΤΉΡΙΟ
ΕΠΙΤΥΧΗΜΈΝΗ
ΈΓΚΛΗΜΑ
ΑΝΏΤΕΡΟΣ
ΚΟΥΔΟΎΝΙ
ΑΣΤΥΝΟΜΙΚΌΣ
ΤΖΊΝΤΖΕΡ
ΝΤΟΥΛΆΠΑ
ΑΠΌΨΕ
ΑΝΑΓΝΩΡΊΣΤΕ
ΕΠΙΠΤΏΣΕΙΣ
ΔΙΆΣΗΜΗ
ΜΙΛΉΣΩ

```
H A I L A Z K E P I H L O B K D Έ
I Δ Σ D I C A N W N W G T S A W Γ
D M I T S D T I Ύ D I A W A F K
G Z A Ά Y X Ά A Σ O P E T Ώ N A Λ
Q E N B Σ N S Ί W Δ Z T K B W L H
O K D W P H O O B Y B Ί L G M I M
A Π Ό Ψ E O M M H O L D A C O M A
F K Y B Z D H H I K F G S Π M Y A
Σ E Δ Ά T N O T A K E S S A Π Σ N
E D S L N W R P Y X Ό Z Y E Λ T A
V S O P Ί M I Λ Ή Σ O Σ C W O Ή M
Λ Ά Σ O Z N T O Y Λ Ά Π A C Ύ P O
X Q H E T Σ Ί P Ω N Γ A N A Z I N
E Π I Π T Ώ Σ E I Σ N A D U A O Ή
I E Π I T Y X H M Έ N H G F W E J
```

Puzzle 351

```
J R C R W Q A N T I K E Í M E N O
E Q J V E Y A Λ A I M Ó I C V Q M
H D K C J Q T P Q I Σ Z V W Z Q Π
K O Y N O Y Π Ι Ώ N O Π C X J G I
I I Q T K Y X X N W C Y Á Z D A Z
V M G X Γ E Ή A B J B G H N E Ή É
V Γ A M Ó V Σ N J Y K S P I I X Λ
Z N E Ï Q D Y Δ E Ý T E P O Σ O I
T L S Ý M F X B A Σ I Λ I K Ή P A
Y T O K M O O Z R V E J R Y X B I
Π X T G C A Ý E Λ Λ E I Π T I K Ή
I J Í O D Λ O Y Λ O Ý Δ I A M Ή B
K L Γ O I K O N O M I K Ή Σ C Z N
Ó A Ý O T Λ Y O K D N H O S V T
G A H Σ A T Σ Ó Π A O J D I R W E
```

ΑΝΤΙΚΕΊΜΕΝΟ
ΚΟΥΛΤΟΎΡΑ
ΒΑΣΙΛΙΚΉ
ΒΉΜΑ
ΟΙΚΟΝΟΜΙΚΉΣ
ΒΡΟΧΉ
ΜΠΙΖΈΛΙΑ
ΛΑΙΜΌ
ΚΟΥΝΟΥΠΙΏΝ
ΑΠΌΣΤΑΣΗ
ΤΊΓΡΗ
ΔΕΎΤΕΡΟΣ
ΤΥΠΙΚΌ
ΓΕΎΜΑ
ΌΓΚΟ
ΜΑΪΜΟΎ
ΕΛΛΕΙΠΤΙΚΉ
ΣΠΆΝΙΟ
ΛΟΥΛΟΎΔΙΑ
ΉΣΥΧΟ

Puzzle 352

ΣΥΜΠΑΓΉ
ΚΆΘΟΜΑΙ
ΜΠΛΕ
ΠΑΡΑΠΆΝΩ
ΚΑΛΛΙΤΈΧΝΗ
ΓΕΊΤΟΝΑ
ΓΚΌΜΕΝΑ
ΜΑΘΗΤΉ
ΜΌΝΟ
ΤΈΛΕΙΑ
ΕΥΓΕΝΉ
ΠΡΟΣΕΚΤΙΚΆ
ΒΑΘΙΆ
ΑΠΌΦΑΣΗ
ΤΟΛΜΗΡΉ
ΣΚΟΤΆΔΙ
ΦΎΓΕΙ
ΑΥΤΌΜΑΤΗ
ΆΝΕΜΟ
ΑΓΓΟΎΡΙ

```
Q K X S S H Π K A I E Λ É T G T S
K I E H D U P Y Z Π N U K F B O E
P E Y A N V O N Ó M Ó L F E A Λ T
D A I E V B Σ G K C O Φ X G P M S
V B P D Y I E Γ Ύ Φ G N A X L H L
P F Ύ H O U K H G W K E G Σ F P E
D N O A Ω T T T T E M N Ί Z H Ή D
E Y Γ E N Ή I A M O Θ Ά K T M H I
O F Γ E Ά Γ K M N M I Δ Ά T O K Σ
M R A N Π A Ό R E H P I O U N W
G H Z O A Π I T R N M I R C L F A
V H J T P M Θ Y B Ά Π Ό J L H C Y
Z Z O C A Y A A K S Λ T K N X O E
L Z X X Π Σ B F O L E M E Γ P F C
A K A Λ Λ I T É X N H M A Θ H T Ή
```

Puzzle 353

```
Ρ  Α  Ν  Ό  Η  Τ  Ο  Σ  Χ  Ο  Λ  Ι  Κ  Ή  Κ  F  N
S  W  T  A  A  B  K  O  C  Q  Y  F  Z  M  A  C  G
Χ  Ρ  Ο  Ν  Ο  Δ  Ι  Ά  Γ  Ρ  Α  Μ  Μ  Α  Λ  Α  Ρ
L  O  E  Ώ  G  W  E  A  I  B  E  L  I  Ύ  Π  B
G  G  Θ  Γ  O  F  Σ  Q  R  V  Y  X  F  T  T  A  C
Ι  Ή  Φ  Α  Π  E  Ύ  Z  H  F  U  I  H  K  E  I  K
B  T  Z  Z  Y  K  Λ  Z  R  S  O  R  W  S  P  T  E
Y  I  H  N  Έ  M  I  P  K  E  K  Γ  Y  Σ  O  O  Φ
K  N  A  Γ  Ή  Π  Ά  Π  O  Δ  Ή  Λ  A  T  O  Ύ  Ά
Δ  Ί  G  Σ  B  J  S  Σ  Q  T  W  K  L  Q  O  N  Λ
Ό  I  N  L  Ύ  D  Ό  K  I  T  A  M  E  Θ  O  Π  A
N  N  A  H  A  N  W  J  A  A  E  X  I  H  H  E  I
T  G  Y  Y  Σ  H  H  M  Ή  N  M  G  A  N  U  W  O
I  H  P  P  O  H  A  E  I  Σ  A  Γ  Ω  Γ  I  K  Ά
Σ  Α  B  B  A  T  O  K  Ύ  P  I  A  K  O  L  W  Y
```

ΚΊΝΗΣΗ
ΑΓΏΝΑ
ΛΎΣΕΙ
ΔΌΝΤΙ
ΘΑΥΜΆΣΙΑ
ΕΠΑΦΉ
ΣΧΟΛΙΚΉ
ΣΥΓΚΕΚΡΙΜΈΝΗ
ΑΠΟΘΕΜΑΤΙΚΌ
ΑΠΑΙΤΟΎΝ
ΕΙΣΑΓΩΓΙΚΆ
ΠΟΔΉΛΑΤΟ
ΣΑΒΒΑΤΟΚΎΡΙΑΚΟ
ΠΉΓΑΝ
ΒΙΑΣΎΝΗ
ΧΡΟΝΟΔΙΆΓΡΑΜΜΑ
ΜΝΉΜΗ
ΚΕΦΆΛΑΙΟ
ΚΑΛΎΤΕΡΟ
ΑΝΌΗΤΟ

Puzzle 354

ΓΕΛΟΊΑ
ΣΟΎΠΑ
ΟΙ
ΔΕΙΛΆ
ΣΑΦΏΣ
ΠΡΟΣΩΠΙΚΌ
ΥΠΟΨΉΦΙΟΣ
ΔΙΕΘΝΉ
ΕΠΙΣΤΉΜΗ
ΑΙΜΟΡΡΑΓΊΑ
ΣΎΓΚΡΟΥΣΗ
ΝΌΜΙΣΜΑ
ΕΘΕΛΟΝΤΙΚΉ
ΚΑΘΑΡΉ
ΠΑΙΧΝΊΔΙ
ΤΑΙΡΙΆΖΕΙ
ΚΆΣΤΑΝΑ
ΒΡΟΧΉΣ
ΑΝΑΠΝΕΎΣΕΙ
ΜΆΘΗΜΑ

```
K  Α  Ί  Ο  Λ  E  Γ  B  Π  J  Δ  O  U  E  M  V  H
H  Ί  K  W  Y  L  W  O  U  A  T  E  Σ  A  Φ  Ώ  Σ
N  Γ  H  X  X  Z  A  K  D  N  I  O  I  R  A  Y  Y
M  A  M  H  Θ  Ά  M  H  M  Ό  E  X  Ή  Λ  H  Z  Π
Π  Ρ  Ο  Σ  Ω  Π  Ι  Κ  Ό  M  Z  R  P  N  L  Ά  B  O
N  P  U  K  J  O  B  F  I  I  Ά  D  Θ  Ί  M  V  Ψ
U  O  E  N  P  Q  J  A  N  Σ  I  B  E  I  Δ  E  Ή
Q  M  M  M  W  V  Z  X  P  M  P  Z  I  W  K  I  Φ
M  I  G  Y  C  X  J  W  U  A  I  S  Δ  G  R  W  I
G  A  U  Z  S  W  Y  Σ  Y  C  A  K  T  I  E  Y  O
X  R  B  P  O  X  Ή  Σ  O  G  T  F  K  O  N  Z  Σ
E  Π  I  Σ  T  Ή  M  H  J  Ύ  K  Ά  S  T  A  N  A
A  N  A  Π  N  E  Ύ  Σ  E  I  P  R  G  Q  N  L  R
E  Θ  E  Λ  O  N  T  I  K  Ή  P  A  Θ  A  K  Q  H
Σ  Ύ  Γ  K  P  O  Υ  Σ  H  P  Y  Z  Q  G  C  V  G
```

Puzzle 355

```
E C X J B S K M Π P A Γ Ύ M C O I
Y Ξ T O G G C C A C O I A N H Y Q
Ψ Q Y U P G E W P I R Z T T V T O
H B Z Π L M Q Z Ά M P L D Ϊ Y L Q
Λ E T L N R Y Y Ξ U U Σ F K A H H
Ή C X V C Ό O N E M Ύ O Γ H O P Π
Σ U J T O E T M N H U T K X Q Σ Φ
M I E Σ Ώ Δ K E A C V H Ό Ά J Y O
E M V D Q Z D X P A V Ό Σ Σ X N B
E Y X Ά P I Σ T H A Z N T O T Ά Ά
Ά Θ Λ I A M E P Ό Φ V A O Y O N T
O I K O N O M I K Ώ N Δ Σ N E T A
N C Q M R X A Λ A P Ώ Σ E T E H I
E Π H P E Ά Z O Y N U F W L R Σ L
Q B L V Y K A X L E L Y R F T H N
```

ΕΞΥΠΝΌΤΕΡΑ
ΑΙΤΊΑ
ΦΌΡΕΜΑ
ΆΘΛΙΑ
ΣΥΝΆΝΤΗΣΗ
POZ
ΕΚΔΏΣΕΙ
ΝΑΙ
ΥΨΗΛΉΣ
ΑΝΌΗΤΟΣ
ΠΑΡΆΞΕΝΑ
ΧΆΣΟΥΝ
ΟΙΚΟΝΟΜΙΚΏΝ
ΚΌΣΤΟΣ
ΜΎΓΑ
ΠΡΟΗΓΟΎΜΕΝΟ
ΕΠΗΡΕΆΖΟΥΝ
ΕΥΧΆΡΙΣΤΗ
ΦΟΒΆΤΑΙ
ΧΑΛΑΡΏΣΕΤΕ

Puzzle 356

ΜΗΤΡΙΚΉ
ΜΑΧΑΊΡΙ
ΟΡΘΟΓΡΑΦΊΑ
ΑΠΟΣΤΑΛΕΊ
ΙΑΤΡΙΚΉ
ΤΡΎΠΑ
ΠΊΣΤΗΣ
ΣΤΡΑΤΙΩΤΙΚΉ
ΜΕΤΑΞΈΝΙΑ
ΕΊΧΕ
ΣΗΜΕΊΟ
ΑΠΌΛΑΥΣΗ
ΧΑΡΑΚΤΉΡΑ
ΤΡΈΝΟ
ΤΡΆΠΕΖΑ
ΒΑΡΎΤΗΤΑΣ
ΦΆΣΜΑ
ΧΌΚΕΪ
ΕΤΥΜΗΓΟΡΊΑ
ΧΎΝΕΤΑΙ

```
Σ T P A T I Ω T I K Ή Y N H Z I U
M M E T A Ξ Έ N I A A E B Σ J P R
T H A Π O Σ T A Λ E Ί M A Y P C J
T P T O P W T B Q Π C U C A I U I
J N Έ P E N M U T Ϊ C A N Λ I M X
Y A I N I N T Y Y Σ H Ϊ Y Ό D U G
A Ϊ C G O K C W X T T P Ά Π E Z A
M Φ W N S R Ή K T H Z O C A X M P
Σ A T H T Ύ P A B Σ Y Γ O V Ϊ I Ή
Ά P X I A T P I K Ή H H F G E D T
Φ Γ Z A X Ύ N E T A I M U S C T K
J O W D Ϊ X Ό K E Ϊ A Y V E O P A
H Θ C H J P X W F Z Q T U M E Ύ P
I P K G Z K I M P V P E Z Z G Π A
I O Ϊ E M H Σ D U N R O R O O A X
```

Puzzle 357

A	E	P	O	Π	Ά	N	O	O	Σ	G	F	O	P	N	M
K	A	T	A	Σ	K	E	Y	Ή	C	H	Ύ	J	Z	O	Ό	E
I	R	I	P	X	M	Ό	O	S	H	C	O	N	W	Ί	T	Ί
J	K	E	Y	I	O	M	Y	Θ	Ό	P	Π	H	O	E	I	Γ
U	D	D	Ί	E	T	Σ	I	N	A	Φ	A	Ξ	E	P	O	M
A	N	T	I	Σ	T	A	Θ	E	Ί	W	J	Ψ	J	O	A	A
Γ	K	Ά	Γ	P	Y	O	T	I	E	Λ	Y	S	Φ	H	G
K	P	Q	E	O	S	Δ	B	L	E	B	L	X	L	Ω	X	T
W	X	Ύ	J	Z	Z	N	O	K	Z	G	E	P	T	E	A	P
V	A	P	Λ	H	H	Y	D	F	D	Ω	Y	Ό	Ύ	Λ	P	Έ
I	X	W	Q	I	F	Σ	D	C	C	N	N	Σ	Π	W	O	Ξ
V	Y	N	Y	O	Σ	Ώ	I	B	I	Π	E	T	O	G	Ύ	E
K	A	K	Ό	D	N	M	W	Y	G	U	W	J	A	U	M	I
Z	M	C	L	K	A	X	A	H	O	V	H	F	T	N	E	N
O	G	R	F	X	W	E	K	Θ	E	Σ	I	A	K	Ό	Ή	B

KAKΌ
ΣΎΝΟΡΑ
ΠΡΌΘΥΜΟΙ
ΤΎΠΟ
ΧΑΡΟΎΜΕ
ΑΝΤΙΣΤΑΘΕΊ
ΝΌΤΙΟ
ΣΥΝΔΥΑΣΜΌ
ΕΞΑΦΑΝΙΣΤΕΊ
ΓΡΎΛΙΣΜΑ
ΜΕΊΓΜΑ
ΚΑΤΑΣΚΕΥΉ
ΛΕΩΦΟΡΕΊΟ
ΑΕΡΟΠΛΆΝΟ
ΛΕΙΤΟΥΡΓΊΑ
ΨΥΧΡΌΣ
ΕΠΙΒΙΏΣΟΥΝ
ΖΩΝΤΑΝΉ
ΤΡΈΞΕΙ
ΕΚΘΕΣΙΑΚΌ

Puzzle 358

ΟΜΟΛΟΓΊΑ
ΠΡΩΙΝΌ
ΔΩΡΕΆΝ
ΚΑΘΑΡΌ
ΣΥΓΓΡΑΦΈΑΣ
ΨΆΡΙΑ
ΘΕΩΡΊΑ
ΒΆΡΚΑ
ΠΟΣΌΤΗΤΑ
ΔΉΛΩΣΗ
ΑΝΤΊΘΕΣΗ
ΓΟΓΓΎΛΙΑ
ΑΝΉΚΟΥΝ
ΠΡΌΚΛΗΣΗ
ΣΗΜΕΙΩΜΑΤΆΡΙΟ
ΠΑΛΤΌ
ΜΠΑΛΚΌΝΙ
ΚΛΟΥΒΊ
ΑΠΟΔΊΔΟΥΝ
ΙΔΙΟΚΤΉΤΗ

Σ	H	M	E	I	Ω	M	A	T	Ά	P	I	O	T	A	Π	N
V	X	I	W	Ό	N	I	Ω	P	Π	A	H	S	U	N	A	A
Y	B	B	T	I	Ά	Y	Z	Y	P	W	I	S	W	T	Λ	Σ
Y	U	D	H	W	E	Γ	O	Γ	Γ	Ύ	Λ	I	A	Ί	T	Y
P	O	M	A	H	P	I	W	D	W	I	J	M	I	Θ	Ό	Γ
V	P	D	E	Z	Ω	T	Δ	B	Ί	M	P	N	P	E	O	Γ
S	M	T	S	L	Δ	R	A	I	Q	Δ	X	D	Ά	Σ	D	P
K	O	M	O	Λ	O	Γ	Ί	A	O	F	O	O	Ψ	H	Ή	A
D	Λ	Π	O	Σ	Ό	T	H	T	A	K	Σ	Π	E	I	Λ	Φ
Z	Q	O	B	Ά	P	K	A	F	F	K	T	Z	A	N	Ω	Έ
D	Z	N	Y	O	K	H	N	A	S	E	S	Ή	D	W	Σ	A
I	O	U	H	B	M	Π	A	Λ	K	Ό	N	I	T	W	H	Σ
B	T	I	W	A	Ί	P	Ω	E	Θ	E	V	S	M	H	J	Q
K	A	Θ	A	P	Ό	B	A	Π	P	Ό	K	Λ	H	Σ	H	L
V	K	C	V	J	I	E	T	Y	P	T	S	M	I	N	A	V

Puzzle 359

```
Σ  Δ  Ι  Α  Τ  Η  Ρ  Ο  Ύ  Ν  D  T  E  Σ  Σ  Α  Π
Έ  Φ  Τ  Q  Ά  Κ  Ζ  Φ  Q  U  E  L  W  Z  Υ  Ν  E
Σ  Κ  Ά  G  T  P  R  Ο  Φ  P  Έ  Σ  Κ  Α  Ν  Α  Ρ
Ι  Υ  Π  Λ  Ε  Ύ  C  Ρ  Α  Θ  Υ  Η  Ζ  Ρ  Α  Κ  Ι
D  S  M  Λ  M  O  Ι  T  N  E  O  N  N  Ι  Ι  Α  O
D  E  Κ  B  H  Α  G  H  T  Ρ  Ζ  Ρ  Χ  Α  Σ  T  Δ
Κ  Ζ  O  B  O  Ξ  Χ  Γ  Ί  M  B  D  W  Γ  Θ  E  Ι
O  Z  C  B  X  Ύ  Η  Ό  Κ  Ι  J  V  N  Έ  Η  Ύ  Κ
Ρ  Α  D  C  W  Q  Λ  N  E  Κ  W  L  Κ  M  M  O  Ό
M  L  Q  E  G  N  U  Ι  Σ  Ή  F  N  E  W  Α  Υ  Z
Ό  Α  S  Q  Ι  Α  T  N  O  Χ  Σ  Ό  Π  Υ  T  M  Κ
Π  Ε  Ρ  Ι  Σ  T  Α  T  Ι  Κ  Ό  B  V  Κ  Ι  E  Z
Z  Ω  Γ  Ρ  Α  Φ  Ί  Z  E  Ι  Α  R  Κ  E  Κ  R  Α
M  Α  Λ  Λ  Ί  C  B  Ι  Κ  Ι  B  Α  O  D  Ή  Q  H
Σ  Υ  Ν  E  Ρ  Γ  Ά  Z  O  Ν  T  Α  Ι  W  X  J  E
```

ΠΕΡΙΟΔΙΚΌ
ΘΕΡΜΙΚΉ
ΑΝΤΊΚΕΣ
ΔΙΑΤΗΡΟΎΝ
ΣΥΜΒΟΎΛΙΟ
ΚΡΎΟ
ΣΥΝΕΡΓΆΖΟΝΤΑΙ
ΑΝΑΚΑΤΕΎΟΥΜΕ
ΦΟΡΤΗΓΟ
ΖΩΓΡΑΦΊΖΕΙ
ΜΑΛΛΊ
ΠΕΡΙΣΤΑΤΙΚΌ
ΜΈΓΑΙΡΑ
ΣΦΆΛΜΑ
ΜΕΤΆ
ΦΡΈΣΚΑ
ΣΥΝΑΙΣΘΗΜΑΤΙΚΉ
ΥΠΌΣΧΟΝΤΑΙ
ΈΚΠΛΗΞΗ
ΚΟΡΜΌ

Puzzle 360

ΘΎΜΑ
ΠΑΝΤΕΛΌΝΙΑ
ΤΡΈΧΟΥΣΑ
ΑΝΑΝΆ
ΛΑΜΒΆΝΟΝΤΑΣ
ΕΛΙΚΌΠΤΕΡΟ
ΧΆΣΕΙ
ΑΚΡΙΒΏΣ
ΔΙΑΒΆΣΤΕ
ΦΑΣΌΛΙΑ
ΧΆΡΗ
ΕΛΆΦΙΑ
ΒΙΤΑΜΊΝΕΣ
ΆΝΘΙΣΗ
ΑΓΝΟΟΎΜΕ
ΩΡΑΊΑ
ΕΥΧΑΡΙΣΤΉΣΟΥΝ
ΕΜΠΙΣΤΟΣΎΝΗ
ΜΙΚΡΌ
ΑΛΆΤΙ

```
Λ  Α  M  B  Ά  N  O  N  T  Α  Σ  Α  E  Δ  Α  U  F
R  F  L  M  Z  L  O  T  B  W  Z  Λ  Λ  Ι  N  Υ  E
B  Ι  T  Α  M  Ί  N  E  Σ  W  O  Ά  Ά  Α  Α  N  Λ
D  W  L  Κ  B  X  Α  T  N  M  Q  T  Φ  B  N  H  Ι
E  M  Π  Ι  Σ  T  O  Σ  Ύ  N  H  Ι  Ι  Ά  Α  W  Κ
Ι  M  X  S  E  G  X  Q  X  X  V  Α  Α  Σ  Κ  L  Ό
T  W  O  Ά  F  Σ  C  Α  Ι  N  Ό  Λ  E  T  N  Α  Π
H  X  J  C  Ρ  T  Ά  V  T  G  S  H  R  E  M  T  T
X  Z  Ι  E  R  H  L  X  Α  Κ  Ρ  Ι  B  Ώ  Σ  P  E
O  E  T  Α  Ό  H  F  Ρ  P  Ι  V  B  Υ  Ι  Α  Έ  P
E  Υ  Χ  Α  Ρ  Ι  Σ  T  Ή  Σ  O  Υ  N  B  Ί  X  O
L  N  L  M  Κ  F  S  Ι  Φ  Α  Σ  Ό  Λ  Ι  Α  O  Υ
U  O  Q  Ύ  Ι  Z  Z  F  Θ  J  F  L  X  Α  Ρ  Υ  B
H  C  L  Θ  M  Α  B  J  G  N  R  S  M  Κ  Ω  Σ  Z
Α  Γ  N  O  O  Ύ  M  E  R  H  Ά  Κ  G  G  Υ  Α  M
```

Puzzle 361

```
A T A K T O Π O I H M É N A Q X Π
W I E Σ Í N O N A K U A A X S A E
K B X Δ H M O Σ Í E Y Σ H Ý H G P
E A J M M H V K J J D N R O I K I
F H Λ Σ H Σ Ω P Ή Λ Π I P P L Z Σ
V Z G Á Ή P E M O P T E Π A D O Σ
J Z H U Θ Y Ó X G F Σ Ψ Σ Λ A Φ Ó
A T D O V I I A E C Ή É Y T Ó Ω T
D S G M H N R P N K Γ T Λ O S T E
E Δ E M É N H T Í C Y Σ Λ B F E P
A V D H O P L Í T C Φ H Á I R I A
E Π I K O I N Ω N Í A Λ B H R N C
S U C V T F C I A X I C E B M Ó Q
K A T A N O H T Ó H Δ N I R M V Y
R Π P O Σ Π Á Θ E I A X N Z F W O
```

ΧΑΡΤΊ
ΣΥΛΛΆΒΕΙ
ΠΡΟΣΠΆΘΕΙΑ
ΠΛΉΡΩΣΗΣ
ΤΡΟΜΕΡΉ
ΚΑΤΑΝΟΗΤΌ
ΚΑΝΟΝΊΣΕΙ
ΤΑΚΤΟΠΟΙΗΜΈΝΑ
ΑΙΧΜΗΡΌ
ΔΕΜΈΝΗ
ΕΠΙΚΟΙΝΩΝΊΑ
ΔΙΑΦΥΓΉΣ
ΛΗΣΤΈΨΕΙ
ΑΝΤΊ
ΡΟΎΧΑ
ΔΙΠΛΌ
ΔΗΜΟΣΊΕΥΣΗ
ΦΩΤΕΙΝΌ
ΠΕΡΙΣΣΌΤΕΡΑ
ΚΑΛΆΘΙ

Puzzle 362

ΑΛΛΆ
ΦΡΆΣΗ
ΛΕΠΤΟΜΈΡΕΙΕΣ
ΤΑΞΊΔΙ
ΠΉΡΕ
ΚΟΥΚΟΥΒΆΓΙΑ
ΓΚΑΖΌΝ
ΚΎΡΙΟΣ
ΟΜΟΙΟΚΑΤΑΛΗΞΊΑ
ΣΥΖΗΤΉΣΟΥΝ
ΠΑΤΆΤΑΣ
ΚΑΡΦΊΤΣΑ
ΚΑΜΠΆΝΑ
ΠΕΙΝΑΣΜΈΝΟΙ
ΚΑΘΉΚΟΝ
ΔΙΕΥΘΥΝΤΉΣ
ΉΛΙΟ
ΔΟΝΤΙΏΝ
ΑΣΦΑΛΕΊΑΣ
ΣΕΙΡΆ

```
Σ D O M K Φ E K R W Z Y C Z Π Λ C
V Y R N G P X A N Ά Π M A K E E P
Σ K Z B X Ά Q Θ F Π F O Σ K I Π J
H E V H J Σ A Ή R A N Z T N N T F
R R I P T H I K O T S L Ί D A O H
H V A P L Ή P O Q Ά X N Φ Λ Σ M Σ
L C N J Ά H Σ N W T U Ώ P H M É Ή
Π Ή P E Λ P D O O A C I A H É P T
P V D I Λ O G Z Y Σ C T K M N E N
F E B X A G O I V N G N A T O I Y
K Ύ P I O Σ D G C X A O V E Ξ I E Θ
K V A Σ Φ A Λ E Ί A Σ D V A Ί Σ Y
Γ K A Z Ό N Z O X Ή Λ I O B Z Δ E
O M O I O K A T A Λ Λ H Ξ Ί A R Z I
X D K O Y K O Y B Ά Γ I A A A K X Δ
```

Puzzle 363

```
V M K Q I A I M M C Σ Έ Φ A Σ T A
C P F C D Λ O Π L Y Γ B Z J Έ N
P G Ό X G Y M Λ Z H M H W V A Λ O
E Ί O Λ M Σ L O Q W Π Σ F G Y O I
E K Ξ Y O Ί H K C L Ό G N F F Σ X
C N L T P Δ Σ T I I N Ω N Έ Ξ E T
B N H I E A Ά M Ό D I Γ Ή N Y K Ή
T M H I N P T Q T P A L G J I N P
W P A L E Έ Σ M Z Z Γ T C T I O I
O G Σ D G I P J Y X L A B Q L U C
T X M T W Γ T P O Π O Π O Ί H Σ H
K Ό K O P A M O Σ X O K Ά P Y Δ O
E D C L T Σ T X B H J T A Z E Σ T
G M O P E T Ό I Σ Y O Λ Π M W W K
A Π O Λ A M B Ά N O Y N K B V Z A
```

ΣΤΆΣΗ
ΣΑΦΈΣ
ΣΥΜΦΩΝΙΑ
ΠΛΟΥΣΙΌΤΕΡΟ
ΚΌΚΟΡΑ
ΑΣ
ΓΗΣ
ΡΊΞΤΕ
ΑΛΥΣΊΔΑ
ΑΠΟΛΑΜΒΆΝΟΥΝ
ΤΈΛΟΣ
ΑΝΟΙΧΤΉΡΙ
ΞΈΝΩΝ
ΤΣΑΓΙΈΡΑ
ΤΡΟΠΟΠΟΊΗΣΗ
ΜΠΛΟΚ
ΡΌΛΟ
ΚΥΝΉΓΙ
ΜΟΣΧΟΚΆΡΥΔΟ
ΑΓΡΌΤΗΣ

Puzzle 364

ΕΞΑΦΑΝΊΖΟΝΤΑΙ
ΑΡΧΉ
ΕΝΈΡΓΕΙΑΣ
ΑΝΑΜΟΝΉΣ
ΔΙΑΔΙΚΑΣΊΑ
ΆΚΑΜΠΤΗ
ΑΥΤΟΚΊΝΗΤΟ
ΚΛΉΣΗ
ΦΩΤΟΓΡΑΦΊΑ
ΕΣΩΤΕΡΙΚΉ
ΦΟΡΆ
ΚΆΡΔΑΜΟ
ΣΕΛΗΝΙΑΚΌ
ΛΊΚΝΟ
ΛΈΣΧΗ
ΦΟΡΈΣ
ΧΑΜΌΓΕΛΟ
ΤΖΆΚΙ
ΕΞΑΙΡΕΤΙΚΌ
ΚΡΈΑΣ

```
Φ E G E I Σ Z M T M X T Z Ά K I I
Ω Ξ X Σ A Έ P K K U Z A U Z V I K
T A N Ω X P Q K K S L C N N J L E
O I T T A O K S D Q L C O N R Q J
Γ P A E M Φ Λ H B C W V Q O M Y I
P E N P Ό G Ή A Y T O K Ί N H T O
A T A I Γ T Σ Q Z W N P N J X G Y
Φ I M K E N H X S Q K Φ B W Σ K I
Ί K O Ή Λ X T G U Ή Ί S O X Έ H C
A Ό N J O Q Π P H X Λ W Z P Λ X M
W M Ή Z N O M A Δ P Ά K Q P Ά M B
D L Σ R V J A Ί Σ A K I Δ A I Δ I
L U Z G F P K E N Έ P Γ E I A Σ R
N N V J W M Ά Σ E Λ H N I A K Ό Y
X C J Z E Ξ A Φ A N Ί Z O N T A I
```

Puzzle 365

```
K Π W A L L T K K J C G V V Z Π Φ
A P R H Π Ά Γ A Ί P I E Π M E O O
Θ O E E D Λ I B X E Λ Ώ N A P Δ B
O T H C G Z Ά O B Y P Ό Θ T D I O
P E Π Y K N Ή Ύ N T E I Σ X Ά Ύ
Ί Ί C G B I C P Q A N I D Q F I N
Z N K I L V Y I P I X P Z B K X T
O O D O D S T A T N Ά Ά W W L G A
Y Y X N Y C I N P Ό Φ Γ Λ D H T I
N M E F H T W B Y P Θ G V V W U I
N E Ά G Y J Ί F T X O Y Z O H O F
T C Γ W K A N Έ Λ A N O S S F A X
E V P H F W E Q H C O Φ T Y Y Z C
D T I P O T C U P P A Σ F Y L F Z
I Σ A I E Θ Ά Π Σ O P Π G P U Y Q
```

ΚΑΘΟΡΊΖΟΥΝ
ΣΦΟΥΓΓΑΡΙ
ΕΜΠΕΙΡΊΑ
ΦΟΒΟΎΝΤΑΙ
ΘΌΡΥΒΟ
ΠΥΚΝΉ
ΆΦΘΟΝΟ
ΑΓΆΠΗ
ΠΟΔΙΆ
ΚΑΝΈΛΑ
ΚΑΒΟΎΡΙΑ
ΧΡΌΝΙΑ
ΤΈΝΙΣ
ΠΡΟΣΠΆΘΕΙΑΣ
ΛΆΧΑΝΟ
ΠΡΟΤΕΊΝΟΥΜΕ
ΚΟΥΤΊ
ΆΓΡΙΑ
ΧΕΛΏΝΑ
ΑΠΛΆ

Puzzle 366

ΆΓΧΟΣ
ΠΗΓΉ
ΚΑΤΑΣΚΕΥΉΣ
ΑΔΕΛΦΉ
ΤΡΈΧΕΙ
ΔΈΡΜΑ
ΌΜΟΡΦΗ
ΗΛΙΌΛΟΥΣΤΗ
ΧΉΝΑΣ
ΠΙΆΤΑ
ΙΔΈΑ
ΕΊΔΟΣ
ΣΑΚΆΚΙ
ΚΕΊΜΕΝΟ
ΠΡΌΒΑΤΑ
ΛΕΠΤΌ
ΔΙΆΛΕΙΜΜΑ
ΚΌΤΑ
ΟΜΟΣΠΟΝΔΙΑΚΉ
ΧΑΝΤΆΚΙ

```
J H T Σ Y O Λ Ό I Λ H O Y N Q K F
N D U A T Ά I Π X F M H E I J A Y
A F T K V S X F D Ή K Ό T A L T E
Π W J Ά D Δ L T E J N A C Έ C A O
Δ P P K L Έ E Ί Δ O S A V D O S M
I Z Ό I W P I O E N K V Σ I Ή K O
Ά S S B V M L Y E E B S L J Φ E Σ
Λ U C M A A J D A M Ό T Π E Λ Y Π
E J L H Y T D F G Ί I M Σ O E Ή O
I J E W V O A Q Y E A I O D Σ N
M Q H A V A H H Q K T U X P A J Δ
M Π H Γ Ή J F V W Z C X Γ L Φ S I
A M L M W O A F X A N T Ά K I H A
T P Έ X E I W X S V B D F N S J K
Q H Q W O M N F A Y B Z P O B P Ή
```

Puzzle 367

V	K	P	N	Φ	K	K	X	N	Y	O	Ύ	X	Σ	I	R	X
C	Y	L	A	Ύ	A	Ύ	B	Y	F	C	S	G	A	U	Z	F
Δ	E	D	Z	Λ	L	W	P	Ό	K	O	E	T	X	Λ	C	A
V	I	U	K	Λ	H	E	J	I	Σ	T	Ό	M	A	I	Ί	L
T	E	K	J	O	Ξ	F	V	O	O	Ξ	E	X	N	Ά	M	E
M	N	C	A	I	Y	U	P	Λ	T	E	Ί	N	O	Y	N	Γ
A	X	J	Z	Σ	E	Q	R	Φ	Z	A	P	I	Θ	M	Ό	E
I	Ά	Σ	T	Ύ	T	X	P	G	Ή	L	O	Y	A	G	I	Ω
Y	Ψ	Ω	E	O	N	Ή	N	X	T	K	A	M	Ή	Λ	A	Γ
A	G	Φ	E	Λ	Έ	U	Σ	X	H	I	Y	J	G	W	Z	P
I	M	J	B	Π	N	V	O	U	M	Ά	Σ	K	O	Π	O	A
T	H	L	C	G	Y	O	Z	Q	A	L	H	E	I	K	K	Φ
A	H	O	B	O	Σ	K	G	L	Q	S	H	Q	Π	S	G	Ί
D	B	O	Y	L	U	E	K	G	L	X	Z	Q	Ά	U	H	A
X	Q	E	V	L	Z	B	X	H	N	K	H	J	Σ	C	P	D

ΑΡΙΘΜΌ
ΤΕΊΝΟΥΝ
ΦΎΛΛΟ
ΞΕΧΝΆΜΕ
ΣΤΌΜΑ
ΣΥΝΈΝΤΕΥΞΗ
ΦΛΟΙΌ
ΧΑΛΊ
ΠΛΟΎΣΙΟ
ΣΆΠΙΟ
ΦΩΣ
ΆΣΚΟΠΟ
ΚΎΡΙΟ
ΔΙΚΑΣΤΉΣ
ΚΑΜΉΛΑ
ΓΕΩΓΡΑΦΊΑ
ΙΣΧΎΟΥΝ
ΖΉΤΗΜΑ
ΤΣΆΙ
ΨΆΧΝΕΙ

Puzzle 368

ΕΚΤΊΜΗΣΗ
ΜΈΘΟΔΟΣ
ΓΈΝΝΗΣΗ
ΓΕΙΑ
ΕΛΈΦΑΝΤΑ
ΠΡΟΓΡΆΜΜΑΤΟΣ
ΕΜΦΆΝΙΣΗ
ΈΝΑ
ΣΤΡΑΤΗΓΙΚΉ
ΣΕ
ΑΦΡΆΤΑ
ΕΙΚΟΝΙΚΌ
ΕΠΙΔΙΏΚΟΥΝ
ΦΩΝΉ
ΟΥΣΙΑΣΤΙΚΌ
ΕΚΔΉΛΩΣΗ
ΣΥΝΟΛΙΚΌ
ΠΟΛΎΤΙΜΟ
ΠΑΛΙΆ
ΕΝΝΈΑ

E	P	N	L	Q	Π	F	U	O	F	P	E	E	S	F	B	M
H	M	J	Q	M	A	F	N	P	C	C	J	B	T	Y	F	Έ
B	A	Φ	P	I	Λ	I	C	G	F	M	J	R	M	X	C	Θ
Z	A	D	Ά	T	I	U	B	B	V	B	L	M	U	O	N	O
L	Ή	N	Ό	N	Ά	B	P	A	Γ	Έ	N	N	H	Σ	H	Δ
E	K	Y	K	M	I	V	J	I	Φ	Έ	N	A	E	O	Σ	O
P	I	O	I	W	J	Σ	C	E	U	P	C	W	H	V	Ω	Σ
E	Γ	K	Λ	T	Q	N	H	Γ	C	C	Ά	G	H	Y	Λ	X
K	H	Ώ	O	Ή	D	G	Z	Σ	D	V	O	T	O	T	Ή	U
T	T	I	N	N	L	T	E	E	Q	N	X	L	A	K	Δ	G
Ί	A	Δ	Y	Ω	I	E	Λ	Έ	Φ	A	N	T	A	J	K	R
M	P	I	Σ	Φ	G	K	E	N	N	Έ	A	Z	Y	U	E	P
H	T	Π	S	D	B	K	Ό	K	I	T	Σ	A	I	Σ	Y	O
Σ	Σ	E	Π	P	O	Γ	P	Ά	M	M	A	T	O	Σ	I	V
H	Π	O	Λ	Ύ	T	I	M	O	I	N	Y	G	Y	P	L	A

Puzzle 369

Ρ	Τ	Ί	Π	L	V	K	H	G	Φ	Q	R	R	D	S	Z	A
E	Ψ	U	E	G	J	L	U	E	Ί	G	S	A	S	S	F	K
U	H	Q	P	T	S	U	Q	S	Δ	P	X	J	E	N	E	T
A	Φ	A	I	P	Y	G	K	D	I	Q	S	E	O	U	Ξ	I
Y	O	Ί	Γ	A	D	E	M	O	Λ	Ύ	B	Δ	O	Y	Y	N
M	Φ	Σ	P	Π	M	R	P	Δ	E	Ξ	I	Ά	K	C	Π	Ί
A	O	Θ	Ά	A	L	N	Ω	T	N	Ό	Ϊ	O	P	Π	H	Δ
Φ	P	H	Ψ	Ό	T	Σ	Ω	N	Γ	W	T	T	S	P	I	
Ή	Ί	Σ	E	O	D	E	N	P	X	A	P	Ώ	Δ	W	E	O
N	A	H	I	P	A	K	C	B	K	U	P	T	I	T	V	
O	O	T	C	E	B	I	O	D	E	L	W	N	F	I	O	Z
N	H	N	M	Ύ	M	L	U	Ή	P	E	B	I	Λ	Θ	Ύ	W
T	K	T	V	O	F	U	R	T	Ά	L	S	D	N	T	N	D
A	V	W	J	Y	I	V	L	E	Σ	Έ	K	I	T	Y	Δ	Z
Σ	T	Q	Ή	N	A	K	I	C	I	Ί	P	I	Δ	A	Σ	S

ΠΡΟΪΌΝΤΩΝ
ΜΟΛΎΒΔΟΥ
ΘΛΙΒΕΡΉ
ΤΟ
ΠΕΡΙΓΡΆΨΕΙ
ΑΊΣΘΗΣΗ
ΔΕΞΙΆ
ΑΠΑΓΟΡΕΎΟΥΝ
ΕΞΥΠΗΡΕΤΟΎΝ
ΚΕΡΆΣΙ
ΨΗΦΟΦΟΡΊΑ
ΔΏΡΑ
ΔΥΤΙΚΈΣ
ΑΦΉΝΟΝΤΑΣ
ΊΡΙΔΑΣ
ΓΝΩΣΤΟ
ΑΚΤΙΝΊΔΙΟ
ΦΊΔΙ
ΠΑΝΤΡΕΥΤΕΊ
ΙΚΑΝΉ

Puzzle 370

ΛΕΟΠΆΡΔΑΛΗ
ΠΛΆΤΟΣ
ΒΛΈΠΟΝΤΑΣ
ΉΞΕΡΕ
ΠΡΆΞΗ
ΕΞΗΓΉΣΕΙ
ΓΆΝΤΙΑ
ΔΆΧΤΥΛΌ
ΠΟΛΎΧΡΩΜΟ
ΛΑΒΉ
ΑΤΜΌ
ΜΆΓΕΙΡΑΣ
ΠΏΣ
ΕΚΚΛΗΣΊΑ
ΑΦΑΊΡΕΣΗ
ΜΠΡΟΣΤΆ
ΆΡΘΡΟ
ΣΥΓΚΡΟΎΟΝΤΑΙ
ΚΑΣΚΌΛ
ΚΌΜΠΟΣ

C	O	C	Q	I	E	Ή	Γ	H	Ξ	E	Π	K	J	X	R
Π	Ρ	Ά	Ξ	H	P	I	F	Ξ	C	W	L	Ό	X	Y	S
K	Θ	M	U	Σ	Λ	K	F	E	E	Y	K	Ά	M	H	N O
A	P	P	N	E	V	A	K	H	J	R	B	T	Π	H	T D
H	Ά	A	N	P	F	N	B	O	H	U	E	O	O	Q	W I
D	L	G	C	Ί	U	P	U	Ή	Π	Ώ	Σ	Σ	Σ	E	S I
W	I	H	Λ	A	Δ	P	Ά	Π	O	E	Λ	R	Z	U	J R
P	C	V	Q	Φ	E	K	K	Λ	H	Σ	Ί	A	Y	G	F U
W	Z	R	I	A	T	N	O	Ύ	O	P	K	Γ	Y	Σ	K C
A	T	M	Ό	K	Γ	Ά	N	T	I	A	N	W	R	R	M B
O	I	M	T	Σ	A	T	N	O	Π	Έ	Λ	B	H	D	B V
K	S	W	G	S	E	Σ	A	P	I	E	Γ	Ά	M	Q	F O
B	S	E	E	B	I	X	K	M	Π	P	O	Σ	T	Ά	P C
U	P	V	A	Q	Z	N	T	Ό	Λ	Y	T	X	Ά	Δ	V J
C	I	O	O	M	Ω	P	X	Ύ	Λ	O	Π	N	W	L	U C

Puzzle 371

```
Z C O Z K C H U P Y Ό Λ O N Ύ Σ X
N Ω N Έ M O Δ E Δ S K Ί P L S K H
D V Ή Ί W R A Y O Ί A Λ A Φ E K O
N Y E N O X Λ Ή Σ E I Y T M N N A
A V Σ A Z Σ I T Ά P I O Ό M A Z N
Π Z Έ Π I K Έ H G C I Π R U Ί Z R
O X K K T V T P K W Q K A A T E Ί
Φ R I Z Ά K I T E P I A Ξ E E I X
Ύ A T Ά M O T N X X N B A X A Σ P
Γ G N Y M Γ P M X E O L A L K A E
E E A U O O E B Z C E P S E E Γ C
T Q M K K Λ Z L I O B B M Δ Ά T
E F H C L Ά B O S H Y X P Z W Γ F
F V Σ G M Δ Ί K H X X V J J W E U
Y V N Q A P P J N R Z C J C M I H
```

ΒΡΟΧΕΡΈΣ
ΔΕΚΑΕΤΊΑ
ΆΛΟΓΟ
ΠΟΥΛΊ
ΕΞΑΙΡΕΤΙΚΆ
ΠΑΝΊ
ΕΝΟΧΛΉΣΕΙ
ΑΠΟΦΎΓΕΤΕ
ΚΟΜΜΆΤΙ
ΣΎΝΟΛΟ
ΣΙΤΆΡΙ
ΕΙΣΑΓΆΓΕΙ
ΝΤΟΜΆΤΑ
ΔΕΔΟΜΈΝΩΝ
ΜΑΖΊ
ΣΗΜΑΝΤΙΚΈΣ
ΖΩΉ
ΚΕΦΑΛΑΊΟΥ
ΔΊΚΗ
ΟΡΑΤΌ

Puzzle 372

ΛΑΜΠΡΉ
ΝΙΚΉΣΕΙ
ΨΗΛΆ
ΆΡΡΩΣΤΟ
ΑΝΌΜΟΙΑ
ΠΡΟΧΩΡΉΣΤΕ
ΣΥΜΦΩΝΊΑΣ
ΔΏΡΟ
ΛΆΜΠΑ
ΈΘΝΟΣ
ΝΌΣΤΙΜΑ
ΠΡΌΛΗΨΗ
ΕΡΓΟΣΤΆΣΙΟ
ΜΥΡΜΉΓΚΙ
ΠΡΆΓΜΑΤΙ
ΣΥΧΝΆ
ΕΞΩΤΕΡΙΚΌΣ
ΕΠΌΜΕΝΟ
ΣΥΝΤΟΜΟΓΡΑΦΊΑ
ΕΠΌΜΕΝΗ

```
Π Z L U V R X Π O N W R I T H U Λ
Σ P W A Ί Φ A P Γ O M O T N Y Σ A
O Y O Q E J P Ό Δ Ώ P O A Q E Ό M
N Z X X T H K Λ Q W N U M Ά P K Π
Θ U D N Ω F K H T S Ό Q Γ P Γ I P
Έ O H Q Ά P H Ψ N D S H Ά P O P Ή
N R A D M F Ή H B P T F P Ω Σ E X
E Π Ό M E N H Σ I Q I W Π Σ T T A
N I K Ή Σ E I H T R M B D T Ά Ω Y
M Y P M Ή Γ K I X E A C K O Σ Ξ H
L X B R F Σ A Ί N Ω Φ M Y Σ I E P
Z W V L J M Π B H H E Q S F O X H
B C V E Π Ό M E N O A N Ό M O I A
P G P P R E O Ά Λ H Ψ G E C K P F K
O V Z G A N Λ F N O G K U Z I E X
```

Puzzle 373

```
P Z R O U V D Q A N Ώ Φ Υ T N A Π
P E Ξ I P Έ X Y O Π S F P Y W Ύ Ά
D Σ A P Σ E N I K Ό E Λ A Λ Ξ P
Ή T H Γ H Φ A P I V K I B U Ό H K
Ή Ό T Y J J D Q M N A I Λ B Φ Σ O
K Y Q B Λ P Z E G D C A N Ή O H M
I A P Ά Φ I Y N Z U Π Γ Ώ E G Σ Λ
N M M X A J T T B J P E I M Γ R D
H G T Π I C E F N A O Λ Λ Y G Y C
P A K Λ Ί Ό P A M A Σ Ά Y Σ K B E
I R Y H V N L K O W Φ Δ Φ T F Z Q
E A S F X A A B X V O A A Ή Y N V
Υ Π N H Λ Ί A A I T P Z T P Y N E
L Π H Γ Ή Σ B L P H Ά C Σ I U T O
G S R W C C N F V U I C Y A N P L
```

ΛΌΦΟ
ΑΎΞΗΣΗΣ
ΌΡΑΜΑ
ΑΓΕΛΆΔΑ
ΠΗΓΉΣ
ΖΕΣΤΌ
ΑΡΣΕΝΙΚΌ
ΕΥΓΕΝΙΚΌ
ΣΤΑΦΥΛΙΏΝ
ΤΥΦΏΝΑ
ΕΙΡΗΝΙΚΉ
ΜΥΣΤΉΡΙΑ
ΚΑΜΠΊΝΑ
ΈΡΙΞΕ
ΑΠΕΙΛΉ
ΡΆΦΙ
ΠΆΡΚΟ
ΑΦΉΓΗΤΉ
ΥΠΝΗΛΊΑ
ΠΡΟΣΦΟΡΆ

Puzzle 374

ΣΥΝΉΘΩΣ
ΓΑΤΆΚΙ
ΤΎΜΠΑΝΟ
ΟΥΣΊΑΣ
ΡΑΔΙΌΦΩΝΟ
ΣΟΦΊΑΣ
ΣΆΝΤΟΥΙΤΣ
ΠΙΘΑΝΌ
ΒΡΏΜΙΚΟ
ΧΟΡΌ
ΤΑΥΤΌΤΗΤΑΣ
ΤΕΤΆΡΤΗ
ΕΛΕΥΘΕΡΊΑΣ
ΑΥΓΆ
ΆΛΛΕΣ
ΟΡΓΆΝΩΣΗ
ΚΑΙ
ΓΚΡΙ
ΓΕΓΟΝΌΣ
ΜΗΤΈΡΑ

```
E T Σ A T L O N Ω Φ Ό I Δ A P G M
Λ E Y O A Z N G U R W Π W K Y K X
E T N B Y Σ A Ί Φ O Σ N I P K Γ J
Υ Ά Ή G T T Π M E N K A I Θ Q G Ά
Θ P Θ J Ό I M Y H Q K A U A A Q W
E T Ω Z T Ύ K W T W E S K O N Z
P H Σ H H O T T D U Έ K C N E D Ό
Ί J Z T T T O K I M Ώ P B G H O U
A B H W A N D Y I K Ά T A Γ M U B
Σ Z W A Σ Ά O B X U Z R E E G X C
E P N N A Σ W W R R Q C T Γ C I B
Λ Σ K O Ί O P Γ Ά N Ω Σ H O L A V
Λ Z B U Σ O B Z C G O Z B N C B Q
Ά R L U Y I G C U C K W D Ό Y F A
U K L G O D X O P Ό K X A Σ V Z L
```

Puzzle 375

```
Τ  Ε  Λ  Ε  Υ  Τ  Α  Ί  Α  V  K  G  X  U  B  Y  F
M  G  F  D  K  K  J  O  I  J  L  P  O  Y  I  Y  O
K  Α  Μ  Η  Λ  Ο  Π  Ά  Ρ  Δ  Α  Λ  Η  Σ  Ί  I  Μ
Ε  Μ  Χ  W  K  Ε  K  K  Ι  Ε  Σ  Ώ  Ρ  Ε  Ι  Φ  Α
Π  Η  V  Y  B  Α  O  D  V  K  F  U  L  Ε  Ι  Ι  Α
Ε  Σ  Δ  Η  Μ  K  V  Τ  G  Η  G  J  D  Μ  W  Λ  C
Ξ  Ί  Η  I  J  Ό  Μ  Ρ  B  U  Η  V  Σ  V  Η  I  J
Ε  Π  Ε  Σ  Ά  Ι  K  Σ  Τ  O  U  K  K  Μ  Y  K  F
Ρ  Ε  Ρ  Τ  V  Δ  Σ  Η  Ξ  Υ  Τ  Π  Ά  N  Α  Ό  C
Γ  U  Γ  Ύ  Z  Υ  Ρ  Τ  O  Τ  N  Έ  Λ  Α  Τ  Η  Y
A  R  Α  O  D  Ε  Χ  Ο  Ί  Ε  Α  Ρ  Ε  B  Ο  Λ  Τ
Σ  Ο  Λ  Π  D  Μ  V  Μ  Μ  Ρ  Υ  Q  Σ  Π  Τ  R  W
Ί  Μ  Ε  Α  Ε  Z  Α  Λ  Υ  O  O  V  U  Ά  Η  D  I
Α  J  Ί  Π  B  C  I  B  N  Α  Λ  K  Έ  Ρ  Α  K  Χ
Σ  Y  O  Ρ  K  Ρ  Α  Γ  Ι  Ό  N  I  Α  Α  J  R  U
```

ΕΠΕΞΕΡΓΑΣΊΑΣ
ΚΡΑΓΙΌΝΙΑ
ΠΑΠΟΎΤΣΙ
ΔΙΆΔΡΟΜΟ
ΚΑΜΗΛΟΠΆΡΔΑΛΗ
ΒΟΛΤ
ΠΆΡΑ
ΤΕΛΕΥΤΑΊΑ
ΤΑΛΈΝΤΟ
ΦΙΛΙΚΌ
ΚΑΡΈΚΛΑ
ΚΟΡΊΤΣΙ
ΑΝΆΠΤΥΞΗΣ
ΊΣΗ
ΧΥΜΌ
ΕΠΊΣΗΜΑ
ΣΚΆΛΕΣ
ΕΡΓΑΛΕΊΟ
ΣΤΟ
ΑΦΙΕΡΏΣΕΙ

Puzzle 376

ΞΩΤΙΚΌ
ΧΆΝΟΝΤΑΙ
ΕΥΚΟΛΊΑ
ΜΆΤΙΑ
ΔΥΝΑΤΌΝ
ΠΕΡΊΠΛΟΚΗ
ΕΡΏΤΗΣΗ
ΞΗΡΌ
ΨΆΡΙ
ΦΡΑΓΚΟΣΤΆΦΥΛΟ
ΜΑΛΑΚΌ
ΑΥΛΉ
ΒΟΉΘΕΙΑ
ΕΡΩΔΙΌΣ
ΔΙΑΤΑΡΑΧΉ
ΈΡΧΟΝΤΑΙ
ΚΛΊΣΗ
ΕΥΧΑΡΙΣΤΏ
ΕΠΙΚΊΝΔΥΝΟ
ΕΣΤΙΑΤΌΡΙΟ

```
Μ  Α  Λ  Α  K  Ό  Έ  Δ  I  Α  Τ  Α  Ρ  Α  Χ  Ή  Ε
L  J  S  R  Χ  Ρ  Ρ  Μ  Ο  I  U  Z  C  Τ  D  Ψ  Y
Π  U  Η  K  W  Η  Χ  V  Ά  Α  Ε  Τ  D  Ε  Ε  Ά  K
Δ  Ε  N  W  C  Ξ  Ο  Ο  K  Τ  O  J  Χ  Α  Υ  Ρ  Ο
B  Y  P  S  Α  Τ  N  N  Λ  N  I  Μ  D  Υ  Χ  I  Λ
Ρ  N  N  Ί  Μ  Τ  Τ  Ί  Ο  Ρ  Α  Λ  Α  J  I  Ί
G  Η  G  Α  Π  Q  Α  Δ  Σ  N  Ό  W  K  Ή  Ρ  Χ  Α
B  Ρ  Ο  I  Τ  Λ  I  N  Η  Ά  Τ  Χ  B  Χ  I  Q  Τ
R  U  Μ  Ε  Ο  Ό  Ο  Ί  Η  Χ  Α  I  Τ  V  Σ  V  U
F  Q  Q  Θ  N  Η  N  K  V  R  I  K  L  Y  Τ  Μ  Χ
Ο  Q  L  Ή  Ε  Η  Η  I  Η  N  Τ  U  Y  W  Ώ  V  K
Χ  S  Z  Ο  Ε  Ε  Α  Π  Μ  Η  Σ  Η  Τ  Ό  Ρ  Ε  L
K  W  R  B  U  G  N  Ε  I  S  Ε  F  R  L  S  G  U
Ε  Ρ  Ω  Δ  I  Ό  Σ  Ξ  Ω  Τ  I  K  Ό  G  W  C  C
B  L  Φ  Ρ  Α  Γ  K  Ο  Σ  Τ  Ά  Φ  Υ  Λ  Ο  Η  Α
```

Puzzle 377

```
F Y O I É T Y Γ I Ή R J C Φ Σ A L
H O E L X O Z A T N Ό Δ Γ O Y N Z
T Σ T N O I E Λ Ά B A N A Ύ Γ E R
Ά D E G Y X H R E J D Z Σ Σ K Ξ X
Γ C Σ Θ N O G P P E U C V T P Ά A
P A Έ W Ό Γ K O Y T Ά Λ I A Ό P P
E F Θ V X P Δ E K A Δ I K Ά T T Y
N I Σ I S A Π K J L N K X X H H T
Y K O M C Φ Ά N E T A Ώ V L M T Ί
Σ M P G F Ί P Ό Π A Λ O I F A O Δ
G Q Π F L A M E Γ Ά Λ A T A N G Ω
Φ A Σ O Λ I Ώ N A T O M I K Ή T N
I E Z M U Y L K J W Q S P G N F I
E C C Z R J U V Q Y E S W O F D P
D F X L Q O R K B P P M Q A D Z D
```

ΑΙΏΝΑ
ΣΥΓΚΡΌΤΗΜΑ
ΑΤΟΜΙΚΉ
ΈΧΟΥΝ
ΑΝΕΞΆΡΤΗΤΟ
ΥΓΉ
ΜΕΓΆΛΑ
ΑΝΑΒΆΛΕΙ
ΡΌΠΑΛΟ
ΡΥΤΊΔΩΝ
ΚΟΥΤΆΛΙ
ΠΡΟΣΘΈΣΕΤΕ
ΔΕΚΑΔΙΚΆ
ΠΡΌΘΕΣΗ
ΆΝΕΤΑ
ΦΑΣΟΛΙΏΝ
ΤΟΙΧΟΓΡΑΦΊΑ
ΟΓΔΌΝΤΑ
ΣΥΝΕΡΓΆΤΗ
ΦΟΎΣΤΑ

Puzzle 378

ΧΏΡΟ
ΚΥΡΊΑ
ΣΩΣΤΉ
ΧΌΜΠΙ
ΓΡΑΜΜΉ
ΨΑΛΊΔΙ
ΠΆΓΩΜΑ
ΕΓΧΕΙΡΊΔΙΟ
ΣΑΛΙΓΚΆΡΙ
ΚΟΛΛΆΕΙ
ΜΑΡΓΑΡΊΤΑ
ΜΊΛΙΑ
ΓΡΉΓΟΡΑ
ΜΆΣΚΑ
ΓΥΡΟ
ΠΕΡΙΚΟΠΉ
ΟΝΤΙΣΙΌΝ
ΠΡΟΠΟΝΗΤΉΣ
ΓΙΑΤΊ
ΌΜΩΣ

```
X S U Ή Π O K I P E Π K K W P P M
Q Ό W Z A N Ό M Ω Σ L S I Y D P F
I A M P C T M Γ P Ή Γ O P A P T X
O V F Π I I V Ί N N M R Ά M X Ί Z
U L I L I Σ M Π Λ O U O K Ω M R A
A X M Z W I A P D I T P Γ Γ W J Z
Γ I A T Ί Ό P O B Δ A A I Ά T V F
P Q G U Ψ N Γ Π Z Ί D Σ Λ Π K I C
L X S H A T A O N P M Ω A C L S Z
C V I F Λ B P N Y I Q Σ Σ C S W Z
B P C W Ί D Ί H H E S T S X M E X
L F B H Δ D T T V X M Ή M M A P Γ
Γ Ύ P O I Y A Ή Ό Γ K O Λ Λ Ά E I
M Ά Σ K A A V C Σ C E T I B S A M H
P F L W C F W K X Ώ P O F K T U M
```

Puzzle 379

```
A B X C S G C H E Ξ A X E A X Φ R
Y U F L F O F K C A M Ό Γ Λ P E Q
D Π W F D G Q T Z Φ T I A I Έ Γ J
Π Ί O G N W E T E N I C N E Ω Γ S
V P Λ X K H T Σ I Γ Έ M Y Σ Ά R
K Y A E O R O Z O K J Y A M H P Π
W Φ Θ K P Γ A Λ N Ά E H O Ά D I O
I Σ Έ O T A Ί Σ A P Γ Y S T O E Λ
B U Λ A C I E Z Ί Γ Y Z Z Ω C Σ Y
K A E N F V K Z E T N Έ Π N J Ά Θ
V C I T B U W Ή P I V H D E W Π P
A N T I Π P O Σ Ω Π E Ύ O Y N Σ Ό
O J L Π E T A Λ O Ύ Δ A G N P E N
W Z Δ A Γ K Ώ Σ E I V D W O W Ξ A
Π P Ό Σ Φ A T H K E N T P I K Ή O
```

ΥΠΟΛΟΓΊΖΕΙ
ΞΕΣΠΆΣΕΙ
ΠΕΤΑΛΟΎΔΑ
ΞΑΦΝΙΚΆ
ΚΕΝΤΡΙΚΉ
ΑΝΤΙΠΡΟΣΩΠΕΎΟΥΝ
ΠΟΛΥΘΡΌΝΑ
ΑΛΙΕΥΜΆΤΩΝ
ΥΓΡΑΣΊΑ
ΖΥΓΊΖΕΙ
ΠΈΝΤΕ
ΠΡΑΚΤΙΚΉ
ΜΈΓΙΣΤΗ
ΘΈΛΕΙ
ΓΌΜΑ
ΠΡΌΣΦΑΤΗ
ΔΑΓΚΏΣΕΙ
ΧΡΈΩΣΗ
ΣΦΥΡΊ
ΦΕΓΓΆΡΙ

Puzzle 380

ΦΩΤΙΆ
ΓΥΑΛΙΣΤΕΡΉ
ΑΡΙΘΜΗΤΉ
ΣΉΜΑΤΟΣ
ΑΚΑΤΆΛΛΗΛΗ
ΝΊΚΗ
ΕΝΤΥΠΩΣΙΆΖΟΥΝ
ΣΑΛΆΧΙ
ΜΈΣΟ
ΆΜΕΣΗ
ΑΓΚΆΛΙΑΣΕ
ΠΕΡΊΜΕΤΡΟ
ΕΠΙΛΟΓΉ
ΠΡΌΚΕΙΤΑΙ
ΈΓΚΑΥΜΑ
ΠΡΌΣΩΠΟ
ΑΓΑΠΗΤΈ
ΣΊΔΗΡΟ
ΚΑΓΚΟΥΡΌ
ΨΗΛΌΤΕΡΟ

```
A K A T Ά Λ Λ H Λ H Σ O T A M Ή Σ
A Γ K Ά Λ I A Σ E K K Ί D K D P Y
J Z C V N G B Z I Ί A J Δ F P I G
E Π I Λ O Γ Ή Π M N Γ K C H J V Q
A Γ A Π H T Έ P L G K A N Σ P M W
M I A T I E K Ό P Π O M P E D O M
Y I J Z J L E Σ C T Y P D M O Q X
A E M M F J V Ω P D P I X Ά Λ A Σ
K A A Έ I Z M Π C Y Ό P I Q U M W
Γ V B Σ W Q Y O A P I Θ M H T Ή U
Έ N Y O Z Ά I Σ Ω Π Y T N E I H J
T S B V J V I Γ Y A Λ I Σ T E P Ή
A G N Q O P E T Ό Λ H Ψ Z Z L H B
A X I F N K Y J Ω C T B D Q P K A
Π E P Ί M E T P O Φ H W R G P X R
```

Puzzle 381

```
Π  C  H  X  G  T  Q  R  M  Z  A  K  A  Z  Φ  A  C
Γ  A  D  N  X  Ί  R  K  E  W  L  R  E  K  Ρ  Π  A
Ί  N  P  F  K  E  N  Q  T  A  J  C  V  D  O  O  N
N  Έ  L  A  H  Θ  Q  Y  C  E  V  G  Ρ  Φ  N  T  H
O  P  V  J  K  Y  F  K  F  T  I  N  R  Ί  T  Ύ  Q
N  A  S  N  Y  O  Z  Ί  Ψ  O  N  Y  Σ  Λ  Ί  Π  W
T  T  K  H  Z  Λ  Λ  J  G  K  Q  X  H  O  Δ  Ω  E
A  A  A  L  J  O  U  O  Ά  M  Y  N  A  F  A  Σ  Π
I  U  Γ  G  V  K  H  T  Ύ  X  O  Ρ  E  N  Y  H  I
U  S  H  K  A  A  H  Έ  G  Θ  Λ  A  Ϊ  K  Ά  I  Φ
O  G  B  O  E  Ρ  N  U  K  Σ  H  Σ  Ω  Λ  Ή  Δ  Ά
Ω  P  Έ  T  I  A  Ρ  E  Π  B  Ρ  Σ  O  F  E  Ά  N
R  D  H  Λ  Ύ  Π  M  A  K  V  A  O  A  V  Ί  M  E
Π  Ρ  O  Σ  Ω  Π  I  K  Ά  Z  K  Σ  O  N  Δ  H  I
J  F  Z  V  Z  C  T  L  U  U  C  A  H  A  H  Σ  A
```

ΠΑΡΑΚΟΛΟΎΘΗΣΑΝ
ΦΊΛΟ
ΝΕΡΟΧΎΤΗ
ΣΥΝΟΨΊΖΟΥΝ
ΦΡΟΝΤΊΔΑ
ΣΗΜΆΔΙ
ΆΜΥΝΑ
ΕΠΙΦΆΝΕΙΑ
ΕΊΔΗ
ΠΡΟΣΩΠΙΚΆ
ΓΗ
ΑΡΈΝΑ
ΠΕΡΑΙΤΈΡΩ
ΠΑΡΑΚΟΛΟΥΘΕΊ
ΈΚΒΑΣΗ
ΑΠΟΤΎΠΩΣΗ
ΔΉΛΩΣΗΣ
ΛΑΪΚΆ
ΓΊΝΟΝΤΑΙ
ΚΑΜΠΎΛΗ

Puzzle 382

ΤΥΧΕΡΟΊ
ΓΆΙΔΑΡΟ
ΕΊΣΟΔΟΣ
ΔΊΝΟΥΝ
ΑΔΕΛΦΌ
ΒΑΡΕΘΕΊ
ΠΑΡΈΧΕΙ
ΚΌΛΠΟ
ΕΚΤΟΠΊΣΕΙ
ΑΠΟΔΕΊΞΕΙΣ
ΔΙΑΘΈΣΙΜΗ
ΟΎΤΕ
ΕΚΧΩΡΉΣΕΙ
ΜΈΝΟΥΝ
ΜΈΤΡΟΥ
ΣΥΜΠΕΡΙΦΟΡΆ
ΧΩΡΊΣ
ΑΝΑΘΕΩΡΗΣΗ
ΠΡΟΒΛΈΠΟΥΝ
ΜΎΤΗ

```
U  T  Ό  Φ  Λ  E  Δ  A  T  K  S  Δ  M  S  A  E  Δ
E  H  E  F  A  T  K  J  N  P  F  Ί  Έ  C  N  K  I
Z  Ί  G  Y  S  Ύ  R  T  Y  A  J  N  T  E  A  X  A
B  S  Σ  Ί  B  O  D  R  O  K  U  O  P  Z  Θ  Ω  Θ
K  A  Ί  O  Π  Λ  Ό  K  N  Π  C  Y  O  O  E  Ρ  Έ
G  A  Ρ  Ρ  Δ  N  R  O  Έ  Γ  Ί  N  Y  V  Ώ  Ή  Σ
N  K  Ω  E  N  O  U  O  M  Ά  Y  Σ  E  M  Ρ  Σ  I
I  L  X  X  Θ  N  Σ  E  T  I  Z  Z  E  V  H  E  M
E  U  G  Y  Q  E  A  R  G  Δ  A  H  M  I  Σ  I  H
X  F  V  T  Y  U  Ί  J  E  A  O  H  S  C  H  F  T
Έ  H  N  P  P  U  W  R  G  P  X  Q  F  K  C  T  Ύ
P  L  T  X  Q  W  P  M  C  O  A  O  T  Z  K  C  M
A  Π  O  Δ  E  Ί  Ξ  E  I  Σ  G  Z  W  B  X  U  O
Π  Ρ  O  B  Λ  Έ  Π  O  Y  N  G  Q  A  G  Y  P  U
K  V  Z  Σ  Υ  M  Π  E  Ρ  I  Φ  O  Ρ  Ά  L  V  B
```

Puzzle 383

```
Ώ Z B B K H W R N Π Σ O X W U L D
M P O C A T F X G O Ω Ύ M F B Y N
Έ D E T T G H A M P Σ F N J G F Ω
T I M Σ Ά J F M D E Ί F C T O E Ί
P D P X Π B Q L R Ί H D R F O B E
H X C Y A K N P K A P E Ύ M A M P
Σ K M B Y A E Ύ P H M A R N O F O
H O V B Σ Λ X P Ή Σ I M E Σ S N Φ
T T T T H O T E P Ά Σ T I A B K Ω
Σ Ό R X U Ύ O A G E N Ή Σ V E Q E
Έ Π P E V M Y F P Z G K O G H Y Λ
Π O N Ί V E B Ί A Σ P I O X O N Έ
H Y M N M Q B R G O S N D O K P V
K Λ Σ A Π I K Γ Ί P Π E A I K R L
T O X I G T H Z G O N Γ L F U F G
```

ΜΈΤΡΗΣΗ
ΈΝΟΧΟΙ
ΕΎΡΗΜΑ
ΒΊΑΣ
ΕΊΝΑΙ
ΓΕΝΙΚΉ
ΚΟΤΌΠΟΥΛΟ
ΚΑΛΟΎΜΕ
ΤΣΈΠΗ
ΛΕΩΦΟΡΕΊΩΝ
ΤΕΡΆΣΤΙΑ
ΣΎΝΤΟΜΟ
ΊΣΩΣ
ΡΕΎΜΑ
ΏΡΕΣ
ΚΑΤΆΠΑΥΣΗ
ΠΟΡΕΊΑ
ΠΡΊΓΚΙΠΑΣ
ΑΓΕΝΉΣ
ΧΡΉΣΙΜΕΣ

Puzzle 384

ΑΦΙΕΡΏΝΩ
ΚΛΈΨΤΕ
ΦΩΝΆΖΟΥΝ
ΈΦΕΡΕ
ΝΤΟΥΛΆΠΙ
ΚΆΤΩ
ΕΝΤΌΠΙΣΕ
ΣΤΑΥΡΌ
ΣΎΛΛΗΨΗ
ΚΟΥΡΤΊΝΕΣ
ΚΟΥΡΤΊΝΑ
ΠΩΛΗΤΉ
ΚΈΝΤΡΟ
ΤΗ
ΣΥΓΧΈΟΥΝ
ΔΕΊΚΤΗΣ
ΣΥΝΟΔΕΎΟΥΝ
ΣΥΝΕΔΡΊΑΣΗ
ΈΠΟΙΚΟΙ
ΚΥΡΙΑΚΉ

```
Z C Σ Σ R Z T I F W J Ή Z K E Q K
J X Ύ N Y O Έ X Γ Y Σ K B O N J Έ
P F Λ K Ω N Ώ P E I Φ A C Y T B N
Q P Λ K D O O G E V V I K P Ό L T
D K H U Λ A N Δ P I B P Ά T Π Σ P
L S Ψ F L Έ K A E Y X Y T Ί I Y O
L O H Δ P N Ψ H Φ Ύ S K Ω N Σ N V
R F A E M S T T Έ X O J Y E E E C
T X M Ί U T Z O E F Q Y V Σ O Δ A
X X A K Y S B N Y O Z Ά N Ω Φ P S
A N Ί T P Y O K S Λ S A R N D Ί P
L Ή T H Λ Ω Π T H F Ά T O V L A S
N P M Σ Έ Π O I K O I Π N X G Σ E
Y G Y Σ T A Y P Ό T S S I Y U H E
C T Q E Q G C B J I E H T L C Z D
```

Puzzle 385

```
C N M S T Π O P T O K A Λ Í P S M
D E N X F O I R I Π P P D R V Z A
M E E H E D F J W X P É Π E Σ E K
V G S J E Ψ Q S E I K Á N A Π A P
S Z J O Λ A P Á X N H Γ Ή W V I
J D X G É L Í K V E E K H M D B N
H O L M Γ M Λ U É I Q B Y I A E Ó
Σ Ó Λ O X W I P Á Θ A K Σ K Z T B
A P K X E E M N É K T A P O H Í A
P G O P T I O U E F Z X A Δ S E R
Ώ V L F A O L Π Q G M X U C G Δ U
X L H Y I I E Σ Í N I P K Y E I Δ
F W K G Z C B P M Σ Y T H Γ Á T A
M E Λ Λ O N T I K Ή Ω G N W H X K
Π E P I Π E T E I Ώ Δ H C K T M D
```

ΧΏΡΑΣ
ΔΕΊΤΕ
ΟΜΙΛΊΑ
ΡΑΠΑΝΆΚΙ
ΔΙΕΥΚΡΙΝΊΣΕΙ
ΜΕΛΛΟΝΤΙΚΉ
ΑΡΆΧΝΗ
ΕΛΈΓΧΕΤΑΙ
ΠΕΡΙΠΕΤΕΙΏΔΗ
ΓΆΤΑ
ΈΚΑΨΕ
ΈΠΕΣΕ
ΣΌΛΟ
ΣΚΑΘΆΡΙ
ΔΟΚΙΜΉ
ΝΈΚΤΑΡ
ΠΟΡΤΟΚΑΛΙ
ΠΡΆΓΜΑΤΑ
ΠΊΣΩ
ΜΑΚΡΙΝΌ

Puzzle 386

ΠΟΛΙΤΙΣΜΌ
ΣΈΛΙΝΟ
ΟΥΡΑΝΌ
ΠΆΡΕΙ
ΈΞΥΠΝΗ
ΚΆΤΙ
ΑΝΆΛΥΣΗ
ΒΑΘΜΌ
ΑΠΟΔΕΊΞΕΙ
ΒΊΣΟΝΕΣ
ΧΑΡΙΤΩΜΈΝΟ
ΔΙΑΦΟΡΆ
ΑΛΛΗΛΕΠΙΔΡΟΎΝ
ΚΛΈΨΟΥΝ
ΔΙΚΑΣΤΉΡΙΟ
ΑΚΑΔΗΜΑΪΚΌ
ΑΕΤΌΣ
ΠΑΠΆΚΙ
ΑΡΓΆ
ΚΑΝΈΝΑΝ

```
Z U R V O K U I A T N D M I É K B
U P K G U G U A J A J G K Á Ξ Λ Í
U T U M R L H U R Z N G C P Y É Σ
W J F H S Ό M Σ I T I Λ O Π Ψ O
Y S O W K V D S L Y K Q B Φ N O N
A Λ Λ H Λ E Π I Δ P O Ύ N A H Y E
Σ É Λ I N O K A N É N A N I Θ N Σ
A Π O Δ E Ί Ξ E I M I A Z Δ I M P
G G W R E O D P W Z S J K U E C Ó
H Σ Y Λ Á N A Δ I K A Σ T Ή P I O
I O H S G E W J T R P A Π Á K I
O T W V P G T I A Y Á B W U Π Z A
V C T E A Λ Ό G N V K K I B E I I
X A I T T W Σ X A P I T Ω M É N O
A K A Δ H M A Ϊ K Ό O Y P A N Ό P
```

Puzzle 387

```
G D F Π M Σ H T Έ G H M E D Q W Π
G G P I Π T Y X E B K I Έ Z O G A
H T J Θ Ά D R N I E X Έ I P E Π Π
S R V A Σ H S K Δ S W P Δ G O Z Π
K Y C N K D V V C Y Q N Ί R Λ Σ O
O Ά W Ώ E Ξ A N Ώ Φ Ά U Π Z Ύ H Ύ
R S Π Σ T Z T M U P R Z Y W Ξ T Σ
A O M O L U N O N W X X O H Y Σ E
C M F W Y Ά K F D V M N Y C Έ Y
Z Ή T H Σ E S W X V Q A Y L N B N
A Ί P O Γ H T A K F B Z O O C Σ O
Π O Λ I T I Σ T I K Ή Y K O Q O Ϊ
H Λ E K T P I K Ό K B N C R U P K
E N A Λ Λ A K T I K Ή R O W X Y Ή
A Y T O Π E Π O Ί Θ H Σ H F M Π C
```

ΜΈΡΟΣ
ΦΏΝΑΞΕ
ΑΥΤΟΠΕΠΟΊΘΗΣΗ
ΗΛΕΚΤΡΙΚΌ
ΤΣΆΝΤΑ
ΚΑΤΗΓΟΡΊΑ
ΕΝΑΛΛΑΚΤΙΚΉ
ΚΆΠΟΥ
ΚΟΥΝΟΥΠΊΔΙ
ΠΟΛΙΤΙΣΤΙΚΉ
ΕΥΝΟΪΚΉ
ΠΥΡΟΣΒΈΣΤΗΣ
ΞΎΛΟ
ΣΥΝΔΥΆΖΟΥΝ
ΗΓΕΤΗΣ
ΖΉΤΗΣΕ
ΜΠΆΣΚΕΤ
ΠΕΡΙΈΧΕΙ
ΠΑΠΠΟΎΣ
ΠΙΘΑΝΏΣ

Puzzle 388

ΓΙΓΑΝΤΙΑΊΕΣ
ΠΕΡΊΦΡΑΞΗ
ΚΑΝΌΝΑ
ΛΑΣΠΩΜΈΝΟ
ΜΊΣΟΥΣ
ΚΟΥΝΈΛΙ
ΑΣΤΈΡΙ
ΡΊΞΕΙ
ΒΟΎΡΤΣΑ
ΤΗΛΈΦΩΝΟ
ΑΡΝΗΤΙΚΉ
ΛΌΓΟ
ΡΟΚ
ΛΟΓΑΡΙΑΣΜΌ
ΙΣΤΟΣΕΛΊΔΑ
ΠΡΟΣΠΑΘΕΊ
ΚΌΚΚΙΝΟ
ΈΝΤΙΜΑ
ΠΑΡΆΓΟΝΤΑΣ
ΔΕΙ

```
Z I P O K U C O N I K K Ό K D F Π
V X G Y Z U G G N Y R Q B P V N P
Λ A Σ Π Ω M Έ N O Ω K B O F S A O
P Ί Ξ E I B K V D H Φ K F B S X Σ
Έ N T I M A U E V Y R Έ H P M W Π
V I Z V W Q I Σ T O Σ E Λ Ί Δ A A
Π E P Ί Φ P A Ξ H A D J R H O Σ Θ
G Δ F Έ X L E T K A N Ό N A T T E
M N K V T A P N H T I K Ή S K P Ί
J Ί A E G S T W X U W W C M O Ύ C
I W Σ Σ E Ί A I T N A Γ I Γ Y O A
G N F O Π A P Ά Γ O N T A Σ N B C
D B N N Y L S W S Q F E X U Έ U N
U U P D U Σ D J M V L U D P Λ O E
Λ Ό Γ O Λ O Γ A P I A Σ M Ό I M A
```

Puzzle 389

```
T  C  Θ  H  H́  X  G  K  J  Y  M  Σ  B  L  A  U  X
O  Z  C  Λ  Δ  K  E  K  T  Ψ  Ω  O  Σ  Á  P  Π  K
N  V  F  X  I  M  J  Q  E  H  P  Φ  E  Q  W  S  A
E  M  L  E  E  B  F  U  R  Λ  Ó  H́  I  N  D  B  T
M  Λ  Z  I  O  B  E  V  A  Ó  Ý  S  F  B  Q  Σ
Á  Q  Π  F  O  Z  R  P  Z  T  M  T  Ó  K  G  H  I
M  T  B  Í  B  S  P  N  Ó  E  R  P  Δ  Z  V  P  K
E  D  H  O  Δ  H  C  L  K  P  Π  U  O  K  X  U  Í
P  D  O  O  A  A  R  S  U  H  P  K  Y  M  R  L  Σ
T  J  L  Z  E  Y  Γ  Á  P  I  O  A  Λ  É  Ξ  H  I
Δ  A  M  Á  Σ  K  H  N  O  G  É  Π  K  A  H  S  O
Θ  Y  M  Í  Z  E  I  N  D  L  Δ  É  S  J  L  N  I
Y  Π  O  Λ  O  Γ  I  Σ  M  Ó  P  Λ  Q  S  P  O  C
A  Π  O  Σ  Ý  P  E  I  Z  Z  O  O  I  N  P  M  E
Δ  I  A  Φ  Á  N  E  I  A  P  Y  N  O  M  I  K  H́
```

ΜΩΡΟΎ
ΖΕΥΓΆΡΙ
ΚΑΤΣΙΚΊΣΙΟ
ΒΟΟΕΙΔΉ
ΚΑΠΈΛΟ
ΕΙΣΌΔΟΥ
ΤΡΕΜΆΜΕΝΟ
ΘΛΙΒΕΡΌ
ΥΠΟΛΟΓΙΣΜΌ
ΘΥΜΊΖΕΙ
ΑΠΟΣΎΡΕΙ
ΣΟΦΉ
ΠΡΟΈΔΡΟΥ
ΔΑΜΆΣΚΗΝΟ
ΕΛΠΊΔΑ
ΛΈΞΗ
ΔΙΑΦΆΝΕΙΑ
ΥΨΗΛΌΤΕΡΗ
ΝΟΜΙΚΉ
ΠΡΆΣΟ

Puzzle 390

ΥΓΡΌ
ΜΉΛΟ
ΑΝΤΊΟ
ΣΚΟΝΙΣΜΈΝΟ
ΛΎΣΗ
ΣΥΜΒΑΊΝΟΥΝ
ΊΝΤΣΕΣ
ΦΡΆΟΥΛΑ
ΤΑΧΎΤΗΤΑ
ΝΥΦΊΤΣΑ
ΧΙΌΝΙ
ΤΗΛΕΣΚΌΠΙΟ
ΜΑΚΙΓΙΆΖ
ΕΓΓΡΑΦΉΣ
ΠΡΟΤΕΊΝΟΥΝ
ΤΊΠΟΤΑ
ΠΤΏΣΗ
ΠΟΛΛΏΝ
ΔΙΑΦΟΡΕΤΙΚΌ
ΕΚΠΟΜΠΉΣ

```
D  T  Σ  E  Σ  T  N  Í  S  G  A  N  T  Í  O  N  O
O  Q  A  Y  X  A  X  T  F  P  F  S  F  O  I  Φ  Z
W  R  Y  X  M  D  R  N  E  O  U  G  N  C  M  P  Z
Λ  Ύ  Σ  H  Ý  B  T  Í  Π  O  T  A  F  C  Q  Á  Z
X  M  Ή  Σ  A  T  A  W  Z  Λ  G  Y  K  G  P  O  Δ
E  T  Φ  Ώ  H  B  H  Í  U  H́  R  M  J  E  O  Y  I
P  Z  A  T  J  Z  V  T  N  M  Q  M  V  G  F  L  A
J  Σ  P  Π  D  B  F  R  A  O  W  Y  Z  S  S  A  Φ
F  H́  Γ  N  Y  Φ  Í  T  Σ  A  Y  H  P  H  J  B  O
Z  Π  Σ  M  H  V  N  W  Y  B  I  N  Ό  I  X  K  P
X  M  E  O  I  Π  Ό  K  Σ  E  Λ  H  T  C  A  A  E
Π  O  Λ  Λ  Ώ  N  Π  P  O  T  E  Í  N  O  Y  N  T
I  Π  T  D  T  D  Z  Á  I  Γ  I  K  A  M  A  F  B  I
R  K  C  K  Y  S  M  R  L  Y  J  H  S  U  Q  U  K
R  E  Σ  K  O  N  I  Σ  M  É  N  O  Z  N  K  S  Ό
```

Puzzle 391

```
Y  L  E  Ό  M  E  T  A  B  Λ  H  T  Ή  I  Σ  O  N
V  Ή  B  I  P  T  N  Y  Σ  W  Y  J  U  G  H  A  S
T  P  A  M  Φ  O  Π  I  Λ  O  T  I  K  Ά  M  Φ  E
P  Z  Y  C  Q  B  Σ  Έ  K  T  O  Y  P  I  A  I  H
V  M  R  G  H  B  N  E  P  O  Ύ  Q  B  F  N  A  Λ
O  E  P  M  Ί  N  A  O  G  M  Q  D  E  I  T  Ί  Ί
O  X  Π  A  P  A  Δ  O  Σ  I  A  K  Ό  J  I  E  M
Π  Σ  H  Σ  I  M  Θ  Ά  T  Σ  I  T  N  A  K  N  N
Ά  V  T  M  Σ  Y  Γ  X  Ω  P  Ή  Σ  E  I  Ό  H  H
Σ  A  Q  F  Ά  Q  W  W  W  Q  L  I  X  T  W  M  B
X  Σ  Σ  Ά  I  T  I  A  E  P  Q  I  D  E  U  Έ  D
O  Z  S  Y  Λ  W  Ω  U  U  B  R  V  P  G  F  P  H
Y  A  O  Π  Ω  P  Θ  N  Ά  N  O  I  X  K  K  Ω  F
N  A  Q  X  Φ  R  M  P  P  L  D  E  Y  T  N  Σ  P
W  V  C  R  D  X  Z  V  Q  G  G  X  H  U  N  H  T
```

ΛΊΜΝΗ
ΧΙΟΝΆΝΘΡΩΠΟ
ΈΚΤΟΥ
ΑΝΤΙΣΤΆΘΜΙΣΗΣ
ΦΩΛΙΆ
ΕΡΜΊΝΑ
ΕΝΗΜΈΡΩΣΗ
ΣΥΝΤΡΙΒΉ
ΝΕΡΟΎ
ΠΙΛΟΤΙΚΆ
ΌΡΟΣ
ΙΤΙΆΣ
ΠΑΡΑΔΟΣΙΑΚΌ
ΤΡΑΜ
ΣΗΜΑΝΤΙΚΌ
ΟΧΗΜΆΤΩΝ
ΦΙΛΊ
ΠΆΣΧΟΥΝ
ΜΕΤΑΒΛΗΤΉ
ΣΥΓΧΩΡΉΣΕΙ

Puzzle 392

ΣΚΊΟΥΡΟΣ
ΔΕΝ
ΑΠΟΤΈΛΕΣΜΑ
ΜΠΟΥΚΆΛΙΑ
ΕΠΙΤΡΟΠΉ
ΣΎΝΤΟΜΗ
ΜΑΤΙΆ
ΥΠΌΛΟΙΠΟ
ΕΥΤΥΧΏΣ
ΜΕΤΟΧΙΚΌ
ΚΈΙΚ
ΣΥΓΓΝΏΜΗ
ΚΎΜΑ
ΕΑΥΤΌ
ΦΡΆΧΤΗ
ΚΑΤΆΡΡΕΥΣΗ
ΜΕΓΑΛΎΤΕΡΗ
ΔΙΑΣΚΈΔΑΣΗ
ΌΠΩΣ
ΔΑΝΕΊΖΟΥΝ

```
Ό  K  I  X  O  T  E  M  B  U  V  T  E  C  J  H  K
M  Ύ  I  Δ  I  A  Σ  K  Έ  Δ  A  Σ  H  M  F  Z  O
Π  M  W  Έ  N  Ά  E  Y  T  Y  X  Ώ  Σ  E  B  Y  O
O  A  X  A  K  N  I  T  E  H  M  Ώ  N  Γ  Γ  Y  Σ
Y  E  O  Π  D  Y  F  T  D  F  L  P  O  A  W  V  B
K  N  Y  O  Z  Ί  E  N  A  D  C  S  T  Λ  Z  Q  F
Ά  E  H  T  X  Ά  P  Φ  O  M  I  A  G  Ύ  D  D  N
Λ  Δ  M  Έ  S  Y  T  D  Y  Ή  Π  O  P  T  I  Π  E
I  N  O  Λ  I  F  X  G  R  V  Z  Y  D  E  W  V  R
A  C  T  E  T  V  L  J  E  P  G  H  E  F  P  W  D  H
A  U  N  Σ  O  P  Y  O  Ί  K  Σ  R  K  H  H  R  L
Q  J  Ύ  M  Ω  K  A  T  Ά  P  P  E  Y  Σ  H  M  V
F  L  Σ  A  O  Π  I  O  Λ  Ό  Π  Y  C  E  R  G  K
L  F  P  A  K  R  Ό  H  O  P  O  R  F  D  J  T  Y
E  A  Y  T  Ό  R  A  H  O  W  E  J  A  T  G  Z  G
```

Puzzle 393

```
T  O  Λ  O  K  Λ  H  P  Ώ  Σ  E  I  O  Q  Y  O  Z
A  Λ  Ά  Π  M  Π  E  K  Σ  T  P  A  T  E  Ί  A  E
K  O  L  E  K  Y  O  Ί  E  Γ  Y  Ψ  C  L  Z  R  Ύ
T  Z  Q  K  U  Z  W  T  Z  Z  P  Y  P  B  P  L  Γ
O  D  V  Y  I  L  S  G  A  G  D  U  E  Z  R  S  O
Π  Q  Γ  Ό  N  A  T  O  Λ  M  I  F  B  R  Z  U  Σ
O  K  Ά  T  O  I  K  O  Σ  I  O  Y  V  Y  K  G  A
I  K  K  C  Z  S  J  N  O  A  Ώ  Ύ  Y  A  Y  B  O
H  Z  A  T  Z  H  L  T  Λ  Δ  Ή  Σ  I  M  K  A  N
M  P  P  Λ  A  E  H  J  A  E  H  E  E  S  Λ  Γ  Ω
Έ  O  J  Q  Π  Q  E  A  K  I  A  P  C  I  I  Γ  Σ
N  L  I  E  H  A  K  L  Σ  Ά  R  Δ  A  R  K  Λ  R
O  C  I  M  C  J  S  N  Ά  Z  Ω  N  Ά  Π  Ή  I  B
L  F  I  G  V  D  S  M  Δ  E  S  Ά  Z  V  D  K  I
K  O  Y  N  Ά  Ω  J  W  Ό  I  N  Z  Q  N  Z  Ά  H
```

ΠΆΝΩ
ΛΙΏΣΕΙ
ΠΟΤΑΜΟΎ
ΨΥΓΕΊΟ
ΕΚΣΤΡΑΤΕΊΑ
ΑΓΓΛΙΚΆ
ΜΠΆΛΑ
ΚΥΚΛΙΚΉ
ΑΔΕΙΆΖΕΙ
ΚΟΥΝΆΩ
ΆΝΔΡΕΣ
ΔΆΣΚΑΛΟΣ
ΤΑΚΤΟΠΟΙΗΜΈΝΟ
ΖΕΎΓΟΣ
ΜΙΣΉ
ΟΛΟΚΛΗΡΏΣΕΙ
ΚΆΤΟΙΚΟΣ
ΓΌΝΑΤΟ
ΩΣ
ΚΑΛΠΑΣΜΌ

Puzzle 394

ΓΙΑΤΡΌ
ΠΙΆΤΟ
ΠΛΗΡΟΎΝΤΑΙ
ΜΉΝΥΜΑ
ΛΙΒΆΔΙ
ΔΑΝΕΙΣΤΕΊ
ΠΗΓΑΊΝΕΙ
ΚΑΛΆ
ΡΌΚΑ
ΞΑΦΝΙΚΉ
ΈΡΕΥΝΑ
ΤΑΙΝΊΑ
ΚΎΚΛΟΥ
ΜΟΤΟΣΙΚΛΈΤΑ
ΠΛΗΡΟΦΟΡΙΏΝ
ΑΠΑΡΑΊΤΗΤΟ
ΑΝΆΓΚΗ
ΤΡΙΆΝΤΑ
ΘΕΩΡΟΎΝ
ΚΑΘΗΓΗΤΗΣ

```
A  I  C  T  V  Q  Σ  Π  H  Γ  A  Ί  N  E  I  T  M
U  J  N  D  H  Z  Ή  S  O  K  Z  U  D  H  I  P  O
N  Έ  P  E  M  O  T  H  T  Ί  A  P  A  Π  A  I  T
T  U  P  Ό  U  U  H  Λ  I  B  Ά  Δ  I  I  T  Ά  O
U  L  S  E  K  J  Γ  Ξ  A  Φ  N  I  K  Ή  N  N  Σ
X  I  D  Q  Y  A  H  K  Γ  Ά  N  A  P  Q  Ύ  T  I
E  Q  O  E  O  N  Θ  H  A  T  C  L  X  Q  O  A  K
Q  E  T  H  Λ  V  A  H  V  J  N  O  H  P  Y  Λ
A  Γ  Ά  I  K  A  K  X  U  T  K  Q  O  X  H  V  Έ
I  P  I  M  Ύ  D  F  E  T  R  J  T  W  D  Λ  M  T
R  P  Π  A  K  E  W  B  C  Ά  Λ  A  K  Z  Π  Ή  A
Q  C  Ί  E  T  Σ  I  E  N  A  Δ  I  B  J  F  N  Q
V  G  N  Ύ  O  P  Ω  E  Θ  C  Y  N  J  B  G  Y  C
T  I  Y  F  V  R  Ό  D  J  U  W  Ί  X  M  X  M  Q
Π  Λ  H  P  O  Φ  O  P  I  Ώ  N  A  K  T  X  A  R
```

Puzzle 395

```
Σ  Φ  Έ  Ρ  Ε  Ι  F  Ρ  Τ  Q  Π  Ώ  Τ  V  Ρ  D  Ρ
Μ  Υ  Π  Ο  Ρ  Τ  Ρ  Έ  Τ  Ο  Ρ  Θ  Ν  Β  Α  D  Χ
L  Έ  Λ  Μ  Ή  Τ  D  Μ  Τ  L  Ο  Η  Ξ  Ι  Ο  Ν  Ά
R  A  Σ  Λ  Θ  C  S  Η  Ο  Α  Σ  Σ  Α  Ρ  U  Β  Ν
F  M  S  H  A  K  A  N  Ί  Π  Ε  Ε  Ύ  A  F  C  T
Β  A  Y  N  T  M  N  T  S  J  K  L  P  B  R  G  B
K  P  Q  R  Σ  K  B  P  U  Y  T  X  I  Δ  C  D  W
Ί  Ί  Ά  Ο  A  N  A  Ά  I  E  I  U  O  I  U  B  C
T  E  H  Σ  J  U  A  E  N  M  K  M  E  Ί  Ω  Σ  H
P  Π  Z  G  H  A  J  T  K  E  Ή  A  A  V  R  R  X
I  Q  E  H  Ρ  Σ  H  P  B  G  I  F  L  M  F  O  Y
N  O  J  O  Y  T  R  V  Q  Π  Λ  A  T  E  Ί  A  G
O  D  U  S  N  E  Σ  A  Ρ  Ά  N  T  A  J  T  V  N
S  I  R  H  E  Ί  E  Θ  Φ  H  Λ  P  U  M  A  T  T
T  Y  B  N  Y  O  Σ  Ή  N  Ω  Φ  M  Y  Σ  M  B  U
```

ΡΑΒΔΊ
ΠΕΊΡΑΜΑ
ΑΎΡΙΟ
ΜΈΣΗ
ΣΥΛΛΑΜΒΆΝΕΙ
ΑΣΤΕΊΟ
ΠΟΡΤΡΈΤΟ
ΦΈΡΕΙ
ΛΗΦΘΕΊ
ΣΥΜΦΩΝΉΣΟΥΝ
ΠΊΝΑΚΑ
ΣΑΡΆΝΤΑ
ΠΡΟΣΕΚΤΙΚΉ
ΚΊΤΡΙΝΟ
ΜΕΊΩΣΗ
ΠΛΑΤΕΊΑ
ΒΡΆΣΗ
ΆΝΟΙΞΗ
ΑΣΤΑΘΉ
ΏΘΗΣΕ

Puzzle 396

ΚΑΛΎΤΕΡΑ
ΛΑΟΓΡΑΦΙΚΌ
ΔΑΠΆΝΗ
ΔΑΧΤΥΛΊΔΙ
ΜΆΘΟΥΝ
ΠΗΛΊΚΟ
ΠΑΧΎ
ΠΑΝΤΟΎ
ΠΆΓΟ
ΣΦΡΑΓΊΔΑ
ΘΡΑΎΣΜΑ
ΠΛΎΣΗΣ
ΣΥΝΕΧΊΣΕΙ
ΜΑΪΝΤΑΝΌ
ΤΜΉΜΑ
ΕΊΚΟΣΙ
ΟΡΓΑΝΏΣΕΙ
ΜΠΑΛΟΝΙΏΝ
ΑΡΝΊ
ΤΡΟΧΙΆ

```
Σ  Z  A  T  L  S  V  B  A  S  J  Π  Λ  C  O  C  E
Y  A  K  A  Λ  Ύ  T  E  P  A  X  Λ  A  B  P  L  Ί
N  M  P  Y  L  O  C  T  L  J  G  Ύ  O  L  Γ  F  K
E  Σ  H  N  Ά  Π  A  Δ  Ύ  P  K  Σ  Γ  Y  A  G  O
X  Ύ  M  Q  Ί  Π  H  Λ  Ί  K  O  H  P  K  N  J  Σ
Ί  A  I  R  Δ  T  P  O  X  I  Ά  Σ  A  R  Ώ  O  I
Σ  P  G  K  X  A  M  Ή  M  T  L  K  Φ  W  Σ  C  N
E  Θ  Ύ  A  B  M  N  X  Q  B  R  T  P  I  C  E  Ώ
I  P  T  O  H  F  U  T  G  R  C  M  K  X  I  M  I
M  A  Ϊ  N  T  A  N  Ό  Y  S  N  T  Ό  U  H  W  N
I  R  V  Y  A  N  Y  K  J  L  E  I  B  Π  Ά  G  O
T  X  O  O  T  B  A  H  A  Δ  Ί  Γ  A  P  Φ  Σ  Λ
R  S  X  Θ  J  I  L  Π  E  G  I  Δ  Y  Y  Q  I  A
B  T  W  Ά  Π  A  X  Ύ  T  V  L  X  I  G  R  Q  Π
J  Y  A  M  L  E  X  F  X  D  L  K  V  B  W  X  M
```

Puzzle 397

```
M M N R I L K Q J V S Π S Υ A E P
L Ύ O H Y J É M E F K Λ Ύ Π Π P Z
Υ Q Λ P Σ Ό Λ A Π A O Ά N O Ό Q C
Q K U O Φ Ί Y J S Σ Ύ K N T Θ W N
N B X G K Ή Φ K X Φ T A E Ί E I D
O X N Q F T O V H A E G Φ Θ M Y E
N D Ω L S G Σ B K Λ P V O E A N G
X Λ E Y A Σ M Ό Σ É N B X T N I E
Q O Σ O Δ S Z B H Σ W M K A B Z Y
K J Ά U Ί Δ I A Ί P E Σ H I D Γ É
N L Φ N Φ Σ Y N A Ί Σ Θ H M A O Λ
I K O C A Σ Y M B Ά Λ O Y N I N I
Q E Π Z T P J B Q M Z D X D G E K
S O A Y Σ D G G Z H F B Z L S Ί T
B P E Θ E Ί C Z P K E Y O F X Σ O
```

ΔΙΑΊΡΕΣΗ
ΑΠΌΘΕΜΑ
ΜΟΡΦΉ
ΚΈΛΥΦΟΣ
ΣΚΟΎΤΕΡ
ΑΠΟΦΆΣΕΩΝ
ΣΥΝΑΊΣΘΗΜΑ
ΝΗΣΊ
ΒΡΕΘΕΊ
ΓΟΝΕΊΣ
ΠΛΆΚΑ
ΣΥΜΒΆΛΟΥΝ
ΑΠΑΛΌ
ΕΥΈΛΙΚΤΟ
ΧΛΕΥΑΣΜΌΣ
ΜΎΛΟ
ΣΎΝΝΕΦΟ
ΣΤΑΦΊΔΑ
ΑΣΦΑΛΈΣ
ΥΠΟΤΊΘΕΤΑΙ

Puzzle 398

ΠΙΣΊΝΑ
ΈΝΤΟΝΟΣ
ΕΥΚΑΙΡΊΑ
ΤΑΞΊ
ΣΟΥ
ΑΛΛΑΓΉ
ΦΟΡΕΘΕΊ
ΜΕΡΙΚΈΣ
ΛΙΓΌΤΕΡΟ
ΠΙΝΈΛΟ
ΑΝΆΒΑΣΗ
ΡΕΚΌΡ
ΕΊΤΕ
ΆΝΘΡΑΚΑ
ΙΚΑΝΟΠΟΙΗΜΈΝΟΙ
ΠΑΡΑΚΆΤΩ
ΚΟΡΊΤΣΙΑ
ΣΚΕΛΕΤΌ
ΤΡΕΛΌΣ
ΛΎΚΟΣ

```
S I E I S C I Y M E P R H K H S R
U N Y P P Ό K E P Z M I P O V K C
T F K Z D R A W D F Z W L P B H K
W Q A X S H N A Λ Λ A Γ Ή Ί Ξ A T
A Q I D Q S O N O T N É B T J G P
R W P A B W Π Y G Z X Y J S M Λ T
Π N Ί C I Ί O M W F S F E I C Ύ Π
W I A K Ό E I A E X N J L A Π K A
Q P N Y Θ H T N P E Ί T E I O P A
L G M É E E M I Y Ά I U O D S S A
B L Σ Z Λ P É R O F B K O M Ί Ό K
O U O T E O N W R A K A É P N Λ Ά
A P Y E K Φ O J P U J H Σ S A E T
Z P B M Σ B I T K B Q P D H T P Ω
Ά N Θ P A K A Λ I Γ Ό T E P O T D
```

Puzzle 399

```
Σ  S  R  T  Y  G  Q  A  Γ  Ρ  Ι  Ό  Γ  Α  Τ  Α  J
Β  Κ  Β  Ι  Ο  Λ  Ε  Τ  Ί  Ο  Ν  Ό  Μ  Α  Τ  Ο  Σ
Ε  Β  Ε  F  Ν  Ζ  Α  Κ  Α  Ν  Ό  Ν  Ι  Σ  Τ  Η  I
Λ  Β  V  Φ  Μ  Η  Χ  Α  Ν  Ή  D  L  Κ  F  Ν  Μ  Ν
Τ  S  Ν  Υ  Τ  Ρ  S  V  I  Q  C  Ζ  Χ  Ο  Ν  Ρ  Μ
Ί  Ν  Η  G  G  Ε  Ι  Χ  U  Ρ  Β  Ν  W  J  G  J  Ν
Ω  Β  Β  Μ  Χ  V  Ί  Ε  Ξ  Α  Π  Α  Τ  Ή  Σ  Ε  Ι
Σ  Ζ  Α  Ε  U  J  Ν  Τ  Π  Α  Ύ  Σ  Η  V  Β  Κ  C
Η  Ο  Β  Σ  U  Ο  F  Q  Ε  Χ  D  Υ  G  Ε  Q  Χ  Χ
Π  Χ  Β  W  I  Ε  Σ  Ή  Γ  Ρ  Υ  Ο  Ι  Μ  Η  Δ  Σ
L  Έ  Μ  Α  Σ  Κ  Ν  Υ  Ο  Ζ  Ά  Ρ  Φ  Κ  Ε  Β  Τ
Η  Ρ  Ν  Υ  L  Q  Ό  Ρ  Α  Ί  Λ  Ι  Κ  Ι  Ο  Π  Ε
Ρ  Ι  Τ  Ε  Β  Ο  Ύ  Τ  Υ  Ρ  Ο  Ε  Χ  Τ  L  G  Ν
Μ  S  Β  Α  Σ  Τ  Ι  D  Ρ  L  J  Ν  C  F  Τ  F  Ό
Π  Ρ  Ο  Μ  Ή  Θ  Ε  Ι  Ε  Σ  C  Ό  Λ  Α  Υ  Μ  G
```

ΒΕΛΤΊΩΣΗ
ΠΟΙΚΙΛΊΑ
ΌΝΕΙΡΟ
ΒΑΣΙΚΌ
ΜΥΑΛΌ
ΟΝΌΜΑΤΟΣ
ΠΡΟΜΉΘΕΙΕΣ
ΜΗΧΑΝΉ
ΠΈΝΕΣ
ΑΚΑΝΌΝΙΣΤΗ
ΜΑΣ
ΠΑΎΣΗ
ΕΞΑΠΑΤΉΣΕΙ
ΣΤΕΝΌ
ΑΓΡΙΌΓΑΤΑ
ΔΗΜΙΟΥΡΓΉΣΕΙ
ΣΚΕΦΤΕΊΤΕ
ΒΟΎΤΥΡΟ
ΒΙΟΛΕΤΊ
ΕΚΦΡΆΖΟΥΝ

Puzzle 400

ΚΊΝΗΤΡΟ
ΣΥΜΒΕΊ
ΕΚΝΕΥΡΙΣΜΈΝΟΣ
ΠΡΑΓΜΑΤΙΚΆ
ΒΟΥΒΆΛΙΑ
ΠΕΊΤΕ
ΠΕΤΡΕΛΑΊΟΥ
ΕΝΗΛΊΚΩΝ
ΠΙΈΣΤΕ
ΜΌΛΙΣ
ΈΝΘΕΤΟ
ΑΊΜΑΤΟΣ
ΠΥΓΟΛΑΜΠΊΔΑ
ΕΠΙΤΥΧΊΑ
ΗΘΙΚΌ
ΔΙΑΔΙΚΑΣΊΑΣ
ΜΕΤΕΓΚΑΤΆΣΤΑΣΗ
ΓΙΑΓΙΆ
ΑΝΗΣΥΧΟΎΝ
ΓΡΑΜΜΑΤΈΑΣ

```
Κ  C  V  F  Η  Π  Ρ  Α  Γ  Μ  Α  Τ  Ι  Κ  Ά  Ε  Σ
Ί  L  Y  Y  Σ  V  I  L  D  L  Τ  Y  S  W  Ο  Κ  Y
Ν  G  Τ  Ο  Α  Δ  Ί  Π  Μ  Α  Λ  Ο  Γ  Υ  Π  Ν  Μ
Η  F  U  Ί  Τ  Π  Ι  Έ  Σ  Τ  Ε  S  Η  Ε  Δ  Ε  Β
Τ  Ζ  W  Α  Σ  Ε  Ρ  C  Ζ  Q  L  I  Θ  Π  Ι  Y  Ε
Ρ  Α  Ι  Λ  Ά  Β  Y  Ο  Β  Ζ  J  F  I  I  Α  Ρ  Ί
Ο  F  Ε  Ε  Τ  Ί  Ε  Π  Β  Q  L  W  Κ  Τ  Δ  Ι  Ε
Ε  Τ  Γ  Ρ  Α  Μ  Μ  Α  Τ  Έ  Α  Σ  Ό  Y  Ι  Σ  Ν
Ε  S  U  Τ  Κ  W  Χ  Η  U  Τ  L  G  J  Χ  Κ  Μ  Η
Έ  U  Κ  Ε  Γ  Γ  Ι  Α  Γ  Ι  Ά  W  G  Ί  Α  Έ  Λ
Ν  F  Q  Π  Ε  Ν  J  Y  F  Χ  C  D  Β  Α  Σ  Ν  Ί
Θ  Ο  S  Ο  Τ  Α  Ν  Η  Σ  Υ  Χ  Ο  Ύ  Ν  Ί  Ο  Κ
Ε  U  Χ  U  Ε  Χ  Β  Α  Ν  G  Β  Η  U  U  Α  Σ  Ω
Τ  Ε  W  Ζ  Μ  C  Q  Ρ  U  J  Χ  W  Ζ  Χ  Σ  Ν  Ν
Ο  Α  Ί  Μ  Α  Τ  Ο  Σ  F  Ν  Η  Q  Μ  Ό  Λ  Ι  Σ
```

Puzzle 401

```
K Y D U R V K Z M R Π K N O S N U
P O S Ά N C G B E W I A G V X R A
X N B X Ά S E G M Z Π Φ J W F S B
T Έ J Ω T Έ Θ O Π Y Έ Θ A R G B R
B M Y T Y D C D K M P Ά Ί Λ A Y Γ
Δ I A Φ A N Ή E G G I N S Δ U K A
N E H M U J V K N M A O Ω U I F W
I K J F I V W J Σ O Z Y Σ U G A Γ
Q O M O Y Σ I K Ή Y I N T B T Z P
O P T T G S P L E F Γ K Ό T H P A
Q Π Π I Σ T E Ύ O Y N X Ί V W O Φ
T Σ A Λ A K Ω M Έ N O Q A A G S E
Έ Λ Ξ H Σ N O Σ O K Ό M A P Σ G Ί
T U O I K O Γ E N E I A K Ό Ώ H O
F E K Π A P A Σ K E Y Ή K L L F Y
```

ΣΥΓΧΑΡΏ
ΣΩΣΤΌ
ΟΙΚΟΓΕΝΕΙΑΚΌ
ΓΡΑΦΕΊΟΥ
ΜΟΥΣΙΚΉ
ΦΤΩΧΆ
ΦΘΆΝΟΥΝ
ΤΣΑΛΑΚΩΜΈΝΟ
ΥΠΟΘΈΤΩ
ΠΑΡΑΣΚΕΥΉ
ΈΛΞΗΣ
ΊΔΙΑ
ΠΙΣΤΕΎΟΥΝ
ΠΡΟΚΕΙΜΈΝΟΥ
ΝΟΣΟΚΌΜΑ
ΓΥΑΛΊ
ΔΙΑΦΑΝΉ
ΑΥΤΆ
ΠΙΠΈΡΙ
ΕΝΟΙΚΊΑΣΗ

Puzzle 402

ΣΥΝΕΙΔΗΤΟΠΟΙΟΎΝ
ΣΎΡΜΑ
ΔΙΑΡΡΟΉ
ΧΕΙΡΌΤΕΡΗ
ΟΠΛΩΝ
ΚΑΠΆΚΙ
ΣΩΛΉΝΑ
ΕΞΕΡΕΥΝΉΣΕΤΕ
ΔΡΟΣΙΆ
ΣΤΥΛ
ΤΈΡΑΣ
ΠΟΤΈ
ΈΡΩΣ
ΆΜΜΟ
ΠΡΟΦΑΝΉ
ΈΤΟΙΜΟΙ
ΜΟΤΈΛ
ΑΝΤΑΓΩΝΙΣΜΌ
ΕΝΘΟΥΣΙΑΣΜΈΝΟΣ
ΣΚΛΗΡΌ

```
N K H W G L E U N Y S G E T E Σ Π
W R Q D V D S I C T D K Ξ Έ N Y P
A U C V N H G E K I I X E P Θ N O
Σ A N T A Γ Ω N I Σ M Ό P A O E Φ
A Ω Ώ Έ P Ω Σ S O M M Ά E Σ Y I A
P C Λ N L M Y H M U L X Y K Σ Δ N
R J Π Ή L O Z I I C U E N G I H Ή
X W O Π N L I J O G F I Ή S A T O
M V O O J A S C T C O P Σ Q Σ O U
Q O G T Δ F D F Έ J R Ό E D M Π K
E W T Έ R P E B F N Q T T D Έ O A
W D T Έ E F O G F S Y E E X N I Π
B Z G I Λ Y T Σ A J N P M N O O Ά
B Σ K Λ H P Ό U I Q C H R F Σ Ύ K
B Δ I A P P O Ή J Ά Σ Ύ P M A N I
```

Puzzle 403

Σ	Λ	Ξ	K	N	U	W	K	Y	B	G	G	P	T	T	Σ	E
Π	Έ	Ύ	A	M	Σ	I	P	Ό	Σ	Ω	Λ	A	K	O	T	I
Ά	Π	Σ	Π	Π	V	K	U	S	E	N	U	K	W	Y	Ή	K
N	T	T	N	Ω	I	X	A	K	E	Δ	Ώ	Δ	A	W	P	Ό
I	Ά	P	Ό	Λ	Σ	V	X	P	M	H	L	H	I	K	I	N
A	P	A	Σ	O	O	P	P	V	Δ	A	W	A	Δ	Ί	Ξ	A
R	C	T	L	Ύ	Π	U	Ό	T	K	I	O	P	I	A	H	K
B	N	T	C	N	Ω	I	N	V	L	P	Ά	K	A	J	Σ	A
X	R	S	W	V	P	Z	O	N	S	I	P	E	Ί	Y	R	T
K	A	T	E	Y	Θ	Ύ	N	Σ	E	I	Σ	Ί	T	M	Q	Ά
A	L	O	X	D	N	R	Y	S	S	B	A	H	E	G	K	B
D	Σ	S	D	M	Ά	O	Δ	Y	N	H	P	Ά	P	A	R	A
G	S	B	E	Π	E	N	Δ	Ύ	Σ	E	Ω	N	A	D	H	Σ
Z	V	D	Ό	F	T	M	D	L	X	P	X	H	O	L	R	H
T	Q	Q	E	Σ	P	S	P	O	O	J	Z	E	D	X	Z	F

ΟΔΥΝΗΡΆ
ΛΕΠΤΆ
ΤΟΥΡΚΊΑ
ΚΑΛΩΣΌΡΙΣΜΑ
ΑΣΒΌΣ
ΣΤΉΡΙΞΗΣ
ΣΠΆΝΙΑ
ΔΏΔΕΚΑ
ΑΡΚΕΊ
ΕΠΕΝΔΎΣΕΩΝ
ΚΑΠΝΌΣ
ΚΑΡΔΙΆ
ΠΩΛΟΎΝ
ΞΎΣΤΡΑ
ΕΙΚΌΝΑ
ΧΡΌΝΟ
ΚΑΤΕΥΘΎΝΣΕΙΣ
ΚΑΤΆΒΑΣΗ
ΙΔΙΑΊΤΕΡΑ
ΆΝΘΡΩΠΟΣ

Puzzle 404

ΠΛΑΣΤΙΚΌ
ΑΠΛΟΠΟΙΉΣΤΕ
ΧΆΣΕΤΕ
ΑΝΑΦΈΡΩ
ΑΠΌ
ΏΘΗΣΗ
ΣΎΓΧΡΟΝΗ
ΧΑΛΑΡΌ
ΚΑΚΆΟ
ΣΠΗΛΙΆ
ΌΛΟΥΣ
ΣΤΡΑΤΌΠΕΔΟ
ΑΝΆΓΝΩΣΗΣ
ΒΕΛΌΝΑ
ΓΕΝΙΆ
ΧΕΊΛΟΣ
ΉΔΗ
ΤΎΠΟΣ
ΕΞΆΠΛΩΣΗ
ΤΊΓΡΗΣ

K	O	S	L	H	U	D	X	Ά	Σ	E	T	E	P	I	A	Π
J	A	Y	N	L	U	G	O	D	R	K	G	C	S	W	N	Λ
K	F	K	R	A	V	H	Z	D	B	H	Σ	H	Θ	Ώ	Ά	A
M	J	S	Ά	E	P	X	O	O	H	N	H	S	S	W	Γ	Σ
J	G	E	I	O	Ξ	E	Δ	R	B	O	P	F	P	H	N	T
R	S	T	N	E	E	Ά	E	E	S	P	Γ	S	H	G	Ω	I
P	T	Σ	E	H	H	I	Π	I	F	X	Ί	X	A	C	Σ	K
B	R	Ή	Γ	R	O	Λ	Ό	Λ	J	Γ	T	S	N	G	H	Ό
I	Q	I	G	N	P	H	T	V	Ω	Ύ	G	A	I	K	Σ	P
Ό	Λ	O	Y	Σ	X	Π	A	I	P	Σ	E	A	X	P	I	A
S	Y	Π	L	O	P	Σ	P	A	Έ	O	H	A	G	Q	Z	Λ
D	X	O	P	Λ	C	I	T	L	Φ	Π	Ή	Q	Y	K	C	A
B	S	Λ	Z	Ί	Y	B	Σ	H	A	Ύ	A	Δ	A	V	A	X
S	Y	Π	B	E	U	C	G	R	N	T	Π	T	H	C	R	I
P	Z	A	X	X	Q	R	I	K	A	N	Ό	Λ	E	B	F	C

Puzzle 405

```
Δ Α Ό Μ Τ Δ Π Ε Π Ι Σ Τ Ρ Ο Φ Ή Ο
Ι Ν Π Π Ί Α Α Ν Ώ Ρ Ο Κ Μ Έ Σ Α Σ
Α Α Λ Α Τ Η Ν Ε Μ Ό Χ Ε Ν Υ Σ Σ Ζ
Π Κ Ο Ρ Λ Ν Ο Ε Ε Ε Σ Π Α Τ Ά Τ Α
Ι Α Υ Ε Ο C Μ Ε Μ V Ι Μ Q Ζ L D R
Σ Λ D Β Ν Α Ο U Ζ Π Κ Η Κ D Τ Υ R
Τ Ύ V C Ρ V Ι Υ Α J Ί Υ G Χ S Υ Χ
Ώ Ψ Ζ F W D Ό D A Ρ L Π L Κ Υ Ε S
Σ Ε F Ν U W T S V Π L D T Μ Ζ Έ G
Ε Τ W U Β Κ Υ Τ Τ Κ Ό W D Ο V Ξ Π
Τ Ε Β W Α Ε Π L G Α Α Κ D Ν Υ Ω Ι
Ε G L D Κ D Α S Ν Ρ Β Ρ Ρ Ο C Ν Ά
Γ Ν Ώ Σ Τ Ή Κ Ά Λ Τ Σ Α Ό Υ Η Ν Ν
Ο Δ Ο Ν Τ Ό Β Ο Υ Ρ Τ Σ Α Τ Ψ L Ο
Ζ Ζ Σ Υ Ζ Ή Τ Η Σ Η Α J Β F Ο Η S
```

ΚΆΛΤΣΑ
ΣΥΝΕΧΌΜΕΝΗ
ΑΠΌΚΡΥΨΗ
ΤΊΤΛΟ
ΓΝΩΣΤΉ
ΜΠΑΡ
ΕΠΙΣΤΡΟΦΉ
ΟΔΟΝΤΌΒΟΥΡΤΣΑ
ΠΑΤΆΤΑ
ΚΟΡΏΝΑ
ΔΙΑΠΙΣΤΏΣΕΤΕ
ΑΝΑΚΑΛΎΨΕΤΕ
ΜΈΣΑ
ΣΥΖΉΤΗΣΗ
ΠΙΆΝΟ
ΚΑΡΌΤΟ
ΕΜΠΊΠΤΟΥΝ
ΈΞΩ
ΌΠΛΟ
ΠΑΝΟΜΟΙΌΤΥΠΑ

Puzzle 406

ΕΚΛΟΓΉ
ΨΕΥΔΉ
ΚΟΥΝΕΛΙΏΝ
ΤΡΥΦΕΡΆ
ΣΤΟΙΧΕΊΟ
ΑΠΟΓΟΗΤΕΥΜΈΝΟΣ
ΑΠΕΛΕΥΘΈΡΩΣΗ
ΛΙΟΝΤΆΡΙ
ΖΏΩΝ
ΕΝΕΡΓΌ
ΠΡΆΣΙΝΟ
ΟΡΤΎΚΙΑ
ΣΎΝΔΕΣΗ
ΕΚΤΌΣ
ΠΡΩΊ
ΤΡΊΓΩΝΟ
ΕΡΓΑΣΊΑΣ
ΘΕΡΜΟΚΡΑΣΊΑ
ΤΡΑΓΙΚΌ
ΕΠΙΚΊΝΔΥΝΑ

```
Η Κ Ι F J D E A O S U T V J O A V
Β S A X T J Ή Γ Ο Λ Κ Ε V Η Ρ Π U
L Η Χ D Ρ Τ Ι Δ R R Ε Η U Β Τ Ε Ζ
Α Π Ο Γ Ο Η Τ Ε Υ Μ Έ Ν Ο Σ Ύ Λ J
Ί Σ Ί D Η C Λ G Ρ Ε Χ Ώ Ι S Κ Ε Κ
Σ Ύ Ε D W Μ W Ι S T Ψ Ώ Q D Ι Υ Ο
Α Ν Χ Π Ό Μ D Ο Ο Τ C Ζ G Α Α Θ Υ
Ρ Δ Ι Ρ Γ Κ V J C Ν Β R Β Β Α Έ Ν
Κ Ε Ο Ά Ρ Ε Φ Υ Ρ Τ Τ S Q U Μ Ρ Ε
Ο S Τ Σ Ε Η Ρ R W C Ο Ά Τ Η C Ω Λ
Μ Η Σ Ι Ν Τ Ρ Α Γ Ι Κ Ό Ρ W Q Σ Ι
Ρ Χ Β Ν Ε Β V R Μ F Η Χ Ί Ι G Η Ώ
Ε R Κ Ο Ε Κ Τ Ό Σ Τ Ρ Ί Γ Ω Ν Ο Ν
Θ Ε Π Ι Κ Ί Ν Δ Υ Ν Α F U G Ρ Α Β
Ε Ρ Γ Α Σ Ί Α Σ V Μ Ε C Ζ Ε W Π W
```

Puzzle 407

```
D  C  T  Δ  Ι  Α  Θ  Έ  Σ  Ι  Μ  Ο  Ρ  Ζ  U  Π  Π
Ύ  W  L  R  E  Λ  Μ  Ν  Ό  F  D  E  P  W  P  A
O  K  L  S  A  Λ  J  X  Ι  T  K  U  V  Ι  G  O  P
Ι  Χ  O  Y  Ύ  Ό  F  Θ  Ν  Q  T  Ι  Y  J  X  Σ  Ά
K  R  F  A  A  K  L  E  G  J  J  V  Σ  V  E  O  Γ
A  Ά  Ι  Δ  Ι  Α  Π  Σ  U  P  T  Q  C  Y  T  Χ  O
B  Σ  Λ  L  W  F  A  Y  Ν  F  U  Q  Ν  O  Φ  Ή  Ν
Μ  A  Χ  T  T  R  Μ  Π  Α  Μ  Π  Ά  Ν  K  R  Μ  T
A  Ί  E  Έ  Σ  Σ  Η  Σ  A  Ί  T  Σ  E  Ν  T  Ν  A
B  Χ  Ύ  Ζ  Σ  E  T  Ι  W  Ή  Μ  Γ  Y  A  Λ  Ι  Ά
L  A  K  L  Σ  Η  Σ  Η  Ρ  T  Έ  Μ  Μ  L  T  E  U
Ι  Μ  O  F  O  K  Ά  W  Ι  K  C  D  Y  D  Ζ  Ζ  G
K  Γ  Λ  Y  S  P  T  Σ  Ι  A  K  Μ  Η  C  A  Ί  D
D  Y  O  L  P  J  A  Σ  K  O  Y  Λ  Ή  K  Ι  Ξ  U
Μ  Π  B  T  A  V  K  E  J  E  G  Q  C  P  J  A  O
```

ΠΑΙΔΙΆ
ΜΠΑΜΠΆ
ΠΑΡΆΓΟΝΤΑ
ΚΌΛΛΑ
ΒΑΜΒΑΚΙΟΎ
ΑΚΤΉ
ΣΧΈΣΗ
ΓΥΑΛΙΆ
ΣΚΟΥΛΉΚΙ
ΚΆΛΤΣΕΣ
ΧΘΕΣ
ΜΈΤΡΗΣΗΣ
ΠΡΟΣΟΧΉ
ΕΣΤΊΑΣΗΣ
ΔΙΑΘΈΣΙΜΟ
ΑΞΊΖΕΙ
ΚΑΤΆΣΤΗΜΑ
ΕΎΚΟΛΟ
ΦΥΣΙΚΌΣ
ΠΥΓΜΑΧΊΑΣ

Puzzle 408

ΚΟΎΠΑ
ΡΙΝΌΚΕΡΟΣ
ΛΊΠΟΣ
ΑΝΤΊΣΤΡΟΦΗ
ΓΕΝΝΑΙΟΔΩΡΊΑ
ΔΙΑΤΗΡΟΎΝΤΑΙ
ΔΕΊΚΤΗ
ΆΣΚΗΣΗ
ΚΟΥΝΙΈΜΑΙ
ΚΑΟΥΤΣΟΎΚ
ΚΟΙΝΩΝΙΚΉ
ΚΛΕΙΔΑΡΙΆ
ΝΑ
ΜΟΎΜΙΑ
ΠΑΡΑΔΈΧΟΝΤΑΙ
ΕΞΑΣΚΟΎΝ
ΣΟΚΟΛΆΤΑΣ
ΕΔΏ
ΚΟΙΝΌ
ΠΡΏΤΟ

```
K  Σ  O  P  E  K  Ό  Ν  Ι  P  D  C  B  Y  P  Π  U
C  O  Ά  L  Ι  J  A  U  R  Y  H  T  H  Ι  Ι  A  O
R  Π  Ι  L  A  H  Φ  O  P  T  Σ  Ί  T  Ν  A  P  H
R  Ί  P  Ν  C  W  G  B  Y  Ι  K  K  K  T  T  A  E
R  Λ  A  Ύ  Ό  W  G  X  Q  T  F  A  Ί  Ι  Ν  Δ  M
D  Χ  Δ  O  Ζ  T  J  P  Ή  Q  Σ  K  E  S  Ύ  Έ  O
Σ  T  Ι  K  K  Η  Σ  Η  K  Σ  Ά  O  Δ  V  O  Χ  Ύ
O  Π  E  Σ  O  M  Q  S  Ι  G  K  L  Ύ  Ζ  P  O  M
K  Ρ  Λ  A  Ύ  E  R  Ν  Ν  L  R  B  O  K  H  Ν  Ι
O  Ώ  K  Ξ  Π  E  D  V  Ω  R  K  C  C  Ν  T  T  A
Λ  T  J  E  A  H  C  Ι  Ν  Y  S  H  Q  Q  A  A  Q
Ά  O  A  Ί  P  Ω  Δ  O  Ι  A  Ν  Ν  E  Γ  Ι  Ι  R
T  P  G  O  Y  P  V  E  O  M  R  B  Ι  U  D  R  F
A  Y  E  F  L  U  S  Δ  K  Ι  Q  S  Y  H  K  D  C
Σ  M  H  Χ  B  Χ  V  Ώ  K  O  Y  Ν  Ι  Έ  M  A  Ι
```

Puzzle 409

```
Λ Ο Υ Κ Ά Ν Ι Κ Α W Π Α Τ Ρ Ά Κ Z
Η Λ Ι Ο Φ Ά Ν Ε Ι Α Σ Ρ Κ Ν G B H
Σ Ω Μ Α Τ Ι Δ Ί Ω Ν Μ Ρ Ό Ρ Ν Μ Ν
B Q G Ι Ε Π Έ Κ Τ Α Σ Η Κ Θ Ι S C
Χ Α Ρ Α Κ Τ Η Ρ Ι Σ Τ Ι Κ Ό Υ B H
Δ Ι Α Π Ρ Α Γ Μ Α Τ Ε Υ Τ Ε Ί Μ Ά
W Z Ν Κ Ά Ν Ε Ι Σ Ι Ρ B Ο Κ Ο G A
Μ Έ Έ C Ε Ω Ι Ε Υ V Ο Ζ Ο Α V Z W
Χ Ρ Μ Τ Φ Η Χ Ο Υ J Ν Υ Υ Χ J L
B Φ Ο Ν Ο Μ Ν Q Θ G L C S U Τ U H
J Μ Δ F Ι Ύ S Ν Ί Q F Μ Κ V F Ι Λ
Ν Q Ε B Ρ Σ Q A A B Ι Έ Ο Τ Τ Η Ά
Q Η Δ Κ Α Μ Π Α Ν Ο Ύ Λ Ε Σ Α J Γ
Σ Υ Ν Η Θ Ι Σ Μ Έ Ν Η Ε Τ Κ W D E
Π Α Ρ Ά Λ Ο Γ Η S C Z W Z U S Q R M
```

XAPAKTHΡΙΣΤΙΚΌ
ΚΑΜΠΑΝΟΎΛΕΣ
ΗΛΙΟΦΆΝΕΙΑΣ
ΠΡΌΘΥΜΑ
ΛΟΥΚΆΝΙΚΑ
ΔΕΔΟΜΈΝΑ
ΖΕΛΈ
ΚΆΡΤΑ
ΣΩΜΑΤΙΔΊΩΝ
ΑΊΘΟΥΣΑ
ΑΚΡΙΒΆ
ΜΕΓΆΛΗ
ΦΡΈΖΙΑ
ΔΙΑΠΡΑΓΜΑΤΕΥΤΕΊ
ΣΥΝΗΘΙΣΜΈΝΗ
ΣΎΜΦΩΝΑ
ΚΆΝΕΙ
ΕΠΈΚΤΑΣΗ
ΒΟΥΤΙΆ
ΠΑΡΆΛΟΓΗ

Puzzle 410

ΠΑΡΑΜΕΊΝΕΙ
ΣΠΆΣΕΙ
ΚΟΝΤΆ
ΜΗΧΑΝΙΚΆ
ΈΝΤΕΚΑ
ΜΆΛΛΟΝ
ΠΕΡΙΟΧΉ
ΜΥΡΊΖΕΙ
ΜΑΎΡΟ
ΔΙΆΦΟΡΑ
ΒΡΑΧΊΟΝΑ
ΆΡΘΡΑ
ΣΥΜΒΟΥΛΈΣ
ΣΤΟΜΆΧΙ
ΑΓΌΡΑΣΕ
ΕΠΙΣΤΉΣΕΙ
ΒΙΑΣΤΙΚΆ
ΘΕΡΜΌΤΗΤΑΣ
ΦΟΎΡΝΟ
ΣΕΛΊΔΑ

```
Y R F M Θ B O Y M D M I Z A G O Π
X F O L H E N R C D J Ά O V I U A
T I Ή X O I P E Π T X A Λ N E Q P
Σ E Λ Ί Δ A Ύ M U B E Y Ά Λ J P A
S Z K G U L O E Ό N Y H P M O A M
S Ί L Σ U M Φ X S T U P Θ A C N E
K P D Π H E S F I L H W P Ύ P O Ί
U Y Ά Ά T N O K W A Q T A P B Ί N
Έ M K Σ Έ Λ Y O B M Y Σ A O S X E
Y N I E Σ T O M Ά X I S P Σ W A I
O D T I E Σ Ή T Σ I Π E O Q U P W
M B Σ E Σ A P Ό G A M F Φ B G B Y
Z L A Ά K I N A X H M B Ά N F I O
R B I M Z A I Y D K S U I T T Y A
X A B Z T J K S R S C J D P R V K
```

Puzzle 411

```
Α  Ε  Σ  Α  Λ  Έ  Γ  Κ  Ν  G  Π  Ψ  Ν  Ε  Σ  Q  Δ
Ν  V  Ξ  C  D  Κ  Α  I  U  W  Λ  Ω  Κ  Π  Υ  Κ  Ε
Ε  Ρ  Β  Α  Π  Ί  Λ  Υ  Ο  Τ  Ε  Μ  Έ  I  Μ  J  Υ
Ξ  Τ  Ο  J  Ί  Η  Υ  Ο  Τ  Υ  Υ  Ά  Ρ  Λ  Φ  Α  Τ
Α  Ν  Σ  G  L  Ρ  Ν  U  D  W  Ρ  Κ  Δ  Έ  Ω  U  E
Ρ  Ε  I  Ή  Ζ  Κ  Ε  Ν  Υ  J  Έ  I  Ο  Ξ  Ν  Ε  Ρ
Τ  Ν  Μ  Τ  Ρ  Τ  Η  Σ  Κ  V  Σ  Α  Σ  Ε  Ί  Θ  Ε
Η  Υ  Ά  L  Τ  Η  Α  Υ  Η  F  U  I  Τ  Α  Ν  Ύ
Σ  Ο  Κ  Υ  V  Ρ  Τ  Ε  I  Ρ  Ή  Ν  Η  Ε  Μ  I  Ο
Ί  Λ  Υ  S  Q  Η  Σ  Α  Ρ  Δ  Ί  Τ  Ν  Α  Μ  Κ  Υ
Α  Ά  Ο  W  G  Η  Κ  Α  Ρ  Κ  Ρ  J  G  Ε  Ό  Ό  Σ
Σ  Β  Π  Ν  Ρ  Χ  Α  Π  C  Α  C  Α  Ρ  Ο  Κ  Σ  Α
Q  Σ  Ύ  Ζ  Υ  Γ  Ό  Λ  Ε  Χ  Π  Ν  Η  Ν  Η  G  Τ
L  I  I  Χ  Ζ  Ρ  Ή  U  R  S  Β  J  J  R  Β  Ρ
Η  Ε  F  Π  Ε  Ρ  I  Ε  Χ  Ο  Μ  Έ  Ν  Ο  Υ  L  Β
```

ΑΠΛΉ
ΑΝΤΊΔΡΑΣΗ
ΠΕΡΙΕΧΟΜΈΝΟΥ
ΠΑΡΑΤΗΡΉΣΤΕ
ΕΘΝΙΚΌΣ
ΕΙΣΒΆΛΟΥΝ
ΠΛΕΥΡΈΣ
ΨΩΜΆΚΙΑ
ΣΥΜΦΩΝΊΑ
ΚΌΜΜΑ
ΑΝΕΞΑΡΤΗΣΊΑΣ
ΕΠΙΛΈΞΕΤΕ
ΠΟΥΚΆΜΙΣΟ
ΓΈΛΑΣΕ
ΤΟΥΛΊΠΑ
ΚΈΡΔΟΣ
ΕΙΡΉΝΗ
ΣΎΖΥΓΟ
ΕΞΑΊΡΕΣΗ
ΔΕΥΤΕΡΕΎΟΥΣΑ

Puzzle 412

ΈΚΘΕΣΗ
ΟΡΊΖΟΥΝ
ΣΤΑΘΕΡΉ
ΔΙΑΘΈΤΟΥΝ
ΒΡΑΣΤΉΡΑ
ΑΚΡΊΔΑ
ΘΡΗΣΚΕΥΤΙΚΈΣ
ΑΝΑΜΈΝΕΤΑΙ
ΕΜΠΝΕΎΣΕΙ
ΤΆΞΗ
ΓΕΝΕΘΛΊΩΝ
ΙΠΠΑΣΊΑΣ
ΜΠΑΝΆΝΑ
ΣΠΑΝΆΚΙ
ΚΡΟΚΟΔΕΊΛΙΑ
ΜΕΙΏΣΕΙ
ΤΎΠΟΥ
ΚΡΑΤΉΣΕΙ
ΑΠΛΟΠΟΊΗΣΗ
ΘΈΑΤΡΟ

```
Σ  Π  Α  Ν  Ά  Κ  I  Ν  Χ  R  S  Α  Ν  Μ  G  S  V
Μ  R  Ή  Ρ  J  R  C  Υ  F  G  W  Π  Α  J  Α  C  E
Α  Κ  Ρ  Ί  Δ  Α  Χ  Ο  Ν  Ω  Ί  Λ  Θ  Ε  Ν  Ε  G
Β  D  Ε  Τ  Ά  Ξ  Η  Τ  Q  U  D  Ο  Θ  Η  L  W  I
Κ  Ρ  Θ  I  L  G  Χ  Έ  Α  Μ  G  Π  Ρ  G  J  F  G
Ρ  Ο  Α  Ε  J  Α  R  Θ  Ε  R  I  Ο  Η  Τ  L  V  Ρ
Ο  Ρ  Τ  Σ  Α  Ί  Σ  Α  Π  Π  I  Ί  Σ  Ν  Α  Ο  S
Κ  Ί  Σ  Ύ  Τ  W  Χ  I  Τ  Τ  Ε  Η  Κ  Ο  Χ  Έ  S
Ο  Ζ  C  Ε  L  Ή  J  Δ  Q  I  Σ  Σ  Ε  D  C  Τ  Θ
Δ  Ο  Β  Ν  S  Ζ  Ρ  Ρ  R  D  Ώ  Η  Υ  Ο  Π  Ύ  Τ
Ε  Υ  U  Π  S  Ε  G  Α  Υ  Υ  I  L  Τ  R  L  W  J
Ί  Ν  U  Μ  Έ  Κ  Θ  Ε  Σ  Η  Ε  Τ  I  J  Α  G  Τ
Λ  R  I  Ε  Σ  Ή  Τ  Α  Ρ  Κ  Μ  J  Κ  R  C  U  Ζ
I  Α  Ν  Α  Μ  Έ  Ν  Ε  Τ  Α  I  Κ  Έ  I  Β  Ρ  Ο
Α  Μ  Π  Α  Ν  Ά  Ν  Α  Κ  C  Ρ  Χ  Σ  Χ  Ο  C  Ε
```

Puzzle 413

```
H Z M F V H Z C Y Δ Ύ O S T H N I
K Λ S T Y Λ Ό A F Π A D T P Ύ Ό W
Ή F I Ύ M F G P M E H Ω S Ί O T M
Θ F N O Φ O P Ό I D A P P T M I O
O Q H K B C E J E G D Ύ E O Σ A Λ
I A O Λ B A T V R Θ O Γ T Σ A P Ύ
Λ G Y A P P Σ R C W Ά E Z I I R B
B N H X N Ά I P T Q Λ Y S Δ Ώ I
I R R T D Έ M R Λ Z M T A F E Y N
B D L X X Z Y L C Έ Z O T Σ X L Φ
Y T L I T R Θ Q Z Q M K U K Σ W T
Y X B W N Y O T Π Ύ Λ A K O Π A Ά
Σ K I Ά X T P O D G Q F T I Q G Σ
A Y Γ Ό Σ O Π V X T P V K O Q E E
X M U Y F K J A I M D U E T Σ O I
```

ΗΛΙΟΒΑΣΙΛΈΜΑΤΟΣ
ΦΤΆΣΕΙ
ΖΈΒΡΑ
ΒΙΒΛΙΟΘΉΚΗ
ΜΟΛΎΒΙ
ΔΎΟ
ΘΆΛΑΣΣΑ
ΤΡΊΤΟ
ΧΑΛΚΟΎ
ΣΚΊΑΧΤΡΟ
ΣΧΕΔΙΑΣΜΟΎ
ΥΠΗΡΕΣΙΏΝ
ΝΌΤΙΑ
ΑΠΟΚΑΛΎΠΤΟΥΝ
ΓΎΡΩ
ΑΥΓΌ
ΌΡΟΦΟ
ΣΤΥΛΌ
ΘΥΜΆΣΤΕ
ΠΟΣΌ

Puzzle 414

ΝΌΣΟ
ΠΟΛΎ
ΣΥΡΤΆΡΙ
ΠΡΏΗΝ
ΝΥΧΤΕΡΊΔΑ
ΦΆΣΗ
ΤΡΊΜΗΝΟ
ΚΕΡΊ
ΔΙΑΤΡΙΒΉ
ΓΛΥΚΆ
ΣΧΉΜΑ
ΏΡΙΜΗ
ΧΑΡΤΑΕΤΌ
ΦΛΙΤΖΆΝΙ
ΠΕΡΊΟΔΟ
ΟΔΟΝΤΌΚΡΕΜΑ
ΠΉΔΗΞΕ
ΔΙΚΗΓΌΡΟΣ
ΧΑΛΆΖΙ
ΠΑΓΕΤΌ

```
Π K L X Y W U K K H H Q W E A Π Π
I P E X S X K Y I L O F A C M Ή E
D S Ώ P L A M Ή X Σ Ύ Λ O Π E Δ P
U L G H Ί Λ Φ Λ I T Z Ά N I P H Ί
A S Z Σ N Ά B W U H Y K H Y K Ξ O
Π I Z Ά U Z Ώ P I M H Y M S Ό E Δ
A D P Φ V I M Z M W P Λ Ί V T K O
Γ D D Ά N V F K U U D Γ P I N P X
E N Y X T E P Ί Δ A Y A T G O X A
T Δ I A T P I B Ή X D L C L Δ M P
Ό A J Q V B Y Δ I K H Γ Ό P O Σ T
E P D F O F Q Σ W X O M F Q Σ J A
M D U Q E T D P P C I K M K Ό Y E
C U W Z D F E R X U K I D I N I T
K Y V T Y I G S M C Y P A B W D Ό
```

Puzzle 415

```
Y  U  O  Έ  R  Π  X  Ρ  Ω  M  Ά  T  Ω  N  Σ  E  U
Q  Y  X  C  P  V  A  Ϊ  A  N  N  E  Γ  S  Y  F  A
X  U  T  U  Y  X  E  P  V  L  E  S  L  M  N  X  W
Y  J  X  A  P  B  E  T  O  F  D  A  Z  U  O  P  G
Z  K  B  A  I  P  Ά  T  I  N  A  M  Z  R  M  Ή  S
C  G  V  Z  E  X  L  Q  A  D  O  M  Q  V  I  M  G
E  Π  A  N  Ά  Λ  Η  Ψ  Η  I  R  M  X  S  Λ  A  O
Π  Ρ  O  Σ  T  A  T  E  Ύ  O  Y  N  A  Η  Ϊ  T  Σ
E  A  Ρ  K  O  Y  Δ  Ά  K  I  Z  I  B  Σ  A  A  T
I  T  F  Q  M  U  T  U  U  Z  R  Σ  F  A  T  L  P
P  K  A  I  Δ  Ϊ  N  A  Λ  E  B  X  K  B  F  Ή  A
Ύ  Η  Σ  I  Γ  Γ  Έ  Σ  O  Ρ  Π  Ύ  Ρ  Σ  A  M  T
K  T  K  Ρ  P  C  K  T  D  D  L  Q  Ϊ  Ό  T  O  O
N  H  M  I  Σ  Ϊ  P  K  E  S  C  I  Σ  P  G  Δ  Ύ
W  B  X  L  B  Q  A  L  C  E  J  X  H  Π  U  K  R
```

ΚΡΊΣΙΜΗ
ΜΑΝΙΤΆΡΙΑ
ΠΑΡΟΝΟΜΑΣΤΉ
ΓΕΝΝΑΊΑ
ΠΡΌΣΒΑΣΗ
ΚΡΊΣΗ
ΣΤΡΑΤΟΎ
ΑΡΚΟΥΔΆΚΙ
ΣΥΝΟΜΙΛΊΑ
ΚΎΡΙΕ
ΒΕΛΑΝΊΔΙΑ
ΙΣΧΎ
ΧΡΉΜΑΤΑ
ΈΡΧΕΤΑΙ
ΕΠΑΝΆΛΗΨΗ
ΠΡΟΣΤΑΤΕΎΟΥΝ
ΧΡΩΜΆΤΩΝ
ΕΤΑΙΡΊΑ
ΠΡΟΣΈΓΓΙΣΗ
ΔΟΜΉ

Puzzle 416

ΑΠΟΡΡΊΨΕΙ
ΥΠΟΣΤΗΡΊΖΟΥΝ
ΣΤΑΘΕΊ
ΔΈΣΜΕΥΣΗ
ΜΆΤΙ
ΧΑΡΟΎΜΕΝΑ
ΔΈΚΑΤΟ
ΑΧΛΆΔΙ
ΈΠΙΠΛΑ
ΕΡΓΑΣΊΑ
ΚΟΛΎΜΠΙ
ΠΡΑΓΜΑΤΙΚΌΤΗΤΑ
ΧΙΟΝΟΣΤΙΒΆΔΑΣ
ΧΡΙΣΤΟΎΓΕΝΝΑ
ΧΙΛΙΆΔΕΣ
ΔΙΣΤΆΖΕΙ
ΔΙΕΎΘΥΝΣΗ
ΤΟΥΣ
ΠΌΝΟ
ΠΎΛΗ

```
I  X  I  O  N  O  Σ  T  I  B  Ά  Δ  A  Σ  Έ  D  Π
U  T  Q  I  A  B  Ρ  T  E  Δ  Q  U  V  N  Π  V  P
H  B  I  Π  N  B  Y  E  Ψ  I  T  Ά  M  M  I  Σ  A
Δ  Έ  Σ  M  E  Y  Σ  H  Ί  Σ  S  S  Z  W  Π  T  Γ
J  P  E  Ύ  M  O  A  Σ  Ρ  T  M  O  J  U  Λ  A  M
R  R  Δ  Λ  Ύ  A  Z  N  Ρ  Ά  P  N  E  J  A  Θ  A
L  G  Ά  O  O  T  A  Y  O  Z  A  I  S  D  A  E  T
J  H  I  K  Ρ  Q  N  Θ  Π  E  O  M  B  Q  E  Ϊ  I
X  J  Λ  B  A  N  O  Ύ  A  I  N  T  G  C  K  B  K
V  H  I  D  X  H  C  E  T  O  Ό  U  A  U  A  L  Ό
Y  Λ  X  Y  W  B  X  I  K  A  Π  C  X  K  G  T  T
H  Ύ  F  Q  K  U  R  Δ  D  D  S  W  Λ  X  Έ  Z  H
Υ  Π  O  Σ  T  H  P  Ί  Z  O  Y  N  Ά  R  P  Δ  T
Z  E  Ρ  Γ  A  Σ  Ί  A  M  O  O  W  Δ  X  Q  T  A
W  S  L  A  N  N  E  Γ  Ύ  O  T  Σ  I  P  X  P  R
```

Puzzle 417

```
F D I Q D K R T S X I E R H V N J
M E R O Σ Ύ Γ Χ Ρ Ο Ν Η Ε Ε S M B
Φ Ί Λ O U M W N A Π Λ K Y M M J N
K A T A Λ Ά B E I Θ E L R Π R Z M
Π K C L R J Y O M Y H P M O R Y M
P O B A Θ M O Ύ M A Y Λ Ί Λ Q E C
O I Ξ A Π A T Ή Σ E I Y E P E X
Σ N M Y T E P Ά F W W T T K P U N
Έ Ω T Ά K L Z X U M R T C C Ό Γ Y
Γ N A Π O Δ E Ί Ξ E I Σ Σ T B C O
Γ Ί M E Γ A Λ Ώ N O Y N H Ά C F Ψ
I A K Ό M M A T A Z X B Σ I I N Έ
Σ Σ Έ K I P E M X L L Ύ X G P Λ
H B U O X K O Γ I Ό T O Λ U P F K
U A Y O X L V K Y E O B Π A J F A
```

ΜΕΓΑΛΏΝΟΥΝ
ΒΑΘΜΟΎ
ΘΗΛΥΚΌ
ΠΕΡΊΕΡΓΟ
ΜΠΟΛ
ΜΥΤΕΡΆ
ΚΟΙΝΩΝΊΑΣ
ΚΟΓΪΟΤ
ΚΑΤΑΛΆΒΕΙ
ΚΌΜΜΑΤΑ
ΤΣΆΙ
ΦΊΛΟ
ΑΠΟΔΕΊΞΕΙΣ
ΚΆΤΩ
ΚΛΈΨΟΥΝ
ΠΛΎΣΗΣ
ΜΕΡΙΚΈΣ
ΕΞΑΠΑΤΉΣΕΙ
ΣΎΓΧΡΟΝΗ
ΠΡΟΣΈΓΓΙΣΗ

Puzzle 418

ΔΡΑΜΑΤΙΚΉ
ΠΛΗΜΜΎΡΑ
ΠΌΔΙ
ΑΚΡΙΒΉ
ΠΟΙΌΤΗΤΑ
ΜΉΝΑ
ΚΌΣΜΟ
ΕΜΦΆΝΙΣΗ
ΔΑΓΚΏΣΕΙ
ΦΩΛΙΆ
ΜΆΘΟΥΝ
ΑΣΦΑΛΈΣ
ΧΛΕΥΑΣΜΌΣ
ΑΊΜΑΤΟΣ
ΝΟΣΟΚΌΜΑ
ΕΠΙΚΊΝΔΥΝΑ
ΟΡΤΎΚΙΑ
ΠΡΆΣΙΝΟ
ΓΥΑΛΙΆ
ΑΧΛΆΔΙ

```
M G I W S E E X V E X D I X Π N Γ
I Ά O W M B A Q Y M R Z T Λ P O Y
M I Θ D S D V T G I Ή S P E Ά Σ A
Ή Λ M O D P T V F R X N M Y Σ O Λ
K Ω T X Y P R J Z X E G A A I K I
I Φ W C Q N I Δ Ό Π F A H Σ N Ό Ά
T O J O M A Δ B B Y Λ T O M O M L
A S W K H T Ά G U Y A H O Ό A A F
M F W X M I Λ D Y P Z T M Σ I M P
A K P I B Ή X Z H W A Ό Σ M K J H
P T R V K V A J E Y N I O P Ύ Q K
Δ A Γ K Ώ Σ E I A B E O K P T P Z
E Π I K Ί N Δ Y N A B Π S M P B A
E M Φ Ά N I Σ H D W D M Y C O V T
O O A Ί M A T O Σ Έ Λ A Φ Σ A G J
```

Puzzle 419

```
Π Ρ Ό Σ Β Α Σ Η Ά Χ Ρ Ώ Μ Α Τ Α Υ
S M D Ό Κ Χ O J I Η Σ Ω Ν Ά Γ Ρ O
W I Λ Σ Α Δ Ί Λ Ε Σ Τ F W I E Ί
O P L E U N T K A A B Ω N S K S E
Σ F K P S Ώ B M Π W U H Ί M Γ Α Φ
Y K S T L Γ G B Ό E L I Y E Ή Z A
Ρ K W T U A M Ή Σ T G A C J M Q P
T Π Π E P I E X O M Έ N O Y P H Γ
Ά M A R Y L R Θ R E Q U M Q Y Σ Σ
P L H N E M P E B Ό Λ Y O Π M T M
I D I J T P Z Ί S C O I V M P Ά Y
U V R X V O N O Σ T A O K A U Θ N
M I Z P O I Ύ Σ H D S T T Q U H O
A N T A Π O K P Ί N O N T A I K K
Π P O Γ P Ά M M A T O Σ C W E E O
```

ΣΉΜΑ
ΠΟΥΛΌΒΕΡ
ΑΝΤΑΠΟΚΡΊΝΟΝΤΑΙ
ΣΤΆΘΗΚΕ
ΣΗΜΕΊΩΣΗ
ΧΡΏΜΑΤΑ
ΘΕΊΟΣ
ΑΓΏΝΑ
ΠΑΛΙΆ
ΠΡΟΓΡΆΜΜΑΤΟΣ
ΑΤΜΌ
ΜΥΡΜΉΓΚΙ
ΟΡΓΆΝΩΣΗ
ΠΑΝΤΟΎ
ΤΡΕΛΌΣ
ΓΡΑΦΕΊΟΥ
ΣΕΛΊΔΑ
ΠΕΡΙΕΧΟΜΈΝΟΥ
ΣΥΡΤΆΡΙ
ΠΡΌΣΒΑΣΗ

Puzzle 420

ΚΥΒΈΡΝΗΣΗΣ
ΣΩΜΑΤΙΚΉ
ΣΤΑΦΎΛΙΑ
ΦΙΛΟΔΟΞΊΑ
ΛΟΥΛΟΎΔΙ
ΜΩΡΌ
ΉΣΥΧΟ
ΠΑΛΤΌ
ΦΟΡΤΗΓΌ
ΧΕΛΏΝΑ
ΧΉΝΑΣ
ΦΙΛΙΚΌ
ΕΠΙΛΟΓΉ
ΠΡΟΒΛΈΠΟΥΝ
ΣΥΓΧΈΟΥΝ
ΚΈΝΤΡΟ
ΜΊΣΟΥΣ
ΠΕΤΡΕΛΑΊΟΥ
ΆΜΜΟ
ΈΝΤΕΚΑ

```
Σ S M Ή Σ Y X O R Q V Z Ά L D U Q
Π Y Ή Ί Q T E C D N Z E M G Y Z W
A X Γ L Σ Φ I Λ I K Ό Φ M N O N D
Λ E O X D O Z T Δ L E I O B Ί C B
T Λ Λ B Έ K Y P Ύ A I Λ Ύ Φ A T Σ
Ό Ώ I B M O A Σ O P F O F E Λ Π K
D N Π U F Z Y X Λ E Y Δ F I E P Q
B A E B F D M N Y P A O Σ Σ P O Q
Σ Ω M A T I K Ή O P O Ξ S C T B R
L M M D R T P X Λ G D Ί K J E Λ Y
A V G F V T K A Ή J M A X Z Π Έ I
P N M M O Σ H Σ H N P Έ B Y K Π V
O C Ω D H L Σ M B Q A W J U C O T
D O P T N Έ K T Z W L Σ K T U Y H
B I Ό Γ H T P O Φ Έ N T E K A N Z
```

Puzzle 421

```
Τ  Έ  Τ  Ο  Ι  Α  Ζ  Κ  Σ  Έ  Σ  W  M  N  T  Q  Σ
Γ  Ε  Ρ  Ά  Κ  Ι  U  A  Y  B  N  Π  Q  L  D  K  Y
Σ  Ε  Ν  Ά  Ρ  Ι  Ο  Τ  Ν  Κ  Ο  Τ  Η  Ζ  Β  Ε  Γ
V  V  Y  R  W  D  A  Ά  T  R  Q  Ή  Ο  Λ  U  E  K
U  B  J  Y  Ό  I  Y  P  O  U  S  N  Θ  N  I  C  E
H  Q  H  O  N  B  P  T  M  R  H  E  N  E  O  Ά  K
B  P  Ώ  M  I  K  O  I  O  P  J  Γ  T  Z  I  Σ  P
M  N  F  Y  P  E  Q  Σ  Γ  D  L  Y  Z  E  W  A  I
Y  T  O  P  I  W  S  H  P  G  N  E  U  M  P  H  M
Σ  Z  W  Y  A  F  O  Σ  A  K  A  P  I  Έ  P  A  Έ
T  K  Φ  T  K  Q  H  Ή  Φ  O  Σ  M  S  D  A  K  N
Ή  Κ  Θ  Ί  O  V  N  E  Ί  Z  E  H  R  G  D  D  H
P  U  H  Δ  Λ  O  Z  F  A  N  O  T  Ί  E  Γ  W  K
I  U  N  Ω  A  S  E  Ξ  Ά  Ί  P  E  Σ  H  D  U  M
O  Z  Ή  N  K  K  Ύ  P  I  O  Σ  R  A  K  T  A  W
```

ΚΑΤΆΡΤΙΣΗΣ
ΚΑΛΟΚΑΙΡΙΝΌ
ΣΕΝΆΡΙΟ
ΚΑΡΙΈΡΑ
ΤΈΤΟΙΑ
ΦΘΗΝΉ
ΓΕΡΆΚΙ
ΜΥΣΤΉΡΙΟ
ΕΥΓΕΝΉ
ΓΕΊΤΟΝΑ
ΣΥΓΚΕΚΡΙΜΈΝΗ
ΚΎΡΙΟΣ
ΣΥΝΤΟΜΟΓΡΑΦΊΑ
ΒΡΏΜΙΚΟ
ΒΟΉΘΕΙΑ
ΡΥΤΊΔΩΝ
ΣΟΦΉ
ΈΝΤΟΝΟΣ
ΣΠΗΛΙΆ
ΕΞΑΊΡΕΣΗ

Puzzle 422

ΣΟΥΗΔΌΣ
ΚΑΛΑΜΆΡΙΑ
ΠΑΊΧΤΗΣ
ΚΟΡΆΚΙ
ΠΡΟΣ
ΥΠΕΎΘΥΝΟΣ
ΕΜΦΑΝΙΣΤΕΊ
ΔΗΜΟΚΡΑΤΙΚΉ
ΑΝΑΜΟΝΉ
ΆΛΛΕΣ
ΟΥΣΊΑΣ
ΕΥΚΟΛΊΑ
ΦΟΎΣΤΑ
ΣΥΝΟΨΊΖΟΥΝ
ΤΗ
ΓΟΝΕΊΣ
ΑΝΤΑΓΩΝΙΣΜΌ
ΕΠΙΛΈΞΕΤΕ
ΚΡΟΚΟΔΕΊΛΙΑ
ΕΤΑΙΡΊΑ

```
K  T  Ύ  Ή  K  Ί  T  A  P  K  O  M  H  Δ  Z  N  P
U  R  F  A  I  P  Ά  M  A  Λ  A  K  T  V  W  E  K
Σ  Ί  E  N  O  Γ  O  K  Ί  A  N  A  M  O  N  Ή  Y
N  O  P  W  Q  W  H  K  Λ  G  D  E  V  H  U  F  P
Y  G  Y  W  J  C  X  Q  O  H  T  C  G  Z  T  Π  T
O  Π  U  H  Z  M  G  T  K  Δ  Σ  I  R  Ί  L  A  E
Z  A  E  V  Δ  P  V  E  Y  K  E  G  O  E  C  Ί  Π
Ί  S  S  Ύ  J  Ό  F  K  E  J  Λ  Ί  L  T  U  X  I
Ψ  H  T  D  Θ  F  Σ  M  P  R  L  A  C  Λ  Σ  N  T  Λ
O  L  E  R  P  Y  O  M  N  D  Ά  F  A  I  U  H  Έ
N  H  S  G  B  E  N  K  O  P  Ά  K  I  N  A  Σ  Ξ
Y  Π  P  O  Σ  Z  O  O  G  J  O  J  Q  A  B  M  E
Σ  A  Ί  Σ  Y  O  A  T  Σ  Ύ  O  Φ  M  Φ  O  O  T
A  N  T  A  Γ  Ω  N  I  Σ  M  Ό  G  N  M  G  X  E
E  T  A  I  P  Ί  A  S  Q  Z  B  W  N  E  D  F  W
```

Puzzle 423

```
R O R T B R Y E A N Ό H T O Σ A R
E T H B D A P G X I Ί Λ A X U F H
Π Ό Λ E M O F J Z Q I Ί N M A K Σ
Ξ K T Y T G Ί H W X I K A A M U F
G A N A Π O Σ T O Λ Ή Σ Φ Y Λ U A
W O Φ M S D Ώ Π Y M I O Έ Γ Ά F C
Έ P D N X L Φ M H A L I P Ά Φ K B
B K P T I H A A N Ό Σ O Ω B E Σ K
M L B D U K Σ K Q U A Π Q Ά T Y Φ
U A F A L R Ά Ά W H N Ά W T C N W
E C Y L Σ B Z J D F Y K A P S D E
A G Z R R H K C Y I X G V A T O U
Σ Y N H Θ I Σ M Έ N H N T X R T W
K A Λ A M Π O K I O Ύ G J O N R T
A Π A Γ O P E Ύ O Y N R K Σ W L W
```

ΒΆΤΡΑΧΟΣ
ΑΠΟΣΤΟΛΉΣ
ΚΑΛΑΜΠΟΚΙΟΎ
ΚΆΠΟΙΟΣ
ΦΥΤΆ
ΠΌΛΕΜΟ
ΑΥΤΊ
ΣΚΑΜΝΊ
ΣΑΦΏΣ
ΑΝΌΗΤΟΣ
ΣΦΆΛΜΑ
ΆΚΑΜΠΤΗ
ΧΑΛΊ
ΑΠΑΓΟΡΕΎΟΥΝ
ΑΥΓΆ
ΞΑΦΝΙΚΆ
ΈΚΒΑΣΗ
ΑΝΑΦΈΡΩ
ΣΥΝΗΘΙΣΜΈΝΗ
ΝΌΣΟ

Puzzle 424

ΡΑΜΦΊΖΟΥΝ
ΠΕΔΊΟ
ΑΠΕΛΠΙΣΜΈΝΟΙ
ΥΠΟΔΟΧΉΣ
ΒΡΟΧΉΣ
ΔΕΙΛΆ
ΑΝΤΊΘΕΣΗ
ΞΈΝΩΝ
ΨΆΧΝΕΙ
ΜΕΓΆΛΑ
ΨΥΓΕΊΟ
ΛΎΚΟΣ
ΊΔΙΑ
ΚΑΤΆΒΑΣΗ
ΟΔΟΝΤΌΒΟΥΡΤΣΑ
ΚΟΥΝΕΛΙΏΝ
ΑΞΊΖΕΙ
ΚΑΟΥΤΣΟΎΚ
ΒΙΒΛΙΟΘΉΚΗ
ΧΡΩΜΆΤΩΝ

```
P B J T Q E P X N Ώ I Λ E N Y O K
B P A N T Ί Θ E Σ H J P N M L B A
I O Ί E Γ Ψ L W L U B E H J I O
U X Z Ά K H V R L Z K M J M N O Y
I Ή V Λ T H U I X P Ω M Ά T Ω N T
D Σ B I B Λ I O Θ Ή K H Ψ P N Έ Σ
J O K E U A Z Z Ί R A Z Ά A Έ M O
Ί K F Δ A Λ Ξ D O Δ T H X M Ξ Σ Ύ
Δ Ύ A Y R Ά U Ί H B E J N Φ X I K
I Λ Q C A Γ Β Z A P Π E Ί D Π D
A A T B Y E Y A Z E K P I Z U A R
G Z H Y P M E I X B I N M O G E T
K A T Ά B A Σ H L U S Z X Y C Π A
K Y Π O Δ O X Ή Σ C W D U N R A J
O Δ O N T Ό B O Y P T Σ A B Y S J
```

Puzzle 425

```
I  E  Q  Ή  A  Π  Ρ  Ό  K  E  I  T  A  I  M  K  E
L  Q  J  M  L  K  Σ  B  A  Σ  I  K  Ό  A  H  A  K
N  Ώ  B  I  O  M  A  B  L  T  B  W  R  X  T  Λ  N
Έ  A  Q  K  F  S  Ί  Δ  I  A  Π  G  W  Q  P  Ω  E
Δ  T  W  O  O  E  E  A  H  S  T  N  H  X  I  Σ  Y
H  B  Q  Δ  Y  Z  Λ  Ά  Ξ  M  O  R  C  G  K  Ό  P
M  K  F  C  Y  R  A  P  Λ  I  A  Q  Q  S  Ή  P  I
U  N  P  E  L  E  Φ  O  O  Π  O  Ϊ  S  K  T  I  Σ
W  L  Ί  Q  R  M  Σ  U  Y  P  Γ  Λ  K  O  R  Σ  M
L  X  Π  S  X  M  A  Y  K  Ό  C  K  Ό  Ό  M  M  Έ
Σ  Y  M  Φ  Ω  N  Ί  A  Ά  Σ  V  R  A  Γ  O  A  N
V  E  A  Z  O  C  B  T  N  Φ  T  S  Q  Z  H  M  O
K  G  B  P  U  V  R  P  I  A  T  T  S  H  Ό  Σ  Σ
K  Ά  Θ  O  M  A  I  K  K  T  O  A  E  S  Y  N  H
H  T  K  E  Σ  Ό  Ρ  Π  A  H  N  V  H  P  C  Z  I
```

ΑΠΡΌΣΕΚΤΗ
ΑΜΟΙΒΩΝ
ΒΑΜΠΊΡ
ΜΗΔΈΝ
ΤΟΝ
ΑΞΙΟΛΌΓΗΣΗ
ΠΑΙΔΊ
ΚΆΘΟΜΑΙ
ΜΗΤΡΙΚΉ
ΑΣΦΑΛΕΊΑΣ
ΓΚΑΖΌΝ
ΠΡΌΣΦΑΤΗ
ΠΡΌΚΕΙΤΑΙ
ΔΟΚΙΜΉ
ΑΚΑΔΗΜΑΪΚΌ
ΒΑΣΙΚΌ
ΕΚΝΕΥΡΙΣΜΈΝΟΣ
ΚΑΛΩΣΌΡΙΣΜΑ
ΛΟΥΚΆΝΙΚΑ
ΣΥΜΦΩΝΊΑ

Puzzle 426

ΔΗΛΗΤΉΡΙΟ
ΚΎΚΝΟ
ΊΔΡΥΜΑ
ΚΑΤΆΛΛΗΛΟ
ΑΡΧΑΊΑ
ΘΌΡΥΒΟ
ΠΆΓΩΜΑ
ΛΑΪΚΆ
ΕΠΙΦΆΝΕΙΑ
ΠΊΣΩ
ΒΑΘΜΌ
ΘΛΙΒΕΡΌ
ΜΕΤΑΒΛΗΤΉ
ΏΘΗΣΕ
ΓΕΝΙΆ
ΧΆΣΕΤΕ
ΈΞΩ
ΣΎΝΔΕΣΗ
ΜΑΎΡΟ
ΤΟΥΣ

```
Θ  Q  M  S  R  K  P  W  T  E  S  Ω  Σ  Ί  Π  D  X
Λ  U  D  A  C  Y  N  Q  L  O  T  G  G  Δ  F  W  U
I  K  A  T  Ά  Λ  Λ  H  Λ  O  Y  I  V  P  K  X  A
B  Δ  H  Λ  H  T  Ή  P  I  O  M  Σ  N  Y  Λ  Ά  W
E  F  Q  S  R  J  Σ  Ύ  N  Δ  E  Σ  M  A  Σ  S
P  Π  Ά  Γ  Ω  M  A  M  F  D  M  J  O  A  Ϊ  E  Ώ
Ό  N  D  F  A  X  A  E  M  B  P  E  X  L  K  T  Θ
A  U  P  J  I  G  W  T  A  Ί  A  X  P  A  Ά  E  H
Έ  Ξ  Ω  W  E  C  T  A  Ύ  L  D  F  Q  A  O  Σ
N  H  Γ  E  N  I  Ά  B  P  Θ  L  O  M  V  L  H  E
G  X  S  R  Ά  S  P  Λ  O  L  Ό  V  V  Ό  V  O  C
V  L  B  I  Φ  K  N  H  N  V  C  P  J  A  F  I  X
C  Q  K  S  I  D  P  T  K  C  Z  S  Y  N  R  R  P
D  H  Q  X  Π  Q  I  Ή  Ύ  Q  O  F  C  B  L  Z  B
B  Z  I  Y  E  G  S  J  K  T  P  Y  B  D  O  S  G
```

Puzzle 427

```
G X U F O E A Δ Ί Φ A T Σ X B T W
Σ Δ Z P O Θ I I G Y M X W B A E O
A I O M Ό P A Π X S Ό N C N M X P
Ί A V N W Ή Y M L M Γ L M Έ B N X
Σ M I Q T Ό H G H X H J K K A O R
A Έ S V Ά I Δ I A Π I P E T K Λ M
T I I N J O Ώ I K Q G B Ό A I O G
N N S F I Λ T N K A W T Ό P O Γ D
A Y L J B Φ H Y A A A Q A P Ύ Ί M
Φ O X Ά Σ O Y N R I E Ξ Ί P E A X
Z K S T L J N K C Λ C B W R B I X
C X O M J N X O J Ό Y C E K N J A
A N Ώ T E P O Σ H Σ H B M Ύ Λ O K
S J D P J S E Y K A I P Ί A M O I
B N M R A J N J F Φ A X C B N D D
```

ΒΌΡΕΙΑ
ΠΑΡΌΜΟΙΑ
ΉΡΘΕ
ΚΟΛΎΜΒΗΣΗΣ
ΤΕΧΝΟΛΟΓΙΑ
ΦΑΝΤΑΣΊΑΣ
ΑΝΏΤΕΡΟΣ
ΧΆΣΟΥΝ
ΦΑΣΌΛΙΑ
ΑΙΧΜΗΡΌ
ΔΟΝΤΙΏΝ
ΦΛΟΙΌ
ΓΌΜΑ
ΝΈΚΤΑΡ
ΡΊΞΕΙ
ΣΤΑΦΊΔΑ
ΕΥΚΑΙΡΊΑ
ΒΑΜΒΑΚΙΟΎ
ΠΑΙΔΙΆ
ΚΟΥΝΙΈΜΑΙ

Puzzle 428

ΜΕΙΟΨΗΦΊΑ
ΓΛΥΚΙΆ
ΑΔΎΝΑΜΟ
ΠΡΟΪΌΝ
ΥΛΙΚΌ
ΠΑΠΑΓΆΛΟΣ
ΔΈΝΤΡΟ
ΦΆΡΜΑ
ΛΆΜΨΗ
ΤΑΠΕΙΝΉ
ΦΆΣΜΑ
ΠΑΝΤΕΛΌΝΙΑ
ΔΗΜΟΣΊΕΥΣΗ
ΑΔΕΛΦΉ
ΖΉΤΗΜΑ
ΣΗΜΑΝΤΙΚΈΣ
ΠΙΘΑΝΏΣ
ΛΙΟΝΤΆΡΙ
ΑΝΕΞΑΡΤΗΣΊΑΣ
ΏΡΙΜΗ

```
Z A E M E K Π J D B I P O I C C Φ
Ή N Λ H J E F I P Ά T N O I Λ Q Ά
T E M Ά L A R L Θ Γ Λ Y K I Ά J P
H Ξ E O M A N Ύ Δ A D P Z R V Y M
M A I M H Ψ B D A Ή N I E Π A T A
A P O X J I H Ώ O Y V Ώ Y Λ I K Ό
I T Ψ L V U Σ Y P Z P P Σ Q W A X
N H H K D X Y H T I Δ Έ N T P O D
Ό Σ Φ B U K E M G K M A Δ E Λ Φ Ή
Λ Ί Ί D H H Ί Y C K A W T Q R Q O
E A A W Q K Σ E A J B Φ Ά Σ M A Z
T Σ Y N Ό Ϊ O P Π O W X F S D F H
N U N J F L M Π A Π A Γ Ά Λ O S R
A R S R M F H Σ H M A N T I K Έ Σ
Π V E G S N Δ J K C S X T A K G L
```

Puzzle 429

```
R L C Ή P H M Λ O T V T B L F E Y
F J N K E M Y O Ύ E T A K A N A Q
Z K L I P P N X I Γ T Έ T A P T O
P Ά I Λ I Σ A B E Ή K I M O T A B
F T Z O Y Δ X H Ψ G P A V Z G J J
E J J X W P K T Έ Φ P O N T Ί Δ A
G Γ Y Σ D O W A T E I X E Q Y E S
P G X Z N Σ P M Σ U C J Σ X B U D
O Y O E C I F Ό H K D D I G Q A P
I R K A Ά K T Λ T Ό H Π D A U F
M Π Ά Λ A P R Y J W M Λ Ό Q O G Z
E Ί Σ O Δ O Ί A P Ό Φ H T A N A Θ
K E Φ Ά Λ I M Δ U M V P N X P G R
N V X B O Ή T Σ I P Ω X E Ξ R Q W
F B P O X E P Έ Σ O U R Q P Y T I
```

ΚΕΦΆΛΙ
ΕΊΣΟΔΟ
ΞΕΧΩΡΙΣΤΉ
ΤΈΤΑΡΤΟ
ΘΑΝΑΤΗΦΌΡΑ
ΒΑΣΙΛΙΆ
ΛΎΓΚΑ
ΑΥΤΌΜΑΤΗ
ΤΟΛΜΗΡΉ
ΣΧΟΛΙΚΉ
ΑΝΑΚΑΤΕΎΟΥΜΕ
ΛΗΣΤΈΨΕΙ
ΚΑΣΚΌΛ
ΒΡΟΧΕΡΈΣ
ΑΤΟΜΙΚΉ
ΕΓΧΕΙΡΊΔΙΟ
ΦΡΟΝΤΊΔΑ
ΕΝΤΌΠΙΣΕ
ΜΠΆΛΑ
ΔΡΟΣΙΆ

Puzzle 430

ΧΡΏΜΑ
ΚΟΙΛΌΤΗΤΑ
ΈΞΙ
ΈΘΙΜΟ
ΤΡΟΠΙΚΉ
ΣΥΓΓΡΑΦΈΑΣ
ΟΜΟΛΟΓΊΑ
ΣΥΝΕΡΓΆΖΟΝΤΑΙ
ΑΝΤΊΚΕΣ
ΔΥΤΙΚΈΣ
ΕΙΣΑΓΆΓΕΙ
ΑΥΛΉ
ΆΜΕΣΗ
ΕΚΧΩΡΉΣΕΙ
ΕΛΠΊΔΑ
ΛΊΜΝΗ
ΤΡΙΆΝΤΑ
ΓΝΩΣΤΉ
ΣΧΈΣΗ
ΖΈΒΡΑ

```
F W P C C C P I C P R A R P L W C
M I E Σ Ή P Ω X K E E Λ Π Ί Δ A K
H E A A T H T Ό Λ I O K H T F L N
I Γ A A T X X G X R G T R E E Z L
Σ Ά J L P N P H H L I C G I O Έ V
A Γ D K O N Ά Ώ H Σ Έ X Σ A M B M
Έ A N A Π X D I M J Ξ Q E Y O P P
Φ Σ Έ K I T Y Δ P A I T K Λ Λ A O
A I I E K J T Λ J T L W Ί Ή O T S
P E Y A Ή B V Ί T A H W T J G A
Γ N Ω Σ T Ή E M W N S L N D Ί F V
Γ Έ Θ I M O O N U N V P A X A Z C
Y C P S V L B H Σ E M Ά L M M L S
Σ Y N E P Γ Ά Z O N T A I H X V N
H J T J L R Q H G G A F Y K E L Y
```

Puzzle 431

```
T F D V M W K Π Σ Γ Ρ Α Β Ά Τ Α U
K Ρ N T R M A P E Y Q L U J C G I
U L É E J Z Γ O Λ K N T Σ U B Y K
B L J Ξ L Ά K Π Ά S P É O F V Ό Ά
A P F P E N O O K H Σ H Λ K Ό P Π
P O M U Z I Y N Σ Z Z Σ E E X O A
Ύ X S L F T P H D A U Ω Φ K Y Σ K
T R B D Y Ά O T V K B Λ Ό K X Σ I
H A P X Ή Π B Ή P Ω T Ή Σ Ω C B H
T C H V V P T Σ N T Z Δ Φ L F J M
A Π P O T E Ί N O Y M E V Ά B Q T
Σ O I K O Γ E N E I A K Ό I Σ J R
Λ A O Γ P A Φ I K Ό H Y D R R H J
Λ O Y Λ O Ύ Δ I A E N C W R Y X V
V L Q K N G G Q R P Y O I O Z T E
```

ΠΑΤΙΝΆΖ
ΓΡΑΒΆΤΑ
ΌΦΕΛΟΣ
ΣΥΝΈΛΕΥΣΗ
ΡΩΤΉΣΩ
ΛΟΥΛΟΎΔΙΑ
ΒΑΡΎΤΗΤΑΣ
ΤΡΈΞΕΙ
ΠΡΌΚΛΗΣΗ
ΔΉΛΩΣΗ
ΑΡΧΉ
ΠΡΟΤΕΊΝΟΥΜΕ
ΣΚΆΛΕΣ
ΠΡΟΠΟΝΗΤΉΣ
ΚΑΓΚΟΥΡΌ
ΌΡΟΣ
ΛΑΟΓΡΑΦΙΚΌ
ΟΙΚΟΓΕΝΕΙΑΚΌ
ΚΑΠΆΚΙ
ΦΆΣΗ

Puzzle 432

ΚΛΕΙΔΊ
ΑΝΤΑΝΑΚΛΆ
ΜΠΕΡΔΕΜΈΝΑ
ΣΑΎΡΑ
ΕΚΠΑΊΔΕΥΣΗ
ΠΡΌΤΥΠΟ
ΕΚΔΉΛΩΣΗ
ΦΩΝΉ
ΈΡΧΟΝΤΑΙ
ΕΝΤΥΠΩΣΙΆΖΟΥΝ
ΦΩΤΙΆ
ΡΑΠΑΝΆΚΙ
ΧΙΌΝΙ
ΜΌΛΙΣ
ΜΠΑΜΠΆ
ΣΠΑΝΆΚΙ
ΓΕΝΕΘΛΊΩΝ
ΣΤΥΛΌ
ΜΑΝΙΤΆΡΙΑ
ΜΆΤΙ

```
E E Φ Ω N Ή H W Y N Σ A Ύ P A H E Γ
N G M Z G Y M K Y W Σ S O J Q K E
T O Π Y T Ό P Π F I I T L H A Π N
Y I E A N T A N A K Λ Ά Y U T A E
Π O P L W G W I R Ά Ό D U Λ K Ί Θ
Ω A Δ S E E S E K N M P A J Ό Δ Λ
Σ I E G G O K X U A B M R J H E Ί
I P M M Z V U Δ V Π C E Ά Z Ί Y Ω
Ά Ά É Φ Ω T I Ά Ή Σ V J T T Δ Σ N
Z T N J X I Ό N I Λ P U G E I H L
O I A T N O X P É Z Ω K Q L E U W
Y N P A Π A N Ά K I G S R C Λ O F
N A Q R V M Π A M Π Ά O H N K A E
D M Z Q X C O F O F H Z Q L H T I
B H S V S D O D S N Z I E O E W P
```

Puzzle 433

```
U Y H S Ή V D J Έ Τ Σ I Ε Θ Π Δ Z
D A Δ I K T B S Q F C B Π Ε Λ I Ε
D E N Y A A P T Z Σ D Q Έ P O A Y
V T Y K I L D R V H E G K M Y Σ Γ
W U O X Δ T H Y E V O C T O Σ K Ά
B K N O A Ί K P Y O T K A K I E P
T E Ά E T P E M E F H A Σ P Ό Δ I
S N T O Σ J I H Q S F B H A T Ά F
Ί K Φ L Y F H Σ Λ E Π T Ό Σ E Σ K
Δ Ή Λ Ω Σ H Σ H T X Ά P Φ Ί P E Q
B B K X Ό M L Γ Q Ώ B F H A O I J
A Q H Y P O M Ή Σ Y N Έ Δ P I O I
P C Z Z X Δ W O N A X Ά L C G S P
O D I A Y B W Λ Π A Π O Ύ T Σ I A
A C L O Ψ Έ X Π T O L U I V K Q H
```

ΦΤΆΝΟΥΝ
ΔΙΑΣΚΕΔΆΣΕΙ
ΈΒΔΟΜΗ
ΠΛΟΉΓΗΣΗ
ΈΤΣΙ
ΣΤΑΔΙΑΚΉ
ΣΥΝΈΔΡΙΟ
ΠΑΠΟΎΤΣΙΑ
ΨΥΧΡΌΣ
ΠΛΟΥΣΙΌΤΕΡΟ
ΛΆΧΑΝΟ
ΛΕΠΤΌ
ΕΥΧΑΡΙΣΤΏ
ΔΉΛΩΣΗΣ
ΖΕΥΓΆΡΙ
ΦΡΆΧΤΗ
ΡΑΒΔΊ
ΤΟΥΡΚΊΑ
ΘΕΡΜΟΚΡΑΣΊΑ
ΕΠΈΚΤΑΣΗ

Puzzle 434

ΈΧΕΙ
ΚΌΝΔΟΡΑΣ
ΕΠΙΤΡΈΠΟΥΝ
ΝΟΣΟΚΟΜΕΊΟ
ΖΩΓΡΑΦΙΚΉΣ
ΜΊΛΗΣΕ
ΘΕΡΜΌΤΕΡΟΣ
ΜΕΤΆ
ΕΣΩΤΕΡΙΚΉ
ΚΌΜΠΟΣ
ΚΡΑΓΙΌΝΙΑ
ΕΠΕΞΕΡΓΑΣΊΑΣ
ΑΓΚΆΛΙΑΣΕ
ΡΟΚ
ΒΟΟΕΙΔΉ
ΠΙΆΝΟ
ΜΈΣΑ
ΑΚΤΉ
ΣΠΆΣΕΙ
ΑΠΛΉ

```
N D C A I N Ό I Γ A P K S K M J Σ
A Q Y O W M W F O Π P O K A K T Ή
E J B N Q T E G N Λ F S E Σ X E K
Σ Π I M O Z W Π Ά Ή L N U Έ I Σ I
A V E L O S C I I Z V Y L M R Ω Φ
I M Σ Ξ G M O Y Π T T N R L V T A
Λ J Ά V E I O K J U P Y F F L E P
Ά Q Π X M P V Q O S L Έ X U X P Γ
K J Σ F R I Γ O S M L R Π Y T I Ω
Γ L E E Z S K A N N E X E O H K Z
A J U Σ Έ X E I Σ P N Ί U T Y Ή Z
K W F H M E T Ά I Ί Q X O N L N E
D A Z Λ K Ό M Π O Σ A P O Δ N Ό K
Q J G Ί G M Z L Y U K Σ D F N S M
Θ E P M Ό T E P O Σ B O O E I Δ Ή
```

Puzzle 435

```
M S Y J Y K L Q L J I D B Y Ά P B
E J Z E S Λ J U T Q F V C L Φ I O
Λ I Λ Ά D Ή L Z P U V K L A Θ N Q
I G Z D M Σ H T I E F S O R O Ό N
I N Z Y R H F Γ T C Ή T N Γ N K Y
B N Y O Ύ E T A T Σ O P Π P O E O
A I W A B H Y Λ J Π K N A O G P N
M Σ O D R S J O J A Γ M W Θ M O Ί
Ή K T Λ Q G I Π A Ί Ό H Q I A Σ E
M K W Έ E X V O X Z Λ X Z Ά P K T
T D P Q P T J Ύ G O A A N Ό N A K
C L F X W I Ί Λ O Y B N Y R Y O E
X Y Z D C M H A P N Ή I N T S W Π
Π E P I Σ Σ Ό T E P A K M E E M E
A N T I K E Ί M E N O Ά A J V C O
```

ΓΡΟΘΙΆ
ΤΗΣ
ΕΠΕΚΤΕΊΝΟΥΝ
ΛΙΛΆ
ΓΑΛΟΠΟΎΛΑ
ΠΑΊΖΟΥΝ
ΌΓΚΟ
ΑΝΤΙΚΕΊΜΕΝΟ
ΚΑΘΑΡΉ
ΠΕΡΙΣΣΌΤΕΡΑ
ΚΛΉΣΗ
ΆΦΘΟΝΟ
ΛΑΒΉ
ΑΣΤΈΡΙ
ΚΑΝΌΝΑ
ΤΜΉΜΑ
ΒΙΟΛΕΤΊ
ΡΙΝΌΚΕΡΟΣ
ΜΗΧΑΝΙΚΆ
ΠΡΟΣΤΑΤΕΎΟΥΝ

Puzzle 436

ΕΠΊΣΗΜΟ
ΜΠΎΡΑ
ΜΠΑΜΠΆΣ
ΠΑΡΑΓΩΓΉΣ
ΠΑΣΧΑΛΊΤΣΑ
ΔΊΠΛΩΜΑ
ΈΚΑΝΕ
ΣΠΆΝΙΟ
ΠΑΡΆΞΕΝΑ
ΖΩΝΤΑΝΉ
ΠΑΤΆΤΑΣ
ΨΗΦΟΦΟΡΊΑ
ΉΞΕΡΕ
ΔΕΔΟΜΈΝΩΝ
ΜΥΣΤΉΡΙΑ
ΣΥΝΉΘΩΣ
ΦΑΣΟΛΙΏΝ
ΓΆΙΔΑΡΟ
ΜΑΚΡΙΝΌ
ΕΠΑΝΆΛΗΨΗ

```
F M Ψ Z W M D E T J W K Z U Z O Y
U Π H A N E Ξ Ά P A Π Έ K A N E K
M A Φ M Ω Π Π E Π A N Ά Λ H Ψ H B
P M O Ω N Ί C A Σ Π A T Ά T A Σ N
Π Π Φ Λ Έ S I D Σ Y J D L B J E X
A Ά O Π M H B M R X N Q M Π Ύ P A
P Σ P Ί O M B V B Y A Ή N S W E D
A M Ί Δ Δ O L Z L H N Λ Θ P V Ξ C
Γ A A I E P I Ή G B Ώ W Ί Ω A Ή A
Ω K S R Δ A S N C A I P Ή T Σ Y M
Γ P Z T R Δ Z A Ά Z Λ I N D Σ J M
Ή I C T M I Y T I Π O T Y C I A R
Σ N B O Q Ά N Σ B Q Σ Z P R Q J E
I Ό W N Y Γ E Ω D L A Q Y E F I Z
O U D N G B P Z I B Φ A L D T Y I
```

Puzzle 437

```
Z Z U I Π Z Π T É P A Σ J Σ Π X E
V Y T H B P U P D B B O N Ύ I K T
B Z F Z L Ό Σ O Π H Δ Q N N K J
K P I T I K Ή Σ F H K Ί Δ O É U Q
N B K A T H W I Ω F Γ E E Λ Λ Z X
L U Y Σ Ή Γ O Λ I Π E O C Ό O G S
K O Y P A Σ M É N O O T Ύ A I F D
E E A T I U X D B G T K L M S Y R
N Φ S S Λ B H F O L W I U Ό E G C
Z B E J Ί O Ό D Ά K I Λ O T A N A
R X P Ύ M M N I A Q F É W Σ E V O
B L S H P Y A T G F J Y F K D R S
I G N R X E Θ B S S P E U V J F E
S B V L A S I E Ξ Ί E Δ O Π A J L
A N Ά C Y Y Π Ά Λ Λ H Λ O E F U D
```

ΑΝΆ
ΚΡΙΤΙΚΉ
ΚΟΥΡΑΣΜΈΝΟ
ΕΠΙΛΟΓΉΣ
ΑΝΑΤΟΛΙΚΆ
ΥΠΆΛΛΗΛΟ
ΕΦΕΎΡΕΙ
ΠΡΟΗΓΟΎΜΕΝΟ
ΕΊΔΟΣ
ΣΤΟΜΑ
ΔΊΚΗ
ΣΎΝΟΛΟ
ΠΙΘΑΝΌ
ΜΊΛΙΑ
ΠΡΌΣΩΠΟ
ΑΠΟΔΕΊΞΕΙ
ΕΥΈΛΙΚΤΟ
ΠΙΝΈΛΟ
ΤΈΡΑΣ
ΠΟΣΌ

Puzzle 438

ΘΕΊΑ
ΒΑΓΌΝΙ
ΕΠΊΠΕΔΟ
ΠΟΥΛΙΆ
ΠΛΥΝΤΗΡΊΟΥ
ΤΡΟΦΟΔΟΣΊΑΣ
ΛΕΞΙΛΌΓΙΟ
ΕΝΕΡΓΌΣ
ΚΟΥΖΊΝΑ
ΓΈΦΥΡΑ
ΚΑΘΑΡΌ
ΠΡΩΙΝΌ
ΦΩΝΆΖΟΥΝ
ΠΛΗΡΟΦΟΡΙΏΝ
ΈΤΟΙΜΟΙ
ΕΣΤΊΑΣΗΣ
ΚΛΕΙΔΑΡΙΆ
ΠΑΡΆΛΟΓΗ
ΔΕΔΟΜΈΝΑ
ΔΈΚΑΤΟ

```
K Φ Ω N Ά Z O Y N B Π M X N V X E
X Λ V M A P A Δ M A N O T E X Q N
S Y E K B P J É T Γ O T Y V N R E
R O M I P H F K J Ό A W Ό Λ Ώ T P
T Ί H J Δ U B A Ό N I Ω P Π I J Γ
E P Γ U B A G T I I O M A H P Ά Ό
Σ H O J C J P O H F V Q Θ Γ O N Σ
T T Λ Φ D E Y I C C F E A É Φ A Δ
Ί N Ά K O H U D Ά M W L K Φ O N E
A Y P W R Δ É T O I M O I Y P A Δ
Σ Λ A H N C O L A G O I P P H C O
H Π Π I C K S S N T O L R A Λ Y M
Σ E Q A Θ E Ί A Ί V A U J U Π M É
Λ E Ξ I Λ Ό Γ I O A N Ί Z Y O K N
R E Π Ί Π E Δ O W L Σ O U J Z A A
```

Puzzle 439

K	Y	K	K	M	E	K	J	U	T	N	T	L	A	S	N	Δ
É	Á	T	P	P	O	E	N	Ý	O	T	I	A	Π	A	P	
K	E	Λ	P	G	A	A	Ξ	M	Π	S	C	M	Y	E	Σ	A
Θ	F	A	T	R	X	E	I	Z	O	Π	O	K	Σ	Á	K	Σ
E	B	Y	V	Σ	H	Ψ	E	K	Σ	Í	Π	E	X	Á	É	T
Σ	P	W	S	Z	A	G	Δ	H	H	P	E	Σ	Á	Σ	Φ	H
H	K	P	B	I	H	Φ	É	Q	O	R	T	A	Π	K	T	P
K	P	Í	Σ	I	M	H	Θ	J	J	Z	Σ	Π	I	H	O	I
A	Π	O	Δ	Ώ	Σ	E	I	O	M	I	A	Σ	W	Σ	N	Ó
W	I	E	Ý	P	H	M	A	O	P	L	Γ	É	I	H	T	T
V	J	T	N	Q	T	Y	H	X	H	Á	I	U	N	T	A	H
F	C	X	C	I	D	X	S	A	I	M	É	Q	S	N	I	T
Σ	Y	N	T	P	I	B	Ή	Z	J	H	P	Z	W	Q	E	A
S	V	Y	I	A	T	N	O	Z	Í	N	A	Φ	A	Ξ	E	U
U	Q	B	L	O	I	I	Q	K	P	Q	U	J	K	U	N	F

ΧΆΠΙ
ΕΠΊΣΚΕΨΗ
ΦΘΟΡΆ
ΑΠΟΔΏΣΕΙ
ΣΚΈΦΤΟΝΤΑΙ
ΈΣΠΑΣΕ
ΈΔΕΙΞΕ
ΔΡΑΣΤΗΡΙΌΤΗΤΑ
ΑΠΑΙΤΟΎΝ
ΤΣΑΓΙΈΡΑ
ΕΞΑΦΑΝΊΖΟΝΤΑΙ
ΆΣΚΟΠΟ
ΕΝΝΈΑ
ΕΎΡΗΜΑ
ΣΥΝΤΡΙΒΉ
ΤΎΠΟΣ
ΚΆΛΤΣΑ
ΆΣΚΗΣΗ
ΈΚΘΕΣΗ
ΚΡΊΣΙΜΗ

Puzzle 440

ΤΡΕΛΌ
ΘΕΡΑΠΕΊΑ
ΣΚΆΛΑ
ΓΕΎΣΗ
ΟΜΆΔΑ
ΈΓΚΛΗΜΑ
ΣΥΝΆΝΤΗΣΗ
ΔΙΑΦΥΓΉΣ
ΣΤΆΣΗ
ΓΕΩΓΡΑΦΊΑ
ΤΎΜΠΑΝΟ
ΔΙΑΘΈΣΙΜΗ
ΚΟΥΝΈΛΙ
ΦΙΛΊ
ΓΙΑΤΡΌ
ΠΕΊΤΕ
ΑΥΤΆ
ΣΩΣΤΟ
ΣΥΝΕΙΔΗΤΟΠΟΙΟΎΝ
ΦΛΙΤΖΆΝΙ

G	Z	D	E	M	H	A	L	K	Σ	Y	É	H	E	L	J	Γ
B	I	Y	E	P	Σ	Z	D	P	Y	D	Γ	J	B	I	Δ	E
Φ	Λ	I	T	Z	Á	N	I	H	N	Ó	K	A	R	U	I	Ω
A	G	V	R	Q	T	T	J	F	E	T	Λ	X	U	G	A	Γ
Δ	I	A	Θ	É	Σ	I	M	H	I	Ύ	H	E	M	G	Φ	P
G	Λ	Í	Λ	I	Φ	R	L	Σ	Δ	M	M	Γ	P	S	Y	A
G	É	E	Γ	E	Ύ	Σ	H	H	H	Π	A	I	L	T	Γ	Φ
R	N	Π	Π	E	Í	T	E	T	T	A	Δ	A	W	F	Ή	Ί
J	Y	A	Σ	Ω	Σ	T	Ó	N	O	N	Ά	T	Y	A	Σ	A
Z	O	P	M	Y	C	P	Σ	Ά	Π	O	M	P	Σ	W	F	A
U	K	E	P	Y	B	J	U	N	O	T	O	Ó	K	H	Z	S
G	U	Θ	T	R	I	X	R	Y	I	P	Q	A	Á	P	A	Y
V	W	W	F	S	Q	U	D	Σ	O	B	P	F	Λ	S	R	H
P	C	X	N	D	S	D	Y	P	Ύ	F	U	P	A	F	X	M
F	E	K	T	R	D	E	M	P	N	A	Q	E	P	E	F	N

Puzzle 441

```
V Ά D K T Π Ρ Ο Σ Ε Κ T Ι Κ Ή Y G
D A Γ C C Ί D T X T Λ U Y H L P Y
Λ N Φ P C Q G B W T E P A P Ά Π F
E Y Ή O I M B P X K I V K B N J C
Y O K G P A Δ I H B T S A A Ω U Z
K Z I H W Ά I W L Σ O F N C N E L
Ό Ί M A P H A N M L Y D Ί T Y O K
Φ P O Ύ T A T Y K U P S Π O Δ I Ά
U H N C E S P H R O G R O P N X T
G T O T P E I C J E Ί M Z I Ί Ά N
K Σ K C H P B X V O A O O X K Λ O
R O I D K R Ή X H Z X Λ C E I A K
O Π O T Έ Σ Σ E P I Σ Ύ T P Π Σ L
Q Y W U V S I J B Y Z B C K E Q N
K A M Π Ά N A M G X T I C Q Z K F
```

ΟΙΚΟΝΟΜΙΚΉ
ΤΈΣΣΕΡΙΣ
ΛΕΥΚΌ
ΑΦΟΡΆ
ΦΡΟΎΤΑ
ΕΠΙΚΊΝΔΥΝΩΝ
ΛΕΙΤΟΥΡΓΊΑ
ΚΑΜΠΆΝΑ
ΆΓΡΙΑ
ΚΟΥΤΊ
ΠΟΔΙΆ
ΠΆΡΑ
ΣΑΛΆΧΙ
ΠΡΟΣΕΚΤΙΚΉ
ΠΊΝΑΚΑ
ΤΊΓΡΗΣ
ΚΟΝΤΆ
ΜΟΛΎΒΙ
ΔΙΑΤΡΙΒΉ
ΥΠΟΣΤΗΡΊΖΟΥΝ

Puzzle 442

ΚΑΤΑΙΓΊΔΑ
ΗΜΈΡΑΣ
ΠΛΕΙΟΨΗΦΊΑ
ΡΙΠΉ
ΛΑΓΌΣ
ΑΝΤΙΣΤΑΘΕΊ
ΜΈΘΟΔΟΣ
ΠΡΟΪΌΝΤΩΝ
ΜΠΡΟΣΤΆ
ΑΦΑΊΡΕΣΗ
ΨΗΛΆ
ΑΓΕΛΆΔΑ
ΤΟΙΧΟΓΡΑΦΊΑ
ΥΓΡΑΣΊΑ
ΑΝΤΙΠΡΟΣΩΠΕΎΟΥΝ
ΓΊΝΟΝΤΑΙ
ΑΡΆΧΝΗ
ΖΉΤΗΣΕ
ΥΓΡΌ
ΕΙΚΌΝΑ

```
A E Λ J P I Π Ή H Y Γ P A Σ Ί A O
A N I A M Y K Y M W H F N A Y R R
P D T K Γ A U H Έ Q K F D H W E M
Ά N I I Ό Ό P V P J M Έ Θ O Δ O Σ
X X L U Σ N Σ H A C O C K Q Ψ Σ T
N M H W G T A B Σ M B P I G H A O
H P P P G I A T N O N Ί Γ G Λ Q I
A Γ E Λ Ά Δ A Θ U X K N S J Ά D X
D N Ό X J B M S E Σ H T Ή Z X A O
M Π P O Σ T Ά I T Ί V K P C A M Γ
T G Γ P J H V E A Φ A Ί P E Σ H P
B V Y Π Λ E I O Ψ H Φ Ί A X H M A
A N T I Π P O Σ Ω Π E Ύ O Y N F Φ
K A T A I Γ Ί Δ A O T Y T C O P Ί
Π P O Ϊ Ό N T Ω N R N V O C O H A
```

Puzzle 443

```
A R F W Z L A Φ L A J N R C J Δ P
S P K U F C N U P L X V D R J O M
Q C Γ C R A Ά O I Έ Φ A K I U K A
I B I Ά R G B K H B Σ Ω Σ Ί X I Γ
G P P B S K A T T F I K P Ό Ξ M E
I Σ Ό T K E Σ O T Ά Λ Π A L X A I
N Ύ O T E P H Π Υ Ξ E W C E Q Σ P
V J Υ Φ S M C T A V T K J L O Ί E
W J E W Υ Σ Ή Υ E K Σ A T A K A Ύ
Y W C T P Λ J R X H Ώ I A X W M O
K Ά M E P A Έ Z D A N K B J I K Y
A N O I X T Ή K E V A O F I B H N
E N Έ P Γ E I A Σ F Γ J Z H B X G
Δ A N E I Σ T E Ί C P W G A G U E
B Λ Έ Π O N T A Σ T O M H P Έ S D
```

ΚΆΜΕΡΑ
ΑΝΟΙΧΤΉ
ΚΑΦΈ
ΜΑΓΕΙΡΕΎΟΥΝ
ΟΡΓΑΝΏΣΤΕ
ΞΌΡΚΙ
ΈΡΗΜΟ
ΔΟΚΙΜΑΣΊΑ
ΦΡΈΣΚΑ
ΕΝΈΡΓΕΙΑΣ
ΚΑΤΑΣΚΕΥΉΣ
ΕΞΥΠΗΡΕΤΟΎΝ
ΒΛΈΠΟΝΤΑΣ
ΠΛΆΤΟΣ
ΊΣΩΣ
ΑΡΓΆ
ΔΑΝΕΙΣΤΕΊ
ΚΈΛΥΦΟΣ
ΑΝΆΒΑΣΗ
ΕΚΤΌΣ

Puzzle 444

ΧΆΛΥΒΑ
ΞΕΝΟΔΟΧΕΊΟ
ΚΑΛΎΠΤΟΝΤΑΙ
ΤΖΆΚΙ
ΚΑΝΈΛΑ
ΕΜΠΕΙΡΊΑ
ΧΟΡΌ
ΦΡΑΓΚΟΣΤΆΦΥΛΟ
ΠΡΟΣΘΈΣΕΤΕ
ΑΝΕΞΆΡΤΗΤΟ
ΟΝΤΙΣΙΌΝ
ΑΡΈΝΑ
ΛΕΩΦΟΡΕΊΩΝ
ΠΡΆΣΟ
ΔΙΑΦΟΡΕΤΙΚΌ
ΧΑΛΑΡΌ
ΝΑ
ΔΙΆΦΟΡΑ
ΝΌΤΙΑ
ΔΙΣΤΆΖΕΙ

```
Ξ E N O Δ O X E Ί O C E Π X M N K
Λ X G T O K A P Έ N A M P Ά O F A
E A H H F H A I T Ό N Π O Λ M L Λ
Ω Λ A T D U M N I Y A E Σ Y P Q Ύ
Φ A S P Z F J T Έ H V I Θ B N Δ Π
O P P Ά U B O L Z Λ Y P Έ A Q Δ T
P Ό P Ξ E B I Q G Ά A Ί Σ T F I O
E F I E Z Ά T Σ I Δ K A E P Q Ά N
Ί Π J N K M G N Ό I Σ I T N O Φ T
Ω P Y A Ω O J S J P N H X E G S O A
N Ά R D P M K X O O E D W E X P I
S Σ Z K Y T A T X Q L C R J W A M
F O T O D Δ I A Φ O P E T I K Ό H
Φ P A Γ K O Σ T Ά Φ Y Λ O G U P Y
C E T U S B F H P B B W K I K U G
```

Puzzle 445

```
P W C B A O Q S A E B H V L H W Σ
W N D C N K Z Z J Π Ί N R M U E Π
Y Z E M Ό G R T X N Ό Σ M Q L W Ά
A Π O P P Ί Π T O Y N Λ O É H D N
Ί A M H Θ I K Ό T O A G A Δ Λ Q I
M Π Ώ K Y Π O E P Λ T Y I Y O O A
Y O P U Λ M H A Ί Ά Ή P D Π Σ Σ Σ
Θ Φ X M O Ύ N P Γ B G C F P P H E
I A Ύ H Π Λ K S Ω Σ Σ X V Ό P U P
Π Σ Λ N Y O G B N I G U H Σ T I Γ
E Ί O Y Y K M O O E L K Q Φ Z R A
I Σ Π K A T A Σ T P O Φ Ή A T E Σ
E E Σ Y M Π É P A Σ M A R T N F Ί
G I E Π I Δ I Ώ K O Y N A A S N A
Y N T P D E P Γ A Z Ό M E N O Σ Σ
```

ΚΑΤΑΣΤΡΟΦΉ
ΑΠΟΦΑΣΊΣΕΙ
ΕΠΙΘΥΜΊΑ
ΑΠΟΡΡΊΠΤΟΥΝ
ΕΡΓΑΖΌΜΕΝΟΣ
ΉΤΑΝ
ΜΈΛΟΣ
ΠΡΌΣΦΑΤΑ
ΣΥΜΠΈΡΑΣΜΑ
ΑΠΟΛΑΥΣΗ
ΕΠΙΔΙΏΚΟΥΝ
ΠΟΛΎΧΡΩΜΟ
ΠΟΛΥΘΡΌΝΑ
ΕΊΣΟΔΟΣ
ΗΘΙΚΌ
ΣΠΆΝΙΑ
ΕΡΓΑΣΊΑΣ
ΤΡΊΓΩΝΟ
ΕΙΣΒΆΛΟΥΝ
ΚΟΛΎΜΠΙ

Puzzle 446

ΕΠΈΤΕΙΟ
ΠΛΗΘΥΣΜΟΎ
ΎΠΝΟ
ΆΛΛΟΣ
ΔΎΣΚΟΛΟ
ΧΡΥΣΌ
ΤΎΧΗ
ΔΕΙΛΌΣ
ΑΝΑΓΝΩΡΊΣΤΕ
ΜΝΉΜΗ
ΒΙΑΣΎΝΗ
ΚΑΤΑΣΚΕΥΉ
ΑΎΞΗΣΗΣ
ΕΡΓΑΛΕΊΟ
ΠΟΛΛΏΝ
ΚΑΛΎΤΕΡΑ
ΣΚΟΎΤΕΡ
ΆΝΘΡΩΠΟΣ
ΣΤΟΙΧΕΊΟ
ΤΡΊΤΟ

```
K F T Ά T Y A N A Γ N Ω P Ί Σ T E
E A O H Ύ Σ A I B R A E G B T S
S H Λ X O Θ X P Y Σ Ό Ύ T P N A N
J B O Ύ X F P D I I S Ξ Ύ N R P M
C F K T T V D Ω Q F R H O N Π Ύ G
R I S C V E L T Π B L Σ K Y H P K
Ύ M Ύ D E T P H X O S H Σ O B L A
O K Δ F Q Π A A Q P Σ Σ R Ί Δ M T
M N Ή M H T O Ί E Λ A Γ P E E X A
Σ D X K V P I Λ T W B Z C X I Ά Σ
Y T K H X Ί E T Λ F B D J I Λ Λ K
Θ X L N G T T Y D Ώ G W L O Ό L E
H S C E W O É C O N N V J T Σ O Y
Λ E Q J H S Π I V Z R E M Σ L Σ Ή
Π K Y M G T E B J X Z H P X L I X
```

Puzzle 447

```
X A M H Λ Ά M J S U A Σ Τ Ί Φ Υ N
O D W A A H P J Έ L Π Υ U O C M Q
Σ L H J M Y W T Ξ X Ά K Q D J S X
Ή M H Σ Ω Έ P X Y A N Y O Λ Έ Θ Z
K I Σ M S Σ B Q Π A T Ω I L Z I A
I Ό Ω T A K O Y N H H O P U B C W
M Σ Λ T X O U G H M Σ J X Ί X Χ E
O O Π Λ T Z Y U G H P U O O V Ί
N K Ά H A Ά A Φ I E P Ώ N Ω B X X
O O Ξ B I Δ Γ P A M M A T Έ A Σ E
K Λ E Z Γ I Z O T M Π Ά Σ K E T D
I Ά J C E Δ Ά Σ K A Λ O Σ F C E D
O T H Σ H Λ K Σ Ό P Π K X C O O Y
V A E Q L O Έ C W A V F I I N Z Z
U Σ B V U J A D C H R U S I P A R
```

ΑΠΆΝΤΗΣΗ
ΓΙΑ
ΧΟΊΡΩΝ
ΘΈΛΟΥΝ
ΧΑΜΗΛΆ
ΠΡΌΣΚΛΗΣΗ
ΟΙΚΟΝΟΜΙΚΉΣ
ΣΚΟΤΆΔΙ
ΕΊΧΕ
ΧΡΈΩΣΗ
ΑΦΙΕΡΏΝΩ
ΈΞΥΠΝΗ
ΜΠΆΣΚΕΤ
ΝΥΦΊΤΣΑ
ΔΆΣΚΑΛΟΣ
ΓΡΑΜΜΑΤΈΑΣ
ΕΞΆΠΛΩΣΗ
ΚΌΛΛΑ
ΣΟΚΟΛΆΤΑΣ
ΖΕΛΈ

Puzzle 448

ΣΥΧΝΉ
ΣΚΙ
ΔΙΆΡΚΕΙΑ
ΚΥΡΊΑΡΧΗ
ΕΠΊΘΕΣΗ
ΝΌΜΙΣΜΑ
ΣΟΎΠΑ
ΓΟΓΓΎΛΙΑ
ΣΥΜΠΌΝΙΑ
ΠΟΛΎΤΙΜΟ
ΕΙΡΗΝΙΚΉ
ΘΈΛΕΙ
ΠΈΝΤΕ
ΠΡΊΓΚΙΠΑΣ
ΠΡΟΣΠΑΘΕΊ
ΤΗΛΕΣΚΌΠΙΟ
ΕΝΗΛΊΚΩΝ
ΑΝΑΚΑΛΎΨΕΤΕ
ΚΟΡΏΝΑ
ΚΟΙΝΌ

```
Π Σ U H B H A I E K P Ά I Δ E A J
Π P K X C R J Ό N I O K E S Π N W
P K Ί I L F R A H G T Q Λ T Ί A A
O Y W Γ M Ή K L Λ U I X Έ X Θ K S
Σ P J V K K A X Ί A F P Θ S E A J
Π Ί X Y O I Π Ό K Σ E Λ H T Σ Λ J
A A V N W N Π G Ω D A O T Q H Ύ K
Θ P A L R H U A N R I X P N A Ψ O
E X Z F A P Y Π Σ A W W Ή N E E P
Ί H M O M I T Ύ Λ O Π Έ N T E T Ώ
K O K Σ E U O R B Y O X F Q E N
H J D C I I J Σ J C I W Y S D W A
W Y E W M N A K P V B I Σ B Q T W
D Q J I Ό Γ O Γ Γ Ύ Λ I A K W T Q
B W A I Ό Π M Y Σ S N N L W P R
```

Puzzle 449

```
O J A O Π M Q U L G R Q T K Γ Π Έ
I I Ό O H A E Y V J I W M Ά P P Λ
Δ U K H U N P Γ F C X V D Θ Ύ O K
Ί T I O Ά E Y O A O I K P O Λ E H
N P T A N Z J Ύ N Λ G K P N I I Θ
I R Σ Q A O B X D O Ύ V E T Σ Δ P
T B A I N C M Σ X A M T F A M O O
K B Λ O A V V I L S Y A E I A Π P
A H Π M M S F F K X J G Σ P I O T
E Π I M Έ P O Y Σ Ώ I N Έ T H I E
F J R H T Y Λ Ό Π A N H P D Ή H M
Π A P A K O Λ O Ύ Θ H Σ A N X Σ Ί
D Z C R C K Ά B A O D Έ B J B H P
T Z Ί N T Z E P T E O Θ O Q I C E
C K Y K Λ O Φ O P O Y N Σ E Y W Π
```

ΕΠΙΜΈΡΟΥΣ
ΣΟΒΑΡΈΣ
ΚΥΚΛΟΦΟΡΟΎΝ
ΠΡΟΕΙΔΟΠΟΊΗΣΗ
ΚΆΘΟΝΤΑΙ
ΈΛΚΗΘΡΟ
ΘΈΣΗ
ΑΠΌΛΥΤΗ
ΆΛΛΟ
ΤΖΊΝΤΖΕΡ
ΟΙΚΟΝΟΜΙΚΏΝ
ΓΡΎΛΙΣΜΑ
ΑΝΑΝΆ
ΑΚΤΙΝΊΔΙΟ
ΠΕΡΊΜΕΤΡΟ
ΠΑΡΑΚΟΛΟΎΘΗΣΑΝ
ΜΕΓΑΛΎΤΕΡΗ
ΠΛΑΣΤΙΚΌ
ΙΣΧΎ
ΠΑΡΟΝΟΜΑΣΤΉ

Puzzle 450

ΚΛΙΠ
ΡΥΖΙΟΎ
ΕΠΙΘΕΤΙΚΉ
ΜΟΒ
ΚΑΝΑΠΈ
ΘΈΑΜΑ
ΣΥΣΤΉΜΑΤΟΣ
ΓΡΆΦΗΜΑ
ΕΒΔΟΜΆΔΑ
ΜΈΤΡΙΑ
ΜΟΥΣΕΊΟ
ΟΎΤΕ
ΝΤΟΥΛΆΠΙ
ΒΊΣΟΝΕΣ
ΘΕΩΡΟΎΝ
ΕΚΦΡΆΖΟΥΝ
ΣΥΜΒΕΊ
ΣΤΡΑΤΌΠΕΔΟ
ΣΤΟΜΆΧΙ
ΓΈΛΑΣΕ

```
Σ I M N N M W U V N V R Y L R F X
K T S Γ Ά Φ H M A T O Ύ T E W U
A D P E C M U K C M M O V Y P I D
N Y F A M A Έ Θ V O U O Y B C K V
A A E Q T Σ Y M B E Ί K Y Λ M O B
Π N E D Q Ό Θ E Ω P O Ύ N Σ Ά X Q
Έ H L V I B Π I Λ K Γ O M E E Π V
Σ T O M Ά X I E S C Έ I Έ Π L Ί I
Z A W F M O A G Δ W Λ Z T I Q D O
E K Φ P Ά Z O Y N O A Y P Θ Q U K
Σ Y Σ T H M A T O Σ Σ P I E I E X
E B Δ O M Ά Δ A W K E O A T X J F
A Z B R C W U T B Y Q K U I E Y E
W U Y G Z U Z N B N E D Z K I N N
Q V V G K B Ί Σ O N E Σ W Ή X K C
```

Puzzle 451

```
Α  Λ  Λ  Α  Γ  Ή  Η  Z  Α  Δ  Ί  Τ  Ρ  Α  Π  Α  Π
Ν  G  K  I  O  Ν  Α  Φ  Ή  Ρ  Ε  Π  Υ  B  Α  C  Α
Γ  Ρ  Α  Σ  Ί  Δ  I  P  G  F  K  G  R  T  R  N  I
Σ  Α  Ρ  Ή  Τ  Κ  Α  Ρ  Α  Χ  Ν  Ο  Ν  Τ  R  U  X
I  Λ  Α  Π  Α  Ρ  Α  Ί  Τ  Η  Τ  Η  Υ  Ε  S  J  N
L  Π  Μ  Χ  Α  Μ  Ε  Ρ  Κ  Ό  Τ  Ν  Ο  Δ  Ο  Κ  Ί
Ν  I  Ά  Z  Ε  Ε  I  J  G  Ο  W  W  Ν  Ε  Ά  Q  Δ
F  Π  Q  R  U  W  Ο  P  Φ  S  Χ  Μ  Έ  Ρ  Χ  Κ  I
Ν  Έ  Ω  Ν  Κ  Υ  Α  B  Z  Υ  U  I  Μ  D  U  X  I
Ε  Ρ  Ο  Ρ  B  Ο  Α  Υ  I  Ν  Σ  Ό  I  Δ  Α  Ρ  Ε
C  Λ  Q  Q  Ο  Α  Ο  R  J  W  V  I  Ν  Τ  Α  Υ  Υ
C  Ε  Σ  Υ  Ν  Δ  Υ  Α  Σ  Μ  Ό  G  Κ  Ε  G  Κ  L
G  Π  Ε  Π  I  B  I  Ώ  Σ  Ο  Υ  Ν  S  Ό  B  Η  Μ
Q  Τ  Α  Π  Ε  Λ  Ε  Υ  Θ  Έ  Ρ  Ω  Σ  Η  C  C  F
U  Ά  Λ  Α  Μ  B  Ά  Ν  Ο  Ν  Τ  Α  Σ  Ν  R  Κ  J
```

ΝΈΩΝ
ΑΠΑΡΑΊΤΗΤΗ
ΓΡΑΣΊΔΙ
ΠΑΡΤΊΔΑ
ΧΑΡΑΚΤΉΡΑΣ
ΥΠΕΡΉΦΑΝΟΙ
ΠΑΙΧΝΊΔΙ
ΕΠΙΒΙΏΣΟΥΝ
ΣΥΝΔΥΑΣΜΌ
ΛΑΜΒΆΝΟΝΤΑΣ
ΠΆΡΚΟ
ΕΡΩΔΙΌΣ
ΜΈΝΟΥΝ
ΑΛΛΑΓΉ
ΛΕΠΤΆ
ΑΠΕΛΕΥΘΈΡΩΣΗ
ΦΥΣΙΚΌΣ
ΟΔΟΝΤΌΚΡΕΜΑ
ΑΡΚΟΥΔΆΚΙ
ΈΠΙΠΛΑ

Puzzle 452

ΔΎΝΑΜΗ
ΔΟΘΕΊ
ΘΕΡΜΌΜΕΤΡΟ
ΑΝΘΡΏΠΟΥΣ
ΕΚΤΈΛΕΣΗ
ΑΓΟΡΆ
ΨΈΜΑ
ΑΠΌΦΑΣΗ
ΠΡΌΘΥΜΟΙ
ΠΡΟΣΠΆΘΕΙΑ
ΝΊΚΗ
ΚΟΥΝΟΥΠΊΔΙ
ΔΙΑΦΆΝΕΙΑ
ΠΡΟΈΔΡΟΥ
ΣΎΝΤΟΜΗ
ΠΆΝΩ
ΡΌΚΑ
ΆΝΘΡΑΚΑ
ΔΙΑΤΗΡΟΎΝΤΑΙ
ΠΡΏΗΝ

```
Μ  R  Υ  Α  G  Μ  W  Π  Ί  Ε  Θ  Ο  Δ  I  C  Ο  U
Α  Μ  Έ  Ψ  V  P  W  P  F  Η  Κ  Π  Ά  Ν  Ω  Ρ  Η
Κ  S  J  F  U  J  Z  Ό  Χ  Μ  L  Τ  C  S  Ν  Ό  Q
Α  Π  Ό  Φ  Α  Σ  Η  Ο  Z  W  V  G  Έ  Η  Α  Κ  G
P  J  B  V  Ο  S  Κ  Υ  Π  Ρ  Ώ  Η  Ν  Λ  I  Α  C
Θ  J  D  Ο  C  Ο  Ί  Μ  W  Ο  Δ  Μ  B  Μ  Ε  Ρ  G
Ν  J  L  C  S  B  Ν  Ο  Ν  V  Ύ  Ο  Κ  Ε  Ν  Σ  V
Ά  L  Ο  Χ  Α  J  Ο  I  Z  Υ  Ν  Τ  F  W  Ά  Υ  Η
Κ  Ο  Υ  Ν  Ο  Υ  Π  Ί  Δ  I  Α  Ν  V  Μ  Φ  Ο  Α
Θ  Ε  Ρ  Μ  Ό  Μ  Ε  Τ  Ρ  Ο  Μ  Ύ  S  Z  Α  Π  Γ
V  I  Κ  W  F  Ε  L  D  Κ  Q  Η  S  Μ  U  I  Ώ  Ο
F  Ο  Δ  I  Α  Τ  Η  Ρ  Ο  Ύ  Ν  Τ  Α  I  Δ  Ρ  P
Π  Ρ  Ο  Σ  Π  Ά  Θ  Ε  I  Α  Η  Ο  Α  D  Ο  Θ  Ά
Η  Υ  P  Q  C  F  I  P  D  G  S  L  W  Τ  D  Ν  W
S  Π  Ρ  Ο  Έ  Δ  Ρ  Ο  Υ  C  Υ  Ε  Z  Κ  Η  Α  D
```

Puzzle 453

```
S B V J M Z F D E B W Ί P Z D A S
T C Z P A K E P Ί Ί Ω P Π O H G D
U Y I Δ I O K T Ή T H I X Z Ύ F V
C V Φ R E R V T S K E Δ W H D X U
N J B Ώ B D H Y F P C A I Λ Θ Ά A
Έ H C X N A T Έ Λ K I S O T O M M
O R F Σ O A Π M Ά Λ G A P K E Ί Ύ
I X J H K E P Δ Ί Z O Y N H D C E
Π P O Σ E K T I K O Ί X P Ό N O Γ
H M P H X F D J O N Έ M H Π A Γ A
I H T Γ X D H W N W C T U S G Q N
T J A Ή B U E O D E H M A A R C O
D Y Έ Δ E O W H E E U A E I M N D
R A Θ O N P O C V X A Λ Ά Z I K Z
V E D Q Q H W V U N P W N R T G O
```

ΚΕΡΔΊΖΟΥΝ
ΝΈΟΙ
ΟΔΉΓΗΣΗΣ
ΑΓΑΠΗΜΈΝΟ
ΠΡΟΣΕΚΤΙΚΟΊ
ΓΕΎΜΑ
ΟΙ
ΆΘΛΙΑ
ΙΔΙΟΚΤΉΤΗ
ΡΟΎΧΑ
ΊΡΙΔΑΣ
ΛΆΜΠΑ
ΤΥΦΏΝΑ
ΜΟΤΟΣΙΚΛΈΤΑ
ΧΡΌΝΟ
ΑΡΚΕΊ
ΠΡΩΊ
ΘΈΑΤΡΟ
ΧΑΛΆΖΙ
ΚΕΡΊ

Puzzle 454

ΈΚΔΟΣΗ
ΈΔΩΣΕ
ΠΈΡΑΣΕ
ΣΗΜΑΊΑ
ΒΛΈΜΜΑ
ΕΆΝ
ΑΡΚΤΙΚΈΣ
ΑΠΕΙΚΟΝΊΖΟΥΝ
ΠΛΑΝΉΤΕΣ
ΜΌΝΟ
ΛΎΣΕΙ
ΤΈΛΟΣ
ΧΑΝΤΆΚΙ
ΑΠΟΤΎΠΩΣΗ
ΓΙΓΑΝΤΙΑΊΕΣ
ΔΑΝΕΊΖΟΥΝ
ΟΛΟΚΛΗΡΏΣΕΙ
ΚΊΤΡΙΝΟ
ΠΆΓΟ
ΕΙΡΉΝΗ

```
Q O Έ Σ A D U R O B L T B T A E R
H O K H P O D R M G D Έ W L Π I F
Σ H Δ M K Y I D V E B Λ C G E P K
E I O A T D S V D D C O M O I Ή Ί
Ί O Σ Ί I K Ά T N A X Σ Ό H K N T
A L H A K E Σ Ω Δ Έ L J N N O H P
I R D G Έ U S M Q N A Y O L N L I
T G E Λ Σ N T Ύ X K Y M I Π Ί D N
N W S Z N J R O Λ O A U Y Έ Z K O
A Π O T Ύ Π Ω Σ H R A E O P O K P
Γ L S I F H K X Z O Γ Ά Π A Y R B
I V K A M X F N H O U N Y Σ N H W
Γ M J K Q I T U N Y O Z Ί E N A Δ
Π Λ A N Ή T E Σ B Λ Έ M M A N E M
U N O Λ O K Λ H P Ώ Σ E I T A Y P
```

Puzzle 455

```
O  N  Y  Δ  Ί  K  I  Π  E  Δ  Π  B  Y  P  M  O
F  I  E  Λ  Ά  B  A  N  A  J  T  Ί  H  F  E  A
G  D  K  G  Y  Σ  Ό  Λ  O  Σ  M  M  S  T  Δ
E  I  N  O  Λ  T  Ί  T  P  Z  T  T  Π  Ά  Y  I  Ί
Ξ  Q  A  Z  Γ  Ί  N  T  Σ  E  Σ  H  A  O  Σ  Ά  Π
Έ  J  Q  C  H  Έ  M  K  W  G  P  Σ  P  P  N  K  M
T  O  A  L  C  O  N  E  O  M  F  P  Έ  Θ  C  P  A
A  I  T  Ά  M  S  T  E  W  I  K  O  X  O  C  E  Λ
Σ  P  Q  Y  M  Ύ  Λ  O  I  F  K  J  E  Γ  Q  D  O
H  X  O  M  Ω  P  O  Ύ  T  E  T  J  I  P  S  E  Γ
Σ  L  X  A  S  W  K  A  V  F  Σ  M  K  A  K  X  Y
U  X  I  K  Ό  A  P  I  Θ  M  H  T  Ή  Φ  D  Z  Π
I  E  K  X  O  I  Λ  Ύ  O  B  M  Y  Σ  Ί  Q  V  B
T  Y  A  R  S  M  F  K  K  G  V  E  M  A  Γ  Ύ  M
Z  N  G  Z  E  N  U  M  O  S  U  M  Q  T  B  N  U
```

ΟΙΚΟΓΈΝΕΙΕΣ
ΡΟΛΌΙ
ΕΞΈΤΑΣΗΣ
ΜΎΓΑ
ΠΊΣΤΗΣ
ΟΡΘΟΓΡΑΦΊΑ
ΣΥΜΒΟΎΛΙΟ
ΕΠΙΚΊΝΔΥΝΟ
ΜΆΤΙΑ
ΑΝΑΒΆΛΕΙ
ΜΆΣΚΑ
ΑΡΙΘΜΗΤΉ
ΠΑΡΈΧΕΙ
ΣΌΛΟ
ΜΩΡΟΎ
ΊΝΤΣΕΣ
ΜΑΤΙΆ
ΜΎΛΟ
ΠΥΓΟΛΑΜΠΊΔΑ
ΤΊΤΛΟ

Puzzle 456

ΑΠΌΔΟΣΗ
ΚΆΘΙΣΕ
ΚΥΒΕΡΝΉΤΗΣ
ΘΕΤΙΚΌ
ΑΓΓΟΎΡΙ
ΔΙΑΤΗΡΟΎΝ
ΕΛΙΚΌΠΤΕΡΟ
ΦΩΤΟΓΡΑΦΊΑ
ΓΈΝΝΗΣΗ
ΤΕΤΆΡΤΗ
ΜΑΛΑΚΌ
ΓΥΑΛΙΣΤΕΡΉ
ΑΝΑΘΕΏΡΗΣΗ
ΔΊΝΟΥΝ
ΕΚΠΟΜΠΉΣ
ΜΉΛΟ
ΚΎΜΑ
ΟΔΥΝΗΡΆ
ΔΕΊΚΤΗ
ΠΎΛΗ

```
T  M  Ή  Λ  O  Γ  G  L  V  L  X  X  P  E  Ό  A  H
E  A  H  W  L  S  Έ  J  J  J  M  S  S  F  K  V  X
T  Γ  Σ  L  D  K  A  N  Ύ  O  P  H  T  A  I  Δ  Q
Ά  Γ  H  K  K  E  Π  N  G  C  J  K  B  T  K  A
P  O  P  Ά  Ύ  I  I  F  Ό  H  V  H  S  V  E  B  N
T  Ύ  Ώ  Θ  M  P  F  T  Σ  Δ  Σ  A  Q  I  Θ  G  B
H  P  E  I  A  P  A  L  Ή  J  O  H  T  K  Ί  E  Δ
A  I  Θ  Σ  S  B  G  T  Π  B  X  Σ  X  M  Y  M  J
I  I  A  E  B  B  G  X  M  K  M  A  H  A  W  Y  O
Δ  Ί  N  O  Y  N  E  W  O  E  W  Y  Λ  H  V  B
Y  R  A  I  Q  E  O  O  Π  Q  Y  D  O  A  C  V  L
R  P  O  P  E  T  Π  Ό  K  I  Λ  E  G  K  A  E  F
O  Γ  Y  A  Λ  I  Σ  T  E  P  Ή  L  M  Ό  B  D  W
K  Y  B  E  P  N  Ή  T  H  Σ  O  Δ  Y  N  H  P  Ά
Φ  Ω  T  O  Γ  P  A  Φ  Ί  A  K  P  F  Π  Ύ  Λ  H
```

Puzzle 457

```
P  Q  D  O  R  Δ  A  Ί  X  Y  T  I  Π  E  X  A  A
Ό  V  I  R  K  Ά  Ί  Π  Z  P  X  V  O  M  Ω  Π  N
Λ  E  I  G  W  X  Λ  A  O  H  V  R  D  G  P  Λ  T
O  Ξ  H  W  E  T  I  Q  R  Σ  O  K  Ή  M  Ί  O  I
T  H  X  B  L  Y  M  W  X  Ώ  Π  R  L  P  Σ  Π  Σ
O  B  Y  N  M  Λ  O  S  Z  N  Σ  Ά  S  L  B  O  T
W  Ά  C  Y  L  Ό  X  S  Y  Γ  Y  A  Σ  J  Ή  I  Ά
A  Ρ  Γ  Ό  T  E  P  A  D  V  Γ  Σ  K  E  K  Ή  Θ
W  T  M  Π  A  Λ  Ό  N  I  A  K  T  S  M  I  Σ  M
Π  F  R  V  E  M  Y  D  A  X  P  Έ  W  A  P  T  I
T  A  S  X  N  Λ  J  Y  D  N  Ό  P  W  U  T  E  Σ
H  O  Γ  S  I  A  Ά  J  M  M  T  Ω  U  V  A  B  H
S  W  L  E  I  V  W  Φ  N  U  H  N  H  A  I  Z  Σ
O  T  Έ  P  T  P  O  Π  I  F  M  Σ  K  Ύ  Λ  O  Σ
X  S  E  U  L  Ό  A  E  R  A  A  W  A  X  F  Q  Y
```

ΤΡΆΒΗΞΕ
ΑΣΤΈΡΩΝ
ΑΡΓΌΤΕΡΑ
ΜΉΚΟΣ
ΓΝΏΣΗ
ΣΚΎΛΟΣ
ΜΠΑΛΌΝΙΑ
ΑΠΟΣΠΆΣΕΙ
ΙΑΤΡΙΚΉ
ΕΛΆΦΙΑ
ΡΌΛΟ
ΔΆΧΤΥΛΟ
ΣΥΓΚΡΌΤΗΜΑ
ΧΩΡΊΣ
ΟΜΙΛΊΑ
ΑΝΤΙΣΤΆΘΜΙΣΗΣ
ΠΟΡΤΡΈΤΟ
ΕΠΙΤΥΧΊΑ
ΑΠΛΟΠΟΙΉΣΤΕ
ΠΑΓΕΤΌ

Puzzle 458

ΜΑΡΟΎΛΙ
ΌΤΙ
ΠΑΡΑΚΜΉ
ΠΟΛΛΑΠΛΑΣΙΑΣΜΌ
ΔΙΠΛΟΎΝ
ΤΣΙΠ
ΠΟΤΌ
ΜΕΊΝΕΤΕ
ΣΚΟΡΆΡΕΙ
ΠΟΛΙΤΙΚΉ
ΧΉΝΑ
ΚΟΥΤΆΒΙ
ΑΣΤΈΡΙΑ
ΔΡΟΣΕΡΌ
ΕΠΙΠΤΏΣΕΙΣ
ΟΜΟΣΠΟΝΔΙΑΚΉ
ΤΟ
ΕΝΟΧΛΉΣΕΙ
ΣΥΜΒΑΊΝΟΥΝ
ΣΥΝΕΧΊΣΕΙ

Puzzle 459

```
O V Z P O P G N M Σ X D B X C U B
B D Σ E Δ Ά I Δ E Π Ύ F Q I T W O
T Η Λ E Ό P A Σ Η P A Z O L O O Y
K A T Η Γ O P O Ύ N O Λ Y L V G B
I K A N Ό T Η T A D O X O Γ C J Ά
A Π O K A Λ Ύ Π T O Y N Ύ N Ό O Λ
Π P O X Ω P Ή Σ T E Z O B T I M I
A Ξ I Ό Π I Σ T Η W T T V D Η Ώ A
A Γ A Π Η T Έ C I U O G A N D C N
E N O I K Ί A Σ Η N Ά Y O Π M A Σ
K F D O M D G K E Ω S J C J A Ί S
I D G A Q I O Φ O P T N Ύ Σ W E O
X T L C U A F I N Ί P A N A K P V
S A L S D Ή Y E K Σ A P A Π K O K
A Y T O Π E Π O Ί Θ Η Σ Η C Y Π G
```

ΠΕΔΙΆΔΕΣ
ΚΑΝΑΡΊΝΙ
ΣΎΝΤΡΟΦΟ
ΑΞΙΌΠΙΣΤΗ
ΤΗΛΕΌΡΑΣΗ
ΣΑΜΠΟΥΆΝ
ΝΩΡΊΣ
ΚΑΤΗΓΟΡΟΎΝ
ΙΚΑΝΌΤΗΤΑ
ΠΡΟΧΩΡΉΣΤΕ
ΑΓΑΠΗΤΈ
ΝΕΡΟΧΎΤΗ
ΠΟΡΕΊΑ
ΑΥΤΟΠΕΠΟΊΘΗΣΗ
ΜΠΑΛΟΝΙΏΝ
ΒΟΥΒΆΛΙΑ
ΕΝΟΙΚΊΑΣΗ
ΠΑΡΑΣΚΕΥΉ
ΣΎΖΥΓΟ
ΑΠΟΚΑΛΎΠΤΟΥΝ

Puzzle 460

ΣΤΌΧΟΣ
ΠΛΉΡΩΣ
ΑΡΙΘΜΟΜΗΧΑΝΉ
ΚΌΨΕΙ
ΓΛΩΣΣΆΡΙΟ
ΔΙΑΧΕΊΡΙΣΗ
ΚΆΛΥΨΗΣ
ΠΡΙΝ
ΚΑΝΟΝΊΣΕΙ
ΉΛΙΟ
ΙΔΈΑ
ΜΟΛΎΒΔΟΥ
ΓΆΝΤΙΑ
ΣΙΤΆΡΙ
ΑΝΆΠΤΥΞΗΣ
ΚΑΡΈΚΛΑ
ΣΥΜΠΕΡΙΦΟΡΆ
ΌΠΩΣ
ΔΩΔΕΚΑ
ΥΠΗΡΕΣΙΏΝ

```
J K Γ Ά K I B M E A Ή Λ I O B U M
F A Λ P Ή Ό W U I N U W E S R S O
T P Ω O N F Ψ M F Ά J S Σ Ω Π Ό Λ
C Έ Σ Φ A Q A E V Π W K Ί V E Q Ύ
I K Σ I X U Q F I T N C N D A D B
I Λ Ά P H O I H Y Y P W O I I Y Δ
C A P E M Y C Y A Ξ K X N Q P F O
L M I Π O I F J J H S D A Z Ά Π Y
I Z O M M F M E P Σ Q F K J T X V
Δ K V Y Θ P L Z Y Π Η P E Σ I Ώ N
Έ X Η Σ I P Ί E X A I Δ I X Σ B S
A Π Λ Ή P Ω Σ O X Ό T Σ H K S P I
R R R Y A Y K Ά Λ Y Ψ Η Σ F P D Y
Γ Ά N T I A K E Δ Ώ Δ P R M Y I M
S R M C G K U B J H B L Q K R P M
```

Puzzle 461

K	M	X	K	J	U	Q	P	S	A	G	T	O	Θ	Π	E
S	A	Ί	E	P	A	Γ	Γ	A	Λ	Ά	Γ	M	A	C	A	N
U	I	P	O	U	T	Y	Q	W	R	D	S	D	Y	J	P	K
X	E	Σ	Ό	T	E	A	C	S	P	Ύ	I	L	M	T	A	G
R	Δ	X	L	T	Π	E	P	I	Έ	X	E	I	A	H	K	A
O	Ά	O	O	Ύ	O	M	Ϊ	A	M	A	D	K	Σ	Q	O	G
D	D	U	M	J	N	C	M	S	P	Π	Z	Ά	T	T	Λ	M
H	Ψ	M	A	K	Ά	N	A	Σ	D	Ώ	M	K	Έ	W	O	P
Q	W	V	Δ	L	Λ	N	O	O	K	B	Δ	A	Σ	J	Y	G
C	R	J	P	M	Π	Y	B	Λ	I	O	M	Σ	M	Z	Θ	F
P	O	Z	Ά	G	O	Δ	O	Ί	P	E	Π	W	J	R	Ή	G
D	E	A	K	W	P	R	E	E	S	C	P	B	W	C	Σ	U
Σ	Φ	Y	P	Ί	E	O	G	X	L	A	Γ	Ά	Π	H	O	C
G	A	R	E	P	A	M	Γ	Ί	E	M	Z	K	P	L	Y	G
H	L	G	S	B	J	C	C	X	Q	N	V	T	J	F	N	Y

ΠΑΡΑΚΟΛΟΥΘΉΣΟΥΝ
ΆΔΕΙΑ
ΑΝΆΚΑΜΨΗ
ΓΆΛΑ
ΘΑΥΜΑΣΤΈΣ
ΑΓΓΑΡΕΊΑ
ΜΑΪΜΟΎ
ΑΕΡΟΠΛΆΝΟ
ΜΕΊΓΜΑ
ΚΆΡΔΑΜΟ
ΑΓΆΠΗ
ΣΑΚΆΚΙ
ΔΏΡΑ
ΣΦΥΡΊ
ΑΕΤΌΣ
ΠΕΡΙΈΧΕΙ
ΠΑΧΎ
ΧΕΊΛΟΣ
ΚΑΡΌΤΟ
ΠΕΡΊΟΔΟ

Puzzle 462

ΑΠΟΡΡΌΦΗΣΗ
ΑΌΡΑΤΟ
ΣΤΆΔΙΟ
ΣΥΝΉΘΕΙΑ
ΧΎΝΕΤΑΙ
ΔΙΠΛΌ
ΚΑΘΉΚΟΝ
ΔΈΡΜΑ
ΚΑΜΠΊΝΑ
ΣΤΑΦΥΛΙΏΝ
ΕΥΓΕΝΙΚΌ
ΠΑΠΟΎΤΣΙ
ΆΜΥΝΑ
ΠΥΡΟΣΒΈΣΤΗΣ
ΤΊΠΟΤΑ
ΜΠΟΥΚΆΛΙΑ
ΜΙΣΉ
ΝΗΣΊ
ΓΥΑΛΊ
ΖΏΩΝ

M	I	Σ	Ή	A	Π	L	X	F	A	L	S	W	U	A	C	N
K	L	C	A	Π	A	M	P	Έ	Δ	Γ	Y	A	Λ	Ί	C	Ώ
S	V	Z	Ό	O	Π	H	D	R	M	M	N	M	U	O	W	I
Σ	I	Z	P	P	O	G	Z	H	U	U	B	K	N	N	V	Λ
Y	L	K	A	P	Ύ	I	Q	Y	K	A	M	Π	Ί	N	A	Y
N	B	Z	T	Ό	T	Y	Δ	Q	K	C	Y	P	O	D	L	Φ
Ή	Ω	A	O	Φ	Σ	Z	J	Ά	T	N	T	Ί	Π	O	T	A
Θ	F	Ώ	W	H	I	V	N	V	T	H	T	C	D	Q	H	T
E	B	H	Z	Σ	H	T	Σ	Έ	B	Σ	O	P	Y	Π	N	Σ
I	H	M	L	H	S	V	N	M	Ί	M	W	Y	M	O	G	G
A	A	R	K	E	A	I	Λ	Ά	K	Y	O	Π	M	J	K	Ό
U	B	B	U	I	Z	P	W	M	U	E	Z	W	H	I	Ή	Λ
J	U	Ό	K	I	N	E	Γ	Y	E	Q	C	D	K	E	Θ	Π
E	M	W	G	I	Y	J	H	N	U	X	Ύ	N	E	T	A	I
C	R	Z	H	N	Z	F	M	A	E	M	D	K	A	I	K	Δ

Puzzle 463

```
Λ Ε Π Τ Ο Μ Έ Ρ Ε Ι Ε Σ Z J Q L W
Π Ρ Ά Γ Μ Α Τ Ι V A Q P Y H E E D
J S F F O N Ύ O Θ H M I M T M J Q
V W C E Γ Υ Π Ι Έ Σ T E Δ Σ K U O
Ι M N H Σ O T A M Ό N O E I O D P
Ϊ A S N G X Υ T P Ί C F F V E Z
K E Z E Έ Φ M W O E T Ψ Έ Λ K Θ
X H K M M T V P W E Λ N O M G Δ A
X A M Ό Γ E Λ O Έ Q S Ό Q W B Ώ M
Q S Q K X M Y U O Z Q F N W F Σ A
L O P E A M C U G D I X X Y Q E P
A Z R Λ Ι Y J Q B T C A O H Σ Ι Ί
F E Ε Π Γ Σ Ύ O Φ O Σ T A F X G E
S L H M K H P M L Φ Θ Ά N O Y N Π
Y O Ί E M O P Δ Y X A T M J P T Z
```

ΕΜΠΛΕΚΌΜΕΝΗ
ΣΟΦΟΎΣ
ΘΑ
ΣΥΜΜΕΤΈΧΟΥΝ
ΤΥΡΊ
ΤΑΧΥΔΡΟΜΕΊΟΥ
ΣΥΝΌΛΟΥ
ΜΙΜΗΘΟΎΝ
ΕΚΔΏΣΕΙ
ΧΌΚΕΪ
ΛΕΠΤΟΜΈΡΕΙΕΣ
ΧΑΜΌΓΕΛΟ
ΠΡΆΓΜΑΤΙ
ΜΈΓΙΣΤΗ
ΚΛΈΨΤΕ
ΠΕΊΡΑΜΑ
ΟΝΌΜΑΤΟΣ
ΠΙΈΣΤΕ
ΦΘΆΝΟΥΝ
ΦΡΈΖΙΑ

Puzzle 464

ΜΕ
ΠΡΟΆΣΠΙΣΗΣ
ΕΚΠΟΜΠΉ
ΕΞΕΤΆΖΟΥΝ
ΜΆΓΙΣΣΑ
ΕΝΙΑΊΟ
ΣΑΒΒΑΤΟΚΎΡΙΑΚΟ
ΠΡΟΣΩΠΙΚΌ
ΑΝΉΚΟΥΝ
ΑΓΝΟΟΎΜΕ
ΠΛΉΡΩΣΗΣ
ΑΛΥΣΊΔΑ
ΕΞΑΙΡΕΤΙΚΆ
ΣΆΝΤΟΥΙΤΣ
ΕΣΤΙΑΤΌΡΙΟ
ΨΆΡΙ
ΨΑΛΊΔΙ
ΠΆΡΕΙ
ΕΚΛΟΓΉ
ΧΙΟΝΟΣΤΙΒΆΔΑΣ

```
Σ Ι Α Σ Σ Ι Γ Ά Μ Α Ε Π J G A E X
Τ Α Ή Γ Ο Λ Κ Ε C Λ Ξ P P V Z Σ Ι
Ι M B X N O R N Y Y A O Σ M B T O
Y I C B Y O F H C Σ I Ά H L P I N
O V W M A H O W L Ί P Σ Σ Σ O A O
T K I J Y T S Ύ P Δ Ε Π Ω K G T Σ
N Ή S I M J O Ό M A T I P Ά Ψ Ό T
Ά Π Υ Υ I O Ί K X E I Σ Ή S Y P I
Σ M Ά J I U A I Ύ M K H Λ V F I B
X O Q P F F I Π C P Ά Σ Π N D O Ά
B Π E A E G N Ω F P I Δ Ί Λ A Ψ Δ
N K J T R I E Σ R N Y A P C Q W A
O E X J D N J O G Q M E K A B K Σ
F D E F L E Y P S C Y K J O F R Q
A N Ή K O Y N Π E Ξ E T Ά Z O Y N
```

Puzzle 465

```
H P D F Q Λ V G L D M J B Ά E Y A
W D L S I E Δ E M Έ N H L Γ F M Π
P L H N P Π E N Ό T H T A X L I O
N Ύ O Θ H T N A N Y Σ J G O J M Σ
X Y F W F O I M Ό N O P Π Σ S J Ύ
I B B M E M N K A O Y R W P O Z P
S R D V S Έ A K X B X C W D F S E
Ψ Ά I Δ Ω P Y M Z I Σ X Ύ O Y N I
X Y T I C E Λ Π M E K C H T C P T
T X X J A I Γ Ά B Y O K Y O K R E
J O U I Y A Σ Y Γ X Ω P Ή Σ E I X
Y G M N K Σ T P A T I Ω T I K Ή N
S J Z Ή I Ή Λ O T Σ I Π E Y D Z I
O B R H Σ O M A T Ό Π O Π Π I U K
A N A Γ N Ω P Ί Σ E I V Z T D G Ή
```

ΙΠΠΟΠΌΤΑΜΟΣ
ΛΕΠΤΟΜΈΡΕΙΑ
ΣΥΝΑΝΤΗΘΟΎΝ
ΠΡΟΝΌΜΙΟ
ΑΝΑΓΝΩΡΊΣΕΙ
ΕΠΙΣΤΟΛΉ
ΨΥΧΙΚΉ
ΜΥΡΩΔΙΆ
ΤΕΧΝΙΚΉ
ΤΟΜΉΣ
ΕΝΌΤΗΤΑ
ΜΠΛΕ
ΣΤΡΑΤΙΩΤΙΚΉ
ΔΕΜΈΝΗ
ΚΟΥΚΟΥΒΆΓΙΑ
ΆΓΧΟΣ
ΙΣΧΎΟΥΝ
ΔΕΙ
ΑΠΟΣΎΡΕΙ
ΣΥΓΧΩΡΉΣΕΙ

Puzzle 466

ΠΛΕΥΡΆ
ΜΠΟΥΚΆΛΙ
ΓΩΝΊΑ
ΣΤΑΘΜΌΣ
ΣΚΥΛΊ
ΘΎΜΑ
ΣΥΛΛΆΒΕΙ
ΒΟΛΤ
ΠΕΡΙΚΟΠΉ
ΣΚΑΘΆΡΙ
ΛΑΣΠΩΜΈΝΟ
ΤΡΑΜ
ΣΚΊΟΥΡΟΣ
ΠΟΤΑΜΟΎ
ΜΕΤΕΓΚΑΤΆΣΤΑΣΗ
ΣΚΟΥΛΉΚΙ
ΕΘΝΙΚΌΣ
ΑΝΑΜΈΝΕΤΑΙ
ΣΤΡΑΤΟΎ
ΧΙΛΙΆΔΕΣ

```
E N M Σ K A Θ Ά P I Λ Ά K Y O Π M
Θ Λ A Σ Π Ω M Έ N O Π O T A M O Ύ
N Π E P I K O Π Ή Σ K Ί O Y P O Σ
I K Ή Λ Y O K Σ E Δ Ά I Λ I X N Z
K W M P C G T Q R R N O K Θ Ύ M A
Ό O M N I O N N N D D J S Y E A Ί
Σ Ό M Θ A T Σ C M I F O V A S P N
Σ K Y Λ Ί B R N V E D A I L J T Ω
H G N Q S I P R Y B Z Z Z V T D Γ
W M E T E Γ K A T Ά Σ T A Σ H E B
R E L C R N R M U Λ P Z N K N F B
B T W C F I L U X Λ O Y Q W B S G
Ύ O T A P T Σ Y K Y Z Z E Y Q H Y
E O Λ A Y G N P E Σ O M T Λ X C W
A Q V T A N A M Έ N E T A I Π Q X
```

Puzzle 467

```
Σ  I  E  Θ  Ή  N  Y  Σ  D  J  M  P  Σ  E  R  E  Z
B  Φ  Π  A  Ξ  I  M  Ά  Δ  I  Ύ  X  X  G  G  Π  F
P  S  Ά  B  A  P  I  Ά  H  V  T  W  Έ  T  X  I  T
Λ  U  P  Λ  M  M  Y  T  L  J  H  N  Δ  B  G  T  O
D  E  W  A  M  Γ  A  T  Ά  K  E  J  I  X  K  P  F
R  Q  Ω  Q  D  A  S  S  Z  H  K  Ξ  O  V  A  O  M
R  G  L  Φ  T  I  T  Ά  M  M  O  K  O  M  T  Π  Y
S  S  B  Q  O  W  Q  O  L  F  Q  N  V  X  Ά  Ή  Γ
Z  S  C  S  J  P  K  A  Σ  T  P  Ύ  O  B  I  Q  I
Έ  K  P  H  Ξ  H  E  F  D  H  P  B  W  N  E  K  Ή
N  Y  Y  T  S  H  Q  Ί  N  C  K  E  H  G  I  A  Ή
E  L  N  P  F  W  Z  P  O  A  Σ  T  A  Θ  Ή  I  C
D  H  Ά  Π  A  P  Ά  Γ  O  N  T  A  Σ  F  Q  F
D  Q  E  X  Λ  O  Γ  A  P  I  A  Σ  M  Ό  C  R  D
N  H  Y  G  F  M  P  A  Γ  P  I  Ό  Γ  A  T  A  S
```

ΠΑΞΙΜΆΔΙ
ΕΞΟΧΙΚΉ
ΣΧΈΔΙΟ
ΧΆΡΤΗ
ΈΚΡΗΞΗ
ΒΑΡΙΆ
ΣΥΝΉΘΕΙΣ
ΣΦΆΛΜΑΤΟΣ
ΚΆΤΑΓΜΑ
ΚΑΤΆ
ΛΕΩΦΟΡΕΊΟ
ΚΟΜΜΆΤΙ
ΥΓΙΉ
ΜΎΤΗ
ΠΑΡΆΓΟΝΤΑΣ
ΛΟΓΑΡΙΑΣΜΌ
ΒΟΎΡΤΣΑ
ΕΠΙΤΡΟΠΉ
ΑΣΤΑΘΉ
ΑΓΡΙΌΓΑΤΑ

Puzzle 468

ΑΠΟΞΗΡΑΜΈΝΑ
ΥΠΕΝΘΥΜΊΣΩ
ΣΥΝΈΧΕΙΑ
ΦΊΛΟΥΣ
ΚΑΡΦΊ
ΙΔΙΩΤΙΚΌ
ΜΕΤΑΞΈΝΙΑ
ΚΌΚΟΡΑ
ΠΟΥΛΊ
ΣΟΦΊΑΣ
ΤΣΈΠΗ
ΕΙΣΌΔΟΥ
ΚΆΤΟΙΚΟΣ
ΘΡΑΎΣΜΑ
ΣΥΝΑΊΣΘΗΜΑ
ΦΟΡΕΘΕΊ
ΜΟΤΈΛ
ΠΑΝΟΜΟΙΌΤΥΠΑ
ΣΎΜΦΩΝΑ
ΕΜΠΝΕΎΣΕΙ

```
Z  B  V  K  U  G  G  F  Ί  V  W  A  X  C  A  Y  M
Π  U  S  Ά  Q  R  C  F  E  Z  K  Π  J  K  Π  Π  E
O  U  E  T  H  G  P  A  Θ  X  N  O  K  K  Y  E  T
Y  G  Y  O  Δ  Ό  Σ  I  E  Σ  N  Ξ  Y  Z  T  N  A
Λ  L  R  I  Q  J  H  G  P  A  A  H  Y  Y  Ό  Θ  Ξ
Ί  A  J  K  Y  S  M  G  O  Ί  Φ  P  A  K  I  Y  Έ
M  H  W  O  X  T  M  E  Φ  Φ  A  A  X  N  O  M  N
N  R  Π  Σ  Y  O  Λ  Ί  Φ  O  G  M  I  I  M  Ί  I
M  O  T  Έ  Λ  M  N  V  G  Σ  T  Έ  Σ  R  O  Σ  A
G  K  I  E  Σ  Ύ  E  N  Π  M  E  N  O  Ύ  N  Ω  Q
D  C  J  W  F  T  H  W  R  H  K  A  H  Y  A  O  I
Σ  Y  N  Έ  X  E  I  A  P  O  K  Ό  K  U  Π  P  L
Σ  Y  N  A  Ί  Σ  Θ  H  M  A  U  O  E  D  R  A  Θ
Σ  Ύ  M  Φ  Ω  N  A  I  Δ  I  Ω  T  I  K  Ό  X  S
M  L  E  D  E  B  G  V  Y  F  U  Q  D  I  R  F  R
```

Puzzle 469

```
F J Q C R M V N Y R C T U W O C X
I T Z U Ή N A Φ O P Π T Q X X W Ά
O C H H D R I Ï Π S K B R N H G M
Q I I E A I Δ Ί N A Λ E B U M B Π
O E H Y A A I Y Π T P C P R Ά N O
G Z B F I N Q I Ά Π A Ά V N T U Y
J Ά S W Q Ί Z S Π E S N Θ D Ω J P
Δ I K A Σ T Ή Σ I T Π W Ό Y N S Γ
K P V I Ή P A S A Σ O C Q Y P N K
T I J Δ X Y E N Z Έ Y U M J W O E
J A W Ό O O Y V U T A Γ E N Ή Σ P
K T K Π I K Σ O Ί A P Y O P A J R
R Z A Ί P O Γ H M Y T E H P V T T
A N Ό Λ E B Z C L B N G Z K H U L
E E Y O Π Ύ T M Έ Σ H W V M I W U
```

ΧΆΜΠΟΥΡΓΚΕΡ
ΑΡΟΥΡΑΊΟΣ
ΠΑΡΆΘΥΡΟ
ΠΟΥ
ΠΕΤΣΈΤΑ
ΠΆΠΙΑ
ΠΕΡΙΟΧΉΣ
ΠΌΔΙΑ
ΤΑΙΡΙΆΖΕΙ
ΕΤΥΜΗΓΟΡΊΑ
ΔΙΚΑΣΤΉΣ
ΑΓΕΝΉΣ
ΚΟΥΡΤΊΝΑ
ΟΧΗΜΆΤΩΝ
ΜΈΣΗ
ΜΑΪΝΤΑΝΌ
ΠΡΟΦΑΝΉ
ΒΕΛΌΝΑ
ΤΎΠΟΥ
ΒΕΛΑΝΊΔΙΑ

Puzzle 470

ΚΡΕΒΑΤΟΚΆΜΑΡΑ
ΟΔΟΝΤΊΑΤΡΟ
ΣΤΟΙΧΕΙΏΔΗ
ΔΙΟΡΊΣΕΙ
ΠΑΡΑΤΉΡΗΣΗΣ
ΞΗΡΑΣΊΑ
ΚΆΠΟΤΕ
ΠΟΥΡΝΆΡΙΑ
ΔΈΝΤΡΑ
ΟΜΠΡΈΛΑΣ
ΕΠΗΡΕΆΖΟΥΝ
ΧΆΡΗ
ΣΦΟΥΓΓΆΡΙ
ΕΡΏΤΗΣΗ
ΠΕΡΑΙΤΈΡΩ
ΤΥΧΕΡΟΊ
ΛΙΏΣΕΙ
ΥΠΟΤΊΘΕΤΑΙ
ΈΡΩΣ
ΣΧΉΜΑ

```
E Σ L A D R F Δ X X X J J F C Λ K
V A Ί Σ A P H Ξ Έ N W M S D U I P
T Λ R J F A I P Ά N P Y O Π M Ώ E
H Έ K V I A T E Θ Ί T O Π Y V Σ B
X P Π E P A I T Έ P Ω P V X G E A
E Π H P E Ά Z O Y N U L A H F I T
V M Έ Δ Π A P A T Ή P H Σ H Σ E O
O O P N Ώ O Δ O N T Ί A T P O S K
O F Ω P T I Σ Φ O Y Γ Γ Ά P I B Ά
C A Σ B Y Y E Δ I O P Ί Σ E I Z M
A F D E X S T X M C U Q K V C B A
M Z N M E Z O H I E P Ώ T H Σ H P
Ή K F R P R Π Z P O H A D E Q K A
X Ά P H O E Ά J U W T Y P U B B Y
Σ E L E Ί I K S K R O Σ R D C U Q
```

Puzzle 471

```
E  K  W  U  A  F  T  E  K  I  V  V  G  I  S  X  Σ
I  Ω  Σ  O  N  Έ  M  Σ  A  I  Σ  Y  O  Θ  N  E  Y
I  L  L  Y  K  H  A  Q  N  V  X  F  E  I  T  E  M
Y  E  I  Q  S  M  K  A  Έ  T  Y  L  Ί  P  I  Π  M
P  T  X  X  M  O  O  Λ  N  E  C  H  K  Ό  H  I  E
V  A  W  Έ  O  S  Ύ  E  A  Λ  V  B  O  M  N  T  T
X  X  T  B  P  W  Σ  M  Π  V  Ί  W  Σ  Σ  A  Y  Έ
G  Z  E  C  Φ  T  E  Ό  I  U  I  K  I  I  Z  X  X
Y  X  B  Ή  W  I  N  O  E  N  S  N  Π  M  H  Ω
Π  Λ  E  Y  P  Έ  Σ  I  S  Q  X  M  S  O  E  M  N
Σ  H  Γ  M  Ά  Γ  E  I  P  A  Σ  B  Q  T  Ί  Έ  U
R  Π  Σ  Y  Λ  Λ  A  M  B  Ά  N  E  I  N  T  N  Y
D  W  O  Σ  Ί  Γ  O  Y  P  A  E  K  S  E  E  H  N
T  S  R  P  P  A  Z  N  Z  V  B  Z  Q  T  E  I  J
E  M  Π  E  I  P  O  Γ  N  Ω  M  Ό  N  Ω  N  E  H
```

ΕΜΠΕΙΡΟΓΝΩΜΌΝΩΝ
ΣΊΓΟΥΡΑ
ΑΚΟΎΣΕΙ
ΣΠΟΡ
ΣΥΜΜΕΤΈΧΩΝ
ΚΑΝΈΝΑ
ΛΕΜΌΝΙ
ΕΝΤΟΠΙΣΜΌ
ΠΙΟ
ΕΠΙΤΥΧΗΜΈΝΗ
ΓΗΣ
ΛΊΚΝΟ
ΤΡΈΧΕΙ
ΜΆΓΕΙΡΑΣ
ΣΥΛΛΑΜΒΆΝΕΙ
ΕΊΚΟΣΙ
ΜΟΡΦΉ
ΕΊΤΕ
ΕΝΘΟΥΣΙΑΣΜΈΝΟΣ
ΠΛΕΥΡΈΣ

Puzzle 472

ΧΤΈΝΑ
ΕΠΑΡΚΉ
ΕΠΑΝΈΛΘΕΙ
ΤΕΧΝΟΛΟΓΊΑΣ
ΟΔΟΝΤΌΠΑΣΤΑ
ΛΩΡΊΔΑ
ΓΛΏΣΣΑ
ΜΠΟΡΕΊ
ΛΑΓΟΥΔΆΚΙ
ΕΜΠΟΡΙΚΌ
ΔΕΎΤΕΡΟΣ
ΚΑΛΛΙΤΈΧΝΗ
ΥΠΟΨΉΦΙΟΣ
ΕΚΘΕΣΙΑΚΌ
ΠΕΡΙΓΡΆΨΕΙ
ΤΗΛΈΦΩΝΟ
ΛΎΣΗ
ΒΡΆΣΗ
ΔΙΑΡΡΟΉ
ΣΎΡΜΑ

```
B  R  F  L  P  X  E  N  C  X  B  K  H  D  U  B  D
S  C  I  Q  W  C  M  J  I  U  N  A  Σ  Σ  Ώ  Λ  Γ
A  N  Έ  T  X  I  M  C  D  I  M  Λ  U  E  G  E  J
T  T  Σ  Ύ  P  M  A  M  C  K  G  Λ  M  K  E  K  W
H  E  Σ  O  I  Φ  Ή  Ψ  O  Π  Y  I  Z  Θ  A  Ί  U
Λ  Π  Λ  A  Γ  O  Y  Δ  Ά  K  I  T  Q  E  L  E  E
Έ  A  L  Y  Π  E  Q  K  Z  E  V  Έ  H  Σ  Ά  P  B
Φ  N  Λ  C  Σ  Ό  Π  V  J  V  A  X  Σ  I  A  O  T
Ω  Έ  Δ  Ω  O  S  T  A  U  I  O  N  Ύ  A  X  Π  U
N  Λ  I  G  P  A  Y  N  P  K  K  H  Λ  K  X  M  C
O  Θ  A  M  E  Ί  I  U  O  K  S  R  B  Ό  Y  S  K
W  E  P  K  T  H  Δ  A  N  Δ  Ή  J  H  A  K  L  E
Q  I  P  D  Ύ  F  S  A  Ί  Γ  O  Λ  O  N  X  E  T
S  G  O  T  E  M  Π  O  P  I  K  Ό  Q  X  L  A  G
Z  C  Ή  B  Δ  Π  E  P  I  Γ  P  Ά  Ψ  E  I  J  U
```

Puzzle 473

```
Ά Φ Ν Τ Ο Υ Σ Σ M H D L D A Δ X Y
Z P Y O X X Z Y J Σ V P X Λ I N A
A S Θ T S K N M S H A M T Λ A D M
Π Σ W P I Y E B F Ί E U Y H B V Έ
Λ H H F O K F O M O T Ά Π Λ E A T
Ά Λ W M E G Ά Y B Π X F Ή E B I P
N Έ S C Έ C O Λ O O Π F Σ Π A Σ O
O Γ X A W N Q Έ P Π O D E I I Θ Y
Q A C G I L I Σ Q O Δ I I Δ Ώ Ά G
Z T U Ί E K E A J P Ή C B P Σ N T
D Y L H Z Ύ Z U M T Λ R K O Ω Θ P
Γ Λ Y K Ά K Ί L Y X A Z Y Ύ I H O
O Q F C Z Λ P O S P T S R N G K Y
I S L M L O Y U B K O J P I D E K
V S Z R K G M B A Ί Σ Θ H Σ H L F
```

ΑΣΗΜΈΝΙΑ
ΚΎΚΛΟ
ΑΓΈΛΗΣ
ΧΤΥΠΉΣΕΙ
ΕΚΕΊ
ΔΙΑΒΕΒΑΙΏΣΩ
ΑΙΣΘΆΝΘΗΚΕ
ΠΛΆΝΟ
ΆΤΟΜΟ
ΝΤΟΥΣ
ΦΥΤΙΚΆ
ΠΟΔΉΛΑΤΟ
ΤΡΟΠΟΠΟΊΗΣΗ
ΑΊΣΘΗΣΗ
ΆΡΘΡΟ
ΜΈΤΡΟΥ
ΑΛΛΗΛΕΠΙΔΡΟΎΝ
ΣΥΜΒΟΥΛΈΣ
ΜΥΡΊΖΕΙ
ΓΛΥΚΆ

Puzzle 474

ΙΣΤΟΡΙΚΟΎ
ΤΥΛΊΞΕΙ
ΛΆΘΟΣ
ΤΑΞΊΔΙΑ
ΉΘΕΛΕ
ΚΟΚΚΙΝΟΛΑΊΜΗΔΕΣ
ΜΠΆΝΙΟ
ΑΎΞΗΣΗ
ΚΡΎΟ
ΦΩΤΕΙΝΌ
ΣΥΝΟΛΙΚΌ
ΚΑΝΈΝΑΝ
ΝΟΜΙΚΉ
ΠΗΓΑΊΝΕΙ
ΣΎΝΝΕΦΟ
ΣΩΛΉΝΑ
ΑΝΆΓΝΩΣΗΣ
ΕΔΏ
ΒΡΑΣΤΉΡΑ
ΌΡΟΦΟ

```
K K Z E P L W K W M B I B R K F A
O E K Δ P Φ Ω T E I N Ό R L X F N
K V B Ώ Y I P L J W J P I F E Y Ά
K A M J W V Ή K I M O N R N P O Γ
I O O Π J B A P K A N Έ N A N N
N G Y C Ά Q P P O Ύ X Q D G P Z Ω
O Φ O P Ό N A N P R O T S L Ή G Σ
Λ H E A K S I E Ξ Ί Λ Y T W T T H
A K P H I N Δ O K J G J I Q Σ Λ Σ
Ί K M R Λ Q Ί A Ύ Ξ H Σ H P A Ά J
M C T S O O Ξ S A Z W U Ή V P Θ N
H C U W N F A N Ή Λ Ω Σ G Θ B O G
Δ X E Z Y H T Σ Ύ N N E Φ O E Σ K
E F U A S Π H Γ A Ί N E I Q E Λ Z
Σ I Σ T O P I K O Y G H A V R X E
```

Puzzle 475

H	Π	Φ	B	V	Π	Π	P	Ό	Γ	O	N	O	K	K	Q	N
P	E	O	Z	Y	O	N	E	M	Ό	Π	E	E	A	M	K	S
Y	P	Ύ	Λ	B	Λ	G	H	E	Y	J	Q	C	T	X	I	Z
X	Ά	P	M	Y	Y	J	R	N	B	B	V	Σ	H	N	M	
Έ	Σ	N	P	V	T	L	R	J	E	H	U	Y	I	Q	H	Π
P	E	O	A	I	E	Σ	Ί	Π	O	T	K	E	K	W	M	I
I	I	M	H	T	Λ	X	T	E	V	T	W	A	Ί	N	A	Z
M	K	C	J	B	Ή	Y	Z	N	X	C	J	E	Σ	T	T	Έ
Π	E	P	Ί	Π	T	Ω	Σ	H	D	D	P	O	I	O	O	Λ
B	X	Z	R	O	R	X	Ω	N	Έ	Ψ	E	I	O	M	Γ	I
L	O	M	O	Σ	X	O	K	Ά	P	Y	Δ	O	W	Ά	P	C
A	B	Y	O	Ί	A	Λ	A	Φ	E	K	Y	Q	I	T	Ά	X
A	B	K	N	Δ	I	A	Θ	Έ	Σ	I	M	O	O	A	Φ	I
B	P	A	D	Ώ	Π	A	P	A	M	E	Ί	N	E	I	O	J
V	L	S	Y	H	N	Ώ	M	E	N	A	N	H	E	P	Y	H

ΠΕΡΆΣΕΙ
ΧΩΝΈΨΕΙ
ΠΟΛΥΤΕΛΉ
ΒΟΥΝΏΝ
ΜΠΙΖΈΛΙ
ΠΕΡΊΠΤΩΣΗ
ΠΡΌΓΟΝΟ
ΚΙΝΗΜΑΤΟΓΡΆΦΟΥ
ΑΝΕΜΏΝΗ
ΧΈΡΙ
ΜΟΣΧΟΚΆΡΥΔΟ
ΚΕΦΑΛΑΊΟΥ
ΝΤΟΜΆΤΑ
ΕΠΌΜΕΝΟ
ΕΚΤΟΠΊΣΕΙ
ΚΑΤΣΙΚΊΣΙΟ
ΣΤΥΛ
ΔΙΑΘΈΣΙΜΟ
ΦΟΎΡΝΟ
ΠΑΡΑΜΕΊΝΕΙ

Puzzle 476

ΕΙΔΙΚΆ
ΑΛΕΎΡΙ
ΜΕΓΆΛΟ
ΣΥΣΤΑΤΙΚΌ
ΑΠΑΣΧΟΛΟΎΝ
ΘΑΥΜΆΣΙΑ
ΕΚΤΊΜΗΣΗ
ΙΚΑΝΉ
ΕΡΓΟΣΤΆΣΙΟ
ΔΕΚΑΔΙΚΆ
ΞΕΣΠΆΣΕΙ
ΚΑΤΆΠΑΥΣΗ
ΗΓΈΤΗΣ
ΚΑΘΗΓΗΤΉΣ
ΜΕΊΩΣΗ
ΣΚΕΛΕΤΌ
ΔΙΑΦΑΝΉ
ΠΑΤΆΤΑ
ΤΡΑΓΙΚΌ
ΑΝΤΊΔΡΑΣΗ

Δ	K	N	N	Σ	M	A	Π	A	Σ	X	O	Λ	O	Ύ	N	Δ
E	A	Y	F	Y	C	E	T	W	T	I	K	A	N	Ή	J	I
K	Θ	L	Q	Σ	I	W	Ί	I	A	P	J	U	I	K	Q	A
A	H	R	H	T	Q	M	Z	Ω	I	O	A	M	Y	A	T	Φ
Δ	Γ	C	X	A	O	E	R	G	Σ	N	Π	Γ	V	O	C	A
I	H	Z	O	T	Y	C	X	Ά	H	A	A	I	I	G	N	
K	T	J	Λ	I	K	M	N	O	M	Σ	T	N	E	K	Q	Ή
Ά	Ή	X	Ά	K	I	Δ	I	E	Y	Y	Ά	T	Σ	E	Ό	L
H	Σ	Z	Γ	Ό	J	B	N	K	A	A	T	Ί	Ά	K	T	T
D	Γ	S	E	C	G	O	C	D	Θ	Π	A	Δ	Π	T	E	E
B	V	Έ	M	Y	U	I	Q	S	E	Ά	T	P	Σ	Ί	L	J
R	H	D	T	A	Λ	E	Ύ	P	I	T	O	A	E	M	E	O
G	O	G	Q	H	T	S	X	L	I	A	E	Σ	Ξ	H	K	J
O	I	Σ	Ά	T	Σ	O	Γ	P	E	K	V	H	F	Σ	Σ	Z
Q	N	G	C	E	J	Q	O	U	I	G	S	U	Q	H	R	W

Puzzle 477

```
F  N  A  D  T  A  Ξ  Ί  Δ  I  K  M  A  M  Ή  B  Δ
V  L  Y  U  K  V  W  M  L  O  Έ  Ό  R  I  C  N  Ύ
F  T  A  Z  N  Y  Z  Q  C  T  P  N  A  I  Ώ  Q  O
E  P  M  Ί  N  A  N  K  R  K  Δ  A  Λ  E  Σ  N  O
K  Ί  N  H  T  P  O  Ή  S  Z  I  P  K  V  Y  B  A
M  E  M  A  M  Ά  Λ  M  Γ  Y  Σ  Y  Ύ  T  Γ  I  P
N  T  P  B  F  W  Έ  B  U  I  A  O  O  J  X  N  Ώ
E  Σ  N  Y  L  Y  Π  S  O  E  N  J  K  B  A  Σ  T
F  I  B  H  J  R  A  I  T  Λ  Π  M  T  P  P  T  Q
B  N  G  Z  S  L  K  Y  X  Ά  L  Ά  G  R  Ώ  Ί  V
B  A  D  F  Q  P  G  A  C  B  N  C  Σ  L  F  B  O
H  Φ  G  F  K  T  O  Ί  X  O  W  C  P  X  B  O  T
W  A  D  G  Y  T  N  U  Q  Π  Y  U  B  J  O  Y  A
E  Ξ  D  A  S  N  L  Q  C  Y  N  Q  B  L  K  Y  F
S  E  N  O  E  C  U  H  G  C  K  Q  M  N  H  W  N
```

ΚΟΎΚΛΑ
ΚΈΡΔΙΣΑΝ
ΤΟΊΧΟ
ΥΠΟΒΆΛΕΙ
ΣΤΊΒΟΥ
ΜΑΜΆ
ΏΡΑ
ΒΉΜΑ
ΝΑΙ
ΕΞΑΦΑΝΙΣΤΕΊ
ΤΑΞΊΔΙ
ΚΥΝΉΓΙ
ΑΙΏΝΑ
ΟΥΡΑΝΌ
ΚΑΠΈΛΟ
ΠΆΣΧΟΥΝ
ΕΡΜΊΝΑ
ΚΊΝΗΤΡΟ
ΣΥΓΧΑΡΏ
ΔΎΟ

Puzzle 478

ΣΤΉΛΗ
ΠΑΙΧΝΙΔΙΆΡΙΚΟ
ΒΆΣΗΣ
ΓΕΛΆΣΕΙ
ΚΌΡΗ
ΜΕΤΑΞΎ
ΣΚΛΗΡΉ
ΜΕΓΈΘΟΥΣ
ΓΕΝΙΚΈΣ
ΠΡΩΤΑΡΧΙΚΌ
ΚΑΝΟΝΙΣΜΟΎ
ΒΑΣΙΛΙΚΉ
ΦΌΡΕΜΑ
ΝΌΤΙΟ
ΣΥΝΑΙΣΘΗΜΑΤΙΚΉ
ΑΛΆΤΙ
ΠΡΌΛΗΨΗ
ΉΔΗ
ΒΙΑΣΤΙΚΆ
ΑΓΌΡΑΣΕ

```
D  B  Π  P  Ό  Λ  H  Ψ  H  Ή  E  S  X  D  F  O  N
E  A  M  E  Ρ  Ό  Φ  R  I  Δ  N  H  R  M  Q  K  K
S  Σ  Έ  K  I  N  E  Γ  F  H  M  E  G  J  H  I  S
W  I  T  Ά  Λ  A  P  H  H  S  E  T  V  Q  B  P  R
B  Λ  W  B  T  T  U  E  J  M  T  Q  X  W  T  Ά  V
Ά  I  Ύ  O  M  Σ  I  N  O  N  A  K  N  Ό  T  I  O
Σ  K  C  V  Z  Σ  Y  F  U  R  Ξ  A  R  Γ  B  Δ  A
H  Ή  R  V  L  V  K  O  I  V  Ύ  X  V  E  I  I  Γ
Σ  K  V  S  M  P  V  Λ  Θ  K  X  Q  X  Λ  A  N  Ό
A  V  K  U  S  K  W  C  H  Έ  T  F  M  Ά  Σ  X  P
T  O  Ό  B  Z  A  A  F  G  P  Γ  I  X  Σ  T  I  A
L  I  P  L  R  G  B  E  H  G  Ή  E  H  E  I  A  Σ
K  C  H  Λ  Ή  T  Σ  O  X  Q  E  X  M  I  K  Π  E
Π  Ρ  Ω  T  A  P  X  I  K  Ό  Y  K  O  T  Ά  P  Q
Σ  Y  N  A  I  Σ  Θ  H  M  A  T  I  K  Ή  K  B  V
```

Puzzle 479

Δ	Ι	Α	Τ	Ν	Ο	Ζ	Ά	Γ	Ρ	Ε	Κ	C	A	Y	L	Y
F	Ρ	Κ	Ά	Λ	Τ	Σ	Ε	Σ	F	Π	A	L	Ε	Ξ	Π	Η	C
Z	Α	Ά	Ρ	Κ	Α	Μ	Q	Ο	S	Ι	Τ	Η	Ί	Ο	Ι	Q
Ε	Ι	Ι	Κ	Ί	Τ	Ν	Ο	Π	W	Σ	Ε	W	Α	Λ	Η	R
U	Ο	V	Ζ	Ο	Λ	Π	Ό	W	R	Τ	Υ	Χ	Σ	Ο	Μ	Z
R	V	Α	D	R	Σ	Χ	Ο	C	D	Ή	Θ	Α	Q	Γ	Η	Μ
Π	Λ	Η	Ρ	Ο	Ύ	Ν	Τ	Α	Ι	Μ	Ύ	Ρ	F	Ί	Χ	Q
Q	Κ	Χ	Τ	Ε	Ζ	Ν	J	Ί	L	Ο	Ν	Ο	Ι	Ζ	Α	Ο
Χ	F	L	J	Ά	Π	L	Q	Τ	Κ	Ν	Σ	Ύ	Κ	Ε	Ν	J
G	Χ	Ο	Q	D	Γ	Ι	Η	Ι	Α	Α	Ε	Μ	F	Ι	Ι	P
L	Θ	Β	J	U	Ο	Ρ	Σ	Α	Κ	Σ	Ι	Ε	Β	R	Κ	Κ
R	Ε	Q	Α	Κ	R	V	Ε	Τ	Ό	Μ	Σ	Ν	Ν	F	Ό	Q
D	Σ	Υ	V	R	Η	Μ	Χ	Ν	Ή	S	Τ	Α	Κ	Χ	Σ	Ο
Χ	Α	Λ	Α	Ρ	Ώ	Σ	Τ	Ε	Υ	Μ	Ν	J	F	Η	Ν	L
Π	Ρ	Ο	Σ	Ε	Κ	Τ	Ι	Κ	Ά	S	Η	Α	R	U	Ν	F

ΔΡΆΚΟΣ
ΕΡΓΆΖΟΝΤΑΙ
ΧΑΛΑΡΏΣΤΕ
ΕΠΙΣΤΉΜΟΝΑΣ
ΜΑΚΡΆ
ΜΗΧΑΝΙΚΌΣ
ΠΟΝΤΊΚΙ
ΑΞΊΑΣ
ΠΡΟΣΕΚΤΙΚΆ
ΕΠΙΣΤΉΜΗ
ΑΙΤΊΑ
ΚΑΚΌ
ΣΥΝΕΡΓΆΤΗ
ΥΠΟΛΟΓΊΖΕΙ
ΠΛΗΡΟΎΝΤΑΙ
ΚΑΤΕΥΘΎΝΣΕΙΣ
ΌΠΛΟ
ΧΘΕΣ
ΚΆΛΤΣΕΣ
ΧΑΡΟΎΜΕΝΑ

Puzzle 480

ΧΩΡΙΌ
ΣΤΙΓΜΉ
ΘΟΛΌ
ΣΧΌΛΙΟ
ΠΑΡΆΞΕΝΟ
ΟΙΚΟΝΟΜΊΑ
ΚΑΤΑΔΎΣΕΙΣ
ΗΛΙΈΛΑΙΟ
ΦΆΛΑΙΝΑ
ΠΟΛΊΤΗ
ΤΟΥ
ΑΚΌΜΑ
ΔΙΆΣΗΜΗ
ΊΣΗ
ΚΟΥΤΆΛΙ
ΓΡΉΓΟΡΑ
ΠΟΡΤΟΚΑΛΊ
ΔΙΚΑΣΤΉΡΙΟ
ΞΎΛΟ
ΕΚΣΤΡΑΤΕΊΑ

Η	Τ	Ί	Λ	Ο	Π	Ο	F	Τ	Χ	Χ	Q	Ί	S	Η	L	Γ
Μ	Λ	D	Ε	Π	Ο	Ρ	Τ	Ο	Κ	Α	Λ	Ί	Κ	Ζ	Θ	Ρ
Η	Ο	Ι	Ρ	Ή	Τ	Σ	Α	Κ	Ι	Δ	Χ	Υ	Α	Ξ	Ο	Ή
Σ	D	Λ	Έ	L	S	Ή	Ι	W	U	C	W	C	Τ	Ύ	Λ	Γ
Ά	G	Ά	J	Λ	Κ	Μ	Σ	Χ	Ό	Λ	Ι	Ο	Α	Λ	Ό	Ο
Ι	Κ	Τ	Q	Ε	Α	Γ	Π	Ζ	S	V	G	Ζ	Δ	Ο	Ζ	Ρ
Δ	C	Υ	Ο	C	Μ	Ι	Υ	Α	Ν	Κ	D	Ο	Ύ	G	Α	Α
Α	C	Ο	Ο	D	Ό	Τ	Ο	D	Ρ	Τ	Κ	Α	Σ	Α	Φ	Χ
Ε	G	Κ	V	Ι	Κ	Σ	Τ	Χ	V	Ά	J	Μ	Ε	G	Ά	Μ
Μ	L	J	S	Υ	Α	Ζ	Β	W	Ω	Ρ	Ξ	V	Ι	Μ	Λ	R
Ε	Κ	Σ	Τ	Ρ	Α	Τ	Ε	Ί	Α	Ρ	Ν	Ε	Σ	Q	Α	Β
F	Ο	Ι	Κ	Ο	Ν	Ο	Μ	Ί	Α	Η	Ι	V	Ν	G	Ι	Ν
L	Ρ	R	U	J	U	Τ	G	F	Η	Ε	Υ	Ό	W	Ο	Ν	C
U	Ρ	R	J	Q	Ε	Β	W	V	F	Ο	G	R	Q	U	Α	D
Ν	Ν	F	Τ	Β	W	Τ	Ο	J	D	F	U	Q	Η	R	Ν	U

Puzzle 481

```
M K Π E P I O X Ή B Δ Π Δ R Z Φ T
E I R K Έ P Δ O Σ E I A Y P H O U
U F A Z J H N E Δ Y A P Σ E O P B
N V I Q C N Ω Q V M K A T Ω K H G
N Y O N Ά B M A Λ T O Δ Y T M T Θ
K Z A U U A Ί E G Q Π O X A D Ό E
L U T O Y Z Φ R G Ά Ή Σ Ί X V D P
E M Π I Σ T O Σ Ύ N H I A Ύ Y I M
Y Ξ N W O Q P C C X K A Ί T U B Ό
I Ψ H C Ψ W T O B Y Ή K M H U A T
Z O H Λ Ύ M X Z H Σ Θ Ό E T L K H
J N X Λ Π O P Q Σ D N F P A P C T
V C M D Ή Έ E R O Y Y J H E H A A
P G S T Y Σ Ξ Z K D Σ T Y E Q W Σ
D M C F O F K E F X H L F S N V J
```

ΔΥΣΤΥΧΊΑ
ΦΟΡΗΤΌ
ΣΟΚ
ΛΑΜΒΆΝΟΥΝ
ΗΡΕΜΊΑ
ΔΙΑΚΟΠΉ
ΕΞΈΠΛΗΞΕ
ΤΡΟΦΊΜΩΝ
ΣΥΝΘΉΚΗ
ΎΨΟΣ
ΥΨΗΛΉΣ
ΕΜΠΙΣΤΟΣΎΝΗ
ΣΥΧΝΆ
ΌΜΩΣ
ΤΑΧΎΤΗΤΑ
ΠΑΡΑΔΟΣΙΑΚΌ
ΔΕΝ
ΘΕΡΜΌΤΗΤΑΣ
ΠΕΡΙΟΧΉ
ΚΈΡΔΟΣ

Puzzle 482

ΕΞΑΡΤΆΤΑΙ
ΚΑΡΑΜΈΛΑ
ΕΠΑΓΓΕΛΜΑΤΙΚΟΎ
ΠΈΤΡΑ
ΕΓΚΑΤΑΣΤΆΘΗΚΑΝ
ΚΆΣΤΑΝΑ
ΣΕΙΡΆ
ΑΛΛΆ
ΑΠΟΛΑΜΒΆΝΟΥΝ
ΥΠΝΗΛΊΑ
ΣΤΟ
ΣΊΔΗΡΟ
ΑΔΕΛΦΌ
ΧΡΉΣΙΜΕΣ
ΥΠΟΛΟΓΙΣΜΌ
ΒΡΕΘΕΊ
ΡΕΚΌΡ
ΓΙΑΓΙΆ
ΕΠΕΝΔΎΣΕΩΝ
ΠΟΛΎ

```
W V I X Z F K C N O H Y X Π D Y K
N Ό Φ Λ E Δ A Ί Λ H N Π Y O W Π G
A T O W W B P P Ό K E P Z Λ L O U
K Π M F Z G A R T B C S J Ύ V Λ Q
H F O T Σ T M E A Έ P V W S D O G
Θ N P Λ X Σ Έ S Ξ G Π M K V D Γ B
Ά Ω H Q A E Λ A N A T Σ Ά K D I V
T E Δ X K M A N K U P F W W M Σ F
Σ Σ Ί F O I B H U Q M T T Z Ά M B
A Ύ Σ A Σ Σ A Ά I V E X Ά U I Ό P
T Δ Y N E Ή W Λ N V X A C T Γ F E
A N Z T I P V Λ G O P V Q Z A V Θ
K E Q B P X Σ A E Y Y S U I I I E
Γ Π K C Ά P D N B G G N Q N W F S Ί
E E Π A Γ Γ E Λ M A T I K O Ύ A B
```

Puzzle 483

Α	Μ	Ή	Ρ	Ι	Α	Τ	Ν	Ο	Ύ	Ο	Ρ	Κ	Γ	Υ	Σ	Τ
Π	Α	Ο	Έ	Ο	Φ	Α	Ρ	Γ	Ά	Ρ	Α	Π	L	Τ	Η	Υ
Ό	Π	Ν	Θ	V	N	N	E	Ί	Ά	Δ	E	I	A	Σ	T	Π
Ψ	Ό	V	N	K	S	L	U	A	M	Q	Z	V	Q	U	Ό	I
E	N	A	O	N	Π	Ί	E	Δ	F	H	P	Γ	Ί	T	P	K
T	H	T	Σ	Y	O	Λ	Ό	I	Λ	H	N	Γ	Z	A	Γ	Ό
A	Σ	Φ	A	S	Z	U	A	L	N	Ξ	U	O	Ύ	L	A	J
X	Y	Ό	M	P	J	S	N	X	D	I	L	K	S	P	P	T
Y	O	P	Σ	Y	Z	H	Ή	Σ	O	Y	N	N	E	Ω	Ώ	
Δ	P	O	F	I	O	K	O	S	B	N	Z	I	M	S	M	P
P	K	Y	D	O	T	E	K	X	X	Ά	Z	L	N	A	Q	A
Ό	Γ	D	C	W	K	P	V	H	L	N	N	T	L	L	A	Z
M	Ύ	C	J	J	E	D	R	F	K	I	J	G	A	V	R	O
O	Σ	T	R	I	Y	H	L	W	R	K	N	E	G	Z	P	U
Σ	I	S	K	X	V	P	C	J	X	Y	X	S	N	B	I	U

ΡΉΜΑ
ΤΏΡΑ
ΦΌΡΟΥ
ΤΑΧΥΔΡΌΜΟΣ
ΆΔΕΙΑΣ
ΠΑΡΆΓΡΑΦΟ
ΔΕΊΠΝΟ
ΑΠΌΨΕ
ΤΥΠΙΚΌ
ΤΊΓΡΗ
ΣΎΓΚΡΟΥΣΗ
ΣΥΖΗΤΉΣΟΥΝ
ΑΓΡΌΤΗΣ
ΗΛΙΌΛΟΥΣΤΗ
ΣΥΓΚΡΟΎΟΝΤΑΙ
ΈΘΝΟΣ
ΆΝΟΙΞΗ
ΑΠΌ
ΓΎΡΩ
ΤΡΊΜΗΝΟ

Puzzle 484

ΚΤΊΡΙΟ
ΑΠΟΣΤΟΛΉ
ΒΙΒΛΊΟ
ΠΛΟΊΑΡΧΟΣ
ΑΠΟΦΕΎΓΟΥΝ
ΠΡΑΚΤΙΚΈΣ
ΚΑΤΣΑΡΌΛΑ
ΑΠΟΘΕΜΑΤΙΚΌ
ΠΉΡΕ
ΕΞΑΙΡΕΤΙΚΌ
ΦΎΛΛΟ
ΛΕΟΠΆΡΔΑΛΗ
ΛΑΜΠΡΉ
ΙΣΤΟΣΕΛΊΔΑ
ΜΑΚΙΓΙΆΖ
ΑΠΑΛΌ
ΣΥΜΒΆΛΟΥΝ
ΠΡΟΣΟΧΉ
ΜΟΎΜΙΑ
ΚΟΎΠΑ

X	Π	Μ	O	P	G	F	Y	M	G	Ό	M	I	Π	Z	Z	P
H	H	Λ	A	Δ	P	Ά	Π	O	E	Λ	A	Σ	P	Ή	S	O
Π	N	Y	O	Λ	Ά	B	M	Y	Σ	A	K	T	J	R	P	R
Π	P	Q	C	Ί	Z	X	I	G	A	Π	I	O	Z	A	Λ	E
P	X	O	O	I	A	T	G	D	Λ	A	Γ	Σ	J	N	A	R
A	D	Ί	Σ	B	K	P	D	F	Ό	I	I	E	Φ	O	M	D
K	B	Λ	S	O	Z	L	X	P	P	M	Ά	Λ	Ύ	Θ	Π	M
T	K	B	U	I	X	Y	E	O	A	Ύ	Z	Ί	Λ	E	P	A
I	Y	I	E	P	V	Ή	H	F	Σ	O	X	Δ	Λ	M	Ή	Π
K	P	B	G	Ί	J	H	I	K	T	M	D	A	O	A	N	O
Έ	S	V	G	T	Q	M	R	D	A	G	M	Π	O	T	O	Σ
Σ	K	A	M	K	S	T	O	C	K	P	D	Ύ	V	I	B	T
A	Π	O	Φ	E	Ύ	Γ	O	Y	N	H	B	O	M	K	F	O
E	Ξ	A	I	P	E	T	I	K	Ό	M	E	K	T	Ό	X	Λ
U	R	O	L	S	U	G	T	I	H	B	R	S	H	T	U	Ή

Puzzle 485

```
E D A H L E A E Z H Δ Λ D V N Y Π
Y Ά T B J Y P N F N I K E P B P A
N N N C B Θ N T J S E O F Π W I Π
O E O C E Ύ H Ά T K Y Y Q U T M Ά
Ϊ S Γ V N N T Ξ L Q K Λ U L L Ή K
K H Ά F G H I E E W P T A X L K I
Ή V P Z X T K I V N I O F A I W G
Y K A Ά O Ή I U O N Ύ T P Ί T H
Δ S Π Δ X A Λ K O Ύ Ί P E S L F V
T Ώ W U Ϊ Q D X V E S A M Ύ E P V
F Y P Σ X P S J U N E X Y Y Q N D
U N M O C K T S L R I H M F O B C
C C S Π Q K V A O P I Σ M Έ N A M
R I B Ϊ Q L T F Π Έ Ξ A Λ Λ O Σ H
T N P Λ O I K O Γ Έ N E I A I P C
```

ΕΥΘΎΝΗ
ΟΡΙΣΜΈΝΑ
ΆΝΕΣΗ
ΛΕΠΤΉ
ΠΑΤΡΊΔΑ
ΤΡΊΤΗ
ΟΙΚΟΓΈΝΕΙΑ
ΈΞΑΛΛΟΣ
ΕΝΤΆΞΕΙ
ΚΟΥΛΤΟΎΡΑ
ΔΏΡΟ
ΡΕΎΜΑ
ΔΙΕΥΚΡΙΝΊΣΕΙ
ΠΑΠΆΚΙ
ΕΥΝΟΪΚΉ
ΑΡΝΗΤΙΚΉ
ΚΑΚΆΟ
ΠΑΡΆΓΟΝΤΑ
ΛΊΠΟΣ
ΧΑΛΚΟΎ

Puzzle 486

ΤΟΥΛΆΧΙΣΤΟΝ
ΠΡΟΣΔΟΚΟΎΝ
ΔΥΝΑΤΆ
ΠΛΟΊΟ
ΧΟΙΡΙΝΟΎ
ΣΟΥΤ
ΓΕΝΝΉΘΗΚΕ
ΠΡΟΌΔΟΥ
ΧΑΛΑΡΏΣΕΤΕ
ΑΠΟΣΤΑΛΕΊ
ΒΆΡΚΑ
ΑΝΤΊ
ΣΑΦΈΣ
ΚΑΜΉΛΑ
ΜΈΤΡΗΣΗ
ΚΟΥΡΤΊΝΕΣ
ΚΑΤΆΡΡΕΥΣΗ
ΤΑΚΤΟΠΟΙΗΜΈΝΟ
ΜΉΝΥΜΑ
ΚΟΡΊΤΣΙΑ

```
M S Γ E N N Ή Θ H K E M F W L Y K
Ή E U V M Ύ N K O P Ί T Σ I A Y M
N N V U S V O A Π O Σ T A Λ E Ί B
Y B Q Ά X Q T K K O Y P T Ί N E Σ
M B C T Y O Σ Z O Ί O Λ Π T X K Έ
A K D A H K I F U D G C X N A A Φ
Π A W N Y A X P P H Σ C F A Λ T A
T P C Y L M Ά K I Y G O X O A Ά Σ
H Z O Δ V Ή Λ B Z N F W P C P P L
D X B Ό V Λ Y C Y Z O O J Π Ώ P B
M R X F Δ A O L T V I Ύ N E Σ E Q
D S M O A O T B Ά P K A G Z E Y F
D R E U N L Y K A K Q D L W T Σ O
T A K T O Π O I H M Έ N O F E H L
W K U K M Έ T P H Σ H I D W I X U
```

Puzzle 487

```
E Y A Y S U O E I P S P W Y S T A
Λ D J N X T S Γ E J L V H W Ι P G
L A T J I Ό K I Δ O I P E Π Γ Ι J
Q O I Γ Ύ P E T Π Ό L M I W O A A
N V S M Y P M C E J N U D A Y U Π
I C O H Ό K E V N F R T W Π P N O
O P Γ A N Ώ Σ E I S P G A O O J Φ
X P I Σ T O Ύ Γ E N N A F Δ I Λ Ά
F M A Δ Ι P E M H Φ E O U Ι M Ά Σ
A N Y O N Ι E T O P Π C B Δ T Σ E
Φ O W M Π O Λ I T I Σ M Ό O I O Ω
Q Ό X Ή B D Q K G T B G H Y R V N
R V B Δ I A Δ I K A Σ Ί A N Z E F
A G S O Z E Ξ Y Π N Ό T E P A D I
E I Δ Ή Σ E Ω N A P K E T Ά P A W
```

ΠΤΕΡΎΓΙΟ
ΕΙΔΉΣΕΩΝ
ΣΊΓΟΥΡΟΙ
ΑΡΚΕΤΆ
ΤΡΊΑ
ΕΦΗΜΕΡΊΔΑ
ΦΌΒΟ
ΛΆΣΟ
ΛΑΙΜΌ
ΕΞΥΠΝΌΤΕΡΑ
ΑΠΟΔΊΔΟΥΝ
ΠΕΡΙΟΔΙΚΌ
ΔΙΑΔΙΚΑΣΊΑ
ΟΓΔΌΝΤΑ
ΠΟΛΙΤΙΣΜΌ
ΠΡΟΤΕΊΝΟΥΝ
ΟΡΓΑΝΏΣΕΙ
ΑΠΟΦΆΣΕΩΝ
ΔΟΜΉ
ΧΡΙΣΤΟΎΓΕΝΝΑ

Puzzle 488

ΌΜΟΡΦΟ
ΕΝΔΙΑΦΈΡΟΥΣΑ
ΜΠΡΌΚΟΛΟ
ΟΠΟΤΕΔΉΠΟΤΕ
ΑΝΑΨΥΧΉΣ
ΈΔΡΑ
ΣΧΕΔΌΝ
ΖΩΓΡΑΦΊΖΕΙ
ΠΡΟΣΠΆΘΕΙΑΣ
ΓΚΡΙ
ΤΑΛΈΝΤΟ
ΆΝΕΤΑ
ΣΎΝΤΟΜΟ
ΣΎΛΛΗΨΗ
ΈΚΤΟΥ
ΙΔΙΑΊΤΕΡΑ
ΏΘΗΣΗ
ΚΆΝΕΙ
ΘΥΜΆΣΤΕ
ΧΑΡΤΑΕΤΌ

```
V K J M T G G J Έ A D B M K Q X V
I B X M M P S M Z K W G E Έ M P J
Z Ω Γ P A Φ Ί Z E I T W E Δ X S Q
O Π O T E Δ Ή Π O T E O F P A H G
T B I S T Q H Z E J Q Y A P A Z
N F A P E T Ί A I Δ I A D W T N M
Έ S F S T X N X Z B X L T E A A Π
Λ I S A Σ Y O P Έ Φ A I Δ N E Ψ P
A T E N Ά A M Σ Ώ Θ H Σ H N T Y Ό
T Σ C Z M O O K Ά N E I Γ T Ό X K
T Z X E Y F T Σ R X N M J K J H O
S I Z E Θ L N Σ Ύ Λ Λ H Ψ H P Σ Λ
N J S E Δ I Ύ Q V Ό M O P Φ O I O
F U C R M Ό Σ A I E Θ Ά Π Σ O R Π
J Y L D A P N C Z G N R O F C N K
```

Puzzle 489

```
E G Y O T U M N Y I L C R I A H E
W E U P S F K A I E Λ É T A C G N
M Y L B T I O A Π P N D W S V I H
É Q L T F V Y Λ H Ό S F R I G Z M
N G B M C C N Y Z G Θ V H G V A É
A M E Z V P Ά O P Ώ X E O M I L P
N O J V N J Ω Ά P O Φ S M K A V Ω
P F C N G D K P P A X M Z A A J Σ
Σ O Λ E Γ Ά Φ P E M Ύ O P A X H
H Π T S R I W P D W Σ Ό N O Γ E Γ
T X A N N Y O X Σ Ά T E M M Y Σ S
Ό N D Θ Γ Ό N A T O H P P N K H L
Π G U K Ί Σ Y M Φ Ω N Ί A Σ Q S R
Π F N O W Θ Y M Ω M É N O Σ M N E
I T Ί Π Σ Δ I E Ύ Θ Y N Σ H T C U
```

ΆΡΕΣΕ
ΙΠΠΌΤΗΣ
ΆΓΓΕΛΟΣ
ΣΥΜΜΕΤΆΣΧΟΥΝ
ΣΠΑΘΊ
ΘΥΜΩΜΈΝΟΣ
ΣΠΊΤΙ
ΤΈΛΕΙΑ
ΧΑΡΟΎΜΕ
ΦΟΡΆ
ΈΝΑ
ΣΥΜΦΩΝΊΑΣ
ΓΕΓΟΝΌΣ
ΧΏΡΟ
ΦΡΆΟΥΛΑ
ΕΝΗΜΈΡΩΣΗ
ΓΌΝΑΤΟ
ΚΟΥΝΆΩ
ΑΠΌΘΕΜΑ
ΔΙΕΎΘΥΝΣΗ

Puzzle 490

ΤΑΜΕΊΟ
ΥΓΡΆ
ΑΡΓΉ
ΦΆΝΤΑΣΜΑ
ΡΆΒΩ
ΓΙΑΤΡΌΣ
ΟΚΤΏ
ΕΛΛΕΙΠΤΙΚΉ
ΦΟΡΈΣ
ΔΙΆΛΕΙΜΜΑ
ΔΥΝΑΤΌΝ
ΨΗΛΌΤΕΡΟ
ΕΊΝΑΙ
ΠΡΆΓΜΑΤΑ
ΚΆΤΙ
ΚΑΛΠΑΣΜΌ
ΠΛΑΤΕΊΑ
ΕΞΕΡΕΥΝΉΣΕΤΕ
ΔΙΑΠΡΑΓΜΑΤΕΥΤΕΊ
ΚΡΑΤΉΣΕΙ

```
Ή H Z Q X Q E F Φ K J J I F Γ R E
K U I Z N Q Z U O Ί E M A T I A Ξ
I E Σ Ή T A P K P T D C Q Ψ A H E
T Z Σ Ή V P Ώ D É Q W B F H T S P
Π P Ά Γ M A T A Σ V H Z G Λ P Φ E
I H K P D Ί K O M Y Γ P Ά Ό Ό Ά Y
E A J A S E O T G M K Z K T Σ N N
Λ L N Ό T A N Y Δ I I K E S T Ή
Λ N V Ί N A K Ά T I P E H P I A Σ
E F M O E Λ T G R J Ά Q Λ O P Σ E
P D G Q S Π N Q Q P B T X Ά O M T
K A Λ Π A Σ M Ό T I Ω W F R I A E
Δ I A Π P A Γ M A T E Y T E Ί Δ H
L I R X I A Q B U W J H R J D Q U
V D V Q W C X F U J U M D R O P K
```

Puzzle 491

I	R	B	Σ	H	T	Ώ	I	T	A	P	T	Σ	K	J	F	E
A	Ή	Q	Y	H	Λ	A	N	P	Z	E	K	V	O	J	T	L
T	N	L	G	E	Q	I	Ξ	I	Y	R	Ή	K	I	N	E	Γ
E	K	Ό	W	S	I	F	O	Ί	R	A	Π	A	N	Θ	X	K
X	Y	Δ	M	H	Ή	I	E	Φ	A	Z	Ω	R	Ω	Y	A	Z
Γ	Π	E	J	O	K	Y	K	T	Ά	N	I	A	N	M	X	I
Έ	Z	Ί	Σ	E	I	Z	A	P	M	N	Σ	U	I	Ί	A	Ά
Λ	V	K	E	P	T	A	T	O	E	O	E	X	K	Z	P	P
E	J	T	Λ	Q	N	N	O	M	T	I	C	I	Ή	E	I	P
R	I	H	Έ	M	O	H	M	E	A	T	Q	N	A	I	T	Ω
P	C	Σ	Γ	T	Λ	D	M	P	Φ	M	I	T	T	Σ	Ω	Σ
K	H	U	X	S	Λ	U	Ύ	Ή	O	Y	J	X	T	N	M	T
J	B	M	O	C	E	O	P	T	P	U	Z	Y	I	J	Έ	O
O	R	Q	Y	I	M	A	I	K	Ά	G	G	W	I	M	N	W
Φ	A	Σ	I	A	N	Ό	A	U	Σ	N	B	W	V	N	O	D

ΦΑΣΙΑΝΌ
ΕΛΈΓΧΟΥ
ΣΤΡΑΤΙΏΤΗΣ
ΜΕΤΑΦΟΡΆΣ
ΕΚΑΤΟΜΜΎΡΙΑ
ΣΙΩΠΉ
ΤΡΟΜΕΡΉ
ΠΥΚΝΉ
ΣΕ
ΑΝΌΜΟΙΑ
ΆΡΡΩΣΤΟ
ΓΕΝΙΚΉ
ΔΕΊΚΤΗΣ
ΕΛΈΓΧΕΤΑΙ
ΜΕΛΛΟΝΤΙΚΉ
ΧΑΡΙΤΩΜΈΝΟ
ΘΥΜΊΖΕΙ
ΤΑΞΊ
ΚΟΙΝΩΝΙΚΉ
ΗΛΙΟΦΆΝΕΙΑΣ

Puzzle 492

ΔΙΑΤΗΡΗΘΕΊ
ΔΙΑΝΈΜΟΥΝ
ΜΠΛΟΎΖΑ
ΕΚΑΤΟΝΤΆΔΕΣ
ΓΚΌΜΕΝΑ
ΑΝΑΠΝΕΎΣΕΙ
ΣΎΝΟΡΑ
ΑΝΟΙΧΤΉΡΙ
ΑΥΤΟΚΊΝΗΤΟ
ΠΏΣ
ΠΡΆΞΗ
ΑΠΟΦΎΓΕΤΕ
ΣΈΛΙΝΟ
ΕΑΥΤΌ
ΚΥΚΛΙΚΉ
ΑΝΆΓΚΗ
ΌΛΟΥΣ
ΤΡΥΦΕΡΆ
ΜΕΙΏΣΕΙ
ΑΥΓΌ

E	M	M	T	B	N	H	M	Γ	K	Ό	M	E	N	A	T
Ή	K	I	Λ	K	Y	K	Π	Y	V	K	T	P	T	Y	P	P
I	V	A	K	C	O	Γ	A	G	U	E	Y	N	E	R	O	Y
W	G	F	T	Z	M	Ά	O	U	J	U	A	B	Γ	K	N	Φ
L	Q	Q	I	O	Έ	N	Ύ	P	Z	J	E	D	Ύ	T	Ύ	E
Π	P	Ά	Ξ	H	N	A	Z	X	O	Z	M	M	Φ	Q	Σ	P
U	K	M	P	B	A	T	A	D	J	I	P	E	O	Z	Ώ	Ά
C	G	N	Z	R	I	Q	Ά	X	L	Σ	Y	Z	Π	I	Π	Z
F	K	S	C	A	Δ	G	Z	Δ	R	K	Έ	U	A	O	E	J
A	N	O	I	X	T	Ή	P	I	E	X	F	Λ	Z	H	C	I
Δ	I	A	T	H	P	H	Θ	E	Ί	Σ	B	E	I	P	X	C
I	E	Σ	Ύ	E	N	Π	A	N	A	Q	U	G	Y	N	B	B
M	E	I	Ώ	Σ	E	I	N	Y	P	Ό	Λ	O	Y	Σ	O	M
L	H	F	I	A	I	B	P	M	Γ	P	I	R	I	Q	U	L
A	Y	T	O	K	Ί	N	H	T	O	Ό	Y	E	W	Q	H	V

Puzzle 493

```
W  Σ  Τ  Ρ  Α  Τ  Η  Γ  Ι  Κ  Ή  Σ  D  X  A  Z  C
E  Π  Ι  Θ  E  Ώ  Ρ  Η  Σ  H  G  R  T  P  U  S  G
T  A  K  T  O  Π  O  I  H  M  Έ  N  A  A  E  K  J
Ί  A  Λ  Λ  Η  Λ  E  Π  Ί  Δ  Ρ  Α  Σ  Η  Y  B  Z
E  Ί  B  H  X  G  X  B  A  U  I  E  Y  X  Ή  P  W
T  K  E  S  C  Y  J  Y  Ί  I  E  Σ  E  Π  Έ  J  Ό
Σ  I  Λ  Θ  F  L  G  O  Σ  T  Σ  S  N  Y  P  I  C
A  O  T  Λ  H  X  M  S  A  T  Ί  Ρ  Α  Γ  Ρ  Α  Μ
T  T  Ί  I  O  A  E  Γ  Y  E  T  V  R  M  T  Y
N  A  Ω  B  U  Y  I  B  Ρ  Ό  Π  Α  Λ  O  H  N  W
A  K  Σ  E  E  W  O  T  E  P  G  K  K  N  V  O  Y
Φ  V  H  P  Q  I  L  Π  J  H  H  Δ  Λ  Q  E  N  H
E  E  C  Ή  T  P  A  P  Ά  Λ  N  N  Y  Ί  H  Ά  U
L  R  G  C  L  F  N  Q  B  K  E  S  C  J  Σ  X  D
A  Φ  Ρ  Ά  T  A  P  I  M  Σ  K  I  I  P  A  H  W
```

ΚΑΤΟΙΚΊΑ
ΑΛΛΗΛΕΠΊΔΡΑΣΗ
ΕΠΙΘΕΏΡΗΣΗ
ΦΑΝΤΑΣΤΕΊΤΕ
ΕΥΧΉ
ΠΕΊΣΕΙ
ΤΑΚΤΟΠΟΙΗΜΈΝΑ
ΑΦΡΆΤΑ
ΣΤΡΑΤΗΓΙΚΉ
ΘΛΙΒΕΡΉ
ΚΛΊΣΗ
ΧΆΝΟΝΤΑΙ
ΡΌΠΑΛΟ
ΜΑΡΓΑΡΊΤΑ
ΣΤΑΥΡΌ
ΈΠΕΣΕ
ΚΆΠΟΥ
ΒΕΛΤΊΩΣΗ
ΣΚΛΗΡΌ
ΕΡΓΑΣΊΑ

Puzzle 494

ΒΟΗΘΉΣΕΙ
ΠΕΡΙΛΑΜΒΆΝΟΥΝ
ΠΟΔΟΣΦΑΊΡΟΥ
ΙΑΤΡΙΚΉΣ
ΚΑΤΕΎΘΥΝΣΗ
ΣΆΒΒΑΤΟ
ΔΙΑΒΆΣΤΕ
ΚΕΡΆΣΙ
ΝΙΚΉΣΕΙ
ΚΑΙ
ΕΊΔΗ
ΚΈΙΚ
ΣΦΡΑΓΊΔΑ
ΌΠΛΩΝ
ΣΤΉΡΙΞΗΣ
ΓΕΝΝΑΙΟΔΩΡΊΑ
ΑΊΘΟΥΣΑ
ΒΡΑΧΊΟΝΑ
ΜΆΛΛΟΝ
ΔΈΣΜΕΥΣΗ

```
B  P  A  X  Ί  O  N  A  R  B  Γ  K  Σ  Π  O  Z  Π
Σ  Ά  B  B  A  T  O  K  G  Y  E  Έ  T  O  Π  L  E
Ή  K  Y  A  R  O  C  N  A  L  N  I  Ή  Δ  Λ  D  P
K  Q  N  I  Ί  Z  Q  Y  O  I  N  K  P  O  Ώ  Q  I
I  O  J  E  I  Θ  P  M  R  W  A  X  I  Σ  N  B  Λ
P  O  Σ  Ί  N  O  O  D  W  I  K  Ξ  Φ  J  B  A
T  L  E  Ή  A  Δ  Y  Y  D  Y  O  C  H  A  A  O  M
A  Σ  M  K  M  T  H  R  Σ  N  Δ  B  Σ  Ί  E  H  B
I  Φ  Ά  I  L  Y  S  C  C  A  Ω  R  Q  P  Q  Θ  Ά
M  P  Λ  N  T  N  Y  A  Q  Z  P  K  A  O  W  Ή
A  A  Λ  T  C  Q  E  E  U  N  Ί  R  K  Y  L  Σ  O
F  Γ  O  O  A  Y  M  F  K  Z  A  K  H  P  L  E  Y
A  Ί  N  F  U  S  Σ  Δ  I  A  B  Ά  Σ  T  E  I  N
Z  Δ  K  N  X  N  Έ  K  E  P  Ά  Σ  I  Y  S  Z  P
S  A  Y  L  L  A  Δ  K  A  T  E  Y  Θ  Y  N  Σ  H
```

Puzzle 495

```
Z L Z V V Y Q V W A K Z U A J U A
R H M C G J J T E T A M É N H R Φ
Q N A C Z Q A T O X I K A U G F A
E I Z N L L H O R P C T I M S C I
H N E M Ό Π E Q D E L Q T W J I N
B A Σ Ί Λ I Σ Σ A T N A Φ Έ Λ E Ό
J F E G A T Π É P I Ξ E D B K Θ T
Z W N A Y N A P Δ Π Λ Ή P H G E A
X Y É T M Ό J V O I T F F F L P N
K J Π A O Δ H L B Σ Ά O E F U A X
Π P O M Ή Θ E I E Σ Ω Δ Π P U B P
L L P Ή Γ E N N A Ί A Π P I E G E
E N O P T E M Ό Ψ Y H Q I O K F S
B O T X T P E M Ά M E N O K M Ή S
E Y X A P I Σ T Ή Σ O Y N V Ά O Y
```

ΤΟΠΙΚΉ
ΦΑΙΝΌΤΑΝ
ΤΕΤΑΜΈΝΗ
ΥΨΌΜΕΤΡΟ
ΒΑΣΊΛΙΣΣΑ
ΠΛΉΡΗ
ΔΌΝΤΙ
ΕΥΧΑΡΙΣΤΉΣΟΥΝ
ΕΛΈΦΑΝΤΑ
ΕΠΌΜΕΝΗ
ΈΡΙΞΕ
ΔΙΆΔΡΟΜΟ
ΠΡΟΣΩΠΙΚΆ
ΒΑΡΕΘΕΊ
ΤΡΕΜΆΜΕΝΟ
ΠΈΝΕΣ
ΠΡΟΜΉΘΕΙΕΣ
ΜΥΑΛΌ
ΧΡΉΜΑΤΑ
ΓΕΝΝΑΊΑ

Puzzle 496

ΔΆΣΟΣ
ΆΔΕΙΟ
ΖΆΧΑΡΗ
ΣΧΟΛΕΊΟ
ΠΕΙ
ΣΗΜΑΝΤΙΚΉ
ΤΡΎΠΑ
ΠΕΙΝΑΣΜΈΝΟΙ
ΧΡΌΝΙΑ
ΦΟΒΟΎΝΤΑΙ
ΚΕΊΜΕΝΟ
ΣΥΝΈΝΤΕΥΞΗ
ΟΡΑΤΌ
ΜΗΤΈΡΑ
ΈΠΟΙΚΟΙ
ΑΝΆΛΥΣΗ
ΠΟΛΙΤΙΣΤΙΚΉ
ΠΙΛΟΤΙΚΆ
ΑΠΛΟΠΟΊΗΣΗ
ΣΥΝΟΜΙΛΊΑ

```
Q K Π E I N A Σ M É N O I Δ Σ Π Ά
X H E N T N C K F A G C G Ά Y E Δ
M P J Ί Σ Y N O M I Λ Ί A Σ N I E
H A Ό D M W G I T N L P Π O É Φ I
T X U N L E M P T A F G Ύ Σ N O O
É Ά Ή K I T N A M H Σ D P R T B Ί
P Z H M A A C O F D L J T F E O E
A V Σ F O I S Q O L H S M L Y Ύ Λ
N Z Y I L Π I Λ O T I K Ά Σ E Ξ N O
A Π Λ O Π O Ί H Σ H O E B D H T X
T B Ά E Y X O P F H X P T U Z A Σ
O R N G A L S W B H T M A U S I D
N S A R M Y K F L T A P L T E A I
Π O Λ I T I Σ T I K Ή E J Z Ό S L
Z H C K H M E C L É Π O I K O I I
```

Puzzle 497

```
D O B X P U H A I P Ύ O B A K P R
E B W E K Ύ O P E N Y C H J Ά E W
I P K X Y M E A Ί A A W B H Θ R L
Σ N Δ I A Φ O P Ά Ξ K F P K E R H
A H T E Σ T F W O Q T Z W P P E C
Γ X E K N X N T G Q O E S O T Λ H
Ω S Q Σ U Ψ E Ά Σ T A Θ E Ί F K S
Γ X O Ά W Ά R Δ P Λ I B Ά Δ I Y Y
Ή M P Δ I P Q S I A M Έ Σ Ω Σ Σ B
Σ Y O I B I Φ Ά P A Σ D L H Z T K
M Y T Δ D A P B S D Σ N Z B O I C
J Π E P Ί Φ P A Ξ H Y M C I T K Y
E Π I Σ T Ή Σ E I D K P O E D Ή O
Σ H M E I Ω M A T Ά P I O Ύ P Ω Q
Δ H M I O Y P Γ Ή Σ E I E M P Z W
```

ΕΙΣΑΓΩΓΉΣ
ΑΜΈΣΩΣ
ΔΙΔΆΣΚΕΙ
ΕΛΚΥΣΤΙΚΉ
ΚΆΘΕ
ΣΗΜΕΙΩΜΑΤΆΡΙΟ
ΨΆΡΙΑ
ΡΊΞΤΕ
ΚΑΒΟΎΡΙΑ
ΖΩΉ
ΡΆΦΙ
ΔΙΑΦΟΡΆ
ΠΕΡΊΦΡΑΞΗ
ΝΕΡΟΎ
ΛΙΒΆΔΙ
ΣΑΡΆΝΤΑ
ΔΗΜΙΟΥΡΓΉΣΕΙ
ΕΠΙΣΤΉΣΕΙ
ΣΧΕΔΙΑΣΜΟΎ
ΣΤΑΘΕΊ

Puzzle 498

ΝΑΡΚΩΤΙΚΏΝ
ΕΠΙΣΚΕΥΉΣ
ΑΡΧΊΣΕΙ
ΣΑΠΟΎΝΙ
ΕΤΉΣΙΑ
ΔΆΚΡΥ
ΠΟΛΛΆ
ΣΚΙΆ
ΝΕΡΌ
ΚΡΕΜΜΎΔΙ
ΜΠΑΛΚΌΝΙ
ΠΟΣΌΤΗΤΑ
ΙΤΙΆΣ
ΣΥΓΓΝΏΜΗ
ΠΙΣΊΝΑ
ΕΠΙΣΤΡΟΦΉ
ΠΟΥΚΆΜΙΣΟ
ΣΤΑΘΕΡΉ
ΟΡΊΖΟΥΝ
ΠΌΝΟ

```
O E A J C V C E H Σ P Y I Y I I V
H C E J X W Z Π N V T K T G E W T
D Z Y E Σ I Ά I K Σ M A N Ί Σ Π
X I R R D L X Σ Σ L L K Θ A Ί J N
N N P D E Z Y K G Y P F B E X J A
Π Ύ Q P V Y J E D P Γ Z E G P Z P
O O N Ό Π J J Y L N F Γ M Z A Ή K
P Π Σ Ά I T I Ή N B L K N K T Ή Ω
Ί A Π Ό P Y A Σ Z Y C C L Ὠ O B T
Z Σ O N T E Π I Σ T P O Φ Ή M C I
O Δ Λ E H H Π O Y K Ά M I Σ O H K
Y Ά Λ P N O T K P E M M Ύ Δ I H Ό
N K Ά Ό W K V A I Σ Ή T E C N G N
U P T M T U Q M Π A Λ K Ό N I Σ Z
Y Y F F C R T F P Z G E W X U J L
```

Puzzle 499

```
T H Y X Y F K X K F D Y S S Δ H O
I Λ Ή Θ E I A A A D D U G Ω Λ M
M M P G Δ E Ξ I Ά P P N U G M I P
Ή Z K W N J Y H K K A Δ X P Ά K C
Θ E P M I K Ή Φ I Ύ A K I W T Ί B
M A V D Y Y D P Γ K D S T Ά I A U
A E Z C Λ Ί Γ O Ω Λ H B Q Ή O Z Π
O W Γ S N R H M Γ O Z V O R P T Y
Π Z V Ά C L D Ό A Y G S G Q I A Γ
Ί R I K Λ Q N U Σ O M I Λ Ί A Σ M
E Z K T G H I I I Π I Ά T O Y B A
Σ G H I K S V I E J G K D X S O X
H K O Y N O Y Π I Ώ N W V O U Z Ί
Q X O I O Y Σ I A Σ T I K Ό W E A
Δ I A Σ K Έ Δ A Σ H N A K U L K Σ
```

ΑΛΉΘΕΙΑ
ΛΊΓΟ
ΔΩΜΆΤΙΟ
ΟΜΙΛΊΑΣ
ΤΙΜΉ
ΠΊΕΣΗ
ΗΛΙΚΊΑ
ΚΟΥΝΟΥΠΙΏΝ
ΕΙΣΑΓΩΓΙΚΆ
ΧΑΡΑΚΤΉΡΑ
ΘΕΡΜΙΚΉ
ΌΜΟΡΦΗ
ΟΥΣΙΑΣΤΙΚΌ
ΔΕΞΙΆ
ΔΙΑΣΚΈΔΑΣΗ
ΚΎΚΛΟΥ
ΠΙΆΤΟ
ΚΑΡΔΙΆ
ΠΥΓΜΑΧΊΑΣ
ΜΕΓΆΛΗ

Puzzle 500

ΒΡΑΒΕΊΟ
ΑΥΓΏΝ
ΑΡΚΟΎΔΑ
ΔΕΛΦΊΝΙ
ΣΚΑΝΤΖΌΧΟΙΡΟΣ
ΣΗΜΕΊΟ
ΤΎΠΟ
ΤΡΈΧΟΥΣΑ
ΧΑΡΤΊ
ΕΞΗΓΉΣΕΙ
ΕΛΕΥΘΕΡΊΑΣ
ΓΗ
ΈΚΑΨΕ
ΑΝΤΊΟ
ΑΎΡΙΟ
ΔΑΠΆΝΗ
ΠΛΆΚΑ
ΑΝΗΣΥΧΟΎΝ
ΣΚΊΑΧΤΡΟ
ΗΛΙΟΒΑΣΙΛΈΜΑΤΟΣ

```
A A Z X R Σ K H B X D M Z S Γ N X
P N M E Q K S Λ P A O X Z E H Z J
V K T L X A J I A X A P T Ί I D E
G Y M Ί Y N H O B Q V C I W S U B
R R P B O T D B E Ψ A K Έ V S I A
Π Λ Ά K A Z Σ A Ί P E Θ Y E Λ E Ύ
R B U W Δ Ό Z Σ O Π Ύ T O A W Σ P
A L F C Ύ X T I R P O J Q Y R Ή I
Δ A G I O O P Λ B F T L P Γ D G O
L A F H K I Έ Έ D T W X W Ώ G H M
L M Π F P P X M E P Y T Ά N U Ξ V
Q C U Ά A O O A B F S A Z I P E V
U U N F N Σ Y T M R L T H S K G P
J O Ί E M H Σ O D E Λ Φ Ί N I Σ W
E D W L N K A Σ A N H Σ Y X O Ύ N
```

Puzzle 501

```
Π Ρ Α Α Π Ο Θ Ή Κ Ε Υ Σ Η Β Ρ L G
Α C Ρ Ε Κ Μ R W Τ C J U Τ F I J J
Ρ W Σ Ή Γ Π Μ Ά Ε Π I Λ Έ Ξ Τ Ε
Ο Υ Ε Η S Ρ Ν Μ L Λ F Υ Ε Ν Α I Τ
Ύ Η Ν Ί Ζ Ν Ε Β C L Α Χ Υ Ρ Ώ Ν Α
Σ Ξ I V J Ε Τ Σ Ώ Ν Ε Κ Κ Ε Ψ Γ Μ
Α Έ Κ Σ Ο Υ Σ Ο D Ε F Ζ G Q Ω Ρ Π
D Λ Ό J Υ Υ Έ Τ Υ Κ Ρ Κ C C Μ Ή Λ
Π Ρ Α Γ Μ Α Τ I Κ Ή Ο Η Τ R Α Ά Ο
Ρ R Ζ G S R Ε Τ G Γ C Λ Α Β Κ Ο Κ
R Τ Μ Α U Τ Κ Α Η Α S I Έ L I Ρ Υ
J D Μ G Ε G Ρ I Υ Π Ρ F Q Γ Α Η U
R D U W D Χ Α Ν Ν Μ I Α Ο C I I Η
Ε G Χ U R V Κ Ί Ζ Υ I S F Ο Μ Ο Α
Ο Κ Η Η Ν Ά Π Α Κ Σ Μ U Κ W C J G
```

BENZΊΝΗ
ΕΚΚΕΝΏΣΤΕ
ΠΡΑΓΜΑΤΙΚΉ
ΑΡΚΕΤΈΣ
ΠΑΡΟΎΣΑ
ΕΠΙΛΈΞΤΕ
ΓΡΉΓΟΡΗ
ΚΟΛΈΓΙΟ
ΑΧΥΡΏΝΑ
ΣΚΑΠΆΝΗ
ΑΠΟΘΉΚΕΥΣΗ
ΣΥΜΠΑΓΉ
ΜΠΛΟΚ
ΑΡΣΕΝΙΚΌ
ΠΗΓΉΣ
ΛΈΞΗ
ΤΑΙΝΊΑ
ΚΑΛΆ
ΣΟΥ
ΨΩΜΆΚΙΑ

Puzzle 502

ΕΊΔΕ
ΤΗΓΆΝΙ
ΚΡΑΥΓΉ
ΚΡΕΒΆΤΙ
ΚΑΡΠΟΎΖΙ
ΕΞΑΙΡΟΎΝ
ΣΚΟΠΌ
ΒΌΛΤΑ
ΆΝΕΜΟ
ΚΛΟΥΒΊ
ΥΠΌΣΧΟΝΤΑΙ
ΚΎΡΙΟ
ΓΕΙΑ
ΚΥΡΙΑΚΉ
ΣΚΕΦΤΕΊΤΕ
ΕΜΠΊΠΤΟΥΝ
ΔΙΑΠΙΣΤΏΣΕΤΕ
ΕΎΚΟΛΟ
ΘΡΗΣΚΕΥΤΙΚΈΣ
ΦΤΆΣΕΙ

```
G Κ Υ Π Ό Σ Χ Ο Ν Τ Α Ι Μ Τ D L Q
G Ο Α Ε Τ Ε Σ Ώ Τ Σ Ι Π Α Ι D Ε Κ
Μ V V Ρ W Ν Η Κ L Η R Q Τ Ν F Μ F
Η R G Μ Π Ύ Μ Ε Ε D V L Λ Ά Α Π V
Τ D Β G C Ο Η Η L Φ R G Ό Γ Η Ι C
S Α J Β Α Ρ Ύ Α U Ε Τ S Β Η Α Π Ι
Κ S Ε Ο F Ι Ε Ζ G Ύ R Ε G Τ Μ Τ L
D Ρ J Q Β Α Ί R Ι Κ U Α Ί J Α Ο Κ
Ε Ο Α Υ Ζ Ξ Δ Ό Π Ο Κ Σ Ρ Τ Ο Υ Μ
C C C Υ U Ε Ε Q Ι Λ V L L Ί Ε Ν W
Γ Ε Ι Α G S W Α Q Ο Κ Ρ Ε Β Ά Τ Ι
Κ Ύ Ρ Ι Ο Ή Κ Α Ι Ρ Υ Κ Ε Υ Ε V Ε
S Β Ζ R Η Φ Τ Ά Σ Ε Ι Α R Ο U Ι V
Θ Ρ Η Σ Κ Ε Υ Τ Ι Κ Έ Σ U L Τ F Υ
Q U Ά Ν Ε Μ Ο Ο Ε Κ R Μ Β Κ V Q G
```

Puzzle 503

```
U Φ S P M Σ A T N O N Ή Φ A C A Q
H O B U P M Ω U X S X N B M V L A
R P N N O H D M H D G A P A T Σ Π
T H O V U E U K A I Y X O X P H E
N T Y O X Ή X R L T T H X A Z P I
Y Έ O L J F H Z V G I M Ή Ί Z G Λ
Π Σ N K L Δ Έ K A F Z Δ H P K Ά Ή
Ό Φ Έ P E I T W I H F U Ί I S P D
Λ I M N Y X T E P Ί Δ A Z Ω P O W
O V I E Z Ά I E Δ A J A Q E N Ί W
I W E K I O V K U L P A Θ N Σ E F
Π O K T P Ά Π E Z A Z W T Έ Q T O
O R O O K F Y H Z I A Q K D M Σ Ό
L F P I J O B W K Y L O V Q U A E
J O Π Σ T A M Ά T H Σ E I T D F V
```

ΣΤΑΜΆΤΗΣΕ
ΆΚΡΗ
ΔΈΚΑ
ΘΈΜΑ
ΉΧΟΥ
ΦΟΡΗΤΈΣ
ΒΡΟΧΉ
ΤΡΆΠΕΖΑ
ΜΑΧΑΊΡΙ
ΑΦΉΝΟΝΤΑΣ
ΑΠΕΙΛΉ
ΖΕΣΤΌ
ΥΠΌΛΟΙΠΟ
ΑΔΕΙΆΖΕΙ
ΦΈΡΕΙ
ΑΣΤΕΊΟ
ΜΗΧΑΝΉ
ΠΡΟΚΕΙΜΈΝΟΥ
ΣΩΜΑΤΙΔΊΩΝ
ΝΥΧΤΕΡΊΔΑ

Puzzle 504

ΑΠΌΦΟΙΤΟΣ
ΕΣΤΊΑΣΗ
ΓΝΏΜΗΣ
ΕΝΤΟΠΊΣΕΙ
ΤΡΕΙΣ
ΑΠΌΣΤΑΣΗ
ΠΑΡΑΠΆΝΩ
ΚΑΛΎΤΕΡΟ
ΓΕΛΟΊΑ
ΔΩΡΕΆΝ
ΩΡΑΊΑ
ΔΙΕΥΘΥΝΤΗΣ
ΝΌΣΤΙΜΑ
ΑΦΙΕΡΏΣΕΙ
ΠΕΡΊΠΛΟΚΗ
ΠΡΌΘΕΣΗ
ΣΗΜΆΔΙ
ΈΡΕΥΝΑ
ΤΟΥΛΊΠΑ
ΚΡΊΣΗ

```
Γ G K A Λ Ύ T E P O A Π A Δ Y Δ Y
M N S Π P Ό Θ E S H Φ A E I E Ω S
E C Ώ P L X U T L K I P D E T P V
Z H Z M A S F A M O E A J Y N E L
T B D N H L R M B Λ P Π P Θ D Ά I
E R L A K Σ U I F Π Ώ Ά M Y M N B
G D H Q I Z B T X Ί Σ N F N T G F
U A Π Ό Σ T A Σ H P E Ω R T P H L
Ω P A Ί A K A Ό L E I Y L Ή E C E
S T A L R H P N V Π Έ Δ Z Σ I Q Σ
T O Y Λ Ί Π A Ί X A P A Ά W Σ M T
F Q U N F M Q D Σ M E W C M J A Ί
E N T O Π Ί Σ E I H Y E P K H I A
H A K I N C V Y A D N C H H G Σ Σ
E X Σ O T I O Φ Ό Π A Ί O Λ E Γ H
```

Puzzle 505

Q	Γ	Ι	Π	Π	Α	Σ	Ί	Α	Σ	Ό	K	W	G	W	J	U
C	P	B	I	T	A	M	Ί	N	E	Σ	P	Ά	P	Θ	P	A
I	A	T	N	O	X	Έ	Δ	A	P	A	Π	I	L	M	X	M
N	Φ	P	T	X	C	M	R	K	A	I	O	R	O	J	Q	H
Ύ	E	X	E	Q	M	R	R	X	Ί	A	Z	K	X	B	Q	Θ
O	Ί	W	Δ	E	Ί	T	E	U	N	N	V	V	G	L	N	Ά
Δ	O	K	G	I	H	J	V	Π	Ω	K	Δ	Σ	X	Z	X	M
Y	R	P	B	I	V	R	Z	A	N	A	N	Y	R	Q	J	R
O	C	Έ	Π	E	L	M	M	P	I	P	R	O	N	S	Π	Φ
K	G	M	F	Ή	R	V	N	A	O	Φ	H	T	F	O	Ά	Ί
V	K	A	O	X	Γ	G	R	K	K	Ί	U	Έ	S	A	N	Δ
I	Y	C	C	K	Q	A	J	Ά	I	T	D	F	M	P	T	I
I	J	V	V	V	S	D	N	T	Π	Σ	Q	T	F	V	A	O
M	E	T	O	X	I	K	Ό	Ω	E	A	A	P	V	P	Y	U
J	R	W	K	D	C	A	Σ	T	Y	N	O	M	I	K	Ό	Σ

ΚΊΝΔΥΝΟ
ΚΡΈΜΑ
ΓΡΑΦΕΊΟ
ΌΡΙΟ
ΠΆΝΤΑ
ΈΤΟΥΣ
ΑΣΤΥΝΟΜΙΚΌΣ
ΚΟΥΔΟΎΝΙ
ΠΉΓΑΝ
ΜΆΘΗΜΑ
ΒΙΤΑΜΊΝΕΣ
ΕΠΙΚΟΙΝΩΝΊΑ
ΚΑΡΦΊΤΣΑ
ΦΊΔΙ
ΔΕΊΤΕ
ΜΕΤΟΧΙΚΌ
ΠΑΡΑΚΆΤΩ
ΠΑΡΑΔΈΧΟΝΤΑΙ
ΆΡΘΡΑ
ΙΠΠΑΣΊΑΣ

Puzzle 506

ΠΙΡΟΎΝΙ
ΨΩΜΊ
ΝΤΟΥΛΆΠΑ
ΔΙΕΘΝΉ
ΈΚΠΛΗΞΗ
ΠΕΡΙΣΤΑΤΙΚΌ
ΛΈΣΧΗ
ΌΡΑΜΑ
ΕΠΊΣΗΜΑ
ΧΥΜΌ
ΚΑΜΗΛΟΠΆΡΔΑΛΗ
ΣΩΣΤΉ
ΚΥΡΊΑ
ΏΡΕΣ
ΓΆΤΑ
ΧΏΡΑΣ
ΜΠΑΡ
ΜΈΤΡΗΣΗΣ
ΚΑΜΠΑΝΟΎΛΕΣ
ΠΑΡΑΤΗΡΉΣΤΕ

Π	Έ	J	M	L	V	Y	N	Σ	N	B	P	J	F	X	K	E
A	K	Σ	Έ	S	O	W	O	Ω	K	C	L	L	Δ	W	A	W
P	Π	P	T	P	Y	X	W	Σ	U	R	G	D	I	A	M	Π
A	Λ	J	P	A	Π	M	W	T	Γ	Ά	T	A	E	E	H	E
T	H	Q	H	K	V	P	X	Ή	K	O	W	M	Θ	L	A	P
H	Ξ	B	Σ	S	A	Π	Ά	Λ	Y	O	T	N	N	G	O	I
P	H	X	H	K	Q	M	G	D	A	H	N	P	Ή	F	Π	Σ
Ή	X	Ώ	Σ	J	O	P	Π	F	V	R	Z	T	E	J	Ά	T
Σ	Σ	W	P	K	F	E	S	A	V	E	B	W	Z	K	P	A
T	Έ	D	O	E	G	Π	R	I	N	Ύ	O	P	I	Π	Δ	T
E	Λ	Y	J	B	Σ	Ί	A	A	Z	O	B	J	P	Ψ	A	I
L	M	B	I	E	T	Σ	A	P	Ώ	X	Ύ	E	N	Ω	Λ	K
S	W	J	K	F	H	X	K	Z	Z	K	Λ	N	M	H	Ό	
X	Y	M	Ό	F	A	M	A	P	Ό	C	U	I	E	Ί	Y	G
L	Q	Y	T	E	H	A	Ί	P	Y	K	N	V	U	S	G	U

Puzzle 507

M	B	H	T	U	H	A	Y	É	Λ	Λ	E	I	Ψ	H	Π	E
Π	A	B	N	K	Q	S	N	F	B	L	L	C	Q	Σ	Ό	Y
N	O	P	É	Φ	A	I	Δ	N	E	K	I	G	W	Ύ	P	T
P	N	I	U	V	T	I	X	Y	S	E	F	S	Z	A	T	Y
I	É	O	K	Ί	Λ	H	Π	S	H	I	U	P	W	Π	A	X
L	M	W	H	I	Φ	E	Γ	Γ	Ά	P	I	K	Y	U	G	É
T	Ω	T	F	P	Λ	Z	Y	T	C	Ύ	T	A	X	A	E	Σ
N	K	E	E	E	R	Ί	Σ	A	P	K	D	P	R	Φ	L	Z
O	A	W	I	P	E	Q	A	H	Σ	I	Θ	N	Ά	O	M	T
Y	Λ	Y	L	Ά	P	A	O	Ύ	Ό	Z	D	I	P	Y	U
L	A	Q	F	H	V	Σ	C	H	O	L	Δ	R	T	O	S	R
T	Σ	O	T	Σ	Ό	K	T	N	Π	U	S	A	X	Ύ	W	L
J	T	Δ	Ό	N	T	I	A	I	Π	L	Z	D	H	N	C	L
K	Ό	K	K	I	N	O	M	N	A	P	F	N	U	Q	X	Z
K	A	T	H	Γ	O	P	Ί	A	Π	I	I	O	N	B	I	B

ΠΌΡΤΑ
ΚΡΑΣΊ
ΑΦΟΡΟΎΝ
ΣΌΔΑ
ΕΝΔΙΑΦΈΡΟΝ
ΕΥΤΥΧΈΣ
ΈΛΛΕΙΨΗ
ΔΌΝΤΙΑ
ΚΌΣΤΟΣ
ΆΝΘΙΣΗ
ΦΕΓΓΆΡΙ
ΤΕΡΆΣΤΙΑ
ΠΑΠΠΟΎΣ
ΚΑΤΗΓΟΡΊΑ
ΚΌΚΚΙΝΟ
ΠΗΛΊΚΟ
ΠΑΎΣΗ
ΠΟΙΚΙΛΊΑ
ΤΣΑΛΑΚΩΜΈΝΟ
ΚΎΡΙΕ

Puzzle 508

ΟΛΊΣΘΗΣΗ
ΑΣΤΥΝΟΜΊΑ
ΚΥΝΗΓΉΣΕΙ
ΓΚΡΊΖΑ
ΜΑΘΗΤΉ
ΑΣ
ΣΕΛΗΝΙΑΚΌ
ΚΑΘΟΡΊΖΟΥΝ
ΠΙΆΤΑ
ΓΝΩΣΤΌ
ΤΑΥΤΌΤΗΤΑΣ
ΤΕΛΕΥΤΑΊΑ
ΚΟΛΛΆΕΙ
ΠΑΡΑΚΟΛΟΥΘΕΊ
ΚΟΤΌΠΟΥΛΟ
ΠΩΛΗΤΉ
ΣΚΟΝΙΣΜΈΝΟ
ΣΗΜΑΝΤΙΚΌ
ΈΛΞΗΣ
ΣΥΖΉΤΗΣΗ

O	Π	W	K	C	J	Q	F	O	Y	M	B	N	N	X	E	T
Y	A	I	Y	K	I	T	O	A	Λ	J	A	W	M	Y	U	A
I	P	C	N	F	T	Z	S	Ί	E	Ί	I	Θ	X	N	Q	Y
C	A	Q	H	Π	J	C	T	M	Y	Q	Σ	X	H	L	L	T
B	K	X	Γ	J	Ω	W	L	O	P	D	H	Θ	O	T	T	Ό
T	O	Σ	Ή	O	Y	Λ	Q	N	C	U	Ξ	H	H	L	Ή	T
E	Λ	K	Σ	A	M	Z	H	Y	J	I	Λ	E	A	Σ	Q	H
Λ	O	O	E	Z	H	F	U	T	Z	Q	É	V	K	F	H	T
E	Y	N	I	Ί	P	M	I	Σ	Ή	Π	I	Ά	T	A	G	A
Y	Θ	I	E	P	E	Ό	K	A	I	N	H	Λ	E	Σ	V	Σ
T	E	Σ	Ά	K	K	A	Θ	O	P	Ί	Z	O	Y	N	W	O
A	Ί	M	Λ	Γ	Σ	Y	Z	Ή	T	H	Σ	H	C	B	U	E
Ί	Z	É	Λ	Σ	H	M	A	N	T	I	K	Ό	S	M	O	P
A	V	N	O	Λ	Y	O	Π	Ό	T	O	K	I	M	R	N	C
G	B	O	K	G	C	Q	R	Q	Γ	N	Ω	Σ	T	Ό	M	T

Puzzle 509

```
B J M A T F Ά Ή L L W B M E E J P
P L E P F H B Y Δ A M Ά Σ K H N O
Ώ S Λ I I T I O P Y T Ύ O B W D K
Σ U Έ Σ Π Σ P V B Q E E Q R D H G
I A T T E I K Ά T A Γ Ψ W R T Z K
M Σ H E P P A A K A N Ό N I Σ T H
A A Σ P I Ά N Δ Π S D W Q V C D M
H Λ R Ό Π X A Ύ I I Z E Ύ Γ O Σ P
S I U N E Y Z O K A Π Π Ω Λ O Ύ N
L Γ V B T E Ή Λ A V Ί Έ C N R O H
V K E X E E T A Π Y D P P N Y R F
O Ά Z E I Z H T N M O S E I S P I
M P A Z Ώ I Σ E Ό U V E U Σ W Q M
S I D W Δ A H Π Σ L Y X F J H T T
X M G N H Σ Y Γ K P Ί N E T E G W
```

ΒΡΏΣΙΜΑ
ΑΡΙΣΤΕΡΌ
ΜΕΛΈΤΗΣ
ΑΝΑΖΉΤΗΣΗ
ΣΥΓΚΡΊΝΕΤΕ
ΕΥΧΆΡΙΣΤΗ
ΓΑΤΆΚΙ
ΣΑΛΙΓΚΆΡΙ
ΠΕΤΑΛΟΎΔΑ
ΠΕΡΙΠΕΤΕΙΏΔΗ
ΔΑΜΆΣΚΗΝΟ
ΖΕΎΓΟΣ
ΔΙΑΊΡΕΣΗ
ΒΟΎΤΥΡΟ
ΑΚΑΝΌΝΙΣΤΗ
ΠΙΠΈΡΙ
ΠΩΛΟΎΝ
ΚΑΠΝΌΣ
ΨΕΥΔΉ
ΑΚΡΙΒΆ

Puzzle 510

ΙΔΙΟΚΤΗΣΊΑΣ
ΣΤΕΡΉΣΕΙ
ΑΝΗΣΥΧΊΑ
ΑΠΟΒΛΉΤΩΝ
ΧΤΎΠΗΜΑ
ΣΥΛΛΟΓΉ
ΚΡΈΑΣ
ΜΑΖΙ
ΠΡΟΣΦΟΡΆ
ΓΙΑΤΊ
ΓΡΑΜΜΉ
ΚΑΛΟΎΜΕ
ΛΗΦΘΕΊ
ΤΡΟΧΙΆ
ΠΙΣΤΕΎΟΥΝ
ΕΝΕΡΓΌ
ΑΠΟΓΟΗΤΕΥΜΈΝΟΣ
ΑΝΤΊΣΤΡΟΦΗ
ΒΟΥΤΙΆ
ΤΆΞΗ

```
O U N Y R N C P Σ T H F F P X T Π
C O E K P W H Q Z T P A M A Z Ί Ι
P E N E P Γ Ό S S F E O F R A T Σ
I Δ I O K T H Σ Ί A S P X X W A T
X T Ύ Π H M A A Y R N Y Ή I W I E
K C B D Π B Ή Ί E Θ Φ H Λ Σ Ά Γ Ύ
P X D D A P Γ X S F Y Ξ A P E Ά O
Έ F K U P X O Y U N I Ά Y Γ V I Y
A X K Q E I Λ Σ T Y B T P P P T N
Σ I H N T G Λ H Φ T W W P A A Y N
H E B U N C Y N J O U T L M N O E
G G Q G Y V Σ A H U P D J M L B G
A Π O B Λ Ή T Ω N Y X Ά B Ή J D X
A N T Ί Σ T P O Φ H K A Λ O Ύ M E
A Π O Γ O H T E Y M Έ N O Σ Q T X
```

Puzzle 511

```
I  M  Ό  Q  K  E  Φ  Ά  Λ  A  I  O  N  U  M  S  Q
L  Ά  T  Π  E  I  L  T  O  G  A  R  H  Θ  Π  E  O
Q  E  H  M  S  P  C  Q  M  Y  A  T  Z  E  I  I  L
A  K  O  Λ  O  Y  Θ  Ί  A  O  D  J  B  Ω  Z  K  K
Y  T  N  N  X  C  G  M  I  Δ  N  Q  D  P  Έ  O  F
D  E  A  E  N  C  U  J  B  S  H  A  F  Ί  Λ  N  T
T  K  T  Ή  A  P  T  Y  R  A  E  Λ  X  A  I  I  C
R  E  A  K  Γ  Y  N  A  Ί  K  E  Σ  Ώ  I  A  K  O
H  Ή  K  I  T  K  A  P  Π  G  D  K  L  Σ  K  Ό  Π
K  Ω  Y  P  A  Σ  M  Έ  N  O  Σ  J  S  D  E  Ό  O
B  I  L  T  A  Π  A  P  A  Ί  T  H  T  O  W  I  Ί
M  Θ  T  N  B  Ί  A  Σ  Έ  X  O  Y  N  W  F  W  Ω
Q  Ί  I  E  Z  Ί  Γ  Y  Z  U  H  J  E  F  Z  D  N
W  Λ  N  K  N  O  Σ  I  N  T  P  I  B  Ά  N  I  R
P  H  Z  D  L  Z  W  G  Y  J  Y  S  A  C  R  I  N
```

ΔΗΛΏΣΕΙ
ΓΥΝΑΊΚΕΣ
ΟΠΟΊΩΝ
ΣΙΝΤΡΙΒΆΝΙ
ΗΛΊΘΙΟ
ΜΟΝΑΧΙΚΌ
ΑΚΟΛΟΥΘΊΑ
ΕΠΤΆ
ΚΟΥΡΑΣΜΈΝΟΣ
ΜΠΙΖΈΛΙΑ
ΚΕΦΆΛΑΙΟ
ΘΕΩΡΊΑ
ΚΑΤΑΝΟΗΤΌ
ΕΙΚΟΝΙΚΌ
ΈΧΟΥΝ
ΠΡΑΚΤΙΚΉ
ΖΥΓΊΖΕΙ
ΚΕΝΤΡΙΚΉ
ΒΊΑΣ
ΑΠΑΡΑΊΤΗΤΟ

Puzzle 512

ΕΥΤΥΧΙΣΜΈΝΗ
ΜΕΡΙΚΆ
ΑΝΟΙΚΤΆ
ΔΗΜΌΣΙΩΝ
ΚΕΝΌ
ΚΟΥΝΆΒΙ
ΑΙΜΟΡΡΑΓΊΑ
ΜΈΓΑΙΡΑ
ΦΩΣ
ΕΞΩΤΕΡΙΚΌΣ
ΑΦΗΓΗΤΉ
ΡΑΔΙΌΦΩΝΟ
ΞΗΡΌ
ΈΓΚΑΥΜΑ
ΠΤΏΣΗ
ΩΣ
ΆΝΔΡΕΣ
ΞΑΦΝΙΚΉ
ΠΟΤΈ
ΕΞΑΣΚΟΎΝ

```
J  A  W  A  Π  T  Ώ  Σ  H  L  G  B  V  A  Φ  L  M
K  Z  H  Ί  E  Ξ  Ω  T  E  P  I  K  Ό  Σ  T  Ω  O
O  H  P  Γ  A  V  K  H  W  Z  H  Z  I  M  H  U  Σ
Y  A  H  A  M  E  H  N  Ω  I  Σ  Ό  M  H  Δ  H  V
N  L  Z  P  Σ  G  E  Έ  M  Έ  Γ  A  I  P  A  U  E
Ά  K  I  P  E  M  Ω  M  Π  O  T  Έ  G  A  F  F  O
B  D  A  O  P  A  A  Σ  P  A  Δ  I  Ό  Φ  Ω  N  O
I  Ή  R  M  Δ  Φ  N  I  A  O  Z  B  Z  K  E  C  A
O  K  Z  I  N  H  O  X  Y  G  U  T  A  Y  I  S  A
Y  I  E  A  Ά  Γ  I  Y  C  H  J  W  M  B  F  Q  Y
B  N  T  N  T  H  K  T  J  H  D  A  Y  T  N  C  H
W  Φ  Q  J  Ό  T  T  Y  Y  S  E  V  A  Y  L  H  G
X  A  W  D  P  Ή  Ά  E  E  Ξ  A  Σ  K  O  Ύ  N  B
O  Ξ  T  F  H  C  A  U  U  G  A  H  Γ  U  Q  R  D
U  A  L  F  Ξ  K  D  I  T  I  Q  S  Έ  F  H  E  R
```

Puzzle 513

E	N	O	X	Λ	E	Ί	G	X	G	E	P	I	Q	Σ	Σ	M
D	Ή	S	W	Q	C	E	G	N	G	Y	A	K	Z	T	Y	O
I	X	Z	Y	I	J	S	N	L	A	R	A	A	K	E	N	Y
K	A	T	A	Σ	K	E	Ύ	A	Σ	M	A	N	Ό	N	A	Σ
S	P	T	O	Σ	Y	Ξ	O	Y	T	O	F	O	M	Ό	N	I
W	A	G	Ά	Ώ	N	A	M	S	V	Ό	Q	Π	M	I	T	K
C	T	B	W	B	Y	N	I	O	X	R	K	O	A	T	Ή	Ή
Q	A	C	G	I	O	Ώ	T	I	V	M	K	I	T	A	Θ	K
H	I	W	E	P	N	Φ	O	V	E	Y	P	H	K	D	H	X
S	Δ	N	Z	K	Ί	J	P	H	O	C	Σ	J	M	Q	W	K	W
M	U	V	T	A	E	K	Π	P	U	K	T	Έ	M	N	E	U
U	P	O	P	E	T	Ό	Γ	I	Λ	K	N	N	Π	A	M	K
N	R	S	T	Σ	Ά	N	T	A	R	F	D	O	H	R	S	Z
X	I	O	N	Ά	N	Θ	P	Ω	Π	O	U	I	Γ	S	C	U
Δ	Ί	Δ	A	Ξ	E	W	O	V	C	J	B	U	Ή	I	V	A

ΚΑΤΑΣΚΕΎΑΣΜΑ
ΣΥΝΑΝΤΉΘΗΚΕ
ΠΡΟΤΙΜΟΎΝ
ΤΑ
ΕΝΟΧΛΕΊ
ΔΊΔΑΞΕ
ΦΟΒΆΤΑΙ
ΑΚΡΙΒΏΣ
ΚΌΤΑ
ΠΗΓΉ
ΤΕΊΝΟΥΝ
ΔΙΑΤΑΡΑΧΉ
ΤΣΆΝΤΑ
ΦΏΝΑΞΕ
ΧΙΟΝΆΝΘΡΩΠΟ
ΙΚΑΝΟΠΟΙΗΜΈΝΟΙ
ΛΙΓΟΤΕΡΟ
ΣΤΕΝΌ
ΜΟΥΣΙΚΉ
ΚΌΜΜΑ

Puzzle 514

ΧΕΙΜΏΝΑ
ΚΛΆΔΟ
ΑΚΡΊΒΕΙΑ
ΚΑΙΡΌ
ΓΑΛΟΠΟΎΛΑΣ
ΚΑΟΥΜΠΌΗ
ΔΙΟΊΚΗΣΗΣ
ΤΡΏΝΕ
ΔΕΊΧΝΟΥΝ
ΦΎΓΕΙ
ΕΘΕΛΟΝΤΙΚΉ
ΚΟΡΜΌ
ΠΡΌΒΑΤΑ
ΆΛΟΓΟ
ΣΉΜΑΤΟΣ
ΛΌΓΟ
ΕΓΓΡΑΦΉΣ
ΔΙΑΔΙΚΑΣΊΑΣ
ΚΆΡΤΑ
ΜΠΑΝΆΝΑ

Π	X	J	N	D	D	O	Σ	O	K	P	I	Δ	P	A	I	Γ
P	E	B	X	K	V	H	Ή	D	K	R	O	E	E	K	B	A
Ό	I	N	J	X	D	H	Φ	O	K	F	L	Ί	I	X	U	Λ
B	M	V	Ώ	N	G	E	A	Ύ	V	L	C	X	N	U	Z	O
A	Ώ	F	T	P	Y	F	P	I	Γ	V	Ό	N	R	D	Υ	Π
T	N	N	E	D	T	B	Γ	T	Q	E	P	O	Γ	Ό	Λ	O
A	A	T	P	Ά	K	K	Γ	C	A	Y	I	Y	K	O	A	Ύ
N	I	K	Λ	Ά	Δ	O	E	D	D	O	A	N	I	A	Y	Λ
Ά	E	Δ	I	O	Ί	K	H	Σ	H	Σ	K	Ά	O	G	L	A
N	B	Q	Ή	K	I	T	N	O	Λ	E	Θ	E	Λ	P	B	Σ
A	Ί	E	D	E	C	F	P	T	H	Ό	Π	M	Y	O	A	K
Π	P	N	H	J	J	Q	S	A	L	M	N	L	I	C	Γ	P
M	K	K	L	F	Q	V	Ό	M	P	O	K	Q	A	U	S	O
O	A	S	B	N	O	Z	P	Ή	N	F	A	U	I	W	H	Q
T	N	W	W	O	Σ	A	Ί	Σ	A	K	I	Δ	A	I	Δ	L

Puzzle 515

```
E K R I M X Q P N F Q F Q K G H D
N L K I O R Z E X B Y G E Y A P N
A M H T K Έ N O E Λ Π Y F R Δ F D
Λ E H I V P P M O K T B J S Ά S B
Λ Π Q N E J Z Ί E T Y E P T N A Π
A I K L N L K Y J T K P Q D O P G
K T K T M O A Έ D Σ A M V D M Y O
T Y Ό P K I M S P Y Ί Φ D P E Θ K
I Γ Ό W A Σ Λ S G X T O O Δ Λ M H
K X N C Λ Ύ I Ή O F E G U P Q Ό W
Ή Ά E X Ή O X F Σ E A T Y U Ά Q U
Z N I Z R Λ X V J Ω K Q A Ώ Z R A
Σ O P Έ M Π H V D P E S Ά I Θ A B
S Y O U H H Σ A Ί P Δ E N Y Σ I N
U N S E M G N Z G R Ά Λ M A N U E
```

ΡΥΘΜΌ
ΕΠΙΤΥΓΧΆΝΟΥΝ
ΆΛΜΑ
ΖΏΑ
ΛΕΜΟΝΆΔΑ
ΚΑΛΉ
ΠΛΕΟΝΈΚΤΗΜΑ
ΜΕΤΑΦΟΡΆ
ΜΙΛΉΣΩ
ΒΑΘΙΆ
ΜΙΚΡΌ
ΠΛΟΎΣΙΟ
ΠΑΝΤΡΕΥΤΕΊ
ΔΕΚΑΕΤΊΑ
ΣΥΝΕΔΡΊΑΣΗ
ΕΝΑΛΛΑΚΤΙΚΉ
ΜΈΡΟΣ
ΜΑΣ
ΌΝΕΙΡΟ
ΈΡΧΕΤΑΙ

Puzzle 516

ΆΛΛΟΥΣ
ΌΡΟ
ΦΎΛΛΑ
ΠΡΌΒΛΗΜΑ
ΦΟΙΤΗΤΉΣ
ΤΥΧΑΊΑ
ΣΥΜΠΎΚΝΩΜΑ
ΕΝΔΙΑΊΤΗΜΑ
ΤΈΝΙΣ
ΛΌΦΟ
ΧΌΜΠΙ
ΈΦΕΡΕ
ΗΛΕΚΤΡΙΚΌ
ΑΠΟΤΈΛΕΣΜΑ
ΣΥΜΦΩΝΉΣΟΥΝ
ΑΡΝΊ
ΈΝΘΕΤΟ
ΧΕΙΡΌΤΕΡΗ
ΘΆΛΑΣΣΑ
ΔΙΚΗΓΌΡΟΣ

```
Έ K H B J E R G G A V A H X A Φ Δ
Σ N A P N Ί E P O P L Σ Λ Ό Π O I
Y M Θ Z D R B A L Z T Σ E M O I K
M P N E Π P Ό B Λ H M A K Π T T H
Π H P E T Ό P I E X G Λ T I Έ H Γ
Ύ V P Y Z O C P H Q S Ά P T Λ T Ό
K Q Z Φ D B B K Z G F Θ I Y E Ή P
N G R Y Ύ L G Z K E Z Ά K I Σ Σ O
Ω I T Q L Λ L R B W B Λ Ό A M H Σ
M Z T T I D Λ N Z Z A Λ A M A K I
A P Z Ό P O E A R N T O C F Ί C N
Σ Y M Φ Ω N Ή Σ O Y N Y Λ R A J Έ
E N Δ I A Ί T H M A K Σ Ό X X J T
R Q K I C Έ Φ E P E E F Φ Q Y H X
F C C L K F Y I W I A L O H T Z O
```

Puzzle 517

```
Δ  Ε  Ξ  Η  Δ  Ή  Π  Ρ  Ι  Θ  Ά  Λ  Α  Κ  Σ  Σ
Ί  Λ  Λ  Α  Μ  Ζ  Τ  D  Ί  Ζ  Σ  F  Β  Ά  Λ  Ι  Κ
Κ  Ζ  J  Ρ  Α  Γ  Ό  Ρ  Ι  Τ  Ο  Τ  Ύ  Ζ  Μ  Τ  Η
Τ  Κ  Ν  Ε  C  R  Σ  Ε  Ν  Ν  Σ  R  Ο  Ρ  Ύ  Γ  Ν
Υ  Ρ  U  Μ  Ε  Κ  Η  Θ  Ή  Ξ  Υ  Α  Π  Ρ  Ζ  G  Ή
Ο  Ρ  U  Ή  I  F  L  D  F  L  Β  V  Ε  J  Ί  G  V
U  Ο  Σ  Σ  S  R  Μ  R  J  J  D  Α  Λ  C  Κ  Α  V
R  Q  Ά  Χ  Ω  Τ  Φ  Β  Β  J  Υ  D  Α  S  Q  G  R
Ε  D  Π  W  G  I  I  S  S  L  Χ  Έ  J  Ζ  V  Α  D
D  Q  Ι  Δ  Ί  Λ  Υ  Τ  Χ  Α  D  W  Ν  L  U  G  V
Ν  Υ  Ο  Τ  Έ  Θ  Α  Ι  Δ  Ρ  Μ  Ο  J  Ο  Α  L  Κ
Δ  Ε  Υ  Τ  Ε  Ρ  Ε  Ύ  Ο  Υ  Σ  Α  C  C  Χ  Ε  Η
Χ  Α  Ρ  Α  Κ  Τ  Η  Ρ  Ι  Σ  Τ  Ι  Κ  Ό  Β  Ο  Ν
Ι  V  C  Β  V  Ι  J  Ζ  Χ  Ι  Q  G  Β  G  V  Ν  Ι
W  F  Μ  L  J  Ο  J  Σ  Ζ  Ι  G  Ι  Ι  V  Ε  R  U
```

ΑΛΕΠΟΎ
ΣΉΜΕΡΑ
ΣΚΗΝΉ
ΔΊΚΤΥΟ
ΠΊΤΣΑ
ΚΙΛΆ
ΑΓΌΡΙ
ΑΥΞΉΘΗΚΕ
ΙΣΤΟΡΊΑ
ΜΑΛΛΊ
ΚΑΛΆΘΙ
ΣΆΠΙΟ
ΓΎΡΟ
ΈΝΟΧΟΙ
ΔΑΧΤΥΛΊΔΙ
ΦΤΩΧΆ
ΧΑΡΑΚΤΗΡΙΣΤΙΚΌ
ΔΕΥΤΕΡΕΎΟΥΣΑ
ΔΙΑΘΈΤΟΥΝ
ΠΉΔΗΞΕ

Puzzle 518

ΚΑΤΆΣΤΑΣΗ
ΑΠΈΝΑΝΤΙ
ΓΙΓΑΝΤΙΑΊΑ
ΠΑΊΞΙΜΟ
ΣΕΖΌΝ
ΠΑΡΆ
ΑΝΌΗΤΟ
ΧΡΟΝΟΔΙΆΓΡΑΜΜΑ
ΧΆΣΕΙ
ΦΡΆΣΗ
ΑΡΙΘΜΌ
ΠΑΝΊ
ΜΈΣΟ
ΕΥΤΥΧΏΣ
ΑΓΓΛΙΚΆ
ΠΡΑΓΜΑΤΙΚΆ
ΑΣΒΌΣ
ΑΠΌΚΡΥΨΗ
ΚΑΤΆΣΤΗΜΑ
ΠΡΌΘΥΜΑ

```
Υ  Π  Ί  Α  Ι  Τ  Ν  Α  Γ  Ι  Γ  Η  F  W  Υ  Χ
Μ  Ρ  Ρ  Ν  Ζ  V  Ι  Η  Η  Τ  Τ  Β  D  R  Ο  Κ  Ρ
V  Ο  Ρ  Α  Α  Μ  Η  Τ  Σ  Ά  Τ  Α  Κ  Ρ  Τ  Υ  Ο
D  Ν  Ν  Π  Γ  Κ  Α  Τ  Ά  Σ  Τ  Α  Σ  Η  W  Ν
Φ  Ρ  Ά  Σ  Η  Μ  Γ  Α  Ν  Q  Ε  Υ  Ν  Ώ  Ό  Μ  Ο
Α  Q  Ρ  W  Ψ  Ρ  Α  Λ  Ρ  L  Ζ  Τ  Ζ  Χ  Ν  Q  Δ
S  W  Α  W  Υ  W  R  Τ  Ι  Ι  Ι  Υ  V  Υ  Α  Q  Ι
W  Ζ  Π  Ο  Ρ  Ζ  J  J  Ι  Κ  Θ  Ο  Β  Τ  Μ  Ι  Ά
Κ  Q  C  Ο  Κ  J  Q  J  Τ  Κ  Ά  Μ  U  Υ  Υ  V  Γ
S  C  F  Σ  Ό  Β  Σ  Α  Ν  Ο  Ά  Ι  Ό  Ε  Θ  G  Ρ
L  Β  Ρ  Έ  Π  Ζ  Ε  W  Α  Β  Η  Ξ  R  W  Ό  Ο  Α
Ρ  U  Ν  Μ  Α  C  Ζ  Ο  Ν  Χ  Β  Ί  Η  Ν  Ρ  Ο  Μ
C  Ρ  D  W  G  Β  Ό  Μ  Έ  C  Α  Α  Ζ  F  Π  S  Μ
Χ  Ά  Σ  Ε  Ι  Η  Ν  Κ  Π  L  Χ  Π  Υ  Α  Μ  Η  Α
U  R  Ο  Β  Ν  Ο  D  Η  Α  F  Χ  Q  V  R  Ζ  D  V
```

Puzzle 519

```
A O M U Σ N E K K O P Ί T Σ I Y E
K M Z Z Y Y N F A Έ R Y M M A Π B
P O W K N O J K C Θ N E F N Y O R
Ί I G A Δ Ύ Y A G M P T I G F K P
Δ O W R Y E H T R D F Έ I W M A L
A K C R Ά Δ F Ά R S J H Φ M Q T O
Ί A I O Z O Π Ό K T P U T A Ά A
Σ T J E O N O O C Y D E H A H Σ Ί
H A T A Y Y X Γ L S E T Λ W Q T T
Λ Λ J U N Σ E O G D M Ό Ύ G S H H
K H Σ H N Ί K U L G Ά Λ Π A L M M
K Ξ Y Π O Θ Έ T Ω P Λ H M P I A A
E Ί Ξ Ω T I K Ό P P I Ψ A Y Ώ A S
M A V M N S O F C V M Y K S K T E
G N U C A V J B K N B P S I Q J O
```

ΥΠΟΚΑΤΆΣΤΗΜΑ
ΚΑΘΡΈΦΤΗ
ΚΑΤΆΛΟΓΟ
ΜΙΛΆΜΕ
ΑΊΤΗΜΑ
ΚΊΝΗΣΗ
ΟΜΟΙΟΚΑΤΑΛΗΞΊΑ
ΑΠΛΆ
ΕΚΚΛΗΣΊΑ
ΚΟΡΊΤΣΙ
ΞΩΤΙΚΌ
ΚΑΜΠΎΛΗ
ΚΌΛΠΟ
ΣΥΝΟΔΕΎΟΥΝ
ΣΥΝΔΥΆΖΟΥΝ
ΈΝΤΙΜΑ
ΥΨΗΛΌΤΕΡΗ
ΥΠΟΘΈΤΩ
ΠΡΏΤΟ
ΑΚΡΊΔΑ

Puzzle 520

ΠΕΡΙΒΆΛΛΟΝ
ΔΕΥΤΈΡΑ
ΎΦΟΣ
ΤΙΜΩΡΉΣΕΙ
ΜΈΛΙΣΣΑ
ΜΟΝΆΔΑ
ΑΚΟΎΣΕΤΕ
ΦΥΣΙΚΆ
ΡΟΔΆΚΙΝΟ
ΒΡΑΔΙΆ
ΕΠΑΦΉ
ΡΟΖ
ΤΡΈΝΟ
ΑΝΑΜΟΝΉΣ
ΞΕΧΝΆΜΕ
ΑΛΙΕΥΜΆΤΩΝ
ΑΚΑΤΆΛΛΗΛΗ
ΞΎΣΤΡΑ
ΣΥΝΕΧΌΜΕΝΗ
ΠΡΑΓΜΑΤΙΚΌΤΗΤΑ

```
J W V C M N B F E T E Σ Ύ O K A Π
Ύ Φ O Σ Έ A V S K D K I L W I N E
N B P K Λ Ή Φ A Π E H S J M M A P
Q P O Z I A T K O L I E Ξ O T M I
O F F S Σ O I A N Z K K Ύ N H O B
Φ U Z A Σ J M T P C A N Σ Ά N N Ά
Δ Y H E A Z Ω Ά J O H Ω T Δ E Ή Λ
E A Σ H T C P Λ E L Δ T P A M Σ Λ
Y M Q I X B Ή Λ P P N Ά A O Ό R O
T P Ά F K D Σ H S H U M K N X R N
Έ F I N P Ά E Λ H S A Y J I E P T
P J Δ M X Y I H X S G E L D N O D
A X A B I E T P Έ N O I S F Y O L
M S P M U E Ξ M R P T Λ J C Σ E U
L L B A T H T Ό K I T A M Γ A P Π
```

Puzzle 521

```
L Π Ι Ρ Ι Τ Κ Α Τ Α Σ Τ Ρ Ο Φ Ή B
Τ L A G U F Ρ Π Ρ Ο Π Ο Ν Η Τ Ή Σ
N T E N Q F Ι Ο Λ Έ Π Α Κ Έ Ι D J
C V Y O T Ί G H Φ J M U K Θ W R B
G J F Q Σ E C J E O Q X T I X R G
Q L A Y A Θ Λ F Π Q Δ A W M I P N
U L B S Λ O H Ό R P V O Y O O L N
Ά U L P Ά Δ F Z N Z O H Σ H K Σ Ά
I E Σ Ί X E N Y Σ I Σ Έ E Ί C A W
Δ Z Q X I M V F F T A R Δ F A Y T
P R W R H H M H Σ Ά I Δ L P J Σ G
A K O Y Z Ί N A Y Λ Z D V D O Q O
K K P A Σ Ί Σ Ό G A Λ J Z R A Y D
Ξ E N Ν Σ Π Ά Σ E I Z Ά Λ A X X L L
U U V Q S X K A T A N O H T Ό F P
```

ΠΑΝΤΕΛΌΝΙΑ
ΈΘΙΜΟ
ΠΡΟΠΟΝΗΤΉΣ
ΣΠΆΣΕΙ
ΚΟΥΖΊΝΑ
ΤΡΟΦΟΔΟΣΊΑΣ
ΆΣΚΗΣΗ
ΣΑΛΆΧΙ
ΛΑΓΌΣ
ΚΑΤΑΣΤΡΟΦΉ
ΠΡΟΈΔΡΟΥ
ΔΟΘΕΊ
ΧΑΛΆΖΙ
ΣΥΝΕΧΊΣΕΙ
ΚΑΠΈΛΟ
ΑΛΆΤΙ
ΔΙΆΣΗΜΗ
ΚΑΡΔΙΆ
ΚΡΑΣΊ
ΚΑΤΑΝΟΗΤΌ

Puzzle 522

ΑΠΑΓΟΡΕΎΟΥΝ
ΜΑΎΡΟ
ΈΡΧΟΝΤΑΙ
ΔΉΛΩΣΗΣ
ΔΈΚΑΤΟ
ΠΡΟΣΕΚΤΙΚΉ
ΛΕΙΤΟΥΡΓΊΑ
ΤΈΛΟΣ
ΜΉΚΟΣ
ΔΙΠΛΌ
ΥΠΕΝΘΥΜΊΣΩ
ΒΕΛΑΝΊΔΙΑ
ΛΊΠΟΣ
ΑΡΝΗΤΙΚΉ
ΓΕΓΟΝΌΣ
ΣΠΑΘΊ
ΒΟΗΘΉΣΕΙ
ΑΠΛΟΠΟΊΗΣΗ
ΤΡΈΧΟΥΣΑ
ΞΕΧΝΆΜΕ

```
Δ Y Y J U Z L Π B E Λ A N Ί Δ I A
Ή Y Z T A Ί Γ P Y O T I E Λ G T U
Λ A S I A T N O X P Έ V M O Q I A
Ω Σ O Λ Έ T Σ Σ Z G B V P R Z X P
Σ Y Δ P X Z Π E Λ Ί Π O Σ N D M N
H O F I P Z A K Γ N J W N F Z T H
Σ X K L Π J Θ T I E Σ Ή Θ H O B T
E Έ M Ή Q Λ Ί I A X Γ U Z Y A J I
O P Ύ A M X Ό K D I S O V B V B K
Z T G D H O C Ή V Z E U N U T Δ Ή
A Π A Γ O P E Ύ O Y N H H Ό K Έ F
N M H O Z F N F L W R W E R Σ K A
L K Y U E G H Σ Ή Ί O Π O Λ Π A W
X N E Y Y Π E N Θ Y M Ί Σ Ω Q T E
Ξ E X N Ά M E D H C P S D E I O U
```

Puzzle 523

```
Β Π Ό Η Ρ Γ Ί Τ Δ U E W Y U A Z Z
P S P M Y L G L I N D U C P Ί J D
R L H O U O X M A Ώ Σ A Δ E Λ Φ Ή
C D Ξ Σ L L Z Φ I T M N V I L W
Θ N X Χ Δ Θ N H O Λ A M I Z M S Z
M A H Ύ M P É G P Y Φ Ό Σ C O M G
D N Y Σ D P Ά Σ Ά Φ Ί K T P N N H
Q É A M Ί Σ H K E Δ Q A Z Y M S
W N O E A T K Q O T A V Φ O Σ F H
U A Ή H J Σ L R Y Σ E N Ύ B Q J P
W K K H I J T Y H D F X Λ W I V H
Ή Λ I O V L I É N B Q H I X A W I
H G Π C Q R N P Σ Ό N Π A K I C C
Z G O V J M E Π E K T E Ί N O Y N
J S T J I K M M C P K A Λ O Ύ M E
```

ΣΤΑΦΎΛΙΑ
ΣΤΑΦΊΔΑ
ΑΔΕΛΦΉ
ΕΠΕΚΤΕΊΝΟΥΝ
ΠΡΟΣΘΈΣΕΤΕ
ΣΎΝΤΟΜΗ
ΉΛΙΟ
ΘΑΥΜΑΣΤΈΣ
ΣΤΑΦΥΛΙΏΝ
ΚΑΝΈΝΑΝ
ΔΡΆΚΟΣ
ΊΣΗ
ΤΊΓΡΗ
ΤΟΠΙΚΉ
ΣΥΝΟΜΙΛΊΑ
ΔΙΑΦΟΡΆ
ΚΑΠΝΌΣ
ΚΑΛΟΎΜΕ
ΞΗΡΌ
ΚΌΜΜΑ

Puzzle 524

ΧΛΕΥΑΣΜΌΣ
ΑΤΜΌ
ΧΉΝΑΣ
ΕΠΈΚΤΑΣΗ
ΦΡΆΧΤΗ
ΜΗΧΑΝΙΚΆ
ΠΊΝΑΚΑ
ΓΡΆΦΗΜΑ
ΔΙΑΤΗΡΟΎΝ
ΑΡΙΘΜΟΜΗΧΑΝΉ
ΆΔΕΙΑ
ΜΈΓΙΣΤΗ
ΠΡΟΤΕΊΝΟΥΝ
ΑΠΌΘΕΜΑ
ΤΑΚΤΟΠΟΙΗΜΈΝΑ
ΙΑΤΡΙΚΉΣ
ΜΗΧΑΝΉ
ΠΕΤΑΛΟΎΔΑ
ΣΤΕΝΌ
ΕΝΔΙΑΊΤΗΜΑ

```
U B L T Δ M N U J W Π Q Q D F K O
S Z A Ά K I N A X H M Ί C V U T D
T J Q X M E A U I O P L N I Q B Y
A T H O P U Π T D X H W Σ A N Ή X
K V M Q P A Έ H Z N C C M K N E
T A X B C P A A K P A H A H Π A N
O Ά Δ E I A F U P T O I P Φ P X Δ
Π Z S A Π Ό Θ E M A A Ύ M Ά O H I
O I A T P I K Ή Σ M M Σ N P T M A
I X Λ E Y A Σ M Ό Σ H B H Γ E O Ί
H T Σ I Γ É M A N Q X W T W Ί M T
M N V K W E H T E V A P X Y N Θ H
É G O A B R E M T Z N P Ά U O I M
N D P G Q A X Ό Σ H Ή Z P B Y P A
A Π E T A Λ O Ύ Δ A B N Φ A N A B
```

Puzzle 525

```
M Q Ψ A Λ Ί Δ I G H Q Q C E K E Y
Q Q Δ Σ E N Έ M Ω N O M O Π A F D
K G E Ξ Ί G N Y O Z Ί Φ M A P T Έ
N Σ Δ B E R Q R I N P H B Γ A Λ Λ
T O O N Θ N M Z Δ W Y T D Γ M V K
L T M Y H C O A Έ E Φ X A E A F H
H A Έ A P N B Δ A G Σ F X Λ Γ Y Θ
Q M N M H F X Ί O L V Z S M E Σ P
Z Ή A P T H T P Ά X P R W A I K O
S Σ Y T A X X E C H E Z I T P A D
O Q A L I Σ J T R A F Ί U I E Θ V
O P V N Δ Έ R X W R Z M O K Ύ Ά F
C P H J I Λ O Y B T E E X O O P X
Δ A Π Ά N H P N Ά Λ Λ E Σ Ύ Y I N
T A K T O Π O I H M Έ N O X N O W
```

ΑΠΟΜΟΝΩΜΈΝΕΣ
ΆΛΛΕΣ
ΡΑΜΦΊΖΟΥΝ
ΔΕΔΟΜΈΝΑ
ΜΑΓΕΙΡΕΎΟΥΝ
ΞΕΝΟΔΟΧΕΊΟ
ΈΛΚΗΘΡΟ
ΤΟ
ΙΔΈΑ
ΣΦΥΡΊ
ΨΑΛΊΔΙ
ΣΚΑΘΆΡΙ
ΧΆΡΤΗ
ΕΠΑΓΓΕΛΜΑΤΙΚΟΎ
ΤΑΚΤΟΠΟΙΗΜΈΝΟ
ΔΙΑΤΗΡΗΘΕΊ
ΔΑΠΆΝΗ
ΝΥΧΤΕΡΊΔΑ
ΛΈΣΧΗ
ΣΉΜΑΤΟΣ

Puzzle 526

ΣΠΗΛΙΆ
ΕΝΤΌΠΙΣΕ
ΚΌΝΔΟΡΑΣ
ΠΡΟΣΤΑΤΕΎΟΥΝ
ΈΣΠΑΣΕ
ΑΠΟΦΑΣΊΣΕΙ
ΜΠΆΣΚΕΤ
ΠΟΥΛΊ
ΕΜΠΕΙΡΟΓΝΩΜΌΝΩΝ
ΚΈΡΔΙΣΑΝ
ΔΙΑΔΙΚΑΣΊΑ
ΆΝΕΤΑ
ΆΡΕΣΕ
ΣΚΙΆ
ΌΜΟΡΦΗ
ΣΚΟΠΌ
ΠΙΆΤΑ
ΚΑΘΟΡΊΖΟΥΝ
ΠΤΏΣΗ
ΕΚΚΛΗΣΊΑ

```
Ά E W O V K W B F U L R A Ό M P C
P Σ M S G B H K W D L L X M Σ M K
E K Ό Π O K Σ S Y N X L A O A F W
Σ I A T E N Ά W C U V Y O P P I Z
E Ά Ί Z I Π I E Σ Ί Σ A Φ O Π A
Σ Π Η Λ I Ά P I I K C J Q H Δ C O
R V U Y K L L O Ά D K X X L N J M
H H N O G Z H T Γ T G Λ Q L Ό F Π
J Έ Σ Π A Σ E W N N A D H S K M Ά
K A Θ O P Ί Z O Y N Ω P J S B C Σ
K Έ P Δ I Σ A N H W Z M G P Ί G K
U Δ I A Δ I K A Σ Ί A K Ό K Z A E
W X M F B S F S Ώ J V P J N M C T
M N Y O Ύ E T A T Σ O P Π M Ω X W
E N T Ό Π I Σ E Π I S Q I O K N H
```

Puzzle 527

G	E	J	X	B	Σ	T	P	A	T	H	Γ	I	K	Ή	Δ	K
M	Σ	Y	N	E	X	Ό	M	E	N	H	Y	O	H	H	H	Λ
Y	E	Q	J	J	L	Y	B	Σ	Ί	Y	G	R	A	Φ	Λ	Ή
M	X	Ή	K	I	T	N	O	Λ	E	Θ	E	P	A	T	Ώ	Σ
Π	A	P	A	K	O	Λ	O	Y	Θ	Ή	Σ	O	Y	N	Σ	H
H	R	K	B	U	O	U	O	P	Y	X	Π	S	M	S	E	Y
I	Y	C	Z	Z	M	N	I	O	O	O	O	Ω	O	G	I	S
A	Γ	N	O	O	Ύ	M	E	Λ	Λ	I	P	Σ	I	Z	E	H
M	P	D	I	D	K	E	K	Ό	O	P	A	H	W	Σ	Ξ	B
Y	U	Z	Λ	Q	N	D	H	I	K	E	T	Λ	W	V	A	P
P	X	G	Ό	O	Z	A	Θ	Y	A	Π	Ό	Έ	Σ	Y	Σ	A
F	N	L	X	B	S	E	Ά	Ώ	P	A	X	Γ	Y	Σ	K	Δ
B	Y	L	Σ	T	H	Z	T	Q	A	L	H	A	I	V	O	I
K	A	Λ	Ά	Θ	I	Z	Σ	N	Π	Z	L	M	W	P	Ύ	Ά
Π	P	O	E	I	Δ	O	Π	O	Ί	H	Σ	H	S	T	N	R

ΣΤΆΘΗΚΕ
ΚΛΉΣΗ
ΠΡΟΕΙΔΟΠΟΊΗΣΗ
ΡΟΛΌΙ
ΠΑΡΑΚΟΛΟΥΘΉΣΟΥΝ
ΑΓΝΟΟΎΜΕ
ΑΓΈΛΗΣ
ΣΥΓΧΑΡΏ
ΣΧΌΛΙΟ
ΠΕΡΙΟΧΉ
ΣΙΩΠΉ
ΣΤΡΑΤΗΓΙΚΉ
ΟΡΑΤΌ
ΠΑΡΑΚΟΛΟΥΘΕΊ
ΔΗΛΏΣΕΙ
ΕΞΑΣΚΟΎΝ
ΕΘΕΛΟΝΤΙΚΉ
ΚΑΛΆΘΙ
ΣΥΝΕΧΌΜΕΝΗ
ΒΡΑΔΙΆ

Puzzle 528

ΚΆΤΩ
ΜΊΣΟΥΣ
ΡΥΤΊΔΩΝ
ΆΣΚΟΠΟ
ΜΕΊΓΜΑ
ΠΑΝΟΜΟΙΌΤΥΠΑ
ΜΥΡΊΖΕΙ
ΑΣΗΜΈΝΙΑ
ΕΠΌΜΕΝΟ
ΧΑΡΟΎΜΕΝΑ
ΑΚΌΜΑ
ΠΟΛΎ
ΔΏΡΟ
ΣΧΕΔΌΝ
ΙΠΠΑΣΊΑΣ
ΕΠΤΆ
ΔΙΟΊΚΗΣΗΣ
ΧΌΜΠΙ
ΌΡΟ
ΚΑΘΡΈΦΤΗ

P	B	K	A	N	E	M	Ύ	O	P	A	X	E	L	N	M	A
L	C	Ά	J	C	D	R	Y	U	J	J	I	Π	M	Ό	X	Σ
A	H	T	Φ	Έ	P	Θ	A	K	T	T	I	T	A	Δ	L	H
M	Σ	Ω	K	Q	T	M	Z	V	Ί	X	Z	Ά	W	E	M	M
Ό	Y	R	J	Z	N	R	T	N	Δ	M	B	H	C	X	X	Έ
K	O	P	R	V	N	S	P	X	Ω	X	E	G	D	S	Y	N
A	Σ	A	Ί	Σ	A	Π	Π	I	N	T	D	Ί	D	B	Q	I
U	Ί	V	P	Z	G	O	Ύ	N	P	Q	R	S	Γ	D	E	A
G	M	A	V	S	E	B	Λ	Y	O	S	U	G	T	M	K	X
A	A	Π	Y	T	Ό	I	O	M	O	N	A	Π	S	S	A	O
Y	G	W	L	B	Y	S	Π	Δ	I	O	Ί	K	H	Σ	H	Σ
M	A	N	K	C	F	W	Δ	Z	M	T	Q	G	I	G	S	E
P	J	V	O	B	F	J	N	Ώ	U	W	B	S	L	G	S	F
E	Π	Ό	M	E	N	O	P	Ό	P	B	D	F	A	K	D	P
P	K	U	Y	E	J	L	K	I	F	O	Π	O	K	Σ	Ά	B

Puzzle 529

```
Θ Ε Ρ Μ Ι Κ Ή Η F T U R U N Δ Δ Μ
C W C U S M B I Q E E E A U I H E
U A N A Γ N Ω Ρ Ί Σ T E A K A M Λ
K X M S P J E Ά M A A Π Υ A Π O Λ
O J N Ή K X I T G I N Λ Λ T Ρ K O
Υ Σ Υ O Ρ Έ M I Π E Ή Ή Ή H A Ρ N
Ρ H A C Q E V Σ X Γ K Ρ K Γ Γ A T
T Σ Υ Μ Π A Γ Ή Ρ O Ω I O M T I
Ί Ά T H Γ Ά N I W Έ Υ Σ T Ρ A I K
N B M Ά Θ H M A N N N D E O T K Ή
E Z J L Z U J Σ Z E C Q Θ Ύ E Ή O
Σ S P K N D L N H E Π L I N Υ E L
L M Υ A A I H D H Ρ X I Π E T J K
E Π I K Ί N Δ Υ N O D Q E N E I G
U O K R D B K K P J N N F Z Ί N H
```

ΔΗΜΟΚΡΑΤΙΚΉ
ΑΥΛΉ
ΕΝΈΡΓΕΙΑΣ
ΑΝΑΓΝΩΡΊΣΤΕ
ΕΠΙΜΈΡΟΥΣ
ΕΠΙΘΕΤΙΚΉ
ΕΠΙΚΊΝΔΥΝΟ
ΚΑΤΗΓΟΡΟΎΝ
ΣΙΤΆΡΙ
ΠΛΉΡΩΣ
ΑΝΉΚΟΥΝ
ΒΆΣΗΣ
ΡΉΜΑ
ΚΟΥΡΤΊΝΕΣ
ΔΙΑΠΡΑΓΜΑΤΕΥΤΕΊ
ΜΕΛΛΟΝΤΙΚΉ
ΘΕΡΜΙΚΉ
ΣΥΜΠΑΓΉ
ΤΗΓΆΝΙ
ΜΆΘΗΜΑ

Puzzle 530

ΠΑΙΔΙΆ
ΕΊΣΟΔΟ
ΔΉΛΩΣΗ
ΥΠΆΛΛΗΛΟ
ΚΟΥΡΑΣΜΈΝΟ
ΤΎΠΟΣ
ΟΙΚΟΝΟΜΙΚΉΣ
ΈΚΔΟΣΗ
ΑΝΑΘΕΏΡΗΣΗ
ΌΠΩΣ
ΓΩΝΊΑ
ΣΎΡΜΑ
ΚΟΡΊΤΣΙΑ
ΈΠΕΣΕ
ΑΝΆΛΥΣΗ
ΟΥΣΙΑΣΤΙΚΌ
ΓΕΙΑ
ΓΡΑΦΕΊΟ
ΓΚΡΊΖΑ
ΜΟΝΆΔΑ

```
X Q J Γ Q N O Z S L R Ό S Q P Υ Μ
Z G O Ω K O Ρ Ί T Σ I A Π X F Υ E
V S O N Έ M Σ A Ρ Υ O K G Ω H Π R
A X S Ί E Ί Σ O Δ O V Q E Z Σ Ά Μ
L X V A A N A Θ E Ώ Ρ H Σ H Ω Λ O
Γ K Ρ Ί Z A I I D Ρ B Υ E Σ Λ Λ N
W W S W H K E Έ L V H T Π Υ Ή H Ά
O M Π D Ρ I Γ L K B Υ D Έ Λ Δ Λ Δ
Υ M A M Ρ Ύ Σ R G Δ W U S Ά H O A
Ό K I T Σ A I Σ Υ O O T U N Q Ί J
K F Δ Ρ B I L Υ K W G S F A Π E Z
G E I V V O K H E M C O H M E Φ Q
V C Ά Ρ D S A R J E G Π N O Z A Z
O I K O N O M I K Ή Σ Ύ D N G P S
G C H P P W L E K I F T X C D F W
```

Puzzle 531

```
C M F S Q Γ Π I R R M P Z Z T G R
B E E L O E O Ά C B A E J A Y J U
Δ I M G T N M Z Γ T Ό N I E T Ω Φ
G I S V K I Ω K I O H Z K Ώ A V K
A D A H C K P Y I P I E Ά F Σ K D
C D Ί N E Έ X T H N E I Π E Y E A
I G T A Έ Σ Ύ Z Z Π B Z A G O U I
U D I G D M Λ B F P Ά Y Π Z Λ K P
V B A S J E O N K Ί Λ R O T Ί Ά Ά
J D P S F R Π Y A Γ A T Q V Φ N N
E M Φ Ά N I Σ H N K T N E A D E P
E M Π N E Ύ Σ E I I A H C S O I Y
K E P Δ Ί Z O Y N Π K U B Z H C O
A Π Ά N T H Σ H W A N Ώ P Y X A Π
Σ Π Ά N I A E E X Σ F U Z A Q R H
```

ΚΑΤΑΛΆΒΕΙ
ΕΜΦΆΝΙΣΗ
ΣΠΆΝΙΑ
ΠΟΛΎΧΡΩΜΟ
ΑΠΆΝΤΗΣΗ
ΠΡΊΓΚΙΠΑΣ
ΚΕΡΔΊΖΟΥΝ
ΠΆΓΟ
ΕΜΠΝΕΎΣΕΙ
ΦΊΛΟΥΣ
ΠΟΥΡΝΆΡΙΑ
ΛΊΚΝΟ
ΦΩΤΕΙΝΌ
ΓΕΝΙΚΈΣ
ΑΙΤΊΑ
ΠΑΠΆΚΙ
ΚΆΝΕΙ
ΜΕΙΏΣΕΙ
ΔΙΑΝΈΜΟΥΝ
ΑΧΥΡΏΝΑ

Puzzle 532

ΒΡΟΧΉΣ
ΕΠΙΛΟΓΉΣ
ΠΛΗΡΟΦΟΡΙΏΝ
ΕΠΙΣΚΕΨΗ
ΑΓΟΡΆ
ΜΠΟΥΚΆΛΙΑ
ΜΟΤΈΛ
ΑΛΕΎΡΙ
ΑΛΛΆ
ΛΕΠΤΉ
ΟΓΔΌΝΤΑ
ΔΙΕΎΘΥΝΣΗ
ΦΑΙΝΌΤΑΝ
ΚΑΛΎΤΕΡΟ
ΚΑΜΠΑΝΟΎΛΕΣ
ΨΩΜΊ
ΠΙΡΟΎΝΙ
ΑΝΗΣΥΧΊΑ
ΜΑΣ
ΠΑΝΊ

```
O N Q B J V A M E K A K O Ψ H N E
W Γ A Λ E Ύ P I A A N A M Ω W O Π
H R Δ T Z W W R Γ M H Λ V M L P Ί
M A Σ Ό Ό R H Z O Π Σ Ύ K Ί J H Σ
H S Y L N N R F P A Y T U Q G I K
A Λ Λ Ά G T I S Ά N X E P J G N E
B N A L H H A A G O Ί P X B P Ύ Ψ
O W F L S O B B Φ Ύ A O U G Z O H
M Π O Y K Ά Λ I A Λ V Y A F I P M
B T Q H Σ N Y Θ Ύ E I Δ D B M I E
O D H M N C C A J Σ Ή Γ O Λ I P E
N Ώ I P O Φ O P H Λ Π Π A N Ί Q I
W V A I X T R E Q U C G G O Z G Y
B P O X Ή Σ Έ U F E Λ E Π T Ή L L
N K A X O G N Λ Z S F Q E Q D K I
```

Puzzle 533

```
X M K A Γ K O Y P Ό K I N O K I E
N C Z F A A V F B V C B K K M P T
W O L M P Ή K I T N A M H Σ R J Σ
Z O Σ Ό N L H Σ A T Σ Ό Π A W G Έ
E P Ώ T H Σ H X C Σ G S Z T J K I
Σ T V I C X B Ύ Y Ή T Y P Λ U G Π
A E M E T A B Λ H T Ή E Q Ό I E C
P M K N W C Q B X H C L Ί B X V S
Ό Ό Z E T D U T Ύ Γ Z I V O S R P
Γ M S K Ί R V Q T H M W U Ί K T R
A P H U T M F D C Θ X H Y E Y M J
Y E I U E W E U Y A U P M M N K M
K Θ Φ O P Έ Σ N U K L P Ή A O C K
Z H L J B N W G O Y L S Δ T Q P A
T N W I A Z M M Ω P O Ύ H Y B U H
```

ΝΌΣΟ
ΜΕΤΑΒΛΗΤΉ
ΚΑΓΚΟΥΡΌ
ΤΎΧΗ
ΙΣΧΎ
ΘΕΡΜΌΜΕΤΡΟ
ΜΩΡΟΎ
ΠΙΈΣΤΕ
ΕΡΏΤΗΣΗ
ΚΑΘΗΓΗΤΗΣ
ΑΓΌΡΑΣΕ
ΉΔΗ
ΦΟΡΈΣ
ΤΑΜΕΊΟ
ΚΕΊΜΕΝΟ
ΣΗΜΑΝΤΙΚΉ
ΒΌΛΤΑ
ΑΣΤΕΊΟ
ΑΠΌΣΤΑΣΗ
ΕΙΚΟΝΙΚΌ

Puzzle 534

ΑΙΧΜΗΡΌ
ΚΛΕΙΔΊ
ΉΞΕΡΕ
ΈΔΕΙΞΕ
ΕΠΊΘΕΣΗ
ΓΡΎΛΙΣΜΑ
ΔΆΧΤΥΛΟ
ΣΥΜΜΕΤΈΧΟΥΝ
ΠΡΟΣΩΠΙΚΌ
ΚΡΕΒΑΤΟΚΆΜΑΡΑ
ΠΛΕΥΡΈΣ
ΚΟΥΤΆΛΙ
ΠΟΛΊΤΗ
ΑΠΟΣΤΟΛΉ
ΑΝΤΊ
ΧΑΛΑΡΏΣΕΤΕ
ΠΛΉΡΗ
ΆΔΕΙΟ
ΝΑΡΚΩΤΙΚΏΝ
ΈΛΞΗΣ

```
N U W I C S N Y O X Έ T E M M Y Σ
A P O K F Π O Λ Ί T H W Π Z Y V Έ
P K O Y T Ά Λ I P D E E Ί L A V P
K Y F E J I B X B K Q B Θ Q Y N Y
Ω W A P A M Ά K O T A B E P K D E
T Z Π I C S H Ό K I Π Ω Σ O P Π Λ
I Z Λ X Γ Q I V X L Z K H H E Z Π
K K Ή F I P Z R O R Z E P E Ξ Ή U
Ώ Λ P R S A Ύ N Z O V I Z I I Λ T
N E H A F I Ό Λ Y T X Ά Δ V E O Έ
O I E Δ Ά X J I I N Y I N B Δ T M
D Δ L B A M R W H Σ A N T Ί Έ Σ Z
V Ί H L A H O K Z U M A J V Z O V
P S Z F E P V A L S G A E Y H Π N
G L Y W Z Ό A E T E Σ Ώ P A Λ A X
```

Puzzle 535

```
Ι  Ι  Δ  Ι  Κ  Α  Σ  Τ  Ή  Σ  Γ  Ι  Α  Τ  Ρ  Ό  Σ  Ο
Τ  Κ  Η  Ξ  Ι  Ο  Ν  Ά  Η  Ψ  Υ  Ρ  Κ  Ό  Π  Α  Ρ
G  D  Α  Σ  Κ  L  Υ  Ζ  Τ  Τ  Ι  Ι  Κ  Κ  Τ  Ί  Γ
V  O  Ρ  Ν  Α  Ν  Υ  Σ  Έ  Μ  Φ  Α  Ρ  Ι  L  Λ  Ά  Ά
Β  Υ  Δ  Θ  Ό  Ρ  Ρ  Ο  Λ  Κ  Ύ  Κ  Υ  Λ  Α  Ι  Ν
G  A  Έ  C  Έ  Τ  Δ  Ί  Ε  Κ  Ε  Ο  Υ  Α  Μ  Ω
G  Τ  Κ  S  V  Μ  Η  Ί  Μ  C  D  Ο  Β  Ρ  G  Ο  Σ
Ι  J  E  B  E  Λ  Α  Τ  Π  Ρ  Ό  Σ  Β  Α  Σ  Η  Η
D  O  Υ  Ν  G  Ι  F  E  A  E  V  Μ  Χ  S  Τ  G  U
Q  Τ  O  U  D  G  Ά  Ι  Κ  Υ  Λ  Γ  W  J  C  L  O
W  U  Ρ  G  U  Ζ  C  Ρ  Ζ  Ζ  V  Η  Μ  Α  L  E  Ν
Θ  Ρ  Η  Σ  Κ  Ε  Υ  Τ  Ι  Κ  Έ  Σ  Λ  Α  Q  F  V
Ε  Κ  Σ  Τ  Ρ  Α  Τ  Ε  Ί  Α  Ι  Ι  L  Λ  S  Q  Ρ
G  Π  Α  Ρ  Α  Κ  Ά  Τ  Ω  Β  F  G  E  V  A  C  S
Μ  Κ  Ο  Ο  Ψ  Η  Φ  Ο  Φ  Ο  Ρ  Ί  Α  Ρ  Υ  Q  E
```

ΠΡΌΣΒΑΣΗ
ΟΡΓΆΝΩΣΗ
ΥΛΙΚΌ
ΓΛΥΚΙΆ
ΨΗΦΟΦΟΡΊΑ
ΟΜΙΛΊΑ
ΙΚΑΝΌΤΗΤΑ
ΔΙΚΑΣΤΉΣ
ΕΚΕΊ
ΚΎΚΛΟ
ΕΚΣΤΡΑΤΕΊΑ
ΆΝΟΙΞΗ
ΈΔΡΑ
ΓΙΑΤΡΌΣ
ΑΛΛΗΛΕΠΊΔΡΑΣΗ
ΘΡΗΣΚΕΥΤΙΚΈΣ
ΘΈΜΑ
ΠΑΡΑΚΆΤΩ
ΜΕΛΈΤΗΣ
ΑΠΌΚΡΥΨΗ

Puzzle 536

ΔΡΑΜΑΤΙΚΉ
ΣΑΎΡΑ
ΠΕΡΙΣΣΌΤΕΡΑ
ΦΛΙΤΖΆΝΙ
ΔΕΙΛΌΣ
ΤΗΛΕΣΚΌΠΙΟ
ΑΠΕΛΕΥΘΈΡΩΣΗ
ΕΥΓΕΝΙΚΌ
ΕΞΑΙΡΕΤΙΚΆ
ΕΘΝΙΚΌΣ
ΤΑΙΡΙΆΖΕΙ
ΚΡΎΟ
ΙΚΑΝΉ
ΕΠΙΣΤΉΜΟΝΑΣ
ΠΙΆΤΟ
ΣΗΜΆΔΙ
ΨΕΥΔΉ
ΣΑΛΙΓΚΆΡΙ
ΛΙΓΟΤΕΡΟ
ΙΣΤΟΡΊΑ

```
Τ  Η  Λ  Κ  C  Μ  Κ  Α  V  Κ  D  Ι  Π  Δ  Κ  Α  Ι
Ζ  Η  Μ  Ι  Ε  Ν  Ο  Ρ  Η  Υ  Τ  Κ  Ε  Ε  Β  Π  Β
Ι  Β  Λ  Κ  Γ  Χ  Μ  Ύ  Ύ  Ν  J  Α  Ρ  Ι  Ε  Ε  L
Α  C  Ο  E  S  Ό  G  Α  J  Ο  Δ  Ν  Ι  Λ  Μ  Λ  C
S  Χ  Κ  W  Σ  G  Τ  Σ  F  Β  Ρ  Ή  Σ  Ό  Ε  Ε  Υ
Υ  Η  Ε  Κ  Ό  Κ  Χ  Ε  Ν  J  Α  V  Σ  Σ  Π  Υ  U
J  Κ  Χ  Μ  Κ  Ρ  Ό  Υ  Ρ  Μ  Μ  Ι  Ό  Σ  Ι  Θ  F
R  J  G  Κ  Ι  U  Υ  Π  D  Ο  Α  Σ  Τ  Α  Σ  Έ  C
F  F  W  Q  Ν  Ε  C  W  Ι  Ι  Τ  Τ  Ε  Λ  Τ  Ρ  Ζ
Ν  G  Ε  U  Θ  Ν  Μ  Τ  Τ  Ο  Ι  Ο  Ρ  Ι  Ή  Ω  Χ
Ά  Κ  Ι  Τ  Ε  Ρ  Ι  Α  Ξ  Ε  Κ  Ρ  Α  Γ  Μ  Σ  Χ
Τ  Α  Ι  Ρ  Ι  Ά  Ζ  Ε  Ι  Υ  Ή  Ί  Ρ  Κ  Ο  Η  Ρ
Ψ  Ε  Υ  Δ  Ή  D  Π  Ι  Ά  Τ  Ο  Α  Υ  Ά  Ν  Υ  Q
Σ  Η  Μ  Ά  Δ  Ι  Ν  Ά  Ζ  Τ  Ι  Λ  Φ  Ρ  Α  Ο  V
V  Ν  Ε  Ε  Υ  Γ  Ε  Ν  Ι  Κ  Ό  Ι  Α  Ι  Σ  Η  S
```

Puzzle 537

```
Σ Η Μ Α Ν Τ Ι Κ Έ Σ Ν Ε Ν Υ Μ Ο Σ
Φ Α Σ Ο Λ Ι Ώ Ν Υ Ο Ύ Ε Τ Σ Ι Π Υ
Ο Ά U C F Y B E T M W E Y P E K M
Χ Ν Λ Τ Ν Ρ Q Δ Θ Έ Σ Η Α Ρ Σ Σ Π
Π Ρ Ό Κ Ε Ι Τ Α Ι Β Ρ Α Β Ε Ί Ο Ύ
Ι Ρ Χ Υ Α Ε Η W Ε Κ Η Τ Ρ Π Π Τ Κ
Μ Δ C V W Ν D Κ Σ Ι U Έ Ζ Ρ Ο Α Ν
Σ Α Ι J J Β Α Χ Ύ Χ Χ Τ D Ά Τ Μ Ω
Κ Α Ν Ω P U R Τ Λ Ν Α Ο Χ Ξ Κ Ή Μ
Η L W Ι Τ Υ Χ Ε Ν Β R Ι F Η Ε Τ Α
Ι Ε Ε C Τ Ι C Ό Ρ Α Λ Α Χ S Η Σ Μ
F Υ Ο Χ Η Ά Κ R Ρ S Ζ Α Α W V Y V
Ν Α Ε Ν L G Ρ Ό Ι Ρ Ω Χ Μ L Q Σ Χ
Α D Α Χ S U U Ι Κ D Ν J W C Α Α Τ
Η F Χ Ε Β U Κ Ν Α Β Ι Α Σ Τ Ι Κ Ά
```

ΤΈΤΟΙΑ
ΠΡΌΚΕΙΤΑΙ
ΣΗΜΑΝΤΙΚΈΣ
ΜΑΝΙΤΆΡΙΑ
ΑΝΤΑΝΑΚΛΆ
ΦΑΣΟΛΙΏΝ
ΝΑ
ΧΑΛΑΡΌ
ΘΈΣΗ
ΣΥΣΤΉΜΑΤΟΣ
ΛΎΣΕΙ
ΙΔΙΩΤΙΚΌ
ΕΚΤΟΠΊΣΕΙ
ΒΙΑΣΤΙΚΆ
ΧΩΡΙΌ
ΔΕΝ
ΠΡΆΞΗ
ΒΡΑΒΕΊΟ
ΠΙΣΤΕΎΟΥΝ
ΣΥΜΠΎΚΝΩΜΑ

Puzzle 538

ΠΛΎΣΗΣ
ΚΑΛΩΣΌΡΙΣΜΑ
ΛΗΣΤΈΨΕΙ
ΕΝΝΈΑ
ΧΡΈΩΣΗ
ΠΑΧΎ
ΠΟΥ
ΚΟΎΚΛΑ
ΚΑΤΕΥΘΎΝΣΕΙΣ
ΣΟΥΤ
ΠΤΕΡΎΓΙΟ
ΘΥΜΆΣΤΕ
ΘΥΜΊΖΕΙ
ΕΛΈΦΑΝΤΑ
ΧΡΌΝΙΑ
ΠΊΕΣΗ
ΧΑΡΤΊ
ΚΊΝΔΥΝΟ
ΑΣΤΥΝΟΜΊΑ
ΚΕΝΌ

```
N J K K Α Λ Ω Σ Ό Ρ Ι Σ Μ Α Π U S
Β Υ W Ί Ε Ν Ν Έ Α Κ Ι Ε G Ι Ί Q S
C Υ D Ό Ν Ε Κ R U Κ G Η L Ν Ε F Β
Ι D Η Ζ Ο Δ Π Λ Ύ Σ Η Σ Ι Ό Σ L L
Χ Ρ Έ Ω Σ Η Υ G V U Α Ο Χ Ρ Η Ρ Ο
Q D V Α Ε C U Ν R Ι W J V Χ S Ε Μ
G Β Ε Σ Κ Χ Q Χ Ο Ε Λ Έ Φ Α Ν Τ Α
Κ Α Τ Ε Υ Θ Ύ Ν Σ Ε Ι Σ V Ο Θ Λ Π
Ζ S V Π Α Σ Τ Υ Ν Ο Μ Ί Α Υ Η Ά Τ
Κ Χ Χ Ι Ο Υ Ο U Ε V Ρ D Q Μ Σ Μ Ε
Ε Α Χ F J Υ Κ Ο Ύ Κ Λ Α Π Ί Τ Υ Ρ
Q Ρ Q R Ζ Q Τ Τ Ο Τ W W Α Ζ Έ Θ Ύ
Μ Τ S Χ Τ Η V Η J S W J Χ Ε Ψ J Γ
Η Ί Ρ Q W W C L Ζ V F Ο Ύ Ι Ε Α Ι
G Ε Σ Ο Υ Τ Α C C Q Ι Ρ Β S Ι Η Ο
```

Puzzle 539

```
Ψ  M  K  E  Φ  Ά  Λ  I  L  O  L  K  F  P  Z  F  Q
K  Υ  Έ  Π  O  I  K  O  I  S  Q  E  Ά  Q  G  P  L
A  E  X  A  Π  Ό  Λ  A  Υ  S  H  S  T  Θ  F  O  J
T  B  Z  I  E  Σ  Ή  T  A  P  K  M  U  F  I  M  X
Ά  W  P  L  K  Δ  I  A  Σ  K  Έ  Δ  A  Σ  H  Σ  J
Σ  T  N  Ί  V  Ή  W  L  O  M  O  T  N  Υ  Σ  K  E
T  G  P  E  P  U  R  I  M  Q  P  L  S  W  Z  Ό  G
H  Σ  H  T  Ή  Z  A  N  A  L  T  F  P  X  D  Ψ  J
M  P  Σ  Σ  Y  L  K  Ύ  T  M  H  T  C  E  U  E  W
A  T  H  I  U  P  S  O  Ό  M  D  P  T  R  L  I  J
B  C  Θ  E  J  M  Q  Π  Π  N  Υ  Π  N  H  Λ  Ί  A
M  E  Σ  N  L  W  F  A  O  T  I  Σ  T  Ί  P  O  K
V  K  Ί  A  L  G  N  Σ  Π  V  F  O  C  N  X  O  K
Q  V  Λ  Δ  C  F  R  S  Π  H  C  Z  K  E  L  Y  F
X  I  O  A  A  Q  I  F  I  X  Ά  N  O  N  T  A  I
```

ΚΕΦΆΛΙ
ΔΑΝΕΙΣΤΕΊ
ΑΠΌΛΑΥΣΗ
ΚΟΙΝΌ
ΚΆΘΙΣΕ
ΚΌΨΕΙ
ΜΕ
ΨΥΧΙΚΉ
ΙΠΠΟΠΌΤΑΜΟΣ
ΥΠΝΗΛΊΑ
ΣΎΝΤΟΜΟ
ΚΡΑΤΉΣΕΙ
ΧΆΝΟΝΤΑΙ
ΈΠΟΙΚΟΙ
ΣΑΠΟΎΝΙ
ΔΙΑΣΚΈΔΑΣΗ
ΟΛΊΣΘΗΣΗ
ΑΝΑΖΉΤΗΣΗ
ΚΑΤΆΣΤΗΜΑ
ΚΟΡΊΤΣΙ

Puzzle 540

ΑΚΑΔΗΜΑΪΚΌ
ΓΈΦΥΡΑ
ΚΑΤΑΙΓΊΔΑ
ΘΈΛΟΥΝ
ΕΒΔΟΜΆΔΑ
ΣΌΛΟ
ΤΕΤΆΡΤΗ
ΠΑΓΕΤΌ
ΜΎΤΗ
ΧΈΡΙ
ΤΟΊΧΟ
ΦΆΛΑΙΝΑ
ΓΎΡΩ
ΦΎΛΛΟ
ΕΞΥΠΝΌΤΕΡΑ
ΠΕΙ
ΝΕΡΟΎ
ΠΙΠΈΡΙ
ΔΙΚΗΓΌΡΟΣ
ΣΆΠΙΟ

```
Σ  Ά  Π  I  O  F  K  C  Δ  I  K  H  Γ  Ό  P  O  Σ
E  H  X  M  Λ  K  C  A  Z  N  X  T  H  T  Φ  T  V
T  F  J  T  Λ  I  N  U  T  D  R  Ύ  R  E  Ά  E  K
Υ  I  A  A  Ύ  P  Y  Z  E  A  X  M  M  Γ  Λ  T  E
Q  W  G  K  Φ  Z  G  X  B  B  I  I  U  A  A  Ά  M
Π  E  I  D  S  V  K  H  F  W  Δ  Γ  S  Π  I  R  Π
F  E  Ξ  Υ  Π  N  Ό  T  E  P  A  O  Ί  N  N  T  I
N  K  Γ  T  J  P  Θ  Έ  Λ  O  Υ  N  M  Δ  A  H  Π
M  K  M  Ύ  Σ  Ό  Λ  O  A  N  Z  V  Q  Ά  A  D  Έ
I  D  J  I  P  H  W  B  J  W  X  U  Q  E  Δ  P  P
I  T  C  F  G  Ω  Ύ  R  D  M  M  A  K  T  N  A  I
O  H  T  O  Ί  X  O  A  K  A  Δ  H  M  A  Ϊ  K  Ό
H  N  X  Έ  P  I  P  H  B  S  C  E  W  O  L  J  M
E  N  W  O  Z  H  E  U  E  H  L  T  O  Z  A  W  Q
I  Y  N  I  M  B  N  Γ  Έ  Φ  Υ  P  A  P  K  M  O
```

Puzzle 541

```
Φ Έ Κ Π Λ Η Ξ Η C C A A J A I K X
Ο Δ Ι Α Τ Α Ρ Α Χ Ή Δ Κ R Ί J Ό U
Β Ε V Μ Η Μ L Ρ Τ Υ Ί Δ Ρ Σ Χ Σ Δ
Ά Ε Π C Ψ Α Ρ Έ Κ Ο Π U V Θ L Τ Ί
Τ N D I H I S T V V M U C H Ρ O N
A D Z E Λ Z G H I V A Ή Q Σ Γ Σ O
I J K Ξ Λ Έ Υ Μ E S Λ K Σ H R A Y
H K L Έ Ύ Ρ Ξ J E L O I Χ Ρ F T N
V G R Ρ Σ Φ Η T F Χ Γ T V E T N R
W A I T N Ά Γ O E Z Υ Σ Σ T Χ O I
L A Ρ O Υ Ρ A Ί O Σ Π Υ S Ό U Π U
H Ί Δ Ρ Υ Μ A V R R G K C Ρ D Έ E
C S J R K W T Χ I Υ Λ D I Χ Λ U
P S C Q Σ Z J C Z Q J E Q E Q B K
E O L F B T S B I F D C V X D L D
```

ΊΔΡΥΜΑ
ΤΡΈΞΕΙ
ΒΛΈΠΟΝΤΑΣ
ΠΥΓΟΛΑΜΠΊΔΑ
ΔΊΝΟΥΝ
ΓΆΝΤΙΑ
ΦΡΈΖΙΑ
ΤΟΜΉΣ
ΑΡΟΥΡΑΊΟΣ
ΑΊΣΘΗΣΗ
ΣΎΛΛΗΨΗ
ΜΗΤΈΡΑ
ΕΛΚΥΣΤΙΚΉ
ΓΗ
ΕΠΙΛΈΞΤΕ
ΈΚΠΛΗΞΗ
ΚΌΣΤΟΣ
ΔΙΑΤΑΡΑΧΉ
ΦΟΒΆΤΑΙ
ΧΕΙΡΌΤΕΡΗ

Puzzle 542

ΦΟΡΤΗΓΌ
ΕΙΣΑΓΆΓΕΙ
ΕΞΑΦΑΝΊΖΟΝΤΑΙ
ΠΛΑΣΤΙΚΌ
ΓΈΛΑΣΕ
ΕΚΤΈΛΕΣΗ
ΓΙΓΑΝΤΙΑΊΕΣ
ΔΙΑΡΡΟΉ
ΕΠΑΝΈΛΘΕΙ
ΝΤΟΜΆΤΑ
ΘΑΥΜΆΣΙΑ
ΠΑΡΆΓΡΑΦΟ
ΠΑΤΡΊΔΑ
ΕΛΛΕΙΠΤΙΚΉ
ΤΡΥΦΕΡΆ
ΓΚΌΜΕΝΑ
ΧΡΉΜΑΤΑ
ΤΕΤΑΜΈΝΗ
ΤΡΎΠΑ
ΜΈΣΟ

```
Π Υ Ή Ε Κ Τ Έ Λ Ε Σ Η R Π Α Ε L Ε
Φ Α Ο L F H Ε Ό Κ I Τ Σ Α Λ Π J Λ
Ο I Ρ K Α Τ Μ P Σ Τ Ε L Τ Χ Σ N Λ
Ρ Σ Ρ Ά Μ D B Ε V C Τ Μ P Α L Ε Ε
Τ Ά Α Q Γ Σ U H C F Ε Χ Ί Q Z I I
H Μ I Χ B Ρ Ε Σ Α L Έ Γ D N V Σ Π
Γ Υ Δ L H R A Ί Μ Έ Σ Ο Α Ο Υ Α Τ
Ό Α S D Μ F F Φ Α Τ Α Μ Ή Ρ Χ Γ I
L Θ Ε W D Η Ρ D Ο I Ο S I Z K Ά K
Ε Ξ Α Φ Α Ν Ί Z Ο Ν Τ Α I Υ F F Ή
Τ Ρ Υ Φ Ε Ρ Ά Μ Μ Ρ Η N V Υ U Ε Τ
L Υ I P W Ε I Ε Θ L Έ Ν Α Π Ε I Ρ
Γ Κ Ό Μ Ε Ν Α Τ Ά Μ Ο Τ N Γ Ο Υ Ύ
Τ Ε Τ Α Μ Έ Ν Η Τ Χ Υ Κ Ο W I Υ Π
J A P B V J J F W B I Μ B Μ D Γ Α
```

Puzzle 543

```
Y  Ψ  H  Λ  Ή  Σ  M  I  O  D  K  M  A  W  Y  T  A
Z  E  C  N  Q  Q  S  U  R  B  Z  C  S  Y  D  V  Π
N  P  H  S  T  B  L  W  M  H  A  H  B  V  Δ  Δ  O
H  M  Σ  U  K  R  Q  D  R  T  Θ  C  M  O  I  Θ
M  A  X  A  Ί  P  I  O  X  O  N  Έ  M  T  K  A  E
U  Δ  C  T  H  P  K  Ά  P  O  Φ  A  P  Ό  I  Ί  M
Y  Ί  T  Ά  P  J  Y  K  H  W  X  T  E  F  M  P  A
S  P  O  T  Ό  Λ  Y  T  Σ  I  P  F  I  O  Ή  E  T
W  Ω  M  A  K  O  Ύ  Σ  E  T  E  Γ  F  F  H  Σ  I
I  Λ  H  Π  M  S  W  W  E  F  Z  G  N  J  G  H  K
Σ  T  O  I  X  E  I  Ώ  Δ  H  O  O  Y  Ώ  R  O  Ό
Π  A  Π  A  Γ  Ά  Λ  O  Σ  K  P  A  P  E  Σ  Y  C
M  Έ  T  P  H  Σ  H  Σ  V  B  N  U  Y  X  I  H  W
K  Q  K  B  X  P  A  A  O  Z  G  M  E  B  B  R  K
T  A  I  N  Ί  A  X  I  C  Q  E  S  D  I  K  X  U
```

ΔΟΚΙΜΉ
ΒΑΘΜΌ
ΠΑΠΑΓΆΛΟΣ
ΣΤΥΛΌ
ΠΑΤΆΤΑΣ
ΑΦΟΡΆ
ΓΝΏΣΗ
ΤΥΡΊ
ΣΤΟΙΧΕΙΏΔΗ
ΛΩΡΊΔΑ
ΚΌΡΗ
ΥΨΗΛΉΣ
ΑΠΟΘΕΜΑΤΙΚΌ
ΤΑΙΝΊΑ
ΜΑΧΑΊΡΙ
ΆΚΡΗ
ΜΈΤΡΗΣΗΣ
ΔΙΑΊΡΕΣΗ
ΈΝΟΧΟΙ
ΑΚΟΎΣΕΤΕ

Puzzle 544

ΜΠΟΛ
ΠΙΘΑΝΏΣ
ΜΕΙΟΨΗΦΊΑ
ΚΟΙΛΌΤΗΤΑ
ΧΙΌΝΙ
ΘΕΊΑ
ΓΙΑΤΡΌ
ΔΆΣΚΑΛΟΣ
ΟΔΟΝΤΌΚΡΕΜΑ
ΓΡΑΣΊΔΙ
ΣΥΓΧΩΡΉΣΕΙ
ΣΤΡΑΤΙΩΤΙΚΉ
ΠΛΟΊΑΡΧΟΣ
ΚΆΤΙ
ΣΎΝΟΡΑ
ΑΡΣΕΝΙΚΌ
ΣΚΕΦΤΕΊΤΕ
ΦΟΡΗΤΈΣ
ΤΕΊΝΟΥΝ
ΠΉΔΗΞΕ

```
L  C  H  V  D  K  J  A  T  H  T  Ό  Λ  I  O  K  M
Q  Z  U  E  T  Ί  E  T  Φ  E  K  Σ  O  N  F  W  E
B  K  U  M  W  T  B  U  S  S  Ί  X  A  Ό  T  K  I
N  X  O  Y  F  C  B  K  S  M  N  N  Y  I  W  K  O
X  Ό  P  T  A  I  Γ  S  P  G  Π  J  O  X  G  F  Ψ
A  I  Σ  Έ  T  H  P  O  Φ  M  W  O  M  Y  K  Σ  H
Π  Ή  Δ  H  Ξ  E  A  P  O  N  Ύ  Σ  Λ  E  N  O  Φ
X  T  Ό  J  J  U  Σ  Ώ  N  A  Θ  I  Π  K  Z  Λ  Ί
W  T  K  L  W  J  Ί  Θ  E  Ί  A  D  V  R  S  A  A
G  O  I  Ά  A  J  Δ  D  B  D  L  O  U  N  J  K  F
K  S  N  M  T  V  I  E  Σ  Ή  P  Ώ  X  Γ  Y  Σ  Y
E  R  E  I  E  I  D  M  K  B  Z  E  K  A  C  Ά  K
J  Q  Σ  O  X  P  A  Ί  O  Λ  Π  F  H  L  A  D  A
V  Q  P  Σ  T  P  A  T  I  Ω  T  I  K  Ή  Y  V  A
W  Q  A  M  E  P  K  Ό  T  N  O  Δ  O  Q  I  T  J
```

Puzzle 545

```
S  B  V  K  F  A  E  O  C  Q  G  X  A  A  K  Φ  E
M  D  E  Q  B  Σ  H  M  A  Ϊ  A  Y  N  C  P  Ό  Π
J  X  Q  N  Q  M  U  T  E  N  M  T  T  V  Q  P  I
B  E  Ά  J  T  O  K  F  M  U  Y  I  A  A  F  O  T
D  G  I  H  Ύ  O  I  Z  Y  P  N  Q  Γ  Y  R  Y  Y
M  N  Θ  I  B  D  Π  R  B  I  Ή  Σ  Ω  Γ  E  E  Γ
E  M  A  Λ  A  Κ  Ό  I  T  S  M  Y  N  Ά  A  Π  X
G  K  B  Π  P  Ώ  T  O  Σ  K  P  Σ  I  X  Π  I  Ά
E  Ξ  Έ  T  A  Σ  H  Σ  Ή  M  K  T  Σ  H  Ό  Σ  N
P  Y  F  E  D  P  G  V  Θ  M  Ό  A  M  I  Φ  T  O
E  H  D  Ϊ  Ψ  Ά  P  I  A  T  K  T  Ό  I  O  P  Y
Φ  W  C  T  H  Q  E  R  T  S  Y  I  A  V  I  O  N
Έ  F  J  E  Q  M  G  J  Σ  X  Q  K  F  V  T  Φ  A
R  M  J  X  C  F  R  J  A  T  E  Ό  K  U  O  Ή  K
Σ  Y  N  E  P  Γ  Ά  Z  O  N  T  A  I  W  ˙  Σ  D  D
```

ΑΝΤΑΓΩΝΙΣΜΌ
ΑΥΓΆ
ΣΥΝΕΡΓΆΖΟΝΤΑΙ
ΡΥΖΙΟΎ
ΣΗΜΑΊΑ
ΕΞΈΤΑΣΗΣ
ΜΑΛΑΚΌ
ΑΣΤΑΘΉ
ΕΊΤΕ
ΕΝΤΟΠΙΣΜΌ
ΣΥΣΤΑΤΙΚΌ
ΦΌΡΟΥ
ΜΉΝΥΜΑ
ΨΆΡΙΑ
ΕΠΙΣΤΡΟΦΉ
ΑΠΌΦΟΙΤΟΣ
ΒΑΘΙΆ
ΕΠΙΤΥΓΧΆΝΟΥΝ
ΈΦΕΡΕ
ΠΡΏΤΟ

Puzzle 546

ΣΟΦΉ
ΑΜΟΙΒΏΝ
ΚΑΠΆΚΙ
ΜΈΣΑ
ΑΝΆ
ΠΟΔΙΆ
ΓΙΑ
ΠΈΝΤΕ
ΠΑΡΤΊΔΑ
ΕΚΠΟΜΠΉΣ
ΑΠΟΣΠΆΣΕΙ
ΓΛΩΣΣΆΡΙΟ
ΜΙΜΗΘΟΎΝ
ΜΑΜΆ
ΜΕΤΑΞΎ
ΏΘΗΣΗ
ΕΚΑΤΟΜΜΎΡΙΑ
ΠΡΟΣΩΠΙΚΆ
ΥΨΌΜΕΤΡΟ
ΑΊΤΗΜΑ

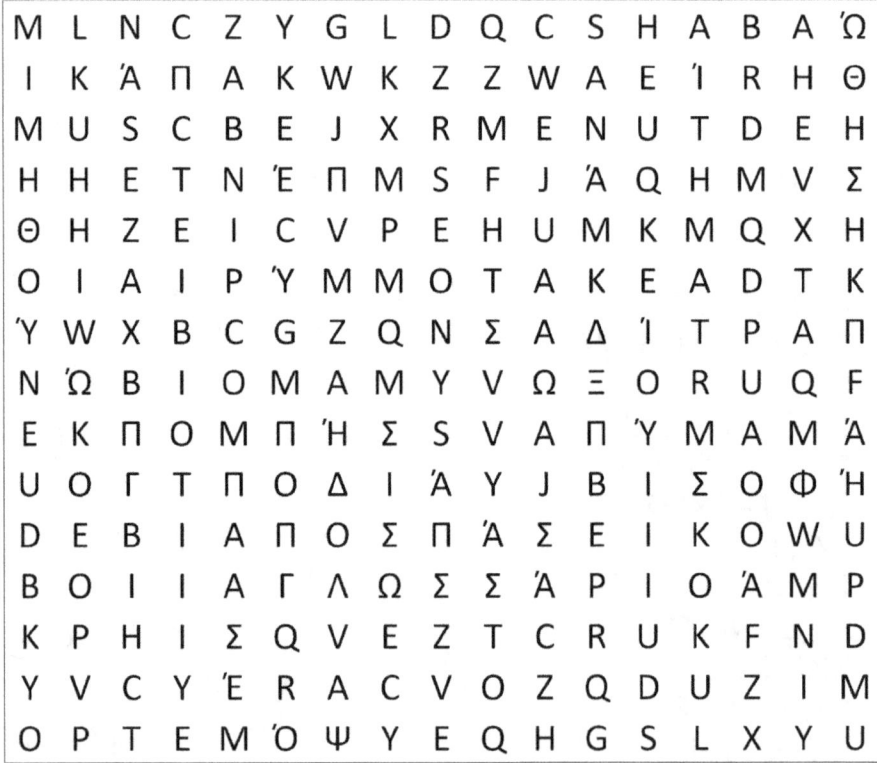

```
M  L  N  C  Z  Y  G  L  D  Q  C  S  H  A  B  A  Ώ
I  K  Ά  Π  A  K  W  K  Z  Z  W  A  E  Ϊ  R  H  Θ
M  U  S  C  B  E  J  X  R  M  E  N  U  T  D  E  H
H  H  E  T  N  Έ  Π  M  S  F  J  Ά  Q  H  M  V  Σ
Θ  H  Z  E  I  C  V  P  E  H  U  M  K  M  Q  X  H
O  I  A  I  P  Ύ  M  M  O  T  A  K  E  A  D  T  K
Ύ  W  X  B  C  G  Z  Q  N  Σ  A  Δ  Ϊ  T  P  A  Π
N  Ώ  B  I  O  M  A  M  Y  V  Ω  Ξ  O  R  U  Q  F
E  K  Π  O  M  Π  Ή  Σ  S  V  A  Π  Ύ  M  A  M  Ά
U  O  G  T  Π  O  Δ  I  Ά  Y  J  B  I  S  O  Φ  Ή
D  E  B  I  A  Π  O  Σ  Π  Ά  Σ  E  I  K  O  W  U
B  O  I  I  A  Γ  Λ  Ω  Σ  Σ  Ά  P  I  O  Ά  M  P
K  P  H  I  Σ  Q  V  E  Z  T  C  R  U  K  F  N  D
Y  V  C  Y  Έ  R  A  C  V  O  Z  Q  D  U  Z  I  M
O  P  T  E  M  Ό  Ψ  Y  E  Q  H  G  S  L  X  Y  U
```

Puzzle 547

```
K D E N E I A T P I K H A Ψ H O G
Y O Í P O A C E V W A J Π Ω S I R
K Y Σ O Δ Í E B G A P P A M N K V
Λ A O Y Σ E K Í A N Y Γ P Á U O Y
O N Δ Δ U X K A Θ A P H A K W N F
Φ T O Y Ó J H P Q G K S Í I S O G
O I Σ F T Σ B M M K N F T A M M M
P K D S V D I H A C K M H Z J I J
O E M Q U S V E E V F G T U Y K A
Ý Í Z V O Π Ω P Θ N Á N O I X Ώ A
N M G N N Ώ I Π Y O N Y O K E N D
H E S H Ó Π A Λ T Ó É T O I M O I
L N R Ω P É Φ A N A Π P O Φ A N Ή
D O K V X Λ É Π T O M É P E I A B
N F U L I I T O Y J R F S Z G S F
```

ΠΑΛΤΌ
ΑΝΑΦΈΡΩ
ΚΑΘΑΡΉ
ΑΝΤΙΚΕΊΜΕΝΟ
ΕΊΔΟΣ
ΈΤΟΙΜΟΙ
ΕΊΣΟΔΟΣ
ΟΙΚΟΝΟΜΙΚΏΝ
ΚΥΚΛΟΦΟΡΟΎΝ
ΧΡΌΝΟ
ΙΑΤΡΙΚΉ
ΛΕΠΤΟΜΈΡΕΙΑ
ΕΙΣΌΔΟΥ
ΠΡΟΦΑΝΉ
ΣΧΉΜΑ
ΚΟΥΝΟΥΠΙΏΝ
ΨΩΜΆΚΙΑ
ΑΠΑΡΑΊΤΗΤΟ
ΓΥΝΑΊΚΕΣ
ΧΙΟΝΆΝΘΡΩΠΟ

Puzzle 548

ΈΝΤΟΝΟΣ
ΦΟΎΣΤΑ
ΡΑΠΑΝΆΚΙ
ΘΕΡΑΠΕΊΑ
ΈΞΥΠΝΗ
ΓΆΛΑ
ΠΑΠΟΎΤΣΙ
ΚΛΈΨΤΕ
ΑΠΑΣΧΟΛΟΎΝ
ΣΥΝΑΙΣΘΗΜΑΤΙΚΉ
ΔΙΑΚΟΠΉ
ΒΆΡΚΑ
ΈΚΤΟΥ
ΕΞΕΡΕΥΝΉΣΕΤΕ
ΛΙΒΆΔΙ
ΣΩΜΑΤΙΔΊΩΝ
ΠΡΟΚΕΙΜΈΝΟΥ
ΚΑΤΗΓΟΡΊΑ
ΑΦΟΡΟΎΝ
ΑΝΑΜΟΝΉΣ

```
E Ξ É P E Y N Ή Σ E T E J T Q V N
Λ I B Ά Δ I S Z O O T B Ά P K A Σ
P Y A Σ Y N A I Σ Θ H M A T I K Ή
M I T Π M B Ά E Π A P E Θ J É N
Π P Σ Ή A L J B G Φ O Y T É N O
I P Ύ Π Q Π Z F Ά C O K N G K T M
K L O O G G O U Λ X P W Ω X T O A
Λ H Φ K É P I Ύ A S O T Ί N O N N
É R Y A E Ξ J P T F Ύ P Δ L Y O A
Ψ I U I V I Y D E S N R I B F Σ B
T Z I Δ L J M Π I N I G T B S D M
E R D T S O U É N P A Π A N Ά K I
L C J H J A N Y N H X Q M K C P F
K A T H Γ O P Ί A O U S Ω F P Z G
A Π A Σ X O Λ O Ύ N Y J S E D S H
```

Puzzle 549

```
Y  Ά  O  G  I  V  F  X  U  B  S  J  R  N  I  E  P
Π  Λ  Λ  E  O  Π  Ά  P  Δ  A  Λ  H  V  O  U  L  L
O  Λ  H  A  Ύ  Ξ  H  Σ  H  Σ  Ω  Ό  H  N  Y  Σ  B
Σ  O  N  Φ  T  G  C  G  J  I  Q  A  Q  V  J  O  D
T  Π  Ά  Θ  Θ  A  Π  O  Φ  Ύ  Γ  E  T  E  N  W  C
H  G  Π  Π  E  E  E  Y  T  Y  X  I  Σ  M  Έ  N  H
P  T  A  E  A  P  Ί  T  E  Λ  O  I  B  Ά  G  H  W
Ί  P  K  P  N  I  M  U  A  Q  B  B  D  N  Λ  M  K
Z  A  Σ  I  B  Q  V  Ό  Z  F  O  V  O  D  B  M  C
O  M  N  K  I  Y  E  R  T  T  Σ  I  U  Έ  E  D  A
Y  F  F  O  Y  I  G  S  H  E  O  X  C  P  J  Y  Π
N  M  N  Π  R  W  W  R  E  R  P  D  V  E  L  U  P
M  B  L  Ή  K  I  K  F  S  F  Y  O  L  Y  P  B  I
Γ  E  N  N  A  Ί  A  M  A  K  P  Ά  Σ  N  X  I  N
T  O  Y  Λ  Ά  X  I  Σ  T  O  N  C  N  A  Γ  Ή  Π
```

ΘΕΡΜΌΤΕΡΟΣ
ΒΙΟΛΕΤΊ
ΣΥΝΉΘΩΣ
ΥΠΟΣΤΗΡΊΖΟΥΝ
ΑΎΞΗΣΗΣ
ΠΡΙΝ
ΤΡΑΜ
ΠΕΡΙΚΟΠΉ
ΜΑΚΡΆ
ΛΕΟΠΆΡΔΑΛΗ
ΤΟΥΛΆΧΙΣΤΟΝ
ΑΠΟΦΎΓΕΤΕ
ΓΕΝΝΑΊΑ
ΠΟΛΛΆ
ΣΚΑΠΆΝΗ
ΈΡΕΥΝΑ
ΠΉΓΑΝ
ΛΗΦΘΕΊ
ΕΥΤΥΧΙΣΜΈΝΗ
ΆΛΜΑ

Puzzle 550

ΕΤΑΙΡΊΑ
ΠΑΙΔΊ
ΛΕΠΤΌ
ΦΤΆΝΟΥΝ
ΧΆΛΥΒΑ
ΟΔΥΝΗΡΆ
ΚΑΝΟΝΊΣΕΙ
ΧΕΊΛΟΣ
ΧΤΈΝΑ
ΕΡΜΊΝΑ
ΓΕΛΆΣΕΙ
ΚΆΛΤΣΕΣ
ΕΝΔΙΑΦΈΡΟΥΣΑ
ΓΌΝΑΤΟ
ΔΙΆΛΕΙΜΜΑ
ΜΕΤΑΦΟΡΆΣ
ΣΧΟΛΕΊΟ
ΕΤΉΣΙΑ
ΠΌΡΤΑ
ΑΠΈΝΑΝΤΙ

```
Σ  Ά  P  O  Φ  A  T  E  M  J  W  L  W  C  Z  E  Δ
K  A  N  O  N  Ί  Σ  E  I  L  W  Q  Z  D  V  N  I
Σ  T  B  T  L  P  D  E  E  X  Z  H  X  P  Y  Δ  Ά
K  P  Z  A  T  I  K  X  Σ  Q  Ά  G  S  H  E  I  Λ
V  Ό  N  A  A  J  B  Ά  Σ  O  Λ  Ί  E  X  A  E
A  Π  J  Ό  W  T  I  A  Λ  S  A  B  Y  B  O  Φ  I
S  D  Z  Γ  Q  E  Φ  Q  E  L  E  R  K  B  M  Έ  M
Σ  X  O  Λ  E  Ί  O  T  Γ  Π  A  I  Δ  Ί  A  P  M
O  Δ  Y  N  H  P  Ά  L  Ά  D  S  C  V  Q  I  O  A
Λ  E  Π  T  Ό  X  R  Y  Z  N  X  B  B  B  Σ  Y  E
E  P  L  P  P  F  J  Y  R  V  O  X  F  M  Ή  Σ  P
G  C  R  T  R  E  P  X  Q  X  Q  Y  T  U  T  A  M
A  Π  Έ  N  A  N  T  I  M  K  U  J  N  Έ  E  D  Ί
C  R  Q  B  Y  L  A  A  P  C  E  C  N  L  N  W  N
X  I  J  V  Z  F  H  S  K  Ά  Λ  T  Σ  E  Σ  A  A
```

Puzzle 551

Τ	Σ	Ώ	R	A	Δ	T	X	Δ	Σ	Ί	Γ	Ο	Υ	Ρ	Ο	Ι
E	Z	Ά	P	Z	O	P	C	I	J	T	V	L	C	I	J	F
X	D	C	B	A	M	E	I	A	T	N	O	X	Σ	Ό	Π	Ψ
N	P	M	X	B	Ή	I	H	Σ	T	Y	N	Q	S	Y	G	N
I	Δ	F	S	G	A	Σ	T	K	P	O	H	V	G	R	T	R
K	I	W	W	R	M	T	L	E	E	Π	F	O	J	E	T	Q
Ή	K	E	J	Q	Ύ	Q	O	Δ	M	Έ	Y	K	I	G	Q	V
A	A	Ξ	Σ	H	E	Z	S	Ά	Ά	Λ	M	W	Q	N	B	D
G	Σ	E	C	H	Γ	R	M	Σ	M	B	L	G	S	U	M	B
Y	T	T	H	O	Λ	E	Q	E	E	O	B	A	M	Π	Ί	P
E	Ή	Ά	P	B	H	Ί	I	I	N	P	Y	O	Q	W	S	K
X	P	Z	D	F	O	O	M	B	O	Π	H	A	M	O	R	D
E	I	O	X	A	P	A	K	T	H	P	I	Σ	T	I	K	Ό
S	O	Y	K	Λ	E	I	Δ	A	P	I	Ά	Σ	O	Y	S	N
A	I	N	Ό	Λ	A	Π	M	T	I	M	Ω	P	Ή	Σ	E	I

ΠΡΟΒΛΈΠΟΥΝ
ΒΑΜΠΙΡ
ΔΙΑΣΚΕΔΆΣΕΙ
ΜΊΛΗΣΕ
ΚΛΕΙΔΑΡΙΆ
ΓΕΎΜΑ
ΜΠΑΛΌΝΙΑ
ΕΞΕΤΆΖΟΥΝ
ΤΕΧΝΙΚΉ
ΏΡΑ
ΔΙΚΑΣΤΉΡΙΟ
ΔΟΜΉ
ΣΊΓΟΥΡΟΙ
ΣΆΒΒΑΤΟ
ΤΡΕΜΆΜΕΝΟ
ΣΟΥ
ΥΠΌΣΧΟΝΤΑΙ
ΤΡΕΙΣ
ΧΑΡΑΚΤΗΡΙΣΤΙΚΌ
ΤΙΜΩΡΉΣΕΙ

Puzzle 552

ΧΡΩΜΆΤΩΝ
ΣΥΓΓΡΑΦΈΑΣ
ΖΩΝΤΑΝΉ
ΚΑΝΈΛΑ
ΣΥΜΒΟΎΛΙΟ
ΠΑΡΑΣΚΕΥΉ
ΜΠΛΕ
ΦΌΡΕΜΑ
ΑΠΟΦΕΎΓΟΥΝ
ΠΕΊΣΕΙ
ΒΡΑΧΊΟΝΑ
ΠΕΙΝΑΣΜΈΝΟΙ
ΠΟΥΚΆΜΙΣΟ
ΠΥΓΜΑΧΊΑΣ
ΑΎΡΙΟ
ΣΗΜΕΊΟ
ΚΑΡΠΟΎΖΙ
ΚΑΜΗΛΟΠΆΡΔΑΛΗ
ΤΈΝΙΣ
ΟΜΟΙΟΚΑΤΑΛΗΞΊΑ

Π	Π	Α	Ρ	Α	Σ	Κ	Ε	Υ	Ή	Κ	X	Z	U	K	O	K
C	Y	Α	Π	Ο	Φ	Ε	Ύ	Γ	Ο	Υ	Ν	Ε	Π	Α	Μ	Α
W	O	Γ	Π	Ο	Υ	Κ	Ά	Μ	Ι	Σ	Ο	Ε	Ε	Ρ	Ο	Μ
A	B	S	M	C	C	H	M	U	K	B	T	L	Ί	Π	Ι	Η
U	C	M	J	A	M	E	P	Ό	Φ	A	U	F	Σ	O	O	Λ
W	E	F	R	M	X	P	K	A	E	R	N	M	E	Ύ	K	O
Z	M	S	G	N	L	Ί	F	V	Y	Z	E	É	I	Z	A	Π
K	Ω	D	V	C	P	P	A	P	Q	H	L	P	Λ	I	T	Ά
Z	W	N	H	S	J	M	N	Σ	I	N	É	T	M	A	A	P
H	C	X	T	Π	E	I	N	A	Σ	M	É	N	O	I	Λ	Δ
Q	A	H	Σ	A	É	Φ	A	P	Γ	Γ	Y	Σ	I	J	H	A
M	Π	Λ	E	N	N	Ω	T	Ά	M	Ω	P	X	P	X	Ξ	Λ
J	X	Q	L	V	A	Ή	Σ	H	M	E	Ί	O	Ύ	M	Ί	H
Σ	Y	M	B	O	Ύ	Λ	I	O	B	J	P	W	A	Z	A	V
B	P	A	X	Ί	O	N	A	J	W	G	W	M	V	Y	V	B

Puzzle 553

```
Z Z N S Σ T E K Π O M Π Ή S Π Σ Q
L N O Y A Y Y Ά N Δ P E Σ H P Ή H
X M Z X Ί H M Π M D D Q N N O M L
I N Ό K Λ A Π M I K P U H A X E Γ
A M I W A B T F E K S Q T U Ω P E
A S U Q Y O C P A T Ό H V U P A N
V R Z J Γ L A Ό H H Ά A Q F Ή N I
E Y T Y X Ώ Σ N M Y N Σ Z K Σ V Ά
N Ω N Έ M O Δ E Δ H S T X Ύ T E R
H M I Σ Έ Θ A I Δ Π Δ T I O E C X
T X X H A T A P E Ά F Έ P T Y Q X
S I F L I S D O U Γ F V N A C N O
E Ί K O Σ I K Ά N A Π Σ R P T I O
M Y Σ T Ή P I O R D C I W T L S D
E Π I Φ Ά N E I A K Z A W Σ F I T
```

ΜΥΣΤΉΡΙΟ
ΜΗΔΈΝ
ΓΕΝΙΆ
ΕΠΙΦΆΝΕΙΑ
ΣΠΑΝΆΚΙ
ΔΕΔΟΜΈΝΩΝ
ΔΙΑΘΈΣΙΜΗ
ΠΡΟΧΩΡΉΣΤΕ
ΑΓΆΠΗ
ΓΥΑΛΊ
ΕΚΠΟΜΠΉ
ΣΤΡΑΤΟΎ
ΕΊΚΟΣΙ
ΤΥΠΙΚΌ
ΣΥΜΜΕΤΆΣΧΟΥΝ
ΜΠΑΛΚΌΝΙ
ΆΝΔΡΕΣ
ΌΝΕΙΡΟ
ΣΉΜΕΡΑ
ΕΥΤΥΧΏΣ

Puzzle 554

ΚΌΣΜΟ
ΚΟΡΆΚΙ
ΏΘΗΣΕ
ΠΊΣΤΗΣ
ΜΠΑΛΟΝΙΏΝ
ΠΟΡΕΊΑ
ΚΑΤΆ
ΘΡΑΎΣΜΑ
ΧΆΜΠΟΥΡΓΚΕΡ
ΑΎΞΗΣΗ
ΥΠΟΒΆΛΕΙ
ΠΟΡΤΟΚΑΛΊ
ΓΕΝΝΉΘΗΚΕ
ΔΈΣΜΕΥΣΗ
ΠΑΡΑΔΈΧΟΝΤΑΙ
ΒΙΤΑΜΊΝΕΣ
ΌΡΑΜΑ
ΑΚΟΛΟΥΘΊΑ
ΣΙΝΤΡΙΒΆΝΙ
ΡΟΔΆΚΙΝΟ

```
Y Γ K H P S W O I Π U K B Δ Π P Π
N U E O S Z W F K Ί U A I Έ O O A
Ώ K L N P S L I G Σ O T T Σ P D P
I B N L N Ά Q A F T S Ά A M T Ά A
N Z X H K Ή K G M H I I M E O K Δ
O K J R J Ό Θ I M Σ E F Ί Y K I Έ
Λ J T S Z E Σ H Θ Ώ Λ S N Σ A N X
A Ύ Ξ H Σ H Ό M K K Ά B E H Λ O O
Π L H J Q Z P P O E B S Σ K Ί O N
M F C H F N A Ί Θ Y O Λ O K A P T
D C U V S Q M T C J Π B U J Ί A A
Z D X V I N A S G Z Y U K P E Ύ I
H H X Ά M Π O Y P Γ K E P P P Σ T
Σ I N T P I B Ά N I Y F H J O M D
Y B H Y X G C Q Z B F O G A Π A L
```

Puzzle 555

```
T H S X M Φ Ά K A M Π T H Φ B J A
A S Z E A S Ά Γ V R S M Σ Θ F T Π
S A I B P D W N E Z U P Ω Ά N Z O
T F A L O L Z Z T Λ D D Σ N N Ί Φ
S W T Σ Ύ H A D Y A O C Έ O T N Ά
G V E O L S P Y D F Σ Ί M Y P T Σ
U R N Λ I E Ψ Έ N Ω X M A N O Z E
D O Έ Λ I T M D J Ώ I E A Σ Y E Ω
B Ή M A Δ Ά M O O G Λ A F X P P N
O S A Ξ E A P Y R W C Π A Έ A D T
Z X N Έ N O Σ O K Ό M A O Δ N Y U
C F A K A Λ Λ I T Έ X N H I Ό W F
E Ξ A I P Ό Ύ N X Ά Π I H O Z O E
Y K D Q V U N N F P D X U C P R C
U A N F A N G L N B J J V X O D Z
```

ΝΟΣΟΚΌΜΑ
ΆΚΑΜΠΤΗ
ΧΆΠΙ
ΟΜΆΔΑ
ΤΖΊΝΤΖΕΡ
ΜΑΡΟΎΛΙ
ΦΘΆΝΟΥΝ
ΑΝΑΜΈΝΕΤΑΙ
ΣΧΈΔΙΟ
ΚΑΛΛΙΤΈΧΝΗ
ΧΩΝΈΨΕΙ
ΟΥΡΑΝΌ
ΒΉΜΑ
ΈΞΑΛΛΟΣ
ΑΠΟΦΆΣΕΩΝ
ΦΆΝΤΑΣΜΑ
ΟΠΛΩΝ
ΑΜΈΣΩΣ
ΕΞΑΙΡΟΎΝ
ΓΕΛΟΪΑ

Puzzle 556

ΑΊΜΑΤΟΣ
ΣΩΜΑΤΙΚΉ
ΣΥΝΟΨΊΖΟΥΝ
ΑΝΑΜΟΝΉ
ΓΚΑΖΌΝ
ΠΛΟΥΣΙΌΤΕΡΟ
ΚΑΝΌΝΑ
ΆΦΘΟΝΟ
ΨΗΛΆ
ΔΎΝΑΜΗ
ΔΏΔΕΚΑ
ΠΑΞΙΜΆΔΙ
ΌΠΛΟ
ΠΙΣΊΝΑ
ΑΡΚΟΎΔΑ
ΒΡΟΧΉ
ΠΆΝΤΑ
ΆΝΘΙΣΗ
ΚΌΤΑ
ΣΕΖΌΝ

```
A E H Σ I Θ N Ά L F Π Δ Ό Π Λ O B
Ί U M Y U P K Λ V K Ά I Ώ B T V H
M G A N M R G H P F N Q Γ Δ N E E
A W N O X C I Ψ W I T F K T E S P
T I Ύ Ψ H H T B I A A Z A I J K L
O K Δ Ί H D U P Δ Δ V C Z J Z E A
Σ I N Z X B X X Ά Ύ X N Ό C Y B D
Ά H A O G A N A M O N Ή N Y Y E X
B Φ F Y Q W G N I K C K Σ E Z Ό N
T P Θ N W T C Ό Ξ P N I M T Z G P
J B O O K G K N A A W T D L G L J
H A C X N N Q A Π W Y A K Ό T A L
U N L G Ή O V K H B E M U Z P F B
Π Λ O Y Σ I Ό T E P O Ω X S R E N
Π I Σ Ί N A S U B B E Σ Q V S M V
```

Puzzle 557

```
R G F V O I Z Σ Y Z Ή T Η Σ Η O K
A Π P Ό Σ E K T H G W S A P A T A
Y Σ G Z P U A Γ Γ A P E Ί A J R M
Y Ή D E L J L A S K T D F S C A Π
U N O Ή S H N E M Ό K E Λ Π M E Ί
Δ E I Λ Ά Σ U Ά H C T X X T Έ A N
X Γ M O W Y X P Y P O Z S Z B Λ A
H A Y T B E A Ί Γ O Λ O M O Δ Ή R
D Z P Σ N K O O M Z Π Λ W K O Θ I
R Y Ω I M Ή K X Z Ί B M A P M E E
G G Δ Π S Θ Π Ί T Σ A K A M H I L
P C I E C O U F D H M A Σ Π A U
Y D Ά L S Π G T N N H I Y A I P P
H Λ I Έ Λ A I O E Z D P E R Z R Ή
Π A P O N O M A Σ T Ή Ό K D V K K
```

ΔΕΙΛΆ
ΑΠΡΌΣΕΚΤΗ
ΟΜΟΛΟΓΊΑ
ΈΒΔΟΜΗ
ΠΑΡΟΝΟΜΑΣΤΉ
ΣΑΜΠΟΥΆΝ
ΑΓΓΑΡΕΊΑ
ΝΗΣΊ
ΚΑΜΠΊΝΑ
ΕΜΠΛΕΚΌΜΕΝΗ
ΜΥΡΩΔΙΆ
ΕΠΙΣΤΟΛΉ
ΑΓΕΝΉΣ
ΗΛΙΈΛΑΙΟ
ΛΑΜΠΡΉ
ΑΛΉΘΕΙΑ
ΑΠΟΘΉΚΕΥΣΗ
ΣΥΖΉΤΗΣΗ
ΚΑΙΡΌ
ΠΊΤΣΑ

Puzzle 558

ΘΗΛΥΚΌ
ΞΑΦΝΙΚΆ
ΑΥΤΌΜΑΤΗ
ΑΝΤΊΚΕΣ
ΓΆΙΔΑΡΟ
ΠΡΌΣΩΠΟ
ΝΌΤΙΑ
ΠΟΛΥΘΡΌΝΑ
ΚΑΛΎΤΕΡΑ
ΠΟΛΎΤΙΜΟ
ΠΑΙΧΝΊΔΙ
ΑΓΑΠΗΤΈ
ΚΆΠΟΤΕ
ΗΓΈΤΗΣ
ΠΆΣΧΟΥΝ
ΝΌΤΙΟ
ΚΟΎΠΑ
ΔΙΑΔΙΚΑΣΊΑΣ
ΦΎΛΛΑ
ΠΑΊΞΙΜΟ

```
U C P Y O R T F X E Π K X A E G J
Θ Η Λ Y K Ό K A V W O M I Ξ Ί A Π
L V Π M J P M R X X Λ Π I X V Q D
W O P A Δ I Ά Γ X Z Y P R U J H D
L V O M I T Ύ Λ O Π Θ Ό I M P V R
Ά A A G K X Π A X U P Σ Y Q F K I
K Ά Π O T E N Ά B A Ό Ω Σ V I A P
I G O Ύ G X I Ί Σ J N Π E A K Λ S
N F Έ M O P H K Δ X A O K Y Q Ύ B
Φ N T D W K V G Φ I O W Ί T B T N
A Ό H Γ Έ T H Σ Ύ V I Y T Ό T E I
Ξ T Π Y G T I S Λ I T M N M V P V
O I A T F S N H Λ Q Ό N A A E A O
I A Γ N O Z E F A E N F P T L N T
T Σ A Ί Σ A K I Δ A I Δ N H O J C
```

Puzzle 559

```
P G Y Π Π X M H W V Y I A X D L V
Z P X E G A O Y Y P N Ώ Γ Y A I N
Z Z K P W A P Ί F B Σ Ή Γ H Π A Z
T F K I Q J D A P C X K O Σ T X J
J V E E Q D H Ί T Ω W R Ύ L Q O V
B Λ B X H Y C N Ό H N K P M Π A P
V O Q O X H Y Ω I K P M I F L I G
Γ Y T M D A T Φ Γ Σ E Ή Έ R Y E D
I Λ U Έ Θ Ά P M O A U T Σ N S I K
A O P N Έ Γ Ί Y K P I F J T O I O
Γ Ύ B O A Γ M Σ E I A M Y H E Y M
I Δ B Y T E H Σ Y E Ί Σ O M H Δ N
Ά I X U P Λ N K S Γ Z Q X H Q J D
D X D E O O O Ω N Ά Π A P A Π H R
D H N Ά T Σ O P Π M S P F W C T E
```

ΚΟΓΙΌΤ
ΠΕΡΙΕΧΟΜΈΝΟΥ
ΛΟΥΛΟΎΔΙ
ΣΥΜΦΩΝΊΑ
ΔΗΜΟΣΊΕΥΣΗ
ΜΠΡΟΣΤΆ
ΧΟΊΡΩΝ
ΜΈΝΟΥΝ
ΘΈΑΤΡΟ
ΑΓΓΟΎΡΙ
ΜΆΓΕΙΡΑΣ
ΣΟΚ
ΓΙΑΓΙΆ
ΤΡΊΜΗΝΟ
ΆΓΓΕΛΟΣ
ΑΥΓΏΝ
ΠΗΓΗΣ
ΠΑΡΑΠΆΝΩ
ΠΑΡΑΤΗΡΉΣΤΕ
ΜΠΑΡ

Puzzle 560

ΦΩΛΙΆ
ΠΡΟΓΡΆΜΜΑΤΟΣ
ΓΝΩΣΤΉ
ΦΩΝΆΖΟΥΝ
ΚΈΛΥΦΟΣ
ΟΡΓΑΝΏΣΤΕ
ΑΝΕΞΆΡΤΗΤΟ
ΤΥΦΏΝΑ
ΟΛΟΚΛΗΡΏΣΕΙ
ΦΩΤΟΓΡΑΦΊΑ
ΠΕΡΙΈΧΕΙ
ΔΏΡΑ
ΠΆΡΕΙ
ΕΜΠΟΡΙΚΌ
ΠΛΆΝΟ
ΉΘΕΛΕ
ΚΥΝΉΓΙ
ΔΌΝΤΙΑ
ΠΛΟΎΣΙΟ
ΤΥΧΑΊΑ

```
Π Φ E T Σ Ώ N A Γ P O F Ό U B H S
I E Ω R N J Σ O Φ Y Λ Έ K Z N Q E
L L P Λ G S S Z Ω T O G I T I F J
J M R I I E Q V T Y K P P Δ M G E
Q V M G Έ Ά Y S O Φ Λ A O Ό T K I
V Ή O G P X P Q Γ Ώ H A Π N U Y M
V T Θ W O S E X P N P G M T R N X
N Σ Π E K A K I A A Ώ A E I V Q T
M Ω Λ T Λ H F A Φ X Σ A Ί A X Y T
X N Ά N V E G B Ί P E Z U U O T I
T Γ N Π Ά P E I A O I Σ Ύ O Λ Π G
T Σ O T A M M Ά P Γ O P Π I S B N
K Y N Ή Γ I V X Ώ Φ Ω N Ά Z O Y N
Y U D F U Y W O Δ A R H U Z Q E C
Z Q Y Y S A N E Ξ Ά P T H T O P M
```

Puzzle 561

```
V E Φ T K Ό P Ω M P R M I Z B H Δ
D T Ί P Έ X Ό Σ F Ό S Έ Θ N O Σ I
R E Λ W B Λ Ή R Π Ύ Ψ O S Φ E A
J Σ O I D K E Λ Z A S Z K W E P B
O Ώ B N U M P I P Λ N I Ί Q N Γ Ά
Z T C E Λ Y V M A O M Ή Λ O N O Σ
E Σ B A N Ώ Λ E X C K B H Q Ύ Σ T
C I G D N Z T J R J D R Π A Σ T E
X Π Σ W I S Ί S Q T M G U O B Ά O
P A T B X P L N C V H G S I J Σ P
T I S A Ά U L U H F J R P B G I S
G Δ F I M Λ Q D G Δ E M Έ N H O C
B R O U O E Ο Σ Y N O Δ E Ύ O Y N
Y P N W T K I Y P M Δ Y X T S V A
I S W Z Σ R J S N V Q Z Q O B G O
```

ΦΊΛΟ
ΧΕΛΏΝΑ
ΜΩΡΌ
ΕΙΣΒΆΛΟΥΝ
ΣΤΟΜΆΧΙ
ΜΉΛΟ
ΔΕΜΈΝΗ
ΣΎΝΝΕΦΟ
ΕΡΓΟΣΤΆΣΙΟ
ΎΨΟΣ
ΡΕΚΌΡ
ΈΘΝΟΣ
ΤΈΛΕΙΑ
ΡΌΠΑΛΟ
ΔΙΑΒΆΣΤΕ
ΒΕΝΖΊΝΗ
ΔΙΑΠΙΣΤΏΣΕΤΕ
ΠΗΛΊΚΟ
ΜΙΛΉΣΩ
ΣΥΝΟΔΕΎΟΥΝ

Puzzle 562

ΑΝΌΗΤΟΣ
ΑΥΤΊ
ΣΥΝΈΔΡΙΟ
ΕΠΊΣΗΜΟ
ΣΤΆΣΗ
ΕΠΙΚΊΝΔΥΝΩΝ
ΛΆΜΠΑ
ΔΡΟΣΕΡΌ
ΣΥΝΉΘΕΙΣ
ΚΑΡΦΊ
ΠΌΔΙΑ
ΕΠΙΤΥΧΗΜΈΝΗ
ΌΡΟΦΟ
ΑΓΡΌΤΗΣ
ΦΡΆΟΥΛΑ
ΒΕΛΤΊΩΣΗ
ΕΠΙΘΕΏΡΗΣΗ
ΣΤΉΡΙΞΗΣ
ΡΊΞΤΕ
ΝΕΡΌ

```
P C V V H E L Y R T U Z A E C Σ A
Ί O E F Σ H Ξ I P Ή T Σ Y Π F Y Γ
Ξ E K V Ά X M Z S I X F E I Φ N P
T P A Y T Ί Φ P A K E E V T P Έ Ό
E C J I Σ Y N Ή Θ E I S B Y Ά D T
N Ω N Y Δ N Ί K I Π E S E X O P H
N O Φ O P Ό A F K Q B C Λ H Y I Σ
J M W C V P Π V M S L R T M Λ O W
G H U L P E V C V N S M Ί Έ A E Q
V S F A F N M S X A T U Ω N Π T V
D Ί C Q N Δ P O Σ E P Ό Σ H M C S
L Π E M H O I X C R Y J H X Ά X P
X E A N Ό H T O Σ S B X V Q Λ A A
N Q D L A P E Π I Θ E Ώ P H Σ H M
S M I L Z A A D O Q R H J A Z R V
```

Puzzle 563

```
Z T G C H B Z J Y X I A E Γ K Δ T
G F V Y S H Ά B K H L O Σ Y Σ E O
E T Ί E T Σ A T N A Φ E C A A Y I
Q Y Z J T H N T P Ί X O M Λ B T X
V K F T N P Ώ N C A R F H I B E O
A O S P J T Γ G Z P X K N Σ A P Γ
K Y K N F Έ A N Y Ω F O Ύ T T E P
J L Y N O M H G W Σ U M Σ E O Ύ A
A Π O T Έ Λ E Σ M A K A A P K O Φ
L S Z N X Z E Ώ T I I Δ I Ή Y Y Ί
R P J A P T Ή Π K Σ I P B M P Σ A
Σ K A M N Ί I T Y Y D Ά Y I I A Q
A Φ I E P Ώ N Ω H O W K H T A O E
P Ω T Ή Σ Ω C E E M R T H W K V Z
U G L T P O X I Ά W A B F U O X V
```

ΑΓΏΝΑ
ΟΥΣΊΑΣ
ΣΚΑΜΝΊ
ΒΆΤΡΑΧΟΣ
ΖΉΤΗΜΑ
ΡΩΤΉΣΩ
ΤΟΙΧΟΓΡΑΦΊΑ
ΒΙΑΣΎΝΗ
ΑΦΙΕΡΏΝΩ
ΓΥΑΛΙΣΤΕΡΉ
ΚΆΡΔΑΜΟ
ΣΑΒΒΑΤΟΚΎΡΙΑΚΟ
ΜΈΤΡΗΣΗ
ΠΏΣ
ΦΑΝΤΑΣΤΕΊΤΕ
ΤΙΜΉ
ΩΡΑΊΑ
ΤΡΟΧΙΆ
ΑΠΟΤΈΛΕΣΜΑ
ΔΕΥΤΕΡΕΎΟΥΣΑ

Puzzle 564

ΤΡΙΆΝΤΑ
ΕΠΕΞΕΡΓΑΣΊΑΣ
ΖΩΓΡΑΦΙΚΉΣ
ΜΕΓΑΛΎΤΕΡΗ
ΧΑΡΑΚΤΉΡΑΣ
ΧΎΝΕΤΑΙ
ΠΛΉΡΩΣΗΣ
ΠΕΤΣΈΤΑ
ΣΥΜΜΕΤΈΧΩΝ
ΑΚΟΎΣΕΙ
ΔΕΎΤΕΡΟΣ
ΛΆΘΟΣ
ΔΎΟ
ΚΑΤΣΑΡΌΛΑ
ΧΟΙΡΙΝΟΎ
ΜΥΑΛΌ
ΔΕΛΦΊΝΙ
ΠΟΙΚΙΛΊΑ
ΟΠΟΊΩΝ
ΈΓΚΑΥΜΑ

```
X O I P I N O Ύ Y R E O B W M O G
Σ Y M M E T Έ X Ω N Π V Π C N T Z
Π Λ Ή P Ω Σ H Σ G Y E L D O A O M
E B S Σ O Θ Ά Λ X J Ξ B E S Ί X K
N Y T Ή I S N I A T E N Ύ X Λ O M
M I R K E T S C F K P A W Q I F N
Δ E B I N Ί Φ Λ E Δ Γ F C Z K O A
E Σ Γ Φ I Z Q A M Y A K Γ Έ I B I
Ύ Ύ A A Ό R T Q V H Σ T E U O L H
T O T P Λ U Z V T Ί B N V Π I W
E K M Γ A Ύ L Z R S A I O Ά J S Δ
P A A Ω Y S T W L J Σ D B Z I L Ύ
O J C Z M W B E Π E T Σ Έ T A P O
Σ F X I T I Σ A P Ή T K A P A X T
K A T Σ A P Ό Λ A H Z S G G E I E
```

Puzzle 565

```
R H R Θ E T I K Ό H T B B Z Π T H
Y U Q T R A N F Q U P C Y C P Ί M
V W Σ A K Ά A K I Q N Ά D M U Ό Γ Λ
J T F W G V L F N M Π P K Σ Σ P A
I I A M H T K Έ N O E Λ Π K K H O
U Q T N T G V I K R Z B G Λ Λ Σ Γ
H E M V Ή Q O Y M M A O B H H L P
X L E B Z M Π E P Ά Σ E I P Σ D A
K A Λ Ή Π E Δ I Ά Δ E Σ I Ή H M Φ
N U E A F W M T A Φ A Ί P E Σ H I
X R L Z C D Q Ά Z R Y J W Y R K K
X X V U T F W I Λ B T I H I O Ά Ό
S Ή K I T K A P Π I M A L P U Θ U
Σ O N Έ M Ω M Y Θ A M V A O Y E H
G L N A X Ύ O P Σ K O P Ά P E I C
```

ΜΉΝΑ
ΛΑΟΓΡΑΦΙΚΌ
ΤΊΓΡΗΣ
ΑΦΑΊΡΕΣΗ
ΠΡΌΣΚΛΗΣΗ
ΡΟΎΧΑ
ΘΕΤΙΚΌ
ΧΉΝΑ
ΣΚΟΡΆΡΕΙ
ΠΕΔΙΆΔΕΣ
ΣΑΚΆΚΙ
ΠΕΡΆΣΕΙ
ΣΚΛΗΡΉ
ΘΥΜΩΜΈΝΟΣ
ΚΆΘΕ
ΤΡΆΠΕΖΑ
ΠΡΑΚΤΙΚΉ
ΠΛΕΟΝΈΚΤΗΜΑ
ΚΑΛΉ
ΜΙΛΆΜΕ

Puzzle 566

ΣΎΓΧΡΟΝΗ
ΣΥΡΤΆΡΙ
ΠΑΝΤΟΎ
ΥΠΟΔΟΧΉΣ
ΕΚΧΩΡΉΣΕΙ
ΣΥΝΈΛΕΥΣΗ
ΠΟΣΌ
ΤΣΑΓΙΈΡΑ
ΜΟΡΦΉ
ΑΙΣΘΆΝΘΗΚΕ
ΜΠΙΖΈΛΙ
ΠΟΝΤΊΚΙ
ΓΡΉΓΟΡΑ
ΚΈΡΔΟΣ
ΚΟΥΝΆΩ
ΚΡΕΒΆΤΙ
ΠΩΛΗΤΉ
ΜΠΑΝΆΝΑ
ΛΕΜΟΝΆΔΑ
ΑΠΛΆ

```
X Y S R A T Σ A Γ I Έ P A Σ J R Σ
H I R K N N G E L F U I E Y Λ S Y
A I Σ Θ Ά N Θ H K E E R S N E H P
E H L D N Q S N Y T C X D Έ M V T
B K D W A X I J I F H A F Λ O F Ά
W W X H Π M Π I Z Έ L I L E N G P
Y S G Ω M O V F Q K F G A Y Ά P I
O U T Ά P H N O P X Γ Ύ Σ Σ Δ Ή T
R L J N B Ή P T D R M O Ή H A Γ Ά
Π G J Y U J S N Ί A H T X G Y O B
U Ω Ά O V G M E U K K N O Q H P E
P K Λ K S Q R I I U I A D N L A P
Q O Π H K Έ P Δ O Σ V Π O D H T K
P Z A R T I M M S Q C Y Π Π O Σ Ό
I G T N H Ή Φ P O M W B Y T U Z S
```

Puzzle 567

```
Γ W A N A Π N E Ύ Σ E I I H U Z A
A P F G B Λ M Ί E Λ A T Σ O Π A Ξ
T Σ A C I Έ H A Ξ Y Y D F W Σ E I
A N T B H Ξ Z B A M Γ A T Ά K Ύ Ό
B A I Έ Ά H C V I S G P B F T O Π
Ό E S Q P T C R P A N A A R U I I
P Z Ό M I Ω A Z E K Z Ξ B R X K Σ
Π L T T O I N G T T R Ί C K J O T
Σ A I E N Ά Φ O I Λ H A Ά P A Π H
Σ Y N Έ X E I A K F N Σ H B Λ M H
T F M C E S R N Ό Q F B O Z E A C
Π E P I Σ T A T I K Ό L S E Π Λ X
A N H Σ Y X O Ύ N D U Z P K O A K
A I M O P P A Γ Ί A J Z X C Ύ K R
O Δ O N T Ί A T P O L H R L B F F
```

ΚΑΛΑΜΠΟΚΙΟΎ
ΓΡΑΒΆΤΑ
ΑΣΤΈΡΩΝ
ΌΤΙ
ΑΞΙΌΠΙΣΤΗ
ΚΆΤΑΓΜΑ
ΣΥΝΈΧΕΙΑ
ΟΔΟΝΤΊΑΤΡΟ
ΑΞΊΑΣ
ΕΞΑΙΡΕΤΙΚΌ
ΑΠΟΣΤΑΛΕΊ
ΗΛΙΟΦΆΝΕΙΑΣ
ΑΝΑΠΝΕΎΣΕΙ
ΑΝΗΣΥΧΟΎΝ
ΛΈΞΗ
ΠΕΡΙΣΤΑΤΙΚΌ
ΑΙΜΟΡΡΑΓΊΑ
ΠΡΌΒΑΤΑ
ΑΛΕΠΟΎ
ΠΑΡΆ

Puzzle 568

ΣΗΜΕΊΩΣΗ
ΦΙΛΟΔΟΞΊΑ
ΛΑΪΚΆ
ΟΙΚΟΓΕΝΕΙΑΚΌ
ΕΥΧΑΡΙΣΤΏ
ΚΊΤΡΙΝΟ
ΣΥΝΌΛΟΥ
ΛΑΣΠΩΜΈΝΟ
ΥΠΟΨΉΦΙΟΣ
ΜΠΟΡΕΊ
ΒΡΕΘΕΊ
ΤΡΊΑ
ΟΚΤΏ
ΚΑΤΟΙΚΊΑ
ΔΌΝΤΙ
ΡΆΦΙ
ΚΟΛΈΓΙΟ
ΝΤΟΥΛΆΠΑ
ΆΛΟΓΟ
ΧΡΟΝΟΔΙΆΓΡΑΜΜΑ

```
I Σ Ί E P O Π M C Y S J H N O P Λ
Σ H B Y Ά Z O S T Π S J R T I D A
Y M P X Φ A Ί K I O T A K O K W Σ
N E E A I T N Ό Δ Ψ O Ί J Y O B Π
Ό Ί Θ P Λ F W S D Ή K P X Λ Γ M Ω
Λ Ω E I T A X P G Φ T T Y Ά E K M
O Σ Ί Σ G Ί Ϊ Z K I Ώ S D Π N Ί Έ
Y H L T R Ξ R K E O Y M E A E T N
U T R Ώ H O J L Ά Σ G N I G I P O
X P O N O Δ I Ά G P A M M A A I I
E N Γ L O O B K P Z M S J S B K N Γ
H S O J Z Λ F G L F F D T S Ό O Έ
X J Λ G F I J L J T P A V W H P Λ
J G Ά B F Φ M T V T M Y X K F Z O
C D A B T T Q R E J Q A I P L G K
```

Puzzle 569

```
Θ Ε Ρ Μ Ό Τ Η Τ Α Σ V K J U J A Π
K G A E T I Y I E V A O Π L R S Y
H G T C L O J U G W O K E J Φ Π P
B I B Λ I O Θ Ή K H G K P A Θ A O
O E Λ E Y Θ E P Ί A Σ I Ί Ί H Ί Σ
M N F M E T A Φ O P Ά N E P N Z B
E E Έ F G I N Q I Λ Ά O P I Ή O Έ
Λ M R M B S H F W I Θ Λ Γ A E Y Σ
Ό P N Σ H T X M C Λ A O K G N T
Π I U Q P I P Ά Ψ A I Ί Λ Y K Σ H
Σ Y Γ K P Ί N E T E A M E E P K Σ
C T E Z O Σ X O A K V H Λ Ή T Σ T
E M Π E I P Ί A K B B Δ T G E Y X
S Z V A H R C A Z Σ T E A T K I B
Π E T P E Λ A Ί O Y R Σ Q O B X U
```

ΠΕΡΊΕΡΓΟ
ΠΕΤΡΕΛΑΊΟΥ
ΦΘΗΝΉ
ΠΌΛΕΜΟ
ΒΙΒΛΙΟΘΉΚΗ
ΕΥΚΑΙΡΊΑ
ΠΑΊΖΟΥΝ
ΤΗΣ
ΕΜΠΕΙΡΊΑ
ΆΘΛΙΑ
ΠΥΡΟΣΒΈΣΤΗΣ
ΨΆΡΙ
ΣΚΥΛΊ
ΚΟΚΚΙΝΟΛΑΊΜΗΔΕΣ
ΣΤΉΛΗ
ΘΕΡΜΌΤΗΤΑΣ
ΕΛΕΥΘΕΡΊΑΣ
ΣΚΟΝΙΣΜΈΝΟ
ΣΥΓΚΡΊΝΕΤΕ
ΜΕΤΑΦΟΡΆ

Puzzle 570

ΊΔΙΑ
ΣΠΆΝΙΟ
ΛΕΞΙΛΌΓΙΟ
ΠΟΥΛΙΆ
ΆΓΡΙΑ
ΕΡΓΑΖΌΜΕΝΟΣ
ΠΑΡΈΧΕΙ
ΚΥΒΕΡΝΉΤΗΣ
ΤΗΛΕΌΡΑΣΗ
ΆΓΧΟΣ
ΆΡΘΡΟ
ΚΑΤΆΠΑΥΣΗ
ΠΡΟΣΕΚΤΙΚΆ
ΔΥΣΤΥΧΊΑ
ΣΕΙΡΆ
ΚΑΡΑΜΈΛΑ
ΜΆΛΛΟΝ
ΤΕΡΆΣΤΙΑ
ΣΌΔΑ
ΎΦΟΣ

```
T I Q G S B B P E O Ά E Y P L T Δ
J H Π O J C Y X S X Γ D R C Y E Y
W P Λ O D R X H I E X Έ P A Π P Σ
N L M E Y V J Y Q N O Λ Λ Ά M Ά T
Q O I Γ Ό Λ I Ξ E Λ Σ A U T V Σ Y
I Z U A Ά P I E Σ B R P Y Y O T X
Ά P Θ P O Ά A Ά V H E Y D T E I Ί
Σ M M N Q Γ I Σ W Σ Π Ά N I O A A
Ό L D Z N P Δ O H K A P A M Έ Λ A
Δ E K M H I Ί Φ K A T Ά Π A Y Σ H
A W X E H A J Ύ D E W N L B Z J Y
Q E Q K Y B E P N Ή T H Σ L U W M
E P Γ A Z Ό M E N O Σ O I G F L O
Π P O Σ E K T I K Ά R B N N E L Q
S X D W O A P I Y A L R N M M U W
```

Puzzle 571

S	H	X	A	S	K	E	S	D	E	N	U	Σ	F	H	C	Ή
Γ	Λ	Ώ	Σ	Σ	A	W	F	J	P	P	N	B	A	P	P	P
E	Π	I	Σ	T	Ή	M	H	J	Γ	Y	H	K	N	Φ	X	Θ
K	Ύ	O	M	Σ	I	N	O	N	A	K	B	A	D	V	Ώ	E
O	Ό	H	Ό	K	A	I	N	H	Λ	E	Σ	C	T	O	A	Σ
P	F	K	O	G	U	U	R	C	E	P	X	F	J	M	Z	M
I	V	P	O	A	D	D	N	Ω	Ί	E	P	O	Φ	Ω	E	Λ
Σ	Y	Z	T	P	I	W	G	Σ	O	P	Έ	M	R	T	C	T
M	J	Y	X	E	A	I	I	O	I	Δ	Ά	T	Σ	Έ	F	O
Έ	Π	O	Δ	Ή	Λ	A	T	O	D	A	E	H	H	P	U	Y
N	X	A	M	Ό	Γ	E	Λ	O	X	G	J	Ί	J	A	E	Λ
A	I	E	Θ	Ή	O	B	E	L	C	N	H	F	K	Σ	H	Ί
H	Λ	I	Ό	Λ	O	Y	Σ	T	H	Z	Q	Q	B	T	M	Π
G	J	Π	O	Λ	I	T	I	K	Ή	N	D	P	T	Q	H	A
A	B	B	E	T	J	V	I	S	I	F	R	P	J	E	S	Σ

ΒΟΉΘΕΙΑ
ΣΑΦΏΣ
ΉΡΘΕ
ΤΈΡΑΣ
ΛΕΩΦΟΡΕΊΩΝ
ΕΡΓΑΛΕΊΟ
ΠΟΛΙΤΙΚΉ
ΣΤΆΔΙΟ
ΧΑΜΌΓΕΛΟ
ΚΌΚΟΡΑ
ΓΛΏΣΣΑ
ΠΟΔΉΛΑΤΟ
ΚΑΝΟΝΙΣΜΟΎ
ΕΠΙΣΤΉΜΗ
ΗΛΙΌΛΟΥΣΤΗ
ΟΡΙΣΜΈΝΑ
ΔΕΊΚΤΗΣ
ΤΟΥΛΊΠΑ
ΣΕΛΗΝΙΑΚΌ
ΜΈΡΟΣ

Puzzle 572

ΑΝΤΑΠΟΚΡΊΝΟΝΤΑΙ
ΑΝΤΊΘΕΣΗ
ΕΣΩΤΕΡΙΚΉ
ΣΥΝΕΙΔΗΤΟΠΟΙΟΎΝ
ΤΡΕΛΌ
ΜΟΛΎΒΙ
ΣΚΟΤΆΔΙ
ΚΟΡΏΝΑ
ΠΡΟΣΠΑΘΕΊ
ΑΝΑΝΆ
ΕΠΕΝΔΎΣΕΩΝ
ΧΡΉΣΙΜΕΣ
ΠΟΛΙΤΙΣΜΌ
ΤΡΟΜΕΡΉ
ΚΥΚΛΙΚΉ
ΑΔΕΙΆΖΕΙ
ΕΝΤΟΠΊΣΕΙ
ΠΕΡΙΠΕΤΕΙΏΔΗ
ΠΡΟΣΦΟΡΆ
ΓΑΛΟΠΟΎΛΑΣ

W	S	Π	O	H	U	S	U	E	Z	A	A	T	Σ	G	Σ	D
O	Ά	P	O	Φ	Σ	O	P	Π	F	Δ	N	P	Y	Π	K	C
K	I	B	Ύ	Λ	O	M	G	H	X	E	T	O	N	E	O	O
A	Y	Σ	E	M	I	Σ	Ή	P	X	I	A	M	E	P	T	O
A	Ή	K	I	P	E	T	Ω	Σ	E	Ά	Π	E	I	I	Ά	E
I	N	C	Λ	Q	V	D	I	H	H	Z	O	P	Δ	Π	Δ	A
K	B	T	Y	I	P	B	N	Σ	U	E	K	Ή	H	E	I	A
N	Z	H	Ί	J	K	M	F	G	M	I	P	N	T	T	X	X
P	Q	P	R	Θ	U	Ή	K	O	Y	Ό	Ί	N	O	E	K	Q
X	M	R	K	I	E	Σ	Ί	Π	O	T	N	E	Π	I	O	M
D	Ί	E	Θ	A	Π	Σ	O	P	Π	O	O	F	O	Ώ	P	E
Y	E	P	M	H	K	P	H	S	E	S	N	C	I	Δ	Ώ	V
Γ	A	Λ	O	Π	O	Ύ	Λ	A	Σ	D	T	X	O	H	N	F
E	Π	E	N	Δ	Ύ	Σ	E	Ω	N	S	A	R	Ύ	L	A	T
G	N	B	T	P	E	Λ	Ό	C	Z	D	I	Ά	N	A	N	A

Puzzle 573

```
Q A R L N U Y H S R O E T G O Γ U
N C J O T Y N T S O I X H W Σ E S
P O O E T M X P A L I P P I Y N O
U Σ É K I T K P A Φ J Ώ I T N N H
Φ S I Ή G D P J Q Y N M R M A A X
T Ά K K Z M R Ί L T A A B Z Ί I Q
O K Σ I M C W Y T Ά B T Y H Σ O F
D I Ώ M P Z Y J G O P A A N Θ Δ E
L Δ B O A M F X R B Z Z V Ώ H Ω X
A A I N K A A T O M I K Ή M M P Θ
Y K P R A Σ Ή Γ Ω Γ A Σ I E A Ί E
E E K I P Ά Γ Γ E Φ H M V N S A Σ
T Δ A G Θ F V I B K K J B A N Z K
T W Q Ό N I P I A K O Λ A K G P O
I E K Σ Ά Δ I D T T X K D W C A Z
```

ΧΡΏΜΑΤΑ
ΚΑΛΟΚΑΙΡΙΝΌ
ΦΥΤΆ
ΦΆΣΜΑ
ΑΤΟΜΙΚΉ
ΤΡΊΤΟ
ΣΚΙ
ΆΝΘΡΑΚΑ
ΑΡΚΤΙΚΈΣ
ΣΥΝΑΊΣΘΗΜΑ
ΝΟΜΙΚΉ
ΑΝΕΜΏΝΗ
ΔΕΚΑΔΙΚΆ
ΧΘΕΣ
ΓΕΝΝΑΙΟΔΩΡΊΑ
ΔΙΔΆΣΚΕΙ
ΕΙΣΑΓΩΓΉΣ
ΦΕΓΓΆΡΙ
ΑΣ
ΑΚΡΙΒΏΣ

Puzzle 574

ΠΡΆΣΙΝΟ
ΉΣΥΧΟ
ΕΚΝΕΥΡΙΣΜΈΝΟΣ
ΔΗΛΗΤΉΡΙΟ
ΤΕΧΝΟΛΟΓΙΑ
ΚΟΛΎΜΒΗΣΗΣ
ΚΑΜΠΆΝΑ
ΗΘΙΚΌ
ΣΥΓΚΡΌΤΗΜΑ
ΒΟΥΒΆΛΙΑ
ΟΧΗΜΆΤΩΝ
ΧΆΡΗ
ΜΈΤΡΟΥ
ΕΊΔΗ
ΑΝΤΊΟ
ΣΚΑΝΤΖΌΧΟΙΡΟΣ
ΠΕΡΊΠΛΟΚΗ
ΑΦΉΓΗΤΉ
ΦΏΝΑΞΕ
ΞΩΤΙΚΌ

```
E Ξ A N Ώ Φ V T J Q Σ Ξ E Π K X Σ
F Ί I R I A N T Ί O K Ω K E O D Y
P E Δ X K J Q K I X A T N P Λ D Γ
Q D U H O C I T F Y N I E Ί Ύ R K
O X H M Ά T Ω N L Σ T K Y Π M M P
X P C G T Y T I S Ή Z Ό P Λ B V Ό
S J O U N I T B P R Ό B I O H Q T
T E X N O Λ O Γ Ί A X O Σ K Σ X H
X A Q G X Ό A E G N O Y M H H M M
I Ά Φ Θ Z K Q F V Ά I B É F Σ É A
A C P H R I R L X Π P Ά N C P T H
Y T G H Γ Θ U P Z M O Λ O Z E P C
O I P Ή T H Λ Η Δ A Σ I Σ T W O Z
Z V J S T M T Z N K W A B D T Y P
M G C K E U O Ή Π P Ά Σ I N O I I
```

Puzzle 575

```
Z  L  M  H  H  H  A  Ί  Σ  A  M  I  K  O  Δ  N  Δ
W  A  Z  P  A  D  G  R  Π  Φ  L  Y  P  V  A  I  Έ
T  C  H  K  A  S  K  L  O  Ό  C  J  M  R  J  K  N
K  B  B  C  D  N  K  A  P  B  A  H  Z  T  T  Ή  T
N  S  E  U  Γ  Z  R  Θ  M  O  P  T  N  Έ  K  Σ  P
Ύ  C  W  R  M  O  C  D  M  Ή  S  B  M  O  W  E  A
O  T  H  Ό  N  A  N  E  Ν  Σ  Λ  N  H  F  P  I  C
K  E  O  I  L  E  U  E  S  I  T  A  T  Z  Ά  K  I
O  I  N  S  V  Y  L  L  Ί  M  H  Q  Z  X  I  X  P
Δ  I  Π  Λ  O  Ύ  N  K  H  Σ  Ω  Λ  Π  Ά  Ξ  E  C
Σ  A  V  D  C  M  F  A  P  Έ  T  Y  E  Δ  M  M  O
O  Έ  Γ  O  Γ  Γ  Ύ  Λ  I  A  K  B  A  Σ  I  K  Ό
P  Ξ  R  V  C  T  L  N  R  K  K  A  D  E  J  R  Q
Π  Ω  L  T  F  X  H  I  H  E  P  E  N  F  K  I  R
P  G  D  B  F  G  G  P  J  N  E  M  F  E  Y  N  L
```

ΚΈΝΤΡΟ
ΓΟΝΕΊΣ
ΒΑΣΙΚΌ
ΈΞΩ
ΈΚΑΝΕ
ΔΟΚΙΜΑΣΊΑ
ΤΖΆΚΙ
ΕΞΆΠΛΩΣΗ
ΓΟΓΓΎΛΙΑ
ΔΙΠΛΟΎΝ
ΜΙΣΉ
ΘΑ
ΔΈΝΤΡΑ
ΣΠΟΡ
ΚΑΜΉΛΑ
ΠΡΟΣΔΟΚΟΎΝ
ΦΌΒΟ
ΝΙΚΉΣΕΙ
ΑΝΌΗΤΟ
ΔΕΥΤΈΡΑ

Puzzle 576

ΠΑΡΑΛΊΑ
ΑΣΦΑΛΈΣ
ΣΕΝΆΡΙΟ
ΡΊΞΕΙ
ΑΝΑΚΑΤΕΎΟΥΜΕ
ΞΕΧΩΡΙΣΤΉ
ΛΆΧΑΝΟ
ΨΥΧΡΌΣ
ΠΙΝΈΛΟ
ΑΠΟΔΕΊΞΕΙ
ΚΡΙΤΙΚΉ
ΚΡΊΣΙΜΗ
ΠΡΆΣΟ
ΦΡΑΓΚΟΣΤΆΦΥΛΟ
ΤΡΊΓΩΝΟ
ΑΠΑΡΑΊΤΗΤΗ
ΑΓΡΙΌΓΑΤΑ
ΑΠΌΨΕ
ΕΥΘΎΝΗ
ΕΣΤΊΑΣΗ

```
A  Ξ  E  X  Ω  P  I  Σ  T  Ή  H  O  B  A  Φ  P  Σ
Γ  M  S  I  M  U  Z  X  K  R  O  P  F  Π  P  C  E
P  H  X  I  E  Ξ  Ί  E  Δ  O  Π  A  L  A  A  Q  N
I  H  Y  F  M  I  E  Ξ  Ί  P  Y  L  P  P  Γ  M  Ά
Ό  V  H  Z  Y  Z  Y  Ψ  Y  X  P  Ό  Σ  A  K  O  P
Γ  I  J  J  O  J  Θ  T  Q  X  O  W  K  Ί  O  C  I
A  Σ  X  K  Ύ  V  Ύ  O  N  Ω  Γ  Ί  P  T  Σ  W  O
T  O  Έ  S  E  O  N  A  X  Ά  Λ  H  Ί  H  T  M  Λ
A  V  Y  Λ  T  P  H  Ί  Π  U  Z  Q  S  T  Ά  K  Έ
E  Σ  T  Ί  A  Σ  H  Λ  V  P  R  A  I  H  Φ  P  N
Ψ  D  W  Q  K  Φ  M  A  A  Y  Ά  W  M  J  Y  I  I
Ό  F  G  V  A  I  Σ  P  R  A  W  Σ  H  T  Λ  T  Π
Π  F  B  U  N  C  O  A  A  U  O  U  O  D  O  I  A
A  Y  N  J  A  S  O  Π  C  P  U  S  F  P  W  K  M
Z  N  J  M  L  D  E  Y  S  A  U  P  B  P  L  Ή  C
```

Puzzle 577

```
Α  Α  Δ  Υ  Τ  Ι  Κ  Έ  Σ  R  M  A  Ί  A  K  Q  A
Σ  Π  Σ  Α  Λ  Ι  Ε  Υ  Μ  Ά  Τ  Ω  Ν  Σ  Z  G  H
Ύ  D  O  Φ  C  Z  K  T  W  O  Ι  J  P  T  P  C  S
O  V  Π  Β  Α  Δ  Ί  Λ  Ε  Σ  K  J  A  Έ  T  G  T
P  G  Υ  D  Λ  Ν  Μ  P  K  Α  Z  K  P  E  I  P
A  F  T  J  S  Ή  E  J  G  G  N  K  A  I  R  R  O
Π  Η  Ό  E  U  Z  T  Ί  E  I  Έ  A  N  B  V  R  Π
Φ  T  P  K  M  V  V  Ω  A  E  N  T  Ά  Ά  W  C  O
Η  I  Π  E  J  X  L  U  N  Σ  A  Ά  K  T  R  S  Π
C  P  Λ  F  K  R  E  P  A  Ώ  J  Λ  A  Y  W  B  O
D  B  O  I  L  H  Z  S  U  Δ  W  Λ  M  O  A  M  Ί
O  J  M  C  K  C  O  Z  J  O  U  H  Ψ  K  W  A  H
P  C  F  T  T  Ό  D  N  D  Π  K  Λ  H  D  Y  U  Σ
Σ  Ύ  Ν  T  P  O  Φ  O  S  A  P  O  Φ  Ά  I  Δ  H
E  Ν  Η  Λ  Ί  Κ  Ω  Ν  K  P  E  M  M  Ύ  Δ  I  B
```

ΣΕΛΊΔΑ
ΦΙΛΙΚΌ
ΑΣΦΑΛΕΊΑΣ
ΚΑΤΆΛΛΗΛΟ
ΔΥΤΙΚΈΣ
ΠΡΌΤΥΠΟ
ΑΣΤΈΡΙ
ΑΠΟΔΏΣΕΙ
ΔΙΆΦΟΡΑ
ΕΝΗΛΊΚΩΝ
ΚΟΥΤΆΒΙ
ΣΎΝΤΡΟΦΟ
ΑΝΆΚΑΜΨΗ
ΚΑΝΈΝΑ
ΤΡΟΠΟΠΟΊΗΣΗ
ΚΡΕΜΜΎΔΙ
ΠΑΡΟΎΣΑ
ΑΠΟΒΛΉΤΩΝ
ΑΡΝΊ
ΑΛΙΕΥΜΆΤΩΝ

Puzzle 578

ΠΟΥΛΌΒΕΡ
ΛΆΜΨΗ
ΘΑΝΑΤΗΦΌΡΑ
ΑΡΧΉ
ΛΑΒΉ
ΠΑΡΆΞΕΝΑ
ΚΑΝΑΡΊΝΙ
ΕΣΤΙΑΤΌΡΙΟ
ΣΎΜΦΩΝΑ
ΣΦΟΥΓΓΆΡΙ
ΒΡΆΣΗ
ΑΝΤΊΔΡΑΣΗ
ΔΙΑΦΑΝΉ
ΕΝΗΜΈΡΩΣΗ
ΨΗΛΌΤΕΡΟ
ΕΛΈΓΧΕΤΑΙ
ΔΙΆΔΡΟΜΟ
ΒΑΣΊΛΙΣΣΑ
ΚΌΚΚΙΝΟ
ΜΙΚΡΌ

```
Ψ  C  K  W  L  O  X  Q  U  Θ  M  E  A  Q  I  K  C
E  Η  Σ  Ά  P  B  G  L  G  A  I  N  N  I  O  A  Π
B  Λ  Λ  M  M  C  Z  N  Q  N  K  H  T  F  I  N  O
E  B  Έ  Ό  I  B  H  W  O  A  P  M  Ί  U  A  A  Y
S  Σ  K  Γ  T  E  I  K  M  T  Ό  Έ  Δ  C  N  P  Λ
L  S  T  J  X  E  Z  O  O  H  W  P  P  X  E  Ί  Ό
C  V  D  I  L  E  P  W  P  Φ  H  Ω  A  A  Ξ  N  B
U  Y  H  Z  A  E  T  O  Δ  Ό  O  S  Σ  N  Ά  I  E
A  P  X  Ή  U  T  Q  A  Ά  P  D  H  H  Ω  P  O  P
N  O  P  B  N  T  Ό  O  I  A  Δ  I  A  Φ  A  N  Ή
J  V  H  A  Y  Y  M  P  Δ  Q  Λ  U  C  M  Π  I  D
K  R  T  Λ  C  M  X  W  I  F  Ά  Z  C  Ύ  V  K  L
Σ  Φ  O  Υ  Γ  Γ  Ά  P  I  O  M  L  A  Σ  T  K  Q
B  A  Σ  Ί  Λ  I  Σ  Σ  A  M  Ψ  I  F  V  J  Ό  A
C  I  S  A  W  N  Y  V  D  E  H  E  V  T  X  K  A
```

Puzzle 579

```
K  O  Y  N  É  Λ  I  S  Z  A  A  I  O  M  Ó  N  A
Y  M  H  E  P  P  B  P  Y  Δ  G  W  R  O  E  X  K
V  N  U  Q  G  Y  C  Q  M  Ý  S  H  P  Ý  Ξ  A  I
Y  A  Y  M  Q  U  X  I  Λ  N  I  Σ  Y  M  A  Λ  N
I  J  H  M  F  G  T  O  N  A  B  N  K  I  Π  K  Ά
O  M  I  Λ  Í  A  Σ  P  U  M  H  Y  E  A  A  O  K
M  S  B  A  E  C  V  J  W  O  C  Θ  P  N  T  Ý  Y
G  W  J  E  R  D  K  V  A  Y  K  Ý  Ά  J  Ή  W  O
Π  F  K  J  U  A  Λ  Ý  Γ  K  A  E  Σ  Σ  Σ  W  Λ
É  O  W  X  Ά  K  I  Δ  I  E  I  T  I  L  E  I  W
P  L  M  R  C  P  Y  O  F  M  L  A  Σ  C  I  M  Y
A  H  N  D  Q  I  U  U  I  B  Ó  K  I  É  F  V  T
Σ  T  B  Q  A  B  O  Q  I  O  X  N  W  U  Π  R  Y
E  D  X  A  W  Ή  E  K  Í  E  Λ  X  O  N  E  H  D
K  Y  P  I  A  K  Ή  Δ  I  A  Θ  É  T  O  Y  N  X
```

ΕΞΑΠΑΤΉΣΕΙ
ΑΚΡΙΒΉ
ΛΟΥΚΆΝΙΚΑ
ΤΟΝ
ΑΔΎΝΑΜΟ
ΛΎΓΚΑ
ΚΟΥΝΈΛΙ
ΜΌΝΟ
ΠΈΡΑΣΕ
ΤΣΈΠΗ
ΕΙΔΙΚΆ
ΜΟΎΜΙΑ
ΧΑΛΚΟΎ
ΑΝΌΜΟΙΑ
ΚΕΡΆΣΙ
ΚΑΤΕΎΘΥΝΣΗ
ΟΜΙΛΊΑΣ
ΚΥΡΙΑΚΉ
ΕΝΟΧΛΕΊ
ΔΙΑΘΈΤΟΥΝ

Puzzle 580

ΚΌΜΜΑΤΑ
ΠΌΔΙ
ΑΠΕΛΠΙΣΜΈΝΟΙ
ΒΑΜΒΑΚΙΟΎ
ΧΆΣΟΥΝ
ΑΝΑΚΑΛΎΨΕΤΕ
ΣΟΎΠΑ
ΣΥΧΝΉ
ΜΆΣΚΑ
ΓΈΝΝΗΣΗ
ΥΠΗΡΕΣΙΏΝ
ΚΑΡΈΚΛΑ
ΕΞΑΡΤΆΤΑΙ
ΣΤΡΑΤΙΏΤΗΣ
ΦΈΡΕΙ
ΚΡΊΣΗ
ΦΊΔΙ
ΗΛΊΘΙΟ
ΠΟΤΈ
ΓΎΡΟ

```
G  K  U  W  D  C  E  H  Σ  Ί  P  K  W  E  M  N  R
C  Π  A  R  O  C  T  Λ  J  Q  I  T  F  H  S  F  S
R  S  O  P  Ύ  Γ  E  Ί  Y  M  H  R  H  F  P  A  J
P  M  S  T  É  A  Ψ  Θ  A  Π  Σ  Q  N  Ή  I  R  A
Φ  Ί  D  I  É  K  Ύ  I  Π  X  H  Σ  H  N  N  É  Γ
P  V  H  P  A  G  Λ  O  E  Ά  T  P  T  X  I  S  J
X  W  L  A  C  F  A  A  Λ  Σ  Ώ  L  E  Y  Q  P  N
Π  Ό  Δ  I  F  I  K  T  Π  O  I  B  B  Σ  H  Z  Q
Q  P  R  G  W  P  A  A  I  Y  T  R  Q  W  I  K  C
M  Ά  Σ  K  A  M  N  M  Σ  N  A  A  A  Y  E  Ώ  M
F  D  M  D  Π  L  A  M  M  Q  P  V  F  X  P  T  N
E  V  H  T  Ύ  G  H  Ό  É  B  T  P  D  S  É  A  D
A  G  U  K  O  F  V  K  N  I  Σ  D  O  O  Φ  H  V
W  X  U  V  Σ  F  Z  Ύ  O  I  K  A  B  M  A  B  U
M  J  D  L  W  I  D  D  I  A  T  Ά  T  P  A  Ξ  E
```

Puzzle 581

```
Σ Ε J Β G Ε Ι Κ Ό Ν Α Β Α Ο Ζ Π Α
Τ Η Ι Μ J Η Ψ Ι Ε Λ Λ Έ W Π Ε Α Ε
Α U Ο Ν G Χ L Χ Ύ U Z Ο R Ο Υ Π V
Μ Η S Χ S Α Η Κ Ρ Β J Κ R Τ Γ Ά Ι
Ά G R U Κ Κ W Ι Η C Ο F Κ Ε Ά Λ S
Τ L Ι Ο Σ Ο Τ Α Μ Λ Ά Φ Σ Δ Ρ Ο Β
Η Φ Τ Ά Σ Ε Ι Η Α G C Ε U Ή Ι Γ J
Σ L Τ Ν Υ Ο Ν Ώ Λ Α Γ Ε Μ Π Ι Η Γ
Ε C Ο Η F Υ Α Σ Σ Ι Γ Ά Μ Ο V V Ε
Ε Κ Φ Ρ Ά Ζ Ο Υ Ν J Κ W Ε Τ Δ Ζ Ρ
F Τ Ο Υ Σ R Ν Κ D G Ρ Ί Η Ε Ί C Ά
Η Ε G Ε Υ Χ Ά Ρ Ι Σ Τ Η Α R Δ Τ Κ
Δ Ι Α Τ Η Ρ Ο Ύ Ν Τ Α Ι J U Α G Ι
Α Ν Ά Π Τ Υ Ξ Η Σ G Χ Ζ V Χ Ξ Μ Η
V Ρ C D Δ Ί Κ Η S Κ Β W Η J Ε Ι Κ
```

ΜΕΓΑΛΏΝΟΥΝ
ΓΕΡΆΚΙ
ΤΟΥΣ
ΖΕΥΓΆΡΙ
ΔΊΚΗ
ΠΑΡΆΛΟΓΗ
ΕΎΡΗΜΑ
ΕΙΚΌΝΑ
ΕΚΦΡΆΖΟΥΝ
ΔΙΑΤΗΡΟΎΝΤΑΙ
ΑΝΆΠΤΥΞΗΣ
ΜΆΓΙΣΣΑ
ΣΦΆΛΜΑΤΟΣ
ΟΠΟΤΕΔΉΠΟΤΕ
ΗΛΙΚΊΑ
ΦΤΆΣΕΙ
ΣΤΑΜΆΤΗΣΕ
ΈΛΛΕΙΨΗ
ΕΥΧΆΡΙΣΤΗ
ΔΊΔΑΞΕ

Puzzle 582

ΆΜΜΟ
ΠΑΊΧΤΗΣ
ΑΠΟΣΤΟΛΉΣ
ΜΠΆΛΑ
ΒΑΓΌΝΙ
ΗΜΈΡΑΣ
ΕΙΡΗΝΙΚΉ
ΝΈΩΝ
ΙΣΧΎΟΥΝ
ΠΡΟΝΌΜΙΟ
ΕΚΘΕΣΙΑΚΌ
ΜΕΊΩΣΗ
ΚΊΝΗΤΡΟ
ΟΙΚΟΓΈΝΕΙΑ
ΓΕΝΙΚΉ
ΔΗΜΙΟΥΡΓΉΣΕΙ
ΣΤΑΘΕΡΉ
ΛΊΓΟ
ΜΕΡΙΚΆ
ΚΌΛΠΟ

```
Γ Ε Ν Ι Κ Ή Λ R S Β Η G Ρ Κ Q Δ G
C C Q Η Σ Ω Ί Ε Μ U R Χ D Ν Κ Η U
Β Α Γ Ό Ν Ι Γ R G Ο Σ S Μ Ό Σ Μ U
Κ Ά R Ε Κ S Ο Ε Ι Ρ Η Ν Ι Κ Ή Ι Μ
Ό Ρ Μ Ε F Σ Υ Ρ Α Τ Τ Μ Ο Α Λ Ο Π
Λ Τ Q Μ Π Α Q Β R Η Χ Ρ Ε Ι Ο Υ Ά
Π U Μ Η Ο Ρ Q C Χ Ν Ί D Υ Σ Τ Ρ Λ
Ο Β J Ν Ε Έ Ο Ζ F Ί Α G Q Ε Σ Γ Α
Β F R Α Β Μ W Ν D Κ Π Β Τ Θ Ο Ή Ε
Ι J Χ U S Η Ν Ζ Ό Ν Q Ν Q Η Κ Π Σ J
Σ Τ Α Θ Ε Ρ Ή Έ Ο Μ Η U Μ Ε Α Ε
Ι Σ Χ Ύ Ο Υ Ν D Ω Ρ Ι Β V Ν Ι Ι Μ
Α Ο W Α Ο C Υ J F Ν Χ Ο Χ Ο Τ Β Η
Q Ο Ι Κ Ο Γ Έ Ν Ε Ι Α Ν Ν Μ Ρ Υ G
Ν Χ Χ Ο V Τ Ν Α Χ Μ Ε Ρ Ι Κ Ά R Α
```

Puzzle 583

```
G B E P B G A J P F S A X Σ A D E
Q Z C Σ A Λ Έ P Π M O Γ Y Y N F Π
G I W O P J G E N F A Γ B N Ά M I
B Q U Λ E R Λ K F H Λ E Ή Γ I Π
A Ί S Λ Θ G O A P D R I Z Θ N H T
I N A Ά E S G Y M B J K I E Ω Y Ώ
S C T Σ Ί Z W Q K B G Ά Z I Σ W Σ
Y K B Ί M Y I N X Λ Ά Ή Σ A H M E
Z T Σ H Σ A Ί T Σ E G N Y G Σ P I
E G W I U T N P L J M H O M E L Σ
H R I A P S P F G Y U K Θ Y K J S
N Y Φ Ί T Σ A O A Q W Σ Έ J N F M
X Ό K E Ï W J R Φ K N Y Γ P Ά B Ω
K Y N H Γ Ή Σ E I H E I E Φ O P Ά
Ό Γ K O Σ Ω Σ T Ό J Z S M A L E C
```

ΌΓΚΟ
ΕΣΤΙΑΣΗΣ
ΣΩΣΤΌ
ΆΛΛΟΣ
ΝΥΦΊΤΣΑ
ΕΠΙΠΤΏΣΕΙΣ
ΣΥΝΉΘΕΙΑ
ΧΌΚΕΪ
ΟΜΠΡΈΛΑΣ
ΑΝΆΓΝΩΣΗΣ
ΜΕΓΈΘΟΥΣ
ΛΑΜΒΆΝΟΥΝ
ΦΟΡΆ
ΡΆΒΩ
ΒΑΡΕΘΕΊ
ΚΥΝΗΓΉΣΕΙ
ΑΝΤΙΣΤΡΟΦΗ
ΒΊΑΣ
ΣΚΗΝΉ
ΑΓΓΛΙΚΆ

Puzzle 584

ΜΥΤΕΡΆ
ΒΑΘΜΟΎ
ΦΑΣΌΛΙΑ
ΘΕΡΜΟΚΡΑΣΊΑ
ΚΆΛΤΣΑ
ΚΑΦΈ
ΔΙΣΤΆΖΕΙ
ΑΡΈΝΑ
ΦΟΡΕΘΕΊ
ΚΕΦΑΛΑΊΟΥ
ΒΑΣΙΛΙΚΉ
ΣΤΙΓΜΉ
ΕΜΠΙΣΤΟΣΎΝΗ
ΤΡΟΦΊΜΩΝ
ΑΝΑΨΥΧΉΣ
ΣΥΜΦΩΝΊΑΣ
ΧΑΡΑΚΤΉΡΑ
ΑΡΙΣΤΕΡΌ
ΚΕΦΆΛΑΙΟ
ΔΗΜΌΣΙΩΝ

```
Σ Y M Φ Ω N Ί A Σ P Z J I Q X T S
B L R H X E J U Ό H Z F E Q F P V
B D I F Y S O U N P Ί S Z T H B W
Q A Ί Σ A P K O M P E Θ Ά I S M X
E D Σ Σ T I Γ M Ή U Θ T T A O Ύ B
K N Ω I Σ Ό M H Δ M E X Σ A R O S
A C A Q Λ T W A K Y P B I I E M M
P N H X Z I O P D M O E Δ Y P Θ Y
Ή H A S S B K M B Έ Φ A K D U A T
T E N Ψ N F Q Ή T W A Q H K D B E
K U Έ I Y O Ί A Λ A Φ E K N W P
A A P W W X B A Φ A Σ Ό Λ I A L Ά
P H A Z T C Ή T P O Φ Ί M Ω N K Z
A J Z E H N Ύ Σ O T Σ I Π M E R T
X G G K Ά Λ T Σ A K E Φ Ά Λ A I O
```

Puzzle 585

E	E	L	L	P	R	V	E	Q	T	M	Σ	O	X	Π	B	Z
K	Ά	I	N	Y	O	Z	Ά	Y	Δ	N	Y	Σ	G	E	J	R
Λ	A	P	Δ	E	Y	Γ	E	N	Ή	B	N	O	M	P	T	J
O	K	N	P	Ή	T	I	Y	N	E	I	T	M	O	Ί	X	H
Γ	Z	N	Ά	Ω	Σ	M	S	T	Q	S	O	K	N	M	W	Σ
Ή	P	J	E	Γ	Σ	E	D	F	R	U	M	Ύ	T	E	R	H
Q	J	O	S	F	K	T	Ω	N	Ό	Ϊ	O	P	Π	T	G	T
B	S	H	S	I	A	H	O	N	H	G	Γ	I	Y	P	Q	N
Σ	Ύ	Z	Y	Γ	Ό	X	N	M	N	P	P	O	M	O	T	Ά
Γ	O	I	K	O	N	O	M	I	K	Ή	A	Σ	B	I	B	N
A	Σ	K	Ύ	Λ	O	Σ	P	D	A	F	Φ	Q	Λ	C	G	Y
T	X	A	Λ	A	P	Ώ	Σ	T	E	S	Ί	L	Ύ	R	W	Σ
Ά	F	I	H	I	G	Q	B	J	Z	E	A	W	K	H	D	G
K	M	I	E	I	F	C	P	Σ	Έ	P	E	X	O	P	B	B
I	A	T	N	O	Z	Ά	Γ	P	E	N	D	B	Σ	G	W	B

ΣΥΝΤΟΜΟΓΡΑΦΊΑ
ΚΎΡΙΟΣ
ΕΥΓΕΝΉ
ΛΎΚΟΣ
ΠΡΟΪΌΝ
ΒΡΟΧΕΡΈΣ
ΣΥΝΆΝΤΗΣΗ
ΟΙΚΟΝΟΜΙΚΉ
ΠΕΡΊΜΕΤΡΟ
ΣΚΎΛΟΣ
ΣΎΖΥΓΟ
ΕΚΛΟΓΉ
ΆΤΟΜΟ
ΧΑΛΑΡΏΣΤΕ
ΕΡΓΆΖΟΝΤΑΙ
ΕΙΔΉΣΕΩΝ
ΆΡΡΩΣΤΟ
ΑΝΆΓΚΗ
ΓΑΤΆΚΙ
ΣΥΝΔΥΆΖΟΥΝ

Puzzle 586

ΓΥΑΛΙΆ
ΤΡΕΛΌΣ
ΣΎΝΟΛΟ
ΔΡΑΣΤΗΡΙΌΤΗΤΑ
ΓΊΝΟΝΤΑΙ
ΣΟΚΟΛΆΤΑΣ
ΜΟΥΣΕΊΟ
ΝΊΚΗ
ΣΤΌΧΟΣ
ΔΈΡΜΑ
ΣΤΑΘΜΌΣ
ΠΆΠΙΑ
ΛΎΣΗ
ΥΠΟΛΟΓΙΣΜΌ
ΠΉΡΕ
ΠΡΟΜΉΘΕΙΕΣ
ΔΆΚΡΥ
ΑΚΡΙΒΆ
ΚΡΈΑΣ
ΜΑΛΛΊ

A	I	Π	Ά	Π	Σ	T	A	Θ	M	Ό	Σ	A	Π	Π	Δ	Σ
M	K	P	D	A	R	Q	Y	Q	G	U	I	Z	Ή	P	P	T
P	I	P	Δ	Ά	K	P	Y	R	Z	I	V	S	P	O	A	Ό
Έ	E	Ά	I	Λ	A	Y	Γ	R	D	V	F	D	E	M	Σ	X
Δ	B	B	A	B	S	Ό	M	O	Y	Σ	E	Ί	O	Ή	T	O
V	O	E	T	X	Ά	O	M	J	H	D	K	P	O	Θ	H	Σ
V	Y	Q	N	I	P	S	N	Σ	Ό	Λ	E	P	T	E	P	A
T	J	S	O	G	F	M	K	Z	I	H	K	F	K	I	I	Έ
Z	Y	P	N	X	C	B	B	X	T	Γ	P	Ί	A	E	Ό	P
N	P	S	Ί	G	W	F	A	Σ	Ύ	N	O	Λ	Ό	Σ	T	K
U	F	N	Γ	P	Λ	H	S	A	O	J	R	Λ	M	P	H	B
N	X	Y	Z	P	P	Ύ	F	B	O	G	N	A	O	U	T	U
Ί	D	J	E	Q	N	G	Σ	O	U	H	P	M	Z	Π	A	X
K	K	R	X	X	N	S	K	H	K	E	O	D	P	P	Y	C
H	Σ	O	K	O	Λ	Ά	T	A	Σ	Q	Q	E	M	N	S	S

Puzzle 587

```
N  I  Ω  Ώ  S  N  B  L  B  Σ  O  Φ  O  Ύ  Σ  I  X
N  H  U  P  B  T  C  Ό  I  O  Λ  Φ  P  J  N  K  K
Y  I  P  I  S  I  Ή  H  H  B  K  A  P  Φ  Ί  Σ  A
T  Z  D  M  J  E  K  G  Λ  S  Z  R  G  E  E  W  Σ
Π  I  X  H  Ί  Λ  I  Φ  Ί  Y  N  L  Q  Q  V  P  Y
H  P  A  V  G  Ά  Σ  U  O  T  O  Y  P  K  Ί  A  N
D  X  A  Φ  P  B  Y  V  Q  E  S  Y  L  U  T  C  A
I  Z  Ί  Γ  Ή  A  O  P  Γ  A  N  Ώ  Σ  E  I  A  N
Σ  Q  X  U  M  N  M  Y  Ψ  H  Λ  Ό  T  E  P  H  T
K  H  Y  D  V  A  O  M  O  Λ  Ύ  B  Δ  O  Y  O  H
Ά  Y  T  S  B  Q  T  N  M  W  N  S  Z  W  R  M  Θ
Λ  E  I  W  O  C  U  I  T  K  V  P  Z  L  Y  W  O
E  D  Π  W  F  M  A  W  K  A  Z  E  Ύ  Γ  O  Σ  Ύ
Σ  O  E  M  L  G  I  B  C  Ή  Σ  H  D  Z  D  M  N
Π  P  O  Σ  Έ  Γ  Γ  I  Σ  H  T  B  T  I  X  L  K
```

ΠΡΟΣΈΓΓΙΣΗ
ΦΛΟΊΟ
ΏΡΙΜΗ
ΣΚΆΛΕΣ
ΤΟΥΡΚΊΑ
ΦΙΛΊ
ΑΝΑΒΆΛΕΙ
ΕΠΙΤΥΧΊΑ
ΜΟΛΎΒΔΟΥ
ΣΟΦΟΎΣ
ΣΥΝΑΝΤΗΘΟΎΝ
ΒΙΒΛΊΟ
ΟΡΓΑΝΏΣΕΙ
ΠΡΑΓΜΑΤΙΚΉ
ΑΦΉΝΟΝΤΑΣ
ΚΑΡΦΊΤΣΑ
ΖΕΎΓΟΣ
ΜΟΥΣΙΚΉ
ΤΑ
ΥΨΗΛΌΤΕΡΗ

Puzzle 588

ΜΆΘΟΥΝ
ΧΆΣΕΤΕ
ΛΙΟΝΤΆΡΙ
ΕΠΙΤΡΈΠΟΥΝ
ΓΡΟΘΙΆ
ΦΘΟΡΆ
ΓΕΎΣΗ
ΠΡΟΪΌΝΤΩΝ
ΟΝΤΙΣΙΌΝ
ΣΥΜΠΌΝΙΑ
ΣΟΦΊΑΣ
ΕΠΗΡΕΆΖΟΥΝ
ΣΥΝΘΉΚΗ
ΘΛΙΒΕΡΉ
ΠΙΛΟΤΙΚΆ
ΤΎΠΟ
ΔΕΊΤΕ
ΕΠΙΚΟΙΝΩΝΊΑ
ΑΚΑΝΌΝΙΣΤΗ
ΑΥΞΉΘΗΚΕ

```
I  A  R  Z  U  A  P  O  E  K  H  Θ  Ή  Ξ  Y  A  E
Π  P  O  Ϊ  Ό  N  T  Ω  N  S  P  G  M  Z  Z  K  Π
T  Ύ  Π  O  T  A  O  F  H  Ά  Z  K  S  A  G  A  H
Θ  Λ  I  B  E  P  Ή  Ά  K  I  T  O  Λ  I  Π  N  P
Δ  F  N  E  R  N  E  J  Ή  Θ  I  E  P  N  O  Ό  E
K  E  Σ  O  Φ  Ί  A  Σ  Θ  O  K  K  Φ  Ό  N  N  Ά
J  T  Ί  U  V  Y  V  S  N  P  M  A  Θ  Π  T  I  Z
Z  Q  I  T  Q  B  M  R  Y  Γ  I  Z  O  M  I  Σ  O
D  U  B  U  E  D  U  D  Σ  N  E  L  P  Y  Σ  T  Y
E  Π  I  T  P  Έ  Π  O  Y  N  T  Ύ  Ά  Σ  I  H  N
Λ  I  O  N  T  Ά  P  I  F  J  E  L  Σ  Q  Ό  B  Y
O  P  J  H  U  K  B  O  A  U  Σ  F  O  H  N  O  O
I  W  D  W  Q  W  Q  H  Q  I  Ά  P  P  Z  R  K  Θ
K  M  C  P  J  O  T  B  R  E  X  X  X  Y  O  T  Ά
E  Π  I  K  O  I  N  Ω  N  Ί  A  H  P  P  G  U  M
```

Puzzle 589

```
G  K  Π  L  C  W  N  E  K  O  Υ  P  T  Ί  N  A  A
A  Z  O  Λ  Ό  P  Ύ  H  M  W  Y  H  P  U  D  M  V
Z  H  Ξ  P  V  W  O  N  Υ  Π  O  N  X  P  K  Ω  M
N  U  Ό  I  O  F  P  N  C  D  Ί  G  Z  K  L  Γ  F
Π  W  T  N  Ξ  Υ  Δ  P  C  G  P  Π  J  O  M  Ά  H
P  C  H  Ό  E  A  I  J  A  I  H  P  T  F  B  Π  I
Ό  N  T  K  Σ  M  Π  Σ  D  S  T  M  Ό  O  V  S  E
Λ  Υ  A  E  Π  Υ  E  A  J  M  N  F  L  K  Υ  C  K
H  O  M  P  Ά  Θ  Λ  P  Λ  J  Y  E  M  O  A  N  T
Ψ  Λ  A  O  Σ  Ό  H  Ώ  D  Ό  Λ  L  O  C  Z  Y  Ί
H  Ά  Έ  Σ  E  P  Λ  X  X  W  Π  G  O  B  Y  F  M
L  B  Θ  K  I  Π  Λ  A  X  Ύ  T  H  T  A  O  H
W  M  H  A  U  C  A  H  X  P  N  M  L  J  R  E  Σ
A  Υ  T  O  Π  E  Π  O  Ί  Θ  H  Σ  H  Z  J  Z  H
S  Σ  Y  E  Ξ  A  Φ  A  N  I  Σ  T  E  Ί  Y  L  G
```

ΠΆΓΩΜΑ
ΡΙΝΌΚΕΡΟΣ
ΠΛΥΝΤΗΡΊΟΥ
ΘΈΑΜΑ
ΡΌΚΑ
ΡΌΛΟ
ΑΥΤΟΠΕΠΟΊΘΗΣΗ
ΚΟΥΡΤΊΝΑ
ΑΛΛΗΛΕΠΙΔΡΟΎΝ
ΞΕΣΠΆΣΕΙ
ΕΚΤΊΜΗΣΗ
ΕΞΑΦΑΝΙΣΤΕΊ
ΠΡΌΛΗΨΗ
ΤΑΧΎΤΗΤΑ
ΣΥΜΒΆΛΟΥΝ
ΑΠΑΛΌ
ΠΟΣΌΤΗΤΑ
ΕΜΠΊΠΤΟΥΝ
ΧΏΡΑΣ
ΠΡΌΘΥΜΑ

Puzzle 590

ΤΗ
ΚΆΠΟΙΟΣ
ΦΑΝΤΑΣΊΑΣ
ΕΚΠΑΊΔΕΥΣΗ
ΒΟΟΕΙΔΉ
ΝΟΣΟΚΟΜΕΊΟ
ΤΈΣΣΕΡΙΣ
ΠΛΆΤΟΣ
ΣΥΝΔΥΑΣΜΌ
ΟΡΘΟΓΡΑΦΊΑ
ΠΟΛΛΑΠΛΑΣΙΑΣΜΌ
ΑΌΡΑΤΟ
ΕΔΩ
ΤΑΞΊΔΙ
ΕΥΤΥΧΈΣ
ΙΚΑΝΟΠΟΙΗΜΈΝΟΙ
ΦΎΓΕΙ
ΔΊΚΤΥΟ
ΚΊΝΗΣΗ
ΦΥΣΙΚΆ

```
A  E  S  H  I  A  N  Δ  Q  H  B  X  W  Σ  I  O  Π
A  Ό  K  O  D  H  H  Ί  S  X  G  I  V  Y  K  P  O
S  T  P  Π  Y  L  H  K  D  A  I  X  V  N  A  Θ  Λ
D  C  Έ  A  A  X  R  T  T  N  S  O  V  Δ  N  O  Λ
V  L  D  S  T  Ί  I  Y  W  H  N  L  O  Y  O  Γ  A
L  Φ  H  O  Σ  O  Δ  O  G  Ά  X  H  Ί  A  Π  P  Π
C  A  Π  I  Έ  E  T  E  Q  K  E  T  E  Σ  O  A  Λ
V  N  Λ  O  X  P  X  Y  I  M  I  M  M  I  Φ  A
J  T  Ά  Π  Y  G  T  I  T  Σ  T  H  O  Ό  H  Ί  Σ
Φ  A  T  Ά  T  E  D  Δ  Σ  Y  H  W  K  K  M  A  I
Ύ  Σ  O  K  Y  Δ  T  Ί  P  F  E  C  O  K  Έ  W  A
Γ  Ί  Σ  R  E  Ώ  K  Ξ  K  Ί  N  H  Σ  H  N  C  Σ
E  A  E  U  R  P  B  A  R  Y  W  Z  O  D  O  B  M
I  Σ  P  U  W  N  X  T  I  D  U  B  N  C  I  N  Ό
J  P  A  N  R  S  E  S  B  O  O  E  I  Δ  Ή  W  Y
```

Puzzle 591

```
T E D P M C Z D Σ D H S P E Z A Ψ
E Ρ Λ W S J A L Ω K B I L Z E K Έ
Ί J Έ I Z L Y O Λ V T Ό D M Σ D M
N M B N K U Y U Ή C H M L N T U A
A O L R O Ό W I N Σ Y O T N Ό G K
I E X Έ P T Π A A C O P H Δ Ί Σ E
E C Q R T R V T V D E Φ Φ D Z T T
Σ D O E X P M N E Y L O Ά S A A N
Ώ X K Q Ά O C Ύ Q P I U P X M Y Έ
Δ X F V I X H O O S O Σ M M S P D
K L V H K Q Y B P U R K A N C Ό W
E B V D Σ T U O M Q N Λ A Z J W X
X Y J G V Z M Φ C U U H Σ E Θ K Έ
K A O Y M Π Ό H Z W P P T S Z I Z
U R B W J S D N C C Y Ό S E C Y J
```

ΈΝΤΕΚΑ
ΦΆΡΜΑ
ΈΚΘΕΣΗ
ΨΈΜΑ
ΕΛΙΚΌΠΤΕΡΟ
ΕΚΔΏΣΕΙ
ΤΡΈΧΕΙ
ΝΤΟΥΣ
ΣΩΛΉΝΑ
ΣΊΔΗΡΟ
ΌΜΟΡΦΟ
ΕΊΝΑΙ
ΣΚΛΗΡΌ
ΣΤΑΥΡΌ
ΦΟΒΟΎΝΤΑΙ
ΣΚΙΆΧΤΡΟ
ΖΕΣΤΌ
ΜΑΖΊ
ΚΑΟΥΜΠΌΗ
ΤΡΈΝΟ

Puzzle 592

ΕΚΔΉΛΩΣΗ
ΣΥΝΤΡΙΒΉ
ΊΣΩΣ
ΧΟΡΌ
ΚΟΛΎΜΠΙ
ΑΠΌΛΥΤΗ
ΒΊΣΟΝΕΣ
ΜΆΤΙΑ
ΥΠΟΤΊΘΕΤΑΙ
ΠΙΟ
ΠΑΡΆΓΟΝΤΑ
ΚΑΤΆΡΡΕΥΣΗ
ΣΠΊΤΙ
ΧΑΡΙΤΩΜΈΝΟ
ΜΠΛΟΎΖΑ
ΕΠΌΜΕΝΗ
ΑΠΕΙΛΉ
ΓΝΩΣΤΟ
ΘΕΩΡΊΑ
ΜΟΝΑΧΙΚΌ

```
T N H S Γ Σ Υ N T P I B Ή Σ Z Y H
R P X N I N M Ά T I A W B Π O Π M
H Y Ή J G E Ω A A W H B P Ί T O E
M Π Λ O Ύ Z A Σ Π X Σ Z Z T X T Θ
P U I Π Ί Σ Ω Σ T Ό Ω T B I A Ί E
G J E I A W P F K Ό Λ R L Y P Θ Ω
J A Π N I P S G A V Ή Y X N I E P
L Z A X M P Ά Z U J Δ S T Q T T Ί
E Π Ό M E N H Γ H T K O U H Ω A A
M O N A X I K Ό O U E E D K M I X
K O Λ Ύ M Π I Σ E N O Σ Ί B Έ J O
D W M H Σ Y E P P Ά T A K P N X P
R P F W F T Y U W G P A G M O W Ό
F P L A Z U Q P L S N N C Q M T R
Z J Z U B T X E Y R N Π I O X I F
```

Puzzle 593

```
G T Π X V P W L A I U E U S B Y F
P Έ A A Q M Z E A T O V Z M H W B
F T S N P Q Q Q C J Ί F L K K F P
N A M I M Ά H V B M X P Σ P S O Ώ
N P T F S B Γ Π Y K N Ή A T V D Σ
E T Σ Ή I O Π O Λ Π A P Π Γ Y O I
Z O Σ D B T R D N C L W O Π P Λ M
Y T Y O Ί E X I O T Σ V Ξ A K A A
Γ K N K O Θ G E B U A R H P A Γ M
Ί I E O F N J Δ R R F Σ P A M E K
Z Λ P H C Έ Δ I E Θ N Ή A Γ Π Ί U
E Έ Γ A E P O Π Λ Ά N O M Ω Ύ T B
I Y Ά D X X R D P H V Q Έ Γ Λ O J
K E T R I F K F Q N A M N Ή H N N
S B H Σ H Γ Ή O Λ Π Q M A Σ S A E
```

ΓΕΊΤΟΝΑ
ΤΈΤΑΡΤΟ
ΠΛΟΉΓΗΣΗ
ΠΑΡΑΓΩΓΉΣ
ΕΥΈΛΙΚΤΟ
ΣΤΟΙΧΕΊΟ
ΑΠΛΟΠΟΙΉΣΤΕ
ΑΕΡΟΠΛΆΝΟ
ΔΕΙ
ΠΑΡΆΓΟΝΤΑΣ
ΑΠΟΞΗΡΑΜΈΝΑ
ΣΤΥΛ
ΣΥΝΕΡΓΆΤΗ
ΠΥΚΝΉ
ΜΑΡΓΑΡΊΤΑ
ΔΙΕΘΝΉ
ΒΡΏΣΙΜΑ
ΖΥΓΊΖΕΙ
ΈΝΘΕΤΟ
ΚΑΜΠΎΛΗ

Puzzle 594

ΠΙΆΝΟ
ΈΓΚΛΗΜΑ
ΘΈΛΕΙ
ΚΟΥΝΟΥΠΊΔΙ
ΟΔΉΓΗΣΗΣ
ΚΎΜΑ
ΧΩΡΊΣ
ΚΑΘΉΚΟΝ
ΕΝΙΑΊΟ
ΠΑΡΑΤΉΡΗΣΗΣ
ΔΙΟΡΊΣΕΙ
ΤΗΛΈΦΩΝΟ
ΟΙΚΟΝΟΜΊΑ
ΚΆΣΤΑΝΑ
ΕΡΓΑΣΊΑ
ΠΟΔΟΣΦΑΊΡΟΥ
ΧΤΎΠΗΜΑ
ΑΚΡΊΒΕΙΑ
ΔΑΧΤΥΛΊΔΙ
ΡΟΖ

```
Δ T B U O A N A T Σ Ά K J Q N K K
A I Y U D C I U I H Έ Γ K Λ H M A
K K O T E A K O P Σ W Q X B B K M
O H P P K I O A M H Π Ύ T X D A Ύ
Y H Ί Ί Ί Q G Q Θ P D Q W L N Ί K
N K A O B Σ Y E F Ή J Z X L M M N
O Q Φ Δ Θ E E B Q T K T Z C E O S
Y X Σ Ή Έ M I I Z A I O Ί A I N E
Π Ω O Γ Λ C B A Π P W N N Ί P O Q
Ί P D H E W M B I A Δ Ω E Σ O K D
Δ Ί O Σ I H P A Ά Π E Φ X A Z I M
I Σ Π H R R B M N W X Έ N Γ Y O C
Q X H Σ O Z X K O M E Λ I P X I O
N N W H I K I M P P O C H Q E M A K
N M E G Y O I Δ Ί Λ Y T X A Δ F O
```

Puzzle 595

```
E  K  A  T  A  Σ  K  E  Y  Ή  Σ  O  Σ  Ά  Δ  U  A
B  Ξ  T  P  A  Γ  I  K  Ό  E  Π  I  Θ  Y  M  Ί  A
Π  Ί  Ω  P  Π  N  I  I  J  C  H  E  S  G  Z  Q  G
Λ  Δ  J  T  H  J  D  K  J  M  O  Q  O  G  J  F  Σ
E  Ω  L  E  E  B  A  K  Σ  Έ  P  Φ  I  Q  W  S  Έ
Y  P  O  L  A  P  U  V  Σ  A  Ί  N  Ω  N  I  O  K
P  E  A  Y  R  K  I  F  H  N  Z  F  H  N  E  U  I
Ά  Ά  K  A  L  X  B  K  C  Z  O  H  J  M  X  H  P
Z  N  Ά  C  Y  Y  G  W  Ό  C  Y  Γ  J  G  Έ  C  E
V  I  Λ  N  N  F  Σ  Z  G  Σ  N  J  I  B  A  C  M
S  Q  Π  P  O  Σ  Π  Ά  Θ  E  I  A  Σ  A  D  P  K
O  U  T  G  B  Γ  O  N  M  W  V  T  L  Z  T  L  L
Σ  X  Έ  Σ  H  K  V  Λ  A  L  Z  S  Y  K  V  Ί  J
Z  A  A  L  H  P  X  K  Έ  E  N  Ό  T  H  T  A  H
V  Q  L  N  P  I  N  V  T  M  U  A  R  J  Z  N  H
```

MEPIKΈΣ
KOINΩNΊAΣ
ΣXΈΣH
ΈXEI
KATAΣKEYΉΣ
ΦPΈΣKA
MΈΛOΣ
EΠIΘYMΊA
ΠPΩΊ
ENΌTHTA
ΠΛEYPΆ
TPAΓIKΌ
ΓKPI
ΠPOΣΠΆΘEIAΣ
ΔΆΣOΣ
OPΊZOYN
ΠΛΆKA
ΔΩPEΆN
ΓIATΊ
EΞΩTEPIKΌΣ

Puzzle 596

APOPPΊΨEI
KΌMΠOΣ
ANTIΠPOΣΩΠEΎOYN
AΓEΛΆΔA
ΠPΆΓMATI
AΛYΣΊΔA
AΔEΛΦΌ
TΩPA
ZΩΓPAΦΊZEI
KAΛΠAΣMΌ
EΠIΣTΉΣEI
MΠΛOK
ΆPΘPA
ΏPEΣ
KOΛΛΆEI
ΩΣ
ΦΩΣ
ΠPOTIMOΎN
ΣYNEΔPΊAΣH
HΛEKTPIKΌ

```
Z  Ω  Γ  P  A  Φ  Ί  Z  E  I  A  P  Θ  P  Ά  U  X
E  Π  I  Σ  T  Ή  Σ  E  I  O  N  J  L  U  Z  E  G
H  K  A  Λ  Π  A  Σ  M  Ό  Ω  T  M  H  Q  M  L  H
R  Λ  D  B  X  I  D  R  P  Σ  I  T  Ώ  P  A  W  M
B  O  E  Q  V  W  O  R  J  Ω  Π  H  M  Π  Λ  O  K
O  R  C  K  R  D  L  P  G  Φ  P  A  Δ  E  Λ  Φ  Ό
A  A  A  L  T  B  H  I  N  Ύ  O  M  I  T  O  R  Π
Δ  Γ  Π  J  D  P  Z  M  W  K  Σ  M  E  Q  O  C  I
Ί  S  E  O  X  J  I  G  I  Ό  Ω  J  Ά  J  Y  P  H
Σ  F  W  Λ  P  P  K  M  M  Π  X  Λ  M  T  W  R  R
Y  D  U  E  Ά  P  T  F  Ό  Π  E  M  A  Λ  V  J  R  E
Λ  S  S  L  J  Δ  Ί  K  T  O  Ύ  U  O  E  G  X  Q
A  N  L  A  D  M  A  Ψ  N  Σ  O  J  K  A  Z  A  X
R  L  H  Σ  A  Ί  P  Δ  E  N  Y  Σ  Ώ  P  E  Σ  E
X  Π  P  Ά  Γ  M  A  T  I  I  N  T  Q  B  V  N  A
```

Puzzle 597

```
B N E Z D F V R M R X F B G A K Λ
X O S N I K G G Y T Y L Y D K P A
J C Y M M X N V S H W C Q D T O M
L M R T M K M Ω T Έ Θ O Π Y Ή K B
U S Z R I T Ά M Ή F C X C Z S O Ά
L A T B F Ά W T P C I F E T K Δ N
K U K H Σ A Ί K I O N E Ξ U B E O
K Ύ P I O J Σ X A Y P O H T Σ Ί N
J L Q F D S Δ I A T P I B Ή T Λ T
K A T Ά Λ O Γ O Λ X J P Ά P A I A
Λ O Y Λ O Ύ Δ I A Ό V Ί P N Θ A Σ
K A T A Σ K E Y Ή P M T T C E V W
P Y Θ M Ό J P Y P S O K O E Ί E T
Y Π E P Ή Φ A N O I K K I F H K B
N E B D S Q H K A S A F Y Q X W H
```

ΚΡΟΚΟΔΕΊΛΙΑ
ΛΟΥΛΟΎΔΙΑ
ΜΆΤΙ
ΜΌΛΙΣ
ΑΚΤΉ
POK
ΜΥΣΤΉΡΙΑ
ΔΙΑΤΡΙΒΉ
ΚΑΤΑΣΚΕΥΉ
ΛΑΜΒΆΝΟΝΤΑΣ
ΥΠΕΡΉΦΑΝΟΙ
ΤΡΆΒΗΞΕ
ΕΝΟΙΚΊΑΣΗ
ΚΤΊΡΙΟ
ΣΤΑΘΕΊ
ΚΎΡΙΟ
ΒΟΥΤΙΆ
ΡΥΘΜΌ
ΥΠΟΘΈΤΩ
ΚΑΤΆΛΟΓΟ

Puzzle 598

ΓΕΝΕΘΛΊΩΝ
ΛΙΛΆ
ΆΝΘΡΩΠΟΣ
ΓΡΑΜΜΑΤΈΑΣ
ΑΡΚΟΥΔΆΚΙ
ΠΆΝΩ
ΠΟΡΤΡΈΤΟ
ΑΕΤΌΣ
ΤΥΧΕΡΟΊ
ΣΊΓΟΥΡΑ
ΓΛΥΚΆ
ΔΙΑΘΈΣΙΜΟ
ΖΩΉ
ΕΚΚΕΝΏΣΤΕ
ΚΡΑΥΓΉ
ΓΝΏΜΗΣ
ΧΥΜΌ
ΤΕΛΕΥΤΑΊΑ
ΔΕΚΑΕΤΊΑ
ΦΤΩΧΆ

```
K Γ D H F Q T O A C G Z Y Y X A S
F E I K Ά Δ Y O K P A L T R X A M
Ά N A P Y O Γ Ί Σ H M Ώ N Γ Y X Y
N E Θ Ί A A C K Q T O W O B M E A
Θ Θ Έ O A E T Σ Ώ N E K K E Ό O U
P Λ Σ P O T Έ P T P O Π Y X H M D
Ω Ί I E Γ Ό Y U Y Δ E K A E T Ί A
Π Ω M X Λ Σ Π E K P A Y Γ Ή J S F
O N O Y Y F Ά Φ Λ Λ I Λ Ά I P A
Σ I S T K J N Q T E M J E O J X G
N J K W Ά U Ω X M Ώ T X G N M F X
Γ P A M M A T Έ A Σ X R Y O H X E
H D Z W G Z Ω Ή U J Ά B L T J Y
P W G P Z V K I W S I M W N L Y O
U X Q F P C O M E N Z N L L N D O
```

Puzzle 599

```
Z Z A Γ Ύ M H S Ρ Έ Π I Π Λ A Δ U
O I P Ά T A M Ω I E M H S N C Ω Ά
Q T K Δ Y N A T Ό N T V G H R M Λ
K N E U C A V M X A N Ύ S V E Ά Λ
E Y T V U K Π K A Y Z O O A F T O
O O Ά U W P P P I I N Y T K V I Y
Σ T Ί B O Y A X T E Ό L Q A Σ O Σ
O Π Q N Δ A Γ T L H P M O Π P S H
K Ύ F J O U M H Y H O D J Ό O O G
I Λ Y X Ί H A S F Λ Σ E W Δ L I X
O A B G P Y T Έ K I Ί M N O P Y B
T K G G E W I I Ξ C Z Ξ Τ Σ Q L S
Ά O O E Π P K F R I Σ F E H H G C
K Π H Ψ H Λ Ά N A Π E P D I H U G
Z A E I Σ A Γ Ω Γ I K Ά I T A M K
```

ΈΞΙ
ΌΡΟΣ
ΕΠΑΝΆΛΗΨΗ
ΣΚΌΥΤΕΡ
ΈΠΙΠΛΑ
ΜΑΤΙΆ
ΜΎΓΑ
ΑΠΌΔΟΣΗ
ΑΠΟΚΑΛΎΠΤΟΥΝ
ΠΕΡΊΟΔΟ
ΚΆΤΟΙΚΟΣ
ΤΥΛΊΞΕΙ
ΣΤΊΒΟΥ
ΑΡΚΕΤΆ
ΔΥΝΑΤΌΝ
ΣΗΜΕΙΩΜΑΤΆΡΙΟ
ΕΙΣΑΓΩΓΙΚΆ
ΔΩΜΆΤΙΟ
ΆΛΛΟΥΣ
ΠΡΑΓΜΑΤΙΚΆ

Puzzle 600

ΕΥΚΟΛΊΑ
ΚΑΤΆΒΑΣΗ
ΔΟΝΤΙΏΝ
ΒΌΡΕΙΑ
ΑΡΚΕΊ
ΑΠΟΤΎΠΩΣΗ
ΟΙΚΟΓΈΝΕΙΕΣ
ΠΑΡΑΚΜΉ
ΠΕΊΡΑΜΑ
ΣΚΊΟΥΡΟΣ
ΠΕΡΑΙΤΈΡΩ
ΓΗΣ
ΠΗΓΑΊΝΕΙ
ΠΈΤΡΑ
ΠΡΟΣΟΧΉ
ΜΑΚΙΓΙΆΖ
ΦΑΣΙΑΝΌ
ΚΑΙ
ΕΓΓΡΑΦΉΣ
ΣΥΜΦΩΝΉΣΟΥΝ

```
K Q J Y E S P O V T D J U A V S J
L G Π H Γ Ά I N E I K S H Π N J B
Σ Ή Φ A P Γ Γ E W X N G A O P X T
O V B J P Y L H S A I H K T N V V
P I X Y D P T C T E W H H Ύ C H E
Y I K O F V J A M A P Ί E Π N Ω S
O N Y O Σ Ή N Ω Φ M Y Σ M Ω D P K
Ί Z Y M Γ R R Z G Z O A B Σ N Έ Q
K Ή Γ H A Έ Π P O Σ O X Ή H Ώ T E
Σ M H W Z K N Π Έ T P A D Q I I Y
C K Σ X M I I E R H Σ A B Ά T A K
I A I E P Ό B Γ I J A N S T N P O
A P K E Ί C O D I E I C K V O E Λ
K A Φ A Σ I A N Ό Ά S S Q V Δ Π Ί
L Π B E Q I T B F O Z A R F R S A
```

Puzzle 601

```
Σ  Δ  I  A  Φ  Ά  N  E  I  A  Σ  A  U  Π  C  I  Y
Ύ  Y  Γ  P  Ό  B  Y  A  Y  Ή  Έ  Γ  P  G  O  M  C
O  H  V  Έ  N  T  I  M  A  K  Λ  A  F  P  Z  T  U
Π  U  N  C  Z  E  D  R  X  I  I  Π  H  C  K  Q  Ό
Π  V  Q  D  C  M  I  J  T  P  N  H  Σ  Έ  M  A  R
A  P  M  A  Ï  M  O  Ύ  Y  T  O  M  D  U  W  P  S
Π  K  O  P  D  Z  Ά  E  Π  H  N  Έ  Y  U  Z  Γ  H
U  G  P  H  U  W  K  P  Ή  M  Π  N  Z  V  Y  Ό  F
G  U  Ί  Γ  Q  A  H  Σ  E  Ί  O  U  P  I  T  Z
U  N  V  Y  Δ  O  K  V  E  Γ  E  Z  Y  U  N  E  W
E  Z  T  N  D  A  Ύ  C  I  Ά  Δ  W  P  V  H  P  N
N  M  L  M  W  A  B  M  C  Λ  I  I  J  V  Y  A  Z
M  L  W  K  U  Y  U  M  E  O  Λ  O  K  Ό  P  Π  M
Λ  A  Γ  O  Y  Δ  Ά  K  I  N  Z  T  F  N  G  S  N
L  F  N  Y  O  T  Π  Ί  P  P  O  Π  A  U  B  M  H
```

ΜΗΤΡΙΚΉ
ΠΡΟΗΓΟΎΜΕΝΟ
ΥΓΡΌ
ΑΠΟΡΡΊΠΤΟΥΝ
ΔΙΑΦΆΝΕΙΑ
ΑΓΑΠΗΜΈΝΟ
ΑΡΓΌΤΕΡΑ
ΠΟΤΌ
ΜΑΪΜΟΎ
ΜΈΣΗ
ΛΑΓΟΥΔΆΚΙ
ΧΤΥΠΉΣΕΙ
ΜΕΓΆΛΟ
ΔΕΊΠΝΟ
ΚΑΚΆΟ
ΜΠΡΌΚΟΛΟ
ΣΈΛΙΝΟ
ΠΑΠΠΟΎΣ
ΑΚΡΊΔΑ
ΈΝΤΙΜΑ

Puzzle 602

ΘΕΊΟΣ
ΒΡΏΜΙΚΟ
ΚΑΟΥΤΣΟΎΚ
ΑΞΊΖΕΙ
ΚΆΘΟΜΑΙ
ΦΩΝΉ
ΡΙΠΉ
ΣΤΡΑΤΌΠΕΔΟ
ΚΛΙΠ
ΚΕΡΊ
ΧΑΝΤΆΚΙ
ΈΚΡΗΞΗ
ΕΝΘΟΥΣΙΑΣΜΈΝΟΣ
ΧΑΡΟΎΜΕ
ΙΠΠΌΤΗΣ
ΌΛΟΥΣ
ΠΕΡΙΛΑΜΒΆΝΟΥΝ
ΚΎΡΙΕ
ΠΑΝΤΡΕΥΤΕΊ
ΑΚΑΤΆΛΛΗΛΗ

```
I  Π  Π  Ό  T  H  Σ  V  B  T  S  M  T  U  A  K  R
T  H  M  J  P  J  B  J  Y  V  D  Ή  J  T  K  Λ  G
E  N  Θ  O  Y  Σ  I  A  Σ  M  Έ  N  O  Σ  A  I  D
I  K  Ά  T  N  A  X  K  Y  Y  T  Ω  Δ  T  T  Π  A
P  A  Ξ  Ί  Z  E  I  G  K  F  F  Φ  E  Δ  Ά  Y  C
Ύ  Z  K  P  U  P  J  P  Z  K  H  F  Π  W  Λ  T  G
K  B  E  E  U  K  Θ  S  T  B  P  Y  Ό  I  Λ  B  T
X  I  N  K  A  B  A  E  R  M  W  G  T  D  H  P  L
L  A  Z  J  O  A  O  O  Ί  A  D  H  A  S  Λ  Ώ  D
S  M  P  C  A  N  Y  Σ  Y  O  Λ  Ό  P  C  H  M  Q
M  O  L  O  C  J  D  Q  R  T  Σ  G  T  P  Ξ  I  I
Y  Θ  M  O  Ύ  A  P  I  Π  Ή  S  C  S  K  H  K  I
H  Ά  S  Q  T  M  E  T  X  H  G  O  F  A  P  O  K
A  K  Ί  E  T  Y  E  P  T  N  A  Π  Ύ  O  K  S  K
Π  E  P  I  Λ  A  M  B  Ά  N  O  Y  N  K  Έ  G  T
```

Puzzle 603

```
R T U U F O P I A N P G I S K V T
M J W T N B Π E Y Q A Σ U M A E W
M A T A M Γ Ά P Π V B A V O T L D
H Έ O U R G N Ύ O Q Δ Φ M E Ά C E
K P Λ N P K X E I Ό Ί Έ V N Σ Y A
O J E I P P Y Φ Δ M Δ Σ G Έ T J Y
Y I B M Σ C Σ E Ί D C O D O A G T
Λ E P Y Ί Σ Y K P A D D Y I Σ T Ό
T Y D M W A A Ά I Σ O P Δ X H S Q
O A L N N Ύ O T E P H Π Y Ξ E K U
Ύ W D O G J O F X D C L Q O D Λ K
P H O Έ N A E O F F K S V P Q O M
A Z K M P K C R E T E N Ί E M Y P
A N A Γ N Ω P Ί Σ E I I K B A B R
O V U Z A H I O J L P D M L G Ί D
```

ΔΡΟΣΙΆ
ΕΓΧΕΙΡΊΔΙΟ
ΡΑΒΔΊ
ΕΦΕΎΡΕΙ
ΕΞΥΠΗΡΕΤΟΎΝ
ΝΈΟΙ
ΜΕΊΝΕΤΕ
ΑΝΑΓΝΩΡΊΣΕΙ
ΝΑΙ
ΣΥΧΝΆ
ΗΡΕΜΊΑ
ΚΟΥΛΤΟΎΡΑ
ΣΑΦΈΣ
ΠΡΟΌΔΟΥ
ΈΝΑ
ΠΡΆΓΜΑΤΑ
ΕΑΥΤΌ
ΚΛΟΥΒΊ
ΚΑΤΆΣΤΑΣΗ
ΜΈΛΙΣΣΑ

Puzzle 604

ΠΡΟΣ
ΞΈΝΩΝ
ΒΑΡΎΤΗΤΑΣ
ΜΠΕΡΔΕΜΈΝΑ
ΕΊΧΕ
ΠΡΏΗΝ
ΙΔΙΟΚΤΉΤΗ
ΒΛΈΜΜΑ
ΕΛΆΦΙΑ
ΣΥΜΒΑΊΝΟΥΝ
ΑΠΟΣΎΡΕΙ
ΕΠΙΤΡΟΠΉ
ΜΗΧΑΝΙΚΌΣ
ΙΣΤΟΣΕΛΊΔΑ
ΣΑΡΆΝΤΑ
ΣΥΓΓΝΏΜΗ
ΜΕΤΟΧΙΚΌ
ΣΩΣΤΉ
ΣΥΛΛΟΓΉ
ΞΑΦΝΙΚΉ

```
E Z T P N K I X Y B F N Y W T C E
H M Ώ N Γ Γ Y Σ W Ή T U N H Ώ P Π
M E T O X I K Ό T Γ K F D E F Σ I
A H D Q F T L H M O B Λ Έ M M A T
Q N L D U O Z D U Λ Σ S V O G T P
N D C I J E R C S Λ A E A T T H O
M H X A N I K Ό Σ Y H J Λ T R T Π
Ξ F A P X A H I H Σ Y C E Ί F Ύ Ή
V Έ T I Δ I O K T Ή T H Λ G Δ P K
K L N E A Π O Σ Ύ P E I A I R A I
T T Ά Ω Ί A N X J G P J Φ Y N B N
L K P A N X G P J C M F I Q F G Φ
V U A N Έ M E Δ P E Π M A K G Y A
W V Σ I P R C E Σ Ω Σ T Ή Π P O Σ Ξ
Z O J F U V Σ Y M B A Ί N O Y N I
```

Puzzle 605

```
A D E X V R Z A I B R Y Q Z Π T E
N N Y S D I W A O K W N Z V A A Π
G V N I O Z S A K S Y I L N P Π I
B Z O K Ά M E P A N G P X Z Ό E K
X Z Ϊ Q K C Y F O S Y Ά Ϊ M M I Ί
Π L K E H Σ H Γ Ό Λ O I Ξ A O N N
E P Ή Δ Έ K A Q Y A K T E P I Ή Δ
Ξ U Ό C Y X G G E C F Ω C I A I Y
O U P Σ Ό Δ H Y O Σ Q Φ X Q A E N
X W A T Φ Σ Y Λ Λ A M B Ά N E I A
I J Θ J L A I P Ά M A Λ A K Z C X
K G A E V P T T P Ώ N E A O J O D
Ή Ά K I Λ O T A N A Ό Φ E Λ O Σ X
K I N H M A T O Γ P Ά Φ O Y Y B K
Σ Y Γ K E K P I M Έ N H D X W Z L
```

ΕΠΙΚΊΝΔΥΝΑ
ΣΥΓΚΕΚΡΙΜΈΝΗ
ΚΑΛΑΜΆΡΙΑ
ΣΟΥΗΔΌΣ
ΑΞΙΟΛΌΓΗΣΗ
ΠΑΡΌΜΟΙΑ
ΤΑΠΕΙΝΉ
ΌΦΕΛΟΣ
ΦΩΤΙΆ
ΑΝΑΤΟΛΙΚΆ
ΚΑΘΑΡΌ
ΚΆΜΕΡΑ
ΠΡΌΣΦΑΤΑ
ΕΞΟΧΙΚΉ
ΣΥΛΛΑΜΒΆΝΕΙ
ΚΙΝΗΜΑΤΟΓΡΆΦΟΥ
ΕΥΝΟΪΚΉ
ΔΈΚΑ
ΚΥΡΊΑ
ΤΡΏΝΕ

Puzzle 606

ΕΠΙΛΟΓΉ
ΜΑΚΡΙΝΌ
ΣΚΆΛΑ
ΦΡΟΎΤΑ
ΑΡΆΧΝΗ
ΠΛΕΙΟΨΗΦΊΑ
ΠΡΌΘΥΜΟΙ
ΔΑΝΕΊΖΟΥΝ
ΔΕΊΚΤΗ
ΣΥΜΠΕΡΙΦΟΡΆ
ΤΑΞΊΔΙΑ
ΙΣΤΟΡΙΚΟΎ
ΠΡΌΓΟΝΟ
ΠΡΩΤΑΡΧΙΚΌ
ΕΓΚΑΤΑΣΤΆΘΗΚΑΝ
ΙΔΙΑΊΤΕΡΑ
ΠΛΑΤΕΊΑ
ΕΥΧΉ
ΖΆΧΑΡΗ
ΘΆΛΑΣΣΑ

```
Π A Σ Σ A Λ Ά Θ F F A O I M Π E J
Σ P P P Y X V F V L X Z Δ A P Γ C
Y M Ό Ά Ή S R L O M O N I K Ό K W
M G A Θ X L L X W E F Y A P Γ A Z
Π Y R L Y N H A E P T O Ί I O T Q
E W A H E M H P A X Ά Z T N N A Π
P A Ί Φ H Ψ O I E Λ Π Ί E Ό O Σ Λ
I I U P T I R I F L M E P Y W T A
Φ Δ Ύ O K I P O T Σ I N A K P Ά T
O Ί R J Ί U N X E B B A T Λ P Θ E
P Ξ Z V E N G O V M N Δ Ύ B Ά H Ί
Ά A S Y Δ P N O M K D T O R K K A
R T G D N Z T X G R R P P O V A Σ
J I E Π I Λ O Γ Ή Y C B Φ D K N Z
Y X E M B Π P Ω T A P X I K Ό D V
```

Puzzle 607

```
K X Y V B D Z H H D A Ώ Z Y C V Γ
A P A G F K I E Σ Ώ I Λ F H J U P
L Y A P I A Έ M Z Γ Π Λ I A F A
T T A G W U R D W N Ά A P A R A Φ
Y O W Z I B H Z K M B P W M Γ M E
E Γ C Q J Ό D M B Θ Y A I Έ P Ή Ί
Π S P M Z W N B Y Ύ O Δ F I O M O
I G H Ά Σ E K I S M K O D N N T Y
Δ R O V O I I H A A Y Σ M Y L O M
I D D D P K Ά Π O Y O I J O X J S
Ώ J O D E Π E Δ Ί O K A A K P U M
K E Π Έ T E I O Y T N K A S G C E
O Y D S Ώ P Q S A H Σ Ό Γ P E N E
Y F B A N O I K T Ά L K Y V C E I
N X M B A M H Σ Ί Π E E Z M B T J
```

ΓΡΑΦΕΊΟΥ
ΠΕΔΊΟ
ΚΟΥΝΙΈΜΑΙ
ΑΝΏΤΕΡΟΣ
ΚΡΑΓΙΌΝΙΑ
ΤΜΉΜΑ
ΕΝΕΡΓΌΣ
ΕΠΙΔΙΏΚΟΥΝ
ΕΠΈΤΕΙΟ
ΑΛΛΑΓΉ
ΚΟΥΚΟΥΒΆΓΙΑ
ΘΎΜΑ
ΛΙΏΣΕΙ
ΠΑΡΑΔΟΣΙΑΚΌ
ΥΓΡΆ
ΚΆΠΟΥ
ΕΠΊΣΗΜΑ
ΜΈΓΑΙΡΑ
ΑΝΟΙΚΤΆ
ΖΏΑ

Puzzle 608

ΚΥΒΈΡΝΗΣΗΣ
ΔΈΝΤΡΟ
ΜΕΤΆ
ΠΑΣΧΑΛΊΤΣΑ
ΥΓΡΑΣΊΑ
ΜΈΘΟΔΟΣ
ΛΕΠΤΆ
ΑΠΌΦΑΣΗ
ΕΆΝ
ΝΕΡΟΧΎΤΗ
ΠΟΤΑΜΟΎ
ΤΕΧΝΟΛΟΓΊΑΣ
ΠΕΡΊΠΤΩΣΗ
ΕΞΈΠΛΗΞΕ
ΑΥΓΌ
ΚΈΙΚ
ΕΠΙΣΚΕΥΉΣ
ΛΌΓΟ
ΈΡΧΕΤΑΙ
ΕΠΑΦΉ

```
Π G W A Z O R I T B W B G Έ E Π G
J O Ά R T H E T G W G M V P Π E Z
A H T Ύ X O P E N U X H U X A P V
S D Π A Σ T Ί Λ A X Σ A Π E Φ Ί J
Z T E Ί M T R T Z G P D O T Ή Π K
W E Λ Σ A O B V G V M Δ H A A T Έ
A X I A H A Ύ R Z J F A Έ I O Ω I
W N L P Σ Ή Y E K Σ I Π E N L Σ K
G O A Γ A J O Γ Ό Λ C W Ξ K T H Y
C Λ N Y Φ F M R Ό S S Q H V X P E
M O O B Ό V N V S V S Z Λ J M T O
E Γ K K Π E S H V E Ά N Π R Y Z V
T Ί X K A T V O R Y H T Έ J D J H
Ά A K Y B Έ P N H Σ H Σ Ξ J Q S F
R Σ O Δ O Θ Έ M H D L O E P U U B
```

Puzzle 609

```
V M O Y M Z Ά N I T A Π K Z D K A
G A A K Ή T H M Θ I P A S P R O C
F M U Ϊ H Z X Z Z R X B M D X Y A
Π Ώ B K N N B J C Z A B W N A N Φ
A P M N C T Y X Y Q Ί P A O L E Y
P X Ό F A Ί A I T N A Γ I Γ Ί Λ T
X O C K G T N N P E M L J K Y I I
S I M E Λ A P P Ό M I A Λ P G Ώ K
Ί S Λ T V H Ά N E M O K P Ά Π N Ά
P M U I A C Σ Ί P Ω N S K W C L L
I E Y Z Ά D I H Γ A Λ O Π O Ύ Λ A
Δ M M O I Δ Ί N I T K A R B P D D
A D F K T Q E Z L Y I T Σ Ά I N V
Σ G U Y N N L Σ B O G Z M O N F X
G Λ O Γ A P I A Σ M Ό D D P R E R
```

ΤΣΆΙ
ΧΑΛΊ
ΚΟΥΝΕΛΙΏΝ
ΑΡΧΑΊΑ
ΧΡΏΜΑ
ΠΡΌΚΛΗΣΗ
ΠΑΤΙΝΆΖ
ΓΑΛΟΠΟΎΛΑ
ΑΚΤΙΝΊΔΙΟ
ΠΆΡΚΟ
ΊΡΙΔΑΣ
ΑΡΙΘΜΗΤΉ
ΝΩΡΊΣ
ΧΙΛΙΆΔΕΣ
ΛΟΓΑΡΙΑΣΜΌ
ΜΑΪΝΤΑΝΌ
ΦΥΤΙΚΆ
ΛΑΙΜΌ
ΆΝΕΜΟ
ΓΙΓΑΝΤΙΑΊΑ

Puzzle 610

ΑΧΛΆΔΙ
ΟΔΟΝΤΌΒΟΥΡΤΣΑ
ΠΡΌΣΦΑΤΗ
ΕΛΠΊΔΑ
ΠΡΟΤΕΊΝΟΥΜΕ
ΈΤΣΙ
ΚΟΝΤΆ
ΚΌΛΛΑ
ΔΙΆΡΚΕΙΑ
ΣΥΜΒΕΊ
ΚΑΝΑΠΈ
ΕΙΡΉΝΗ
ΤΊΤΛΟ
ΒΟΛΤ
ΣΥΛΛΆΒΕΙ
ΤΎΠΟΥ
ΠΑΤΆΤΑ
ΧΑΡΤΑΕΤΌ
ΚΛΆΔΟ
ΠΡΌΒΛΗΜΑ

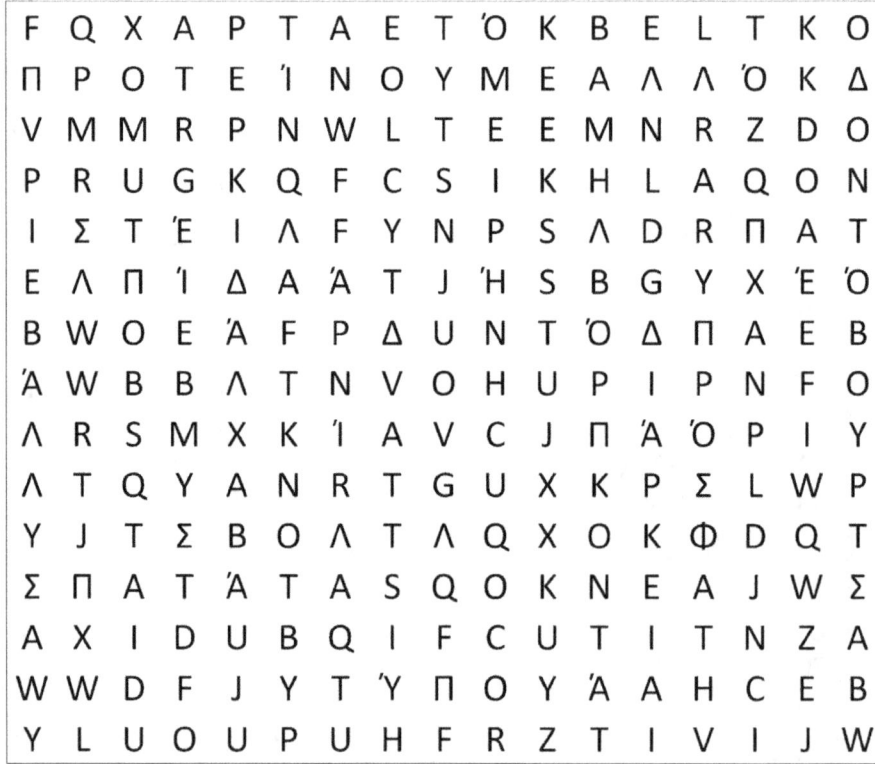

```
F Q X A P T A E T Ό K B E L T K O
Π P O T E Ί N O Y M E A Λ Λ Ό K Δ
V M M R P N W L T E E M N R Z D O
P R U G K Q F C S I K H L A Q O N
I Σ T Έ I Λ F Y N P S Λ D R Π A T
E Λ Π Ί Δ A Ά T J Ή S B G Y X Έ Ό
B W O Ά F P Δ U N T Ό Δ Π A E B
Ά W B B Λ T V O H U P I P N F O
Λ R S M X K Ί A V C J Π Ά Ό P I Y
Λ T Q Y A N R T G U X K P Σ L W P
Y J T Σ B O L T Λ Q X O K Φ D Q T
Σ Π A T Ά T A S Q O K N E A J W Σ
A X I D U B Q I F C U T I T N Z A
W W D F J Y T Ύ Π O Y Ά A H C E B
Y L U O U P U H F R Z T I V I J W
```

Puzzle 611

```
Π Τ Σ Α Λ Α Κ Ω Μ Έ Ν Ο Β V G H E
E Λ M N N Z W A K B Q R B G I O W
I Q H D M B H Z Q V P C H G F P T
Q E Θ L R J M K Γ Π Α Λ Ι Ά Υ K
F B W T Y O Ί E M O P Δ Y X A T O
Ί E Θ A T Σ I T N A T Ή H C Y Ύ T
E N E P Γ Ό M B A Q T W Γ K Σ O Ό
U G X F V S Y O X O T F H O A B Π
N V Σ Ό B Σ A M Ύ U R M W G P X O
L O T H N Ί K O T Y A F N G J H Y
S Q Ό X I O N O Σ T I B Ά Δ A Σ Λ
B Q M E T Y M H Γ O P Ί A M I J O
X K A M Λ Ά Φ Σ Y O Π Ώ P Θ N A Z
Σ K Έ Φ T O N T A I Δ Ύ Σ K O Λ O
H Λ I O B A Σ I Λ Έ M A T O Σ O M
```

ΠΑΛΙΆ
ΣΦΆΛΜΑ
ΣΤΌΜΑ
ΣΚΈΦΤΟΝΤΑΙ
ΑΝΤΙΣΤΑΘΕΊ
ΔΎΣΚΟΛΟ
ΠΛΗΘΥΣΜΟΎ
ΜΟΒ
ΑΝΘΡΏΠΟΥΣ
ΤΑΧΥΔΡΟΜΕΊΟΥ
ΧΙΟΝΟΣΤΙΒΆΔΑΣ
ΕΤΥΜΗΓΟΡΊΑ
ΑΥΤΟΚΊΝΗΤΟ
ΗΛΙΟΒΑΣΙΛΈΜΑΤΟΣ
ΓΡΉΓΟΡΗ
ΤΣΑΛΑΚΩΜΈΝΟ
ΚΟΤΌΠΟΥΛΟ
ΒΟΎΤΥΡΟ
ΕΝΕΡΓΌ
ΑΣΒΌΣ

Puzzle 612

ΚΎΚΝΟ
ΕΝΤΥΠΩΣΙΆΖΟΥΝ
ΉΤΑΝ
ΟΙ
ΕΝΟΧΛΉΣΕΙ
ΑΣΤΈΡΙΑ
ΛΕΩΦΟΡΕΊΟ
ΚΑΤΣΙΚΊΣΙΟ
ΒΟΥΝΏΝ
ΚΟΙΝΩΝΙΚΉ
ΕΛΈΓΧΟΥ
ΚΎΚΛΟΥ
ΈΚΑΨΕ
ΠΡΌΘΕΣΗ
ΑΦΙΕΡΏΣΕΙ
ΌΡΙΟ
ΤΑΥΤΟΤΗΤΑΣ
ΜΑΘΗΤΉ
ΓΡΑΜΜΉ
ΑΡΙΘΜΌ

```
E T K D A I P Έ T Σ A T S L Ή V G
N A O S P L V Y M B Λ G A J T X Z
T Y I B I O P Ό X E L W S A W I
Y T N K Θ L K K U I Ω Ψ H K N A Y
Π Ό Ω Ή M M A P Γ T Φ Σ A I G Φ U
Ω T N K Ό I R P I U O Y H K U I K
Σ H I P A X I G D R P K K F Έ E M
I T K R K T E E X K E B Ύ B J P A
Ά A Ή Π V I Σ Q Λ M Ί R K O C Ώ Θ
Z Σ D P N H Ή I B Έ O Q Λ Y F S H
O S F Ό W O Λ Y K X G A O N P E T
Y B U Θ N N X F P Ί Z X Y Ώ S I Ή
N B H E K V O T Z V Σ H O N K Ύ K
R H H Σ E R N W I V P I X Y Z E J
D M A H J L E I B V C H O B C K L
```

Puzzle 613

P	Θ	A	P	Γ	Ά	A	Ό	F	U	N	L	D	W	N	C	N
A	Γ	O	L	O	G	U	N	Ύ	O	P	Ω	E	Θ	F	A	L
F	E	T	Λ	G	R	E	I	O	V	X	F	J	A	E	K	K
D	Ω	N	Ό	Ό	Z	Σ	Q	U	I	E	N	X	Ά	Ψ	L	R
Ξ	Γ	Έ	K	V	A	A	P	E	N	X	B	G	U	V	M	A
Ύ	P	Λ	Σ	Ή	K	I	Π	O	P	T	T	U	L	G	I	Ω
Λ	A	A	A	S	C	Λ	F	U	I	E	Σ	Ή	P	E	T	Σ
O	Φ	T	K	U	A	Ά	K	U	H	O	D	L	P	Y	M	Ί
C	Ί	Z	O	G	A	K	X	L	T	A	M	K	Y	I	L	Π
W	A	I	X	L	Y	Γ	M	E	T	A	Ξ	Έ	N	I	A	T
V	R	I	Y	F	Z	A	P	T	Σ	Ύ	Ξ	K	G	A	S	Q
K	Q	I	I	S	M	L	N	L	J	X	Y	B	S	J	V	P
Σ	Ά	Π	M	A	Π	M	O	L	K	A	Γ	Ό	P	I	C	E
R	T	C	U	U	B	I	G	P	Q	L	Έ	T	O	Y	Σ	A
K	C	O	U	P	D	E	W	L	X	N	J	Y	S	G	F	V

ΨΆΧΝΕΙ
ΠΊΣΩ
ΚΑΣΚΌΛ
ΤΡΟΠΙΚΉ
ΑΓΚΆΛΙΑΣΕ
ΜΠΑΜΠΆΣ
ΠΡΩΙΝΌ
ΓΕΩΓΡΑΦΊΑ
ΑΡΓΆ
ΘΕΩΡΟΎΝ
ΜΕΤΑΞΈΝΙΑ
ΞΎΛΟ
ΘΟΛΌ
ΣΤΟ
ΤΑΛΈΝΤΟ
ΑΝΟΙΧΤΉΡΙ
ΈΤΟΥΣ
ΣΤΕΡΉΣΕΙ
ΑΓΌΡΙ
ΞΎΣΤΡΑ

Puzzle 614

ΟΡΤΎΚΙΑ
ΜΥΡΜΉΓΚΙ
ΈΚΒΑΣΗ
ΠΑΠΟΎΤΣΙΑ
ΜΠΎΡΑ
ΚΟΥΤΊ
ΝΌΜΙΣΜΑ
ΕΡΩΔΙΌΣ
ΜΟΤΟΣΙΚΛΈΤΑ
ΒΑΡΙΆ
ΔΙΑΒΕΒΑΙΏΣΩ
ΜΠΆΝΙΟ
ΦΟΎΡΝΟ
ΠΟΛΥΤΕΛΉ
ΑΙΏΝΑ
ΡΕΎΜΑ
ΠΟΛΙΤΙΣΤΙΚΉ
ΚΑΒΟΎΡΙΑ
ΉΧΟΥ
ΚΟΥΡΑΣΜΈΝΟΣ

M	O	T	O	Σ	I	K	Λ	Έ	T	A	E	K	M	O	D	Ή
W	T	Z	Q	A	V	H	O	Ή	U	F	J	O	Y	P	H	Λ
U	F	N	B	Ά	I	P	A	B	X	Σ	C	Y	P	T	X	E
Έ	K	B	A	Σ	H	Ώ	A	K	G	O	W	T	M	Ύ	E	T
N	V	T	P	F	I	G	N	H	B	N	Y	Ί	Ή	K	K	Y
R	C	O	Ύ	V	U	P	U	A	Y	Έ	K	Y	Γ	I	Q	Λ
Q	P	I	P	P	E	Ύ	M	A	M	M	E	Q	K	A	Q	O
O	N	A	M	A	Y	Ή	K	I	T	Σ	I	T	I	Λ	O	Π
X	H	S	F	E	M	Ω	Σ	Ώ	I	A	B	E	B	A	I	Δ
W	P	Z	I	M	D	Σ	Ό	A	I	P	Ύ	O	B	A	K	Z
Π	A	Π	O	Ύ	T	Σ	I	A	P	Y	R	R	S	H	N	D
B	A	I	F	N	Y	M	Δ	M	G	O	N	P	Ύ	O	Φ	A
S	Q	T	O	K	T	E	Ω	G	Ό	K	C	P	L	X	J	L
P	D	N	Q	T	V	N	P	X	J	N	A	K	Z	Y	P	C
F	G	R	P	P	H	S	E	M	Π	Ά	N	I	O	T	P	O

Puzzle 615

```
Q Q B V Z A L T N L U W X E K V N
T M M D Έ Ρ Κ Η Σ Ί Λ Κ J Z O Ά Μ
J Σ Κ J B K Z Ξ X V B U Ύ D J Λ O
O A I L P E W Ά B K G O Ρ Π I Λ Σ
R G Π Π A T N T O Υ Λ Ά Π I N O X
Y E Y O H Έ X E I M Ώ N A Z C O O
Z E Λ Έ Δ Σ I O K O Y Δ O Ύ N I K
X W K G Ί H Q L M V S K Z Ω A Ά
T O P Z Y M Δ C G O V A H H Ώ P P
K G L R X S S O G F M D F U Z X Y
U U U B T Q H H Y F P I I A Q Ί Δ
G H I B K Ό K I T N A M H Σ Σ Σ O
Y U X J A Π E P I O Δ I K Ό Ή E V
A Π O Λ A M B Ά N O Y N Y Z M I R
M E T E Γ K A T Ά Σ T A Σ H A S O
```

ΣΉΜΑ
ΖΈΒΡΑ
ΎΠΝΟ
ΖΕΛΈ
ΆΛΛΟ
ΝΤΟΥΛΆΠΙ
ΤΣΙΠ
ΖΏΩΝ
ΜΕΤΕΓΚΑΤΆΣΤΑΣΗ
ΜΟΣΧΟΚΆΡΥΔΟ
ΑΠΟΛΑΜΒΆΝΟΥΝ
ΠΕΡΙΟΔΙΚΌ
ΑΠΟΔΊΔΟΥΝ
ΚΛΊΣΗ
ΑΡΧΊΣΕΙ
ΑΡΚΕΤΈΣ
ΚΟΥΔΟΎΝΙ
ΣΗΜΑΝΤΙΚΌ
ΤΆΞΗ
ΧΕΙΜΏΝΑ

Puzzle 616

ΥΠΕΎΘΥΝΟΣ
ΣΥΝΗΘΙΣΜΈΝΗ
ΣΎΝΔΕΣΗ
ΘΛΙΒΕΡΌ
ΜΊΛΙΑ
ΑΥΤΆ
ΠΕΊΤΕ
ΖΉΤΗΣΕ
ΕΚΤΌΣ
ΑΝΟΙΧΤΉ
ΛΕΠΤΟΜΈΡΕΙΕΣ
ΒΟΎΡΤΣΑ
ΕΠΑΡΚΉ
ΠΑΙΧΝΙΔΙΆΡΙΚΟ
ΣΎΓΚΡΟΥΣΗ
ΆΔΕΙΑΣ
ΑΡΓΉ
ΙΤΙΆΣ
ΔΕΞΙΆ
ΑΣΤΥΝΟΜΙΚΌΣ

```
A B E X B Σ Σ Ά I T I Σ A P B R
Σ O Π V W A Ύ Y I Y E Σ Ύ X Y H N
T Ύ A U T Z Γ N Ξ A B Z N D F T V
Y P P C V V K H E B L Z Δ A E N Ά
N T K Z Y G P Θ Δ G X L E T Ί E Π
O Σ Ή O O A O I Q Ό P Q Σ W W Σ I
M A Z G O F Y Σ A P Γ Ή H H Y H R
I M Ί Λ I A Σ M A E S T F M G T V
K T K B X A H Έ E B X X I G O Ή W
Ό Ά Δ E I A Σ N N I M I N Z N Z P
Σ F G Z M B F H L Λ U O W O I Y O
Y Π E Ύ Θ Y N O Σ Θ A N K F T U Q
P R Q R Y A S R R S V A K S N C A
Λ E Π T O M Έ P E I E Σ E K T Ό Σ
Π A I X N I Δ I Ά P I K O G G I S
```

Puzzle 617

```
Σ  Ο  Μ  Ό  Ρ  Δ  Υ  Χ  Α  Τ  D  Χ  Σ  Ο  Κ  V  N
Τ  Υ  Ι  Σ  Κ  Ο  Υ  Λ  Ή  Κ  Ι  Ρ  Φ  Μ  Υ  Μ  Έ
Ι  V  Z  D  C  L  D  J  F  Ι  Α  Ι  Ρ  Ο  Ρ  U  Κ
Υ  Ι  S  Η  Α  Ρ  Τ  Ο  Ο  D  Ν  Σ  Α  Σ  Ί  Μ  Τ
Ο  Φ  Ό  Λ  Τ  V  Ι  Α  Β  S  Ά  Τ  Γ  Π  Α  U  Α
Τ  C  Τ  Ε  Ή  Ε  Ρ  Ξ  J  Β  Ο  Ί  Ο  Ρ  Ρ  Ρ  Ρ
N  F  V  Α  Α  S  Σ  W  Χ  Ί  Α  Ύ  Δ  Ν  Χ  Τ  Η
Ά  Ζ  G  Χ  Π  Ο  Ά  Ο  Ν  Ρ  Σ  Γ  Α  Δ  Η  Β  G
Σ  Ρ  Ζ  W  Ό  V  Χ  Ο  Υ  Ρ  Η  Ε  Κ  Ι  F  Ρ  Β
C  Ο  J  C  Τ  Υ  Ν  C  Μ  Ν  Τ  Ν  Ε  Α  J  Ι  C
L  Ι  Β  Ά  Ν  Υ  Ο  Κ  U  Χ  Ί  Ν  Η  Κ  Ρ  Χ  Ο
G  Ο  D  Τ  Ο  Κ  Ο  Ρ  Μ  Ό  Ρ  Α  V  Ή  D  F  S
N  D  Q  L  Δ  U  Β  V  U  F  Τ  Ά  Μ  Ε  Σ  Η  Χ
W  Η  J  Μ  Ο  Β  Κ  Ρ  Υ  Μ  Π  Ο  Υ  Κ  Ά  Λ  Ι
N  N  Β  Υ  Φ  Ο  Ι  Τ  Η  Τ  Ή  Σ  G  Ζ  Μ  Q  Κ
```

ΝΈΚΤΑΡ
ΆΜΕΣΗ
ΑΝΆΒΑΣΗ
ΚΥΡΊΑΡΧΗ
ΟΜΟΣΠΟΝΔΙΑΚΉ
ΣΆΝΤΟΥΙΤΣ
ΣΚΟΥΛΉΚΙ
ΜΠΟΥΚΆΛΙ
ΟΔΟΝΤΌΠΑΣΤΑ
ΣΥΖΗΤΉΣΟΥΝ
ΤΑΧΥΔΡΌΜΟΣ
ΤΡΊΤΗ
ΧΡΙΣΤΟΎΓΕΝΝΑ
ΤΑΞΊ
ΣΦΡΑΓΊΔΑ
ΚΟΥΝΆΒΙ
ΚΟΡΜΌ
ΛΌΦΟ
ΦΟΙΤΗΤΉΣ
ΧΆΣΕΙ

Puzzle 618

ΔΑΓΚΏΣΕΙ
ΠΛΗΜΜΎΡΑ
ΕΜΦΑΝΙΣΤΕΊ
ΜΠΑΜΠΆ
ΔΙΑΦΟΡΕΤΙΚΌ
ΠΎΛΗ
ΑΠΟΡΡΌΦΗΣΗ
ΠΑΡΆΘΥΡΟ
ΛΕΜΌΝΙ
ΚΑΚΌ
ΑΠΌ
ΛΆΣΟ
ΕΚΑΤΟΝΤΆΔΕΣ
ΑΊΘΟΥΣΑ
ΝΌΣΤΙΜΑ
ΓΆΤΑ
ΕΝΔΙΑΦΈΡΟΝ
ΚΕΝΤΡΙΚΉ
ΚΑΤΑΣΚΕΎΑΣΜΑ
ΥΠΟΚΑΤΆΣΤΗΜΑ

```
Κ  Μ  U  Η  R  C  Τ  J  F  Υ  Β  Q  Ε  Ε  Δ  Υ  G
Ε  G  L  Λ  Β  Α  Ο  J  J  D  F  D  Μ  Ν  Ι  Π  Λ
Ν  Α  Ρ  Ύ  Μ  Μ  Η  Λ  Π  Ρ  Β  C  Φ  Δ  Α  Ο  Ε
Τ  Μ  Ρ  Π  Ν  Ι  Λ  Ά  Σ  Ο  Ο  Q  Α  Ι  Φ  Κ  Μ
Ρ  Σ  Ε  Δ  Ά  Τ  Ν  Ο  Τ  Α  Κ  Ε  Ν  Α  Ο  Α  Ό
Ι  Α  Δ  Q  J  S  Κ  G  W  Ο  Ε  Κ  Ι  Φ  Ρ  Τ  Ν
Κ  Ύ  Ι  Α  Τ  Ό  G  Α  U  F  V  Β  Σ  Έ  Ε  Ά  Ι
Ή  Ε  Q  W  G  Ν  D  Q  Κ  Ζ  U  Υ  Τ  Ρ  Τ  Σ  Α
S  Κ  W  Ο  Ρ  Κ  Ν  Σ  Ρ  Ό  Κ  Σ  Ε  Ο  Ι  Τ  Ί
C  Σ  Ο  Ε  Τ  Ρ  Ώ  Ο  U  U  S  C  Ί  Ν  Κ  Η  Θ
Α  Α  Α  Π  Ό  S  U  Ε  Μ  Π  Α  Μ  Π  Ά  Ό  Μ  Ο
D  Τ  Ο  Χ  J  Β  Υ  F  Ε  Γ  Υ  Υ  Ο  Τ  S  Α  Υ
Π  Α  Ρ  Ά  Θ  Υ  Ρ  Ο  Χ  Ι  Ά  Ν  S  G  Β  L  Σ
S  Κ  Υ  Β  Ε  G  Β  C  L  C  Β  Τ  J  Υ  W  Τ  Α
G  Υ  S  Η  S  Η  Φ  Ό  Ρ  Ρ  Ο  Π  Α  Ζ  S  D  R
```

Puzzle 619

```
H R Q A X Δ E K F L Q C Z Π Ρ Σ Δ
T T H Φ R M I C Λ F L H L I A Y Ί
O B Y Ρ Ό Θ V E T Έ H U D Θ Δ M Π
I V M Ά B Z C L Y L Ψ M N A I Π Λ
A X V T X K K Y G K S O R N Ό Έ Ω
Π S Z A T P Ά K W C P X Y Ό Φ P M
O O E Φ H M E P Ί Δ A I A N Ω A A
Δ K A T Ά P T I Σ H Σ A N Y N Σ C
E A F X P Y Σ Ό N J W T Ύ Ί O M T
Ί W K Y P D X H I U E N O Π Σ A P
Ξ G H A W T Ί Π O T A O Λ M Ά E P
E T Ύ O A P B E L S O Θ Ω N Z P I
I A T N O T Π Ύ Λ A K Ά Π E J K A
Σ H A N Z E O A Z R P K U K Q B Y
E Y X A P I Σ T Ή Σ O Y N H H S X
```

ΚΛΈΨΟΥΝ
ΑΠΟΔΕΊΞΕΙΣ
ΚΑΤΆΡΤΙΣΗΣ
ΘΌΡΥΒΟ
ΔΊΠΛΩΜΑ
ΠΙΘΑΝΌ
ΠΆΡΑ
ΚΑΛΎΠΤΟΝΤΑΙ
ΣΥΜΠΈΡΑΣΜΑ
ΧΡΥΣΌ
ΚΆΘΟΝΤΑΙ
ΟΎΤΕ
ΤΊΠΟΤΑ
ΔΙΕΥΚΡΙΝΊΣΕΙ
ΕΦΗΜΕΡΊΔΑ
ΑΦΡΆΤΑ
ΕΥΧΑΡΙΣΤΉΣΟΥΝ
ΠΩΛΟΎΝ
ΡΑΔΙΌΦΩΝΟ
ΚΆΡΤΑ

Puzzle 620

ΕΞΑΊΡΕΣΗ
ΚΑΡΙΈΡΑ
ΒΑΣΙΛΙΆ
ΛΊΜΝΗ
ΦΆΣΗ
ΑΠΑΙΤΟΎΝ
ΞΌΡΚΙ
ΜΝΉΜΗ
ΠΑΡΑΚΟΛΟΎΘΗΣΑΝ
ΈΔΩΣΕ
ΚΑΡΌΤΟ
ΒΕΛΌΝΑ
ΞΗΡΑΣΊΑ
ΣΥΜΒΟΥΛΈΣ
ΥΠΟΛΟΓΊΖΕΙ
ΚΑΤΑΔΎΣΕΙΣ
ΌΜΩΣ
ΔΥΝΑΤΆ
ΣΕ
ΠΕΡΊΦΡΑΞΗ

```
Ξ Π Α Ρ Α Κ Ο Λ Ο Ύ Θ Η Σ Α Ν K D
A H D Z C F Q Z P P L G C P R A L
D Σ P U H T V Y J T N D X Έ I T F
F E Σ A N Q R C S B Z V N I M A I
H P P D Σ Έ Λ Y O B M Y Σ P T Δ F
L I T L Ω Ί Φ Ά Σ H X X J A C Ύ B
O A O B M U A H Q W E M X K K Σ T
C Ξ T Z Ό T Ά E J P M A N Ό Λ E B
H E Ό Ύ O T I A Π A G V Ή K I N
Π E P Ί Φ P A Ξ H Ξ Ό P K I M Σ J
F Z A H S D N W I N H D O Q O H Q
H S K F R H Y L X V M Έ Δ Ω Σ E A
U M H K W L Δ P C G Q Ί B S O H I
Y Π O Λ O Γ Ί Z E I E A Λ A C L Y
K C Q T I T C P B A Σ I Λ I Ά O Y
```

Puzzle 621

```
Σ  X  Y  Z  R  W  B  Δ  H  O  J  F  Z  U  H  J  X
E  O  J  R  Q  F  A  I  Λ  Έ  Z  I  Π  M  Z  Έ  S
T  G  N  I  L  E  G  E  Ά  E  S  G  V  Y  L  P  R
Ή  R  Q  Έ  B  U  S  Υ  Γ  N  Y  O  X  Έ  H  I  U
N  Q  Q  N  M  Y  Ό  Θ  E  T  A  J  B  C  Σ  Ξ  S
A  M  Έ  P  K  Y  T  Y  M  Ά  O  O  X  A  I  E  M
Λ  K  A  Λ  Ά  X  E  N  K  Ξ  K  P  Y  T  P  R  I
Π  I  P  M  V  K  Λ  T  P  E  A  G  P  H  Ί  Έ  E
Π  Λ  O  Ί  O  Y  E  Ή  H  I  Λ  O  I  T  E  Δ  Σ
F  P  E  P  A  Z  K  Σ  R  O  Ά  B  R  Ό  X  W  Ή
F  T  Q  S  I  J  Σ  B  Φ  A  Γ  G  B  I  A  S  Γ
K  L  D  H  V  G  X  S  P  K  E  O  L  O  I  N  H
J  T  O  Λ  M  H  P  Ή  Ά  K  M  I  Π  Π  Δ  I  Ξ
H  I  K  K  X  X  A  M  Σ  J  T  F  S  A  H  W  E
O  X  I  H  L  V  D  B  H  A  Π  Λ  Ή  I  E  T  U
```

ΠΟΙΌΤΗΤΑ
ΜΕΓΆΛΑ
ΤΟΛΜΗΡΉ
ΑΠΛΉ
ΣΟΒΑΡΈΣ
ΠΛΑΝΉΤΕΣ
ΔΙΑΧΕΊΡΙΣΗ
ΣΚΕΛΕΤΌ
ΕΝΤΆΞΕΙ
ΠΛΟΊΟ
ΈΡΙΞΕ
ΜΕΓΆΛΗ
ΕΞΉΓΗΣΕΙ
ΚΑΛΆ
ΔΙΕΥΘΥΝΤΉΣ
ΚΡΈΜΑ
ΑΠΟΓΟΗΤΕΥΜΈΝΟΣ
ΈΧΟΥΝ
ΜΠΙΖΈΛΙΑ
ΦΡΆΣΗ

Puzzle 622

ΑΝΕΞΑΡΤΗΣΊΑΣ
ΦΡΟΝΤΊΔΑ
ΤΎΜΠΑΝΟ
ΔΙΑΦΥΓΉΣ
ΈΡΗΜΟ
ΠΟΛΛΏΝ
ΠΡΟΣΠΆΘΕΙΑ
ΊΝΤΣΕΣ
ΑΝΤΙΣΤΆΘΜΙΣΗΣ
ΚΆΛΥΨΗΣ
ΆΜΥΝΑ
ΚΟΜΜΆΤΙ
ΠΕΡΙΟΧΉΣ
ΠΛΗΡΟΎΝΤΑΙ
ΦΟΡΗΤΌ
ΣΧΕΔΙΑΣΜΟΎ
ΠΑΎΣΗ
ΔΑΜΆΣΚΗΝΟ
ΤΣΆΝΤΑ
ΣΥΝΑΝΤΉΘΗΚΕ

```
Φ  I  Q  E  Π  R  Q  M  T  F  F  J  E  L  H  Π  K
Σ  P  J  F  B  P  X  O  W  D  Q  Z  W  C  S  O  Ά
Y  T  O  K  V  Ύ  O  M  Σ  A  I  Δ  E  X  Σ  Λ  Λ
N  Ύ  M  N  I  G  S  Σ  Ή  Γ  Υ  Φ  A  I  Δ  Λ  Y
A  M  H  K  T  P  U  M  Π  K  W  A  L  A  R  Ώ  Ψ
N  Π  P  Ί  A  Ί  G  I  Q  Ά  O  P  L  N  H  N  H
T  A  Έ  N  H  K  Δ  W  D  W  Θ  M  U  Y  W  B  Σ
Ή  N  O  T  P  J  T  A  B  Z  G  E  M  M  Q  L  Z
Θ  O  Ό  Σ  Π  E  P  I  O  X  Ή  Σ  I  Ά  M  Z  O
H  Q  T  E  U  N  F  Q  G  N  Q  V  Z  A  T  K  K
K  U  H  Σ  Ύ  A  Π  K  Z  Y  E  J  Y  T  O  I  N
E  F  P  Σ  A  Ί  Σ  H  T  P  A  Ξ  E  N  A  W  N
G  J  O  S  T  P  X  R  O  N  H  K  Σ  Ά  M  A  Δ
C  M  Φ  Π  Λ  H  P  O  Ύ  N  T  A  I  Σ  T  Q  P
A  N  T  I  Σ  T  Ά  Θ  M  I  Σ  H  Σ  T  J  Y  G
```

Puzzle 623

```
J A W H S Π L D R L H J F N F Σ E
X Φ G Ξ Γ E A P Ή T Σ A P B T Y Π
N Y M Y Ό I N P G V E Δ Ί E Σ Γ I
Q Σ Q E M X Σ Y A Q N H D C L K B
H I R T A P X L N M Ά U N P T P I
E K U N B A O Λ Ύ M E I Y X O O Ώ
Π Ό B Έ Z Ά Λ H M A X Ί O C N Ύ Σ
I Σ Ψ N V D I E R I R O N I F O O
Λ B O Y Y F K A E P G C X E C N Y
Έ Y Γ Σ Γ Γ Ή R T T F S Ί X I T N
Ξ O T E U E I J T Έ C V E Y O A T
E H Z G P A Ί Ή B M C H Δ T A I O
T T X T G N Y O Z Ί N O K I E Π A
E Σ T A Δ I A K Ή V Q V I I H C G
Π E P I Γ P Ά Ψ E I Q Y N U Y M Z
```

ΕΠΙΛΈΞΕΤΕ
ΨΥΓΕΊΟ
ΓΌΜΑ
ΣΧΟΛΙΚΉ
ΣΤΑΔΙΑΚΉ
ΧΑΜΗΛΆ
ΜΈΤΡΙΑ
ΦΥΣΙΚΌΣ
ΕΠΙΒΙΏΣΟΥΝ
ΑΠΕΙΚΟΝΊΖΟΥΝ
ΜΎΛΟ
ΥΓΉ
ΠΕΡΙΓΡΆΨΕΙ
ΒΡΑΣΤΉΡΑ
ΠΑΡΑΜΕΊΝΕΙ
ΣΥΓΚΡΟΎΟΝΤΑΙ
ΆΝΕΣΗ
ΣΥΝΈΝΤΕΥΞΗ
ΕΊΔΕ
ΔΕΊΧΝΟΥΝ

Puzzle 624

ΣΥΓΧΈΟΥΝ
ΕΠΊΠΕΔΟ
ΕΡΓΑΣΊΑΣ
ΠΡΟΣΕΚΤΙΚΟΊ
ΟΝΌΜΑΤΟΣ
ΠΡΟΆΣΠΙΣΗΣ
ΈΡΩΣ
ΣΥΝΟΛΙΚΌ
ΠΑΡΆΞΕΝΟ
ΠΡΑΚΤΙΚΈΣ
ΧΏΡΟ
ΠΈΝΕΣ
ΠΌΝΟ
ΕΎΚΟΛΟ
ΥΠΌΛΟΙΠΟ
ΙΔΙΟΚΤΗΣΊΑΣ
ΠΗΓΉ
ΕΝΑΛΛΑΚΤΙΚΉ
ΚΙΛΆ
ΠΡΑΓΜΑΤΙΚΌΤΗΤΑ

```
T M Π Π S W Σ H Σ I Π Σ Ά O P Π I
D H P M P S K N J X C A I H W P Δ
V U A N Y O Έ X Γ Y Σ Ω P Έ P A I
Π N V G C K P Σ Y Π Ό Λ O I Π O K O
H I M R T Ώ J E J E B Π H H M T K
Γ T A W O X V G K B P L Ό J D I T
Ή Π T W U W B Σ Ά T R Γ K N L K H
I A I R E Ύ K O Λ O I X A A O Έ Σ
Π P K B D X Q T I B J K F Σ J Σ Ί
Έ Ά Ό X D Q C A K F X D O F Ί M A
N Ξ T N A V J M L M Z H O Ί G A Σ
E E H A J Y A Ό K I Λ O N Y Σ K Σ
Σ N T K H K Q N Y X T X V B L Z F
S O A Q D N F O D E Π Ί N E Y V Q
E N A Λ Λ A K T I K Ή B Q Q R Y J
```

Puzzle 625

```
K M L M Y C N T Σ E Y K O Λ Ί A
A J Q F S X E O W I Y X W G S H A
T H W G R E Ά Y Δ Δ A Z S B X F L
A I E M D C T Λ B Ά V Θ Ή T A P G
Δ W Ξ K Έ M Σ Ί Ί Λ M U Έ T H O W
Ύ Q Ά A Z T O Π A X P F T Σ H K T
Σ Φ Π Θ J X P A Σ A L F T I I Σ V
E Ω Λ Ή K L Π I Ψ Ά X N E I M M H
I N Ω K L T M K A P Ύ M M H Λ Π O
Σ Ή Σ O O Δ O N T Ό K P E M A T B
A E H N Y Π Ό Λ O I Π O V Q L L O
U B Z D H N K A N Έ N A N T M R L
B O T F K N G H L M A A J N D D O
Θ Έ Λ E I Z K K Ά Θ I Σ E J C Y I
V C J B O Y B Ά Λ I A G Q B H Q Z
```

ΚΑΝΈΝΑΝ
ΚΆΘΙΣΕ
ΟΔΟΝΤΌΚΡΕΜΑ
ΣΥΖΉΤΗΣΗ
ΜΠΡΟΣΤΆ
ΤΟΥΛΊΠΑ
ΒΟΥΒΆΛΙΑ
ΕΞΆΠΛΩΣΗ
ΒΊΑΣ
ΚΑΘΉΚΟΝ
ΘΈΛΕΙ
ΔΙΑΘΈΣΙΜΟ
ΕΥΚΟΛΊΑ
ΦΩΝΉ
ΑΧΛΆΔΙ
ΨΆΧΝΕΙ
ΠΛΗΜΜΎΡΑ
ΚΑΤΑΔΎΣΕΙΣ
ΜΈΤΡΙΑ
ΥΠΌΛΟΙΠΟ

Puzzle 626

ΘΑΥΜΑΣΤΈΣ
ΡΉΜΑ
ΔΗΜΟΚΡΑΤΙΚΉ
ΚΟΥΝΟΥΠΙΏΝ
ΚΑΙΡΌ
ΦΩΤΟΓΡΑΦΊΑ
ΑΝΑΚΑΤΕΎΟΥΜΕ
ΑΝΌΜΟΙΑ
ΗΛΙΚΊΑ
ΜΥΤΕΡΆ
ΣΤΑΘΜΌΣ
ΚΑΜΠΎΛΗ
ΤΗΛΈΦΩΝΟ
ΚΑΙ
ΜΈΛΙΣΣΑ
ΦΩΤΙΆ
ΈΤΣΙ
ΕΞΗΓΉΣΕΙ
ΕΠΙΒΙΏΣΟΥΝ
ΕΎΚΟΛΟ

```
M J A U W G A C E R L Φ B O Θ T Δ
C Έ P Ή M A V N P K Z Ω S D A H H
F I Λ W H F Z O Ό Z B T R K Y Λ M
D M J I Σ T Έ A U M G I S H M Έ O
E X I E Σ Ή Γ H Ξ E O Ά Y W A Φ K
M G N U O Σ K A I P Ό I N B Σ Ω P
J O R Y K P A O B B V V A I T N A
G A N G H O E Λ B A J R Ί R Έ O T
E Π I B I Ώ Σ O Y N Σ Ά K O Σ G I
H M K B R F Z K M A Ό P I I V M K
A N A K A T E Ύ O Y M E Λ K O Y Ή
K S E W M V R E X J Θ T H F A Z Z
Φ Ω T O Γ P A Φ Ί A A Y P N M I S
K O Y N O Y Π I Ώ N T M R W C S D
K A M Π Ύ Λ H D Q A Σ E Q I T A E
```

Puzzle 627

```
Q  T  M  W  I  J  S  Q  J  N  O  Y  Q  Π  S  J  C
W  D  Z  E  I  X  H  Σ  H  Θ  Σ  Ί  Λ  O  C  I  M
Π  Σ  M  U  E  Π  B  F  E  A  Q  W  R  I  S  C  Y
Λ  A  O  H  Σ  E  Ρ  Ί  A  I  Δ  N  I  K  A  C  G
T  D  T  Y  Ύ  L  X  A  M  K  M  R  H  I  P  P  E
W  U  Ή  I  E  N  N  K  Γ  Ά  A  J  O  L  I  N  M
Ύ  O  P  E  N  Ψ  Έ  M  A  M  S  Q  W  Ί  G  N  T
Y  Λ  H  O  Π  Ά  O  Ή  C  Ω  A  X  Y  A  E  Y  X
O  A  M  A  A  I  Z  N  K  Ψ  X  T  Π  Ό  P  T  A
O  Λ  B  N  Y  O  X  Έ  R  U  Y  I  P  K  B  N
Y  Ό  O  M  A  U  S  Y  G  L  U  B  F  K  Y  Y  J
A  Ρ  T  A  C  Z  V  Σ  Ά  Σ  K  O  Π  O  Ή  J  P
A  Π  E  I  K  O  N  Ί  Z  O  Y  N  N  L  I  G  X
Q  X  R  Π  A  N  T  P  E  Y  T  E  Ί  Z  B  I  Y
K  A  N  Έ  N  A  Γ  Έ  N  N  H  Σ  H  I  W  B  P
```

ΆΣΚΟΠΟ
ΟΛΊΣΘΗΣΗ
ΝΕΡΟΎ
ΔΙΑΊΡΕΣΗ
ΨΩΜΆΚΙΑ
ΠΌΡΤΑ
ΣΟΥ
ΡΌΠΑΛΟ
ΠΟΙΚΙΛΊΑ
ΑΝΑΠΝΕΎΣΕΙ
ΚΑΝΈΝΑ
ΓΈΝΝΗΣΗ
ΣΥΧΝΉ
ΠΡΑΓΜΑΤΙΚΉ
ΨΈΜΑ
ΠΑΝΤΡΕΥΤΕΊ
ΠΑΤΙΝΆΖ
ΈΧΟΥΝ
ΤΟΛΜΗΡΉ
ΑΠΕΙΚΟΝΊΖΟΥΝ

Puzzle 628

ΚΑΤΑΝΟΗΤΌ
ΣΉΜΑΤΟΣ
ΙΔΈΑ
ΕΠΑΝΈΛΘΕΙ
ΣΟΦΉ
ΛΗΦΘΕΊ
ΒΡΕΘΕΊ
ΧΘΕΣ
ΣΥΝΑΊΣΘΗΜΑ
ΡΊΞΕΙ
ΦΈΡΕΙ
ΜΆΓΙΣΣΑ
ΑΓΓΛΙΚΆ
ΜΟΛΎΒΔΟΥ
ΕΝΌΤΗΤΑ
ΚΑΛΑΜΆΡΙΑ
ΤΡΟΠΙΚΉ
ΠΊΣΩ
ΚΛΊΣΗ
ΤΑΧΥΔΡΌΜΟΣ

```
K  Σ  O  Φ  Ή  U  D  L  K  A  Λ  A  M  Ά  Ρ  I  A
Λ  Λ  H  Φ  Θ  E  Ί  I  T  S  H  C  T  A  C  E  B
Ί  A  W  I  J  W  Ρ  O  Φ  U  E  U  X  Γ  Y  Θ  H
Σ  M  H  R  Q  R  P  N  F  Έ  W  N  L  Γ  T  Λ  T
H  H  O  M  Ά  Γ  I  Σ  Σ  A  Ρ  Z  O  Λ  A  Έ  Ρ
K  Θ  E  Λ  Σ  Ή  M  A  T  O  Σ  E  M  I  X  N  O
Ω  Σ  Ί  Π  Ύ  G  Q  P  D  C  E  V  I  K  Y  A  Π
C  Ί  L  K  U  B  T  J  H  Ρ  Θ  A  E  Ά  Δ  Π  I
Z  A  V  W  V  E  Δ  Q  C  B  X  B  Ξ  R  P  E  K
P  N  N  F  N  K  J  O  V  P  I  L  Ί  K  Ό  C  Ή
N  Y  O  F  U  V  M  F  Y  E  F  Δ  P  G  M  W  V
D  S  E  N  Ό  T  H  T  A  Θ  X  H  Έ  M  O  M  D
K  A  T  A  N  O  H  T  Ό  E  S  P  A  A  Σ  W  E
P  X  N  O  Q  O  B  A  Y  Ί  H  Z  F  B  M  U  B
A  J  Y  K  W  E  W  L  Q  X  B  Y  F  D  W  J  G
```

Puzzle 629

Π	Έ	Τ	Ρ	Α	Χ	Ν	S	Q	F	L	I	D	V	A	T	Z
Λ	B	D	Λ	I	E	P	R	T	C	C	N	Q	C	Π	E	A
A	Z	Z	I	E	N	J	Y	T	H	T	W	A	W	A	T	T
Γ	E	P	O	K	M	X	L	Σ	X	O	C	Y	M	P	A	J
O	Λ	B	N	P	E	Δ	B	I	Ό	Ή	T	H	Θ	A	M	Θ
Y	Έ	A	T	Ά	U	S	A	V	Y	L	K	K	J	Ί	Έ	H
Δ	Σ	Δ	Ά	I	G	C	N	N	F	H	M	Γ	E	T	N	Λ
Ά	X	Ί	P	Δ	O	H	U	D	E	I	Z	Ά	O	H	H	Y
K	H	P	I	E	V	R	F	Z	N	Ί	E	N	O	T	Φ	K
I	P	E	P	E	Φ	Έ	Y	I	H	L	Z	A	N	O	O	Ό
K	Ύ	M	A	T	H	T	Ό	N	A	K	I	O	B	B	P	C
K	I	H	Θ	A	N	A	T	H	Φ	Ό	P	A	Y	V	H	J
K	K	Φ	Ί	Λ	O	Y	Σ	F	Q	B	Y	J	E	N	T	P
X	V	E	C	T	P	W	E	S	L	W	E	S	M	O	Ό	W
M	E	T	A	Φ	O	P	Ά	Σ	Z	B	R	M	G	R	S	Z

ΛΈΣΧΗ
ΦΊΛΟΥΣ
ΙΚΑΝΌΤΗΤΑ
ΤΕΤΑΜΈΝΗ
ΈΦΕΡΕ
ΑΠΑΡΑΊΤΗΤΟ
ΜΕΤΑΦΟΡΆΣ
ΘΗΛΥΚΌ
ΘΑΝΑΤΗΦΌΡΑ
ΑΝΆΓΚΗ
ΛΙΟΝΤΆΡΙ
ΚΎΜΑ
ΠΈΤΡΑ
ΛΑΓΟΥΔΆΚΙ
ΔΑΝΕΊΖΟΥΝ
ΔΙΆΡΚΕΙΑ
ΜΑΘΗΤΉ
ΕΦΗΜΕΡΊΔΑ
ΧΡΥΣΌ
ΦΟΡΗΤΌ

Puzzle 630

ΣΤΑΦΎΛΙΑ
ΠΕΤΑΛΟΎΔΑ
ΡΑΜΦΊΖΟΥΝ
ΒΡΑΔΙΆ
ΕΙΚΟΝΙΚΌ
ΕΚΣΤΡΑΤΕΊΑ
ΔΙΆΛΕΙΜΜΑ
ΡΟΔΆΚΙΝΟ
ΓΚΑΖΌΝ
ΒΕΛΤΊΩΣΗ
ΜΈΤΡΗΣΗ
ΠΛΕΟΝΈΚΤΗΜΑ
ΔΕΚΑΔΙΚΆ
ΑΣΦΑΛΈΣ
ΣΟΚΟΛΆΤΑΣ
ΠΡΌΓΟΝΟ
ΜΕΤΆ
ΠΑΙΧΝΙΔΙΆΡΙΚΟ
ΞΌΡΚΙ
ΔΕΊΧΝΟΥΝ

R	Δ	Σ	T	H	H	F	K	B	L	N	F	N	K	P	D	G
K	E	O	B	E	Λ	T	Ί	Ω	Σ	H	Σ	H	P	T	Έ	M
O	K	K	N	B	J	V	G	P	E	Z	N	Y	F	L	Y	C
H	A	O	A	I	Λ	Ύ	Φ	A	T	Σ	I	E	Z	I	J	N
Δ	Δ	Λ	M	G	O	L	Z	H	R	I	H	W	K	X	Z	Y
I	I	Ά	H	Π	A	I	X	N	I	Δ	I	Ά	P	I	K	O
Ά	K	T	T	N	A	Δ	Ύ	O	Λ	A	T	E	Π	W	Γ	N
Λ	Ά	A	K	O	G	O	N	I	K	Ά	Δ	O	P	E	K	X
E	B	Σ	Έ	Λ	A	Φ	Σ	A	G	G	L	E	Ό	I	A	Ί
I	P	C	N	I	R	L	V	Ξ	Ό	P	K	I	Γ	K	Z	E
M	A	A	O	P	A	M	Φ	Ί	Z	O	Y	N	O	O	O	Ό
M	Δ	P	E	K	Σ	T	P	A	T	E	Ί	A	N	N	N	D
A	I	G	Λ	M	E	T	Ά	C	L	E	X	B	O	I	I	Y
P	Ά	Π	O	O	H	X	C	C	A	G	X	B	K	N	B	
B	Y	N	E	G	X	W	A	E	H	C	E	A	U	Ό	Z	T

Puzzle 631

```
H  N  C  Λ  Ί  Γ  O  W  Δ  S  Y  Y  H  P  T  D  K
K  E  Ί  M  E  N  O  N  E  Έ  Θ  N  O  Σ  H  G  A
Σ  T  E  P  Ή  Σ  E  I  Λ  K  O  Y  T  Ί  Ύ  R  T
H  S  P  I  T  I  Ά  Σ  Φ  Q  K  Y  E  S  T  Λ  E
Π  Y  Π  Ό  Λ  E  M  O  Ί  D  T  Π  I  R  P  K  Y
B  P  H  B  K  H  U  K  N  P  D  E  C  A  Ί  A  Θ
W  C  O  Π  Ή  Γ  A  N  I  L  Z  Ύ  L  J  T  T  Ύ
A  K  M  Σ  Έ  P  E  X  O  P  B  Θ  D  F  H  H  N
Y  I  X  H  Έ  M  B  Δ  Ώ  P  O  Y  Θ  L  L  Γ  Σ
J  J  N  B  W  Γ  R  O  J  W  T  N  P  W  R  O  E
Φ  N  F  S  T  N  Γ  Y  E  G  L  O  A  D  I  P  I
W  I  O  V  I  T  N  I  Z  H  J  S  Ύ  E  R  O  Σ
S  Q  Λ  I  B  P  I  X  Σ  A  E  Q  Σ  P  L  Ύ  R
T  P  D  Ί  T  O  W  E  A  H  G  B  M  Q  M  N  A
J  U  W  W  K  A  Θ  A  P  Ό  M  N  A  N  W  M  B
```

ΔΏΡΟ
ΚΑΤΗΓΟΡΟΎΝ
ΚΕΊΜΕΝΟ
ΚΑΤΕΥΘΎΝΣΕΙΣ
ΠΉΓΑΝ
ΘΡΑΎΣΜΑ
ΈΘΝΟΣ
ΔΕΛΦΊΝΙ
ΠΌΛΕΜΟ
ΛΊΓΟ
ΒΡΟΧΕΡΈΣ
ΛΎΣΗ
ΦΙΛΊ
ΠΡΟΣΈΓΓΙΣΗ
ΚΑΘΑΡΌ
ΣΤΕΡΉΣΕΙ
ΚΟΥΤΊ
ΙΤΙΆΣ
ΥΠΕΎΘΥΝΟΣ
ΤΡΊΤΗ

Puzzle 632

ΕΝΤΌΠΙΣΕ
ΕΠΌΜΕΝΟ
ΓΡΑΦΕΊΟ
ΕΜΠΝΕΎΣΕΙ
ΑΠΌΣΤΑΣΗ
ΣΗΜΑΝΤΙΚΈΣ
ΦΟΡΤΗΓΌ
ΜΗΔΈΝ
ΓΕΝΝΉΘΗΚΕ
ΑΡΚΟΎΔΑ
ΑΊΜΑΤΟΣ
ΑΠΟΤΈΛΕΣΜΑ
ΑΝΑΝΆ
ΈΝΤΕΚΑ
ΕΞΟΧΙΚΉ
ΑΝΑΤΟΛΙΚΆ
ΑΝΟΙΚΤΆ
ΓΡΑΜΜΉ
ΒΟΥΝΏΝ
ΜΕΓΆΛΗ

```
P  N  E  C  N  E  Σ  I  Π  Ό  T  N  E  H  W  R  X
X  A  Ξ  X  Ή  M  M  A  P  Γ  U  G  X  K  X  X  R
V  J  O  B  P  Π  A  N  A  T  O  Λ  I  K  Ά  X  W
O  D  X  J  Z  N  Φ  O  P  T  H  Γ  Ό  Z  Q  W  Q
K  V  I  Σ  V  E  Γ  E  N  N  Ή  Θ  H  K  E  R  C
A  A  K  Έ  P  Ύ  E  Π  Ό  M  E  N  O  F  A  N  U
A  Π  Ή  K  A  Σ  M  O  N  P  P  M  E  Γ  Ά  Λ  H
Π  U  O  I  B  E  Γ  P  A  Φ  E  Ί  O  Q  C  I  N
Ό  A  Q  T  N  I  G  Z  D  N  R  Έ  Y  H  E  H  J
Σ  L  C  N  Έ  S  V  W  C  Q  N  Ώ  N  Y  O  B  I
T  A  N  A  Δ  Λ  V  X  J  Z  Q  U  K  T  E  O  F
A  N  N  M  H  B  E  A  Ί  M  A  T  O  Σ  E  H  U
Σ  A  B  H  M  V  B  Σ  A  N  O  I  K  T  Ά  K  L
H  N  S  Σ  J  P  N  V  M  F  E  C  N  W  Z  F  A
N  Ά  M  A  Z  E  T  W  Z  A  Δ  Ύ  O  K  P  A  N
```

Puzzle 633

```
T  Q  H  Y  Y  U  U  A  Δ  Ί  Λ  E  Σ  Z  W  K  K
Π  Π  P  R  V  Π  D  D  L  U  F  Y  Y  X  M  Y  Ό
C  E  N  Ώ  B  I  O  M  A  X  I  Π  H  X  P  P  M
A  Ά  I  Δ  O  Π  O  Θ  Y  B  D  O  Λ  Σ  Ή  Ί  Π
Π  P  E  N  O  U  F  A  Έ  A  U  Σ  I  Φ  B  A  O
O  Y  Σ  Ω  A  L  I  U  N  T  D  T  Ό  O  F  P  Σ
P  G  Ώ  N  Ί  Σ  B  D  G  Ά  Ω  H  Λ  Y  K  X  F
P  D  Δ  Έ  Σ  M  M  M  H  P  R  P  O  Γ  W  H  Q
Ό  Z  O  M  A  L  B  Έ  T  Φ  A  Ί  Y  Γ  T  T  Q
Φ  K  Π  O  P  I  D  J  N  A  R  Z  Σ  Ά  A  K  C
H  E  A  Δ  H  N  A  M  K  O  J  O  T  P  I  Ί  X
Σ  R  H  E  Ξ  Ό  L  H  N  W  I  Y  H  I  Z  E  C
H  B  N  Δ  O  Σ  D  E  B  N  J  N  O  U  U  Δ  N
U  Y  X  U  O  O  Σ  Έ  Λ  I  N  O  J  D  Z  M  A
Σ  Y  N  E  I  Δ  H  T  O  Π  O  I  O  Ύ  N  W  H
```

ΝΌΣΟ
ΠΟΔΙΆ
ΑΜΟΙΒΏΝ
ΥΠΟΣΤΗΡΊΖΟΥΝ
ΠΕΙΝΑΣΜΈΝΟΙ
ΔΕΔΟΜΈΝΩΝ
ΗΛΙΌΛΟΥΣΤΗ
ΣΥΝΕΙΔΗΤΟΠΟΙΟΎΝ
ΑΠΟΔΏΣΕΙ
ΣΕΛΊΔΑ
ΣΦΟΥΓΓΆΡΙ
ΚΌΜΠΟΣ
ΥΠΟΘΈΤΩ
ΣΈΛΙΝΟ
ΕΥΧΉ
ΔΕΊΚΤΗ
ΚΥΡΊΑΡΧΗ
ΑΠΟΡΡΌΦΗΣΗ
ΑΦΡΆΤΑ
ΞΗΡΑΣΊΑ

Puzzle 634

ΣΦΥΡΊ
ΔΙΑΔΙΚΑΣΊΑ
ΑΣΗΜΈΝΙΑ
ΑΝΑΓΝΩΡΊΣΤΕ
ΛΕΠΤΉ
ΣΟΥΤ
ΣΥΝΈΛΕΥΣΗ
ΑΝΤΊΟ
ΠΡΆΣΟ
ΗΛΊΘΙΟ
ΠΑΊΧΤΗΣ
ΌΓΚΟ
ΒΑΣΙΛΙΚΉ
ΟΙΚΟΝΟΜΊΑ
ΑΓΕΛΆΔΑ
ΠΡΏΗΝ
ΚΆΠΟΥ
ΛΙΏΣΕΙ
ΟΔΟΝΤΟΒΟΥΡΤΣΑ
ΕΡΩΔΙΌΣ

```
Σ  A  J  Z  K  G  Σ  C  B  T  E  L  W  O  T  Σ  H
Y  Y  K  Ά  Π  O  Y  O  M  F  F  P  U  U  I  Φ  Λ
K  E  N  H  Ώ  P  Π  Σ  Y  R  M  J  Ω  V  P  Y  Ί
T  O  P  Έ  R  N  Y  Ά  H  T  Z  U  H  Δ  Y  P  Θ
J  G  P  Q  Λ  N  N  P  N  Q  B  K  H  H  I  I  I
Λ  E  Π  T  Ή  E  U  Π  A  Z  V  M  A  K  I  Ό  O
X  Q  P  A  R  I  Y  N  E  T  I  P  N  L  Y  Σ  Σ
X  H  L  Ί  N  S  T  Σ  Q  E  Σ  H  T  X  Ί  A  Π
Z  S  U  M  F  L  G  U  H  R  O  D  Ί  V  P  L  K
I  U  P  O  A  Σ  H  M  Έ  N  I  A  O  K  Γ  Ό  G
O  Δ  O  N  T  Ό  B  O  Y  P  T  Σ  A  D  J  T  E
B  P  M  O  P  K  A  N  A  Γ  N  Ω  P  Ί  Σ  T  E
N  O  Ή  K  I  Λ  I  Σ  A  B  L  C  S  T  E  X  X
U  M  X  I  E  Σ  Ώ  I  Λ  A  Γ  E  Λ  Ά  Δ  A  G
J  C  U  O  Δ  I  A  Δ  I  K  A  Σ  Ί  A  L  Q  J
```

Puzzle 635

Y	F	B	Y	N	Π	Φ	A	Σ	Ό	Λ	I	A	Q	N	Σ	Π
Σ	T	I	Γ	M	Ή	Ό	N	E	T	Σ	D	B	U	Ό	T	P
J	U	G	L	R	Q	W	Δ	X	V	P	U	N	G	Σ	A	Ά
Π	O	N	T	Ί	K	I	C	I	X	Σ	O	Π	Ύ	T	Θ	Σ
Δ	Y	Σ	T	Y	X	Ί	A	U	A	X	N	A	U	I	E	I
A	Π	A	Λ	Ό	A	N	E	S	Q	S	K	T	L	M	P	N
H	I	B	N	K	Π	D	Π	J	D	C	Ύ	I	S	A	Ή	O
D	N	X	T	I	O	C	I	Σ	J	Z	K	X	V	K	I	R
D	D	E	P	Δ	Φ	P	Θ	J	Ύ	O	C	T	C	M	Z	K
T	Ί	T	Λ	O	E	Y	E	I	U	N	K	K	R	G	R	K
Y	J	U	G	I	Ύ	Λ	Ώ	Z	H	R	N	A	E	S	S	X
I	C	P	F	P	Γ	I	P	Y	J	O	U	E	P	T	O	F
Y	B	A	X	E	O	K	H	J	U	O	P	G	Φ	Δ	P	T
Y	T	T	J	Π	Y	Ό	Σ	X	P	H	R	K	J	O	I	B
E	E	X	U	C	N	W	H	Έ	T	O	I	M	O	I	A	Ά

ΚΑΡΔΙΆ
ΣΤΕΝΌ
ΤΎΠΟΣ
ΥΛΙΚΌ
ΈΤΟΙΜΟΙ
ΑΠΟΦΕΎΓΟΥΝ
ΣΎΝΝΕΦΟ
ΕΠΙΘΕΏΡΗΣΗ
ΠΌΔΙΑ
ΠΟΝΤΊΚΙ
ΔΥΣΤΥΧΊΑ
ΠΡΆΣΙΝΟ
ΣΤΑΘΕΡΉ
ΣΤΙΓΜΉ
ΦΑΣΌΛΙΑ
ΑΠΑΛΌ
ΤΊΤΛΟ
ΚΎΚΝΟ
ΠΕΡΙΟΔΙΚΌ
ΝΌΣΤΙΜΑ

Puzzle 636

ΑΠΌΘΕΜΑ
ΚΟΥΡΤΊΝΕΣ
ΜΟΤΈΛ
ΠΙΈΣΤΕ
ΉΞΕΡΕ
ΦΑΣΟΛΙΏΝ
ΧΡΌΝΙΑ
ΣΥΓΧΩΡΉΣΕΙ
ΓΙΑΤΡΌ
ΚΑΤΗΓΟΡΊΑ
ΑΠΛΆ
ΑΚΡΙΒΏΣ
ΑΝΌΗΤΟ
ΕΚΛΟΓΉ
ΠΑΡΑΓΩΓΉΣ
ΣΗΜΕΙΩΜΑΤΆΡΙΟ
ΕΆΝ
ΠΡΌΒΛΗΜΑ
ΤΎΠΟΥ
ΑΠΟΔΊΔΟΥΝ

R	T	J	Z	T	Y	O	Π	Ύ	T	K	O	C	Π	A	A	V
Π	P	Ό	B	Λ	H	M	A	I	E	C	I	U	A	N	Π	M
Φ	F	M	X	Έ	A	Π	Λ	Ά	Έ	M	P	W	P	Ό	Ό	O
C	A	Y	P	T	F	Z	V	A	V	Σ	Ά	W	A	H	Θ	V
N	H	Σ	W	O	M	Z	N	V	F	A	T	Z	Γ	T	E	X
K	D	X	O	M	Q	I	W	R	C	Π	A	E	Ω	O	M	W
D	O	B	Z	Λ	R	J	J	L	M	O	M	P	Γ	K	A	A
T	O	Z	Y	O	I	H	H	W	F	Δ	Ω	E	Ή	A	H	K
Γ	I	A	T	P	Ό	Ώ	M	R	R	Ί	I	Ξ	Σ	T	S	P
M	Z	E	Z	A	Z	X	N	Ά	E	D	E	Ή	C	H	E	I
Σ	Y	Γ	X	Ω	P	Ή	Σ	E	I	O	M	Γ	X	Γ	Y	B
X	P	Ό	N	I	A	S	G	L	I	Y	H	O	E	O	C	Ώ
P	C	J	L	K	X	M	P	P	I	N	Σ	Λ	L	P	R	Σ
K	O	Y	P	T	Ί	N	E	Σ	J	P	E	K	M	Ί	W	O
A	N	K	J	M	O	R	K	C	Z	V	A	E	V	A	O	B

Puzzle 637

```
Π Ρ Ο Κ Ε Ι Μ Έ Ν Ο Υ Q H U B T Z
Η Α Δ Ί Γ Α Ρ Φ Σ T U E T Ξ Ί P L
T Ρ Ν Γ Υ Α Λ Ι Σ T E Ρ Ή Ν V Υ Π
Ν Ο Ι Α N G I U D R P H A O E Φ Ι
Ν Ρ Ρ T M B A I V I E K E Σ Σ E O
V Μ Π Z C O T Σ Ω Ρ Ρ Ά R K Ω Ρ Ν
Z Z Η S T Ν N B G Y K J M B T Ά A
A Z T M L Ά S Ή Z S K L T F E Έ Π
Q Δ D K V Λ K V Σ Ό Λ Ι E Δ Ρ Ξ Έ
U A E A Γ Π Υ A O F Χ A A Γ Ι Υ Ν
U J K Λ E Π Ι Μ Έ Ρ Ο Υ Σ Ά K Π A
Y R J E Φ E Ξ Έ T A Σ H Σ Ν Ή Ν Ν
Υ Ι B H D Ή Υ Z B F U R Ρ T Ι Η T
Α Π Ε Λ Π Ι Σ Μ Έ Ν Ο Ι G I V C Ι
Α Π Λ Ο Π Ο Ι Ή Σ T E Ρ Ι Α M W E
```

ΑΔΕΛΦΉ
ΕΠΙΜΈΡΟΥΣ
ΔΕΙΛΌΣ
ΓΆΝΤΙΑ
ΤΡΥΦΕΡΆ
ΕΞΈΤΑΣΗΣ
ΑΝΑΜΟΝΉΣ
ΠΡΟΚΕΙΜΈΝΟΥ
ΈΞΥΠΝΗ
ΠΡΙΝ
ΑΠΈΝΑΝΤΙ
ΠΛΆΝΟ
ΡΊΞΤΕ
ΓΥΑΛΙΣΤΕΡΉ
ΕΣΩΤΕΡΙΚΉ
ΑΠΕΛΠΙΣΜΈΝΟΙ
ΆΡΡΩΣΤΟ
ΠΙΟ
ΑΠΛΟΠΟΙΉΣΤΕ
ΣΦΡΑΓΊΔΑ

Puzzle 638

ΣΠΑΘΊ
ΛΩΡΊΔΑ
ΚΛΈΨΤΕ
ΒΡΟΧΉ
ΌΠΛΟ
ΑΝΕΞΆΡΤΗΤΟ
ΆΘΛΙΑ
ΕΜΠΕΙΡΊΑ
ΑΦΉΝΟΝΤΑΣ
ΤΎΠΟ
ΣΥΝΔΥΑΣΜΌ
ΓΝΩΣΤΌ
ΓΚΡΙ
ΑΠΟΚΑΛΎΠΤΟΥΝ
ΈΝΤΙΜΑ
ΕΠΙΤΡΟΠΉ
ΌΦΕΛΟΣ
ΠΛΑΤΕΊΑ
ΕΊΔΕ
ΕΠΙΛΈΞΕΤΕ

```
M G O I B F P V P O W G M M P N M
L X W H A P C G Y G L G B Q Y M V
F E M S N B O Π Ύ T L Ί Θ A Π Σ A
Γ R A K E N O X X G W O K M I Z Y
Ά K Ί B Ξ I Λ S Ή Π O R T I Π E L
Θ S P I Ά A Π O K A Λ Ύ Π T O Y N
Λ G I I P H Ό T Σ Ω N Γ I N W E Z
I N E E T R C M B B H A X Έ L T B
A L Π G H M U A Σ F Z C R B X E Ό
C R M W T D C Ί T A M E D L T Ξ Φ
C D E R O X I E F E Y Ί V N C Έ E
K Λ Έ Ψ T E I T B N A Δ Ί P Ω Λ Λ
A Φ Ή N O N T A Σ A X E N M Z I O
Y D G F R V B Λ N U Y Y Υ Ι Π Σ
V W L R Y H O Π P L Z V G E Σ E Z
```

Puzzle 639

```
L V B Ψ J P Q Y J Υ Π H P S C A K
K E O A H H R I F Ά P O Θ Φ K Π Z
B Σ Ω Σ Ί Λ X S I G Ό L Y K E O Ί
Γ A I P Ά Ψ Ό A O N B S M A K Δ Δ
Σ P P O Q R M T A D A E O Λ A E P
Υ Έ O E E X Q W E D T Ή P O T Ί Υ
Σ Π G Θ Θ R Q W Z P A K Φ Ύ O Ξ M
T L T R I E W V A V O I Ή M M E A
Ή D R G K Ά Ί M L X T M B E M I Z
M T A Λ Έ N T O O T S O C A Ύ E N
A D I U D U L R P P Y N O V P W W
T S Q W I K E P Ά Σ I O I W I T S
O M T D B H C Έ Π O I K O I A X D
Σ Έ K I T K A P Π X K I O D S N F
S J G P V Ί E Θ Υ O Λ O K A P A Π
```

ΚΑΛΟΎΜΕ
ΠΑΡΑΚΟΛΟΥΘΕΊ
ΣΥΣΤΉΜΑΤΟΣ
ΈΠΟΙΚΟΙ
ΊΔΡΥΜΑ
ΨΆΡΙΑ
ΕΚΑΤΟΜΜΎΡΙΑ
ΜΟΡΦΉ
ΠΡΌΒΑΤΑ
ΑΠΟΔΕΊΞΕΙ
ΨΗΛΌΤΕΡΟ
ΚΕΡΆΣΙ
ΠΈΡΑΣΕ
ΒΑΡΕΘΕΊ
ΟΙΚΟΝΟΜΙΚΉ
ΦΘΟΡΆ
ΓΡΟΘΙΆ
ΊΣΩΣ
ΤΑΛΈΝΤΟ
ΠΡΑΚΤΙΚΈΣ

Puzzle 640

ΚΑΠΝΌΣ
ΠΡΊΓΚΙΠΑΣ
ΠΤΕΡΎΓΙΟ
ΓΈΦΥΡΑ
ΚΆΤΙ
ΠΡΟΦΑΝΉ
ΜΑΚΡΆ
ΜΠΑΛΟΝΙΏΝ
ΚΌΣΜΟ
ΛΆΘΟΣ
ΜΕΓΑΛΎΤΕΡΗ
ΤΡΆΠΕΖΑ
ΒΊΣΟΝΕΣ
ΔΙΟΡΊΣΕΙ
ΠΟΡΤΡΈΤΟ
ΑΠΌΔΟΣΗ
ΑΛΛΑΓΉ
ΑΡΧΑΊΑ
ΚΟΝΤΆ
ΨΥΓΕΊΟ

```
G K Γ D Y N L A Z E Π Ά P T B Z M
D Ό Έ V M X U Π L Z D L O O Ί Π Π
U Σ Φ N B E Π Ό Ψ Y Γ E Ί O S P A
C M Y U Σ Z T Δ A G D S H T O O Λ
A O P C A W E O T K D K J Έ N Φ O
O Λ A E Π E P Σ A H J H D P E A N
K K Λ U I T Ύ H R P Z V Z T S N I
K Ά C A K J Γ Z N E X U E P O Ή Ώ
I Y T N Γ F I V L T N A K O Θ A N
A A V I Ί Ή O S B Ύ A J Ί Π Ά Q E
U D I O P Ί Σ E I Λ B R K A L Z F
I G I T Π X A N T A W J O G A P R
Y N W P A T S Q D Γ Σ Ό N Π A K C
X J S T V T T M I E S E T Y N S Q
J N H D M M B K S M R Q Ά P K A M
```

Puzzle 641

```
É  J  Y  F  R  M  P  K  T  X  E  C  G  Y  Σ  L  X
Q  K  Γ  I  A  T  Í  O  M  O  T  N  Ύ  Σ  Y  H  O
Z  O  A  Λ  Y  N  E  Y  R  N  B  A  H  U  Γ  E  Q
X  F  Q  N  L  P  K  Δ  X  Ω  V  I  E  X  K  E  B
X  H  I  B  E  A  P  O  N  T  Z  P  Q  V  P  Δ  W
Í  P  I  Δ  A  Σ  Α  Ύ  T  Ά  Σ  Ά  P  Σ  Í  I  B
T  I  M  Ή  M  N  H  N  Ώ  M  E  N  A  Y  N  A  W
T  W  G  D  Ω  K  Σ  I  R  Y  N  P  K  M  E  Φ  D
Z  Z  Λ  V  Γ  J  H  N  B  E  É  Y  M  Π  T  O  J
Σ  J  Y  Q  Ά  D  Θ  P  M  I  Π  O  R  A  E  P  O
I  T  E  I  Π  U  Ώ  E  P  Λ  P  Π  X  Γ  T  Ά  D
Z  X  Y  U  U  J  M  E  J  A  C  O  S  Ή  X  P  A
Q  C  T  Λ  K  J  F  C  W  S  D  J  P  O  C  N  B
I  U  K  W  Ό  Γ  I  Γ  A  N  T  I  A  Ί  E  Σ  X
P  J  C  O  P  P  O  E  Y  E  I  Δ  Ή  Σ  E  Ω  N
```

ΔΙΑΦΟΡΆ
ΣΥΜΠΑΓΉ
ΠΟΥΡΝΆΡΙΑ
ΣΎΝΤΟΜΟ
ΓΙΓΑΝΤΙΑΊΕΣ
ΣΤΥΛΌ
ΏΘΗΣΗ
ΤΙΜΉ
ΣΥΓΚΡΊΝΕΤΕ
ΑΝΕΜΏΝΗ
ΈΚΑΝΕ
ΑΛΙΕΥΜΆΤΩΝ
ΑΡΧΉ
ΕΙΔΉΣΕΩΝ
ΠΆΓΩΜΑ
ΓΙΑΤΊ
ΑΡΚΕΊ
ΊΡΙΔΑΣ
ΚΟΥΔΟΎΝΙ
ΠΈΝΕΣ

Puzzle 642

ΑΤΜΌ
ΨΑΛΊΔΙ
ΆΡΕΣΕ
ΚΑΘΡΈΦΤΗ
ΑΓΟΡΆ
ΔΙΚΑΣΤΉΣ
ΦΌΡΟΥ
ΓΆΛΑ
ΔΙΑΣΚΕΔΆΣΕΙ
ΓΕΝΙΆ
ΔΈΣΜΕΥΣΗ
ΟΠΛΩΝ
ΩΡΑΊΑ
ΜΕΊΩΣΗ
ΜΆΤΙΑ
ΔΑΧΤΥΛΊΔΙ
ΧΤΥΠΉΣΕΙ
ΣΟΥΉΔΟΣ
ΥΓΡΆ
ΝΤΟΥΛΆΠΙ

```
X  Z  V  E  M  D  K  O  W  S  V  V  Y  U  Y  X  N
A  O  T  O  E  P  Γ  F  N  Z  H  B  W  C  Q  K  T
S  K  B  Y  Ί  F  O  Ά  W  Q  F  N  X  A  B  S  O
C  I  G  Γ  Ω  O  Z  L  Λ  Z  P  D  X  X  V  H  Y
J  Z  N  P  Σ  Σ  Ή  T  Σ  A  K  I  D  C  H  I  Λ
X  L  A  Ά  H  Σ  Y  E  M  Σ  É  Δ  L  T  S  G  Ά
B  G  V  B  V  N  O  N  L  R  A  M  X  R  Q  H  Π
V  P  M  D  I  E  Σ  Ή  Π  Y  T  X  K  H  M  T  I
Q  M  Ά  T  I  A  O  O  Π  Λ  Ώ  N  R  K  P  Φ  S
E  G  B  W  Δ  N  Y  Γ  E  N  I  Ά  V  T  J  É  T
Ω  U  C  B  Ί  K  H  H  T  Y  I  N  A  Γ  O  P  Ά
Q  P  K  Q  Λ  I  Δ  Ί  Λ  Y  T  X  A  Δ  G  Θ  P
L  Y  A  Q  A  I  Ό  M  T  A  Φ  Ό  P  O  Y  A  Y
O  Q  D  Ί  Ψ  E  Σ  E  P  Ά  R  G  U  J  H  K  J
U  N  R  D  A  Δ  I  A  Σ  K  E  Δ  Ά  Σ  E  I  H
```

Puzzle 643

```
E W Γ K F I A A U M Σ C E J A I M
Ξ K Y Λ Έ A I Z R L Y N Έ O I M H
A A D K Y N K J C M Γ G E X P S T
Ί A S Q E K T C E B Γ G F B R E Έ
P Z B F Q R Ά P E Ό P E B I Λ Θ P
E P B S Ό M Ω Σ O Y A B Σ K Ψ A A
Σ U E Y Γ E N Ή X Q Φ Y I A H K E
H Ά Λ Λ O Φ T Ω X Ά Έ F Y T Φ P T
H T N Y O Z Ί P O Θ A K Π O O Ί A
H I S H W G V Q F G Σ Y A I Φ B I
Π P O Σ T A T E Ύ O Y N P K O E P
Δ I A Π I Σ T Ώ Σ E T E Έ Ί P I Ί
M G Λ I W W O A I N A X A Ί A A
C R Y K J F N D Y A D J E K A R S
M J V X U L M R C F O L I H B M R
```

ΚΑΘΟΡΊΖΟΥΝ
ΠΡΟΣΤΑΤΕΎΟΥΝ
ΨΗΦΟΦΟΡΊΑ
ΜΗΤΈΡΑ
ΕΤΑΙΡΊΑ
ΣΥΓΓΡΑΦΈΑΣ
ΔΙΑΠΙΣΤΏΣΕΤΕ
ΚΑΤΟΙΚΊΑ
ΠΑΡΈΧΕΙ
ΚΈΝΤΡΟ
ΕΥΓΕΝΉ
ΑΚΡΊΒΕΙΑ
ΦΤΩΧΆ
ΓΛΥΚΆ
ΚΛΙΠ
ΝΈΟΙ
ΆΛΛΟ
ΘΛΙΒΕΡΌ
ΌΜΩΣ
ΕΞΑΊΡΕΣΗ

Puzzle 644

ΡΥΤΊΔΩΝ
ΓΕΙΑ
ΚΕΡΔΊΖΟΥΝ
ΤΎΧΗ
ΘΕΊΑ
ΑΊΤΗΜΑ
ΠΑΛΤΌ
ΠΟΡΤΟΚΑΛΊ
ΚΑΝΌΝΑ
ΦΡΆΟΥΛΑ
ΠΕΡΆΣΕΙ
ΤΡΕΛΌ
ΤΡΟΦΊΜΩΝ
ΧΑΡΙΤΩΜΈΝΟ
ΈΧΕΙ
ΚΑΛΠΑΣΜΌ
ΚΑΒΟΎΡΙΑ
ΤΣΙΠ
ΆΔΕΙΑΣ
ΔΥΝΑΤΆ

```
F D H Y G L X N V X W N D Y E J I
K E P Δ Ί Z O Y N Π X W W D E Z A
Π T M P G J O P Ω I E J W I M K I
O S E C J J N O Δ X C P G F N G Ά
P P H A F W Έ H Ί A D K Ά G E U Δ
T W Q E G A M H T Ί A A T Σ P M E
O R U M T N Ω A Y P Σ Λ A T E M I
K Ό U P Θ Ό T B P Y N Π N G B I A
A Λ T A E N I P A U H A Y I E E Σ
Λ E Z Λ Ί A P A O L H Σ D B O X K
Ί P G Y A K A S F Φ I M H P O Έ K
B T N O O Π X R H L Ί Ό J N T K C
I R N Ά T Σ I Π U Q J M Y H Ύ H S
T A M P Γ E I A Z B I N Ω T X O H
T I Y Φ K A B O Ύ P I A W N H Z N
```

Puzzle 645

```
W L W G B X Σ A Σ S Y W A H G S R
Z P K P A P Y N Y R Z Ψ M F Y V I
U O H T Π I N A M C B E H Σ Ώ N Γ
O L L J O Σ E M Φ B E Z T Λ O Q O
F C Z V B T P O Ω C V S Ό F Ή I T
D D Λ I Λ O Γ N N Ύ M D P L T Σ X
S C I W Ή Ύ Ά Ή Ί O P N K Y H O R
Σ R Γ S T Z U A M H I Γ Y Γ K K
O H Ό K Ω E O A Σ Ϊ A K Y Z Ά Ἰ W
K Σ T A N N N V N A S T Σ P N E O
Ή Ά E K J N T X A M Ί G Z H I X E
M P P Γ Ί A A E M X R Λ B B H K Ί
I B O Ύ D E I I N K H I I T D H X
Λ O Υ Λ O Ύ Δ I A B D P B M F J E
D Z Z E K T O Π Ί Σ E I P T O Q L
```

ΜΉΚΟΣ
ΤΗΓΆΝΙ
ΛΙΓΌΤΕΡΟ
ΕΚΤΟΠΊΣΕΙ
ΥΨΗΛΉΣ
ΓΝΏΣΗ
ΣΥΝΕΡΓΆΖΟΝΤΑΙ
ΕΊΚΟΣΙ
ΑΝΑΜΟΝΉ
ΔΕΊΚΤΗΣ
ΣΥΓΚΡΌΤΗΜΑ
ΑΠΟΒΛΉΤΩΝ
ΒΡΆΣΗ
ΟΜΙΛΊΑΣ
ΛΎΓΚΑ
ΣΥΜΦΩΝΊΑΣ
ΛΟΥΛΟΎΔΙΑ
ΜΑΪΜΟΎ
ΕΊΧΕ
ΧΡΙΣΤΟΎΓΕΝΝΑ

Puzzle 646

ΔΕΝ
ΘΑΥΜΆΣΙΑ
ΕΞΑΦΑΝΊΖΟΝΤΑΙ
ΟΔΥΝΗΡΆ
ΏΘΗΣΕ
ΜΑΡΟΎΛΙ
ΣΩΜΑΤΙΚΉ
ΠΑΡΑΠΆΝΩ
ΜΈΝΟΥΝ
ΠΛΟΎΣΙΟ
ΚΟΥΝΆΩ
ΑΙΣΘΆΝΘΗΚΕ
ΨΆΡΙ
ΤΗΣ
ΆΝΘΡΑΚΑ
ΠΕΡΊΠΛΟΚΗ
ΚΛΟΥΒΊ
ΘΆΛΑΣΣΑ
ΘΌΡΥΒΟ
ΣΧΟΛΙΚΉ

```
I Ή K I T A M Ω Σ K O Y N Ά Ω C F
I N T A R A A R H V D E O L A P F
P J C T A S F Q T D W U V Q I D X
N F Y N Q P Π M P V I R G O Σ X S
R G E O P A Λ Δ A R A F D Q Θ L P
Θ W P Z E Q O E Θ P Z V J W Ά T Ψ
M Ά H Ί X F Ύ N Y Ό O V Z K N Ά Ά
Έ P Λ N G E Σ H Θ Ώ P Ύ R V Θ N P
N H M A Ή K I Λ O X Σ Y Λ V H Θ I
O N N Φ Σ Y O X S E U Y B I K P C
Y Y S A I Σ Ά M Y A Θ K P O E A M
N Δ A Ξ Σ Z A Π A P A Π Ά N Ω K Q
R O Π E P Ί Π Λ O K H S L E A A Y
J I Y R F S Q Y K Λ O Y B Ί L U Z
T J Q H Y U A L U B X I T X C A T
```

Puzzle 647

```
G  J  P  J  Ψ  Σ  J  W  K  W  I  Γ  Ό  M  A  R  T
T  Q  G  E  E  Y  F  Y  O  Ί  A  Λ  E  P  T  E  Π
V  O  E  D  Y  M  N  O  Y  Σ  A  Λ  Ά  X  I  O  I
N  R  Ί  Z  Δ  B  D  E  N  K  A  M  Π  Ί  N  A  F
X  B  Y  X  Ή  Ά  R  R  I  Φ  P  Έ  Σ  K  A  A  E
M  A  Ό  I  O  Λ  Φ  K  Έ  E  F  B  G  H  I  M  H
C  O  Λ  O  Y  O  M  Ύ  M  S  M  P  H  P  T  Έ  Π
Q  K  O  A  G  Y  Z  P  A  Έ  K  A  Ψ  E  S  Σ  A
S  Q  G  E  P  N  Q  I  I  U  Γ  K  M  A  C  Ω  P
L  U  Z  T  Z  Ό  U  O  Y  W  P  F  Ά  H  M  Σ  Ά
T  Z  S  N  Z  L  S  Q  M  E  Ά  B  Λ  A  G  Q  F  Λ
E  M  J  Q  B  Ά  D  Q  H  E  Φ  O  V  A  X  M  O
P  U  V  T  F  G  K  U  F  S  H  Z  C  U  M  A  Γ
H  F  I  N  Ύ  O  P  I  Π  Y  M  V  V  O  U  N  H
B  E  Λ  A  N  Ί  Δ  I  A  K  A  H  U  C  Q  E  P
```

ΣΑΛΆΧΙ
ΒΕΛΑΝΊΔΙΑ
ΓΡΆΦΗΜΑ
ΠΙΡΟΎΝΙ
ΨΕΥΔΉ
ΧΑΛΑΡΌ
ΤΟΊΧΟ
ΑΜΈΣΩΣ
ΚΑΜΠΊΝΑ
ΠΕΤΡΕΛΑΊΟΥ
ΤΖΆΚΙ
ΛΆΜΨΗ
ΠΑΡΆΛΟΓΗ
ΦΛΟΪΌ
ΣΥΜΒΆΛΟΥΝ
ΦΡΈΣΚΑ
ΚΎΡΙΟ
ΚΟΥΝΙΈΜΑΙ
ΈΚΑΨΕ
ΓΌΜΑ

Puzzle 648

ΣΥΝΟΜΙΛΊΑ
ΈΛΚΗΘΡΟ
ΑΠΟΣΤΟΛΉ
ΑΛΛΗΛΕΠΊΔΡΑΣΗ
ΥΨΌΜΕΤΡΟ
ΠΑΡΤΊΔΑ
ΣΧΟΛΕΊΟ
ΕΝΔΙΑΦΈΡΟΥΣΑ
ΔΙΚΑΣΤΉΡΙΟ
ΑΎΞΗΣΗ
ΠΆΡΕΙ
ΑΞΙΌΠΙΣΤΗ
ΚΟΛΈΓΙΟ
ΠΙΝΈΛΟ
ΚΑΤΆΛΛΗΛΟ
ΔΙΣΤΆΖΕΙ
ΜΟΥΣΕΊΟ
ΘΈΑΜΑ
ΔΕΚΑΕΤΊΑ
ΓΝΏΜΗΣ

```
Q  V  F  F  S  T  H  Δ  D  N  D  B  D  U  K  O  A
U  M  O  V  W  O  G  S  I  N  B  Π  Ά  P  E  I  Π
K  A  T  Ά  Λ  Λ  H  Λ  O  K  D  D  T  R  K  Γ  O
Σ  Y  N  O  M  I  Λ  Ί  A  Ί  A  N  R  U  C  Έ  Σ
C  E  N  U  J  P  Y  T  B  Π  E  S  U  M  S  Λ  T
C  Q  N  D  N  F  F  L  Z  E  A  S  T  X  H  O  O
E  C  P  A  P  S  Z  M  H  B  R  P  Y  Ή  F  K  Λ
A  Ξ  I  Ό  Π  I  S  T  H  G  S  E  T  O  P  F  Ή
E  N  Δ  I  A  Φ  Έ  P  O  Y  Σ  A  X  Ί  M  I  V
F  X  B  A  Ί  T  E  A  K  E  Δ  J  D  B  Δ  M  O
Y  Ψ  Ό  M  E  T  P  O  Ί  E  Λ  O  X  Σ  F  A  Λ
O  X  I  A  Γ  N  Ώ  M  H  Σ  M  J  C  H  Y  H  Έ
F  P  H  Έ  Δ  I  Σ  T  Ά  Z  E  I  A  Ξ  Y  D  N
I  O  P  Θ  H  K  Λ  Έ  V  Z  K  A  Z  Y  H  W  I
U  H  Σ  A  P  Δ  Ί  Π  E  Λ  H  Λ  A  B  Z  Π
```

Puzzle 649

```
Ε Ζ Σ Ε Τ Ά F U P W V Π Ε Α Ρ Ά Π
Υ Ε Κ Μ Α Σ Σ Κ Ο Μ Τ Ρ Ν Σ Τ Ν Ρ
Χ U Α Υ Ν Υ Α Κ Ε Χ Ο Ο Ο Τ Α L Β
Α Ο Ν C Ώ Q Τ Λ Η Ι Κ Σ Χ Α Ζ Ο Ο
Ρ D Τ Β Ρ Ρ Ν Ό Α Σ Τ Ο Λ Θ Ζ C L
Ι Υ Ζ Ρ Υ Α Ό Μ G Κ Η Χ Ε Ή Κ U Ε
Σ Ζ Ό F Χ C Δ Υ D Q Ω Ή Ι G R Ε Η
Τ Η Χ C Α Ο Γ Χ D G Μ Μ F Μ U Ρ Μ
Ή W Ο Ν Ό Π Ο Ύ Δ Α Ι S Έ D U F S
Σ S Ι Έ Β Δ Ο Μ Η Ν G Η Ν Ν U Α Α
Ο Η Ρ Ε Ξ Α Φ Α Ν Ι Σ Τ Ε Ί Ο Λ J
Υ D Ο Ξ Ε Χ Ω Ρ Ι Σ Τ Ή L G Η Ε Ι
Ν Ι Σ W Ε Σ Τ Ί Α Σ Η Σ W Τ Μ Ί F
Π Ι Σ Τ Ε Ύ Ο Υ Ν W W Υ S D G Ο Τ
Ο Τ V G Β Ι L Υ Τ Κ Α Τ Ι Ν W W Ι
```

ΆΣΚΗΣΗ
ΑΧΥΡΏΝΑ
ΟΓΔΌΝΤΑ
ΠΙΣΤΕΎΟΥΝ
ΑΣΤΑΘΉ
ΈΒΔΟΜΗ
ΔΎΟ
ΕΡΓΑΛΕΊΟ
ΣΚΑΝΤΖΌΧΟΙΡΟΣ
ΞΕΧΩΡΙΣΤΉ
ΕΝΟΧΛΕΊ
ΕΣΤΊΑΣΗΣ
ΕΞΑΦΑΝΙΣΤΕΊ
ΧΥΜΌ
ΠΡΟΣΟΧΉ
ΕΑΥΤΌ
ΤΣΑΛΑΚΩΜΈΝΟ
ΕΥΧΑΡΙΣΤΉΣΟΥΝ
ΠΆΡΑ
ΠΌΝΟ

Puzzle 650

ΤΑΚΤΟΠΟΙΗΜΈΝΑ
ΣΚΑΘΆΡΙ
ΓΚΡΊΖΑ
ΚΑΘΗΓΗΤΉΣ
ΓΌΝΑΤΟ
ΚΑΡΠΟΎΖΙ
ΝΟΣΟΚΌΜΑ
ΚΑΛΎΤΕΡΑ
ΠΕΡΙΕΧΟΜΈΝΟΥ
ΚΡΕΜΜΎΔΙ
ΒΑΜΒΑΚΙΟΎ
ΚΎΡΙΟΣ
ΡΌΚΑ
ΠΡΑΓΜΑΤΙΚΆ
ΠΕΡΊΟΔΟ
ΣΤΡΑΤΌΠΕΔΟ
ΕΠΙΔΙΏΚΟΥΝ
ΑΝΘΡΏΠΟΥΣ
ΕΠΑΡΚΉ
ΚΑΤΆΡΤΙΣΗΣ

```
Ρ Ρ Κ Ν Σ Γ Ι Τ R G Ρ Α Π Ρ Π Τ L
C Β Α V Τ Κ Ό Ρ D Υ L Ν Ε U Ρ Α Α
Β Α Τ G Ρ Η Ύ Ν Q Μ W Θ Ρ W Α Κ D
Α Ο Ά D Α Ή Κ Ρ Α Π Ε Ρ Ι D G Τ Ε
Μ C Ρ Ν Τ U W Ε Ι Τ Β Ώ Ε Ε Μ Ο U
Β D Τ Η Ό Υ R V G Ο Ο Π Χ Π Α Ρ C
Α Κ Ι S Π Ι F Ι Ι J Σ Ο Ο Ι Τ Ο Μ
Κ Α Σ F Ε Ζ D Τ Κ Ι Ζ Υ Μ Δ Ι Ι Α
Ι Λ Η Ι Δ Ύ Μ Μ Ε Ρ Κ Σ Έ Ι Κ Η Μ
Ο Ύ Σ Χ Ο Ο Δ Ο Ί Ρ Ε Π Ν Ώ Ά Μ Ν
Ύ Τ R L L Π Η Α Ο Α Τ Ζ Ο Κ Ρ Έ W
Q Ε R Τ Ι Ρ Ά Θ Α Κ Σ Β Υ Ο Ό Ν Ο
L Ρ J Κ D Α Μ Ό Κ Ο Σ Ο Ν Υ Κ Α Q
V Α Ζ Ί Ρ Κ G Τ R Υ Υ U Ν Α Κ Ο
Κ Α Θ Η Γ Η Τ Ή Σ Ε Β Ι F Τ G F Κ
```

Puzzle 651

Π	Ο	Λ	Υ	Τ	Ε	Λ	Ή	Α	Δ	Υ	Κ	U	H	Q	I	Υ
I	L	X	A	H	T	B	P	S	I	X	I	N	K	N	Q	Γ
J	K	C	X	V	H	R	B	Ά	M	N	H	M	P	S	P	
Σ	Α	Ί	N	Ω	N	I	O	K	Φ	M	H	C	G	W	Z	A
P	Λ	J	K	F	K	Υ	C	N	O	S	M	G	T	A	H	Σ
N	Ύ	S	P	M	X	N	X	L	P	J	A	N	Υ	M	Ά	Ί
R	Π	G	Σ	H	T	Ώ	I	T	A	P	T	Σ	Z	P	O	A
H	T	Σ	I	P	Ά	X	Y	E	Σ	Σ	O	Δ	O	Σ	Ί	E
B	O	E	Ξ	Έ	Π	Λ	Η	Ξ	E	O	Γ	M	M	B	N	X
U	N	Υ	O	T	Έ	Θ	A	I	Δ	E	P	F	E	S	M	P
V	T	H	P	Ξ	A	Φ	N	I	K	A	Ά	Ά	Γ	K	H	M	Έ
A	A	Σ	T	P	Ύ	O	B	Z	W	C	Φ	Z	E	F	S	Ω
Υ	I	A	T	E	Θ	Ί	T	O	Π	Υ	O	O	G	Ύ	S	Σ
Δ	P	O	Σ	I	Ά	D	G	U	K	J	Y	M	D	U	M	H
Δ	I	A	Φ	Υ	Γ	Ή	Σ	H	Z	Π	Ά	Π	I	A	T	A

ΧΡΈΩΣΗ
ΕΊΣΟΔΟΣ
ΓΕΎΜΑ
ΞΑΦΝΙΚΆ
ΔΙΆΦΟΡΑ
ΔΙΑΘΈΤΟΥΝ
ΣΤΡΑΤΙΏΤΗΣ
ΕΥΧΆΡΙΣΤΗ
ΠΆΠΙΑ
ΥΠΟΤΊΘΕΤΑΙ
ΚΟΙΝΩΝΊΑΣ
ΔΡΟΣΙΆ
ΚΙΝΗΜΑΤΟΓΡΆΦΟΥ
ΕΞΈΠΛΗΞΕ
ΥΓΡΑΣΊΑ
ΠΟΛΥΤΕΛΉ
ΒΟΎΡΤΣΑ
ΚΑΛΎΠΤΟΝΤΑΙ
ΆΜΥΝΑ
ΔΙΑΦΥΓΉΣ

Puzzle 652

ΚΑΛΆΘΙ
ΣΙΩΠΉ
ΟΥΣΙΑΣΤΙΚΌ
ΚΟΡΊΤΣΙ
ΨΥΧΙΚΉ
ΑΠΟΘΉΚΕΥΣΗ
ΕΜΠΛΕΚΌΜΕΝΗ
ΛΑΟΓΡΑΦΙΚΌ
ΑΛΕΠΟΎ
ΑΤΟΜΙΚΉ
ΖΥΓΊΖΕΙ
ΣΤΟΙΧΕΊΟ
ΑΚΤΉ
ΜΑΚΙΓΙΆΖ
ΔΙΑΦΆΝΕΙΑ
ΕΠΙΛΟΓΉ
ΌΡΙΟ
ΑΣΤΥΝΟΜΙΚΌΣ
ΑΝΆΒΑΣΗ
ΠΙΘΑΝΌ

R	Z	G	R	A	Λ	Α	Ο	Γ	Ρ	Α	Φ	Ι	Κ	Ό	Η	Η
K	Z	W	H	Π	Α	Ν	Ά	Β	Α	S	H	U	B	K	I	N
O	Ά	J	N	O	W	M	Q	E	W	Z	J	B	L	P	W	E
P	I	P	E	Θ	R	G	Q	I	G	T	Y	C	N	L	H	U
Ί	Γ	P	M	Ή	Π	Ω	I	Σ	O	I	L	Γ	K	V	D	N
T	I	Σ	Ό	K	I	M	O	N	Y	T	Σ	Ά	Ί	N	U	E
Σ	K	P	K	E	Z	G	Ή	Σ	O	C	O	J	Z	E	C	
I	A	D	E	Y	C	C	Ή	T	T	P	B	G	L	V	E	R
Θ	M	F	Λ	Σ	Z	Y	P	K	O	S	C	V	K	Z	G	I
Ά	I	B	Π	H	I	J	K	A	I	E	N	Ά	Φ	A	I	Δ
Λ	C	H	M	J	K	R	R	O	X	X	E	H	E	Q	L	G
A	W	I	E	P	R	S	W	P	E	E	Y	R	J	O	W	T
K	A	T	O	M	I	K	Ή	R	Ί	O	D	Ψ	V	A	V	S
E	Π	I	Λ	Ο	Γ	Ή	R	Ύ	O	Π	E	Λ	A	N	U	W
O	Υ	Σ	I	A	Σ	T	I	K	Ό	N	A	Θ	I	Π	A	D

Puzzle 653

```
F  Y  Y  A  Z  C  P  W  V  C  N  O  K  Ξ  Σ  E
X  P  P  D  Π  Ν  Σ  A  P  Έ  T  Y  E  Δ  Ω  Ύ  Λ
M  M  D  A  Φ  O  O  W  Δ  Ά  M  E  Σ  H  T  Λ  K
F  P  W  O  E  N  Λ  T  M  I  C  Q  T  F  I  Λ  Y
N  H  Σ  Ί  Γ  O  Λ  A  I  N  Ό  P  U  O  K  H  Σ
K  E  P  Ί  Γ  Θ  A  J  M  S  C  Φ  M  W  Ό  Ψ  T
C  Ή  X  Z  Ά  Φ  Ξ  X  B  B  E  N  Ω  B  U  H  I
Ή  F  K  S  P  Ά  Έ  B  R  J  Ά  T  I  N  D  N  K
M  C  J  I  I  T  M  T  I  C  K  N  Z  U  O  O  Ή
K  Φ  A  N  T  A  Σ  T  E  Ί  T  E  O  L  U  J  Q
A  D  U  I  P  I  Y  N  O  Z  B  V  O  Y  N  G  W
P  G  A  G  G  M  P  E  Z  D  D  P  D  Q  N  V  Q
A  F  S  M  J  Ύ  L  K  J  L  Δ  Ή  Λ  Ω  Σ  H  Σ
Π  A  X  Ύ  N  O  A  P  Σ  E  N  I  K  Ό  P  L  S
F  N  Ω  T  Ά  M  H  X  O  A  O  J  R  R  F  V  W
```

ΔΉΛΩΣΗΣ
ΠΑΧΎ
ΕΛΚΥΣΤΙΚΉ
ΣΎΛΛΗΨΗ
ΑΡΣΕΝΙΚΌ
ΈΞΑΛΛΟΣ
ΆΦΘΟΝΟ
ΝΗΣΊ
ΦΑΝΤΑΣΤΕΊΤΕ
ΦΕΓΓΆΡΙ
ΞΩΤΙΚΌ
ΟΧΗΜΆΤΩΝ
ΔΕΥΤΈΡΑ
ΚΡΙΤΙΚΉ
ΜΟΎΜΙΑ
ΠΑΡΑΚΜΉ
ΚΕΡΊ
ΑΠΟΛΑΜΒΆΝΟΥΝ
ΆΜΕΣΗ
ΡΑΔΙΌΦΩΝΟ

Puzzle 654

ΙΑΤΡΙΚΉΣ
ΣΚΙΆ
ΚΡΎΟ
ΑΠΕΛΕΥΘΈΡΩΣΗ
ΠΊΕΣΗ
ΜΈΤΡΗΣΗΣ
ΕΊΔΟΣ
ΓΥΑΛΊ
ΠΛΉΡΩΣΗΣ
ΜΠΟΡΕΊ
ΓΑΛΟΠΟΎΛΑΣ
ΑΠΌΨΕ
ΑΠΟΣΤΟΛΉΣ
ΕΠΌΜΕΝΗ
ΤΡΆΒΗΞΕ
ΣΊΓΟΥΡΑ
ΠΆΝΩ
ΚΟΡΜΌ
ΔΑΓΚΏΣΕΙ
ΥΠΟΛΟΓΊΖΕΙ

```
Π  Γ  Α  Λ  Ο  Π  Ο  Ύ  Λ  Α  Σ  Μ  Α  Κ  J  L  Y
Ά  B  D  T  Y  Z  S  B  H  N  O  E  Π  O  Ύ  P  K
N  B  L  M  R  S  D  C  U  E  Δ  D  Ό  P  J  P  V
Ω  O  E  H  K  H  Z  B  C  V  Ί  F  Ψ  M  C  E  I
Y  Π  O  Λ  O  Γ  Ί  Z  E  I  E  D  E  Ό  O  Ξ  E
S  Z  P  F  Ί  Λ  A  Y  Γ  M  Έ  T  P  H  Σ  H  Σ
A  Π  E  Λ  E  Y  Θ  Έ  P  Ω  Σ  H  A  Σ  Ή  B  Ώ
Π  F  T  J  P  Π  P  O  F  R  J  B  Π  Ί  K  Ά  K
S  Λ  O  R  O  E  Ί  I  O  L  H  E  O  Γ  I  P  Γ
U  S  Ή  H  Π  T  H  E  L  B  F  F  Σ  O  P  T  A
K  O  D  P  M  L  C  E  Σ  Y  Y  Q  T  Y  T  G  Δ
F  Z  Y  P  Ω  B  G  H  N  H  L  Q  O  P  A  X  N
Σ  K  I  Ά  R  Σ  G  N  F  X  Y  L  Λ  A  I  M  X
N  I  A  H  V  X  H  H  L  N  F  K  Ή  Y  F  B  E
E  Π  Ό  M  E  N  H  Σ  W  C  G  N  Σ  A  Y  Q  O
```

Puzzle 655

```
E  J  Ή  T  H  M  Θ  I  P  A  Ί  P  Y  K  V  J  L
Σ  Π  K  A  N  T  I  Σ  T  Ά  Θ  M  I  Σ  H  Σ  A
A  E  I  A  Ξ  Ί  A  Σ  Z  O  T  S  J  X  J  B  X
I  C  T  Φ  M  E  R  O  L  Y  C  W  D  A  Z  Ξ  O
Λ  U  I  Q  Ά  Ά  N  F  I  M  S  H  C  J  T  Ύ  B
Ά  L  Λ  Ύ  T  N  Λ  A  Y  X  V  F  D  M  J  Λ  Z
K  G  O  Φ  A  P  E  Λ  F  J  G  Z  F  L  B  O  P
Γ  E  Π  O  X  F  N  I  O  B  L  Q  T  V  T  Ί  Δ
A  L  Q  Σ  C  O  R  Y  A  N  E  Y  I  V  V  O  Ω
Ή  A  Σ  T  Έ  P  I  A  Ά  B  K  R  H  E  T  Λ  P
G  Θ  I  A  D  Y  D  O  Λ  O  K  Ό  P  Π  M  Π  E
I  Z  E  V  O  T  C  S  M  Δ  I  Π  Λ  Ό  K  U  Ά
T  M  Θ  Λ  T  Ύ  O  F  A  U  J  M  O  L  C  A  N
X  P  Ά  F  E  O  N  U  F  Y  I  T  P  Ώ  N  E  I
F  H  K  S  R  B  Q  D  Q  H  C  V  M  O  O  C  I
```

ΔΙΠΛΌ
ΆΛΜΑ
ΕΠΙΦΆΝΕΙΑ
ΉΘΕΛΕ
ΚΆΘΕ
ΑΞΊΑΣ
ΎΦΟΣ
ΜΆΛΛΟΝ
ΠΟΛΙΤΙΚΉ
ΔΩΡΕΆΝ
ΜΠΡΌΚΟΛΟ
ΤΡΏΝΕ
ΚΥΡΊΑ
ΑΡΙΘΜΗΤΉ
ΒΟΎΤΥΡΟ
ΑΣΤΈΡΙΑ
ΞΎΛΟ
ΑΓΚΆΛΙΑΣΕ
ΠΛΟΊΟ
ΑΝΤΙΣΤΆΘΜΙΣΗΣ

Puzzle 656

ΜΈΓΙΣΤΗ
ΣΤΆΘΗΚΕ
ΠΑΙΔΙΆ
ΠΙΠΈΡΙ
ΦΡΈΖΙΑ
ΡΥΖΙΟΎ
ΓΙΑ
ΕΡΜΊΝΑ
ΧΆΛΥΒΑ
ΦΤΆΝΟΥΝ
ΕΚΠΟΜΠΉ
ΤΖΊΝΤΖΕΡ
ΝΌΤΙΑ
ΧΎΝΕΤΑΙ
ΚΑΝΟΝΙΣΜΟΎ
ΣΤΆΔΙΟ
ΦΎΓΕΙ
ΣΑΡΆΝΤΑ
ΤΑΠΕΙΝΉ
ΜΟΤΟΣΙΚΛΈΤΑ

```
E  K  H  Θ  Ά  T  Σ  X  Ύ  N  E  T  A  I  M  S  T
Q  P  H  N  P  W  Ύ  E  K  Π  O  M  Π  Ή  O  U  H
Ύ  O  M  Σ  I  N  O  N  A  K  A  K  H  Q  T  N  K
L  K  C  Ί  C  T  I  H  Y  U  Z  O  B  L  O  S  U
D  D  Z  P  N  V  Z  R  E  O  I  Δ  Ά  T  Σ  X  X
F  T  I  O  I  A  Y  H  O  M  N  Q  Q  H  I  C  C
A  I  Γ  C  F  Z  P  I  B  Y  U  Ά  H  C  K  G  C
T  Z  Ί  N  T  Z  E  P  X  B  Q  D  T  B  Λ  U  L
N  Z  I  M  Τ  Π  I  Π  Έ  P  I  O  Σ  Φ  Έ  F  I
Ά  I  Δ  I  A  Π  X  Ά  Λ  Y  B  A  I  T  T  F  Y
P  E  M  K  Π  I  B  L  V  K  S  I  Γ  B  A  B  T
A  Γ  Q  N  E  P  T  G  D  U  Y  Z  Έ  R  L  M  R
Σ  Ύ  E  M  I  R  E  Ό  R  Y  P  Έ  M  O  X  X  G
C  Φ  D  L  N  J  A  V  N  H  M  P  I  P  C  I  E
Y  J  C  J  Ή  T  G  Q  H  S  G  Φ  H  X  K  G  D
```

Puzzle 657

```
Σ Ή Χ Υ Ψ Α Ν Α Ε Α Σ Κ Α Η D W B
Σ Ί Ρ Ω Ν Τ Ώ Χ Μ Υ D Υ F Μ Ι Χ W
Ο Ε Ο Η Ν Σ Ζ Π Γ J Μ Μ F Ι D F
Ί Π Ν Μ Α Ύ Μ V Ι Ό Ο Α G Β Τ Ν W
Α Ι Ο Κ Α Ο D L Σ Ο Α Ο Μ W Ε Χ Ι
Ρ Κ Δ Κ Β Φ Υ L Τ W G J L Τ Τ Ί Υ
Υ Ο Ι Ρ Ύ Ε Λ Α Ο Μ Υ Ρ Ί Ζ Ε Ι Δ
Ο Ι Ά Σ Ο Ν Έ Σ Α Ρ Υ Ο Κ Χ F Ί
Ρ Ν Γ Ν G R Β Μ Ύ Κ Ρ Ί Σ Ι Μ Η Π
Α Ω Ρ W Χ Μ Υ Μ Ν Ζ Ε Υ Γ Ά Ρ Ι Λ
Ν Ν Α V Ε Β Η Ι Η Υ Τ Μ G W Β Υ Ω
Ο Ί Μ J Π Α Ρ Ά Ξ Ε Ν Ο Σ Τ W Η Μ
U Α Μ Λ Α Μ Β Ά Ν Ο Ν Τ Α Σ D L Α
C Σ Α Ι Ε Θ Ά Π Σ Ο Ρ Π Υ Υ Ι J Μ
Ε Κ Α Τ Ο Ν Τ Ά Δ Ε Σ Α Ζ Ζ W L Ρ
```

ΜΥΡΊΖΕΙ
ΑΛΕΎΡΙ
ΑΡΟΥΡΑΊΟΣ
ΦΟΎΣΤΑ
ΧΡΟΝΟΔΙΆΓΡΑΜΜΑ
ΚΡΊΣΙΜΗ
ΖΕΥΓΆΡΙ
ΑΝΑΨΥΧΉΣ
ΕΜΠΙΣΤΟΣΎΝΗ
ΕΠΙΚΟΙΝΩΝΊΑ
ΠΡΟΣΠΆΘΕΙΑΣ
ΛΑΜΒΆΝΟΝΤΑΣ
ΖΏΑ
ΑΥΓΌ
ΝΩΡΊΣ
ΣΥΜΒΕΊ
ΚΟΥΡΑΣΜΈΝΟΣ
ΕΚΑΤΟΝΤΆΔΕΣ
ΔΊΠΛΩΜΑ
ΠΑΡΆΞΕΝΟ

Puzzle 658

ΚΑΠΈΛΟ
ΜΗΧΑΝΉ
ΈΣΠΑΣΕ
ΜΟΝΆΔΑ
ΓΕΝΙΚΈΣ
ΕΠΊΣΚΕΨΗ
ΕΠΙΤΥΓΧΆΝΟΥΝ
ΜΉΝΥΜΑ
ΙΑΤΡΙΚΉ
ΣΚΑΠΆΝΗ
ΤΡΕΜΆΜΕΝΟ
ΔΗΜΟΣΊΕΥΣΗ
ΚΑΛΉ
ΠΕΔΙΆΔΕΣ
ΠΟΥΛΙΆ
ΔΟΚΙΜΑΣΊΑ
ΥΠΕΡΉΦΑΝΟΙ
ΠΕΡΑΙΤΈΡΩ
ΤΑΞΊΔΙΑ
ΕΜΦΑΝΙΣΤΕΊ

```
Ν Υ Ο Ν Ά Χ Γ Υ Τ Ι Π Ε S Ι G F Τ
U Ί Ε Τ Σ Ι Ν Α Φ Μ Ε Π Χ Α L Α C
Ν Η Σ Υ Ε Ί Σ Ο Μ Η Δ Ί Ι Τ Ε Κ Ρ
Τ Έ Σ Π Α Σ Ε Λ Ρ Ν Ι Σ Μ Ρ W Χ G
Τ Ρ G Ι L J G Έ Ά Ά Κ Η Ι F J G
Η Α Ε Μ Β Ν Α Π Ι Π Δ Ε Χ Κ Q Μ Ε
J Δ Ξ Μ Ο Ρ Ν Α Ι Α Ε Ψ Ά Ή Ο Ζ Τ
D Ά G Ί Ά V G Κ D Κ Σ Η Ν Ζ Ζ U J
Κ Ν J J Δ Μ Α Ζ Ο S L Έ Ή Λ Α Κ R
D Ο Ο Α Ζ Ι Ε Ι W U C Κ Κ Ά Μ J R
S Μ Ζ W Κ Μ Α Ν Α Ί Σ Α Μ Ι Κ Ο Δ
D Υ Ν Ζ D Μ C S Ο Q Χ Η D Λ Ν Ε Κ
Υ Π Ε Ρ Ή Φ Α Ν Ο Ι Ζ D W Υ Ε Ε Α
Υ Τ U Μ Ή Ν Υ Μ Α Κ Β D S Ο Ν Ρ Γ
D R L Μ Ζ Ω Ρ Έ Τ Ι Α Ρ Ε Π Ν W Q
```

Puzzle 659

```
Σ Ό Ρ Χ Υ Ψ Β Π G Q Φ Λ Ρ W Χ Π Q
Π Ά J X X K M A Ρ Y O E F O Ό A C
T A N S A C Ω T Ά K Ύ Π L Z M Ρ F
B T Ρ T Z I Ρ Ά N S Ρ T Ρ S Π A O
Κ Ά X A O H V T A I N O C S I K Ρ
M B B Ί T Y J A Z U O M N J O O I
E A W T H H I X H D V Έ Ρ Ό C Λ Σ
C Ρ A I O Ρ Ρ T O B V Ρ E G M O M
Ρ Γ C A Ρ Ρ J Ή Σ N T E Ρ A O Ύ Έ
Κ Ό Κ O Ρ A B B Σ Z K I S L D Θ N
M A Ρ Γ A Ρ Ί T A T T E G V K H A
Φ Ά N T A Σ M A Ρ Ρ E Σ G F T Σ Z
T M D K Π Λ O Υ Σ I Ό T E Ρ O A F
F Σ H M Ά Δ I Έ Ρ Χ E T A I T N C
Π Υ Γ O Λ A M Π Ί Δ A G W N M T D
```

ΧΌΜΠΙ
ΚΆΤΩ
ΑΙΤΊΑ
ΣΗΜΆΔΙ
ΠΥΓΟΛΑΜΠΊΔΑ
ΦΆΝΤΑΣΜΑ
ΠΛΟΥΣΙΌΤΕΡΟ
ΠΑΡΑΤΗΡΉΣΤΕ
ΓΡΑΒΆΤΑ
ΟΡΙΣΜΈΝΑ
ΚΌΚΟΡΑ
ΨΥΧΡΌΣ
ΜΌΝΟ
ΜΑΡΓΑΡΊΤΑ
ΈΡΧΕΤΑΙ
ΠΑΤΆΤΑ
ΦΟΎΡΝΟ
ΛΕΠΤΟΜΈΡΕΙΕΣ
ΣΆΝΤΟΥΙΤΣ
ΠΑΡΑΚΟΛΟΎΘΗΣΑΝ

Puzzle 660

ΠΑΝΤΕΛΌΝΙΑ
ΑΠΑΓΟΡΕΎΟΥΝ
ΥΠΆΛΛΗΛΟ
ΛΎΣΕΙ
ΥΠΝΗΛΊΑ
ΚΟΙΝΌ
ΕΞΥΠΝΌΤΕΡΑ
ΜΎΤΗ
ΠΗΓΉΣ
ΣΤΆΣΗ
ΡΟΎΧΑ
ΚΑΦΈ
ΥΠΟΛΟΓΙΣΜΌ
ΖΕΎΓΟΣ
ΚΑΤΆΣΤΑΣΗ
ΣΥΛΛΑΜΒΆΝΕΙ
ΝΌΜΙΣΜΑ
ΛΊΜΝΗ
ΙΔΙΟΚΤΗΣΊΑΣ
ΣΥΝΟΛΙΚΌ

```
M Ύ T H Z X X J V Y J M Z I Y N Y
Π H Γ Ή Σ Ρ H S X Z Z O E Δ Π H D
M I E U A A N J R Z Ρ Ρ Ύ I O D Y
O M K A Φ Έ M Y L A H K Γ O Λ Ρ P
A Π A Γ O Ρ E Ύ O Y N N O K O N B
M I Y Λ Ύ Σ E I T G M C Σ T Γ K Σ
Σ Q N Π K H X V N E Ί U D H I A Y
I W J Ό N I O K I O Λ S N Σ Σ T N
M X I M Λ Σ Ά T Σ J D K Ί M Ά O
Ό N B C G E Λ S Ρ O Ύ X A A Ό Σ Λ
N V T R H Z T Ί H G G B Ρ Σ H T I
R I K K R I B N A C S V Z B Ρ A K
E O I E N Ά B M A Λ Λ Y Σ J D Σ Ό
Y Π Ά Λ Λ H Λ O S P C J E Q C H S
E Ξ Υ Π N Ό T E Ρ A L D V X B C I
```

Puzzle 661

```
D X B D Z V X T P O M E P Ή O Δ T
D W J R U Y A A I Λ Έ Z I Π M A L
Ά C C R X I T Ά M M O K R J V M A
P I N Ό K E P O Σ Ό Ά S F G U Ά P
O H Λ E K T P I K Ό Γ T L Y T Σ C
Φ Π A Π O Ύ T Σ I J G E I W K K M
Σ V Δ Σ H Ξ I P Ή T Σ L Λ H Q H O
O N Ό J Σ O P Ό Γ H K I Δ O H N Σ
P S Σ I H Έ Γ K Λ H M A A U C O A
Π O Σ Ό T H T A I Λ Ά K Y O Π M K
M D U A Ή U C B L U O U D S X P Ά
O K S E Z B P H G Q A U H Q L M K
Y T U I A M P H J L U J B B W N I
M W P T N Ω I Σ Ό M H Δ S H P W T
N F X E A Γ P A Φ E Ί O Y A Z U K
```

ΜΠΟΥΚΆΛΙΑ
ΑΝΑΖΉΤΗΣΗ
ΔΙΚΗΓΌΡΟΣ
ΠΑΠΟΎΤΣΙ
ΣΤΉΡΙΞΗΣ
ΣΑΚΆΚΙ
ΣΌΔΑ
ΧΑΜΌΓΕΛΟ
ΠΡΟΣΦΟΡΆ
ΤΡΟΜΕΡΉ
ΔΗΜΌΣΙΩΝ
ΠΟΣΌΤΗΤΑ
ΡΙΝΌΚΕΡΟΣ
ΈΓΚΛΗΜΑ
ΗΛΕΚΤΡΙΚΌ
ΜΆΤΙ
ΓΡΑΦΕΊΟΥ
ΜΠΙΖΈΛΙΑ
ΔΑΜΆΣΚΗΝΟ
ΚΟΜΜΆΤΙ

Puzzle 662

ΦΩΤΕΙΝΌ
ΚΌΨΕΙ
ΓΎΡΩ
ΈΚΠΛΗΞΗ
ΜΈΣΑ
ΔΙΑΚΟΠΉ
ΚΆΛΤΣΕΣ
ΨΗΛΆ
ΑΥΤΌΜΑΤΗ
ΦΩΝΆΖΟΥΝ
ΜΙΛΉΣΩ
ΕΝΗΛΊΚΩΝ
ΜΠΆΛΑ
ΑΠΌΛΥΤΗ
ΔΙΕΘΝΉ
ΞΑΦΝΙΚΉ
ΒΑΡΎΤΗΤΑΣ
ΦΡΟΎΤΑ
ΒΑΡΙΆ
ΜΎΛΟ

```
Ή M H B B Έ B S D R J X B I Z A Γ
K X Q T A K Φ R O Z U D K C M U Ύ
I Ό R U P Π B P Δ I E Θ N Ή K W P
N V Ψ J I Λ O M O K Ά Λ T Σ E Σ Ω
Φ R K E Ά H B N U Ύ G U Φ A H V M
A O H Ω I Ξ G K M O T X Ω T I S G
Ξ O B E Σ H Ψ O H A A A T H I P Y
A E F Y L Ή H N F G Π Σ E T S D U
T N Z V O A Λ Ά Π M Ό Έ I Ύ Q X N
L H K P W M Ά I Z M A M N P Q H X
P Λ F M G Ύ T X M F Y J Ό A V G P
V Ί S E G Λ V U O Z T H S B M O R
U K O Ή Π O K A I Δ H Y A C B T I
E Ω P Q A Ζ F X A Y T Ό M A T H A
U N Y O Z Ά N Ω Φ M T K H S T F I
```

Puzzle 663

```
Β Α Γ Ό Ν Ι Υ C V U Π Α Τ Ά Τ Α Σ
Κ Υ Ο Π Ρ Α Γ Μ Α Τ Ι Κ Ό Τ Η Τ Α
Σ Α Μ Ι Λ Τ Ά Ι Τ Υ Ο Β L Q F W K
Υ Ι Τ Ι Ο L Η Ι Δ Ε D A W N F I A
Μ Q Κ Ε Μ Σ Τ Ο C Ι Ε Ξ Ά Τ Ν Ε L
Μ V Τ Α Ύ Η Ι Ρ Ρ Ε Α Α U Ο Κ Τ Ο
Ε Β Ρ Γ Ν Θ Θ D Ν Χ Ρ Ί Κ Q V D K
Τ Ρ Ε Γ Β U Υ Ο Ν D W J Τ S F Ο Α
Έ Α Ι Ο W Τ Τ Ν Ύ F Κ F Q Ε L W I
Χ Β Σ Ύ Α Α Α W Σ Ν Ο Α Α Ο Ρ U P
Ο Ε Β Ρ Ρ Σ D G D Η Ο Ν Ν Ι Η Α Ι
Υ Ί Ι Ι F Τ G Π Ρ Ο Σ Ω Π Ι Κ Ά Ν
Ν Ο L U Π Ο Τ Α Μ Ο Ύ F S R Z Ι Ό
Τ Η Η Ε Ο Q U G Ν U Μ Ο Β Η D C Ι
Σ Ε G Χ Α Λ Ά Ζ Ι R Μ Π Α Ρ Β Υ Η
```

ΧΑΛΆΖΙ
ΣΥΜΜΕΤΈΧΟΥΝ
ΒΡΑΒΕΊΟ
ΠΟΥ
ΠΑΤΆΤΑΣ
ΠΡΟΣΩΠΙΚΆ
ΜΙΜΗΘΟΎΝ
ΤΡΕΙΣ
ΜΠΑΡ
ΑΓΓΟΎΡΙ
ΑΣ
ΚΑΛΟΚΑΙΡΙΝΌ
ΚΑΤΕΎΘΥΝΣΗ
ΒΑΓΌΝΙ
ΒΟΥΤΙΆ
ΙΔΙΑΊΤΕΡΑ
ΠΟΤΑΜΟΎ
ΣΤΟ
ΕΝΤΆΞΕΙ
ΠΡΑΓΜΑΤΙΚΌΤΗΤΑ

Puzzle 664

ΣΎΝΤΟΜΗ
ΑΓΝΟΟΎΜΕ
ΚΛΉΣΗ
ΜΊΣΟΥΣ
ΜΕΤΑΒΛΗΤΉ
ΕΠΙΣΤΡΟΦΉ
ΈΡΕΥΝΑ
ΧΟΙΡΙΝΟΎ
ΚΡΕΒΆΤΙ
ΕΠΕΝΔΎΣΕΩΝ
ΚΌΛΠΟ
ΣΩΣΤΌ
ΕΔΏ
ΝΤΟΥΣ
ΓΕΊΤΟΝΑ
ΣΥΜΦΩΝΉΣΟΥΝ
ΝΑΙ
ΑΡΧΊΣΕΙ
ΑΠΟΔΕΊΞΕΙΣ
ΆΝΕΣΗ

```
Ν Υ Α J Z S Ν W X V L K W U A Η Υ
W G W W L Ρ D Ν Κ Τ Ν Λ Ο L Ρ Σ Α
Ρ Κ Κ Τ R Β Χ Ω U Ο Ζ Ή Β W Q Ύ U
Α Ε Q Ι Τ Ά Β Ε Ρ Κ Ρ Σ R Ά Χ Ν Μ
Υ Ρ U Α F Μ Ί Σ Ο Υ S Η Τ Ν Υ Τ U
Ρ Ρ Χ Μ D C G Ύ W Π F Β Μ Ε Α Ο J
F Β Β Ί S Χ U Δ Ρ Ζ Λ J F Σ D Μ Χ
Χ Ο D Β Σ V J Ν Ε Α S Ό Η Η Η Η Ε
Σ Ω Σ Τ Ό Ε Β Ε W Ζ Q Τ Κ Ο D D Ρ
Έ Ρ Ε Υ Ν Α Ι Π Μ Ε Τ Α Β Λ Η Τ Ή
Ε Ν Τ Ο Υ Σ Ι Ε Χ Ο Ι Ρ Ι Ν Ο Ύ R
Δ Ε Π Ι Σ Τ Ρ Ο Φ Ή G Ε Ί Τ Ο Ν Α
Ώ Κ W C Α Α Γ Ν Ο Ο Ύ Μ Ε D L Ε Ζ
Σ Υ Μ Φ Ω Ν Ή Σ Ο Υ Ν Κ Κ Μ Ο G Ν
D U Κ S Η Α Q Α Π Ο Δ Ε Ί Ξ Ε Ι Σ
```

Puzzle 665

```
E N F C V U J T E I Z U O E D P J
R Π U C C O V L G E K A X W T Y T
A O Ï E M A T S N O Z Ί Z M C K K
P N X Σ Π Ή P E H O Y O N H O S P
A Έ M E H X O Ï P Ω N Q O Δ L F X
Π M A S I M T W Q T L X K J Y G U
A H Π V E P A K Ά Λ Π R O Q K N E
N I E S Δ S Ό S G G N X Ό K E Ï O
Ά O I R A M H T Σ Ά T A K O Π Y Λ
K Π Λ W M E H G E H E M A O M P Ό
I O Ή W G D V I Z P N A Λ W E S Σ
U T Ξ E Σ Π Ά Σ E I H P A M X E Y
B K L M A Ï N T A N Ό Ό M W T N Q
Π A P Ά Θ Y P O L G E U G H P D C
B T A Π O Θ E M A T I K Ό F J B S
```

ΤΑΚΤΟΠΟΙΗΜΈΝΟ
ΤΑΜΕΊΟ
ΚΊΝΔΥΝΟ
ΣΌΛΟ
ΧΕΙΡΌΤΕΡΗ
ΑΠΟΘΕΜΑΤΙΚΌ
ΜΑΛΑΚΌ
ΡΑΠΑΝΆΚΙ
ΌΡΑΜΑ
ΧΟΊΡΩΝ
ΧΌΚΕΪ
ΠΉΡΕ
ΞΕΣΠΆΣΕΙ
ΑΠΕΙΛΉ
ΔΕΙ
ΠΛΆΚΑ
ΕΠΊΣΗΜΑ
ΜΑΪΝΤΑΝΌ
ΥΠΟΚΑΤΆΣΤΗΜΑ
ΠΑΡΆΘΥΡΟ

Puzzle 666

ΙΠΠΑΣΊΑΣ
ΙΔΙΩΤΙΚΌ
ΠΑΡΆΓΡΑΦΟ
ΕΚΠΟΜΠΉΣ
ΑΚΟΛΟΥΘΊΑ
ΣΥΝΟΔΕΎΟΥΝ
ΚΑΡΦΊ
ΕΠΕΞΕΡΓΑΣΊΑΣ
ΜΙΛΆΜΕ
ΟΔΟΝΤΊΑΤΡΟ
ΕΛΈΓΧΕΤΑΙ
ΑΝΑΚΑΛΎΨΕΤΕ
ΜΕΓΑΛΏΝΟΥΝ
ΕΚΘΕΣΙΑΚΌ
ΟΡΓΑΝΏΣΕΙ
ΜΠΛΟΎΖΑ
ΦΩΣ
ΙΔΙΟΚΤΉΤΗ
ΕΠΙΚΊΝΔΥΝΑ
ΑΝΟΙΧΤΉ

```
T C P I E S L A N Y Δ N Ί K I Π E
H A K O Λ O Y Θ Ί A U J N W U I Λ
A T Σ A Ί Σ A Γ P E Ξ E Π E F G Έ
N G Ή T X I O N A M Π Λ O Ύ Z A Γ
A N Π T Ό K I T Ω I Δ I D K B F X
K Σ M Φ K A P Φ Ί O W R N K F C E
A Y O Ω A O P T A Ί T N O Δ O O T
Λ N Π Σ I K I O L X D J Y G N P A
Ύ O K A Σ D H Δ S F N Q R X E Γ I
Ψ Δ Ε Ί E H D V I U I O M E J A M
E E E Σ Θ M E Γ A Λ Ώ N O Y N N I
T Ύ G A K X U T M I K U B Y R Ώ Λ
E O Y Π E G A S J V R W R Y E Σ Ά
U Y J Π C C H P G X L Z U A E M
Q N J I Π A P Ά Γ P A Φ O N G I E
```

Puzzle 667

Α	Γ	Α	Π	Η	Μ	Έ	Ν	Ο	Ή	Π	Ο	Κ	Ι	Ρ	Ε	Π
V	Σ	Κ	Ε	Φ	Τ	Ε	Ί	Τ	Ε	Ρ	Έ	Α	V	Α	J	Δ
G	C	R	X	K	Y	O	P	Q	H	O	Y	Θ	A	U	Y	Y
S	Q	H	U	Ά	T	Z	P	E	V	Σ	Q	G	I	E	Π	N
W	W	Z	A	V	Σ	E	J	P	P	Ω	I	H	E	M	F	A
Σ	Ύ	O	Φ	O	Σ	O	P	S	C	Π	T	I	X	B	O	T
A	Y	J	C	U	E	H	Y	B	Q	I	A	B	Έ	B	B	Ό
Ί	F	Z	W	O	P	V	U	N	O	K	Z	N	N	T	M	N
Σ	Λ	K	H	Y	J	F	P	K	L	Ό	S	C	Y	R	F	H
A	Ό	Ό	Ό	T	C	L	O	M	S	O	Y	K	Σ	V	C	H
T	Φ	P	N	O	Ή	J	M	E	Π	I	Σ	K	E	Y	Ή	Σ
N	O	H	A	T	P	Σ	O	N	E	M	Ό	Z	A	Γ	P	E
A	Π	Ά	P	K	O	T	O	I	Δ	Ί	P	I	E	X	Γ	E
Φ	X	N	Y	U	U	I	X	Y	D	K	Z	S	Q	E	H	Z
K	V	X	O	T	D	N	Y	O	N	Ί	E	T	K	E	Π	E

ΈΘΙΜΟ
ΕΠΕΚΤΕΊΝΟΥΝ
ΠΡΟΣΩΠΙΚΌ
ΠΕΙ
ΚΌΡΗ
ΣΚΕΦΤΕΊΤΕ
ΠΕΡΙΚΟΠΉ
ΟΥΡΑΝΌ
ΣΥΝΈΧΕΙΑ
ΕΡΓΑΖΌΜΕΝΟΣ
ΧΆΣΟΥΝ
ΣΟΦΟΎΣ
ΦΑΝΤΑΣΊΑΣ
ΔΥΝΑΤΌΝ
ΑΓΑΠΗΜΈΝΟ
ΕΓΧΕΙΡΊΔΙΟ
ΕΠΙΣΚΕΥΉΣ
ΠΆΡΚΟ
ΛΌΦΟ
ΣΥΖΗΤΉΣΟΥΝ

Puzzle 668

ΠΊΝΑΚΑ
ΔΙΑΤΗΡΗΘΕΊ
ΘΈΜΑ
ΕΛΈΦΑΝΤΑ
ΑΚΑΔΗΜΑΪΚΌ
ΧΙΌΝΙ
ΠΑΙΔΊ
ΣΤΡΑΤΟΎ
ΠΟΛΎΤΙΜΟ
ΦΊΛΟ
ΔΕΥΤΕΡΕΎΟΥΣΑ
ΚΆΡΔΑΜΟ
ΣΥΡΤΆΡΙ
ΦΙΛΟΔΟΞΊΑ
ΑΝΤΊΔΡΑΣΗ
ΈΛΛΕΙΨΗ
ΣΥΝΔΥΆΖΟΥΝ
ΣΥΝΕΔΡΊΑΣΗ
ΚΑΤΆΛΟΓΟ
ΚΡΟΚΟΔΕΊΛΙΑ

K	V	S	N	A	W	L	H	S	W	X	Θ	U	A	Ό	Δ	K
A	K	U	Y	H	Π	H	X	W	M	Π	Z	Έ	O	K	E	P
T	K	H	O	Λ	Ί	Φ	Y	Q	W	A	L	G	M	Ϊ	Y	O
Ά	X	K	Z	F	N	E	R	C	A	I	Y	X	I	A	T	K
Λ	I	Φ	Ά	X	A	H	Θ	Έ	J	D	Q	O	T	M	E	O
O	Ό	I	Y	S	K	Σ	H	Λ	Ί	J	Z	Ύ	H	P	Δ	
Γ	N	Λ	D	W	A	A	U	H	P	Λ	T	Y	Λ	D	E	E
O	I	O	N	H	P	Ί	A	S	D	H	E	D	O	A	Ύ	Ί
V	S	Δ	Y	Σ	Y	P	T	Ά	P	I	T	I	Π	K	O	Λ
F	V	O	Σ	X	C	Δ	N	E	L	E	X	A	Ψ	A	Y	I
N	E	Ξ	V	U	B	E	A	M	X	X	Q	I	I	H	Σ	A
E	F	Ί	P	L	K	N	Φ	E	I	C	M	Z	V	D	A	M
O	Y	A	E	G	S	Y	Έ	A	N	T	Ί	Δ	P	A	Σ	H
B	L	O	K	G	D	Σ	Λ	Σ	T	P	A	T	O	Ύ	M	L
Κ	Ά	P	Δ	A	M	O	E	R	Y	N	R	L	K	R	C	U

Puzzle 669

```
Φ Τ Ρ Q S Υ Ν Κ Ύ Ρ Ι Ε V Ι R Τ Μ
Ρ Ι C Κ Ο Λ Π Μ Ζ Q Έ Ό J Ε L Ρ Ε
Ο Ο L Ε Δ Ι Α Ρ Ρ Ο Ή Ρ Χ Β Υ Ι Ι
Ν Σ D Ν W U Ι W Ρ Μ J Γ Ι Κ J Ά Ώ
Τ Κ Ο Τ Τ Υ Υ Τ Α Η Υ Δ Ξ Η Ν Σ
Ί Λ Ο Ρ Τ Ε Μ Ό Μ Ρ Ε Θ Σ Ο Ε Τ Ε
Δ Η Α Ι Ο Τ Έ Τ Τ Ε Τ C Κ D Θ Α Ι
Α Ρ Ο Κ Η Α L W Σ Ν Σ Ι Ι R Ζ Ε L
Χ Ή Κ Ή F J Β Ρ Α Ι Ώ Τ W J C G Ί
Ι Ά Ζ G Υ Ο G R Γ Α Ρ L G R Ο D Ρ
Ζ V Σ Ρ Ο Τ W Ζ Ι Ί Α Π Ύ Ο Κ G U
Κ Ζ Ζ Ε Ι J Χ Ι Έ Ο Λ F Χ Q F Β Τ
D Η J Μ Τ F F Χ Ρ L Α Η W Η Ρ Κ F
Α Ε C Ν D Ε Ζ Ν Α Ο Χ Η Υ F W U C
Β Π Α Σ Χ Α Λ Ί Τ Σ Α U Υ Υ Ν G R
```

ΔΟΘΕΊ
ΜΕΙΏΣΕΙ
ΘΕΡΜΌΜΕΤΡΟ
ΤΈΤΟΙΑ
ΔΙΑΡΡΟΉ
ΚΟΎΠΑ
ΤΡΙΆΝΤΑ
ΣΚΛΗΡΉ
ΤΣΑΓΙΈΡΑ
ΣΚΙ
ΧΑΛΑΡΏΣΤΕ
ΧΆΣΕΤΕ
ΕΝΙΑΊΟ
ΜΠΛΟΚ
ΥΓΡΌ
ΚΎΡΙΕ
ΠΑΣΧΑΛΊΤΣΑ
ΚΕΝΤΡΙΚΉ
ΈΡΙΞΕ
ΦΡΟΝΤΊΔΑ

Puzzle 670

ΧΑΡΟΎΜΕΝΑ
ΒΆΣΗΣ
ΑΝΤΊ
ΧΡΉΜΑΤΑ
ΓΕΛΆΣΕΙ
ΒΑΜΠΊΡ
ΔΙΑΘΈΣΙΜΗ
ΣΠΑΝΆΚΙ
ΚΟΡΆΚΙ
ΕΜΠΟΡΙΚΌ
ΠΗΛΊΚΟ
ΑΥΤΊ
ΔΙΠΛΟΎΝ
ΣΥΝΆΝΤΗΣΗ
ΔΟΝΤΙΏΝ
ΚΑΟΥΤΣΟΎΚ
ΚΟΥΛΤΟΎΡΑ
ΠΑΡΌΜΟΙΑ
ΘΕΩΡΟΎΝ
ΚΙΛΆ

```
Ε Ε Ρ Χ Ε W D C Χ Ο Μ Δ J Α Ι S D
Χ Ο Κ Ζ Ο Μ Υ Ν Α Ο L Ι Q Ν Ν C D
Χ Ν Ο S Α Χ Μ Α Ρ R J Π Ο R Ώ Τ Ο
Ί Τ Υ Α L U Η Ο Ο Κ Ί Λ Η Π Ι Θ Ί
W V Λ Κ Α G D Ν Ύ Ρ Ν Ο Ι Α Τ Ε Μ
Μ Q Τ S Ο Ζ Κ C Μ Κ S Ύ G Ρ Ν Q Η
Α Ι Ο Μ Ό Ρ Α Π Ε Α G Ν V Μ Ο Ρ Μ
L W Ύ R Μ Ο Ά Α Ν Ο Η Ε Α Α D Ο Ι
Ε F Ρ Α Ρ U Λ Κ Α Υ Ν W Λ Ζ J Ύ Σ
Υ F Α S Χ Α Ι Ν Ι Τ Α Q Ο Ά Η Ν Έ
Β Α Μ Π Ί Ρ Κ Μ S Σ Η Σ Ά Β Σ Ο Θ
Ε Μ Π Ο Ρ Ι Κ Ό S Ο S J Κ D Ο Ε Α
Σ Υ Ν Ά Ν Τ Η Σ Η Ή Ύ R Ζ Ο F Ι Ζ Ι
Σ Π Α Ν Ά Κ Ι Ι Η Κ Q C F W G S Δ
W R Q U Ο W Ε L Χ Χ Ρ Ή Μ Α Τ Α Μ
```

Puzzle 671

```
X  I  A  T  E  N  Έ  M  A  N  A  M  P  I  D  K  L
M  Y  Ό  N  E  K  X  I  D  W  M  L  H  E  Z  R  E
H  B  P  S  P  C  H  H  V  M  I  B  F  T  T  O  M
M  O  A  L  Φ  Y  T  Ά  X  N  A  H  S  O  Έ  G  S
N  O  T  A  K  Έ  Δ  K  Ξ  P  Ό  Z  K  Λ  Δ  Y
T  Y  O  I  Π  A  P  Ά  Γ  O  N  T  A  Z  O  V  T
Γ  Y  O  P  T  Ύ  K  I  A  X  Π  Z  F  V  Σ  C  Q
T  Λ  X  Z  Q  W  C  K  H  Y  Z  Ω  Z  S  T  C  D
A  D  Ω  A  N  Ω  Φ  M  Ύ  Σ  Z  J  Σ  E  J  K  U
Ξ  A  X  Σ  Ί  P  Ά  Φ  I  H  V  C  E  Ό  C  G  L
Ί  Y  O  P  Σ  A  S  P  F  B  Ή  K  I  M  P  E  Θ
L  Γ  K  I  B  Ά  R  D  I  F  K  Z  O  R  K  Π  V
V  Ώ  E  A  L  P  P  Q  V  B  F  U  W  L  T  V  Y
T  N  I  H  D  N  A  I  S  T  Q  I  N  G  B  O  M
W  K  U  G  L  H  O  Σ  O  Φ  Y  Λ  Έ  K  F  D  Z
```

ΤΈΛΟΣ
ΔΈΚΑΤΟ
ΞΗΡΌ
ΘΕΡΜΙΚΉ
ΚΕΝΌ
ΓΛΩΣΣΆΡΙΟ
ΑΝΑΜΈΝΕΤΑΙ
ΠΡΌΣΩΠΟ
ΑΥΓΏΝ
ΤΥΧΑΊΑ
ΚΈΛΥΦΟΣ
ΡΆΦΙ
ΦΥΤΆ
ΉΣΥΧΟ
ΣΎΜΦΩΝΑ
ΑΌΡΑΤΟ
ΠΑΡΆΓΟΝΤΑ
ΟΙ
ΟΡΤΎΚΙΑ
ΤΑΞΊ

Puzzle 672

ΑΚΌΜΑ
ΕΠΙΛΟΓΉΣ
ΚΟΎΚΛΑ
ΧΡΌΝΟ
ΣΑΜΠΟΥΆΝ
ΔΙΑΒΆΣΤΕ
ΕΠΊΣΗΜΟ
ΤΟΙΧΟΓΡΑΦΊΑ
ΣΥΝΌΛΟΥ
ΤΕΡΆΣΤΙΑ
ΑΝΤΊΘΕΣΗ
ΑΚΡΙΒΉ
ΧΟΡΌ
ΡΟΚ
ΑΚΑΤΆΛΛΗΛΗ
ΕΥΝΟΪΚΉ
ΠΕΡΊΠΤΩΣΗ
ΑΚΤΙΝΊΔΙΟ
ΜΟΒ
ΣΥΓΚΡΟΎΟΝΤΑΙ

```
M  M  R  K  X  J  Ή  F  X  H  Σ  E  Θ  Ί  T  N  A
C  M  Y  C  J  B  K  K  P  O  Y  A  Π  T  Σ  E  I
F  U  V  S  T  B  Ϊ  O  Ό  B  N  K  E  N  Y  S  T
E  Π  Ί  Σ  H  M  O  Ύ  N  Z  Ό  T  P  B  Γ  O  Σ
T  T  L  H  R  A  N  K  O  C  Λ  I  Ί  P  K  A  Ά
O  C  Σ  N  M  L  Y  Λ  E  J  O  N  Π  N  P  K  P
I  Q  X  Ά  Ή  V  E  A  Π  F  Y  Ί  T  R  O  A  E
X  N  R  Y  B  O  M  S  I  A  V  Δ  Ω  W  Ύ  T  T
O  I  L  O  I  A  A  L  Λ  E  K  I  Σ  L  O  Ά  E
Γ  S  Y  Π  P  H  I  R  O  Q  F  O  H  H  N  Λ  B
P  G  M  M  K  L  H  Δ  Γ  G  W  H  E  V  T  Λ  X
A  V  J  A  A  Z  B  H  Ή  A  K  Ό  M  A  A  H  A
Φ  S  P  Σ  Z  F  A  R  Σ  K  R  O  B  H  I  Λ  R
Ί  P  I  G  E  A  K  M  K  G  O  Ό  P  O  X  H  N
A  P  L  E  W  P  G  P  B  E  R  R  G  Y  B  F  C
```

Puzzle 673

```
J X Y O M A Σ B Q Π Γ E N N A Ï A
Σ Y K K N D Y I I M I I E Y T X L
Έ A Y K Σ T Γ T X I A Ά N N J R S
P K X Y Z A Γ A V W E A T S T F Y
A Σ T Z P I N M E X H B T A D N R
B Ά Z O O P Ώ Ί N I K Ή Σ E I Ό E
O B Ή L Y I M N Ύ O K O Δ Σ O P Π
Σ B T M G Ά H E R D Z C K A T E U
F A H J N Z N Σ Δ A Π Ά N H I N T
S T M E S E Π I Σ T Ή Σ E I U A
K O A C S I K T M T Ά G D B Ϊ I U
Έ N Θ E T O O I P N W N Ώ Λ Λ O Π
T Q K A M Ή Λ A V X G V E Y A N U
N L J V N W J K B D Y T G M X Q Q
U Q S X P Z Σ K O Ύ T E P F O S G
```

ΔΑΠΆΝΗ
ΠΙΆΤΑ
ΤΑΙΡΙΆΖΕΙ
ΈΚΤΟΥ
ΓΕΝΝΑΊΑ
ΣΆΒΒΑΤΟ
ΒΙΤΑΜΊΝΕΣ
ΝΕΡΌ
ΖΉΤΗΜΑ
ΝΙΚΉΣΕΙ
ΠΡΟΣΔΟΚΟΎΝ
ΚΑΜΉΛΑ
ΈΝΘΕΤΟ
ΕΠΙΣΤΉΣΕΙ
ΣΚΟΎΤΕΡ
ΣΥΓΓΝΏΜΗ
ΆΝΕΜΟ
ΧΑΛΊ
ΣΟΒΑΡΈΣ
ΠΟΛΛΏΝ

Puzzle 674

ΑΡΝΗΤΙΚΉ
ΣΤΡΑΤΗΓΙΚΉ
ΑΛΛΆ
ΙΣΤΟΡΊΑ
ΑΠΑΣΧΟΛΟΎΝ
ΌΝΕΙΡΟ
ΦΘΆΝΟΥΝ
ΆΛΟΓΟ
ΠΥΡΟΣΒΈΣΤΗΣ
ΔΙΑΦΑΝΉ
ΗΜΈΡΑΣ
ΕΊΝΑΙ
ΣΤΊΒΟΥ
ΙΠΠΌΤΗΣ
ΠΡΟΌΔΟΥ
ΔΈΚΑ
ΠΡΌΘΥΜΟΙ
ΕΠΑΦΉ
ΠΡΟΣΠΆΘΕΙΑ
ΧΏΡΟ

```
Σ A P Έ M H U E Y O R M Z M P O U
B T J A I E Θ Ά Π Σ O R Π Ά Q S N
U L Ϊ W E W Ά Λ Λ A K Έ Δ Λ T H Q
Q I P B G M U I O S Φ Q K O E P D
Y H M S O I X Z H L W Ή I Γ P B U
E R P X C Y Φ Θ Ά N O Y N O Ό Ώ N
Π Y P O Σ B Έ Σ T H Σ I I Δ N H X
Σ T P A T H Γ I K Ή Y Π Σ I E J X
A P N H T I K Ή T A V Π T A I G G
I O M Y Θ Ό P Π I S G Ό O Φ P N Y
A Π A Σ X O Λ O Ύ N R T P A O M O
N R E L K R I W S Y K H Ί N Z E W
Ί Π P O Ό Δ O Y D T I Σ A Ή R H F
E P K T R M Q T Z T Q U C D R D X
S Q D Q P M E U Q V B K E Y X V Q
```

Puzzle 675

```
Π  R  Q  Y  O  T  F  C  E  Έ  V  K  M  N  Q  S  O
A  P  U  U  E  U  T  L  N  R  Π  J  L  M  K  I  X
E  G  O  I  N  T  P  Z  E  O  N  I  P  T  Ί  K  R
T  Y  Ή  Σ  Z  U  D  M  P  C  G  S  Π  X  T  X  O
Y  I  K  S  E  J  A  M  Γ  A  T  Ά  K  Λ  N  M  M
M  Z  I  A  G  K  M  C  Ό  A  Π  Λ  Ή  J  A  X  F
P  B  T  N  I  Y  T  T  Σ  A  Ί  Φ  O  Σ  B  T  X
Ά  T  K  Ώ  G  P  U  I  E  Z  Ί  Φ  A  P  Γ  Ω  Z
M  P  A  P  A  A  Ί  H  K  Σ  Ί  Γ  O  Y  P  O  I
M  Ί  Λ  O  Q  F  Y  A  M  Ή  K  I  N  H  P  I  E
O  T  Λ  K  R  P  V  Σ  J  P  O  Z  A  Ξ  H  C  N
R  O  A  N  Ώ  I  A  T  M  M  R  U  O  Ά  X  R  R
Y  Z  N  W  U  B  B  Ί  X  I  M  E  W  T  G  A  T
V  N  E  N  N  Q  A  Π  E  Π  I  Θ  E  T  I  K  Ή
C  Y  M  O  P  Θ  O  Γ  P  A  Φ  Ί  A  Y  G  F  U
```

ΠΡΟΣΕΚΤΙΚΉ
ΕΠΙΘΕΤΙΚΉ
ΣΊΓΟΥΡΟΙ
ΠΊΤΣΑ
ΚΆΤΑΓΜΑ
ΚΊΤΡΙΝΟ
ΕΥΚΑΙΡΊΑ
ΚΟΡΏΝΑ
ΤΡΊΤΟ
ΕΙΡΗΝΙΚΉ
ΆΜΜΟ
ΣΟΦΊΑΣ
ΟΡΘΟΓΡΑΦΊΑ
ΖΩΓΡΑΦΊΖΕΙ
ΈΠΙΠΛΑ
ΕΝΕΡΓΌΣ
ΑΙΏΝΑ
ΤΆΞΗ
ΑΠΛΉ
ΕΝΑΛΛΑΚΤΙΚΉ

Puzzle 676

ΠΕΡΙΒΆΛΛΟΝ
ΑΛΆΤΙ
ΑΓΌΡΑΣΕ
ΠΛΉΡΗ
ΠΛΟΊΑΡΧΟΣ
ΣΗΜΑΊΑ
ΜΕΤΑΞΎ
ΟΜΟΙΟΚΑΤΑΛΗΞΊΑ
ΆΚΑΜΠΤΗ
ΑΛΉΘΕΙΑ
ΟΥΣΊΑΣ
ΧΉΝΑ
ΣΕΝΆΡΙΟ
ΔΙΆΔΡΟΜΟ
ΜΕΡΙΚΆ
ΚΑΟΥΜΠΌΗ
ΦΆΡΜΑ
ΕΡΓΑΣΊΑ
ΜΕΡΙΚΈΣ
ΆΝΘΡΩΠΟΣ

```
O  O  H  Y  O  K  F  D  Ά  K  I  P  E  M  U  V  Φ
Π  M  M  E  T  A  Ξ  Ύ  N  S  N  D  I  H  Y  D  Ά
Λ  Π  O  C  H  U  B  Z  Θ  J  J  Y  E  Y  P  Z  P
O  E  Z  I  L  Σ  Z  K  P  H  C  Y  Σ  P  N  K  M
Ί  P  S  T  O  Έ  B  J  Ω  E  P  Γ  A  Σ  Ί  A  A
A  I  J  Ά  W  K  I  B  Π  M  H  P  P  J  E  I  I
P  B  Σ  Λ  C  I  A  K  O  N  V  E  Ό  X  A  Q  U
X  Ά  H  A  Π  P  I  T  Σ  G  E  J  Γ  V  I  F  B
O  Λ  M  K  Λ  E  E  Ά  A  R  K  T  A  J  G  K  S
Σ  Λ  A  D  Ή  M  Θ  O  K  Λ  Σ  E  N  Ά  P  I  O
A  O  Ί  H  P  L  Ή  Q  Y  A  H  A  Ή  P  U  C  R
H  N  A  X  H  O  Λ  D  L  Σ  M  Ξ  X  P  K  C  G
D  E  N  N  T  G  A  G  E  R  Ί  Π  Ί  T  P  Y  W
K  A  O  Y  M  Π  Ό  H  Z  V  S  A  T  A  E  Q  O
Z  U  Q  Δ  Ι  Ά  Δ  P  O  M  O  J  S  H  G  D  A
```

Puzzle 677

```
C N B L Ω J I A F U J Q G U M D P
Σ Έ Φ A Σ R T Y N D B K S H G V M
E Y O C Ί N Q H V J C F Q C N O T
Π Φ N O M F K O I Λ Ύ O B M Y Σ T
H O Π H Y J I E Σ Ί P Ώ N Γ A N A
P P Ί Σ Θ Ά K A E Έ Γ E Ύ Σ H S Λ
E H E H N I S P Z E M Y N B V I Λ
Ά T Δ Λ E Λ Σ E Ό T B C Γ J D D Ό
Z Έ M K Π A O M N C G T I I L K K
O Σ K Σ Y Π Y Ά Έ Z O F J U Ή O V
Y A Y Ό Y W D K T N Y A O L N P A
N C Ώ P A X Γ Y Σ H H Λ Ή T Σ Y K
B F L Π Z Q K Y Z H U Y F Y W M N
F F B K F H J I A T Ά T P A Ξ E U
E G F W X U J V R Q V Σ H P C W J
```

ΥΠΕΝΘΥΜΊΣΩ
ΣΥΓΧΑΡΏ
ΜΈΣΟ
ΦΟΡΗΤΈΣ
ΣΥΜΒΟΎΛΙΟ
ΣΕΖΌΝ
ΠΡΌΣΚΛΗΣΗ
ΣΤΉΛΗ
ΕΞΑΡΤΆΤΑΙ
ΕΠΗΡΕΆΖΟΥΝ
ΓΕΎΣΗ
ΣΤΥΛ
ΔΕΊΠΝΟ
ΣΑΦΈΣ
ΑΝΑΓΝΩΡΊΣΕΙ
ΚΆΜΕΡΑ
ΚΌΛΛΑ
ΠΑΛΙΆ
ΣΥΝΗΘΙΣΜΈΝΗ
ΥΓΙΉ

Puzzle 678

ΤΡΈΧΟΥΣΑ
ΤΟΠΙΚΉ
ΊΣΗ
ΕΘΕΛΟΝΤΙΚΉ
ΑΠΌΚΡΥΨΗ
ΓΚΌΜΕΝΑ
ΤΡΊΑ
ΕΥΧΑΡΙΣΤΏ
ΦΏΝΑΞΕ
ΒΑΣΙΚΌ
ΔΊΚΗ
ΑΡΙΣΤΕΡΌ
ΤΡΈΝΟ
ΠΡΩΊ
ΚΑΤΆΒΑΣΗ
ΒΛΈΜΜΑ
ΤΜΉΜΑ
ΕΚΤΌΣ
ΦΆΣΗ
ΠΕΡΙΓΡΆΨΕΙ

```
B Π K I L W R X T N E Π Φ K W B T
T A E Ξ A N Ώ Φ M Ή Y P K Ά U O P
O M Σ P I V V M Ή K X Ω T K Σ L Έ
Π M Ό I I N R J M I A Ί P A E H N
I Έ T X K Γ F Z A T P Σ Έ T W K O
K Λ K G D Ό P O B N I T X Ά O Ί F
Ή B E G J K G Ά H O Σ I O B A Δ M
A P I Σ T E P Ό Ψ Λ T T Y A S Q Y
T V V S Γ W Z H Y E Ώ P Σ Σ O B K
R G L F K X Z A P Θ I Ί A H H G H
A Q G I Ό C L L K E G A D N Ί F Q
N Y L D M X E J Ό D G M S D Σ O Z
Y E J I E A E L Π I Y D P M H P K
O B L N N E A S A M T T C V X D B
N Y C T A D N G X U N B F F A I N
```

Puzzle 679

```
Ό Κ Α Ι Ε Ν Ε Γ Ο Κ Ι Ο Μ D X X E
Ι Ν Ι Κ Υ Β Ε Ρ Ν Ή Τ Η Σ Ή V Z T
Κ Ν Χ Χ U U Υ W H F A L G O Λ U Y
Α Ζ Μ Δ Ι Α Β Ε Β Α Ι Ώ Σ Ω G O M
Ν Υ Η W Π Q A I E Y V O U T V I H
Ο Α Ρ Ι Α Γ Έ Μ Ο Ε Τ Η G T F X Γ
Π Ν Ό Ο Π C Z L F N S N D D N K O
Ο Ε Σ Σ Α Τ Ν Ο Γ Ά Ρ Α Π Β G M P
Ι Τ Ύ Μ Γ U Ρ O B G A F A Z Q V Ί
Η Ε Ν Σ Ά Ζ Ι Ο Β Τ J Κ Η Ο Β Χ Α
Μ Τ Δ Ζ L C A X X A Ρ Τ A E T Ό
Έ Ά Ε Q O Q Σ Ε Μ Ι Σ Ή Ρ Χ Ι Χ Κ
Ν Ρ Σ Η Σ Ε Θ Ό Ρ Π Ά Ι Γ Α Ι Γ D
Ο Τ Η Μ Ε Λ Λ Ο Ν Τ Ι Κ Ή Μ U U Υ
Ι Η Σ Α Β Κ Έ Q V Β Ά Τ Ρ Α Χ Ο Σ
```

ΜΕΛΛΟΝΤΙΚΉ
ΑΙΧΜΗΡΌ
ΤΕΤΆΡΤΗ
ΠΑΠΑΓΆΛΟΣ
ΓΙΑΓΙΆ
ΜΉΛΟ
ΤΡΟΧΙΆ
ΒΆΤΡΑΧΟΣ
ΟΙΚΟΓΕΝΕΙΑΚΌ
ΚΥΒΕΡΝΉΤΗΣ
ΧΡΉΣΙΜΕΣ
ΙΚΑΝΟΠΟΙΗΜΈΝΟΙ
ΠΑΡΆΓΟΝΤΑΣ
ΜΈΓΑΙΡΑ
ΧΑΡΤΑΕΤΌ
ΕΤΥΜΗΓΟΡΊΑ
ΠΡΌΘΕΣΗ
ΔΙΑΒΕΒΑΙΏΣΩ
ΈΚΒΑΣΗ
ΣΎΝΔΕΣΗ

Puzzle 680

ΞΕΝΟΔΟΧΕΊΟ
ΠΟΥΛΊ
ΧΩΡΙΌ
ΠΡΏΤΟ
ΓΥΝΑΊΚΕΣ
ΛΙΒΆΔΙ
ΤΈΝΙΣ
ΣΗΜΕΊΟ
ΔΕΙΛΆ
ΌΤΙ
ΛΕΩΦΟΡΕΊΩΝ
ΓΟΝΕΊΣ
ΚΌΚΚΙΝΟ
ΕΣΤΙΑΤΌΡΙΟ
ΠΑΡΆΞΕΝΑ
ΚΡΑΥΓΉ
ΠΑΠΠΟΎΣ
ΠΡΟΗΓΟΎΜΕΝΟ
ΑΞΊΖΕΙ
ΠΑΡΑΔΟΣΙΑΚΌ

```
Λ Π Α Ρ Ά Ξ Ε Ν Α Λ Ι Χ U Z N N Γ
Α Ε Α C G Q W Κ Χ Υ Ι Ι Η Α W Κ Υ
Π Ρ Ώ Β G F Ι Ρ Ω Ι S Β Z C D W N
Α F Ι Φ Z V D A P E E F Ά E F G A
Ρ Π Ρ Σ O C O Υ Ι G Q Β Λ Δ E T Ί
Α Ρ C Ύ Ι Ρ Ί Γ Ό J Π J Ι N Ι Α Κ
Δ Ο Κ Ο P U Έ G S P C E P L Ξ E
Ο Η Η Π Ό N X Ί Κ W Ώ Γ Δ E W Ί Σ
Σ Γ Χ Π T R O A Ω O T V O D C Z Ι
Ι O V A A S Δ F I N O L Ί N D E N
Α Ύ Z Π I R O H N I G Z E T E I Έ
Κ Μ N O T S N Y E Κ O Κ Μ C P Ί T
Ό E U Υ Σ Χ E R V Κ T Y Η Ό T I Σ
J N S Λ E J Ξ D X Ό Z G S O U F L
U O O Ί D Y E T H K K D Q D Z N M
```

Puzzle 681

```
M  A  T  P  Ά  K  Π  Ω  Λ  H  T  Ή  C  S  J  Z  F
A  K  Ί  R  Z  T  T  G  X  Y  D  G  L  X  J  V  X
N  Ά  M  Θ  M  G  I  A  T  N  O  N  Ί  G  N  A  S
I  Π  A  P  O  E  O  F  X  N  R  K  J  L  M  M  X
T  O  Λ  E  E  Y  G  Q  G  Ύ  E  I  C  I  Π  T  Z
Ά  I  A  K  T  V  Σ  I  I  Σ  T  Q  Q  P  Λ  K  S
P  O  M  Γ  A  P  R  A  R  A  Z  H  B  D  E  U  G
I  Σ  Π  P  M  P  R  Ξ  Λ  T  O  T  T  D  F  R
A  Λ  P  Y  I  E  D  F  H  Έ  T  G  I  A  G  W  Ή
W  Ά  Ή  O  A  U  Z  S  M  P  N  Y  O  Ψ  Έ  Λ  K
H  M  M  Π  O  R  F  B  N  Π  W  Ω  S  Π  G  J  I
B  Π  B  M  T  P  N  L  Y  M  C  N  N  O  W  K  Λ
I  A  T  Ά  B  O  Φ  K  X  O  S  S  X  Λ  X  J  K
O  R  Q  X  Π  Ά  Γ  M  A  T  A  Y  Ύ  T  G  Y
G  G  O  N  A  Ξ  I  O  Λ  Ό  Γ  H  Σ  H  O  M  K
```

TO
ΠΟΛΎ
ΜΑΝΙΤΆΡΙΑ
ΦΟΒΆΤΑΙ
ΜΠΛΕ
ΧΆΜΠΟΥΡΓΚΕΡ
ΛΑΜΠΡΉ
ΛΆΜΠΑ
ΠΩΛΗΤΉ
ΚΥΚΛΙΚΉ
ΟΜΠΡΈΛΑΣ
ΓΊΝΟΝΤΑΙ
ΤΑΧΎΤΗΤΑ
ΚΆΠΟΙΟΣ
ΠΡΆΓΜΑΤΑ
ΞΈΝΩΝ
ΑΞΙΟΛΌΓΗΣΗ
ΑΊΘΟΥΣΑ
ΚΆΡΤΑ
ΚΛΈΨΟΥΝ

Puzzle 682

ΤΡΟΦΟΔΟΣΊΑΣ
ΜΗΧΑΝΙΚΆ
ΡΟΛΌΙ
ΣΆΠΙΟ
ΑΝΑΦΈΡΩ
ΥΠΌΣΧΟΝΤΑΙ
ΚΆΠΟΤΕ
ΡΩΤΉΣΩ
ΒΙΒΛΙΟΘΉΚΗ
ΠΟΔΉΛΑΤΟ
ΕΎΡΗΜΑ
ΏΡΙΜΗ
ΣΥΝΤΡΙΒΉ
ΚΆΣΤΑΝΑ
ΜΈΛΟΣ
ΔΩΜΆΤΙΟ
ΕΓΓΡΑΦΉΣ
ΕΝΟΧΛΉΣΕΙ
ΜΠΑΜΠΆΣ
ΈΔΩΣΕ

```
Ώ  U  Ή  Q  P  T  B  H  N  H  G  D  E  Z  M  P  V
K  P  B  H  H  O  W  P  Q  W  R  X  S  W  U  D  B
Ά  H  I  O  S  Q  Λ  Y  Π  Ό  Σ  X  O  N  T  A  I
Π  A  P  M  D  Z  G  Ό  I  E  Σ  Ή  Λ  X  O  N  E
O  C  T  K  H  D  Z  I  I  M  A  N  A  Φ  Έ  P  Ω
T  A  N  A  T  Σ  Ά  K  M  H  Ί  M  Q  J  B  X  O
E  B  Y  N  M  E  Z  I  Π  X  Σ  O  Λ  Έ  M  S  H
I  W  Σ  X  W  G  D  L  A  A  O  I  T  Ά  M  Ω  Δ
Π  O  Δ  Ή  Λ  A  T  O  M  N  Δ  E  Z  S  K  N  Z
P  Ω  T  Ή  Σ  Ω  I  Q  Π  I  O  Σ  Ύ  P  E  W  T
P  H  K  A  N  R  Y  F  Ά  K  Φ  Ω  Σ  P  C  O  V
J  S  I  I  W  R  J  F  Σ  Ά  O  Δ  Ά  N  H  W  W
B  I  B  Λ  I  O  Θ  Ή  K  H  P  E  Έ  Π  W  M  M  Y
Z  N  E  Γ  Γ  P  A  Φ  Ή  Σ  T  Y  I  G  L  Y  A
H  I  G  S  K  W  H  J  G  Y  B  B  O  X  D  I  R
```

Puzzle 683

```
K U R N B M Έ G K T Z Y N I A Π Π
K A Z Z U H N X Ά P A V G Q H E A
D A T V Y P O A T A Φ Σ Ό P Π P P
L A M A I C X C O J Z O M Y F I A
A Q E H I K O Y I G W Z S X G Π K
E Ί P J Λ Γ I J K Έ K Θ E Σ H E O
Ξ K Σ S Q O Ί H O M E Γ Ά Λ O T Λ
Ω Ό Έ Θ Y Π Δ Σ Σ X E Δ Ό N E O
T N K P H E K Ά A W C B B Ά O I Y
E Δ I D D Σ Q P P Z Y W B N T Ώ Θ
P O T U I P H L E Δ H K L O D Δ Ή
I P Y C A I W Q M Z A K M I C H Σ
K A Δ D P W U U Ή U C Λ I Ξ X C O
Ό Σ T I E Ψ Έ T Σ H Λ J H H D Y Y
Σ H S I O K A O Δ Ή Γ H Σ H S W N
```

ΚΌΝΔΟΡΑΣ
ΠΑΡΑΚΟΛΟΥΘΉΣΟΥΝ
ΣΧΕΔΌΝ
ΆΝΟΙΞΗ
ΛΉΣΤΕΨΕΙ
ΚΑΤΑΙΓΊΔΑ
ΑΊΣΘΗΣΗ
ΈΝΟΧΟΙ
ΚΑΜΗΛΟΠΆΡΔΑΛΗ
ΣΉΜΕΡΑ
ΠΕΡΙΠΕΤΕΙΏΔΗ
ΔΥΤΙΚΈΣ
ΤΟΝ
ΈΚΘΕΣΗ
ΟΔΉΓΗΣΗΣ
ΕΞΩΤΕΡΙΚΌΣ
ΚΆΤΟΙΚΟΣ
ΜΕΓΆΛΟ
ΠΡΌΣΦΑΤΑ
ΑΡΆΧΝΗ

Puzzle 684

ΜΩΡΟΎ
ΚΌΣΤΟΣ
ΒΑΘΜΌ
ΜΑΜΆ
ΑΦΟΡΟΎΝ
ΜΊΛΗΣΕ
ΕΠΙΚΊΝΔΥΝΩΝ
ΧΆΡΗ
ΚΑΜΠΆΝΑ
ΔΈΝΤΡΑ
ΑΠΑΡΑΊΤΗΤΗ
ΣΟΎΠΑ
ΆΤΟΜΟ
ΣΊΔΗΡΟ
ΚΟΛΎΜΠΙ
ΠΛΟΉΓΗΣΗ
ΧΩΡΊΣ
ΤΥΛΊΞΕΙ
ΕΝΕΡΓΌ
ΑΡΓΉ

```
Π T E N I S P J M X P J E A M W B
Λ A Π T S F K F V B W X N B Ί T T
O Y I Π M Ύ Λ O K A E Ά E U Λ A Y
Ή R K Ά T O M O B Π M P P B H A Λ
Γ N Ί K Ό Σ T O Σ A Ό H Γ P Σ Φ Ί
H B N Δ A O Z Ύ O P Ω M Ό C E O Ξ
Σ L Δ D Έ E D R K A M F Θ W D P E
H I Y C N N O Ή B Ί W X L A O O I
U K N P L F T Γ O T M A M Ά B Ύ W
Z I Ω L Z T E P F H H T S S X N S
J J N L Z Y X A A T I Z X O Y N L
K A M Π Ά N A T E H O Z Ω F Ύ S W
R Y P U L D T X J E W F P U J Π Z
E B F J K R O W O P H Δ Ί S P X A
L X S U E F A P X B Y D Σ O Y H G
```

Puzzle 685

```
A  K  Σ  V  G  K  W  K  X  E  M  Π  M  A  N  Ή  K
N  O  Y  M  M  X  U  H  G  Π  Έ  E  Z  I  H  Λ  P
T  Λ  M  Π  F  L  J  D  K  A  Θ  P  Q  Ω  Q  I  E
B  Λ  Φ  A  G  I  G  L  K  Γ  O  Ί  T  L  Ή  O  B
A  Ά  Ω  Λ  K  V  B  W  G  Δ  Φ  Y  Σ  A  O  Θ  A
L  E  N  Ό  F  J  L  Z  B  E  O  P  X  Z  N  E  T
E  I  Ί  N  J  W  G  G  G  Λ  Σ  A  E  M  H  P  O
Λ  K  A  I  E  X  Έ  P  T  M  O  Ξ  P  Σ  Σ  M  K
A  O  K  A  R  S  V  T  F  A  I  H  O  Q  Y  Ό  Ά
Γ  Σ  Σ  Λ  D  T  B  C  A  T  W  K  Ί  L  X  T  M
Ό  E  X  M  H  A  A  M  Σ  I  Λ  Ύ  P  Γ  O  H  A
Σ  B  Ό  T  F  Σ  A  R  K  K  T  P  R  R  Ύ  T  P
K  C  Λ  A  E  Y  Ί  W  Y  O  S  O  D  G  N  A  A
C  B  I  J  V  C  P  A  K  Ύ  X  B  Y  C  Z  Σ  K
B  T  O  G  K  V  W  A  Δ  Ύ  N  A  M  O  R  A  L
```

ΤΟΥ
ΛΑΓΌΣ
ΉΛΙΟ
ΕΠΑΓΓΕΛΜΑΤΙΚΟΎ
ΕΚΚΛΗΣΊΑ
ΣΧΌΛΙΟ
ΚΡΕΒΑΤΟΚΆΜΑΡΑ
ΓΡΎΛΙΣΜΑ
ΜΠΑΛΌΝΙΑ
ΣΟΚ
ΣΥΜΦΩΝΊΑ
ΑΝΗΣΥΧΟΎΝ
ΘΕΡΜΌΤΗΤΑΣ
ΑΔΎΝΑΜΟ
ΤΡΈΧΕΙ
ΚΟΛΛΆΕΙ
ΖΩΉ
ΤΥΧΕΡΟΊ
ΜΈΘΟΔΟΣ
ΠΕΡΊΦΡΑΞΗ

Puzzle 686

ΜΑΎΡΟ
ΧΉΝΑΣ
ΣΥΝΕΧΌΜΕΝΗ
ΌΡΟ
ΑΝΆΛΥΣΗ
ΘΡΗΣΚΕΥΤΙΚΈΣ
ΔΡΑΜΑΤΙΚΉ
ΧΆΝΟΝΤΑΙ
ΕΞΕΡΕΥΝΉΣΕΤΕ
ΠΏΣ
ΆΡΘΡΟ
ΤΈΡΑΣ
ΔΙΔΆΣΚΕΙ
ΑΓΡΙΌΓΑΤΑ
ΦΤΆΣΕΙ
ΤΈΣΣΕΡΙΣ
ΣΥΓΚΕΚΡΙΜΈΝΗ
ΚΑΝΑΠΈ
ΜΕΤΕΓΚΑΤΆΣΤΑΣΗ
ΟΜΟΣΠΟΝΔΙΑΚΉ

```
T  Δ  K  P  S  J  Q  Q  R  X  L  S  X  A  V  I  O
Έ  I  Σ  A  Q  H  X  N  U  Ά  L  S  Ή  N  R  K  M
Σ  Δ  Y  H  Σ  Ώ  Π  W  N  I  P  N  Ά  D  T  O
Σ  Ά  Γ  E  E  A  Z  O  L  O  S  R  A  Λ  Q  F  Σ
E  Σ  K  Σ  Ξ  Π  F  U  N  Έ  L  Σ  Y  O  N  Π
P  K  E  Y  E  Σ  A  Έ  H  T  K  U  S  Σ  S  D  O
I  E  K  N  P  Ά  G  J  A  A  I  Z  A  H  O  E  N
Σ  I  P  E  E  T  P  Ή  K  I  T  A  M  A  P  Δ  Δ
A  Y  I  X  Y  A  I  N  X  E  Y  T  E  A  Θ  V  I
P  C  M  Ό  N  K  Ό  S  Z  Z  E  P  Q  M  P  Q  A
Έ  C  Έ  M  Ή  Γ  G  A  A  Ά  K  E  D  L  A  C  K
T  C  N  E  Σ  E  A  G  Y  Σ  L  W  S  P  S  Ή
Z  Ό  H  N  E  T  T  P  D  Φ  H  S  Z  B  B  N  Y
L  E  P  H  T  E  A  K  R  O  P  Ύ  A  M  S  O  Y
Q  H  B  O  E  M  P  D  I  V  Θ  W  O  B  V  H  Z
```

Puzzle 687

```
T  O  Y  Λ  Ά  Χ  Ι  Σ  T  O  N  N  R  T  Y  L  N
D  Ό  E  N  T  O  Π  Ί  Σ  E  I  V  Z  E  J  W  A
I  M  L  X  F  D  H  X  H  C  U  N  I  L  L  R  K
Δ  Σ  U  Q  T  Π  Δ  I  E  Ύ  Θ  Y  N  Σ  H  W  H
Έ  I  X  V  U  Ά  E  P  N  I  D  X  B  F  K  T  Θ
P  T  Ό  Ύ  I  N  Ί  P  A  N  A  K  Φ  Ω  Λ  I  Ά
M  I  M  Z  Φ  Δ  P  C  I  S  Z  T  D  L  K  E  T
A  Λ  O  E  Ά  P  U  G  H  Σ  H  N  Ί  K  P  Σ  Σ
R  O  P  Λ  E  N  R  Z  E  Σ  G  H  H  Έ  Ώ  A
Q  Π  Φ  M  A  Σ  B  D  Έ  J  O  Ό  G  Y  M  Λ  T
P  Ή  O  C  I  G  G  S  B  W  J  V  T  Y  A  H  A
G  S  P  M  N  X  Q  F  P  P  B  O  D  E  E  Δ  K
A  R  Z  Θ  A  Q  T  Y  A  U  G  X  L  T  P  E  Γ
T  V  O  J  E  K  A  T  A  Σ  K  E  Y  Ή  Σ  A  E
X  N  O  U  C  R  Φ  Ά  Σ  M  A  S  X  O  U  J  Z
```

ΔΗΛΏΣΕΙ
ΔΙΕΎΘΥΝΣΗ
ΙΣΧΎ
ΠΕΡΙΣΣΌΤΕΡΑ
ΦΆΛΑΙΝΑ
ΤΟΥΛΆΧΙΣΤΟΝ
ΆΝΔΡΕΣ
ΦΩΛΙΆ
ΉΡΘΕ
ΕΝΤΟΠΊΣΕΙ
ΠΟΛΙΤΙΣΜΌ
ΦΆΣΜΑ
ΚΑΝΑΡΊΝΙ
ΔΈΡΜΑ
ΚΊΝΗΣΗ
ΌΜΟΡΦΟ
ΚΑΤΑΣΚΕΥΉΣ
ΕΓΚΑΤΑΣΤΆΘΗΚΑΝ
ΖΈΒΡΑ
ΚΡΈΜΑ

Puzzle 688

ΚΌΜΜΑ
ΠΤΏΣΗ
ΈΚΔΟΣΗ
ΠΛΗΡΟΦΟΡΙΏΝ
ΉΔΗ
ΚΟΙΛΌΤΗΤΑ
ΠΑΡΑΣΚΕΥΉ
ΕΚΧΩΡΉΣΕΙ
ΈΞΩ
ΠΟΥΛΌΒΕΡ
ΜΟΥΣΙΚΉ
ΤΟΥΡΚΊΑ
ΑΥΞΉΘΗΚΕ
ΤΗ
ΦΟΒΟΎΝΤΑΙ
ΣΤΑΥΡΌ
ΔΎΣΚΟΛΟ
ΜΊΛΙΑ
ΛΕΜΌΝΙ
ΕΡΓΑΣΊΑΣ

```
Δ  E  I  R  U  P  T  I  Π  J  T  Y  U  M  Q  T  E
Ύ  A  K  K  Ό  M  M  A  S  A  Ό  B  M  Ί  I  O  L
Σ  T  B  X  W  C  C  D  B  T  P  O  O  Λ  I  Y  V
K  H  T  V  Ω  U  Q  W  E  L  Y  A  F  I  M  P  R
O  T  L  I  R  P  U  J  P  R  A  W  Σ  A  Y  K  U
Λ  Ό  P  A  O  L  Ή  P  W  G  T  U  D  K  P  Ί  F
O  Λ  P  T  B  B  E  Σ  A  Ί  Σ  A  Γ  P  E  A  A
O  I  A  N  D  Z  Z  H  E  O  Ή  P  H  W  B  Y  T
P  O  E  Ύ  H  S  N  K  X  I  P  Δ  U  T  Ό  G  Ή
Έ  K  Δ  O  Σ  H  Λ  E  M  Ό  N  I  H  H  Λ  G  X
K  B  B  B  G  Σ  A  Y  Ξ  Ή  Θ  H  K  E  Y  Q  K
P  G  R  O  F  Ώ  J  M  Έ  R  W  Q  T  G  O  Z  H
P  V  H  Φ  B  T  M  K  Ξ  S  E  D  H  M  Π  K  G
I  T  X  B  O  Π  F  N  Ω  M  O  Y  Σ  I  K  Ή  J
R  Π  Λ  H  P  O  Φ  O  P  I  Ώ  N  L  E  I  N  C
```

Puzzle 689

```
K S S D O X N R A G F S Π X M R G
O Ί Λ B I B Ω F Y I O Z P E V M M
Γ M V B Q Δ T R A C T I O Λ V E P
I N S S N M Ά Ή N K Y Π Σ Ώ F Q Q
Ό Λ A Y M F M T Ύ D C L Θ N C I X
T P N I W B Ω T O V U O Έ A G W B
E Ή Σ I A P X P K G I Σ I R X N
W X M H C T X M H X Σ Γ E P F V C
U F W G I S Q N T A I Ό T Γ I C N
B E Λ Ό N A K Λ A P U Λ E Ά L T S
M V L A K P Ά B I Έ O I I Z Y S S
H F D A P Y K K Δ N N Ξ U Ά H O Z
Ό Λ O Y Σ O E X D A L E J X Δ O K
Φ P Ά X T H C Λ L D W Λ I B A E K
K O U G D O B N N N T R C X R M Σ
```

ΛΕΥΚΌ
ΠΡΟΣΘΈΣΕΤΕ
ΔΙΑΤΗΡΟΎΝ
ΦΡΆΧΤΗ
ΒΆΡΚΑ
ΕΤΉΣΙΑ
ΧΡΩΜΆΤΩΝ
ΚΟΓΪΟΤ
ΧΕΛΏΝΑ
ΜΥΑΛΌ
ΜΉΝΑ
ΆΓΡΙΑ
ΛΕΞΙΛΌΓΙΟ
ΣΚΟΤΆΔΙ
ΑΡΈΝΑ
ΒΙΒΛΊΟ
ΠΥΚΝΉ
ΌΛΟΥΣ
ΧΙΛΙΆΔΕΣ
ΒΕΛΌΝΑ

Puzzle 690

ΠΕΡΙΟΧΉ
ΠΑΠΆΚΙ
ΠΑΤΡΊΔΑ
ΕΙΣΌΔΟΥ
ΕΞΑΙΡΟΎΝ
ΔΙΑΔΙΚΑΣΊΑΣ
ΧΑΡΑΚΤΉΡΑΣ
ΠΡΌΤΥΠΟ
ΦΥΣΙΚΆ
ΕΥΤΥΧΈΣ
ΜΑΖΊ
ΩΣ
ΑΝΤΙΠΡΟΣΩΠΕΎΟΥΝ
ΛΙΛΆ
ΈΚΡΗΞΗ
ΠΡΌΚΛΗΣΗ
ΤΣΆΙ
ΈΤΟΥΣ
ΑΝΟΙΧΤΉΡΙ
ΚΆΛΥΨΗΣ

```
X H C S S X L S Z D U E Π R R M K
J K S N O U K N C V N U P H D J Ά
Έ T O Y Σ N C Ί Q Y O Δ Ό Σ I E Λ
D T Y G Ω R N Z X I F W T H A T Y
A M Σ E F J Π A Π Ά K I Y Λ P P Ψ
F Q A Ά Ξ D E M E Λ V K Π K N T H
A W P E I A D Y H I I L O Ό B D Σ
B T Ή K V V I M T Λ H Ξ H P K Έ J
I R T U Q N P P P Y Σ E E O Π D X Y
M I K N T X M B O E X Φ Y Σ I K Ά
B P A Δ Ί P T A Π Ύ R Έ I Y I D Q
E I P Ή T X I O N A N U Σ K D T V
D Σ A Ί Σ A K I Δ A I Δ Q W G L G
A Ή X O I P E Π Y S F O C R T F R
A N T I Π P O Σ Ω Π E Ύ O Y N Y I
```

Puzzle 691

```
Z  Α  Ν  Ώ  Γ  Α  Η  Μ  Σ  Λ  Α  Β  Ή  J  R  Z  K
Σ  Ό  Ν  Ο  Γ  Ε  Γ  Έ  Υ  Κ  D  D  S  R  Z  Y  Θ
Α  Ε  Ε  Α  Τ  Τ  Ε  Β  Ρ  Ο  Ο  Υ  Β  Ο  W  T  G  Y
Ι  Ν  Σ  Π  Α  Ρ  Μ  Ο  Λ  Q  L  Λ  W  Α  Y  C  M
Ε  Τ  Τ  Α  Δ  Π  Ο  Σ  Λ  Σ  Ε  Κ  Ί  Τ  Ν  Α  Ά
Γ  Υ  Έ  Ρ  Β  W  Ο  Π  Ά  U  Β  L  Ι  Σ  Q  Ρ  Σ
Ρ  Π  Ρ  Ά  T  F  L  Κ  Ο  Ε  G  Χ  Ρ  Ώ  Μ  Α  T
Έ  Ω  Ω  D  Y  Ε  Ν  D  Ρ  Π  S  Q  S  Φ  S  Ι  Ε
Ν  Σ  Ν  Ο  Ρ  Σ  S  Ι  Ί  Ο  V  Ν  Α  Q  Β  Η
Ε  Ι  Ε  Σ  Ά  Π  Σ  Α  C  W  Ν  Ί  W  Σ  Y  M  V
L  Ά  Y  Ι  Ι  Ά  L  Ρ  Α  J  S  Ο  Η  G  Ι  Χ  G
L  Z  L  Ι  Ν  Ν  Π  Λ  Ύ  Σ  Η  Σ  Ν  Σ  F  J  S
Ρ  Ο  Η  T  G  Ι  Ο  Κ  Χ  G  Α  C  Η  T  Η  Ρ  Q
W  Y  F  U  Κ  Α  Z  D  C  S  J  Q  Ρ  Ε  Α  S  U
V  Ν  Ί  Ε  Τ  Υ  Ε  Τ  Α  Μ  Γ  Α  Ρ  Π  Α  Ι  Δ
```

ΣΠΆΣΕΙ
ΓΕΓΟΝΌΣ
ΔΙΑΠΡΑΓΜΑΤΕΥΤΕΊ
ΕΝΈΡΓΕΙΑΣ
ΣΠΆΝΙΑ
ΘΥΜΆΣΤΕ
ΠΛΎΣΗΣ
ΑΝΤΊΚΕΣ
ΑΓΏΝΑ
ΠΑΡΆ
ΑΣΤΈΡΩΝ
ΣΚΥΛΊ
ΜΈΡΟΣ
ΣΑΦΏΣ
ΑΝΤΑΠΟΚΡΊΝΟΝΤΑΙ
ΤΡΟΠΟΠΟΊΗΣΗ
ΛΑΒΉ
ΆΛΛΟΥΣ
ΧΡΏΜΑ
ΕΝΤΥΠΩΣΙΆΖΟΥΝ

Puzzle 692

ΒΌΛΤΑ
ΠΡΆΞΗ
ΘΥΜΊΖΕΙ
ΦΎΛΛΟ
ΣΎΝΟΡΑ
ΚΑΤΆ
ΔΌΝΤΙΑ
ΣΚΟΡΆΡΕΙ
ΘΕΤΙΚΌ
ΤΗΛΕΌΡΑΣΗ
ΊΔΙΑ
ΑΝΆΚΑΜΨΗ
ΟΠΟΤΕΔΉΠΟΤΕ
ΓΕΡΆΚΙ
ΠΙΛΟΤΙΚΆ
ΟΝΤΙΣΙΌΝ
ΜΟΝΑΧΙΚΌ
ΕΠΑΝΆΛΗΨΗ
ΝΕΡΟΧΎΤΗ
ΚΟΥΝΆΒΙ

```
Ο  Π  W  J  U  Z  Ο  Ε  Θ  Ε  Τ  Ι  Κ  Ό  U  L  T
V  Z  Ρ  Z  Z  Χ  Π  Ο  Π  Κ  Ο  Υ  Ν  Ά  Β  Ι  Η
U  S  Χ  Ά  D  D  Ο  Λ  Ν  Α  Ι  Τ  Ν  Ό  Δ  Ε  Λ
Η  Ρ  Τ  Q  Ξ  Α  Τ  Λ  Χ  Τ  Ν  Q  Μ  Η  F  Z  Ε
L  G  Χ  L  Ό  Η  Ε  Ύ  Ι  Λ  Ι  Ά  Τ  Α  Κ  Ί  Ό
Γ  Ε  Ρ  Ά  Κ  Ι  Δ  Φ  Β  Ό  Ε  Σ  Λ  Η  Μ  Μ  Ρ
V  Ν  Β  L  Ι  Ο  Ή  R  Ρ  Β  Ρ  Χ  Ι  Η  Ε  Y  Α
Χ  S  W  Ν  Χ  Ν  Π  W  Χ  Ε  Ά  Q  F  Ό  Ψ  Θ  Σ
Χ  Ν  Y  S  Α  Ρ  Ο  Ν  Ύ  Σ  Ρ  Ι  Ρ  Ρ  Ν  Η  Η
Z  Ο  Β  Ν  Ν  R  Τ  Π  Ι  Λ  Ο  Τ  Ι  Κ  Ά  W  Ν
Η  Τ  Ύ  Χ  Ο  Ρ  Ε  Ν  G  C  Κ  Q  C  W  Β  Β  Α
D  Τ  Η  Ψ  Μ  Α  Κ  Ά  Ν  Α  Σ  S  Τ  Κ  R  Χ  Κ
Α  Η  R  V  J  Υ  Χ  U  Τ  Τ  Y  R  Α  V  Α  Q  G  W
J  Η  L  F  V  Η  Ρ  Ε  W  Κ  Ε  Α  Ο  Η  Χ  C  Ε
Β  G  Z  Α  Ί  Δ  Ι  Α  D  Ι  Α  D  Ι  Ε  W  J  D  C  J  Α
```

Puzzle 693

```
Χ Δ Σ Η Ρ Γ Ί T G A Λ Έ M A P A K
A I E I K Ά T A Γ J W Q K Π Y F O
P A I K N Ά Γ Έ P H M O U Ό R L Z
A T E H Z T E P A D K X B Φ F V E
K H Θ J A E P O Ή C M C D O Λ F R
T P Ή Q Q K N I N Γ W Q N I O O J
H O M K U P M M B W O I Q T Γ W F
P Ύ O M G A E Ό Σ Ά N P F O A V N
I N P Έ N S Ί N B K N O H Σ P R H
Σ T Π Σ K H Γ O V S Λ I M H I P Z
T A V H J P M P T M Ό H H J A Q V
I I N Q K Γ A Π Z W K S P E Σ X G
K O X K E Ί C X L Z Σ F J Ό M D T
Ό R Y N G T I U M L A T F V Ό E R
Z C Π E P I O X Ή Σ K R P V O F Y
```

ΤΊΓΡΗ
ΜΕΊΓΜΑ
ΓΗ
ΑΠΌΦΟΙΤΟΣ
ΧΑΡΑΚΤΗΡΙΣΤΙΚΌ
ΣΙΝΤΡΙΒΆΝΙ
ΤΊΓΡΗΣ
ΚΑΡΑΜΈΛΑ
ΔΙΑΤΗΡΟΎΝΤΑΙ
ΠΡΟΝΌΜΙΟ
ΓΑΤΆΚΙ
ΠΡΟΜΉΘΕΙΕΣ
ΣΚΛΗΡΌ
ΑΡΚΕΤΆ
ΜΈΣΗ
ΛΟΓΑΡΙΑΣΜΌ
ΓΡΉΓΟΡΗ
ΚΑΣΚΌΛ
ΠΕΡΙΟΧΉΣ
ΈΡΗΜΟ

Puzzle 694

ΕΠΙΚΊΝΔΥΝΟ
ΑΣΤΕΊΟ
ΣΥΣΤΑΤΙΚΌ
ΠΙΣΊΝΑ
ΚΈΡΔΟΣ
ΗΛΙΟΦΆΝΕΙΑΣ
ΛΑΪΚΆ
ΒΑΣΊΛΙΣΣΑ
ΣΦΆΛΜΑΤΟΣ
ΛΑΜΒΆΝΟΥΝ
ΠΕΡΊΜΕΤΡΟ
ΔΊΚΤΥΟ
ΔΆΣΟΣ
ΣΧΈΣΗ
ΚΈΙΚ
ΑΥΤΟΚΊΝΗΤΟ
ΕΛΈΓΧΟΥ
ΠΑΠΟΎΤΣΙΑ
ΑΡΚΕΤΈΣ
ΒΡΑΣΤΉΡΑ

```
E I C J N P K U Z Δ E K K Y Σ X H
Σ Π A R F H K Δ C T Ά X C T X C Λ
Έ Y I A R A N Ί Σ I Π Σ J J Έ I I
T I Σ K V F O K E M B G O Y Σ F O
E P T T Ί P M T Q C K D D Σ H X Φ
K D Ύ D A N N Y O N Ά B M A Λ Λ Ά
P V O F M T Δ O G N O Ί E T Σ A N
A Z Π O Z J I Y V G E B L R J Ϊ E
E W A U L Q Z K N I Λ E K I Έ K I
N E Π L M R S X Ό O Έ N L G F A Ά
A Y T O K Ί N H T O Γ M P T I Q Σ
Π E P Ί M E T P O M X M G P J J N
Σ Φ Ά Λ M A T O Σ Σ O D P E K A Z
S F H J M D N A Z Y B C N X H M
B A Σ Ί Λ I Σ Σ A P Ή T Σ A P B I
```

Puzzle 695

```
Π Ε Ν Θ Ο Υ Σ Ι Α Σ Μ Έ Ν Ο Σ Ε Η
Φ Ρ Μ Π Α Λ Κ Ό Ν Ι Ζ G N Β Ε Ρ Λ
Δ Υ Ο Q Ο Π Ρ Ο Ά Σ Π Ι Σ Η Σ Γ Ι
Η G T Ϊ Σ Υ Λ Λ Ο Γ Ή Μ Χ Ε Τ Ά Ο
Λ Ρ Χ Ι Ό Ε W A D X K F Q Ξ N Z B
Η Σ Έ Θ Κ Ν Χ Ο Σ Ζ Η D Q Υ Ί Ο Α
Τ Ε V G Ζ Ά Ρ Κ Σ Ρ Η Σ S Π D N Σ
Ή C M X D D Ζ X G Β Μ C Ά Η Μ Τ Ι
Ρ W V D Υ Η Υ Α N N W Η G Ρ J Α Λ
Ι L M Τ Η Σ Ω Ρ Έ Μ Η Ν Ε Ε Φ Ι Έ
Ο Ζ Σ Ή Κ Ι Μ Ο Ν Ο Κ Ι Ο Τ Μ Ι Μ
G F Ρ Ρ Ι Α Ν Ύ Ο Λ Ω Π Υ Ο Χ Η Α
Μ U Ο L Υ Ρ Ν Μ Ρ Υ L V Q Ύ D Τ Τ
C L Κ W Τ Β Κ Ε Κ D Μ Χ V Ν Η Ν Ο
Κ Α Γ Κ Ο Υ Ρ Ό Χ Ζ Ε Λ Έ Ο V Ι Σ
```

ΟΙΚΟΝΟΜΙΚΉΣ
ΚΑΓΚΟΥΡΌ
ΘΈΣΗ
ΝΑ
ΜΠΑΛΚΌΝΙ
ΔΗΛΗΤΉΡΙΟ
ΕΝΗΜΈΡΩΣΗ
ΕΡΓΆΖΟΝΤΑΙ
ΠΡΟΪΌΝ
ΧΑΡΟΎΜΕ
ΕΝΘΟΥΣΙΑΣΜΈΝΟΣ
ΕΞΥΠΗΡΕΤΟΎΝ
ΣΥΛΛΟΓΉ
ΦΥΤΙΚΆ
ΗΛΙΟΒΑΣΙΛΈΜΑΤΟΣ
ΖΕΛΈ
ΠΩΛΟΎΝ
ΦΡΆΣΗ
ΊΝΤΣΕΣ
ΠΡΟΆΣΠΙΣΗΣ

Puzzle 696

ΑΡΙΘΜΟΜΗΧΑΝΉ
ΈΠΕΣΕ
ΕΙΣΑΓΆΓΕΙ
ΛΕΠΤΟΜΈΡΕΙΑ
ΑΝΤΙΚΕΊΜΕΝΟ
ΠΟΥΚΆΜΙΣΟ
ΒΡΑΧΊΟΝΑ
ΖΩΝΤΑΝΉ
ΑΠΡΌΣΕΚΤΗ
ΠΡΑΚΤΙΚΉ
ΛΈΞΗ
ΠΡΟΣΠΑΘΕΊ
ΦΌΒΟ
ΑΡΝΊ
ΟΙΚΟΓΈΝΕΙΑ
ΚΕΦΑΛΑΊΟΥ
ΙΣΤΟΡΙΚΟΎ
ΕΙΡΉΝΗ
ΝΈΚΤΑΡ
ΠΎΛΗ

```
Α Ε Ή Ν Α Τ Ν Ω Ζ Ν C G Χ G Ο Λ Υ
U Ρ Κ Ι Σ Τ Ο Ρ Ι Κ Ο Ύ Β Β Ι Ε Ι
Υ Α Ι F L Π Β Ν Ρ Ρ Α U W Κ Π Μ
Ρ Τ Τ Θ C U Ό J G C W Ζ Η Ε Ο Τ Λ
Ζ Κ Κ Χ Μ U Φ C Ι V Α Κ Τ Ι Γ Ο Έ
Π Έ Α Υ Υ Ο Ί Α Λ Α Φ Ε Κ Σ Έ Μ Ξ
Ρ Ν Ρ D Κ Σ Μ Κ W Ο Μ Σ Ε Α Ν Έ Η
Ο Η Π Ε Ρ Ι Υ Η Τ Ζ F Ε Σ Γ Ε Ρ Β
Σ G W Ι Β Μ Ν D Χ D W Π Ό Ά Ι Ε Ρ
Π Π Ύ Λ Η Ά S S F Α C Έ Ρ Γ Α Ι Α
Α Ι Α L Ι Κ G S Ο G Ν Ρ Π Ε W Α Χ
Θ Κ L Q Β Υ Q Μ F Q D Ή Α Ι C Ζ Ί
Ε Τ Ρ Υ U Ο Ν Ε Μ Ί Ε Κ Ι Τ Ν Α Ο
Ί Ν Ρ Α Η Π Ε Ι Ρ Ή Ν Η Ι W Η Β Ν
L S F Τ F L W V Ι F F S Ν J L Χ Α
```

Puzzle 697

Σ	Ε	Λ	Ύ	Ο	Ν	Α	Π	Μ	Α	Κ	Ζ	Ο	Ε	Σ	Π	Δ
Α	Λ	Α	Γ	Γ	Α	Ρ	Ε	Ί	Α	Ρ	J	Τ	Θ	Υ	Α	Ι
Τ	Ι	Ι	Ο	Τ	V	Q	Ο	Ν	Μ	Μ	V	C	Ν	Ν	Ρ	Α
Η	Κ	Ν	S	J	Ι	Ρ	W	Ν	Ό	B	U	L	Ι	Α	Ο	Τ
Τ	Ό	Έ	Ι	Ν	Η	R	G	Τ	Τ	Ι	V	Κ	Κ	Ν	Ν	Α
Ό	Π	Ξ	Σ	Ε	Ι	Ρ	Ά	F	Σ	Κ	B	S	Ό	Τ	Ο	Ρ
Τ	Τ	Α	B	Τ	Ξ	Μ	Α	Χ	C	Q	Τ	Ζ	Σ	Η	Μ	Α
Υ	Ε	Τ	Ή	Π	V	Έ	Α	Κ	Ο	Ύ	Σ	Ε	Ι	Θ	Α	Χ
Α	Ρ	Ε	Μ	Η	Υ	Ζ	Ρ	Υ	F	Η	Κ	Ρ	Ρ	Ο	Σ	Ή
Τ	Ο	Μ	Α	Γ	Β	Ο	Λ	Τ	Μ	Υ	Ε	Ε	Δ	Ύ	Τ	Ι
C	B	C	Ι	Α	Μ	Η	Τ	Ί	Α	Ι	Δ	Ν	Ε	Ν	Ή	Κ
Α	Ν	V	D	Ί	Ε	Ι	Σ	Α	Γ	Ω	Γ	Ι	Κ	Ά	Ι	Α
Β	Τ	Κ	Υ	Ν	W	Η	R	Τ	W	Ι	V	Τ	Ώ	Ρ	Α	Ν
Ρ	Ρ	Ι	S	Ε	Β	L	Χ	F	U	S	Μ	Χ	Ν	Ρ	Κ	Ή
Ζ	V	U	Q	Ι	G	D	R	Ρ	Χ	Ε	U	Ι	Ο	Η	Χ	Τ

ΕΝΔΙΑΊΤΗΜΑ
ΚΑΜΠΑΝΟΎΛΕΣ
ΙΚΑΝΉ
ΕΘΝΙΚΌΣ
ΔΙΑΤΑΡΑΧΉ
ΤΡΈΞΕΙ
ΒΉΜΑ
ΑΓΓΑΡΕΊΑ
ΠΑΡΟΝΟΜΑΣΤΉ
ΑΚΟΎΣΕΙ
ΣΕΙΡΆ
ΣΥΝΑΝΤΗΘΟΎΝ
ΕΛΙΚΌΠΤΕΡΟ
ΤΏΡΑ
ΕΙΣΑΓΩΓΙΚΆ
ΠΗΓΑΊΝΕΙ
ΒΟΛΤ
ΣΤΌΜΑ
ΤΑΥΤΌΤΗΤΑΣ
ΜΕΤΑΞΈΝΙΑ

Puzzle 698

ΔΙΑΝΈΜΟΥΝ
ΠΑΝΊ
ΧΑΛΑΡΏΣΕΤΕ
ΚΟΥΤΆΛΙ
ΕΥΤΥΧΏΣ
ΚΑΛΛΙΤΈΧΝΗ
ΧΆΠΙ
ΠΕΤΣΈΤΑ
ΠΟΣΌ
ΥΠΟΨΉΦΙΟΣ
ΑΔΕΙΆΖΕΙ
ΘΑ
ΣΥΝΉΘΕΙΑ
ΚΡΈΑΣ
ΣΥΝΘΉΚΗ
ΧΤΎΠΗΜΑ
ΚΟΥΝΕΛΙΏΝ
ΤΑΧΥΔΡΟΜΕΊΟΥ
ΚΑΤΑΣΚΕΎΑΣΜΑ
ΚΑΡΌΤΟ

J	A	T	R	R	H	K	Ή	Θ	Ο	Ν	Υ	S	K	L	F	Q	X
L	U	H	Y	L	K	S	O	L	W	T	R	A	Z	V	T	A	
Y	V	E	T	Q	D	H	B	Y	U	V	E	P	P	C	S	Λ	
Δ	Ι	Α	Ν	Έ	Μ	Ο	Υ	Ν	T	J	S	Ό	Ν	U	Q	A	
Σ	Υ	Ν	Ή	Θ	Ε	Ι	Α	Υ	Υ	Ά	D	T	O	C	I	P	
Π	Α	Ν	Ί	Ε	Υ	Τ	Υ	Χ	Ώ	Σ	Λ	Ο	Χ	F	I	Ώ	
Y	S	Ώ	G	D	B	K	P	B	X	M	Υ	I	Π	Ά	X	Σ	
Π	U	I	C	T	A	X	Υ	Δ	Ρ	Ο	Μ	Ε	Ί	Ο	Υ	Ε	
O	A	Λ	I	A	Δ	Ε	Ι	Ά	Ζ	Ε	Ι	Κ	Α	L	Π	T	
Ψ	Μ	Ε	Θ	Α	Κ	Ρ	Έ	Α	Σ	T	V	H	A	B	O	E	
Ή	Η	Ν	Χ	Έ	Τ	Ι	Λ	Λ	Α	Κ	D	G	S	J	S	W	
Φ	Π	Υ	Κ	Α	Τ	Α	Σ	Κ	Ε	Ύ	Α	Σ	Μ	Α	Ό	V	
I	Ύ	O	V	H	C	Π	Ε	Τ	Σ	Έ	Τ	Α	K	S	X	Z	
O	T	K	I	N	S	D	F	N	Q	M	G	O	Z	O	Q	N	
Σ	X	D	C	J	M	Q	E	G	O	A	G	S	N	U	G	P	

Puzzle 699

```
Δ  Ι  Ε  Ο  Π  Κ  Α  Ν  Ο  Ν  Ί  Σ  Ε  Ι  Π  Τ  F
Σ  Ι  Υ  D  Ρ  Λ  D  V  K  M  V  J  Ι  Τ  Α  Η  Χ
Υ  Ρ  Α  V  L  Ρ  Α  Ο  Q  Ω  J  Ι  Ε  Ν  Ί  Λ  Β
Μ  Ά  S  Τ  Μ  C  Μ  Ν  Μ  Ρ  Ν  L  J  Ό  Ζ  Ε  J
Μ  Τ  Q  Ρ  Ρ  Ο  Ζ  S  Ή  Ό  U  Β  J  Δ  Ο  Σ  W
Ε  Ι  L  G  Β  Ι  D  Τ  G  Τ  Κ  Ε  Ε  Ζ  Υ  Κ  Ε
Τ  Σ  Χ  D  Ν  V  Β  Ε  C  V  Ε  Τ  W  Ρ  Ν  Ό  Ν
Ά  Η  D  Ρ  J  Α  L  Ή  S  S  J  Σ  W  S  Χ  Π  Δ
Σ  Ν  Λ  Σ  Μ  Α  Χ  Α  Ί  Ρ  Ι  Ώ  Ρ  Α  Η  Ι  Ι
Χ  Ν  W  Ι  Σ  Υ  Ν  Α  Ν  Τ  Ή  Θ  Η  Κ  Ε  Ο  Α
Ο  Χ  Ι  Λ  Έ  Ν  Υ  Ο  Κ  Τ  Ρ  Α  Γ  Ι  Κ  Ό  Φ
Υ  Α  Ρ  Ό  Τ  Λ  W  Β  Ι  J  Σ  Ύ  Ζ  Υ  Γ  Ό  Έ
Ν  Μ  Μ  Μ  F  D  Α  Σ  Τ  Λ  Ά  Κ  Τ  Κ  W  W  Ρ
Β  F  S  S  W  W  Α  Ι  Ρ  Α  Ν  Α  Η  L  Β  Κ  Ο
W  Ζ  Ζ  G  C  G  Ν  Υ  Ο  Θ  Ά  Μ  Ζ  Ζ  Ρ  U  Ν
```

ΣΙΤΆΡΙ
ΤΗΛΕΣΚΌΠΙΟ
ΜΑΧΑΊΡΙ
ΚΑΝΟΝΊΣΕΙ
ΏΡΑ
ΣΥΜΜΕΤΆΣΧΟΥΝ
ΗΛΙΈΛΑΙΟ
ΜΩΡΌ
ΔΌΝΤΙ
ΠΑΊΖΟΥΝ
ΚΟΥΝΈΛΙ
ΚΆΛΤΣΑ
ΣΎΖΥΓΟ
ΜΆΘΟΥΝ
ΤΡΑΓΙΚΌ
ΔΙΑΤΡΙΒΉ
ΜΌΛΙΣ
ΕΝΔΙΑΦΈΡΟΝ
ΠΛΑΝΉΤΕΣ
ΣΥΝΑΝΤΉΘΗΚΕ

Puzzle 700

ΔΙΆΣΗΜΗ
ΈΛΞΗΣ
ΠΙΘΑΝΏΣ
ΑΥΓΆ
ΑΝΆ
ΚΑΠΆΚΙ
ΗΘΙΚΌ
ΠΟΤΈ
ΑΝΆΠΤΥΞΗΣ
ΝΥΦΊΤΣΑ
ΧΑΡΑΚΤΉΡΑ
ΣΥΝΤΟΜΟΓΡΑΦΊΑ
ΡΥΘΜΌ
ΣΤΑΘΕΊ
ΠΕΡΙΛΑΜΒΆΝΟΥΝ
ΑΦΙΕΡΏΣΕΙ
ΒΑΣΙΛΙΆ
ΚΑΡΙΈΡΑ
ΤΎΜΠΑΝΟ
ΑΝΕΞΑΡΤΗΣΊΑΣ

```
Χ  Q  S  Ι  Ι  Ο  F  Τ  G  Μ  Υ  Χ  Μ  Ν  Q  Έ  Α
Ο  Τ  Ο  Υ  Ζ  U  Ε  G  D  Τ  V  Η  S  Υ  Ν  Λ  Φ
Μ  Ο  Α  Ρ  Έ  Ι  Ρ  Α  Κ  Ο  J  Ν  Τ  Φ  Υ  Ξ  Ι
U  Σ  Α  Ί  Σ  Η  Τ  Ρ  Α  Ξ  Ε  Ν  Α  Ί  Ο  Η  Ε
Η  Δ  Υ  Α  Φ  Ι  Χ  Ο  Ν  Α  Π  Μ  Ύ  Τ  Ν  Σ  Ρ
Ά  Ι  Λ  Ι  Σ  Α  Β  Η  Β  Α  F  D  L  Σ  Ά  Χ  Ώ
Ν  Ά  Κ  Κ  Ν  Ζ  Ρ  Υ  Ε  Υ  Η  Q  Υ  Α  Β  Ε  Σ
Α  Σ  J  Ά  Q  Μ  Ζ  G  Μ  Γ  Β  V  Τ  F  Μ  S  Ε
C  Η  L  Π  D  S  Ι  Ρ  Ο  Ά  Τ  F  Α  S  Α  Π  Ι
Τ  Μ  Υ  Α  D  S  V  L  U  Μ  Τ  Ο  J  G  Λ  Ι  Τ
Ο  Η  Ρ  Κ  Σ  Τ  Α  Θ  Ε  Ί  Ο  Κ  Ό  Κ  Ι  Ο  Η
Q  Μ  Ρ  Υ  Θ  Μ  Ό  Α  Α  Ρ  Ή  Τ  Κ  Α  Ρ  Α  Χ
V  W  L  Ι  Ζ  L  Π  Ο  Τ  Έ  J  Μ  Ν  Η  Ε  Ν  U
Q  Ι  L  Β  Ρ  G  L  Κ  Ν  U  Ε  Β  G  Υ  Π  Ώ  C
Α  Ν  Ά  Π  Τ  Υ  Ξ  Η  Σ  Ε  W  L  J  W  S  Σ  Ο
```

Puzzle 701

```
C X F R W G O Π P Λ I B J W J E Σ
P P Z S F X P Λ A Ύ H A N Έ P B Y
E N L E D W Γ Υ P K D T Ύ O C U N
K Y E W O E A N F O T N O P Ά R A
A C I N Q W N T B Σ N Ά M T I Σ I
A N F N J K Ώ H M V A Π I H K O Σ
Φ N D L B L Σ P M M G U T N Y Ψ Θ
P A Ώ T Q K T Ί D E A R O Ί Λ Ύ H
G O I T P P E O Z V Z V P K Γ H M
B M I N E A M Y A K Γ Έ Π B Y P A
Λ Ά K Z Ό P Σ Y M Π Ύ K N Ω M A T
E Δ M I W T O K T D H A Π Ό E N I
Π A V O Y W A Σ I E Θ Ή N Y Σ F K
T Q K J E V C N U W W E E P T K Ή
Ό E K I E A N A Θ E Ώ P H Σ H F T
```

ΑΝΑΘΕΏΡΗΣΗ
ΦΑΙΝΌΤΑΝ
ΓΛΥΚΙΆ
ΣΥΜΠΎΚΝΩΜΑ
ΣΥΝΑΙΣΘΗΜΑΤΙΚΉ
ΛΕΠΤΌ
ΑΎΡΙΟ
ΟΜΆΔΑ
ΠΆΝΤΑ
ΟΡΓΑΝΏΣΤΕ
ΎΨΟΣ
ΣΥΝΉΘΕΙΣ
ΈΓΚΑΥΜΑ
ΚΊΝΗΤΡΟ
ΛΎΚΟΣ
ΠΛΥΝΤΗΡΊΟΥ
ΠΡΟΤΙΜΟΎΝ
ΈΝΑ
ΑΝΏΤΕΡΟΣ
ΑΠΌ

Puzzle 702

ΕΠΈΚΤΑΣΗ
ΌΠΩΣ
ΔΉΛΩΣΗ
ΠΆΓΟ
ΦΟΡΈΣ
ΣΑΠΟΎΝΙ
ΘΕΡΜΌΤΕΡΟΣ
ΚΥΝΉΓΙ
ΑΦΑΊΡΕΣΗ
ΚΑΛΑΜΠΟΚΙΟΎ
ΠΑΡΑΛΊΑ
ΠΡΌΛΗΨΗ
ΑΛΥΣΊΔΑ
ΑΠΟΡΡΊΠΤΟΥΝ
ΣΩΣΤΉ
ΣΚΆΛΑ
ΜΑΚΡΙΝΌ
ΑΝΤΙΣΤΑΘΕΊ
ΚΑΤΣΙΚΊΣΙΟ
ΑΡΓΆ

```
Π Σ Ω Σ T Ή T Φ Y Q L K Σ Ω Π Ό K
A C V P I E S D O V M I K F N H Y
P E Π Έ K T A Σ H P G E Ά G R A N
A H Ψ H Λ Ό P Π C N Έ Q Λ N F K Ή
Λ Σ O P E T Ό M P E Θ Σ A R Ό A Γ
Ί Ω A W A Π O P P Ί Π T O Y N Λ I
A Λ A Π K A T Σ I K Ί Σ I O I A A
R Ή W Λ O Z L G E Y E Q V Π P M Φ
F Δ Z M Y Ύ T O S B J V F Ά K Π A
R B W U V Σ N O C C G I D Γ A O Ί
F T G E T J Ί I T M Y X H O M K P
S J H H T K N Δ U P D J M E P I E
A F P S C Ί E Θ A T Σ I T N A O Σ
W Y H S A G G P V J I X W H J Y H
J M N O U R O L T Z V G B O S E D
```

Puzzle 703

```
Ρ Ι Π Ή Σ Ό Κ Ι Ν Α Χ Η Μ Α S O X
Κ Ε Χ Κ Ω S Ι O Ι U Β Γ Τ P R S C
O Β Μ Μ Μ Α R Τ Ε J C Η Έ Ί V W W
Ρ Ά Π Α Α Τ Α Μ Μ Ό Κ Ε Ά Λ Λ O Π
Ί Λ Λ O Τ Μ R Β Ε S F Ρ O Ι Α O X
Τ Α Ή Ζ Ι F X Α F Ι Μ Γ S Ρ Ζ Ε Π
Σ Τ Ρ Υ Δ Σ Α Ί Γ O Λ O Ν X Ε Τ Ε
Ι Α Ω Δ Ί Σ Υ X Ν Ά Η Σ Η Τ Ώ Ρ Ε
Α Κ Σ Α Ω W Q Ζ W Q Ρ Τ G C Β O R
U Β Σ O Ν Έ Μ Ω Μ Υ Θ Ά Q S W X L
Γ O Γ Γ Ύ Λ Ι Α Ε U Ρ Σ Β L W Ε Ε
Π Α Ρ Α Μ Ε Ί Ν Ε Ι Τ Ι Θ V C F W
X Ι O Ν Ά Ν Θ Ρ Ω Π O O O C L L V
Κ Ε V Ρ Υ Β U X R F G D Λ R T V S
Ν U Ι Κ U Ε D S Μ V L Ζ Ό W R Ρ Ι
```

ΠΛΉΡΩΣ
ΚΟΡΊΤΣΙΑ
ΚΑΤΑΛΆΒΕΙ
ΕΡΏΤΗΣΗ
ΠΟΛΊΤΗ
ΜΕ
ΓΈΛΑΣΕ
ΧΙΟΝΆΝΘΡΩΠΟ
ΣΩΜΑΤΙΔΊΩΝ
ΠΟΛΛΆ
ΕΡΓΟΣΤΆΣΙΟ
ΘΥΜΩΜΈΝΟΣ
ΓΟΓΓΎΛΙΑ
ΚΌΜΜΑΤΑ
ΡΙΠΉ
ΣΥΧΝΆ
ΜΗΧΑΝΙΚΌΣ
ΤΕΧΝΟΛΟΓΊΑΣ
ΘΟΛΌ
ΠΑΡΑΜΕΊΝΕΙ

Puzzle 704

ΌΜΟΡΦΗ
ΔΙΟΊΚΗΣΗΣ
ΔΆΧΤΥΛΌ
ΕΠΙΣΤΉΜΟΝΑΣ
ΤΡΑΜ
ΠΟΛΥΘΡΌΝΑ
ΠΕΡΙΣΤΑΤΙΚΌ
ΜΙΣΉ
ΕΚΦΡΆΖΟΥΝ
ΡΆΒΩ
ΜΕΓΈΘΟΥΣ
ΒΑΘΜΟΎ
ΔΆΚΡΥ
ΝΊΚΗ
ΑΚΑΝΌΝΙΣΤΗ
ΠΑΡΑΤΉΡΗΣΗΣ
ΠΡΩΤΑΡΧΙΚΌ
ΣΥΛΛΆΒΕΙ
ΧΕΙΜΏΝΑ
ΠΡΟΣΕΚΤΙΚΟΊ

```
S G E Ι Δ J Τ O L Π U J Ω Β Ά Ρ Μ
J Υ Q R Ά X Ό V U Α Τ Ρ Ί Α Π Τ Ε
Τ Μ Ε Ρ X Ε Μ R C Ρ Β Β O Θ O Ζ Γ
Δ R Κ U Τ Ι O Β Ρ Α Ι Ν Κ Μ Λ Μ Έ
Δ Ι G S Υ Μ Ρ U Τ Τ O Υ Ι O Υ Μ Θ
G Ά O D Λ Ώ Φ Ε Ρ Ή Ι O Τ Ύ Θ D O
F Ν Κ Ί Ό Ν Η L Α Ρ D Ζ Κ Υ Ρ C Υ
Ν Α Ε Ρ Κ Α F Ζ Μ Η Ν Ά Ε Σ Ό R Σ
Ν Ί G Η Υ Η S Ρ U Σ Κ Ρ Σ Υ Ν O Η
J Η Κ F O Ή Σ Ι Μ Η Β Φ O Λ Α Υ Α
G Ν J Η Α Η Ν Η W Σ O Κ Ρ Λ Ρ V Τ
Η U Ό Κ Ι Τ Α Τ Σ Ι Ρ Ε Π Ά W Κ J
Υ Ρ Π Ρ Ω Τ Α Ρ X Ι Κ Ό F Β O G U
Α Κ Α Ν Ό Ν Ι Σ Τ Η R J Τ Ε Τ V W
F G Ρ W Ε Σ Α Ν O Μ Ή Τ Σ Ι Π Ε Ζ
```

Puzzle 705

```
D C Q X O W X Θ U I X F M K P Z K
H S Q T C E Ξ Ι Ε Δ Έ Μ Ά Ά G R A
A C T J R N C X Q Ί O M Θ N S B Λ
A Q A Ί N I A T L H O W H E C R Ύ
Z Q P Z A J P Y Z X B Σ M I Ξ Έ T
Π Q Ύ I Q I D A X N X J A U W R E
Έ Ά A Y T O Π E Π O Ί Θ H Σ H J P
Σ N Σ S W Y G B E Φ L F J P S K O
K D T X S A B P D O A O X D B S X
O Q O O O Έ P Ω Σ P T Π E Ί T E Z
Y T W C N Y Q H Ό M R R X S P L
Λ Γ Y B P O N Ώ K I M O N O K I O
Ή H T W E N Σ Ή K I Φ A P Γ Ω Z V
K Σ E Λ Λ E I Π T I K Ή T Q V D M
I O V F J Π E P Ί E P Γ O K Q S F
```

ΜΆΘΗΜΑ
ΚΆΝΕΙ
ΚΑΛΎΤΕΡΟ
ΈΔΕΙΞΕ
ΣΑΎΡΑ
ΕΛΛΕΙΠΤΙΚΉ
ΤΑΙΝΊΑ
ΟΙΚΟΝΟΜΙΚΏΝ
ΈΝΤΟΝΟΣ
ΠΆΣΧΟΥΝ
ΌΡΟΦΟ
ΖΩΓΡΑΦΙΚΉΣ
ΠΕΡΊΕΡΓΟ
ΑΥΤΟΠΕΠΟΊΘΗΣΗ
ΈΞΙ
ΓΗΣ
ΘΕΊΟΣ
ΠΕΊΤΕ
ΣΚΟΥΛΉΚΙ
ΈΡΩΣ

Puzzle 706

ΣΚΟΠΌ
ΠΑΝΟΜΟΙΌΤΥΠΑ
ΝΑΡΚΩΤΙΚΏΝ
ΟΡΓΆΝΩΣΗ
ΘΈΛΟΥΝ
ΤΟΜΉΣ
ΔΟΚΙΜΉ
ΠΟΡΕΊΑ
ΔΏΔΕΚΑ
ΠΑΙΧΝΊΔΙ
ΥΠΟΔΟΧΉΣ
ΑΠΟΣΤΑΛΕΊ
ΕΥΘΎΝΗ
ΦΟΡΕΘΕΊ
ΜΑΛΛΊ
ΕΚΠΑΊΔΕΥΣΗ
ΌΡΟΣ
ΗΡΕΜΊΑ
ΜΠΎΡΑ
ΜΟΣΧΟΚΆΡΥΔΟ

```
Π Α Ν Ο Μ Ο Ι Ό Τ Υ Π Α V W L Y T
Ο Ρ Γ Ά Ν Ω Σ H D Z C Ό W L Y Π D
C Ρ A F Z M K O U L B Π X J C O L
V J G B K O C O T P T O M Ή Σ Δ I
T X J M V U F L R V L K L V O O K
J X D X O K T Y C R R Σ D T P X Q
Ί E Λ A T Σ O Π A K E Δ Ώ Δ Ό Ή K
O Π O P A A X E Υ Θ Ύ N H G Q Σ R
S A M Ύ E Z Q O W L S G Ή Z K O A
H I V Π S M L E K D A Q M A Λ Λ Ί
P X F M C F G B E Ά V W I C V K E
E N Φ O P E Θ Ε Ί F P F K T Q L P
M Ί Z Y U X M K K R N Y O Λ Έ Θ O
Ί Δ N A P K Ω T I K Ώ N D T F U Π
A I E K Π Α Ί Δ E Y Σ H R O C D V
```

Puzzle 707

```
O  N  Ό  C  I  P  X  P  Z  X  L  K  D  Z  Π  Π  I
Σ  Y  M  Π  E  P  I  Φ  O  P  Ά  Λ  B  D  P  P  D
Ω  O  Θ  M  M  L  N  N  O  N  Z  E  L  O  O  O  V
Θ  Z  I  A  T  N  O  X  P  Έ  G  I  A  V  T  Ϊ  Φ
Ή  Ί  P  K  J  N  G  F  C  Y  B  Δ  T  Ή  E  Ό  O
N  Ψ  A  Σ  T  Ό  X  O  Σ  G  Y  Ί  G  K  Ί  N  P
Y  O  Σ  E  N  Έ  M  Ω  N  O  M  O  Π  A  N  T  Ά
Σ  N  T  O  Y  Π  A  Ξ  I  M  Ά  Δ  I  I  O  Ω  Δ
W  Y  O  J  O  A  U  C  N  Δ  W  T  E  P  Y  N  Ί
S  Σ  J  B  T  C  W  A  B  J  Ό  Z  B  Y  M  A  N
H  Σ  Y  A  Π  Ά  T  A  K  U  M  Π  C  K  E  W  O
B  E  K  S  Ί  Y  Ψ  H  Λ  Ό  T  E  P  H  Φ  P  Y
H  U  Z  D  Π  M  Y  P  M  Ή  Γ  K  I  X  F  V  N
L  Y  I  O  M  P  I  O  V  B  V  E  T  E  O  H  S
N  C  C  Γ  E  Ω  Γ  P  A  Φ  Ί  A  G  D  T  X  C
```

ΈΡΧΟΝΤΑΙ
ΑΠΟΜΟΝΩΜΈΝΕΣ
ΚΛΕΙΔΊ
ΔΊΝΟΥΝ
ΣΥΝΉΘΩΣ
ΠΑΞΙΜΆΔΙ
ΣΥΝΟΨΊΖΟΥΝ
ΚΑΤΆΠΑΥΣΗ
ΚΥΡΙΑΚΉ
ΠΌΔΙ
ΦΟΡΆ
ΣΤΌΧΟΣ
ΥΨΗΛΌΤΕΡΗ
ΠΡΟΪΌΝΤΩΝ
ΕΜΠΊΠΤΟΥΝ
ΣΥΜΠΕΡΙΦΟΡΆ
ΠΡΟΤΕΊΝΟΥΜΕ
ΑΡΙΘΜΌ
ΓΕΩΓΡΑΦΊΑ
ΜΥΡΜΉΓΚΙ

Puzzle 708

ΠΡΟΈΔΡΟΥ
ΣΤΑΦΊΔΑ
ΧΆΡΤΗ
ΕΞΑΣΚΟΎΝ
ΕΊΣΟΔΟ
ΕΞΑΙΡΕΤΙΚΆ
ΠΉΔΗΞΕ
ΣΤΡΑΤΙΩΤΙΚΉ
ΒΑΘΙΆ
ΚΥΚΛΟΦΟΡΟΎΝ
ΝΌΤΙΟ
ΜΕΤΑΦΟΡΆ
ΓΛΏΣΣΑ
ΕΞΑΠΑΤΉΣΕΙ
ΦΊΔΙ
ΑΡΓΌΤΕΡΑ
ΡΑΒΔΊ
ΟΔΟΝΤΌΠΑΣΤΑ
ΣΥΜΒΟΥΛΈΣ
ΣΚΕΛΕΤΌ

```
Π  P  X  Y  M  U  C  T  O  K  T  Σ  Σ  K  R  K  T
E  Ή  N  L  B  Y  K  T  H  Q  K  Y  K  Y  J  E  M
U  Ί  Δ  M  E  T  A  Φ  O  P  Ά  M  E  K  C  C  C
J  Δ  Σ  H  E  Z  L  Ή  K  R  S  B  Λ  Λ  F  Y  V
Q  B  N  O  Ξ  C  H  K  G  U  F  O  E  O  O  O  X
E  A  R  O  Δ  E  D  I  S  K  Σ  Y  T  Φ  I  Δ  E
N  P  U  A  Y  O  I  T  Ό  N  T  Λ  Ό  O  N  O  Z
Z  R  L  B  O  P  R  Ω  Z  J  A  Έ  V  P  Ύ  N  T
E  Ξ  A  I  P  E  T  I  K  Ά  Φ  Σ  V  O  O  T  Z
P  D  S  U  A  N  D  T  D  I  Ί  J  G  Ύ  K  Ό  G
E  X  S  L  Έ  Ί  U  A  B  Θ  D  H  B  N  Σ  Π  B
N  E  Ώ  L  O  Y  Φ  P  V  A  A  R  V  Q  A  A  F
R  D  Λ  G  P  F  C  T  K  B  V  O  N  P  Ξ  Σ  Q
V  A  Γ  K  Π  I  E  Σ  Ή  T  A  Π  A  Ξ  E  T  L
A  P  Γ  Ό  T  E  P  A  X  Ά  P  T  H  T  T  A  U
```

Puzzle 709

```
L A V A Á Φ Y S M Y Σ H T E´ L E M
B L C I N Γ Ύ L E D K X M G F L Λ
Z V L V T T X Λ Y I A T E J I G E
P T J O F V Í O Λ G M E´ T M K P I
Φ A Σ I A N Ό Σ Σ A N N O V Á T T
Z V Ό T A C K E T H Í A X G Δ Y O
L N P Í N D I Λ F P U A I N Y Φ Y
W N T Π E Z Ά A K O T K S O Ώ P
B M A Σ O M E K W Ά E Φ Ό R K N Γ
W W I M E R Σ N L G Q H Y P A Í
S E Γ J F L I E Π I T Y X Í A F A
E L P G N B A A N T A N A K L Ά A
W G T X T M Ξ G O G B T R Q Q B C
M B P W G G E W J N Q Σ H K A G Y
Π O Λ I T I Σ T I K Ή E E U W Q X
```

ΛΕΙΤΟΥΡΓΊΑ
ΜΕΛΈΤΗΣ
ΓΙΑΤΡΌΣ
ΑΝΤΑΝΑΚΛΆ
ΆΚΡΗ
ΧΤΈΝΑ
ΦΎΛΛΑ
ΤΥΦΏΝΑ
ΣΚΑΜΝΊ
ΕΞΑΙΡΕΤΙΚΌ
ΆΓΧΟΣ
ΑΝΤΊΣΤΡΟΦΗ
ΕΠΙΤΥΧΊΑ
ΣΚΆΛΕΣ
ΣΠΊΤΙ
ΑΡΚΟΥΔΆΚΙ
ΦΑΣΙΑΝΌ
ΜΕΤΟΧΙΚΌ
ΠΟΛΙΤΙΣΤΙΚΉ
ΣΕ

Puzzle 710

ΛΊΚΝΟ
ΑΠΆΝΤΗΣΗ
ΚΎΚΛΟ
ΒΙΟΛΕΤΊ
ΓΝΩΣΤΉ
ΣΠΆΝΙΟ
ΔΊΔΑΞΕ
ΝΈΩΝ
ΕΠΙΠΤΏΣΕΙΣ
ΠΡΌΘΥΜΑ
ΕΚΤΊΜΗΣΗ
ΒΡΏΜΙΚΟ
ΙΣΤΟΣΕΛΊΔΑ
ΣΥΜΒΑΊΝΟΥΝ
ΕΛΠΊΔΑ
ΣΦΆΛΜΑ
ΣΗΜΑΝΤΙΚΌ
ΣΉΜΑ
ΑΠΟΓΟΗΤΕΥΜΈΝΟΣ
ΣΤΑΔΙΑΚΉ

```
A Δ Ί Π Λ E H A Δ Ί Λ E Σ O T Σ I
M Π U T O Σ Σ I E Σ Ώ T Π I Π E
Λ U O N K Ί Λ Π N D O H A Δ T B K
Ά K Λ Γ B D Q H Ά P N J Δ Ί B P Z
Φ W K P O I Z S B N B J I D O Ώ G
Σ S Ύ J S H O F X Y I Q A A D M Σ
C E K Q X Γ T Λ R J D O K Ξ D I Y
N Έ Ω N X N Q E E T C Y Ή E B K M
D X Q K F Ω T V Y T R T D O I O B
O K Σ E F Σ R R L M Ί L F K C F A
F W P D K T Q M H R Έ F V A P N Ί
T W H L K Ή N Ό K I T N A M H Σ N
E K T Ί M H Σ H J J U S O Ή L T O
A Π Ά N T H Σ H K B L N Q Σ X M Y
O F Z X G N J N Π P Ό Θ Y M A B N
```

Puzzle 711

Δ	E	A	U	S	S	Π	W	N	F	E	Θ	K	Q	D	Π	Θ
J	H	Y	L	N	K	I	Q	N	O	Π	Έ	A	R	E	P	E
Ξ	F	M	Γ	M	T	Ά	V	L	G	I	A	T	J	H	Ό	P
C	E	J	I	E	M	T	U	H	H	T	T	Ά	S	H	K	M
W	O	X	W	O	N	O	D	H	Σ	P	P	P	S	L	E	O
A	N	X	N	Σ	Y	I	X	V	A	Έ	O	P	O	Q	I	K
A	Έ	D	N	Ά	H	P	K	H	Δ	Π	V	E	L	Ά	T	P
W	M	L	X	Λ	M	F	Γ	Ό	Έ	O	I	Y	M	P	A	A
A	Σ	B	Ό	Σ	I	E	P	Ή	K	Y	K	Σ	B	Θ	I	Σ
W	A	E	J	Ό	Λ	O	N	Ύ	Σ	N	B	H	E	P	S	Ί
G	P	O	T	Σ	H	Λ	Έ	G	A	E	K	G	N	A	Z	A
S	Y	K	A	K	Ό	E	P	W	I	Z	I	W	Z	Q	J	E
P	O	B	F	Z	W	W	V	Y	Δ	R	U	V	Ί	J	W	P
B	K	O	Y	N	O	Y	Π	Ί	Δ	I	T	M	N	N	X	T
Γ	P	A	Σ	Ί	Δ	I	P	U	W	A	V	T	H	R	W	B

ΞΕΧΝΆΜΕ
ΑΓΈΛΗΣ
ΚΟΥΡΑΣΜΈΝΟ
ΠΙΆΤΟ
ΕΥΓΕΝΙΚΌ
ΠΡΌΚΕΙΤΑΙ
ΔΙΑΣΚΈΔΑΣΗ
ΓΡΑΣΊΔΙ
ΘΈΑΤΡΟ
ΒΕΝΖΊΝΗ
ΔΗΜΙΟΥΡΓΉΣΕΙ
ΘΕΡΜΟΚΡΑΣΊΑ
ΣΎΝΟΛΟ
ΕΠΙΤΡΈΠΟΥΝ
ΚΑΤΆΡΡΕΥΣΗ
ΚΟΥΝΟΥΠΊΔΙ
ΆΡΘΡΑ
ΑΣΒΌΣ
ΛΆΣΟ
ΚΑΚΌ

Puzzle 712

ΟΡΑΤΌ
ΣΗΜΑΝΤΙΚΉ
ΧΑΡΤΊ
ΑΚΟΎΣΕΤΕ
ΤΥΡΊ
ΠΑΡΑΔΈΧΟΝΤΑΙ
ΓΕΛΟΊΑ
ΧΩΝΈΨΕΙ
ΓΆΙΔΑΡΟ
ΔΡΟΣΕΡΌ
ΛΕΜΟΝΆΔΑ
ΑΚΡΙΒΆ
ΘΛΙΒΕΡΉ
ΣΩΛΉΝΑ
ΘΕΩΡΊΑ
ΕΠΙΘΥΜΊΑ
ΜΗΤΡΙΚΉ
ΛΑΙΜΌ
ΠΑΎΣΗ
ΣΧΕΔΙΑΣΜΟΎ

Λ	Π	L	Z	K	M	K	T	L	O	J	L	Q	T	J	Π	U
M	E	A	Ί	P	Ω	E	Θ	Y	Ή	U	T	I	R	W	A	I
H	O	M	P	U	Q	R	A	O	P	A	Δ	I	Ά	Γ	Ύ	M
T	P	D	O	A	X	K	A	T	E	Ί	T	P	A	X	Σ	Ό
P	A	C	C	N	Δ	C	T	L	B	H	U	H	K	X	H	M
I	T	Y	S	Ή	Ά	Έ	O	R	I	X	Ω	N	Έ	Ψ	E	I
K	Ό	S	B	Λ	E	Δ	X	K	Λ	G	R	N	E	L	T	A
Ή	E	U	O	Ω	R	T	A	O	Θ	Y	Y	I	Π	Γ	E	Λ
M	B	O	P	Σ	J	O	Q	P	N	J	N	Y	I	E	Σ	B
H	A	K	P	I	B	Ά	Y	K	B	T	C	Z	Θ	Λ	Ύ	H
Σ	H	M	A	N	T	I	K	Ή	K	Z	A	N	Y	O	O	E
I	Σ	X	E	Δ	I	A	Σ	M	O	Ύ	G	I	M	Ί	K	R
X	H	F	Δ	P	O	Σ	E	P	Ό	U	N	W	Ί	A	A	J
B	K	X	D	Y	I	E	K	O	B	T	T	M	A	D	G	J
M	Π	T	R	N	I	Z	W	G	J	R	Q	I	K	P	Z	B

Puzzle 713

```
D  J  Δ  W  Γ  I  Γ  A  N  T  I  A  Ί  I  A  A  T  K
H  V  I  Q  T  B  A  P  M  E  C  K  Δ  E  Γ  E  Y
W  O  E  Λ  N  G  I  G  F  G  D  J  E  B  E  Λ  N
H  Σ  Y  O  P  K  Γ  Ύ  Σ  V  J  F  O  E  N  E  H
L  Ά  K  I  Δ  I  E  Π  E  Ί  P  A  M  A  Ή  Y  Γ
Z  H  P  Σ  Ύ  N  T  P  O  Φ  O  W  W  S  Σ  T  Ή
S  O  I  Q  H  U  B  X  A  M  H  Λ  Ά  Δ  R  A  Σ
D  Ή  N  H  K  Σ  O  T  Ά  Λ  Π  U  T  E  H  Ί  E
U  X  Ί  A  Π  O  Ξ  H  P  A  M  Έ  N  A  Π  A  I
Ό  M  Σ  A  I  Σ  A  Λ  Π  A  Λ  Λ  O  Π  I  T  U
D  R  E  B  Δ  R  G  P  A  F  Π  P  Ω  I  N  Ό  Ά
I  H  I  Q  X  Ί  M  E  Ί  N  E  T  E  Y  E  X  Z
S  T  A  M  Σ  I  P  Ό  Σ  Ω  Λ  A  K  V  R  S  Y
L  F  Z  R  B  G  B  K  C  K  Q  V  Q  V  Q  V  E
L  C  O  K  Z  M  K  G  A  Ά  N  E  T  A  S  Y  X
```

ΆΝΕΤΑ
ΕΠΤΆ
ΚΑΛΩΣΌΡΙΣΜΑ
ΑΓΕΝΉΣ
ΣΎΝΤΡΟΦΟ
ΕΙΔΙΚΆ
ΣΚΗΝΉ
ΚΥΝΗΓΉΣΕΙ
ΠΟΛΛΑΠΛΑΣΙΑΣΜΌ
ΠΛΆΤΟΣ
ΑΠΟΞΗΡΑΜΈΝΑ
ΤΕΛΕΥΤΑΊΑ
ΠΕΊΡΑΜΑ
ΑΚΡΊΔΑ
ΜΕΊΝΕΤΕ
ΓΙΓΑΝΤΙΑΊΑ
ΠΡΩΙΝΌ
ΣΎΓΚΡΟΥΣΗ
ΔΙΕΥΚΡΙΝΊΣΕΙ
ΧΑΜΗΛΆ

Puzzle 714

ΕΜΠΕΙΡΟΓΝΩΜΌΝΩΝ
ΠΟΛΎΧΡΩΜΟ
ΕΝΝΈΑ
ΙΠΠΟΠΌΤΑΜΟΣ
ΝΤΟΜΆΤΑ
ΣΤΟΙΧΕΙΏΔΗ
ΠΕΡΙΈΧΕΙ
ΕΙΣΒΆΛΟΥΝ
ΕΠΙΤΥΧΗΜΈΝΗ
ΣΥΝΈΔΡΙΟ
ΔΕΎΤΕΡΟΣ
ΠΑΡΟΎΣΑ
ΔΕΊΤΕ
ΑΛΛΗΛΕΠΙΔΡΟΎΝ
ΡΌΛΟ
ΜΑΤΙΆ
ΒΌΡΕΙΑ
ΘΎΜΑ
ΓΑΛΟΠΟΎΛΑ
ΔΙΑΦΟΡΕΤΙΚΌ

```
Δ  J  K  O  S  F  H  N  Έ  M  H  X  Y  T  I  Π  E
K  I  E  X  Έ  I  P  E  Π  A  Έ  N  N  E  K  Z  K
U  P  A  Σ  Ύ  O  P  A  Π  T  N  T  O  M  Ά  T  A
A  Ό  M  Φ  G  Y  H  Δ  Ώ  I  E  X  I  O  T  Σ  X
J  Λ  Δ  X  O  N  Y  O  Λ  Ά  B  Σ  I  E  Σ  O  S
Q  O  Ύ  E  Z  P  Π  O  Λ  Ύ  X  P  Ω  M  O  M  L
A  R  N  O  Ί  G  E  P  D  B  F  C  C  J  P  A  J
Z  D  X  B  Π  T  V  T  J  I  S  H  U  T  E  T  U
L  O  U  H  P  O  E  B  I  Θ  Ύ  M  A  R  T  Ό  A
B  Ό  P  E  I  A  L  Q  V  K  G  S  W  H  Ύ  Π  D
B  I  E  X  I  L  D  A  H  V  Ό  Z  I  B  E  O  J
Σ  Y  N  Έ  Δ  P  I  O  G  I  G  E  G  X  Δ  Π  T
A  Λ  Λ  Η  Λ  E  Π  I  Δ  P  O  Ύ  N  U  B  Π  I
T  P  B  L  I  S  D  X  F  E  N  F  G  J  C  I  W
E  M  Π  E  I  P  O  Γ  N  Ω  M  Ό  N  Ω  N  L  I
```

Puzzle 715

A	X	R	F	A	E	M	U	J	G	W	Σ	I	P	Ό	Γ	A
Π	Λ	L	G	Π	R	K	A	C	D	M	A	C	C	K	Σ	N
O	E	I	U	O	Ό	T	E	Γ	A	Π	B	D	T	D	Ύ	Ή
Σ	Y	W	S	Φ	T	P	Y	Ί	V	G	B	A	W	G	Γ	K
Π	A	X	B	Ά	Π	J	M	N	W	E	A	O	H	M	X	O
Ά	Σ	V	F	Σ	G	E	I	N	Ά	Z	T	I	Λ	Φ	P	Y
Σ	M	S	B	E	P	L	Ί	G	N	V	O	A	O	M	O	N
E	Ό	I	D	Ω	E	N	O	Σ	J	U	K	Λ	M	Y	N	B
I	Σ	T	H	N	B	E	F	U	E	T	Ύ	Ά	I	P	H	E
Σ	K	Έ	Φ	T	O	N	T	A	I	I	P	Φ	Λ	Ω	B	C
A	N	T	A	Γ	Ω	N	I	Σ	M	Ό	I	E	Ί	Δ	Q	O
A	N	Ό	H	T	O	Σ	N	E	M	R	A	K	A	I	X	Y
K	Y	B	Έ	P	N	H	Σ	H	Σ	P	K	Z	S	Ά	Z	N
A	N	A	B	Ά	Λ	E	I	P	T	F	O	N	D	S	O	V
C	K	A	T	Σ	A	P	Ό	Λ	A	T	V	K	Z	L	R	Z

ΧΛΕΥΑΣΜΌΣ
ΑΝΉΚΟΥΝ
ΕΚΕΊ
ΟΜΙΛΊΑ
ΦΛΙΤΖΆΝΙ
ΠΑΓΕΤΌ
ΑΝΤΑΓΩΝΙΣΜΌ
ΑΠΟΣΠΆΣΕΙ
ΠΕΊΣΕΙ
ΑΠΟΦΆΣΕΩΝ
ΜΥΡΩΔΙΆ
ΑΝΌΗΤΟΣ
ΣΑΒΒΑΤΟΚΎΡΙΑΚΟ
ΚΑΤΣΑΡΌΛΑ
ΣΎΓΧΡΟΝΗ
ΚΕΦΆΛΑΙΟ
ΑΝΑΒΆΛΕΙ
ΚΥΒΈΡΝΗΣΗΣ
ΣΚΈΦΤΟΝΤΑΙ
ΑΓΌΡΙ

Puzzle 716

ΚΑΤΑΣΤΡΟΦΉ
ΜΠΆΣΚΕΤ
ΧΈΡΙ
ΑΎΞΗΣΗΣ
ΤΥΠΙΚΌ
ΆΝΘΙΣΗ
ΜΆΓΕΙΡΑΣ
ΣΗΜΕΊΩΣΗ
ΕΙΣΑΓΩΓΉΣ
ΑΡΚΤΙΚΈΣ
ΛΆΧΑΝΟ
ΜΙΚΡΌ
ΣΚΎΛΟΣ
ΤΑΞΊΔΙ
ΕΚΔΏΣΕΙ
ΑΕΡΟΠΛΆΝΟ
ΏΡΕΣ
ΑΠΟΡΡΊΨΕΙ
ΟΙΚΟΓΈΝΕΙΕΣ
ΠΟΙΌΤΗΤΑ

H	F	S	B	Λ	H	Σ	Ω	Ί	E	M	H	Σ	Ά	N	A	Π
A	S	W	G	D	Ά	G	J	O	Z	Ά	Q	H	N	S	E	O
V	C	U	G	I	B	X	I	G	B	Γ	B	Σ	Θ	W	P	I
X	Y	T	I	Δ	Ί	Ξ	A	T	D	E	R	H	I	B	O	Ό
V	C	U	B	I	G	N	R	N	G	I	O	Ξ	Σ	Σ	Π	T
A	Π	O	P	P	Ί	Ψ	E	I	O	P	M	Ύ	H	Έ	Λ	H
U	W	B	V	G	F	V	J	E	M	A	P	A	G	K	Ά	T
X	M	Z	L	E	V	Y	N	Σ	A	Σ	X	Έ	P	I	N	A
O	I	K	O	Γ	Έ	N	E	I	E	Σ	P	I	S	T	O	M
W	W	Q	N	K	A	T	A	Σ	T	P	O	Φ	Ή	K	V	Π
H	O	C	N	W	L	F	A	M	A	Q	Ώ	S	X	P	U	Ά
Σ	K	Ύ	Λ	O	Σ	M	P	G	I	W	W	O	I	A	V	Σ
J	W	H	B	M	F	O	I	Y	Ό	K	I	Π	Y	T	K	K
E	I	Σ	A	Γ	Ω	Γ	Ή	Σ	P	H	P	N	X	X	M	E
S	A	A	E	K	Δ	Ώ	Σ	E	I	U	L	Ό	D	E	G	T

Puzzle 717

```
O U G N Γ Ρ A M M A T É A Σ W Π Λ
A Z D E A Φ I E Ρ Ώ N Ω K C X Ί E
H Q X J I X Ά M O T Σ E X N Z Σ Ω
L B Ρ M Ρ K B S Ή M U J W I I T Φ
Ρ H W H G Ρ Ό Φ Λ E Δ A Ρ Δ É H O
W Σ E N S Ρ Y N Y Z C Y Π J O Σ Ρ
F A Ί Ρ Ω Δ O I A N N E Γ I Z U E
Y B F I Q O Ρ Y Ί I Q M E N Ά E Ί
T Σ O Ύ T O T S X U Ρ D N A I N O
L Ό S O K Q É Δ Y T E X N I K Ή O
J Ρ R K S D M Ύ Σ G V Ρ Y C A Y H
J Π X Λ A K A N H A N X K J K R U
Q W G A X X X A N X E H Z Y T A G
B Ρ O X Ή Σ J M A Δ Ί Ρ E T X Y N
K Λ Ά Δ O D Ρ H Q N T M F G M Q H
```

ΝΥΧΤΕΡΊΔΑ
ΑΥΛΉ
ΑΝΗΣΥΧΊΑ
ΒΡΟΧΉΣ
ΈΔΡΑ
ΠΡΌΣΒΑΣΗ
ΤΕΧΝΙΚΉ
ΠΊΣΤΗΣ
ΔΎΝΑΜΗ
ΣΤΟΜΆΧΙ
ΑΦΙΕΡΏΝΩ
ΓΕΝΝΑΙΟΔΩΡΊΑ
ΜΈΤΡΟΥ
ΧΑΛΚΟΎ
ΕΙΚΌΝΑ
ΠΙΆΝΟ
ΑΔΕΛΦΌ
ΓΡΑΜΜΑΤΈΑΣ
ΚΛΆΔΟ
ΛΕΩΦΟΡΕΊΟ

Puzzle 718

ΣΥΝΕΧΊΣΕΙ
ΑΠΛΟΠΟΊΗΣΗ
ΠΡΟΤΕΊΝΟΥΝ
ΔΕΔΟΜΈΝΑ
ΑΠΟΦΑΣΊΣΕΙ
ΣΠΗΛΙΆ
ΒΙΑΣΤΙΚΆ
ΕΚΤΈΛΕΣΗ
ΚΑΝΈΛΑ
ΡΕΚΌΡ
ΓΡΉΓΟΡΑ
ΓΎΡΟ
ΚΑΡΈΚΛΑ
ΜΥΣΤΉΡΙΑ
ΜΠΕΡΔΕΜΈΝΑ
ΛΕΠΤΆ
ΜΠΟΥΚΆΛΙ
ΤΊΠΟΤΑ
ΜΕΓΆΛΑ
ΠΗΓΉ

```
A Λ É N A K R E Z O U Y Y M L A S
B Π L F G H Y I E Σ Ί X E N Y Σ
D J O Ρ Y O F Q F J K U S Γ I H
A Ρ E Φ O I G I X Q R K H Ά N U Z
Π C Ά V A T Ρ E K Ό Ρ A M Λ Ρ H Q
Λ N K Ρ H Σ E Λ É T K E Π A O X B
O E I A A Y Ί Ί Q E A Γ O F Q Ρ T
Π D T Γ P W D Σ N Z X Ύ Y K Δ Σ I
O M Σ Ρ Z É Q A E O L Ρ K R E Π C
Ί N A Ή Π K K F L I Y O Ά R Δ H I
H R I Γ H A H Λ G B I N Λ Y O Λ A
Σ N B O Γ J C X A E F Z I Z M I X
H A I Ρ Ή T Σ Y M Λ E Π T Ά É Ά Ρ
J G F A M Π E Ρ Δ E M É N A N D Ρ
T Ί Π O T A G B T I W C U V A T Z
```

Puzzle 719

```
K M K V N U O F E Δ G I I H A N B
I K Ό T A M Ύ E P J Ά Z O M B R M
W H X Σ A M A Q D J Λ Σ U N O Y C
H N O B X N T U J A A E K O K M Ή
R R Z J D Ή P J U Y K Y G A W O T
N O M I K Ή M P B W O U T B A L A
A I Φ Ά Λ E T A U U X A T H I O N
Σ K O K K I N O Λ A Ί M H Δ E Σ Σ
I L T R S N N Y M K E K J Z P E H
Δ J P P I F Y Σ O Λ Ί E X D T Λ M
P M A Ί E Π A P E Θ Δ J V I B Λ Y
Έ X T E M D V C O N H M Ί P T Ά M
K M Έ G N J B E Π I Λ Έ Ξ T E R O
M E T L U M Λ E O Π Ά P Δ A Λ H D
E N O I K Ί A Σ H J E M S B P N V
```

ΆΛΛΕΣ
ΚΈΡΔΙΣΑΝ
ΜΑΣ
ΕΠΙΛΈΞΤΕ
ΔΆΣΚΑΛΟΣ
ΣΧΉΜΑ
ΘΕΡΑΠΕΊΑ
ΛΕΟΠΆΡΔΑΛΗ
ΧΕΊΛΟΣ
ΚΌΤΑ
ΤΡΊΜΗΝΟ
ΚΟΚΚΙΝΟΛΑΊΜΗΔΕΣ
ΝΟΜΙΚΉ
ΕΊΔΗ
ΤΈΤΑΡΤΟ
ΕΝΟΙΚΊΑΣΗ
ΕΛΆΦΙΑ
ΉΤΑΝ
ΡΕΎΜΑ
ΚΑΛΆ

Puzzle 720

ΠΡΟΠΟΝΗΤΉΣ
ΓΩΝΊΑ
ΑΠΟΦΎΓΕΤΕ
ΤΙΜΩΡΉΣΕΙ
ΣΧΈΔΙΟ
ΕΠΙΣΤΟΛΉ
ΒΟΉΘΕΙΑ
ΚΟΥΤΆΒΙ
ΜΆΣΚΑ
ΝΟΣΟΚΟΜΕΊΟ
ΕΚΔΉΛΩΣΗ
ΒΡΏΣΙΜΑ
ΠΟΔΟΣΦΑΊΡΟΥ
ΚΑΤΑΣΚΕΥΉ
ΕΚΚΕΝΏΣΤΕ
ΛΌΓΟ
ΚΟΤΌΠΟΥΛΟ
ΜΠΆΝΙΟ
ΣΥΝΈΝΤΕΥΞΗ
ΕΠΊΠΕΔΟ

```
P N P Z H Σ Ω Λ Ή Δ K E E Z Π E V
G G I O Λ Y O Π Ό T O K K B O H Q
Q C T Q J N I I U P J Λ K M Δ J Z
X A L O V Έ E F N W U Ό E E O A I
T W D R A N L Y E Ά U G N Π Σ Π D
C I Λ O T Σ I Π E Π O Ώ Ί Φ O E
C K M A I E Θ Ή O B R M Σ Π A Φ Σ
M X R M B Y G A F Z M B T E Ί Ύ X
D J R I Ά Ξ K D V L W Ά E Δ P Γ Έ
I I W Σ T H M S H I R F Σ O O E Δ
Γ S F Ώ Y X P W J E J N S K Y T I
Ω Y C P O K A T A Σ K E Y Ή A E O
N C T B K N O Σ O K O M E Ί O R E
Ί Q X C G T Q I T I M Ω P Ή Σ E I
A Q M W T N Π P O Π O N H T Ή Σ Z
```

Puzzle 721

```
T  Y  G  T  Ω  Σ  X  P  Ώ  M  A  T  A  K  Y  H  B
E  O  W  M  M  T  W  B  C  P  Ά  Δ  E  I  A  O  Λ
K  E  Y  M  E  A  Ά  L  X  U  P  L  Z  A  N  M  Έ
N  W  T  Σ  B  Φ  B  K  K  L  K  P  Y  M  Ά  Δ  Π
E  N  I  T  S  Y  I  G  A  B  H  G  I  O  N  U  O
Y  H  V  J  K  Λ  E  D  Y  P  N  A  X  Θ  A  N  N
P  Q  Z  M  A  I  P  H  G  O  A  E  F  Ά  Π  V  T
I  B  B  L  T  Ώ  Ύ  L  E  M  B  Π  V  K  M  T  A
Σ  L  E  T  Ά  N  Σ  K  O  N  I  Σ  M  Έ  N  O  Σ
M  W  N  Σ  Σ  Ω  O  H  I  D  F  E  B  K  X  Δ  C
Έ  M  X  Ά  Ί  Π  K  T  X  Ώ  P  A  Σ  N  E  B  B
N  Ύ  I  N  H  O  A  D  A  Ό  B  M  E  B  W  M  M
O  Γ  F  T  M  Π  H  I  W  R  P  X  C  D  T  Έ  O
Σ  A  S  A  A  O  R  I  T  A  M  Γ  Ά  P  Π  N  D
K  Ά  Θ  O  N  T  A  I  R  J  C  B  A  M  U  H  H
```

ΣΤΑΦΥΛΙΏΝ
ΆΔΕΙΑ
ΠΑΡΑΚΆΤΩ
ΚΑΤΆΣΤΗΜΑ
ΒΛΈΠΟΝΤΑΣ
ΔΕΜΈΝΗ
ΑΓΡΌΤΗΣ
ΟΠΟΊΩΝ
ΜΠΑΝΆΝΑ
ΣΚΟΝΙΣΜΈΝΟ
ΧΡΏΜΑΤΑ
ΕΚΝΕΥΡΙΣΜΈΝΟΣ
ΤΟΥΣ
ΧΏΡΑΣ
ΠΡΆΓΜΑΤΙ
ΜΎΓΑ
ΚΆΘΟΜΑΙ
ΑΠΟΣΎΡΕΙ
ΚΆΘΟΝΤΑΙ
ΤΣΆΝΤΑ

Puzzle 722

ΚΡΑΣΊ
ΚΟΥΖΊΝΑ
ΣΑΛΙΓΚΆΡΙ
ΔΑΝΕΙΣΤΕΊ
ΕΊΤΕ
ΠΥΓΜΑΧΊΑΣ
ΠΑΝΤΟΎ
ΤΑ
ΟΡΊΖΟΥΝ
ΑΕΤΌΣ
ΚΑΚΆΟ
ΧΑΝΤΆΚΙ
ΖΆΧΑΡΗ
ΠΛΕΙΟΨΗΦΊΑ
ΠΡΌΣΦΑΤΗ
ΞΎΣΤΡΑ
ΖΏΩΝ
ΔΕΞΙΆ
ΓΆΤΑ
ΦΥΣΙΚΌΣ

```
X  O  X  L  F  R  V  U  R  C  B  J  X  U  H  T  K
A  G  K  W  N  I  R  M  Ί  E  T  Σ  I  E  N  A  Δ
N  X  W  P  N  G  K  G  X  K  N  J  U  H  R  Δ  V
T  I  L  B  A  Ί  Φ  H  Ψ  O  I  E  Λ  Π  C  E  R
Ά  H  D  H  Z  Σ  O  P  Ί  Z  O  Y  N  A  D  Ξ  K
K  P  K  V  Ά  Π  Ί  Z  Ώ  Ω  N  L  Z  E  Π  I  V
I  J  S  O  X  V  P  Γ  Ά  T  A  Q  B  T  A  Ά  Y
P  Z  G  P  A  X  Σ  Ό  K  I  Σ  Y  Φ  Ό  N  H  O
Ά  S  O  P  P  C  M  B  Σ  E  Ί  T  E  Σ  T  V  V
K  L  K  Q  H  K  J  Q  T  Φ  C  R  A  K  O  L  L
Γ  S  Z  A  N  Ί  Z  Y  O  K  A  P  T  Σ  Ύ  Ξ  C
I  T  V  E  K  H  M  C  V  C  J  T  W  S  K  V  Z
Λ  H  J  J  D  Ά  A  Y  B  E  M  A  H  I  V  H  G
A  F  L  W  W  S  O  Π  Y  Γ  M  A  X  Ί  A  S  M
Σ  W  G  H  U  I  T  P  O  A  N  X  I  G  R  S  A
```

Puzzle 723

```
A T G T E Σ Δ I E Y Θ Y N T Ή Σ T
Γ Σ K J Π E T Σ Ή P Ω X O P Π W M
Ά Έ Q N Ί F P A R I Σ X Ύ O Y N L
Π Π R C Θ L U J M M N O U I M Q T
H H F A E T Ύ O A Ά O Q C I Y R Σ
A M P Ύ Σ A A Z O Π T G N Q Π Ά Y
N A L Q H Σ Ί P K Λ O H W D Λ Δ M
X M P O R Π Φ A G A M K Σ H H E Π
U Ψ P R L A H P Z Σ P N Έ E Θ I Ό
A J Ω N Z Ί Ψ C L T F C P Σ Y O N
Z Φ W M B Ξ O T W I W B Y H Σ X I
C D O N Ί I I Z B K K I E T M R A
F P S P U M E Q W Ό F X Λ Ή O B W
D F I D Ά O M V A J M S Π Z Ύ D F
S O L S S O I B Z N C A W T M T L
```

ΣΎΡΜΑ
ΨΩΜΊ
ΆΔΕΙΟ
ΠΛΕΥΡΈΣ
ΕΠΊΘΕΣΗ
ΠΛΑΣΤΙΚΌ
ΑΦΟΡΆ
ΜΕΙΟΨΗΦΊΑ
ΑΓΆΠΗ
ΠΡΟΧΩΡΉΣΤΕ
ΠΑΊΞΙΜΟ
ΤΣΈΠΗ
ΚΡΊΣΗ
ΣΤΑΜΆΤΗΣΕ
ΙΣΧΎΟΥΝ
ΣΥΜΠΌΝΙΑ
ΠΛΗΘΥΣΜΟΎ
ΖΉΤΗΣΕ
ΟΎΤΕ
ΔΙΕΥΘΥΝΤΉΣ

Puzzle 724

ΑΣΤΥΝΟΜΊΑ
ΑΠΌΛΑΥΣΗ
ΚΕΦΆΛΙ
ΕΒΔΟΜΆΔΑ
ΠΡΟΒΛΈΠΟΥΝ
ΆΓΓΕΛΟΣ
ΣΥΜΜΕΤΈΧΩΝ
ΕΠΙΣΤΉΜΗ
ΑΦΉΓΗΤΉ
ΣΠΟΡ
ΕΣΤΊΑΣΗ
ΛΟΥΚΆΝΙΚΑ
ΣΚΊΑΧΤΡΟ
ΣΥΝΕΡΓΆΤΗ
ΔΈΝΤΡΟ
ΧΙΟΝΟΣΤΙΒΆΔΑΣ
ΚΎΚΛΟΥ
ΎΠΝΟ
ΜΝΉΜΗ
ΟΝΌΜΑΤΟΣ

```
E E Σ K A Δ Ά M O Δ B E A Ά O W E
N Π A Y Z C B P N R O Y Π Γ N M B
K I Δ O N U M L A Ή A C Ό Γ Ό U G
A Σ Ά Λ A E Y B K G M H Λ E M S S
Σ T B K Σ R P I I A Y H A Λ A U F
Π Ή I Ύ T O A Γ N K Q T Y O T K O
O M T K Y U Φ W Ά O G P Σ Σ O A V
P H Σ V N K H B K T Q M H P Σ Z X
J X O C O H Γ R Y K H Σ A Ί T Σ E
Ύ Π N O M J H I O Y E Δ Έ N T P O
I N O Z Ί R T W Λ V K Φ W R Q N Z
K M I R A M Ή F M X H P Ά S O J V
H E X Σ K I Ά X T P O M O Λ M T F
Σ Y M M E T Έ X Ω N L X F S I P I
Π P O B Λ Έ Π O Y N Z A A F Y V B
```

Puzzle 725

```
D  H  Σ  H  Í  O  Π  O  Δ  I  E  O  P  Π  W  R  O
M  E  U  E  O  F  E  Σ  I  E  Λ  Ά  B  O  Π  Y  Λ
K  Π  R  L  Z  Ά  Π  M  A  Π  M  P  K  L  M  T  O
Q  T  I  J  L  O  P  Y  X  Í  Z  N  Σ  T  O  T  K
P  Σ  E  Z  S  F  U  L  E  A  E  Q  Q  T  Λ  X  Λ
I  G  Σ  Z  É  A  T  G  Í  M  G  Λ  I  F  Ý  T  H
B  K  Ά  A  M  Λ  V  P  P  H  S  F  A  G  B  M  P
U  I  X  M  O  S  I  Z  I  G  E  Δ  K  Φ  I  Ή  Ώ
V  C  A  M  E  P  Ό  Φ  Σ  Ό  Λ  E  P  T  Σ  P  Σ
X  W  B  Σ  E  P  P  F  H  S  B  M  K  O  O  A  E
W  I  S  S  Ý  B  O  O  E  I  Δ  Ή  Z  W  Λ  Θ  I
T  X  L  M  A  N  Í  T  P  Y  O  K  K  N  Λ  A  T
K  I  U  A  H  C  H  Π  Λ  E  Y  P  Ά  Y  Ά  K  J
R  M  K  O  Λ  Ý  M  B  H  Σ  H  Σ  D  L  Q  A  R
Φ  O  I  T  H  T  Ή  Σ  E  M  Φ  Ά  N  I  Σ  H  M
```

ΠΡΟΕΙΔΟΠΟΊΗΣΗ
ΕΜΦΆΝΙΣΗ
ΚΑΘΑΡΉ
ΦΌΡΕΜΑ
ΥΠΟΒΆΛΕΙ
ΟΛΟΚΛΗΡΏΣΕΙ
ΒΙΑΣΎΝΗ
ΜΠΙΖΈΛΙ
ΜΟΛΎΒΙ
ΚΟΛΎΜΒΗΣΗΣ
ΑΣΦΑΛΕΊΑΣ
ΆΛΛΟΣ
ΤΡΕΛΌΣ
ΚΟΥΡΤΊΝΑ
ΒΟΟΕΙΔΉ
ΠΛΕΥΡΆ
ΧΆΣΕΙ
ΦΟΙΤΗΤΉΣ
ΜΠΑΜΠΆ
ΔΙΑΧΕΊΡΙΣΗ

Puzzle 726

ΜΑΓΕΙΡΕΎΟΥΝ
ΜΠΟΛ
ΜΥΣΤΉΡΙΟ
ΗΓΈΤΗΣ
ΤΈΛΕΙΑ
ΝΤΟΥΛΆΠΑ
ΣΕΛΗΝΙΑΚΌ
ΤΕΧΝΟΛΟΓΊΑ
ΤΡΊΓΩΝΟ
ΑΣΤΈΡΙ
ΓΕΝΙΚΉ
ΑΝΆΓΝΩΣΗΣ
ΖΕΣΤΌ
ΕΥΈΛΙΚΤΟ
ΕΦΕΎΡΕΙ
ΠΡΟΣ
ΕΠΈΤΕΙΟ
ΑΠΌΦΑΣΗ
ΑΥΤΆ
ΠΛΗΡΟΎΝΤΑΙ

```
J  L  K  T  E  X  N  O  Λ  O  Γ  Í  A  I  X  E  S
J  H  T  É  Λ  E  I  A  A  P  Q  S  X  L  W  M  R
T  W  R  F  N  Q  R  T  U  R  W  G  B  I  A  Q  A
B  K  B  E  R  M  S  T  U  W  Q  S  U  F  J  N  E
Y  B  D  T  P  Í  Γ  Ω  N  O  I  P  Ή  T  Σ  Y  M
Π  P  O  Σ  L  D  X  T  E  T  Q  E  A  J  A  O  A
A  Π  Ό  Φ  A  Σ  H  N  Π  K  A  Z  Y  G  Q  Ý  N
Π  Z  Ή  K  I  N  E  Γ  É  I  P  É  T  Σ  A  E  Ά
Ά  B  E  W  A  K  M  L  T  Λ  N  C  Ά  H  K  P  Γ
Λ  Z  L  Σ  T  I  U  B  E  É  B  Z  M  T  M  I  N
Y  C  D  G  T  X  N  E  I  Y  W  D  Q  É  K  E  Q
O  A  H  L  F  Ό  T  H  O  E  V  P  A  Γ  Q  Γ  Σ
T  X  U  X  T  K  Z  S  Λ  M  S  E  Y  H  P  A  H
N  C  M  Π  O  Λ  K  N  I  E  P  Ύ  E  Φ  E  M  Σ
Π  Λ  H  P  O  Ύ  N  T  A  I  Σ  A  Y  W  Z  S  X
```

Puzzle 727

```
K Φ O F B Φ I Λ G G Y I Φ Z J K Δ
C P M Z O P Θ Q Ί C G H I V O Λ P
M A O C H E U H K Π Y H Λ S D E A
L Γ Λ K Θ G Y O N G O K I M L I Σ
L K O G Ή Y A T P Ή X Σ K E Q Δ T
Σ O Γ Q Σ E J M Y V Ή Y Ό Y C A H
Y Σ Ί F E O O O A X K Π O T Ό P P
M T A D I L P Y R C I W W Z J I I
Π Ά A Γ A Π H T Έ E B N Σ P X Q Ά Ό
Έ Φ Δ Ρ Ά K O Σ E V Ω Ή M O Δ H T
P Y G G J W M P A V N W F Έ N H H
A Λ A A S V M Ό M Σ I Π O T N E T
Σ O I A Q A J M H T O Q U H W H A
M Γ E N E Θ Λ Ί Ω N K Y H T G Y H
A I N Ό I Γ A P K H E D Q W O D U
```

ΒΟΗΘΉΣΕΙ
ΛΊΠΟΣ
ΔΡΆΚΟΣ
ΕΝΤΟΠΙΣΜΌ
ΕΥΤΥΧΙΣΜΈΝΗ
ΔΟΜΉ
ΚΛΕΙΔΑΡΙΆ
ΟΜΟΛΟΓΊΑ
ΑΓΑΠΗΤΈ
ΦΘΗΝΉ
ΦΡΑΓΚΟΣΤΆΦΥΛΟ
ΦΙΛΙΚΌ
ΔΡΑΣΤΗΡΙΌΤΗΤΑ
ΡΟΖ
ΓΕΝΕΘΛΊΩΝ
ΠΟΤΌ
ΚΡΑΓΙΌΝΙΑ
ΚΟΙΝΩΝΙΚΉ
ΉΧΟΥ
ΣΥΜΠΈΡΑΣΜΑ

Puzzle 728

ΤΡΎΠΑ
ΤΕΊΝΟΥΝ
ΠΈΝΤΕ
ΕΞΕΤΆΖΟΥΝ
ΛΟΥΛΟΎΔΙ
ΔΏΡΑ
ΠΡΟΓΡΆΜΜΑΤΟΣ
ΑΙΜΟΡΡΑΓΊΑ
ΟΚΤΏ
ΛΑΣΠΩΜΈΝΟ
ΕΛΕΥΘΕΡΊΑΣ
ΥΠΗΡΕΣΙΏΝ
ΓΥΑΛΙΆ
ΚΑΡΦΊΤΣΑ
ΚΤΊΡΙΟ
ΣΚΊΟΥΡΟΣ
ΑΠΟΤΎΠΩΣΗ
ΚΟΥΚΟΥΒΆΓΙΑ
ΠΕΔΊΟ
ΑΠΑΙΤΟΎΝ

```
E M O D U K Σ M D T W Γ F F Y P A
Λ M A E A L O N Ώ R G Y H G Π E I
E B X Q M V P Y T P A A M I H Ξ M
Y R Q K D N Y O K F Y Λ A R P E O
Θ T D T U W O N O O K I B E E T P
E Y U Ί Q B Ί Ί P Q Y Ά J Q Σ Ά P
P E V P D O K E Y H R B Z W I Z A
Ί D G I N O Σ T O Σ M Y Ά V Ώ O Γ
A N Ύ O T I A Π A Ω G Z T Γ N Y Ί
Σ X C M K Q W L N Π A Z Y X I N A
S H A Y R B J I Δ Ύ O Λ Y O Λ A Π
Π P O Γ P Ά M M A T O Σ C Ί A P Ύ
U H R Π Έ N T E Q O X N Q Δ M Ώ P
Λ A Σ Π Ω M Έ N O N P W U V E Q Δ T
W L N A Σ T Ί Φ P A K R L Π N S M
```

Puzzle 729

```
P U Z Z E I F N I P Ý O Γ Γ A P P
C X T H M K X I H R G A I Z V Λ W
V R D K B U T T N Σ E N A J D A Y
Σ Ό Δ A Λ A I Ό Ύ N T T T O T V
Γ A Π Λ Ή Ά N Σ N Δ A P K F E K
E Y F M O I Δ V O O I Γ Ό B D Ί A
Π T A H O N Q O T Ψ A Ω Σ Y R A Λ
I F K Λ J E M P Σ Ί Ί N A Y Q Y A
T F P V I Γ J Q I Z T I P B O A M
P S R C U Σ H A Π O H Σ Έ T J I Ά
Έ Z P Z H N T F M Y M M T T E H P
Π Έ P E Y N A E E N A Ό U X J C I
O F Ή T H M Θ I P A W X L A P R A
Y E E A O S P W O Ή Γ O Λ Λ Y Σ E
N J F Q A D Q Δ I E Y Θ Y N T Ή Σ
```

ΚΑΛΑΜΆΡΙΑ
ΓΥΑΛΙΣΤΕΡΉ
ΠΛΑΤΕΊΑ
ΓΕΝΙΆ
ΑΡΙΘΜΗΤΉ
ΕΜΠΙΣΤΟΣΎΝΗ
ΣΌΔΑ
ΑΓΓΟΎΡΙ
ΈΡΕΥΝΑ
ΑΠΛΉ
ΕΚΤΌΣ
ΤΈΡΑΣ
ΣΥΛΛΟΓΉ
ΕΝΔΙΑΊΤΗΜΑ
ΣΥΝΟΨΊΖΟΥΝ
ΓΙΑΤΡΌΣ
ΕΠΙΤΡΈΠΟΥΝ
ΑΝΤΑΓΩΝΙΣΜΌ
ΚΛΆΔΟ
ΔΙΕΥΘΥΝΤΉΣ

Puzzle 730

ΔΙΑΣΚΕΔΆΣΕΙ
ΑΝΆΒΑΣΗ
ΛΑΜΒΆΝΟΝΤΑΣ
ΖΕΥΓΆΡΙ
ΣΥΝΟΛΙΚΌ
ΔΑΜΆΣΚΗΝΟ
ΑΝΟΙΧΤΉ
ΣΥΝΈΧΕΙΑ
ΧΡΉΜΑΤΑ
ΠΕΡΙΒΆΛΛΟΝ
ΚΆΜΕΡΑ
ΜΈΣΟ
ΥΠΕΝΘΥΜΊΣΩ
ΚΑΤΑΙΓΊΔΑ
ΖΩΉ
ΓΡΎΛΙΣΜΑ
ΤΟΥΛΆΧΙΣΤΟΝ
ΣΥΜΠΎΚΝΩΜΑ
ΠΕΊΣΕΙ
ΓΕΝΕΘΛΊΩΝ

```
Σ Γ Ε Ν Ε Θ Λ Ί Ω Ν Η Β Ρ Ε Ε Ε G
Τ Υ W Ι Ε Σ Ά Δ Ε Κ Σ Α Ι Δ Ν C Ρ
Λ Ο Ν Σ Υ Ν Έ Χ Ε Ι Α Τ Α Μ Ή Ρ Χ
Β Α Υ Ο Υ V Υ I Q Ρ Β Κ Υ V Α Μ Ζ
Α Ρ Μ Λ Λ Τ Σ D Τ Ά Ά Α D C O G Q
Ν Ε L Β Ά I Μ Α Q Γ Ν Τ Α Ζ Ω S D
Χ Μ Q J Ά X Κ F C Υ Α Α Α R Σ Μ R
Κ Ά U Τ R Ν I Ό Η Ε Β Ι Ε Σ Ί Ε Π
Α Κ W Μ Β Κ Ο Σ D Ζ Τ Γ Α Ζ Μ W Υ
Ο Μ J Χ R Q Ζ Ν Τ C Χ Ί Ν Ρ Υ J Q
Γ Ρ Ύ Λ Ι Σ Μ Α Τ Ο Ο Δ Ο Ρ Θ D Β
Δ Α Μ Ά Σ Κ Η Ν Ο Α Ν Α Ι Ζ Ν Q L
Π Ε Ρ Ι Β Ά Λ Λ Ο Ν Σ D Χ Ω Ε L Χ
V Ε Σ Υ Μ Π Ύ Κ Ν Ω Μ Α Τ Ή Π Κ Ζ
U Ν Μ Έ Σ Ο Υ Ι Ζ D R Ν Ή G Y O N
```

Puzzle 731

```
A  N  A  Z  Ή  T  H  Σ  H  Γ  B  P  F  U  N  I  Z
K  O  I  Λ  Ό  T  H  T  A  A  E  I  D  Q  X  N  Q
D  D  D  G  L  H  A  G  T  X  D  N  O  G  N  S  E
K  S  S  L  O  N  P  R  S  U  Y  Ω  I  Λ  A  Q  B
P  Δ  S  M  Y  O  P  Q  A  N  Ώ  P  O  K  E  B  L
E  H  G  S  U  W  W  W  U  R  X  Ύ  B  O  Έ  T  Z
B  Λ  P  V  H  L  F  I  A  B  Ά  Γ  L  L  I  Σ  Ί
Ά  H  H  L  R  Y  O  G  Y  O  Λ  Q  X  Q  T  M  Z
T  T  E  Π  I  Λ  O  Γ  Ή  Σ  Y  O  X  Γ  Έ  Λ  E
I  Ή  Δ  I  A  K  O  Π  Ή  Q  B  H  S  Q  S  W  A
S  P  K  A  N  A  G  L  A  T  A  Σ  T  Ί  Φ  Y  N
G  I  P  P  P  Έ  A  X  L  J  E  E  Y  I  N  T  N
Ύ  O  M  Σ  A  I  Δ  E  X  Σ  Ώ  N  A  Θ  I  Π  X
Σ  O  Φ  Ή  C  Z  C  H  V  L  O  Ά  Q  J  A  N  Ά
Φ  Ύ  Λ  Λ  O  I  O  K  M  P  X  L  R  S  C  F  F
```

ΣΟΦΉ
ΜΗΔΈΝ
ΧΆΛΥΒΑ
ΓΕΝΙΚΈΣ
ΑΝΑΖΉΤΗΣΗ
ΔΙΑΚΟΠΉ
ΓΎΡΩ
ΆΝΕΣΗ
ΚΡΕΒΆΤΙ
ΕΠΙΛΟΓΉΣ
ΚΟΡΏΝΑ
ΚΟΙΛΌΤΗΤΑ
ΦΎΛΛΟ
ΕΛΈΓΧΟΥ
ΔΗΛΗΤΉΡΙΟ
ΝΥΦΊΤΣΑ
ΑΝΆ
ΠΙΘΑΝΏΣ
ΒΙΟΛΕΤΊ
ΣΧΕΔΙΑΣΜΟΎ

Puzzle 732

ΦΑΣΟΛΙΏΝ
ΈΞΥΠΝΗ
ΣΥΓΚΡΊΝΕΤΕ
ΜΟΥΣΕΊΟ
ΦΕΓΓΆΡΙ
ΠΥΓΟΛΑΜΠΊΔΑ
ΒΑΡΎΤΗΤΑΣ
ΕΙΡΗΝΙΚΉ
ΠΑΛΙΆ
ΣΧΕΔΌΝ
ΌΡΟ
ΖΈΒΡΑ
ΠΥΚΝΉ
ΑΝΆΠΤΥΞΗΣ
ΓΛΏΣΣΑ
ΆΡΘΡΑ
ΜΥΡΩΔΙΆ
ΔΕΔΟΜΈΝΑ
ΣΚΟΝΙΣΜΈΝΟ
ΦΙΛΙΚΌ

```
P  L  J  M  E  N  Σ  R  K  C  G  K  D  S  Φ  A  B
O  K  W  J  S  C  T  Y  R  I  A  Y  D  O  A  N  A
C  L  J  A  Y  I  P  Ά  Γ  Γ  E  Φ  P  R  Σ  Ά  P
G  T  G  G  A  M  R  B  M  K  Y  Z  L  T  O  Π  Ύ
Π  F  K  M  O  Y  Σ  E  Ί  O  P  F  O  L  Λ  T  T
Y  U  N  Y  M  G  L  L  I  Q  Ή  Ί  A  L  I  Y  H
Γ  A  G  B  C  Π  Έ  Ξ  Y  Π  N  H  N  H  Ώ  Ξ  T
O  P  Ό  V  M  A  Φ  M  V  Σ  K  E  Έ  E  N  H  A
Λ  Θ  Q  J  F  Λ  I  K  S  X  Y  F  M  J  T  Σ  Σ
A  P  B  Έ  Z  I  Λ  B  M  E  Π  J  O  J  R  E  F
M  Ά  U  O  E  Ά  I  B  T  Δ  Ά  I  D  Ω  P  Y  M
Π  T  M  U  U  R  K  W  F  Ό  V  L  E  W  S  Q  H
Ί  S  O  B  Y  C  Ό  O  C  N  F  H  Δ  X  K  Z  Z
Δ  Σ  K  O  N  I  Σ  M  Έ  N  O  G  T  A  G  O  D
A  Σ  Σ  Ώ  Λ  Γ  E  I  P  H  N  I  K  Ή  T  S  S
```

Puzzle 733

```
S M I M V R T É G J P I Σ M E E P
H W C R Π B C P N S W E A O Ύ N V
S F C P M Ά Z K E O N Σ Δ Y K I X
U K L E X Λ Λ F M I X Ύ Ά Σ O A T
W X H M R Λ U A J H Σ O B I Λ Ί Q
Ί Σ H Ύ Ξ A T E M I A K I K O O R
K O T N G H E E S N H A T Ή Λ C Z
Δ I A Δ I K A Σ Ί A Σ I Σ L I E J
P E D D Γ W E E H A G O V O P I
A L T H V Ά T Π E Λ B R N K N W N
G R Y X T N N É Z R K W O O T W I
I E E D M A K D M D É H I Y Ά Y X
D H U U E R A I V I N F X Ά P Γ Y
Λ E Π T O M É P E I E Σ G F I J F
E Y X Ή P K G T A R G O E J H G J
```

Word list (Puzzle 733):
- ΕΎΚΟΛΟ
- ΛΙΟΝΤΆΡΙ
- ΑΝΆΓΚΗ
- ΕΥΧΉ
- ΥΓΡΆ
- ΛΕΠΤΟΜΈΡΕΙΕΣ
- ΜΠΆΛΑ
- ΤΡΕΙΣ
- ΕΝΙΑΊΟ
- ΑΛΛΆ
- ΜΕΤΑΞΎ
- ΊΣΗ
- ΈΚΒΑΣΗ
- ΈΝΟΧΟΙ
- ΜΟΥΣΙΚΉ
- ΔΙΑΔΙΚΑΣΊΑΣ
- ΈΠΕΣΕ
- ΑΚΟΎΣΕΙ
- ΛΕΠΤΆ
- ΧΙΟΝΟΣΤΙΒΆΔΑΣ

Puzzle 734

Word list (Puzzle 734):
- ΕΞΗΓΉΣΕΙ
- ΑΝΟΙΚΤΆ
- ΡΊΞΤΕ
- ΑΤΜΌ
- ΝΈΟΙ
- ΣΙΩΠΉ
- ΟΧΗΜΆΤΩΝ
- ΠΕΡΑΙΤΈΡΩ
- ΜΕΤΑΒΛΗΤΉ
- ΠΑΡΆΘΥΡΟ
- ΑΝΑΚΑΛΎΨΕΤΕ
- ΦΙΛΟΔΟΞΊΑ
- ΓΙΑΓΙΆ
- ΚΟΥΝΆΒΙ
- ΠΩΛΟΎΝ
- ΕΝΘΟΥΣΙΑΣΜΈΝΟΣ
- ΣΥΝΑΙΣΘΗΜΑΤΙΚΉ
- ΕΠΈΚΤΑΣΗ
- ΜΠΎΡΑ
- ΤΈΛΕΙΑ

```
M U S E Q J H A O J M Q Ω C Y M E
A E Ά G Ξ J P T C E O N P H F L N
N Φ T D I H H M S B A L É O H M Θ
A I K A B C Γ Ό E R R G T K M G O
K Λ I I B M D Ή Π Ω I Σ I O É N Y
A O O E X Λ C Z Σ I S T A Y Z Ω Σ
Λ Δ N Λ T N H E H E B I P N E T I
Ύ O A É M X J T P I I B E Ά Π Ά A
Ψ Ξ P T M Π J Ξ Ή B C U Π B É M Σ
E Ί L K D E Ύ Ί X L X C H I K H M
T A V C N A O P Y Θ Ά P A Π T X É
E J Y Z I A R B A Z L S E V A O N
C J F X Γ I A Γ I Ά T C C V S I O
N Y O Π Ω Λ O Ύ N P R C I P F H T S
N V V Σ Y N A I Σ Θ H M A T I K Ή
```

Puzzle 735

```
T H S B O A D B E Ί K O Σ I D D I
Δ Έ N T P A P Q P I A Y A K P D Y
K S Y D F X L I D E Q M U Ά M A Y
A K P N G Y T O Θ J Θ Z Ή T Π E Λ
P O X O Ί P Ω N U M J E P A L E O
A N E X U Ω M Z Y A Ό P Ί Γ Y W W
M O K B I P P A C M M K F P M P C
Έ W P P S A Ή I K H Σ H Λ K Ό P Π
Λ I V I Z Ί K N T T I Z B Y P O F
A L L T X A I Έ P Σ Γ H B W Z Y Y
F D G E G M T Ξ Ί Ά O N Φ C W C B
M Π I Z Έ Λ I A T T Λ F X Ω G O G
K Ά N E I Ά P T O A O C O W N P J
C T C X Y U K E X K Π P J A Z Ή Q
M Π I Z Έ Λ I M Q U Y E E P D T L
```

ΦΩΝΉ
ΒΡΕΘΕΊ
ΛΕΠΤΉ
ΩΡΑΊΑ
ΕΊΚΟΣΙ
ΚΡΙΤΙΚΉ
ΆΛΜΑ
ΥΠΟΛΟΓΙΣΜΌ
ΜΠΙΖΈΛΙΑ
ΧΟΊΡΩΝ
ΤΡΊΤΟ
ΔΈΝΤΡΑ
ΠΡΌΚΛΗΣΗ
ΓΑΤΆΚΙ
ΚΑΡΑΜΈΛΑ
ΜΕΤΑΞΈΝΙΑ
ΚΆΝΕΙ
ΑΡΙΘΜΌ
ΚΑΤΆΣΤΗΜΑ
ΜΠΙΖΈΛΙ

Puzzle 736

ΣΥΖΉΤΗΣΗ
ΨΈΜΑ
ΕΝΤΌΠΙΣΕ
ΑΡΧΑΊΑ
ΠΟΡΤΡΈΤΟ
ΚΑΘΟΡΊΖΟΥΝ
ΚΟΥΝΆΩ
ΟΓΔΌΝΤΑ
ΜΟΝΆΔΑ
ΜΎΤΗ
ΥΠΆΛΛΗΛΟ
ΚΟΎΠΑ
ΞΗΡΌ
ΣΥΝΗΘΙΣΜΈΝΗ
ΑΝΑΦΈΡΩ
ΣΟΎΠΑ
ΣΚΥΛΊ
ΣΦΆΛΜΑΤΟΣ
ΠΟΛΛΑΠΛΑΣΙΑΣΜΌ
ΑΝΆΓΝΩΣΗΣ

```
Π Ψ H Y H H A K A Θ O P Ί Z O Y N
O K Έ L J N P H B Z Σ R M K Λ Π Σ
P G O M X K X N J I Y V O T H O Φ
T A K Ύ A G A U G Y N L N H Λ Λ Ά
P Y F C Π C Ί Π I E H S Ά S Λ Λ Λ
Έ I Z Y Z A A A Ύ M Θ U D G Ά A M
T O A K M Ύ T H I O I E A P Π Π A
O A N Ά Γ N Ω Σ H Σ S N N H Y Λ T
A N A Φ Έ P Ω J S C M T G S X A O
Σ K Y Λ Ί R N A H N Έ Ό P H Ξ Σ Σ
K O Y N Ά Ω X G T I N Π W P I B
O Γ Δ Ό N T A C Ή F H I S E J A J
W T O P A F G N Z C S Σ K X T Σ Z
C M U A V Z L B Y T D E Y J Y M Z
I C W I Y Z G M Σ D H Q H U Z Ό V
```

Puzzle 737

```
Σ Ω Ρ Ή Λ Π F J L S Z B T A X K Π
U T F F K W N S Y I B D Ρ Π Ά Ά Ρ
T J Ά L Z Z Z S Y B Z I I Ρ Σ Ρ Ο
U L D Σ B I B E Z Q Z E A Ό Ο T Η
X F Q V H Σ Ά Ρ B C D Z L Σ Y A Γ
Z H Δ Ώ I E T E Π I Ρ E Π E N X O
F B T H Ψ H Λ Ά N A Π E J K L A Ύ
K A Θ A Ρ Ό S I Δ Ί Φ H C T Ρ Π M
T Y Ρ Ί V K X K K E N Ό H Ρ O E
E Y T Y X Έ Σ A L Ό J R Q H Σ Σ N
X D Y T E L C Λ K U Π I X W T T O
Y Z X J X G C Λ H Ό Y T Ρ M Ή O S
O I I C Z Ρ F Ύ L K M S E N Λ Λ V
Y L W H H R J Φ K F T V A Ρ H Ή O
Π A I X N Ί Δ I S F H J S S O K L
```

ΚΑΘΑΡΌ
ΒΡΆΣΗ
ΑΠΟΣΤΟΛΉ
ΣΤΆΣΗ
ΧΆΣΟΥΝ
ΚΕΝΌ
ΣΤΉΛΗ
ΠΡΟΗΓΟΎΜΕΝΟ
ΚΆΡΤΑ
ΠΕΡΙΠΕΤΕΙΏΔΗ
ΕΥΤΥΧΈΣ
ΕΠΑΝΆΛΗΨΗ
ΑΠΡΌΣΕΚΤΗ
ΕΛΙΚΌΠΤΕΡΟ
ΠΛΉΡΩΣ
ΠΑΙΧΝΊΔΙ
ΦΊΔΙ
ΦΎΛΛΑ
ΚΑΚΌ
ΤΥΡΊ

Puzzle 738

ΠΛΆΝΟ
ΚΑΤΟΙΚΊΑ
ΨΗΦΟΦΟΡΊΑ
ΚΡΎΟ
ΠΟΛΙΤΙΚΉ
ΑΡΧΊΣΕΙ
ΔΙΑΡΡΟΉ
ΤΥΧΑΊΑ
ΔΑΠΆΝΗ
ΣΟΦΊΑΣ
ΠΡΏΤΟ
ΚΆΤΟΙΚΟΣ
ΣΉΜΕΡΑ
ΚΑΜΠΆΝΑ
ΓΕΡΆΚΙ
ΛΕΠΤΌ
ΕΚΦΡΆΖΟΥΝ
ΙΣΧΎΟΥΝ
ΒΟΗΘΉΣΕΙ
ΚΤΊΡΙΟ

```
B Σ X I Σ X Ύ O Y N X M N Π Ψ Σ Π
O T O Π Λ Ά N O I Ρ Ί T K O H Ή Ρ
H K T Φ B N H U M C H U O Λ Φ M Ώ
Θ R R Z Ί E L Ό N O Ρ Z W I O E T
Ή J T O T A J T Y X A Ί A T Φ Ρ O
Σ Z L Ρ M N Σ Π O J Ί Z I I O A U
E C K X J Ά O E Z X K V T K Ρ Γ J
I Δ I F F Π K Λ Ά S I U A Ή Ί E N
V A H J I M I M Ρ Z O J Q O A Ρ E
H Π D H J A O W Φ Q T X V Ρ F Ά X
O Ά O G C K T Q K T A G M Ρ A K O
J N B Ρ Z X Ά U E E K Z Q A W I U
S H T T C U K A Ρ X Ί Σ E I N K M
S I K K Ρ Ύ O N W L Y O E Δ T Ρ F
N J C V F N H L C L X E J D W V N
```

Puzzle 739

```
M  C  M  O  Σ  X  O  K  Ά  P  Y  Δ  O  E  A  K  M
M  Z  E  J  K  Y  W  V  Z  A  Z  V  F  Π  K  A  A
Ό  H  R  O  L  Z  O  I  T  Ά  M  Ω  Δ  Ί  X  Γ  T
K  D  D  I  E  T  X  Σ  P  V  R  M  C  Σ  A  K  I
A  A  B  E  Λ  Ί  Ω  Σ  H  F  T  X  H  M  O  Ά
I  Δ  N  X  E  O  O  Φ  Ώ  N  A  Ξ  E  M  Ό  Y  F
N  Ί  Y  Έ  T  X  T  R  C  M  K  W  Ξ  A  Γ  P  U
H  P  O  M  N  S  C  H  T  I  C  Q  I  X  E  Ό  M
Λ  Ω  Z  I  I  A  M  A  P  Ί  E  Π  P  Y  Λ  W  T
E  Λ  Ά  J  I  R  N  Y  U  P  F  D  Έ  V  O  G  Z
Σ  Q  E  K  A  L  Z  Ί  O  G  J  S  A  N  O  X  D
Z  P  P  V  K  V  F  G  M  W  D  H  T  U  M  C  E
G  P  H  Ψ  H  Λ  Λ  Ύ  Σ  P  H  A  U  R  S  Q  L
N  T  Π  B  P  E  S  W  U  U  E  U  V  A  J  S  Z
A  T  E  Z  Ω  N  T  A  N  Ή  U  G  S  S  E  C  E
```

KANΈNA
ΣOY
BEΛTΊΩΣH
ΛΩPΊΔA
ΈXEI
TOΊXO
ΣΎΛΛHΨH
EPMΊNA
XAMΌΓEΛO
EΠΊΣHMA
ΈPIΞE
EΠHPEΆZOYN
ΦΩNAΞE
ΔΩMΆTIO
KAΓKOYPΌ
ZΩNTANΉ
MOΣXOKΆPYΔO
ΠEΊPAMA
MATIΆ
ΣEΛHNIAKΌ

Puzzle 740

ΓΈNNHΣH
ΠΉΓAN
ΣTAΘEPΉ
KOYΔOΎNI
ΣYMΠAΓΉ
ΔIKAΣTΉΣ
KΌKOPA
ΠEPΊΠTΩΣH
POK
BΆTPAXOΣ
AΞΊZEI
ENEPΓΌ
ΣYMΦΩNΊA
ΣITΆPI
EΞAΠATΉΣEI
ΣΦΆΛMA
ΠAΓETΌ
ΣYNΈNTEYΞH
EΠIΣTOΛΉ
KEΦΆΛI

```
A  U  N  L  D  Π  K  I  Σ  T  A  Θ  E  P  Ή  H  P
R  M  S  X  C  A  E  P  K  Ό  K  O  P  A  C  R  A
Σ  O  M  E  H  Γ  Φ  Ά  Π  E  P  Ί  Π  T  Ω  Σ  H
Ή  Φ  L  F  Y  E  Ά  T  P  K  D  N  I  C  J  C  W
T  E  Ά  Ή  M  T  Λ  I  O  F  X  W  Q  R  E  O  Z
Σ  E  S  Λ  O  Ό  I  Σ  K  H  P  Z  F  U  Z  X  W
A  F  B  O  M  Y  N  Σ  Y  I  Z  B  J  K  Y  V  F
K  G  Ά  T  O  A  Ύ  Y  Ό  N  A  Γ  Ή  Π  P  O  K
I  W  T  Σ  F  Ί  O  M  Γ  U  Έ  K  X  H  Q  I  H
Δ  N  P  I  K  N  Δ  Π  P  Έ  C  N  N  N  C  I  I
K  F  A  Π  A  Ω  Y  A  E  Y  N  E  N  T  W  Y  E  V
H  H  X  E  G  Φ  O  Γ  N  T  U  N  X  E  E  Z  Y
T  F  O  C  A  M  K  Ή  E  Z  P  Z  H  O  Y  Ί  P
Q  B  Σ  M  R  Y  G  W  L  T  W  W  J  Σ  P  Ξ  Q
X  Z  H  I  E  Σ  Ή  T  A  Π  A  Ξ  E  Z  H  A  H
```

Puzzle 741

```
Τ  Ώ  V  X  Ρ  Ο  Κ  F  Υ  W  Σ  Ο  Η  Ι  G  J  Έ
Α  Ν  Τ  Ί  Κ  Ε  Σ  Κ  Μ  Χ  Κ  Ύ  Ή  Ρ  C  U  Σ
G  G  Ρ  Κ  Ι  Η  Τ  D  Σ  Ι  Α  Π  Ν  Π  Ν  Ν  Π
U  R  G  U  Ο  Υ  Κ  Ε  D  Q  Λ  Ρ  Ο  Ν  Ο  F  Α
Α  Ξ  Ι  Ό  Π  Ι  Σ  Τ  Η  Ι  Ύ  Ο  Μ  Υ  Ε  C  Σ
Υ  Π  Ό  Σ  Χ  Ο  Ν  Τ  Α  Ι  Π  Σ  Α  Ο  Χ  Φ  Ε
Μ  Κ  R  Ρ  F  Μ  W  Ν  Τ  Q  Τ  Π  Ν  Ύ  Ρ  Σ  Ο
R  Ι  Ι  G  Μ  Ι  G  Ρ  Ν  Ι  Ο  Ά  Α  Ε  Ω  Υ  Ν
V  Η  Κ  Μ  Ρ  Μ  Η  Β  Ά  U  Ν  Θ  Ο  Ρ  Μ  Ν  Ε
Ο  D  Q  Ρ  Ο  Η  Μ  L  Ι  Ζ  Τ  Ε  Ε  Ο  Ά  Τ  Μ
R  Β  G  F  Ό  Θ  Χ  Β  Ρ  Ν  Α  Ι  Ν  Γ  Τ  Ρ  Ά
Λ  Ί  Π  Ο  Σ  Ο  L  C  Τ  W  Ι  Α  V  Α  Ω  Ι  Μ
Ή  Σ  Υ  Χ  Ο  Ύ  L  L  Τ  Ν  J  Σ  Β  Π  Ν  Β  Ε
J  W  D  Υ  Υ  Ν  Ξ  Α  Φ  Ν  Ι  Κ  Ή  Α  G  Ή  Ρ
Ι  V  C  Μ  Ο  Ι  Α  F  Σ  Κ  Ί  Ο  Υ  Ρ  Ο  Σ  Τ
```

ΣΎΝΝΕΦΟ
ΑΝΑΜΟΝΉ
ΑΞΙΌΠΙΣΤΗ
ΚΑΛΎΠΤΟΝΤΑΙ
ΠΡΟΣΠΆΘΕΙΑΣ
ΤΡΕΜΆΜΕΝΟ
ΈΣΠΑΣΕ
ΑΠΑΓΟΡΕΎΟΥΝ
ΞΑΦΝΙΚΉ
ΜΙΜΗΘΟΎΝ
ΤΡΙΆΝΤΑ
ΉΣΥΧΟ
ΣΥΝΤΡΙΒΉ
ΥΠΌΣΧΟΝΤΑΙ
ΧΡΩΜΆΤΩΝ
ΑΝΤΊΚΕΣ
ΜΙΚΡΌ
ΛΊΠΟΣ
ΣΚΊΟΥΡΟΣ
ΟΚΤΏ

Puzzle 742

ΑΝΌΜΟΙΑ
ΕΙΔΉΣΕΩΝ
ΥΨΌΜΕΤΡΟ
ΣΤΡΑΤΌΠΕΔΟ
ΥΓΡΑΣΊΑ
ΔΗΜΟΣΊΕΥΣΗ
ΕΠΊΣΚΕΨΗ
ΜΙΛΉΣΩ
ΠΡΟΣΠΆΘΕΙΑ
ΞΕΝΟΔΟΧΕΊΟ
ΚΑΜΗΛΟΠΆΡΔΑΛΗ
ΤΊΓΡΗ
ΒΑΣΊΛΙΣΣΑ
ΑΝΏΤΕΡΟΣ
ΣΥΛΛΆΒΕΙ
ΔΟΚΙΜΉ
ΕΛΠΊΔΑ
ΠΡΌΣΒΑΣΗ
ΑΥΛΉ
ΑΠΑΙΤΟΎΝ

```
U  E  Κ  Κ  Β  Ε  Π  Ί  Σ  Κ  Ε  Ψ  Η  Ρ  W  Β  Ρ
Ε  Λ  L  W  Ρ  Ζ  Ν  D  Ζ  Κ  D  Τ  Μ  W  Η  Α  Η
Ι  Π  Ξ  Ε  Ν  Ο  Δ  Ο  Χ  Ε  Ί  Ο  D  Ε  Χ  Σ  Σ
Δ  Ί  Ε  Π  Ρ  Ο  Σ  Π  Ά  Θ  Ε  Ι  Α  Υ  Χ  Ί  Υ
Ή  D  C  G  Η  W  S  Ι  Τ  F  V  Q  Κ  V  Ή  Λ  Λ
Σ  Α  L  Τ  Ρ  S  Η  Α  Β  Σ  Ό  Ρ  Π  Λ  Ι  Λ
Ε  Υ  S  Q  C  R  J  Α  Ί  Σ  Α  Ρ  Γ  Υ  Σ  Ά
Ω  Σ  Ή  Λ  Ι  Μ  Υ  Κ  W  Π  Η  Κ  Η  Ε  Α  Σ  Β
Ν  Α  Α  Ν  Ώ  Τ  Ε  Ρ  Ο  Σ  Α  Q  G  Ν  W  Α  Ε
R  Ν  Ζ  Μ  F  Ρ  Ί  Τ  Η  Ε  J  Ι  U  Ο  Μ  Ι  Ι
Q  Ό  Κ  Ν  R  Κ  Σ  Ο  D  Ε  Π  Ό  Τ  Α  Ρ  Τ  Σ
F  Μ  F  Ο  V  G  Ο  Τ  Ί  Γ  Ρ  Η  S  Ο  V  L  Ο
Ι  Ο  Α  Ρ  Ο  Ρ  Μ  Δ  Ο  Κ  Ι  Μ  Ή  D  Ύ  Ο  Ε
Μ  Ι  Η  Κ  D  F  Η  Υ  Ψ  Ό  Μ  Ε  Τ  Ρ  Ο  Ν  L
L  Α  S  Η  Η  Λ  Α  Δ  Ρ  Ά  Π  Ο  L  Η  Μ  Α  Κ  W
```

Puzzle 743

```
E  O  I  E  Ψ  Ό  K  J  O  Σ  Ά  F  Z  X  J  V  M
K  Π  E  Q  Π  A  E  O  N  T  P  M  C  J  W  H  E
A  O  I  Q  P  A  T  M  Ω  Ό  Θ  Έ  P  Ω  Σ  U  T
O  K  E  Π  T  N  U  Φ  M  P  H  G  E  X  E  E
Y  Σ  Ά  T  Z  S  Έ  Έ  A  O  O  H  F  D  Ξ  Γ
X  Ά  Ώ  N  E  Ώ  D  Q  Λ  O  Z  X  U  U  H  Έ  K
A  S  P  Θ  R  N  Σ  U  H  Θ  M  X  R  L  W  Π  A
P  L  H  P  L  D  D  E  T  A  E  D  Y  M  C  Λ  T
T  F  Λ  Ω  O  A  Ί  N  I  A  T  I  T  O  C  H  Ά
Ί  Q  K  Π  D  Δ  V  M  H  Σ  O  Δ  Ό  Π  A  Ξ  Σ
Y  E  O  O  M  Ί  K  O  Y  P  T  Ί  N  E  Σ  E  T
X  T  Λ  Σ  Y  T  Y  C  Q  A  Ί  X  Y  Σ  H  N  A
T  J  O  L  Ό  P  E  T  Σ  I  P  A  B  I  H  R  Σ
V  U  Z  A  I  A  T  N  O  N  Ί  Γ  C  N  P  N  H
U  O  G  N  E  Π  O  W  Q  Q  K  S  H  K  N  R  F
```

ΤΗΛΈΦΩΝΟ
ΆΣΚΟΠΟ
ΕΠΑΝΈΛΘΕΙ
ΚΟΥΡΤΊΝΕΣ
ΑΠΌΔΟΣΗ
ΠΑΡΤΊΔΑ
ΕΞΈΠΛΗΞΕ
ΚΌΨΕΙ
ΆΝΘΡΩΠΟΣ
ΑΡΙΣΤΕΡΌ
ΓΊΝΟΝΤΑΙ
ΜΕΤΕΓΚΑΤΆΣΤΑΣΗ
ΆΡΘΡΟ
ΣΤΟΜΑ
ΈΡΩΣ
ΤΑΙΝΊΑ
ΕΠΙΠΤΏΣΕΙΣ
ΧΑΡΤΊ
ΑΝΗΣΥΧΊΑ
ΟΛΟΚΛΗΡΏΣΕΙ

Puzzle 744

ΘΑΥΜΑΣΤΈΣ
ΛΙΏΣΕΙ
ΔΙΑΔΙΚΑΣΊΑ
ΚΑΠΝΌΣ
ΕΞΑΊΡΕΣΗ
ΓΝΏΣΗ
ΔΕΥΤΈΡΑ
ΣΟΦΟΎΣ
ΤΑΙΡΙΆΖΕΙ
ΆΛΟΓΟ
ΚΆΣΤΑΝΑ
ΑΊΣΘΗΣΗ
ΤΡΈΧΕΙ
ΕΚΚΛΗΣΊΑ
ΠΏΣ
ΔΆΚΡΥ
ΚΑΤΆΠΑΥΣΗ
ΣΗΜΑΝΤΙΚΌ
ΤΙΜΩΡΉΣΕΙ
ΠΛΕΙΟΨΗΦΊΑ

```
Π  Λ  E  I  O  Ψ  H  Φ  Ί  A  W  R  H  D  V  D  S
Q  B  M  X  A  A  M  Σ  O  Φ  Ό  Ύ  Σ  B  T  J  T
T  C  B  C  Q  U  W  Ώ  A  M  E  Λ  E  I  C  T  L
T  L  D  D  G  G  C  Π  D  Y  H  I  P  W  C  O  A
Δ  A  P  Έ  T  Y  E  Δ  H  A  S  Ώ  Ί  E  W  X  G
Σ  I  I  K  A  Π  N  Ό  Σ  Έ  T  Σ  A  M  Y  A  Θ
Ά  H  A  P  Y  V  K  H  F  G  E  Ξ  W  H  U  K
Λ  E  M  Δ  I  R  O  I  Θ  Z  Y  I  E  T  M  Γ  A
O  K  P  A  I  Ά  W  J  Σ  T  P  Έ  X  E  I  N  T
Γ  K  V  N  N  K  Z  M  Ί  G  K  Q  U  U  E  Ώ  Ά
O  Λ  A  A  B  T  A  E  A  U  Ά  W  I  H  H  Σ  Π
K  H  V  T  U  P  I  Σ  I  P  Δ  S  X  A  J  H  A
V  Σ  I  Σ  H  T  N  K  Ί  C  V  O  K  V  V  B  Y
K  Ί  Z  Ά  I  A  A  F  Ό  A  E  E  C  L  M  J  Σ
G  A  X  K  T  I  M  Ω  P  Ή  Σ  E  I  D  Y  W  H
```

Puzzle 745

```
S  Δ  I  Δ  Ά  Σ  Κ  E  I  H  E  Z  X  B  Z  X  E
D  T  Λ  N  J  Z  Z  I  K  W  Ξ  Z  Q  Y  Λ  J  M
T  G  Δ  I  B  U  R  G  R  X  O  N  P  H  N  Y  Φ
Ά  I  X  O  P  T  F  P  A  X  C  Λ  Σ  Λ  Q  Ά
K  O  Y  N  O  Y  Π  Ί  Δ  I  I  Q  L  H  T  Ξ  N
I  Σ  F  M  Y  Δ  T  E  G  X  K  I  I  Ί  N  E  I
Λ  Y  O  Ί  Δ  E  Π  S  T  S  Ή  E  Y  O  Δ  Σ  Σ
O  Γ  Λ  M  L  M  U  Q  T  E  K  Σ  Ά  Π  M  Π  H
T  Γ  Π  V  O  K  M  K  E  R  Έ  Ί  I  O  K  Ά  K
A  P  Ό  P  Λ  Λ  V  H  P  Ή  Λ  Π  Λ  Π  A  Σ  O
N  A  X  C  O  P  O  R  P  W  Y  O  I  O  I  E  M
A  Φ  T  D  K  X  T  Γ  H  R  Φ  T  Σ  P  E  I  M
K  Έ  M  L  Σ  W  C  Z  Ί  Z  O  K  A  T  Y  W  Ά
A  A  Q  J  Ύ  S  B  U  M  A  Σ  E  B  J  O  K  T
X  Σ  K  K  Δ  Π  P  O  X  Ω  P  Ή  Σ  T  E  C  I
```

ΑΝΑΤΟΛΙΚΆ
ΕΞΟΧΙΚΉ
ΌΠΛΟ
ΣΥΓΓΡΑΦΈΑΣ
ΕΚΤΟΠΊΣΕΙ
ΚΟΜΜΆΤΙ
ΞΕΣΠΆΣΕΙ
ΚΈΛΥΦΟΣ
ΠΛΉΡΗ
ΤΡΟΧΙΆ
ΔΙΔΆΣΚΕΙ
ΔΎΣΚΟΛΟ
ΤΡΟΠΟΠΟΊΗΣΗ
ΒΑΣΙΛΙΆ
ΚΟΥΝΟΥΠΊΔΙ
ΜΠΆΣΚΕΤ
ΠΡΟΧΩΡΉΣΤΕ
ΕΜΦΆΝΙΣΗ
ΟΜΟΛΟΓΊΑ
ΠΕΔΊΟ

Puzzle 746

ΙΤΙΆΣ
ΚΌΜΠΟΣ
ΑΝΑΓΝΩΡΊΣΤΕ
ΑΦΉΝΟΝΤΑΣ
ΕΠΙΛΟΓΉ
ΓΥΑΛΊ
ΠΊΕΣΗ
ΒΑΜΠΊΡ
ΑΚΤΙΝΊΔΙΟ
ΕΥΝΟΪΚΉ
ΣΤΥΛ
ΤΈΝΙΣ
ΔΙΕΎΘΥΝΣΗ
ΑΥΞΉΘΗΚΕ
ΚΕΦΑΛΑΊΟΥ
ΚΑΠΆΚΙ
ΓΗΣ
ΑΓΕΝΉΣ
ΕΜΠΕΙΡΟΓΝΩΜΌΝΩΝ
ΠΑΡΑΚΆΤΩ

```
Π  H  A  J  D  Ή  K  Ϊ  O  N  Y  E  T  E  I  A  Γ
K  A  A  A  L  G  E  A  A  G  B  M  H  M  V  K  Y
Ό  B  P  N  W  M  V  B  Π  Y  Q  Z  A  Π  D  T  A
M  Γ  Ί  A  A  A  M  L  R  Ά  L  L  E  Δ  I  A  Λ
Π  H  Π  Q  K  Γ  V  W  G  Y  K  A  T  I  I  N  Ί
O  Σ  M  L  Ή  A  N  C  V  W  Z  I  Έ  P  E  Ί  B
Σ  F  A  S  Γ  C  T  Ω  F  U  F  F  N  O  Ύ  Δ  A
K  Z  B  D  O  J  K  Ω  P  J  C  Q  I  Γ  Θ  I  Φ
K  E  Φ  A  Λ  A  Ί  O  Y  Ί  H  Λ  Σ  N  Y  O  Ή
I  N  Z  P  I  I  T  I  Ά  Σ  Σ  Y  S  Ω  N  P  N
U  L  R  L  Π  P  C  V  A  S  E  T  G  M  Σ  B  O
R  X  U  K  E  X  H  R  M  G  Ί  Σ  E  Ό  H  A  N
A  Γ  E  N  Ή  Σ  L  M  M  M  T  W  V  N  K  D  T
A  Y  Ξ  Ή  Θ  H  K  E  O  V  H  G  M  Ω  L  G  A
L  U  F  D  J  J  H  W  H  S  M  I  F  N  K  F  Σ
```

Puzzle 747

```
J  K  M  E  Y  N  Ω  K  Ί  Λ  H  N  E  T  T  X  I
Α  Ξ  I  O  Λ  Ό  Γ  H  Σ  H  B  C  Y  Ύ  P  Σ  Σ
H  M  A  M  C  V  W  A  B  S  W  X  Έ  Π  Έ  T  T
A  Σ  T  Y  N  O  M  I  K  Ό  Σ  Y  Λ  O  X  V  O
L  W  P  U  D  I  I  S  N  Q  P  J  I  B  O  Y  Σ
K  O  Ύ  K  Λ  A  Y  P  Z  I  B  K  K  T  Y  G  E
Σ  T  P  A  T  O  Ύ  K  L  W  T  I  T  G  Σ  L  Λ
Π  Δ  Y  Π  E  P  Ή  Φ  A  N  O  I  O  W  A  Σ  Ί
O  A  Ά  Q  L  Q  S  B  M  E  N  T  Ά  Ξ  E  I  Δ
H  P  I  X  H  Y  J  Y  Y  Θ  P  A  Ύ  Σ  M  A  A
U  M  T  Δ  T  V  M  M  N  Ώ  I  N  O  Λ  A  Π  M
U  C  C  Ύ  I  Y  C  W  Ή  P  R  O  C  E  L  D  Y
J  A  B  H  K  Ά  Λ  R  M  X  Z  X  L  F  W  H  S
J  R  L  Y  T  I  O  Ό  K  I  N  E  Γ  Y  E  Z  K
Z  F  I  K  Ά  Π  A  Π  A  Γ  K  Ά  Λ  I  A  Σ  E
```

ΘΡΑΎΣΜΑ
ΤΎΠΟ
ΜΠΑΛΟΝΙΏΝ
ΑΣΤΥΝΟΜΙΚΌΣ
ΑΓΚΆΛΙΑΣΕ
ΠΑΙΔΙΆ
ΥΠΕΡΉΦΑΝΟΙ
ΜΉΝΥΜΑ
ΕΝΗΛΊΚΩΝ
ΕΝΤΆΞΕΙ
ΣΤΡΑΤΟΎ
ΟΡΤΎΚΙΑ
ΚΟΎΚΛΑ
ΤΡΈΧΟΥΣΑ
ΑΞΙΟΛΌΓΗΣΗ
ΠΑΠΆΚΙ
ΔΆΧΤΥΛΟ
ΙΣΤΟΣΕΛΊΔΑ
ΕΥΓΕΝΙΚΌ
ΕΥΈΛΙΚΤΟ

Puzzle 748

ΧΡΥΣΌ
ΜΕΓΆΛΗ
ΑΝΑΝΆ
ΑΡΚΕΊ
ΔΕΝ
ΒΑΡΙΆ
ΘΕΡΜΙΚΉ
ΝΙΚΉΣΕΙ
ΤΡΈΝΟ
ΣΎΝΔΕΣΗ
ΈΚΔΟΣΗ
ΈΚΡΗΞΗ
ΝΕΡΟΧΎΤΗ
ΈΓΚΑΥΜΑ
ΑΝΤΊΣΤΡΟΦΗ
ΕΠΤΆ
ΑΛΛΗΛΕΠΙΔΡΟΎΝ
ΔΈΝΤΡΟ
ΜΟΛΎΒΙ
ΚΟΙΝΩΝΙΚΉ

```
F  X  I  M  V  A  Ή  M  N  U  M  Ά  J  O  K  Z  O
J  L  H  Ξ  H  P  K  Έ  O  L  G  I  Q  P  C  F  C
U  P  Σ  V  A  K  I  C  F  Λ  I  P  O  Δ  S  N  D
J  G  O  S  H  E  N  B  D  Y  Ύ  A  C  E  F  Ύ  U
T  I  Δ  P  P  Ί  Ω  F  S  Ό  E  B  U  N  S  O  G
V  K  K  G  X  C  N  D  S  Σ  Q  Π  I  H  H  P  N
U  K  Έ  P  E  V  I  W  G  Y  Ύ  Q  T  Λ  Φ  Δ  I
A  N  A  N  Ά  H  O  N  Έ  P  T  N  Q  Ά  O  I  K
Δ  Έ  N  T  P  O  K  D  K  X  D  S  Δ  Γ  P  Π  Ή
Θ  E  P  M  I  K  Ή  N  W  K  J  L  Z  E  T  E  Σ
N  E  P  O  X  Ύ  T  H  F  U  J  K  P  M  Σ  L  E
H  X  S  D  J  P  E  I  M  D  R  P  Q  X  Ί  H  I
Έ  Γ  K  A  Y  M  A  M  J  Z  X  B  Q  I  T  Λ  D
C  X  J  M  S  R  T  K  A  B  F  O  O  Y  N  Λ  O
N  Y  A  Z  C  R  P  V  G  U  L  Z  Q  G  A  A  W
```

Puzzle 749

```
Ε Θ Ρ Ή Η L N X N O C F Q M Ρ M Ώ
Δ Ξ Ρ J L S L T U C A D Y R Y E Ρ
Υ Β Α Ϊ Ρ Ω Δ O I A N N E Γ Θ Ρ I
Σ S Δ I D R D K R N K Y Ω R M I M
T Ρ Ύ W P S I N Z Ό W O K Φ Ό K H
Υ Z O F Ϊ E K E Y K E N A L M Ά R
X S K Z Q P T A V I Q Ά N L I Ύ C
Ϊ Y Ρ T H G T I K E Π Θ O G K Δ Σ
A K A U Z W S P K Q I Φ N C F L Y
W U T W E T F Ά J Ά Έ Z I D A O O
Σ K Λ Ρ B Z I T N Y Σ Σ A H G Σ
T L Ό T V U T I Q S T W M G Z M Ϊ
Υ Ρ Β Λ E O N N F T E Z O C W U M
Λ Η F V Π O J A V Q I U Ύ R B Y F
Ό L B B J O A M Σ Υ M B O Υ Λ Έ Σ
```

ΑΡΚΟΎΔΑ
ΔΥΣΤΥΧΊΑ
ΠΙΈΣΤΕ
ΣΤΥΛΌ
ΚΑΝΟΝΙΣΜΟΎ
ΚΌΛΠΟ
ΜΊΣΟΥΣ
ΣΎΜΦΩΝΑ
ΦΘΆΝΟΥΝ
ΜΕΡΙΚΆ
ΜΑΝΙΤΆΡΙΑ
ΏΡΙΜΗ
ΉΡΘΕ
ΒΌΛΤΑ
ΡΥΘΜΌ
ΣΥΜΒΟΥΛΈΣ
ΕΞΑΙΡΕΤΙΚΆ
ΕΚΕΊ
ΕΙΚΌΝΑ
ΓΕΝΝΑΙΟΔΩΡΊΑ

Puzzle 750

ΠΛΗΜΜΎΡΑ
ΜΈΛΙΣΣΑ
ΞΌΡΚΙ
ΓΕΝΝΉΘΗΚΕ
ΥΠΟΣΤΗΡΊΖΟΥΝ
ΑΠΟΔΕΊΞΕΙΣ
ΜΙΛΆΜΕ
ΦΡΟΝΤΊΔΑ
ΑΌΡΑΤΟ
ΑΝΤΊΘΕΣΗ
ΣΆΒΒΑΤΟ
ΧΩΡΙΌ
ΜΈΛΟΣ
ΚΑΝΑΡΊΝΙ
ΣΙΝΤΡΙΒΆΝΙ
ΓΟΓΓΎΛΙΑ
ΒΑΘΙΆ
ΤΣΈΠΗ
ΑΦΟΡΆ
ΦΟΙΤΗΤΉΣ

```
Q Ξ G H Σ E Θ Ί T N A M M H J Φ A
K Ρ Ό V Ρ M A D N H Q Έ W Q R O Π
N A Q Ρ Q Ά I Θ A B C Λ D L X I O
X R N F K Λ M Έ Λ O Σ I S U B T Δ
L C A A K I Σ N Q A V Σ W M O H E
W Ρ B T Ρ M E I U Δ A Σ E F D T Ί
X Ω Ρ I Ό Ϊ R S N Ϊ C A L F H Ή Ξ
A Ό Ρ A T O N F T T A Φ O Ρ Ά Σ E
Σ Ά B B A T O I Σ N Ρ I O Q E X I
Γ O Γ Γ Ύ Λ I A Έ O B I N Ρ A N Σ
Π Λ H M M Ύ Ρ A Ρ Ρ W D B G V U B
B U N C R T C Q H Φ A N Q Ά K S Z
Γ E N N Ή Θ H K E Ρ E F E L N N H W
Υ Π O Σ T H Ρ Ί Z O Υ N K Z O I N
E D H D B Z I X R A Q S F N Ρ M Z
```

Puzzle 751

```
H  A  M  Σ  I  P  Ό  Σ  Ω  Λ  A  K  A  W  D  Π  C
A  M  Π  R  L  I  X  Έ  T  Σ  I  Λ  C  O  E  P  P
P  H  K  O  T  P  A  T  Έ  T  V  M  Π  N  J  I  F
G  Θ  Y  Γ  Φ  T  B  C  T  Y  X  U  K  I  U  N  Y
M  Σ  K  P  Z  Ά  P  N  N  Q  J  X  K  K  Π  L  K
O  Ί  Λ  E  N  S  A  Ί  X  A  M  Γ  Y  Π  Έ  T
K  A  O  Ί  X  C  Ί  E  Σ  Ή  M  O  T  P  A  J  S
A  N  Φ  P  T  R  P  N  Ω  T  Ά  M  Y  E  I  Λ  A
M  Y  O  E  Y  B  I  O  Y  N  E  Δ  Ώ  P  A  T  K
Ή  Σ  P  Π  Φ  D  Δ  X  A  A  N  I  A  Λ  Ά  Φ
Λ  O  O  Y  Ώ  P  A  O  P  B  C  F  Ό  C  Q  Y  U
A  U  Ύ  J  N  N  Σ  P  A  F  A  S  V  U  P  U  I
N  Y  N  I  A  T  N  O  X  Έ  Δ  A  P  A  Π  O  W
Z  T  H  N  K  V  P  X  D  D  M  Π  Λ  E  V  A  J
Y  S  T  W  G  F  L  D  J  X  D  F  F  U  J  U  G
```

ΈΤΣΙ
ΣΥΝΑΊΣΘΗΜΑ
ΣΤΕΝΌ
ΠΡΙΝ
ΊΡΙΔΑΣ
ΑΛΙΕΥΜΆΤΩΝ
ΚΑΜΉΛΑ
ΈΠΙΠΛΑ
ΜΠΛΕ
ΦΆΛΑΙΝΑ
ΠΕΡΊΕΡΓΟ
ΤΟΜΉΣ
ΚΥΚΛΟΦΟΡΟΎΝ
ΤΥΦΏΝΑ
ΠΑΡΑΔΈΧΟΝΤΑΙ
ΚΑΛΩΣΌΡΙΣΜΑ
ΑΠΟΦΆΣΕΩΝ
ΤΈΤΑΡΤΟ
ΠΥΓΜΑΧΊΑΣ
ΔΏΡΑ

Puzzle 752

ΛΈΣΧΗ
ΑΠΌΣΤΑΣΗ
ΕΠΙΘΕΏΡΗΣΗ
ΚΑΡΔΙΆ
ΚΑΠΈΛΟ
ΣΥΜΦΩΝΉΣΟΥΝ
ΠΡΟΣΩΠΙΚΌ
ΚΑΟΥΤΣΟΎΚ
ΣΥΓΚΡΟΎΟΝΤΑΙ
ΣΤΊΒΟΥ
ΣΚΛΗΡΌ
ΤΊΓΡΗΣ
ΣΥΝΉΘΕΙΑ
ΔΌΝΤΙ
ΑΥΓΆ
ΣΚΆΛΑ
ΚΥΝΉΓΙ
ΔΙΑΣΚΈΔΑΣΗ
ΓΑΛΟΠΟΎΛΑ
ΜΠΑΝΆΝΑ

```
Γ  T  L  G  F  G  Σ  E  G  Q  K  F  S  B  B  Σ  K  E
A  O  P  L  R  Q  Y  I  Z  A  M  K  Ά  Γ  Y  A  Π
Λ  G  K  A  X  K  N  O  J  O  L  U  K  G  M  P  I
O  G  G  L  F  H  Ή  R  Q  Y  Y  Ά  Y  R  Φ  Δ  Θ
Π  Y  Q  M  F  H  Θ  T  H  T  G  M  K  U  Ω  I  E
O  V  O  S  B  M  E  E  V  Σ  Λ  I  K  Σ  N  Ά  Ώ
Ύ  J  V  B  S  W  I  V  V  O  Έ  M  V  U  Ή  C  P
Λ  J  D  A  Ί  A  A  K  A  Ύ  Σ  U  U  U  Σ  E  H
A  A  Π  Ό  Σ  T  A  Σ  H  K  X  Σ  T  E  O  D  Σ
H  N  X  A  H  O  Σ  O  F  U  H  G  K  K  Y  Z  H
G  Ά  H  C  P  K  A  Π  Έ  Λ  O  G  U  Λ  N  U  R
T  N  Σ  Y  Γ  K  P  O  Ύ  O  N  T  A  I  H  M  Y
E  A  W  I  Ί  Π  P  O  Σ  Ω  Π  I  K  Ό  T  P  V
I  Π  A  R  T  Δ  I  A  Σ  K  Έ  Δ  A  Σ  H  K  Ό
B  M  Δ  Ό  N  T  I  Γ  Ή  N  Y  K  E  R  E  S  K
```

Puzzle 753

F	E	Ή	Π	Μ	Ο	Π	Κ	Ε	Σ	L	Β	Π	S	Y	Β	Σ
G	Q	H	Z	Λ	R	W	A	D	K	D	A	P	K	L	D	Y
C	Z	F	Β	I	H	Ί	T	M	Ά	Y	S	Ά	F	Β	G	M
M	H	T	Έ	P	A	P	E	F	Λ	C	E	Σ	Π	N	O	B
A	Y	K	A	V	Q	E	O	A	E	Ά	A	I	F	P	Z	E
Ή	K	Z	B	D	T	K	M	Ύ	S	K	Y	N	T	M	O	Ί
X	Α	Λ	A	P	Ό	J	B	F	N	I	T	O	P	Y	K	Σ
P	M	A	P	Σ	E	N	I	K	Ό	T	Ό	S	E	Z	M	E
A	Γ	L	C	N	L	F	T	M	Q	A	A	Y	Λ	P	Π	Δ
P	A	A	M	B	D	H	J	E	V	M	I	I	Ό	I	Ά	Ά
M	T	X	P	L	O	T	V	D	W	Γ	N	P	E	H	N	I
Z	Ά	Y	X	H	E	V	M	M	U	A	B	Ω	L	N	I	Λ
S	K	A	L	G	U	W	U	O	J	P	R	Y	P	F	O	I
E	Π	I	Δ	Ι	Ώ	K	O	Y	N	Π	Y	Z	R	Ί	Z	X
R	N	B	Z	L	Σ	Y	M	Φ	Ω	N	Ί	A	Σ	Σ	Σ	M

ΠΡΆΣΙΝΟ
ΑΡΧΉ
ΜΗΤΈΡΑ
ΤΡΕΛΌ
ΣΥΜΦΩΝΊΑΣ
ΧΑΛΑΡΌ
ΕΑΥΤΌ
ΕΠΙΔΙΏΚΟΥΝ
ΠΡΑΓΜΑΤΙΚΆ
ΚΕΡΊ
ΑΡΣΕΝΙΚΌ
ΕΚΠΟΜΠΉ
ΣΥΜΒΕΊ
ΝΩΡΊΣ
ΚΆΤΑΓΜΑ
ΧΙΛΙΆΔΕΣ
ΣΚΆΛΕΣ
ΜΠΆΝΙΟ
ΠΛΗΡΏΎΝΤΑΙ
ΠΡΟΣ

Puzzle 754

ΠΑΝΤΡΕΥΤΕΊ
ΠΡΑΓΜΑΤΙΚΉ
ΘΗΛΥΚΌ
ΥΛΙΚΌ
ΔΕΊΚΤΗΣ
ΕΝΔΙΑΦΈΡΟΥΣΑ
ΚΟΥΡΑΣΜΈΝΟΣ
ΨΗΛΆ
ΕΔΏ
ΦΑΝΤΑΣΊΑΣ
ΣΥΝΕΔΡΊΑΣΗ
ΙΚΑΝΟΠΟΙΗΜΈΝΟΙ
ΕΠΑΓΓΕΛΜΑΤΙΚΟΎ
ΛΕΜΌΝΙ
ΤΟΥΡΚΊΑ
ΑΝΆΚΑΜΨΗ
ΟΙΚΟΝΟΜΙΚΉΣ
ΣΥΧΝΆ
ΆΝΘΙΣΗ
ΖΏΩΝ

K	S	V	Y	V	X	O	Π	A	K	E	E	Z	H	C	W	P
O	Y	O	Λ	N	U	A	J	A	N	E	Δ	O	Ώ	J	F	B
Y	H	Σ	I	Θ	N	Ά	Y	K	N	Ά	Ώ	P	I	Ω	B	A
P	M	C	K	M	F	V	K	Z	T	T	K	E	Y	C	N	O
A	C	N	Ό	K	Y	Λ	H	Θ	U	U	P	A	Z	A	M	Z
Σ	H	T	K	Ί	E	D	W	A	S	R	K	E	M	U	J	R
M	O	I	K	O	N	O	M	I	K	Ή	Σ	X	Y	Ψ	L	I
Έ	G	J	E	Π	P	A	Γ	M	A	T	I	K	Ή	T	H	U
N	Z	K	K	Δ	Σ	Y	N	E	Δ	P	Ί	A	Σ	H	E	A
O	E	Π	A	Γ	Γ	E	Λ	M	A	T	I	K	O	Ύ	E	Ί
Σ	A	Ί	Σ	A	T	N	A	Φ	N	B	W	K	B	A	H	K
E	N	Δ	I	A	Φ	Έ	P	O	Y	Σ	A	S	G	D	K	P
O	W	B	E	M	Ψ	H	Λ	Ά	N	X	Y	Σ	J	U	V	Y
I	K	A	N	O	Π	O	I	H	M	Έ	N	O	I	A	A	O
H	W	Λ	E	M	Ό	N	I	T	Q	W	F	X	S	V	J	T

Puzzle 755

```
H  V  N  X  N  B  Q  R  G  F  H  V  K  Z  I  C  L
Ξ  Μ  Υ  Α  Τ  Α  Β  Ό  Ρ  Π  Ε  Ι  Α  J  L  K  B
Η  Χ  Ά  Μ  Π  Ο  Υ  Ρ  Γ  Κ  Ε  Ρ  Α  U  B  X  Σ
Λ  Σ  Ύ  Ν  Ο  Ρ  Α  Ν  Μ  Β  Υ  Τ  Κ  F  O  Ά  Υ
Π  Α  Ρ  Α  Σ  Κ  Ε  Υ  Ή  Γ  Ν  Ω  Σ  Τ  Ή  Ρ  Μ
Κ  Υ  Ο  Δ  Β  Ύ  Λ  Ο  Μ  V  U  Y  Κ  Σ  Κ  Η  Π
Έ  C  F  Y  W  F  G  Z  F  A  J  M  A  T  Ό  J  Έ
O  D  C  B  A  Q  Ί  H  K  M  X  N  A  Σ  T  P
Z  E  Q  I  L  W  Q  Δ  W  E  O  E  Έ  Δ  T  I  A
O  Δ  O  N  T  Ό  K  P  E  M  A  G  N  I  O  A  Σ
D  E  E  F  A  A  I  E  Θ  Ή  O  B  A  A  Σ  Q  M
H  S  X  Y  V  S  J  K  O  N  O  K  N  K  L  F  A
A  N  T  A  N  A  K  Λ  Ά  M  Y  S  P  Ή  Y  T  D
Υ  Π  Η  Ρ  Ε  Σ  Ι  Ώ  N  M  Ά  Γ  I  Σ  Σ  A  T
E  Y  T  Y  X  I  Σ  M  Έ  N  H  Q  F  Z  Z  T  U
```

ΟΔΟΝΤΌΚΡΕΜΑ
ΚΑΝΈΝΑΝ
ΜΟΛΎΒΔΟΥ
ΜΆΓΙΣΣΑ
ΠΡΌΒΑΤΑ
ΚΕΡΔΊΖΟΥΝ
ΈΚΠΛΗΞΗ
ΠΕΙ
ΧΆΜΠΟΥΡΓΚΕΡ
ΧΆΡΗ
ΚΌΣΤΟΣ
ΠΑΡΑΣΚΕΥΉ
ΣΎΝΟΡΑ
ΑΝΤΑΝΑΚΛΆ
ΣΤΑΔΙΑΚΉ
ΓΝΩΣΤΉ
ΒΟΉΘΕΙΑ
ΣΥΜΠΈΡΑΣΜΑ
ΕΥΤΥΧΙΣΜΈΝΗ
ΥΠΗΡΕΣΙΏΝ

Puzzle 756

ΑΧΛΆΔΙ
ΣΥΧΝΉ
ΜΈΤΡΗΣΗ
ΠΈΡΑΣΕ
ΔΙΑΠΙΣΤΏΣΕΤΕ
ΛΎΓΚΑ
ΑΠΟΛΑΜΒΆΝΟΥΝ
ΝΑΙ
ΧΉΝΑ
ΆΝΔΡΕΣ
ΣΤΑΥΡΌ
ΠΆΓΟ
ΚΌΜΜΑΤΑ
ΘΈΛΟΥΝ
ΣΎΓΧΡΟΝΗ
ΑΠΟΡΡΊΨΕΙ
ΜΆΓΕΙΡΑΣ
ΕΝΟΙΚΊΑΣΗ
ΠΡΟΒΛΈΠΟΥΝ
ΑΠΟΤΎΠΩΣΗ

```
S  N  Y  O  N  Ά  B  M  A  Λ  O  Π  A  A  N  M  Δ
R  U  Q  J  H  N  O  P  X  Γ  Ύ  Σ  F  F  Q  V  I
Ή  X  K  H  A  C  C  Γ  Λ  N  P  D  J  L  E  M  A
Ά  N  Δ  P  E  Σ  E  Ά  Λ  Ύ  Γ  K  A  N  S  Π
V  Y  X  F  Z  T  Y  B  Δ  Π  W  P  U  D  O  K  I
M  O  D  Y  R  S  L  B  I  A  N  Z  N  K  I  N  Σ
N  Λ  E  E  Σ  A  P  Έ  Π  V  K  R  E  M  K  J  T
O  Έ  B  T  A  T  A  M  M  Ό  K  N  C  U  Ί  D  Ώ
G  Θ  M  S  P  U  A  B  U  N  W  S  P  J  A  Y  Σ
L  Y  K  N  I  F  U  Y  F  H  A  E  I  H  S  W  E
K  G  F  I  E  Ψ  Ί  P  P  O  Π  A  C  Q  H  Z  T
B  W  O  F  F  Γ  X  Ή  N  A  Ό  P  H  T  I  S  A  E
H  D  V  I  Ά  G  A  K  E  M  Έ  T  P  H  Σ  H  O
O  S  X  N  M  A  Π  O  T  Ύ  Π  Ω  Σ  H  C  C  D
Π  P  O  B  Λ  Έ  Π  O  Y  N  K  X  Q  N  H  U  B
```

Puzzle 757

Σ	Λ	Ο	Υ	Κ	Ά	Ν	Ι	Κ	Α	F	W	X	Κ	Α	Σ	Ο
Κ	Ε	L	Ο	D	B	J	Ο	P	W	C	Y	I	Y	F	Σ	D
Q	Ό	Z	A	C	Κ	Ε	U	I	T	J	Y	Ε	U	P	Ο	X
Δ	Κ	C	Ό	Κ	Ε	Λ	Α	Χ	Α	Ρ	Α	Κ	Τ	Ή	Ρ	Α
Μ	I	Q	I	N	H	X	Μ	Ό	Κ	I	Δ	Ο	I	Ρ	Ε	Π
Α	Τ	Α	Ε	G	Κ	Q	C	B	N	Y	H	R	A	H	T	P
Ρ	Σ	Ί	Θ	I	Δ	Ά	Μ	I	Ξ	Α	Π	Ν	Y	D	Ό	L
Ο	Α	Φ	C	Έ	Ε	Π	Ί	Π	Ε	Δ	Ο	C	V	B	Μ	Ε
Ύ	Λ	Α	Μ	J	Σ	J	T	Q	N	L	X	Μ	S	P	P	Π
Λ	Π	Ρ	Χ	F	D	Ι	Σ	Τ	Ή	Ρ	Ι	Ξ	Η	Σ	Ε	Έ
I	W	Γ	Ν	Ό	Α	Ε	Μ	G	R	Κ	R	N	T	I	Θ	T
H	O	O	Μ	Ρ	Α	Α	Ο	H	G	Μ	W	A	Έ	U	X	Ε
R	H	T	Σ	I	N	Ό	Ν	Α	Κ	Α	Z	P	Ξ	Ρ	B	I
U	Y	Ω	Κ	Ο	Μ	Υ	Σ	Τ	Ή	Ρ	Ι	Ο	I	J	J	Ο
Κ	C	Φ	H	L	Y	W	D	Q	Π	Έ	Τ	Ρ	Α	V	W	P

ΦΩΤΟΓΡΑΦΊΑ
ΠΈΤΡΑ
ΠΕΡΙΟΔΙΚΌ
ΜΑΡΟΎΛΙ
ΌΡΙΟ
ΣΤΉΡΙΞΗΣ
ΑΣ
ΔΙΑΘΈΣΙΜΗ
ΣΕΖΟΝ
ΒΕΛΌΝΑ
ΧΑΡΑΚΤΉΡΑ
ΘΕΡΜΌΤΕΡΟΣ
ΑΚΑΝΌΝΙΣΤΗ
ΈΞΙ
ΠΑΞΙΜΆΔΙ
ΕΠΊΠΕΔΟ
ΠΛΑΣΤΙΚΌ
ΛΟΥΚΆΝΙΚΑ
ΕΠΈΤΕΙΟ
ΜΥΣΤΉΡΙΟ

Puzzle 758

ΈΘΝΟΣ
ΠΑΊΧΤΗΣ
ΓΚΡΙ
ΡΥΤΊΔΩΝ
ΠΕΡΊΠΛΟΚΗ
ΚΎΡΙΟΣ
ΜΑΚΙΓΙΆΖ
ΒΑΓΌΝΙ
ΣΥΜΜΕΤΈΧΟΥΝ
ΚΕΝΤΡΙΚΉ
ΘΕΩΡΟΎΝ
ΔΊΚΗ
ΠΑΡΆΞΕΝΑ
ΑΡΚΕΤΈΣ
ΈΝΑ
ΑΠΟΓΟΗΤΕΥΜΈΝΟΣ
ΓΡΑΜΜΑΤΈΑΣ
ΛΌΓΟ
ΣΤΑΦΥΛΙΏΝ
ΚΑΡΦΊΤΣΑ

Ι	Λ	Ό	Γ	Ο	Κ	R	Ρ	Ι	Κ	Z	Ρ	Η	Η	Σ	Π	Α
Κ	Ε	Χ	Ν	Κ	G	Ε	W	Μ	B	Z	B	J	J	Y	Ε	Ρ
U	T	Μ	B	Ρ	Ο	Α	Ν	Ύ	Ο	Ρ	Ω	Ε	Θ	Μ	Ρ	Κ
Υ	B	Ρ	Κ	Κ	Ο	C	Ε	T	J	Z	Ε	D	Π	Μ	Ί	Ε
Σ	Τ	Α	Φ	Υ	Λ	Ι	Ώ	Ν	Ρ	Ά	Α	Ν	Α	Ε	Π	Τ
Γ	Ρ	Α	Μ	Μ	Α	Τ	Έ	Α	Σ	Ι	Η	Ν	Ί	Τ	Λ	Έ
T	G	H	Ν	Γ	B	Ν	Ε	Ν	Ο	Γ	Κ	B	Χ	Έ	Ο	Σ
B	V	Y	J	Έ	Κ	Υ	Χ	Ω	Ι	Ι	V	Ή	T	Χ	Κ	Π
B	Α	Γ	Ό	Ν	Ι	Ρ	V	Δ	Ρ	Κ	Ι	Κ	Η	Ο	Η	Α
A	G	I	I	Ρ	N	D	Ι	Ί	Ύ	Α	W	Ε	Σ	Υ	Κ	Ρ
S	D	Σ	W	V	A	V	C	T	Κ	Μ	G	A	G	N	Ί	Ά
Α	Π	Ο	Γ	Ο	Η	Τ	Ε	Υ	Μ	Έ	Ν	Ο	Σ	Τ	Δ	Ξ
Ν	Α	Ν	W	Χ	Α	Κ	Α	Ρ	Φ	Ί	Τ	Σ	Α	Τ	L	Ε
Α	Ρ	Θ	Ε	Ι	Ν	V	Τ	Z	G	Y	F	Ε	Τ	Ε	Ε	Ν
Ι	L	Έ	Χ	Ε	Α	Χ	Ν	V	Q	V	Ρ	Ο	Χ	Α	J	Α

Puzzle 759

```
L Φ A A Q X Π I O Σ K O N T Ά Δ E
H Σ Ί P K A E L D Ή X Λ I Λ Ά I K
A K K Λ K Λ I X E Φ Z Ό F C U K A
I O I X O A L K D A J N Λ T R H T
N T Λ H H P B P U P Y J H I I Γ O
Ό Ά H L Ξ Ώ S B G Γ Φ B R D O Ό M
I Δ M S A Σ O Λ E Γ Γ Ά Y B A P M
Γ I E C P T D I S E D G Σ B Γ O Ύ
A X X M Φ E B M Q T S O O H Γ Σ P
P R F B Ί B P S G D V S G H Λ X I
K Y B Έ P N H Σ H Σ L K L P I O A
E T X Q E R H J K Z R P Q H K Y P
Y B S Z Π D M K B O H O U Q Ά Z B
Q B B E O V Q A N T R E T P O E K
H Δ P Ά K O Σ O Ί A P Y O P A Σ Z
```

ΗΛΙΚΊΑ
ΑΓΓΛΙΚΆ
ΠΙΟ
ΕΚΑΤΟΜΜΎΡΙΑ
ΚΟΝΤΆ
ΑΡΟΥΡΑΊΟΣ
ΔΙΚΗΓΌΡΟΣ
ΦΊΛΟ
ΧΑΛΑΡΏΣΤΕ
ΦΆΣΗ
ΕΓΓΡΑΦΉΣ
ΠΕΡΊΦΡΑΞΗ
ΣΧΌΛΙΟ
ΣΚΟΤΆΔΙ
ΛΙΛΆ
ΚΥΒΈΡΝΗΣΗΣ
ΚΡΊΣΗ
ΆΓΓΕΛΟΣ
ΚΡΑΓΙΌΝΙΑ
ΔΡΆΚΟΣ

Puzzle 760

ΛΗΦΘΕΊ
ΔΕΊΚΤΗ
ΤΊΤΛΟ
ΏΘΗΣΗ
ΚΑΘΡΈΦΤΗ
ΚΑΘΗΓΗΤΉΣ
ΦΡΈΖΙΑ
ΝΌΜΙΣΜΑ
ΝΤΟΥΣ
ΕΜΠΟΡΙΚΌ
ΠΑΡΆΓΟΝΤΑ
ΠΥΡΟΣΒΈΣΤΗΣ
ΠΕΡΙΓΡΆΨΕΙ
ΒΛΈΜΜΑ
ΠΟΔΉΛΑΤΟ
ΛΑΜΒΆΝΟΥΝ
ΚΊΝΗΤΡΟ
ΠΙΆΤΟ
ΝΟΜΙΚΉ
ΒΟΟΕΙΔΉ

```
I P B K O C M T Ώ U A S Φ U U B S
Q H E Λ A D Ί E Θ Φ H Λ P M M X Π
H Z I N Έ Θ N E H A U J Έ L J M Y
S S L S P M P B Σ O H S Z A Q P P
O T Z Z I Z M Έ H D G O I U E I O
T G B P H S Z A Φ Q H L A I J Z Σ
Ί Π O Δ Ή Λ A T O T E N T O Y Σ B
T A T N O Γ Ά P A Π H P O B Y E Έ
Λ F H J Ό K I P O Π M E Ή T Y U Σ
O E Ή K I M O N B L K I D C X X T
Δ E Ί K T H I E Ψ Ά P Γ I P E Π H
K Ί N H T P O Σ O C L O E M G P Σ
S J I E G K A U M T L B O T Ά I Π
H K Σ Ή T H Γ H Θ A K P O X Z N C
Λ A M B Ά N O Y N V C R B N G Z I
```

Puzzle 761

Ο	Ρ	Θ	Ο	Γ	Ρ	Α	Φ	Ί	Α	F	W	R	Σ	Ε	Π	Z
Ε	Κ	Ν	Ε	Υ	Ρ	Ι	Σ	Μ	Έ	Ν	Ο	Σ	Υ	Π	Α	W
Α	Δ	Ί	Λ	Ε	Σ	Δ	Ν	Ρ	Τ	Ρ	W	Α	Γ	Ε	Ρ	Α
Π	Ρ	L	Κ	Κ	Μ	Ί	Ζ	Ρ	Ο	Ο	D	Δ	Χ	Τ	Ά	Κ
Λ	Α	L	Ν	Ω	Ε	Ύ	Δ	Ν	Ε	Π	Ε	Α	Ρ	Λ	Α	
Ά	Ν	Υ	Α	Δ	Έ	Κ	Α	J	Υ	Ο	Η	Ι	Ρ	Ε	Ο	Λ
Α	Υ	Ο	Ν	Έ	Μ	Ι	Ε	Κ	Ο	Ρ	Π	Ά	Ώ	Λ	Γ	Λ
Π	Ο	Τ	Έ	Ε	Η	Α	W	Ό	Μ	Q	Ο	Ζ	Q	Α	Η	Ι
Χ	F	R	T	Ρ	Ν	Ύ	Ο	Ρ	Ι	Α	Ξ	Ε	F	Ί	Τ	Τ
Ι	C	C	Χ	D	W	V	Χ	Η	Ν	Ε	V	Ι	Β	Ο	Β	Έ
V	G	R	B	Ν	Ρ	Β	Ώ	L	Ο	R	T	Ο	Ρ	Υ	Χ	Χ
U	Χ	Ι	R	Ι	W	L	Ρ	U	R	F	V	Η	U	S	Μ	Ν
Ν	Α	Μ	Υ	U	Q	J	Α	Χ	Ρ	Κ	Q	Q	F	R	B	Η
Χ	Α	Μ	Η	Λ	Ά	Ρ	Σ	Ο	Ν	F	Β	Υ	F	Μ	Μ	Ε
Ρ	Β	Ο	Μ	F	G	U	Ι	Ζ	Β	R	G	Ρ	U	G	Κ	Α

ΣΕΛΊΔΑ
ΑΠΛΆ
ΠΡΟΚΕΙΜΈΝΟΥ
ΠΑΡΆΛΟΓΗ
ΠΕΤΡΕΛΑΊΟΥ
ΕΠΕΝΔΎΣΕΩΝ
ΚΌΡΗ
ΔΈΚΑ
ΟΡΘΟΓΡΑΦΊΑ
ΣΥΓΧΑΡΏ
ΕΞΑΙΡΟΎΝ
ΊΔΙΑ
ΝΑ
ΑΔΕΙΆΖΕΙ
ΚΑΛΛΙΤΈΧΝΗ
ΠΟΤΈ
ΧΤΈΝΑ
ΧΑΜΗΛΆ
ΧΏΡΑΣ
ΕΚΝΕΥΡΙΣΜΈΝΟΣ

Puzzle 762

ΤΑΛΈΝΤΟ
ΓΈΦΥΡΑ
ΕΡΓΑΛΈΙΟ
ΒΟΎΤΥΡΟ
ΒΟΥΤΙΆ
ΣΩΣΤΌ
ΕΠΕΚΤΕΊΝΟΥΝ
ΈΝΘΕΤΟ
ΌΝΕΙΡΟ
ΠΑΠΑΓΆΛΟΣ
ΔΡΑΜΑΤΙΚΉ
ΠΡΟΜΉΘΕΙΕΣ
ΠΡΟΤΙΜΟΎΝ
ΕΠΙΘΥΜΊΑ
ΕΙΣΒΆΛΟΥΝ
ΠΟΙΌΤΗΤΑ
ΠΊΣΤΗΣ
ΜΠΟΥΚΆΛΙ
ΔΑΝΕΙΣΤΕΊ
ΤΕΊΝΟΥΝ

G	P	N	U	Π	J	L	I	G	C	V	C	Y	U	X	E	C
O	C	A	O	P	I	E	N	Ό	I	L	Ά	K	Y	O	Π	M
U	K	K	O	O	Ί	E	Λ	A	Γ	P	E	F	I	W	E	T
S	N	U	O	T	E	Θ	N	Έ	N	K	Ί	Ά	J	L	K	A
X	C	D	D	I	Π	P	O	M	Ή	Θ	E	I	E	S	T	Λ
Π	T	P	U	M	Σ	Ω	Σ	T	Ό	L	T	T	E	H	E	Έ
E	O	N	Y	O	Λ	Ά	B	Σ	I	E	Σ	Y	C	T	Ι	Ν
Γ	Π	I	O	Ύ	N	V	C	N	J	R	I	O	T	Σ	N	T
X	Έ	I	Ό	N	Y	O	N	Ί	E	T	E	B	U	Ί	O	O
W	R	Φ	Θ	T	R	R	J	F	X	Q	N	Y	O	Π	Y	S
R	L	Q	Y	Y	H	B	S	U	Y	U	A	M	G	I	N	G
I	Z	R	N	Π	M	T	T	E	D	D	Δ	T	M	P	P	F
K	L	T	O	R	A	Ί	A	Δ	P	A	M	A	T	I	K	Ή
B	O	Ύ	T	Y	P	O	A	Π	A	Π	A	Γ	Ά	Λ	O	Σ
D	N	P	J	X	B	E	B	V	O	S	Z	K	O	N	K	J

Puzzle 763

```
J M O K Π F U Z Y K M A T F E P A
E A Y Ύ O F E T Ί E T Φ E K Σ O N
G Θ W K Λ Q P H X Q Ά I Λ H Π Σ Z
G H Q Λ I Λ Ά T Y O K E O H K W V
O T Z O T Y G F C T C P M U Y R G
N Ή I Y I U W X A C Z Ώ Σ A L S I
U H I D Σ Y O Λ Ό N Y Σ A Z Ύ R Δ
U Y M V T H Λ U M F Z E Ί N Z P Ύ
I K M U I Ό Q P Q D I Σ Q T M O
U R G A K A P Θ N Ά H X A O K Ί Λ
V F R X Ή Ξ E X N Ά M E Γ Ί C C Y
C A Σ H M Έ N I A H W M P E W Z O
T W P W Σ I E Σ N Ύ Θ Y E T A K Λ
Y S S N Q X D R S A J F Z Σ H G N
Π Λ Ά K A M M I E Λ Ά I Δ A K J R
```

ΜΑΘΗΤΉ
ΔΙΆΛΕΙΜΜΑ
ΚΑΤΕΥΘΎΝΣΕΙΣ
ΑΣΗΜΈΝΙΑ
ΆΝΘΡΑΚΑ
ΠΛΆΚΑ
ΣΚΕΦΤΕΊΤΕ
ΑΝΤΊ
ΣΥΝΌΛΟΥ
ΜΑΎΡΟ
ΕΡΓΑΣΊΑΣ
ΑΣΤΕΊΟ
ΚΟΥΤΆΛΙ
ΑΦΙΕΡΏΣΕΙ
ΠΟΛΙΤΙΣΤΙΚΉ
ΞΕΧΝΆΜΕ
ΡΌΛΟ
ΣΠΗΛΙΆ
ΚΎΚΛΟΥ
ΛΟΥΛΟΎΔΙ

Puzzle 764

ΜΈΤΡΙΑ
ΚΑΛΟΎΜΕ
ΈΛΚΗΘΡΟ
ΓΚΡΊΖΑ
ΜΈΤΡΗΣΗΣ
ΣΚΙΆ
ΧΎΝΕΤΑΙ
ΚΟΙΝΌ
ΗΛΕΚΤΡΙΚΌ
ΣΑΜΠΟΥΆΝ
ΒΙΒΛΙΟΘΉΚΗ
ΑΦΟΡΟΎΝ
ΠΡΟΣΠΑΘΕΊ
ΦΑΣΙΑΝΌ
ΑΝΌΗΤΟΣ
ΣΚΎΛΟΣ
ΑΠΟΦΑΣΊΣΕΙ
ΜΎΓΑ
ΕΦΕΎΡΕΙ
ΚΛΕΙΔΑΡΙΆ

```
E Π B L Ό K I P T K E Λ H S M B S
Φ P I O N Λ M W U Y B V H V Y W M
E O B Έ N E K Έ C G K M K F H L H
Ύ Σ Λ Λ Ά I K S T E K V O J Q G X
P Π I K Z D A O S P B T H D Q H C
E A O H I A Γ T I L I S K Ύ Λ O Σ
I Θ Θ I P Ύ H Ό N A I Σ A Φ N
X E Ή P B I M Ό Σ N D P U H L B F
C Ί K O V Ά L N Ί Ύ Ύ C G Σ S K C
N M H Q O A X A Σ O K X U H L R U
Σ A M Π O Y Ά N A P O Γ K P Ί Z A
K A Λ O Ύ M E D Φ O I T F T I W V
C T G J R Y P F O Φ N E S Έ X W Q
Q B L G E T P V Π A Ό T M M A H S
Y Z I I Z U Z Q A A M M A L O W L
```

Puzzle 765

```
Π Σ V I T O S X L Δ B F R U M Q B
M Ρ Y T O F F Ά R Ύ D T A F I E L
E K A M Έ P K Σ Ί N J G V A N J K
T A I Γ B A U E Σ A B W Y O Ύ B G
A T N G M A Σ I Ω M C J L C O Ά J
Φ Ά Ό L J A Ί Z Σ H G L E P Π P S
O Λ Λ Z I A T N O N Ά X E L A K A
Ρ Λ E O B J Y I O Ρ Y O Γ Ί Σ A Y
Ά H T I X K Σ Σ K Y T V Q Z K T T
Σ Λ N D E Y Y Π Y Ό N Y B J P C Ά
U O A A Z G O O P E T U X H V X K
K M Π X H K E Ρ Y T H H Σ E M Z G
A Π O Ρ Ρ Ό Φ H Σ H D G T G P Q U
Y U W L G I I E Σ Ί N O N A K O Y
B J V Φ A N T A Σ T E Ί T E N A Ί
```

ΜΕΤΑΦΟΡΆΣ
ΑΠΟΡΡΌΦΗΣΗ
ΊΣΩΣ
ΚΑΤΆΛΛΗΛΟ
ΦΑΝΤΑΣΤΕΊΤΕ
ΠΑΝΤΕΛΌΝΙΑ
ΠΡΑΓΜΑΤΙΚΌΤΗΤΑ
ΣΊΓΟΥΡΟΙ
ΤΟ
ΤΥΧΕΡΟΊ
ΧΆΝΟΝΤΑΙ
ΚΡΈΜΑ
ΒΆΡΚΑ
ΚΑΝΟΝΊΣΕΙ
ΣΑΠΟΎΝΙ
ΣΥΜΒΑΊΝΟΥΝ
ΔΎΝΑΜΗ
ΣΠΟΡ
ΧΆΣΕΙ
ΑΥΤΆ

Puzzle 766

ΥΠΌΛΟΙΠΟ
ΕΥΚΟΛΊΑ
ΦΈΡΕΙ
ΠΕΤΑΛΟΎΔΑ
ΚΑΤΗΓΟΡΟΎΝ
ΛΑΟΓΡΑΦΙΚΌ
ΈΡΧΕΤΑΙ
ΦΆΝΤΑΣΜΑ
ΧΙΌΝΙ
ΔΙΑΤΗΡΗΘΕΊ
ΡΆΦΙ
ΑΝΑΓΝΩΡΊΣΕΙ
ΜΉΛΟ
ΠΆΝΤΑ
ΑΦΑΊΡΕΣΗ
ΝΈΩΝ
ΣΚΗΝΉ
ΑΡΚΤΙΚΈΣ
ΜΕΙΟΨΗΦΊΑ
ΉΧΟΥ

```
A Φ A Ί P E Σ H A V Δ A T N Ά Π Π
S R M U Ή X O Y R J I P P Y Έ X E
V Z N Ύ O P O Γ H T A K D R P T T
X I Ό N I Φ Ά P B J T T S A X Y A
Λ A O Γ P A Φ I K Ό H I F Ί E F Λ
Z E U H C I H N B X P K P Λ T K O
M R Z A Y X Z F M L H Έ Σ O A Z Ύ
E Ή Φ Ά N T A Σ M A Θ Σ I K I T Δ
O U Λ A Ω T S L V N E V V Y H O A
W F S O Έ I B B W A Ί F O E L N R
T D M S N A N A Γ N Ω P Ί Σ E I Ή
S T T M E I O Ψ H Φ Ί A A Z L E N
Y Π Ό Λ O I Π O O N G U I M U P W
W D M B R H W K K C E D E C C Ή H
Q G S C U C U O K R E U V H O Φ N
```

Puzzle 767

```
J R D A D O N Y O Σ Ώ I B I Π E X
E Ξ Ω T E P I K Ό Σ P J F S P Π A
K A T E Ύ Θ Y N Σ H D J Z R O Λ P
V N K Z M W N E N S H L V Σ Σ Ή A
H Ό X A K U X Y O Σ Έ Φ A Σ Ω P K
F P G T T Y N F O Ή L V T P Π Ω T
N Θ B F X Ά J V T T S E D F I Σ H
T Y Φ Y T I K Ά Σ H Έ U S Y K H P
O Λ Σ Έ Λ I N O Ω N M Θ J C Ά Σ I
Y O F I I W Q F P O P Π A I Δ Ί Σ
Λ Π H D X D G T P Π H U B I A K T
Ά V Q B O M X O Ά O T G O T Δ C I
Π W Ή K I Γ H T A P T Σ H Ά U J K
I A T N Ύ O B O Φ Π W I X M D Z Ό
C M M Y T L Π E P I Σ Σ Ό T E P A
```

ΕΠΙΒΙΏΣΟΥΝ
ΣΈΛΙΝΟ
ΆΡΡΩΣΤΟ
ΝΤΟΥΛΆΠΙ
ΔΙΑΘΈΤΟΥΝ
ΠΛΉΡΩΣΗΣ
ΜΆΤΙ
ΚΑΤΕΎΘΥΝΣΗ
ΠΡΟΣΩΠΙΚΆ
ΠΑΙΔΊ
ΣΤΡΑΤΗΓΙΚΉ
ΣΑΦΈΣ
ΕΞΩΤΕΡΙΚΌΣ
ΠΕΡΙΣΣΌΤΕΡΑ
ΦΟΒΟΎΝΤΑΙ
ΚΑΤΆ
ΧΑΡΑΚΤΗΡΙΣΤΙΚΌ
ΦΥΤΙΚΆ
ΠΟΛΥΘΡΌΝΑ
ΠΡΟΠΟΝΗΤΉΣ

Puzzle 768

ΚΆΘΙΣΕ
ΣΥΓΧΩΡΉΣΕΙ
ΜΟΎΜΙΑ
ΠΑΤΆΤΑΣ
ΛΌΦΟ
ΑΝΑΜΈΝΕΤΑΙ
ΡΟΛΌΙ
ΚΑΤΑΣΚΕΥΉΣ
ΈΞΩ
ΜΉΝΑ
ΠΕΡΙΟΧΉ
ΔΙΑΠΡΑΓΜΑΤΕΥΤΕΊ
ΜΕΊΓΜΑ
ΑΡΝΊ
ΔΙΑΝΈΜΟΥΝ
ΤΡΑΜ
ΕΚΠΑΊΔΕΥΣΗ
ΣΠΆΝΙΟ
ΑΚΡΙΒΆ
ΑΚΡΊΔΑ

```
M E Ί Γ M A I M Ύ O M Λ Π K B K Δ
X Σ Z B H H Δ T O I N Ό E O G A I
B I T J M F J Ί A W A Φ P P X T A
G Θ Q L L A V O P F Z O I I C A Π
N Ά C S X T X K B K K R O W Z Σ P
S K K P V F U W Ά E A K X Π L K A
P O Λ Ό I M Z Δ B T L V Ή A Σ E Γ
V T S U Ί Ή O Y I Z G Έ H T Π Y M
T H Q C L N Y F P A Ί Ξ F Ά Ά Ή A
J Q S A L A A I K T N Ω K T N Σ T
A N A M Έ N E T A I P Έ D A I D E
R B C Z M X B R I Q A A M Σ O J Y
Σ Y Γ X Ω P Ή Σ E I H B M O T E T
H B Y E T S L G U J V C U H Y S E
L X E K Π A Ί Δ E Y Σ H L U I N Ί
```

Puzzle 769

```
I  V  Q  D  T  J  D  K  J  R  S  Q  X  L  O  K  G
A  N  Ά  Λ  Υ  Σ  Η  Σ  Ω  Ρ  Έ  Μ  Η  Ν  Ε  Α  Ε
A  H  A  X  N  Z  Ά  Μ  Μ  O  S  F  K  F  O  T  Ξ
T  Σ  O  P  E  K  Ό  N  I  P  E  Q  U  H  X  Ά  A
Σ  H  T  Υ  Ψ  Η  Λ  Ή  Σ  R  R  S  M  Z  B  Σ  Φ
A  Θ  Π  Υ  K  A  Λ  O  K  A  I  P  I  N  Ό  T  A
Π  Ί  O  G  N  Q  O  P  A  I  K  C  C  X  M  A  N
Ό  O  Σ  R  O  O  I  Ύ  K  M  F  O  Y  R  A  Σ  I
T  Π  Ό  X  X  K  M  Γ  C  L  L  P  Y  P  M  H  Σ
N  E  T  S  I  D  M  Ί  N  M  A  K  Σ  N  Ά  Z  T
O  Π  H  A  X  L  L  M  A  Z  J  J  N  R  Έ  Q  E
Δ  O  T  T  K  A  P  I  Έ  P  A  D  N  O  Z  Λ  Ί
O  T  A  V  Ύ  K  A  T  Ά  P  P  E  Y  Σ  H  F  I
I  Υ  B  Y  A  X  U  U  C  W  Q  V  B  Y  H  A  Y
P  A  X  Q  Q  X  H  T  A  M  Ό  T  Y  A  Y  A  G
```

ΤΎΧΗ
ΥΨΗΛΉΣ
ΕΞΑΦΑΝΙΣΤΕΊ
ΚΑΤΆΣΤΑΣΗ
ΡΙΝΌΚΕΡΟΣ
ΠΟΣΌΤΗΤΑ
ΑΥΤΌΜΑΤΗ
ΚΑΛΟΚΑΙΡΙΝΌ
ΆΜΜΟ
ΜΑΜΆ
ΑΝΆΛΥΣΗ
ΕΝΗΜΈΡΩΣΗ
ΚΟΥΝΈΛΙ
ΚΑΡΙΈΡΑ
ΑΥΤΟΠΕΠΟΊΘΗΣΗ
ΟΔΟΝΤΌΠΑΣΤΑ
ΣΚΑΜΝΊ
ΚΑΤΆΡΡΕΥΣΗ
ΓΎΡΟ
ΑΣΤΥΝΟΜΊΑ

Puzzle 770

ΓΚΑΖΌΝ
ΔΙΑΦΟΡΆ
ΤΡΆΒΗΞΕ
ΜΗΧΑΝΉ
ΜΕΓΑΛΏΝΟΥΝ
ΟΔΟΝΤΊΑΤΡΟ
ΚΎΡΙΕ
ΖΉΤΗΜΑ
ΕΠΙΘΕΤΙΚΉ
ΓΥΝΑΊΚΕΣ
ΜΠΑΜΠΆΣ
ΤΡΟΦΟΔΟΣΊΑΣ
ΠΛΗΡΟΦΟΡΙΏΝ
ΕΡΏΤΗΣΗ
ΝΑΡΚΩΤΙΚΏΝ
ΣΚΈΦΤΟΝΤΑΙ
ΟΠΟΙΩΝ
ΣΑΛΙΓΚΆΡΙ
ΖΉΤΗΣΕ
ΤΡΕΛΌΣ

```
Z  Π  Σ  Δ  U  T  O  P  T  A  Ί  T  N  O  Δ  O  D
Ή  Λ  K  I  O  P  Π  P  F  P  D  Z  D  N  A  V  C
T  H  Έ  A  Ή  O  O  G  P  E  U  A  N  Y  W  M  X
H  P  Φ  Φ  N  Φ  Ί  D  R  V  O  V  U  O  Y  N  Γ
M  O  T  O  A  O  Ω  E  B  X  T  S  G  N  H  L  Y
A  Φ  O  P  X  Δ  N  T  B  W  X  B  E  Ώ  S  L  N
G  O  N  Ά  H  O  Γ  I  P  Ά  K  Γ  I  L  A  Σ  A
X  P  T  D  M  Σ  Y  K  V  Ά  U  P  A  Q  Q  Ί
Z  I  A  M  H  Ί  H  Q  A  L  B  T  Ύ  Γ  B  J  K
U  Ώ  I  E  M  A  Y  T  Z  Z  Σ  H  K  E  Y  J  E
O  N  J  X  J  Σ  Z  R  Ώ  Y  Ό  K  Ξ  M  E  R  Σ
M  Π  A  M  Π  Ά  Σ  K  Y  P  Λ  N  K  E  W  Z  D
N  A  P  K  Ω  T  I  K  Ώ  N  E  Σ  H  T  Ή  Z  T
E  Π  I  Θ  E  T  I  K  Ή  O  P  K  X  G  K  P  V
S  Z  M  D  W  G  N  H  Z  U  T  K  L  X  L  R  Z
```

Puzzle 771

```
K W S L M T O Q P Π P É Y L I M X
Δ T J G A J O L M A I N B Y P B A
U A Ά Γ Π K P C Ύ F T Θ Έ M A N
G F N W Q Σ O R V Σ Σ E J R U N T
V A H E X B Y Σ M H O K M X A Ί Ά
R Y I D Ί H O Γ Π B Y A V U V Σ K
L I Z D A Z M J K Ά T S F Σ M I I
V E C O Ά P O Θ Φ P Σ W R Y T Π Q
H Σ Ω Ί E M I Y M K Ό E B O Ξ A D
Φ Ί Λ O Y Σ T W N Ά D T I P Ύ P P
W X K N X E Ό X D T Y I H É Λ Ά O
W E B A N G N V R Ω Z U O M O Ξ J
H N A X C Y D C Q J R C Z I A E R
Y Y S Ά W D T C I M O H E Π G N G
M Σ I Λ L Y Y M H P M W P E T O M
```

ΔΑΝΕΊΖΟΥΝ
ΦΊΛΟΥΣ
ΈΝΤΕΚΑ
ΣΟΥΤ
ΕΠΙΜΈΡΟΥΣ
ΦΘΟΡΆ
ΜΕΊΩΣΗ
ΣΥΓΚΡΌΤΗΜΑ
ΞΎΛΟ
ΠΑΡΆΞΕΝΟ
ΚΆΤΩ
ΘΈΜΑ
ΠΙΣΊΝΑ
ΝΌΤΙΟ
ΠΑΎΣΗ
ΑΠΟΣΠΆΣΕΙ
ΛΆΧΑΝΟ
ΣΥΝΕΧΊΣΕΙ
ΓΆΤΑ
ΧΑΝΤΆΚΙ

Puzzle 772

ΣΤΑΦΎΛΙΑ
ΑΦΡΆΤΑ
ΕΣΩΤΕΡΙΚΉ
ΚΑΛΠΑΣΜΌ
ΦΡΆΟΥΛΑ
ΤΑΚΤΟΠΟΙΗΜΈΝΑ
ΞΩΤΙΚΌ
ΔΑΓΚΏΣΕΙ
ΜΠΡΌΚΟΛΟ
ΠΡΌΣΚΛΗΣΗ
ΚΆΠΟΤΕ
ΚΡΕΒΑΤΟΚΆΜΑΡΑ
ΠΆΣΧΟΥΝ
ΥΠΟΔΟΧΉΣ
ΓΙΓΑΝΤΙΑΊΑ
ΘΎΜΑ
ΝΤΟΜΆΤΑ
ΑΝΑΒΆΛΕΙ
ΠΟΔΟΣΦΑΊΡΟΥ
ΑΦΗΓΗΤΉ

```
U Θ U P B V Ή T H Γ H Φ A E J C U
D Ύ R N T T Y A Ί A I T N A Γ I Γ
C M I R T A Ό K I T Ω Ξ C R O M X
Π A I Λ Ύ Φ A T Σ Δ A Γ K Ώ Σ E I
Q Ά E Σ O S Y O P Ί A Φ Σ O Δ O Π
G V Σ Ή Z U P Π E Φ P Ά O Y Λ A J
M I M X Q M S O H Σ H Λ K Σ Ό P Π
S C O O O A F I I A Ω W O J Y D H
I G D Δ A Y F H C E N T E Z U J O
K Ά Π O T E N M H R S A E E J M U
V A H Π Ά I J É O A L R B P I I A
I H S Y P S L N I G H G I Ά I L M
X I N H Φ J M A T Ά M O T N Λ K D
K P E B A T O K Ά M A P A P A M C E Ή
M Π P Ό K O Λ O K A Λ Π A Σ M Ό I
```

Puzzle 773

```
Y W O N N G R X D B K Π Y N Y W Σ
Π Π I X C X K T Ό Y A Ό K R Q R T
E O A P Ύ A Σ Ύ K G Λ P T O W Σ P
Ύ Y Λ B I K Π I P Ά T P Y Σ Ά A
Θ Λ Έ O E F K H Σ A Θ A V B S Π T
Y Ό I L M Ξ E M A M I Ί J E T I I
N B Λ K H W Ά A B Ύ E P N O V O Ω
O E H K Ί N D P Ά E I Ω Ύ U P I T
Σ P T S G U M D T P Y E R O E I I
T M P S D D U E Σ H Q Θ L G B O K
G X Ά F Ά J K O O B T H G E B A Ή
T P T B D Λ U X P Z J O F S Z K K
R U E D B J Λ Π Q M X O B B U A
L B T O X J X O M E S T C B Z A H
R C A W H N O H Σ A P Δ Ί T N A O
```

ΜΠΡΟΣΤΆ
ΠΌΡΤΑ
ΥΠΕΎΘΥΝΟΣ
ΑΝΕΞΆΡΤΗΤΟ
ΚΑΒΟΎΡΙΑ
ΚΑΛΆΘΙ
ΑΝΤΊΔΡΑΣΗ
ΣΥΡΤΆΡΙ
ΒΑΣΙΚΌ
ΤΕΤΆΡΤΗ
ΣΆΠΙΟ
ΠΟΥΛΌΒΕΡ
ΧΤΎΠΗΜΑ
ΗΛΙΈΛΑΙΟ
ΝΊΚΗ
ΣΑΎΡΑ
ΣΤΡΑΤΙΩΤΙΚΉ
ΘΕΩΡΊΑ
ΡΕΎΜΑ
ΆΛΛΟΣ

Puzzle 774

ΓΙΑΤΡΌ
ΔΙΣΤΆΖΕΙ
ΧΥΜΌ
ΡΌΚΑ
ΓΑΛΟΠΟΎΛΑΣ
ΓΙΑ
ΔΕΙ
ΕΓΧΕΙΡΊΔΙΟ
ΈΚΤΟΥ
ΑΙΏΝΑ
ΚΌΛΛΑ
ΤΡΊΑ
ΞΈΝΩΝ
ΚΟΛΛΆΕΙ
ΤΣΆΙ
ΗΛΙΟΦΆΝΕΙΑΣ
ΣΥΝΘΉΚΗ
ΤΡΑΓΙΚΌ
ΡΑΒΔΊ
ΜΑΓΕΙΡΕΎΟΥΝ

```
M O H U V Γ K K G C U S I G D R H
A S X P B I E Δ N M F P D A O I Λ
Γ I F N Z A Z W O I W T P G K Y I
E D C Ξ Έ N Ω N S H E S T W X U O
I P T D E Ώ E P I E Z Ά T Σ I Δ Φ
P Q S X F I Z D A T H I Λ B B B Ά
E P V T L A R H B B M N Q Λ Y K N
Ύ T Y T P A Γ I K Ό Δ V H D O H E
O Γ A Λ O Π O Ύ Λ A Σ Ί T S P K I
Y T Γ B I V I E P Ό K A R Q P Ή A
N P C I R R B A Q M R X D L D O Σ
H Ί R R A Q N S H Y O T K Έ D N G
D A W P O T J M A X K Ό Λ Λ A Y G
A K O I Δ Ί P I E X Γ E H A Q Σ L
K W Z X J C H Ό Y D S Q L X K R H
```

Puzzle 775

```
M R S Q A W B I A U O W Y F I J L
Π J M W K M G O M X Y A Y P Y M D
H P K N Ό N Ή K A Θ A P Ή O H C U
T Z O D M C H B Z O P Π T Ύ R A C
Ά A Υ Ϊ A G E Υ C X D P Έ X Λ H Z
Γ W X Z Ό Π O Λ Λ Ά K Ό Λ A Ί T T
P O Q Y X N D W W K O B O B K J H
E T Ί E Δ Q T C O K P Λ Σ H N Ω Σ
N A Φ G F P W Ω S Z M H V X O W Ω
Y N P B S T Ό O N A Ό M N K G H Λ
Σ Ό A G U F K M M J W A S S H Z Π
T Γ K I D Q N I O K I O Π Έ U Q Ά
Y K H X E V W O F Σ J H W W Q C Ξ
Π P O T E Ί N O Y N J W U F X U E
Π A Σ X A Λ Ί T Σ A V A Z H O Y D
```

ΕΞΆΠΛΩΣΗ
ΤΑΧΥΔΡΌΜΟΣ
ΠΡΌΒΛΗΜΑ
ΈΠΟΙΚΟΙ
ΓΌΝΑΤΟ
ΚΟΡΜΌ
ΡΟΎΧΑ
ΚΑΡΦΊ
ΠΑΣΧΑΛΊΤΣΑ
ΤΈΛΟΣ
ΑΚΌΜΑ
ΩΣ
ΒΉΜΑ
ΠΟΛΛΆ
ΠΡΟΪΌΝΤΩΝ
ΛΊΚΝΟ
ΔΕΊΤΕ
ΠΡΟΤΕΊΝΟΥΝ
ΣΥΝΕΡΓΆΤΗ
ΚΑΘΑΡΉ

Puzzle 776

ΠΟΔΙΆ
ΣΦΥΡΊ
ΑΝΕΜΏΝΗ
ΤΣΙΠ
ΛΟΥΛΟΎΔΙΑ
ΑΜΈΣΩΣ
ΙΣΤΟΡΊΑ
ΦΟΡΗΤΈΣ
ΚΑΤΆΒΑΣΗ
ΑΠΌΚΡΥΨΗ
ΜΑΖΊ
ΜΟΝΑΧΙΚΌ
ΤΎΜΠΑΝΟ
ΓΛΥΚΙΆ
ΤΕΧΝΟΛΟΓΊΑΣ
ΣΚΕΛΕΤΌ
ΓΡΑΣΊΔΙ
ΑΠΟΣΎΡΕΙ
ΤΑ
ΗΓΈΤΗΣ

```
Γ W O G T E X N O Λ O Γ Ί A Σ K I
J P N G R K I J N Γ F P Q U W A Σ
V Y A Y O T C S I Λ I U Q H K T T
D Q Π Σ S D C H Ψ Y P K Ό Π A Ά O
T H M J Ί P Y Φ Σ K Π O Δ I Ά B P
A N Ύ L Q Δ M Ό K I X A N O M A Ί
A Ώ T Q H C I F G Ά H D Π Z R Σ A
U M G A V Λ O Y Λ O Ύ Δ I A K H U
B E Έ Q P U N Y Ό P Q K Σ Z F T V
B N N Σ G H Γ Έ T H Σ Έ T H P O Φ
I A G I Ω H Q M E A Π O Σ Ύ P E I
M O W L F Σ I C Λ W A K H G Y C L
T A R D O A R R E F A O I Y E N Y
T N Z C D O C T K I H P M U J O Y
M W Y Ί B M R D Σ U G Z U I V X X
```

Puzzle 777

```
Σ S H F L M K E K N V O V X X Π W
E P Y E G Ά A Ί Y J X M Y O U O H
Δ I Π Λ Ό Θ T N P A S U F L V Y Σ
H K O L I H Σ A Ί Q Z J D H I K Έ
M Ί Q Y N M I I A M D P F F K Ά M
Ί T O K E A K Ψ A E S H T Q H M Π
A N X W R O Ί Ά K T F B Z Σ A I Λ
Λ O K P H W Σ X G A T Σ Ύ O Φ Σ O
O Π V W Y S I N Z Φ Y Ό V Δ N O Ύ
N Z O V I O O E O O G Λ V O Ό H Z
I U V D O P Z I S P L I G Θ Σ Q A
K U G S L A D P U Ά Ώ E Q Έ T D R
K E I D U T P U R M Y Δ H M I W G
O D J U F Ό Φ A Σ Ό Λ I A E M H A
K A Π O B Λ Ή T Ω N H E V O A G D
```

ΨΆΧΝΕΙ
ΔΏΡΟ
ΝΌΣΤΙΜΑ
ΦΑΣΌΛΙΑ
ΠΟΝΤΊΚΙ
ΔΕΙΛΌΣ
ΑΠΟΒΛΉΤΩΝ
ΚΥΡΊΑ
ΔΙΠΛΌ
ΦΟΎΣΤΑ
ΜΠΛΟΎΖΑ
ΕΊΝΑΙ
ΜΈΘΟΔΟΣ
ΜΈΣΗ
ΠΟΥΚΆΜΙΣΟ
ΚΑΤΣΙΚΊΣΙΟ
ΜΆΘΗΜΑ
ΜΕΤΑΦΟΡΆ
ΟΡΑΤΌ
ΚΟΚΚΙΝΟΛΑΊΜΗΔΕΣ

Puzzle 778

ΠΑΤΙΝΆΖ
ΈΦΕΡΕ
ΦΟΡΤΗΓΌ
ΓΙΑΤΊ
ΔΑΧΤΥΛΊΔΙ
ΕΥΓΕΝΉ
ΨΕΥΔΉ
ΣΑΛΆΧΙ
ΚΆΛΤΣΕΣ
ΠΡΌΘΥΜΟΙ
ΔΙΑΒΕΒΑΙΏΣΩ
ΑΊΘΟΥΣΑ
ΛΑΜΠΡΉ
ΤΗ
ΔΙΑΤΗΡΟΎΝΤΑΙ
ΧΑΡΟΎΜΕ
ΔΉΛΩΣΗ
ΕΚΤΊΜΗΣΗ
ΕΚΔΏΣΕΙ
ΤΣΆΝΤΑ

```
Σ S J I U Y Z N J Έ K U Y P Ω A W
W A Σ Y O Θ Ί A F Φ E K Δ Ώ Σ E I
R S Λ V M P H B K E E F A K Ώ Δ G
C W B Ά W Q Σ T P P S Q L Ά I I V
Z C Ό E X J Ω X R E W V Y Λ A A I
E X Γ N I I Λ A M Π P Ή Ί T B T C
L K H C C Q Ή Z E O Y S T Σ E H L
N I T X Π I Δ T Σ Ά N T A E B E W
K D P Ί G P E Y Γ E N Ή I Σ A O T
V T O T M H Ό F E S H Δ G K I Ύ B
Y E Φ I T H T Θ F R N Y C R A N H
G A J T W O Σ U Y O Y E O E R T U
X A P O Ύ M E H M M J Ψ S U W A M
Δ A X T Y Λ Ί Δ I G O T H W D I X
U H E P D D F X Z Ά N I T A Π B O
```

Puzzle 779

Σ	V	Ξ	Π	Α	Ρ	Α	Τ	Ή	Ρ	Η	Σ	Η	Σ	Ρ	Ν	S
Y	X	Α	Ό	Κ	Α	Λ	Α	Μ	V	Π	Κ	Α	Ν	Α	Π	Έ
Ν	Ρ	Φ	Υ	Z	W	Ύ	Κ	Κ	W	R	Α	D	Ο	Ν	Ο	W
Ή	Q	Ν	G	Z	S	Κ	Ξ	B	G	D	Ν	Ρ	Ρ	Υ	Ν	Z
Θ	Μ	I	U	R	Q	Υ	Κ	Η	Σ	Έ	X	Σ	Έ	Y	C	E
E	D	Κ	E	V	H	R	I	T	Σ	V	Α	U	X	X	Y	Y
I	Λ	Ά	T	F	I	V	W	Y	D	H	Q	Q	R	C	E	A
Σ	Ύ	J	B	Π	Κ	I	L	Λ	Y	C	Σ	Α	Z	Ν	Δ	I
Q	Σ	D	Ρ	Α	Ά	Ο	U	Ό	L	D	U	Ί	X	C	Ά	Ν
Κ	E	Υ	H	Ί	Ν	Ν	Μ	Π	V	B	Ρ	Λ	Α	T	Σ	Ό
Ρ	I	V	U	Ξ	Α	Π	Ο	Α	Δ	Έ	Κ	Α	T	Ο	Ο	Λ
V	U	I	L	I	Π	Ί	B	I	T	D	Μ	Ρ	W	T	Σ	Α
G	V	Ν	D	Μ	Α	E	U	I	Ξ	E	H	Α	C	Α	Z	Π
Α	G	S	J	Ο	Ρ	Δ	Q	Ο	Α	H	T	Π	L	E	Ν	Μ
T	Υ	Π	I	Κ	Ό	Ν	I	E	T	Ω	Φ	E	S	U	J	H

ΠΑΡΈΧΕΙ
ΞΑΦΝΙΚΆ
ΛΎΣΕΙ
ΑΠΌΛΥΤΗ
ΦΩΤΕΙΝΌ
ΡΑΠΑΝΆΚΙ
ΜΑΛΑΚΌ
ΔΈΚΑΤΟ
ΔΕΊΠΝΟ
ΆΝΟΙΞΗ
ΜΠΑΛΌΝΙΑ
ΚΑΝΑΠΈ
ΣΧΈΣΗ
ΔΆΣΟΣ
ΣΥΝΉΘΕΙΣ
ΠΑΡΑΛΊΑ
ΠΑΡΑΤΉΡΗΣΗΣ
ΤΥΠΙΚΌ
ΑΎΞΗΣΗΣ
ΠΑΊΞΙΜΟ

Puzzle 780

ΦΩΤΙΆ
ΣΥΝΈΛΕΥΣΗ
ΚΕΡΆΣΙ
ΛΙΓΌΤΕΡΟ
ΜΑΡΓΑΡΊΤΑ
ΑΚΟΛΟΥΘΊΑ
ΤΟΙΧΟΓΡΑΦΊΑ
ΚΥΚΛΙΚΉ
ΈΤΟΥΣ
ΛΑΪΚΆ
ΤΑΥΤΌΤΗΤΑΣ
ΙΚΑΝΉ
ΟΙΚΟΝΟΜΙΚΏΝ
ΣΠΊΤΙ
ΕΙΔΙΚΆ
ΚΑΝΈΛΑ
ΟΡΊΖΟΥΝ
ΣΥΜΦΩΝΙΑ
ΓΕΝΙΚΉ
ΠΈΝΤΕ

Έ	J	Α	S	Α	E	I	Δ	I	Κ	Ά	Κ	Ϊ	Α	L	T	T
T	H	U	Κ	Ί	Κ	Μ	Z	S	Ο	E	Y	F	G	C	J	P
Ο	Ο	V	Z	Φ	Ο	Ο	T	X	X	Q	Κ	Q	Σ	H	L	Q
Y	R	Ν	L	Α	R	I	Λ	U	J	Ν	Λ	R	Y	L	T	U
Σ	Ν	D	Ρ	Ρ	Σ	J	Κ	Ο	Α	X	I	S	Μ	T	V	L
W	F	Ρ	Α	Γ	Α	Μ	Κ	Ο	Υ	Ρ	Κ	C	Π	U	C	C
Z	I	U	U	Ο	T	L	Α	H	Ν	Θ	Ή	X	Ό	Κ	V	T
Κ	Y	V	T	X	H	H	V	Ρ	E	Ο	Ί	Ο	Ν	X	T	X
Ο	Q	F	Ά	I	T	Ω	Φ	U	Γ	I	Μ	Α	I	V	Q	Ο
J	T	Κ	W	Ο	Ό	I	R	U	F	Α	J	I	Α	U	Ή	P
X	T	Z	I	T	T	X	C	Α	Ή	Y	Ρ	J	Κ	V	Κ	Ί
T	Ρ	Κ	H	Σ	Υ	E	L	Έ	Ν	Y	Σ	Ί	Ο	Ώ	I	Z
Σ	Π	Ί	T	I	Α	L	Έ	Ν	Α	Κ	X	J	T	E	Ν	Ο
L	S	Ρ	Z	E	T	Ν	Έ	Π	Κ	D	L	G	Α	Α	E	Y
Λ	I	Γ	Ό	T	E	Ρ	Ο	C	I	Σ	Ά	Ρ	E	Κ	Γ	Ν

Puzzle 781

```
U Δ H J Σ M K A J J V A K P Λ M H
U Y I Σ M Y Y U H V K M P L A E D
A A Y A G E N P P S E A A H I Λ V
J L M P Φ P N T M J K K Y Σ M Λ P
T Ό D Έ N O V F O Ή K P Γ H Ό O E
Q K U M W B P R Q M Γ Ά Ή T E N D
F I L H Z T J E C G O K L N R T F
A T P Ί Γ Ω N O T R E G I Ά V I F
K E C K R C H Y H I V P P Π U K P
J Θ S R M E E H G Z K D N A P Ή B
A Π O Φ Ύ Γ E T E Ώ N Ό M R Φ V P
F T Λ A B Ή Z U O A M Y H Θ Z Ί C
Γ E Γ O N Ό Σ W H I O M I O T Έ A
D E Σ T O I X E Ί O D N Ώ Λ Λ O Π
O M M O T O Σ I K Λ Έ T A Ό W S A
```

ΈΤΟΙΜΟΙ
ΜΑΚΡΆ
ΣΤΟΙΧΕΊΟ
ΜΟΤΟΣΙΚΛΈΤΑ
ΖΏΑ
ΠΟΛΛΏΝ
ΗΜΈΡΑΣ
ΜΕΛΛΟΝΤΙΚΉ
ΚΡΑΥΓΉ
ΛΑΒΉ
ΓΕΓΟΝΌΣ
ΘΕΤΙΚΌ
ΣΥΝΤΟΜΟΓΡΑΦΊΑ
ΘΟΛΌ
ΜΥΡΜΉΓΚΙ
ΑΠΆΝΤΗΣΗ
ΛΑΙΜΌ
ΔΙΑΦΟΡΕΤΙΚΌ
ΑΠΟΦΎΓΕΤΕ
ΤΡΊΓΩΝΟ

Puzzle 782

ΚΟΥΝΟΥΠΙΏΝ
ΣΤΕΡΉΣΕΙ
ΠΑΡΑΓΩΓΉΣ
ΨΑΛΊΔΙ
ΠΡΟΣΤΑΤΕΎΟΥΝ
ΦΛΟΙΌ
ΔΕΚΑΕΤΊΑ
ΜΠΟΡΕΊ
ΓΛΩΣΣΆΡΙΟ
ΧΑΛΊ
ΠΩΛΗΤΉ
ΑΔΎΝΑΜΟ
ΣΟΚ
ΕΙΣΑΓΩΓΙΚΆ
ΚΡΈΑΣ
ΈΝΤΟΝΟΣ
ΦΟΡΕΘΕΊ
ΠΡΌΘΥΜΑ
ΧΑΛΚΟΎ
ΕΠΙΣΤΉΜΗ

```
Γ Λ Ω Σ Σ Ά P I O S Π O Y V F Δ Σ
K O Y N O Y Π I Ώ N P H R H P E T
Y S F I X A Λ Ί E P O Π M V N K E
A Φ Λ O I Ό U S Z F E L S Q H A P
I Δ Ί Λ A Ψ B M B Ή T H Λ Ω Π E Ή
Ύ L Ύ G Ά K I Γ Ω Γ A Σ I E U T Σ
O S Q N V V G T Π Y T M Q Ί G Ί E
K O Σ L A B Z H A N E V Y E A A I
Λ P D F M M M Z P U Ύ J V Θ U I C
A G Έ X J D O V A L O M W E Ό H X
X J C A B O D L Γ O Y D L P L P C
L A I V Σ Z T V Ω X N G Z O A X Π
R S S X I G O U Γ Q O D T Φ D K Y
E Π I Σ T Ή M H Ή H V J V J W Z U
X A H V S R Z B Σ O N O T N Έ X I
```

Puzzle 783

```
P  Σ  F  Π  A  H  B  A  P  Γ  Ό  T  E  P  A  Z
B  N  Y  N  T  O  E  L  P  B  N  P  S  R  Y  N  Ω
A  Έ  N  V  S  P  Y  F  Z  A  Γ  Ω  N  Ί  A  Έ  Γ
G  P  O  Q  L  T  U  Λ  L  M  Σ  S  T  Y  K  M  P
A  Γ  Δ  I  W  E  X  L  Ί  Ω  T  T  K  W  N  A  A
L  E  E  X  Z  M  R  V  W  Γ  C  P  Ή  Q  U  P  Φ
K  I  Ύ  F  G  Ό  Q  A  Y  Ά  T  H  Z  P  U  H  I
O  A  O  F  W  M  I  T  U  Π  T  L  T  Q  A  Ξ  K
Y  Σ  Y  R  H  P  E  Λ  Ά  Φ  I  A  Ά  X  N  O  Ή
P  D  N  I  H  E  T  Ξ  Έ  Λ  I  Π  E  T  I  Π  Σ
T  Z  P  U  P  Θ  S  W  B  Y  T  D  J  H  O  A  X
Ί  Π  A  T  P  Ί  Δ  A  Ύ  Ψ  O  Σ  E  D  T  M  Q
N  Q  R  C  D  F  Π  O  Y  P  N  Ά  P  I  A  X  O
A  I  P  Ή  T  Σ  Y  M  X  A  P  O  Ύ  M  E  N  A
Σ  Y  Z  H  T  Ή  Σ  O  Y  N  K  C  L  X  J  W  R
```

ΠΆΓΩΜΑ
ΠΟΥΡΝΆΡΙΑ
ΣΥΝΟΔΕΎΟΥΝ
ΣΥΖΗΤΉΣΟΥΝ
ΘΕΡΜΌΜΕΤΡΟ
ΧΑΡΟΎΜΕΝΑ
ΠΟΥΛΊ
ΆΤΟΜΟ
ΠΑΤΡΊΔΑ
ΕΝΈΡΓΕΙΑΣ
ΒΡΑΣΤΉΡΑ
ΎΨΟΣ
ΖΩΓΡΑΦΙΚΉΣ
ΑΡΓΌΤΕΡΑ
ΑΠΟΞΗΡΑΜΈΝΑ
ΜΥΣΤΉΡΙΑ
ΕΛΆΦΙΑ
ΕΠΙΛΈΞΤΕ
ΓΩΝΊΑ
ΚΟΥΡΤΊΝΑ

Puzzle 784

ΤΎΠΟΣ
ΤΎΠΟΥ
ΕΚΛΟΓΉ
ΈΝΤΙΜΑ
ΣΧΟΛΙΚΉ
ΕΣΤΊΑΣΗΣ
ΔΟΚΙΜΑΣΊΑ
ΠΑΤΆΤΑ
ΚΆΡΔΑΜΟ
ΧΡΌΝΟ
ΑΠΑΣΧΟΛΟΎΝ
ΌΤΙ
ΣΊΔΗΡΟ
ΌΜΟΡΦΟ
ΕΞΥΠΗΡΕΤΟΎΝ
ΧΑΛΑΡΏΣΕΤΕ
ΓΈΛΑΣΕ
ΣΥΜΠΕΡΙΦΟΡΆ
ΛΑΣΠΩΜΈΝΟ
ΕΞΕΤΆΖΟΥΝ

```
T  A  W  M  S  N  W  Ά  Σ  Ί  Δ  H  P  O  Λ  Q  S
K  Ύ  L  I  V  R  Ύ  P  W  W  E  D  W  N  A  K  J
V  Q  Π  I  E  B  J  O  E  Z  Y  Γ  S  Ό  Σ  I  G
G  B  T  O  C  M  S  Φ  Λ  C  Y  Έ  H  P  Π  N  K
R  W  Z  Φ  Y  A  T  I  G  O  E  Λ  X  Ω  S  B
O  Y  Z  P  R  R  K  P  I  R  X  A  Q  U  M  S  Σ
E  C  B  O  P  Q  D  E  T  S  L  Σ  T  L  Έ  C  H
Ξ  H  G  M  R  I  B  Π  J  L  S  E  A  T  N  H  Σ
E  Q  F  Ό  R  C  A  M  I  T  N  Έ  U  Π  O  K  A
T  Π  A  T  Ά  T  A  Y  T  Ύ  Π  O  Σ  U  A  H  Ί
Ά  T  G  Q  E  T  E  Σ  Ώ  P  A  Λ  A  X  T  R  T
Z  O  U  K  J  E  K  Λ  O  Γ  Ή  K  I  Λ  O  X  Σ
O  E  Ξ  Y  Π  H  P  E  T  O  Ύ  N  Q  T  M  L  E
Y  Δ  O  K  I  M  A  Σ  Ί  A  Z  Y  Q  M  Ό  R  S
N  K  Ά  P  Δ  A  M  O  A  J  I  Z  G  X  A  K  M
```

Puzzle 785

```
O P B P F H R W R H N Y M B C S E
F C F Q M R C B G Q M E X Y I F K
O I Θ Ί Λ H X C Y O Z S S C R H
A P E Z T N Ί Z T K E K Q T G X Θ
N K I E Ή Π Y T X Σ O Λ Ί E X Ά
Έ R F Σ A Ί P E Θ Y E Λ E Q F Z T
M I W N M K Z I O U N M Z S Z H Σ
E N N Έ A Έ O H Σ Y O P K Γ Ύ Σ Ω
Δ Ά B P Z D N Y D A Σ G K N Ξ N Λ
P Z V H Y Q P A T X Ί G G M Ύ G Ή
E T B O Ύ P T Σ A Ά B Σ D P Σ N
Π I E Σ Ή Λ X O N E B X Y G T L A
M Λ O R D Y P R R E D I P O P D H
T Φ Π P O Σ Θ Έ Σ E T E G L A U D
E Γ K A T A Σ T Ά Θ H K A N R E O
```

ΗΛΊΘΙΟ
ΒΊΣΟΝΕΣ
ΧΤΥΠΉΣΕΙ
ΒΟΎΡΤΣΑ
ΤΖΊΝΤΖΕΡ
ΣΤΆΘΗΚΕ
ΟΡΙΣΜΈΝΑ
ΟΥΣΊΑΣ
ΕΝΟΧΛΉΣΕΙ
ΕΓΚΑΤΑΣΤΆΘΗΚΑΝ
ΠΡΟΣΘΈΣΕΤΕ
ΣΩΛΉΝΑ
ΣΎΓΚΡΟΥΣΗ
ΕΝΝΈΑ
ΦΛΙΤΖΆΝΙ
ΜΠΕΡΔΕΜΈΝΑ
ΧΕΊΛΟΣ
ΚΟΥΤΆΒΙ
ΞΎΣΤΡΑ
ΕΛΕΥΘΕΡΊΑΣ

Puzzle 786

ΔΙΑΘΈΣΙΜΟ
ΚΎΜΑ
ΣΟΚΟΛΆΤΑΣ
ΑΚΡΙΒΏΣ
ΔΙΟΡΊΣΕΙ
ΠΤΕΡΎΓΙΟ
ΨΆΡΙ
ΑΥΤΊ
ΠΊΤΣΑ
ΤΟΠΙΚΉ
ΟΜΠΡΈΛΑΣ
ΦΟΒΆΤΑΙ
ΑΝΤΙΚΕΊΜΕΝΟ
ΑΡΙΘΜΟΜΗΧΑΝΉ
ΔΙΆΣΗΜΗ
ΑΝΑΘΕΏΡΗΣΗ
ΜΑΚΡΙΝΌ
ΜΕΓΈΘΟΥΣ
ΠΑΝΟΜΟΙΌΤΥΠΑ
ΣΎΝΟΛΟ

```
Π P C A Δ X O N E M Ί E K I T N A
A B Δ P I Y G M G E V Z W X R F Σ
N Σ I I A Ή K I Π O T L W Q S C Ύ
O O O Θ C H Σ H P Ώ E Θ A N A N
M K P M Έ V M Y Π Q Έ A B G S Σ O
O O Ί O Σ F H O S T I Λ K U L T Λ
I Λ Σ M I D Σ Θ K A E G A B Ψ Ί Ό
Ό Ά E H M Φ Ά Έ Ύ M K P D Σ Ά Π M
T T I X O O I Γ M H O P Ύ V P W A
Y A H A C B D E A Y G Σ I Γ I B K
Π Σ W N K Ά P M P T Z T Q B I Z P
A C V Ή U T F A N V L F L T Ώ O I
L D Y S J A E H G O N B U O R Σ N
J A Y T Ί I I S V A L J P B K H Ό
M I U I L R S V Y Q S L X G O S N
```

Puzzle 787

```
M Z T I Q A N Y Δ N Ί K I Π E Έ A
K Λ Ή Σ H Π Z Π A N Έ K T A P K Π
O P X E I E I O I Π T A P O Y Θ Έ
Ό Z S Θ V Ί Y Θ E G O P F Δ A E N
M Z C X D T A Έ W K P Σ Y G N Σ A
Σ Σ Ύ A H E H T S G B W T Φ O H N
A A O K R Q A Ω M A C Y P O E X T
I P I O Y P A N Ό P F K F U Λ P I
P Ή K E Π I T Y X H M Έ N H P Ή Ά
A T A O H Q W K O A Γ E Λ O Ί A Σ
Γ K B A Y Y T B N Ύ K Ά Λ Y Ψ H Σ
O A M O H Δ R G M Ξ T B P W N N A
Λ P A N C A Ά B G H M A B D U M S
L A B P F M A K J Σ Π P O Ό Δ O Y
T X X Y Z M U H I H J L W D U J H
```

ΧΘΕΣ
ΥΠΟΘΈΤΩ
ΑΠΈΝΑΝΤΙ
ΤΡΥΦΕΡΆ
ΑΎΞΗΣΗ
ΒΑΜΒΑΚΙΟΎ
ΑΠΟΣΤΟΛΉΣ
ΚΛΉΣΗ
ΕΠΙΚΊΝΔΥΝΑ
ΟΥΡΑΝΌ
ΠΡΟΌΔΟΥ
ΈΚΘΕΣΗ
ΚΆΛΥΨΗΣ
ΧΑΡΑΚΤΉΡΑΣ
ΛΟΓΑΡΙΑΣΜΌ
ΝΈΚΤΑΡ
ΠΕΊΤΕ
ΑΡΚΟΥΔΆΚΙ
ΓΕΛΟΊΑ
ΕΠΙΤΥΧΗΜΈΝΗ

Puzzle 788

ΡΌΠΑΛΟ
ΚΟΥΤΊ
ΕΠΌΜΕΝΟ
ΜΆΛΛΟΝ
ΠΑΡΑΤΗΡΉΣΤΕ
ΤΡΟΜΕΡΉ
ΑΚΑΤΆΛΛΗΛΗ
ΠΙΆΤΑ
ΑΥΤΟΚΊΝΗΤΟ
ΠΡΟΆΣΠΙΣΗΣ
ΜΌΛΙΣ
ΑΛΥΣΊΔΑ
ΧΙΟΝΆΝΘΡΩΠΟ
ΕΛΛΕΙΠΤΙΚΉ
ΕΥΘΎΝΗ
ΜΕΊΝΕΤΕ
ΑΝΉΚΟΥΝ
ΔΆΣΚΑΛΟΣ
ΒΙΑΣΎΝΗ
ΑΙΜΟΡΡΑΓΊΑ

```
Z X O T H N Ί K O T Y A T Ά I Π Π
B H I V K D Q G P P B I M I L Π P
C Λ Q O J O Q U L Ό P M L E O A O
V H P N N P Y U G Π U O C Δ W P Ά
M Λ J E Y Ά D T V A A P R Ά N A Σ
M Λ E M O D N V Ί Λ T P Ή Σ K T Π
W Ά A Ό K I T Θ T O F A K K P H I
L T N Π Ή J U S P Q W Γ I A D P Σ
M A F E N J K M I Ω N Ί T Λ E Ή H
Z K Z H A H P S C Λ Π A Π O I Σ Σ
H A Λ Y Σ Ί Δ A M Q Ό O I Σ L T E
M E Ί N E T E Z T P O M E P Ή E O
M Ά Λ Λ O N H A N P M L A Z Z J E
D N A H E Y Θ Ύ N H U T Λ J F F X
A A M B I A Σ Ύ N H D M E N D F X
```

Puzzle 789

```
I  T  O  M  A  M  P  P  D  H  N  W  Z  V  I  A  Y  F
Y  A  I  E  Ψ  Έ  N  Ω  X  M  Z  Y  I  C  Z  Π  C
S  M  K  Γ  Q  Z  F  F  P  A  Π  M  V  C  Ή  O  V
Z  E  Ά  A  O  G  I  M  A  N  Ώ  M  I  E  X  Ψ  T
M  Ί  N  Λ  K  Ύ  I  O  Ί  I  G  L  H  N  O  Ή  Z
Q  O  A  Ύ  Q  O  K  J  P  P  D  K  B  O  Σ  Φ  R
X  Ά  Π  T  K  M  T  O  Y  S  P  X  B  Σ  O  I  Ή
Ά  Λ  Σ  E  Ά  Θ  K  Ό  K  H  K  B  A  O  P  O  Σ
H  Λ  C  P  T  A  R  S  Π  F  A  R  K  K  Π  Σ  E
A  E  A  H  I  B  W  O  Ύ  O  M  A  T  O  Π  U  T
Z  Σ  Έ  K  I  P  E  M  J  U  Y  V  G  M  Y  L  X
Ψ  Ω  M  Ί  W  I  T  T  E  O  H  Λ  H  E  X  Z  A
G  Z  J  N  T  Q  J  D  T  R  R  A  O  Ί  O  Λ  Π
Z  X  W  Y  R  M  P  A  M  Q  C  K  T  O  X  Y  B
L  J  D  C  X  O  N  T  Q  V  B  E  X  V  R  G  F
```

ΚΥΡΊΑΡΧΗ
ΜΕΓΑΛΎΤΕΡΗ
ΚΆΤΙ
ΠΡΟΣΟΧΉ
ΠΛΟΊΟ
ΠΟΤΑΜΟΎ
ΜΠΑΡ
ΤΑΜΕΊΟ
ΣΠΑΝΆΚΙ
ΜΕΡΙΚΈΣ
ΥΠΟΨΉΦΙΟΣ
ΧΕΙΜΏΝΑ
ΒΑΘΜΟΎ
ΣΕ
ΧΏΝΕΨΕΙ
ΚΑΛΆ
ΆΛΛΕΣ
ΚΟΤΌΠΟΥΛΟ
ΝΟΣΟΚΟΜΕΊΟ
ΨΩΜΊ

Puzzle 790

ΑΠΕΙΚΟΝΊΖΟΥΝ
ΠΑΛΤΌ
ΕΥΧΑΡΙΣΤΉΣΟΥΝ
ΑΠΌΨΕ
ΣΑΡΆΝΤΑ
ΓΡΑΦΕΊΟΥ
ΈΛΛΕΙΨΗ
ΧΆΣΕΤΕ
ΧΉΝΑΣ
ΠΛΎΣΗΣ
ΣΚΟΡΆΡΕΙ
ΗΛΙΟΒΑΣΙΛΈΜΑΤΟΣ
ΠΑΝΊ
ΠΡΌΛΗΨΗ
ΌΡΟΣ
ΤΊΠΟΤΑ
ΚΑΤΑΣΚΕΥΉ
ΠΛΗΘΥΣΜΟΎ
ΕΠΊΘΕΣΗ
ΡΟΖ

```
Π  E  T  E  Σ  Ά  X  T  A  T  N  Ά  P  A  Σ  E  B
Σ  Λ  Π  T  X  S  D  Ό  Ί  V  Z  L  Z  Π  J  R  L
K  Γ  H  Ί  N  A  Π  P  Π  Z  N  E  Ό  G  B  T
O  P  Ψ  Θ  Θ  W  C  O  A  M  O  E  K  Ψ  L  M  P
P  A  H  K  Y  E  Z  Σ  Λ  K  P  T  P  E  F  U  R
Ά  Φ  Λ  A  Σ  Σ  K  T  H  C  U  A  U  W  D  Z
P  E  Ό  T  J  D  M  H  Ό  N  Y  E  O  K  N  H  P
E  Ί  P  A  N  N  Y  O  Z  Ί  N  O  K  I  E  Π  A
I  O  Π  Σ  L  G  U  A  Ύ  Π  R  I  L  C  D  L  J
G  Y  E  K  S  O  B  G  B  Λ  M  H  W  T  C  C  B
X  N  H  E  B  W  P  H  Q  Ύ  H  G  W  P  H  L  M
I  U  Z  Y  O  Z  X  I  F  Σ  X  Ή  N  A  Σ  Q  M
D  M  V  Ή  I  Q  R  D  R  H  Ψ  I  E  Λ  Λ  Έ  Y
T  Σ  O  T  A  M  Έ  Λ  I  Σ  A  B  O  I  Λ  H  U
E  Y  X  A  P  I  Σ  T  Ή  Σ  O  Y  N  D  B  O  P
```

Puzzle 791

Q	D	S	R	K	M	A	A	Ά	A	X	M	Y	J	W	E	K
Δ	Η	Λ	Ώ	Σ	E	I	K	Π	Φ	H	L	Q	M	N	U	A
I	J	O	X	Ό	X	E	S	O	O	Θ	N	F	U	T	S	T
S	Ή	Π	I	P	Ί	Γ	B	T	Ύ	Θ	O	Ώ	P	A	N	A
Q	D	M	A	Ω	E	X	F	Ό	P	Σ	Ή	N	E	R	X	N
H	J	W	Ί	M	P	D	S	P	M	P	E	K	O	P	P	O
Q	T	U	Γ	C	X	O	S	A	K	E	L	T	E	Q	T	H
I	E	L	O	L	S	S	H	K	B	V	L	U	E	Y	Q	T
N	Z	Ί	Λ	Λ	A	M	Σ	H	M	Ά	Δ	I	M	I	Σ	Ό
P	V	T	O	E	D	D	B	H	S	O	G	J	M	F	Έ	H
A	G	H	N	Ύ	O	Θ	H	T	N	A	N	Y	Σ	N	P	B
R	D	R	X	A	U	I	N	T	E	Z	E	P	Y	B	Y	K
Σ	Y	N	E	I	Δ	H	T	O	Π	O	I	O	Ύ	N	E	U
Ή	K	I	T	A	P	K	O	M	H	Δ	J	S	L	Q	Λ	F
C	D	S	E	L	Y	P	Q	Π	P	O	Ϊ	Ό	N	L	Π	N

ΔΗΜΟΚΡΑΤΙΚΉ
ΚΑΤΑΝΟΗΤΌ
ΣΥΝΕΙΔΗΤΟΠΟΙΟΎΝ
ΓΕΙΑ
ΕΊΧΕ
ΑΠΟΘΉΚΕΥΣΗ
ΆΦΘΟΝΟ
ΣΗΜΆΔΙ
ΔΗΛΏΣΕΙ
ΠΡΟΪΌΝ
ΣΥΝΑΝΤΗΘΟΎΝ
ΚΑΡΌΤΟ
ΜΩΡΌ
ΏΡΑ
ΡΙΠΉ
ΜΑΛΛΊ
ΑΚΟΎΣΕΤΕ
ΠΛΕΥΡΈΣ
ΤΕΧΝΟΛΟΓΊΑ
ΜΠΟΛ

Puzzle 792

ΤΟΛΜΗΡΉ
ΑΠΟΔΊΔΟΥΝ
ΠΈΝΕΣ
ΑΛΛΗΛΕΠΊΔΡΑΣΗ
ΚΡΕΜΜΎΔΙ
ΚΙΝΗΜΑΤΟΓΡΆΦΟΥ
ΑΛΕΠΟΎ
ΟΥΣΙΑΣΤΙΚΌ
ΣΊΓΟΥΡΑ
ΕΠΙΦΆΝΕΙΑ
ΤΑΞΊΔΙΑ
ΠΛΟΥΣΙΌΤΕΡΟ
ΠΡΟΣΦΟΡΆ
ΒΆΣΗΣ
ΤΑΞΊ
ΣΗΜΑΊΑ
ΠΑΠΟΎΤΣΙΑ
ΔΗΜΙΟΥΡΓΉΣΕΙ
ΜΗΤΡΙΚΉ
ΆΔΕΙΑ

E	Π	H	N	Y	O	Δ	Ί	Δ	O	Π	A	T	Σ	C	A	K
O	Π	Έ	M	S	B	J	A	E	Π	M	Λ	A	Ί	K	P	I
K	Π	I	N	Z	B	D	I	O	A	H	Λ	Ξ	Γ	P	A	N
O	Λ	E	Φ	E	O	U	D	M	Π	T	H	Ί	O	E	Y	H
Y	O	Σ	P	Ά	S	M	O	W	O	P	Λ	Δ	Y	M	D	M
Σ	Y	Ή	H	P	N	J	L	O	Ύ	I	E	I	P	M	J	A
I	Σ	Γ	Ύ	O	Π	E	Λ	A	T	K	Π	A	A	Ύ	Y	T
A	I	P	C	Φ	O	P	I	X	Σ	Ή	Ί	I	K	Δ	P	O
Σ	Ό	Y	M	Σ	M	Q	K	A	I	E	Δ	Ά	X	I	S	Γ
T	T	O	V	O	K	T	K	B	A	X	P	I	Q	U	E	P
I	E	I	K	P	Σ	H	M	A	Ί	A	A	C	V	V	X	Ά
K	P	M	C	Π	R	S	B	B	T	B	Σ	H	Σ	Ά	B	Φ
Ό	O	H	T	O	Λ	M	H	P	Ή	A	H	Z	P	T	R	O
S	D	Δ	E	Q	A	H	E	O	W	B	Ξ	S	O	Z	J	Y
Q	A	H	H	K	E	U	J	O	S	K	U	Ί	X	J	W	Q

Puzzle 793

Λ	D	S	R	U	E	T	O	U	C	U	S	V	Z	J	M	B
G	E	V	F	U	O	M	F	D	J	O	I	P	P	D	R	Z
S	A	M	M	A	P	Γ	Ά	I	Δ	O	N	O	P	X	I	U
E	Ί	Ί	O	E	Π	Ί	Σ	H	M	O	K	P	A	Σ	Ί	Q
I	Γ	Λ	N	B	C	B	O	Y	B	Ά	Λ	I	A	B	X	
S	P	Z	E	P	Ά	M	E	Γ	Ά	Λ	O	Ό	Λ	O	Y	Σ
K	Y	U	M	Y	Y	Δ	H	Θ	I	K	Ό	D	V	M	S	A
U	O	P	D	E	K	M	A	K	R	M	N	L	Q	I	K	T
Z	T	E	Z	D	S	Ό	A	D	Q	P	H	K	Y	T	T	N
C	I	S	R	T	G	Φ	K	Ύ	K	N	O	S	O	Ύ	C	O
F	E	U	W	I	Ά	Λ	I	K	B	W	O	Y	C	Λ	S	Γ
C	Λ	W	L	R	C	E	S	A	I	Σ	T	Ί	P	O	K	Ά
S	W	R	R	A	I	Δ	Ί	N	A	Λ	E	B	V	Π	O	P
N	H	W	W	A	L	A	M	E	T	O	X	I	K	Ό	T	A
O	Δ	O	N	T	Ό	B	O	Y	P	T	Σ	A	X	G	V	Π

ΒΟΥΒΆΛΙΑ
ΟΔΟΝΤΌΒΟΥΡΤΣΑ
ΚΎΚΝΟ
ΊΔΡΥΜΑ
ΒΕΛΑΝΊΔΙΑ
ΧΡΟΝΟΔΙΆΓΡΑΜΜΑ
ΠΟΛΎΤΙΜΟ
ΚΙΛΆ
ΕΠΊΣΗΜΟ
ΠΑΡΆΓΟΝΤΑΣ
ΜΕΓΆΛΟ
ΌΛΟΥΣ
ΛΕΥΚΌ
ΗΘΙΚΌ
ΚΟΡΊΤΣΙΑ
ΜΕΤΟΧΙΚΌ
ΛΕΙΤΟΥΡΓΙΑ
ΛΕΜΟΝΆΔΑ
ΑΔΕΛΦΌ
ΚΡΑΣΊ

Puzzle 794

ΔΕΚΑΔΙΚΆ
ΔΕΔΟΜΈΝΩΝ
ΚΑΤΗΓΟΡΊΑ
ΨΥΓΕΊΟ
ΤΡΆΠΕΖΑ
ΠΕΡΊΟΔΟ
ΔΩΡΕΆΝ
ΜΥΡΊΖΕΙ
ΠΑΡΑΚΟΛΟΎΘΗΣΑΝ
ΕΘΕΛΟΝΤΙΚΉ
ΣΗΜΕΊΟ
ΠΡΌΣΦΑΤΑ
ΦΟΡΆ
ΜΕΛΈΤΗΣ
ΣΎΝΤΡΟΦΟ
ΚΑΤΣΑΡΌΛΑ
ΧΛΕΥΑΣΜΌΣ
ΖΆΧΑΡΗ
ΦΘΗΝΉ
ΑΓΑΠΗΤΕ

Δ	K	V	T	I	S	U	K	M	Y	O	Δ	O	Ί	P	E	Π
E	A	P	U	M	A	N	O	A	S	T	C	Ω	Q	O	B	K
K	T	F	P	K	J	D	F	D	T	T	R	T	P	Ί	S	U
A	Σ	G	N	T	O	F	T	O	X	H	O	X	K	E	A	O
Δ	A	D	O	Ή	O	G	W	Φ	Λ	B	Γ	F	N	M	Ά	Ή
I	P	Δ	Z	K	U	R	Q	O	E	R	A	O	L	H	P	N
K	Ό	E	A	I	E	Z	Ί	P	Y	M	T	Ί	P	Σ	O	H
Ά	Λ	Δ	Γ	T	K	E	N	T	A	P	A	E	S	Ί	Φ	Θ
H	A	O	A	N	V	C	S	N	Σ	U	Φ	Γ	Z	U	A	Φ
D	N	M	Π	O	J	B	D	Ύ	M	Z	Σ	Y	F	B	H	U
O	Z	Έ	H	Λ	H	S	L	Σ	Ό	G	Ό	Ψ	S	A	O	W
C	D	N	T	E	V	O	B	G	Σ	T	P	Ά	Π	E	Z	A
S	T	Ω	Έ	Θ	Z	Ά	X	A	P	H	Π	Σ	A	W	U	G
B	X	N	S	E	M	E	Λ	Έ	T	H	Σ	D	X	Q	R	L
Π	A	P	A	K	O	Λ	O	Ύ	Θ	H	Σ	A	N	Q	E	P

Puzzle 795

```
Έ Q Π C K U H X W W S O Z T O K X
P V Λ B P A X Ί O N A Y Ό P O V Ώ
H I O Z Z U H C G N W T P N T M P
M I Ύ O K I P O T Σ I B I Z U I O
O V Σ I H O E Γ E Ω Γ P A Φ Ί A D
C D I Π G N T Σ R Φ Λ A N K N Λ S
K G O Ό O Έ Ό P T O T Ά N Y I M S
A F Q K I M Λ I N I U Ά Σ A Φ E C
Λ I Z Σ B Σ H Q R Δ A O Σ O P I N
Ύ C K E L I Ψ T F Ά S T I E G Ώ O
T J U Λ Q Π Y E Y B E Y Ό K I Σ Λ
E J T H D Λ M Έ Γ I Σ T H P Z E Ά
P N T T I E B A Y Λ S M X F I I M
O D Q B M Π E C Π H Λ Ί K O E O Π
M N I B T A E Z K X J U C G I V A
```

ΚΑΙΡΌ
ΦΙΛΊ
ΑΠΕΛΠΙΣΜΈΝΟΙ
ΠΛΟΎΣΙΟ
ΜΈΓΙΣΤΗ
ΜΕΙΏΣΕΙ
ΠΗΛΊΚΟ
ΧΏΡΟ
ΕΣΤΙΑΤΌΡΙΟ
ΛΙΒΆΔΙ
ΛΆΜΠΑ
ΦΤΆΣΕΙ
ΈΡΗΜΟ
ΙΣΤΟΡΙΚΟΎ
ΒΡΑΧΊΟΝΑ
ΤΗΛΕΣΚΌΠΙΟ
ΚΑΛΎΤΕΡΟ
ΓΕΩΓΡΑΦΊΑ
ΥΨΗΛΌΤΕΡΗ
ΛΆΣΟ

Puzzle 796

ΤΟΥΛΊΠΑ
ΚΑΜΠΎΛΗ
ΑΝΑΠΝΕΎΣΕΙ
ΑΝΤΊΟ
ΦΡΈΣΚΑ
ΠΟΛΥΤΕΛΉ
ΠΑΡΑΚΜΉ
ΈΞΑΛΛΟΣ
ΦΩΣ
ΣΚΙ
ΣΚΛΗΡΉ
ΚΆΠΟΙΟΣ
ΜΩΡΟΎ
ΛΑΓΌΣ
ΑΓΡΙΌΓΑΤΑ
ΕΝΤΥΠΩΣΙΆΖΟΥΝ
ΑΣΤΈΡΩΝ
ΣΗΜΕΊΩΣΗ
ΣΧΈΔΙΟ
ΠΑΝΤΟΎ

```
M V D D A K O D A Γ P I Ό Γ A T A
E N T Y Π Ω Σ I Ά Z O Y N F O A R
X J L Σ Ί Z A Έ Y F I S A D J Y M
A A J O Λ C Σ Ξ M T Δ Z K N V O A
Π N Q I Y V T A F O Έ W Σ C T H V
A Q A O O V Έ Λ F M X R E Δ Σ Ί Ύ
P U S Π T M P Λ V I Σ Y P E H Q O
A X U Ά N Z Ω O U U Ή B Φ Y M U T
K E J K A E N Σ Σ K Λ H P Ή E Z N
M A C D X D Ύ V Ω Y E X N O Ί S A
Ή Z J G S I U Σ Φ H T E M M Ω P Π
Λ A Γ Ό Σ K V A E Y Y K O Ω Σ B H
G X V R W M I R C I Λ R O P H P S
K A M Π Ύ Λ H N A H O D I O B A L
O T D M Z W K D A D Π S I Ύ B O R
```

Puzzle 797

```
E E Ξ E P E Y N Ή Σ E T E Z T V W
H N B Y Q X L X B S A V S K O V A
O Y T C T N P N G F H Φ Y T Ά Σ Π
Σ O I O D Ώ Π R R D A U K R T Y A
A N G X Π B P O B Y S C W Λ E N P
Ί Έ I I N I E F Λ A W C A Ά K Ά A
N M G J L O Σ F D I Π H P Θ P N Ί
Ω C U Q A M Ή M T M T Ό F O A T T
N X P Ώ M A T A Ό U T I Θ Σ B H H
I E Σ Ύ E N Π M E X P E Σ E M Σ T
O I A Λ Ά Φ E K M Y U Q J M M H H
K A T A Σ K E Ύ A Σ M A R S Ό A F
Y R C C H O Q K Ά Θ O N T A I X R
I Π O Λ Ύ F N Y I N H I G W C O H
P P B J P B M E T Ά M T C O L C Q
```

META
ΕΜΠΝΕΎΣΕΙ
ΑΜΟΙΒΏΝ
ΑΠΌΘΕΜΑ
ΛΆΘΟΣ
ΜΈΝΟΥΝ
ΚΟΙΝΩΝΊΑΣ
ΣΥΝΆΝΤΗΣΗ
ΦΥΤΆ
ΤΜΉΜΑ
ΠΟΛΎ
ΑΠΑΡΑΊΤΗΤΗ
ΕΞΕΡΕΥΝΉΣΕΤΕ
ΠΟΛΙΤΙΣΜΌ
ΑΡΚΕΤΆ
ΚΑΤΑΣΚΕΎΑΣΜΑ
ΚΕΦΆΛΑΙΟ
ΚΆΘΟΝΤΑΙ
ΧΡΏΜΑΤΑ
ΕΝΤΟΠΙΣΜΌ

Puzzle 798

ΠΡΏΗΝ
ΜΟΤΈΛ
ΜΑΪΜΟΎ
ΑΝΘΡΏΠΟΥΣ
ΠΟΥΛΙΆ
ΔΗΜΌΣΙΩΝ
ΣΑΚΆΚΙ
ΔΙΕΘΝΉ
ΕΠΕΞΕΡΓΑΣΊΑΣ
ΜΗΧΑΝΙΚΆ
ΤΈΣΣΕΡΙΣ
ΦΆΣΜΑ
ΜΈΡΟΣ
ΣΩΣΤΉ
ΜΗΧΑΝΙΚΌΣ
ΑΠΟΣΤΑΛΕΊ
ΈΡΧΟΝΤΑΙ
ΕΠΙΤΥΧΊΑ
ΡΕΚΌΡ
ΠΛΕΥΡΆ

```
M F U B N M M A E Π H F H J H L Y
C T L Y I A H N Π T Λ K M X N H M
M W W J Ï X Θ E N Έ E M B A A X
S Ί M B U M A P Ξ U T Σ Y Z R Ί X
A E F H H O N Ώ E G O K Σ P L X D
M Λ O X N Ύ I Π P K M L O E Ά Y W
Σ A K Ά K I K O Γ Σ F T H E P T R
Ά T Y I C A Ά Y A Ω U X Δ G L I A
Φ Σ K Λ G T J Σ Σ Σ E Δ H O L Π Σ
U O Z Y H N Z E Ί T F I M M L E F
P Π P O Z O Q O A Ή J E Ό V H I M
P A I Π S X V L Σ K B Θ Σ O P Έ M
P E K Ό P P Π P Ώ H N N I V K A W
E T Z Z Q Έ O O F O C Ή Ω S G S M
E Y P W R P Z B Σ Ό K I N A X H M
```

Puzzle 799

```
W O Π A I X N I Δ I Ά P I K O U K
X N D B P M N Ή M H U W S W V Θ W
H O D R K Ά L L R Z N Σ Ό P X Y Ψ
V A I Λ Ί M B L Y H I C B N K M E
J P Π P I G Z Ω Q Z H R D G S Ί A
H G M D I Ή I O P O N X B C Z Ξ
Q Y Ύ J S N J M G U Y H Ξ Ά T E Ί
S J Λ H R M O E Ί Δ O Σ N G Y I A
X R O T L D A Ύ V G D A O E Π R Σ
Θ E K S N O P J C S R Ί Σ Y P N Q
E Έ S M S K X K P U W T O R O R V
D P A I O T Έ Y P C Σ K D Φ P E
U C M T N Ό T I A C L E Ό E A T Y
P T Ό P P Z J A O S R I M K N I S
P X Γ H B O W S L T D D A M Ή Σ O
```

ΠΑΙΧΝΙΔΙΆΡΙΚΟ
ΠΡΟΦΑΝΉ
ΓΌΜΑ
ΝΟΣΟΚΌΜΑ
ΕΊΔΟΣ
ΑΞΊΑΣ
ΝΌΤΙΑ
ΨΥΧΡΌΣ
ΧΟΙΡΙΝΟΎ
ΤΈΤΟΙΑ
ΤΆΞΗ
ΚΟΛΎΜΠΙ
ΉΛΙΟ
ΜΊΛΙΑ
ΘΥΜΊΖΕΙ
ΡΆΒΩ
ΣΉΜΑ
ΘΈΑΤΡΟ
ΜΝΉΜΗ
ΕΣΤΊΑΣΗ

Puzzle 800

ΕΝΌΤΗΤΑ
ΚΕΊΜΕΝΟ
ΞΗΡΑΣΊΑ
ΚΆΠΟΥ
ΉΞΕΡΕ
ΤΡΟΦΊΜΩΝ
ΠΌΝΟ
ΆΜΕΣΗ
ΛΊΜΝΗ
ΠΉΡΕ
ΧΌΚΕΪ
ΕΚΠΟΜΠΉΣ
ΔΙΑΤΗΡΟΎΝ
ΠΛΥΝΤΗΡΊΟΥ
ΔΙΟΊΚΗΣΗΣ
ΗΡΕΜΊΑ
ΕΊΣΟΔΟ
ΙΠΠΟΠΌΤΑΜΟΣ
ΤΑΞΊΔΙ
ΤΕΧΝΙΚΉ

```
Y J E L X L E L Σ H Σ H K Ί O I Δ
Q Q F T Q Π N Q D P G P Ά U E J S
A O O X U Ή Ό Y I E B V Π Y X Ά D
S U G R S P T I N M P E O Y B M R
Q Y C N J E H S R Ί V E Y I A E Z
C O C Ύ Y K T V G A Q Z Ξ C J Σ V
E Ί Σ O Δ O A E K Π O M Π Ή Σ H R
H P Q P N Y Ξ H P A Σ Ί A V X O X
M H Q H Ω Ό F U Z W X U K G Q Ή G
M T Y T M Y Π A Q W W W M R O K B
O N F A Ί T A Ξ Ί Δ I A J M L I W
U Y H I Φ K E Ί M E N O Λ Ί M N H
L Λ O Δ O I X I Y N X L G S L X D
J Π T I P P X Ό K E Ί I Z B R E L
Σ O M A T Ό Π O Π Π I U C D F T T
```

Puzzle 801

```
I A F U W B E I K O N I K Ó K C N
A E A F P I H M A D W Π O K A U D
T Π E R E A K K Í M H H K E Φ X T
N T U V I Σ H Y A G U Γ B W Έ E A
O Ώ I C E T X D N Γ R Ή L Ί A A Π
Z Σ E Q X I N D N H Ά Σ Ώ Φ A Σ E
Ά H Z W X K K B E I Γ I Q S M Σ I
Γ M Y Q J Ά E W Γ I A Ή Δ S G R N
P G H P A Δ E Λ Φ Ή G B Σ A Z S Ή
E Λ Έ Γ X E T A I K L C T E P H J
R W M A Γ E Λ Ά Δ A J V T O I O O
E Π I Λ Έ Ξ E T E Π A Π O Ύ T Σ I
K A M Π A N O Ύ Λ E Σ P P S Z M I
Π E P I Λ A M B Ά N O Y N H D S D
Y Q W W Λ E Π T O M Έ P E I A R G
```

ΒΊΑΣ
ΕΙΚΟΝΙΚΌ
ΑΓΕΛΆΔΑ
ΑΔΕΛΦΉ
ΕΠΙΛΈΞΕΤΕ
ΤΑΠΕΙΝΉ
ΚΑΦΈ
ΠΗΓΗΣ
ΠΑΠΟΎΤΣΙ
ΕΛΈΓΧΕΤΑΙ
ΓΕΝΝΑΊΑ
ΠΤΏΣΗ
ΣΑΦΏΣ
ΕΡΓΆΖΟΝΤΑΙ
ΛΕΠΤΟΜΈΡΕΙΑ
ΚΑΜΠΑΝΟΎΛΕΣ
ΠΕΡΙΛΑΜΒΆΝΟΥΝ
ΓΆΙΔΑΡΟ
ΚΥΝΗΓΉΣΕΙ
ΒΙΑΣΤΙΚΆ

Puzzle 802

ΧΡΟΝΙΑ
ΜΉΚΟΣ
ΏΘΗΣΕ
ΛΆΜΨΗ
ΚΑΜΠΊΝΑ
ΘΈΑΜΑ
ΠΕΡΙΕΧΟΜΈΝΟΥ
ΡΥΖΙΟΎ
ΠΡΌΣΩΠΟ
ΤΟΝ
ΑΝΤΙΠΡΟΣΩΠΕΎΟΥΝ
ΠΑΡΆ
ΠΕΡΙΟΧΉΣ
ΠΑΊΖΟΥΝ
ΠΡΩΤΑΡΧΙΚΌ
ΜΙΣΉ
ΜΕΓΆΛΑ
ΉΤΑΝ
ΎΠΝΟ
ΚΟΛΎΜΒΗΣΗΣ

```
V U C Ύ X Π E P I O X Ή Σ Π Π A O
T I O F Π P L Σ S P E Z S A E N O
K O F C S Ό W H Ψ M Ά Λ Ί P T K
Z X W O V F O N U Θ T M F Z I I O
K A M Π Ί N A O I H Ώ R U O E Π Λ
A K F Ω L P D T Π A O D X Y X P Ύ
D M M Σ C K Y L P J A P Z N O O M
W L V Ό W G S N Ω M Ή K O Σ M Σ B
O V S P G L X J T Z I I Y Y Έ Ω H
C N P Π Ή T A N A Θ Έ A M A N Π Σ
M E Γ Ά Λ A M Z P V K K T V O E H
Π A P Ά V H I C X F S S X O Y Ύ Σ
O I F W P A Σ I I E X B O S L O Q
D L B M L H Ή M K A L Ύ O I Z Y P
V Z S T N Q B S Ό F L K T Z S N C
```

Puzzle 803

O	E	M	Y	O	Ύ	E	T	A	K	A	N	A	V	F	G	D
N	D	Z	O	Q	Z	K	H	Λ	I	Ό	Λ	O	Y	Σ	T	H
Έ	E	X	P	V	D	Δ	H	Σ	Ή	Ί	O	Π	O	Λ	Π	A
M	I	O	Ό	C	U	Ή	A	G	K	E	P	Ω	Δ	I	Ό	Σ
Σ	P	B	Φ	X	Y	Λ	I	Q	Ά	A	M	Ή	X	Σ	Έ	K
A	Ή	I	X	W	D	Ω	H	F	Y	N	Π	V	U	G	B	Ό
P	N	K	G	D	W	Σ	V	L	C	S	E	Ά	K	J	Δ	N
Y	H	F	I	J	H	H	X	F	B	V	W	M	N	S	O	Δ
O	Π	E	Π	P	A	K	T	I	K	Έ	Σ	B	O	H	M	O
K	Ά	J	X	S	T	D	M	I	J	A	V	T	Σ	S	H	P
E	N	C	O	X	L	A	M	H	Φ	Ά	P	Γ	Ά	F	Y	A
O	Ω	D	I	N	P	C	I	G	A	Z	R	B	P	M	I	Σ
F	N	T	O	Y	Λ	Ά	Π	A	P	T	X	J	Π	L	T	J
K	A	T	A	Σ	T	P	O	Φ	Ή	D	T	S	O	P	N	F
F	I	H	Q	P	Y	D	A	S	W	I	P	X	M	I	S	Y

ΑΝΑΚΑΤΕΎΟΥΜΕ
ΗΛΙΌΛΟΥΣΤΗ
ΕΡΩΔΙΌΣ
ΠΡΆΣΟ
ΠΡΑΚΤΙΚΈΣ
ΦΌΡΟΥ
ΓΡΆΦΗΜΑ
ΈΒΔΟΜΗ
ΠΆΝΩ
ΙΑΤΡΙΚΉΣ
ΣΚΑΠΆΝΗ
ΆΝΕΜΟ
ΚΌΝΔΟΡΑΣ
ΕΙΡΉΝΗ
ΚΟΥΡΑΣΜΈΝΟ
ΚΑΤΑΣΤΡΟΦΉ
ΑΠΛΟΠΟΊΗΣΗ
ΣΧΉΜΑ
ΕΚΔΉΛΩΣΗ
ΝΤΟΥΛΆΠΑ

Puzzle 804

ΚΑΙ
ΣΗΜΑΝΤΙΚΈΣ
ΨΗΛΌΤΕΡΟ
ΈΚΑΝΕ
ΓΙΓΑΝΤΙΑΊΕΣ
ΔΡΟΣΙΆ
ΦΎΓΕΙ
ΕΠΙΤΥΓΧΆΝΟΥΝ
ΜΌΝΟ
ΜΠΟΥΚΆΛΙΑ
ΕΠΙΣΚΕΥΉΣ
ΜΟΒ
ΠΑΡΑΚΟΛΟΥΘΉΣΟΥΝ
ΠΡΌΤΥΠΟ
ΑΓΓΑΡΕΊΑ
ΧΆΠΙ
ΠΟΡΕΊΑ
ΆΚΡΗ
ΠΛΆΤΟΣ
ΑΕΡΟΠΛΆΝΟ

Χ	Σ	Σ	Ε	Ί	Α	Ι	Τ	Ν	Α	Γ	Ι	Γ	Κ	Q	O	Π
W	Ή	W	N	Π	Π	P	Ό	T	Y	Π	O	E	A	J	G	O
A	Y	H	A	M	I	A	K	A	Γ	Γ	A	P	E	Ί	A	P
A	E	H	K	P	U	T	J	J	I	O	Σ	C	V	C	R	E
I	K	P	Έ	I	P	F	Y	P	I	A	Έ	O	P	E	J	Ί
T	Σ	W	O	B	U	Y	Q	Γ	I	I	K	E	Q	C	Z	A
P	I	R	S	Π	L	K	O	J	X	Ά	I	Σ	O	P	Δ	S
C	Π	H	Y	G	Λ	M	Ό	N	O	Ά	T	Φ	Ύ	Γ	E	I
O	E	H	Z	K	A	Ά	G	T	X	W	N	B	Ά	K	P	H
Π	Λ	Ά	T	O	Σ	X	N	V	Y	I	A	O	O	J	X	X
U	M	Y	B	G	J	Z	N	O	X	W	M	M	Y	P	Ά	A
F	L	H	M	X	O	P	E	T	Ό	Λ	H	Ψ	U	N	Π	G
Π	A	P	A	K	O	Λ	O	Y	Θ	Ή	Σ	O	Y	N	I	R
R	X	H	Y	W	E	C	M	Π	O	Y	K	Ά	Λ	I	A	R
V	T	D	W	E	M	Y	P	I	W	A	F	I	L	N	D	Q

Puzzle 805

```
Τ  Σ  Ο  Τ  Α  Μ  Ή  Τ  Σ  Υ  Σ  V  L  T  L  J  Q
Ζ  Ύ  Ο  Ι  Κ  Ο  Π  Μ  Α  Λ  Α  Κ  Ζ  W  L  M  G
L  J  Κ  Κ  Κ  Ρ  Π  Ο  Σ  Ό  Ι  Χ  L  R  R  R  O
Δ  Μ  Γ  Ά  R  Ο  Α  Π  Α  Ρ  Α  Ί  Τ  Η  Τ  Ο  I
Ο  Τ  Ό  Ρ  Ο  Τ  Γ  Κ  Κ  Α  Λ  Ύ  Τ  Ε  Ρ  Α  I
Μ  Β  S  Ο  I  Β  Ο  Έ  U  C  F  S  X  Q  C  L  E
Ή  Ν  W  Κ  Ο  Ρ  S  Υ  Ν  Υ  Ο  Μ  Ά  Θ  Ο  Υ  Ν
V  U  Ο  Ί  Ε  Ρ  Ο  Φ  Ω  Ε  Λ  J  Τ  Κ  Ν  Ο  Ά
Σ  Τ  Ο  Ι  Χ  Ε  Ι  Ώ  Δ  Η  Ι  Β  Α  G  Ρ  Λ  Β
Ε  Π  Ι  Κ  Ο  Ι  Ν  Ω  Ν  Ί  Α  Α  Ν  Κ  Ύ  Ί  Μ
Ε  Μ  Φ  Α  Ν  Ι  Σ  Τ  Ε  Ί  Υ  C  Υ  Έ  Ο  Σ  Α
Τ  Α  Χ  Υ  Δ  Ρ  Ο  Μ  Ε  Ί  Ο  Υ  Δ  Ν  Φ  Θ  Λ
C  Q  C  F  Ρ  U  Τ  Ε  F  W  Ρ  Ρ  D  Τ  Ε  Η  Λ
Ν  Α  Ρ  G  Β  Q  D  Τ  Α  Ρ  V  V  G  Ρ  Χ  Σ  Υ
Υ  Q  Ν  Ο  D  D  Q  Η  Ο  W  V  S  C  Ο  J  Η  Σ
```

ΟΛΊΣΘΗΣΗ
ΑΠΑΡΑΊΤΗΤΟ
ΌΓΚΟ
ΣΥΣΤΉΜΑΤΟΣ
ΚΈΝΤΡΟ
ΔΥΝΑΤΆ
ΚΑΛΎΤΕΡΑ
ΕΠΙΚΟΙΝΩΝΊΑ
ΕΜΦΑΝΙΣΤΕΊ
ΦΟΎΡΝΟ
ΣΥΛΛΑΜΒΆΝΕΙ
ΚΟΡΆΚΙ
ΟΙΚΟΓΈΝΕΙΑ
ΤΑΧΥΔΡΟΜΕΊΟΥ
ΠΟΣΌ
ΜΆΘΟΥΝ
ΚΑΛΑΜΠΟΚΙΟΎ
ΣΤΟΙΧΕΙΏΔΗ
ΛΕΩΦΟΡΕΊΟ
ΔΟΜΉ

Puzzle 806

ΆΡΕΣΕ
ΑΙΣΘΆΝΘΗΚΕ
ΓΝΏΜΗΣ
ΠΙΠΈΡΙ
ΦΡΟΎΤΑ
ΣΎΝΤΟΜΗ
ΠΊΝΑΚΑ
ΔΙΑΒΆΣΤΕ
ΠΡΟΣΔΟΚΟΎΝ
ΙΠΠΌΤΗΣ
ΛΕΞΙΛΌΓΙΟ
ΕΙΣΌΔΟΥ
ΘΥΜΆΣΤΕ
ΠΡΟΝΌΜΙΟ
ΦΡΆΣΗ
ΣΎΖΥΓΟ
ΟΡΓΆΝΩΣΗ
ΏΡΕΣ
ΣΥΜΜΕΤΈΧΩΝ
ΠΡΟΕΙΔΟΠΟΊΗΣΗ

```
Π  Ι  G  Υ  Υ  R  Ώ  Ν  L  E  J  Α  J  G  S  L  I
Ι  Ρ  Υ  Τ  W  Κ  Ρ  W  J  J  Η  Ε  Τ  Τ  U  U  O
Π  Έ  Ο  D  Μ  G  Ε  Τ  Σ  Ά  Μ  Υ  Θ  Ρ  Κ  R  O
Π  Π  Δ  Ν  Ν  S  Σ  Ι  Μ  Κ  Π  Ί  Ν  Α  Κ  Α  Ρ
Ό  Ι  Ό  D  Ό  Ε  Q  Ρ  Α  Ν  Β  U  G  Τ  Χ  Α  Γ
Τ  Π  Σ  Κ  W  Μ  Υ  S  C  Ό  G  Υ  Ζ  Ύ  Σ  Ι  Ά
Η  Ζ  Ι  S  Β  Ε  Ι  G  Ν  Ώ  Μ  Η  Σ  Ο  Ύ  Σ  Ν
Σ  Ε  Ε  Σ  Ε  Ρ  Ά  Ο  Χ  S  W  Α  Χ  Ρ  Ν  Θ  Ω
Σ  Υ  Μ  Μ  Ε  Τ  Έ  Χ  Ω  Ν  Τ  Τ  W  Φ  Τ  Ά  Σ
Π  Ρ  Ο  Ε  Ι  Δ  Ο  Π  Ο  Ί  Η  Σ  Η  Α  Ο  Ν  Η
Υ  Ρ  L  Π  Ρ  Ο  Σ  Δ  Ο  Κ  Ο  Ύ  Ν  J  Μ  Θ  Σ
Ζ  Τ  Ε  S  S  Ε  G  S  Ζ  Ο  R  Τ  Ρ  Ι  Η  Η  Ά
Χ  Η  S  U  R  Ε  Η  Ν  Κ  Ι  Q  S  G  Τ  Ε  Κ  Ρ
Δ  Ι  Α  Β  Ά  Σ  Τ  Ε  U  Η  Η  Υ  Ν  Ζ  Ζ  Ε  Φ
Λ  Ε  Ξ  Ι  Λ  Ό  Γ  Ι  Ο  Υ  G  Α  Χ  Υ  Μ  Υ  D
```

Puzzle 807

```
S N N S S Σ N H C K D A S I J W B
Q G W J U O T N X O P Σ T D U F I
P F L V M P B U C Y O T A U I C T
D C Σ M Z E N D Z Λ E Έ Φ H V T A
A C O Έ Φ T Ω X Ά T V P Ί E I O M
X T W P P Ύ T I Λ O K I Δ P Π Ί
N C L Q C E N G I Ύ I Λ A W Ά Λ N
Y T G R G Δ X N E P J M I D Γ Ώ E
A Π Ό Φ A Σ H O Δ A Q X U Π G N Σ
M K Z Ύ Γ O Σ P Δ Έ Σ M E Y Σ H
E Λ Ά L T Σ Έ P A B O Σ X F O P F
P U X Λ I Δ I O K T Ή T H T Φ J V
Ό Z Z X T B N X Q B M X B I Σ I E
Φ Y J I E Σ Ί N I P K Y E I Δ J K
L C K I B R A Σ Ω M A T I Δ Ί Ω N
```

ΒΡΟΧΕΡΈΣ
ΣΦΟΥΓΓΆΡΙ
ΟΠΛΩΝ
ΔΈΣΜΕΥΣΗ
ΚΛΙΠ
ΦΤΩΧΆ
ΖΕΎΓΟΣ
ΙΔΙΟΚΤΉΤΗ
ΚΟΥΛΤΟΎΡΑ
ΣΟΒΑΡΈΣ
ΒΙΤΑΜΊΝΕΣ
ΔΕΙΛΆ
ΚΆΛΤΣΑ
ΣΩΜΑΤΙΔΊΩΝ
ΣΤΑΦΊΔΑ
ΔΙΕΥΚΡΙΝΊΣΕΙ
ΔΕΎΤΕΡΟΣ
ΦΌΡΕΜΑ
ΑΠΌΦΑΣΗ
ΑΣΤΈΡΙ

Puzzle 808

ΠΊΣΩ
ΤΡΟΠΙΚΉ
ΙΚΑΝΌΤΗΤΑ
ΡΑΜΦΊΖΟΥΝ
ΠΡΟΣΈΓΓΙΣΗ
ΑΝΌΗΤΟ
ΟΙΚΟΝΟΜΙΚΉ
ΣΥΜΒΆΛΟΥΝ
ΎΦΟΣ
ΠΟΥ
ΑΚΑΔΗΜΑΪΚΌ
ΜΠΛΟΚ
ΑΚΡΙΒΉ
ΛΕΩΦΟΡΕΊΩΝ
ΜΥΑΛΌ
ΚΈΡΔΟΣ
ΠΛΑΝΉΤΕΣ
ΜΕ
ΚΌΤΑ
ΚΑΚΆΟ

```
K F T B M C Σ E T Ή N A Λ Π L S Σ
O Έ U Z R V O W P B S V V X H Q Y
I P P D F G Φ Y O Π P J S U K A M
K A Δ H S Ύ R Π A K P I B Ή H B
O M J V O R Z S I M Y A Λ Ό O Π Ά
N Φ G K G Σ X J K H X H N N V P Λ
O Ί D L A W Q W Ή Z D R T I B O O
M Z S Z T Λ E Ω Φ O P E Ί Ω N Σ Y
I O T H Ό N A M R Z Ά E O Σ S Έ N
K Y W A K A Δ H M A Ϊ K Ό Ί D Γ W
Ή N F S K T Y I G C U M A Π M Γ X
M Z E G U R N W O H Y Π G K F I R
I K A N Ό T H T A G G Λ K D J Σ P
Q J Y T M W X Q X P O Z V E H F
Z M S J W E A P P G M K E B R B V
```

Puzzle 809

```
U N A N L T K Σ A Σ Φ A Λ E Ί A Σ
S T U R Q G P T E T A I P Ί A T U
I R Z X W G Ί A Δ I A Φ Y Γ Ή Σ Γ
E E Ί Δ E A Σ M T K I R F Z J Ω E
Σ Σ Z N H X I Ά A Έ O Ί S V N Π Ί
Ή A I Ί Q V M T K P M H N P W Ό T
T P M L Γ R H H X Δ Ό A S T P R O
Σ Ό F L R O N Σ Y I P H Ί C Σ P N
I Γ W D H P Λ E B Σ A Δ Y T M E A
Π A V T B T W O C A Π Y C Y H G Σ
E R H A T X P C Π N T N K S I M W
F M T N K Ά T U S Y D G L Y A Q A
A Γ Ό P I I Φ T Ά N O Y N X W W M
T C M K W K A Π O Δ E Ί Ξ E I Q H
J A T J U Σ A Π O P P Ί Π T O Y N
```

ΕΊΔΕ
ΑΠΟΔΕΊΞΕΙ
ΕΤΑΙΡΊΑ
ΑΊΤΗΜΑ
ΔΙΑΦΥΓΉΣ
ΥΠΟΛΟΓΊΖΕΙ
ΦΤΆΝΟΥΝ
ΚΡΊΣΙΜΗ
ΓΕΊΤΟΝΑ
ΠΑΡΌΜΟΙΑ
ΕΠΙΣΤΉΣΕΙ
ΑΓΌΡΑΣΕ
ΊΝΤΣΕΣ
ΑΠΟΡΡΊΠΤΟΥΝ
ΌΠΩΣ
ΑΓΌΡΙ
ΚΈΡΔΙΣΑΝ
ΣΤΑΜΆΤΗΣΕ
ΣΚΙΆΧΤΡΟ
ΑΣΦΑΛΕΊΑΣ

Puzzle 810

ΝΕΡΟΎ
ΠΕΙΝΑΣΜΈΝΟΙ
ΠΑΡΑΠΆΝΩ
ΟΔΥΝΗΡΆ
ΑΠΟΘΕΜΑΤΙΚΌ
ΙΠΠΑΣΊΑΣ
ΤΕΡΆΣΤΙΑ
ΟΔΉΓΗΣΗΣ
ΠΛΟΉΓΗΣΗ
ΆΓΡΙΑ
ΤΗΛΕΌΡΑΣΗ
ΛΈΞΗ
ΠΕΡΙΣΤΑΤΙΚΌ
ΕΠΙΣΤΉΜΟΝΑΣ
ΣΤΌΧΟΣ
ΤΡΊΜΗΝΟ
ΔΕΞΙΆ
ΟΝΌΜΑΤΟΣ
ΑΠΌΛΑΥΣΗ
ΥΠΟΒΆΛΕΙ

```
K F A V P N C M N D D G F O N T Π
Ό K I T A M E Θ O Π A T Σ Π V H E
E E T Π O Δ Y N H P Ά Ύ T Λ Y Λ P
R Y Σ Σ Π T P Ί M H N O Ό O Π E I
Π I Ά Y O A X G E Y K P X Ή O Ό Σ
E E P J Δ T Σ K A I N E O Γ B P T
I V E D Ή G F Ί G Z R N Σ H Ά A A
N Π T A Γ Y B K A L P K F Σ Λ Σ T
A A T B H Ξ Έ Λ Q Σ F Q B H E H I
Σ P H Y Σ I I Ά Γ P I A E C I I K
M A T K H E Π I Σ T Ή M O N A Σ Ό
Έ Π V E Σ O T A M Ό N O F A X R Y
N Ά A Π Ό Λ A Y Σ H Y L Z B I Z W
O N Δ E Ξ I Ά W T J Z Z Q S U U R
I Ω L O F Y W B X I G O F F O M
```

Puzzle 811

```
Π  Σ  Δ  Z  A  U  R  B  I  E  Δ  Σ  I  Y  R  N  U
Ή  Ύ  Ί  H  L  E  M  I  I  Y  O  Y  C  A  P  Ά  Π
Δ  N  Π  Z  D  N  V  W  R  X  Θ  N  Σ  Λ  A  A  I
H  T  Λ  U  C  Y  D  S  Z  Ά  E  E  Π  Ή  Π  Π  D
Ξ  O  Ω  T  H  J  Z  B  Y  P  Ί  X  Ά  Θ  O  O  D
E  M  M  H  J  W  N  A  R  I  G  Ό  Σ  E  K  Δ  W
O  O  A  Ί  Λ  H  N  Π  Y  Σ  Q  M  E  I  A  Ώ  O
E  I  Σ  A  Γ  Ά  Γ  E  I  T  A  E  I  A  Λ  Σ  C
Y  Q  Γ  Ω  K  D  D  D  J  H  H  N  G  J  Ύ  E  V
Y  O  P  Ά  Θ  N  E  U  N  H  K  Η  Λ  Ύ  Π  I  Y
R  T  Q  I  N  Ή  V  Σ  H  Σ  I  T  P  Ά  T  A  K
A  B  X  N  I  T  N  Y  O  N  Ί  Δ  O  S  O  X  E
C  W  F  V  Y  P  I  Y  W  B  A  B  P  M  Y  Z  S
Π  A  P  O  Ύ  Σ  A  A  S  T  D  H  P  N  E  H
X  T  V  H  D  Θ  E  P  M  Ό  T  H  T  A  Σ  H  J
```

ΑΠΟΔΏΣΕΙ
ΓΆΝΤΙΑ
ΑΠΟΚΑΛΎΠΤΟΥΝ
ΣΎΝΤΟΜΟ
ΠΆΡΑ
ΚΑΤΆΡΤΙΣΗΣ
ΕΥΧΆΡΙΣΤΗ
ΔΊΠΛΩΜΑ
ΥΠΝΗΛΊΑ
ΔΟΘΕΊ
ΑΛΉΘΕΙΑ
ΘΕΡΜΌΤΗΤΑΣ
ΣΥΝΕΧΌΜΕΝΗ
ΣΠΆΣΕΙ
ΠΎΛΗ
ΕΙΣΑΓΆΓΕΙ
ΣΥΝΉΘΩΣ
ΔΊΝΟΥΝ
ΠΉΔΗΞΕ
ΠΑΡΟΎΣΑ

Puzzle 812

ΠΌΛΕΜΟ
ΧΡΙΣΤΟΎΓΕΝΝΑ
ΚΛΟΥΒΊ
ΓΕΎΜΑ
ΕΠΌΜΕΝΗ
ΑΛΕΎΡΙ
ΕΚΘΕΣΙΑΚΌ
ΤΣΑΓΙΈΡΑ
ΕΠΑΦΉ
ΡΩΤΉΣΩ
ΤΥΛΊΞΕΙ
ΑΡΈΝΑ
ΑΓΏΝΑ
ΕΘΝΙΚΌΣ
ΚΟΥΝΕΛΙΏΝ
ΘΥΜΩΜΈΝΟΣ
ΓΡΉΓΟΡΑ
ΒΡΏΣΙΜΑ
ΠΡΌΣΦΑΤΗ
ΕΒΔΟΜΆΔΑ

```
E  O  F  P  Γ  B  E  Θ  N  I  K  Ό  Σ  A  E  E  Y
R  M  R  A  P  Έ  I  Γ  A  Σ  T  N  L  G  B  K  T
Q  T  T  A  Ή  U  I  I  G  N  A  R  L  V  Δ  Θ  A
K  O  U  P  Γ  F  P  V  K  X  B  V  B  V  O  E  Y
O  W  O  Έ  O  K  I  O  F  S  P  K  V  G  M  Σ  Z
Y  Π  S  N  P  A  P  T  L  G  Ώ  P  R  O  Ά  I  N
N  T  P  A  A  D  F  E  A  Z  Σ  K  Ω  X  Δ  A  H
E  B  Y  Ό  S  A  I  Π  Γ  A  I  X  Ί  T  A  K  O
Λ  X  U  Λ  Σ  X  T  A  Ώ  Λ  M  X  B  Y  Ή  Ό  Z
I  V  Z  B  Ί  Φ  A  Φ  N  E  A  U  Y  O  C  Σ  E
Ώ  A  B  Y  Q  E  Ξ  A  Ή  A  Ύ  D  N  O  H  A  V  Ω
N  R  O  A  K  G  E  T  E  P  Π  Ό  Λ  E  M  O  A
E  Π  Ό  M  E  N  H  I  H  I  J  M  K  I  Ύ  K  U
G  R  X  P  I  Σ  T  O  Υ  Γ  E  N  N  A  E  Z  O
Θ  Y  M  Ω  M  Έ  N  O  Σ  I  S  S  O  C  Γ  E  F
```

Puzzle 813

Π	J	P	S	M	W	N	M	O	N	X	V	A	Z	I	O	J
B	A	Q	C	B	C	Θ	Λ	I	B	E	P	Ή	A	Π	U	M
Z	A	P	M	A	T	A	M	Γ	Ά	P	B	M	P	Σ	J	
E	K	G	A	P	Q	M	I	Έ	D	K	Q	S	V	O	A	M
Λ	E	V	M	M	P	O	J	Λ	Q	O	H	Y	C	T	Π	Ί
Έ	Δ	Π	A	D	E	F	S	O	S	Y	N	Σ	A	E	I	Λ
E	Ώ	C	I	V	Ί	O	K	P	N	E	C	H	Ί	K	H	
G	Δ	K	K	K	E	F	N	X	H	I	M	I	S	N	Γ	Σ
Π	Ά	P	E	I	Ί	V	R	E	V	Έ	Ό	O	F	O	Ί	E
X	O	P	Ό	E	M	N	M	T	I	M	K	K	W	Y	P	K
K	L	X	G	R	O	P	Δ	L	K	A	E	N	R	M	Π	B
Λ	H	Σ	T	Έ	Ψ	E	I	Y	D	I	Λ	S	P	E	B	F
Π	Λ	O	Ί	A	P	X	O	Σ	N	K	Π	Δ	Έ	P	M	A
Π	A	P	Ά	Γ	P	A	Φ	O	D	O	M	S	Q	U	I	I
A	K	P	Ί	B	E	I	A	N	W	D	E	V	A	P	I	S

ΠΡΊΓΚΙΠΑΣ
ΑΚΡΊΒΕΙΑ
ΚΟΥΝΙΈΜΑΙ
ΚΟΛΈΓΙΟ
ΠΆΡΕΙ
ΕΜΠΛΕΚΌΜΕΝΗ
ΠΑΡΆΓΡΑΦΟ
ΧΟΡΌ
ΠΛΟΊΑΡΧΟΣ
ΠΡΆΓΜΑΤΑ
ΛΗΣΤΈΨΕΙ
ΜΊΛΗΣΕ
ΚΊΝΗΣΗ
ΔΈΡΜΑ
ΕΠΙΚΊΝΔΥΝΟ
ΖΕΛΈ
ΠΑΡΑΜΕΊΝΕΙ
ΔΏΔΕΚΑ
ΠΡΟΤΕΊΝΟΥΜΕ
ΘΛΙΒΕΡΉ

Puzzle 814

ΙΔΈΑ
ΟΙΚΟΝΟΜΊΑ
ΚΛΈΨΤΕ
ΚΌΣΜΟ
ΤΙΜΉ
ΞΕΧΩΡΙΣΤΉ
ΝΗΣΊ
ΣΆΝΤΟΥΙΤΣ
ΓΡΑΒΆΤΑ
ΧΌΜΠΙ
ΠΕΡΙΚΟΠΉ
ΑΡΝΗΤΙΚΉ
ΠΡΌΘΕΣΗ
ΕΚΧΩΡΉΣΕΙ
ΑΡΓΆ
ΆΓΧΟΣ
ΑΣΒΌΣ
ΒΕΝΖΊΝΗ
ΑΓΈΛΗΣ
ΠΙΆΝΟ

Π	E	P	I	K	O	Π	Ή	W	F	O	A	T	M	Σ	U	R
K	M	J	P	P	W	M	Y	Q	S	V	P	T	I	Ά	B	S
U	V	Σ	Ό	B	Σ	A	A	C	A	B	Γ	K	A	N	L	B
J	V	H	E	R	N	W	X	J	P	Z	Ά	Λ	Q	T	B	H
M	V	Λ	Ξ	E	X	Ω	P	I	Σ	T	Ή	Έ	Q	O	N	U
P	V	Έ	A	V	C	C	D	K	T	T	K	Ψ	T	Y	P	J
B	B	Γ	I	F	U	S	V	K	U	V	M	T	D	I	J	K
E	R	A	Ί	M	O	N	O	K	I	O	A	E	N	T	I	F
N	L	Έ	P	N	Ί	H	M	L	P	A	T	Π	O	Σ	S	B
Z	N	Δ	C	N	Σ	D	Σ	O	X	Γ	Ά	E	I	Z	W	J
Ί	G	I	A	Y	H	G	Ό	A	Y	R	B	T	J	Ά	V	A
N	N	R	T	S	N	T	K	M	X	K	A	O	I	Y	N	F
H	I	Y	L	H	R	C	I	R	H	I	P	Q	R	M	M	O
Η	Π	P	Ό	Θ	E	Σ	H	K	Z	D	Γ	Q	O	C	Ή	E
E	K	X	Ω	P	Ή	Σ	E	I	Ή	N	W	X	Ό	M	Π	I

Puzzle 815

```
Ε Ρ Q Φ U Ή Κ Α Ι Δ Ν Ο Π Σ Ο Μ Ο
Κ Ξ Α C Ω Π Ρ Ο Σ Ε Κ Τ Ι Κ Ο Ί Ι
Ύ Α Υ Q S Ν Τ Ν Ζ Ζ Β D D C Q R Κ
Ρ Ν Α Π Υ Χ Ά R Ο Ο Η Υ D Κ Ε Χ Ο
Ι Α Ν W Ν Α Ι Ζ Ζ Q F Κ Ν Ι G Α Γ
Ο Μ Ο R V Ό Σ Χ Ο U Η Σ Ύ Ε Ί Έ
Ο Ο Ι C Η Κ Τ Γ Χ Υ Μ Β Β Σ Υ Α Ν
Μ Ν Χ F V Ι Ί Ε Ρ Η Ν Ζ Ν Ά J Τ Ε
Ι Ή Τ L W Τ Ρ Α Ρ Ή Μ Έ Τ Ρ Ο Υ Ι
Λ Σ Ή J W Ω Ο W S Α Γ L V Ε Χ Ε Ε
Ί Ν Ρ Α J Ι Κ W S Q V Ο Υ Π V Λ Σ
Α Α Ι D Ρ Δ G Q U W Β Μ Ρ Ζ C Ε Ο
Σ Α L Ή Κ Ι Ρ Τ Α Ι Η U Ο Η Μ Τ W
Ε Ρ Γ Α Ζ Ό Μ Ε Ν Ο Σ V Ζ F J G Κ
Σ Υ Ν Δ Υ Α Σ Μ Ό Μ Ά Σ Κ Α Κ Μ S
```

ΑΝΑΜΟΝΉΣ
ΣΥΝΔΥΑΣΜΌ
ΠΕΡΆΣΕΙ
ΟΜΙΛΊΑΣ
ΚΎΡΙΟ
ΚΟΡΊΤΣΙ
ΙΑΤΡΙΚΉ
ΕΞΥΠΝΌΤΕΡΑ
ΦΩΝΆΖΟΥΝ
ΙΔΙΩΤΙΚΌ
ΕΡΓΑΖΌΜΕΝΟΣ
ΓΕΎΣΗ
ΟΜΟΣΠΟΝΔΙΑΚΉ
ΑΝΟΙΧΤΉΡΙ
ΓΡΉΓΟΡΗ
ΠΡΟΣΕΚΤΙΚΟΊ
ΤΕΛΕΥΤΑΊΑ
ΟΙΚΟΓΈΝΕΙΕΣ
ΜΈΤΡΟΥ
ΜΆΣΚΑ

Puzzle 816

ΠΡΟΣΕΚΤΙΚΆ
ΦΟΡΗΤΌ
ΛΑΓΟΥΔΆΚΙ
ΘΑΝΑΤΗΦΌΡΑ
ΆΔΕΙΑΣ
ΚΑΝΌΝΑ
ΔΙΚΑΣΤΉΡΙΟ
ΣΥΝΟΜΙΛΊΑ
ΡΑΔΙΌΦΩΝΟ
ΑΥΓΌ
ΣΤΟ
ΔΥΝΑΤΌΝ
ΣΕΝΆΡΙΟ
ΧΑΡΤΑΕΤΌ
ΙΣΧΎ
ΑΝΤΑΠΟΚΡΊΝΟΝΤΑΙ
ΟΠΟΤΕΔΉΠΟΤΕ
ΠΗΓΑΊΝΕΙ
ΠΟΛΎΧΡΩΜΟ
ΦΥΣΙΚΌΣ

```
Υ Ν Ρ Ε Α Ζ V Φ Q Τ F Ν J Φ Ο Η D
V Ρ Χ Ι Κ Ά Δ Υ Ο Γ Α L Ζ Ο Π L Υ
G U Ι W Ν Ζ D Σ J U Β D Α Ρ Ο Δ Π
Ε S Ε S R Ρ Ο Ι Ρ Ά Ν Ε Σ Η Τ Ι Η
Δ Υ Ν Α Τ Ό Ν Κ Σ Τ Ο Β Ε Τ Ε Κ Γ
Ά Δ Ε Ι Α Σ Μ Ό Ε D V Ι L Ό Δ Α Α
Η Τ Ζ Κ Ζ Κ Q Σ J F Α Ε F Τ Ή Σ Ί
Π Ο Λ Ύ Χ Ρ Ω Μ Ο R Α Υ W Μ Π Τ Ν
W S Ά Κ Ι Τ Κ Ε Σ Ο Ρ Π Γ C Ο Ή Ε
Μ Ε Ο Υ Α Ί Λ Ι Μ Ο Ν Υ Σ Ό Τ Ρ Ι
C Υ Ι Υ Ο Ν Ω Φ Ό Ι Δ Α Ρ Η Ε Ι L
Β R Μ Ν C S Ό Τ Ε Α Τ Ρ Α Χ J Ο J
J Β Ι Α Τ Ν Ο Ν Ί Ρ Κ Ο Π Α Τ Ν Α
Τ Κ V Ν Ζ Ν Χ Χ Α Α Ι Α Ι Ι Σ Χ Ύ
Θ Α Ν Α Τ Η Φ Ό Ρ Α Κ Τ V G S U Χ
```

Puzzle 817

```
A N Α Ψ Υ Χ Ή Σ Σ P L T W W K Υ Π
U A M E I U N I L Y J O T L M E A
D Σ Ή Γ Ω Γ A Σ I E Γ Y A F B H P
A O M Ά Δ A Φ Π N P J X O U Z Q A
M Γ V D F O A I Q W F J Έ W V P K
A A N U Z T I Θ Ά W P I Ό O X Z O
P W Q O M I Δ A Λ O N E P Ό Y K Λ
Ό K Π O O J V N Λ P Σ E G M N O
N M Q P C Ύ Χ Ό O T X Ά B G C I Y
I I L E G Ά I M T T Q Λ I U D Z Θ
Έ X O Y N Γ J E U Q D E Λ G I W E
O H P J N H M N C T S Γ Θ E C Q Ί
N E N O K Ή Θ A K A O Y M Π Ό H A
C F D F P C W O T L J N D W M T N
P J O A S C Q Ή K I T A M Ω Σ Γ H
```

ΣΥΓΧΈΟΥΝ
ΚΑΘΉΚΟΝ
ΈΧΟΥΝ
ΠΑΡΑΚΟΛΟΥΘΕΊ
ΘΛΙΒΕΡΌ
ΆΛΛΟ
ΣΩΜΑΤΙΚΉ
ΠΙΘΑΝΌ
ΑΝΑΨΥΧΉΣ
ΑΓΝΟΟΎΜΕ
ΌΡΑΜΑ
ΓΕΛΆΣΕΙ
ΝΕΡΌ
ΔΙΑΦΑΝΉ
ΚΑΟΥΜΠΌΗ
ΤΟΥ
ΓΗ
ΟΜΆΔΑ
ΕΙΣΑΓΩΓΉΣ
ΠΡΆΓΜΑΤΙ

Puzzle 818

ΨΩΜΆΚΙΑ
ΣΉΜΑΤΟΣ
ΔΙΆΡΚΕΙΑ
ΓΡΑΜΜΉ
ΒΑΣΙΛΙΚΉ
ΑΠΑΛΌ
ΣΦΡΑΓΊΔΑ
ΣΌΛΟ
ΕΛΈΦΑΝΤΑ
ΕΝΕΡΓΌΣ
ΕΝΤΟΠΊΣΕΙ
ΜΠΑΛΚΌΝΙ
ΕΞΑΣΚΟΎΝ
ΧΆΡΤΗ
ΔΊΔΑΞΕ
ΔΡΟΣΕΡΌ
ΣΤΟΜΆΧΙ
ΕΊΔΗ
ΕΊΤΕ
ΔΙΑΧΕΊΡΙΣΗ

```
P B W C Q H Σ E Ψ O K N D D Δ M O
Y A Y R X K T Λ Ω O G K Q P I K B
T H Π D S A O Έ M J U P B R A M E
S Z Σ A C Y M Φ Ά X Ά P T H X Π N
E R O T Λ O Ά A K E Ί Δ H B E A T
B E T Ί E Ό X N I Δ K N V A Ί Λ O
Γ P A M M Ή I T A Ί A E H Σ P K Π
Ό P M V U K X A Δ Δ Z M M I I Ό Ί
P B Ή W Σ Z L R I A N U J Λ Σ N Σ
E X Σ N Ό G G S Ά Ξ U M J I H I E
Σ Φ P A Γ Ί Δ A P E O R B K N A I
O N X G P N Ύ O K Σ A Ξ E Ή Z K K
P N A E E D S Λ E F M B B F G B B
Δ G B Q N I U Ό I Y P U J K W G Y
Y M N Z E S L Σ A H C G I S J N A
```

Puzzle 819

Φ	Α	Ι	Ν	Ό	Τ	Α	Ν	Υ	Σ	Ε	Τ	Ύ	O	G	U	Z
P	A	B	H	F	E	X	Δ	Π	Υ	Λ	Α	Σ	Τ	A	Θ	Ή
G	O	Q	Δ	S	K	A	E	O	Σ	K	R	M	L	J	Z	J
J	P	H	I	D	A	P	Y	K	T	Y	A	B	O	S	L	R
U	A	M	A	I	T	I	T	A	A	Σ	Γ	T	P	Ί	T	H
L	Y	A	T	O	O	T	E	T	T	I	P	R	M	S	G	
B	C	U	P	T	N	Ω	P	Ά	I	I	H	T	O	W	S	P
Π	C	X	I	Ώ	T	M	E	Σ	K	K	K	Z	Z	Θ	L	B
K	E	Y	B	P	Ά	Έ	Ύ	T	Ό	Ή	C	Ά	U	X	I	A
H	Ύ	T	Ή	A	Δ	N	O	H	P	M	P	K	L	G	C	Ά
H	H	K	Σ	S	E	O	Y	M	M	Γ	X	I	A	H	W	Q
J	G	B	Λ	Έ	S	G	Σ	A	U	I	Σ	T	A	Θ	E	Ί
R	A	W	O	O	T	W	A	P	M	T	Ψ	Y	X	I	K	Ή
X	J	A	X	U	L	A	Q	F	D	Σ	Q	Q	V	S	Z	P
A	D	Σ	K	A	N	T	Z	Ό	X	O	I	P	O	Σ	F	X

ΤΡΊΤΗ
ΣΤΙΓΜΉ
ΓΡΟΘΙΆ
ΧΑΡΙΤΩΜΈΝΟ
ΤΖΆΚΙ
ΣΚΑΝΤΖΌΧΟΙΡΟΣ
ΑΣΤΑΘΉ
ΨΥΧΙΚΉ
ΕΛΚΥΣΤΙΚΉ
ΕΚΑΤΟΝΤΆΔΕΣ
ΥΠΟΚΑΤΆΣΤΗΜΑ
ΔΕΥΤΕΡΕΎΟΥΣΑ
ΣΥΣΤΑΤΙΚΌ
ΤΏΡΑ
ΠΕΤΣΈΤΑ
ΔΙΑΤΡΙΒΉ
ΣΤΑΘΕΊ
ΦΑΙΝΌΤΑΝ
ΚΎΚΛΟ
ΌΥΤΕ

Puzzle 820

ΔΕΊΧΝΟΥΝ
ΠΌΔΙΑ
ΑΠΟΦΕΎΓΟΥΝ
ΕΞΈΤΑΣΗΣ
ΓΝΩΣΤΌ
ΜΟΡΦΉ
ΔΎΟ
ΧΡΈΩΣΗ
ΣΤΆΔΙΟ
ΑΠΕΙΛΉ
ΧΕΙΡΌΤΕΡΗ
ΚΊΝΔΥΝΟ
ΜΈΓΑΙΡΑ
ΚΌΚΚΙΝΟ
ΕΠΙΚΊΝΔΥΝΩΝ
ΦΌΒΟ
ΔΙΑΤΑΡΑΧΉ
ΣΥΝΑΝΤΉΘΗΚΕ
ΠΡΟΈΔΡΟΥ
ΦΡΑΓΚΟΣΤΆΦΥΛΟ

G	Π	G	A	U	X	D	W	I	V	D	F	M	E	X	Π	V	
O	B	Ό	Φ	Π	Q	J	T	X	L	Y	Υ	Έ	K	E	P	J	
I	Q	X	Δ	G	O	Ύ	Δ	J	T	T	I	Γ	Ό	I	O	Y	
Δ	A	L	B	I	J	Φ	Ή	Λ	I	E	Π	A	K	P	Έ	X	
Ά	D	K	M	B	A	G	E	W	Q	Z	Y	I	K	Ό	Δ	N	
T	R	W	O	W	N	K	N	Ύ	F	N	Q	P	I	T	P	Ω	
Σ	H	I	P	W	E	C	D	Ω	Γ	V	I	A	N	E	O	N	
A	L	D	Φ	J	O	K	U	S	Σ	O	D	V	O	P	Y	Y	
Y	M	Z	Ή	S	B	U	Z	A	S	T	Y	T	A	H	S	Δ	
Δ	E	Ί	X	N	O	Y	N	Y	O	F	Ό	N	R	Q	R	N	
K	Ί	N	Δ	Y	N	O	X	P	Έ	Ω	Σ	H	O	X	G	Ί	
Δ	I	A	T	A	P	A	X	Ή	T	I	B	A	L	M	P	K	
Φ	P	A	Γ	K	O	Σ	T	Ά	Φ	Y	Λ	O	J	G	B	I	
E	Ξ	Έ	T	A	Σ	H	Σ	E	K	P	H	A	R	O	H	Π	
B	E	C	L	B	H	Σ	Y	N	A	N	T	Ή	Θ	H	K	E	

Puzzle 821

```
Q  H  K  S  Ά  R  Q  Z  M  N  G  Γ  B  O  S  O  S
Γ  Λ  Y  K  Ά  Δ  I  P  Z  H  Z  K  X  P  E  L  S
L  E  Y  G  D  E  E  Z  J  Π  K  Ό  Έ  E  Z  E  E
W  O  W  W  H  L  Q  I  K  I  C  M  P  A  T  Y  Z
S  F  V  G  A  X  M  H  O  N  F  E  I  N  S  X  A
Λ  Y  W  F  U  Π  L  N  V  Έ  N  N  P  Ώ  D  A  Δ
E  W  C  N  S  E  D  L  T  Λ  B  A  Ά  Σ  S  P  Ή
O  W  J  U  J  P  Y  L  M  O  S  P  Θ  E  L  I  Λ
Π  X  D  C  A  I  N  Ά  Π  Σ  X  C  A  I  T  Σ  Ω
Ά  M  W  Q  A  Έ  Q  N  A  Z  D  Π  K  B  P  T  Σ
P  P  Q  D  P  X  R  D  X  C  O  H  Σ  E  E  Ώ  H
Δ  M  Έ  Σ  A  E  U  L  Ύ  W  Y  Γ  Q  Z  K  Ί  Σ
A  T  B  A  Q  I  Σ  Ύ  P  M  A  Ή  R  K  G  Ω  O
Λ  T  J  Φ  Ω  Λ  Ι  Ά  B  V  M  L  C  F  W  P  F
H  T  Σ  A  Λ  A  K  Ω  M  Έ  N  O  E  U  I  Π  I
```

ΓΛΥΚΆ
ΠΙΝΈΛΟ
ΤΣΑΛΑΚΩΜΈΝΟ
ΣΚΑΘΆΡΙ
ΠΑΧΎ
ΔΉΛΩΣΗΣ
ΜΈΣΑ
ΒΡΑΒΕΊΟ
ΟΡΓΑΝΏΣΕΙ
ΠΡΩΊ
ΕΥΧΑΡΙΣΤΏ
ΓΚΌΜΕΝΑ
ΦΩΛΙΆ
ΣΠΆΝΙΑ
ΠΕΡΙΈΧΕΙ
ΧΈΡΙ
ΠΗΓΉ
ΛΕΟΠΆΡΔΑΛΗ
ΆΔΕΙΟ
ΣΎΡΜΑ

Puzzle 822

ΑΠΟΤΈΛΕΣΜΑ
ΑΧΥΡΏΝΑ
ΔΙΑΦΆΝΕΙΑ
ΑΤΟΜΙΚΉ
ΈΓΚΛΗΜΑ
ΚΑΤΆΛΟΓΟ
ΑΛΆΤΙ
ΣΥΜΒΟΎΛΙΟ
ΓΟΝΕΊΣ
ΤΑΧΎΤΗΤΑ
ΈΔΩΣΕ
ΣΥΓΚΕΚΡΙΜΈΝΗ
ΦΡΆΧΤΗ
ΆΛΛΟΥΣ
ΔΌΝΤΙΑ
ΚΑΤΑΛΆΒΕΙ
ΣΗΜΑΝΤΙΚΉ
ΠΡΩΙΝΌ
ΑΓΡΌΤΗΣ
ΠΟΤΌ

```
Q  K  Y  M  J  E  A  C  J  D  R  Έ  C  N  D  J  R
Έ  U  H  K  S  U  Y  U  Z  N  H  Γ  Q  K  T  C  J
B  Δ  Σ  Y  M  B  O  Ύ  Λ  I  O  K  I  R  T  O  Y
Σ  M  Ω  I  O  S  T  A  M  Σ  E  Λ  Έ  T  O  Π  A
Π  H  D  S  Δ  Ό  N  T  I  A  I  H  T  X  Ά  P  Φ
K  P  M  M  E  H  K  Y  A  I  Z  M  K  R  J  Z  R
A  K  Ω  A  T  H  Ύ  X  A  T  A  P  Z  Y  A  B
T  A  A  I  N  Σ  Y  Γ  K  E  K  P  I  M  Έ  N  H
Ά  T  Γ  T  N  T  Δ  I  A  Φ  Ά  N  E  I  A  Ό  Ω
Λ  A  P  Ά  Ά  Ό  I  O  Q  I  G  T  Q  T  V  P  O
O  Λ  Ό  Λ  T  K  K  V  S  H  Z  W  A  A  Y  N
Γ  Ά  T  A  Λ  O  V  L  Ή  K  I  M  O  T  A  X  E
O  B  H  M  O  Π  G  X  R  J  L  D  Y  J  Z  A  Ί
R  E  Σ  B  Y  Y  Y  N  G  Z  B  L  W  O  V  N  Σ
O  I  N  F  S  P  R  L  U  J  Y  W  D  M  S  E  W
```

Puzzle 823

```
Π  Ρ  Α  Κ  Τ  Ι  Κ  Ή  D  C  A  B  L  F  K  Y  B
D  R  Q  B  L  M  L  V  M  J  A  T  C  S  C  O  Λ
Π  E  Z  D  J  T  C  X  D  M  G  C  W  T  H  Σ  Έ
P  I  U  U  H  T  M  Ά  T  I  A  K  T  Θ  Θ  Έ  Π
W  A  P  B  I  B  Λ  Ί  O  G  J  N  A  Έ  E  E  O
R  M  E  O  A  H  K  R  O  X  K  Z  M  Λ  P  I  N
Ά  O  P  I  Ύ  E  M  Π  E  I  P  Ί  A  E  A  T  T
K  Θ  Γ  R  W  N  Ώ  N  Y  O  B  M  B  I  Π  Y  A
A  Ά  A  D  A  A  I  Σ  Ά  M  Y  A  Θ  F  E  Δ  Σ
M  K  Σ  Έ  A  T  M  O  P  F  J  O  F  R  Ί  O  T
Π  A  Ί  N  R  Z  G  I  I  V  L  C  S  T  A  V  N
T  M  A  Y  Y  I  S  X  E  Γ  Y  A  Λ  I  Ά  D  X
H  H  F  Σ  S  F  S  C  Σ  T  U  I  Q  C  U  Q  W
A  N  E  Ξ  A  P  T  H  Σ  Ί  A  Σ  X  N  G  L  T
Δ  P  A  Σ  T  H  P  I  Ό  T  H  T  A  D  B  B  Y
```

ΘΈΛΕΙ
ΒΟΥΝΏΝ
ΕΜΠΕΙΡΊΑ
ΜΆΤΙΑ
ΤΗΣ
ΘΑΥΜΆΣΙΑ
ΠΙΡΟΎΝΙ
ΕΡΓΑΣΊΑ
ΆΚΑΜΠΤΗ
ΔΥΤΙΚΈΣ
ΒΙΒΛΊΟ
ΠΡΑΚΤΙΚΉ
ΣΕΙΡΆ
ΑΝΕΞΑΡΤΗΣΊΑΣ
ΣΥΝΈΔΡΙΟ
ΘΕΡΑΠΕΊΑ
ΚΆΘΟΜΑΙ
ΒΛΈΠΟΝΤΑΣ
ΔΡΑΣΤΗΡΙΌΤΗΤΑ
ΓΥΑΛΙΆ

Puzzle 824

ΣΤΑΘΜΌΣ
ΔΙΑΊΡΕΣΗ
ΒΑΡΕΘΕΊ
ΓΆΛΑ
ΕΝΟΧΛΕΊ
ΑΚΤΉ
ΠΕΔΙΆΔΕΣ
ΟΜΟΙΟΚΑΤΑΛΗΞΊΑ
ΚΥΒΕΡΝΉΤΗΣ
ΟΙΚΟΓΕΝΕΙΑΚΌ
ΕΎΡΗΜΑ
ΒΑΘΜΌ
ΠΡΆΞΗ
ΚΈΙΚ
ΑΠΌ
ΠΟΛΊΤΗ
ΘΕΊΟΣ
ΈΔΡΑ
ΑΓΆΠΗ
ΖΕΣΤΌ

```
K  Π  E  Έ  D  O  G  N  T  P  Σ  Γ  Z  P  I  B  K
Y  P  E  Δ  X  M  G  A  N  F  R  T  Ά  G  F  A  O
B  Ά  Ό  P  A  O  Θ  E  Ί  O  S  C  A  Λ  D  Θ  Y
E  Ξ  K  A  Y  I  E  A  S  H  E  M  M  Θ  A  M  O
P  H  A  Π  Ό  O  K  K  W  H  Δ  B  H  S  M  Ό  P
N  T  I  V  S  K  L  T  R  H  Ά  C  P  O  R  Ό  Y
Ή  Ί  E  R  D  A  U  Ή  F  C  I  E  Ύ  Z  T  Y  Σ
T  Λ  N  H  I  T  J  B  A  I  Δ  O  E  O  W  S  C
H  O  E  K  A  A  U  Z  I  P  E  E  H  X  K  Y  U
Σ  Π  Γ  Έ  Ί  Λ  N  H  X  O  Π  L  A  H  K  N  F
I  O  O  I  P  H  R  X  A  R  R  P  A  M  D  X  U
P  A  K  K  E  Ξ  E  N  O  X  Λ  E  Ί  Γ  T  R  P
B  P  I  Y  Σ  Ί  E  Θ  E  P  A  B  F  U  Ά  A  Y
K  A  O  M  H  A  Z  E  Σ  T  Ό  N  O  H  H  Π  D
I  N  T  F  I  K  P  M  Q  H  X  U  X  T  R  W  H
```

Puzzle 825

```
Π Ι Θ Β V M M V E E É Δ E I Ξ E E
P I E V X D A K Π Ξ Δ Ά P O Γ A Ξ
Ό V Ί Δ I E Λ K A A I N N X D A A
K P A Y M J V U P Φ Ά M H A I Π I
E O J F Ή U V D K A Φ U B Z P O P
I Y K S W Θ Q R Ή N O W D H E M E
T G Π H Y Σ E K F Ί P S P O H O T
A W M O G J Ώ Λ F Z A L Y P N N I
I U M S T J F X E O H B Γ Γ Π Ω K
Ό Ω Σ M Ί O I Y N T W I A Ά M Ό
Ό M O P Φ H Θ B W T S Z Ή N P É Q
E C U A Q Y A E B A Y F V Ώ K N Y
K P A T Ή Σ E I T I O E Σ Σ O E G
E G J W E E U C X A F V K T C Σ M
W O L D N P E D R N I E O E S I Z
```

ΚΡΑΤΉΣΕΙ
ΑΓΟΡΆ
ΌΜΩΣ
ΘΕΊΑ
ΕΞΑΦΑΝΊΖΟΝΤΑΙ
ΕΠΑΡΚΉ
ΥΠΟΤΊΘΕΤΑΙ
ΔΙΆΦΟΡΑ
ΉΘΕΛΕ
ΠΆΡΚΟ
ΟΙ
ΥΓΉ
ΕΥΤΥΧΏΣ
ΟΡΓΑΝΏΣΤΕ
ΌΜΟΡΦΗ
ΈΔΕΙΞΕ
ΚΛΕΙΔΊ
ΑΠΟΜΟΝΩΜΈΝΕΣ
ΕΞΑΙΡΕΤΙΚΌ
ΠΡΌΚΕΙΤΑΙ

Puzzle 826

ΚΑΤΑΔΎΣΕΙΣ
ΡΟΔΆΚΙΝΟ
ΒΡΑΔΙΆ
ΝΌΣΟ
ΕΆΝ
ΤΗΓΆΝΙ
ΣΤΡΑΤΙΏΤΗΣ
ΖΥΓΊΖΕΙ
ΙΔΙΟΚΤΗΣΊΑΣ
ΔΟΝΤΙΏΝ
ΕΞΑΡΤΆΤΑΙ
ΧΡΉΣΙΜΕΣ
ΟΝΤΙΣΙΏΝ
ΜΑΧΑΊΡΙ
ΕΡΓΟΣΤΆΣΙΟ
ΚΥΡΙΑΚΉ
ΘΕΡΜΟΚΡΑΣΊΑ
ΟΜΙΛΊΑ
ΒΡΟΧΉΣ
ΜΑΣ

```
K Δ N Ό Σ O J B O P S J W R C D D
E A O V A I K E N X O P P P Σ D A
Ξ Ί T N M W J C T P E Δ J A H E Ί
A Λ U A T G M K I Ή P K Ά Q T Y Σ
P I Σ A Δ I Z E Σ Σ Γ O X K Ώ Q A
T M A T L Ύ Ώ S I I O Z H B I T P
Ά O Ί P M D Σ N Ό M Σ R D U T N K
T Z Σ R K X H E N E T E I X A Ά O
A Y H B D J H R I Σ Ά M F T P E M
I U T P I F P R P Σ Σ Z V H T R P
E Ή K A I P Y K Ί Ή I K V Γ Σ H E
H P O Δ H D V G A X O Q R Ά G Q Θ
B X I I K O S V X O I I R N P P O
U D Δ Ά X B L U A P D Z F I N L W
B I I Q A O B B M B Z Y Γ Ί Z E I
```

Puzzle 827

```
D  Z  Z  A  T  Ί  T  E  T  A  M  É  N  H  V  O  Π
Q  D  I  T  T  Λ  I  C  U  O  G  U  R  F  R  P  A
A  M  Ή  P  I  A  N  Ώ  Λ  E  X  R  D  O  R  A  P
Λ  S  L  Ώ  N  K  X  B  I  L  G  K  Z  K  E  N  O
Σ  Ύ  O  N  Y  O  X  Σ  Ά  T  E  M  M  Y  Σ  T  N
K  X  Σ  E  Y  T  N  Ύ  O  X  Y  Σ  H  N  A  I  O
A  Z  O  H  P  H  O  Θ  É  Σ  H  M  Y  P  Σ  M
Σ  R  X  Λ  C  O  K  Π  X  B  K  B  Π  O  E  T  A
K  O  Y  L  E  Π  H  Π  K  Ά  Θ  E  A  T  T  A  Σ
Ό  V  I  W  M  Ί  B  A  Θ  D  D  D  M  Π  Ί  Θ  T
Λ  F  G  L  X  W  O  Π  J  P  V  Q  Π  Ί  A  E  Ή
Φ  O  P  É  Σ  D  H  S  R  A  Z  G  Ά  Π  I  Ί  L
G  V  K  C  W  N  K  Z  Y  P  Q  O  S  M  Δ  N  U
W  V  C  L  M  F  O  N  L  O  K  L  R  E  I  T  Q
V  I  P  B  U  I  S  A  I  T  B  X  X  T  Y  H  Y
```

ΡΉΜΑ
ΤΕΤΑΜΈΝΗ
ΛΎΣΗ
ΠΟΡΤΟΚΑΛΊ
ΣΧΟΛΕΊΟ
ΤΡΏΝΕ
ΚΆΘΕ
ΙΔΙΑΊΤΕΡΑ
ΠΑΠΠΟΎΣ
ΑΝΗΣΥΧΟΎΝ
ΧΕΛΏΝΑ
ΚΑΣΚΌΛ
ΘΈΣΗ
ΠΑΡΟΝΟΜΑΣΤΉ
ΘΑ
ΣΥΜΜΕΤΆΣΧΟΥΝ
ΑΝΤΙΣΤΑΘΕΊ
ΦΟΡΈΣ
ΕΜΠΊΠΤΟΥΝ
ΜΠΑΜΠΆ

Puzzle 828

ΠΟΙΚΙΛΊΑ
ΚΛΊΣΗ
ΕΦΗΜΕΡΊΔΑ
ΛΊΓΟ
ΒΡΟΧΉ
ΣΥΝΕΡΓΆΖΟΝΤΑΙ
ΆΣΚΗΣΗ
ΕΊΣΟΔΟΣ
ΑΠΕΛΕΥΘΈΡΩΣΗ
ΑΙΤΊΑ
ΕΥΚΑΙΡΊΑ
ΚΊΤΡΙΝΟ
ΕΤΥΜΗΓΟΡΊΑ
ΑΙΧΜΗΡΌ
ΛΎΚΟΣ
ΠΌΔΙ
ΆΝΕΤΑ
ΒΌΡΕΙΑ
ΝΥΧΤΕΡΊΔΑ
ΔΕΜΈΝΗ

```
X  I  M  C  P  B  A  A  A  I  E  P  Ό  B  B  D  P
S  A  L  Q  Z  I  Π  I  Δ  I  K  A  A  K  E  K  E
F  R  B  Z  E  O  E  T  Ί  A  X  Ί  L  U  R  Λ  J
Ά  Σ  K  H  Σ  H  Λ  Ί  P  T  E  M  T  S  R  Ί  H
Y  P  B  Y  M  P  E  A  E  N  Y  Π  H  P  D  S  H
U  Y  E  A  J  Y  Y  E  T  O  K  I  Ό  P  I  H  Q
H  D  Q  K  H  H  Θ  Ί  X  Z  A  F  G  Δ  Ό  N  N
Δ  E  M  É  N  H  É  Σ  Y  Ά  I  X  B  Q  I  Π  O
H  M  F  A  I  D  P  O  N  Γ  P  R  J  H  C  O  O
Λ  Ί  Γ  O  U  A  Ω  Δ  X  P  Ί  K  T  X  Z  I  V
P  C  D  K  F  C  Σ  O  H  E  A  A  R  J  U  K  L
Ά  N  E  T  A  O  H  Σ  N  N  N  Z  H  S  E  I  S
E  Φ  H  M  E  P  Ί  Δ  A  Y  F  H  Z  J  F  Λ  P
B  P  O  X  Ή  V  J  K  W  Σ  O  K  Ύ  Λ  M  Ί  J
E  T  Y  M  H  Γ  O  P  Ί  A  O  B  M  N  E  A  C
```

Puzzle 829

```
V R V N L M I W G N V X Σ Q L K G
I E Z Ί Φ A P Γ Ω Z Π M H Δ Ή O N
Ψ Ά P I A Σ P Ή F C P L M C Z Y A
T S I N T Ό I Γ O K Ό M E P U K N
L L G L N T E A Ή X Γ I Y I Y L O T
G F U V L E Λ K P O C Ω Ό N Y I
C R S X V A B Λ W Y N C M Φ E B Σ
M Y T E P Ά K A X A O T A E C Ά T
V C P M D N Y O Ψ Έ Λ K T Λ H Γ Ά
Ά I R P U W F I Y D I Q Ά O Y I Θ
K Θ Y J C R T T I Z P M P Σ H A M
I Z Λ Δ E Λ Φ Ί N I Ί S I T O F I
Σ M S I Z A M H T K Έ N O E Λ Π Σ
Y J N Y A M V E L B X B A Q T S H
Φ P M G E N Δ I A Φ Έ P O N Y Q Σ
```

ΜΥΤΕΡΆ
ΠΡΌΓΟΝΟ
ΠΛΕΟΝΈΚΤΗΜΑ
ΔΕΛΦΊΝΙ
ΣΗΜΕΙΩΜΑΤΆΡΙΟ
ΌΦΕΛΟΣ
ΆΘΛΙΑ
ΨΆΡΙΑ
ΑΛΛΑΓΉ
ΑΝΤΙΣΤΆΘΜΙΣΗΣ
ΖΩΓΡΑΦΊΖΕΙ
ΚΛΈΨΟΥΝ
ΑΡΓΉ
ΉΔΗ
ΚΟΓΊΟΤ
ΦΥΣΙΚΆ
ΕΝΔΙΑΦΈΡΟΝ
ΑΕΤΌΣ
ΚΟΥΖΊΝΑ
ΚΟΥΚΟΥΒΆΓΙΑ

Puzzle 830

ΕΚΣΤΡΑΤΕΊΑ
ΣΠΑΘΊ
ΣΟΥΗΔΌΣ
ΘΌΡΥΒΟ
ΆΜΥΝΑ
ΠΆΠΙΑ
ΕΠΙΣΤΡΟΦΉ
ΜΑΪΝΤΑΝΌ
ΤΑΚΤΟΠΟΙΗΜΈΝΟ
ΔΙΠΛΟΎΝ
ΑΥΓΏΝ
ΕΝΑΛΛΑΚΤΙΚΉ
ΚΌΜΜΑ
ΕΤΉΣΙΑ
ΒΟΛΤ
ΌΡΟΦΟ
ΣΚΟΠΌ
ΚΑΡΈΚΛΑ
ΕΚΚΕΝΏΣΤΕ
ΠΡΟΓΡΆΜΜΑΤΟΣ

```
Π U N R I Σ E T Ή Σ I A N Y M Ά Σ
Q P Ύ K M F K U D K F I H F U Z O
L E O I S Z B O W G O Π B U D C Y
B K Λ Γ W O O F Π R K Ά A T P P H
E Σ Π P P Λ Q E Ό N Π U C T C Δ
Π T I C O Ά T C M Z K U Y G J G Ό
I P Δ O N Έ M H I O Π O T K A T Σ
Σ A P O N I L M I F Y S U H M E J
T T Ό P O Φ O W A Λ K Έ P A K S B
P E K U B J L M E T Σ Ώ N E K K E
O Ί Ό A Y Γ Ώ N I Σ O B Σ N Y K O
Φ A M U P W L T J J A Σ B Π C I T
Ή E M O Ό D A H U B X C D R A T E
X Y A U Θ H V M A Ϊ N T A N Ό Θ M
E N A Λ Λ A K T I K Ή U M Y R D Ί
```

Puzzle 831

Σ	Κ	S	E	Z	Y	L	O	C	F	S	E	R	M	J	T	M
A	P	G	V	J	N	F	Ά	K	I	T	O	Λ	I	Π	E	A
B	O	Φ	H	B	R	J	S	R	A	O	Z	L	W	O	B	B
B	K	Ά	G	Σ	I	D	V	Σ	Ί	P	Ω	X	X	J	F	P
A	O	P	Y	Y	P	Q	K	A	Λ	Ή	Π	Z	V	B	N	Ώ
T	Δ	M	J	N	B	Ή	Έ	K	A	Ψ	E	O	T	E	N	M
O	E	A	Y	Δ	A	B	Π	S	W	Y	H	B	Ύ	V	K	I
K	Ί	R	T	Y	Σ	S	U	O	X	X	H	M	D	Z	C	K
Ύ	Λ	Z	M	Ά	Φ	A	M	Ώ	P	X	A	E	A	F	I	O
P	I	K	Q	Z	A	Ύ	C	W	H	T	F	Λ	H	M	F	G
I	A	J	P	O	Λ	P	Z	N	M	F	I	O	Ά	N	V	U
A	H	W	Y	Y	Έ	I	Έ	Λ	Ξ	H	Σ	Π	E	Z	X	T
K	A	F	Y	N	Σ	O	U	S	J	Y	Y	W	E	I	I	G
O	A	Γ	A	Π	H	M	Έ	N	O	V	O	K	U	Q	D	E
Π	E	P	Ί	M	E	T	P	O	P	E	T	Ύ	O	K	Σ	N

ΑΣΦΑΛΈΣ
ΕΠΙΤΡΟΠΉ
ΈΚΑΨΕ
ΚΑΡΠΟΎΖΙ
ΚΑΛΉ
ΧΑΛΆΖΙ
ΑΓΑΠΗΜΈΝΟ
ΚΡΟΚΟΔΕΊΛΙΑ
ΣΥΝΔΥΆΖΟΥΝ
ΣΚΟΎΤΕΡ
ΦΆΡΜΑ
ΧΩΡΊΣ
ΧΡΏΜΑ
ΠΙΛΟΤΙΚΆ
ΠΕΡΊΜΕΤΡΟ
ΈΛΞΗΣ
ΑΎΡΙΟ
ΒΡΏΜΙΚΟ
ΣΑΒΒΑΤΟΚΎΡΙΑΚΟ
ΤΟΥΣ

Puzzle 832

ΡΊΞΕΙ
ΓΡΑΦΕΊΟ
ΑΠΛΟΠΟΙΉΣΤΕ
ΘΆΛΑΣΣΑ
ΠΙΣΤΕΎΟΥΝ
ΑΣΤΈΡΙΑ
ΜΎΛΟ
ΈΘΙΜΟ
ΥΓΡΌ
ΣΥΓΓΝΏΜΗ
ΠΡΟΣΕΚΤΙΚΉ
ΔΙΆΔΡΟΜΟ
ΠΑΡΑΔΟΣΙΑΚΌ
ΘΡΗΣΚΕΥΤΙΚΈΣ
ΑΠΌΦΟΙΤΟΣ
ΔΊΚΤΥΟ
ΤΡΈΞΕΙ
ΣΚΟΥΛΉΚΙ
ΑΦΙΕΡΏΝΩ
ΕΚΤΈΛΕΣΗ

R	Π	Έ	Θ	I	M	O	Ί	E	Φ	A	P	Γ	V	A	N	H
F	P	W	N	E	U	N	Y	O	Ύ	E	T	Σ	I	Π	U	W
Q	O	V	S	Ξ	L	U	O	Δ	Ί	K	T	Y	O	Λ	G	A
S	Σ	G	L	Ί	J	T	G	S	C	C	S	T	P	O	N	Π
U	E	W	B	P	J	A	Σ	Σ	A	Λ	Ά	Θ	S	Π	A	Ό
Z	K	Σ	Έ	K	I	T	Y	E	K	Σ	H	P	Θ	O	Φ	Φ
U	T	Δ	D	E	K	P	Γ	M	Q	Q	U	W	I	I	I	O
T	I	I	V	O	Ή	N	Γ	A	U	Y	W	X	O	Ή	E	I
P	K	Ά	Y	I	Λ	M	N	X	I	P	V	E	C	Σ	P	T
Έ	Ή	Δ	Γ	E	Y	Ύ	Ώ	T	F	P	H	B	T	T	Ώ	O
Ξ	T	P	P	J	O	T	M	U	T	C	Έ	O	Q	E	N	Σ
E	Y	O	Ό	T	K	D	H	Σ	E	Λ	Έ	T	K	E	Ω	M
I	V	M	U	G	Σ	F	Z	R	R	X	I	T	Σ	X	U	K
Z	Z	O	Π	A	P	A	Δ	O	Σ	I	A	K	Ό	A	B	L
S	L	J	S	C	O	M	U	Z	E	T	J	X	J	T	U	C

Puzzle 833

```
A  M  Ύ  E  G  D  Γ  G  U  Q  H  T  Σ  O  P  A  E
T  N  M  Ά  Σ  K  A  Y  L  K  Q  K  A  Δ  H  Π  N
O  Λ  E  Γ  Ό  M  A  X  A  H  Y  M  Δ  Y  I  O  O
Π  G  E  Ξ  A  T  P  Z  V  Λ  S  A  Ά  N  R  Σ  I
Ί  A  D  K  Ά  T  J  T  Q  U  I  Ί  B  H  E  T  K
T  W  Y  X  D  P  Έ  K  E  M  Δ  Σ  I  P  X  A  Ί
O  C  P  G  P  K  T  N  D  Q  Ά  A  T  Ά  C  Λ  A
Σ  K  A  Θ  Ά  P  I  H  I  E  M  M  Σ  E  E  E  Σ
J  X  O  D  L  C  Σ  Σ  T  Σ  H  I  O  Z  P  Ί  H
H  P  F  B  R  A  O  A  P  O  Σ  K  N  D  L  Ή  N
A  P  E  W  A  O  Ύ  Φ  V  B  W  O  O  G  L  N  Ύ
B  P  Z  U  G  O  Π  Ό  L  K  G  Δ  I  H  U  A  Θ
L  B  L  W  W  S  A  Π  M  L  O  Q  X  L  Z  X  Y
D  A  Y  I  D  V  B  A  Δ  Ί  Γ  A  P  Φ  Σ  H  E
I  Σ  T  O  Σ  E  Λ  Ί  Δ  A  N  G  E  Q  X  M  R
```

ΓΥΑΛΙΣΤΕΡΉ
ΧΙΟΝΟΣΤΙΒΆΔΑΣ
ΣΟΎΠΑ
ΧΑΜΌΓΕΛΟ
ΤΈΝΙΣ
ΙΣΤΟΣΕΛΊΔΑ
ΕΝΟΙΚΊΑΣΗ
ΜΗΧΑΝΉ
ΑΝΕΞΆΡΤΗΤΟ
ΔΟΚΙΜΑΣΊΑ
ΕΥΘΎΝΗ
ΤΊΠΟΤΑ
ΣΗΜΆΔΙ
ΑΠΟΣΤΑΛΕΊ
ΑΠΌΦΑΣΗ
ΟΔΥΝΗΡΆ
ΓΕΎΜΑ
ΜΆΣΚΑ
ΣΦΡΑΓΊΔΑ
ΣΚΑΘΆΡΙ

Puzzle 834

ΠΕΡΑΙΤΈΡΩ
ΧΡΩΜΆΤΩΝ
ΠΑΡΤΊΔΑ
ΑΠΌΔΟΣΗ
ΉΡΘΕ
ΈΞΩ
ΟΠΟΊΩΝ
ΑΚΡΙΒΏΣ
ΨΩΜΊ
ΊΔΡΥΜΑ
ΔΙΕΘΝΉ
ΠΡΟΦΑΝΉ
ΨΗΛΌΤΕΡΟ
ΦΡΟΎΤΑ
ΣΟΒΑΡΈΣ
ΠΑΡΑΠΆΝΩ
ΔΙΚΑΣΤΉΡΙΟ
ΔΙΑΦΑΝΉ
ΠΡΑΚΤΙΚΉ
ΕΜΠΊΠΤΟΥΝ

```
E  P  G  K  W  Q  R  Ί  E  J  T  P  H  P  I  Σ  Ψ
T  I  Y  F  U  R  Q  Δ  S  M  A  Z  Y  P  H  O  H
K  P  J  Σ  Ώ  B  I  P  K  A  Π  A  T  Ω  L  B  Λ
Φ  P  O  Ύ  T  A  P  Y  R  G  Δ  Ί  D  P  U  A  Ό
O  Π  O  Ί  Ω  N  J  M  G  Z  I  Π  Π  Έ  J  P  T
I  X  N  N  Ξ  Z  M  A  P  P  A  P  J  T  U  Έ  E
P  P  Π  F  Έ  V  K  K  P  E  Φ  A  E  I  O  Σ  P
Ή  Ω  A  P  H  V  O  F  Ω  B  A  K  A  A  A  Y  O
T  M  P  Π  P  O  Φ  A  N  Ή  N  T  Π  P  T  Τ  N
Σ  Ά  T  Ψ  H  V  Z  Q  Ά  N  Ή  I  Ό  E  M  F  E
A  T  Ί  W  Ω  P  O  S  Π  Θ  G  K  Δ  Π  E  M  A
K  Ω  Δ  L  Z  M  Θ  S  A  E  Ά  Ή  O  V  D  F  I
I  N  A  B  A  N  Ί  E  P  I  B  O  Σ  M  N  R  T
Δ  H  N  U  E  P  P  Z  A  Δ  W  P  H  B  Y  W  S
I  Z  S  P  W  V  W  E  Π  G  W  O  M  U  Z  D  L
```

Puzzle 835

Δ	Ρ	V	R	K	Ά	K	Ό	Σ	M	O	S	S	Φ	S	L	K
T	I	Z	Ρ	Λ	M	W	B	V	I	A	U	Ώ	B	E	A	
T	E	Ά	Q	V	O	S	H	Q	S	R	R	Z	N	B	V	Λ
Z	Q	Q	Φ	M	Γ	B	E	N	Z	Ί	N	H	A	Z	J	Ά
S	G	Q	S	O	O	H	X	K	R	O	P	C	Ξ	E	E	Θ
O	A	Ί	T	P	Y	O	K	U	E	Λ	P	E	Σ	T	I	
V	M	Q	Ό	T	E	A	T	P	A	X	B	I	O	T	Z	K
C	Έ	Ά	T	C	I	Q	K	A	N	A	Π	Έ	B	Ό	R	Q
X	Θ	L	Δ	F	V	R	C	U	N	A	W	T	K	Ά	B	T
A	Q	M	W	A	Σ	T	O	I	X	E	I	Ώ	Δ	H	Δ	U
M	C	D	Z	O	M	Π	A	Λ	Ό	N	I	A	X	J	I	I
N	I	K	Ή	Σ	E	I	E	X	P	Q	Y	G	S	A	R	E
W	J	D	O	N	Έ	M	H	I	O	Π	O	T	K	A	T	C
U	F	U	T	H	N	E	M	Ό	X	E	N	Y	Σ	I	E	Y
A	Π	O	Γ	O	H	T	E	Y	M	Έ	N	O	Σ	R	C	C

ΦΏΝΑΞΕ
ΆΛΟΓΟ
ΝΙΚΉΣΕΙ
ΑΠΟΓΟΗΤΕΥΜΈΝΟΣ
ΘΈΜΑ
ΚΑΛΆΘΙ
ΚΑΝΑΠΈ
ΜΠΑΛΌΝΙΑ
ΚΟΥΡΤΊΝΑ
ΛΙΒΆΔΙ
ΣΤΟΙΧΕΙΏΔΗ
ΣΥΝΕΧΌΜΕΝΗ
ΧΟΡΌ
ΒΕΝΖΊΝΗ
ΚΌΣΜΟ
ΧΑΡΤΑΕΤΌ
ΟΜΆΔΑ
ΖΕΣΤΌ
ΔΙΆΦΟΡΑ
ΤΑΚΤΟΠΟΙΗΜΈΝΟ

Puzzle 836

ΑΝΆΓΝΩΣΗΣ
ΘΑΥΜΑΣΤΈΣ
ΑΝΤΑΝΑΚΛΆ
ΜΆΓΙΣΣΑ
ΦΘΟΡΆ
ΜΠΡΌΚΟΛΟ
ΕΙΔΙΚΆ
ΓΈΛΑΣΕ
ΧΡΌΝΟ
ΑΝΤΙΚΕΊΜΕΝΟ
ΕΥΧΑΡΙΣΤΉΣΟΥΝ
ΣΗΜΑΊΑ
ΜΑΪΜΟΎ
ΣΉΜΑ
ΤΑΞΊΔΙ
ΠΤΏΣΗ
ΚΈΡΔΟΣ
ΚΎΡΙΟ
ΠΗΓΉ
ΕΎΡΗΜΑ

M	M	O	N	E	M	Ί	E	K	I	T	N	A	X	I	N	E
A	T	M	N	C	F	D	Y	A	Έ	L	R	Ά	P	O	Θ	Φ
X	B	A	T	L	C	B	X	Q	E	P	A	N	Ό	N	L	I
M	D	Q	Ξ	I	P	H	A	C	K	Z	Δ	L	N	Q	C	V
E	V	Q	L	Ί	H	E	P	B	V	T	J	O	O	N	Σ	W
Z	A	O	I	L	Δ	U	I	A	T	S	Z	J	S	L	Ή	W
Γ	Έ	Λ	A	Σ	E	I	Σ	O	S	I	H	Y	Q	D	M	J
M	H	W	U	N	O	M	T	G	I	J	M	T	U	D	A	L
Π	K	Q	H	O	C	A	Ή	A	N	T	A	N	A	K	Λ	Ά
P	N	Ύ	Q	Q	J	Ί	Σ	A	N	Ά	Γ	N	Ω	Σ	H	Σ
Ό	C	E	P	M	F	M	O	P	T	M	T	O	U	S	E	K
K	N	S	D	I	T	O	Y	E	Ύ	P	H	M	A	U	Ώ	W
O	O	S	J	F	O	Ύ	N	M	Ά	Γ	I	Σ	Σ	A	T	G
Λ	P	I	K	X	L	Σ	H	M	A	Ί	A	Ή	Γ	H	Π	U
O	Θ	A	Y	M	A	Σ	T	Έ	Σ	E	I	Δ	I	K	Ά	E

Puzzle 837

```
Y Σ O T A M M Ά P Γ O P Π K Σ D T
P M M M K S D Q A Z Φ H I Ά Y P A
Z D I N O A H U U A Y R O T N K K
X Ή Λ Z M Y X V B T Σ O Y Ω O K T
T Φ Ί C W A Σ Ά S A I O Q C Δ P O
R Λ A U A N Έ I N O K M D W E P Π
P E K Ό P A Λ Δ K P Ό Ή C T Ύ Ό O
U Δ V E U Γ P Ω J Ή Σ N T Σ O Σ I
N A Y W B N W P M A W Y H P Y Ω H
N D L N L Ω D Y R I Ή M W Ώ N Π M
O X I V Q P F M Z Ί Θ A Π Σ P O Έ
Z T D G Y Ί K M Z H A B S F P Π N
Y O M R O Σ I M Q E T Ξ Ί P G I A
R N L O N E M Ό Π E Σ Ά Φ Θ O N O
V V V J R I I R C X A S X Q R C Q
```

ΜΥΡΩΔΙΆ
ΜΟΥΣΙΚΉ
ΡΊΞΤΕ
ΜΉΝΥΜΑ
ΛΈΣΧΗ
ΑΝΑΓΝΩΡΊΣΕΙ
ΚΆΤΩ
ΤΑΚΤΟΠΟΙΗΜΈΝΑ
ΣΥΝΟΔΕΎΟΥΝ
ΕΠΌΜΕΝΟ
ΆΦΘΟΝΟ
ΡΕΚΌΡ
ΠΡΏΗΝ
ΑΔΕΛΦΉ
ΠΡΌΣΩΠΟ
ΦΥΣΙΚΌΣ
ΑΣΤΑΘΉ
ΟΜΙΛΊΑ
ΠΡΟΓΡΆΜΜΑΤΟΣ
ΣΠΑΘΊ

Puzzle 838

ΕΠΙΛΟΓΉΣ
ΠΑΛΙΆ
ΈΠΕΣΕ
ΜΕΤΑΞΎ
ΛΊΠΟΣ
ΜΊΣΟΥΣ
ΆΓΓΕΛΟΣ
ΣΚΑΜΝΊ
ΦΊΛΟΥΣ
ΞΩΤΙΚΌ
ΓΌΝΑΤΟ
ΦΟΡΤΗΓΌ
ΠΡΟΌΔΟΥ
ΤΟΝ
ΣΗΜΑΝΤΙΚΈΣ
ΑΙΣΘΆΝΘΗΚΕ
ΚΊΝΗΣΗ
ΠΟΤΌ
ΧΡΉΣΙΜΕΣ
ΚΟΓΪΟΤ

```
Y F L Π K Γ X I H P B L A V Y A D
H X T O U T Ό I Γ O K F N Z Z H B
Ύ Ξ A T E M M N Π X P Ή Σ I M E Σ
K L H Ό Σ K P O A P H A L N J Π E
Ί Q D S Y X P T U T O A O T S A Π
N Q G Φ O P T H Γ Ό O Ό S C Q A I
H Q B D Λ G G Z F E J L D X A I Λ
Σ F L E Ί A J K Q N E F V O E Ά O
H L N L Φ G Σ K A M N Ί O K Y Έ Γ
Λ Ί Π O Σ Y O Σ Ί M F S E U Z Π Ή
F X F H K K Λ Y J M S U U C O E Σ
S H W B P L E Ξ Ω T I K Ό L G Σ Y
U T N Z Q Y Γ F F F V L M Z D D E D
G C F V J M Γ A I Σ Θ Ά N Θ H K E
R S I S W D Ά Σ H M A N T I K Έ Σ
```

Puzzle 839

Ε	Π	Ι	Θ	Ε	Ώ	Ρ	Η	Σ	Η	Δ	Ί	Ε	D	J	U	L
Ε	D	M	A	J	F	D	M	O	A	Σ	Η	Μ	Έ	N	I	A
M	Ξ	J	B	Q	T	E	O	X	I	A	T	Ά	A	Π	W	
L	B	A	H	A	R	I	T	A	M	T	Σ	I	G	M	R	Q
J	S	H	I	P	B	F	N	P	Ύ	Ά	I	L	K	P	E	K
M	J	F	Y	P	T	H	Ύ	T	O	T	Π	J	F	C	L	F
T	I	T	O	K	E	X	Σ	Ά	M	A	Ό	M	B	Π	M	E
Q	V	J	Z	A	A	T	N	B	V	Π	I	W	I	A	V	E
I	O	R	A	O	N	T	I	X	V	Ί	Ξ	T	O	P	A	X
Ψ	A	Λ	Ί	Δ	I	Ά	Ά	K	H	Σ	A	P	E	A	D	Y
Z	W	A	Y	Γ	Ώ	N	Λ	Σ	Ό	Ω	N	H	Y	Γ	I	D
Σ	Ύ	Γ	X	P	O	N	H	Y	T	Σ	Z	T	R	Ω	Z	F
Π	E	T	A	Λ	O	Ύ	Δ	A	Σ	A	K	X	K	Γ	B	J
E	Ξ	E	T	Ά	Z	O	Y	N	X	H	Σ	D	Q	Ή	B	H
Σ	Y	Λ	Λ	Ά	B	E	I	E	Q	C	T	H	M	Σ	L	H

ΒΆΤΡΑΧΟΣ
ΑΞΙΌΠΙΣΤΗ
ΣΥΛΛΆΒΕΙ
ΕΠΙΘΕΏΡΗΣΗ
ΣΎΓΧΡΟΝΗ
ΑΣΗΜΈΝΙΑ
ΊΣΩΣ
ΠΕΤΑΛΟΎΔΑ
ΠΑΤΆΤΑΣ
ΜΟΎΜΙΑ
ΑΝΆΛΥΣΗ
ΚΑΤΆΣΤΑΣΗ
ΨΑΛΊΔΙ
ΠΑΡΑΓΩΓΉΣ
ΕΞΕΤΆΖΟΥΝ
ΠΑΤΆΤΑ
ΣΎΝΤΟΜΗ
ΕΊΔΗ
ΕΞΑΙΡΕΤΙΚΌ
ΑΥΓΏΝ

Puzzle 840

ΠΡΏΤΟ
ΑΡΚΟΎΔΑ
ΤΣΈΠΗ
ΑΠΟΔΕΊΞΕΙΣ
ΣΥΝΑΊΣΘΗΜΑ
ΣΤΑΥΡΌ
ΠΊΣΤΗΣ
ΉΧΟΥ
ΦΥΤΙΚΆ
ΑΚΡΙΒΆ
ΓΙΑ
ΔΕΙΛΌΣ
ΤΗ
ΠΡΟΆΣΠΙΣΗΣ
ΖΆΧΑΡΗ
ΑΓΈΛΗΣ
ΑΝΑΨΥΧΉΣ
ΧΆΡΤΗ
ΔΡΑΣΤΗΡΙΌΤΗΤΑ
ΣΥΝΔΥΆΖΟΥΝ

Δ	H	M	L	V	H	Π	Έ	Σ	T	E	M	Π	Π	E	X	A
B	E	Q	Q	V	J	Ό	P	Y	A	T	Σ	Ί	P	Z	G	Π
H	Z	I	Q	Ή	Y	D	D	N	M	S	X	Σ	O	S	X	O
Φ	J	T	Λ	R	X	A	Y	Δ	H	C	Ά	T	Ά	Z	A	Δ
P	Y	Q	Ά	Ό	W	O	G	Y	Θ	D	P	H	Σ	J	R	E
K	A	T	B	D	Σ	T	Y	Ά	Σ	M	T	Σ	Π	L	B	Ί
G	Γ	A	I	E	H	Ώ	C	Z	Ί	C	H	A	I	U	D	Ξ
J	Έ	E	P	K	P	P	U	O	A	O	T	L	Σ	K	U	E
D	Λ	Z	K	Y	Ά	Π	Q	N	Q	F	T	H	C	Z	I	
E	H	P	A	X	Ά	Z	Q	N	Y	Y	O	Z	Σ	Q	H	Σ
R	Σ	Ή	X	Y	Ψ	A	N	A	Σ	Q	J	O	K	Y	V	C
Δ	P	A	Σ	T	H	P	I	Ό	T	H	T	A	F	X	F	L
G	M	I	O	X	G	P	A	N	M	K	Q	U	L	E	C	X
J	V	Γ	A	P	K	O	Ύ	Δ	A	O	K	N	H	Y	C	
V	J	F	D	W	L	T	A	H	W	N	Q	T	R	Y	Z	D

Puzzle 841

```
Κ Ν Η G Κ Ο Λ Έ Γ Ι Ο Τ Τ Μ Ν Ό Α
Κ Ο Κ J W J Τ G U C H M Ι Ζ Ο Φ Ε
Ι Ο Υ Ι V W Ι Τ Η Ξ Α Ρ Φ Ί Ρ Ε Π
G Ι Υ Ρ Ε Σ Τ Ι Α Τ Ό Ρ Ι Ο Ρ Λ Ι
Ο Υ Q Ν Τ Π Ο Ι Ό Τ Η Τ Α Β J Ο Τ
Q U Η Q Ι Ί Κ Α Ο Υ Τ Σ Ο Ύ Κ Σ Ρ
Ρ F Ζ Q Τ Έ Ν Q Υ V Q Τ Η J L L Ο
Υ Ν G F Υ Κ Μ Ε Τ Ί Ε Δ W Θ Κ Σ Π
Α Ρ Χ Ί Σ Ε Ι Α Σ Η Σ Τ V Χ Σ Τ Ή
Β Ο Ύ Τ Υ Ρ Ο R Ι W D Ι Ζ V R Ί Τ
Ε Π Α G G Ε Λ Μ Α Τ Ι Κ Ο Ύ Ρ Α
Λ Ε Ι Τ Ο Υ Ρ G Ί Α Ο F Υ Ν D Ν Θ
Π Α Ν Τ Ε Λ Ό Ν Ι Α Ί Σ Α Ρ G Υ Έ
Υ Δ Η Μ Ο Κ Ρ Α Τ Ι Κ Ή F D Α C Σ
Λ Α Μ Β Ά Ν Ο Ν Τ Α Σ V Ε Ρ Κ L Η
```

ΛΑΜΒΆΝΟΝΤΑΣ
ΑΡΧΊΣΕΙ
ΥΓΡΑΣΊΑ
ΚΟΥΡΤΊΝΕΣ
ΑΊΣΘΗΣΗ
ΚΑΟΥΤΣΟΎΚ
ΕΠΑΓΓΕΛΜΑΤΙΚΟΎ
ΠΕΡΊΦΡΑΞΗ
ΠΟΙΌΤΗΤΑ
ΒΟΎΤΥΡΟ
ΠΑΝΤΕΛΌΝΙΑ
ΔΕΊΤΕ
ΔΗΜΟΚΡΑΤΙΚΉ
ΛΕΙΤΟΥΡΓΊΑ
ΕΣΤΙΑΤΌΡΙΟ
ΚΟΛΈΓΙΟ
ΚΟΥΝΙΈΜΑΙ
ΘΈΣΗ
ΌΦΕΛΟΣ
ΕΠΙΤΡΟΠΉ

Puzzle 842

ΚΛΆΔΟ
ΣΥΝΟΛΙΚΌ
ΥΨΌΜΕΤΡΟ
ΠΑΡΑΚΆΤΩ
ΤΈΤΑΡΤΟ
ΕΞΑΙΡΟΎΝ
ΒΟΥΤΙΆ
ΠΡΑΓΜΑΤΙΚΌΤΗΤΑ
ΗΓΈΤΗΣ
ΑΎΞΗΣΗΣ
ΖΩΓΡΑΦΙΚΉΣ
ΦΟΒΆΤΑΙ
ΜΕΓΆΛΟ
ΕΘΕΛΟΝΤΙΚΉ
ΣΥΝΆΝΤΗΣΗ
ΠΟΥΛΙΆ
ΜΟΤΈΛ
ΞΗΡΑΣΊΑ
ΓΟΝΕΊΣ
ΘΕΊΑ

```
Γ Β Ο Υ Τ Ι Ά Ζ Q Ν U V Η Υ Π Π Τ
Ο Δ Ά Λ Κ Ό Β Ω U Ύ Ε D L Ψ Ο Ρ Έ
Ν L V J L Κ Ρ Γ Μ Ο Τ Έ Λ Ό Υ Α Τ
Ε Χ F Α Η Ι Α Ρ Υ Ρ W Τ Μ Μ Λ Γ Α
Ί Α U D Η Λ Α D Α J Ι Ι F U Ε Ι Μ Ρ
Σ Ί Ύ Η G Ο Ο Φ Σ Α Ζ R J Τ Ά Α Τ
J Ε Ν Ξ C Ν Β Ι Υ Ξ Ι Ρ Η Ρ Ρ Τ Ο
Ξ Θ G G Η Υ Σ Κ Ν Ε Χ V Ζ Ο G Ι Φ
F Η L Ο W Σ Η Ή Ά Η G Έ Τ Η Σ Κ Ο
Β Ε Ρ U Q U Η Σ Ν V G Q Ο C W Ό Β
S F V Α Q Τ Υ Σ Τ W Ο Ε F F W Τ Ά
Α L L Μ Σ F Ο C Η Μ Ε Γ Ά Λ Ο Η Τ
V Α C J Ι Ί F Τ Σ L G Μ Ι Q Α Τ Α
Ω Τ Ά Κ Α Ρ Α Π Η Ε J Ζ S Α Ι Α Ι
Ν G Ο Ε Θ Ε Λ Ο Ν Τ Ι Κ Ή Ζ S C W
```

Puzzle 843

```
M Y M V C H M Y Q Σ J Q Y G A V H
O Ί E X I O T Σ L Π C E N S G E W
P J A G C J S R P Ί Z Ό T W T A P
Φ J Ί W E Z L I E T C U N T O Y Σ
Ή A E O D A Ί Σ H I M V O I D D M
P N Θ N T N Q L K Ή Θ E L E O Ά A
B A E Έ K A O Σ X O S B Z N D K P
K O P M Ό Θ B Ω H V M T H J S Y O
U W B H R E G Σ F G Z M X W D Λ Ύ
M V D Π J Ώ Z T J D H V Ά T Ό Γ Λ
L N P A C P D Ό H W B E Z T P U I
V U X Γ S H W Θ Y M Ί Z E I I Y F
V U K A P Σ B O O E Ό P A M A J U
C X S M M H Π P Ω T A P X I K Ό P
Σ Y Γ K E K P I M Έ N H H G G P D
```

ΊΣΗ
ΒΡΕΘΕΊ
ΚΟΜΜΆΤΙ
ΜΑΡΟΎΛΙ
ΝΤΟΥΣ
ΣΩΣΤΌ
ΚΟΙΝΌ
ΚΟΡΜΌ
ΣΠΊΤΙ
ΣΤΟΙΧΕΊΟ
ΑΝΑΘΕΏΡΗΣΗ
ΚΑΙΡΌ
ΘΥΜΊΖΕΙ
ΠΡΩΤΑΡΧΙΚΌ
ΌΡΑΜΑ
ΜΟΡΦΉ
ΓΛΥΚΆ
ΣΥΓΚΕΚΡΙΜΈΝΗ
ΉΘΕΛΕ
ΑΓΑΠΗΜΈΝΟ

Puzzle 844

ΠΥΓΟΛΑΜΠΊΔΑ
ΠΏΣ
ΈΚΔΟΣΗ
ΣΥΧΝΆ
ΝΑΙ
ΠΑΠΑΓΆΛΟΣ
ΟΔΟΝΤΊΑΤΡΟ
ΔΑΝΕΊΖΟΥΝ
ΣΥΝΘΉΚΗ
ΤΣΙΠ
ΠΟΥΚΆΜΙΣΟ
ΔΏΡΟ
ΠΡΌΘΥΜΟΙ
ΕΣΤΊΑΣΗΣ
ΓΕΩΓΡΑΦΊΑ
ΣΥΝΉΘΩΣ
ΦΩΝΆΖΟΥΝ
ΚΊΝΔΥΝΟ
ΜΑΣ
ΚΌΜΜΑ

```
O B N H G K M C I N W M D E I W Φ
F U U G A Ί Φ A P Γ Ω E Γ T P Y Ω
L G Y M Ά N X Y Σ Ώ Π Y E M I O N
H V D S I Δ Π A Π A Γ Ά Λ O Σ Δ Ά
Δ A Q U E Y W W W D H Y U Σ Ω O Z
K Ώ C L N N N K Z P B D T Y Θ N O
D Ό P U I O M Y Θ Ό P Π Π N Ή T Y
P U M O A H X V E P R I O Θ N Ί N
Z M Z M N W O Z P J X Σ Y Ή Y A S
U Σ H Σ A Ί T Σ E D H T K K Σ T D
Δ A N E Ί Z O Y N J N R Ά H Y P Y
Π Y Γ O Λ A M Π Ί Δ A I M F C O O
P W W F K O Y B Z S H U I Q L Q Z
K J F E K Y Z N L K U F S W F G M
X X K A S Έ K Δ O Σ H U O F V Y R
```

Puzzle 845

P	F	W	H	I	E	J	Π	Ά	P	E	I	H	K	O	A	Σ
P	Z	Y	Y	V	Z	K	A	K	O	K	Q	A	G	T	N	I
I	Π	Π	Ό	T	H	Σ	A	Δ	O	Λ	O	K	Ύ	E	Ά	N
J	Q	U	N	Z	D	F	M	T	E	Λ	N	M	O	Q	B	T
S	L	H	J	L	D	B	Σ	U	O	Ύ	Λ	L	J	Q	A	P
H	M	I	Σ	Έ	Θ	A	I	Δ	U	N	T	Ά	M	W	Σ	I
M	H	T	P	I	K	Ή	Λ	Z	N	F	T	E	E	Y	H	B
X	D	X	T	V	W	F	Ύ	N	V	J	D	Ά	P	I	E	Ά
B	D	L	I	Σ	T	Ί	P	O	K	H	F	J	Δ	O	S	N
Q	D	H	O	G	V	J	G	T	V	I	Q	A	Δ	E	Σ	I
A	Π	O	Φ	A	Σ	Ί	Σ	E	I	Q	A	O	Έ	P	Σ	K
Λ	E	Ξ	I	Λ	Ό	Γ	I	O	T	Z	Q	L	K	D	Ή	X
A	N	T	I	Σ	T	Ά	Θ	M	I	Σ	H	Σ	A	H	Γ	S
Έ	Λ	K	H	Θ	P	O	I	P	Ή	T	H	Λ	H	Δ	H	Q
Σ	T	P	A	T	I	Ω	T	I	K	Ή	G	H	M	J	Π	E

ΓΡΥΛΙΣΜΑ
ΑΝΆΒΑΣΗ
ΔΗΛΗΤΉΡΙΟ
ΕΎΚΟΛΟ
ΣΙΝΤΡΙΒΆΝΙ
ΔΙΑΘΈΣΙΜΗ
ΔΈΚΑ
ΑΠΟΦΑΣΊΣΕΙ
ΈΛΚΗΘΡΟ
ΣΤΡΑΤΙΩΤΙΚΉ
ΚΟΛΛΆΕΙ
ΜΗΤΡΙΚΉ
ΠΗΓΉΣ
ΛΕΞΙΛΌΓΙΟ
ΙΠΠΌΤΗΣ
ΔΕΎΤΕΡΟΣ
ΠΆΡΕΙ
ΚΟΡΊΤΣΙ
ΕΚΑΤΟΝΤΆΔΕΣ
ΑΝΤΙΣΤΆΘΜΙΣΗΣ

Puzzle 846

ΣΟΦΉ
ΜΕΤΑΒΛΗΤΉ
ΠΛΉΡΩΣ
ΔΏΡΑ
ΠΡΟΣ
ΚΕΡΊ
ΘΕΩΡΟΎΝ
ΠΡΟΤΙΜΟΎΝ
ΑΝΌΗΤΟΣ
ΈΤΟΥΣ
ΣΥΝΈΛΕΥΣΗ
ΑΥΤΟΚΊΝΗΤΟ
ΑΡΚΕΤΆ
ΕΜΠΝΕΎΣΕΙ
ΕΠΙΚΟΙΝΩΝΊΑ
ΦΤΆΝΟΥΝ
ΕΜΠΛΕΚΌΜΕΝΗ
ΚΑΣΚΌΛ
ΕΊΣΟΔΟΣ
ΜΎΛΟ

Φ	M	E	T	A	B	Λ	H	T	Ή	N	Π	C	Π	O	Θ	A
J	T	P	I	K	B	B	G	T	V	E	P	V	Λ	A	E	K
B	G	Ά	J	B	N	G	A	G	C	Ί	O	S	Ή	Y	Ω	A
U	H	S	N	U	K	U	Y	I	C	Σ	T	T	P	T	P	V
G	U	W	Σ	O	T	H	Ό	N	A	O	I	V	Ω	O	O	E
Π	P	O	Σ	R	Y	M	N	Z	L	Δ	M	J	Σ	K	Ύ	X
Ί	A	T	Q	E	D	N	L	M	W	O	O	M	H	Ί	N	I
P	H	Σ	Y	E	Λ	Έ	N	Y	Σ	Σ	Ύ	V	D	N	B	R
E	M	Π	Λ	E	K	Ό	M	E	N	H	N	G	Ώ	H	Q	L
K	V	N	S	Q	G	A	K	O	F	S	Ά	C	P	T	J	T
P	T	P	K	K	Ή	Φ	O	Σ	Y	O	T	Έ	A	O	S	A
T	Q	U	X	Q	X	J	Y	L	A	A	E	M	T	M	K	V
E	M	Π	N	E	Ύ	Σ	E	I	B	K	K	E	Ύ	Y	R	G
E	Π	I	K	O	I	N	Ω	N	Ί	A	P	U	T	A	Λ	C	Z
K	J	D	C	W	O	S	K	R	Z	G	A	X	V	A	O	Q

Puzzle 847

K	Y	B	E	P	N	Ή	T	H	Σ	A	Π	B	X	E	E	Ό
G	V	R	E	N	L	I	V	N	N	N	P	P	Q	C	S	M
T	A	X	Y	Δ	P	Ό	M	O	Σ	A	A	Ά	C	Z	Y	Σ
D	J	C	L	S	X	L	Q	Λ	O	K	Γ	Σ	H	F	E	I
B	N	Y	H	I	L	T	A	T	Λ	A	M	H	P	Γ	Ί	T
K	O	Ύ	M	Π	I	Ί	Ί	Ύ	T	A	Ξ	J	A	A	I
X	V	W	Y	O	S	B	Φ	T	K	E	T	Y	I	Γ	C	Λ
L	Y	R	G	H	Y	X	A	V	Σ	Ύ	I	E	T	E	Φ	O
E	T	Y	M	H	Γ	O	P	Ί	A	O	K	T	L	N	A	Π
P	I	K	B	W	H	G	B	H	Y	Ή	N	Δ	Ή	Σ	I
Έ	O	P	G	I	R	Y	O	A	T	M	Y	Έ	Ί	Σ	O	A
H	Θ	K	N	E	W	A	X	Θ	W	E	D	N	K	O	Λ	W
Ή	K	I	P	T	A	I	I	I	G	N	U	Y	H	F	I	Z
K	N	S	M	H	A	Q	O	Ά	W	Z	O	Σ	R	H	Ώ	J
L	B	T	U	O	Z	Y	T	H	G	Q	K	R	W	L	N	L

ΦΑΣΟΛΙΏΝ
ΒΡΆΣΗ
ΣΥΝΈΝΤΕΥΞΗ
ΡΟΚ
ΤΊΓΡΗ
ΑΓΕΝΉΣ
ΒΑΘΙΆ
ΠΡΑΓΜΑΤΙΚΉ
ΔΊΚΗ
ΤΊΤΛΟ
ΣΚΎΛΟΣ
ΤΑΧΥΔΡΌΜΟΣ
ΤΟΙΧΟΓΡΑΦΊΑ
ΠΟΛΙΤΙΣΜΌ
ΚΟΛΎΜΠΙ
ΑΝΑΚΑΤΕΎΟΥΜΕ
ΙΑΤΡΙΚΉ
ΚΥΒΕΡΝΉΤΗΣ
ΕΤΥΜΗΓΟΡΊΑ
ΈΘΙΜΟ

Puzzle 848

ΑΝΟΙΧΤΉ
ΑΝΟΙΚΤΆ
ΑΚΑΝΌΝΙΣΤΗ
ΠΕΡΙΓΡΆΨΕΙ
ΔΙΆΛΕΙΜΜΑ
ΓΙΑΤΊ
ΠΑΊΞΙΜΟ
ΠΊΤΣΑ
ΤΡΟΜΕΡΉ
ΈΞΑΛΛΟΣ
ΦΆΣΜΑ
ΕΊΔΟΣ
ΟΙΚΟΓΈΝΕΙΑ
ΔΙΑΒΆΣΤΕ
ΚΛΙΠ
ΆΓΡΙΑ
ΣΥΝΔΥΑΣΜΌ
ΠΑΡΑΚΟΛΟΥΘΕΊ
ΛΊΓΟ
ΣΚΟΠΌ

S	V	C	Σ	E	R	B	H	A	Έ	Ά	Γ	P	I	A	P	O
A	M	A	Y	O	K	C	Q	K	J	Ξ	L	E	K	G	G	I
Q	U	N	N	H	Δ	E	P	A	F	C	A	Σ	T	Ί	Π	K
L	G	C	Δ	X	P	Ί	W	N	E	B	D	Λ	S	D	O	O
N	C	Z	Y	X	M	T	E	Ό	Π	O	K	Σ	Λ	F	O	Γ
Q	Z	X	A	N	J	A	U	N	O	V	Y	I	U	O	A	Έ
C	W	E	Σ	E	U	I	J	I	D	V	G	L	H	Γ	Σ	N
I	M	G	M	R	T	Γ	E	Σ	O	U	P	V	Y	Ί	A	E
O	D	O	Ό	S	S	C	Ή	T	X	I	O	N	A	Λ	A	I
T	P	O	M	E	P	Ή	A	H	Σ	F	S	I	S	A	S	A
Δ	I	Ά	Λ	E	I	M	M	A	I	Ά	T	K	I	O	N	A
Φ	Ά	Σ	M	A	Y	E	N	I	K	H	B	F	R	P	B	D
C	V	H	D	Ί	E	Θ	Y	O	Λ	O	K	A	P	A	Π	T
Z	K	Λ	I	Π	Π	A	Ί	Ξ	I	M	O	B	I	B	H	B
Π	E	P	I	Γ	P	Ά	Ψ	E	I	Q	C	R	A	Δ	U	F

Puzzle 849

```
X C B J B A Ί Ξ O Δ O Λ I Φ R T G
B A Δ Ί Σ Y Λ A H P Ό K Y X C G R
I D M I Σ A Ί Γ O Λ O N X E T L U
H L J H A I Θ Έ Λ O Y N T M Σ K X
Σ F N L A P E B E Q I O M I O T Έ
Y Ή E T X Ά B R N K E Z G Λ Y Σ
O Y M K N T L U B H Ψ D A Ή A Π Ί
Λ V H E G I K C A O Ό Y E N K P Γ
Ό L F T P N U X N W K T H Y Σ O O
L C Y Ξ K A A Φ O P O Ύ N K Ά Σ Y
C R X Έ K M I F T P C C Ώ X Δ Ω P
M L L Λ E B B I Ί J Y I M U M Π A
S J Z I T L X B E R B J E V Q I E
L C L Π Y A V A Γ M B R N Z U K Q
W V K E C D Q P P Z O K A O U Ά S
```

ΦΙΛΟΔΟΞΊΑ
ΣΉΜΕΡΑ
ΚΌΨΕΙ
ΜΑΝΙΤΆΡΙΑ
ΚΥΝΉΓΙ
ΔΌΝΤΙ
ΘΈΛΟΥΝ
ΧΑΜΗΛΆ
ΚΌΡΗ
ΑΦΟΡΟΎΝ
ΠΡΟΣΩΠΙΚΆ
ΤΕΧΝΟΛΟΓΊΑΣ
ΑΝΕΜΏΝΗ
ΈΤΟΙΜΟΙ
ΕΠΙΛΈΞΤΕ
ΔΆΣΚΑΛΟΣ
ΑΛΥΣΊΔΑ
ΣΊΓΟΥΡΑ
ΌΛΟΥΣ
ΓΕΊΤΟΝΑ

Puzzle 850

ΓΎΡΩ
ΣΦΆΛΜΑΤΟΣ
ΕΠΙΠΤΏΣΕΙΣ
ΦΩΤΟΓΡΑΦΊΑ
ΠΟΔΉΛΑΤΟ
ΜΕΊΓΜΑ
ΑΠΆΝΤΗΣΗ
ΤΟΠΙΚΉ
ΝΟΣΟΚΟΜΕΊΟ
ΧΡΟΝΟΔΙΆΓΡΑΜΜΑ
ΒΡΑΧΊΟΝΑ
ΣΗΜΕΊΩΣΗ
ΜΕΤΆ
ΈΡΧΟΝΤΑΙ
ΑΛΉΘΕΙΑ
ΕΊΤΕ
ΠΟΛΊΤΗ
ΟΝΤΙΣΙΌΝ
ΦΥΣΙΚΆ
ΖΩΓΡΑΦΊΖΕΙ

```
Π Y X L W I T Γ Q V S D N T D W F
O Έ S E Ί T E Ύ E C O D K E Z L D
Λ M P A M M A P Γ Ά I Δ O N O P X
Ί A Y X D B D Ω P Z Σ D Ί X L N C
T Λ M K O B E D N Ω Φ C E W Σ X R
H Ή T E A N Ά M T Γ Ά Z M N I I S
Z Θ O O Ί A T P Y P Λ Y O Ό E A T
W E U N Π Γ E A T A M Ά K I Σ Y Φ
O I N K V I M R I Φ A J O Σ Ώ C H
D A Y K P I K A H Ί T B Σ I T T C
Z F E S L P O Ή W Z O V O T Π T E
B P A X Ί O N A K E Σ H N N I I I
Σ H M E Ί Ω Σ H A I I I K O Π H E
Φ Ω T O Γ P A Φ Ί A U K W A E O B
A Π Ά N T H Σ H Π O Δ Ή Λ A T O E
```

Puzzle 851

```
N D D P J T S O O Ί O Λ Π U M P K
B D A T Z T C R I A K N L D Ή X P
U R M Λ N Z Q X K W O Z Q I Λ A E
X N B C Λ B X S O M H P Έ Ό O D B
M I I V F A I E N Ί E M A P A Π A
H N H P K A Γ C O N J S Δ G L R T
C K C V R M F Ή M P L U Ό Y S B O
M I Σ Ή F H A Ή Ί O L N Σ L U I K
J D R T J Λ Λ Π A J P Z P O V Q Ά
F O C K A B Q I V W L G S X M Π M
B T M F I Ό G P Έ A Y O B P Ά P A
J E C N H P E T Ύ Λ A Γ E M T Ω P
K Θ Q T M Π C G A X A Y C W I I A
Ά N Δ P E Σ D Q N U S I P I A N B
Q Έ N O Σ O K Ό M A G Q O G D Ό A
```

ΣΌΔΑ
ΆΝΔΡΕΣ
ΈΝΘΕΤΟ
ΜΉΛΟ
ΚΡΕΒΑΤΟΚΆΜΑΡΑ
ΗΛΙΈΛΑΙΟ
ΠΡΌΒΛΗΜΑ
ΠΛΟΊΟ
ΜΕΓΑΛΎΤΕΡΗ
ΡΙΠΉ
ΈΡΗΜΟ
ΝΟΣΟΚΌΜΑ
ΜΙΣΉ
ΚΑΙ
ΠΑΡΑΜΕΊΝΕΙ
ΟΙΚΟΝΟΜΊΑ
ΠΡΩΙΝΌ
ΜΆΤΙΑ
ΑΛΛΑΓΉ
ΥΓΡΌ

Puzzle 852

ΈΡΕΥΝΑ
ΈΡΙΞΕ
ΉΣΥΧΟ
ΠΡΙΝ
ΠΡΑΓΜΑΤΙΚΆ
ΣΥΜΜΕΤΈΧΟΥΝ
ΕΡΓΑΛΕΊΟ
ΚΑΝΟΝΊΣΕΙ
ΛΑΟΓΡΑΦΙΚΌ
ΑΣΤΥΝΟΜΊΑ
ΓΎΡΟ
ΑΠΟΦΎΓΕΤΕ
ΧΑΛΊ
ΑΚΑΔΗΜΑΪΚΌ
ΑΓΌΡΙ
ΝΕΡΟΎ
ΔΊΔΑΞΕ
ΦΡΆΧΤΗ
ΈΔΕΙΞΕ
ΘΆΛΑΣΣΑ

```
A F A C M X Π P I N Δ A G Σ Θ A K
N Γ M Σ C B D W G O Ί Π I Y Ά K A
H E Ό O T F M Z Y G Δ O K M Λ A N
P H F P F Y A I R Y A Φ X M A Δ O
L H S Ύ I G N Ύ E P Ξ Ύ E E Σ H N
L T X Γ N A Y O F P E Γ L T Σ M Ί
W X Έ P I Ξ E P M A Z E Q Έ A A Σ
E Ά E X B X P E T Ί L T D X Ή Ϊ E
Έ P F U M E Έ N R A A E F O Σ K I
Δ Φ Γ Λ A O Γ P A Φ I K Ό Y Y Ό U
E D E A X A Λ Ί R D A K T N X C S
I I Z Z Λ S R Y T H F O D U O W Z
Ξ S H C Y E Π P A Γ M A T I K Ά U
E S H F M V Ί K L H F W Z G L V J
P U L K O W T O X L L B A H F Z V
```

Puzzle 853

```
E Z K P A Y Γ Ή Y E K Σ A P A Π G
Ξ X G O I K O N O M I K Ώ N F Z A
A I Λ Θ Ά Z D Y U M P A B Δ Ί N N
Ί Π E P I Λ A M B Ά N O Y N Ά Σ T
P M Π O Y K Ά Λ I A Z E B X Λ Ύ Ί
E F F R E S X F P F G T K B Λ Λ Σ
Σ H Ξ Λ Έ Σ A I E Γ P Έ N E O Λ T
H Λ F B J D H K P I T I K Ή Y H P
V I N O J K D T B T L V Σ L Σ Ψ O
L Λ Z K A Θ A P Ή P Y A X O F H Φ
W Ά C X D F T Q Σ Z A M O Y K X H
W L I J Σ L P Σ M C D Y G C T Ί E
F Q V Σ J D A E G F R H U T S D E
P E N X X O Z Q X M L F S U Y Z W
D Z L N J Ύ Q A Λ Ά T I E U W S E
```

ΚΡΙΤΙΚΉ
ΕΊΚΟΣΙ
ΣΎΛΛΗΨΗ
ΕΞΑΊΡΕΣΗ
ΑΝΤΊΣΤΡΟΦΗ
ΠΑΡΑΣΚΕΥΉ
ΛΙΛΆ
ΖΉΤΗΣΕ
ΡΑΒΔΊ
ΚΑΘΑΡΉ
ΟΙΚΟΝΟΜΙΚΏΝ
ΚΡΑΥΓΉ
ΕΝΈΡΓΕΙΑΣ
ΠΕΡΙΛΑΜΒΆΝΟΥΝ
ΜΠΟΥΚΆΛΙΑ
ΙΣΧΎ
ΆΛΛΟΥΣ
ΑΛΆΤΙ
ΆΘΛΙΑ
ΈΛΞΗΣ

Puzzle 854

ΑΝΆΠΤΥΞΗΣ
ΑΝΤΊΚΕΣ
ΣΎΝΝΕΦΟ
ΛΙΏΣΕΙ
ΣΤΥΛ
ΠΛΗΜΜΎΡΑ
ΒΟΉΘΕΙΑ
ΕΠΕΝΔΎΣΕΩΝ
ΑΠΟΡΡΌΦΗΣΗ
ΕΝΗΜΈΡΩΣΗ
ΜΊΛΙΑ
ΕΜΦΑΝΙΣΤΕΊ
ΣΤΑΦΊΔΑ
ΔΊΠΛΩΜΑ
ΑΓΏΝΑ
ΧΕΛΏΝΑ
ΤΡΏΝΕ
ΒΌΡΕΙΑ
ΣΥΝΕΡΓΆΖΟΝΤΑΙ
ΑΣΤΈΡΙΑ

```
P O M E P B A E N Ώ P T U F H E Σ
F R P E R C C Π N H J N V Y F N Ύ
A I E P Ό B W E E J Y T S U J H N
Δ N K U Q F A N Ώ Γ A I Λ Ί M M N
Ί G T O O Z I Δ Λ Q M E Y T L Έ E
Φ B E Ί C N P Ύ B I A D T K X P Φ
A U O E K X Έ Σ T O Ώ P Σ G E Ω O
T H K T R E T E C B Ή Σ N N Λ Σ W
Σ G U Σ O M Σ Ω V N Y Θ E I Ώ H S
A Q F I T U A N A H K S E I N P J
O V X N A N Ά Π T Y Ξ H Σ I A W P
A H D A P Ύ M M H Λ Π I O L A R G
H Σ H Φ Ό P P O Π A M Ω Λ Π Ί Δ O
V K N M Σ Y N E P Γ Ά Z O N T A I
B F Q E L L W X C K N M K J S I Y
```

Puzzle 855

```
Σ  Η  Μ  Α  Ν  Τ  Ι  Κ  Ή  G  Δ  C  V  Σ  Α  Δ  Π
R  Δ  Ι  Σ  Τ  Ά  Ζ  Ε  Ι  Β  Ί  S  W  Y  Ρ  Ώ  O
Ν  Υ  P  L  M  E  Υ  Ν  Τ  Ν  Κ  Β  Ν  Μ  Ι  Δ  T
Ν  C  Z  Υ  Α  Μ  Η  Τ  Σ  Ά  Τ  Α  Κ  Φ  Θ  Ε  Α
Κ  Έ  Ι  Κ  Ί  S  S  Ω  Ά  Ν  Υ  Ο  Κ  Ω  Μ  Κ  Μ
Ε  Z  U  Ο  Σ  G  M  V  Ι  Ι  Ο  Ι  Ρ  Ν  Η  Α  Ο
Κ  J  Ρ  V  Α  Ξ  Α  Δ  Ί  Ρ  Ω  Λ  Ί  Τ  Μ  Ύ
Π  Ε  G  Α  Ρ  Η  Α  V  Ι  Ά  S  Α  G  Α  Ή  Ι  Ο
Α  Τ  Υ  S  Κ  Ι  Μ  Φ  Ο  Κ  Τ  Ρ  Τ  Σ  G  Σ  D
Ί  D  Υ  Β  Ο  Χ  Ι  Ι  Ν  Γ  Ϊ  G  L  Τ  D  Ώ  Ε
Δ  Ρ  Ρ  Υ  Μ  Χ  Τ  Ο  Π  Ι  Ε  Χ  Η  Ν  U  Ρ  Ε
Ε  Ρ  Z  Ρ  Π  Τ  Ν  G  Ί  Λ  Κ  U  Ι  Τ  Ν  Β  Ο
Υ  S  V  C  Ε  Μ  Έ  S  Ε  Α  Ό  Ή  Α  C  Ι  R  Β
Σ  J  Ρ  Ρ  Θ  W  R  Z  Δ  Σ  Χ  V  Α  Ε  L  Μ  Β
Η  Z  C  Ν  D  G  Ι  Q  Τ  Έ  Τ  Ο  Ι  Α  Ν  Χ  R
```

ΑΡΙΘΜΗΤΉ
ΚΑΤΆΣΤΗΜΑ
ΚΟΥΝΆΩ
ΛΩΡΊΔΑ
ΞΑΦΝΙΚΉ
ΣΥΜΦΩΝΊΑΣ
ΕΚΠΑΊΔΕΥΣΗ
ΣΑΛΙΓΚΆΡΙ
ΔΙΣΤΆΖΕΙ
ΔΕΊΠΝΟ
ΈΝΤΙΜΑ
ΠΟΤΑΜΟΎ
ΤΈΤΟΙΑ
ΧΌΚΕΪ
ΒΡΏΣΙΜΑ
ΔΏΔΕΚΑ
ΣΗΜΑΝΤΙΚΉ
ΚΈΙΚ
ΘΕΡΜΟΚΡΑΣΊΑ
ΔΊΚΤΥΟ

Puzzle 856

ΣΟΥ
ΚΟΎΚΛΑ
ΚΑΝΟΝΙΣΜΟΎ
ΤΥΦΏΝΑ
ΣΚΆΛΕΣ
ΣΥΜΒΕΊ
ΑΔΕΙΆΖΕΙ
ΠΕΤΡΕΛΑΊΟΥ
ΣΑΦΈΣ
ΝΑΡΚΩΤΙΚΏΝ
ΚΆΠΟΤΕ
ΕΞΆΠΛΩΣΗ
ΦΩΤΙΆ
ΜΕΓΈΘΟΥΣ
ΚΑΤΑΣΚΕΥΉ
ΔΉΛΩΣΗΣ
ΕΞΑΦΑΝΊΖΟΝΤΑΙ
ΙΔΙΑΊΤΕΡΑ
ΑΠΕΛΕΥΘΈΡΩΣΗ
ΑΕΤΌΣ

```
Κ  Α  Τ  Α  Σ  Κ  Ε  Υ  Ή  U  W  V  Β  Α  F  F  Ε
Η  Β  J  V  R  Ν  Τ  Ι  Η  Υ  D  Ρ  G  Α  Ν  V  Ι
Σ  F  Β  Ι  Ι  Α  Τ  Ν  Ο  Z  Ί  Ν  Α  Φ  Α  Ξ  Ε
Ω  Α  Ρ  Ε  Τ  Ί  Α  Ι  Δ  Ι  S  V  Χ  U  Ρ  Α  Z
Λ  Τ  Φ  Κ  Ά  Π  Ο  Τ  Ε  Η  Χ  Τ  Μ  Χ  Κ  Π  Ά
Π  Υ  W  Έ  Κ  Α  Ν  Ο  Ν  Ι  Σ  Μ  Ο  Ύ  Ω  Ε  Ι
Ά  Φ  Τ  Τ  Σ  C  G  Μ  D  Σ  R  G  Τ  R  Τ  Λ  Ε
Ξ  Ώ  Β  Α  Η  Τ  Τ  Q  V  Υ  Κ  Β  Ρ  Χ  Ι  Ε  Δ
Ε  Ν  Β  Z  Σ  R  U  Τ  Ι  Ο  Κ  Ά  Η  Κ  Κ  Υ  Α
Τ  Α  Μ  Β  Ω  Α  F  Q  W  Θ  Κ  Ι  Λ  Ο  Ώ  Θ  Ο
W  W  C  D  Λ  Ε  Ι  Ο  L  Έ  Ο  Τ  Κ  Ε  Ν  Έ  G
R  C  D  Ε  Ή  Τ  L  V  Ε  Γ  Ύ  Ω  Ο  V  Σ  Ρ  Χ
C  Z  Ι  Υ  Δ  Ό  C  V  Η  Ε  Κ  Φ  Σ  Μ  G  Ω  Q
Ί  Ε  Β  Μ  Υ  Σ  V  Κ  W  Μ  Λ  F  C  Ο  Z  Σ  F
Π  Ε  Τ  Ρ  Ε  Λ  Α  Ί  Ο  Υ  Α  Μ  U  S  Υ  Η  Κ
```

Puzzle 857

```
Σ  Υ  Ν  Α  Ι  Σ  Θ  Η  Μ  Α  Τ  Ι  Κ  Ή  Φ  U  R
Π  Ε  Ρ  Ι  Β  Ά  Λ  Λ  Ο  Ν  Ζ  Π  Ε  C  Υ  Τ  Ν
Σ  Υ  Ζ  Η  Τ  Ή  Σ  Ο  Υ  Ν  L  Λ  Λ  Ν  Τ  Ι  L
Α  D  Τ  R  Ν  Υ  Η  Α  J  G  C  Α  J  Ά  Υ  B
Ν  J  Ε  V  C  D  J  U  G  S  G  Ν  V  Ω  Ν  Α  Ι
Ώ  G  Ί  S  K  D  B  B  B  C  Ν  Ή  Τ  Υ  Ν  Ι  Η
Τ  Ύ  Ν  Ω  Ί  Λ  Θ  Ε  Ν  Ε  Γ  Τ  W  P  F  Ί  Σ
Ε  Υ  Ο  Π  Ύ  Τ  Β  Ό  Λ  Τ  Α  Ε  V  Ζ  Η  L  Α
P  S  Υ  Ν  Χ  U  G  R  Κ  C  R  Σ  G  P  Ε  Ι  B
Ο  D  Ν  Μ  Ι  Α  Κ  Α  Τ  Ά  Λ  Λ  Η  Λ  Η  Q  Ά
Σ  Α  Η  Ζ  D  Ρ  Γ  Ι  Α  Τ  Ρ  Ό  Σ  Ρ  Α  Η  Τ
Χ  Ζ  W  C  Ε  Ά  Ι  Δ  Α  Ρ  B  U  Ν  Ε  Γ  B  Α
Ο  Λ  Υ  Φ  Ά  Τ  Σ  Ο  Κ  Γ  Α  Ρ  Φ  Χ  Η  Ί  Κ
Ν  C  Η  L  L  L  Τ  S  Χ  Ζ  Κ  U  Μ  J  L  U  Τ
Κ  Α  Τ  Α  Ι  Γ  Ί  Δ  Α  Κ  Ρ  Ί  Σ  Η  V  G  P
```

ΓΙΑΤΡΌΣ
ΓΕΝΕΘΛΊΩΝ
ΚΑΤΑΙΓΊΔΑ
ΠΕΡΙΒΆΛΛΟΝ
ΣΥΝΑΙΣΘΗΜΑΤΙΚΉ
ΑΝΏΤΕΡΟΣ
ΒΌΛΤΑ
ΤΊΓΡΗΣ
ΚΡΊΣΗ
ΤΕΊΝΟΥΝ
ΚΑΤΆΒΑΣΗ
ΓΩΝΊΑ
ΣΥΖΗΤΉΣΟΥΝ
ΤΎΠΟΥ
ΑΚΑΤΆΛΛΗΛΗ
ΦΥΤΆ
ΧΟΙΡΙΝΟΎ
ΠΛΑΝΉΤΕΣ
ΦΡΑΓΚΟΣΤΆΦΥΛΟ
ΒΡΑΔΙΆ

Puzzle 858

ΑΠΟΣΤΟΛΉ
ΒΕΛΤΊΩΣΗ
ΑΠΑΙΤΟΎΝ
ΑΚΤΙΝΊΔΙΟ
ΙΤΙΆΣ
ΚΑΡΔΙΆ
ΛΎΓΚΑ
ΕΦΕΎΡΕΙ
ΦΩΤΕΙΝΌ
ΓΕΓΟΝΌΣ
ΚΟΥΤΆΒΙ
ΡΌΠΑΛΟ
ΠΛΟΥΣΙΌΤΕΡΟ
ΤΑΞΊΔΙΑ
ΠΟΛΥΤΕΛΉ
ΤΜΉΜΑ
ΠΛΟΉΓΗΣΗ
ΠΑΡΟΎΣΑ
ΑΓΆΠΗ
ΑΡΓΉ

```
Α  L  Ο  Φ  W  Ο  Ν  Ι  R  Ε  B  Υ  U  C  Α  Π  Κ
Σ  Π  R  U  Ω  S  Χ  Ζ  Α  L  D  C  C  Κ  Γ  Λ  Ο
Ύ  Ν  Α  Ε  Ε  Τ  Ε  U  D  Υ  Χ  U  Ε  R  Ά  Ο  Υ
Ο  Β  Κ  Ι  Ο  Ρ  Ε  Τ  Ό  Ι  Σ  Υ  Ο  Λ  Π  Ή  Τ
P  S  R  L  Τ  Υ  Ρ  Ι  Ε  Ρ  Ύ  Ε  Φ  Ε  Η  Γ  Ά
Α  Ι  Ζ  R  Β  Ο  Β  Τ  Ν  Τ  Μ  Ή  Μ  Α  Χ  Η  B
Π  Λ  Μ  Τ  Μ  G  Ύ  Ι  Σ  Ό  Ν  Ο  Γ  Ε  Γ  Σ  Ι
Α  Ι  Ύ  Ή  Χ  Ν  J  Ν  Τ  Α  Ξ  Ί  Δ  Ι  Α  Η  Ε
Π  Τ  J  Γ  Κ  Α  Ρ  Δ  Ι  Ά  Κ  Ι  Ε  Χ  Β  C  B
Ο  Ι  Α  P  Κ  Υ  Ζ  Τ  Α  Κ  Τ  Ι  Ν  Ί  Δ  Ι  Ο
Σ  Ά  Ι  Α  Ε  Α  Β  Ε  Λ  Τ  Ί  Ω  Σ  Η  Η  Ο  Λ
Τ  Σ  Ν  Ν  Τ  D  S  L  C  Κ  Η  Η  J  L  Q  L  Α
Ο  G  D  S  F  J  Η  C  Τ  S  Η  W  Q  Β  C  Τ  Π
Λ  D  D  P  F  S  V  J  Τ  F  L  Χ  Η  Υ  Χ  Ρ  Ό
Ή  Λ  Ε  Τ  Υ  Λ  Ο  Π  S  R  L  Ο  S  W  B  C  P
```

Puzzle 859

```
Q  K  G  D  Ό  T  V  H  R  Ύ  Ξ  J  Z  F  E  D  A
Σ  Ύ  Γ  K  P  O  Y  Σ  H  Φ  Ύ  Δ  V  P  U  X  N
V  R  F  H  A  S  C  A  Λ  O  Σ  I  Σ  Z  H  O  T
T  E  V  L  Λ  U  T  Έ  Ά  Σ  T  E  A  C  G  U  Ί
V  L  S  Q  A  V  K  Φ  Γ  O  P  Y  Ί  W  U  W  Δ
Y  R  K  X  X  X  E  A  E  M  A  Θ  Σ  Z  D  V  P
Θ  Y  I  H  W  F  C  P  M  Σ  D  Y  H  Λ  V  X  A
A  Λ  K  Έ  P  A  K  Γ  E  L  O  N  T  A  B  W  Σ
B  B  I  E  N  Ί  A  Γ  H  Π  T  T  P  B  I  Π  H
F  I  F  B  V  V  T  Y  V  H  C  Ή  A  Ή  J  Ύ  W
I  G  B  Y  E  H  I  Σ  U  Y  K  Σ  Ξ  M  V  Λ  N
D  W  K  Λ  Ό  P  E  Σ  O  P  Δ  Δ  E  T  Ό  H  G
S  Z  P  L  Ί  W  Ή  U  J  D  O  Ύ  N  Y  G  N  D
I  C  C  A  I  O  M  Ό  P  A  Π  O  A  B  F  N  O
Π  E  P  I  E  X  O  M  Έ  N  O  Y  I  T  W  X  P
```

ΔΙΕΥΘΥΝΤΉΣ
ΣΥΓΓΡΑΦΈΑΣ
ΜΕΓΆΛΗ
ΧΑΛΑΡΌ
ΑΝΤΊΔΡΑΣΗ
ΛΑΒΉ
ΞΎΣΤΡΑ
ΣΎΓΚΡΟΥΣΗ
ΠΕΡΙΕΧΟΜΈΝΟΥ
ΎΦΟΣ
ΠΑΡΌΜΟΙΑ
ΟΝΌΜΑΤΟΣ
ΠΎΛΗ
ΘΛΙΒΕΡΉ
ΠΗΓΑΊΝΕΙ
ΔΡΟΣΕΡΌ
ΔΎΟ
ΑΝΕΞΑΡΤΗΣΊΑΣ
ΒΙΒΛΊΟ
ΚΑΡΈΚΛΑ

Puzzle 860

ΑΡΙΘΜΌ
ΜΎΤΗ
ΤΥΡΊ
ΠΛΕΙΟΨΗΦΊΑ
ΏΡΙΜΗ
ΚΑΡΦΊΤΣΑ
ΚΑΤΕΥΘΎΝΣΕΙΣ
ΠΕΡΙΣΣΌΤΕΡΑ
ΜΠΡΟΣΤΆ
ΠΟΔΙΆ
ΜΠΟΛ
ΠΑΙΧΝΙΔΙΆΡΙΚΟ
ΤΕΧΝΙΚΉ
ΆΚΡΗ
ΤΕΡΆΣΤΙΑ
ΓΕΛΆΣΕΙ
ΆΛΛΟ
ΜΈΓΑΙΡΑ
ΕΡΓΟΣΤΆΣΙΟ
ΦΟΡΈΣ

```
X  B  V  P  S  O  I  Σ  Ά  T  Σ  O  Γ  P  E  G  M
Γ  E  Λ  Ά  Σ  E  I  M  M  E  T  Y  P  Ί  E  I  Έ
Φ  J  L  E  Ώ  P  I  M  H  P  K  Ά  M  A  P  E  Γ
Π  O  M  Π  P  O  Σ  T  Ά  Ά  Y  I  R  Π  Z  U  A
O  X  P  Y  K  I  Z  I  F  Σ  U  N  U  Z  O  M  I
Δ  X  H  Έ  W  T  E  L  N  T  X  Y  T  V  Y  Λ  P
I  X  G  L  Σ  W  Ό  M  Θ  I  P  A  O  Y  J  S  A
Ά  E  E  Z  D  K  G  S  Y  A  Σ  T  Ί  Φ  P  A  K
G  R  Q  Π  A  I  X  N  I  Δ  I  Ά  P  I  K  O  O
J  Z  H  T  T  K  U  W  E  B  V  Ά  Λ  Λ  O  E  D
L  K  A  T  E  Y  Θ  Ύ  N  Σ  E  I  Σ  M  K  T  X
I  G  O  L  G  I  T  H  T  I  X  S  O  Q  Ύ  G  C
Π  Λ  E  I  O  Ψ  H  Φ  Ί  A  H  O  Y  Y  R  T  D
D  E  M  O  C  T  E  X  N  I  K  Ή  H  I  V  A  Z  H
Π  E  P  I  Σ  Σ  Ό  T  E  P  A  W  Y  B  Y  L  C
```

Puzzle 861

```
X  Α  Ρ  Α  Κ  Τ  Ή  Ρ  Α  Σ  Ε  J  X  D  G  K  V
F  B  V  G  Α  J  B  Ε  Z  W  Y  V  N  W  L  C  O
R  Π  Ε  Ρ  Ά  Σ  Ε  I  P  D  G  L  U  D  M  U  J
K  H  M  M  K  H  J  N  Q  X  Ε  O  Ε  S  Z  P  J
Σ  Α  Τ  Η  Τ  Ό  M  Ρ  Ε  Θ  Ν  Σ  Τ  I  Γ  M  Ή
L  A  N  Ά  Y  J  D  I  S  Y  I  Ά  X  K  S  Ε  Γ
Σ  U  G  N  Γ  C  Y  B  C  Ρ  K  Ρ  Ά  Ά  M  Γ  Ρ
O  T  B  I  W  P  Q  X  Ρ  Λ  Ό  Π  Π  Ρ  O  Γ  Α
Λ  U  O  N  S  N  Ε  H  W  Y  Ε  H  I  Ε  Λ  Ρ  Σ
Έ  Y  Π  Ό  Σ  X  O  N  T  Α  I  Π  J  Γ  Ύ  Α  Ί
M  Ρ  B  K  G  S  Ί  Θ  Y  L  H  F  T  C  B  Φ  Δ
Q  A  Ρ  Λ  O  T  Α  Έ  Ρ  Σ  A  W  K  Ά  Δ  Ή  I
S  W  C  A  D  X  I  A  S  S  O  K  S  G  O  Σ  W
V  M  T  Π  R  I  N  M  F  Ε  G  K  N  U  Y  X  M
K  V  Z  M  I  W  Ε  A  Ε  Ρ  Σ  X  O  Λ  I  K  Ή
```

ΛΕΠΤΆ
ΕΝΙΑΊΟ
ΓΕΡΆΚΙ
ΥΠΌΣΧΟΝΤΑΙ
ΕΥΓΕΝΙΚΌ
ΜΈΛΟΣ
ΜΟΛΎΒΔΟΥ
ΕΓΓΡΑΦΉΣ
ΣΥΝΕΡΓΆΤΗ
ΓΡΑΣΊΔΙ
ΣΧΟΛΙΚΉ
ΧΑΡΑΚΤΉΡΑΣ
ΘΈΑΜΑ
ΠΡΆΣΟ
ΧΆΠΙ
ΘΕΡΜΌΤΗΤΑΣ
ΠΕΡΆΣΕΙ
ΣΤΟ
ΜΠΑΛΚΌΝΙ
ΣΤΙΓΜΉ

Puzzle 862

ΕΚΤΌΣ
ΜΠΎΡΑ
ΓΊΝΟΝΤΑΙ
ΠΡΟΧΩΡΉΣΤΕ
ΔΆΧΤΥΛΌ
ΤΎΠΟ
ΚΌΛΠΟ
ΣΥΧΝΉ
ΦΑΣΙΑΝΌ
ΤΥΧΕΡΟΊ
ΔΙΑΤΗΡΗΘΕΊ
ΚΑΤΆ
ΔΙΑΘΈΤΟΥΝ
ΝΤΟΜΆΤΑ
ΕΙΣΑΓΩΓΙΚΆ
ΕΠΙΦΆΝΕΙΑ
ΚΆΘΟΝΤΑΙ
ΤΗΛΕΌΡΑΣΗ
ΣΉΜΑΤΟΣ
ΣΥΝΑΝΤΉΘΗΚΕ

```
A  X  B  Ρ  Z  V  Y  F  R  K  Σ  Y  X  N  Ή  F  R
Π  Ρ  O  X  Ω  Ρ  Ή  Σ  T  Ε  Ό  Λ  Y  T  X  Ά  Δ
Φ  Α  Σ  I  A  N  Ό  S  O  Ά  T  Λ  G  B  K  T  Δ
Σ  Y  N  A  N  T  Ή  Θ  Η  K  Ε  I  Π  L  Ά  A  I
A  V  Z  Ρ  G  N  Y  O  B  I  H  A  Ρ  O  Θ  K  A
I  L  I  Ρ  W  X  M  Ρ  D  G  Ε  T  N  I  O  C  Θ
Ε  Σ  N  F  H  X  N  L  W  Ω  T  N  C  Ρ  N  T  Έ
N  Ό  Ε  B  Ί  S  Q  Ε  R  Γ  M  O  Π  Ύ  T  H  T
Ά  Σ  Y  M  O  N  S  F  A  N  N  W  B  A  Λ  O
Φ  K  O  M  Π  Ύ  Ρ  A  I  Σ  T  Ί  G  Z  I  Ε  Y
I  Ε  T  M  Q  C  N  Ε  D  I  S  F  L  J  Z  Ό  N
Π  Ρ  A  L  Ά  D  F  N  X  Ε  N  V  D  N  D  Ρ  H
Ε  I  M  X  R  T  F  A  U  Y  K  I  R  K  W  A  Ε
R  Ρ  Ή  U  M  N  A  R  Y  A  T  Ε  U  R  W  Σ  N
J  I  Σ  Δ  I  A  T  Η  Ρ  Η  Θ  Ε  Ί  Ε  S  H  S
```

Puzzle 863

Q	Π	A	Π	Ό	Φ	O	I	T	O	Σ	A	Ή	Λ	I	K	N
H	H	O	M	G	Y	O	Π	Ά	K	A	N	T	Ί	Σ	A	J
A	G	E	P	Λ	L	I	A	Λ	Ά	M	Ψ	H	M	T	T	V
I	R	S	B	T	Ά	N	P	Π	B	S	M	Θ	N	O	E	V
E	P	U	L	S	O	Σ	Ά	I	E	X	G	A	H	P	Ύ	S
Σ	Q	E	E	T	Λ	K	K	Y	S	Ί	I	M	C	Ί	Θ	T
Ύ	G	Z	U	L	A	H	A	E	N	D	P	X	R	A	Y	H
E	B	H	D	P	M	S	D	Λ	T	F	Y	A	N	V	N	N
N	R	P	D	I	Π	Q	A	Φ	Ί	H	P	X	M	Y	Σ	J
Π	Z	U	U	S	P	H	S	Ί	J	H	G	H	U	A	H	R
A	Q	F	L	M	Ή	Σ	P	Λ	T	Y	Π	I	K	Ό	L	P
N	Y	O	Ύ	E	Π	Ω	Σ	O	P	Π	I	T	N	A	S	U
A	I	P	T	Έ	M	Λ	K	O	I	Λ	Ό	T	H	T	A	V
G	F	O	K	R	D	Ή	X	O	Σ	O	P	Π	R	N	W	I
U	J	R	H	J	V	Δ	A	L	W	Q	H	O	S	A	Z	X

ΚΟΙΛΌΤΗΤΑ
ΠΕΊΡΑΜΑ
ΜΠΆΣΚΕΤ
ΦΊΛΟ
ΜΑΘΗΤΉ
ΜΈΤΡΙΑ
ΚΑΤΕΎΘΥΝΣΗ
ΙΣΤΟΡΊΑ
ΔΉΛΩΣΗ
ΛΑΜΠΡΉ
ΤΥΠΙΚΌ
ΠΡΟΣΟΧΉ
ΑΝΑΠΝΕΎΣΕΙ
ΛΊΜΝΗ
ΚΆΠΟΥ
ΠΑΡΆ
ΑΝΤΙΠΡΟΣΩΠΕΎΟΥΝ
ΛΆΜΨΗ
ΠΟΡΤΟΚΑΛΊ
ΑΠΌΦΟΙΤΟΣ

Puzzle 864

ΔΑΜΆΣΚΗΝΟ
ΔΙΑΣΚΕΔΆΣΕΙ
ΚΟΥΝΆΒΙ
ΠΑΓΕΤΌ
ΤΙΜΩΡΉΣΕΙ
ΒΑΣΙΛΙΆ
ΔΙΔΆΣΚΕΙ
ΓΗΣ
ΓΟΓΓΎΛΙΑ
ΣΥΝΉΘΕΙΑ
ΝΌΜΙΣΜΑ
ΤΑΥΤΌΤΗΤΑΣ
ΤΗΛΕΣΚΌΠΙΟ
ΜΝΉΜΗ
ΠΡΑΚΤΙΚΈΣ
ΕΘΝΙΚΌΣ
ΣΤΆΔΙΟ
ΔΙΑΦΆΝΕΙΑ
ΟΜΟΙΟΚΑΤΑΛΗΞΊΑ
ΆΝΕΤΑ

K	T	P	F	R	Z	B	E	Σ	Έ	K	I	T	K	A	P	Π
Π	A	Γ	E	T	Ό	H	R	Θ	M	P	O	W	N	R	X	A
Δ	I	Δ	Ά	Σ	K	E	I	X	N	J	G	Y	N	V	Z	S
T	A	Y	T	Ό	T	H	T	A	Σ	I	W	L	N	B	E	D
Δ	T	A	J	I	I	M	G	V	F	Y	K	U	H	Ά	Y	D
I	H	M	X	Q	A	Ή	C	L	T	W	B	Ό	L	P	B	A
A	Λ	Σ	A	I	E	N	Ά	Φ	A	I	Δ	F	Σ	F	I	I
Σ	E	I	T	G	Z	M	Γ	H	Σ	M	L	B	T	U	P	Λ
K	Σ	M	V	Ά	I	Λ	I	Σ	A	B	Ά	N	E	T	A	Ύ
E	Ό	Y	Y	Δ	I	D	J	A	H	S	C	S	Y	F	F	Γ
Δ	Ό	N	J	X	U	I	Σ	Y	N	Ή	Θ	E	I	A	X	Γ
Ά	Π	G	C	O	Z	S	O	N	H	K	Σ	Ά	M	A	Δ	O
Σ	I	T	I	M	Ω	P	Ή	Σ	E	I	N	D	C	Z	Z	Γ
E	O	O	M	O	I	O	K	A	T	A	Λ	H	Ξ	Ί	A	W
I	T	N	T	O	E	O	B	R	B	T	H	K	W	U	T	M

Puzzle 865

```
X A P O Ύ M E U G C W P E O B X T
O V L C Φ O O H Z M V O C Γ C A L
E F E Q T O P Σ O Λ Λ Ύ Φ Δ M P O
P Ό Λ O A P P Y Z P C X Z Ό C A C
J U J Y I T S E P A Γ A Y N N K X
P R B K Ύ A R K O Θ N H A K T I T Q
E Q P J O Έ H Ή R E M T N A T Ή O
S M A M I Θ F Θ F D Ί Ό W Ώ T P J
Γ A T Ά K I T O E H T K Q T Σ A D
X L E I A E M Π N O Y T M E D T T
P B A F B Σ H A J U A Π A Ύ Σ H E
K P F W M Ώ O Λ O K Λ H P Ώ Σ E I
E O Q O A Λ Π Λ Ή P Ω Σ H Σ B P M
X Z V F B H T Y Λ Ό Π A J G I K C
X X G Z A Δ Y Π O Ψ Ή Φ I O Σ B J
```

ΦΎΛΛΟ
ΓΑΤΆΚΙ
ΟΓΔΌΝΤΑ
ΟΛΟΚΛΗΡΏΣΕΙ
ΧΑΡΑΚΤΉΡΑ
ΡΌΛΟ
ΠΛΉΡΩΣΗΣ
ΠΑΎΣΗ
ΡΟΎΧΑ
ΧΑΡΟΎΜΕ
ΑΠΌΛΥΤΗ
ΦΟΡΕΘΕΊ
ΑΥΤΊ
ΒΑΜΒΑΚΙΟΎ
ΥΠΟΨΉΦΙΟΣ
ΔΗΛΏΣΕΙ
ΑΠΟΘΉΚΕΥΣΗ
ΘΈΑΤΡΟ
ΚΌΤΑ
ΟΡΓΑΝΏΣΤΕ

Puzzle 866

ΒΙΟΛΕΤΊ
ΚΑΤΟΙΚΊΑ
ΚΌΚΟΡΑ
ΑΥΛΉ
ΣΥΜΒΟΥΛΈΣ
ΦΘΆΝΟΥΝ
ΚΑΜΉΛΑ
ΠΕΡΙΟΔΙΚΌ
ΥΨΗΛΉΣ
ΑΦΗΓΗΤΉ
ΤΣΆΝΤΑ
ΚΟΥΤΊ
ΔΙΑΤΗΡΟΎΝ
ΧΡΙΣΤΟΎΓΕΝΝΑ
ΠΡΟΣΕΚΤΙΚΟΊ
ΑΥΓΌ
ΟΎΤΕ
ΠΕΤΣΈΤΑ
ΟΙΚΟΓΕΝΕΙΑΚΌ
ΕΚΤΈΛΕΣΗ

```
T K S Q J Δ J H B P W N D W Π A U
M A W A Ί K I O T A K J X W P Y W
Y N M P U Y A A T N Ά Σ T L O Γ L
X N Q P W E P Ή T H Γ Φ A Σ Ό P
Π E P I O Δ I K Ό H O I S X E Φ Σ
Π Γ T D E V E A C A P O K Ό K Θ Y
E Ύ K Ύ O K C E T X J O Q E T Ά M
T O O W O Ί T E Λ O I B Ύ A I N B
Σ T Y F H U X Έ Ή S J X V N K O O
Έ Σ T E Y G R A Λ Ή M A K Y O Y Y
T I Ί H E X N Q Y E Z S A T Ί N Λ
A P M M G V V R A O Σ Ή Λ Η Ψ Y Έ
N X A K Z D J I T L A H O F Z A Σ
O I K O Γ E N E I A K Ό B W X E X
P Z V Z F D Z L V H Q W N G H R Y
```

Puzzle 867

```
Π  C  Z  F  C  W  O  I  Q  F  M  E  Ψ  Χ  E  Π  E
I  O  Σ  Y  N  O  M  I  Λ  Ί  A  Π  Ά  E  K  P  Π
K  Σ  Λ  I  H  W  U  E  V  E  Q  I  P  I  Σ  O  I
Ά  H  T  Ύ  Q  B  T  N  D  Θ  E  Θ  I  M  T  T  Σ
Δ  Λ  Δ  O  X  M  E  X  N  Φ  I  E  T  Ώ  P  E  K
Y  E  Y  Y  P  P  U  Ά  H  H  O  T  Ά  N  A  Ί  E
O  K  X  Q  N  I  Ω  Ψ  C  Λ  B  I  B  A  T  N  Y
Γ  T  L  V  A  A  K  M  Q  D  W  K  E  I  E  O  Ή
A  P  Z  O  J  E  T  O  O  D  Z  Ή  P  X  Ί  Y  Σ
Λ  I  K  A  P  Φ  Ί  Ό  Ύ  X  O  B  K  R  A  M  I
W  K  K  H  P  O  P  T  N  Έ  K  U  R  T  Y  E  U
A  Ό  K  I  T  N  A  M  H  Σ  Π  E  P  I  O  X  Ή
C  H  V  G  G  K  Z  U  A  M  F  L  D  Q  D  A  J
J  B  E  N  T  O  Π  Ί  Σ  E  I  W  S  M  G  I  G
Q  E  F  G  Y  K  Y  N  Y  M  B  I  X  T  M  Y  U
```

ΚΡΕΒΆΤΙ
ΣΗΜΑΝΤΙΚΌ
ΛΗΦΘΕΊ
ΗΛΕΚΤΡΙΚΌ
ΠΕΡΙΟΧΉ
ΕΠΙΘΕΤΙΚΉ
ΚΑΡΦΊ
ΨΆΧΝΕΙ
ΨΆΡΙ
ΧΕΙΜΏΝΑ
ΙΣΤΟΡΙΚΟΎ
ΕΠΙΣΚΕΥΉΣ
ΚΈΝΤΡΟ
ΠΡΟΤΕΊΝΟΥΜΕ
ΠΟΛΎΧΡΩΜΟ
ΔΥΝΑΤΌΝ
ΣΥΝΟΜΙΛΊΑ
ΛΑΓΟΥΔΆΚΙ
ΕΝΤΟΠΊΣΕΙ
ΕΚΣΤΡΑΤΕΊΑ

Puzzle 868

ΛΕΠΤΟΜΈΡΕΙΕΣ
ΦΩΝΉ
ΔΑΠΆΝΗ
ΣΤΡΑΤΌΠΕΔΟ
ΘΡΑΎΣΜΑ
ΜΗΤΈΡΑ
ΚΟΥΡΑΣΜΈΝΟΣ
ΠΕΙ
ΠΕΡΊΠΛΟΚΗ
ΠΙΟ
ΛΑΜΒΆΝΟΥΝ
ΜΑΚΡΆ
ΣΤΆΘΗΚΕ
ΡΥΖΙΟΎ
ΏΘΗΣΕ
ΈΔΩΣΕ
ΑΧΥΡΏΝΑ
ΆΚΑΜΠΤΗ
ΚΥΡΙΑΚΉ
ΒΡΏΜΙΚΟ

```
Λ  A  M  B  Ά  N  O  Y  N  J  U  H  N  Ά  Π  A  Δ
M  Σ  G  Λ  E  Π  T  O  M  Έ  P  E  I  E  Σ  I  L
H  T  I  Έ  U  C  I  I  Y  U  S  G  H  G  X  K  O
T  Ά  L  Δ  A  O  B  K  L  I  B  U  S  U  K  Y  V
Έ  Θ  C  Ω  L  B  A  M  Σ  Ύ  A  P  Θ  I  L  B  V
P  H  I  Σ  B  E  U  S  O  C  A  N  Ώ  P  Y  X  A
A  K  T  E  M  G  K  W  I  W  H  T  Π  M  A  K  Ά
V  E  S  C  C  B  Y  Z  I  Y  Q  Π  Q  Z  I  R  J
N  W  I  R  X  Ά  P  K  A  M  V  E  E  B  Ώ  K  B
P  Y  Z  I  O  Ύ  I  Φ  Ω  N  Ή  J  V  I  Θ  T  O
Σ  O  N  Έ  M  Σ  A  P  Y  O  K  I  W  I  H  O  I
L  X  B  B  A  H  K  O  Λ  Π  Ί  P  E  Π  Σ  J  J
Y  H  M  S  X  S  Ή  K  F  C  I  A  F  L  E  V  I
B  D  Σ  T  P  A  T  Ό  Π  E  Δ  O  V  U  I  G  I
S  D  Z  J  H  F  B  P  I  N  M  Z  S  Q  I  M  E
```

Puzzle 869

```
D C V S R N Y O Z Ί P H T Σ O Π Y
K A T Ά Π A Y Σ H Δ Ύ T Σ H Y Y Y
L V G P T Ά M M O K O Ό Έ Σ Y P B
V S N I Y N L D Π E M K K H B R D
V O U E L H E H E T Θ A I B K A Y
R N B Σ A S L N Δ Z A I T M B C W
Y A Σ Έ M F A X I Ά B N K Ύ Ή P I
L N Ί J O P R Ά Ά K S H P Λ O Q C
V D K X R K Y P Δ I O Λ A O A X Q
E Π I Θ Y M Ί A E J H E Q K N F C
J A H C O S L C Σ F F Σ O Λ Ί E X
I Y X P P U H Σ E P Ί A Φ A J G D
W Z F P T B K N Y O N Ί E T O P Π
S Y J F Έ D Y Y A D W W I N H S H
N Q S X M E Ξ Y Π H P E T O Ύ N E
```

ΑΡΆΧΝΗ
ΣΕΛΗΝΙΑΚΌ
ΔΟΚΙΜΉ
ΑΝΗΣΥΧΊΑ
ΚΑΤΆΠΑΥΣΗ
ΥΠΟΣΤΗΡΊΖΟΥΝ
ΕΠΙΘΥΜΊΑ
ΑΡΚΤΙΚΈΣ
ΑΦΑΊΡΕΣΗ
ΆΜΜΟ
ΠΡΟΤΕΊΝΟΥΝ
ΕΞΥΠΗΡΕΤΟΎΝ
ΧΕΊΛΟΣ
ΒΑΘΜΟΎ
ΚΟΛΎΜΒΗΣΗΣ
ΜΈΤΡΟΥ
ΤΖΆΚΙ
ΜΈΣΑ
ΣΕΙΡΆ
ΠΕΔΙΆΔΕΣ

Puzzle 870

ΜΠΙΖΈΛΙ
ΔΙΕΎΘΥΝΣΗ
ΜΠΑΛΟΝΙΏΝ
ΠΕΡΊΕΡΓΟ
ΙΚΑΝΟΠΟΙΗΜΈΝΟΙ
ΈΝΑ
ΝΈΩΝ
ΚΆΘΙΣΕ
ΣΥΡΤΆΡΙ
ΥΠΕΎΘΥΝΟΣ
ΠΕΊΤΕ
ΓΕΙΑ
ΜΕΤΟΧΙΚΌ
ΕΛΈΓΧΕΤΑΙ
ΎΠΝΟ
ΆΝΕΜΟ
ΚΑΛΑΜΠΟΚΙΟΎ
ΥΠΟΛΟΓΊΖΕΙ
ΤΕΛΕΥΤΑΊΑ
ΕΠΙΣΤΡΟΦΉ

```
G Δ H W X Q G J N Y U F G X N E I
O I M Π I Z Έ Λ I Έ H I L V Y F K
I E Z Ί Γ O Λ O Π Y Ω O Ύ Π N O A
A Ύ T E Λ E Y T A Ί A N S L E M N
T Θ K A Λ A M Π O K I O Ύ B Π W O
E Y E I J B X Ά N E M O K F I M Π
X N K E G I U Z Q Π T S J M Σ Π O
Γ Σ P Γ L A M Ό I E T Ί E Π T A I
Έ H H I H D J K K P H C S O P Λ H
Λ N L L O K F I O Ί Ά T I V O O M
E R A C X F M X J E V T B F Φ N Έ
Y Π E Ύ Θ Y N O Σ P V C P C H I N
K Ά Θ I Σ E Z T L Γ P O V Y C Ώ O
X N A Y I O T E J O O B J N Σ N I
V S H Q I J K M D U T O I B H P L
```

Puzzle 871

```
Σ O N Θ É G L Z E D U M R S T E Κ
H A Ό W D D X S N P X Ψ C P Y M A
Σ Λ Λ V L K I Λ Ά Z Ώ E É H S Π T
I Ά E Ά W Ή K Y E Ά I T A M S O A
T Γ P B X K Ό A P Q N E H G A P Δ
P I T I Y I N V Ω R Y Ψ I Σ L I Ύ
Ά Q V H I M Δ I Δ M O Ύ N H H K Σ
T G A Z C O O Z Y P Λ Λ U Σ Q Ό E
A D E Y S N P C E B Ά A L Ύ R N I
K B N N V O A E C B B K P Λ R A Σ
Z C O D Q K Σ V F Q M A X Π T P Y
A R Q N R I U R S P Y N I M T Y W
Q G Y Z K O X Ώ P A Σ A W X B O J
A Π Λ O Π O Ί H Σ H H Q R C A N D
N M G I M Q K W Z D J L I A I M J
```

ΑΝΑΚΑΛΎΨΕΤΕ
ΨΈΜΑ
ΜΑΤΙΆ
ΤΡΕΛΌ
ΈΘΝΟΣ
ΕΜΠΟΡΙΚΌ
ΧΏΡΑΣ
ΕΡΏΤΗΣΗ
ΣΑΛΆΧΙ
ΟΥΡΑΝΌ
ΠΛΎΣΗΣ
ΚΙΛΆ
ΔΩΡΕΆΝ
ΑΠΛΟΠΟΊΗΣΗ
ΚΌΝΔΟΡΑΣ
ΣΥΜΒΆΛΟΥΝ
ΟΙΚΟΝΟΜΙΚΉ
ΚΑΤΆΡΤΙΣΗΣ
ΓΆΛΑ
ΚΑΤΑΔΎΣΕΙΣ

Puzzle 872

ΥΠΟΛΟΓΙΣΜΌ
ΚΑΘΟΡΊΖΟΥΝ
ΠΛΆΝΟ
ΔΙΚΑΣΤΉΣ
ΕΠΊΣΚΕΨΗ
ΚΟΙΝΩΝΙΚΉ
ΣΥΓΚΡΟΎΟΝΤΑΙ
ΜΥΣΤΉΡΙΟ
ΔΙΚΗΓΌΡΟΣ
ΣΠΟΡ
ΠΟΣΌΤΗΤΑ
ΕΠΙΣΤΉΜΗ
ΠΙΆΤΑ
ΣΩΣΤΉ
ΕΠΕΞΕΡΓΑΣΊΑΣ
ΜΌΝΟ
ΚΑΟΥΜΠΌΗ
ΕΥΤΥΧΏΣ
ΕΞΑΡΤΆΤΑΙ
ΤΡΈΞΕΙ

```
E N V J C T P A U Q T R T Z U D Π
C Π E Π I S T Ή M H N U U U C Y O
H Ψ E K Σ Ί Π E G W R I D B K J Σ
J Y P Ξ K A Θ O P Ί Z O Y N A H Ό
W S J U E J E N O N Ά Λ Π Ό O L T
X A H V W P E Ό Π H M P J M Y S H
N B P J O O Γ M Σ N K L M Σ M M T
E Y T Y X Ώ Σ A T P Έ Ξ E I Π Y A
Y K H U C Σ Ή T Σ A K I Δ Γ Ό Σ T
K O I N Ω N I K Ή Ί M D B O H T Ά
E Ξ A P T Ά T A I U A H E Λ P Ή I
I A T N O Ύ O P K Γ Σ J O W P Π
Δ I K H Γ Ό P O Σ B R L A Π M I A
Q M Z R L N R M D U H Y T Y O Y
Q Z A T R E Σ Ω Σ T Ή K U B N X S
```

Puzzle 873

```
S Q J N O Φ K O Y T Ά Λ I F A I H
J C M K H Ύ F N X Ω P I Ό M B V Σ
G D H A T Γ A P A H Π Σ T T Z Y A
Σ Έ K I P E M Ύ W H P A P K M Z B
A G F Z V I Y O I Z Ά Ί E Θ A T Σ
Π S F Έ P E E Φ E H Σ X R F M I Ό
O F L P P Σ Γ X B V I A W Π Σ C P
T S Q Φ C Ώ T Y Έ V N M F C A M Π
Ύ C M C X K H Z N P O Γ H G P X X
Π Y D O O Γ K V Z A A Y B N Έ R Ύ
Ω S L R N A O Q X N Ί Π N O Π S F
Σ N H M O Δ B Έ T Ώ Q K S N M S F
H X P Ό N I A Ή K I M P E Θ Y U X
J Y F S D R H N H A U D R Σ Σ H O
K B L Y N G K L T N R K K Y V X D
```

ΠΡΌΣΒΑΣΗ
ΘΕΡΜΙΚΉ
ΧΩΡΙΌ
ΠΥΓΜΑΧΊΑΣ
ΠΡΆΣΙΝΟ
ΣΥΜΠΈΡΑΣΜΑ
ΑΠΟΤΎΠΩΣΗ
ΦΡΈΖΙΑ
ΚΟΥΤΆΛΙ
ΓΥΝΑΊΚΕΣ
ΔΑΓΚΏΣΕΙ
ΑΙΏΝΑ
ΠΑΡΈΧΕΙ
ΜΕΡΙΚΈΣ
ΧΡΌΝΙΑ
ΈΒΔΟΜΗ
ΦΎΓΕΙ
ΦΟΎΡΝΟ
ΣΤΑΘΕΊ
ΠΑΧΎ

Puzzle 874

ΛΕΠΤΉ
ΤΡΈΧΕΙ
ΣΤΥΛΌ
ΕΠΙΔΙΏΚΟΥΝ
ΤΟΥΡΚΊΑ
ΚΡΑΓΙΌΝΙΑ
ΑΠΛΆ
ΡΕΎΜΑ
ΗΛΊΘΙΟ
ΑΠΟΣΤΟΛΉΣ
ΗΘΙΚΌ
ΦΙΛΊ
ΤΡΟΠΙΚΉ
ΠΊΣΩ
ΥΠΟΒΆΛΕΙ
ΚΛΈΨΤΕ
ΠΡΆΓΜΑΤΙ
ΔΙΑΧΕΊΡΙΣΗ
ΒΑΣΙΛΙΚΉ
ΘΈΛΕΙ

```
A E H T T P L E F H T O Y P K Ί A
Π Π Λ P P E D X L Θ K B T Δ W U O
O I Ί Έ O Ύ W C M I K Π Θ I L J W
Σ Δ Θ X Π M L X D K Q P Έ A W R U
T I I E I A A Q L Ό C Ά Λ X C C M
O Ώ O I K I B Φ I Λ Ί Γ E E W U W
Λ K I L Ή X A D R C N M I Ί G P D
Ή O Z Z E I Σ N M L Y A B P I O J
Σ Y M C L T I P R T Π T S I B N F
R N O D X Ό Λ Y T Σ O I Z S H F A
D Q B R A Q I G U P B P B H H O G
M W I L K B K L T O Ά Λ Π A N Q T
I Q F P N D Ή T Π E Λ W H L T K L
K P A Γ I Ό N I A K E T Ψ Έ Λ K C
J X D Π Ί Σ Ω C A G I R K B G P N
```

Puzzle 875

```
D D I W J F M B O X D M O N Π A X
Π B S R G W J T X Ώ H J F C A N Θ
J P T V J Z H Q O P N N K A T A E
F O Ό W L I V I L O W Q Z I I M Σ
H X C Θ C P L W H Σ T D U Z N Έ A
I Σ M Q Y R O W N Ά Ή V A Z Ά N N
Δ A N H Q M A H Έ Λ Π Z Ω Ή Z E H
Ά Ί N H P L A B M Ά Ω T G T T T Σ
M Σ O P Γ A N Ώ Σ E I N B B E A Y
I A T P I K Ή Σ I Λ Σ Λ O Z B I X
Ξ Π X P Ώ M A Q X Q Ύ X Ω L P K O
A Π U Q G L P W Y Q M Σ A Φ R X Ύ
Π I A Ί P O Γ H T A K U H O H W N
L S J N F S D P Σ H M E Ί O M S
H A X W Q S O S E P Ή Π D N Y E P
```

ΖΩΉ
ΣΙΩΠΉ
ΕΥΤΥΧΙΣΜΈΝΗ
ΠΑΞΙΜΆΔΙ
ΑΝΑΜΈΝΕΤΑΙ
ΠΑΤΙΝΆΖ
ΠΡΌΘΥΜΑ
ΧΘΕΣ
ΣΗΜΕΊΟ
ΚΑΤΗΓΟΡΊΑ
ΛΆΣΟ
ΧΏΡΟ
ΠΉΡΕ
ΙΑΤΡΙΚΉΣ
ΙΠΠΑΣΊΑΣ
ΦΩΛΙΆ
ΟΡΓΑΝΏΣΕΙ
ΑΝΗΣΥΧΟΎΝ
ΛΎΣΗ
ΧΡΏΜΑ

Puzzle 876

ΑΠΡΌΣΕΚΤΗ
ΕΚΦΡΆΖΟΥΝ
ΣΦΆΛΜΑ
ΣΤΌΜΑ
ΈΠΙΠΛΑ
ΠΡΟΒΛΈΠΟΥΝ
ΛΟΥΛΟΎΔΙ
ΦΈΡΕΙ
ΑΝΑΒΆΛΕΙ
ΣΆΠΙΟ
ΕΚΔΏΣΕΙ
ΗΛΙΟΒΑΣΙΛΈΜΑΤΟΣ
ΕΊΧΕ
ΦΟΡΆ
ΣΚΑΠΆΝΗ
ΔΙΕΥΚΡΙΝΊΣΕΙ
ΧΈΡΙ
ΚΑΤΑΛΆΒΕΙ
ΘΕΊΟΣ
ΕΤΉΣΙΑ

```
Δ Q H T A Z G Z P L J Θ V Σ Σ A K
E I O C I E Ώ Δ K E E U Φ K N A
Q K E C I A T C J C V Ί R Ά A A T
T Y Φ Y P C Ό J I P O O Π Λ Π B A
Y F N P K S M V E X I Σ P M Ά Ά Λ
T C I G Ά P A Λ Π I Π Έ O A N Λ Ά
W B O I M Z I P Έ X Ά A B I H E B
N P K X O F O N Φ J Σ W Λ Σ U I E
Q A C J D P H Y Ί O V L Έ Ή P B I
Λ O Y Λ O Ύ Δ I N Σ P K Π T Y L F
A Π P Ό Σ E K T H P E Ά O E X T Φ
D G T D K M P P U X S I Y J A E Έ
V B O W Q S E R O G C S N K Q O P
H Λ I O B A Σ I Λ Έ M A T O Σ D E
F I R M F Q E Ί X E A N P Q U O I
```

Puzzle 877

```
Μ Π Λ Ο Ύ Z A S A X L C Z B Φ C A
L V Q O O I Δ Ί P I E X Γ E Ά U G
X T O U Ά K I N Φ A Ξ Ω I W N K G
Δ A N A N P A Ώ Z J Y Σ T H T T A
O H Έ H Z T Φ Π A N Ί J Q F A Ύ F
D G M H V D Y I O V Q A Z K Σ Π Ψ
P W Ω I V P Γ U M A X X N M M O H
Φ P K D O J Ή N K Υ Π T K T A Σ Φ
P H A I P Σ A W G N P E Q Ί D O
Έ K Λ A M E P K Ό T N O Δ O W O Φ
Σ R A Y U T Z Γ Υ Π O Δ O X Ή Σ O
K J R E S S Σ Ή Γ Ω Γ A Σ I E P
A E T H J T H S N Σ D Y C T B G Ί
B Λ Έ Π O N T A Σ G E P C D B H A
A Π O T Έ Λ E Σ M A Q I Z R B E F
```

ΠΥΚΝΉ
ΨΗΦΟΦΟΡΊΑ
ΟΔΟΝΤΌΚΡΕΜΑ
ΦΆΝΤΑΣΜΑ
ΥΠΟΔΟΧΉΣ
ΕΓΧΕΙΡΊΔΙΟ
ΩΣ
ΜΠΛΟΎΖΑ
ΞΑΦΝΙΚΆ
ΖΏΑ
ΤΎΠΟΣ
ΠΑΝΊ
ΔΗΜΙΟΥΡΓΉΣΕΙ
ΦΡΈΣΚΑ
ΑΝΤΊΟ
ΔΙΑΦΥΓΉΣ
ΕΙΣΑΓΩΓΉΣ
ΤΣΑΛΑΚΩΜΈΝΟ
ΑΠΟΤΈΛΕΣΜΑ
ΒΛΈΠΟΝΤΑΣ

Puzzle 878

ΣΥΝΟΨΊΖΟΥΝ
ΠΕΊΣΕΙ
ΜΈΣΟ
ΜΠΆΛΑ
ΚΑΝΑΡΊΝΙ
ΣΥΝΌΛΟΥ
ΜΕΊΩΣΗ
ΔΙΠΛΌ
ΝΌΣΤΙΜΑ
ΣΧΈΣΗ
ΆΝΟΙΞΗ
ΘΟΛΌ
ΠΑΡΆΓΟΝΤΑΣ
ΚΎΚΝΟ
ΟΔΟΝΤΌΒΟΥΡΤΣΑ
ΠΡΆΓΜΑΤΑ
ΑΣΒΌΣ
ΕΚΚΕΝΏΣΤΕ
ΘΌΡΥΒΟ
ΦΆΡΜΑ

```
Z L V O Θ O K G K L R Σ Φ E J V F
Y W H Ξ I O N Ά A G J Y Ά K H F I
M H Σ Έ X Σ Λ V N C D N P K M B I
F Θ Ό P Y B O Ό A C C O M E H R E
Y I B G W H D U P Σ F Ψ A N J U G
T H Σ Ω Ί E M F Ί A F Ί Λ Ώ M U L
B A A M I T Σ Ό N T B Z Ά Σ Έ L I
Π E Ί Σ E I Q A I N X O Π T Σ I J
Π P Ά Γ M A T A M O G Y M E O F D
Σ Y N Ό Λ O Y I K Γ Σ N Δ R G P Q
K C D O K C C A V Ά K G W I N U B
O Δ O N T Ό B O Y P T Σ A B Π G F
V I H K I N X Q O A A G M V A Λ O
Z E V Ύ R X X B F Π N A B Σ C Q Ό
S K C K H E M V X H H W E N V C W
```

Puzzle 879

```
E  C  F  U  C  Σ  Έ  K  I  N  E  Γ  C  V  K  Z  A
G  Γ  Ή  S  A  Ί  P  Ω  E  Θ  L  N  D  M  V  R  J
T  Ό  K  I  Λ  Y  H  K  Ψ  P  H  O  N  U  E  D  D
M  K  I  A  Y  U  Q  Ά  E  Ά  Δ  S  B  U  S  Z  G
J  Ά  T  K  T  A  A  P  B  O  P  Ί  Λ  Y  O  Π  V
Σ  Σ  Σ  A  L  A  E  T  L  X  J  I  Z  D  C  R  M
A  T  Y  N  P  P  Σ  A  O  O  R  A  A  O  X  Y  Π
Ί  A  K  Ί  R  X  A  T  F  P  O  S  M  I  Y  U  O
N  N  Λ  Π  Έ  N  T  E  Ά  V  H  L  A  S  H  N  Y
Ω  A  E  G  A  R  I  A  T  Θ  Ξ  S  F  D  U  R  K
N  Y  O  Ύ  E  T  Σ  I  Π  Y  H  Ξ  H  P  K  Έ  Ά
I  P  D  M  G  A  Z  I  E  K  Λ  K  J  C  A  I  Λ
O  G  X  L  Z  P  O  H  R  R  Π  X  A  I  I  N  I
K  E  Ξ  H  Γ  Ή  Σ  E  I  Z  K  R  X  N  G  L  T
Σ  Y  N  E  Δ  P  Ί  A  Σ  H  Έ  F  N  Q  Z  P  Z
```

ΓΕΝΙΚΈΣ
ΕΞΗΓΉΣΕΙ
ΚΆΡΤΑ
ΚΆΣΤΑΝΑ
ΕΠΤΆ
ΈΚΡΗΞΗ
ΣΥΝΕΔΡΊΑΣΗ
ΥΛΙΚΌ
ΈΚΠΛΗΞΗ
ΚΕΡΔΊΖΟΥΝ
ΜΠΟΥΚΆΛΙ
ΘΕΩΡΊΑ
ΠΈΝΤΕ
ΠΟΥΛΊ
ΕΓΚΑΤΑΣΤΆΘΗΚΑΝ
ΚΟΙΝΩΝΊΑΣ
ΠΊΝΑΚΑ
ΕΛΚΥΣΤΙΚΉ
ΨΆΡΙΑ
ΠΙΣΤΕΎΟΥΝ

Puzzle 880

ΕΠΈΚΤΑΣΗ
ΔΙΑΡΡΟΉ
ΠΡΟΣΠΆΘΕΙΑ
ΟΡΤΎΚΙΑ
ΚΟΝΤΆ
ΤΡΑΓΙΚΌ
ΛΎΣΕΙ
ΠΆΓΩΜΑ
ΕΛΕΥΘΕΡΊΑΣ
ΠΑΛΤΌ
ΠΡΟΣΦΟΡΆ
ΦΘΗΝΉ
ΚΑΦΈ
ΓΝΏΜΗΣ
ΑΚΡΙΒΉ
ΑΛΕΎΡΙ
ΑΡΓΆ
ΓΡΉΓΟΡΗ
ΟΙ
ΑΙΧΜΗΡΌ

```
I  W  O  E  Q  O  Z  L  K  B  G  K  Δ  P  L  E  S
G  N  P  Π  Ό  T  Λ  A  Π  N  M  O  I  D  H  Λ  N
A  J  T  Έ  K  E  X  I  P  Q  G  N  A  M  Z  E  G
E  M  Ύ  K  I  Y  I  E  Σ  Ύ  Λ  T  P  W  D  Y  D
I  L  K  T  Γ  S  U  Θ  H  N  Έ  Ά  P  Y  X  Θ  K
L  T  I  A  A  A  Ά  P  O  Φ  Σ  O  P  Π  E  M
R  Q  A  Σ  P  Λ  H  Π  O  Y  A  N  Ή  P  J  P  P
E  A  Z  H  T  E  A  Σ  Γ  Y  K  T  N  Y  K  Ί  V
B  K  Γ  D  O  Ύ  N  O  Ή  W  C  J  H  F  A  A  K
M  P  Z  N  I  P  C  P  P  M  T  L  Θ  A  W  Σ  P
U  I  V  J  Ώ  I  Z  Π  Γ  Y  I  Φ  M  P  M  O
Y  B  J  K  U  M  B  P  N  B  J  I  F  Ω  E  Γ  J
H  Ή  L  G  N  B  H  P  G  D  L  O  E  Γ  J  Z  Ά
D  B  W  U  F  E  K  Σ  N  K  W  Q  P  Ά  L  K  P
K  J  C  Q  K  A  I  X  M  H  P  Ό  K  Π  N  X  S
```

Puzzle 881

Π	Ό	N	O	W	H	M	X	Γ	X	G	Q	P	W	Z	O	X
F	G	J	I	X	R	R	A	Λ	W	Q	E	K	V	B	Y	Q
Ά	Λ	M	A	G	Y	D	X	Y	U	J	S	A	G	G	Σ	P
I	F	X	K	Y	O	D	P	K	P	H	Ύ	Λ	C	Λ	I	K
Δ	A	V	Y	U	D	R	Ή	I	Γ	Y	N	Ύ	F	E	A	R
Ύ	J	M	S	L	K	H	Q	Ά	H	M	Δ	Π	P	O	Σ	C
M	Π	A	Σ	X	A	Λ	Ί	T	Σ	A	E	T	Q	Π	T	R
M	Y	Q	D	L	T	M	T	D	X	H	Σ	O	A	Ά	I	X
E	Λ	Ά	Φ	I	A	E	T	R	P	L	H	N	Σ	P	K	A
P	J	U	D	D	O	X	T	D	N	M	A	T	Ύ	Δ	Ό	R
K	Y	V	D	X	F	M	T	Ά	C	E	U	A	N	A	J	Q
Y	C	U	C	L	V	Ή	X	O	P	B	S	I	O	Λ	M	T
Π	Ω	Λ	H	T	Ή	M	Ά	T	I	T	R	E	Λ	H	O	G
T	P	Ί	M	H	N	O	D	X	Y	N	H	C	Ό	B	B	M
X	Ό	M	Π	I	Q	Y	M	A	K	O	Ύ	Σ	E	I	B	E

ΑΚΟΎΣΕΙ
ΆΛΜΑ
ΚΑΛΎΠΤΟΝΤΑΙ
ΣΎΝΔΕΣΗ
ΜΆΤΙ
ΤΕΤΆΡΤΗ
ΠΑΣΧΑΛΊΤΣΑ
ΓΛΥΚΙΆ
ΠΩΛΗΤΉ
ΕΛΆΦΙΑ
ΣΎΝΟΛΟ
ΟΥΣΙΑΣΤΙΚΌ
ΚΡΕΜΜΎΔΙ
ΠΌΝΟ
ΜΟΒ
ΤΡΊΜΗΝΟ
ΧΌΜΠΙ
ΛΕΟΠΆΡΔΑΛΗ
ΥΓΙΉ
ΒΡΟΧΉ

Puzzle 882

ΚΑΡΑΜΈΛΑ
ΠΡΌΚΛΗΣΗ
ΔΙΑΔΙΚΑΣΊΑ
ΜΙΛΆΜΕ
ΑΡΣΕΝΙΚΌ
ΛΌΓΟ
ΚΑΘΗΓΗΤΗΣ
ΑΦΡΆΤΑ
ΑΚΌΜΑ
ΠΑΡΑΛΊΑ
ΚΆΡΔΑΜΟ
ΤΡΟΦΊΜΩΝ
ΠΛΆΤΟΣ
ΖΕΎΓΟΣ
ΒΡΟΧΕΡΈΣ
ΜΕ
ΕΛΈΦΑΝΤΑ
ΔΙΑΤΡΙΒΉ
ΦΌΒΟ
ΧΑΛΆΖΙ

I	M	I	Σ	Ή	T	H	Γ	H	Θ	A	K	E	Q	H	Δ	O
Y	B	Π	Έ	O	K	I	W	Σ	O	T	Ά	Λ	Π	G	I	C
S	S	X	Γ	T	M	F	C	O	Ά	P	Έ	K	A	A	N
X	R	A	E	Ό	K	O	T	D	Y	P	X	Φ	A	E	Δ	F
T	A	Λ	X	Λ	K	G	P	C	Z	Φ	Q	A	P	E	I	Z
K	T	Ά	O	Q	X	Λ	A	U	O	A	G	N	A	B	K	A
Z	K	Z	P	X	I	Z	H	T	L	Z	W	T	M	A	A	F
Y	L	I	B	Φ	Ό	B	O	Σ	P	K	R	A	Έ	A	Σ	J
Δ	I	A	T	P	I	B	Ή	O	H	O	R	L	Λ	E	Ί	K
Π	A	P	A	Λ	Ί	A	G	M	M	Φ	K	A	P	A	P
T	G	U	K	T	E	W	X	Ύ	W	A	F	Ί	M	V	V	S
A	P	Σ	E	N	I	K	Ό	E	H	Δ	E	D	M	E	C	P
A	K	Ό	M	A	Z	A	Y	Z	I	P	Z	W	R	Ω	C	C
C	Q	U	N	A	H	S	F	E	E	Ά	M	G	A	B	N	O
M	I	Λ	Ά	M	E	N	M	F	N	K	Z	E	Z	H	D	W

Puzzle 883

```
Δ  Ι  Α  Π  Ρ  Α  Γ  Μ  Α  Τ  Ε  Υ  Τ  Ε  Ί  Q  F
J  Ι  Ι  Τ  Κ  Ό  Μ  Π  Ο  Σ  G  L  X  J  T  H  G
D  E  Ε  Τ  Α  C  F  N  I  W  Q  N  F  Α  Ρ  Σ  Η
Κ  Β  Δ  Κ  U  Γ  Ή  W  B  B  Η  T  K  Α  Α  Α  Λ
Σ  Ά  Ά  N  L  Ο  Ό  Κ  C  X  C  Ρ  D  Α  X  Δ  Ι
Ε  Ύ  Μ  F  D  Z  T  Ι  Q  Ι  Η  Σ  Ε  Θ  Κ  Έ  O
Q  V  Z  Ε  F  Υ  Z  Τ  Ρ  Υ  Κ  G  Ρ  Α  N  Κ  Φ
O  V  O  Υ  Ρ  C  J  Α  J  Γ  W  C  Μ  Ρ  Q  Σ  Ά
Τ  Ε  Ζ  Η  Γ  Α  Κ  Μ  S  Τ  Ά  Υ  N  Ό  Μ  Α  N
Η  Β  Α  Ι  Τ  Ό  Μ  Ω  Ρ  Β  Σ  Ο  Υ  Τ  W  Ι  Ε
Σ  Χ  Ό  Λ  Ι  Ο  D  Σ  Η  V  C  Ρ  Ο  F  Z  Δ  Ι
Α  N  Α  Γ  N  Ω  Ρ  Ί  Σ  Τ  Ε  Ω  Z  O  Ι  Η  Α
B  B  U  Α  Ρ  Χ  Ά  Ι  Α  V  G  Μ  Ί  X  G  Α  Σ
Ω  Ρ  Α  Ί  Α  Ρ  L  V  X  O  Η  F  Α  Υ  Υ  O  N
F  B  B  Μ  Ι  Ρ  Ε  Β  Ό  Λ  Υ  O  Π  N  T  U  R
```

KΆMEPA
ΩPAΊA
APXAΊA
KAΘAPΌ
XAPTΊ
ANAΓNΩPΊΣTE
KΌMΠOΣ
ΔIAΣKΈΔAΣH
ΣXΌΛIO
ΔIAΠPAΓMATEYTEΊ
ΣOYT
ΠOYΛΌBEP
HΛIOΦΆNEIAΣ
ΈKΘEΣH
ΆΔEIA
AΓPΙΌΓATA
MΩPOΎ
ΠAΊZOYN
ΣΎZYΓO
ΣΩMATIKΉ

Puzzle 884

```
G  F  Υ  Ω  Ρ  Υ  X  Ε  Κ  U  Α  U  V  U  Q  C  M
R  Z  J  B  Σ  Μ  L  C  Π  Α  Α  Η  B  X  F  V  M
Κ  W  Ι  Ά  O  O  Q  Ο  Ή  Ι  N  Υ  Κ  Ι  Ά  Σ  T
Μ  Π  Ε  Ρ  Δ  Ε  Μ  Έ  N  Α  Σ  Ό  F  B  N  Α  Έ
P  Q  Z  L  O  Μ  B  Λ  O  O  Κ  T  N  R  Ε  Ύ  Λ
X  W  Ί  Υ  Θ  F  Κ  Ε  Μ  Α  Γ  L  O  Α  Σ  Ρ  Λ
Z  D  Ξ  Η  Έ  T  N  Z  Α  G  Υ  Ό  D  Λ  Η  Α  Ε
B  J  Α  C  Μ  L  Κ  Ε  N  F  Ε  Μ  Ρ  W  Ή  F  Ι
Γ  Ά  Ι  Δ  Α  Ρ  O  X  Α  L  C  Σ  J  Π  Κ  Υ  Ψ
Α  Κ  R  J  Κ  Ι  Ε  Θ  Λ  Έ  N  Α  Π  Ε  Ι  F  H
Α  Σ  Φ  Α  Λ  Ε  Ί  Α  Σ  Υ  Z  Π  Κ  Μ  X  Υ  W
L  J  Ε  W  Υ  D  L  Π  B  J  Q  Λ  Α  Μ  O  R  R
C  Z  N  Π  J  Q  Ε  G  J  W  X  Α  O  Υ  Ξ  C  J
Σ  Z  L  Ι  U  U  S  J  Υ  Ι  Q  Κ  U  W  Ε  R  U
Q  W  Σ  O  Γ  N  Ώ  Σ  Η  Μ  Η  Σ  Ά  Ι  D  W  Z
```

ΆNEΣH
EΠIΣTOΛΉ
AΞΊZEI
ANAMONΉ
EΠANΈΛΘEI
ΓNΩΣH
EΞOXIKΉ
KAΛΠAΣMΌ
ΣAΎPA
TΣΆI
MΈΘOΔOΣ
MΠEPΔEMΈNA
ΔIΆΣHMH
ΈΛΛEIΨH
PΆBΩ
ΓΆIΔAPO
AΣΦAΛEΊAΣ
ZEΛΈ
KANΌNA
ΠPΌΓONO

Puzzle 885

```
J  Ί  E  Q  A  P  Y  Φ  É  G  E  C  L  D  N  Σ  G
E  N  T  H  N  Π  Y  Ξ  É  P  J  Z  Y  V  Z  Y  Q
A  T  A  N  A  F  Ό  E  S  P  Y  O  V  K  P  Σ  P
N  Σ  I  Ύ  U  O  Z  Ψ  F  Ή  K  A  I  Δ  A  T  Σ
T  E  P  Σ  R  G  O  P  E  T  Ό  G  I  L  K  A  O
A  Σ  Ί  A  T  E  T  A  M  É  N  H  B  M  O  T  N
Γ  P  A  I  D  X  U  A  N  Ί  M  P  E  E  Y  I  E
Ω  M  D  B  T  A  P  X  I  M  O  B  Λ  Ί  N  K  M
N  K  E  Φ  A  Λ  A  Ί  O  Y  Z  V  A  N  O  Ό  Ό
I  R  G  N  Z  I  O  B  T  L  B  J  N  E  Y  R  Z
Σ  O  K  Ά  P  Δ  W  B  N  S  R  F  Ί  T  Π  J  A
M  R  T  J  S  B  V  N  B  D  C  S  Δ  E  I  Q  Γ
Ό  C  G  J  P  O  M  I  Σ  É  Θ  A  I  Δ  Ώ  U  P
D  I  M  F  I  F  W  S  V  L  U  H  A  N  N  W  E
F  C  C  W  I  Q  D  P  K  Z  Y  E  Y  B  U  Z  C
```

ΑΝΤΑΓΩΝΙΣΜΌ
ΈΞΥΠΝΗ
ΕΡΜΊΝΑ
ΚΕΦΑΛΑΊΟΥ
ΣΤΑΔΙΑΚΉ
ΔΡΆΚΟΣ
ΓΈΦΥΡΑ
ΛΙΓΟΤΕΡΟ
ΚΟΥΝΟΥΠΙΏΝ
ΔΙΑΘΈΣΙΜΟ
ΒΙΑΣΎΝΗ
ΜΕΊΝΕΤΕ
ΑΠΌΨΕ
ΒΕΛΑΝΊΔΙΑ
ΊΝΤΣΕΣ
ΕΤΑΙΡΊΑ
ΕΡΓΑΖΌΜΕΝΟΣ
ΣΥΣΤΑΤΙΚΌ
ΤΕΤΑΜΈΝΗ
ΒΟΛΤ

Puzzle 886

ΕΜΠΙΣΤΟΣΎΝΗ
ΟΧΗΜΆΤΩΝ
ΜΟΝΆΔΑ
ΣΟΦΊΑΣ
ΚΑΓΚΟΥΡΌ
ΑΡΧΉ
ΤΑΛΈΝΤΟ
ΠΡΟΠΟΝΗΤΉΣ
ΟΡΑΤΌ
ΚΑΝΈΛΑ
ΟΜΠΡΈΛΑΣ
ΑΛΕΠΟΎ
ΕΠΊΣΗΜΟ
ΣΚΙ
ΕΚΠΟΜΠΉΣ
ΠΑΠΟΎΤΣΙ
ΣΤΟΜΆΧΙ
ΙΔΙΟΚΤΗΣΊΑΣ
ΉΔΗ
ΚΑΛΉ

```
A  M  I  F  K  R  H  F  F  A  S  F  I  K  K  O  I
Λ  O  W  U  N  Y  Z  W  I  Y  E  G  V  A  A  X  Σ
E  N  Y  A  J  U  R  F  Y  P  C  S  S  Γ  N  H  T
Π  Ά  K  D  Y  S  J  B  R  Q  H  W  C  K  É  M  O
O  Δ  V  O  V  B  Σ  A  Λ  É  P  Π  M  O  Λ  Ά  M
Ύ  A  H  N  Ύ  Σ  O  T  Σ  I  Π  M  E  Y  A  T  Ά
Y  C  F  F  S  A  Ή  C  K  E  E  L  R  P  Y  Ω  X
K  A  Λ  Ή  Σ  K  I  T  L  N  K  Π  V  Ό  T  N  I
Q  G  P  X  E  K  K  Z  H  Δ  Ή  Π  Ί  G  N  G  H
N  Y  Z  P  V  S  F  V  Y  N  P  G  O  S  V  K  X
A  R  H  A  T  A  Λ  É  N  T  O  T  N  M  H  B  K
O  P  A  T  Ό  Ί  I  Σ  T  Ύ  O  P  A  Π  Π  M  Q
D  V  O  F  W  Φ  F  J  L  R  Z  W  O  S  Y  Ή  O
L  M  D  L  Q  O  L  D  M  Y  O  X  F  P  I  P  Σ
M  C  Σ  A  Ί  Σ  H  T  K  O  I  Δ  I  R  Π  M  E
```

Puzzle 887

```
T H A X F J Σ Έ X Y T Y E Π Π E Π
M P O Λ H Λ Λ Ά T A K T Y Λ P K E
K Z E E D A F C Ύ Π R I W H Ό Z I
R O S Λ G F W C Π P W Q F P O L N
F Y Y Δ Ό W B N H Ό G J W O E L A
X R V Δ E Σ G D M Σ Q H Z Φ Σ E Σ
G S S P O N Z S A Φ C V P O H Ί M
T S I H I Ύ Ή M K A P A Π P E Σ Έ
V N N E B O N Έ P T H B N I N O N
Z Σ Φ Y P Ί S I V A W Y H Ώ H Δ O
E N Δ I A Φ Έ P O Y Σ A W N Λ O I
M C O P K A T A N O H T Ό C Ί P X
A Σ T Y N O M I K Ό Σ N V F K F T
G Y M R N E O V H T Z P Z Y Ω S T
A Π Λ O Π O I Ή Σ T E Z U D N T V
```

ΕΥΤΥΧΈΣ
ΚΟΥΔΟΎΝΙ
ΕΝΗΛΊΚΩΝ
ΑΣΤΥΝΟΜΙΚΌΣ
ΤΡΈΝΟ
ΔΕΝ
ΕΝΔΙΑΦΈΡΟΥΣΑ
ΚΑΤΆΛΛΗΛΟ
ΤΡΕΛΌΣ
ΠΛΗΡΟΦΟΡΙΏΝ
ΧΤΎΠΗΜΑ
ΤΑ
ΣΦΥΡΊ
ΚΑΤΑΝΟΗΤΌ
ΠΡΌΣΦΑΤΑ
ΠΑΡΑΚΜΉ
ΕΊΣΟΔΟ
ΠΕΙΝΑΣΜΈΝΟΙ
ΠΡΌΘΕΣΗ
ΑΠΛΟΠΟΙΉΣΤΕ

Puzzle 888

ΣΧΕΔΙΑΣΜΟΎ
ΖΈΒΡΑ
ΥΓΡΆ
ΔΗΜΟΣΊΕΥΣΗ
ΑΝΌΜΟΙΑ
ΠΑΠΆΚΙ
ΦΑΝΤΑΣΊΑΣ
ΛΟΥΚΆΝΙΚΑ
ΚΥΒΈΡΝΗΣΗΣ
ΠΟΔΟΣΦΑΊΡΟΥ
ΔΙΑΤΗΡΟΎΝΤΑΙ
ΚΥΚΛΙΚΉ
ΑΠΟΞΗΡΑΜΈΝΑ
ΚΕΦΆΛΑΙΟ
ΏΡΕΣ
ΦΌΡΕΜΑ
ΠΆΡΑ
ΑΡΝΗΤΙΚΉ
ΠΑΠΠΟΎΣ
ΈΚΑΨΕ

```
Φ Π Σ X E Δ I A Σ M O Ύ F K J A D
Ό A P Ά Π X Q F J Q R Q P B B P Δ
P Π Π A Ά K I A Q M G G R V N I
E Π Π I P D U Y V F S Z P K H A
M O N O D B V M E N E R H T Y T T
A Ύ J M E V Έ K E Φ Ά Λ A I O I H
A Σ Z Ό Y J D Z M N D G S G P K P
E A B N A Π O Ξ H P A M Έ N A Ή O
L Ί N A K I N Ά K Y O Λ K Z B G Ύ
H Σ Y E Ί Σ O M H Δ C X F O M Z N
B A P Ώ K Y B Έ P N H Σ H Σ J C T
O T U P P Y Γ P Ά K Y K Λ I K Ή A
D N V G T E Ψ A K Έ P N C W J X I
D A F O I D Σ G U I Z H Y S C T K
X Φ Π O Δ O Σ Φ A Ί P O Y E L Y U
```

Puzzle 889

```
M T Q W K H V U D V X B X P T W M
Π O H Q D B Y B Y H D R H B O N U
A S Z Σ T P Y Φ E P Ά T Ύ X H G P
N A O Q Y H T J Y R K H W V K Y A
Ά A T N O Γ Ά P A Π Ά Σ K O Π O Γ
N T Σ N J U K O U U O X C E E N O
A A E K B H Ό P E T Σ I P A J H P
E B Σ Λ Ά P N H Ί Σ Π A N Ά K I Ά
M Ό O A Π Λ O Λ Έ N I Π R J J S Z
K P Φ N A Ί A H V W E Ξ H B Ά P T
C Π O B E Z Δ E E L Ξ T A C L M Ά
M Ύ F H R H A D C Ί G E H D Ό M
M N Σ S L E C I Π Ά Λ Y O T N Λ E
A Λ I E Y M Ά T Ω N Y U E K C I Σ
W I R Y G F H Z K B T H K O F Σ H
```

ΣΥΓΚΡΊΝΕΤΕ
ΕΛΠΊΔΑ
ΑΡΙΣΤΕΡΌ
ΆΣΚΟΠΟ
ΣΟΦΟΎΣ
ΑΛΙΕΥΜΆΤΩΝ
ΜΠΑΝΆΝΑ
ΣΚΆΛΑ
ΠΡΌΒΑΤΑ
ΠΑΡΆΓΟΝΤΑ
ΝΤΟΥΛΆΠΙ
ΤΎΧΗ
ΤΡΆΒΗΞΕ
ΤΡΥΦΕΡΆ
ΜΌΛΙΣ
ΣΠΑΝΆΚΙ
ΆΜΕΣΗ
ΤΥΛΊΞΕΙ
ΠΙΝΈΛΟ
ΑΓΟΡΆ

Puzzle 890

ΛΙΟΝΤΆΡΙ
ΚΆΤΟΙΚΟΣ
ΆΝΘΡΩΠΟΣ
ΑΥΞΉΘΗΚΕ
ΑΠΟΡΡΊΨΕΙ
ΑΡΟΥΡΑΊΟΣ
ΣΠΆΝΙΟ
ΔΙΑΝΈΜΟΥΝ
ΞΎΛΟ
ΛΊΚΝΟ
ΑΜΈΣΩΣ
ΚΆΛΤΣΕΣ
ΕΝΟΧΛΉΣΕΙ
ΚΎΜΑ
ΠΡΌΛΗΨΗ
ΤΡΆΠΕΖΑ
ΤΈΣΣΕΡΙΣ
ΜΕΓΆΛΑ
ΑΝΟΙΧΤΉΡΙ
ΑΠΕΙΛΉ

```
I C S T O N K Ί Λ K V U B P E I Z
R C P A P K Ά M C Ά X M T S G T Q
N P Y C O G T N X Λ X Q O C G T T
U P S P Y Q O G D T I F Z J R I P
J M A F G Σ I P E Σ Σ Έ T M Q B U
A A T E E R K K A E I Ω G I E R E
Y Π A A R U O A H Σ M P Σ W P W Π
Ξ E Π W I E Σ Ή Λ X O N E Έ O H P
Ή I O Δ I A N Έ M O Y N G C M B Ό
Θ Λ P B N Z H E N X V U K Ύ M A Λ
H Ή P M O E A P O Y P A Ί O Σ Λ H
K S Ί Σ O Π Ω P Θ N Ά I W Λ S Ά Ψ
E A Ψ M Q Ά Σ Π Ά N I O L Ύ J Γ H
V G E F I P Ά T N O I Λ Z Ξ Z E A
E E I P Ή T X I O N A W I P K M E
```

Puzzle 891

```
M W C D G K M A I Σ T Í P O K Δ Σ
É G M P A E G G V E A M P Ý Σ É K
Γ Y B K Δ Y M B V T X N Í H C N O
I F N X T I X F C O Ý O P H F T N
Σ B B F Ό N A Θ I Π T N I Q S P I
T B Z M A Ώ N Í I Ή H Ω D S A A Σ
H H T U V I Í D P Δ T Φ A W S C M
U H J J V Λ Σ A Ý E A É Σ B W O É
N O K Y X E I B O T Σ Λ F T T L N
R W N P V N Π Y Γ O G H V L T C O
Θ Ý M A Q Y A M Γ Π O T Σ Ω P P Ά
Z M X R S O K P A O Q F K H Z M H
C K S O B K J L A G H S O N Θ O F
Σ H M E I Ω M A T Ά P I O Q C Ώ M
Δ I A B E B A I Ώ Σ Ω W X Ά Σ E I
```

ΑΓΓΟΎΡΙ
ΣΚΟΝΙΣΜΈΝΟ
ΔΈΝΤΡΑ
ΤΗΛΈΦΩΝΟ
ΊΡΙΔΑΣ
ΏΘΗΣΗ
ΧΆΣΕΙ
ΆΡΡΩΣΤΟ
ΠΙΣΊΝΑ
ΘΎΜΑ
ΔΙΑΒΕΒΑΙΏΣΩ
ΚΟΡΊΤΣΙΑ
ΜΈΓΙΣΤΗ
ΚΟΥΝΕΛΙΏΝ
ΟΠΟΤΕΔΉΠΟΤΕ
ΠΙΘΑΝΌ
ΣΎΡΜΑ
ΤΑΧΎΤΗΤΑ
ΔΙΑΊΡΕΣΗ
ΣΗΜΕΙΩΜΑΤΆΡΙΟ

Puzzle 892

ΆΡΘΡΑ
ΕΥΧΉ
ΤΑΙΡΙΆΖΕΙ
ΑΦΉΝΟΝΤΑΣ
ΜΠΛΕ
ΑΥΓΆ
ΠΆΓΟ
ΠΑΡΆΞΕΝΑ
ΚΟΥΝΈΛΙ
ΒΑΣΙΚΌ
ΦΑΣΌΛΙΑ
ΗΜΈΡΑΣ
ΛΑΣΠΩΜΈΝΟ
ΧΑΛΑΡΏΣΕΤΕ
ΚΆΤΙ
ΠΑΠΟΎΤΣΙΑ
ΟΜΙΛΊΑΣ
ΡΑΔΙΌΦΩΝΟ
ΜΠΑΜΠΆ
ΣΥΜΜΕΤΆΣΧΟΥΝ

```
O A Ά P Λ Π P H T A I P I Ά Z E I
M Φ P M A A A J W L T S O L S X Λ
I Ή Θ Π Σ Π Δ T N D Ά T B Φ H M É
Λ N P Λ Π O I M H K K A A A D F N
Í O A E Ω Ύ Ό M K E P D Σ Σ C Z Y
A N K V M T Φ P J W O F I Ό U B O
Σ T J D É Σ Ω E F H O Y K Λ Y O K
T A L B N I Σ V Q Π K Ό I Z N A
M Σ U Y O A O A N E Ξ Ά P A Π R Y
E U P M M H C P D E G E Γ C R K Γ
X Y G V X Y É M G C K R O X P Ά
E F X J J C K M W J P N S S Z M U
T H O Ή J K K H T D D P N W M K R
Σ Y M M E T Ά Σ X O Y N F U O S X
X A Λ A P Ώ Σ E T E M Π A M Π Ά Y
```

Puzzle 893

```
G  K  Ή  Σ  Ω  Μ  Α  Τ  Ι  Δ  Ί  Ω  Ν  Β  Υ  Ε  Π
E  E  Τ  Α  Ρ  Ι  Θ  Μ  Ο  Μ  Η  Χ  Α  Ν  Ή  Κ  E
J  Π  Σ  G  J  Z  A  O  R  E  K  Q  S  V  U  T  P
I  A  I  E  Σ  Ή  Γ  Η  Ν  Υ  Κ  Κ  Ρ  Ύ  Ο  O  I
M  I  Ρ  Κ  Β  Η  W  Ζ  W  Q  L  O  Υ  Σ  J  Π  O
I  A  Ω  Β  Ί  Τ  Τ  J  Β  W  V  Ρ  Τ  Ά  Q  Ί  X
K  J  Χ  Α  Ν  Ν  Ύ  Ο  Λ  Ο  Χ  Σ  Α  Π  Α  Σ  Ή
Ρ  V  Ε  Κ  Π  Μ  Δ  Q  Β  Ρ  Χ  D  W  Μ  Σ  Ε  Σ
Ό  Η  Ξ  Ε  F  Ο  Ε  Υ  Τ  Έ  Λ  Ε  Ι  Α  Σ  Ι  E
E  E  D  Τ  Ε  Υ  Φ  Ρ  Ν  Η  S  U  U  Π  Ώ  A  R
Ν  Ρ  Κ  Ν  Ρ  Η  Q  Ά  Ο  Ο  Z  Z  Τ  Μ  Λ  G  R
R  Τ  Β  Έ  J  V  A  Ι  Σ  Σ  Ν  L  Β  Β  Γ  V  W
Β  Ί  Α  Σ  Ο  Ο  F  Ξ  W  Ε  Χ  Ν  W  Z  W  J  V
I  Υ  Ο  Χ  Γ  Έ  Λ  Ε  Α  Q  Ω  Υ  Q  Μ  Χ  Η  L
Α  Γ  Ρ  Ό  Τ  Η  Σ  Δ  Υ  Ν  Ν  Ν  Κ  D  P  M  R
```

ΕΛΈΓΧΟΥ
ΓΛΩΣΣΑ
ΤΈΛΕΙΑ
ΚΡΎΟ
ΜΙΚΡΌ
ΕΚΤΟΠΊΣΕΙ
ΑΠΟΦΆΣΕΩΝ
ΜΠΑΜΠΆΣ
ΈΝΤΕΚΑ
ΑΠΑΣΧΟΛΟΎΝ
ΑΡΙΘΜΟΜΗΧΑΝΉ
ΜΈΡΟΣ
ΚΥΝΗΓΉΣΕΙ
ΒΊΑΣ
ΠΕΡΙΟΧΉΣ
ΣΩΜΑΤΙΔΊΩΝ
ΔΕΞΙΆ
ΕΠΙΚΊΝΔΥΝΟ
ΞΕΧΩΡΙΣΤΉ
ΑΓΡΌΤΗΣ

Puzzle 894

ΤΟΥΛΆΧΙΣΤΟΝ
ΠΩΛΟΎΝ
ΝΈΟΙ
ΕΞΑΠΑΤΉΣΕΙ
ΕΥΝΟΪΚΉ
ΞΌΡΚΙ
ΚΎΡΙΟΣ
ΑΓΓΛΙΚΆ
ΓΆΤΑ
ΑΛΛΗΛΕΠΊΔΡΑΣΗ
ΉΛΙΟ
ΠΛΥΝΤΗΡΊΟΥ
ΕΠΙΤΥΓΧΆΝΟΥΝ
ΓΙΓΑΝΤΙΑΊΕΣ
ΜΠΛΟΚ
ΛΗΣΤΈΨΕΙ
ΓΡΟΘΙΆ
ΑΚΤΉ
ΕΠΑΡΚΉ
ΡΉΜΑ

```
L  B  Τ  Z  Q  G  O  N  M  X  Γ  M  G  M  E  A  Γ
Π  Λ  Υ  Ν  Τ  Η  Ρ  Ί  Ο  Υ  Ρ  Π  C  N  Ξ  Λ  I
Ρ  Ή  Κ  Ϊ  Ο  Ν  Υ  Ε  Ι  Ρ  Ο  Λ  Z  W  A  Λ  Λ
G  G  Ν  Σ  A  Τ  R  Ε  Λ  W  Θ  Ο  A  Ν  Π  Η  A
D  K  Z  D  Γ  F  Σ  Η  Ή  D  I  K  A  Υ  A  Λ  Ν
F  V  Q  Τ  Γ  Χ  U  I  Ο  Ε  Ά  Υ  Κ  Ο  Τ  Ε  Τ
N  O  J  Χ  Λ  V  M  A  Χ  S  B  W  Τ  Ν  Ή  Π  I
K  L  Ε  Τ  Ι  Κ  Ρ  Ό  Ξ  Ά  J  O  Ή  Ά  Σ  Ί  A
D  P  C  Ή  Κ  Ρ  A  Π  Ε  Δ  Λ  Ο  Ι  Χ  Ε  Δ  Ί
R  Z  J  W  Ά  S  Y  V  B  Γ  B  Y  S  Γ  I  P  E
C  Ρ  Ο  Π  Ω  Λ  Ο  Ύ  Ν  Ά  Ε  D  Ο  Υ  Ν  A  Σ
V  Z  Ή  F  R  I  Ε  Ψ  Έ  Τ  Σ  Η  Λ  Τ  Έ  Σ  K
H  C  J  M  W  S  A  B  H  A  F  U  E  I  O  H  L
A  K  Ε  W  A  J  O  Υ  U  B  W  Z  U  Π  I  S  I
Q  O  F  S  D  Κ  Ύ  Ρ  Ι  Ο  Σ  Κ  Κ  Ε  Τ  H  G
```

Puzzle 895

```
R Π J Σ A Z J F S H M X M A Y A I
N N Λ E O I R F N V U Y E Γ Π Π O
Y J M E X K G X G Z Q S Λ K P O M
D M W E Ύ Ά O U W K M W Λ Ά O Θ G
V J N P X P O Λ P A O H O Λ E E X
O D L R N O Έ Λ Ά Y U A N I I M N
H G V J A K H Σ N T L R T A Δ A K
H B H C A Y I J N Π A I I Σ O T R
Y B K P P I L N Ω A G Σ K E Π I K
Ή X A P A T A I Δ I Ξ Σ Ή Π O K M
R A X N W T O D Ί Δ Έ X P Ί Ό F
W Λ Y Ά T Έ Ξ I T Ί N Έ H Ω H B O
X Λ M E W Ί P M Y V Ω Δ I Ί Σ R O
D Ά Ό O M J O F P V N I G U H S V
K Ύ P I E Z I Δ Ί Π Y O N Y O K E
```

ΑΛΛΆ
ΚΟΥΝΟΥΠΊΔΙ
ΑΓΚΆΛΙΑΣΕ
ΈΞΙ
ΡΥΤΊΔΩΝ
ΑΝΤΊ
ΠΑΙΔΊ
ΚΎΡΙΕ
ΞΈΝΩΝ
ΧΥΜΌ
ΜΕΛΛΟΝΤΙΚΉ
ΣΟΚΟΛΆΤΑΣ
ΠΛΕΥΡΈΣ
ΣΧΈΔΙΟ
ΚΟΡΆΚΙ
ΠΡΟΕΙΔΟΠΟΊΗΣΗ
ΑΠΟΘΕΜΑΤΙΚΌ
ΔΙΑΤΑΡΑΧΉ
ΠΡΩΊ
ΕΆΝ

Puzzle 896

ΧΆΛΥΒΑ
ΕΝΤΌΠΙΣΕ
ΖΩΝΤΑΝΉ
ΤΟΊΧΟ
ΚΈΛΥΦΟΣ
ΥΠΕΡΉΦΑΝΟΙ
ΕΚΑΤΟΜΜΎΡΙΑ
ΚΑΛΛΙΤΈΧΝΗ
ΚΑΛΟΚΑΙΡΙΝΌ
ΟΥΣΊΑΣ
ΤΑΞΊ
ΠΟΛΎΤΙΜΟ
ΠΟΣΌ
ΒΙΤΑΜΊΝΕΣ
ΑΊΤΗΜΑ
ΑΠΟΔΕΊΞΕΙ
ΠΕΡΙΚΟΠΉ
ΣΕΝΆΡΙΟ
ΓΥΑΛΙΆ
ΕΦΗΜΕΡΊΔΑ

```
P X U K F Y T Π W O T O Ί X O W E
U Ά Q E A H G O V Y I B W X W Σ K
P Λ J I M Λ R Σ E Σ I Π Ό T N E A
I Y J E H Σ O Ό X Ί Ξ A T N M N T
Γ B W Ξ T B E K M A Y J R H Z Ί O
Y A Π Ί Ί Z U N A Σ Z W O V V M M
A Y G E A B E A Ά I U M R U X A M
Λ Q O Δ P T R H L P P I K H K T Ύ
I A V O H I S V Q Y I I Ή V Έ I P
Ά J G Π W B K H T O T O N B Λ B I
H S M A R K J O S B S D A Ό Y O A
I O N A Φ Ή P E Π Y H R T J Φ Q L
E Φ H M E P Ί Δ A Ή H V N A O Q O
Π O Λ Ύ T I M O F O C Y Ω C Σ L Y
K A Λ Λ I T Έ X N H W I Z U F Y F
```

Puzzle 897

```
Ε Η D Η Η Ν Ο Ο C Γ G W A Y W I Y
Ρ Ν Δ Ε Δ Ο Μ Έ Ν Α Κ Ν Κ Ο Ρ J Π
Ε Έ Τ Z Z U O Ρ I Ί L Ό L E S S Ε
Ξ Μ Σ Υ M Z T E C Ρ Ρ Ρ Μ C A Ο Ν
Ή E Ο Q Π Μ Ά Κ U T Y X G E Η X Θ
Έ Δ Ρ V Β Ω Ο Ό Κ I T E Θ Κ Ν Ρ Υ
Γ Κ E Κ I Υ Σ Κ Τ A Θ E Ρ Ή A Μ
Κ E T E Ξ Έ Λ I Π E I W R V B Ί Ί
Λ S Ό F U V W N Ά J Ρ V Ρ A Λ O Σ
Η G Μ S Y J G O G Z Ύ Μ T Μ Έ Λ Ω
Μ Β Ρ F O A Β Κ Ν Η Ο Ν Κ Ο Μ Π W
A T E I Β R G I G Y Β Y T I Μ Κ V
W R Θ Ν L C Η E Z Ρ A X N B A R Η
E Ξ Έ Π Λ Ξ E E Y Κ R G Ώ S Η Q
T E X Η Λ E Ω Φ Ο Ρ E Ί Ο Ν Κ A Q
```

ΥΠΕΝΘΥΜΊΣΩ
ΔΕΔΟΜΈΝΑ
ΣΤΑΘΕΡΉ
ΕΞΈΠΛΗΞΕ
ΘΕΡΜΌΤΕΡΟΣ
ΒΛΈΜΜΑ
ΚΑΒΟΎΡΙΑ
ΤΡΊΑ
ΘΕΤΙΚΌ
ΆΤΟΜΟ
ΕΝΤΥΠΩΣΙΆΖΟΥΝ
ΑΜΟΙΒΏΝ
ΉΞΕΡΕ
ΕΠΙΛΈΞΕΤΕ
ΕΙΚΟΝΙΚΌ
ΛΕΩΦΟΡΕΊΟ
ΠΛΟΊΑΡΧΟΣ
ΓΚΌΜΕΝΑ
ΈΓΚΛΗΜΑ
ΔΕΜΈΝΗ

Puzzle 898

ΣΥΝΗΘΙΣΜΈΝΗ
ΠΛΉΡΗ
ΑΝΑΤΟΛΙΚΆ
ΑΛΛΗΛΕΠΙΔΡΟΎΝ
ΕΚΕΊ
ΥΠΌΛΟΙΠΟ
ΕΞΩΤΕΡΙΚΌΣ
ΔΑΧΤΥΛΊΔΙ
ΤΖΊΝΤΖΕΡ
ΚΆΛΥΨΗΣ
ΚΛΉΣΗ
ΕΞΕΡΕΥΝΉΣΕΤΕ
ΚΑΜΠΑΝΟΎΛΕΣ
ΕΚΔΉΛΩΣΗ
ΚΟΥΡΑΣΜΈΝΟ
ΟΡΓΆΝΩΣΗ
ΕΙΣΌΔΟΥ
ΠΕΡΙΣΤΑΤΙΚΌ
ΑΠΑΛΌ
ΕΠΙΚΊΝΔΥΝΩΝ

```
Κ Α Μ Π Α Ν Ο Ύ Λ Ε Σ Η Ψ Υ Λ Ά Κ
Ε Σ Υ Ν Η Θ Ι Σ Μ Έ Ν Η Ι D U O Π
Κ Ξ Δ Α Χ Τ Υ Λ Ί Δ Ι Α Π Α Λ Ό Ε
U Λ Ε Α Λ Λ Η Λ Ε Π Ι Δ Ρ Ο Ύ Ν Ρ
U V Ή Ρ Ε Π Ι Κ Ί Ν Δ Υ Ν Ω Ν Ι Ι
Q U G Σ Ε Ρ Q Z R C R I D A X X Σ
Ί R T J Η Υ Κ Ο Υ Ρ Α Σ Μ Έ Ν Ο T
Ε Β J X F J N X Ά Κ Ι Λ Ο Τ Α Ν Α
Κ Κ Α Z J Κ Ι Ή Τ Ζ Ί Ν Τ Ζ Ε Ρ T
Ε Τ Δ Ρ Η Β Ε W Σ Ε Ι Σ Ό Δ Ο Υ Ι
W Κ U Ή Σ Ό Κ Ι Ρ Ε Τ Ω Ξ Ε V Β Κ
Ε J Ν Τ Λ Π Λ Ή Ρ Η Τ Ο Ν R D Κ Ό
Μ Β Ε Τ Κ Ω Χ C Η W F E Q Η Ρ J J
Β Β Β V A Β Σ Ο Ρ Γ Ά Ν Ω Σ Η Η Υ
Ο Α F Ο R Q J Η Υ Π Ό Λ Ο Ι Π Ο Ν
```

Puzzle 899

P	A	Δ	Σ	Z	Z	C	H	Σ	Ω	T	Π	Ί	P	E	Π	X
A	Γ	Y	H	Y	L	D	J	T	F	E	T	B	Λ	L	O	V
Π	Γ	J	T	Z	Γ	Z	H	E	M	Π	W	S	Σ	Y	J	C
A	A	G	K	Q	I	X	T	N	E	Ί	K	B	O	P	K	K
N	P	M	Ί	A	N	V	A	Ό	X	Π	D	S	T	A	C	Σ
Ά	E	P	E	P	Ύ	E	Y	P	M	E	J	Λ	A	I	M	Ό
K	Ί	A	Δ	Q	O	T	Q	Q	Ώ	Δ	E	O	M	N	E	Π
I	A	Σ	F	V	Θ	K	Q	X	W	O	G	Q	Ί	Ά	Y	A
Π	A	Ί	X	T	H	Σ	Γ	P	Ά	Φ	H	M	A	Γ	X	P
R	Z	Y	D	E	T	Q	N	A	P	M	V	G	H	Ά	Ά	
G	J	H	D	F	N	D	U	H	R	Z	Y	N	T	T	P	Θ
W	A	F	R	Q	A	F	Z	G	M	K	K	E	P	Q	I	Y
A	U	V	L	C	N	S	E	U	Y	I	V	N	Λ	H	Σ	P
K	U	C	Z	Y	Y	K	A	M	Π	Ύ	Λ	H	S	Π	T	O
L	F	G	D	L	Σ	Y	Π	H	P	E	Σ	I	Ώ	N	H	G

ΑΊΜΑΤΟΣ
ΠΑΡΆΘΥΡΟ
ΣΚΥΛΊ
ΠΕΡΊΠΤΩΣΗ
ΣΤΕΝΌ
ΔΕΊΚΤΗΣ
ΥΠΗΡΕΣΙΏΝ
ΕΠΊΠΕΔΟ
ΑΣ
ΠΑΊΧΤΗΣ
ΣΥΓΧΑΡΏ
ΡΑΠΑΝΆΚΙ
ΛΑΙΜΌ
ΣΥΝΑΝΤΗΘΟΎΝ
ΚΑΜΠΎΛΗ
ΠΛΕΥΡΆ
ΓΡΆΦΗΜΑ
ΑΓΓΑΡΕΊΑ
ΕΥΧΆΡΙΣΤΗ
ΤΗΓΆΝΙ

Puzzle 900

ΜΕΤΑΞΈΝΙΑ
ΚΑΜΗΛΟΠΆΡΔΑΛΗ
ΠΕΔΊΟ
ΜΕΙΟΨΗΦΊΑ
ΠΆΝΤΑ
ΣΚΈΦΤΟΝΤΑΙ
ΑΊΘΟΥΣΑ
ΠΈΝΕΣ
ΤΆΞΗ
ΔΕΙΛΆ
ΠΡΟΣΈΓΓΙΣΗ
ΣΆΝΤΟΥΙΤΣ
ΨΩΜΆΚΙΑ
ΕΞΈΤΑΣΗΣ
ΑΠΟΜΟΝΩΜΈΝΕΣ
ΚΡΑΤΉΣΕΙ
ΛΎΚΟΣ
ΑΙΤΊΑ
ΕΝΔΙΑΦΈΡΟΝ
ΔΕΛΦΊΝΙ

A	Π	E	Δ	Ί	O	C	A	Ί	Φ	H	Ψ	O	I	E	M	E
I	F	B	Π	Ά	N	T	A	I	K	Ά	M	Ω	Ψ	Ξ	E	N
T	T	N	H	T	Ά	Ξ	H	S	T	X	C	B	Σ	Έ	T	Δ
Ί	Y	V	H	Σ	Λ	N	L	M	R	L	V	D	K	T	A	I
A	F	J	M	Z	I	E	Ή	T	A	P	K	Έ	A	Ξ	A	
Q	Q	X	H	G	E	U	D	W	L	K	V	Φ	Σ	Έ	Φ	
L	Y	M	E	Y	Δ	T	Γ	Z	A	I	V	V	T	H	N	Έ
A	Π	O	M	O	N	Ω	M	Έ	N	E	Σ	T	O	Σ	I	P
Σ	Δ	E	Λ	Φ	Ί	N	I	H	Σ	M	Q	H	N	O	A	O
Y	Σ	Ά	N	T	O	Y	I	T	Σ	O	K	B	T	K	D	N
O	Π	Έ	N	E	Σ	C	T	T	B	D	P	X	A	Ύ	U	L
Θ	Q	H	X	C	K	W	R	Z	O	E	H	Π	I	Λ	W	K
Ί	K	A	M	H	Λ	O	Π	Ά	P	Δ	A	Λ	H	G	J	E
A	E	V	X	Q	U	Q	N	T	U	H	H	C	S	W	J	H
D	H	I	S	K	T	K	W	Q	N	B	C	C	E	T	W	J

Puzzle 901

```
Π  Τ  B  C  E  H  S  G  N  P  Y  J  B  L  B  B  D
P  P  T  T  Σ  Έ  T  E  K  P  A  Ό  Λ  A  Y  M  V
Ί  O  P  Ό  T  Z  G  P  N  K  G  K  K  M  P  X  A
Γ  Φ  L  A  Ί  K  M  C  A  L  X  A  P  Y  V  I  E
K  O  L  Y  A  Q  B  B  C  Z  X  I  F  A  N  Σ  Ά
I  Δ  P  E  Σ  O  X  Ό  T  Σ  L  Σ  Ό  K  A  K  K
Π  O  X  H  H  L  F  G  W  Y  L  E  K  Γ  A  O  R
A  Σ  Δ  E  Δ  G  G  F  D  Λ  D  Θ  W  Έ  Y  P  N
Σ  Ί  M  E  F  Ί  Z  H  U  Λ  F  K  X  E  N  Ά  L
J  A  E  K  Y  W  Σ  E  A  O  Q  E  O  M  A  P  X
F  Σ  B  D  L  T  E  U  U  Γ  J  V  I  W  Y  E  W
M  A  Ύ  P  O  B  Έ  H  Z  Ή  Έ  Δ  P  A  R  I  G
K  Q  R  Z  I  S  X  P  Z  Q  M  T  Ύ  J  G  O  R
C  Y  S  M  I  T  U  N  A  Z  W  C  A  I  O  O  H
X  K  F  U  G  V  J  X  X  I  G  M  N  H  A  Z  O
```

ΣΥΛΛΟΓΉ
ΌΡΟ
ΚΑΚΌ
ΔΕΥΤΈΡΑ
ΈΓΚΑΥΜΑ
ΒΑΡΙΆ
ΑΡΚΕΤΈΣ
ΝΑ
ΜΑΎΡΟ
ΤΡΟΦΟΔΟΣΊΑΣ
ΣΊΔΗΡΟ
ΣΕ
ΣΚΟΡΆΡΕΙ
ΕΣΤΊΑΣΗ
ΜΥΑΛΌ
ΣΤΌΧΟΣ
ΕΚΘΕΣΙΑΚΌ
ΠΡΊΓΚΙΠΑΣ
ΈΔΡΑ
ΑΎΡΙΟ

Puzzle 902

ΚΆΝΕΙ
ΠΑΙΧΝΊΔΙ
ΕΚΚΛΗΣΊΑ
ΑΡΚΕΊ
ΑΠΌΣΤΑΣΗ
ΝΩΡΊΣ
ΚΌΣΤΟΣ
ΑΧΛΆΔΙ
ΚΊΝΗΤΡΟ
ΒΙΒΛΙΟΘΉΚΗ
ΣΈΛΙΝΟ
ΤΈΛΟΣ
ΜΥΡΜΉΓΚΙ
ΑΝΉΚΟΥΝ
ΒΆΣΗΣ
ΦΤΆΣΕΙ
ΑΠΟΚΑΛΎΠΤΟΥΝ
ΨΥΧΙΚΉ
ΠΕΡΊΜΕΤΡΟ
ΠΙΛΟΤΙΚΆ

```
T  U  Q  L  K  Π  A  I  X  N  Ί  Δ  I  B  C  O  X
J  U  Q  C  Ί  E  K  P  A  K  B  A  G  Q  Z  M  M
S  Z  A  P  N  Q  L  E  V  Y  S  G  X  G  E  U  G
O  E  M  Σ  H  Σ  Ά  B  S  R  F  D  V  Λ  G  K  N
S  H  Σ  O  T  Σ  Ό  K  E  W  T  Ή  C  X  Ά  O  N
M  N  S  P  P  O  A  E  A  N  Ή  K  O  Y  N  Δ  A
Φ  Ω  Z  T  O  Λ  W  T  Ί  G  P  I  E  C  N  L  I
T  P  Ά  E  H  Έ  E  M  Σ  B  D  X  H  U  G  O  E
Ά  Ί  K  M  U  T  E  C  H  Ό  T  Y  X  R  C  Z  E
Σ  Σ  I  Ί  J  P  H  T  Λ  W  Π  Ψ  Z  M  S  V  Z
E  N  T  P  R  D  W  C  K  L  C  A  R  U  P  V  D
I  H  O  E  Y  I  X  Z  K  M  Y  P  M  Ή  Γ  K  I
X  G  Λ  Π  Y  P  N  I  E  N  Ά  K  E  Y  E  V  A
K  B  I  B  Λ  I  O  Θ  Ή  K  H  Σ  Έ  Λ  I  N  O
Q  A  Π  O  K  A  Λ  Ύ  Π  T  O  Y  N  B  R  O  Y
```

Puzzle 903

```
Ε  Ι  Σ  Α  Γ  Ά  Γ  Ε  Ι  Χ  W  C  P  P  D  C  Π
Δ  Ε  Δ  Ο  Μ  Έ  Ν  Ω  Ν  Ε  Ά  Ζ  V  Ο  F  I  Ο
S  Κ  Ό  Γ  Ρ  Α  Β  Ά  Τ  Α  Κ  Ρ  Ζ  Ζ  Ι  Χ  Λ
L  Ε  Κ  Μ  Ξ  Ε  Σ  Π  Ά  Σ  Ε  Ι  Η  D  Ε  D  Ι
U  N  Α  R  L  Η  Β  Δ  Ψ  Η  Λ  Ά  V  F  V  Χ  Τ
S  Ι  Ι  J  Μ  Σ  G  Τ  Α  Σ  Κ  Ο  Ύ  Τ  Ε  Ρ  Ι
G  F  Σ  Έ  Κ  Ι  Τ  Υ  Δ  Ν  C  Ν  Η  Α  Β  W  Κ
Π  Ρ  Ο  Μ  Ή  Θ  Ε  Ι  Ε  Σ  Ε  U  Β  J  G  C  Ή
R  L  Δ  Κ  J  Ν  Β  Σ  Η  Τ  Ώ  Ι  Τ  Α  Ρ  Τ  Σ
D  Τ  Α  Ι  Α  Ά  Β  L  R  D  Ε  Q  Σ  J  L  Α  Ό
Β  Α  Ρ  Ν  C  Π  D  Ε  Υ  J  Κ  Q  W  Τ  C  S  Ι
Q  Χ  Α  Κ  R  Ο  Ν  C  Ε  Μ  Ρ  J  Η  G  Ε  S  Δ
Υ  Ρ  Π  Ν  Ο  Ζ  Ι  Ό  R  R  Έ  Q  W  S  Α  Ί  Ω
Τ  Ο  Λ  Μ  Η  Ρ  Ή  W  Σ  Ε  Μ  Ζ  Ν  Μ  Ζ  Κ  Ρ
Θ  Ε  Ρ  Μ  Ό  Μ  Ε  Τ  Ρ  Ο  Α  G  R  Ρ  L  Ν  Ε
```

ΠΟΛΙΤΙΚΉ
ΚΑΠΝΌΣ
ΞΕΣΠΆΣΕΙ
ΆΝΘΙΣΗ
ΨΗΛΆ
ΧΆΡΗ
ΔΑΝΕΙΣΤΕΊ
ΠΡΟΜΉΘΕΙΕΣ
ΚΡΈΜΑ
ΘΕΡΜΌΜΕΤΡΟ
ΡΟΖ
ΤΟΛΜΗΡΉ
ΔΕΔΟΜΈΝΩΝ
ΕΡΩΔΙΌΣ
ΕΙΣΑΓΆΓΕΙ
ΓΡΑΒΆΤΑ
ΔΥΤΙΚΈΣ
ΣΤΡΑΤΙΏΤΗΣ
ΣΚΟΎΤΕΡ
ΠΑΡΑΔΟΣΙΑΚΌ

Puzzle 904

ΣΧΕΔΌΝ
ΤΡΕΙΣ
ΆΡΘΡΟ
ΠΙΈΣΤΕ
ΦΡΟΝΤΊΔΑ
ΕΔΏ
ΣΚΟΤΆΔΙ
ΣΤΡΑΤΗΓΙΚΉ
ΜΉΝΑ
ΆΛΛΟΣ
ΓΕΛΟΊΑ
ΑΠΈΝΑΝΤΙ
ΌΡΟΣ
ΔΕΚΑΔΙΚΆ
ΠΑΡΑΚΟΛΟΥΘΉΣΟΥΝ
ΚΑΚΆΟ
ΡΑΜΦΊΖΟΥΝ
ΠΡΌΣΦΑΤΗ
ΣΥΓΧΈΟΥΝ
ΑΠΟΦΕΎΓΟΥΝ

```
Π  Α  Ρ  Α  Κ  Ο  Λ  Ο  Υ  Θ  Ή  Σ  Ο  Υ  Ν  Σ  C
Α  Ί  V  Ι  W  U  G  Ν  Ε  S  U  Ν  Ο  F  D  Τ  R
Π  Ο  Η  Ρ  D  Η  J  Υ  Τ  S  Κ  Κ  R  Ζ  Μ  Ρ  R
Έ  Λ  Φ  Ο  S  Τ  Υ  Ο  Ρ  G  J  Ι  Μ  Τ  V  Α  Ε
Ν  Ε  Ρ  Ά  Α  S  Α  Έ  Ε  Ζ  D  Ζ  Η  F  G  Τ  Δ
Α  G  Ο  Κ  Ζ  C  Ζ  Χ  Ι  Ρ  Υ  D  G  Q  Ε  Η  Ώ
Ν  S  Ν  Ι  Α  R  Ε  G  Σ  Σ  Χ  Ε  Δ  Ό  Ν  G  Ό
Τ  Ι  Τ  Δ  Ν  Κ  Κ  Υ  C  Η  R  L  Υ  V  Η  Ι  Ρ
Ι  Ε  Ί  Α  Ή  Χ  Ά  Σ  Κ  Ο  Τ  Ά  Δ  Ι  R  Κ  Ο
Π  Χ  Δ  Κ  Μ  Μ  Ρ  Ο  Κ  Ρ  Η  Α  J  Ο  Κ  Ή  Σ
C  Ι  Α  Ε  Μ  Τ  Μ  Λ  Ρ  Θ  Ο  Ο  D  Φ  V  U  Ζ  Τ
Ε  Τ  Έ  D  C  R  R  Λ  Ι  Ρ  Υ  Η  R  Σ  Α  L  Χ
C  C  L  Ε  C  C  Ι  Ά  Τ  Ά  Ζ  G  Ρ  Η  Ό  Ρ  R
Ρ  Υ  Ν  C  Τ  Α  Π  Ο  Φ  Ε  Ύ  Γ  Ο  Υ  Ν  Ρ  Η
D  Α  Η  L  Τ  Ε  Ρ  Α  Μ  Φ  Ί  Ζ  Ο  Υ  Ν  Χ  Π
```

Puzzle 905

```
Σ Q Ν Ω Ν Ό Μ Ω Ν Γ Ο Ρ Ι Ε Π Μ Ε
Ε Π Ι Υ Q F J U Y H I I Α Κ Ν Π Κ
Ο Υ Ά Ό Μ Σ Ι Π Ο Τ Ν Ε Τ Χ Υ Ε Ι
Ε R J Σ Υ Β L Ά Ν V Z X U Ω Ο Ρ Ν
Μ Ε U I Ε Ν Κ Ν Ί Μ Τ Χ Ζ Ρ Τ Ί Η
Π Η Ι Ν Ό Ι Χ Θ Α Π Μ Ά L Ή Π Ο Μ
Ρ Υ Χ Κ Τ Ν D Ρ Β D Κ Η Ι Σ Ί Δ Α
Ο Π F Α Ό S L Α Μ D Κ Α J Ε Ρ Ο Τ
Σ Ν C U Ν Ν G Κ Υ L V V Q Ι Ρ L Ο
Ε Η U Ε Κ Ι Α Α Σ Κ Ά Π Ο Ι Ο Σ Γ
Κ L Α Τ Έ L Κ Ι Σ Ο Τ Ο Μ Ε Π Σ Ρ
Τ Ί V W V Κ U Ά Ο Κ Α U Κ Q Α Τ Ά
Ι Α Β Η Β Ρ W Τ J V Ν Τ Κ G S Ή Φ
Κ Μ Ε Τ Α Φ Ο Ρ Ά Σ Π Ό Δ Ι Α L Ο
Ά Ε Β Υ C Ι Η S Υ S F Μ Μ J Η Η Υ
```

ΣΤΉΛΗ
ΕΜΠΕΙΡΟΓΝΩΜΌΝΩΝ
ΕΙΚΌΝΑ
ΆΝΘΡΑΚΑ
ΣΥΜΒΑΊΝΟΥΝ
ΜΕΤΑΦΟΡΆΣ
ΧΙΌΝΙ
ΜΟΤΟΣΙΚΛΈΤΑ
ΚΙΝΗΜΑΤΟΓΡΆΦΟΥ
ΠΕΡΊΟΔΟ
ΛΆΜΠΑ
ΚΆΠΟΙΟΣ
ΕΝΤΟΠΙΣΜΌ
ΜΗΧΑΝΙΚΆ
ΑΠΟΡΡΊΠΤΟΥΝ
ΣΠΆΣΕΙ
ΥΠΝΗΛΊΑ
ΕΚΧΩΡΉΣΕΙ
ΠΡΟΣΕΚΤΙΚΆ
ΠΌΔΙΑ

Puzzle 906

ΛΕΠΤΌ
ΕΠΊΣΗΜΑ
ΤΑΙΝΊΑ
ΓΕΝΝΉΘΗΚΕ
ΒΟΟΕΙΔΉ
ΠΡΟΪΌΝΤΩΝ
ΦΟΎΣΤΑ
ΜΆΛΛΟΝ
ΚΟΤΌΠΟΥΛΟ
ΑΠΕΙΚΟΝΊΖΟΥΝ
ΚΑΤΑΣΚΕΎΑΣΜΑ
ΘΥΜΆΣΤΕ
ΓΆΝΤΙΑ
ΚΛΟΥΒΊ
ΔΈΡΜΑ
ΟΜΟΣΠΟΝΔΙΑΚΉ
ΕΡΓΑΣΊΑ
ΠΌΔΙ
ΚΊΤΡΙΝΟ
ΔΙΠΛΟΎΝ

```
Κ Χ Q Ο L W Π Ό Δ Ι W F Q C Β Η Μ
W Α Ν C Μ U Β Q Ε Τ S Ε W Ρ Η G L
R Ί Τ Ρ U S Ν F Ρ Α V Μ L Ε Π Τ Ό
Τ Ν L Α C R Ν G Τ R Υ Ά Ε G Z Η Κ
U Ι Κ Κ Σ Ο Τ Ί Β Υ Ο L Κ Ε Ο L Ο
R Α V Ο Q Κ U Ζ Ν Η Ρ L Υ R Ν Ή Τ
Χ Τ C R Α Q Ε Ο Μ Ν Ύ Ο L Π Ι Δ Ό
G Μ Κ F R C Α Ύ L J U Ν Δ Κ R Ι Π
Γ Ά Ν Τ Ι Α Ί Σ Α Γ R Ε Έ Η Τ Ε Ο
Π Ρ Ο Ϊ Ό Ν Τ Ω Ν Σ Υ Μ Ρ L Ί Ο Υ
Φ Ο Ύ Σ Τ Α Ο D Υ Χ Μ L Μ Χ Κ Ο Λ
Γ Ε Ν Ν Ή Θ Η Κ Ε Ο Τ Α Α L C Β Ο
Ο Μ Ο Σ Π Ο Ν Δ Ι Α Κ Ή Ζ Ν Ι Χ Q
U U W Α Π Ε Ι Κ Ο Ν Ί Ζ Ο Υ Ν C Ν
R Θ Υ Μ Ά Σ Τ Ε Α Μ Ε Π Ί Σ Η Μ Α
```

Puzzle 907

```
L N E M Σ A Ί Σ A K I Δ A I Δ Y A
K P H Γ Έ Σ H T Q G W N N M Π K
A Z U Σ A Y Q J O E G U E Z N Ά O
S P B O Ί O S C V S P Y L P G Λ Λ
U M E O E N R S G T C Ή D A G Λ O
K E P N Π J Σ B L Q U U Σ O B H Y
S E L S A T Ό Y B O F S W E X Λ Θ
O K A I P Ύ K O T A B B A Σ I O Ί
Ά J R Δ E G I Ί A Ό P A T O N H A
G Σ Υ Ί Θ N N E N T Ά Ξ E I Y N Π
H H K Φ X F A Φ E O J D P P A S A
Q M U H N G X A Ί A X Y T Ό O Z I
A O U N Σ O H P K P Ί Σ I M H H Δ
G V D O D H M Γ A N T Ί Θ E Σ H I
J V H Q Σ Y Γ K P Ό T H M A O K Ά
```

ΔΙΑΔΙΚΑΣΊΑΣ
ΥΠΆΛΛΗΛΟ
ΦΊΔΙ
ΤΥΧΑΊΑ
ΕΝΤΆΞΕΙ
ΠΑΙΔΙΆ
ΑΝΤΊΘΕΣΗ
ΑΌΡΑΤΟ
ΌΡΙΟ
ΣΥΓΚΡΌΤΗΜΑ
ΑΚΟΛΟΥΘΊΑ
ΣΤΕΡΉΣΕΙ
ΓΡΑΦΕΊΟΥ
ΜΗΧΑΝΙΚΌΣ
ΚΡΊΣΙΜΗ
ΝΗΣΊ
ΓΕΎΣΗ
ΘΕΡΑΠΕΊΑ
ΆΣΚΗΣΗ
ΣΑΒΒΑΤΟΚΎΡΙΑΚΟ

Puzzle 908

ΚΤΊΡΙΟ
ΦΟΙΤΗΤΉΣ
ΧΙΛΙΆΔΕΣ
ΕΚΝΕΥΡΙΣΜΈΝΟΣ
ΠΟΛΙΤΙΣΤΙΚΉ
ΦΑΝΤΑΣΤΕΊΤΕ
ΡΌΚΑ
ΑΠΟΣΎΡΕΙ
ΕΥΓΕΝΉ
ΚΡΈΑΣ
ΑΔΎΝΑΜΟ
ΕΠΙΤΥΧΗΜΈΝΗ
ΑΡΚΟΥΔΆΚΙ
ΧΆΣΕΤΕ
ΚΕΊΜΕΝΟ
ΦΌΡΟΥ
ΔΙΆΡΚΕΙΑ
ΧΕΙΡΌΤΕΡΗ
ΒΑΡΕΘΕΊ
ΑΣΦΑΛΈΣ

```
R H H U A L Y Φ K E Ί M E N O M C
E A N C O R W O A P K O Y Δ Ά K I
B K M G R T Q I P Y W K I E Ή O D
A H N M I N K T T Ό R E P N K T B
P N J E E C B H P Y Φ K E E I K X
E Έ H A Y H M T Z S S N B T T O S
Θ M G Σ Z P Ή F W Z D P Ί Σ M Q
E H T Φ Σ E I Σ Δ I Ά P K E I A E
Ί X K A E T E Σ Ά X J C J T T N Y
K Y T Λ Δ Ό P F M I O O W Σ I Ύ Γ
H T M Έ Ά P Ύ X Z Έ D G E A Λ Δ E
V I Ί Σ I I Σ O R B N E D T O A N
W Π G P Λ E O T X D H O C N Π Y Ή
A E I Q I X Π U A V X T Σ A Έ P K
U K D Z X O A P Ό K A E L Φ U B D
```

Puzzle 909

```
A  I  E  X  Έ  N  Y  Σ  X  O  X  K  K  I  A  R  C
I  N  F  H  Λ  I  K  Ί  A  Q  Ά  Σ  T  P  I  P  Q
P  K  Ά  X  E  T  E  Σ  Ώ  T  Σ  I  Π  A  I  Δ  U
Ά  A  A  K  K  Ά  Λ  T  Σ  A  O  E  O  Y  K  X  Y
M  P  Π  Λ  A  U  F  I  B  X  Y  Θ  I  T  O  H  Έ
A  O  Z  O  Ά  M  C  V  T  Y  N  Ή  K  A  Y  W  Π
Λ  Q  U  M  Δ  N  Ψ  V  B  Q  Y  N  O  Π  Z  H  O
A  U  G  W  N  Ί  V  H  K  X  O  Y  N  A  Ί  W  I
K  U  T  L  V  C  Δ  J  B  J  Λ  Σ  O  P  N  K  K
H  K  N  G  O  X  W  O  K  S  Ά  A  M  A  A  C  O
H  L  C  X  Y  N  K  C  Y  F  B  J  I  Ί  X  A  I
X  Ί  Δ  I  E  Λ  K  R  D  N  Σ  I  K  T  B  N  H
C  Δ  K  Ό  Λ  Λ  A  U  H  S  I  D  Ή  H  C  Ά  N
R  I  C  A  G  J  A  D  D  J  E  U  Σ  T  O  J  R
O  A  Ξ  E  N  O  Δ  O  X  E  Ί  O  X  O  P  Y  Z
```

ΚΑΛΑΜΆΡΙΑ
ΣΥΝΈΧΕΙΑ
ΑΝΆ
ΧΆΣΟΥΝ
ΞΕΝΟΔΟΧΕΊΟ
ΟΙΚΟΝΟΜΙΚΉΣ
ΑΝΆΚΑΜΨΗ
ΔΙΑΠΙΣΤΏΣΕΤΕ
ΗΛΙΚΊΑ
ΊΔΙΑ
ΕΙΣΒΆΛΟΥΝ
ΚΌΛΛΑ
ΈΠΟΙΚΟΙ
ΣΥΝΉΘΕΙΣ
ΚΑΛΆ
ΑΠΟΔΊΔΟΥΝ
ΑΠΑΡΑΊΤΗΤΟ
ΚΆΛΤΣΑ
ΚΛΕΙΔΊ
ΚΟΥΖΊΝΑ

Puzzle 910

ΣΥΜΠΑΓΉ
ΠΊΕΣΗ
ΓΡΑΜΜΑΤΈΑΣ
ΠΡΟΣΠΑΘΕΊ
ΕΥΚΟΛΊΑ
ΑΥΤΟΠΕΠΟΊΘΗΣΗ
ΠΌΡΤΑ
ΔΆΣΟΣ
ΠΟΛΛΏΝ
ΟΡΙΣΜΈΝΑ
ΔΙΟΡΊΣΕΙ
ΝΈΚΤΑΡ
ΤΣΑΓΙΈΡΑ
ΑΚΡΊΒΕΙΑ
ΧΑΡΙΤΩΜΈΝΟ
ΠΡΟΈΔΡΟΥ
ΠΡΌΚΕΙΤΑΙ
ΥΠΟΤΙΘΕΤΑΙ
ΡΟΔΆΚΙΝΟ
ΌΡΟΦΟ

```
X  I  T  Y  O  N  I  K  Ά  Δ  O  P  L  O  X  B  G
Q  H  U  I  Σ  A  Έ  T  A  M  M  A  P  Γ  K  G  T
Z  Σ  O  Σ  Ά  Δ  G  K  U  D  A  E  B  R  J  W  L
W  H  N  X  N  Y  E  N  T  Σ  Y  M  Π  A  Γ  Ή  C
E  Θ  E  A  A  T  P  Ό  Π  A  Ί  Λ  O  K  Y  E  E
Π  Ί  E  Σ  H  P  Q  K  U  J  P  S  J  Z  I  L  Y
Δ  O  B  J  N  X  I  D  L  D  K  R  Ί  W  A  Q  J
I  Π  C  A  R  K  O  T  Π  P  Ό  K  E  I  T  A  I
O  E  Π  O  Λ  Λ  Ώ  N  Ω  H  L  G  Θ  Ό  E  I  G
P  Π  G  C  T  U  P  K  I  M  Q  M  A  P  Θ  E  R
Ί  O  T  Σ  A  Γ  Ί  E  P  A  Έ  S  Π  O  Ί  B  Y
Σ  T  Π  P  O  Έ  Δ  P  O  Y  Y  N  Σ  Φ  T  J  J
E  Y  N  A  P  V  T  K  R  M  H  J  O  O  O  P  V
I  A  N  Έ  M  Σ  I  P  O  N  K  Δ  P  Z  Π  K  E
B  N  E  R  U  G  T  C  O  A  V  U  Π  F  Y  A  E
```

Puzzle 911

```
K Π V B Q A Ί Γ A P P O M I A J Σ
N Ά J O Λ Π Ό F U U A I T T L M Y
W N K Q R Ό Z Y Γ Ί Z E I T Ό O M
P Ω U E X Θ A N A Φ Έ P Ω H W U Π
N Ω X Έ T E M M Y Σ Z K W S L Y E
E Π A Φ Ή M M A Ϊ N T A N Ό L M P
O T H Ό N A E I X U K N D E H N I
I A X Σ G T V Π Y I W D I Q V H Φ
N B P W E S C R I B Ύ Λ O M O M O
Ά G A J X Θ I W V T H Y E Y Q Ώ P
Π G Ί D L L Ί N Q W Y M H Δ Έ N Ά
M B P D Z B C Π Z O D X H Q L Γ L
F R Y T Z W U J E F E L Ί L X Γ U
K G K X E F J N F V A O O A E Y H
Y U T N R M A N A N Ά T S Z M Σ E
```

ΜΗΔΈΝ
ΑΝΑΦΈΡΩ
ΌΠΛΟ
ΜΟΛΎΒΙ
ΑΝΑΝΆ
ΜΠΆΝΙΟ
ΣΥΜΠΕΡΙΦΟΡΆ
ΌΤΙ
ΑΙΜΟΡΡΑΓΊΑ
ΚΥΡΊΑΡΧΗ
ΕΠΊΘΕΣΗ
ΑΠΌΘΕΜΑ
ΕΠΙΤΥΧΊΑ
ΠΆΝΩ
ΣΥΜΜΕΤΈΧΩΝ
ΑΝΌΗΤΟ
ΕΠΑΦΉ
ΖΥΓΊΖΕΙ
ΜΑΪΝΤΑΝΌ
ΣΥΓΓΝΏΜΗ

Puzzle 912

ΕΠΑΝΆΛΗΨΗ
ΣΙΤΆΡΙ
ΟΜΟΛΟΓΊΑ
ΜΑΚΙΓΙΆΖ
ΧΑΛΑΡΏΣΤΕ
ΠΡΟΚΕΙΜΈΝΟΥ
ΠΛΆΚΑ
ΑΠΟΣΠΆΣΕΙ
ΜΑΓΕΙΡΕΎΟΥΝ
ΈΚΤΟΥ
ΚΕΡΆΣΙ
ΧΙΟΝΆΝΘΡΩΠΟ
ΧΏΝΕΨΕΙ
ΑΓΑΠΗΤΈ
ΑΕΡΟΠΛΆΝΟ
ΦΡΆΣΗ
ΠΉΔΗΞΕ
ΔΕΊΧΝΟΥΝ
ΕΜΠΕΙΡΊΑ
ΣΧΟΛΕΊΟ

```
E Π A N Ά Λ H Ψ H Π Π O X P Z A Σ
H U F F A Y L X M Z Ή Λ N K T Π I
X I O N Ά N Θ P Ω Π O Δ Ά I D O T
M Π N E M Π E I P Ί A P H K Y Σ Ά
A P Ά E Q M M E P G M L Σ Ξ A Π P
Γ O Λ X I J U Ψ E K L T Ά Y E Ά I
E K Π K W U L Έ O U C L P V T Σ Σ
I E O L Q V P N K T W K Φ F Σ E Ά
P I P J H D N Ω S T O S U D Ώ I P
E M E P C D H X P C O R U Y P G E
Ύ Έ A Ί Γ O Λ O M O U Y N Q A V K
O N K Δ E Ί X N O Y N A T U Λ W Q
Y O Ί E Λ O X Σ I P Έ T H Π A Γ A
N Y M J Z A E Q L R H B R K X E A
I O W N E V M A K I Γ I Ά Z V P P
```

Puzzle 913

```
T  M  I  X  A  Ï  Π  A  P  A  T  H  P  Ή  Σ  T  E
W  O  Δ  S  T  E  Δ  I  A  K  O  Π  Ή  L  L  L  D
Σ  N  I  R  J  Λ  Π  P  O  Σ  Π  Ά  Θ  E  I  A  Σ
K  A  Ω  U  Y  X  M  C  D  Z  W  F  Z  Ύ  P  D  C
H  X  T  Π  P  O  Ϊ  Ό  N  X  O  F  K  O  I  D  E
N  I  I  H  I  N  Ά  Z  T  I  Λ  Φ  Ά  K  Ϊ  A  Λ
Ή  K  K  Q  L  E  B  S  K  Z  S  H  Σ  Λ  F  C  O
K  Ό  Ό  L  C  K  Ά  I  X  O  P  T  C  A  T  U  H
K  A  Λ  Ω  Σ  Ό  P  I  Σ  M  A  M  D  X  Φ  P  X
O  Δ  E  T  Y  Z  O  D  O  B  Z  K  I  C  H  Ώ  Z
J  Ί  S  J  X  T  Φ  S  E  H  Ί  O  O  Λ  A  X  Σ
A  P  S  Q  U  D  A  Σ  D  Q  P  Ύ  N  W  Ή  A  R
T  T  W  X  Y  M  T  Z  Ό  O  K  Π  T  D  Z  Σ  H
K  A  B  J  B  E  E  Z  C  Λ  Γ  A  C  W  A  X  Ω
R  Π  D  A  H  E  M  A  K  K  O  P  L  Z  S  Z  M
```

ΔΙΑΚΟΠΉ
ΚΟΎΠΑ
ΠΡΟΣΠΆΘΕΙΑΣ
ΜΙΛΉΣΩ
ΤΡΟΧΙΆ
ΚΑΛΩΣΌΡΙΣΜΑ
ΓΚΡΊΖΑ
ΣΚΗΝΉ
ΜΟΝΑΧΙΚΌ
ΜΕΤΑΦΟΡΆ
ΛΑΪΚΆ
ΧΑΛΚΟΎ
ΠΑΤΡΊΔΑ
ΦΛΙΤΖΆΝΙ
ΠΑΡΑΤΗΡΉΣΤΕ
ΠΡΟΪΟΝ
ΣΑΦΏΣ
ΙΔΙΩΤΙΚΌ
ΣΌΛΟ
ΕΝΟΧΛΕΊ

Puzzle 914

ΤΈΡΑΣ
ΓΕΝΙΆ
ΠΕΡΙΠΕΤΕΙΏΔΗ
ΕΙΔΉΣΕΩΝ
ΕΜΦΆΝΙΣΗ
ΕΚΠΟΜΠΉ
ΛΌΦΟ
ΕΠΙΜΈΡΟΥΣ
ΦΡΆΟΥΛΑ
ΕΚΤΊΜΗΣΗ
ΥΠΟΘΈΤΩ
ΗΛΙΌΛΟΥΣΤΗ
ΔΟΜΉ
ΠΡΟΣΔΟΚΟΎΝ
ΚΟΥΛΤΟΎΡΑ
ΦΤΩΧΆ
ΟΠΛΩΝ
ΒΟΥΝΏΝ
ΜΑΧΑΊΡΙ
ΘΑ

```
Y  Ή  D  V  T  H  U  N  U  C  Θ  X  F  Δ  G  U  N
W  Π  N  J  P  Σ  X  P  N  Q  A  E  Z  J  O  O  Y
G  M  O  N  S  H  B  E  G  H  Σ  I  N  Ά  Φ  M  E
W  O  R  Θ  G  M  I  D  M  R  X  M  B  Γ  Ό  M  Ή
E  Π  Y  B  Έ  Ί  A  D  C  Z  V  S  L  E  Λ  A  Π
G  K  M  X  W  T  B  O  Y  N  Ώ  N  D  N  E  X  P
L  E  F  V  H  K  Ω  G  K  W  B  A  X  I  Π  A  O
V  Q  F  F  C  E  G  R  A  P  Z  B  I  Ά  I  Ί  Σ
N  V  D  O  X  K  O  Y  Λ  T  O  Ύ  P  A  M  P  Δ
Π  E  P  I  Π  E  T  E  I  Ώ  Δ  H  I  S  Έ  I  O
O  H  Λ  I  Ό  Λ  O  Y  Σ  T  H  A  K  U  P  J  K
E  Π  S  G  V  Q  G  R  H  W  A  C  H  L  O  T  O
P  P  Λ  Φ  T  Ω  X  Ά  T  Έ  P  A  Σ  F  Y  O  Ύ
M  I  W  Ώ  Φ  P  Ά  O  Y  Λ  A  B  C  S  E  A  N
D  R  M  O  N  Ω  E  Σ  Ή  Δ  I  E  I  A  N  B  G
```

Puzzle 915

```
Φ  Π  Α  Ρ  Α  Δ  Έ  Χ  Ο  Ν  Τ  Α  Ι  Ι  Q  F  J
Σ  Ύ  V  E  H  F  C  O  Π  O  N  T  Ί  K  I  X  N
T  Λ  Λ  E  X  N  C  L  O  Ί  E  P  O  Π  M  Q  H
A  O  O  Λ  J  M  E  F  S  E  F  T  Z  Σ  E  V  Γ
M  Π  Υ  Π  A  V  D  N  P  B  E  P  F  Ή  U  M  O
Ά  F  N  P  Ί  U  H  X  J  A  T  N  M  N  B  S  Λ
T  E  N  O  X  T  S  Q  C  P  W  M  A  O  A  Q  Ά
H  N  Ρ  Σ  Y  K  H  B  G  B  P  B  Λ  M  Π  Α  P
Σ  N  J  Ω  T  Γ  Ή  Γ  O  P  A  A  A  R  I  A
E  Έ  J  Π  Σ  Ά  M  G  U  E  I  V  K  N  R  W  Π
P  A  H  I  Y  J  P  L  G  X  L  I  Ό  A  E  D  N
K  Y  T  K  Δ  R  P  O  I  P  Ά  Σ  Σ  Ω  Λ  Γ  O
E  B  Θ  Ό  X  L  N  S  Φ  E  Γ  Γ  Ά  P  I  W  Z
C  E  S  M  F  G  Z  O  H  A  H  E  Q  S  H  D  E
K  Q  Y  Λ  Ό  Σ  Y  Z  Ή  T  H  Σ  H  Y  W  G  P
```

ΦΕΓΓΆΡΙ
ΣΥΖΉΤΗΣΗ
ΦΎΛΛΑ
ΡΥΘΜΌ
ΔΥΣΤΥΧΊΑ
ΑΦΟΡΆ
ΠΑΡΑΔΈΧΟΝΤΑΙ
ΠΡΟΣΩΠΙΚΌ
ΠΑΡΆΛΟΓΗ
ΠΟΝΤΊΚΙ
ΜΑΛΑΚΌ
ΓΛΩΣΣΆΡΙΟ
ΜΠΟΡΕΊ
ΕΝΝΈΑ
ΜΠΑΡ
ΠΟΛΎ
ΣΤΑΜΆΤΗΣΕ
ΓΡΉΓΟΡΑ
ΑΝΑΜΟΝΉΣ
ΒΡΑΒΕΊΟ

Puzzle 916

ΜΠΙΖΈΛΙΑ
ΒΑΣΊΛΙΣΣΑ
ΓΕΝΝΑΙΟΔΩΡΊΑ
ΒΑΓΌΝΙ
ΠΙΆΤΟ
ΤΟ
ΦΟΒΟΎΝΤΑΙ
ΡΟΛΌΙ
ΝΌΤΙΟ
ΣΟΚ
ΑΎΞΗΣΗ
ΏΡΑ
ΑΔΕΛΦΌ
ΓΌΜΑ
ΙΠΠΟΠΌΤΑΜΟΣ
ΕΝΌΤΗΤΑ
ΉΤΑΝ
ΠΑΡΆΓΡΑΦΟ
ΠΙΆΝΟ
ΕΝΕΡΓΌΣ

```
W  X  Ρ  Ι  Π  Π  Ο  Π  Ό  Τ  Α  Μ  Ο  Σ  N  Y  W
V  G  E  O  T  Ά  I  Π  Z  Z  Q  C  B  H  H  R  Z
R  G  I  Y  Λ  H  U  Σ  O  T  L  U  Q  B  Ώ  P  A
W  E  V  Y  T  Ό  G  J  O  C  T  I  B  Q  Φ  Q  T
X  W  M  W  K  N  I  R  S  K  U  X  X  J  O  J  H
Γ  E  N  N  A  I  O  Δ  Ω  P  Ί  A  T  O  B  O  T
D  Y  A  F  I  N  Φ  B  L  B  Q  C  C  U  O  U  Ό
D  I  T  A  Λ  Ό  A  A  X  P  G  I  E  R  Ύ  A  N
H  J  Ή  Y  Έ  Γ  Σ  Ό  Γ  P  E  N  E  N  Ύ  E
B  X  A  G  Z  A  Γ  Ί  N  Ό  T  I  O  A  T  Ξ  Y
Γ  Ό  M  A  I  B  Ά  Λ  Π  I  C  G  Y  Δ  A  H  P
J  R  G  D  Π  N  P  I  W  I  A  A  N  E  I  Σ  U
B  S  T  B  M  N  A  Σ  U  D  Ά  N  P  Λ  S  H  R
C  F  E  W  I  L  Π  Σ  U  R  U  N  A  Φ  O  W  N
Y  J  Q  M  S  L  E  A  R  T  P  X  O  Ό  J  D  Y
```

Puzzle 917

```
Φ Ά Σ Η U Η Υ Χ Α Δ Ί Λ Ε Σ Ο Ψ Ύ
S L P R A U Z T T A P E T Ύ Λ A K
E A A T Ί P A Γ A M O N P P R H
M Π P O N Ό M I O D H Σ D M E N
Ύ Υ Έ B E M Ά N X E Ξ C A I F F W
O T Ή T H T O E D X R H A C Ά H F
Λ Ό K Δ E C Ό Θ A N A T H Φ Ό P A
A I I I V I E N A K Έ Ύ Z A S G C
K O T O G A O C Π H I X C J I I D
L M Π Ί W P K K M Y D O M K O P P
X O I K Ή Λ Y O K Σ Ξ P P O A Y E
H N E H N E U U A U E E B Ά P K A
D A Λ Σ O Y M V U P O N O G R U R
J Π Λ H Υ Ψ Η Λ Ό T E P H V N H R
M Q E Σ C M T I D E B V Y R C P Q
```

ΝΕΡΟΧΎΤΗ
ΕΠΈΤΕΙΟ
ΦΆΣΗ
ΣΕΛΊΔΑ
ΞΕΧΝΆΜΕ
ΚΑΛΟΎΜΕ
ΒΆΡΚΑ
ΜΑΡΓΑΡΊΤΑ
ΎΨΟΣ
ΠΑΝΟΜΟΙΌΤΥΠΑ
ΕΛΛΕΙΠΤΙΚΉ
ΥΨΗΛΌΤΕΡΗ
ΔΙΟΊΚΗΣΗΣ
ΔΡΟΣΙΆ
ΈΚΑΝΕ
ΚΑΛΎΤΕΡΑ
ΠΡΟΝΌΜΙΟ
ΕΞΥΠΝΌΤΕΡΑ
ΘΑΝΑΤΗΦΌΡΑ
ΣΚΟΥΛΉΚΙ

Puzzle 918

ΑΝΑΖΉΤΗΣΗ
ΓΙΑΓΙΆ
ΜΙΜΗΘΟΎΝ
ΈΡΩΣ
ΕΠΙΛΟΓΉ
ΈΤΣΙ
ΠΑΝΤΡΕΥΤΕΊ
ΣΤΉΡΙΞΗΣ
ΕΡΓΑΣΊΑΣ
ΣΚΕΦΤΕΊΤΕ
ΣΥΓΧΩΡΉΣΕΙ
ΠΡΟΣΤΑΤΕΎΟΥΝ
ΧΡΏΜΑΤΑ
ΟΔΉΓΗΣΗΣ
ΕΒΔΟΜΆΔΑ
ΦΟΡΗΤΌ
ΥΠΟΚΑΤΆΣΤΗΜΑ
ΣΥΝΈΔΡΙΟ
ΠΙΡΟΎΝΙ
ΌΜΩΣ

```
A K B A Δ Ά M O Δ B E N E J E Σ A
M T E N A Q G I N Ύ O P I Π P K N
Σ X W E N N D P M C U J Q E Γ E A
H M A P L O P N P H F I J F A Φ Z
Σ Υ Γ X Ω P Ή Σ E I Θ R K V Σ T Ή
H Ω Σ Υ N Έ Δ P I O A O F K Ί E T
Γ G P G P J A J U F H Q Ύ R A Ί H
Ή C G Έ B K I R A J W H Q N Σ T Σ
Δ Υ N B A Π A N T P E Y T E Ί E H
O P N Y O Ύ E T A T Σ O P Π M Y Φ
W D I P X J C K M O D A Έ G Q J O
Σ T Ή P I Ξ H Σ Ώ H W X Ό T D C P
Γ I A Γ I Ά H V P J T L M E Σ X H
E Π I Λ O Γ Ή U X H S O Σ Ω J K I T
Υ Π O K A T Ά Σ T H M A Σ W W I Ό
```

Puzzle 919

```
M W Z F D X P C Z W V R Y N L H Q
N N Y O Ύ E P O Γ A Π A W O P W R
B T P P N Ξ G Έ N G W I N A K I Q
V X T I Z A X W Ω K H P O Ή L I E
D M N E A I P Ή Σ Y M Y M X L Π
A E U N U P G Q H Σ H P T Έ M Q Ό
Π I J Ό I E Σ Ή T Σ I Π E P S A M
K E N R N T Δ O Θ E Ί E V L S T E
Ά Σ P Ή K I P T N E K X R S M K N
Θ Ώ K I M K Π E P Ύ Γ I O Δ A H
E D E D Έ Ά I P A Δ I E Λ K Ύ P F
D O A S X X V O K E V A R D N I J
N Π H R G C E W X D H B V E A Έ O
U A H S K N Ώ I T N O Δ I B M P N
Π P O Σ E K T I K Ή K G O A H A D
```

ΑΠΑΓΟΡΕΎΟΥΝ
ΕΞΑΙΡΕΤΙΚΆ
ΧΉΝΑ
ΜΈΤΡΗΣΗ
ΚΕΝΤΡΙΚΉ
ΌΝΕΙΡΟ
ΚΛΕΙΔΑΡΙΆ
ΔΎΝΑΜΗ
ΚΑΡΙΈΡΑ
ΜΥΣΤΉΡΙΑ
ΠΤΕΡΎΓΙΟ
ΕΠΙΣΤΉΣΕΙ
ΔΟΘΕΊ
ΑΠΟΔΏΣΕΙ
ΕΠΌΜΕΝΗ
ΧΡΈΩΣΗ
ΠΕΡΙΈΧΕΙ
ΔΟΝΤΙΏΝ
ΚΆΘΕ
ΠΡΟΣΕΚΤΙΚΉ

Puzzle 920

ΠΙΘΑΝΏΣ
ΔΩΜΆΤΙΟ
ΒΑΜΠΊΡ
ΓΥΑΛΊ
ΣΕΖΌΝ
ΓΚΡΙ
ΧΤΈΝΑ
ΧΑΝΤΆΚΙ
ΧΤΥΠΉΣΕΙ
ΜΕΙΏΣΕΙ
ΗΡΕΜΊΑ
ΛΕΠΤΟΜΈΡΕΙΑ
ΔΈΣΜΕΥΣΗ
ΌΠΩΣ
ΝΌΣΟ
ΝΥΧΤΕΡΊΔΑ
ΕΝΑΛΛΑΚΤΙΚΉ
ΠΆΠΙΑ
ΣΟΎΗΔΟΣ
ΘΡΗΣΚΕΥΤΙΚΈΣ

```
B S P Λ Γ Υ A Λ Ί I C E Σ P E Σ K
F A C I E Σ Ή Π Υ T X B E U N O C
N H M C N Π K M U K X Σ Z X A Y T
U P N Π Z T T Z O Y Y Έ Ό Δ Λ H N
O E C E Ί H Q O U I A K N Ω Λ Δ Ό
B M X A A P T N M B Δ I S M A Ό Σ
D Ί U B G P F M M Έ Ί T Z Ά K Σ O
F A Δ Έ Σ M E Y Σ H P Y Z T T Ω U
V I Σ Ώ I E M D K E E P I I Π W
G Π E N N K R Y F L T K I O K Ό S
C Ά L X A Ά K W D G X Σ P A Ή T U
V Π Υ Υ Θ H I T C Y H K N P E B
R A M X I N M K E N N P Γ Έ I N A
E P P O Π A N T O B D Θ C T T B A
H L R O X X L L C T D U S X P N K
```

Puzzle 921

```
Π  Ι  Ε  Ή  Ζ  Έ  Κ  J  Κ  U  S  Κ  Υ  S  I  L  A
Ν  Λ  Ι  Μ  Ι  Η  Σ  Υ  Ε  Ρ  Ρ  Ά  Τ  Α  Κ  C  Γ
Α  Q  Α  Ι  Ε  W  Α  Π  Η  Ι  Χ  S  M  T  J  S  Ε
W  R  T  T  S  J  U  Ι  Α  Τ  Ε  Χ  Ρ  Έ  Ζ  Γ  Λ
Ι  Ε  Ν  Η  Ε  Α  U  W  L  Σ  Τ  J  Α  B  L  Η  Ά
Ο  Ι  Ύ  G  Ο  Ί  Ε  Γ  Υ  Ψ  Ε  Μ  Α  Ρ  Τ  Ν  Δ
Ν  Υ  Ο  Ν  Ώ  Λ  Α  Γ  Ε  Μ  Ζ  Μ  Ρ  Ζ  Ι  Ή  Α
Ε  Δ  Ρ  Υ  V  Ι  Μ  Τ  Α  Ο  B  V  Γ  B  Ρ  Ρ  Χ
Ξ  Ε  Η  Ο  R  Κ  Γ  L  Ρ  Ζ  Ν  Η  Ό  Α  Ζ  Ι  Q
Ά  Ι  Λ  Ύ  Ο  Ι  Α  Ζ  Χ  Ί  S  V  Τ  Ι  Κ  Ε  G
Ρ  Χ  Π  Χ  Ι  Ο  Τ  W  Η  D  Τ  Μ  Ε  Κ  G  Χ  Ι
Α  W  J  Σ  G  Π  Ά  Υ  Ν  D  Ρ  Ο  Ρ  Χ  Ε  Α  Τ
Π  Υ  Τ  Ι  Α  Μ  Κ  S  S  Ζ  Ο  G  Α  Ν  Ν  Π  Ι
D  Ν  F  Κ  U  Ε  B  Τ  Q  Υ  Ε  Υ  Ε  Κ  Ρ  Μ  U  C
Τ  Ο  Υ  Σ  Χ  D  Κ  Μ  C  Ρ  V  U  Κ  Τ  Κ  R  Q
```

ΠΛΑΤΕΊΑ
ΤΡΊΤΟ
ΙΣΧΎΟΥΝ
ΈΣΠΑΣΕ
ΠΛΗΡΟΎΝΤΑΙ
ΚΆΤΑΓΜΑ
ΈΡΧΕΤΑΙ
ΤΡΑΜ
ΚΑΤΆΡΡΕΥΣΗ
ΜΕΓΑΛΏΝΟΥΝ
ΠΑΡΆΞΕΝΟ
ΔΕΙ
ΑΡΓΌΤΕΡΑ
ΨΥΓΕΊΟ
ΑΓΕΛΆΔΑ
ΕΙΡΉΝΗ
ΤΙΜΉ
ΓΗ
ΠΟΙΚΙΛΊΑ
ΤΟΥΣ

Puzzle 922

ΤΡΎΠΑ
ΠΡΟΗΓΟΎΜΕΝΟ
ΒΟΗΘΉΣΕΙ
ΣΥΜΦΩΝΊΑ
ΔΆΚΡΥ
ΣΎΜΦΩΝΑ
ΓΝΩΣΤΉ
ΑΥΤΆ
ΛΆΧΑΝΟ
ΣΥΜΠΌΝΙΑ
ΈΝΤΟΝΟΣ
ΧΉΝΑΣ
ΠΑΝΤΟΎ
ΜΈΝΟΥΝ
ΑΠΌΛΑΥΣΗ
ΙΔΈΑ
ΑΓΝΟΟΎΜΕ
ΓΡΑΜΜΉ
ΘΑΥΜΆΣΙΑ
ΓΡΑΦΕΊΟ

```
Σ  Σ  Α  Ν  Ή  Χ  Τ  Ρ  Ύ  Π  Α  Υ  Λ  G  D  Π  Α
Υ  Η  Ύ  Μ  Ζ  Μ  Χ  V  Η  Α  Ρ  D  Ά  Ρ  Τ  Ρ  Π
Μ  D  Ο  Μ  Ρ  C  U  Χ  Υ  Ζ  Ι  D  Χ  Α  R  Ο  Ό
Φ  Ε  Τ  Η  Φ  Ε  R  L  Ν  Τ  S  Ζ  Α  Μ  W  Η  Λ
Ω  Τ  Ν  S  J  Ω  Μ  Έ  Ν  Ο  Υ  Ν  Ν  Μ  J  G  Α
Ν  G  Α  V  Α  Ν  Ν  D  Ν  Τ  W  R  Ο  Ή  V  Ο  Υ
Ί  Ρ  Π  Ι  J  Ι  G  Α  Ι  Ν  Ό  Π  Μ  Υ  Σ  Ύ  Σ
Α  Α  Α  Α  Γ  Ν  Ο  Ο  Ύ  Μ  Ε  G  Υ  W  Έ  Μ  Η
Ι  Φ  J  Υ  Ρ  Κ  Ά  Δ  Ζ  U  Μ  C  F  U  Ν  Ε  V
Σ  Ε  Μ  Ή  Τ  Σ  Ω  Ν  G  Ι  Ν  Η  Ρ  G  Τ  Ν  Α
Ά  Ί  L  F  S  Ά  Ζ  W  L  V  U  J  V  Μ  Ο  Ο  Μ
Μ  Ο  W  Ι  D  Η  Ι  Ε  Σ  Ή  Θ  Η  Ο  B  Ν  Ν  U
Υ  D  Ν  Τ  Χ  Χ  Η  Δ  Ρ  G  S  R  F  R  F  Ο  Ο  C
Α  Ο  Ι  Χ  C  Ν  G  C  Έ  Κ  Ο  Κ  F  Κ  Q  Σ  Q  Τ
Θ  Υ  Μ  Ι  Α  Α  Ν  Μ  Τ  Α  G  Ν  Ι  L  J  Q  Τ
```

Puzzle 923

```
I  H  V  H  K  M  T  X  Ύ  N  E  T  A  I  Y  M  K
N  S  T  A  X  X  Ύ  V  W  L  I  P  A  O  F  Ά  H
Ό  T  D  X  S  R  M  Z  F  A  S  B  M  P  S  O  E
M  W  O  N  F  Z  Π  T  O  Ξ  J  D  G  E  D  H  Ξ
E  J  H  Y  K  Y  A  V  N  I  Y  R  L  T  A  M  A
Λ  W  E  O  Λ  N  N  N  Y  O  X  Σ  Ά  Π  Σ  A  Φ
I  M  L  B  G  Ά  O  J  O  Λ  C  Ί  Φ  Ό  T  P  A
L  H  G  Ί  I  F  Π  B  Σ  Ό  M  P  Ά  K  Έ  E  N
O  K  R  T  W  D  W  A  Ώ  Γ  Y  Ω  Λ  I  P  Y  I
L  P  T  Σ  B  V  M  I  H  T  X  A  Λ  Ω  T  Σ
V  A  Ί  N  Ό  G  F  H  B  Σ  E  T  I  E  N  N  T
B  U  S  Z  J  Γ  L  U  I  H  P  R  N  Z  X  A  E
P  Ά  Φ  I  O  B  K  J  Π  U  Ά  L  A  G  V  I  Ί
Z  G  M  P  K  Y  M  O  E  Σ  Y  N  T  P  I  B  Ή
K  X  J  T  L  T  N  E  Y  K  A  I  P  Ί  A  Z  D
```

ΕΛΙΚΌΠΤΕΡΟ
ΣΥΝΤΡΙΒΉ
ΑΞΙΟΛΌΓΗΣΗ
ΦΆΛΑΙΝΑ
ΣΤΊΒΟΥ
ΛΕΜΌΝΙ
ΧΎΝΕΤΑΙ
ΡΆΦΙ
ΕΠΙΒΙΏΣΟΥΝ
ΕΞΑΦΑΝΙΣΤΕΊ
ΠΆΣΧΟΥΝ
ΤΎΜΠΑΝΟ
ΜΆΘΗΜΑ
ΟΡΊΖΟΥΝ
ΑΣΤΈΡΩΝ
ΝΤΟΥΛΆΠΑ
ΌΓΚΟ
ΕΥΚΑΙΡΊΑ
ΜΥΤΕΡΆ
ΧΩΡΊΣ

Puzzle 924

ΧΡΉΜΑΤΑ
ΈΚΒΑΣΗ
ΧΟΊΡΩΝ
ΤΡΙΆΝΤΑ
ΜΆΓΕΙΡΑΣ
ΣΠΗΛΙΆ
ΑΚΡΊΔΑ
ΣΤΑΦΎΛΙΑ
ΣΚΕΛΕΤΌ
ΠΡΟΣΘΈΣΕΤΕ
ΛΆΘΟΣ
ΔΗΜΌΣΙΩΝ
ΑΞΊΑΣ
ΚΑΜΠΊΝΑ
ΘΛΙΒΕΡΌ
ΓΝΩΣΤΌ
ΔΌΝΤΙΑ
ΤΗΣ
ΣΤΑΘΜΌΣ
ΌΜΟΡΦΗ

```
Δ  S  C  M  G  O  M  Έ  V  P  X  C  C  T  U  M  B
H  J  X  O  Ί  P  Ω  N  K  R  X  P  C  P  H  Ά  O
M  N  S  J  H  E  P  V  X  B  U  A  I  I  Y  Γ  C
Ό  T  E  Λ  E  K  Σ  A  Ί  Ξ  A  X  W  Ά  G  E  Q
Σ  Ό  M  Θ  A  T  Σ  N  Σ  Π  Σ  Σ  Q  N  V  I  O
I  D  T  C  C  U  S  Ί  Θ  P  T  F  H  T  L  P  C
Ω  E  F  W  Z  Q  Z  Π  Λ  O  A  T  Φ  A  F  A  C
N  A  Z  R  Y  V  W  M  I  Σ  Φ  Σ  P  I  T  Σ  E
R  Δ  D  N  K  G  X  A  B  Θ  Ύ  Π  O  T  L  O  M
A  Ί  K  Z  T  H  Σ  K  E  Έ  Λ  H  M  N  H  Θ  E
X  P  Ή  M  A  T  A  J  P  Σ  I  Λ  Ό  Ό  W  Ά  P
M  K  Γ  N  Ω  Σ  T  Ό  Ό  E  A  I  S  Δ  W  Λ  D
C  A  D  G  W  N  K  Q  R  T  E  Ά  P  H  W  I  Y
D  O  R  A  V  H  T  K  Y  E  G  Z  M  B  T  C  B
M  D  Z  Q  C  N  W  Q  W  W  G  U  I  L  C  D  Y
```

Puzzle 925

```
T C G A Λ Ό P A Σ T A K N B I Ο Σ
C V H V Π Z D A T O M I K Ή W Δ Y
J O Σ O B O M O T N Ύ Σ C Z Y O N
I C Ή Y U V Λ Z T D O S D V O N T
H Ψ Y P K Ό Π A Ϊ E P O Π W Γ T O
K A E P E P U Σ M Δ Έ N T P O Ό M
Ί L K P F Ω U D T B D M R Y Λ Π O
N G Σ T I M N A Λ Ά Ά J Q X Ά A Γ
Q I A E M S C S Z H Σ N O R T Σ P
D E T G W T J I T P M H O T A T A
D Z A E Z L D W K Σ Z V A Y K A Φ
S Ί K I E N Ά B M A Λ Λ Y Σ N S Ί
M P Δ E K A E T Ί A N G C Z A I A
K Y K Λ O Φ O P O Ύ N Ή T N N V W
O M V N Σ T P E M Ά M E N O J A Y
```

ΣΤΆΣΗ
ΤΡΕΜΆΜΕΝΟ
ΔΈΝΤΡΟ
ΚΥΚΛΟΦΟΡΟΎΝ
ΑΠΟΛΑΜΒΆΝΟΥΝ
ΚΑΤΑΣΚΕΥΉΣ
ΟΔΟΝΤΌΠΑΣΤΑ
ΝΊΚΗ
ΑΠΌΚΡΥΨΗ
ΙΚΑΝΉ
ΣΥΝΤΟΜΟΓΡΑΦΊΑ
ΔΕΚΑΕΤΊΑ
ΜΩΡΌ
ΚΑΤΣΑΡΌΛΑ
ΜΥΡΊΖΕΙ
ΠΟΡΕΊΑ
ΣΥΛΛΑΜΒΆΝΕΙ
ΣΎΝΤΟΜΟ
ΚΑΤΆΛΟΓΟ
ΑΤΟΜΙΚΉ

Puzzle 926

ΧΡΥΣΌ
ΚΑΝΈΝΑΝ
ΚΌΜΜΑΤΑ
ΠΥΡΟΣΒΈΣΤΗΣ
ΚΎΚΛΟΥ
ΑΡΝΊ
ΨΕΥΔΉ
ΛΕΥΚΌ
ΤΟΥΛΊΠΑ
ΠΡΌΤΥΠΟ
ΟΛΊΣΘΗΣΗ
ΑΣΤΈΡΙ
ΠΟΥ
ΛΈΞΗ
ΤΟΥ
ΚΑΘΉΚΟΝ
ΕΞΑΣΚΟΎΝ
ΠΡΆΞΗ
ΠΑΡΟΝΟΜΑΣΤΉ
ΆΜΥΝΑ

```
K W M M Y Ή Π Y P O Σ B Έ Σ T H Σ
U A L X V T U X E Ξ A Σ K O Ύ N W
P J Θ I L Σ E T J K S M G A Z V H
B M L Ή Ό A D P C R B M P P Y N T
W O D Y K M T O Y Λ Ϊ Π A N T T O
K J L G Y O A Σ T Έ P I Ψ Ϊ H R Y
A I N Z E N N X N Y A Q M E Q R T
N H Ξ Έ Λ O Y Y M S E U Ό Σ Y P X
Έ F Σ N X P M K Ύ K Λ O Y K S Δ N
N Q X H V A Ά G T S M Π Q Ό K A Ή
A T V C Θ Π P Q F D C Y M M Z L W
N F U E M Σ A P O F T T K M Y V X
B Π P Ά Ξ H Ϊ B G E H Ό D A W G Q
Z D J D N P B Λ K K T P C T U R A
C H S X C F G Π O Y J Π W A H R O
```

Puzzle 927

```
Λ Ο Γ Α Ρ Ι Α Σ Μ Ό Ε Σ Η Λ Ί Μ Ι
F O H D L I S J F I Z Ή M L P E Q
R O A J K Z O M O O P M G I T T A
L P V K N V U D H Λ Σ O X Γ Ά E Έ
I T J I S O V B M Φ K T J G M Γ X
T Σ E Δ Η Μ Ί Α Λ O N I K K O K E
Λ Α Τ K J E E Ί N L E T S A R A I
O N Π W D Λ O Γ Ά R A Y P E T C
Y Ώ Y E T Ό V O Φ Γ Λ O Y G R Ά Q
Λ Ρ Α Σ Ι Π Q Λ I P W E R T N Σ Σ
O O D A K N V O E E Y N B N Ό T K
Ύ K R Ρ Ά F Ή N P N L F C B B A Λ
Δ C Q Ό K L Q X Ώ E V R U F X Σ Η
Ι J Μ Γ Α Ρ K E N X M S T E U H P
Α X B Α Σ N N T Ω A E B D G K T Ή
```

KORΏNA
ΈΧΕΙ
ΕΝΕΡΓΌ
ΜΕΤΕΓΚΑΤΆΣΤΑΣΗ
ΤΟΜΉΣ
ΕΑΥΤΌ
ΒΕΛΌΝΑ
ΛΟΥΛΟΎΔΙΑ
ΚΟΚΚΙΝΟΛΑΊΜΗΔΕΣ
ΦΛΟΙΌ
ΛΟΓΑΡΙΑΣΜΌ
ΤΕΧΝΟΛΟΓΙΑ
ΣΚΛΗΡΉ
ΣΑΚΆΚΙ
ΤΑΠΕΙΝΉ
ΑΓΌΡΑΣΕ
ΠΌΛΕΜΟ
ΜΊΛΗΣΕ
ΆΓΧΟΣ
ΑΦΙΕΡΏΝΩ

Puzzle 928

ΕΠΙΤΡΈΠΟΥΝ
ΜΟΥΣΕΊΟ
ΓΈΝΝΗΣΗ
ΣΚΊΟΥΡΟΣ
ΜΈΛΙΣΣΑ
ΓΑΛΟΠΟΎΛΑ
ΝΟΜΙΚΉ
ΚΑΘΡΈΦΤΗ
ΠΟΤΈ
ΚΑΤΗΓΟΡΟΎΝ
ΓΙΑΤΡΌ
ΒΉΜΑ
ΦΟΡΗΤΈΣ
ΚΥΡΊΑ
ΨΥΧΡΌΣ
ΑΡΈΝΑ
ΔΕΥΤΕΡΕΎΟΥΣΑ
ΣΚΑΝΤΖΌΧΟΙΡΟΣ
ΆΔΕΙΟ
ΚΑΡΠΟΎΖΙ

```
Δ C R X H J Q L H M E X B U D H Σ
H E K A P Π O Ύ Z I Π T P G U M K
Z X Y C E P I P S V I D T R R W A
K X B T H U E Z S Σ T Z O E Q O N
N R F G E Q Δ B Z Ό P T A I Γ M T
Y N N E O P Ά S R P Έ T O Π T Y Z
Q Ύ D T G K E X S X Π K G L V G Ό
Φ O P H T Έ Σ Ύ B Y O A P Έ N A X
M P L T L Q B X O Ψ Y M O M S Ί O
S O Ί E Σ Y O M F Y N Y W T M P I
O Γ Σ K Ί O Y P O Σ Σ C F U J Y P
K H Σ H N N Έ G L K E A Q Z V K O
H T Φ Έ P Θ A K A E F M S K L C Σ
K A Γ A Λ O Π O Ύ Λ A Ή K I M O N
D K C P M Έ Λ I Σ Σ A B V M B Q B
```

Puzzle 929

```
Λ Ν Τ Β G P H O O D G O X N Λ W B
U A K P O E C N C N E C A Y E B I
H V Γ T I Ύ O K R E I K P Φ Ω C A
H W W Ό J Γ P N S N P E A I Φ N Σ
N I R Z Σ B Ω T S H H Φ K T O M T
Π Ή Γ A N O T N Σ F N Ά T Σ P A I
M Έ T P H Σ H Σ O A I Λ H A E K K
Σ Φ O Y Γ Γ Ά P I P K I P J I P Ά
G T C J W R Y V Σ Ή Ή K I N Ω I U
R I F P K M W J Ύ T Σ Ά Σ N N G
S P Q O Z T W C O Σ Z Θ T P O Ό F
Δ Έ K A T O V E Λ A I O I X I F M
A Π R P X A T V Π P D M K B P O V
X I A I Λ Ά B Y O B W A Ό F Y Q Q
E Π E K T E Ί N O Y N I E C Q Z O
```

ΝΥΦΊΤΣΑ
ΕΙΡΗΝΙΚΉ
ΚΕΦΆΛΙ
ΠΉΓΑΝ
ΕΠΕΚΤΕΊΝΟΥΝ
ΜΈΤΡΗΣΗΣ
ΧΑΡΑΚΤΗΡΙΣΤΙΚΌ
ΔΈΚΑΤΟ
ΤΡΊΓΩΝΟ
ΒΡΑΣΤΉΡΑ
ΒΟΎΡΤΣΑ
ΜΑΚΡΙΝΌ
ΒΟΥΒΆΛΙΑ
ΠΛΟΎΣΙΟ
ΛΑΓΌΣ
ΒΙΑΣΤΙΚΆ
ΠΙΠΈΡΙ
ΣΦΟΥΓΓΆΡΙ
ΛΕΩΦΟΡΕΊΩΝ
ΚΆΘΟΜΑΙ

Puzzle 930

ΚΑΜΠΆΝΑ
ΔΎΣΚΟΛΟ
ΖΏΩΝ
ΠΈΤΡΑ
ΑΣΤΕΊΟ
ΣΚΙΆ
ΣΑΠΟΎΝΙ
ΈΦΕΡΕ
ΒΊΣΟΝΕΣ
ΚΑΡΌΤΟ
ΠΗΛΊΚΟ
ΕΡΓΆΖΟΝΤΑΙ
ΕΊΔΕ
ΔΊΝΟΥΝ
ΡΩΤΉΣΩ
ΈΧΟΥΝ
ΤΏΡΑ
ΚΌΚΚΙΝΟ
ΑΠΌ
ΑΝΤΙΣΤΑΘΕΊ

```
G Δ Δ I W T T J K R I L E W Π E U
O L Ύ Ί R Z Ώ U S A A I J R H P F
H B P Σ N Q P M A B M P O X Λ Γ H
I A G L K O A T K A Ό Π A Y Ί Ά N
Έ X O Y N O Y Y O Z X B Ά W K Z K
C U Ί Z S O Λ N Ω Ώ Z Ί P N O O A
J Z E Q I N Ύ O Π A Σ Σ A B A N P
U E T S F I I J P P I O X H C T Ό
Q S Σ J Y K Q H K T E N H T C A T
R U A J F K C X Z Έ N E Δ Ί E I O
I S Z E Σ Ό Q P R Π U Σ Q D J G C
Q T L B K K Q Έ Φ E P E T Y B O M
T I S M I X W C H S J P Ρ Ω T Ή Σ Ω
J Y J R Ά O S J Z M U A Y M Z B A
X D M A N T I Σ T A Θ E Ί D A L T
```

Puzzle 931

```
O W J U X G M I A N Ό Ρ Θ Υ Λ Ο Π
I I Ή Ο Q Ά Λ Λ Ο Π I U J U C H O
G Ά K I P E M I O X O N Έ C X K Λ
Z G I O A A Γ Π M U H T K Ί E Δ Λ
N Z N H Γ L B R O G T E N H Θ A A
U P E C Z Έ Y B P Y Ί W Ό O H G Π
U D Γ K N O N D Δ D P E Z E Λ B Λ
Δ I A Φ O P Ά E Ά Q T Γ A V Y J A
Π Λ A Σ T I K Ό I O L Z K I K B Σ
C P R N E M C M Δ E Q Z Γ E Ό Y I
L Y K M A T N Ά P A Σ T M R P C A
L S H X M B M E Λ Έ T H Σ D R E Σ
L B Π A P A K O Λ O Ύ Θ H Σ A N M
E N Θ O Y Σ I A Σ M Έ N O Σ R Z Ό
Π O P T P Έ T O P Z T Y O G Z Y L
```

ΈΝΟΧΟΙ
ΕΝΘΟΥΣΙΑΣΜΈΝΟΣ
ΠΟΛΛΑΠΛΑΣΙΑΣΜΌ
ΠΟΡΤΡΈΤΟ
ΜΕΡΙΚΆ
ΘΗΛΥΚΌ
ΧΆΜΠΟΥΡΓΚΕΡ
ΠΛΑΣΤΙΚΌ
ΔΕΊΚΤΗ
ΠΟΛΥΘΡΌΝΑ
ΔΙΑΦΟΡΆ
ΓΚΑΖΌΝ
ΠΟΛΛΆ
ΓΕΝΙΚΉ
ΣΑΡΆΝΤΑ
ΜΕΛΈΤΗΣ
ΠΑΡΑΚΟΛΟΎΘΗΣΑΝ
ΟΙΚΟΓΈΝΕΙΕΣ
ΤΡΊΤΗ
ΔΙΆΔΡΟΜΟ

Puzzle 932

ΦΙΛΙΚΌ
ΑΤΜΌ
ΕΥΈΛΙΚΤΟ
ΣΎΝΟΡΑ
ΣΊΓΟΥΡΟΙ
ΜΑΜΆ
ΡΙΝΌΚΕΡΟΣ
ΣΥΝΕΧΊΣΕΙ
ΕΣΩΤΕΡΙΚΉ
ΚΑΤΣΙΚΊΣΙΟ
ΑΠΟΒΛΉΤΩΝ
ΠΑΡΑΤΉΡΗΣΗΣ
ΤΑΜΕΊΟ
ΜΑΛΛΊ
ΧΛΕΥΑΣΜΌΣ
ΚΑΤΑΣΤΡΟΦΉ
ΘΥΜΩΜΈΝΟΣ
ΕΥΧΑΡΙΣΤΏ
ΚΛΙΣΗ
ΚΟΥΚΟΥΒΆΓΙΑ

```
Φ T E P O E I Y H D E R X L P X E
O I Σ Ί K I Σ T A K Ά N X P I Λ Y
M V Λ L K T Σ I A B M Ω Q L N E X
K A C I Ή Φ O P T Σ A T A K Ό Y A
Σ Λ R K K N Σ M H M Ή K P K A P
Ύ T Ί L C Ό Έ Ί Ό Σ Y Λ O H E Σ I
N E Y Σ Ί G M Γ Q H U B Y E P M Σ
O V R A H B Ω O W P E O K Σ O Ό T
P S J A F O M Y Y Ή Y Π O Ω Σ Σ Ώ
A F Y D A X Y P H T D A Y T S N X
T A M E Ί O Θ Θ O T A T E B E E F X
N Y E H V A T I J P R M Ά P X X B
E Y Έ Λ I K T O C A L W Γ I Q V X
Σ Y N E X Ί Σ E I Π Z D I K D B Y
M B I U H I R Z N L N G A Ή J R D
```

Puzzle 933

```
A  I  Δ  I  O  K  T  Ή  T  H  G  L  H  K  V  E  N
E  Y  I  K  A  N  Ό  T  H  T  A  I  D  C  K  S  F
B  Π  T  F  F  S  H  T  M  Z  J  S  L  A  A  H  F
T  E  I  Ό  G  M  Δ  I  A  Φ  O  P  E  T  I  K  Ό
Y  Σ  W  K  M  N  U  G  M  I  U  I  E  P  T  Γ  B
W  A  L  O  Ί  A  T  E  H  P  N  N  Y  O  Θ  Ά  M
W  M  M  O  J  N  T  R  T  T  I  Ά  X  T  V  N  J
V  Π  Z  T  Ή  Ή  Δ  H  Ή  D  X  Q  Π  L  W  A  R
G  O  Y  K  Γ  Λ  J  Y  Z  C  E  Σ  X  Σ  N  G  W
H  Y  V  P  O  Ω  X  S  N  A  T  Ό  N  I  A  Φ  R
D  Ά  H  C  Λ  Σ  E  X  Σ  A  I  E  Δ  Ά  M  Y  M
Z  N  J  Σ  K  Λ  H  P  Ό  P  A  X  Y  V  C  W  Ή
N  I  X  B  E  E  Σ  A  Φ  I  E  P  Ώ  Σ  E  I  K
H  N  B  K  J  M  Έ  X  Ά  N  O  N  T  A  I  Z  O
C  Z  J  W  Ύ  O  M  Σ  Y  Θ  H  Λ  Π  K  F  M  Σ
```

ΑΝΆΓΚΗ
ΣΚΛΗΡΌ
ΑΦΙΕΡΏΣΕΙ
ΣΑΜΠΟΥΆΝ
ΧΆΝΟΝΤΑΙ
ΑΥΤΌΜΑΤΗ
ΖΉΤΗΜΑ
ΜΈΣΗ
ΔΙΑΦΟΡΕΤΙΚΌ
ΕΚΛΟΓΉ
ΣΩΛΉΝΑ
ΕΠΙΚΊΝΔΥΝΑ
ΠΛΗΘΥΣΜΟΎ
ΜΉΚΟΣ
ΜΆΘΟΥΝ
ΙΔΙΟΚΤΉΤΗ
ΙΚΑΝΌΤΗΤΑ
ΆΔΕΙΑΣ
ΦΑΙΝΌΤΑΝ
ΣΠΆΝΙΑ

Puzzle 934

ΕΝΔΙΑΊΤΗΜΑ
ΣΥΜΠΎΚΝΩΜΑ
ΜΟΣΧΟΚΆΡΥΔΟ
ΚΑΝΈΝΑ
ΟΚΤΏ
ΤΡΈΧΟΥΣΑ
ΠΈΡΑΣΕ
ΣΤΑΦΥΛΙΏΝ
ΓΙΓΑΝΤΙΑΊΑ
ΕΊΝΑΙ
ΧΑΡΟΎΜΕΝΑ
ΑΚΟΎΣΕΤΕ
ΦΩΣ
ΣΥΣΤΉΜΑΤΟΣ
ΣΚΙΆΧΤΡΟ
ΣΥΜΒΟΎΛΙΟ
ΒΑΘΜΌ
ΠΆΡΚΟ
ΚΛΈΨΟΥΝ
ΠΛΕΟΝΈΚΤΗΜΑ

```
E  D  B  F  X  C  B  O  O  I  Λ  Ύ  O  B  M  Y  Σ
W  A  R  U  J  K  V  O  Q  R  X  O  N  G  O  D  Π
Σ  Y  M  Π  Ύ  K  N  Ω  M  A  W  M  Ώ  C  Σ  Π  Ά
N  Z  T  U  H  J  J  Q  M  E  P  L  I  A  X  Έ  P
C  Σ  A  A  M  H  T  K  Έ  N  O  E  Λ  Π  O  P  K
D  O  X  D  Φ  Ω  Σ  K  G  R  U  R  Y  Q  K  A  O
E  T  U  M  M  V  V  B  G  O  D  J  Φ  C  Ά  Σ  Σ
K  A  N  Έ  N  A  N  E  M  Ύ  O  P  A  X  P  E  K
A  M  H  T  Ί  A  I  Δ  N  E  K  H  T  U  Y  E  I
B  Ή  A  K  O  Ύ  Σ  E  T  E  O  Λ  Σ  Q  Δ  Ί  Ά
A  T  Γ  I  Γ  A  N  T  I  A  Ί  A  Έ  H  O  N  X
Θ  Σ  O  T  P  Έ  X  O  Y  Σ  A  E  X  Ψ  F  A  T
M  Y  F  K  C  Q  P  X  L  I  Z  M  G  L  O  I  P
Ό  Σ  T  H  T  D  P  N  W  X  V  Q  C  J  X  Y  O
X  S  X  V  C  Ω  O  U  Y  M  X  M  K  B  D  X  N
```

Puzzle 935

```
X O T C W A M Y Π O W Q E Σ X Ή M A
S F S P J E M W U O Λ K Ύ K Λ K C
Σ A Λ Ύ O Π O Λ A Γ Y M P E Π A A
A A Z M T Π Σ Y O Π Ώ P Θ N A Π H
T Π O R B A O W X K L D N U X Έ T
H E I Z I Γ X Π V Z K R P Ά J Λ H
T Λ Π E S Ύ O Y O K P U E K P O T
Ύ Π P Y S M Σ Ω Δ Ί T N C J L I Ί
P I Ό U W S Ύ Z F P H H C Y L V A
A Σ Σ N O Ό N E K Z O Σ E Λ Λ Ά P
B M K C C Ά T A N Y Δ M H X O R A
V Έ Λ T A G P M B S A M E K D E Π
V N H Σ Ή X O P B W Y J E Ί N Z A
Q O Σ D X Q Φ P Y U G Q L V O Q S
E I H V H Q O K A Λ Ύ T E P O Y K
```

ΑΠΛΉ
ΒΑΡΎΤΗΤΑΣ
ΚΕΝΌ
ΤΡΟΠΟΠΟΊΗΣΗ
ΚΑΠΈΛΟ
ΜΎΓΑ
ΠΡΌΣΚΛΗΣΗ
ΓΑΛΟΠΟΎΛΑΣ
ΠΟΥΡΝΆΡΙΑ
ΆΛΛΕΣ
ΣΎΝΤΡΟΦΟ
ΚΑΛΎΤΕΡΟ
ΑΠΕΛΠΙΣΜΈΝΟΙ
ΑΠΑΡΑΊΤΗΤΗ
ΑΝΘΡΏΠΟΥΣ
ΣΧΉΜΑ
ΤΑΧΥΔΡΟΜΕΊΟΥ
ΔΥΝΑΤΆ
ΚΎΚΛΟ
ΒΡΟΧΉΣ

Puzzle 936

ΖΕΥΓΆΡΙ
ΞΗΡΌ
ΕΠΗΡΕΆΖΟΥΝ
ΚΑΠΆΚΙ
ΣΤΡΑΤΟΎ
ΣΆΒΒΑΤΟ
ΣΥΜΦΩΝΉΣΟΥΝ
ΟΡΘΟΓΡΑΦΊΑ
ΔΡΑΜΑΤΙΚΉ
ΜΑΖΊ
ΌΜΟΡΦΟ
ΣΥΝΕΙΔΗΤΟΠΟΙΟΎΝ
ΚΡΑΣΊ
ΛΕΜΟΝΆΔΑ
ΝΌΤΙΑ
ΓΕΝΝΑΊΑ
ΆΡΕΣΕ
ΚΈΡΔΙΣΑΝ
ΕΠΙΣΤΗΜΟΝΑΣ
ΝΕΡΌ

```
E Σ J Ό C Y Σ Y A O A O H Q H R
Π O Ά U M J Q Y U I Ί Δ D K V A A
I P B J O U O N Y O Z Ά E P H Π E
Σ Θ B B P E A E A Ί A N N E Γ B K
T O A Δ Φ Z N I S S M O Y I Q J A
Ή Γ T P O Y E Δ T Q X M C S A O Π
M P O A Z Ό P H Ξ Ό A E X X A N Ά
O A F M T Q Ό T E X N Λ C P R Z K
N Φ H A K N Y O Σ Ή N Ω Φ M Y Σ I
A Ί W T V M Π P Y K J J E Z R E
Σ A L I B R V O M A J P Ά P E Σ E
X Q A K Q W G I B N B F A A S Z I
N F X Ή N Z K O B O O W O Σ O O F
Z E Y Γ Ά P I Ύ O T A P T Σ Ί D F
G D Q Q K T V N A Σ I Δ P Έ K E Q
```

Puzzle 937

```
M A N H Σ Υ Χ O Ύ N Y X Y Z X I N
E M G L G N G X F Y G T Y H A R Y
T N Π U C Q S P H S H Z I Q Λ N O
A T Φ Ά I Θ A B R S U E H Ύ A T N
Φ O A A Σ E X D O I R Ή X O P B Ώ
O M N C B K I A T P I K Ή M Ό X Λ
P Ά T Π X M E H Σ H P Ώ E Θ A N A
Ά T A K Έ Φ Δ T H X N S G A F T Γ
Σ A Σ O N N Ί Z M Ω F Ί I B R G E
B H Ί Υ C P E A A P P E Z L T Y M
Z X A Z C U R Σ N I N H B N M F U
K M Σ Ί C X G M T Ό Y G E B E L I
X V V N M S R N I W Δ Ό N T I B L
D N G A V E L C K A S E V L M R U
Z S T C F F P W Ό M Σ I T I Λ O Π
```

ΒΕΝΖΊΝΗ
ΑΝΑΘΕΏΡΗΣΗ
ΙΑΤΡΙΚΉ
ΠΟΛΙΤΙΣΜΌ
ΒΑΘΙΆ
ΔΌΝΤΙ
ΧΑΛΑΡΌ
ΝΤΟΜΆΤΑ
ΜΠΆΣΚΕΤ
ΣΗΜΑΝΤΙΚΌ
ΒΑΘΜΟΎ
ΧΩΡΙΌ
ΑΝΗΣΥΧΟΎΝ
ΒΡΟΧΉ
ΦΑΝΤΑΣΊΑΣ
ΠΈΝΕΣ
ΜΕΤΑΦΟΡΆΣ
ΚΟΥΖΊΝΑ
ΜΕΓΑΛΏΝΟΥΝ
ΕΊΔΕ

Puzzle 938

ΜΠΑΛΌΝΙΑ
ΚΑΝΑΠΈ
ΠΡΏΗΝ
ΔΊΚΗ
ΠΡΌΒΛΗΜΑ
ΙΣΧΎ
ΤΥΦΏΝΑ
ΜΕΤΟΧΙΚΌ
ΥΠΕΎΘΥΝΟΣ
ΔΩΡΕΆΝ
ΕΝΗΛΊΚΩΝ
ΑΛΛΆ
ΣΕΝΆΡΙΟ
ΠΡΟΜΉΘΕΙΕΣ
ΣΠΆΣΕΙ
ΈΤΣΙ
ΑΥΤΆ
ΑΦΙΕΡΏΝΩ
ΡΙΝΌΚΕΡΟΣ
ΚΕΝΌ

```
Q V L C E J N U A J R Y C C W J Y
D B L A P O X M A X C Y G H D O Π
P F Z Z I F R A M E Ω E O L E Δ E
K D B H N Π P Ώ H N N I T W E Ω Ύ
M O V S Ό W T K Λ U Ώ H T I O P Θ
A F D F K K Y A B Q P K Λ T E Y
M Y Ύ D E E Φ N Ό W E Ί E Ί Ό Ά N
I Z X O P N Ώ A P M I Δ Z V K N O
Έ T Σ I O Ό N Π Π D Φ T K P I Ω Σ
T F I P Σ J A Έ C Q A A U M X C N
F M I Ά Λ Λ A M D I H Z U S O H V
J A I N Ό Λ A Π M P A A E P T I S
B Q I E Σ Ά Π Σ Z Y Y H Z U E C Z
K Z Z Σ E I Ε Θ Ή M O P N W M X J
V W A Y T Ά V D S V J B C U J P I
```

Puzzle 939

```
Π  F  T  C  A  K  L  A  K  A  O  H  T  C  E  W  G
S  Έ  I  D  L  P  J  I  A  M  O  Θ  Ά  K  N  T  I
I  J  T  H  X  Q  D  J  P  Y  G  D  E  V  Y  E  O
B  R  V  P  C  B  W  R  Δ  Θ  Σ  Ό  T  K  E  D  K
Π  O  H  T  A  T  C  K  I  Ό  Ή  K  L  V  W  L  L
Y  O  Π  Ύ  T  T  Q  C  Ά  P  N  K  Λ  K  L  X  N
P  O  Y  P  A  N  Ό  Y  Σ  Π  Ί  T  I  H  Σ  Έ  M
O  A  B  A  H  O  U  C  U  T  G  M  K  M  P  X  R
Σ  Π  A  T  P  Ί  Δ  A  F  Z  T  Q  Ά  W  P  Ό  J
B  H  W  K  E  K  Λ  O  Γ  Ή  S  I  T  Z  N  E  S
Έ  U  K  Έ  O  I  S  P  Y  D  E  J  N  N  Z  F  Θ
Σ  Y  Z  N  P  R  P  J  O  T  N  R  A  J  W  N  C
T  Q  R  G  R  M  Έ  T  P  I  A  B  X  U  V  Z  R
H  Σ  E  Λ  Έ  T  K  E  T  Y  X  E  P  O  Ί  F  L
Σ  O  X  Y  O  A  P  F  M  Ό  N  O  Q  R  L  H  G
```

ΣΠΊΤΙ
ΤΎΠΟΥ
ΚΑΡΔΙΆ
ΤΥΧΕΡΟΊ
ΕΚΤΌΣ
ΜΈΤΡΙΑ
ΕΚΤΈΛΕΣΗ
ΟΥΡΑΝΌ
ΜΌΝΟ
ΘΕΡΜΙΚΉ
ΠΡΌΘΥΜΑ
ΝΈΚΤΑΡ
ΠΑΤΡΊΔΑ
ΧΑΝΤΆΚΙ
ΠΥΡΟΣΒΈΣΤΗΣ
ΚΆΘΟΜΑΙ
ΠΈΤΡΑ
ΕΚΛΟΓΉ
ΜΈΣΗ
ΣΚΛΗΡΌ

Puzzle 940

ΠΕΡΑΙΤΈΡΩ
ΠΑΡΑΓΩΓΉΣ
ΦΆΝΤΑΣΜΑ
ΝΌΣΤΙΜΑ
ΚΆΡΔΑΜΟ
ΆΔΕΙΑ
ΕΞΟΧΙΚΉ
ΟΡΑΤΌ
ΜΠΑΝΆΝΑ
ΝΈΟΙ
ΠΕΡΙΚΟΠΉ
ΠΑΡΆΘΥΡΟ
ΑΠΟΜΟΝΩΜΈΝΕΣ
ΣΚΈΦΤΟΝΤΑΙ
ΣΈΛΙΝΟ
ΠΡΟΣΤΑΤΕΎΟΥΝ
ΕΛΙΚΌΠΤΕΡΟ
ΑΣΤΕΊΟ
ΣΩΛΉΝΑ
ΑΠΕΛΠΙΣΜΈΝΟΙ

```
Π  Σ  S  Y  N  M  Σ  N  V  B  S  Y  Z  F  D  D  N
Π  E  Q  V  V  P  Ω  Y  G  I  M  P  V  Y  J  C  V
A  N  P  Y  E  F  Λ  E  Λ  I  K  Ό  Π  T  E  P  O
P  Έ  S  A  S  O  Ή  Π  R  V  K  Ά  P  Δ  A  M  O
Ά  M  P  M  I  B  N  K  A  Π  E  P  I  K  O  Π  Ή
Θ  Ω  P  Σ  Ό  T  A  P  O  P  C  O  E  X  X  M  A
Y  N  I  A  L  D  Έ  B  Z  B  A  N  Ά  N  A  Π  M
P  O  Q  T  G  E  G  P  I  S  I  Γ  N  Έ  O  I  I
O  M  O  N  D  S  F  U  Ω  T  E  U  Ω  N  L  P  T
Ί  O  V  Ά  Σ  Έ  Λ  I  N  O  Δ  U  F  F  Γ  T  E  Σ
E  Π  I  Φ  D  T  H  R  Y  M  Ά  A  Q  S  H  W  Ό
T  A  Π  P  O  Σ  T  A  T  E  Ύ  O  Y  N  F  Σ  N
Σ  K  Έ  Φ  T  O  N  T  A  I  D  B  L  J  L  N  X
A  A  Π  E  Λ  Π  I  Σ  M  Έ  N  O  I  N  G  X  W
E  Ξ  O  X  I  K  Ή  U  L  D  J  B  S  P  J  W  F
```

Puzzle 941

```
T R C E P Σ Ό P T A I Γ M S K A E
X T O A X E Π I B I Ώ Σ O Y N Π Ξ
A N O Σ I Π V E O E Y E Y A L O A
K P Ό A X Ί H Σ W Λ I Δ F O F B P
T R E T I Σ J Ώ O R Φ Ά Q I X Λ T
Ή G G Ά I Ω V Λ I P Έ Σ A Φ Ή Ά
K O N T Ά O C H S M F N H Λ Ί T T
N Q P A W Λ L Δ P Q M O G Έ Λ Ω A
Q A E Π U U H I G H M T T I O N I
E K Δ Ώ Σ E I Φ T L F A M Λ Y F X
E Π I Σ T O Λ Ή Θ K P K Y H Σ C W
H Z K Q U G S J U E B E N V C X Q
L D L Y O U G O N Π Ί E Δ T M W H
Π Λ H P O Φ O P I Ώ N E K Y A A S
J K J B U D A B O X R R F P C O O
```

ΦΊΛΟΥΣ
ΠΑΤΆΤΑΣ
ΕΚΑΤΟΝΤΆΔΕΣ
ΗΛΙΈΛΑΙΟ
ΔΕΊΠΝΟ
ΓΙΑΤΡΌΣ
ΔΗΛΏΣΕΙ
ΛΗΦΘΕΊ
ΕΞΑΡΤΆΤΑΙ
ΠΊΣΩ
ΕΚΔΏΣΕΙ
ΚΟΝΤΆ
ΕΠΙΣΤΟΛΉ
ΠΛΗΡΟΦΟΡΙΏΝ
ΑΚΤΉ
ΝΌΤΙΟ
ΕΠΙΒΙΏΣΟΥΝ
ΑΣΤΈΡΙ
ΦΛΟΙΌ
ΑΠΟΒΛΉΤΩΝ

Puzzle 942

ΤΗ
ΜΑΡΟΎΛΙ
ΠΡΑΓΜΑΤΙΚΆ
ΒΌΛΤΑ
ΦΊΛΟ
ΚΆΣΤΑΝΑ
ΕΛΕΥΘΕΡΊΑΣ
ΠΟΥΛΌΒΕΡ
ΣΟΥΤ
ΆΜΕΣΗ
ΤΎΧΗ
ΛΙΟΝΤΆΡΙ
ΔΕΔΟΜΈΝΑ
ΣΥΝΗΘΙΣΜΈΝΗ
ΑΝΆ
ΠΡΟΪΌΝ
ΓΛΩΣΣΆΡΙΟ
ΚΑΛΟΎΜΕ
ΕΑΥΤΌ
ΚΑΤΗΓΟΡΟΎΝ

```
T Y F A Π A K M V H T E D V W Z N
Ύ D E Y E O I P Ά Σ Σ Ω Λ G K S U
X H R X Λ Λ Y G N E M K V J W W F
H K N O E Ί H Λ A M U T V B U T Z
U Z N Q Y Φ W P Ό Ά C U O P T W P
M X A Y Θ O P O C B Z H X K I K F
A I K I E C I X A H E M Ύ O L A K
P N Ύ O P O G H T A K P Δ X Y T K
O T W O Ί Ά Π G H B I Q E Q Q Λ Ά
Ύ Z J T A V T P H M G R D A M Ό Σ
Λ B D H Σ L J N O T K L O G V B T
I E A Y T Ό V H O Ϊ A C M F R B A
Σ O Y T I U X Z G I Ό T Έ R K V N
Π P A Γ M A T I K Ά Λ N N Π P V A
Σ Y N H Θ I Σ M Έ N H W A R J H K
```

Puzzle 943

```
R S X A E G V I K U Δ V I C P Γ S
C J X S Π S A R O Z H Y Σ A Y E D
E T Q J J Ά Ί O Ί E M A T L T Ω X
H F I F C G Λ Y Q Ή Ό A O X Q Γ J
I T P M X B I Y O K Σ Π P M Y P X
P A Ύ Φ O Σ M O O I I Έ Ί Z H A K
K S T R Y B O X M T Ω N A B T Φ B
Γ S B P L J N Γ O H N A Δ I Ή Ί R
L X B R I Q Y Έ T N L N S Ά T A X
B H R E N K Σ Λ N P R T V P K U W
N W X W M Q Ή Ε Ύ A G I Φ Σ O P Π
A E X Y W E A Σ Σ L X B T A I Z Y
K A T A Σ K E Ύ A Σ M A Ω W Δ V M
Σ Y N Δ Y Ά Z O Y N E C X J I K A
K A P I Έ P A T N K F D Ά G O W L
```

ΣΥΝΔΥΆΖΟΥΝ
ΓΕΩΓΡΑΦΊΑ
ΠΡΟΣ
ΎΦΟΣ
ΙΣΤΟΡΊΑ
ΣΥΝΟΜΙΛΊΑ
ΙΑΤΡΙΚΉΣ
ΑΡΝΗΤΙΚΉ
ΕΛΈΓΧΟΥ
ΑΠΈΝΑΝΤΙ
ΚΑΤΑΣΚΕΎΑΣΜΑ
ΦΤΩΧΆ
ΚΑΡΙΈΡΑ
ΓΚΡΙ
ΔΆΚΡΥ
ΝΤΟΥΛΆΠΑ
ΔΗΜΌΣΙΩΝ
ΣΎΝΤΟΜΟ
ΤΑΜΕΊΟ
ΙΔΙΟΚΤΉΤΗ

Puzzle 944

ΣΟΒΑΡΈΣ
ΤΑΞΊΔΙ
ΠΟΤΌ
ΤΑΧΥΔΡΌΜΟΣ
ΣΌΔΑ
ΠΕΡΙΛΑΜΒΆΝΟΥΝ
ΛΑΒΉ
ΤΕΡΆΣΤΙΑ
ΡΟΎΧΑ
ΛΕΠΤΟΜΈΡΕΙΕΣ
ΖΏΑ
ΈΚΠΛΗΞΗ
ΓΝΏΣΗ
ΠΡΌΒΑΤΑ
ΑΎΡΙΟ
ΣΧΕΔΌΝ
ΠΡΟΣΠΆΘΕΙΑΣ
ΡΟΛΌΙ
ΔΕΊΚΤΗ
ΔΥΝΑΤΆ

```
P Y T N H Δ D R I P J F K H B P T
Y O O A D Y Q Z Y O B B E E D H E
O H Ύ H Ή N F H R Λ N J Q O Q R P
H H Q X B A T T N Ό Δ E X Σ B S Ά
Y B W S A T K K N I Z I M K X B Σ
O X P H Λ Ά I Ί E V C Ώ Π O T Ό T
Π P O Σ Π Ά Θ E I A Σ Έ A B C A I
T T S Ώ Z J X Δ Δ J V K A J I F A
Z I F N C G P E Ί T Z Π T S H Q I
C R B Γ I D L N Ξ Σ Z Λ A Ύ P I O
S E H E S B Q Y A Q A H B O V P O
Σ O B A P Έ Σ J T Δ F Ξ Ό X G Y H
T A X Y Δ P Ό M O Σ Ό H P C H M D
Λ E Π T O M Έ P E I E Σ Π K X R W
Π E P I Λ A M B Ά N O Y N A R X V
```

Puzzle 945

```
Π Φ B J S E E A I T N P L Q Q K Δ
I I N X Z O Q Λ S Q V N U B Y A O
Ά Λ J X Z D A M Λ E E O Z X O K K
T I R W L B Z T S E M R F M B O I
O K Φ P Έ Σ K A J D I Q Q T C Ύ M
N Ό E Ά N O Q F R K T Π J O Z Σ A
Ά Λ M V A T A M Γ Ά P Π T N A E Σ
K Λ W T K H Σ P V U C O G I Ό T Ί
E K Λ T A Ξ Ί Δ I A I Δ Ί Y K E A
U Θ X O N V P E N E P Γ Ό O I Ή M
K E L M Ί J Ω X M F A H Q E Λ T O
A Ί E J Π Y X B Y G X J E H O T N
M A I Π Π O Π Ό T A M O Σ B N Y Ά
A Σ T Y N O M I K Ό Σ M A V Y P Δ
E Ξ E P E Y N Ή Σ E T E Q D Σ X A
```

ΔΟΚΙΜΑΣΊΑ
ΘΕΊΑ
ΣΥΝΟΛΙΚΌ
ΤΑΞΊΔΙΑ
ΆΛΛΟ
ΦΡΈΣΚΑ
ΠΡΆΓΜΑΤΑ
ΠΊΝΑΚΑ
ΜΟΝΆΔΑ
ΑΣΤΥΝΟΜΙΚΌΣ
ΕΆΝ
ΕΞΕΡΕΥΝΉΣΕΤΕ
ΊΔΙΑ
ΙΠΠΟΠΌΤΑΜΟΣ
ΠΙΆΤΟ
ΕΛΛΕΙΠΤΙΚΉ
ΧΩΡΊΣ
ΕΝΕΡΓΟ
ΦΙΛΙΚΌ
ΑΚΟΎΣΕΤΕ

Puzzle 946

ΔΕΙΛΌΣ
ΜΕΓΆΛΟ
ΖΩΓΡΑΦΙΚΉΣ
ΤΡΟΜΕΡΉ
ΑΚΑΝΌΝΙΣΤΗ
ΓΩΝΊΑ
ΤΜΉΜΑ
ΒΕΛΤΊΩΣΗ
ΜΑΘΗΤΉ
ΧΡΏΜΑ
ΛΎΣΕΙ
ΕΛΆΦΙΑ
ΈΞΥΠΝΗ
ΑΜΈΣΩΣ
ΑΚΟΛΟΥΘΊΑ
ΘΑ
ΒΑΜΠΊΡ
ΚΥΚΛΟΦΟΡΟΎΝ
ΚΟΚΚΙΝΟΛΑΊΜΗΔΕΣ
ΦΑΙΝΌΤΑΝ

```
K M L E I K Z Ω Γ Ρ Α Φ Ι Κ Ή Σ Φ
Y B E R L R A M J K Ί P F U T E A
K E Α Γ U F N I R Q Θ V H K H Δ I
Λ Λ K V Ά I X S P A Y D L S Θ H N
O T A C B Λ K L R L O U G T A M Ό
Φ Ί N O A A O X Σ Ό L I E D M Ί T
O Ω Ό D M L Q P Ω V O R Z E X A A
Ρ Σ N H Ώ K Έ E Σ U K N B U S Λ N
O H I C P Z Ξ Ή Έ I A M Ή M T O X
Ύ R S N X Ί Y P M E K Ί I N B N O
N L T X G G Π E A M R X N G C I U
I D H G V U N M Q G R E K Ω Z K N
Λ Ύ Σ E I Q H O A Θ A O S Z Γ K L
E Λ Ά Φ I A X P M B E N E X P O M
K D X H V E N T P H R E Q V S K O
```

Puzzle 947

```
Π G D Y Q N F G U O F Δ Δ Σ Z F G
P Υ Σ Y N Ά N T Η Σ H I I Ύ J U A
Ώ O Γ Σ Y U J N Ξ Σ F U A K N Z P P
T Ί K Ά X T Z O I F H T H O U V I
O A Z A N Ή K K O Y M H Γ P O X Θ
M Λ T J B T M K N K Y P Ό A W I M
K E Σ O N Σ I A Ά M K O P N H O O
O P Γ W N R B A M U J Ύ O A F X M
V T Σ A T N O N Ή Φ A N Σ Y W A H
L E O I Λ Ύ O B M Y Σ Έ P O Φ Λ X
F Π L U W Ύ O T A P T Σ T P F K A
L X Q D N T T K O M M Ά T I H O N
D N Q X D K Y E R J B H P P A Ύ Ή
Σ Ύ Γ X P O N H P E Φ E Ύ P E I Y
R N L W C H G R O H Σ E Θ Ό P Π U
```

ΣΎΓΧΡΟΝΗ
ΠΡΏΤΟ
ΣΥΝΆΝΤΗΣΗ
ΚΟΜΜΆΤΙ
ΜΕΓΑΛΎΤΕΡΗ
ΠΕΤΡΕΛΑΊΟΥ
ΕΦΕΎΡΕΙ
ΦΟΡΈΣ
ΔΙΑΤΗΡΟΎΝ
ΔΙΚΗΓΟΡΟΣ
ΆΝΟΙΞΗ
ΠΡΌΘΕΣΗ
ΑΦΉΝΟΝΤΑΣ
ΑΡΙΘΜΟΜΗΧΑΝΉ
ΓΆΝΤΙΑ
ΧΑΛΚΟΎ
ΣΎΝΟΡΑ
ΣΥΜΒΟΎΛΙΟ
ΣΧΉΜΑ
ΣΤΡΑΤΟΎ

Puzzle 948

ΠΑΛΙΆ
ΣΥΝΑΊΣΘΗΜΑ
ΣΙΝΤΡΙΒΆΝΙ
ΣΊΓΟΥΡΑ
ΠΟΛΊΤΗ
ΣΎΝΝΕΦΟ
ΑΠΑΙΤΟΎΝ
ΣΥΧΝΉ
ΑΠΛΟΠΟΙΉΣΤΕ
ΣΚΟΝΙΣΜΈΝΟ
ΠΛΥΝΤΗΡΊΟΥ
ΕΚΑΤΟΜΜΎΡΙΑ
ΣΤΡΑΤΗΓΙΚΉ
ΔΙΠΛΟΎΝ
ΥΠΟΤΊΘΕΤΑΙ
ΦΟΡΗΤΌ
ΆΓΧΟΣ
ΧΆΜΠΟΥΡΓΚΕΡ
ΒΑΘΜΌ
ΣΤΑΦΥΛΙΏΝ

```
R R J L G Y G I S R X Q D Σ Σ H Π
T O N Έ M Σ I N O K Σ O G T Y V Λ
J T A N Ύ O T I A Π A W Z A N W Y
W B I E I X J P Σ Y X N Ή Φ A X N
E Q R Z K Γ Z K A G C X J Ύ Ά T
I T S I N Ά B I P T N I Σ Λ Σ M H
Φ O P H T Ό F X Π Π H I H I Θ Π P
Σ Ύ N N E Φ O B O L A Γ Ώ H O Ί
I N Y C J F V A Λ Σ R Λ I N M Y O
N Ύ O F P B A Θ Ί I Ί M I K A P Y
G O Z E W U E M T Z S Γ M Ά Ή J
R Λ C H Q Z T Ό H B S B O B G K O
A Π Λ O Π O I Ή Σ T E H T Y P E H
W I R E K A T O M M Ύ P I A P P X
H Δ Y Π O T Ί Θ E T A I H H K A F
```

Puzzle 949

```
Q J Z R P A I L G X E Δ Λ P X T Y
N H X B N U L L E A Π E A I P Γ Ά
X A P O Ύ M E N A Λ Ό K Γ Ξ K R I
Σ J O Π K X O Ό C A M A O E Έ E T
B H I Ύ T C Q Z N P E Δ Y Σ P Q Y
I R M T P W F A E Ώ N I Δ Π Δ Y O
H X P A Ϊ P Y K K Σ O K Ά Ά I K B
Y M S F Ϊ F R Γ V E K Ά K Σ Σ O O
A L S P D A E Σ T U Ό I E A J T
Π A I X N Ϊ Δ I O E C K K I N O Έ
A K A T Ά Λ Λ H Λ H P Y Z K V W P
T G S V F O G A Έ T Z Λ D L I K T
V W Y K M F C E T V B H F N M N P
C W B K U K D P Y Y M Θ V Q A T O
K Y Q Z K A N O N I Σ M O Ύ S R Π
```

ΣΗΜΑΊΑ
ΕΠΌΜΕΝΟ
ΒΟΥΤΙΆ
ΆΓΡΙΑ
ΚΑΝΟΝΙΣΜΟΎ
ΑΚΑΤΆΛΛΗΛΗ
ΤΎΠΟ
ΛΑΓΟΥΔΆΚΙ
ΧΑΛΑΡΏΣΕΤΕ
ΤΈΛΟΣ
ΠΑΙΧΝΊΔΙ
ΞΕΣΠΆΣΕΙ
ΔΕΚΑΔΙΚΆ
ΚΥΡΊΑΡΧΗ
ΚΌΚΚΙΝΟ
ΓΚΑΖΌΝ
ΘΗΛΥΚΌ
ΠΟΡΤΡΈΤΟ
ΧΑΡΟΎΜΕΝΑ
ΚΈΡΔΙΣΑΝ

Puzzle 950

ΤΈΝΙΣ
ΕΠΙΘΕΏΡΗΣΗ
ΛΕΙΤΟΥΡΓΊΑ
ΕΘΕΛΟΝΤΙΚΉ
ΘΕΩΡΟΎΝ
ΦΥΤΆ
ΚΥΡΙΑΚΉ
ΜΈΣΑ
ΕΠΈΚΤΑΣΗ
ΤΡΟΦΊΜΩΝ
ΑΓΡΙΌΓΑΤΑ
ΟΧΗΜΆΤΩΝ
ΜΠΑΜΠΆ
ΓΡΑΦΕΊΟΥ
ΥΠΆΛΛΗΛΟ
ΜΗΔΈΝ
ΕΝΌΤΗΤΑ
ΧΎΝΕΤΑΙ
ΧΑΡΑΚΤΗΡΙΣΤΙΚΌ
ΕΥΧΑΡΙΣΤΏ

```
Θ X L B M B O X T P O Φ Ί M Ω N Γ
A E W D A P M A E K W L D O T E P
Γ T Ω X C S O P Y M Π A M Π Ά Θ A
P E E P P K L A X F S K T B Q E Φ
I Π L L O G Ή K A I P Y K W Z Λ E
Ό I U D B Ύ P T P E B D Q Φ V O Ί
Γ Θ J B O N N H I Y Π Y S Y K N O
A E D Y K I Έ P Σ H Π Έ L T C T Y
T Ώ Q I D T Δ I T G O Ά K Ά V I Y
A P K E H P Σ Ώ Y Q W Λ T M K Q
L H M Έ Σ A M T O U B K R Λ A Ή E
M Σ A R M N Σ I N Έ T B Y P H Σ O
S H N T L I W K X Ύ N E T A I Λ H
B Z K Q J F Ό O X H M Ά T Ω N O
E N Ό T H T A Ί Γ P Y O T I E Λ U
```

Puzzle 951

```
Λ M O N P A P X E L A Π Γ K D M Y
E Ί Λ Υ O Π H X K K V A E V T T T
M N W L K Z P Υ Π A K P Γ G O E P
O K P C I O O B O T H O O T M N Y
N C A Ύ O P Φ M A O N N O P S W
Ά U Ί E Θ A T Σ Π I U O Ό R B G M
Δ I T H Ψ M Ά Λ Ή Γ A M Σ O Υ Π B
A E E Q W M I W U Ί T A W Ώ V E H
Υ J A H T Ό L Λ Z Δ H Σ A X Π P P
I K K B J K R Ή A K T T K Y I E
J J E P A N Z T D Σ G Ή A O V O M
R C Δ H V R T Σ U N Ω N Y A F Δ Ί
Φ A N T A Σ T E Ί T E B Γ Z M I A
O Δ O N T Ό K P E M A L Ό R D K W
R M G C L W J N G Y V I Q F L Ό L
```

ΦΡΟΎΤΑ
ΚΌΜΜΑ
ΠΏΣ
ΡΟΚ
ΣΤΥΛ
ΚΑΤΑΙΓΊΔΑ
ΓΕΓΟΝΌΣ
ΛΆΜΨΗ
ΑΥΓΌ
ΠΕΡΙΟΔΙΚΌ
ΣΤΑΘΕΊ
ΟΔΟΝΤΌΚΡΕΜΑ
ΠΟΥΛΊ
ΦΑΝΤΑΣΤΕΊΤΕ
ΜΙΛΉΣΩ
ΕΚΠΟΜΠΉ
ΗΡΕΜΊΑ
ΔΕΚΑΕΤΊΑ
ΠΑΡΟΝΟΜΑΣΤΉ
ΛΕΜΟΝΆΔΑ

Puzzle 952

ΚΟΥΡΤΊΝΑ
ΚΊΝΗΣΗ
ΕΊΔΟΣ
ΑΝΕΞΑΡΤΗΣΊΑΣ
ΒΡΏΜΙΚΟ
ΑΝΗΣΥΧΊΑ
ΑΡΆΧΝΗ
ΠΕΊΤΕ
ΠΛΎΣΗΣ
ΣΥΝΌΛΟΥ
ΔΙΑΒΕΒΑΙΏΣΩ
ΣΩΜΑΤΙΔΊΩΝ
ΤΈΛΕΙΑ
ΤΡΟΦΟΔΟΣΊΑΣ
ΑΠΌΘΕΜΑ
ΧΡΏΜΑΤΑ
ΒΟΗΘΉΣΕΙ
ΑΚΡΊΔΑ
ΔΙΑΦΟΡΆ
ΜΕΡΙΚΆ

```
A N H Σ Y X Ί A A W Π N N L P V O
I W R Σ N X X I N B F E Ω A U O K
D M M F H S E S E O H P Ί R R I T
E Ί Δ O Σ N S T Ξ H D X Δ T E B T
Ω E Z L Z Z Ί N A Θ Ά K I P E M P
Σ Y N Ό Λ O Y K P Ή M X T H N A O
Ώ Y K F Y K O U T Σ B W A R U P Φ
I H W O Y I Q E H E I T M F E Ά O
A Π F H W M T X Σ I J L Ω S M X Δ
B M Λ S G Ώ G P Ί K T R S H L N O
E K Ύ X P S Ώ A M E Θ Ό Π A H Σ
B G G J Σ B U M Σ T E Λ E I A H Ί
A L M J U H E A Δ Ί P K A S R D A
I I R O M O Σ T Δ I A Φ O P Ά Δ Σ
Δ C P K Y O A A N Ί T P Y O K L U
```

Puzzle 953

```
A  L  V  C  L  P  Δ  N  I  L  U  E  G  W  O  H  N
I  N  C  P  A  Ί  P  I  E  Π  M  E  N  P  E  Λ  A
Λ  E  Θ  Z  W  Q  E  P  A  E  S  H  T  G  R  I  P
Ύ  Π  F  P  E  Ύ  Ύ  P  P  Θ  K  Ί  O  T  A  O  K
Γ  H  J  Δ  Ώ  W  M  N  U  A  Έ  E  E  R  Ί  Φ  Ω
Γ  P  K  Ά  C  Π  A  X  A  Λ  Ί  T  U  I  A  Ά  T
O  E  Ά  X  B  S  O  R  B  D  A  Σ  O  W  I  N  I
Γ  Ά  P  T  X  A  H  Y  R  K  Γ  Ί  T  Y  T  E  K
F  Z  T  Y  T  Q  Σ  J  Σ  E  Έ  E  A  W  N  I  Ώ
G  O  A  Λ  R  F  O  I  P  G  Λ  N  Λ  R  A  A  N
H  Y  D  Ό  N  W  Δ  E  K  T  H  A  Ή  Q  Γ  Σ  E
V  N  M  A  C  Y  Ό  Y  A  Ό  Σ  Δ  Δ  P  I  Q  B
Γ  A  T  Ά  K  I  Π  I  A  X  E  F  O  V  Γ  Δ  A
Ά  K  I  Λ  O  T  A  N  A  S  R  O  Π  J  Y  B  V
Π  E  P  I  Σ  T  A  T  I  K  Ό  D  A  P  D  E  Z
```

ΑΠΌΔΟΣΗ
ΑΓΈΛΗΣ
ΠΟΔΉΛΑΤΟ
ΧΑΛΊ
ΝΑΡΚΩΤΙΚΏΝ
ΔΙΑΘΈΤΟΥΝ
ΔΆΧΤΥΛΟ
ΓΟΓΓΎΛΙΑ
ΓΑΤΆΚΙ
ΡΕΎΜΑ
ΚΆΡΤΑ
ΗΛΙΟΦΆΝΕΙΑΣ
ΒΑΣΙΚΌ
ΠΕΡΙΣΤΑΤΙΚΌ
ΑΝΑΤΟΛΙΚΆ
ΔΑΝΕΙΣΤΕΊ
ΕΜΠΕΙΡΊΑ
ΓΙΓΑΝΤΙΑΊΑ
ΑΝΘΡΏΠΟΥΣ
ΕΠΗΡΕΆΖΟΥΝ

Puzzle 954

ΣΥΝΕΧΌΜΕΝΗ
ΜΠΡΌΚΟΛΟ
ΘΑΥΜΑΣΤΈΣ
ΑΙΣΘΆΝΘΗΚΕ
ΣΥΝΈΛΕΥΣΗ
ΦΙΛΟΔΟΞΊΑ
ΦΡΆΧΤΗ
ΚΆΘΟΝΤΑΙ
ΠΑΡΆ
ΔΟΚΙΜΉ
ΣΧΈΣΗ
ΧΆΛΥΒΑ
ΑΣ
ΚΆΝΕΙ
ΛΕΠΤΌ
ΝΗΣΊ
ΥΨΗΛΌΤΕΡΗ
ΧΡΈΩΣΗ
ΣΦΟΥΓΓΆΡΙ
ΣΥΜΠΎΚΝΩΜΑ

```
E  S  P  H  G  D  Z  P  E  A  A  X  E  I  Σ  D  U
A  I  Σ  Θ  Ά  N  Θ  H  K  E  Ά  P  A  Π  Φ  M  X
N  G  C  J  A  Y  F  X  K  U  P  Έ  N  K  O  F  S
K  Ά  Θ  O  N  T  A  I  T  A  D  Ω  H  M  Y  Q  E
E  H  O  Λ  O  K  Ό  P  Π  M  Σ  Σ  T  Γ  Y  L
Δ  O  K  I  M  Ή  N  T  O  L  A  H  Ί  G  Γ  Ψ  T
H  Z  A  A  T  M  N  X  Π  N  B  C  E  Σ  Ά  H  T
J  K  V  I  Σ  Y  N  Έ  Λ  E  Y  Σ  H  X  P  Λ  J
Σ  Y  M  Π  Ύ  K  N  Ω  M  A  Λ  E  T  Έ  I  Ό  Z
Φ  I  Λ  O  Δ  O  Ξ  Ί  A  H  Ά  G  X  Σ  E  T  B
Θ  A  Y  M  A  Σ  T  Έ  Σ  W  X  N  Ά  H  N  E  Q
H  P  Σ  Y  N  E  X  Ό  M  E  N  H  P  T  Ά  P  U
O  U  O  S  M  P  K  T  O  R  S  F  Φ  W  K  H  Q
J  L  K  V  X  X  D  D  K  M  Y  N  G  D  N  K  L
X  T  D  Y  H  Q  A  X  U  K  O  V  N  G  C  K  L
```

Puzzle 955

```
Z O T W X K Z C Δ U I U K Σ B O C
G Π P Y Z I O Ύ H E P J P O G Δ B
Δ I A Σ K Έ Δ A Σ H N Γ I Φ X O C
X O I J Σ J M M Λ N B H T O Y N W
G Λ Λ U T V J Y V Έ D C I Ύ F T Z
I Ό Ί T Y X O A W M M Q K Σ E Ό X
U Π M F Λ Q R K W A O A Ή Z B B N
R Y M P Ό Π K Γ K T W L P D V O Z
N L G Y E B Λ Έ P E B N D A E Y I
Π A I Δ I Ά G Ά H T E L R V K P H
F K G V I I M P N Q P Y X M H T K
A R R A I E N Έ Γ O K I O M Θ Σ O
G Γ P A Φ E Ί O Σ Y X N Ά M Ά A P
G M M X E L F K Y S A D Y L T S R
Π A N T E Λ Ό N I A D Y M O Σ L Z
```

ΠΑΝΤΕΛΌΝΙΑ
ΣΥΧΝΆ
ΟΙΚΟΓΈΝΕΙΑ
ΚΡΙΤΙΚΉ
ΜΊΛΙΑ
ΡΥΖΙΟΎ
ΣΤΆΘΗΚΕ
ΠΛΆΝΟ
ΣΤΥΛΌ
ΟΔΟΝΤΌΒΟΥΡΤΣΑ
ΚΑΡΑΜΈΛΑ
ΔΙΑΣΚΈΔΑΣΗ
ΤΕΤΑΜΈΝΗ
ΔΕΝ
ΣΟΦΟΎΣ
ΥΠΌΛΟΙΠΟ
ΈΓΚΑΥΜΑ
ΠΑΙΔΙΆ
ΓΗ
ΓΡΑΦΕΊΟ

Puzzle 956

ΚΊΝΔΥΝΟ
ΔΗΛΗΤΉΡΙΟ
ΚΑΣΚΌΛ
ΠΊΤΣΑ
ΕΠΙΛΈΞΤΕ
ΧΟΙΡΙΝΟΎ
ΗΛΕΚΤΡΙΚΌ
ΓΡΉΓΟΡΗ
ΡΆΒΩ
ΣΑΎΡΑ
ΜΌΛΙΣ
ΔΙΑΊΡΕΣΗ
ΓΚΌΜΕΝΑ
ΡΑΠΑΝΆΚΙ
ΤΆΞΗ
ΜΥΡΜΉΓΚΙ
ΙΔΈΑ
ΡΆΦΙ
ΚΟΡΏΝΑ
ΘΥΜΩΜΈΝΟΣ

```
C M Q N Y Θ S C F E K X C M T U K
X Q E U N W Y L N A B Ί I I E L O
G M D Z R U F M C V C N N V X P P
Γ P Ή Γ O P H W Ω Y S L F Δ J D Ώ
J I Z R V L O M P M F P O R Y Z N
Π Ί T Σ A I Δ Έ A P Έ U C Γ N A
Y Ό K I P T K E Λ H O N U U K E O
X B H Λ Ύ T Ά Ξ H P S Y O W Ό Π Δ
Q O B Ό A J D U Ά I W E Σ M I I
E I I M Σ W J Q Q Φ G X X H E Λ A
G Q F P E P R G V I I P G R N Έ Ί
Z W O Y I K Γ Ή M P Y M K F A Ξ P
I M T J C N Δ H Λ H T Ή P I O T E
P Ά B Ω N P O P A Π A N Ά K I E Σ
K A Σ K Ό Λ U Ύ Y P X E N E J L H
```

Puzzle 957

```
É O E L S P O W X J L I W Γ E E K
K K T J R A K Y Σ E I P Ά E Π Σ O
A Z B V I B Q Y Σ U D V R Λ I Ω I
T J G A V Δ M A R I T X R Ά Σ T N
A W T B Σ Ί L E Q Z A H T Σ T E Ω
Δ K N Q W H Σ E N Ά C Σ D E Ή P N
Ύ R Y M Y A C J U J T M T I M I Ί
Σ B L A H Π E Ί P A M A L I H K A
E I U P Y X O N T I Σ I Ό N K Ή Σ
I Ά Θ Λ I A A Δ Ύ O Λ A T E Π Ό C
Σ M V I O R S N Q R B S H B N D S
T V C S S V I C I B Ύ Λ O M K H Y
A C E Y O Δ Y P Ά K O X Σ O M V K
Δ I E Ύ Θ Y N Σ H Q Ό Y R T Q H I
I Δ I O K T H Σ Ί A Σ Σ J G I L R
```

ΠΕΤΑΛΟΎΔΑ
ΟΝΤΙΣΙΏΝ
ΆΘΛΙΑ
ΡΑΒΔΊ
ΓΕΛΆΣΕΙ
ΠΕΊΡΑΜΑ
ΣΕΙΡΆ
ΔΙΕΎΘΥΝΣΗ
ΚΑΤΑΔΎΣΕΙΣ
ΕΠΙΣΤΉΜΗ
ΚΟΙΝΩΝΊΑΣ
ΟΥΣΙΑΣΤΙΚΌ
ΆΝΕΣΗ
ΙΔΙΟΚΤΗΣΊΑΣ
ΤΑ
ΜΗΧΑΝΙΚΌΣ
ΜΟΛΎΒΙ
ΈΚΒΑΣΗ
ΕΣΩΤΕΡΙΚΉ
ΜΟΣΧΟΚΆΡΥΔΟ

Puzzle 958

ΔΙΑΦΑΝΉ
ΜΟΥΣΙΚΉ
ΕΠΙΤΡΟΠΉ
ΜΕΊΓΜΑ
ΑΛΛΑΓΉ
ΚΈΙΚ
ΦΡΑΓΚΟΣΤΆΦΥΛΟ
ΈΝΑ
ΧΈΡΙ
ΣΦΥΡΊ
ΧΤΎΠΗΜΑ
ΚΥΚΛΙΚΉ
ΠΙΝΈΛΟ
ΑΡΚΕΤΈΣ
ΛΆΜΠΑ
ΦΊΔΙ
ΣΥΝΈΧΕΙΑ
ΣΕΖΌΝ
ΣΤΊΒΟΥ
ΚΛΈΨΟΥΝ

```
D Q J P I M A G S M E Ί Γ M A P B
R J Y G U J Ή Λ M Z K F I B Π C I
K K F T J I N O Λ Έ N I Π O M O G
Λ R K F Y A Λ Θ A Q X D G Ά W A
Έ E I U Q Σ Φ Y P Ί Γ I C Z Λ B I
Ψ Ή S U Q A A Φ B O A Ή F C T X E
O Π K B N K I Ά R O Φ Ί Δ I P Έ X
Y O B Ί T Σ Δ T M O Y Σ I K Ή Σ Έ
N P A P K Y I Σ A P K E T Έ Σ E N
N T C B F Y A O P P K H J M V Z Y
M I B K D R X K I Έ K I N D F Ό Σ
W Π V Q X D C Γ I M O D J G N N Y
W E Q A P N J A M H Π Ύ T X P B O
S Y P D X Y N P N K Y K Λ I K Ή P
V J X E J H C Φ M Έ M B U U J L F
```

Puzzle 959

```
M  Ξ  Υ  Π  Η  Ρ  Ε  Τ  Ο  Ύ  Ν  Ώ  Ν  Υ  Ο  Β
Β  Π  J  Ο  Ρ  Υ  Π  Ό  Σ  Χ  Ο  Ν  Τ  Α  Ι  Κ  Χ
Η  D  Ο  Π  Π  Υ  Γ  Μ  Α  Χ  Ί  Α  Σ  Ρ  D  Ν  J
Ξ  Κ  F  Λ  Τ  C  Ό  Κ  Ι  Τ  Α  Τ  Σ  Υ  Ε  Σ  Ζ
Υ  Ύ  U  E  E  N  Τ  Ο  Κ  Ο  Τ  Ό  Π  Ο  Υ  Λ  Ο
V  C  Σ  Ζ  U  M  B  Y  E  I  K  O  N  I  K  Ό  G
Ό  G  Η  Τ  Ρ  Ο  Φ  N  H  K  M  B  M  T  W  D  I
S  Z  U  S  P  F  Ί  E  T  Σ  I  N  A  Φ  A  Ξ  E
Ί  Σ  Η  Ω  Q  A  V  Λ  K  M  D  F  Q  U  S  F  R
Υ  Β  V  Σ  O  Q  U  I  E  H  X  K  M  R  N  X  D
W  J  S  T  Z  G  P  Ώ  Σ  R  G  U  O  J  Z  W  Y
I  Z  U  Ή  E  R  J  N  Ό  A  S  O  Z  Γ  R  E  F
Π  Α  Ί  Χ  Τ  Η  Σ  J  P  A  U  N  D  R  I  T  S
Φ  Ο  Ι  Τ  Η  Τ  Ή  Σ  Π  Ρ  Τ  M  Q  O  D  Ό  O
L  A  T  N  O  Γ  Ά  Ρ  Α  Π  D  R  V  R  S  L  T
```

ΚΟΓΪΟΤ
ΦΟΡΤΗΓΟ
ΊΣΗ
ΞΎΣΤΡΑ
ΜΠΟΛ
ΥΠΌΣΧΟΝΤΑΙ
ΕΞΥΠΗΡΕΤΟΎΝ
ΣΩΣΤΗ
ΠΥΓΜΑΧΊΑΣ
ΑΠΡΌΣΕΚΤΗ
ΣΥΣΤΑΤΙΚΌ
ΠΑΡΆΓΟΝΤΑ
ΚΟΥΝΕΛΙΏΝ
ΕΙΚΟΝΙΚΌ
ΠΑΊΧΤΗΣ
ΚΟΤΌΠΟΥΛΟ
ΦΟΙΤΗΤΉΣ
ΒΟΥΝΏΝ
ΕΞΑΦΑΝΙΣΤΕΊ
ΠΟΥ

Puzzle 960

ΠΡΌΣΩΠΟ
ΚΟΙΝΌ
ΠΑΠΑΓΆΛΟΣ
ΚΌΨΕΙ
ΝΟΣΟΚΟΜΕΊΟ
ΑΕΤΌΣ
ΠΗΓΑΊΝΕΙ
ΤΥΠΙΚΌ
ΠΟΛΎΧΡΩΜΟ
ΦΎΓΕΙ
ΥΠΟΒΆΛΕΙ
ΤΥΛΊΞΕΙ
ΣΗΜΕΙΩΜΑΤΆΡΙΟ
ΑΓΓΟΎΡΙ
ΚΡΎΟ
ΟΡΓΆΝΩΣΗ
ΣΚΗΝΉ
ΜΈΤΡΗΣΗΣ
ΕΥΈΛΙΚΤΟ
ΚΑΠΈΛΟ

```
K  M  W  D  D  J  O  W  D  S  J  E  S  B  Σ  K  Π
F  O  Π  Ω  Σ  Ό  Ρ  Π  O  T  B  G  C  Y  H  A  H
X  T  I  A  Z  Ρ  O  Σ  H  Σ  H  P  T  Έ  M  Π  Γ
N  K  N  N  E  D  P  L  I  Z  K  W  D  L  E  Έ  A
C  I  Π  D  Ό  W  P  U  P  M  Y  H  H  O  I  Λ  Ί
N  Λ  O  K  Ό  Ψ  E  I  Ύ  J  I  X  D  P  Ω  O  N
T  Έ  Λ  N  O  Σ  O  K  O  M  E  Ί  O  Γ  M  V  E
F  Y  Ύ  T  Q  E  S  L  Γ  W  Γ  O  P  Ά  A  Σ  I
W  E  X  B  Y  R  A  D  Γ  X  Ύ  F  H  N  T  K  E
E  B  P  C  R  Π  Y  J  A  M  Φ  D  L  Ω  Ά  H  Λ
C  R  Ω  H  B  E  I  E  Ξ  Ί  Λ  Y  T  Σ  P  N  Ά
P  B  M  J  U  G  J  K  F  D  R  P  N  H  I  Ή  B
O  A  O  K  P  Ύ  O  Σ  Ό  T  E  A  O  D  O  L  O
U  K  C  G  E  Π  A  Π  A  Γ  Ά  Λ  O  Σ  W  A  Π
B  X  V  D  A  H  J  E  H  N  S  L  P  R  J  Q  Y
```

Puzzle 961

```
B N Y X T E P Ί Δ A K X C C W P P
P V H X B M U R H Σ A Φ Ό Π A Ω E
Ώ Z O P M N P S S E Λ K W R L T Z
Σ Y M C A F K B H E Ή X Y E P Ή D
Ί B O G Ϊ X A B P O I S H N H Σ E
M V P H N P Ά T T L B Δ T L A Ω Z
A Q Δ Y T E Q Z Έ I H C I I X D A
Ί K Ά Π A K A P M E U H X K L O N
Q D I L N Ό U I E X F B K R Ά N A
X J Δ T Ό P Λ E O Π Ά P Δ A Λ H Ψ
K C Y E K X T Y G V D N P A A Z Y
Π P O H Γ O Ύ M E N O Δ O Σ Ί E X
V Z M C I Π Λ H Θ Y Σ M O Ύ P E Ή
H U T C F S Q J Π Έ N T E G Q X Σ
U R I T B R X F E Δ O Θ E Ί Z E Q
```

ΑΠΌΦΑΣΗ
ΕΙΔΙΚΆ
ΡΕΚΌΡ
ΑΝΑΨΥΧΉΣ
ΖΆΧΑΡΗ
ΒΡΏΣΙΜΑ
ΠΈΝΤΕ
ΛΕΟΠΆΡΔΑΛΗ
ΚΑΛΉ
ΕΊΣΟΔΟ
ΕΥΧΉ
ΜΑΪΝΤΑΝΌ
ΔΟΘΕΊ
ΜΈΤΡΗΣΗ
ΝΥΧΤΕΡΊΔΑ
ΠΡΟΗΓΟΎΜΕΝΟ
ΡΩΤΉΣΩ
ΔΙΆΔΡΟΜΟ
ΠΛΗΘΥΣΜΟΎ
ΚΑΠΆΚΙ

Puzzle 962

ΣΠΑΘΊ
ΣΥΓΓΡΑΦΈΑΣ
ΠΑΓΕΤΌ
ΛΑΜΒΆΝΟΥΝ
ΤΡΈΞΕΙ
ΤΡΟΠΙΚΉ
ΨΗΦΟΦΟΡΊΑ
ΦΘΗΝΉ
ΔΙΑΝΈΜΟΥΝ
ΞΌΡΚΙ
ΕΚΔΉΛΩΣΗ
ΛΎΚΟΣ
ΠΡΌΣΦΑΤΗ
ΠΡΟΣΕΚΤΙΚΆ
ΦΟΒΟΎΝΤΑΙ
ΣΤΉΡΙΞΗΣ
ΠΟΡΕΊΑ
ΟΛΊΣΘΗΣΗ
ΠΛΑΣΤΙΚΌ
ΤΡΟΠΟΠΟΊΗΣΗ

```
Ξ D Y Π A Γ E T Ό J L D Q W Y Π F
Ό K E Q Z Ί Φ O B O Ύ N T A I O Q
P U G U R D P Ά K I T K E Σ O P Π
K A C D R N Y O N Ά B M A Λ H E O
I Z T R Z S A Έ Φ A P Γ Γ Y Σ Ί Π
Π P Ό Σ Φ A T H S O G S W P Ω A Λ
K N U I O O P S Σ I Φ M T J L I A
L R U T F Λ A N D T Ή N H Θ Φ Ή Y Σ
V Q Z H V Ί L K Ή Y X G Ψ Y Δ S T
Σ Π A Θ Ί S H B P O D Z X G K C I
K S Q K H Θ G O I E Ξ Έ P T E C K
X F M T O H Y U Ξ T P O Π I K Ή Ό
Λ Ύ K O Σ Σ H Σ H Ί O Π O Π O P T
T N N N C H F U Σ K F U R A K C Q
U I H Δ I A N Έ M O Y N B N C A P
```

Puzzle 963

```
A F L Φ Π L W E B K W Σ O Θ Ά Λ F
V I Q Ά P Z P B N A Z T Λ P K Y Σ
K F V P O Λ Ή M I N V O Ί M Ύ W T
Ξ W Σ M Γ O Σ I B Έ A I K N V Γ Ή
Z Ύ E A P M I W Q N X X N W C D Λ
M K Λ I Ά E E T Y A Π E O O N S H
K Y Ύ O M M Σ T M A O I N Ά Γ H T
Έ S O N M Π Ώ K A B Σ Ώ A N A N Ά
X F N W A Ί T Ά Ί B Ό Δ P Z A H N
E N A E T Π Θ P U Λ H U U A T K
I Q Π D O T I I I H V H X U N P W
X I M D Σ O Π Σ A D K P T Z V I X
Q U A H W Y E E K C V Z W Ή D Y D
U M K Z A N H I Y T X P G R H T B
R E K D O V Z M E D C P J G E Z Y
```

ΕΜΠΙΠΤΟΥΝ
ΣΤΟΙΧΕΙΏΔΗ
ΠΡΟΓΡΆΜΜΑΤΟΣ
ΜΕΤΑΒΛΗΤΉ
ΕΠΙΠΤΏΣΕΙΣ
ΜΉΛΟ
ΓΎΡΟ
ΚΆΘΙΣΕ
ΦΆΡΜΑ
ΛΊΚΝΟ
ΞΎΛΟ
ΠΟΣΟ
ΚΑΜΠΑΝΟΎΛΕΣ
ΤΗΓΆΝΙ
ΣΤΉΛΗ
ΑΝΑΝΆ
ΕΥΚΑΙΡΊΑ
ΛΆΘΟΣ
ΈΧΕΙ
ΚΑΝΈΝΑ

Puzzle 964

ΠΗΓΉ
ΑΥΓΏΝ
ΒΟΎΤΥΡΟ
ΠΥΓΟΛΑΜΠΊΔΑ
ΑΠΟΦΑΣΊΣΕΙ
ΕΊΣΟΔΟΣ
ΤΑΥΤΌΤΗΤΑΣ
ΥΠΟΨΉΦΙΟΣ
ΆΜΜΟ
ΦΡΈΖΙΑ
ΊΝΤΣΕΣ
ΣΚΙ
ΚΑΓΚΟΥΡΌ
ΓΡΆΦΗΜΑ
ΑΝΉΚΟΥΝ
ΑΠΑΡΑΊΤΗΤΟ
ΛΕΥΚΌ
ΑΡΝΊ
ΚΥΡΊΑ
ΣΚΊΑΧΤΡΟ

```
Y Π O Ψ Ή Φ I O Σ W O P M Σ R A E
L B P S H W Y G G C U I T E R Π Ί
R B T M I J J Φ P Έ Z I A Σ A A Σ
I U X N U U A M H Φ Ά R Γ T Π P O
T Ό Ά N P O D A N Ή K O Y N O A Δ
I P I G L M Ί B Ώ M Z P R Ί Φ Ί O
C Y K M U M Π R Γ Q Q Y N N A T Σ
O O Σ G O M M Ά Y L B T V P Σ H W
O K F G D X A Y A G X Ύ O A Ί T J
J Γ Y S X V Λ I W R F O S K Σ O J
V A O P X R O E E W H B F N E B N
Π K S M Ί S Γ F Y G X O A K I Σ F
Y H L C Y A Y S U K E R O G I K L
N S Γ R I M Π S B Y Ό S A H V I A
K D D Ή T A Y T Ό T H T A Σ Q T Q
```

Puzzle 965

```
G H E Z Y A Σ Y Γ X Ω P Ή Σ E I H
Z T Θ I L P N A G X J N V A G Y
Σ Σ P H A A B K Π A Π Ά K I Γ T D
N Y Ή T X I D T O E X O K I A A Σ
Y O M W L P P R S Y O W J Z Π N R
O Λ S B M Y S Ί L R Δ L O B H T M
N Ό Σ O A N Ή X A B D Ά S H M I M
Ά I C U K Ί O V L X C R K O Έ Σ B
X Λ X Y E D N N J L R C Ή I N T B
Γ H L H D Y I O M Y Θ Ό P Π O A K
Y I M L Ώ A J W Y Q S S H I F Θ Q
T U I O D N U P U N K R Λ N T E I
I Δ I Ά Φ O P A M A Έ Θ K A R Ί B
Π O Y P N Ά P I A J B R Σ W E D J
E G I M Y A Λ Ό Ξ E X N Ά M E Z X
```

ΉΡΘΕ
ΔΙΆΦΟΡΑ
ΑΓΑΠΗΜΈΝΟ
ΠΡΌΘΥΜΟΙ
ΔΩΔΕΚΑ
ΘΈΑΜΑ
ΕΤΑΙΡΊΑ
ΠΑΠΆΚΙ
ΕΠΙΤΥΓΧΆΝΟΥΝ
ΜΥΑΛΌ
ΣΥΜΒΑΊΝΟΥΝ
ΑΡΚΟΥΔΆΚΙ
ΗΛΙΌΛΟΥΣΤΗ
ΞΕΧΝΆΜΕ
ΣΥΓΧΩΡΉΣΕΙ
ΧΉΝΑ
ΝΌΣΟ
ΣΚΛΗΡΉ
ΑΝΤΙΣΤΑΘΕΊ
ΠΟΥΡΝΆΡΙΑ

Puzzle 966

ΑΣΗΜΈΝΙΑ
ΔΈΚΑ
ΕΜΠΛΕΚΌΜΕΝΗ
ΑΓΌΡΙ
ΕΝΈΡΓΕΙΑΣ
ΚΡΕΒΆΤΙ
ΜΥΣΤΉΡΙΟ
ΕΚΚΕΝΏΣΤΕ
ΑΡΧΉ
ΑΜΟΙΒΏΝ
ΘΕΡΜΌΤΕΡΟΣ
ΚΛΉΣΗ
ΧΆΡΗ
ΈΠΟΙΚΟΙ
ΔΙΑΠΙΣΤΏΣΕΤΕ
ΠΡΟΣΠΑΘΕΊ
ΜΑΚΙΓΙΆΖ
ΠΙΆΝΟ
ΜΆΓΕΙΡΑΣ
ΜΩΡΌ

```
T K Y I F E T E Σ Ώ T Σ I Π A I Δ
T W C K Λ Ή Σ H A Q S Ή X P A I G
A S I A F X F S M U I R Θ O Ό V W
U P Y I D U Z B U Ω R K E Σ O G D
X Z X N Ώ B I O M A P C P Π D E A
I Ά S Έ K P E B Ά T I Ό M A Έ N K
E I P M Q P Y H W Y Σ N Ό Θ Π Έ Έ
R Γ R H H S Z K T D A M T E O P Δ
K I Δ Σ Y Z G Q R O P O E Ί I I P
D K E A M Y Σ T Ή P I O P I K E V
B A E K K E N Ώ Σ T E Π O K O I B
E M A F X N S A Q C Γ I Σ H I A U
B R A V A L R Z K S Ά Ά X Z X Σ K
S G U I J W F I X F M N S X O X L
E M Π Λ E K Ό M E N H O Y J D I X
```

Puzzle 967

```
Μ  J  W  U  P  Δ  B  O  Σ  I  Μ  Ά  Κ  Υ  O  Π  Ί
E  O  X  Q  I  J  I  U  E  H  X  R  I  Z  X  S  E
T  Λ  O  B  C  I  Κ  A  Μ  C  Ξ  L  O  T  A  U  Θ
A  P  T  N  Έ  Δ  Ί  P  X  I  Κ  Υ  Δ  T  Μ  D  Υ
Ξ  N  C  Z  Υ  Γ  T  A  T  E  Q  H  T  Ή  H  Q  O
Έ  N  G  T  Μ  E  N  Μ  Q  P  Ί  Z  F  Π  Λ  Κ  Λ
N  I  D  H  I  Ύ  O  Ά  B  U  Ά  P  C  I  Ά  Υ  O
I  Κ  R  Υ  N  Μ  Π  Κ  H  U  E  Π  I  P  Υ  N  Κ
A  Ή  H  B  Ό  A  U  O  T  Δ  T  X  E  Σ  E  Σ  A
Λ  Σ  W  S  Κ  E  Z  T  B  A  I  Μ  J  Z  H  Ύ  P
Λ  E  A  I  Λ  Ύ  Φ  A  T  Σ  W  W  C  G  A  Z  A
Ό  I  D  Q  A  N  H  B  T  Σ  Ά  N  T  A  Q  Υ  Π
Κ  A  U  Μ  Π  O  U  E  F  T  R  Z  P  L  Z  Γ  I
W  B  A  O  Μ  Κ  C  P  B  T  C  Q  F  P  L  Ό  X
B  R  D  Κ  G  L  N  Κ  T  Ά  P  P  Ω  Σ  T  O  D
```

ΓΕΎΜΑ
ΝΙΚΉΣΕΙ
ΠΟΥΚΆΜΙΣΟ
ΠΑΡΑΚΟΛΟΥΘΕΊ
ΧΑΜΗΛΆ
ΡΙΠΉ
ΚΡΕΒΑΤΟΚΆΜΑΡΑ
ΑΝΆΠΤΥΞΗΣ
ΜΠΑΛΚΌΝΙ
ΤΣΆΝΤΑ
ΔΙΑΧΕΊΡΙΣΗ
ΣΎΖΥΓΟ
ΒΟΛΤ
ΤΡΆΠΕΖΑ
ΆΡΡΩΣΤΟ
ΔΈΝΤΡΑ
ΜΕΤΑΞΈΝΙΑ
ΚΌΛΛΑ
ΠΟΝΤΊΚΙ
ΣΤΑΦΎΛΙΑ

Puzzle 968

ΜΗΧΑΝΉ
ΙΣΤΟΣΕΛΊΔΑ
ΟΔΟΝΤΊΑΤΡΟ
ΑΝΤΊΚΕΣ
ΚΟΥΝΆΩ
ΚΑΤΆΣΤΗΜΑ
ΑΔΕΙΆΖΕΙ
ΦΩΤΕΙΝΌ
ΤΕΧΝΙΚΉ
ΑΡΙΘΜΌ
ΨΈΜΑ
ΧΏΡΟ
ΜΕΓΆΛΑ
ΌΡΟΣ
ΕΡΓΑΣΊΑ
ΣΥΝΉΘΕΙΣ
ΣΥΓΓΝΏΜΗ
ΕΠΊΘΕΣΗ
ΔΕΥΤΕΡΕΎΟΥΣΑ
ΣΚΙΆ

```
T  Φ  W  T  E  Υ  A  Μ  H  T  Σ  Ά  T  A  Κ  R  X
L  Ω  Μ  Z  F  P  Ή  N  A  X  H  Μ  Q  Λ  N  C  Σ
T  T  V  V  D  Z  Γ  Κ  T  X  E  Z  P  Ά  Μ  H  Υ
E  E  Ό  Μ  Θ  I  P  A  Υ  Ί  Κ  F  J  I  X  Γ
X  I  E  R  V  O  I  Σ  Σ  Κ  Κ  N  O  E  V  R  Γ
N  N  I  R  Δ  Σ  Υ  I  Ί  E  E  E  Μ  J  H  N
I  Ό  Υ  E  Μ  O  T  O  Μ  Q  A  V  Σ  N  Μ  L  Ώ
Κ  Ό  R  O  Σ  N  O  Ύ  Σ  Υ  N  Ή  Θ  E  I  Σ  Μ
Ή  E  J  Μ  Z  T  Σ  E  A  Δ  E  I  Ά  Z  E  I  H
H  R  B  D  Ί  E  P  B  Z  X  R  R  I  H  H  Σ
H  H  X  O  Μ  A  Λ  E  Q  Κ  Ώ  I  X  R  Κ  Μ  E
Ψ  B  W  W  H  T  Ί  T  I  D  P  I  Z  J  E  S  Θ
Έ  J  R  G  R  P  Δ  Υ  P  E  O  D  D  J  Q  H  Ί
Μ  W  F  E  I  O  A  E  Κ  O  Υ  N  Ά  Ω  Υ  Z  Π
A  A  U  U  B  O  I  Δ  U  Q  F  H  T  S  W  J  E
```

Puzzle 969

```
Π Α Ρ Ό Μ Ο Ι Α Δ Ί Ρ Ω Λ Β Μ Σ Τ
Π Α Π Ο Ρ Ρ Ό Φ Η Σ Η Β Μ Χ Υ Ο Ο
Ο Ό Χ Β Ε Ν Δ Ι Α Φ Έ Ρ Ο Ν Ο Τ Λ
Ι F Δ Λ Έ Σ Χ Η Ο Ο Ρ Q Υ Ο Ρ Α Μ
Κ Ο Ο Ι Ο Η Ε Ξ Α Ι Ρ Ο Ύ Ν Δ Μ Η
Ο Ι Μ Ο Ο Σ Φ Ο Ύ Ρ Ν Ο L Ω Έ Έ Ρ
Ν Ε Ο Η Δ Ά Ό Ν J Z C Ι G Χ Ο Λ Ή
Ο Υ Λ Ο Β Β U Κ G U Ι Ν Ο Έ Ρ Ι Ν
Μ G Ο G Ο Α Α Μ Ι Ο U Ε Ν Τ Π Ε S
Ι Ι G Τ U G Ν Η C Ν Μ Τ J Ε Ν Α D
Κ Ή Ί Υ V Φ S Υ Α Ν Θ U J Μ Ε Β F
Ή Α Α Α U Η Ύ Α Κ Ε V Ε Ρ Μ S Ο Ε
Ε Κ Ρ Μ Η Ο Μ Λ Ε Ι Ρ Ε Α Υ Κ Ι Ι
S Ι Β L Α Α V Ρ Λ Μ S U Μ Σ F Λ G
R Έ Φ Ε Ρ Ε Η Χ Τ Ο V Z Τ Κ D Η Μ
```

ΛΈΣΧΗ
ΤΟΝ
ΕΞΑΙΡΟΎΝ
ΑΠΟΡΡΌΦΗΣΗ
ΛΩΡΊΔΑ
ΠΑΡΌΜΟΙΑ
ΕΘΝΙΚΌΣ
ΦΎΛΛΟ
ΟΙΚΟΝΟΜΙΚΉ
ΦΟΎΡΝΟ
ΗΛΙΟΒΑΣΙΛΈΜΑΤΟΣ
ΥΓΊΗ
ΕΝΔΙΑΦΈΡΟΝ
ΒΆΣΗΣ
ΤΟΛΜΗΡΉ
ΠΌΔΙ
ΠΡΟΈΔΡΟΥ
ΣΥΜΜΕΤΈΧΩΝ
ΟΜΟΛΟΓΊΑ
ΈΦΕΡΕ

Puzzle 970

ΠΡΟΌΔΟΥ
ΞΗΡΑΣΊΑ
ΔΉΛΩΣΗΣ
ΘΕΡΜΌΤΗΤΑΣ
ΘΈΑΤΡΟ
ΚΑΤΟΙΚΊΑ
ΒΙΟΛΕΤΊ
ΕΠΙΔΙΏΚΟΥΝ
ΩΡΑΊΑ
ΒΙΑΣΎΝΗ
ΤΑΛΈΝΤΟ
ΑΠΕΙΛΉ
ΜΙΚΡΌ
ΜΟΤΟΣΙΚΛΈΤΑ
ΒΑΡΕΘΕΊ
ΣΚΕΦΤΕΊΤΕ
ΧΤΈΝΑ
ΚΑΤΑΣΚΕΥΉΣ
ΚΑΝΈΝΑΝ
ΝΟΜΙΚΉ

```
Ν Ο Μ Ι Κ Ή Η Υ Ρ Ζ Ο Ζ W Ζ Ξ Β Q
Ζ Θ Έ Α Τ Ρ Ο Τ Α Λ Έ Ν Τ Ο Η D Χ
Α Η V Β Κ U D U Κ Υ Ο Δ Ό Ο Ρ Π L
F Κ Υ V Θ Α Ί Κ Ι Ο Τ Α Κ W Α D G
Μ S Q C L Ε Τ Ί Ε Τ Φ Ε Κ Σ Σ Ω Β
Χ Μ Ι Κ Ρ Ό Ρ Α U C Β Ν Ι C Ί Ρ Α
U Τ J Z Κ Ρ C Μ Σ Α S F U Ρ Α Α Ρ
G Α Έ G Η Χ W Τ Ό Κ Ε Α S D S Ί Ε
Δ Π Τ Ν Ο Υ J Α Ί Τ Ε Λ Ο Ι Β Α Θ
Ή Ε Μ Α Α F Ε Τ Ν L Η Υ Β Ζ Β L Ε
Λ Ι V Ν Β Ι Α Σ Ύ Ν Η Τ Ή Τ V V Ί
Ω L D Ε Υ Μ W L J V Ο Υ Α Σ J W Μ
Σ Ή Q Ν Ζ C Q Κ L Ι C Ο Ν Σ Α Α C
Η U F Α Μ Ο Τ Ο Σ Ι Κ Λ Έ Τ Α Η W
Σ Κ Χ Κ Ε Π Ι Δ Ι Ώ Κ Ο Υ Ν L Ε W
```

Puzzle 971

```
H H X D Z M Y E A X P I R U R T U
Δ E Ύ T E P O Σ Π V O V O O V Ύ P
Δ U X P B B J N D A I V I Ξ Έ M P
K I X V X S J C P N I Γ D T Π C
O A Ά T X R V Y Ω Σ K Ά Ό C H A E
Π A Λ Σ Ή T H Γ H Θ A K Λ O B N M
O Γ K Ύ H Ψ Y P K Ό Π A I H H O Σ
T P B Y T M D K W N O T Ξ T Ψ T Ύ
E Ό Ά Z Ά E H T C Ώ L G E S Z H M
Δ T Σ N Γ M P B V I V D Λ J N P Φ
Ή H K S P G Ή O Λ T Ί T O L J T Ω
Π Σ O L E I Λ B G N D L X G E I N
O A Π D N R Π B W O K Ί Λ H Π Y A
T W O O Y F A P K Δ P M Y P Q V D
E H E H Σ H Θ Ί O Π E Π O T Y A I
```

ΔΕΎΤΕΡΟΣ
ΛΕΞΙΛΌΓΙΟ
ΤΊΤΛΟ
ΣΥΝΕΡΓΆΤΗ
ΩΣ
ΚΑΘΗΓΗΤΉΣ
ΔΙΆΣΗΜΗ
ΆΣΚΟΠΟ
ΟΠΟΤΕΔΉΠΟΤΕ
ΑΓΡΌΤΗΣ
ΈΞΙ
ΠΛΉΡΗ
ΑΥΤΟΠΕΠΟΊΘΗΣΗ
ΕΠΑΝΆΛΗΨΗ
ΔΟΝΤΙΏΝ
ΣΎΜΦΩΝΑ
ΤΎΜΠΑΝΟ
ΑΠΌΚΡΥΨΗ
ΠΗΛΊΚΟ
ΚΑΛΎΤΕΡΟ

Puzzle 972

ΑΝΤΑΠΟΚΡΊΝΟΝΤΑΙ
ΚΕΡΊ
ΞΑΦΝΙΚΉ
ΕΝΙΑΊΟ
ΆΝΕΤΑ
ΜΈΤΡΟΥ
ΠΑΡΈΧΕΙ
ΠΡΌΣΒΑΣΗ
ΒΑΣΙΛΙΚΉ
ΓΕΝΙΚΈΣ
ΠΛΕΥΡΈΣ
ΕΞΩΤΕΡΙΚΌΣ
ΑΌΡΑΤΟ
ΟΙΚΟΝΟΜΙΚΉΣ
ΦΕΓΓΆΡΙ
ΣΟΚ
ΧΤΥΠΉΣΕΙ
ΔΌΝΤΙΑ
ΟΚΤΏ
ΞΗΡΌ

```
E Z A E V Γ E N I K Έ Σ K I N W B
K H W K X N N R V O P O F E P C W
Ξ C W U P K E W Y N C Ί P D P V G
A I T N Ό Δ T P Q F A A D C M Ί C
Φ Y U B O I K O N O M I K Ή Σ U W
N E N J A Y O P T Έ M N W P X E A
I O C Y O Σ Σ X L X N E J I H Ό Ό
K K I K S L I E X Έ P A Π B Y P P
Ή T Σ Έ P Y E Λ Π P Ό Σ B A Σ H A
Y Ώ Z O Y T Q U I V V P I S K Ξ T
Φ E Γ Γ Ά P I E F K A F R D U A O
Ά N E T A T U I E Σ Ή Π Y T X D Q
A N T A Π O K P Ί N O N T A I S D
U Q J C E Ξ Ω T E P I K Ό Σ K C P
K X B Y K M E T B V O U Z E B H E
```

Puzzle 973

```
Π Λ Ο Υ Σ Ι Ό Τ Ε Ρ Ο Η Q Q Χ Π Δ
U K F Έ Π Τ Υ S R Y Z E R X I A I
J D I K A Σ Η Τ Έ Λ E M S Z O P A
X H Y P Ί O Ψ D B Q N R P X N T Φ
Π L Z H Z Λ M V R Z D I S K Ά Ί O
Z O V Ξ O Έ A I X E Λ Ώ N A N Δ P
C G T H Y M K Σ Λ T R X D M Θ A E
E X W A N Ά F Z Ί D Z S Y P N T
A T T R M A N Ί Π M A K B P Ω J I
V X F Z D O A M R T Δ A L Δ Π Y K
T E Λ U A G Ύ K K T Ύ K N Ί O S Ό
A I U Ά W O Z L V Σ O T A M Ή Σ Y
Q H T T Δ O M O Σ Π O N Δ I A K Ή
L N T N K I E N H M Έ P Ω Σ H L K
A Π Ο Γ Ο Η Τ Ε Υ Μ Έ N O Σ W L F
```

ΊΔΡΥΜΑ
ΠΑΡΤΊΔΑ
ΑΠΟΓΟΗΤΕΥΜΈΝΟΣ
ΟΜΙΛΊΑ
ΧΕΛΏΝΑ
ΕΝΗΜΈΡΩΣΗ
ΠΟΤΑΜΟΎ
ΠΛΟΥΣΙΌΤΕΡΟ
ΔΎΟ
ΜΈΛΟΣ
ΣΉΜΑΤΟΣ
ΈΚΡΗΞΗ
ΠΑΊΖΟΥΝ
ΑΧΛΆΔΙ
ΟΜΟΣΠΟΝΔΙΑΚΉ
ΑΝΆΚΑΜΨΗ
ΧΙΟΝΆΝΘΡΩΠΟ
ΚΑΜΠΊΝΑ
ΜΕΛΈΤΗΣ
ΔΙΑΦΟΡΕΤΙΚΌ

Puzzle 974

ΖΕΣΤΌ
ΑΣΤΑΘΉ
ΠΑΤΆΤΑ
ΓΟΝΕΊΣ
ΒΡΑΔΙΆ
ΚΑΤΆΒΑΣΗ
ΓΕΙΑ
ΦΟΡΆ
ΞΑΦΝΙΚΆ
ΟΡΤΎΚΙΑ
ΔΙΑΤΡΙΒΉ
ΕΥΧΆΡΙΣΤΗ
ΣΥΓΧΑΡΏ
ΚΑΚΆΟ
ΕΝΤΆΞΕΙ
ΣΌΛΟ
ΤΡΟΧΙΆ
ΠΟΙΚΙΛΊΑ
ΟΔΟΝΤΌΠΑΣΤΑ
ΠΉΓΑΝ

```
Q P O Δ O N T Ό Π A Σ T A Π Γ K T
Σ K C C T P O X I Ά O U Q O E A D
Ί B T I G X U J I G H M E I I T J
E G E I M P T K M L O M Y K A Ά C
N C M M K W Y D A J I P V I W B N
O Ώ A V X C R M Z K L G N Λ G A T
Γ P Ό P Z B E S M H Ά J E Ί V Σ I
E A T X X J J I U A Q O J A L H Z
N X Σ Ύ O Ά I Δ A P B X O I W Z Z
T Γ E Q K K V N Z F Q Π A T Ά T A
Ά Y Z Ή B I P T A I D G Z C F P Σ
Ξ Σ C N N N A I E Γ Φ O P Ά N A Ό
E E H D Q Φ Q F W X Ή Θ A T Σ A Λ
I I Q K D A Q J P H K Π N Z J R O
H C J G P Ξ E Y X Ά P I Σ T H L N
```

Puzzle 975

```
Α  V  M  Ζ  Ε  Π  Λ  Α  Τ  Ε  Ί  Α  Ι  Κ  Q  Ε  Α
Ρ  Π  G  J  W  G  D  I  A  D  F  W  I  Β  R  I  N
Ο  F  A  J  Ε  Κ  Κ  W  Ε  Τ  Ρ  Έ  Χ  Ε  Ι  Σ  Ά
Κ  Η  Β  Γ  C  F  V  R  F  Σ  Κ  Χ  Ρ  Ρ  Τ  Α  Γ
Ό  Ν  J  J  Ο  Α  Υ  Τ  Ο  Κ  Ί  Ν  Η  Τ  Ο  G  Ν
Κ  Ζ  Κ  U  V  Ρ  Ή  Τ  Η  Λ  Ω  Π  Ζ  L  Α  Ά  Ω
Μ  Ά  Θ  Ο  Υ  Ν  Ε  Ν  W  Χ  Ά  Ρ  Ο  Φ  Α  Γ  Σ
W  Ε  Υ  R  C  Q  C  Ύ  Ρ  Η  Α  J  Ν  Τ  Ν  Ε  Η
Β  Ο  Ε  Α  S  D  Ο  Σ  Ο  Ρ  D  V  Ό  S  Κ  Ι  Σ
Ο  Δ  Ή  Γ  Η  Σ  Η  Σ  Τ  Υ  Ι  G  Π  Υ  Κ  Ε  Ο
Σ  Α  Λ  Ά  Χ  Ι  Τ  Κ  L  Α  Ν  Ο  Λ  Λ  Ά  Μ  G
Ο  G  Ι  Ζ  Ν  G  Ρ  Τ  Η  Τ  Φ  Έ  Ρ  Θ  Α  Κ  U
Υ  Ν  Ε  F  Ι  Α  Ά  L  Ι  G  Q  Ί  Υ  S  Χ  Υ  G
Τ  Β  Μ  Q  L  D  Χ  G  Ν  Ε  V  Τ  Δ  U  Η  S  Ρ
Χ  Ι  Λ  Ι  Ά  Δ  Ε  Σ  Α  Λ  Κ  Έ  Ρ  Α  Κ  R  Τ
```

ΑΝΆΓΝΩΣΗΣ
ΧΆΡΤΗ
ΑΥΤΟΚΊΝΗΤΟ
ΣΤΑΦΊΔΑ
ΚΑΡΈΚΛΑ
ΚΌΚΟΡΑ
ΣΑΛΆΧΙ
ΤΡΈΧΕΙ
ΠΌΝΟ
ΠΩΛΗΤΉ
ΕΚΤΟΠΊΣΕΙ
ΕΙΣΑΓΆΓΕΙ
ΜΆΛΛΟΝ
ΧΙΛΙΆΔΕΣ
ΑΦΟΡΆ
ΟΔΉΓΗΣΗΣ
ΑΠΑΓΟΡΕΎΟΥΝ
ΠΛΑΤΕΊΑ
ΚΑΘΡΈΦΤΗ
ΜΆΘΟΥΝ

Puzzle 976

ΑΠΟΣΤΑΛΕΊ
ΣΥΝΟΔΕΎΟΥΝ
ΚΟΥΡΤΊΝΕΣ
ΒΡΕΘΕΊ
ΚΛΙΠ
ΟΙΚΟΝΟΜΊΑ
ΑΣΤΥΝΟΜΊΑ
ΚΆΠΟΥ
ΣΤΡΑΤΌΠΕΔΟ
ΜΩΡΟΎ
ΠΡΌΣΦΑΤΑ
ΟΜΙΛΊΑΣ
ΆΤΟΜΟ
ΕΣΤΊΑΣΗ
ΠΟΛΛΏΝ
ΕΞΑΙΡΕΤΙΚΆ
ΜΑΛΛΊ
ΑΤΜΌ
ΣΑΜΠΟΥΆΝ
ΠΆΡΚΟ

```
Κ  Σ  F  Ζ  Η  Σ  Α  Ί  Τ  Σ  Ε  Ο  Α  R  Q  I  U
Ο  Υ  Ί  Λ  Λ  Α  Μ  Α  Ι  Α  G  Ι  V  W  Τ  Ο  Κ
Υ  Ν  Ε  Κ  Α  Μ  V  Τ  Τ  Ί  Α  Κ  V  U  C  V  Χ
Ρ  Ο  Θ  Η  Σ  Π  Η  Μ  Β  Λ  Τ  Ο  Κ  Ι  Χ  Κ  Ζ
Τ  Δ  Ε  Ί  Τ  Ο  Ε  Ό  Τ  Ι  Α  Ν  Q  Ά  R  Η  Η
Ί  Ε  Ρ  Ε  Υ  Υ  Σ  Ξ  Ρ  Μ  Φ  Ο  Ν  F  Π  Ύ  Ρ
Ν  Ύ  Β  Λ  Ν  Ά  F  Ν  Α  Ο  Σ  Μ  Κ  G  Ι  Ο  Q
Ε  Ο  Ι  Α  Ο  Ν  D  R  R  Ι  Ό  Ί  R  Q  Λ  Ρ  Υ
Σ  Υ  G  Τ  Μ  Ι  Ώ  S  U  G  Ρ  Α  Ι  S  Κ  Ω  Τ
Q  Ν  Ι  Σ  Ί  L  Κ  Λ  Ι  Μ  Π  Ε  F  Ε  Μ  Μ  Η
R  V  Ι  Ο  Α  Ο  G  Ο  Λ  Ρ  L  Q  Τ  Q  Υ  Χ  R
G  S  J  Π  Ά  Ρ  Κ  Ο  Μ  Ο  Η  Υ  Μ  Ι  Α  Κ  Χ
Σ  Τ  Ρ  Α  Τ  Ό  Π  Ε  Δ  Ο  Π  Τ  Ο  Η  Κ  U  D
Β  U  Κ  D  R  J  Ζ  W  Η  S  C  Ε  F  V  R  Ά  Β
U  Τ  Ά  Τ  Ο  Μ  Ο  R  F  R  Υ  Α  Χ  G  Ζ  G  G
```

Puzzle 977

```
Κ  Έ  Ξ  Ω  Η  Ν  Α  Δ  Η  Σ  Ω  Λ  Π  Ά  Ξ  Ε  Π
Ζ  Λ  U  D  Ζ  Μ  Ι  D  Ό  Α  Ζ  Q  C  Μ  Τ  Ρ
Ή  Ψ  Έ  Ε  J  Ε  J  L  Η  Γ  Κ  S  Ο  Υ  Ί  Ο
Ξ  Η  Β  Ψ  Η  Σ  Ε  Ρ  Ί  Α  Ξ  Ε  Ά  Q  F  Ε  Ε
Ε  Λ  Τ  Ν  Τ  Ε  Ο  Ε  Ο  Λ  Ε  Τ  Τ  Κ  Ι  Ζ  Ι
Ρ  Ό  G  J  Ι  Ε  Ξ  Α  Δ  Ί  Δ  Υ  D  Μ  Ι  Κ  Δ
Ε  Τ  R  Ι  Μ  Ν  U  F  Ε  Ό  Ν  V  F  Α  U  Ι  Ο
Μ  Ε  Α  Ν  Ε  Μ  Ώ  Ν  Η  Ρ  Υ  Ρ  Β  J  D  Χ  Π
Π  Ρ  G  Φ  Ω  Ν  Ή  Υ  D  Τ  Ο  Ρ  U  Β  Υ  Τ  Ο
Ά  Ο  Ε  Τ  Ή  Σ  Ι  Α  L  Α  Ν  Π  Β  Ε  D  Β  Ί
Λ  Υ  C  Ο  Β  Ο  Κ  Η  S  Ι  Ί  F  Λ  S  Υ  S  Η
Α  Ζ  Ο  J  Κ  Ε  Η  Q  C  Γ  Ε  L  C  Ά  Ζ  Α  Σ
Α  Π  Ο  Σ  Τ  Ο  Λ  Ή  W  Ρ  Τ  Ρ  J  Τ  Ν  Β  Η
S  Β  S  D  C  R  Τ  Ν  Ν  Υ  W  Ε  Α  F  Ε  Ο  Χ
V  Μ  Ο  Ι  G  U  Ο  Δ  Ι  Α  Τ  Η  Ρ  Η  Θ  Ε  Ί
```

ΨΗΛΌΤΕΡΟ
ΈΞΩ
ΑΝΕΜΏΝΗ
ΕΊΤΕ
ΔΊΔΑΞΕ
ΕΞΑΊΡΕΣΗ
ΕΞΆΠΛΩΣΗ
ΤΕΊΝΟΥΝ
ΑΠΟΣΤΟΛΉ
ΔΙΑΤΗΡΗΘΕΊ
ΦΩΝΉ
ΚΛΈΨΤΕ
ΕΤΉΣΙΑ
ΜΠΆΛΑ
ΠΡΟΕΙΔΟΠΟΊΗΣΗ
ΉΞΕΡΕ
ΑΕΡΟΠΛΆΝΟ
ΣΑΚΆΚΙ
ΓΙΑΤΡΌ
ΛΑΓΌΣ

Puzzle 978

ΚΈΡΔΟΣ
ΜΑΪΜΟΎ
ΦΥΣΙΚΌΣ
ΛΊΠΟΣ
ΚΑΙΡΌ
ΧΌΚΕΪ
ΚΑΤΆ
ΟΛΟΚΛΗΡΏΣΕΙ
ΣΙΩΠΉ
ΑΝΤΊΟ
ΥΠΟΔΟΧΉΣ
ΈΚΘΕΣΗ
ΧΑΡΤΊ
ΖΈΒΡΑ
ΡΑΔΙΌΦΩΝΟ
ΑΓΑΠΗΤΈ
ΜΕΤΕΓΚΑΤΆΣΤΑΣΗ
ΠΛΕΟΝΈΚΤΗΜΑ
ΤΡΈΧΟΥΣΑ
ΚΡΑΣΊ

```
Q  Μ  V  Ρ  U  S  F  Ζ  S  Ο  Φ  Α  Ρ  Β  Έ  Ζ  Α
Ά  Ν  Ε  Κ  Α  Τ  Ό  Ϊ  Η  Κ  Υ  Γ  Τ  Μ  Μ  Ο  Μ
Τ  Ο  Υ  Τ  Κ  Δ  Ρ  Ε  L  Ρ  Σ  Α  G  Α  G  Ν  Η
Α  Ρ  Ο  Σ  Ε  Β  Ι  Κ  V  Α  Ι  Π  J  Ϊ  Χ  F  Τ
Κ  Q  Έ  Ή  Ζ  Γ  Α  Ό  Ο  Σ  Κ  Η  V  Μ  Μ  Ε  Κ
Κ  Α  J  Χ  Ζ  Η  Κ  Χ  Φ  Ί  Ό  Τ  Έ  Ο  Α  U  Έ
C  Ν  D  Ο  Ο  S  C  Α  Β  Ω  Σ  Έ  Κ  Ύ  Χ  S  Ν
C  Τ  D  R  Υ  Ρ  Ρ  Τ  Α  Ν  Χ  Θ  Τ  D  Η  Ο
S  Ί  W  Ο  W  C  S  Μ  Υ  Ά  V  Ο  Ε  W  Υ  V  Ε
Ο  Ο  Ή  Π  Ω  Ι  S  Α  C  F  Σ  Ο  Σ  Ο  Π  Ί  Λ
R  J  R  Υ  Χ  Α  Ρ  Τ  Ί  D  D  Τ  Η  U  L  Α  Π
Ο  Λ  Ο  Κ  Λ  Η  Ρ  Ώ  Σ  Ε  Ι  Υ  Α  R  U  C  Υ
Κ  Έ  Ρ  Δ  Ο  Σ  Κ  Ζ  V  Ο  L  G  Β  S  G  Κ  D
R  Q  Ε  W  G  D  C  D  Α  Υ  C  Υ  F  Ι  Η  Τ  Ρ
Ι  V  S  Υ  F  Η  Κ  Α  L  Χ  C  G  C  V  D  Ι  G
```

Puzzle 979

```
F  G  X  Λ  S  W  B  I  E  Ψ  Έ  T  Σ  H  Λ  X  Δ
J  Σ  W  Σ  O  Λ  E  Γ  Γ  Ά  K  J  K  C  J  P  I
A  Ό  U  J  O  Y  B  C  N  L  Δ  W  B  E  M  Y  Σ
B  N  Ώ  Λ  Π  O  Λ  D  W  G  O  Ψ  H  Λ  Ά  T  T
Q  Π  O  J  T  H  C  O  A  N  Σ  G  Z  Z  G  W  Ά
M  A  J  I  N  F  M  Y  Ύ  Y  H  G  U  T  D  A  Z
J  K  E  T  X  G  Y  A  U  Δ  M  Q  P  U  T  P  E
K  I  R  J  B  T  U  C  N  Ά  I  F  Z  P  U  Z  I
A  O  S  O  F  Y  Ή  Z  Z  Λ  W  A  Ί  A  X  P  A
P  F  Y  T  Y  Y  Φ  P  Γ  Λ  H  I  Z  F  U  G  P
X  W  P  T  U  Q  A  E  I  O  Ύ  Ψ  O  Σ  G  P  O
Ί  F  A  Q  Ά  Q  Π  N  Σ  Σ  Ω  Θ  Ή  N  Y  Σ  Γ
Σ  J  O  Y  G  B  E  Δ  A  N  E  Ί  Z  O  Y  N  Ή
E  G  L  O  N  A  I  Λ  Ί  E  Δ  O  K  O  P  K  P
I  Q  Q  X  N  W  J  T  B  C  T  L  D  I  L  T  Γ
```

ΚΡΟΚΟΔΕΊΛΙΑ
ΆΓΓΕΛΟΣ
ΑΡΧΊΣΕΙ
ΣΥΝΉΘΩΣ
ΔΑΝΕΊΖΟΥΝ
ΈΚΔΟΣΗ
ΔΙΣΤΆΖΕΙ
ΚΟΥΤΆΒΙ
ΑΡΧΑΊΑ
ΑΝΟΙΧΤΉΡΙ
ΒΊΑΣ
ΛΗΣΤΈΨΕΙ
ΨΗΛΆ
ΚΑΠΝΌΣ
ΆΛΛΟΣ
ΕΠΑΦΉ
ΟΠΛΩΝ
ΓΡΉΓΟΡΑ
ΎΨΟΣ
ΛΟΥΛΟΎΔΙΑ

Puzzle 980

ΔΗΜΟΚΡΑΤΙΚΉ
ΛΑΜΠΡΉ
ΚΟΥΝΆΒΙ
ΟΙΚΟΓΕΝΕΙΑΚΌ
ΔΥΝΑΤΌΝ
ΕΠΙΣΚΕΥΉΣ
ΑΠΛΆ
ΓΛΥΚΙΆ
ΓΆΙΔΑΡΟ
ΉΔΗ
ΚΟΡΊΤΣΙΑ
ΠΕΡΙΟΧΉΣ
ΕΠΑΡΚΉ
ΌΡΟΦΟ
ΠΊΕΣΗ
ΈΝΤΟΝΟΣ
ΧΟΊΡΩΝ
ΜΉΚΟΣ
ΜΎΓΑ
ΔΡΑΜΑΤΙΚΉ

```
F  A  P  O  H  Y  T  Δ  Y  N  A  T  Ό  N  O  C  E
U  Z  C  X  P  P  D  R  J  V  C  I  J  Ή  I  I  K
G  N  G  Π  N  I  T  N  P  Σ  U  Z  A  K  K  B  M
F  N  A  Ί  Y  B  I  K  G  Ή  M  G  S  I  O  W  K
Y  X  Y  E  J  C  Z  W  S  Y  E  I  U  T  Έ  O
A  R  G  Σ  Ή  X  O  I  P  E  Π  U  K  A  E  N  Y
G  Π  K  H  Δ  Ή  Φ  Ά  I  K  Y  Λ  Γ  P  N  T  N
I  Y  Λ  P  N  Q  O  L  W  Σ  V  E  Ή  K  E  O  Ά
H  A  Y  Ά  M  E  P  Γ  Ά  I  Δ  A  P  O  I  N  B
M  Ύ  Γ  A  U  Ή  Ό  X  G  Π  O  P  Π  M  A  O  I
E  Π  A  P  K  Ή  K  K  O  E  W  O  M  H  K  Σ  G
R  Z  D  J  H  X  S  O  I  Ί  S  G  A  Δ  Ό  Y  D
K  O  P  Ί  T  Σ  I  A  Σ  W  P  D  Λ  H  C  J  H
L  C  Δ  P  A  M  A  T  I  K  Ή  Ω  O  Y  R  W  T
A  N  N  D  P  K  N  R  D  Q  Y  M  N  D  I  N  D
```

Puzzle 981

```
K Z V X M B H Σ Υ Λ Ά Ν Α C F Α Γ
Έ L E M A Ί Α Τ Υ Ε Λ Ε Τ J E N E
Λ Η R Ύ N N Y O Z Ά P Φ K E L A N
Y R I Z Γ M M M O F H E U D V G E
Φ N O G S O D Ά E X G V W S W N Θ
O U X K D J Σ X Ά N Θ P A K A Ω Λ
Σ I O S D Ό K I Π Ω Σ O P Π O P Ί
Σ Υ N Έ T E Υ Ξ H O H P F W Ί Ω
O N Έ Έ X O Υ N Π E T Σ Έ T A Σ N
Δ I Α Π P Α Γ M A T E Υ T E Ί E I
E B E T E Π I M Έ P O Υ Σ G M I Q
Π D I F N O Υ T J F H B W Q S V F
Ί C I F X Ά O B F P O Υ B V P V V
Π C O K C Σ Π Σ O Φ Ή L F O K O J
E Σ H M A N T I K Έ Σ Υ G M K Υ M
```

ΑΝΑΓΝΩΡΊΣΕΙ
ΣΗΜΑΝΤΙΚΈΣ
ΑΝΆΛΥΣΗ
ΣΟΦΉ
ΣΥΝΈΝΤΕΥΞΗ
ΓΕΝΕΘΛΊΩΝ
ΠΕΤΣΈΤΑ
ΤΕΛΕΥΤΑΊΑ
ΕΚΦΡΆΖΟΥΝ
ΖΕΎΓΟΣ
ΔΙΑΠΡΑΓΜΑΤΕΥΤΕΊ
ΣΤΟΜΆΧΙ
ΚΈΛΥΦΟΣ
ΕΠΊΠΕΔΟ
ΠΆΝΤΑ
ΆΝΘΡΑΚΑ
ΕΠΙΜΈΡΟΥΣ
ΠΡΟΣΩΠΙΚΌ
ΈΧΟΥΝ
ΈΝΟΧΟΙ

Puzzle 982

ΛΙΒΆΔΙ
ΕΊΔΗ
ΔΆΣΚΑΛΟΣ
ΣΩΜΑΤΙΚΉ
ΜΈΘΟΔΟΣ
ΚΟΥΝΟΥΠΙΏΝ
ΑΡΟΥΡΑΊΟΣ
ΚΑΒΟΎΡΙΑ
ΣΤΡΑΤΙΏΤΗΣ
ΑΣΦΑΛΈΣ
ΥΠΟΘΈΤΩ
ΔΥΣΤΥΧΊΑ
ΑΠΌΛΑΥΣΗ
ΜΈΝΟΥΝ
ΜΆΘΗΜΑ
ΕΞΑΣΚΟΎΝ
ΤΟΥΛΊΠΑ
ΑΥΤΌΜΑΤΗ
ΚΎΚΛΟ
ΜΑΖΊ

```
Z K V D W L B L H Σ Υ Α Λ Ό Π Α K
K M U B P Z O C P Σ I X W C T P O
R Ύ J S Y S Y W K Έ U X L L K O Y
Y N K C O E I Σ O Λ A K Σ Ά Δ Υ N
S T B Λ X O Ί O S A I T H J R P O
B B C S O I Z Δ T Φ P I T I A A Y
C E E M E A A O H Σ Ύ Λ Ώ R W Ί Π
P E O Q O M M Θ T A O P I E I O I
S U V N Y O N Έ M Z B F T B J Σ Ώ
T O Υ Λ Ί Π A M H V A J A S Ά F N
Υ Π Ο Θ Έ Τ Ω D S C K Q P N Z Δ J
M Ά Θ H M A D F A Ί X Y T Σ Υ Δ I
O Σ Ω M A T I K Ή A F R Σ D P U A
M O I D E K A Υ T Ό M A T H Q N E
E Ξ A Σ Κ Ο Ύ N C Z V F J R Z R L
```

Puzzle 983

```
Z Z G D D Π Σ Π E F L M F M X O Π
M K R Ό G P O Ά Ξ X Σ O Π M Ό K Λ
N L L M B O Φ Γ Έ D R N E F D G A
Έ Δ Ω Σ E T Ί Ω Π N Σ A N Ή X E N
Π Σ T A Q E A M Λ C X T M S L Ή
P T N Π D Ί Σ A H F O I P W J S T
Ό A B Λ O N B G Ξ S R K A F Q O E
T M E A N O X E E B N Ό M C N T Σ
Y Ά Z K I Y Y I Λ Φ O P H T Έ Σ U
Π T A Σ Σ M X R H A M V A M Z Ό S
O H G T Ά E T I W O N S C K L K O
Y Σ Π E P I O X Ή P O Ί E Σ Y O M
I E H R Π P D V O N T D Δ S C F Q
E B P L S Ύ F F Y Y D I F I F Z H
W X I M B K I J Z U R E X M A Y D
```

ΠΛΑΝΉΤΕΣ
ΠΡΟΤΕΊΝΟΥΜΕ
ΠΕΡΙΟΧΉ
ΈΔΩΣΕ
ΠΡΆΣΙΝΟ
ΠΆΓΩΜΑ
ΚΌΜΠΟΣ
ΚΑΛΠΑΣΜΌ
ΒΕΛΑΝΊΔΙΑ
ΣΟΦΊΑΣ
ΚΎΡΙΕ
ΕΞΈΠΛΗΞΕ
ΚΌΣΤΟΣ
ΜΟΝΑΧΙΚΌ
ΣΤΑΜΆΤΗΣΕ
ΤΡΑΜ
ΧΉΝΑΣ
ΠΡΌΤΥΠΟ
ΦΟΡΗΤΈΣ
ΜΟΥΣΕΊΟ

Puzzle 984

ΑΝΤΑΝΑΚΛΆ
ΤΊΓΡΗ
ΒΡΆΣΗ
ΑΝΟΙΚΤΆ
ΚΑΝΟΝΊΣΕΙ
ΣΥΝΑΙΣΘΗΜΑΤΙΚΉ
ΚΙΛΆ
ΠΡΆΓΜΑΤΙ
ΣΗΜΕΊΟ
ΚΟΥΔΟΎΝΙ
ΑΓΚΆΛΙΑΣΕ
ΕΦΗΜΕΡΊΔΑ
ΠΛΟΊΑΡΧΟΣ
ΒΛΈΜΜΑ
ΕΚΘΕΣΙΑΚΌ
ΣΕ
ΡΟΔΆΚΙΝΟ
ΔΆΣΟΣ
ΚΛΊΣΗ
ΑΝΆΓΚΗ

```
Π C X V G D R F B P Ά Σ H B E Σ C
V Λ R X J A V C K K A T W Λ Φ Y A
W C O Σ H M E Ί O P N P F Έ H N N
Σ E E Ί M F D J S Z T E B M M A O
C U W M A M B I A A A A D M E I I
V S W F Z P X Z V I N A Q A P Σ K
Π M I Q C Q X Σ M C A H S C Ί Θ T
S P I E Σ Ί N O N A K K T I Δ H Ά
Y A Ά F Y Y S Σ Σ O Λ Γ I V A M B
P L J Γ L P Z Ά D M Ά Ά Σ Λ D A W
B M I O M P O Δ Ά K I N O W Ά T J
K V Y H X A L C J Y F A T Y B I C
T Ί Γ P H T T T K O Y Δ O Ύ N I K E
O X W G Ό K A I Σ E Θ K E R B Ή M
K Λ Ί Σ H A Γ K Ά Λ I A Σ E Y G K
```

Puzzle 985

```
A  N  A  Z  Ή  Τ  Η  Σ  H  H  J  C  Ώ  I  S  P  M
Κ  Ί  Τ  Ρ  Ι  Ν  Ο  Ι  Γ  Α  H  C  U  Θ  B  H  S
P  Q  F  T  N  B  E  N  B  N  C  D  V  C  H  V  C
P  O  U  N  L  K  T  Σ  K  A  Ώ  P  C  Z  Γ  Σ  F
T  Η  Λ  Έ  Φ  Ω  N  O  M  Ύ  Γ  M  G  D  Έ  E  E
Z  V  U  I  D  V  T  T  Η  Ξ  I  R  H  U  Φ  Λ  Π
Ψ  Y  L  D  V  A  G  H  X  H  A  P  T  Σ  Y  Έ  E
Y  O  Δ  Ό  Σ  I  E  Ό  A  Σ  T  J  M  Ά  P  Φ  P
X  X  R  O  A  N  V  N  N  Η  Ί  I  V  Π  A  A  I
I  G  Q  R  I  N  V  A  I  X  J  C  H  M  I  N  B
K  N  Z  A  P  J  Y  T  K  E  V  B  I  A  O  T  Ά
Ή  S  E  Z  Ά  I  Q  T  Ά  I  Σ  L  L  Π  U  A  Λ
Π  A  P  A  T  Ή  P  Η  Σ  H  Σ  Ά  G  M  M  U  Λ
Z  M  A  A  I  E  Θ  Ή  N  Y  Σ  D  T  L  P  F  O
L  Y  Y  H  Σ  K  E  N  T  P  I  K  Ή  Φ  F  J  N
```

ΑΝΌΗΤΟΣ
ΓΙΑΤΊ
ΠΕΡΙΒΆΛΛΟΝ
ΣΥΝΉΘΕΙΑ
ΏΘΗΣΕ
ΓΝΏΜΗΣ
ΕΛΈΦΑΝΤΑ
ΓΈΦΥΡΑ
ΤΗΛΈΦΩΝΟ
ΜΠΑΜΠΆΣ
ΕΙΣΌΔΟΥ
ΨΥΧΙΚΉ
ΦΤΆΣΕΙ
ΜΗΧΑΝΙΚΆ
ΚΊΤΡΙΝΟ
ΣΙΤΆΡΙ
ΑΎΞΗΣΗ
ΑΝΑΖΉΤΗΣΗ
ΚΕΝΤΡΙΚΉ
ΠΑΡΑΤΉΡΗΣΗΣ

Puzzle 986

ΑΔΕΛΦΉ
ΚΟΡΜΌ
ΣΩΣΤΌ
ΑΚΑΔΗΜΑΪΚΌ
ΣΥΜΦΩΝΊΑΣ
ΧΕΙΜΏΝΑ
ΗΘΙΚΌ
ΛΆΣΟ
ΜΠΛΟΎΖΑ
ΆΛΜΑ
ΚΑΤΆΛΛΗΛΟ
ΠΑΙΔΊ
ΑΠΑΛΌ
ΚΟΥΡΑΣΜΈΝΟ
ΘΕΡΜΌΜΕΤΡΟ
ΦΡΟΝΤΊΔΑ
ΚΛΕΙΔΊ
ΕΠΈΤΕΙΟ
ΠΕΡΙΈΧΕΙ
ΛΈΞΗ

```
G  H  A  L  I  V  Σ  A  Ί  N  Ω  Φ  M  Y  Σ  X  K
R  Θ  Z  Δ  D  O  U  E  K  J  Q  X  V  Q  Y  E  A
S  I  Ύ  V  E  W  G  D  U  A  K  S  P  M  Q  I  T
L  K  O  I  Ό  Λ  A  Π  A  J  D  E  Y  U  H  M  Ά
Φ  Ό  Λ  S  S  M  Φ  Λ  Ά  Σ  O  H  S  H  N  Ώ  Λ
P  U  Π  N  C  B  K  Ή  G  W  I  Ξ  M  J  T  N  Λ
O  U  M  K  Λ  E  I  Δ  Ί  G  E  Έ  V  A  I  A  H
N  P  M  Y  V  S  T  J  B  S  T  Λ  F  K  Ϊ  A  Λ
T  L  W  P  D  X  L  I  E  X  Έ  I  P  E  Π  K  O
Ί  Δ  I  A  Π  Z  O  I  M  Q  P  R  I  I  I  P  Ό
Δ  G  R  O  D  I  P  E  V  T  E  X  U  Z  Y  M  M
A  C  H  S  B  Y  K  G  G  Ά  W  I  G  H  Z  D  P
Θ  E  P  M  Ό  M  E  T  P  O  Λ  W  G  M  J  K  O
T  V  A  Σ  Ω  Σ  T  Ό  R  G  R  M  V  R  U  J  K
K  O  Y  P  A  Σ  M  E  N  O  A  R  A  A  P  W  J
```

Puzzle 987

```
H X G O H E L L K R X N K T A Σ Υ
L K Θ N F P P Y H A B M M T P Y E
A G R E W N J Γ O H O B B L N I G
E T C J Σ X H Ξ Ά P Π Q K J O T J
Θ P A Ύ Σ M A E E Z M Q H L M O Z
F T Ί C E K O G Ό Λ O N Ύ Σ H M L
Δ E N A Λ B Λ Z A E Q N J H T O P
I J Ω C Ά Σ J E T N X S T Σ Ή Γ Ί
A P N V K J V Q I B N J X A C P Ξ
Θ D I A Σ T Λ Ά K Δ I W H Ί I A E
Έ I O Ί E B A P B Z A A T T T Φ I
Σ O K E K K Λ H Σ Ί A P C Σ Ά Ί H
I X I E Σ Ώ Δ O Π A P G I E K A S
M A Π U C U H N X C N E G Ά E K U
O C E Ψ Ω M Ά K I A I Λ Έ Z I Π M
```

ΡΊΞΕΙ
ΕΣΤΊΑΣΗΣ
ΕΠΙΚΟΙΝΩΝΊΑ
ΑΡΙΘΜΗΤΉ
ΣΚΆΛΕΣ
ΘΡΑΎΣΜΑ
ΧΘΕΣ
ΣΎΝΟΛΟ
ΔΙΑΘΈΣΙΜΟ
ΚΆΤΙ
ΨΩΜΆΚΙΑ
ΕΚΚΛΗΣΊΑ
ΚΆΛΤΣΑ
ΒΡΑΒΕΊΟ
ΜΠΙΖΈΛΙΑ
ΑΠΟΔΏΣΕΙ
ΚΛΕΙΔΑΡΙΆ
ΣΥΝΤΟΜΟΓΡΑΦΊΑ
ΠΡΆΞΗ
ΕΡΓΆΖΟΝΤΑΙ

Puzzle 988

ΧΡΩΜΆΤΩΝ
ΈΛΚΗΘΡΟ
ΔΏΡΑ
ΣΚΎΛΟΣ
ΠΑΡΟΎΣΑ
ΛΊΜΝΗ
ΔΙΔΆΣΚΕΙ
ΆΝΕΜΟ
ΠΕΡΊΕΡΓΟ
ΠΉΡΕ
ΠΥΚΝΉ
ΜΠΟΥΚΆΛΙ
ΜΠΕΡΔΕΜΈΝΑ
ΑΝΤΑΓΩΝΙΣΜΌ
ΚΕΦΆΛΑΙΟ
ΚΕΊΜΕΝΟ
ΔΙΟΡΊΣΕΙ
ΜΕΤΑΦΟΡΆ
ΤΟΥ
ΑΓΌΡΑΣΕ

```
N A X I R E Έ M K F G Y P X Δ A H
M Q U E S T Λ E J K E P H D I Γ Λ
W Π C Σ K K K T H H R K R H Δ Ό Ί
M F E Ί P S H A Σ Ύ O P A Π Ά P M
Q J R P H Y Θ Φ D S O W P U Σ A N
Σ D X O Δ H P O I M W L Ώ N K Σ H
A K J I E E O P V H T D Δ Y E E K
O O Ύ Δ Y P M Ά U L E A D A I T E
X R E Λ I G Έ Π E P Ί E P Γ O Φ
Π Ή P E O Q T H N Ω T Ά M O P X Ά
J N Z J X Σ O U V A Ά Z E F N V Λ
C K X D Z O Y E P H Z N R S H F A
M Y D O V K E Ί M E N O E W Y W I
P Π Q M Π O Y K Ά Λ I M T M Z F O
A N T A Γ Ω N I Σ M Ό Q E T O V G
```

Puzzle 989

```
M B E W B K K W I E W P Z B E Έ Π
X E Ί Λ Ο Σ E F M T P Y Y W H P E
R B V B F B Φ W O Σ O T A M H E P
J L N P G X A P A Ά Y Ί A B Σ Y I
R H Λ Ό Φ O Λ J M B C Δ E Q Ω N Σ
N F B J T M A A O A T Ω Ξ E P A Σ
L V C Z M V Ί V W I M N H M Έ N Ό
N Ύ O M I T O P Π Δ N Ά G K Θ P T
Z P P Σ Ώ X Y T Y E X X Ή A Y G E
Y Π E P Ή Φ A N O I P K Σ Θ E N P
E I P Ή N H S C L J J N E A Λ R A
S X L Y T Έ Σ Σ E P I Σ I P E V B
Σ T A Δ I A K Ή L T X Z N Ή Π G V
L W O D Y F L K A Σ T Έ P I A W O
Γ P A Σ Ί Δ I E N X Ά Ψ T Y J R S
```

ΠΡΟΤΙΜΟΎΝ
ΔΙΑΒΆΣΤΕ
ΈΡΕΥΝΑ
ΚΑΘΑΡΉ
ΑΣΤΈΡΙΑ
ΑΠΕΛΕΥΘΈΡΩΣΗ
ΠΕΡΙΣΣΌΤΕΡΑ
ΓΡΑΣΊΔΙ
ΨΆΧΝΕΙ
ΧΕΊΛΟΣ
ΕΥΤΥΧΏΣ
ΕΞΗΓΉΣΕΙ
ΣΤΑΔΙΑΚΉ
ΚΕΦΑΛΑΊΟΥ
ΤΈΣΣΕΡΙΣ
ΡΥΤΊΔΩΝ
ΥΠΕΡΉΦΑΝΟΙ
ΛΌΦΟ
ΕΙΡΉΝΗ
ΜΑΜΆ

Puzzle 990

ΧΑΜΌΓΕΛΟ
ΕΣΤΙΑΤΌΡΙΟ
ΤΈΤΑΡΤΟ
ΚΟΛΎΜΠΙ
ΔΙΆΛΕΙΜΜΑ
ΟΙΚΟΝΟΜΙΚΏΝ
ΣΥΝΑΝΤΉΘΗΚΕ
ΓΊΝΟΝΤΑΙ
ΧΏΡΑΣ
ΟΡΓΑΝΏΣΕΙ
ΠΑΤΙΝΆΖ
ΕΊΧΕ
ΦΈΡΕΙ
ΑΣΒΌΣ
ΚΑΦΈ
ΕΝΤΌΠΙΣΕ
ΧΆΣΕΤΕ
ΚΡΈΑΣ
ΕΚΝΕΥΡΙΣΜΈΝΟΣ
ΠΑΝΟΜΟΙΌΤΥΠΑ

```
Γ Ί N O N T A I U I C E T E Σ Ά X
Z I Z N Ώ K I M O N O K I O Δ T K
Σ Y N A N T Ή Θ H K E N E E I Έ A
E E R G K D I X C K X E P X Ά T Φ
K Σ N J E O B I Q P Ί Y Έ Ώ Λ A Έ
M B T T U R Λ Y C Έ E P Φ P E P X
P P O I Ό E Q Ύ Y A K I O A I T A
S G V T A Π O I M Σ F Σ H Σ M O M
A Σ B Ό Σ T I F X Π T M K H M K Ό
Q M Y R B E Ό Σ U A I Έ A Q A D Γ
X S K P M P E P E Z Ά N I T A P E
X J K A Π Y T Ό I O M O N A Π Δ Λ
O P Γ A N Ώ Σ E I O O Σ L N A L O
E W W X N U F Z B G Y X F T R F E
P Q P V S T H P N Y A M Y N E B T
```

Puzzle 991

```
A Q Γ O T K R Ψ V H Σ H K Σ Ά P G
Y F H I V X D H E Y L X E T X Q F
T K Λ Y Γ M E P O Y R S P A A E Σ
Ί Ά Ί M Π A O C Y G Δ R Δ Θ S I Y
Σ Λ Θ H Z E N J Q C I Ή Ί M M P N
Y T I J Y K N T A G P A Z Ό C H E
Σ Σ O K Z U T Θ I T G D O Σ A N P
T E A Ί T H M A Y A Z B Y R A I Γ
Ή Σ Q I A E H P F M Ί L N A N K Ά
M Y B H V I S D F Ή Ί E F O A Ή Z
A L D Y A K E D E B M Σ Σ X Φ M O
T D Y Γ X P Ή Σ I M E Σ Ω J Έ O N
O Z O P L Σ O N E M Ό Z A Γ P E T
Σ R E Ά Ά Φ Θ O N O I U C K Ω A A
E A E I R Z L A D X V K Q O P Y I
```

ΆΦΘΟΝΟ
ΧΡΉΣΙΜΕΣ
ΣΥΝΕΡΓΆΖΟΝΤΑΙ
ΑΥΤΊ
ΗΛΊΘΙΟ
ΚΕΡΔΊΖΟΥΝ
ΕΡΓΑΖΌΜΕΝΟΣ
ΥΓΡΆ
ΚΆΛΤΣΕΣ
ΓΙΓΑΝΤΙΑΊΕΣ
ΑΊΤΗΜΑ
ΥΠΕΝΘΥΜΊΣΩ
ΡΟΖ
ΆΣΚΗΣΗ
ΑΝΑΦΈΡΩ
ΣΤΑΘΜΌΣ
ΨΕΥΔΉ
ΒΉΜΑ
ΕΙΡΗΝΙΚΉ
ΣΥΣΤΉΜΑΤΟΣ

Puzzle 992

ΕΝΟΙΚΊΑΣΗ
ΡΊΞΤΕ
ΕΞΕΤΆΖΟΥΝ
ΠΡΟΣΩΠΙΚΆ
ΦΥΣΙΚΆ
ΔΊΠΛΩΜΑ
ΣΧΟΛΙΚΉ
ΝΌΜΙΣΜΑ
ΑΠΟΘΉΚΕΥΣΗ
ΕΥΤΥΧΙΣΜΈΝΗ
ΠΡΌΚΛΗΣΗ
ΑΓΓΑΡΕΊΑ
ΤΡΕΙΣ
ΦΟΎΣΤΑ
ΑΠΟΔΊΔΟΥΝ
ΑΚΡΊΒΕΙΑ
ΓΕΝΙΆ
ΤΙΜΉ
ΠΑΡΆΞΕΝΟ
ΕΠΙΤΡΈΠΟΥΝ

```
N Q U C A E F A Y E J T C A A E I
Π A Γ Γ A P E Ί A N B C N Π Π Y Z
A M Σ I M Ό N P Ά O S W G O O T O
P Φ O Ύ Σ T A K A I I E H Θ Δ Y N
Ά K I Π Ω Σ O P Π K N Ξ T Ή Ί X N
Ξ T B H X I O G R Ί Z E U K Δ I E
E J I T Q E S H I A A T Γ E O Σ Π
N B M M U P Z Σ Q Σ A Ά J Y Y M I
O Δ B G Ή T D H E H L Z Z Σ N Έ T
G U Ί U Σ X O Λ I K Ή O T H R N P
M N X Π C V N K B K D Y S P V H Έ
C E X N Λ I O Ό O H W N T D Z A Π
T K U S T Ω A P A K P Ί B E I A O
Φ Y Σ I K Ά M Π P A P Ί Ξ T E Y Y
G U D Z Q G Y A G X R L L B Z N N
```

Puzzle 993

```
T U A S L B M X S E E T N V N W G
Y P N I X W Ά P H N Y Δ O Π Λ Ό K
E V O X Q B T Ή P E B I Λ Θ Y Σ I
S T T A D O I Φ H G D Y P D E Y M
Π Y Σ D V Y Q P Σ T Ό M A S Z Λ E
Λ O O Έ Σ K Ί O Y P O S T W Z I Π
O X N P Π T O M Ή Σ Ό Π Ω Σ F K Ί
Ί E Θ N Φ H M L V M T L W B T Ό Σ
O U Έ K Ά H Y Δ Έ Σ M E Y Σ H Y H
I I R L A P P S U S S A X L B S M
Γ L P G A T Ω T Y W B G P Y C B A
Έ P M Ό I T Δ J S P X J A Γ N J T
Λ H D E N D I E E X H T M S K N S
O D D W A T Ά E I V P W C Z K Z C
K Z B B F B M L Q T T W B B U I D
```

ΟΔΥΝΗΡΆ
ΜΥΡΩΔΙΆ
ΤΣΈΠΗ
ΚΟΛΈΓΙΟ
ΜΟΡΦΉ
ΠΛΟΊΟ
ΘΛΙΒΕΡΉ
ΚΌΛΠΟ
ΈΘΝΟΣ
ΣΤΟΜΑ
ΥΛΙΚΌ
ΜΆΤΙ
ΕΠΊΣΗΜΑ
ΌΡΙΟ
ΌΠΩΣ
ΔΈΣΜΕΥΣΗ
ΓΡΑΜΜΉ
ΦΆΛΑΙΝΑ
ΤΟΜΉΣ
ΣΚΊΟΥΡΟΣ

Puzzle 994

ΜΆΓΙΣΣΑ
ΜΟΎΜΙΑ
ΊΣΩΣ
ΚΥΒΕΡΝΉΤΗΣ
ΑΡΚΤΙΚΈΣ
ΑΠΛΟΠΟΊΗΣΗ
ΔΑΓΚΏΣΕΙ
ΈΛΛΕΙΨΗ
ΕΚΠΟΜΠΉΣ
ΑΡΙΣΤΕΡΌ
ΠΆΓΟ
ΑΙΤΊΑ
ΔΥΤΙΚΈΣ
ΔΈΡΜΑ
ΕΥΚΟΛΊΑ
ΓΡΑΜΜΑΤΈΑΣ
ΚΟΎΠΑ
ΒΆΡΚΑ
ΣΥΜΦΩΝΊΑ
ΚΑΡΌΤΟ

```
W V B M F K Y J D G X A M P Έ Δ D
X H Σ H Ί O Π O Λ Π A P I X K G L
A X V O V Ύ S J W J Σ K J T Y W S
Σ Ή Π M O Π K E G Σ T G T B P K
A I T Ί A A B G U F I I G H E A V
C A E H F B Ί Ά C F Γ K P T P N Z
K A P Ό T O H N P E Ά Έ M F N E D
A P I Σ T E P Ό Ω K M Σ W Έ Ή Y E
I E Σ Ώ K Γ A Δ N Φ A K A Λ T K Δ
M U X D T M Z R U R M N N Λ H O Y
Ύ Γ P A M M A T Έ A Σ Y A E Σ Λ T
O Γ Ά Π Q J R B D S U N Σ I Ω Ί I
M P J S T I G U O B K C N Ψ Σ A K
K C F H E M O C O W C Z M H Ί G Έ
N C O B S M T X K K F K L G E C Σ
```

Puzzle 995

```
I  O  M  I  Ξ  Ί  A  Π  S  V  W  V  P  U  K  Ό  E
M  Σ  E  P  Δ  Ά  P  P  Π  Λ  E  Y  P  Ά  Φ  P
K  A  T  Σ  A  P  Ό  Λ  A  O  A  C  F  G  S  E  Ώ
L  T  E  I  S  I  B  Y  D  H  Σ  I  Θ  N  Ά  Λ  T
E  N  Y  X  A  I  X  M  H  P  Ό  O  Y  Z  C  O  H
P  O  N  X  Λ  O  H  S  S  Z  T  A  X  Z  W  Σ  Σ
E  Γ  O  Y  A  E  K  P  C  Y  G  U  O  Ή  X  N  H
K  Ά  Ϊ  T  Π  J  Y  O  M  Π  P  Έ  Λ  A  Σ  R  X
O  P  K  B  O  P  A  A  Ί  N  I  A  T  E  N  W  X
P  A  Ή  S  Σ  A  W  W  Σ  F  X  I  C  L  G  T  O
Ά  Π  D  U  Ύ  X  L  W  E  M  X  E  Ό  K  E  B  E
K  E  P  V  P  Q  J  T  V  L  Ό  A  G  Π  F  K  T
I  A  M  Σ  E  Λ  Έ  T  O  Π  A  Σ  Σ  I  Λ  Έ  M
G  S  J  M  I  O  P  Θ  O  Γ  P  A  Φ  Ί  A  O  L
M  H  Z  V  N  C  D  E  E  A  P  S  N  O  Y  S  R
```

ΌΦΕΛΟΣ
ΠΑΊΞΙΜΟ
ΆΝΔΡΕΣ
ΠΡΟΣΟΧΉ
ΕΡΏΤΗΣΗ
ΑΠΟΤΈΛΕΣΜΑ
ΠΑΡΆΓΟΝΤΑΣ
ΑΙΧΜΗΡΌ
ΟΜΠΡΈΛΑΣ
ΕΥΝΟΪΚΉ
ΚΟΡΆΚΙ
ΠΛΕΥΡΆ
ΆΝΘΙΣΗ
ΤΑΙΝΊΑ
ΑΠΟΣΎΡΕΙ
ΌΠΛΟ
ΚΑΤΣΑΡΌΛΑ
ΜΈΛΙΣΣΑ
ΧΛΕΥΑΣΜΌΣ
ΟΡΘΟΓΡΑΦΊΑ

Puzzle 996

ΚΟΥΝΙΈΜΑΙ
ΔΕΊΤΕ
ΘΥΜΊΖΕΙ
ΦΤΆΝΟΥΝ
ΠΎΛΗ
ΚΑΘΟΡΊΖΟΥΝ
ΦΙΛΊ
ΏΘΗΣΗ
ΠΟΛΎΤΙΜΟ
ΘΕΤΙΚΌ
ΚΑΜΠΎΛΗ
ΠΑΡΑΔΟΣΙΑΚΌ
ΜΉΝΑ
ΗΛΙΚΊΑ
ΜΠΆΝΙΟ
ΣΑΦΏΣ
ΒΑΓΌΝΙ
ΓΕΝΝΑΙΟΔΩΡΊΑ
ΠΑΝΤΟΎ
ΤΡΙΆΝΤΑ

```
Θ  V  R  C  A  A  M  V  H  J  R  E  C  Ώ  C  K  O
Π  E  C  Q  P  G  N  Y  O  Z  Ί  P  O  Θ  A  K  M
A  T  T  R  A  J  X  D  H  I  D  J  Y  H  E  K  N
P  Ί  W  I  Ί  Z  X  O  Σ  A  Φ  Ώ  Σ  Σ  W  N  T
A  E  F  A  K  Z  P  M  Ή  N  A  C  G  H  U  F  T
Δ  Δ  Θ  M  I  Ό  W  I  H  C  Z  L  Ί  Λ  I  Φ  F
O  F  Y  Έ  Λ  H  J  T  M  T  Y  T  R  Ύ  N  I  L
Σ  J  M  I  H  E  G  Ύ  O  T  N  A  Π  Π  Ό  Q  F
I  C  Ί  N  M  Λ  S  Λ  O  W  P  J  H  M  Γ  W  O
A  C  Z  Y  C  Y  Ύ  O  O  M  W  I  G  A  A  Y  T
K  F  E  O  I  N  Ά  Π  M  I  O  Q  Ά  K  B  L  C
Ό  O  I  K  A  O  Q  D  T  C  N  Y  O  N  Ά  T  Φ
Γ  E  N  N  A  I  O  D  Ω  P  Ί  A  N  P  T  N  T
U  K  K  P  V  K  S  K  U  K  R  A  F  F  M  F  A  L
L  A  H  R  M  B  P  A  V  V  R  T  V  A  O  I  A
```

Puzzle 997

```
O S J Z C U V B A P I R L K K X O
O D X S V O T A N Ό Λ E B P Ά I E
E N T Y Π Ω Σ I Ά Z O Y N Ί Π O N
E I E Σ Ά Π Σ O Π A C C Ω Σ O N Δ
Σ N W G F E P R M X L E Έ H I O I
M Φ O Λ I O V T A W X F N A O Σ A
E T Ά X K N Q L K I C K P T Ί Σ T Φ
Λ P T Λ C Ή K I T E Θ I Π E I Έ
Λ Ί P Y M E Z Z Ό J N M V C T B P
O T Ύ X E A Ί E E Σ E E G C A Ά O
N H Π S K B V P N I M O L L X Δ Y
T D A T Z Ά X V M N Ύ O P O Φ A Σ
I Π O Λ I T I Σ T I K Ή E L Z Σ A
K A I X T E B A M B A K I O Ύ D I
Ή V F I L M G C A K X J B D J L A
```

ΧΙΟΝΟΣΤΙΒΆΔΑΣ
ΚΌΣΜΟ
ΑΦΟΡΟΎΝ
ΜΕΤΆ
ΚΡΊΣΗ
ΒΑΜΒΑΚΙΟΎ
ΕΠΙΘΕΤΙΚΉ
ΝΈΩΝ
ΣΦΆΛΜΑ
ΕΝΔΙΑΦΈΡΟΥΣΑ
ΜΕΛΛΟΝΤΙΚΉ
ΕΝΤΥΠΩΣΙΆΖΟΥΝ
ΚΆΠΟΙΟΣ
ΠΟΛΙΤΙΣΤΙΚΉ
ΑΠΟΣΠΆΣΕΙ
ΕΝΟΧΛΕΊ
ΤΡΎΠΑ
ΒΕΛΌΝΑ
ΚΑΜΠΆΝΑ
ΤΡΊΤΗ

Puzzle 998

ΑΝΤΙΚΕΊΜΕΝΟ
ΑΊΣΘΗΣΗ
ΥΨΌΜΕΤΡΟ
ΚΟΡΊΤΣΙ
ΕΠΕΝΔΎΣΕΩΝ
ΤΊΓΡΗΣ
ΤΗΛΕΣΚΌΠΙΟ
ΔΑΠΆΝΗ
ΠΡΟΤΕΊΝΟΥΝ
ΚΑΤΆΡΤΙΣΗΣ
ΤΟΥΡΚΊΑ
ΦΌΡΕΜΑ
ΣΥΜΜΕΤΆΣΧΟΥΝ
ΔΕΞΙΆ
ΛΑΙΜΌ
ΡΌΚΑ
ΠΑΝΤΡΕΥΤΕΊ
ΔΕΙ
ΤΡΊΤΟ
ΔΎΣΚΟΛΟ

```
C O Ά I K P Y O T T F Δ G Y H H Δ
K N M Ί Σ H Σ I T P Ά T A K F N E
H A Λ T Σ Δ E I A O E A K Π Y Y Ξ
M A A E Ί Θ W I K X H G Ό D Ά O I
R O I E E Γ H Z O W I J P M F N Ά
Z M M N E H P Σ R H W G L E B Ί H
Δ P Ό J S Y S H H L V I R A E E T
Ύ Y I B H L E I Σ T Ί P O K F T U
Σ O T N A N T I K E Ί M E N O O N
K Σ Y M M E T Ά Σ X O Y N Q R P A
O P T E M Ό Ψ Y T P Ί T O S Q Π K
Λ Φ Ό P E M A Π A N T P E Y T E Ί
O T H Λ E Σ K Ό Π I O A R N M O U
H P E Π E N Δ Ύ Σ E Ω N D X O D O
Y I T G Z Q Z L C G J N W W E I A
```

Puzzle 999

B	X	I	I	E	Σ	Í	E	Π	W	T	Z	Z	C	E	U	D
I	N	H	Q	S	M	X	T	P	H	P	R	S	R	X	F	É
P	G	A	C	A	T	Φ	Z	P	P	Y	T	B	F	W	T	B
O	M	Ά	D	A	N	K	Ά	X	A	P	T	A	E	T	Ό	Δ
P	N	K	F	O	Y	T	K	N	Π	Ά	N	Ω	U	P	K	O
Ώ	E	A	P	M	O	L	Í	Z	I	H	S	I	T	O	A	M
Δ	P	Θ	S	Z	Z	K	F	Σ	Q	Σ	Y	O	K	Δ	K	H
S	Ό	A	C	B	Í	B	E	T	T	X	H	Σ	Y	O	Λ	Ό
A	I	P	X	Q	Ψ	R	W	V	W	P	J	C	H	Σ	X	I
S	Φ	Ό	D	G	O	Í	E	Γ	Υ	Ψ	O	T	K	Φ	K	F
W	Π	H	Q	N	N	O	L	G	I	J	S	Φ	D	A	N	I
Q	A	V	Γ	P	Y	Λ	E	Π	T	Ή	C	C	H	Í	Q	A
L	N	Y	V	H	Σ	H	T	É	Γ	H	P	H	X	P	T	Q
V	Í	G	L	I	T	R	Q	Y	W	H	V	J	F	O	L	O
M	E	F	I	E	Σ	Ή	T	Σ	I	Π	E	P	Y	Y	H	M

ΟΜΆΔΑ
ΧΑΡΤΑΕΤΌ
ΗΓΈΤΗΣ
ΔΏΡΟ
ΌΛΟΥΣ
ΑΝΤΊΣΤΡΟΦΗ
ΑΦΗΓΗΤΉ
ΈΒΔΟΜΗ
ΛΕΠΤΉ
ΠΑΝΊ
ΠΕΊΣΕΙ
ΣΥΝΟΨΊΖΟΥΝ
ΚΑΘΑΡΌ
ΠΟΔΟΣΦΑΊΡΟΥ
ΚΑΚΌ
ΠΆΝΩ
ΕΜΦΆΝΙΣΗ
ΕΠΙΣΤΉΣΕΙ
ΨΥΓΕΊΟ
ΝΕΡΌ

Puzzle 1000

ΤΑΚΤΟΠΟΙΗΜΈΝΟ
ΠΡΟΆΣΠΙΣΗΣ
ΑΡΚΟΎΔΑ
ΑΎΞΗΣΗΣ
ΣΥΝΔΥΑΣΜΌ
ΜΑΝΙΤΆΡΙΑ
ΖΩΓΡΑΦΊΖΕΙ
ΠΕΡΆΣΕΙ
ΕΛΈΓΧΕΤΑΙ
ΧΡΌΝΙΑ
ΠΙΣΤΕΎΟΥΝ
ΘΕΩΡΊΑ
ΣΥΝΕΔΡΊΑΣΗ
ΠΡΟΣΠΆΘΕΙΑ
ΣΎΝΔΕΣΗ
ΚΆΛΥΨΗΣ
ΈΔΡΑ
ΜΑΡΓΑΡΊΤΑ
ΠΟΤΈ
ΠΈΡΑΣΕ

T	P	I	W	T	Π	Y	E	L	U	Θ	C	D	H	Z	S	U
J	A	P	Δ	É	O	K	O	D	H	Σ	E	Δ	N	Ύ	Σ	K
Σ	T	K	Y	N	T	V	H	F	D	H	R	Ω	Z	F	B	D
Y	Í	Π	T	Y	É	X	U	H	F	A	O	F	P	P	O	P
N	P	P	K	O	A	P	K	O	Ύ	Δ	A	R	B	Í	D	X
Δ	A	O	Ά	Ύ	Π	A	K	H	N	Y	L	W	Q	L	A	P
Y	Γ	Σ	Λ	E	O	O	E	Λ	É	Γ	X	E	T	A	I	Ό
A	P	Π	Y	T	M	S	I	E	Σ	Ά	P	E	Π	H	C	N
Σ	A	Ά	Ψ	Σ	S	M	H	H	F	F	Π	S	Z	G	M	I
M	M	Θ	H	I	R	N	T	U	M	E	Z	É	P	U	G	A
Ό	T	E	Σ	P	D	E	T	A	D	É	A	U	P	F	M	L
F	V	I	M	H	Σ	A	Í	P	Δ	E	N	Y	Σ	A	S	L
M	C	A	M	A	N	I	T	Ά	P	I	A	O	H	J	Σ	M
Π	P	O	Ά	Σ	Π	I	Σ	H	Σ	J	E	U	X	P	A	E
A	Ύ	Ξ	H	Σ	H	Σ	Z	Ω	Γ	P	A	Φ	Í	Z	E	I

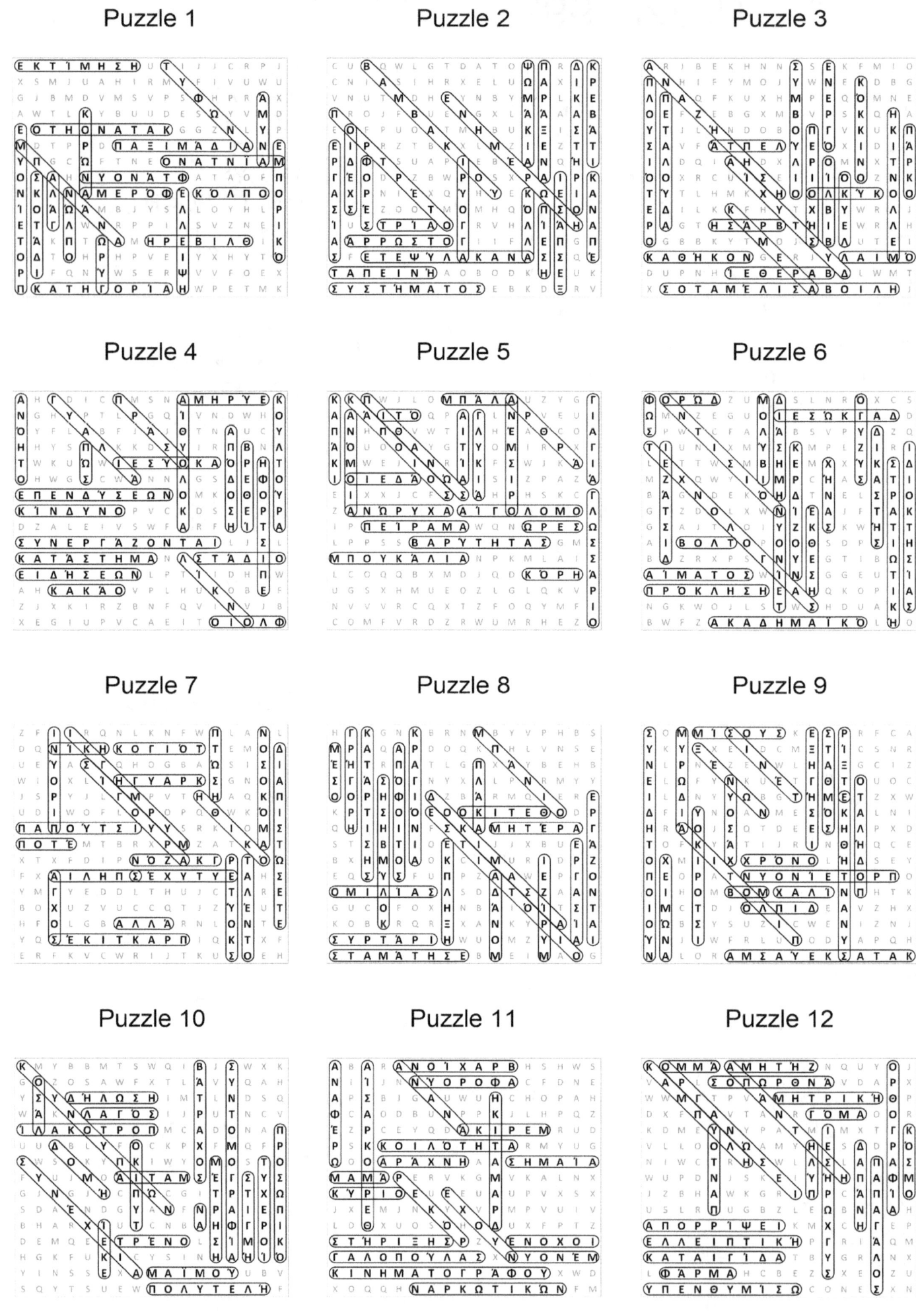

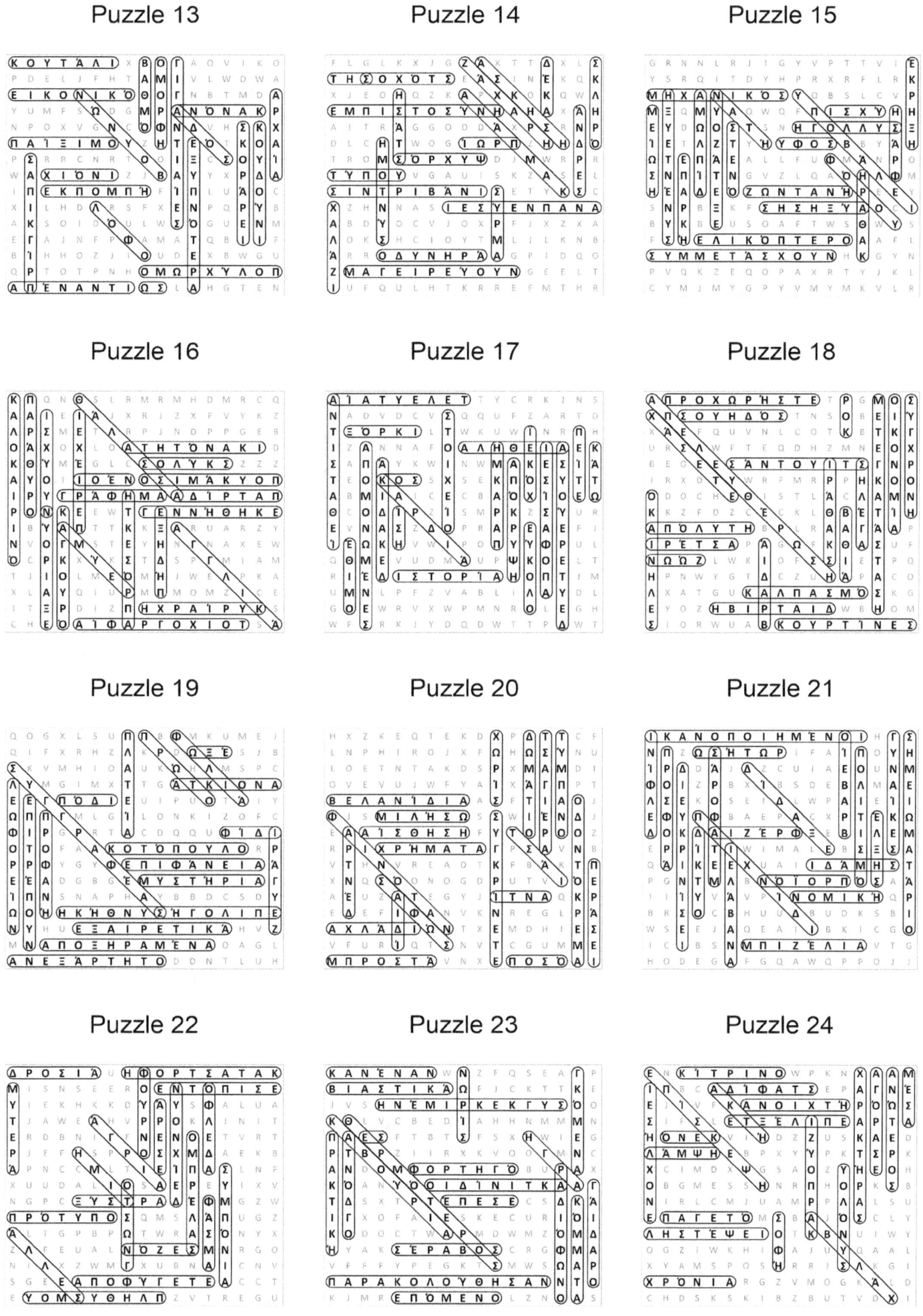

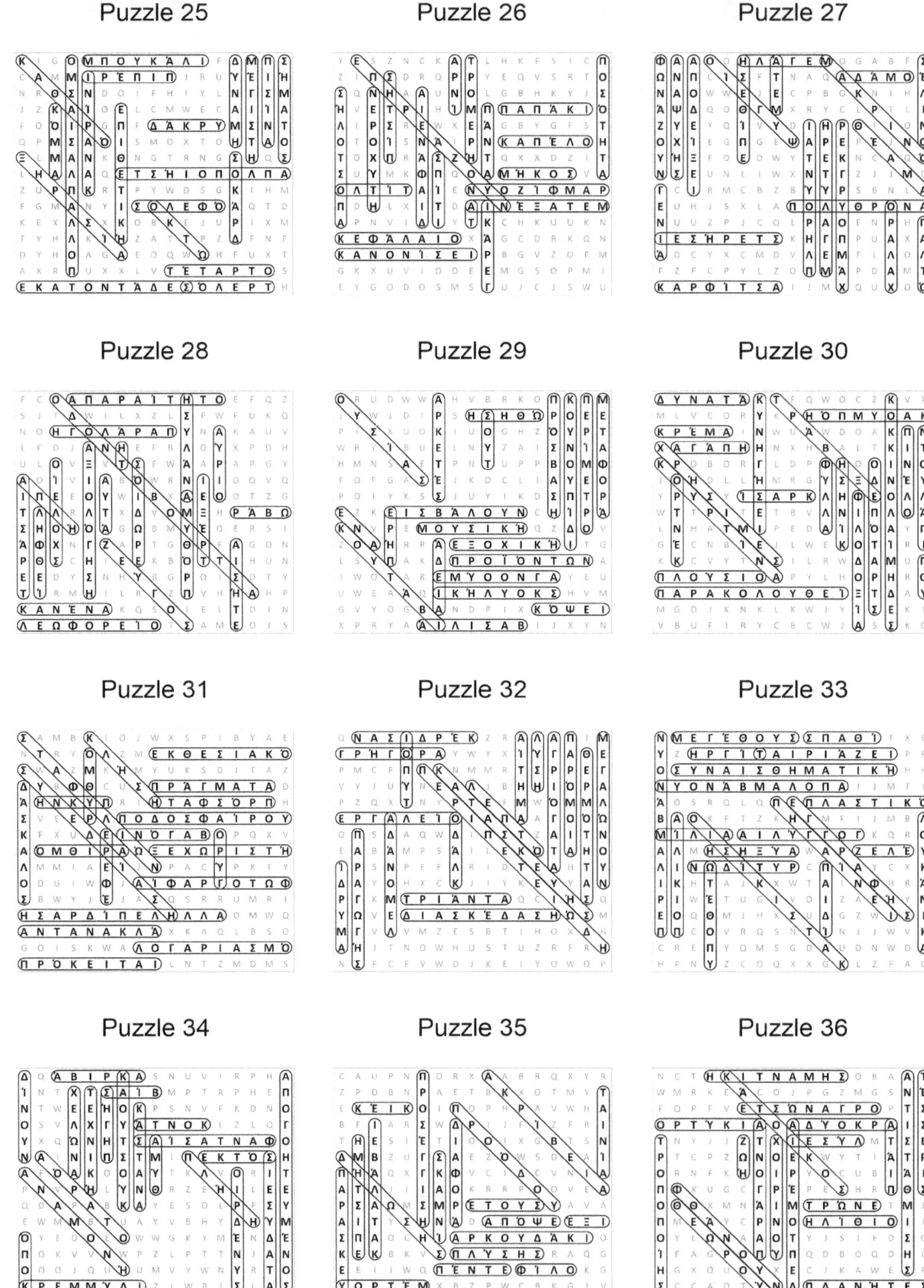

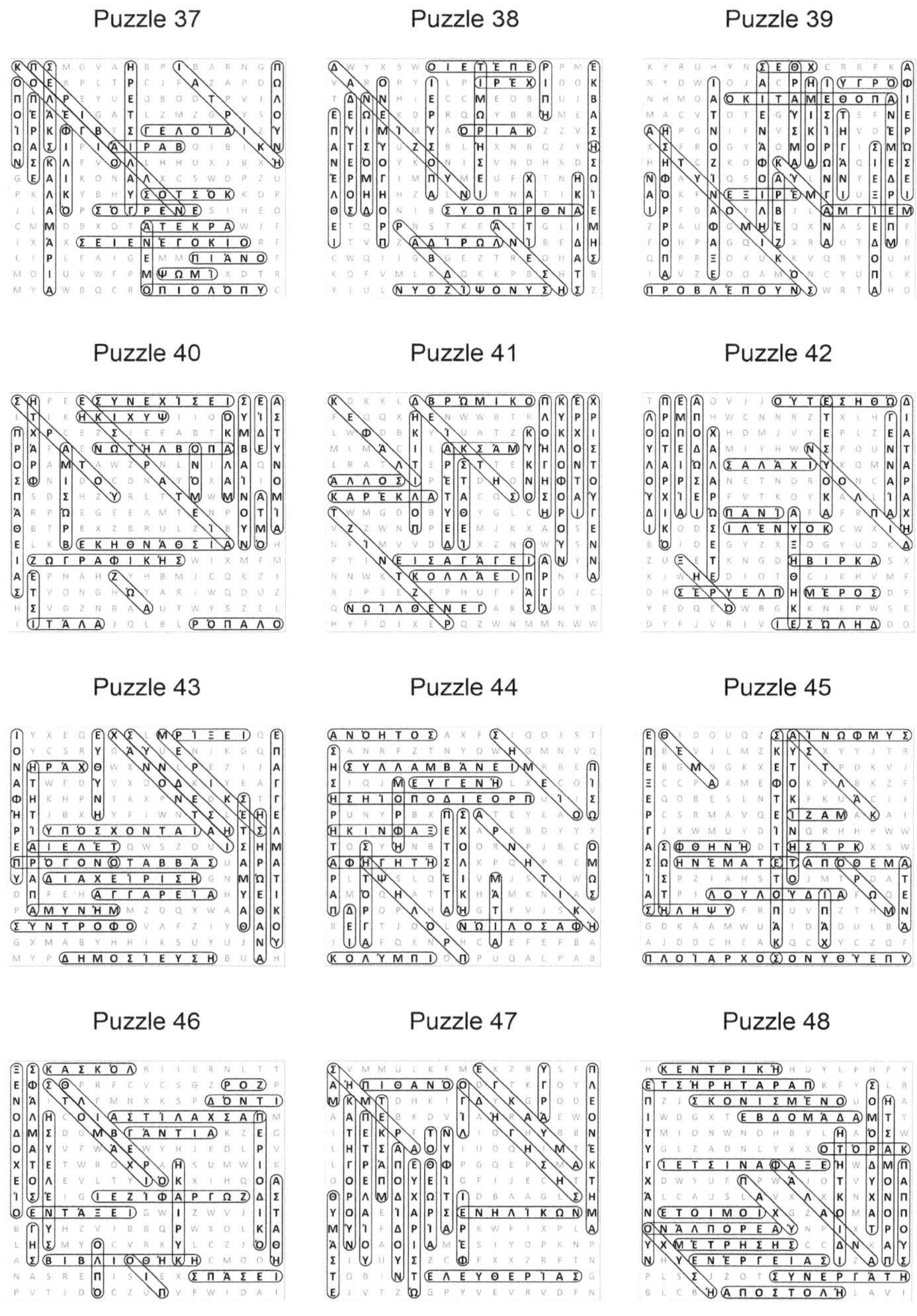

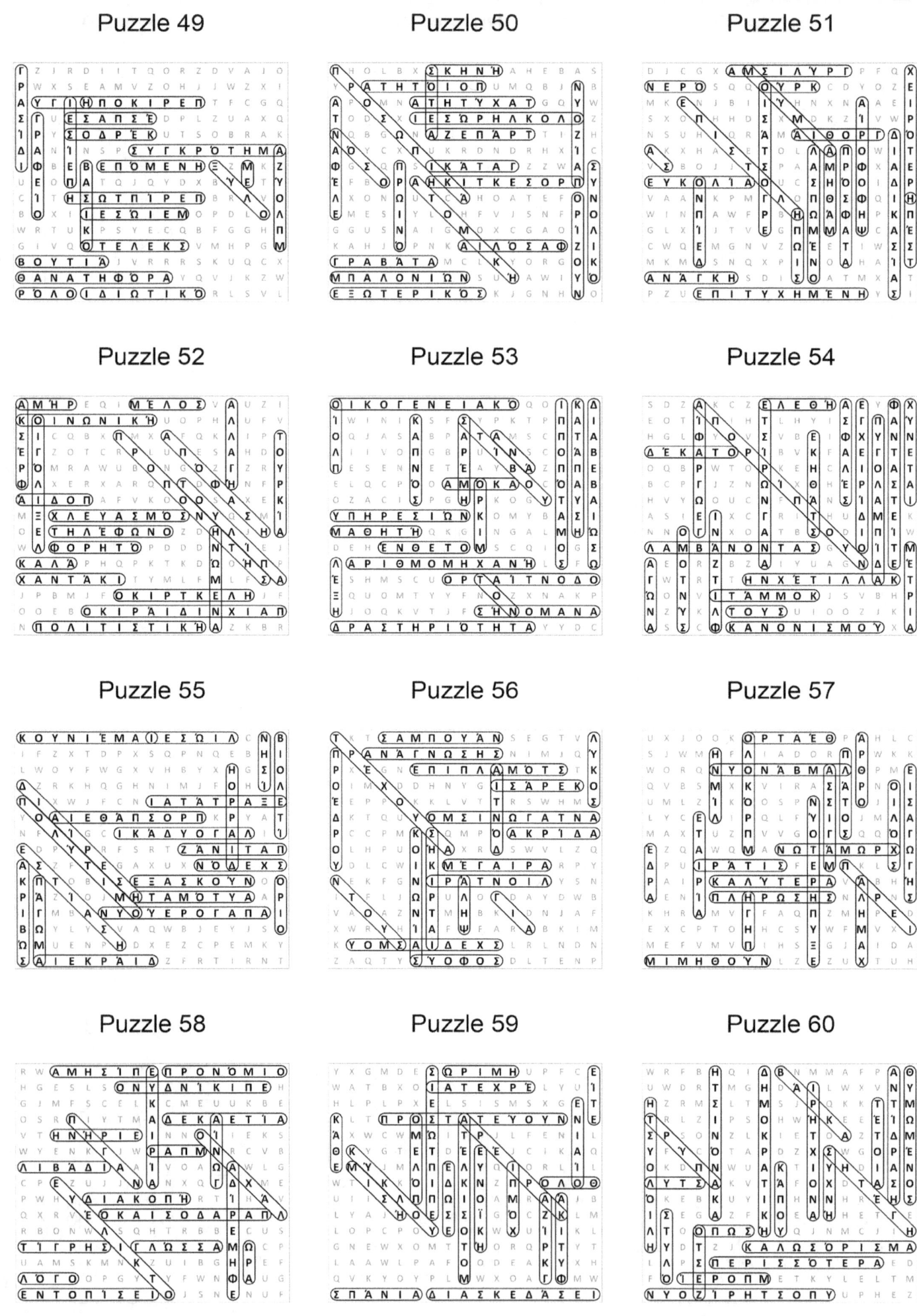

Puzzle 49

Puzzle 50

Puzzle 51

Puzzle 52

Puzzle 53

Puzzle 54

Puzzle 55

Puzzle 56

Puzzle 57

Puzzle 58

Puzzle 59

Puzzle 60

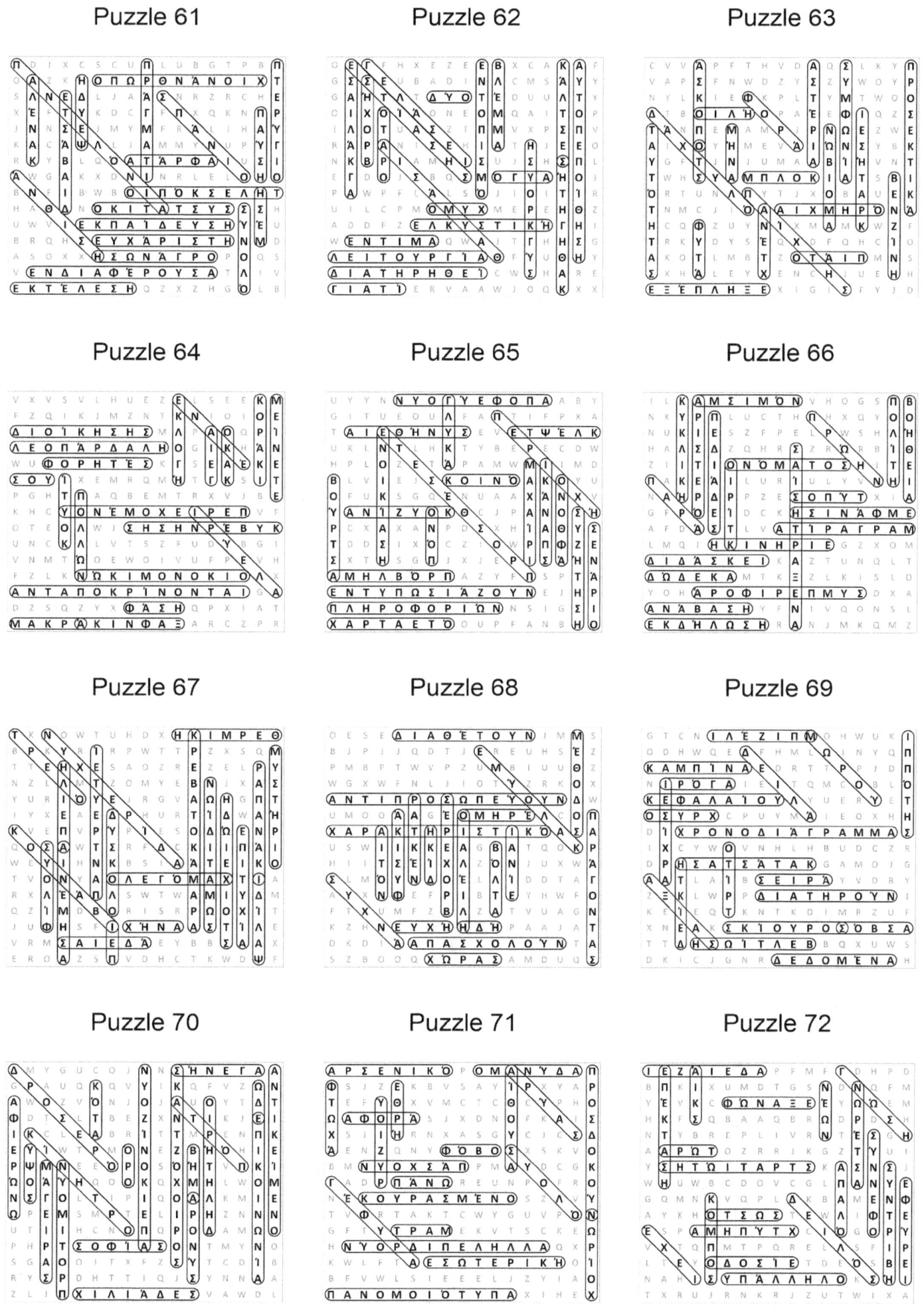

Puzzle 61

Puzzle 62

Puzzle 63

Puzzle 64

Puzzle 65

Puzzle 66

Puzzle 67

Puzzle 68

Puzzle 69

Puzzle 70

Puzzle 71

Puzzle 72

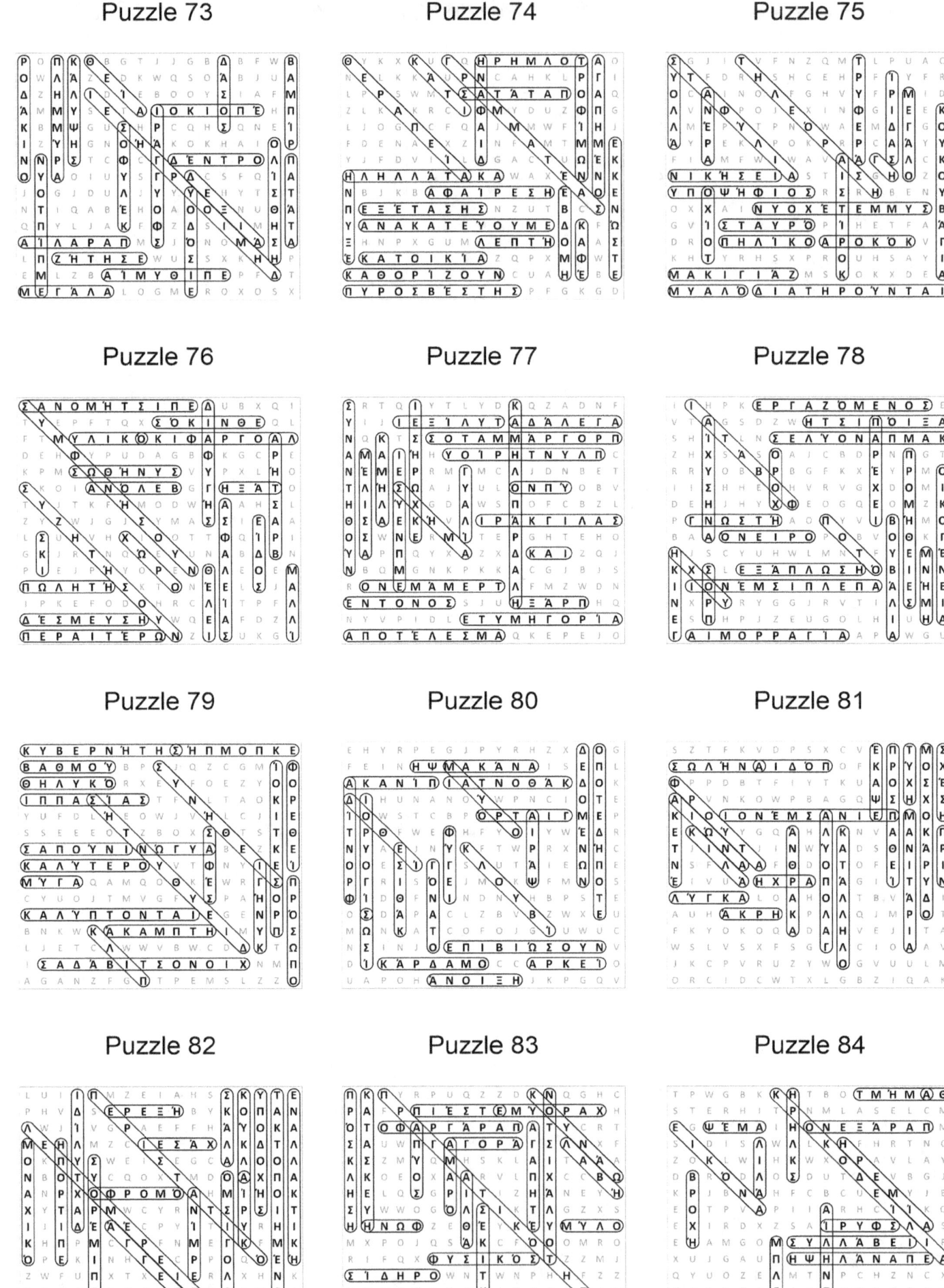

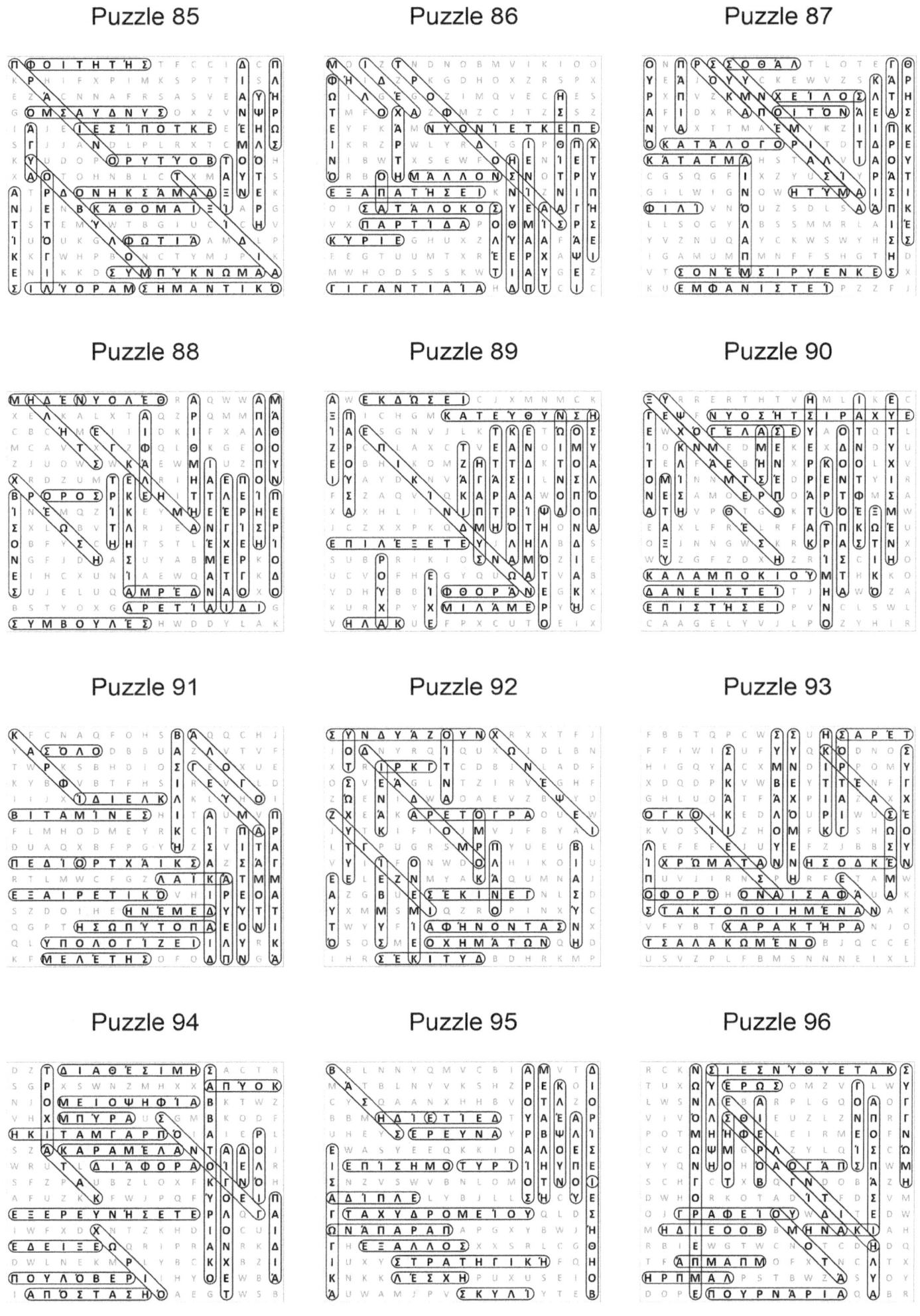

Puzzle 85
Puzzle 86
Puzzle 87
Puzzle 88
Puzzle 89
Puzzle 90
Puzzle 91
Puzzle 92
Puzzle 93
Puzzle 94
Puzzle 95
Puzzle 96

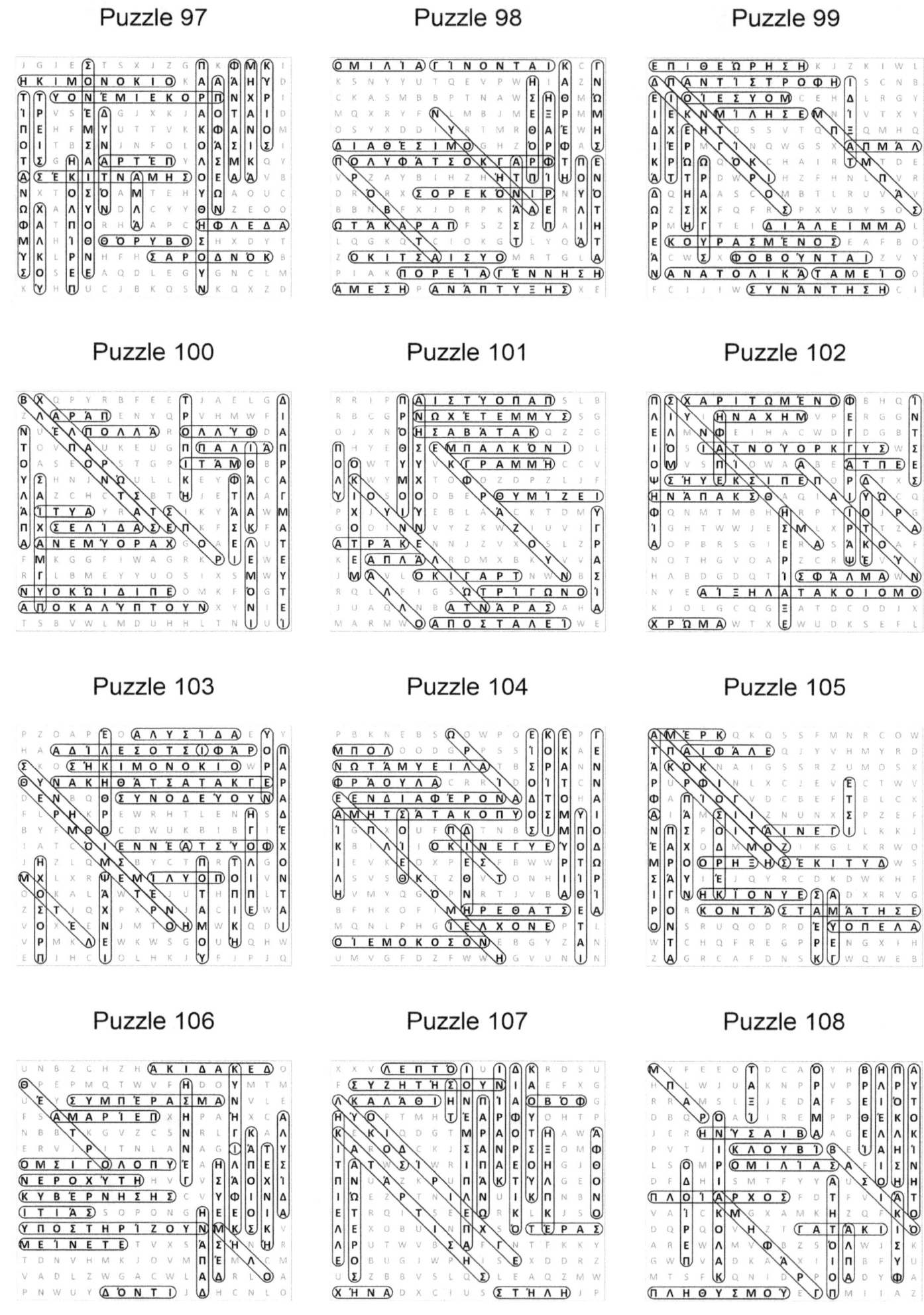

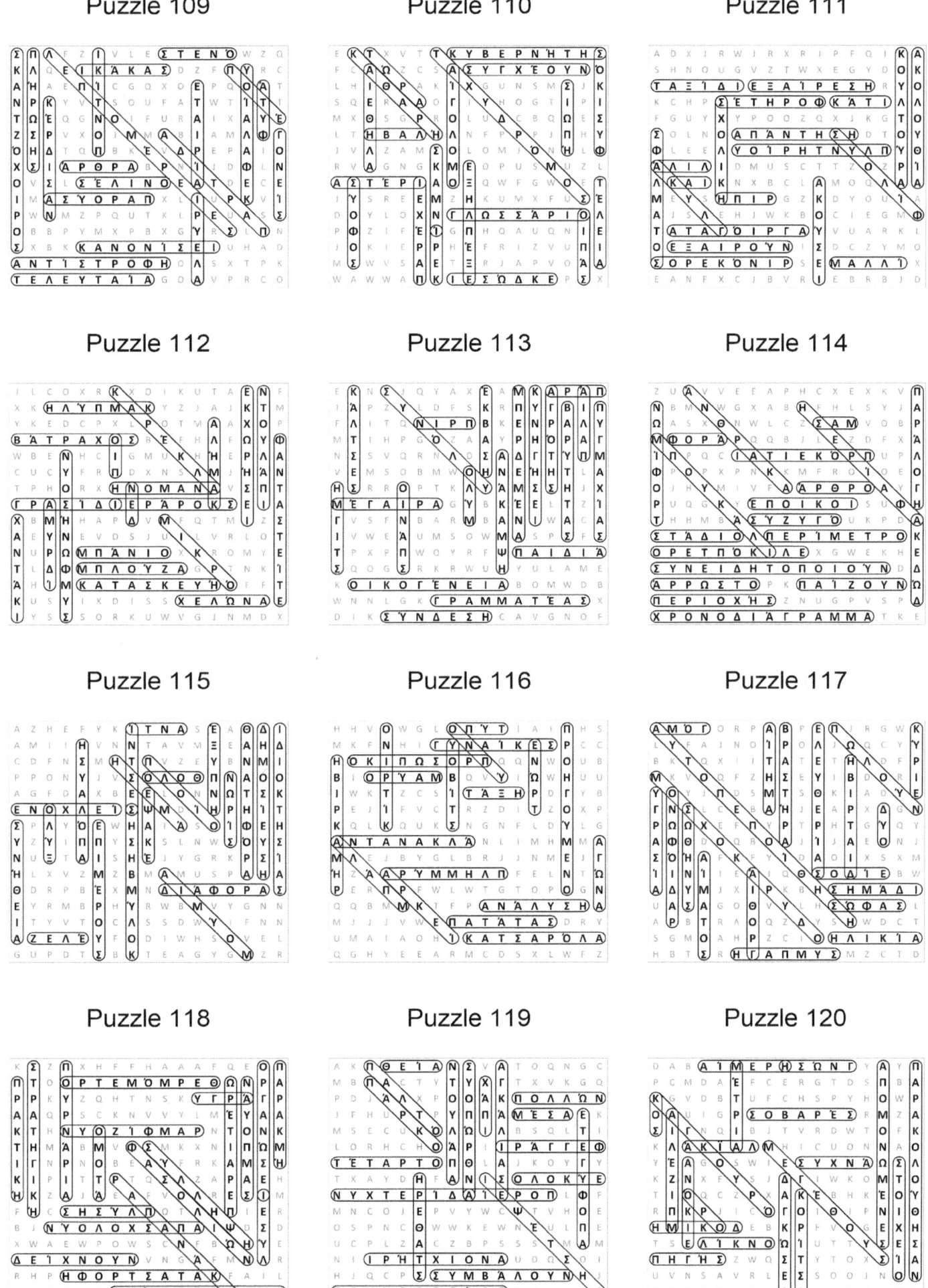

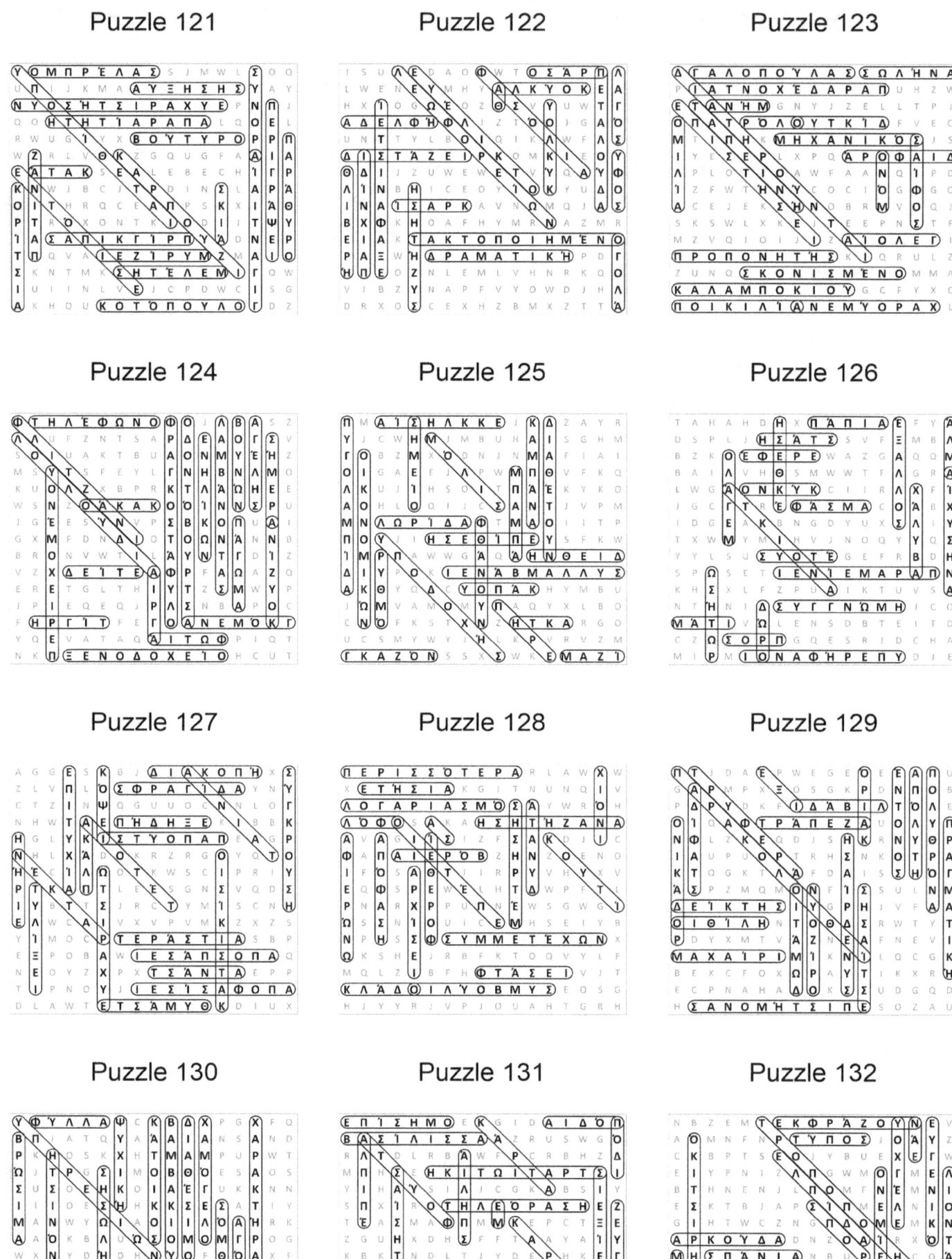

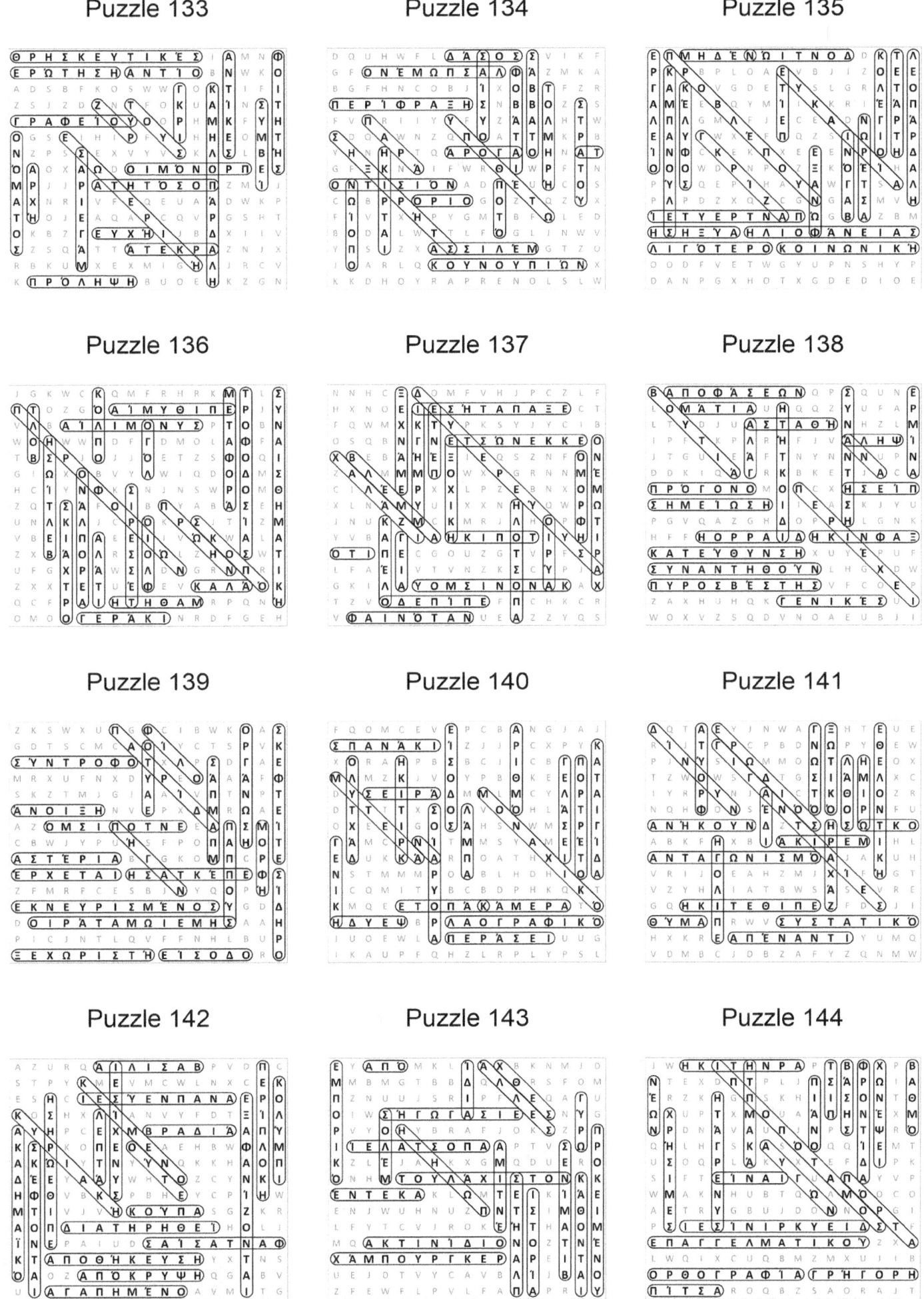

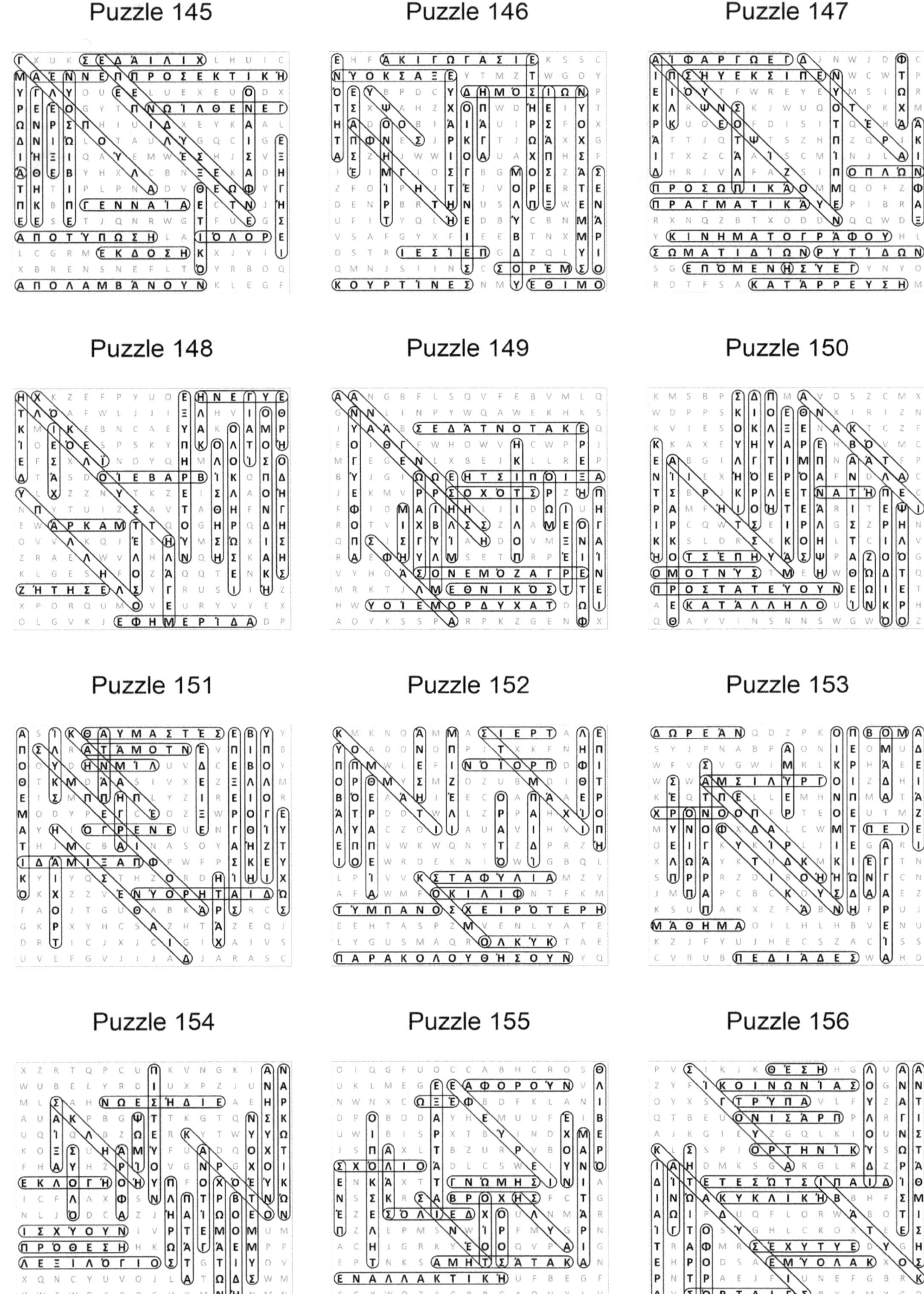

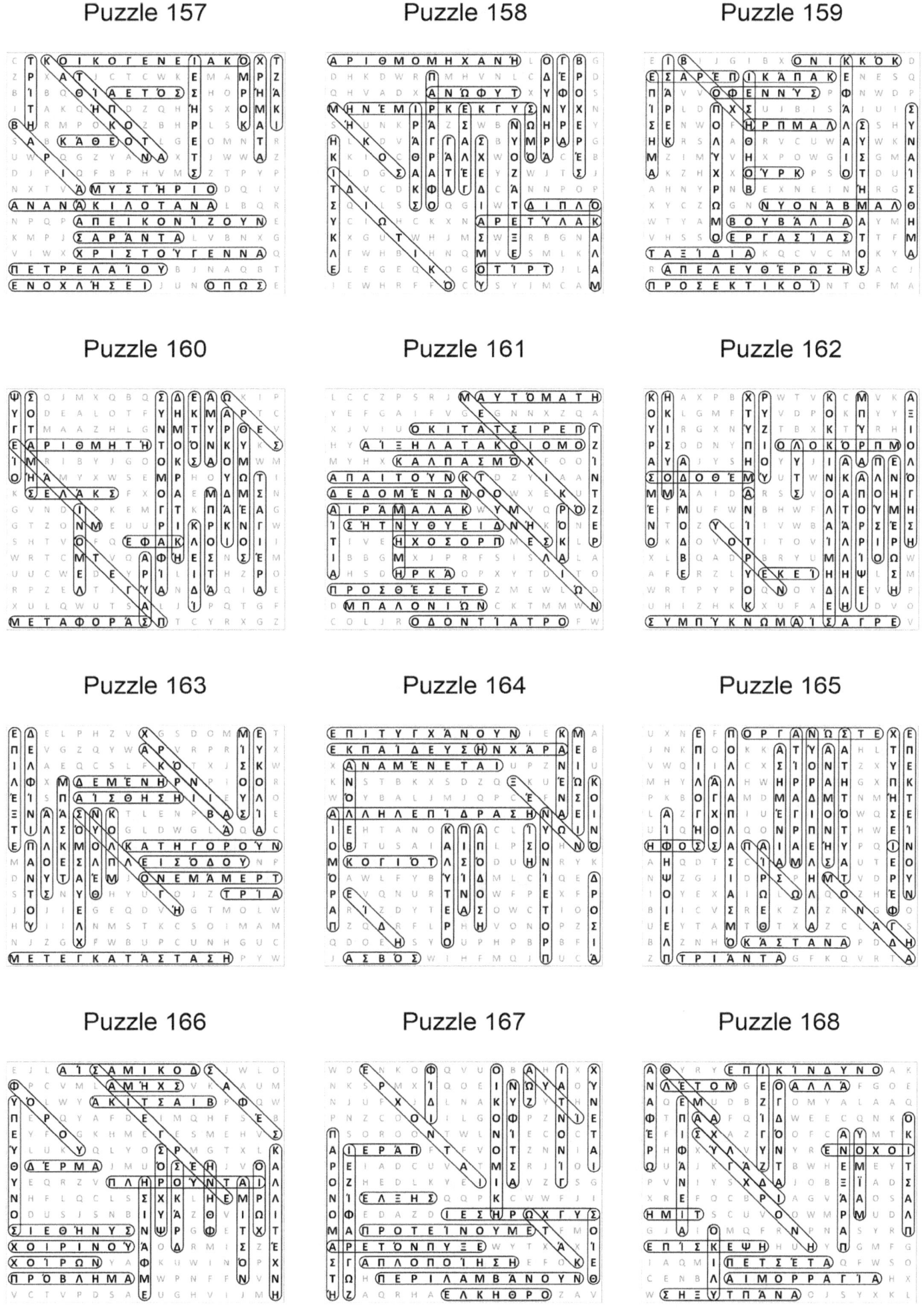

Puzzle 169

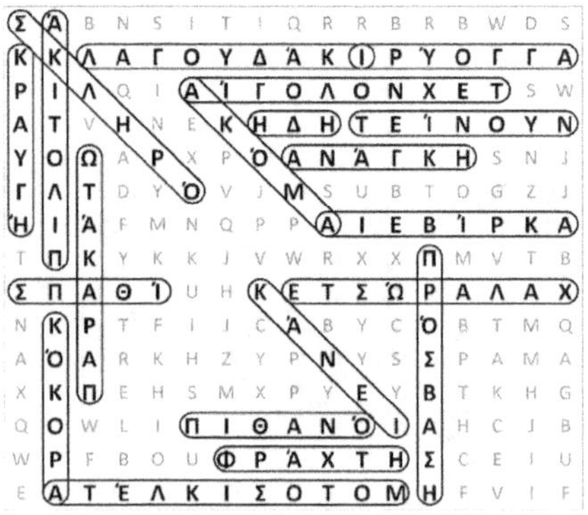

Puzzle 170

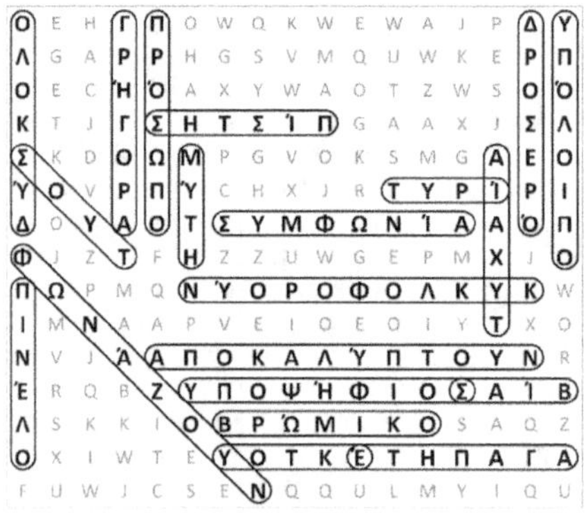

Puzzle 171

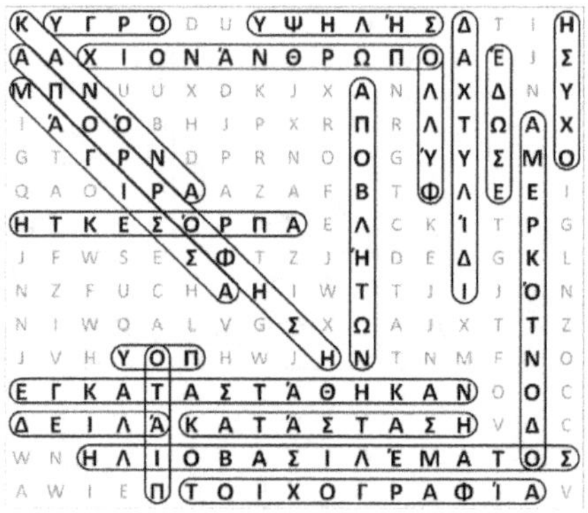

Puzzle 172

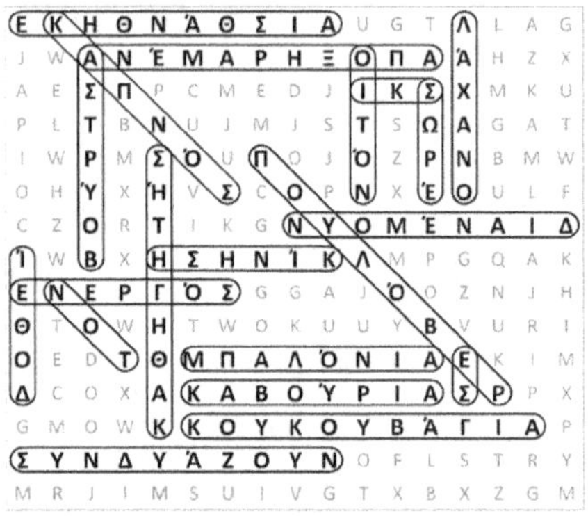

Puzzle 173

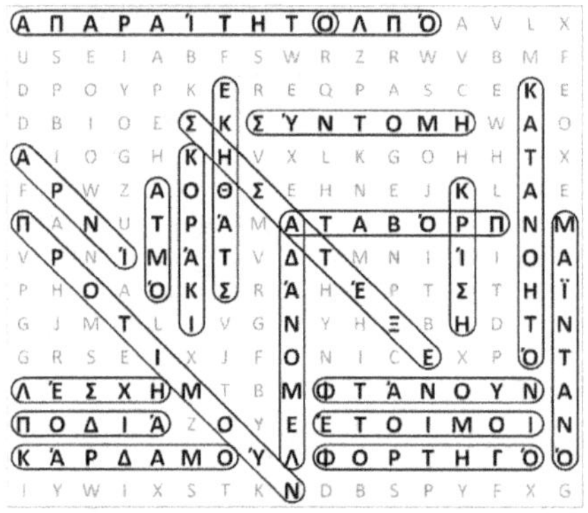

Puzzle 174

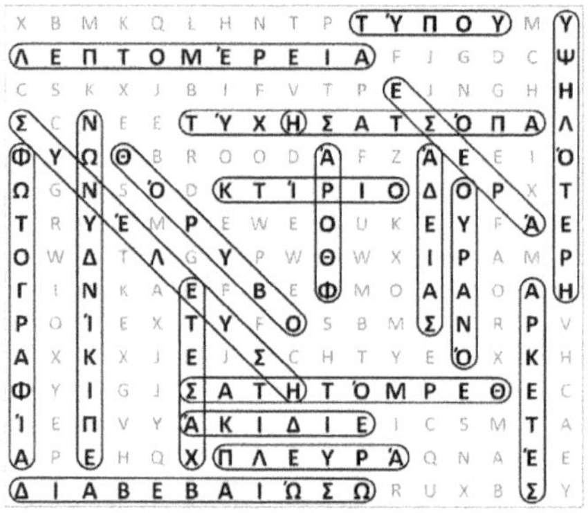

Puzzle 175

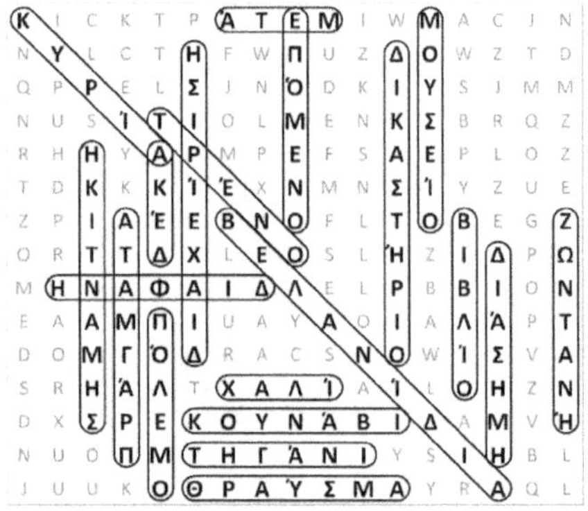

Puzzle 176

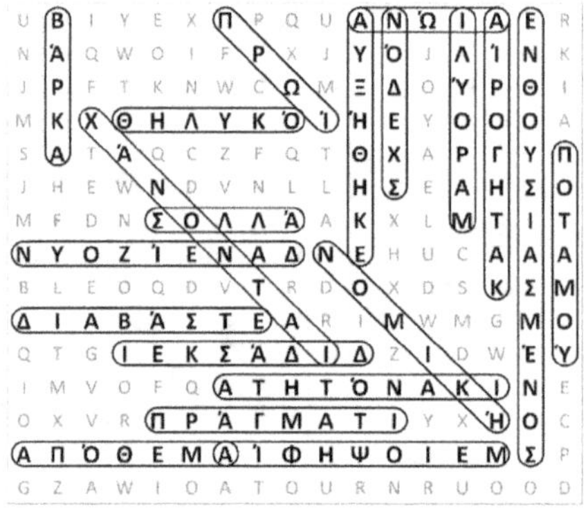

Puzzle 177

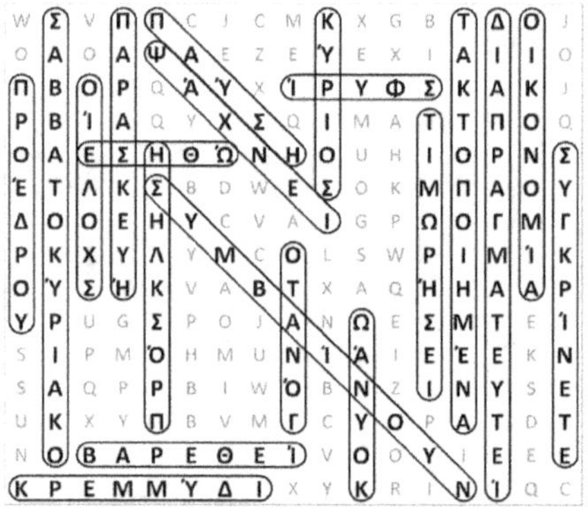

Puzzle 178

Puzzle 179

Puzzle 180

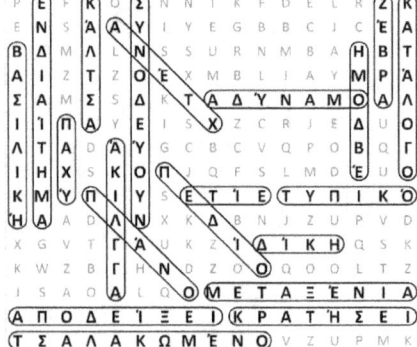

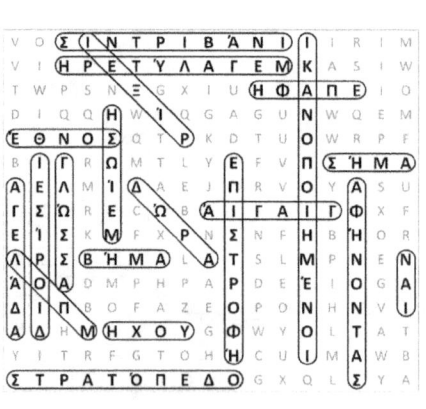

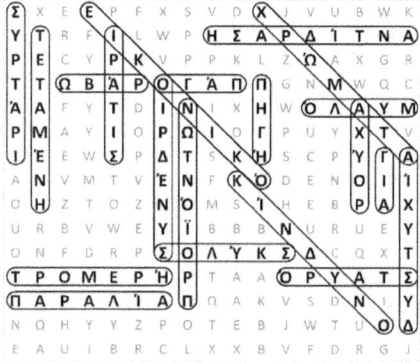

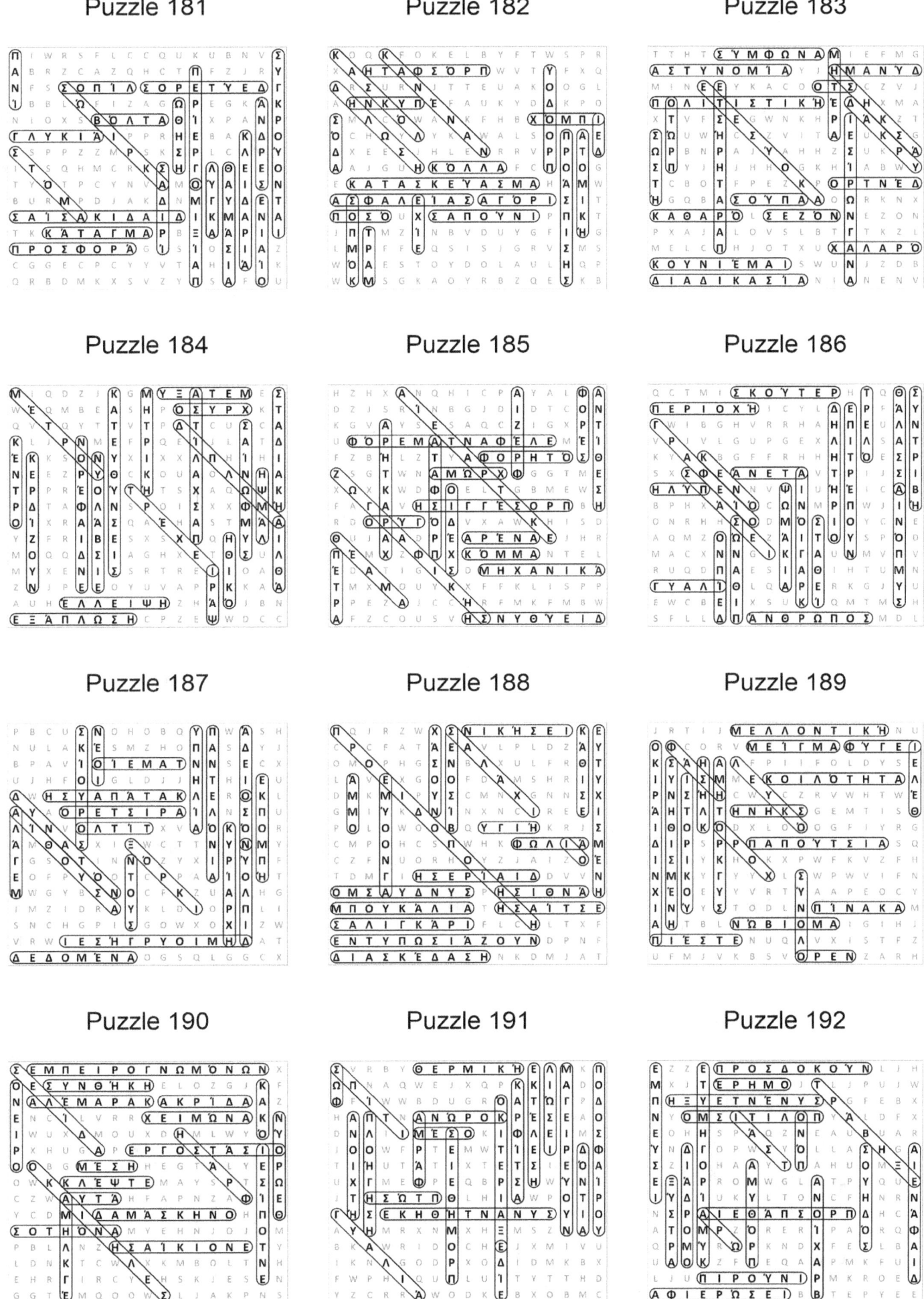

Puzzle 181

Puzzle 182

Puzzle 183

Puzzle 184

Puzzle 185

Puzzle 186

Puzzle 187

Puzzle 188

Puzzle 189

Puzzle 190

Puzzle 191

Puzzle 192

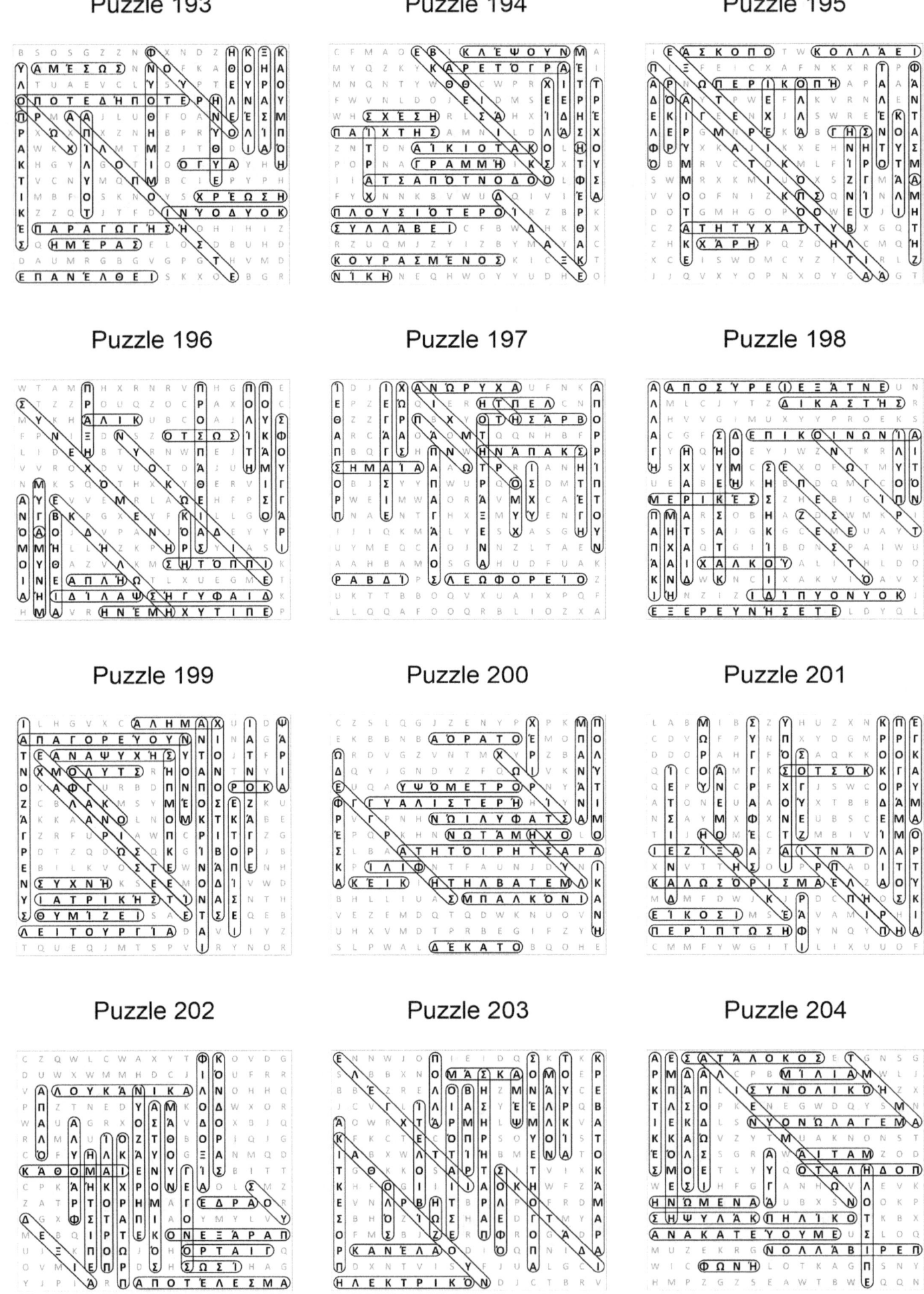

Puzzle 193

Puzzle 194

Puzzle 195

Puzzle 196

Puzzle 197

Puzzle 198

Puzzle 199

Puzzle 200

Puzzle 201

Puzzle 202

Puzzle 203

Puzzle 204

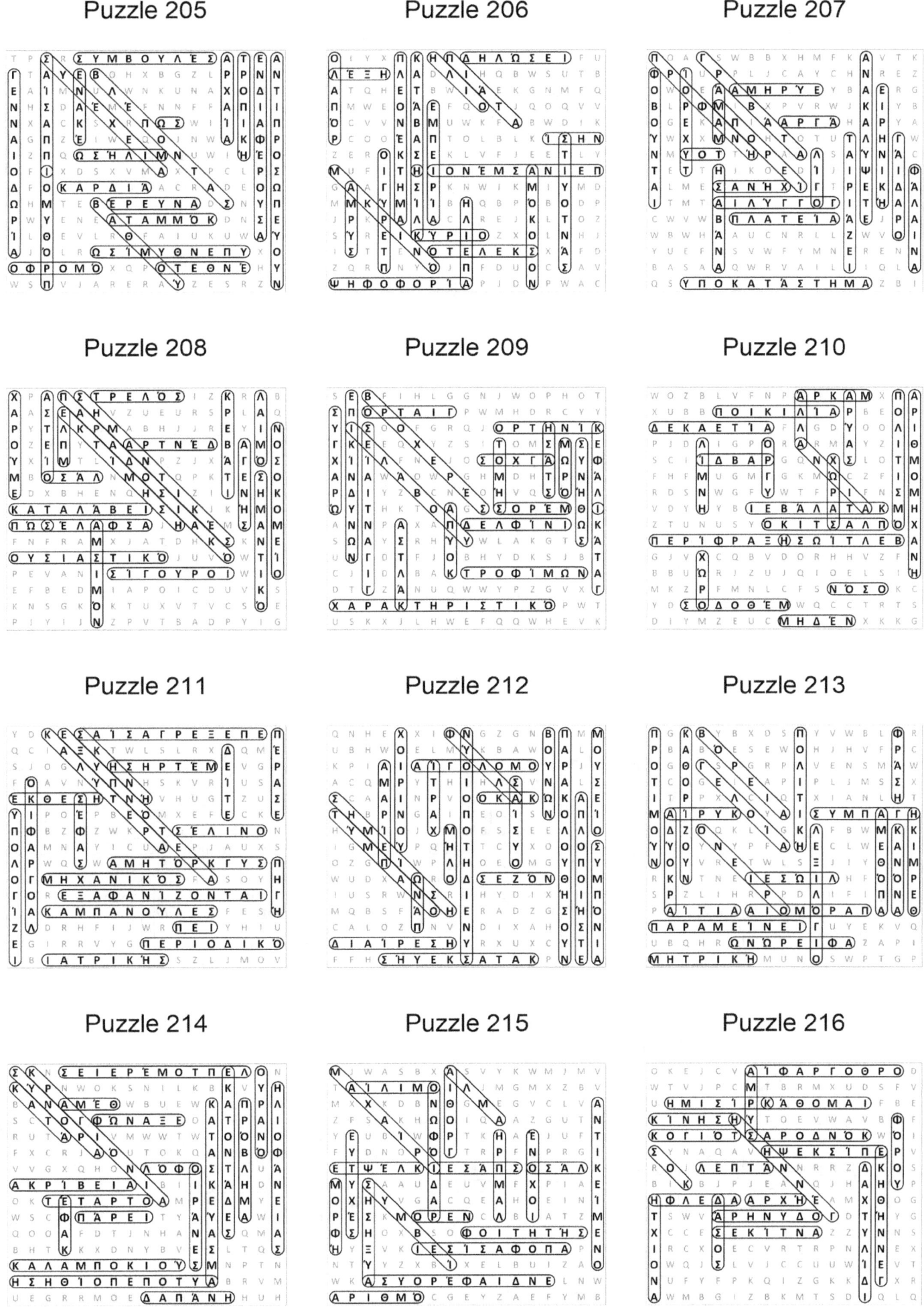

Puzzle 205

Puzzle 206

Puzzle 207

Puzzle 208

Puzzle 209

Puzzle 210

Puzzle 211

Puzzle 212

Puzzle 213

Puzzle 214

Puzzle 215

Puzzle 216

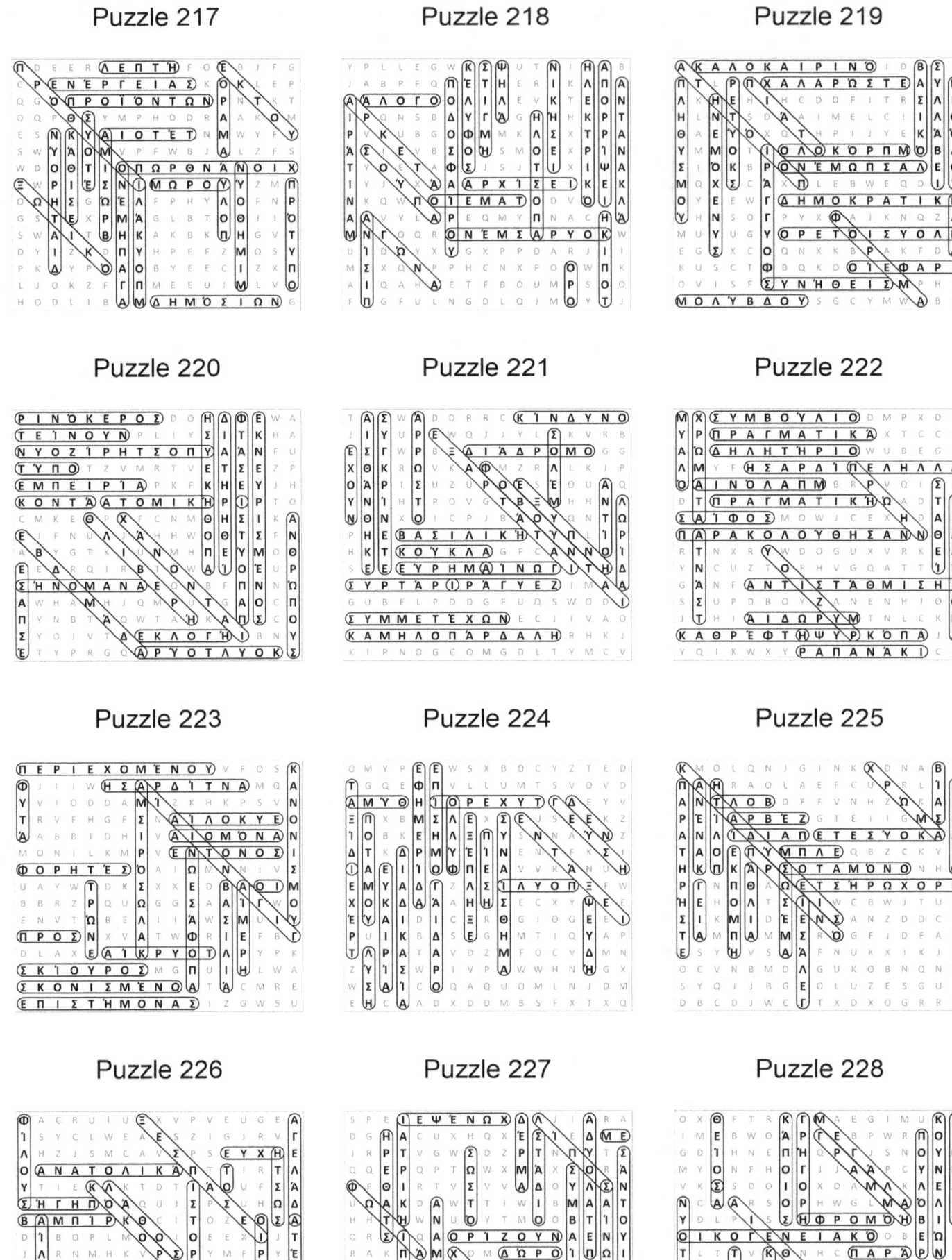

Puzzle 217

Puzzle 218

Puzzle 219

Puzzle 220

Puzzle 221

Puzzle 222

Puzzle 223

Puzzle 224

Puzzle 225

Puzzle 226

Puzzle 227

Puzzle 228

Puzzle 229

Puzzle 230

Puzzle 231

Puzzle 232

Puzzle 233

Puzzle 234

Puzzle 235

Puzzle 236

Puzzle 237

Puzzle 238

Puzzle 239

Puzzle 240

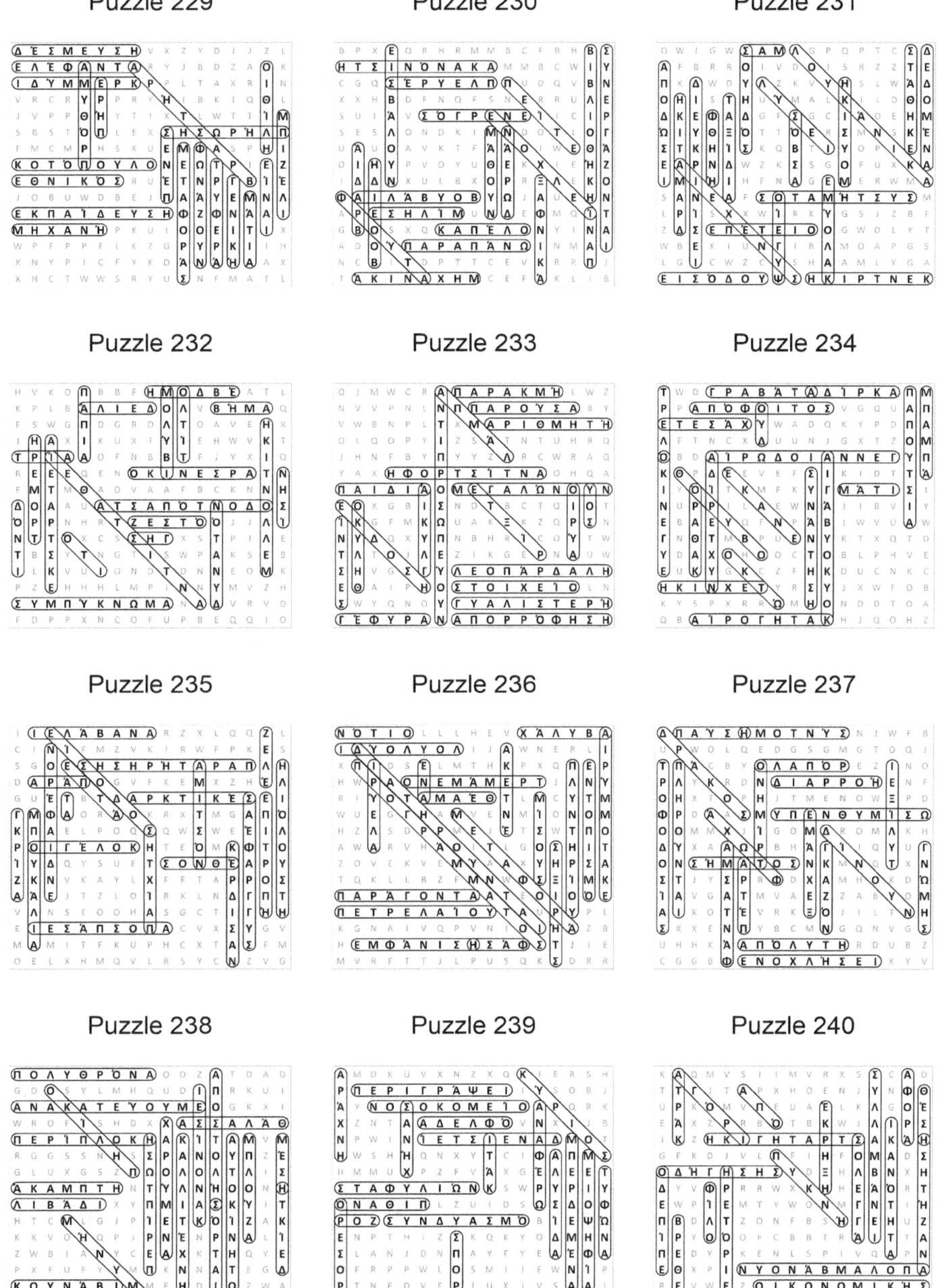

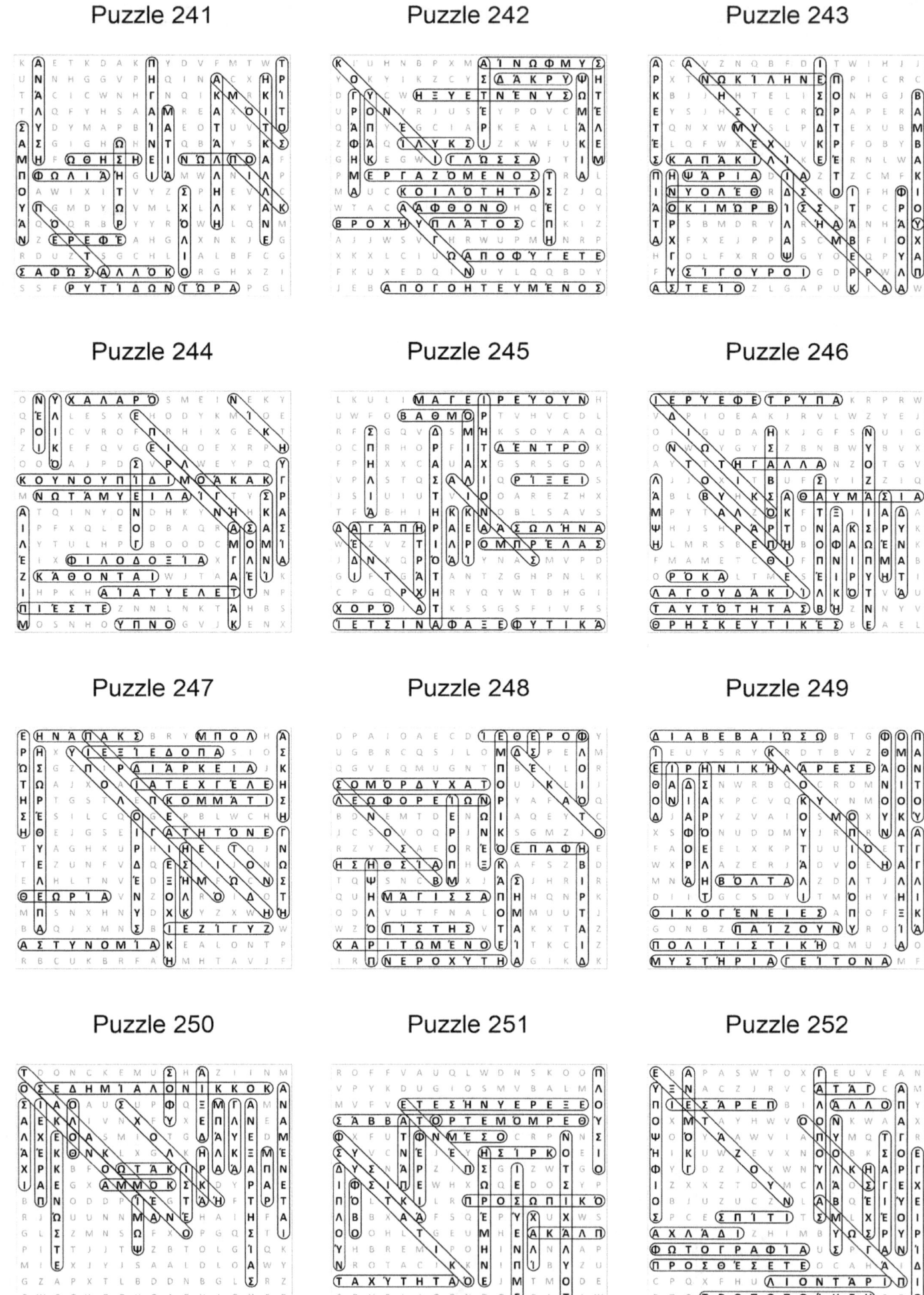

Puzzle 241

Puzzle 242

Puzzle 243

Puzzle 244

Puzzle 245

Puzzle 246

Puzzle 247

Puzzle 248

Puzzle 249

Puzzle 250

Puzzle 251

Puzzle 252

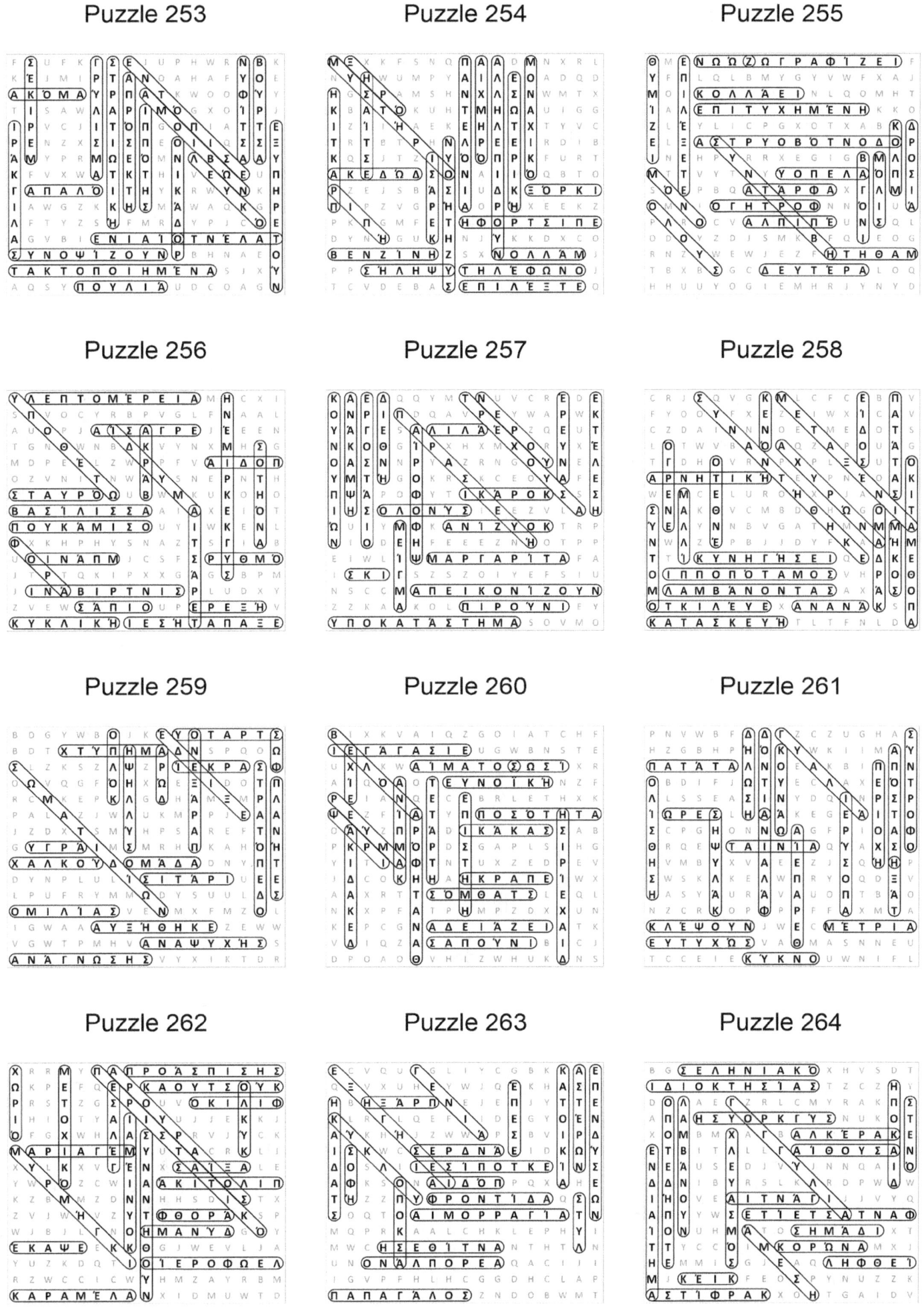

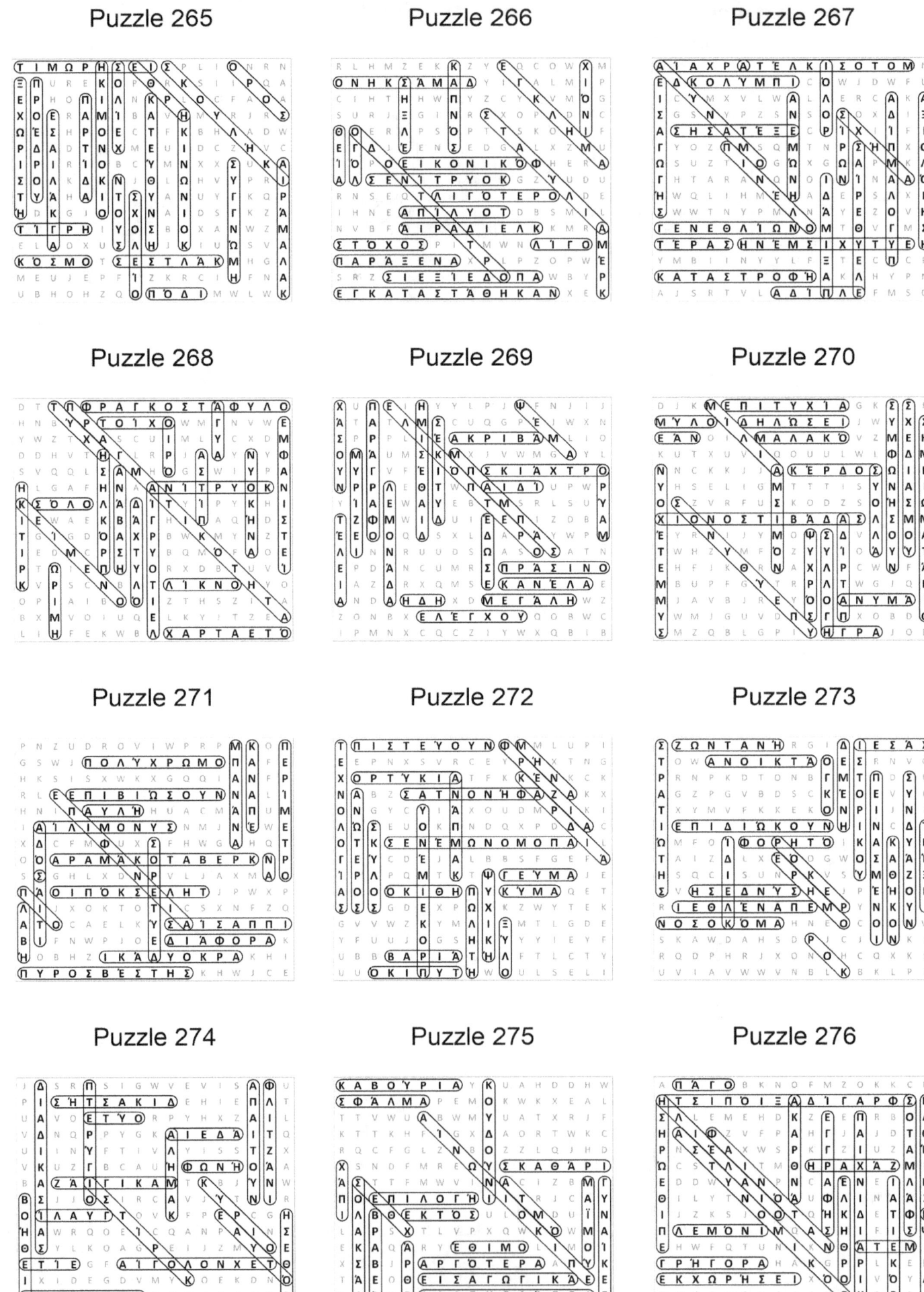

Puzzle 265

Puzzle 266

Puzzle 267

Puzzle 268

Puzzle 269

Puzzle 270

Puzzle 271

Puzzle 272

Puzzle 273

Puzzle 274

Puzzle 275

Puzzle 276

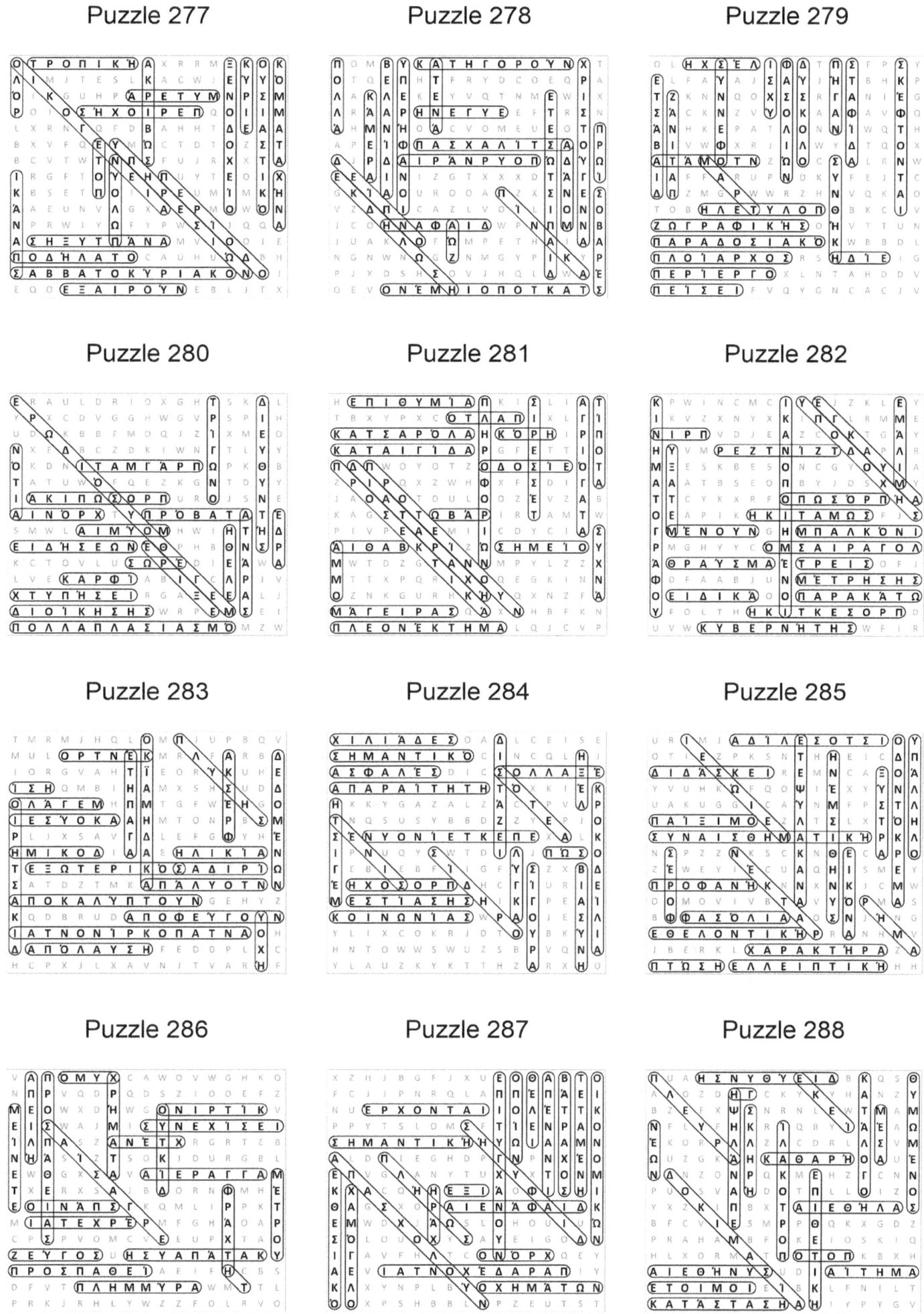

Puzzle 277

Puzzle 278

Puzzle 279

Puzzle 280

Puzzle 281

Puzzle 282

Puzzle 283

Puzzle 284

Puzzle 285

Puzzle 286

Puzzle 287

Puzzle 288

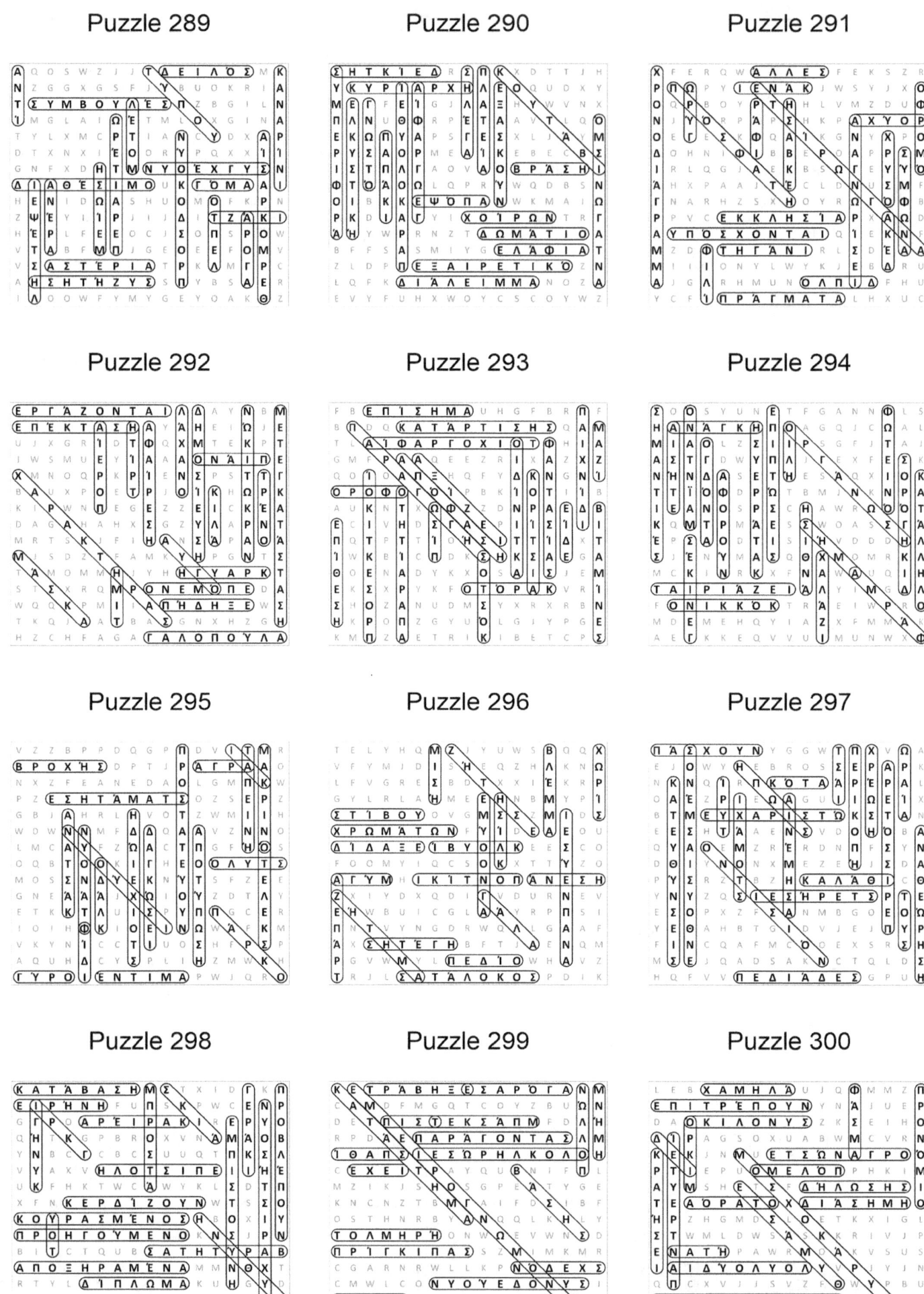

Puzzle 289

Puzzle 290

Puzzle 291

Puzzle 292

Puzzle 293

Puzzle 294

Puzzle 295

Puzzle 296

Puzzle 297

Puzzle 298

Puzzle 299

Puzzle 300

Puzzle 301

Puzzle 302

Puzzle 303

Puzzle 304

Puzzle 305

Puzzle 306

Puzzle 307

Puzzle 308

Puzzle 309

Puzzle 310

Puzzle 311

Puzzle 312

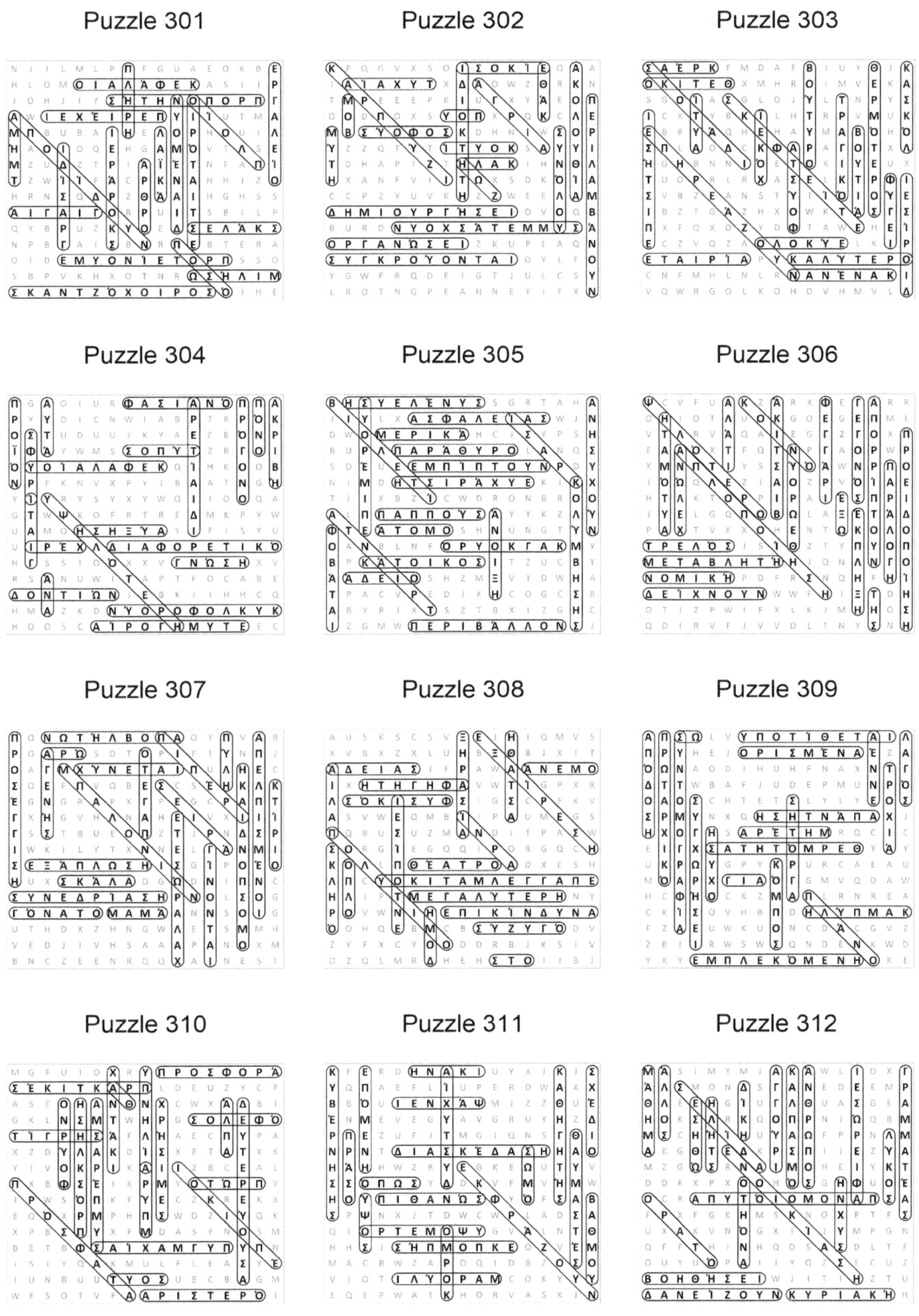

Puzzle 313

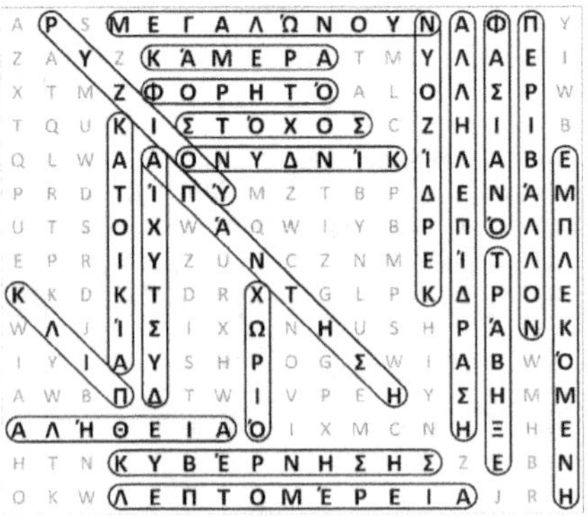

Puzzle 314

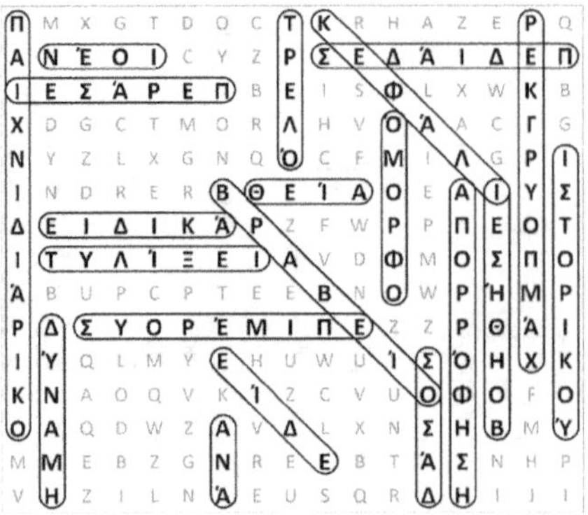

Puzzle 315

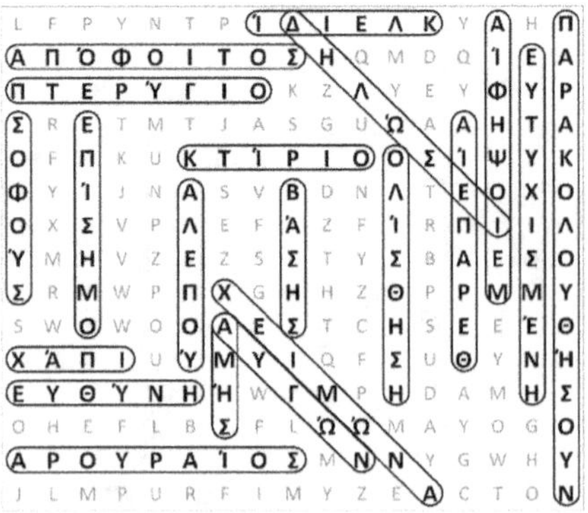

Puzzle 316

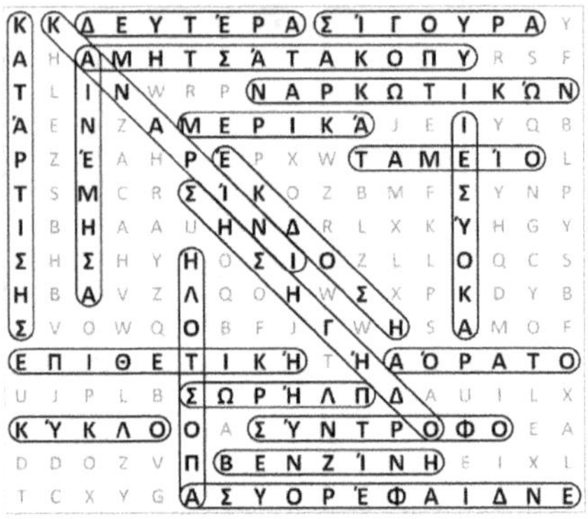

Puzzle 317

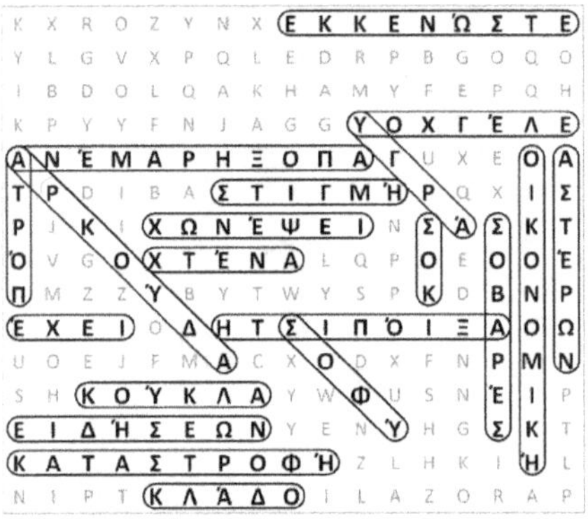

Puzzle 318

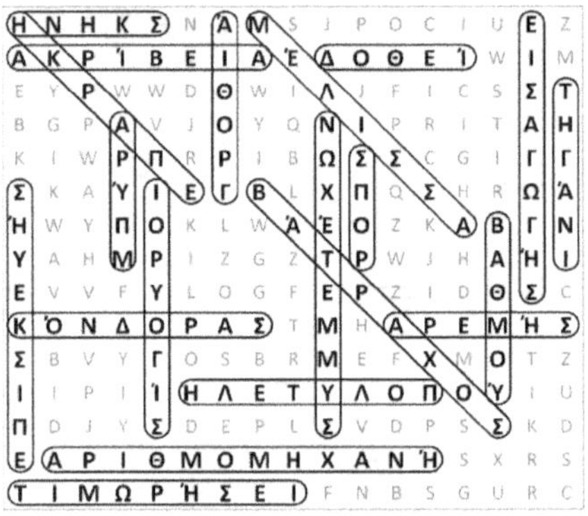

Puzzle 319

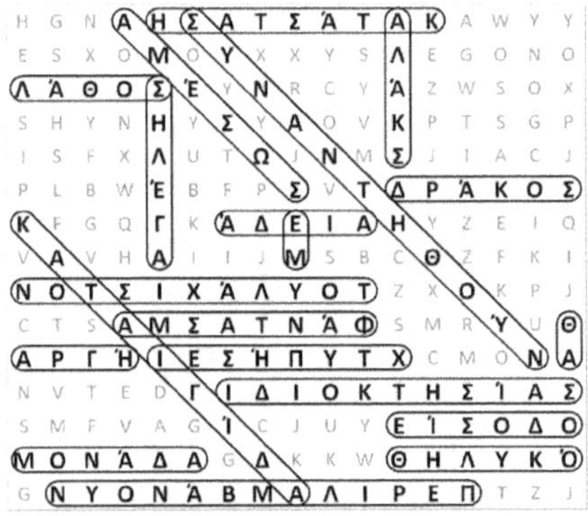

Puzzle 320

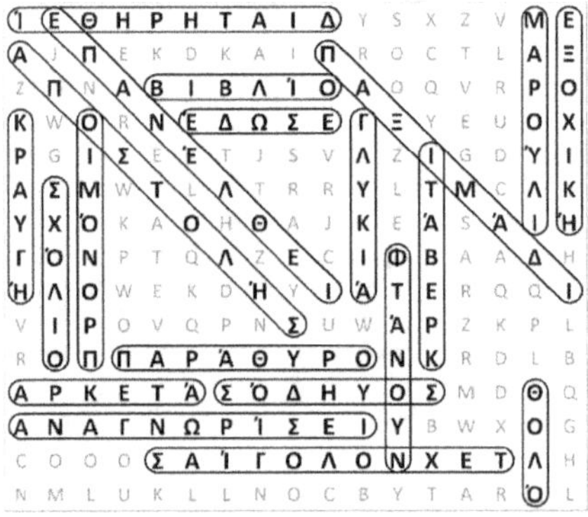

Puzzle 321

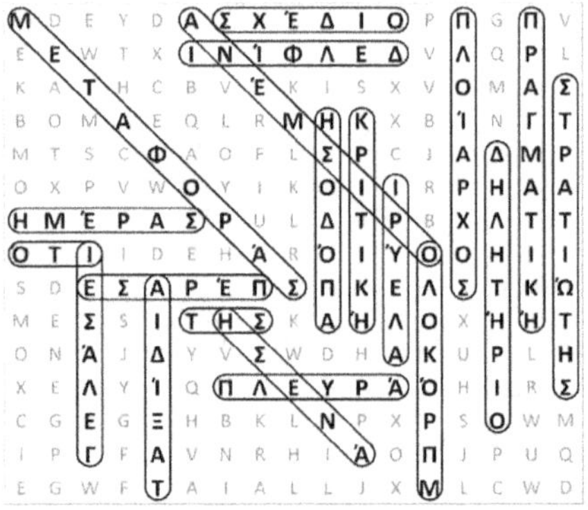

Puzzle 322

Puzzle 323

Puzzle 324

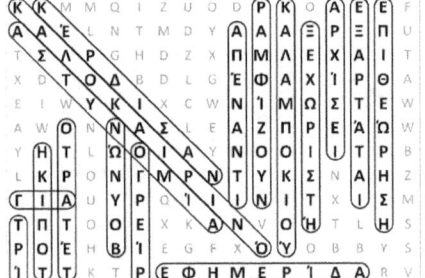

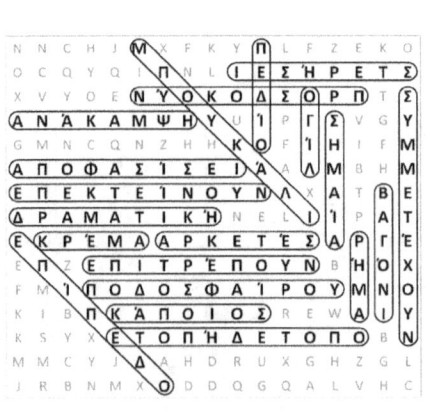

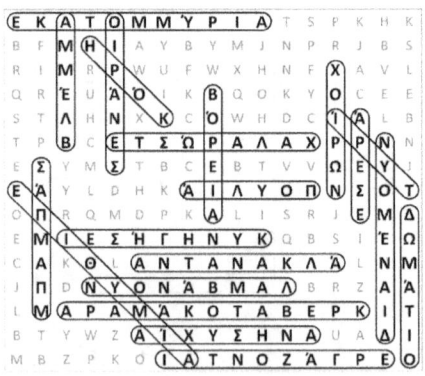

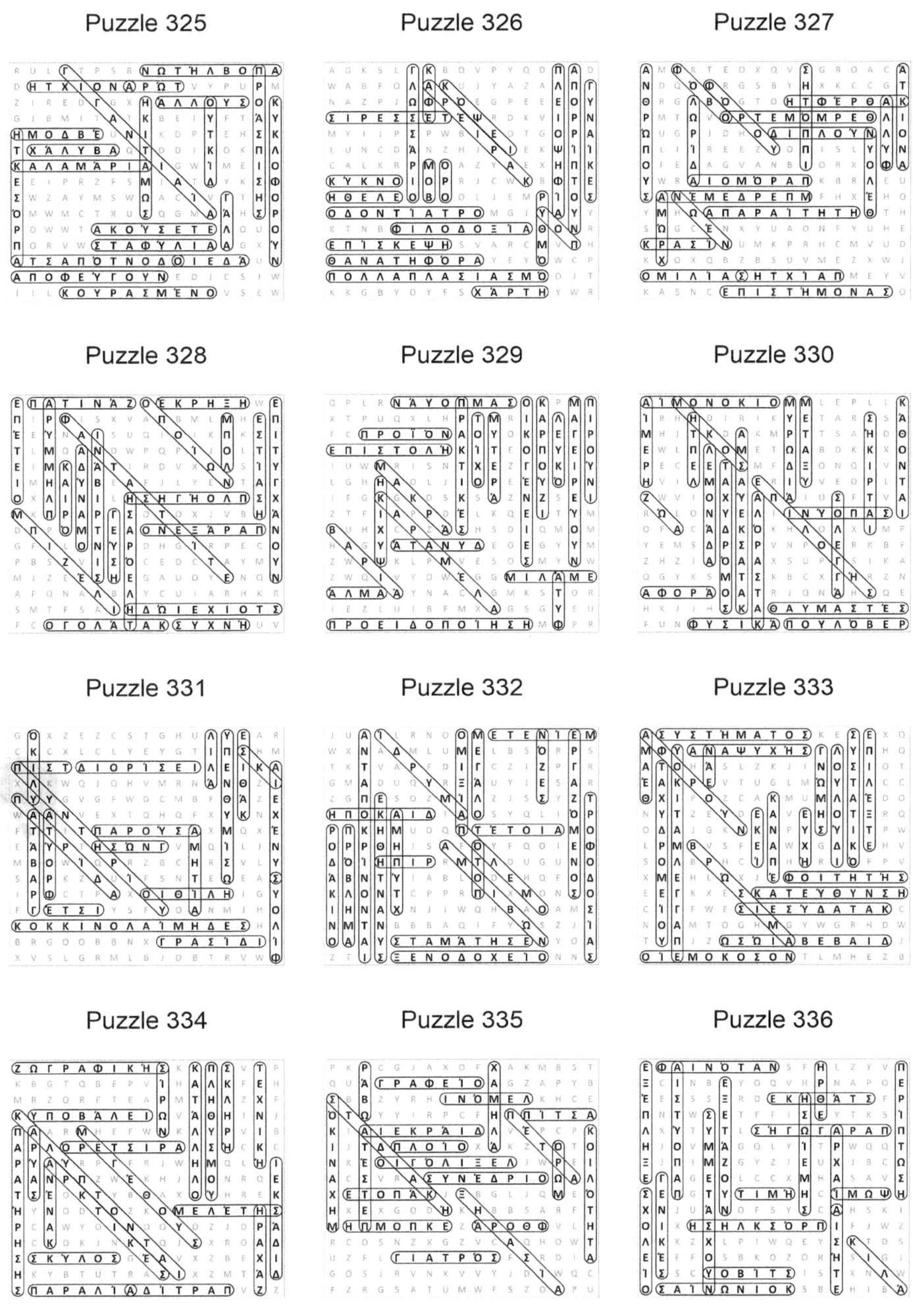

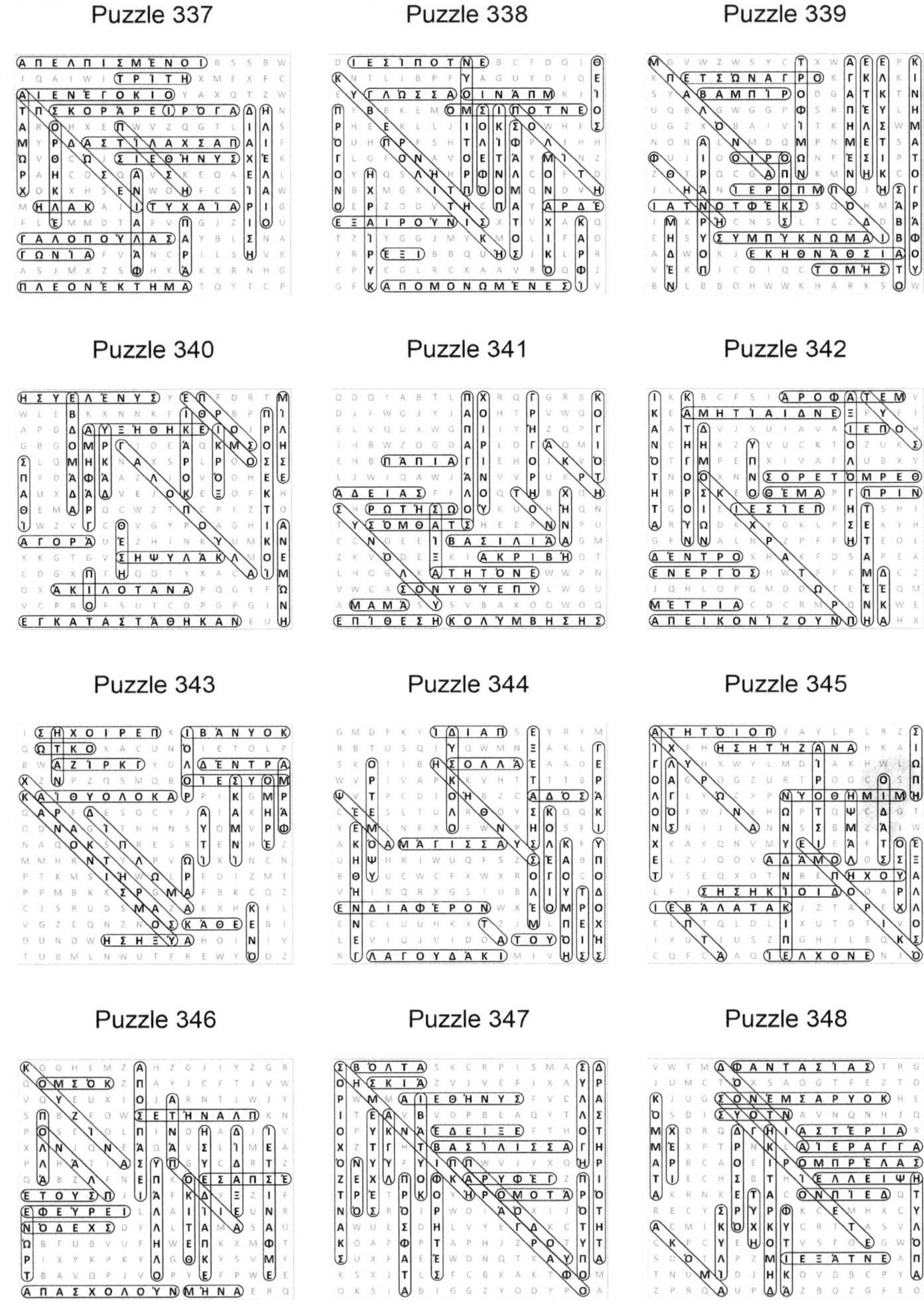

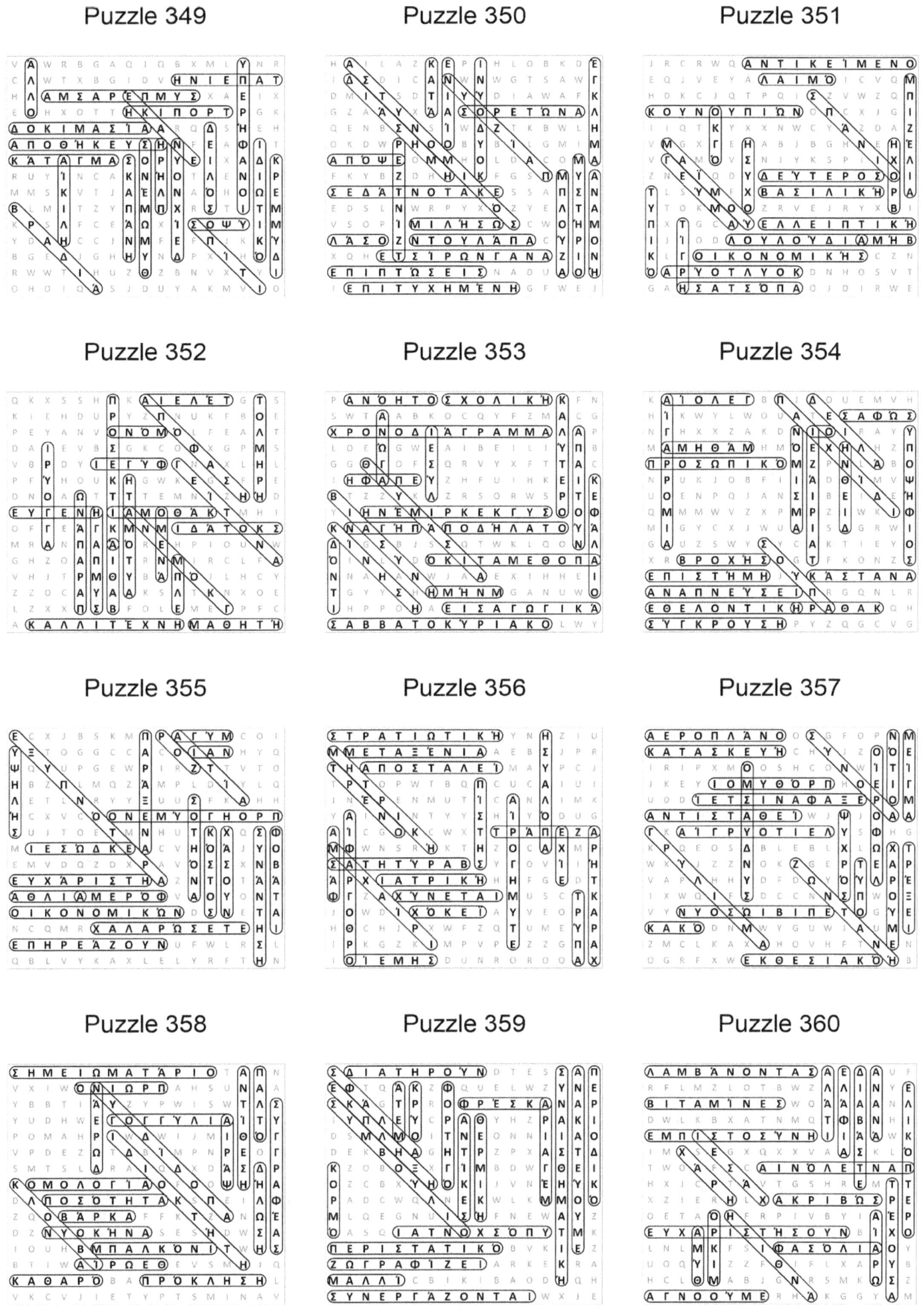

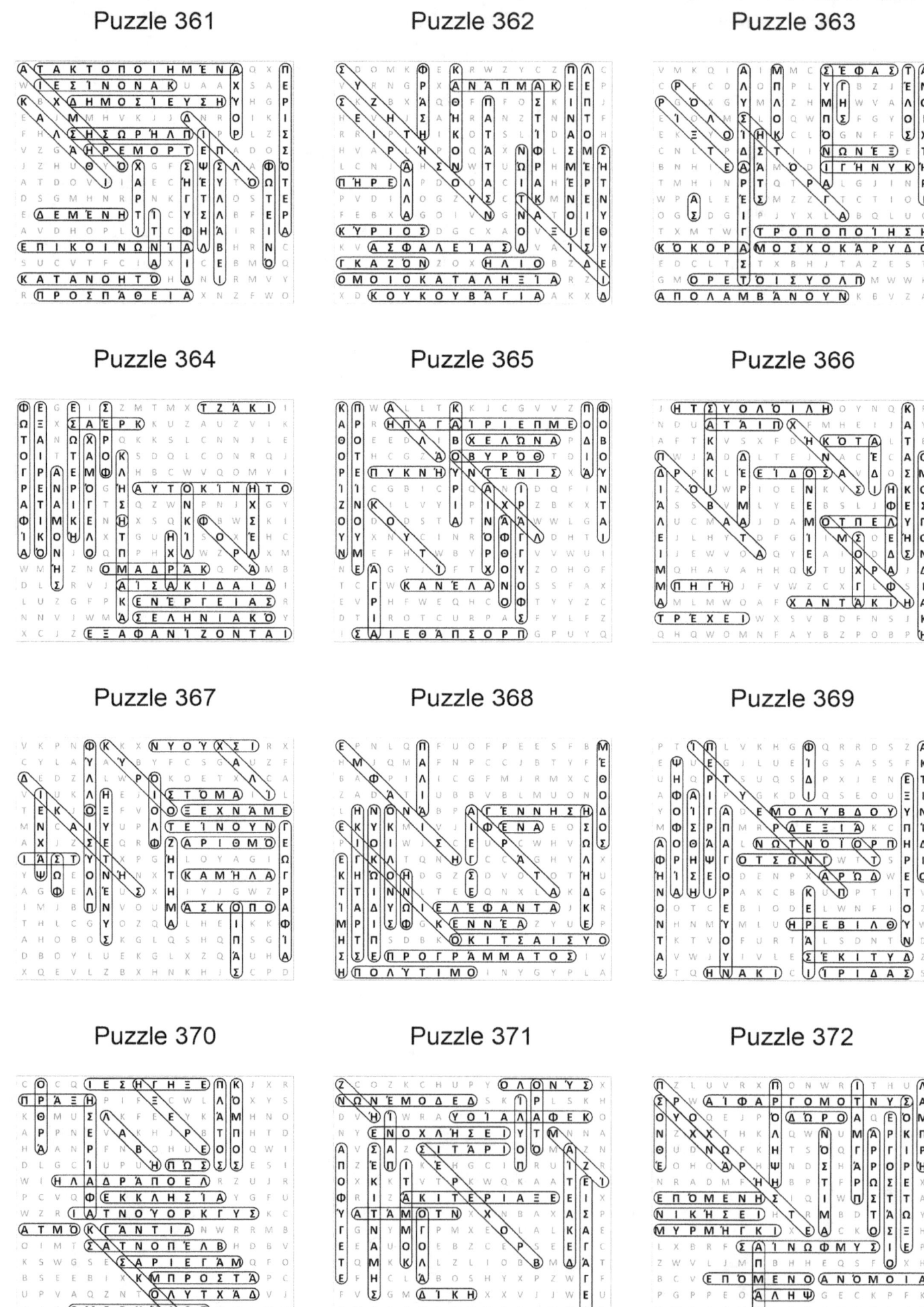

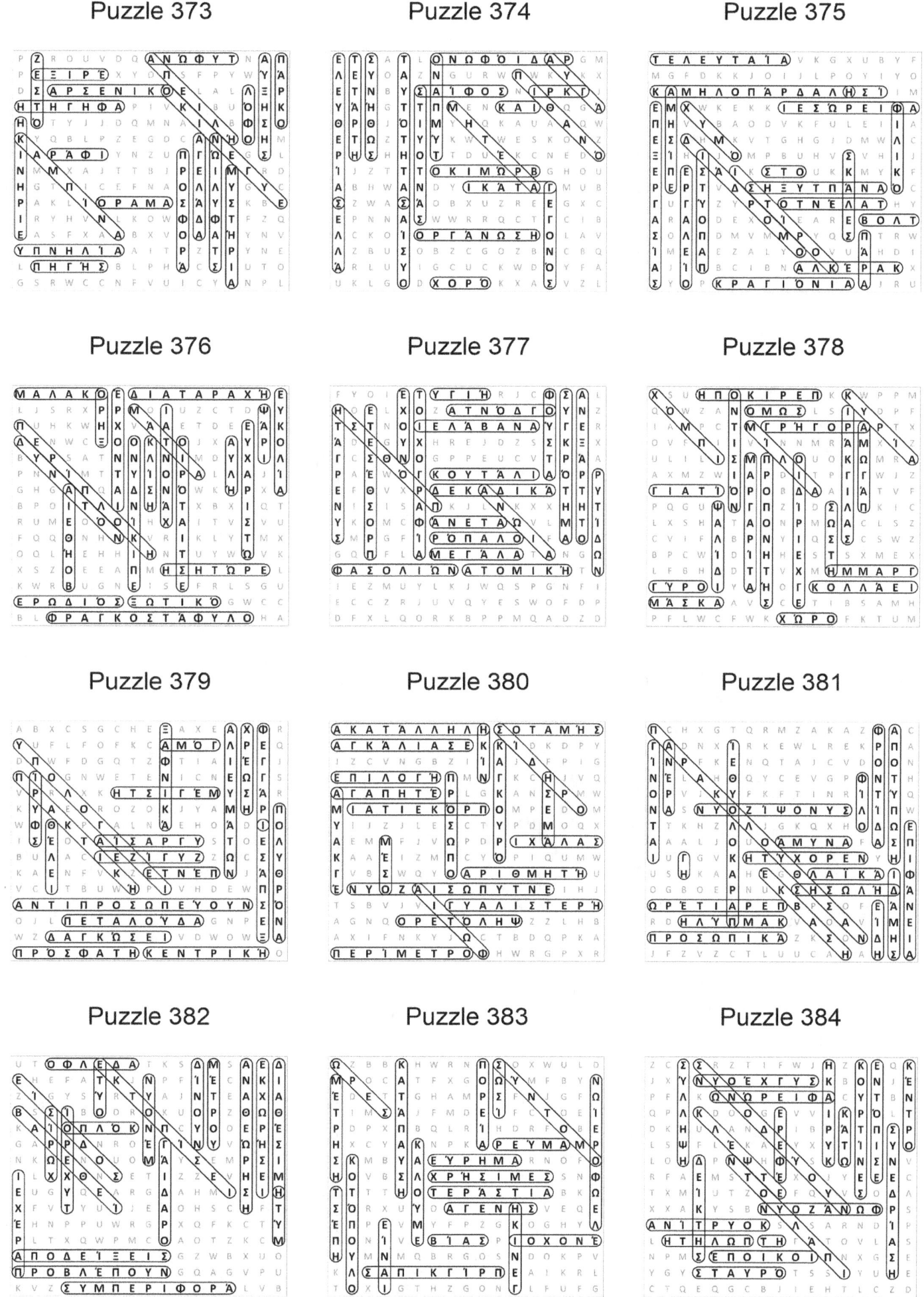

Puzzle 373

Puzzle 374

Puzzle 375

Puzzle 376

Puzzle 377

Puzzle 378

Puzzle 379

Puzzle 380

Puzzle 381

Puzzle 382

Puzzle 383

Puzzle 384

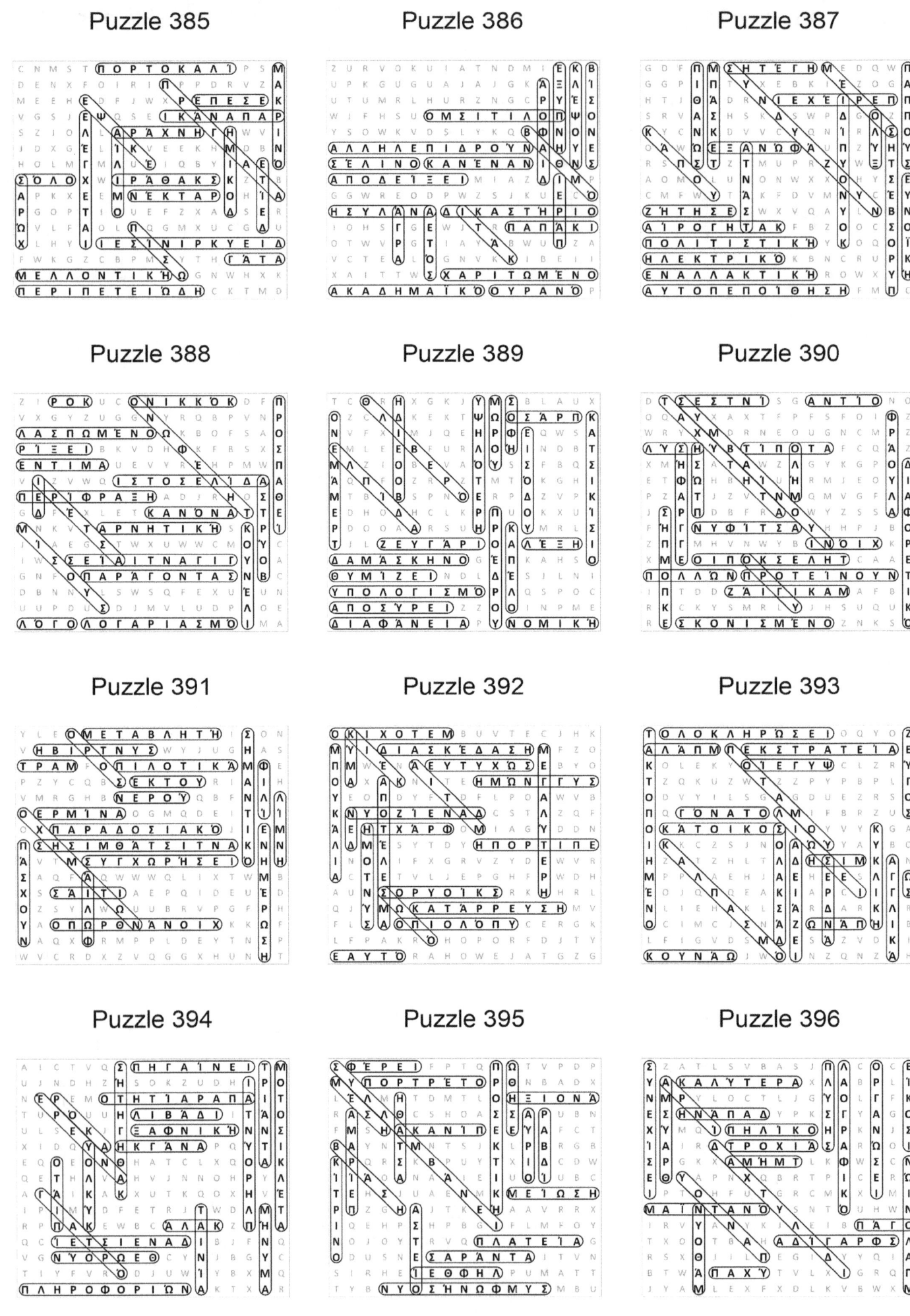

Puzzle 385

Puzzle 386

Puzzle 387

Puzzle 388

Puzzle 389

Puzzle 390

Puzzle 391

Puzzle 392

Puzzle 393

Puzzle 394

Puzzle 395

Puzzle 396

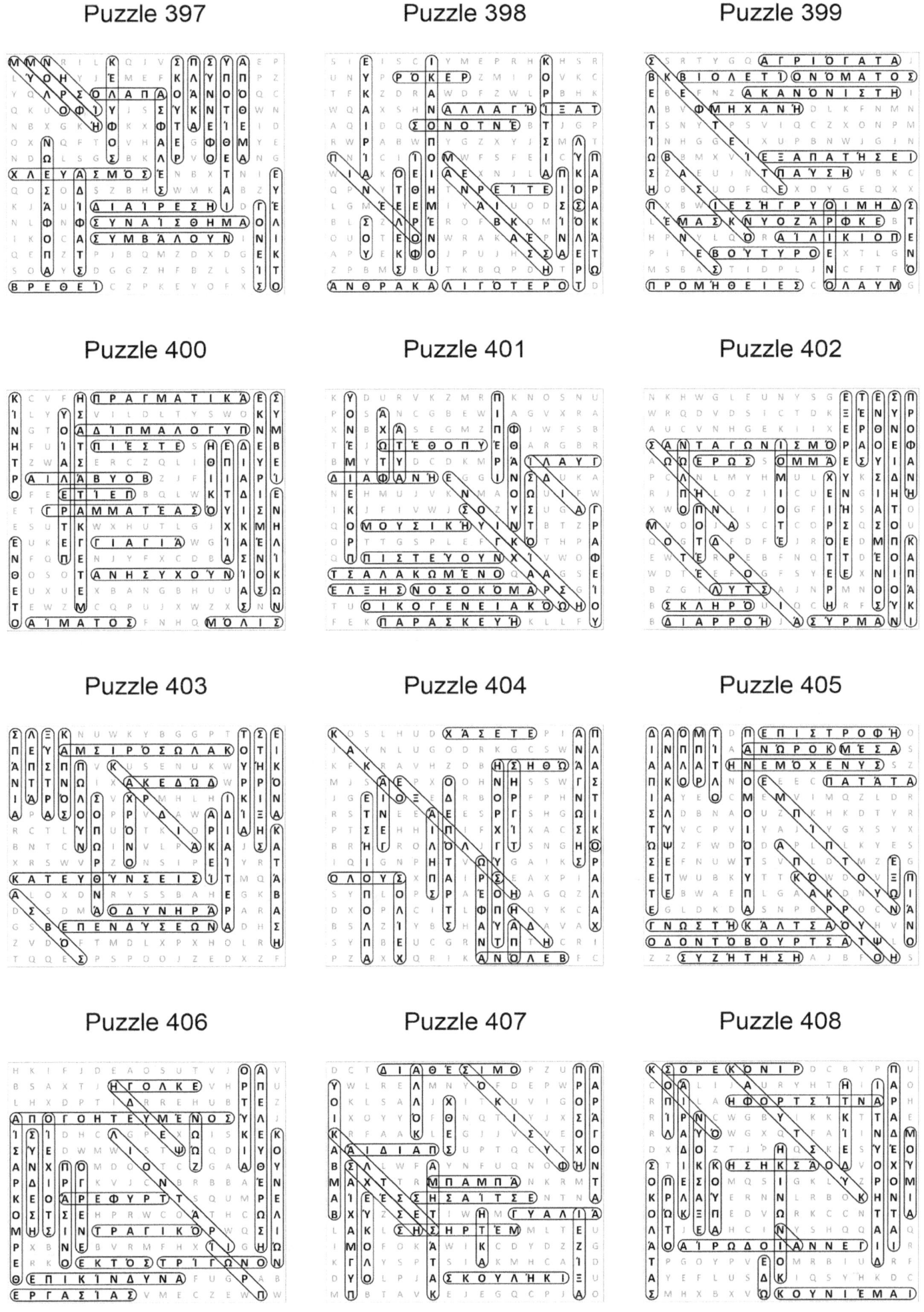

Puzzle 397

Puzzle 398

Puzzle 399

Puzzle 400

Puzzle 401

Puzzle 402

Puzzle 403

Puzzle 404

Puzzle 405

Puzzle 406

Puzzle 407

Puzzle 408

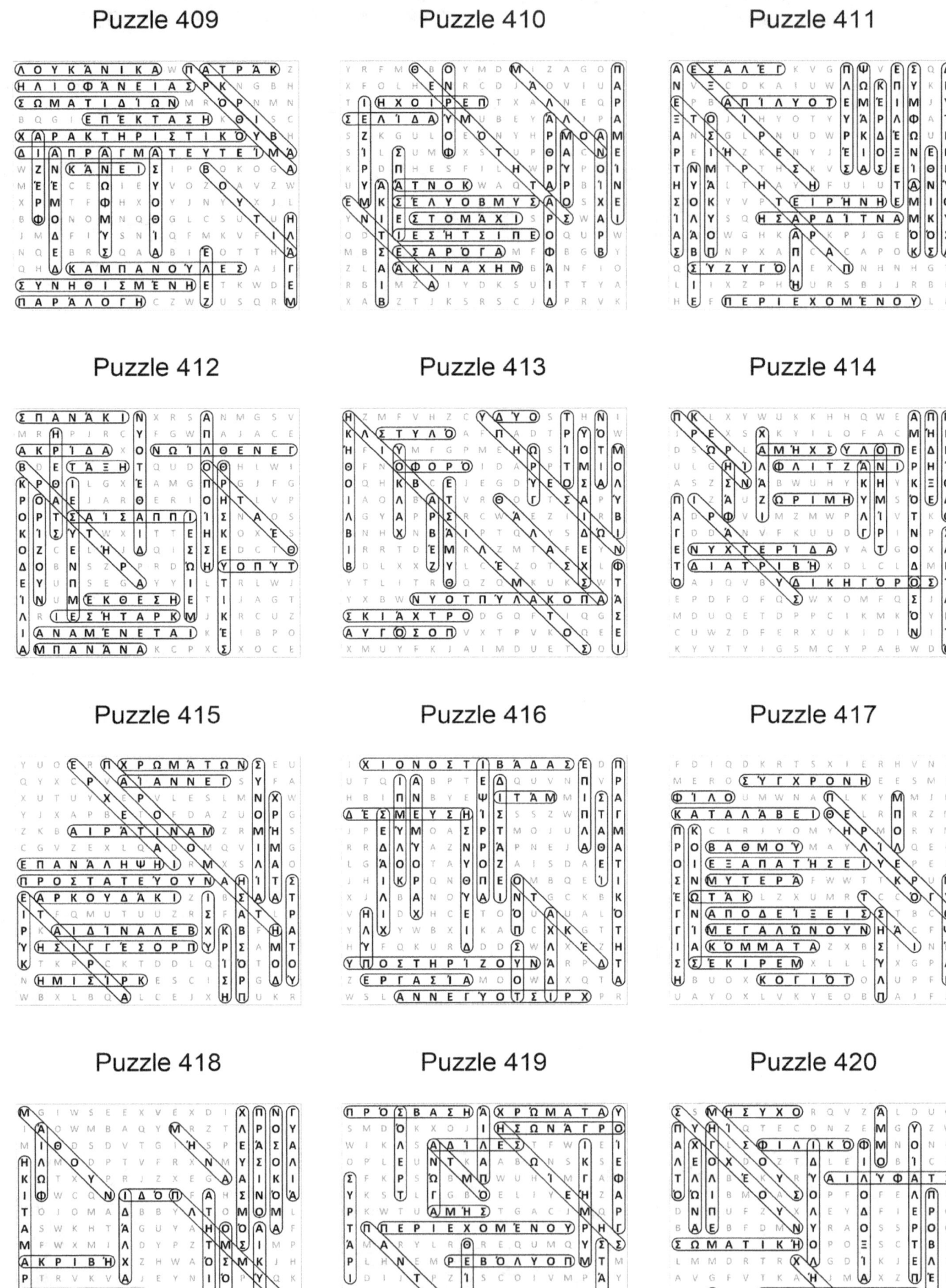

Puzzle 409

Puzzle 410

Puzzle 411

Puzzle 412

Puzzle 413

Puzzle 414

Puzzle 415

Puzzle 416

Puzzle 417

Puzzle 418

Puzzle 419

Puzzle 420

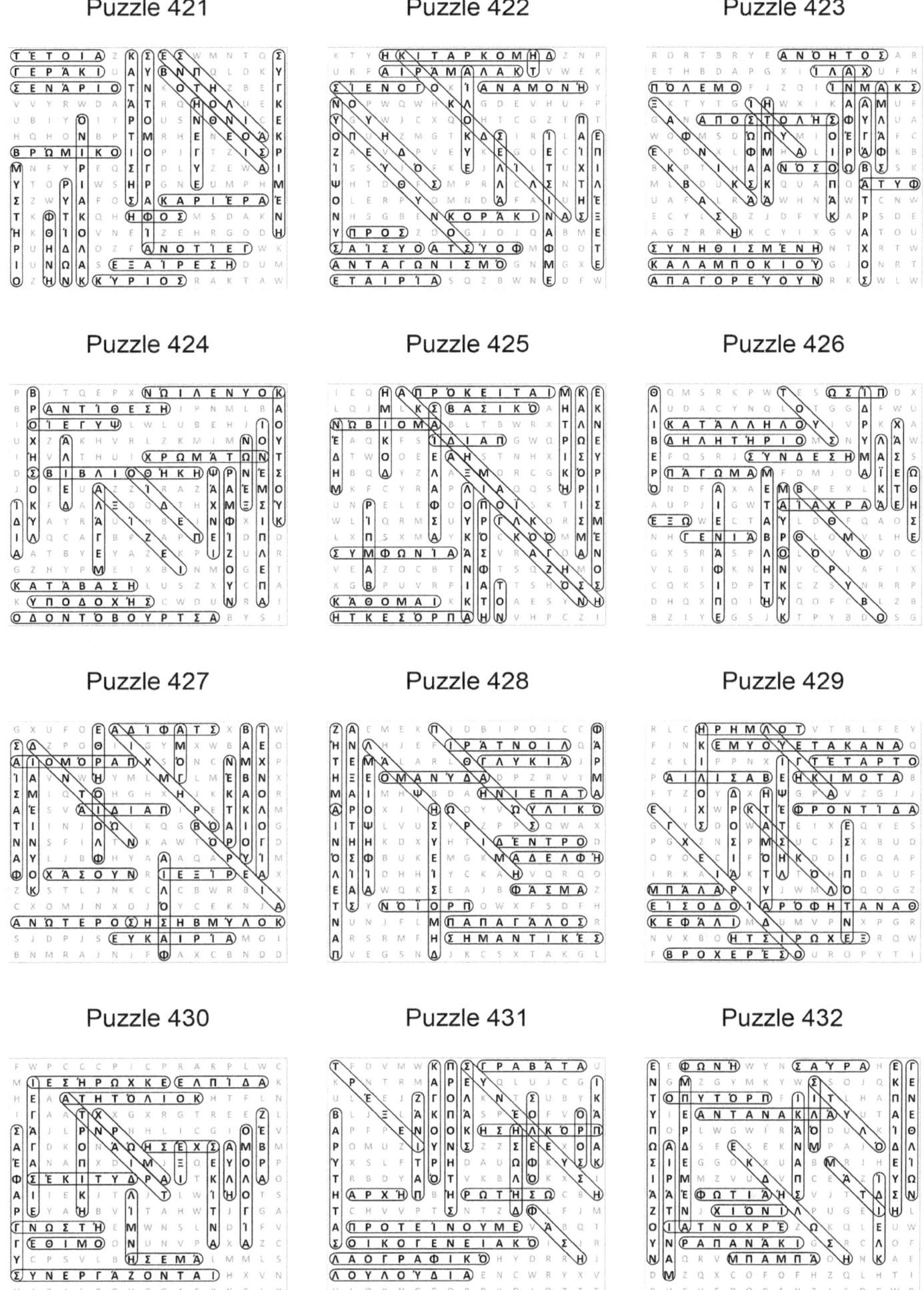

Puzzle 421

Puzzle 422

Puzzle 423

Puzzle 424

Puzzle 425

Puzzle 426

Puzzle 427

Puzzle 428

Puzzle 429

Puzzle 430

Puzzle 431

Puzzle 432

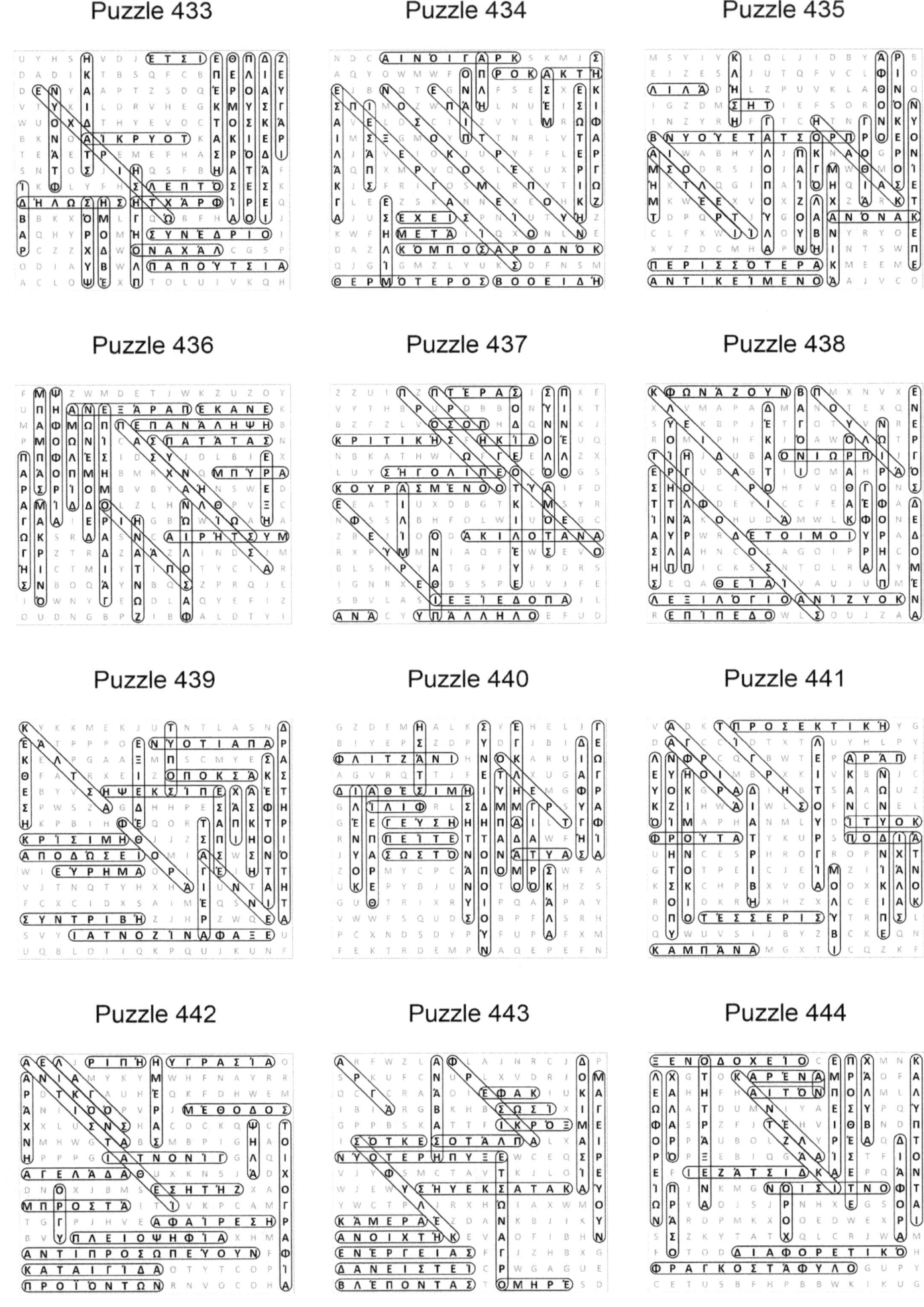

Puzzle 433

Puzzle 434

Puzzle 435

Puzzle 436

Puzzle 437

Puzzle 438

Puzzle 439

Puzzle 440

Puzzle 441

Puzzle 442

Puzzle 443

Puzzle 444

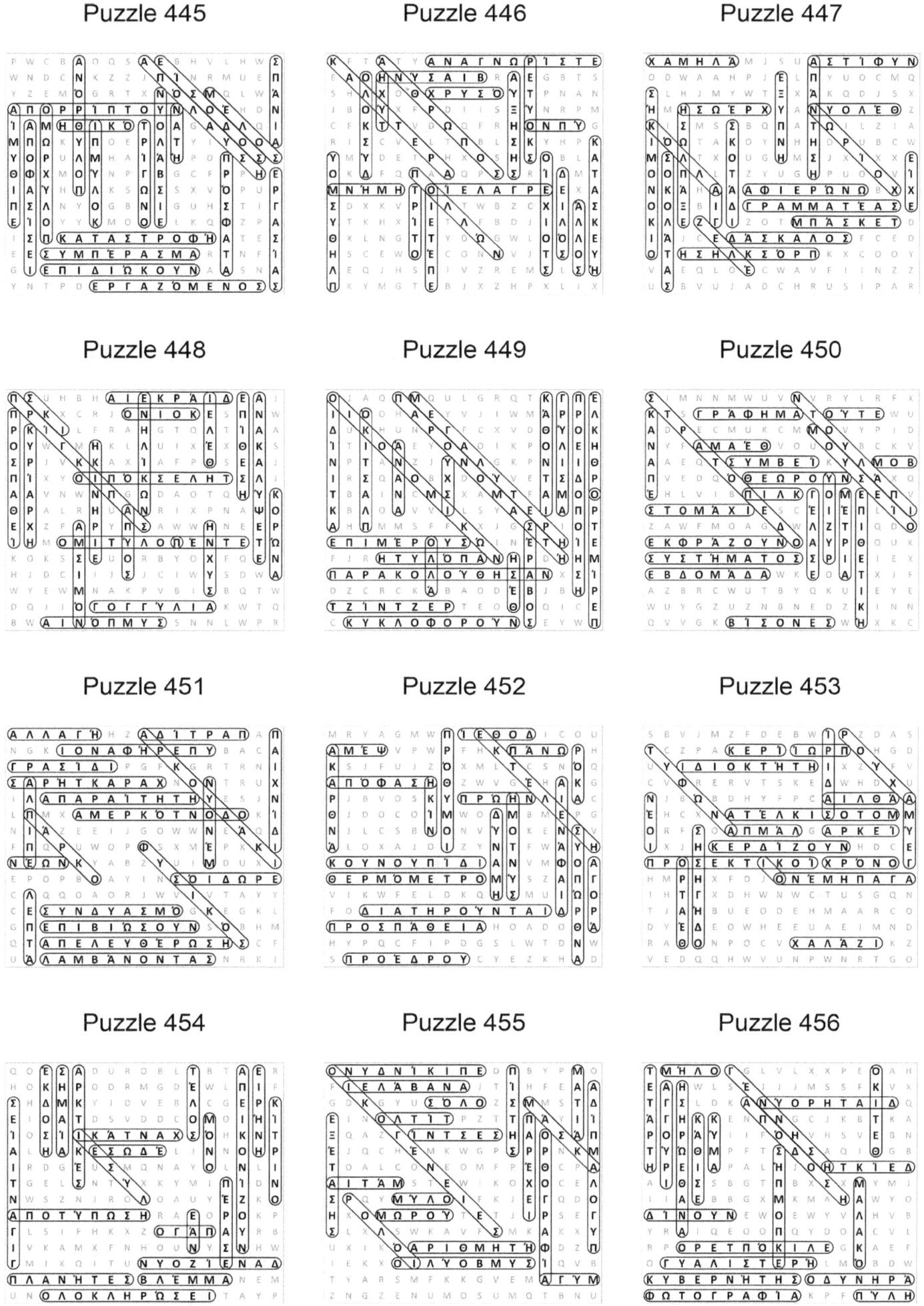

Puzzle 445

Puzzle 446

Puzzle 447

Puzzle 448

Puzzle 449

Puzzle 450

Puzzle 451

Puzzle 452

Puzzle 453

Puzzle 454

Puzzle 455

Puzzle 456

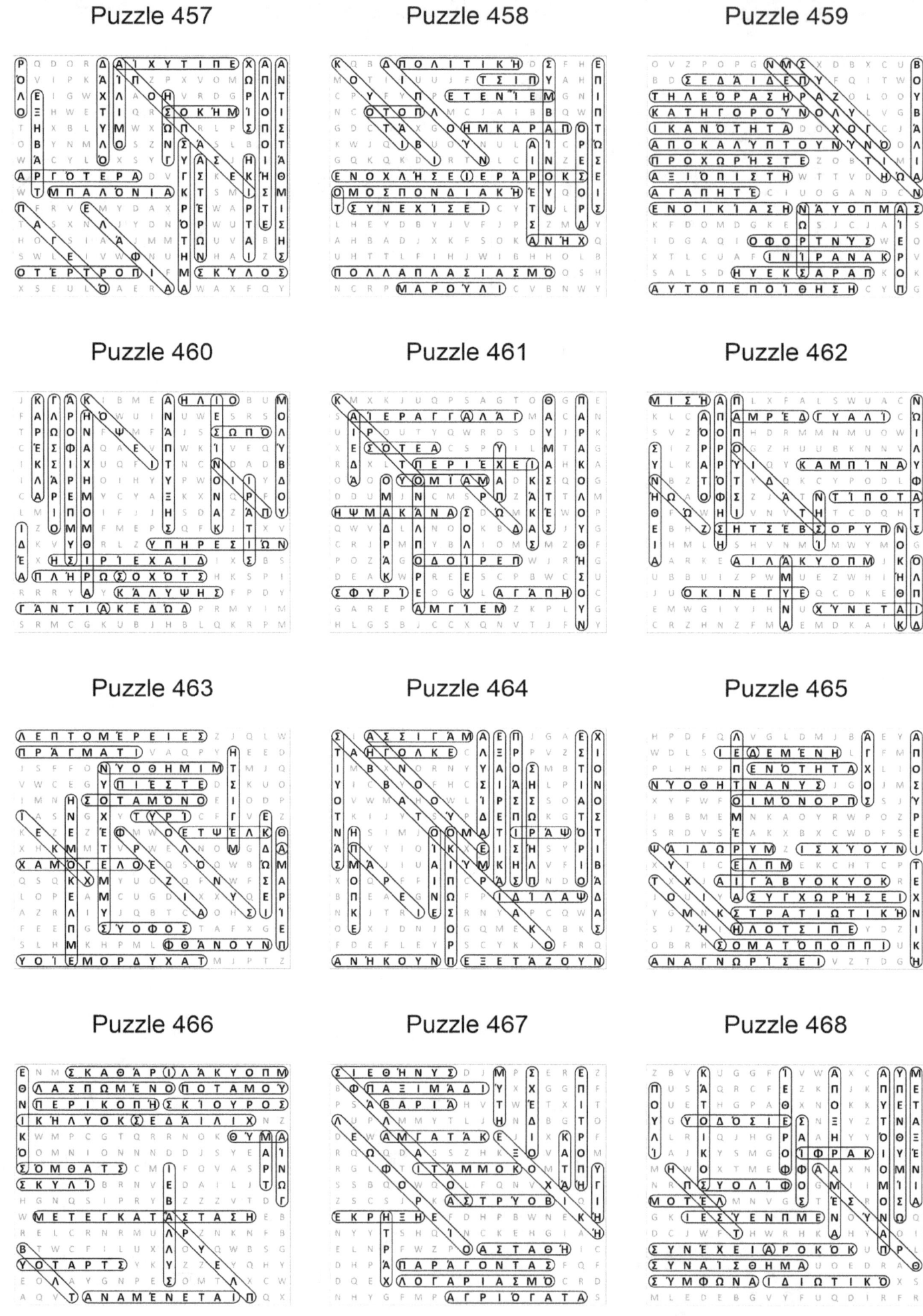

Puzzle 457

Puzzle 458

Puzzle 459

Puzzle 460

Puzzle 461

Puzzle 462

Puzzle 463

Puzzle 464

Puzzle 465

Puzzle 466

Puzzle 467

Puzzle 468

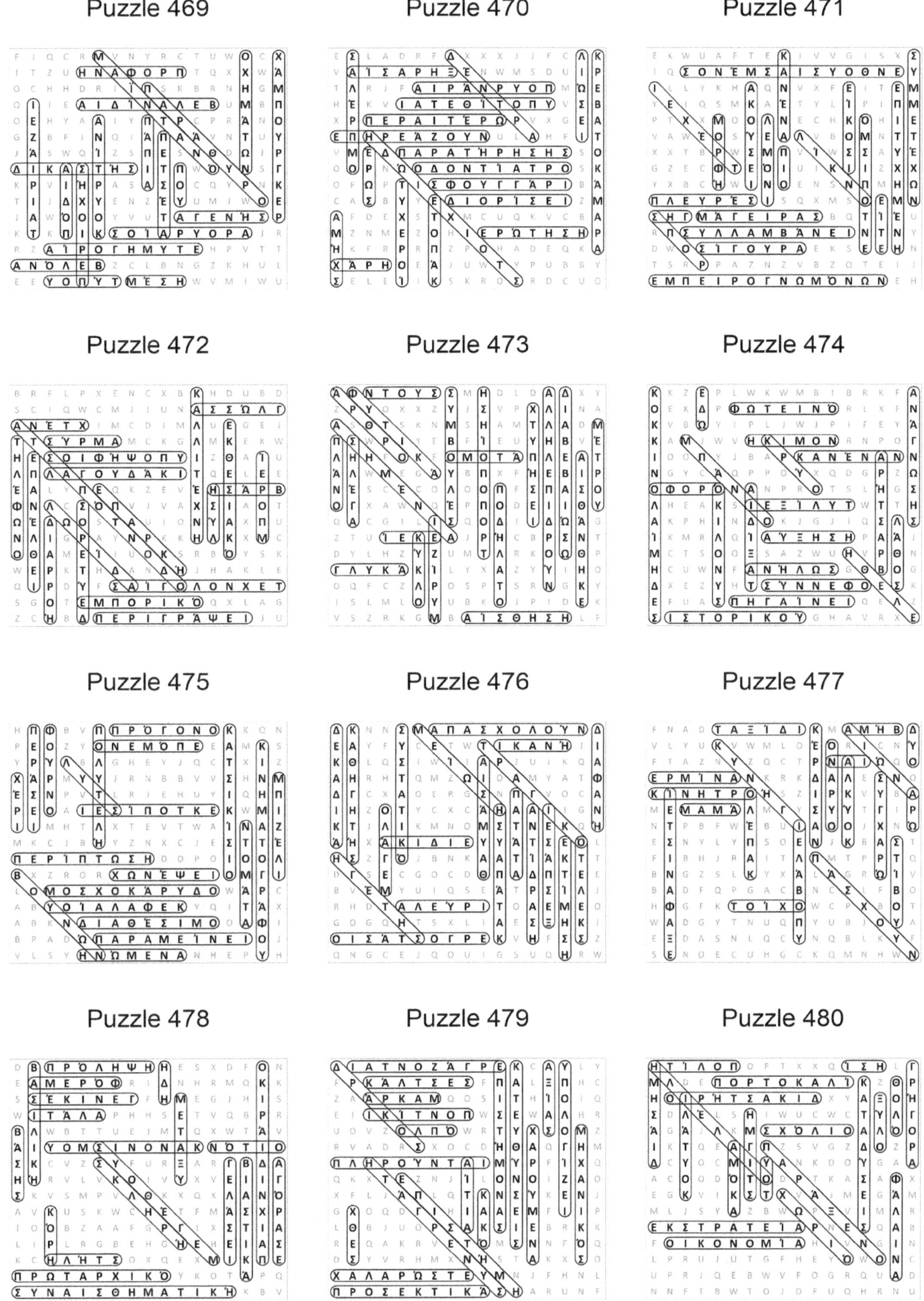

Puzzle 469

Puzzle 470

Puzzle 471

Puzzle 472

Puzzle 473

Puzzle 474

Puzzle 475

Puzzle 476

Puzzle 477

Puzzle 478

Puzzle 479

Puzzle 480

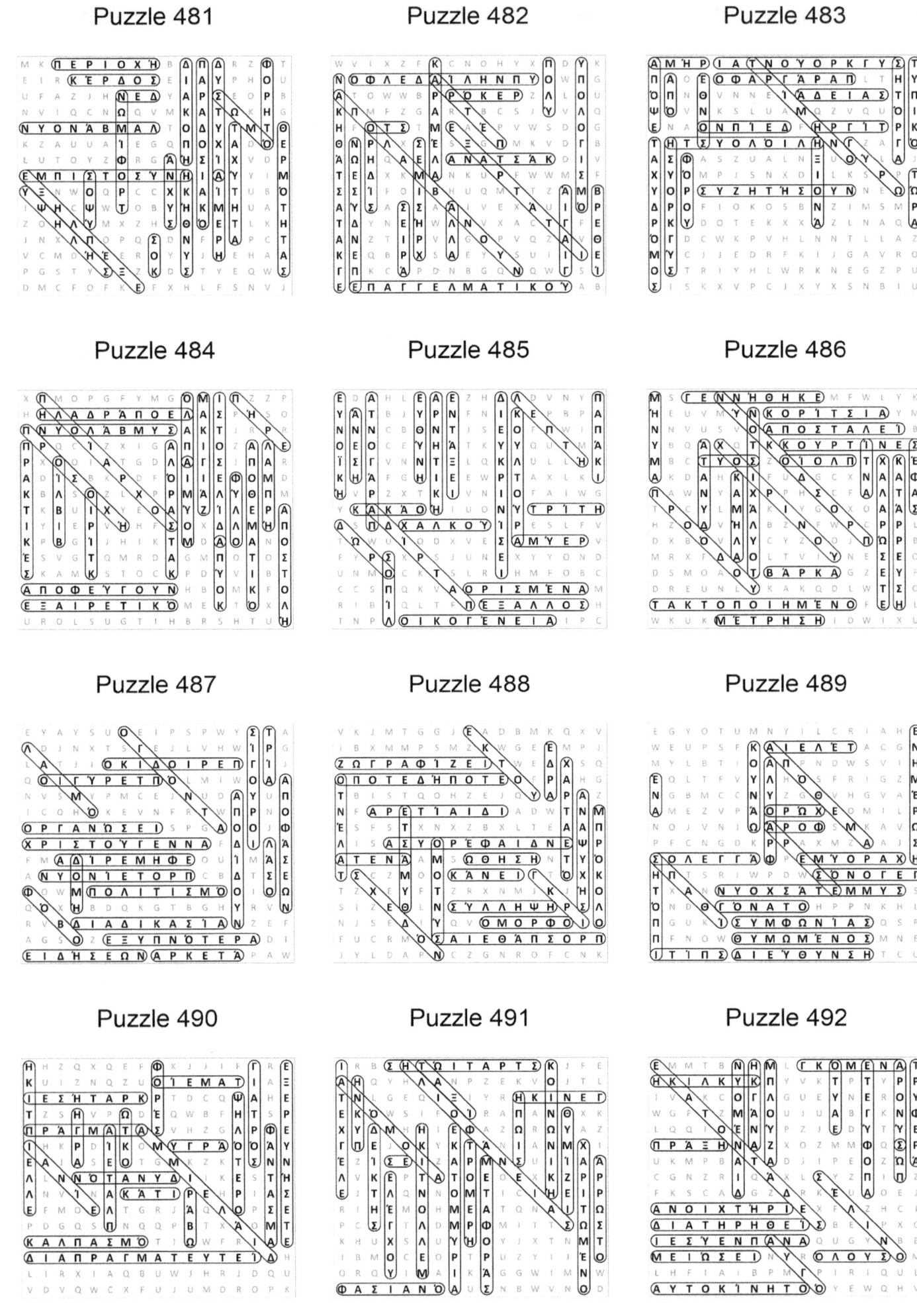

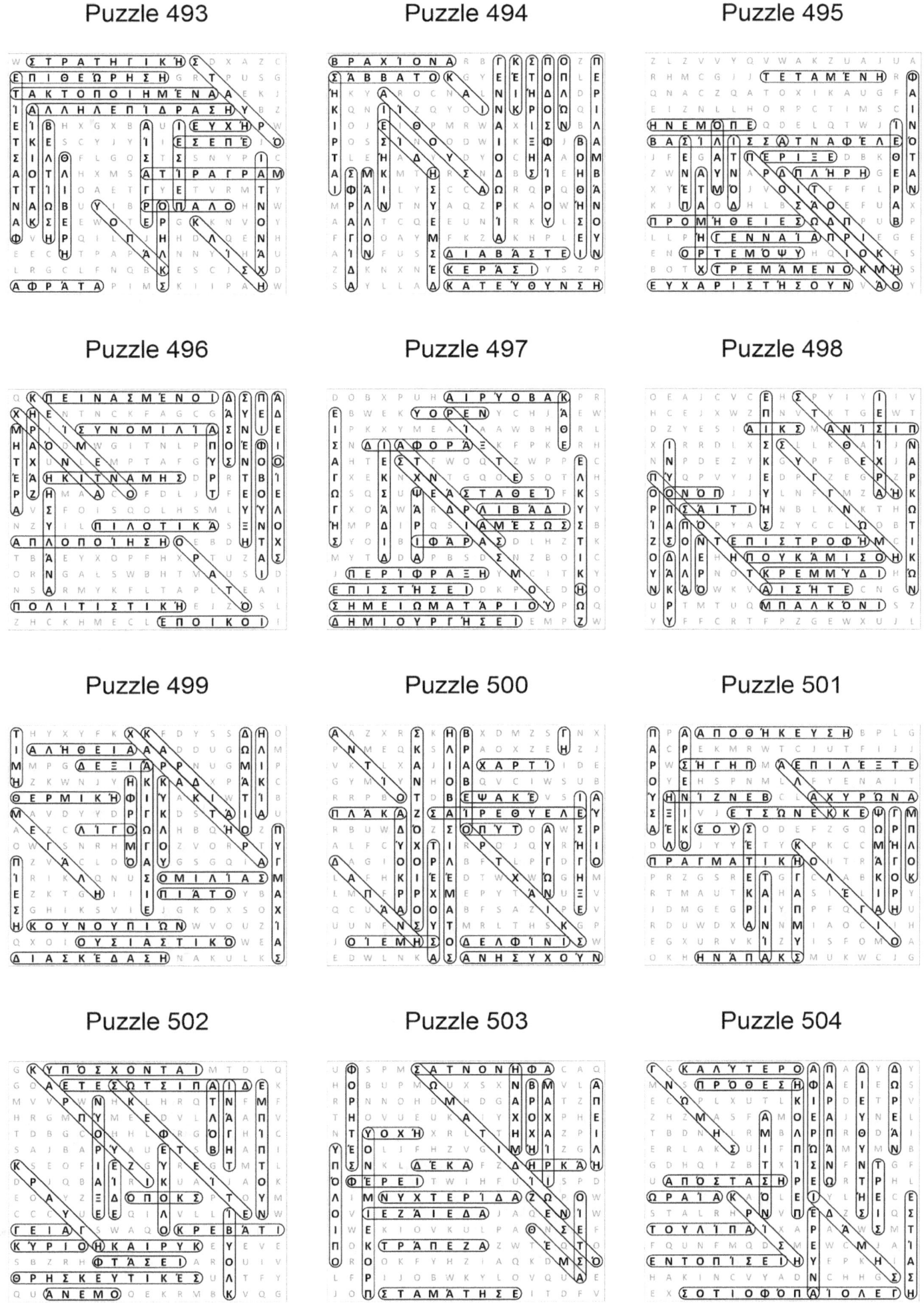

Puzzle 493

Puzzle 494

Puzzle 495

Puzzle 496

Puzzle 497

Puzzle 498

Puzzle 499

Puzzle 500

Puzzle 501

Puzzle 502

Puzzle 503

Puzzle 504

Puzzle 505

Puzzle 506

Puzzle 507

Puzzle 508

Puzzle 509

Puzzle 510

Puzzle 511

Puzzle 512

Puzzle 513

Puzzle 514

Puzzle 515

Puzzle 516

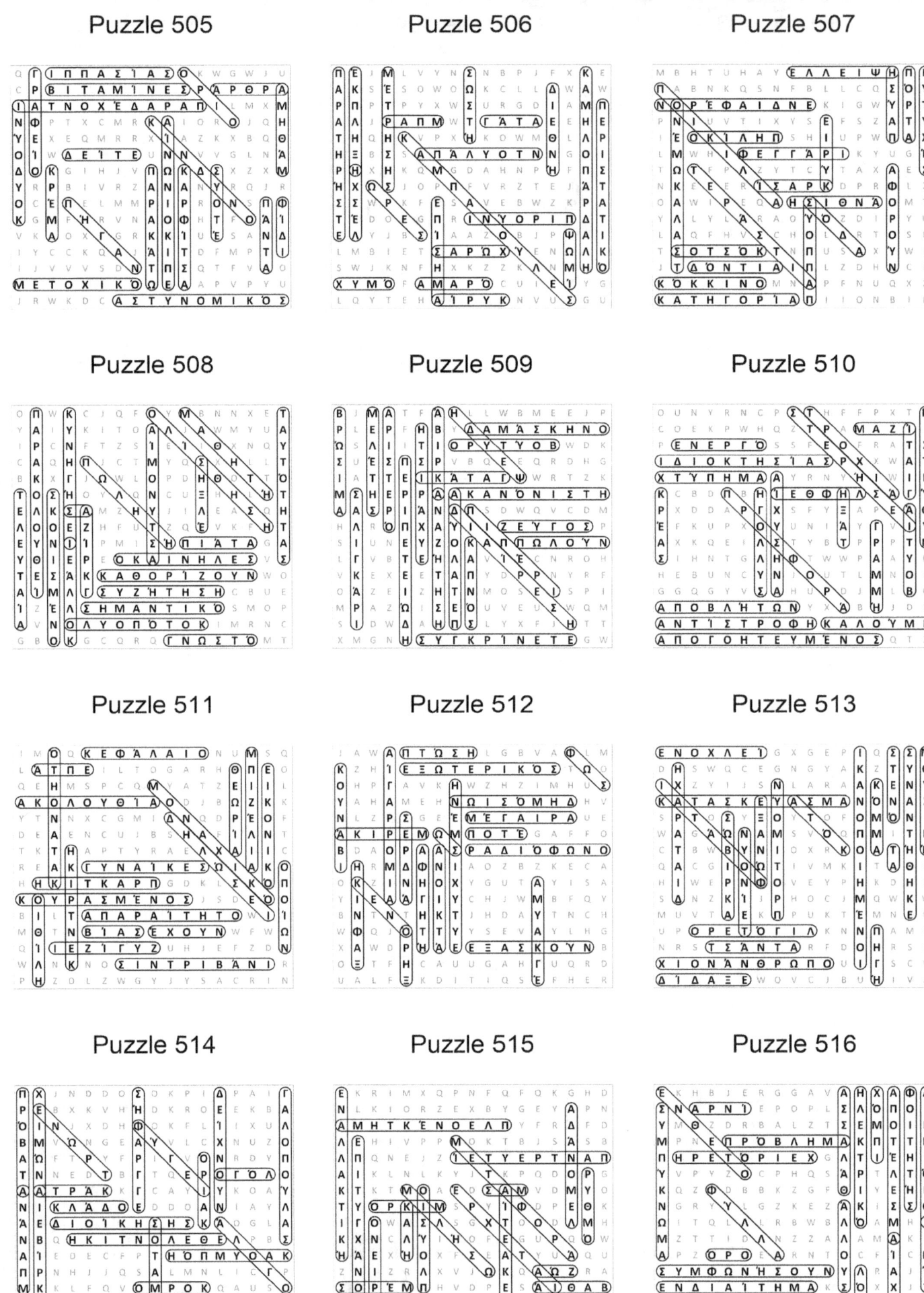

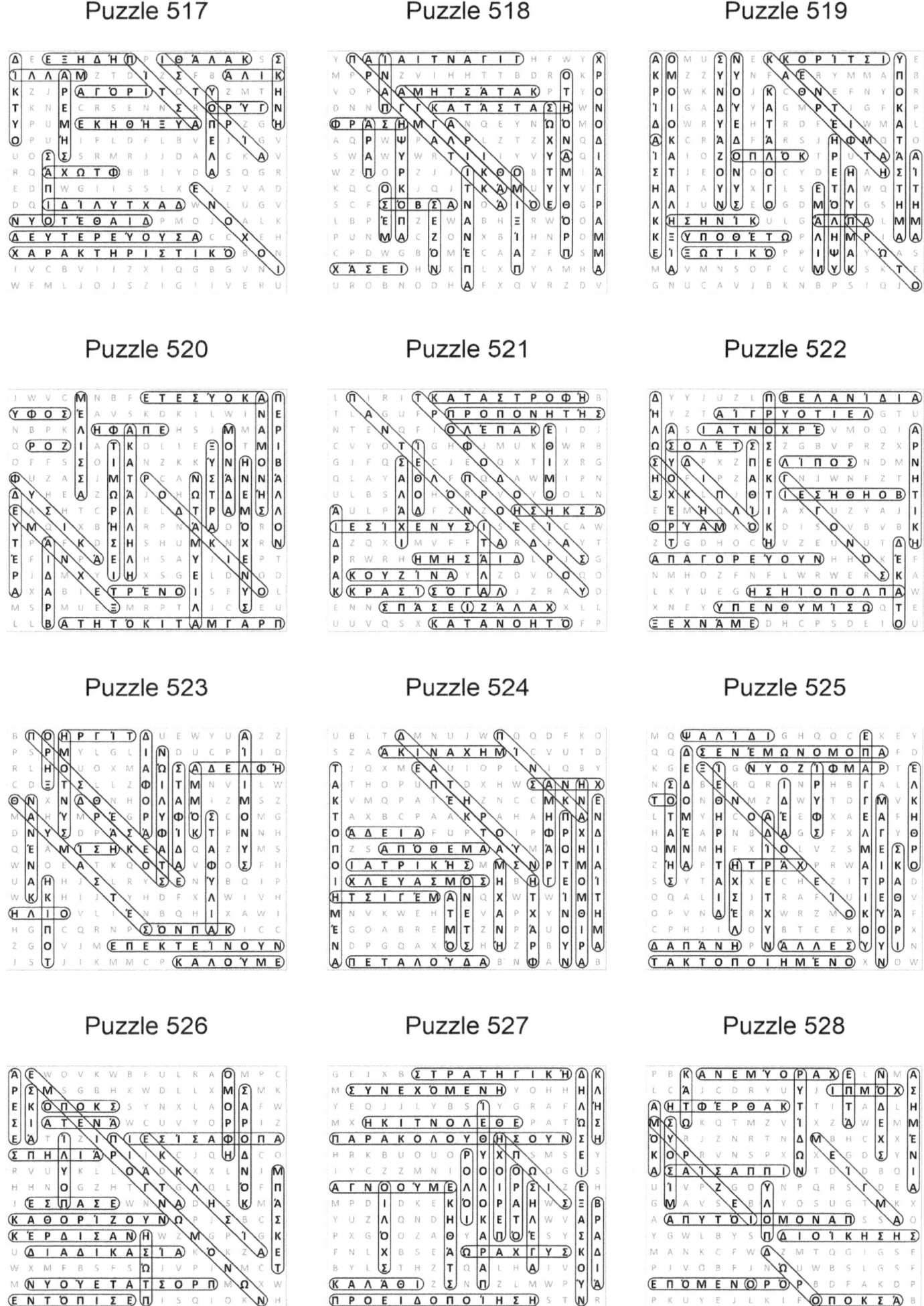

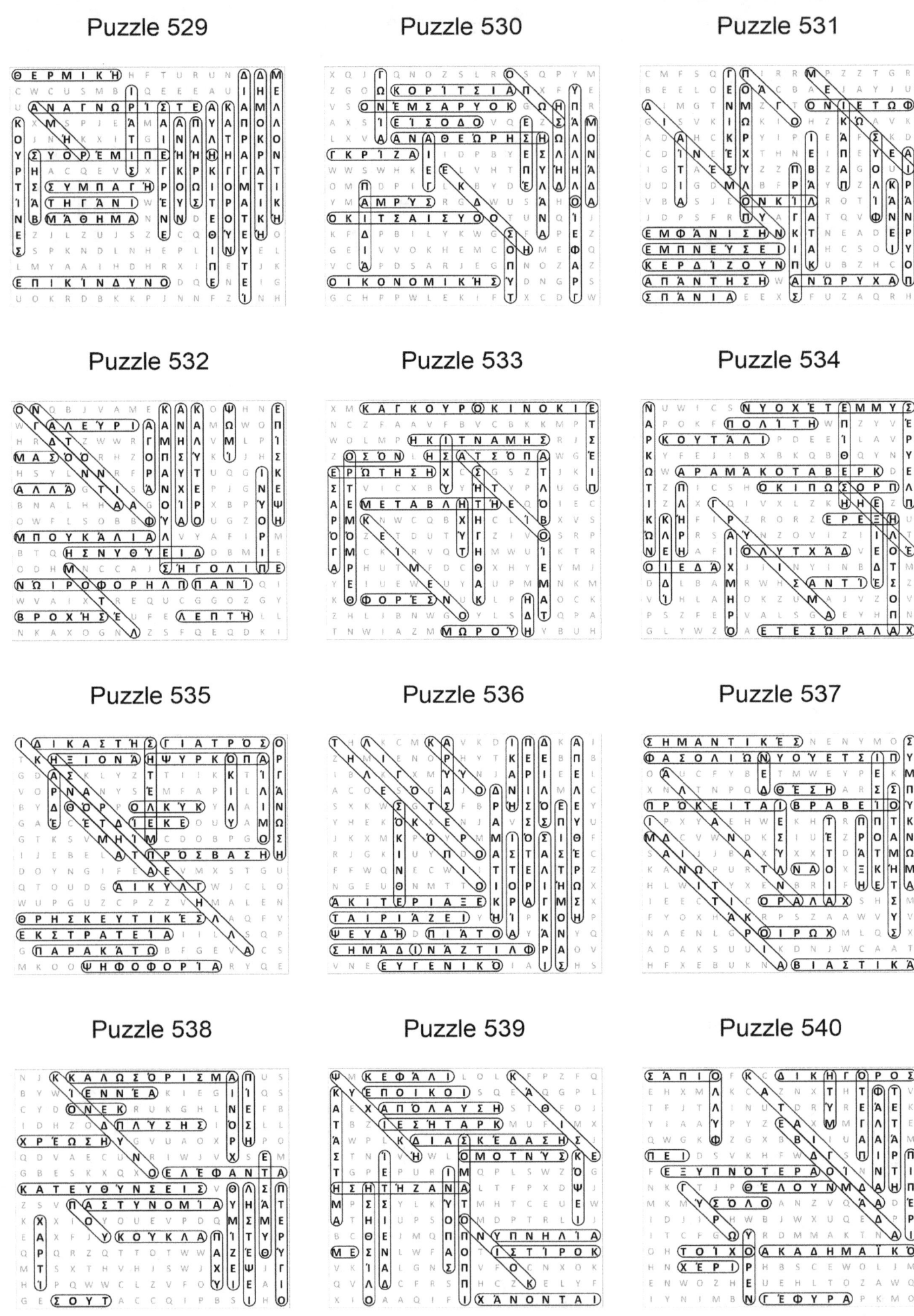

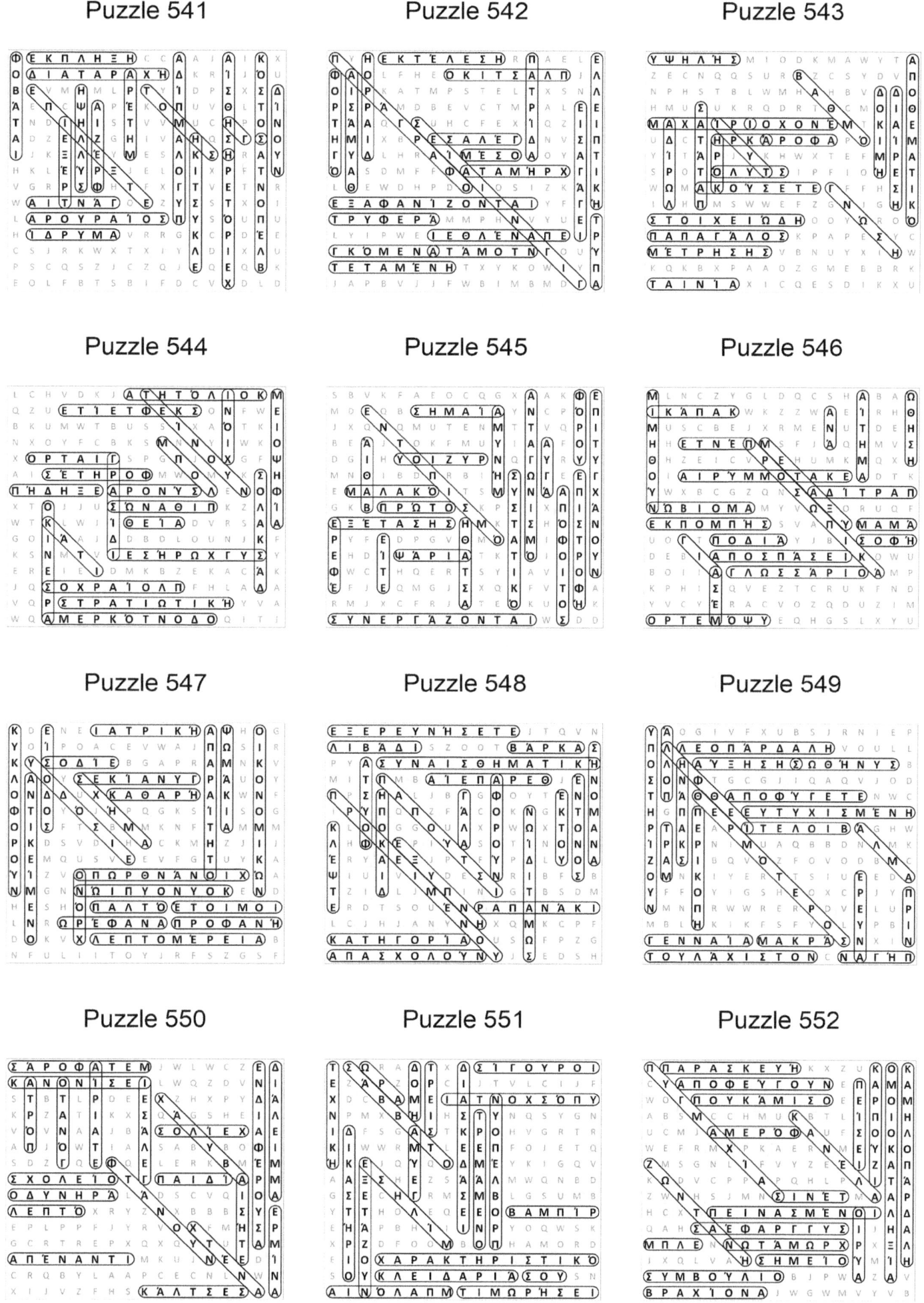

Puzzle 541

Puzzle 542

Puzzle 543

Puzzle 544

Puzzle 545

Puzzle 546

Puzzle 547

Puzzle 548

Puzzle 549

Puzzle 550

Puzzle 551

Puzzle 552

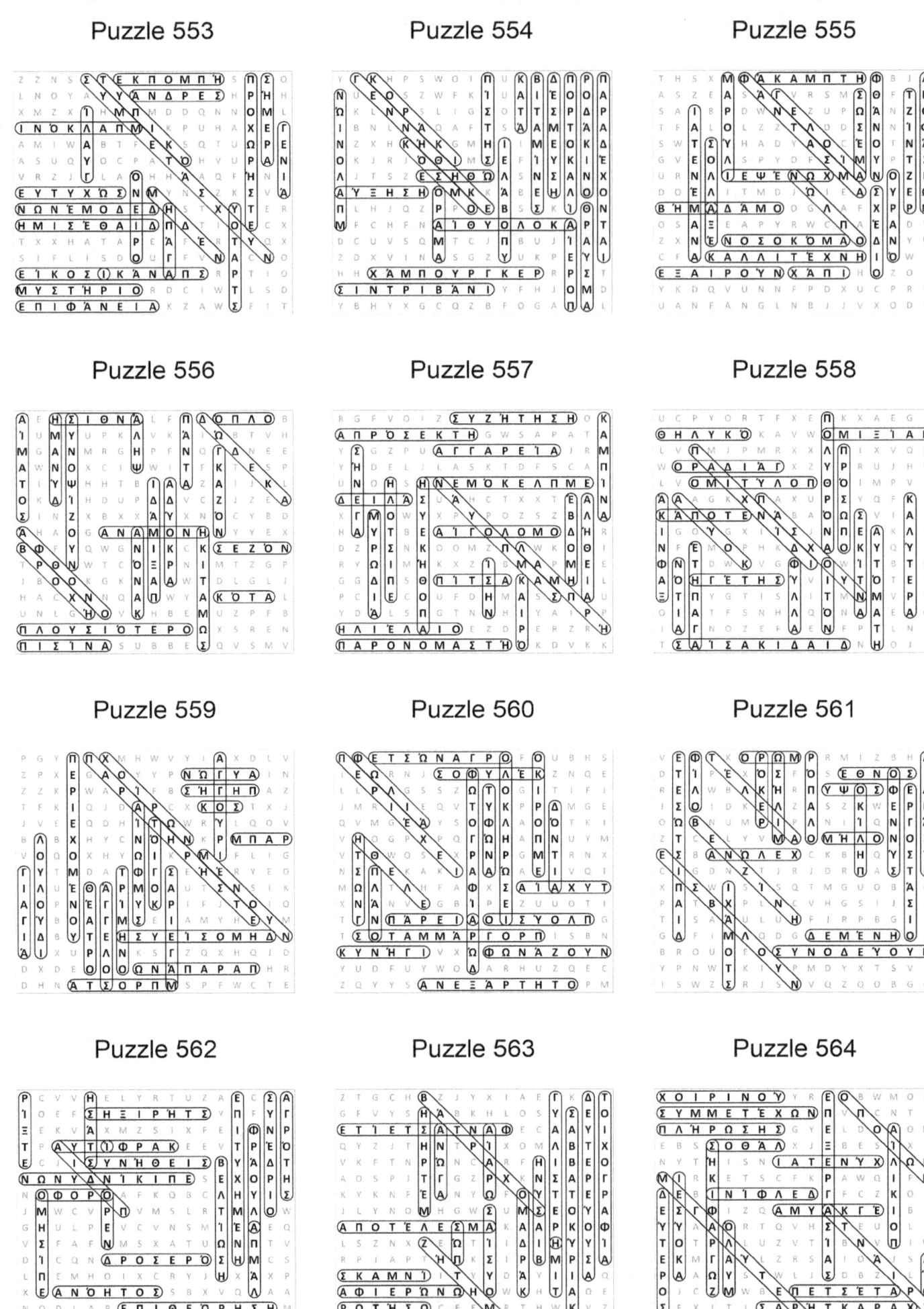

Puzzle 553

Puzzle 554

Puzzle 555

Puzzle 556

Puzzle 557

Puzzle 558

Puzzle 559

Puzzle 560

Puzzle 561

Puzzle 562

Puzzle 563

Puzzle 564

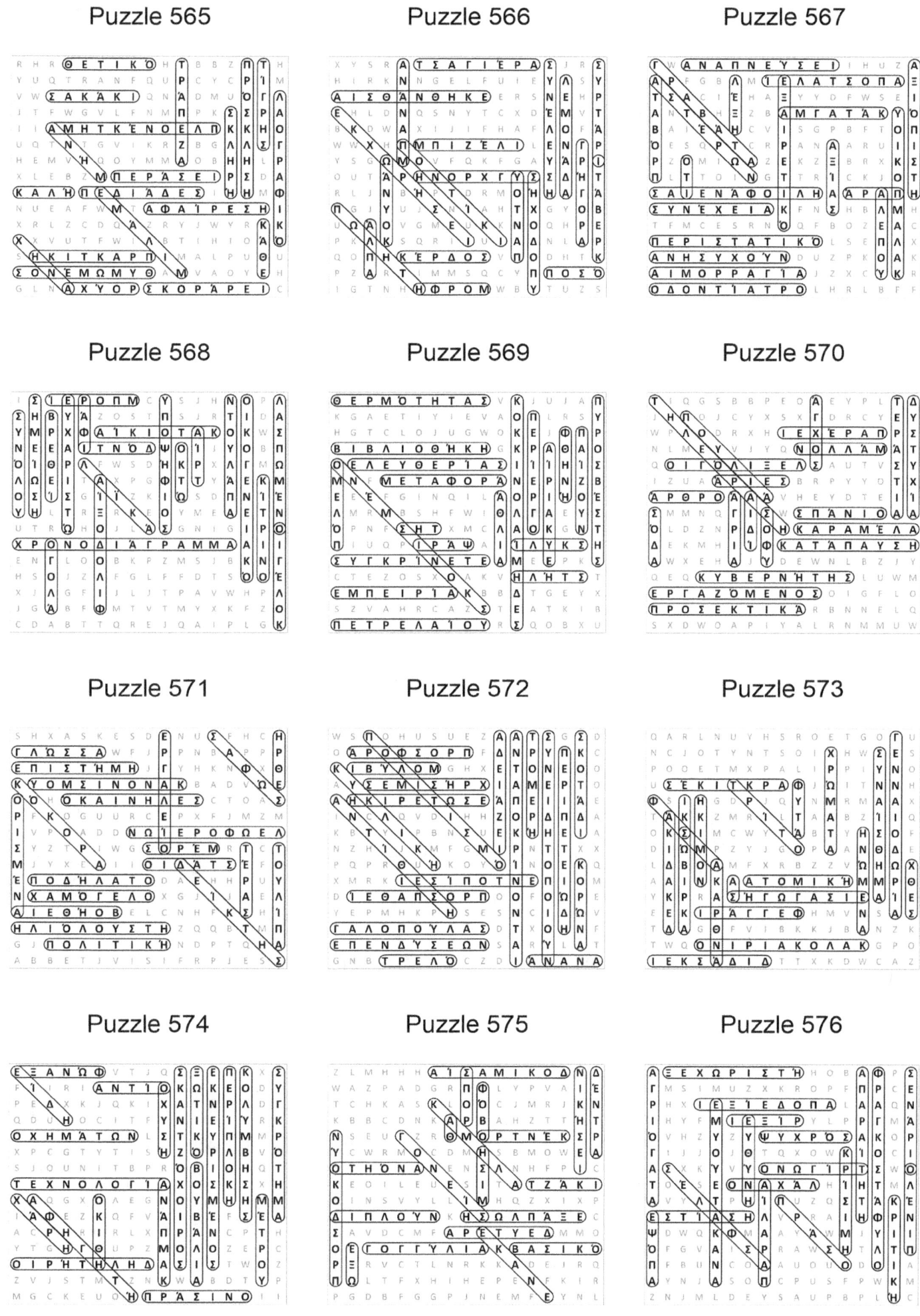

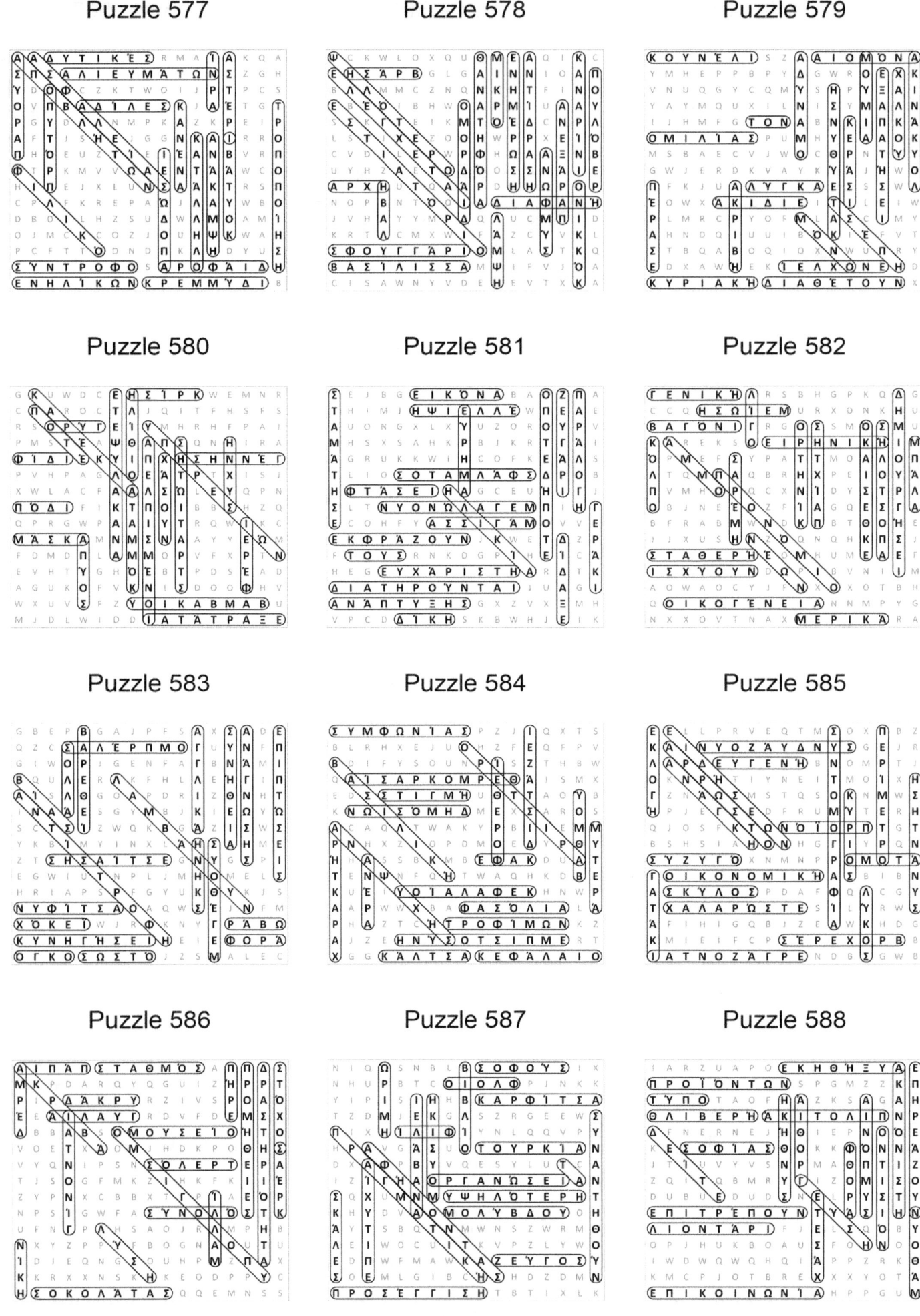

Puzzle 577

Puzzle 578

Puzzle 579

Puzzle 580

Puzzle 581

Puzzle 582

Puzzle 583

Puzzle 584

Puzzle 585

Puzzle 586

Puzzle 587

Puzzle 588

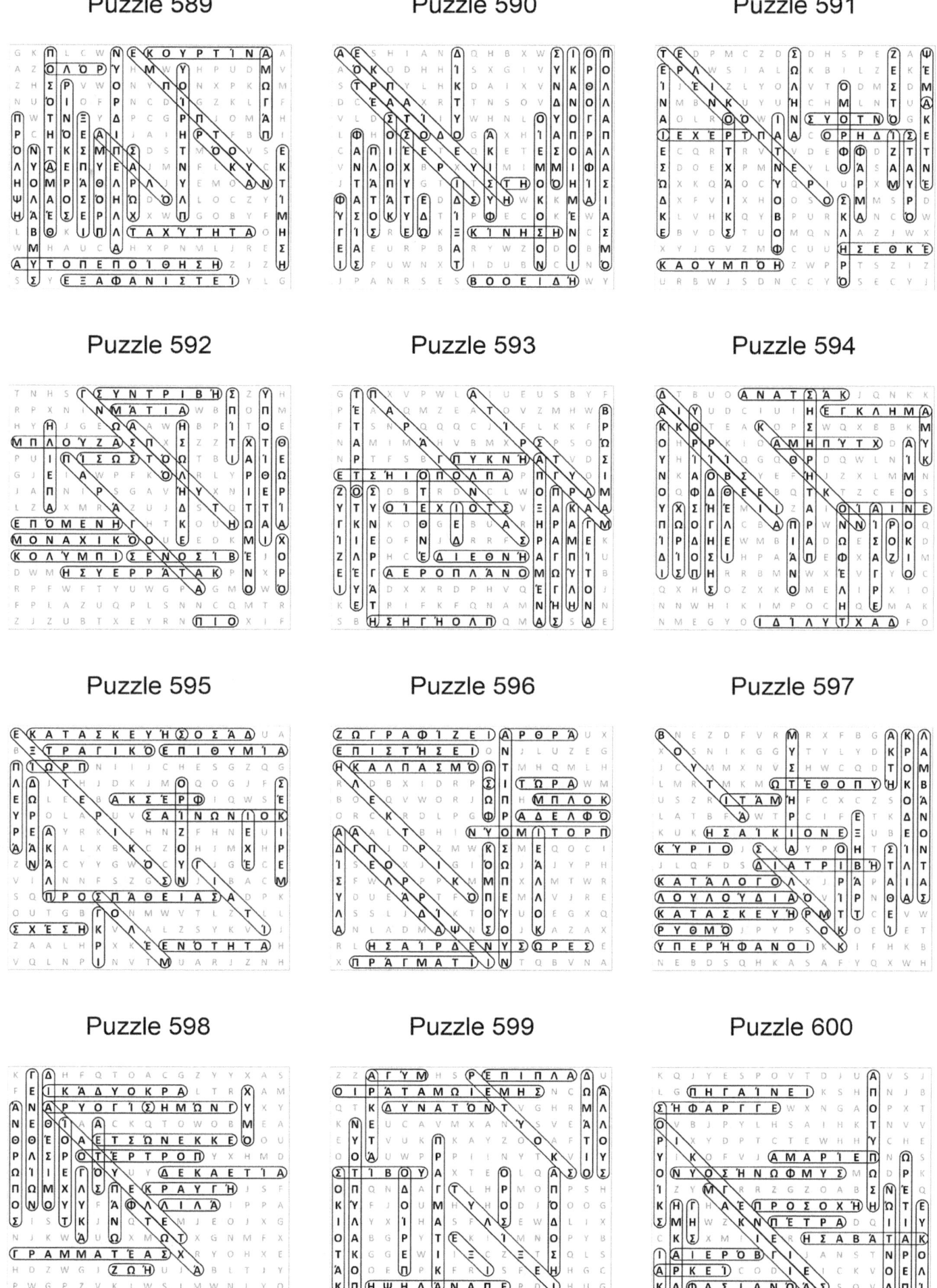

Puzzle 589
Puzzle 590
Puzzle 591
Puzzle 592
Puzzle 593
Puzzle 594
Puzzle 595
Puzzle 596
Puzzle 597
Puzzle 598
Puzzle 599
Puzzle 600

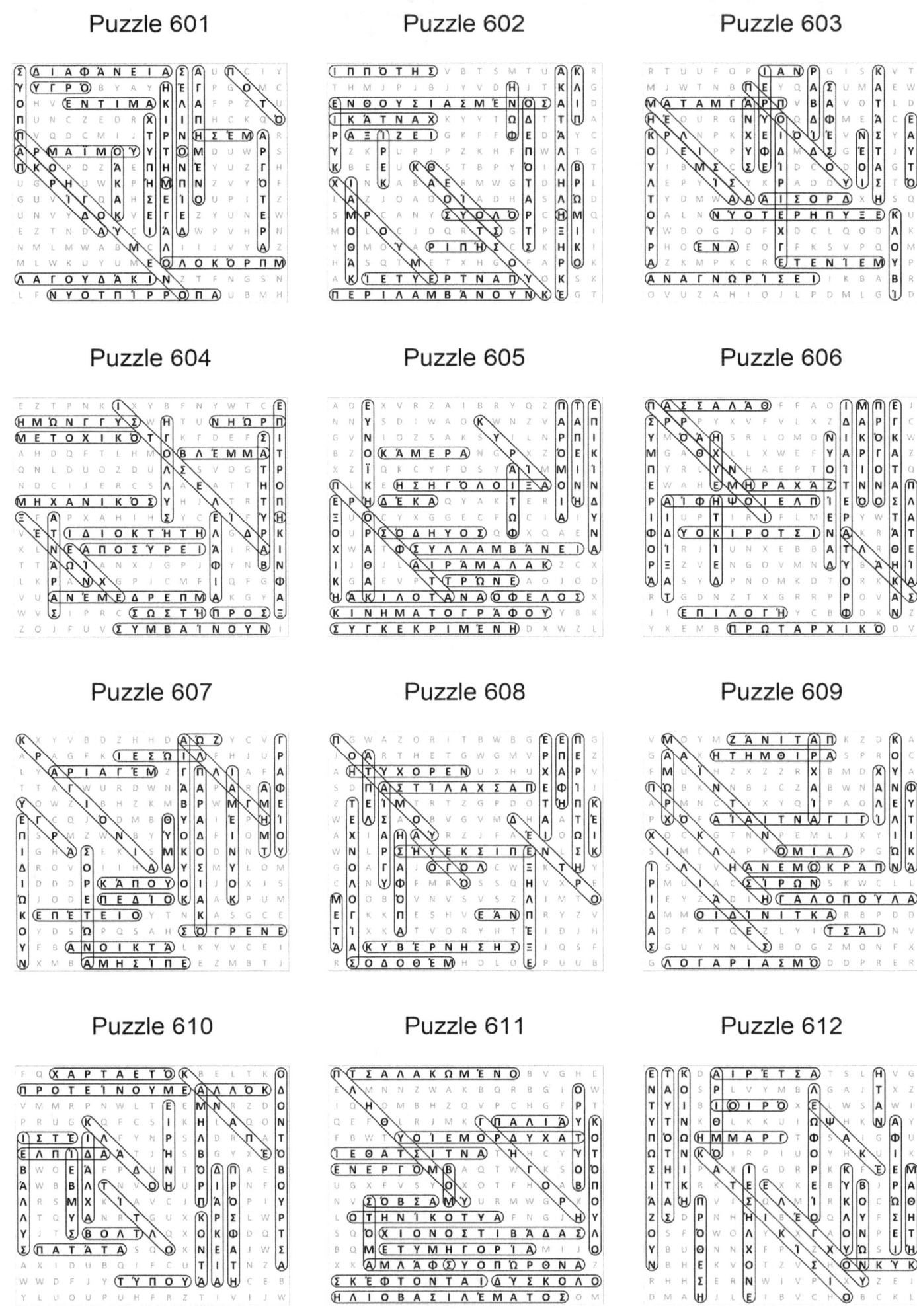

Puzzle 601

Puzzle 602

Puzzle 603

Puzzle 604

Puzzle 605

Puzzle 606

Puzzle 607

Puzzle 608

Puzzle 609

Puzzle 610

Puzzle 611

Puzzle 612

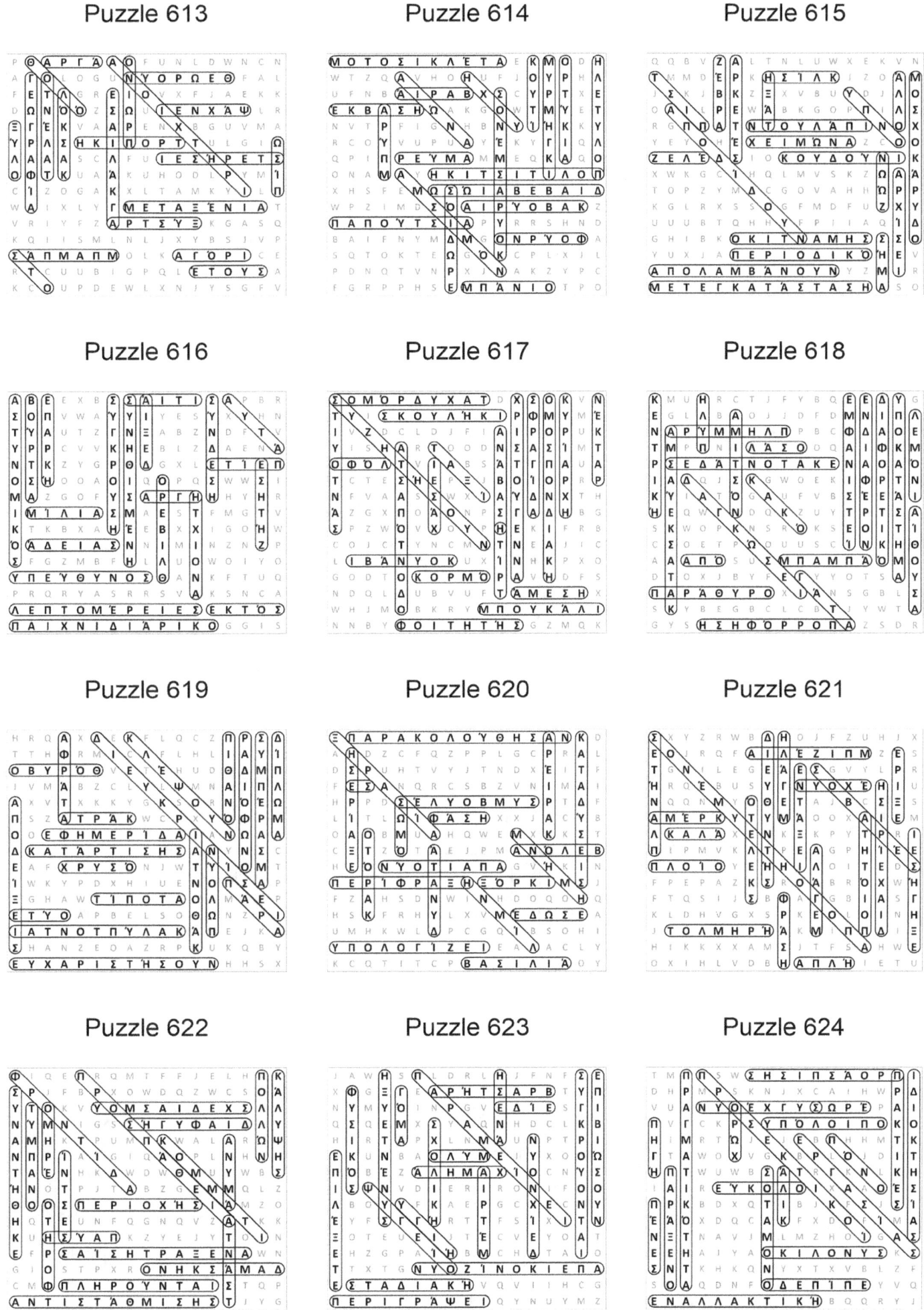

Puzzle 613
Puzzle 614
Puzzle 615
Puzzle 616
Puzzle 617
Puzzle 618
Puzzle 619
Puzzle 620
Puzzle 621
Puzzle 622
Puzzle 623
Puzzle 624

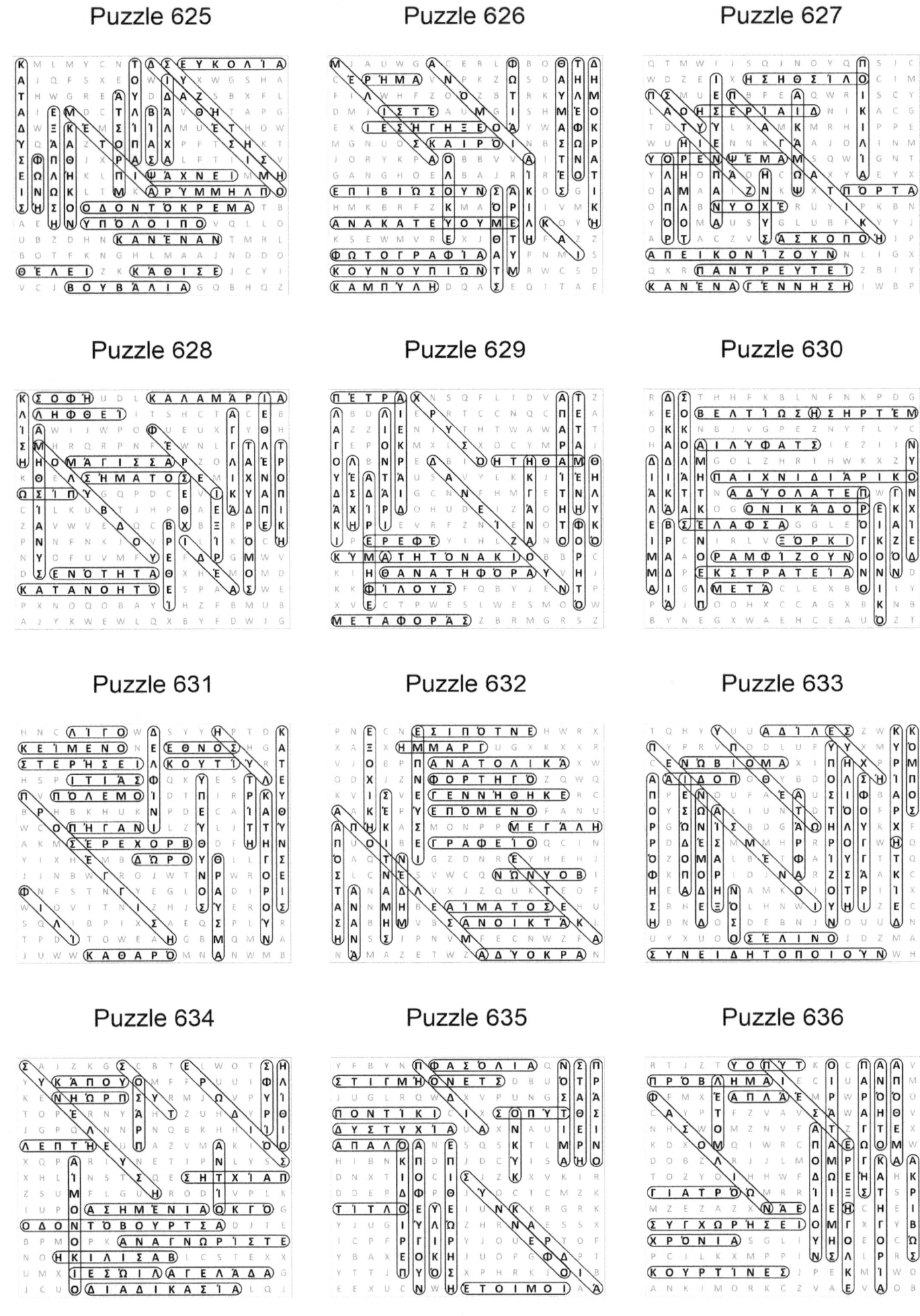

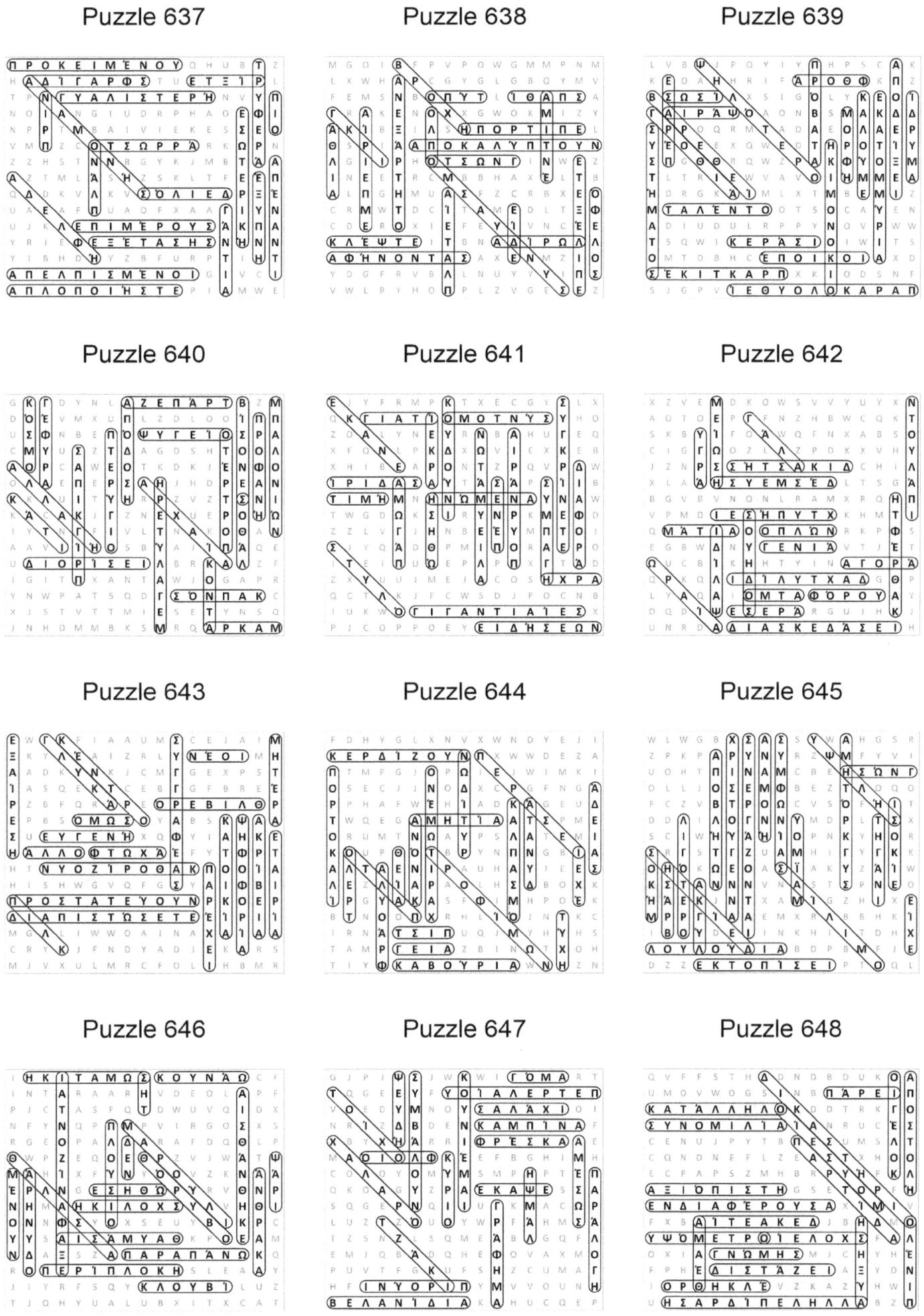

Puzzle 637

Puzzle 638

Puzzle 639

Puzzle 640

Puzzle 641

Puzzle 642

Puzzle 643

Puzzle 644

Puzzle 645

Puzzle 646

Puzzle 647

Puzzle 648

Puzzle 649

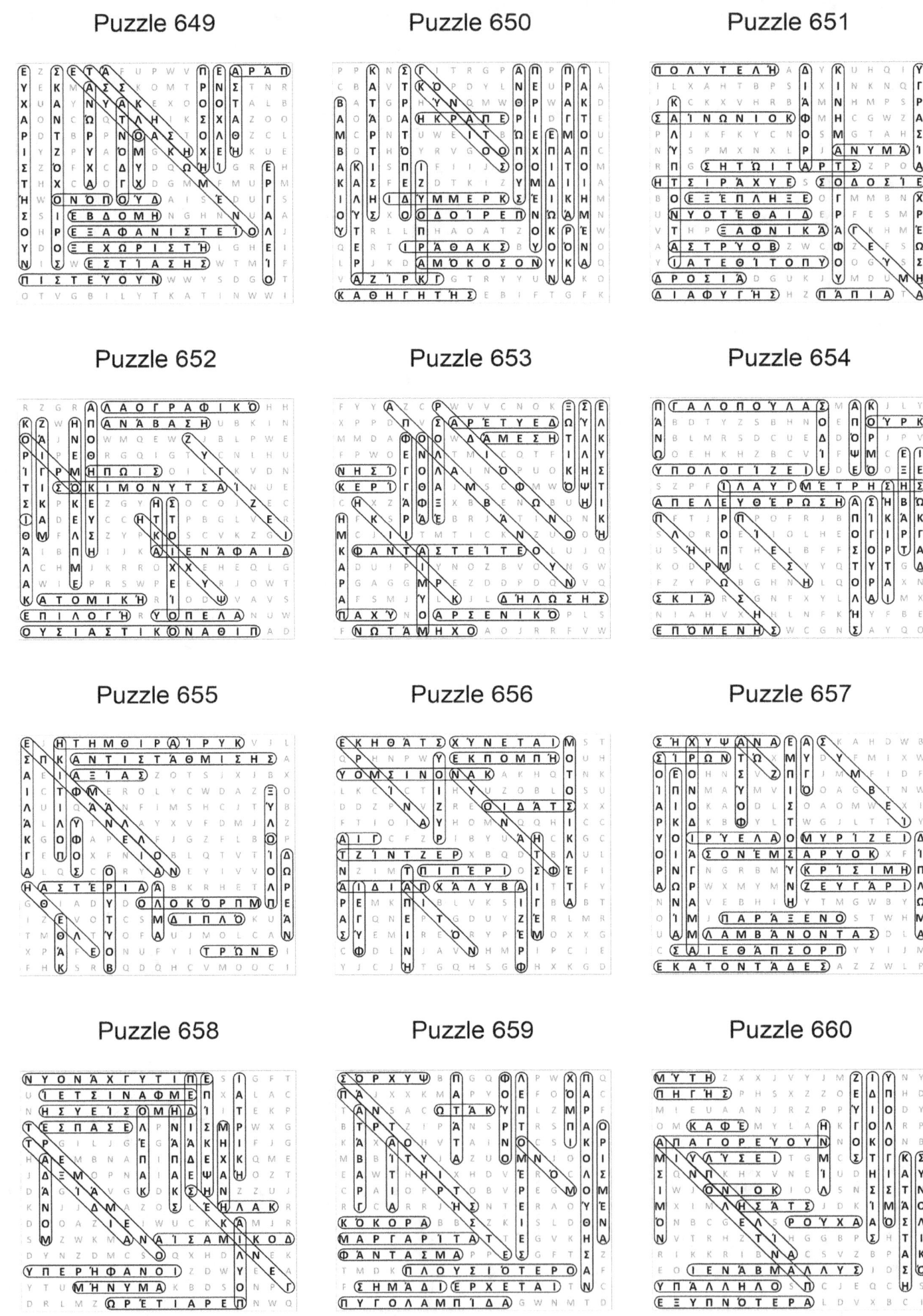

Puzzle 650

Puzzle 651

Puzzle 652

Puzzle 653

Puzzle 654

Puzzle 655

Puzzle 656

Puzzle 657

Puzzle 658

Puzzle 659

Puzzle 660

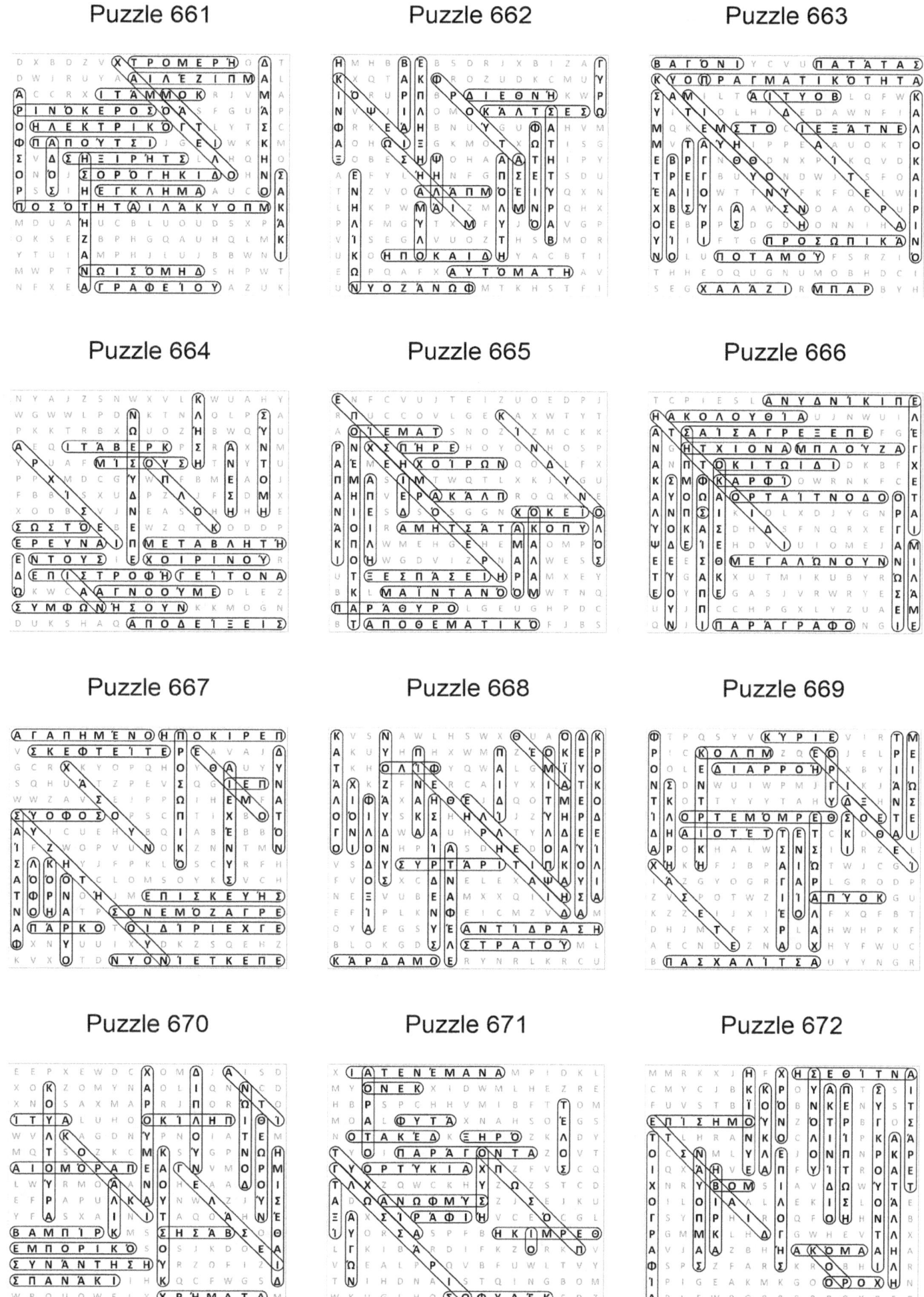

Puzzle 661

Puzzle 662

Puzzle 663

Puzzle 664

Puzzle 665

Puzzle 666

Puzzle 667

Puzzle 668

Puzzle 669

Puzzle 670

Puzzle 671

Puzzle 672

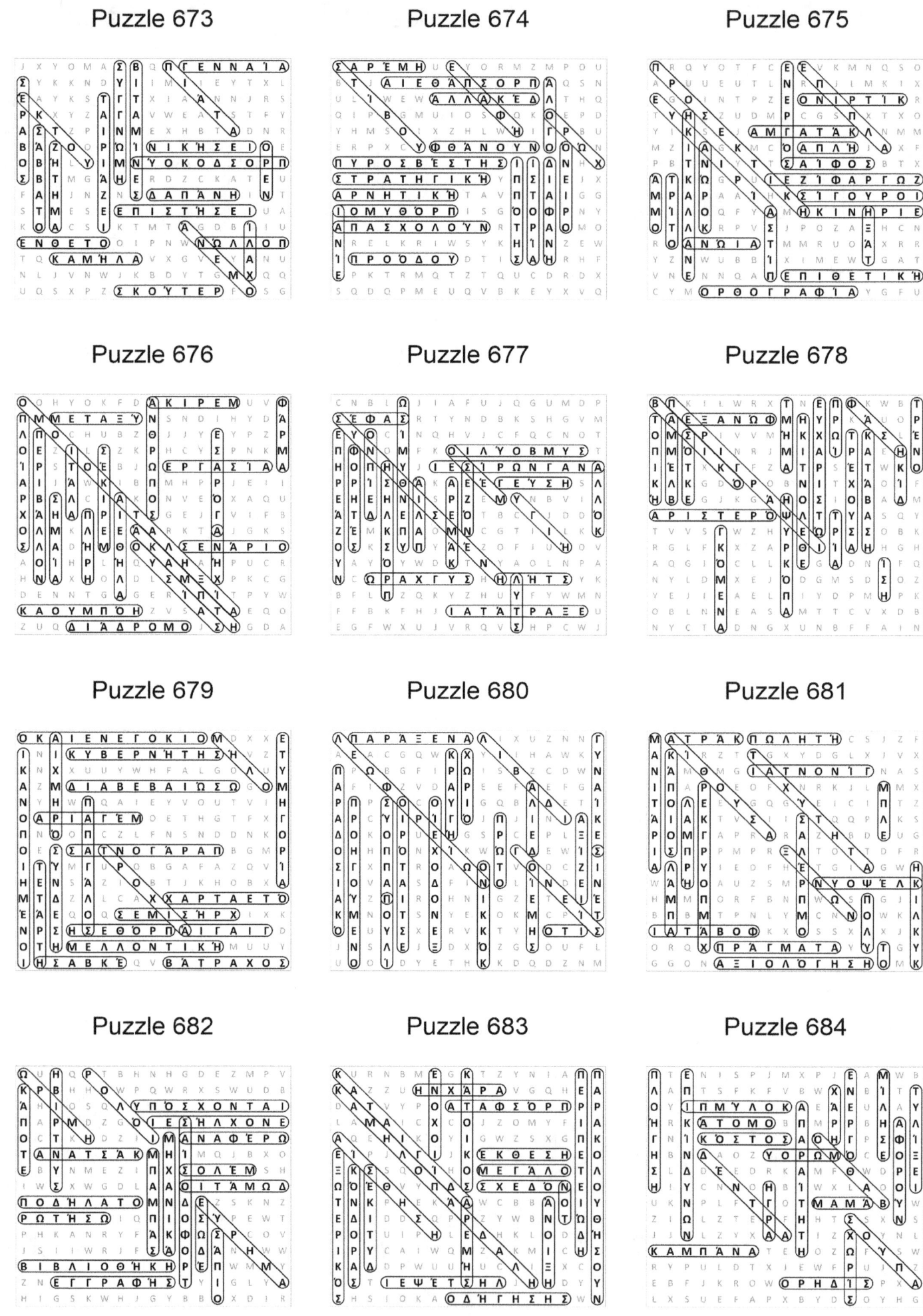

Puzzle 673

Puzzle 674

Puzzle 675

Puzzle 676

Puzzle 677

Puzzle 678

Puzzle 679

Puzzle 680

Puzzle 681

Puzzle 682

Puzzle 683

Puzzle 684

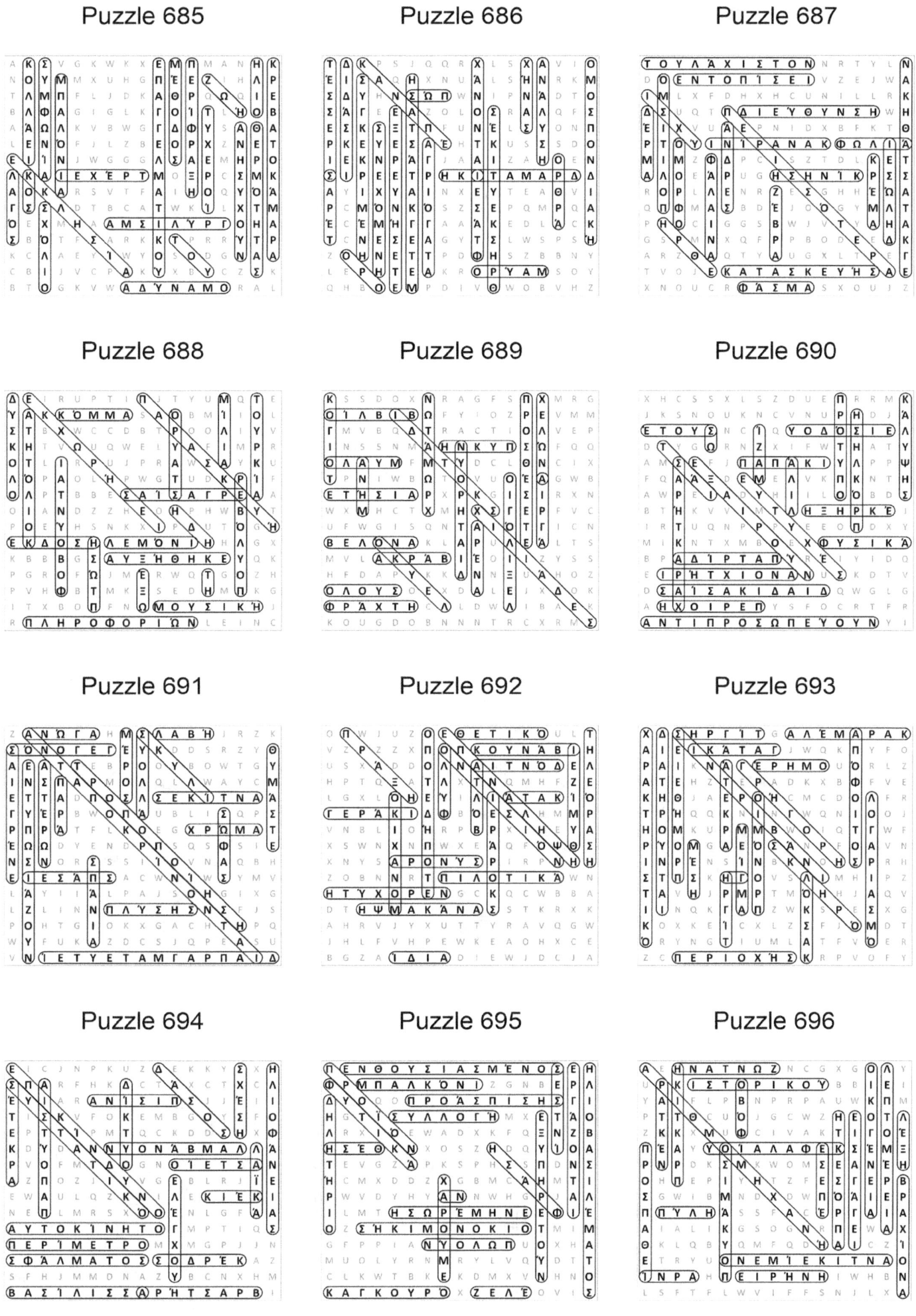

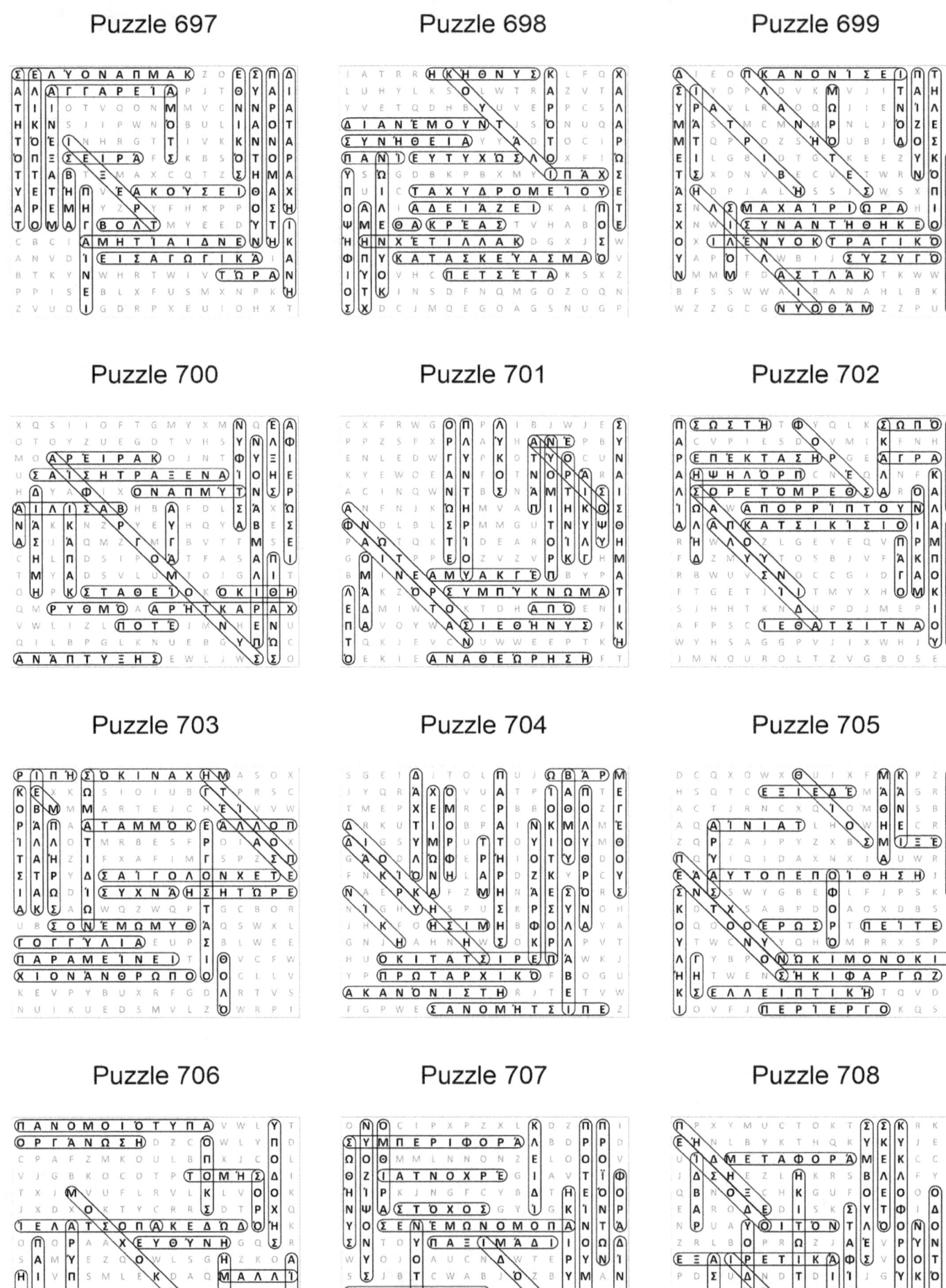

Puzzle 697

Puzzle 698

Puzzle 699

Puzzle 700

Puzzle 701

Puzzle 702

Puzzle 703

Puzzle 704

Puzzle 705

Puzzle 706

Puzzle 707

Puzzle 708

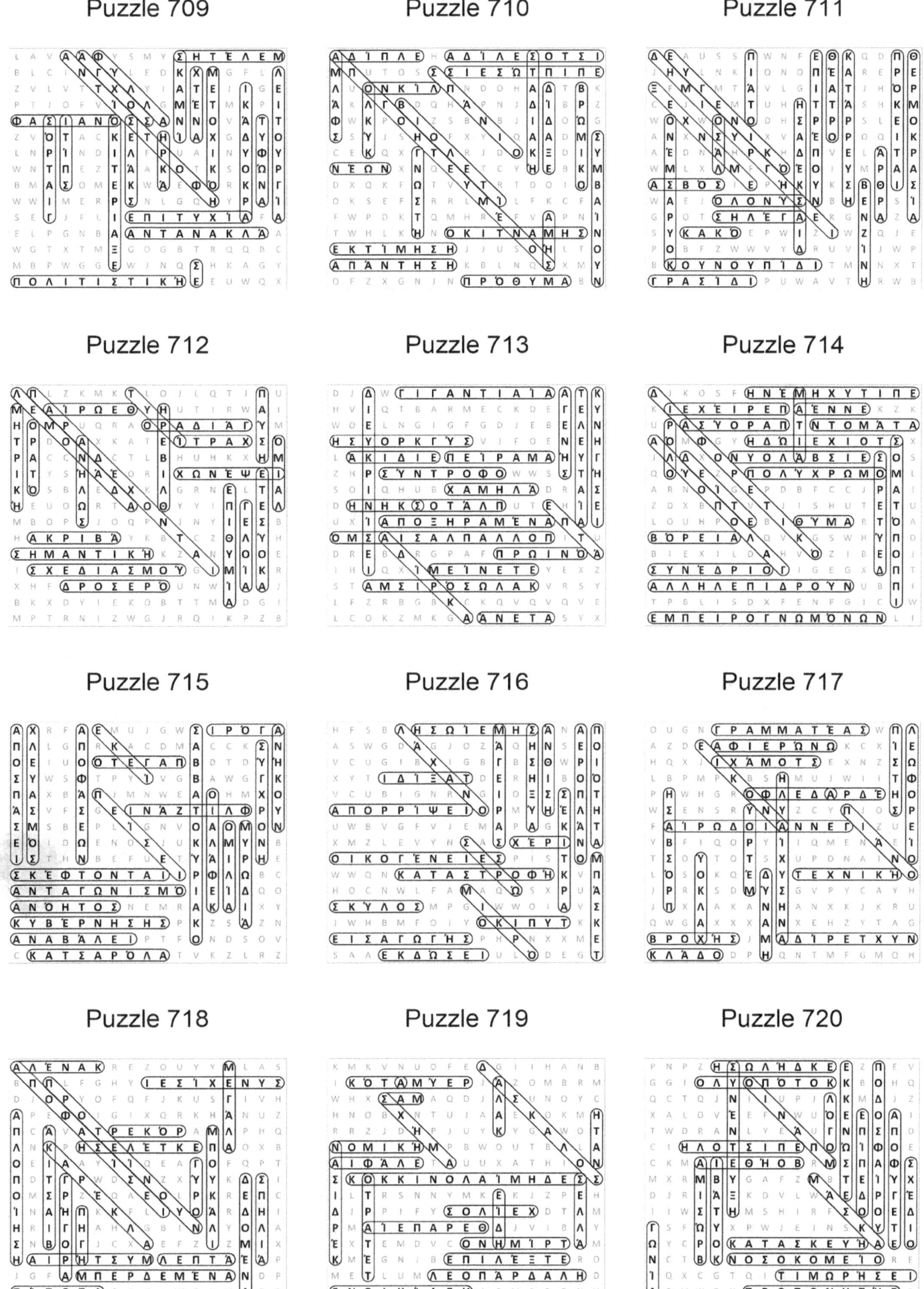

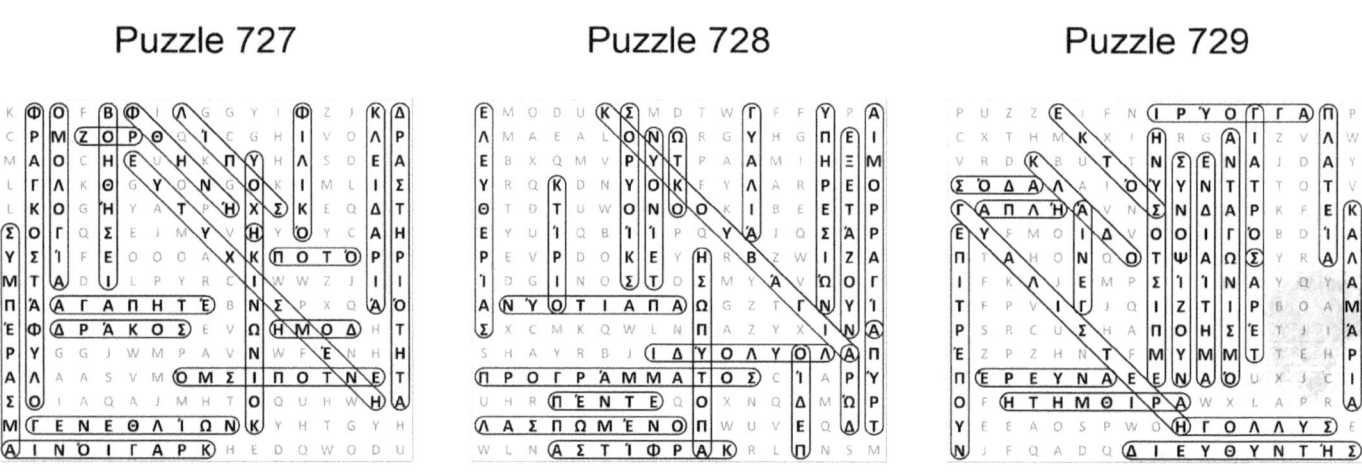

Puzzle 721

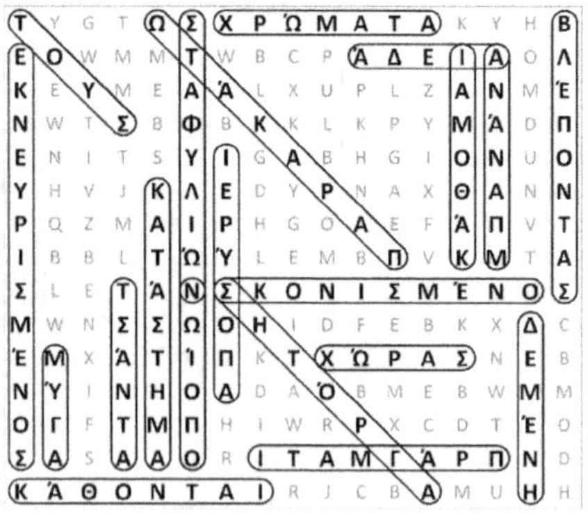

Puzzle 722

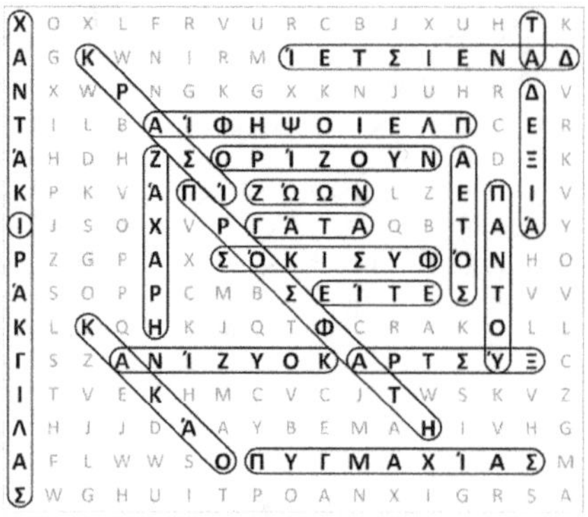

Puzzle 723

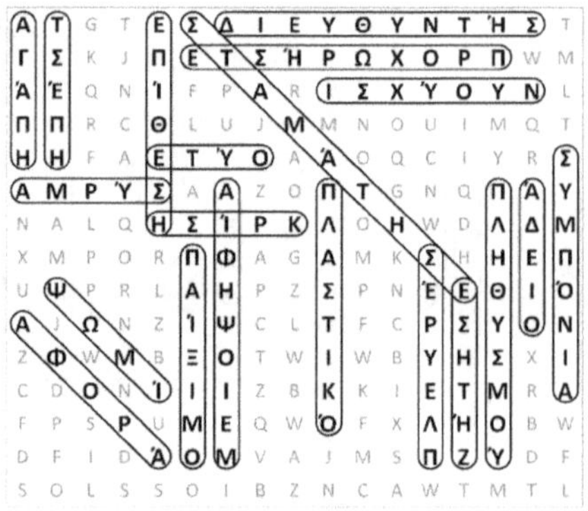

Puzzle 724

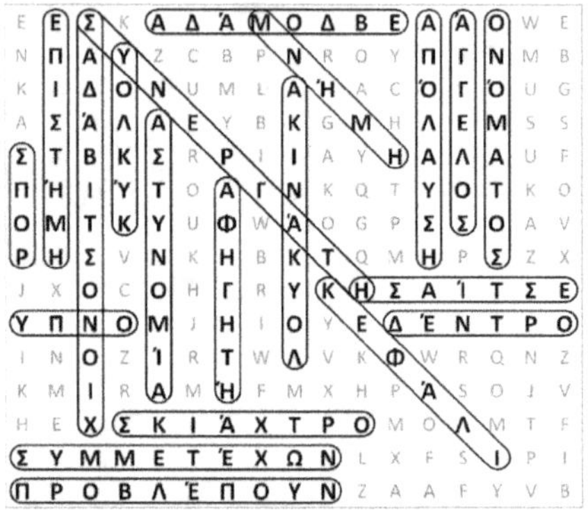

Puzzle 725

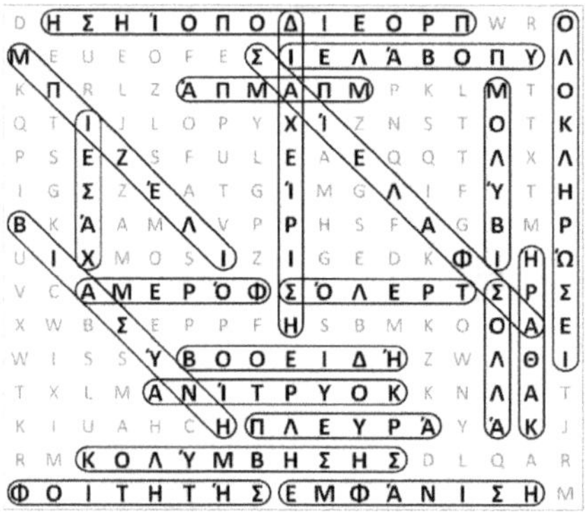

Puzzle 726

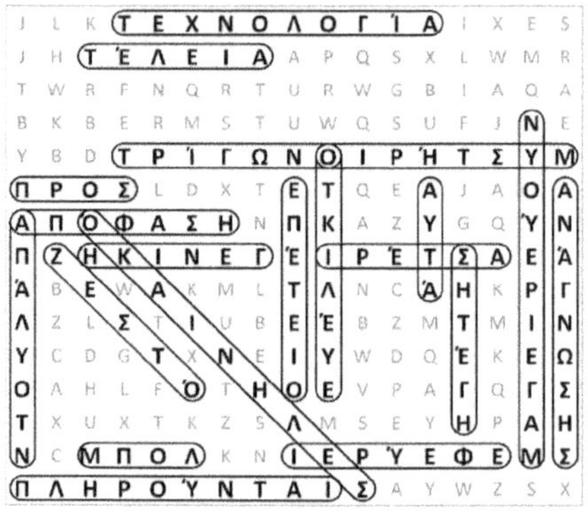

Puzzle 727

Puzzle 728

Puzzle 729

Puzzle 730

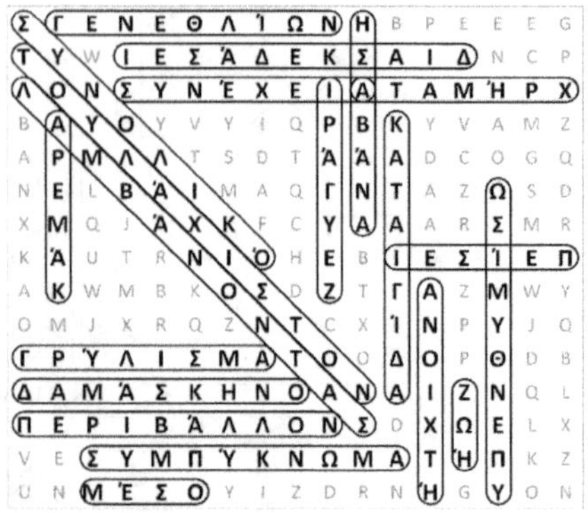

Puzzle 731

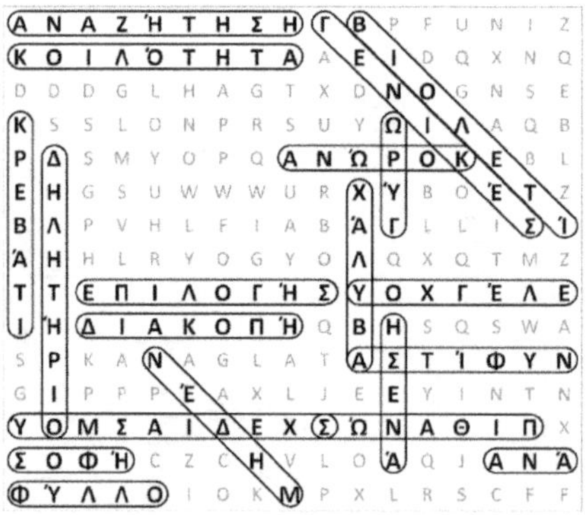

Puzzle 732

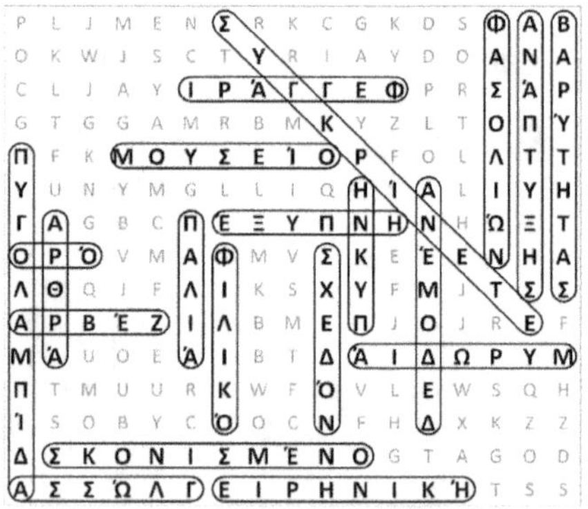

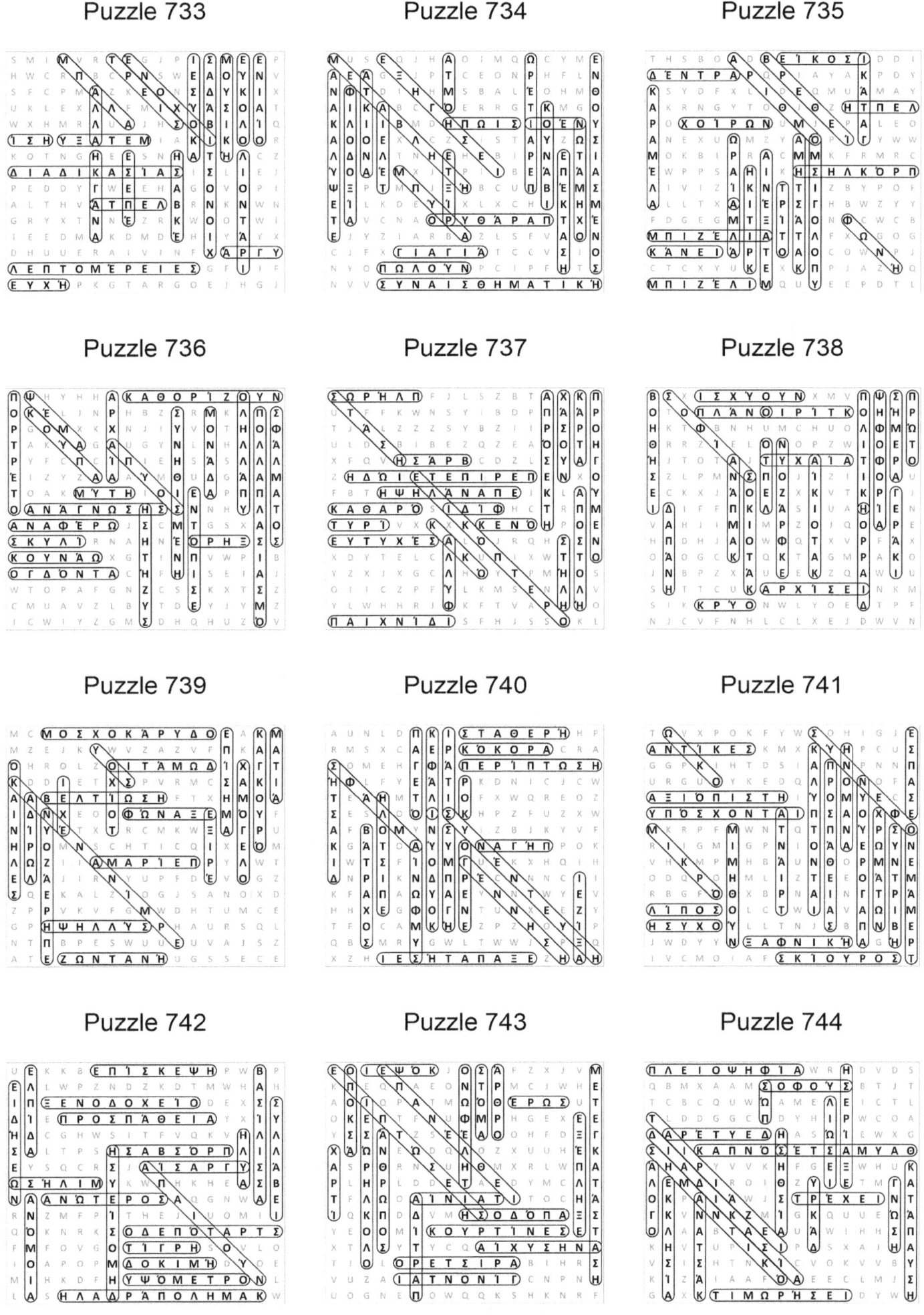

Puzzle 733

Puzzle 734

Puzzle 735

Puzzle 736

Puzzle 737

Puzzle 738

Puzzle 739

Puzzle 740

Puzzle 741

Puzzle 742

Puzzle 743

Puzzle 744

Puzzle 745

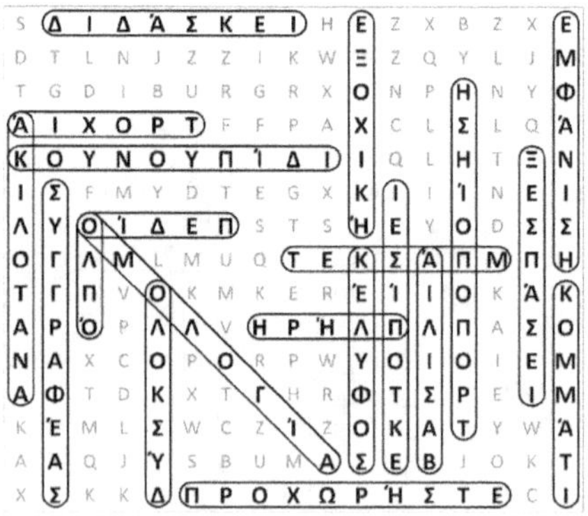

Puzzle 746

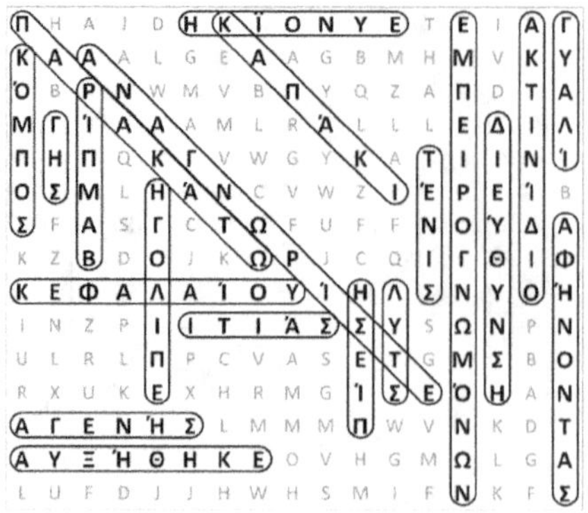

Puzzle 747

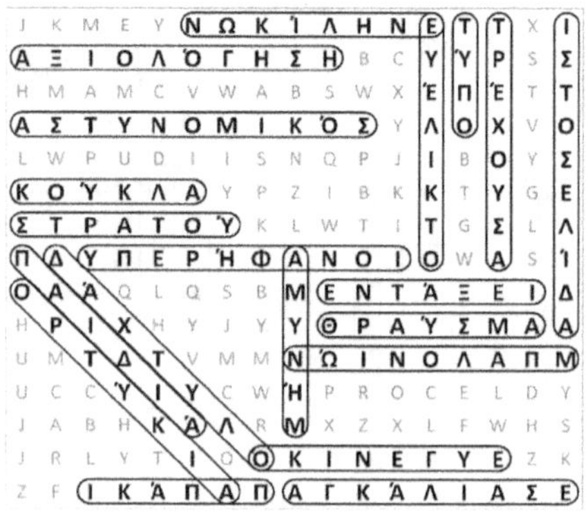

Puzzle 748

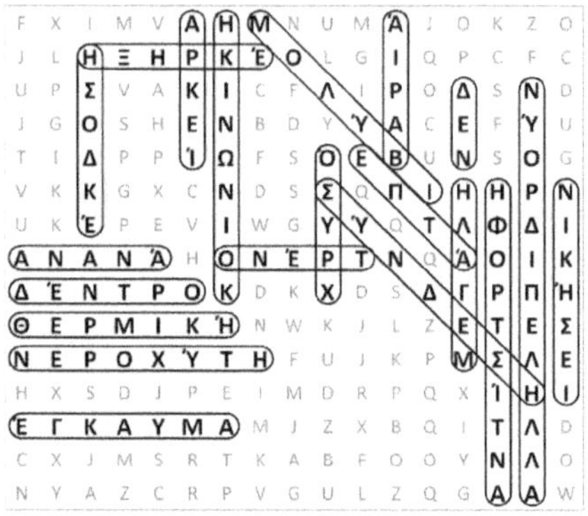

Puzzle 749

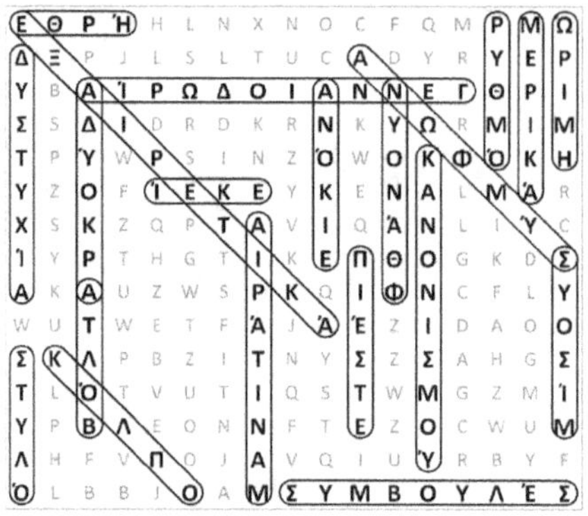

Puzzle 750

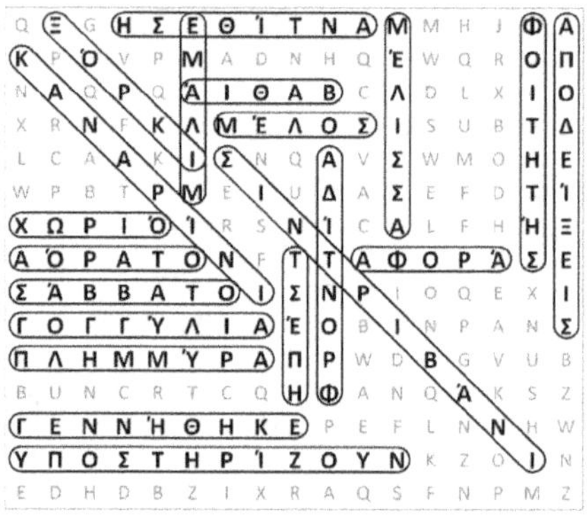

Puzzle 751

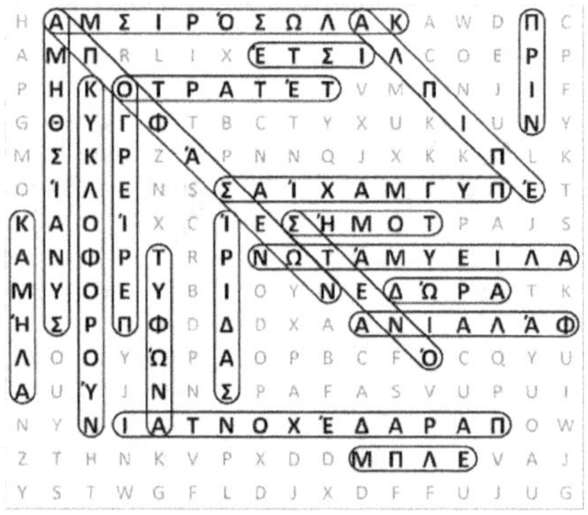

Puzzle 752

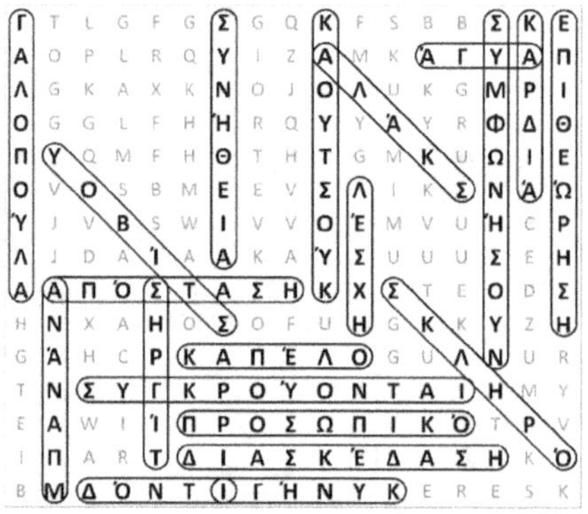

Puzzle 753

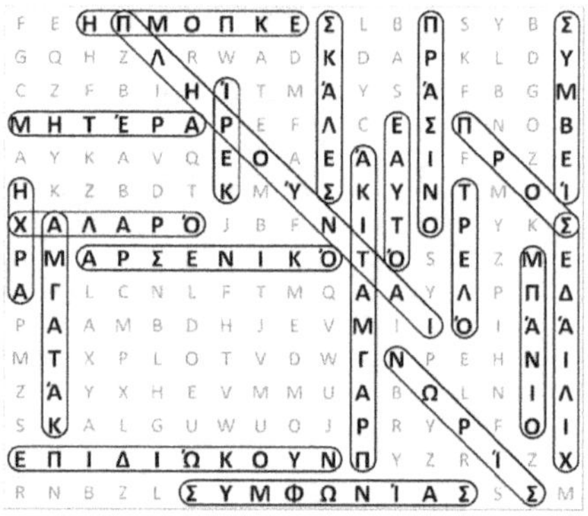

Puzzle 754

Puzzle 755

Puzzle 756

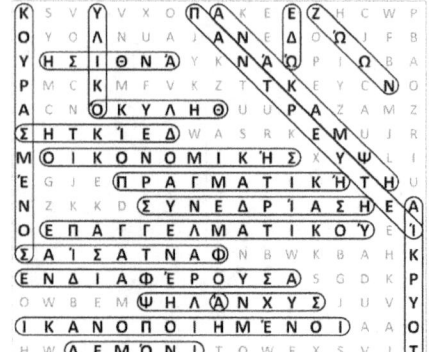

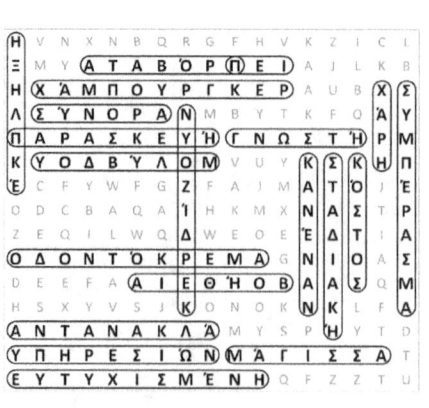

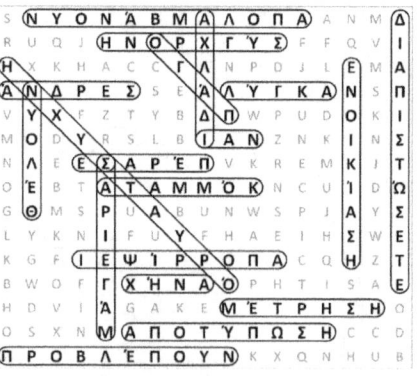

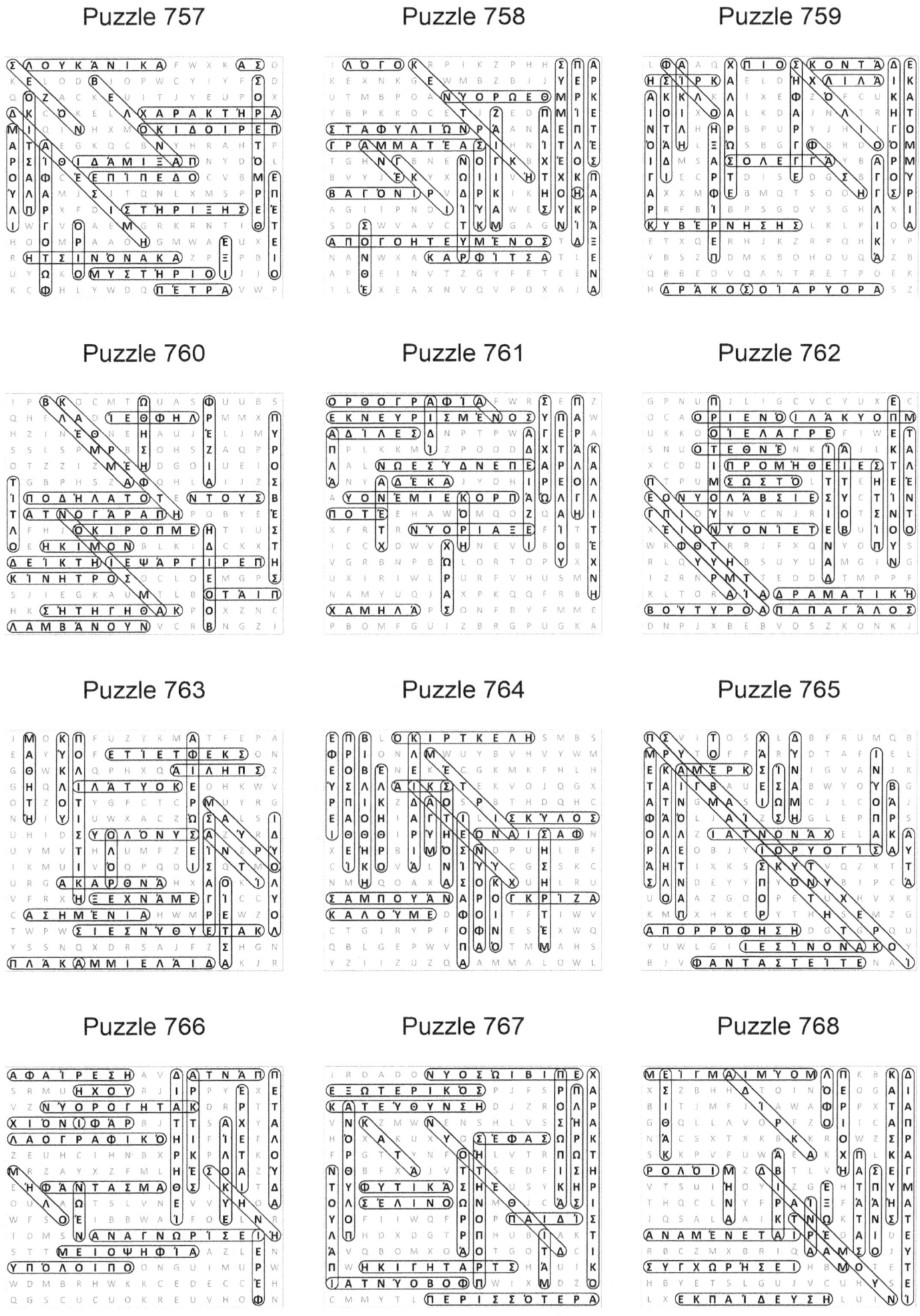

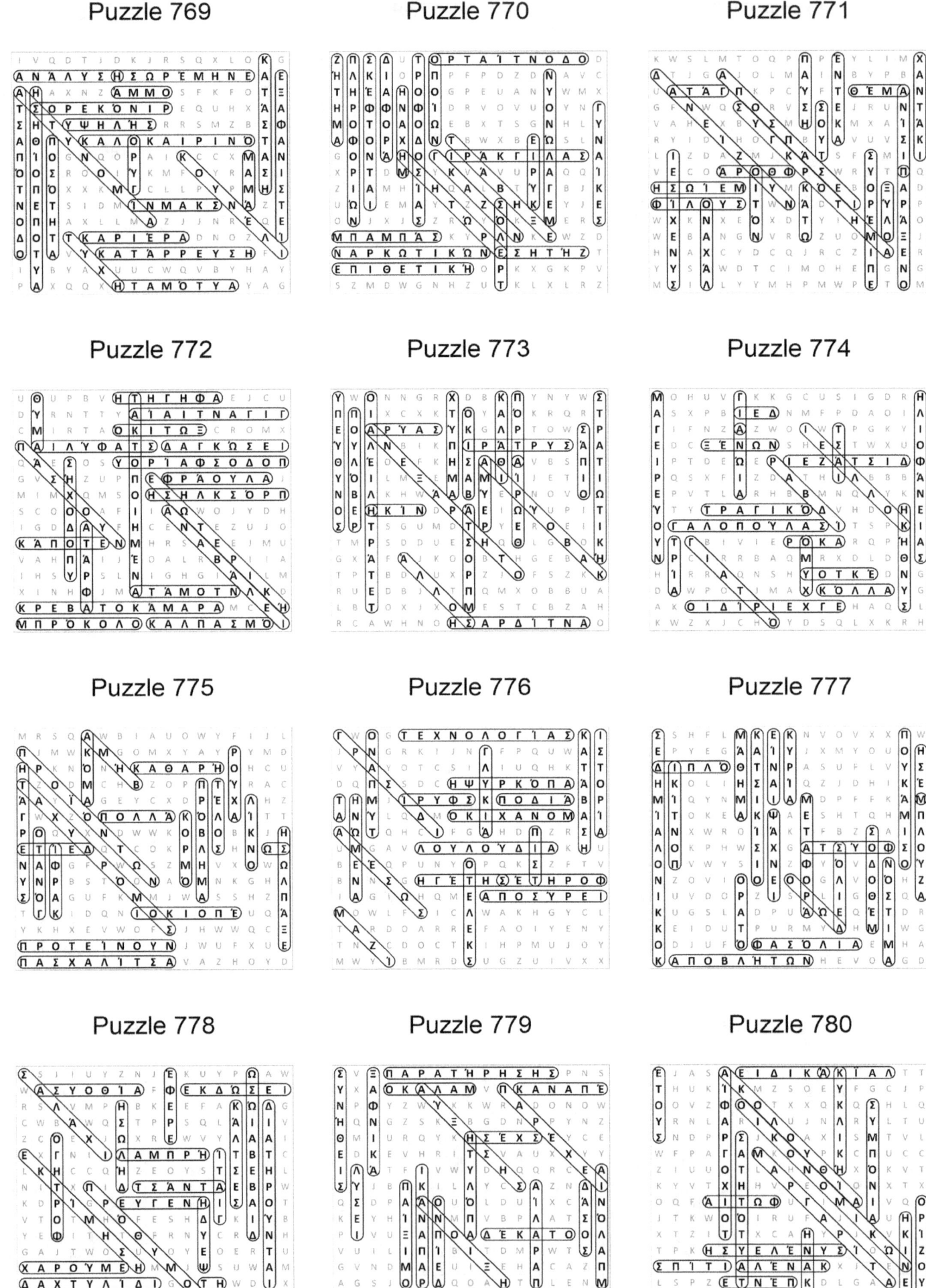

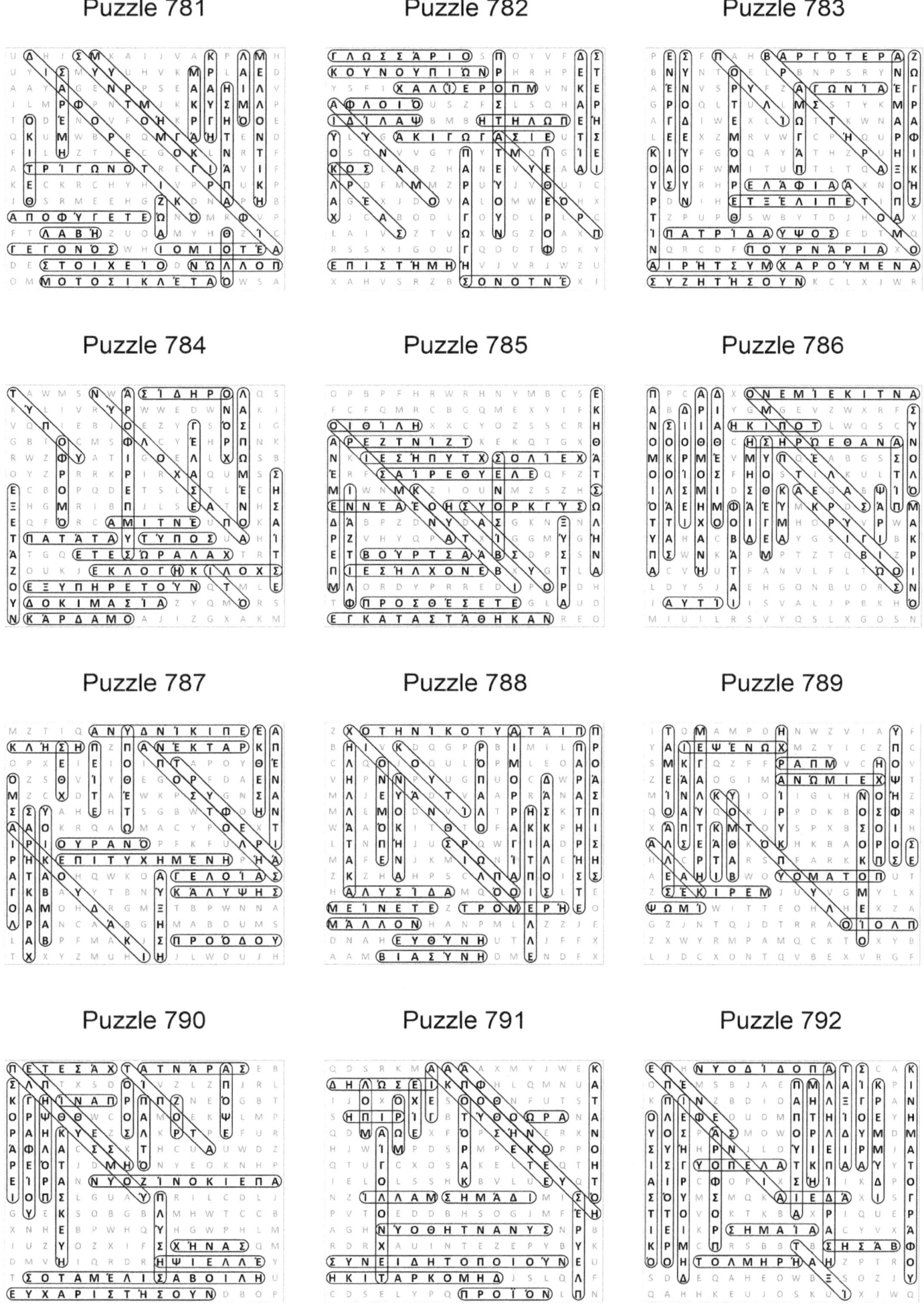

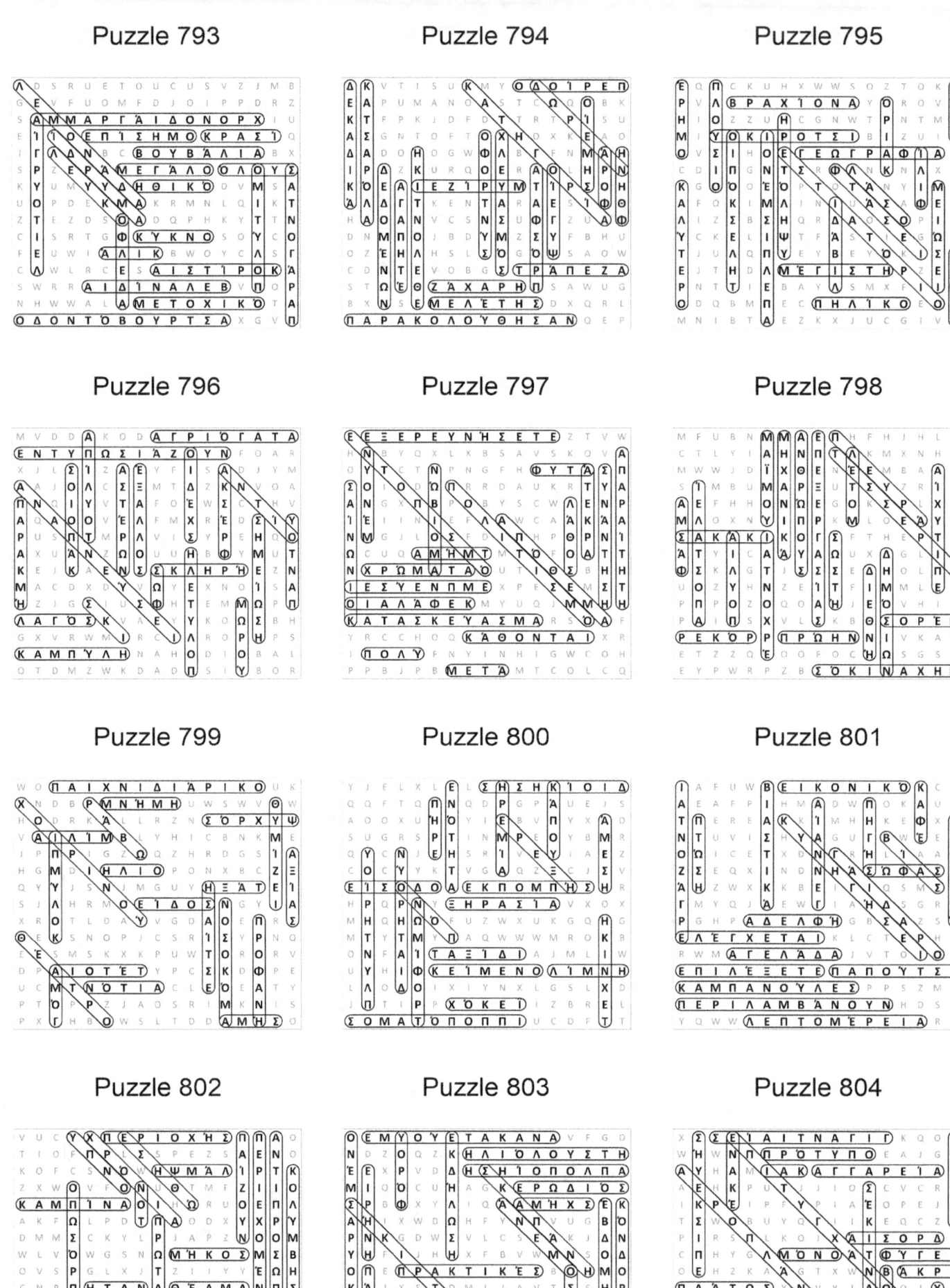

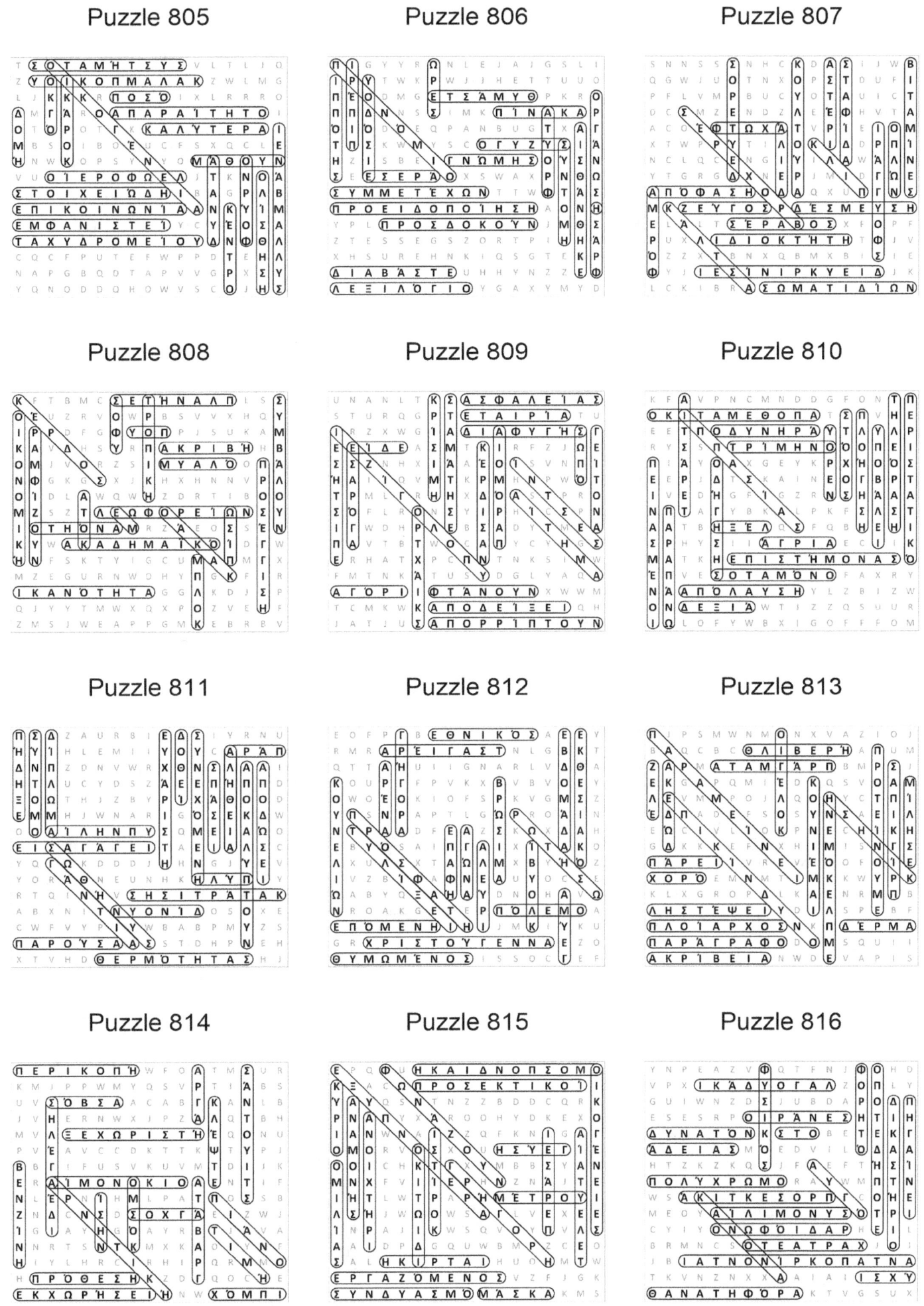

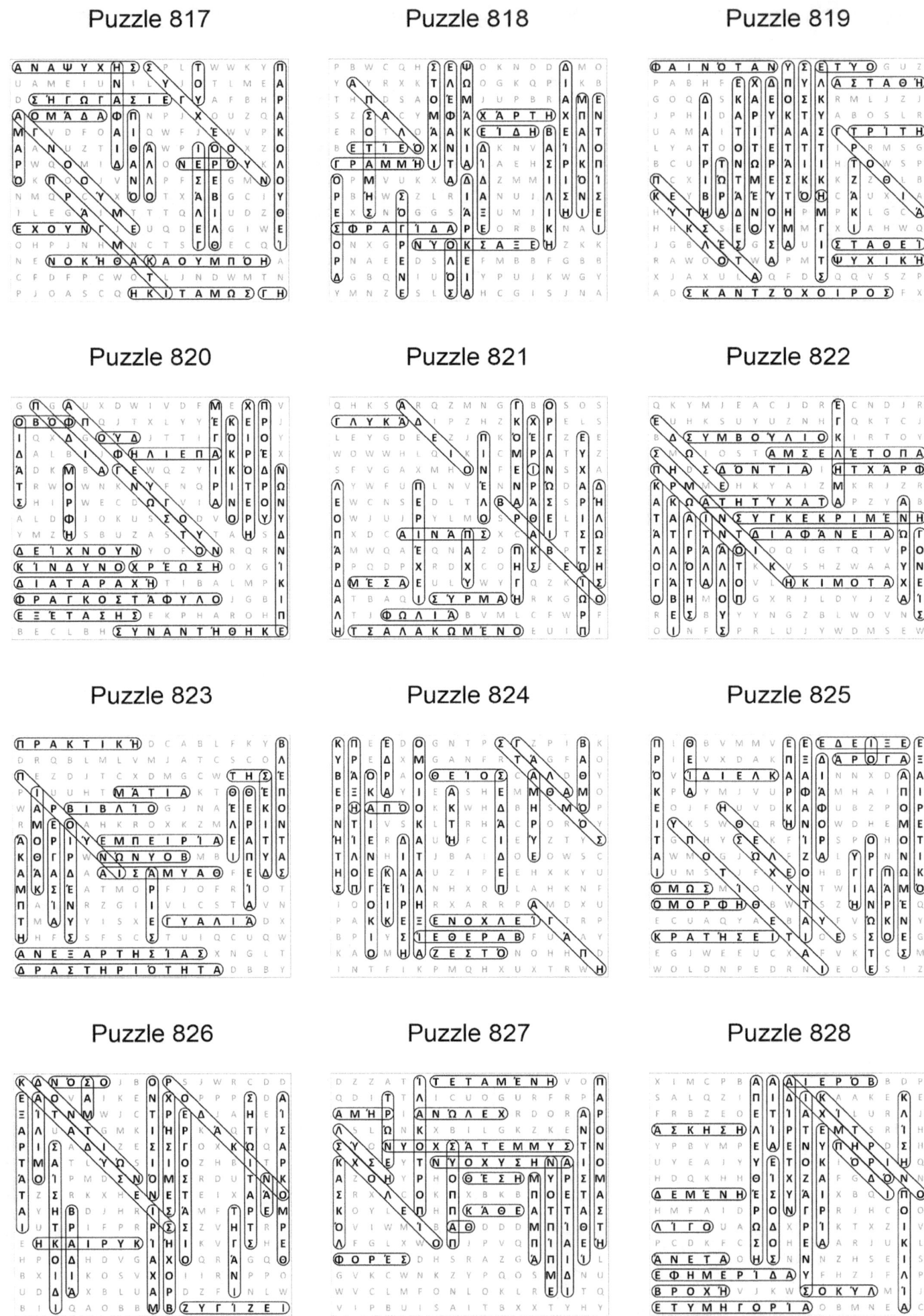

Puzzle 829

Puzzle 830

Puzzle 831

Puzzle 832

Puzzle 833

Puzzle 834

Puzzle 835

Puzzle 836

Puzzle 837

Puzzle 838

Puzzle 839

Puzzle 840

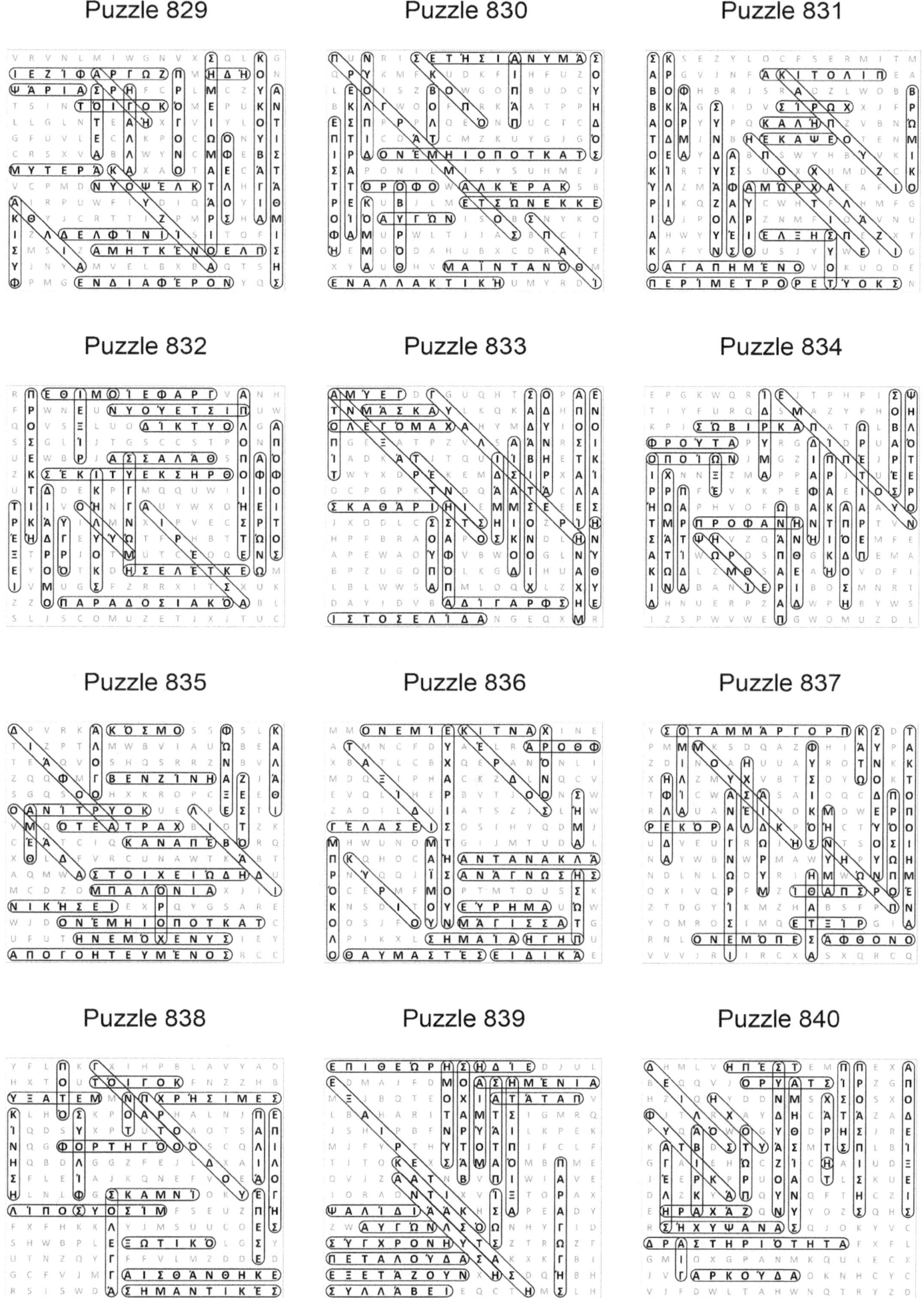

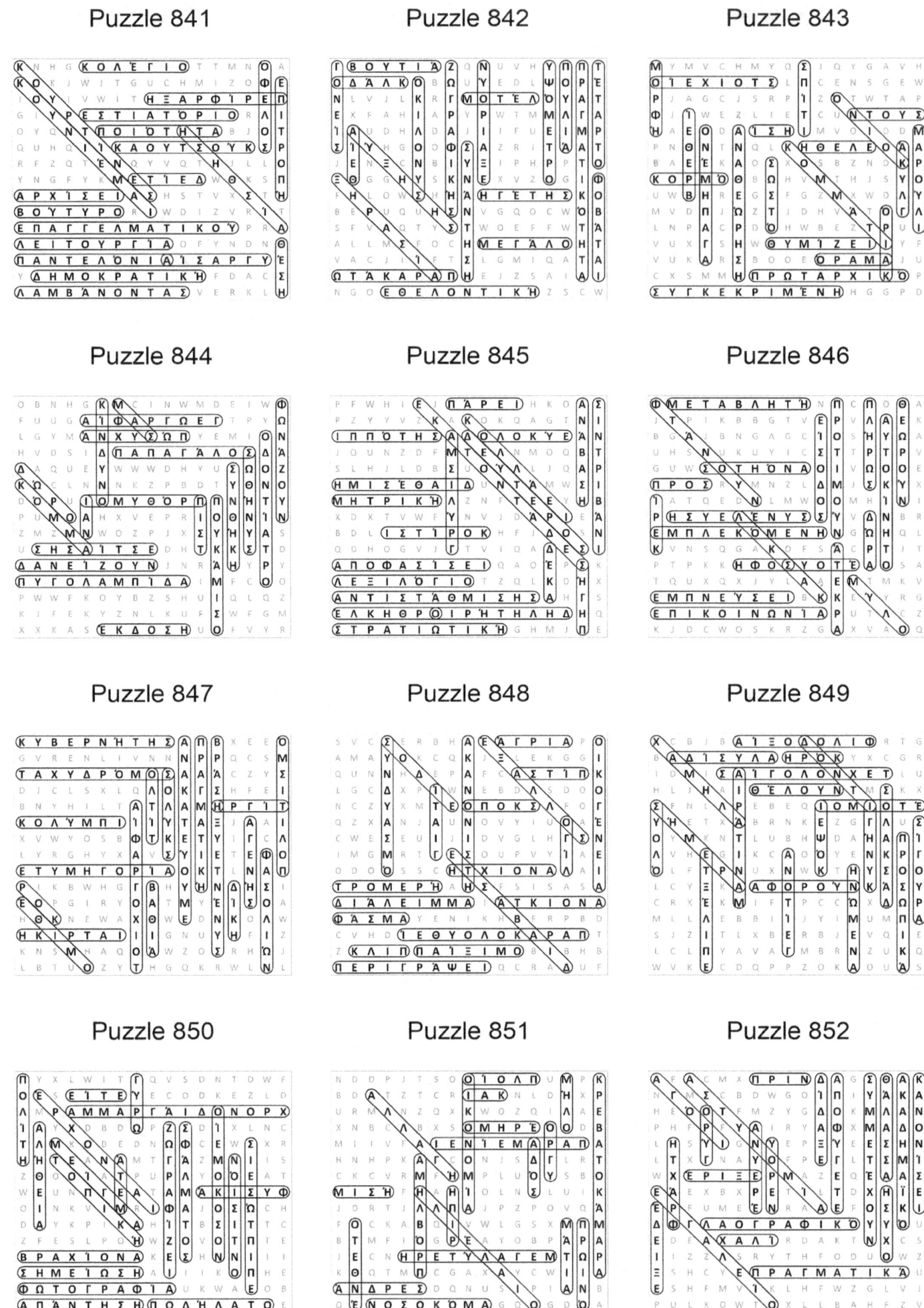

Puzzle 853

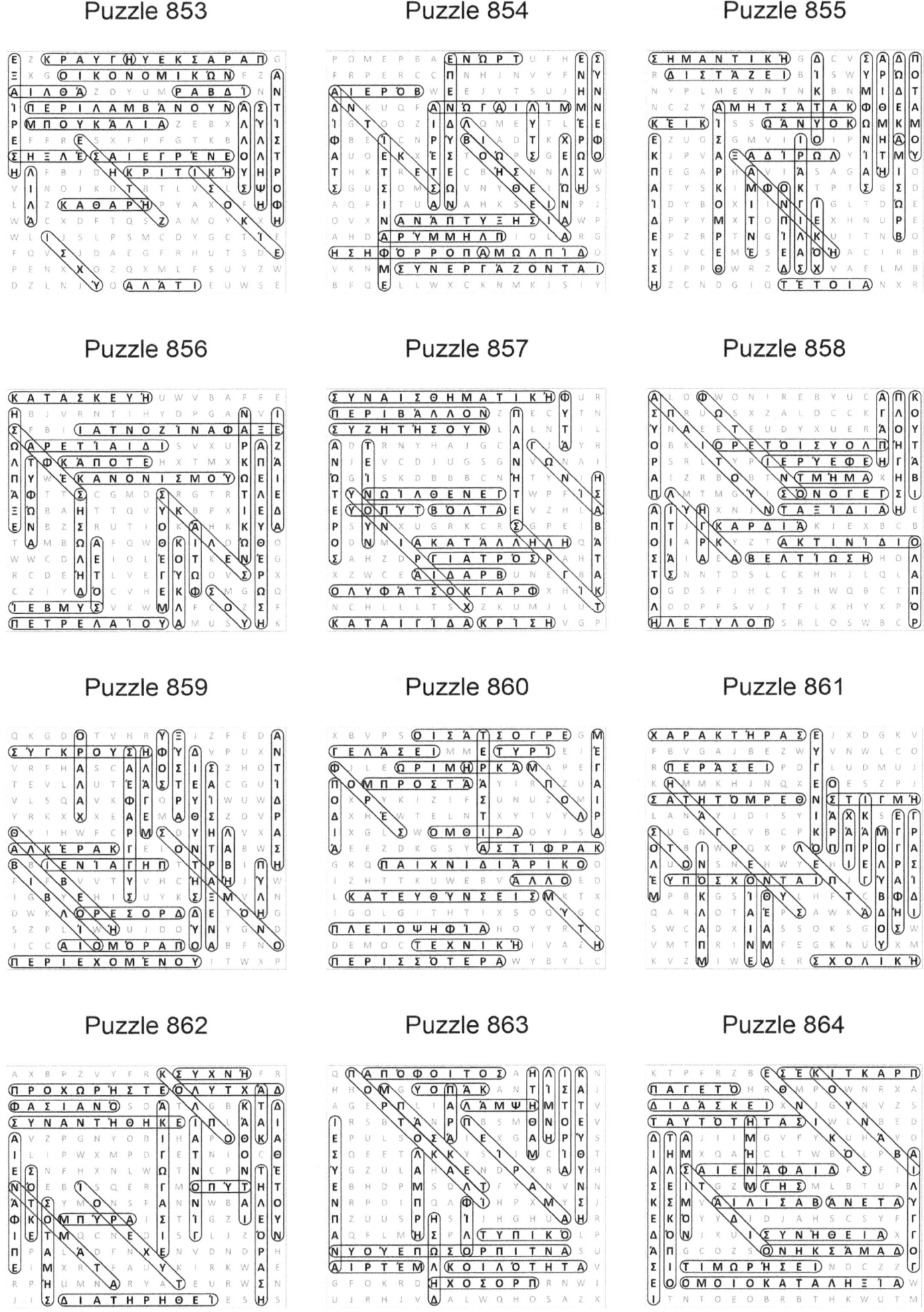

Puzzle 854

Puzzle 855

Puzzle 856

Puzzle 857

Puzzle 858

Puzzle 859

Puzzle 860

Puzzle 861

Puzzle 862

Puzzle 863

Puzzle 864

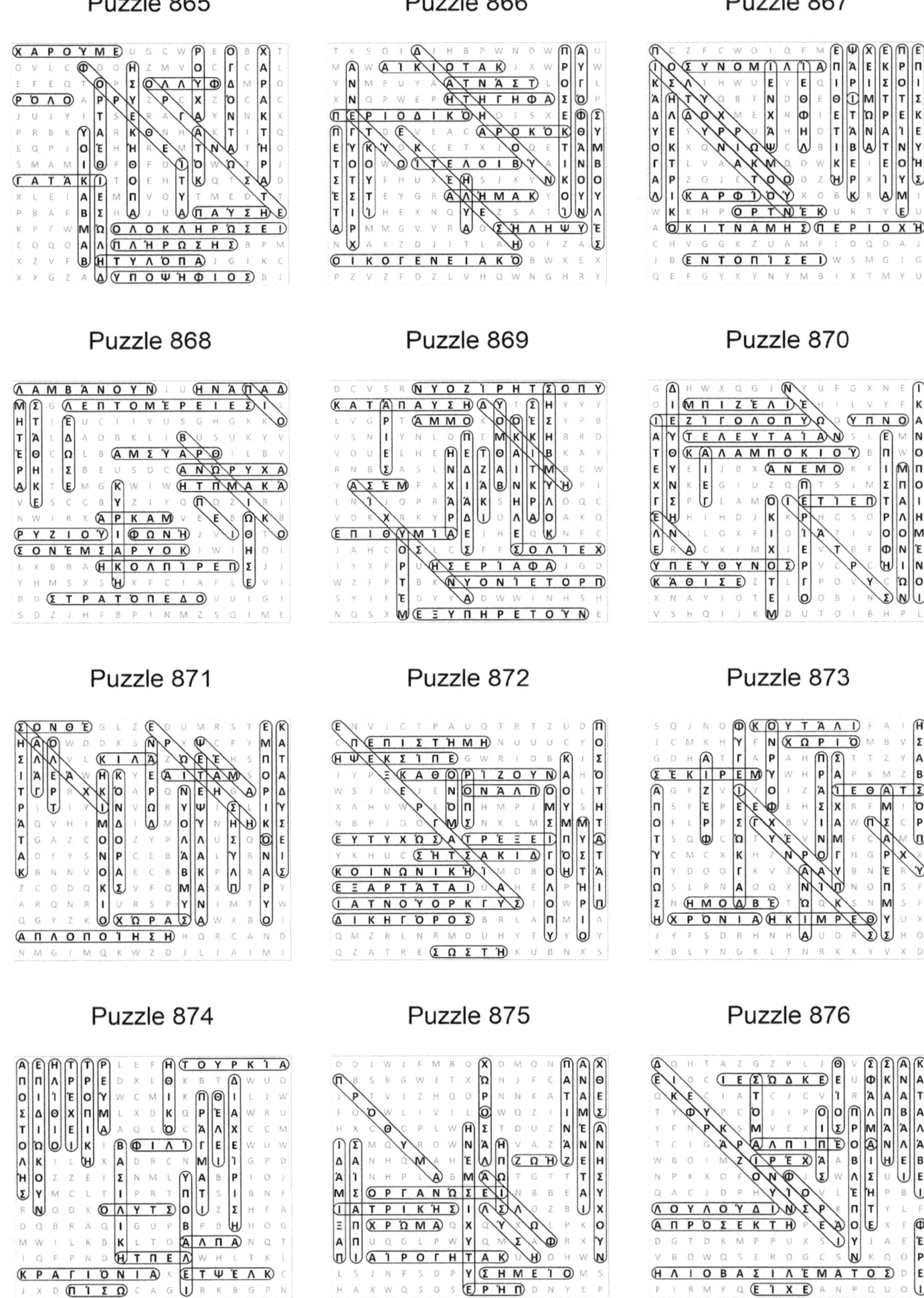

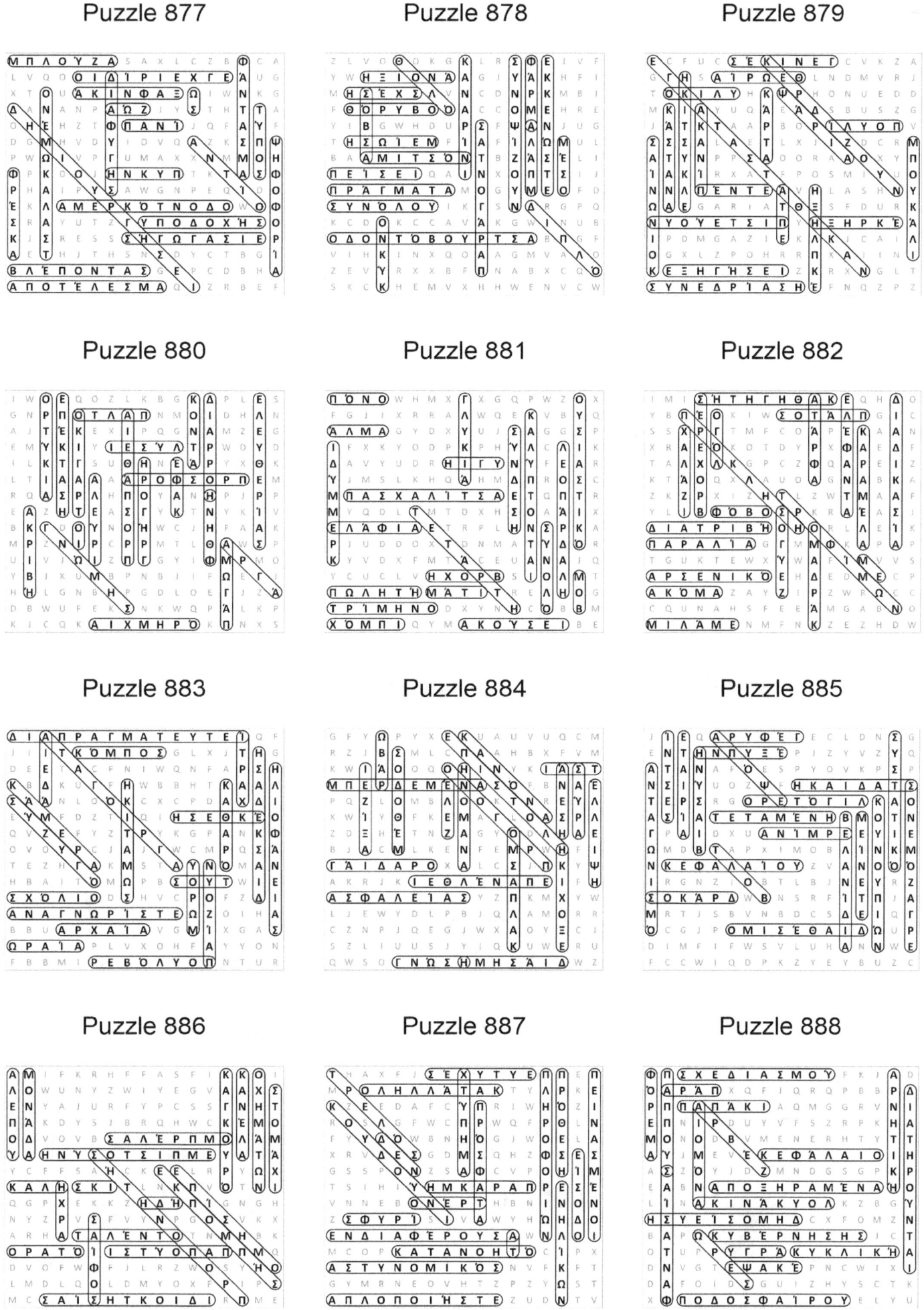

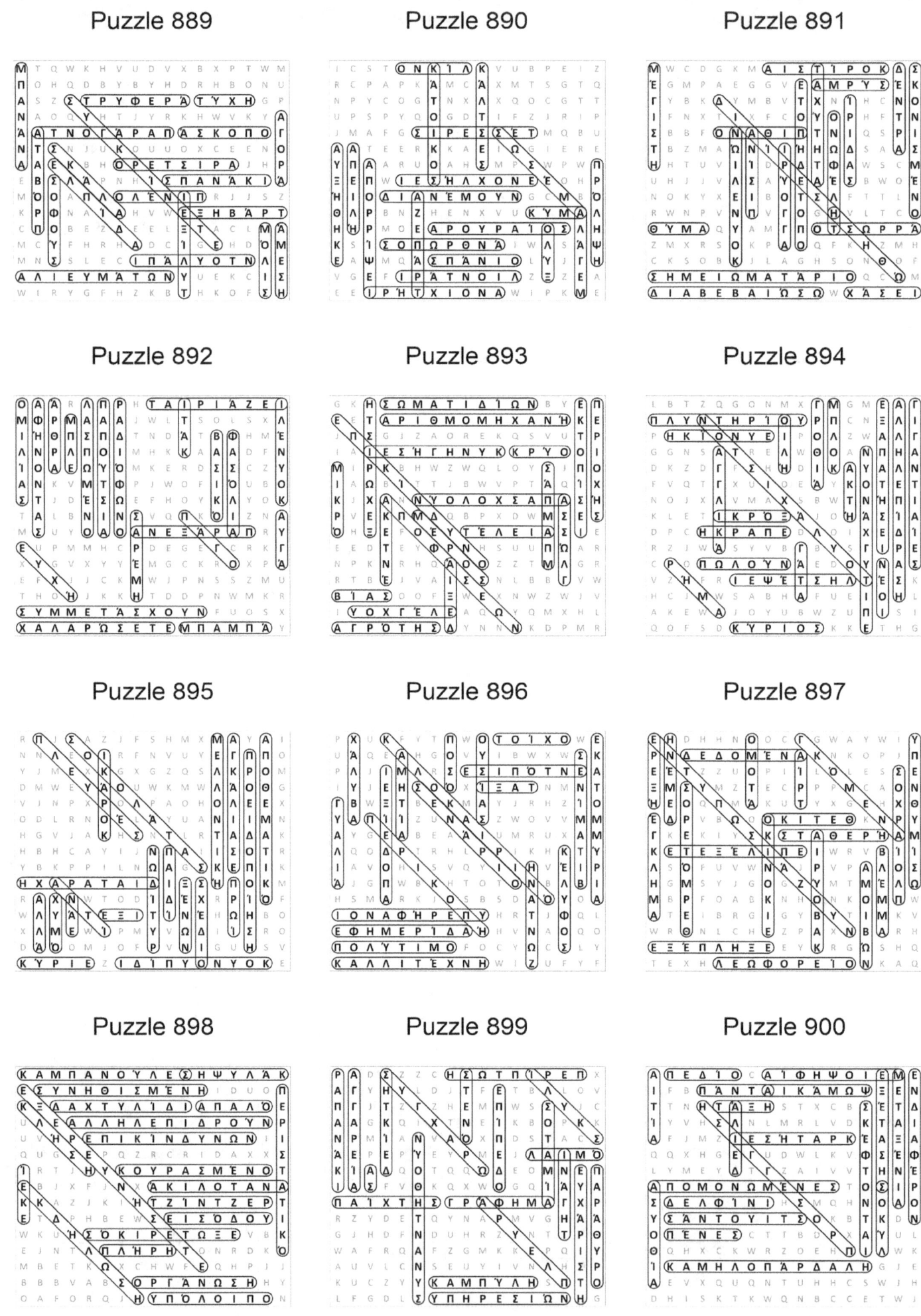

Puzzle 889

Puzzle 890

Puzzle 891

Puzzle 892

Puzzle 893

Puzzle 894

Puzzle 895

Puzzle 896

Puzzle 897

Puzzle 898

Puzzle 899

Puzzle 900

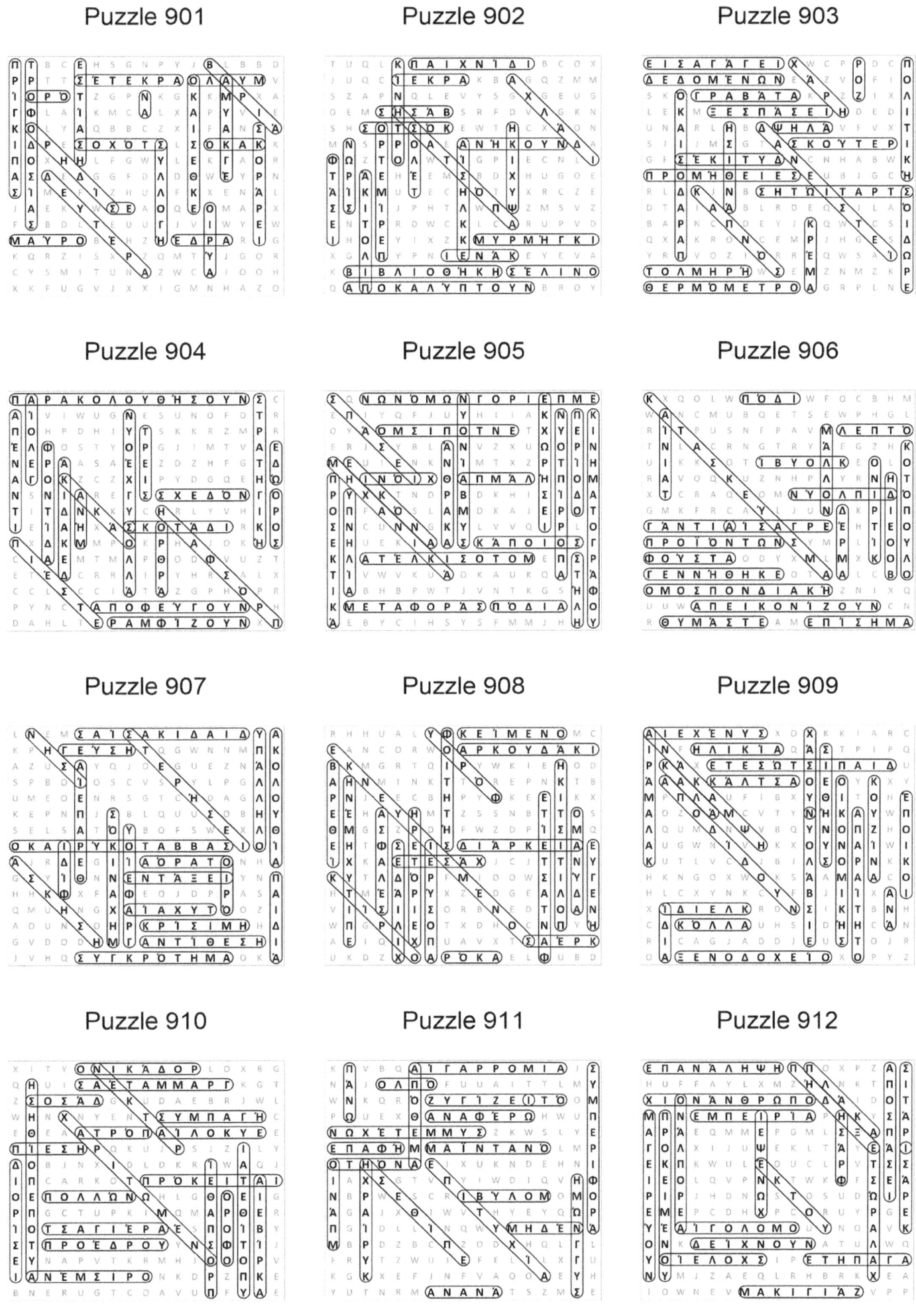

Puzzle 901

Puzzle 902

Puzzle 903

Puzzle 904

Puzzle 905

Puzzle 906

Puzzle 907

Puzzle 908

Puzzle 909

Puzzle 910

Puzzle 911

Puzzle 912

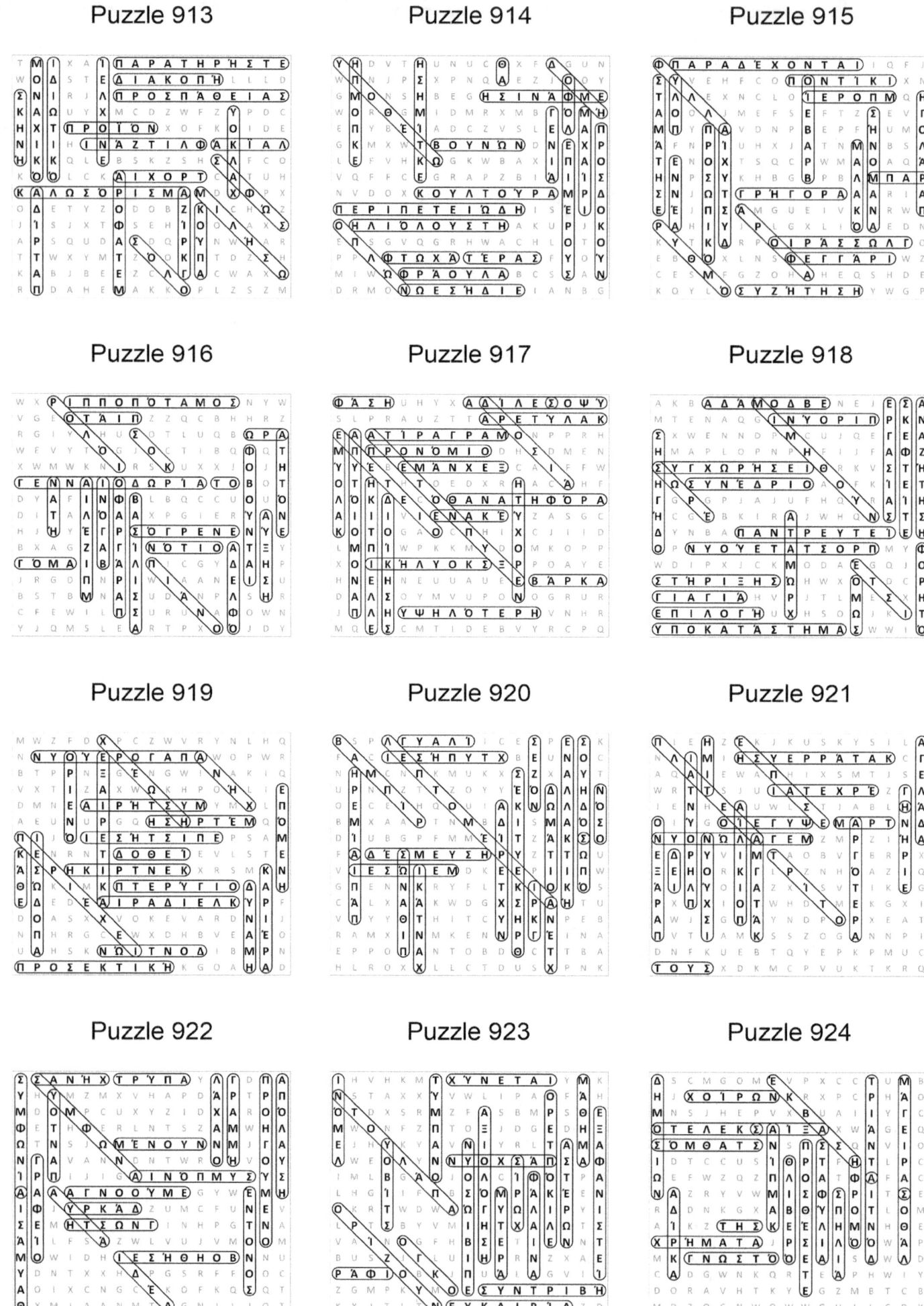

Puzzle 913

Puzzle 914

Puzzle 915

Puzzle 916

Puzzle 917

Puzzle 918

Puzzle 919

Puzzle 920

Puzzle 921

Puzzle 922

Puzzle 923

Puzzle 924

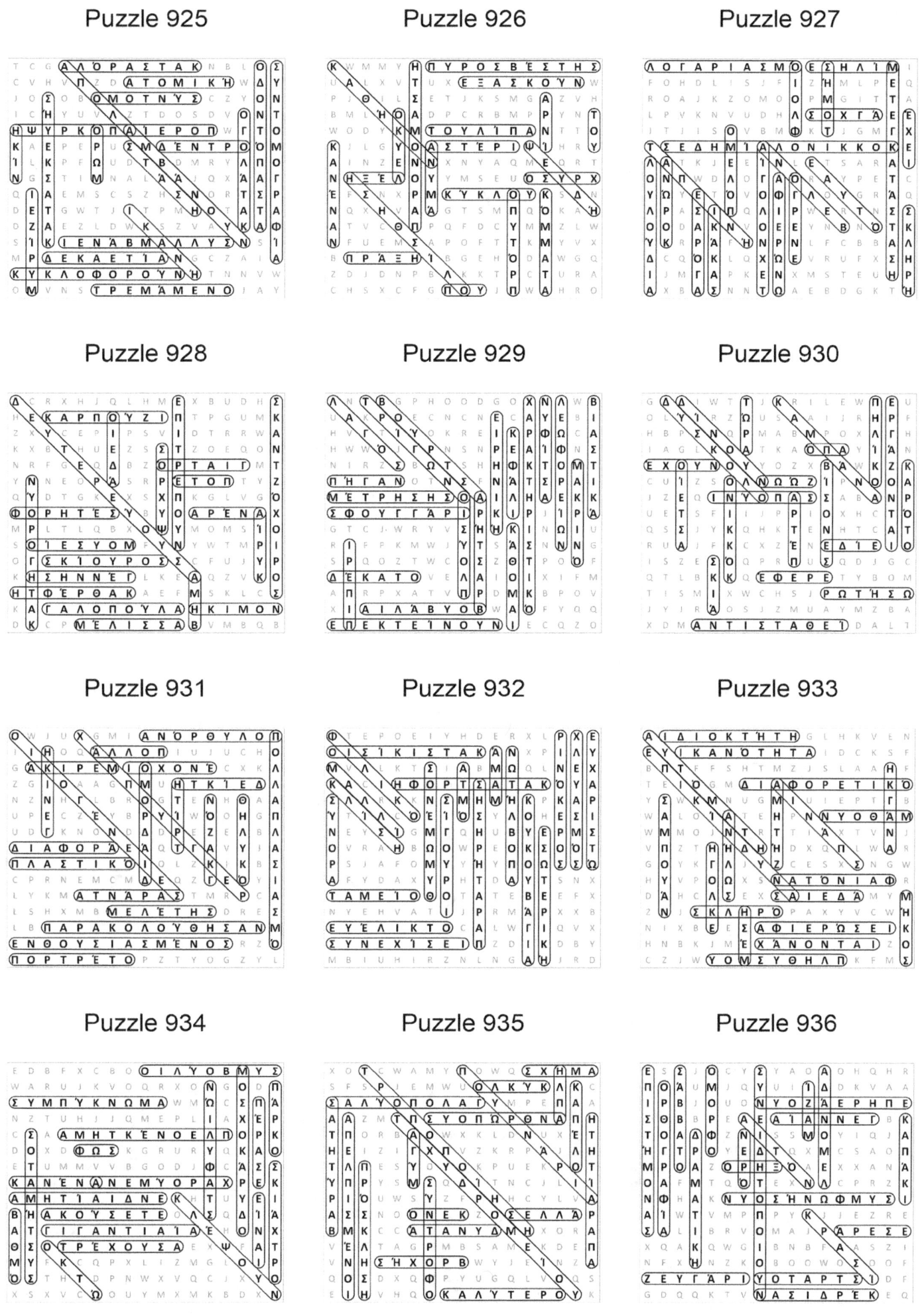

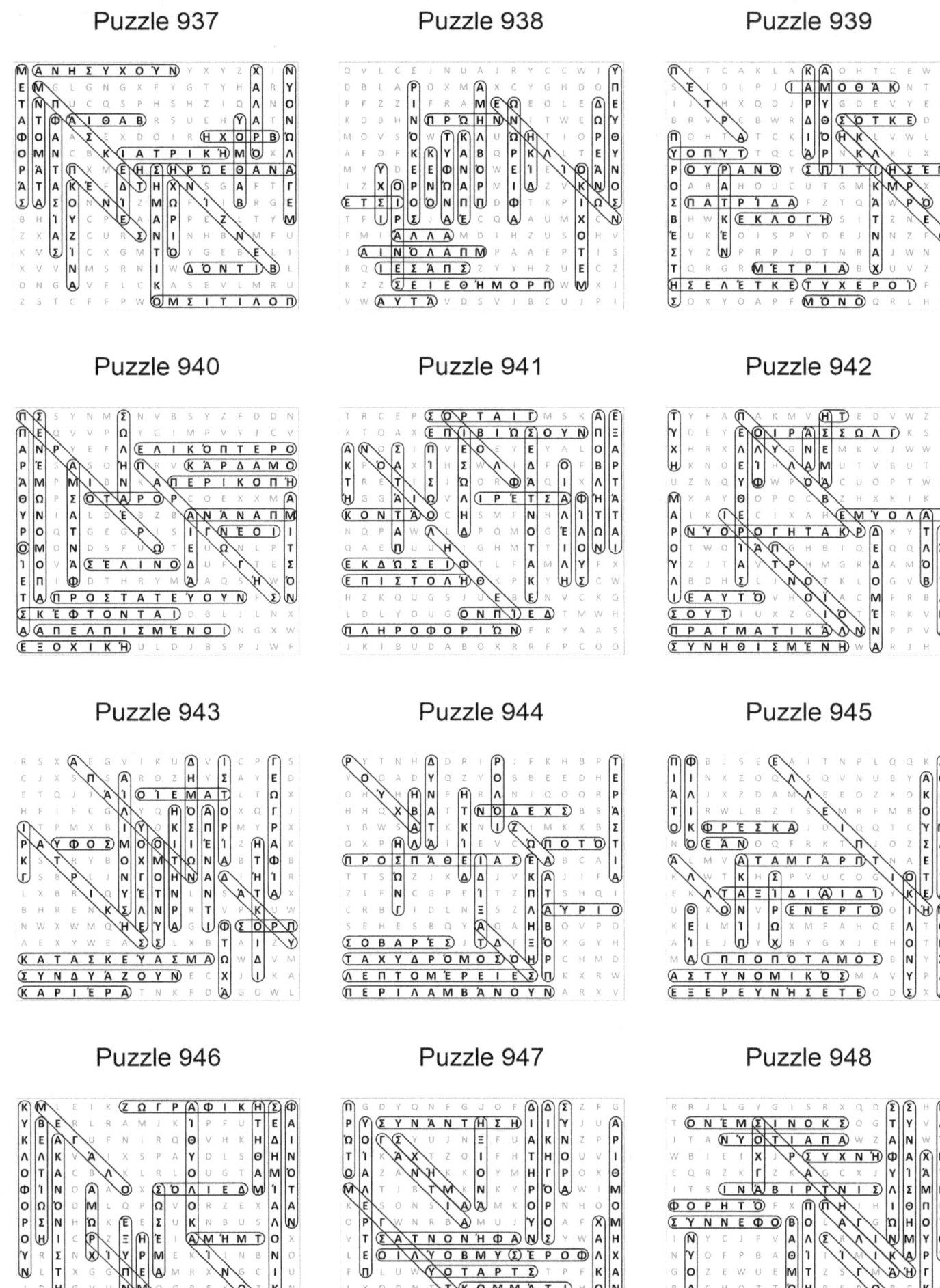

Puzzle 937

Puzzle 938

Puzzle 939

Puzzle 940

Puzzle 941

Puzzle 942

Puzzle 943

Puzzle 944

Puzzle 945

Puzzle 946

Puzzle 947

Puzzle 948

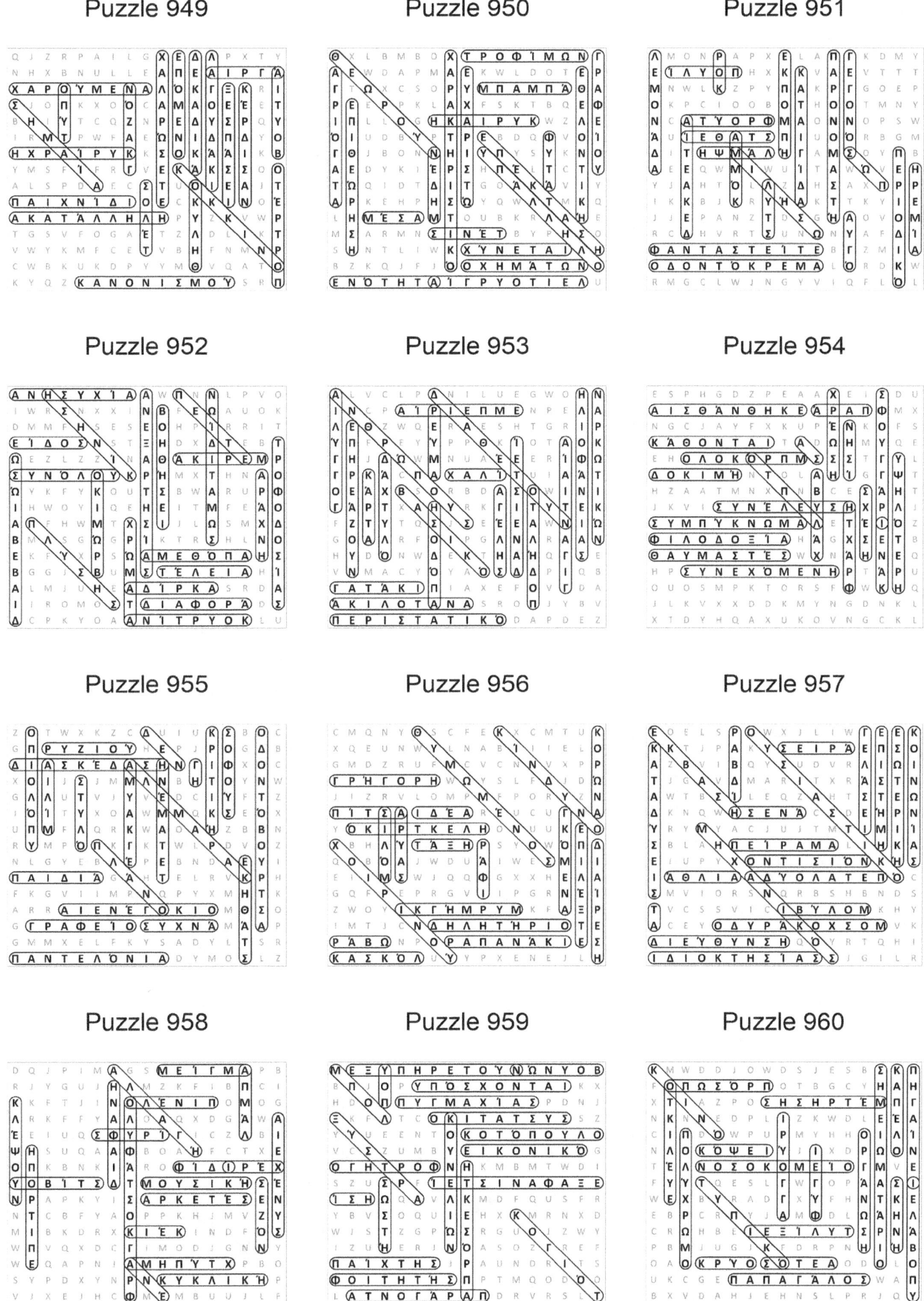

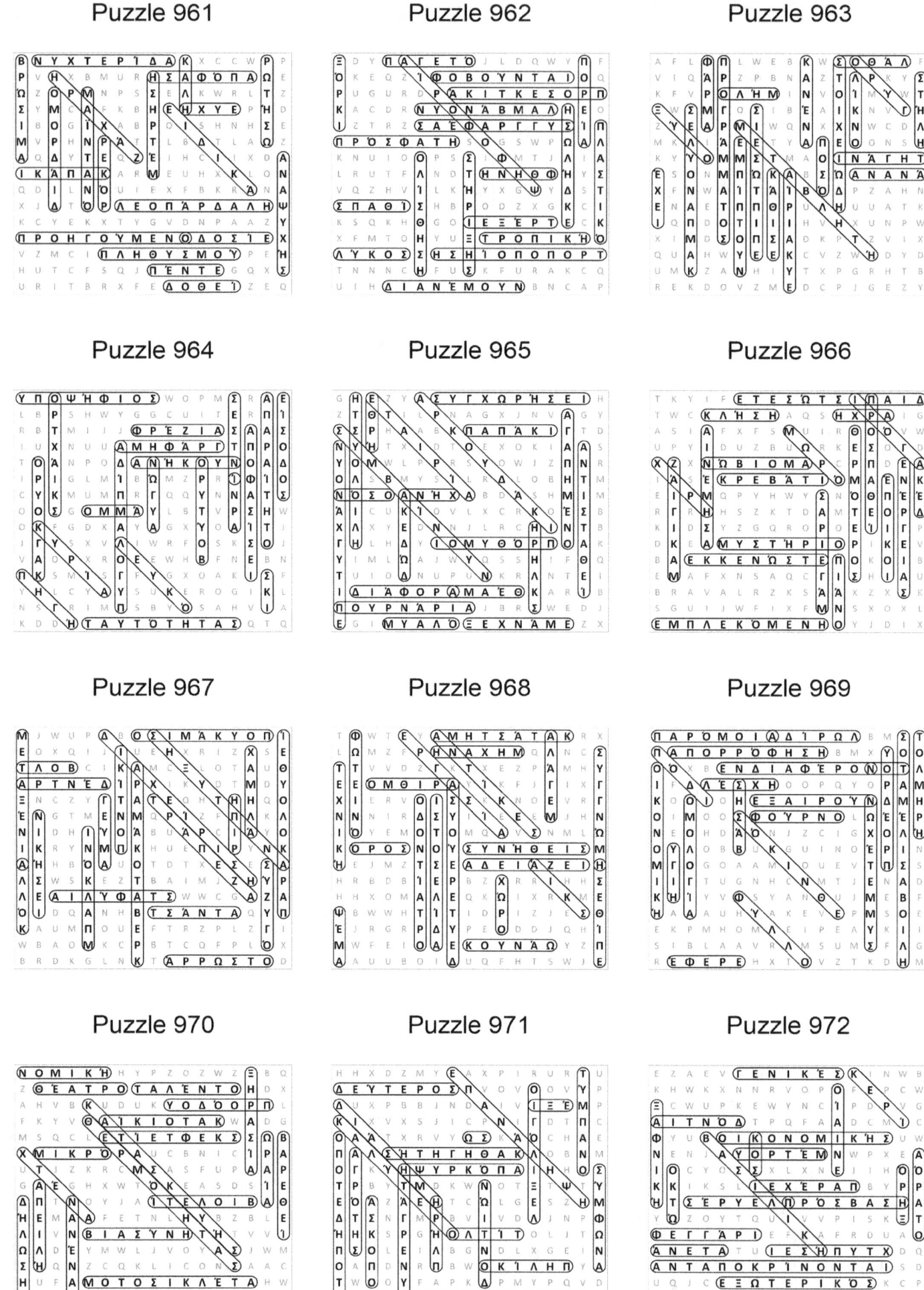

Puzzle 961

Puzzle 962

Puzzle 963

Puzzle 964

Puzzle 965

Puzzle 966

Puzzle 967

Puzzle 968

Puzzle 969

Puzzle 970

Puzzle 971

Puzzle 972

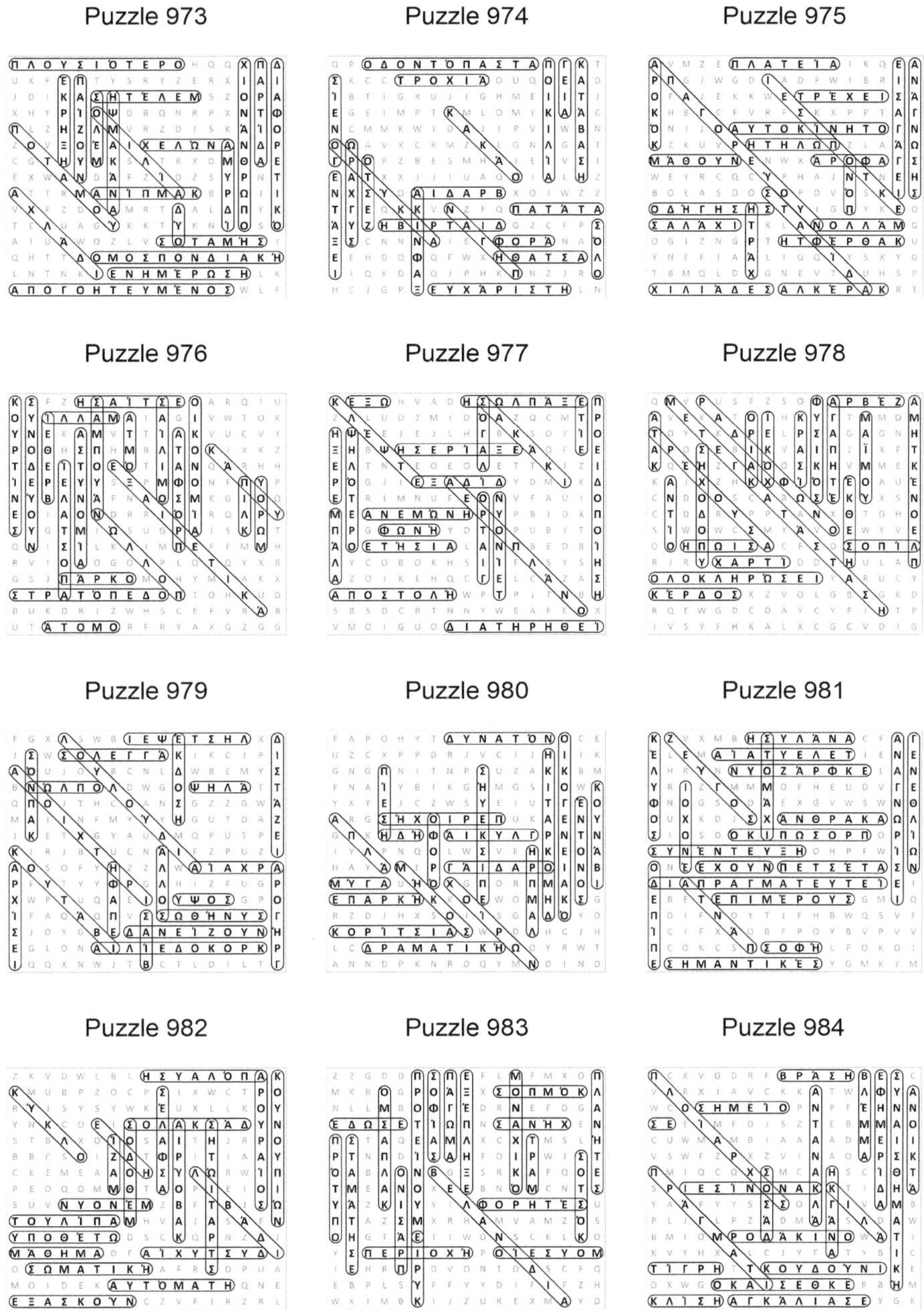

Puzzle 973

Puzzle 974

Puzzle 975

Puzzle 976

Puzzle 977

Puzzle 978

Puzzle 979

Puzzle 980

Puzzle 981

Puzzle 982

Puzzle 983

Puzzle 984

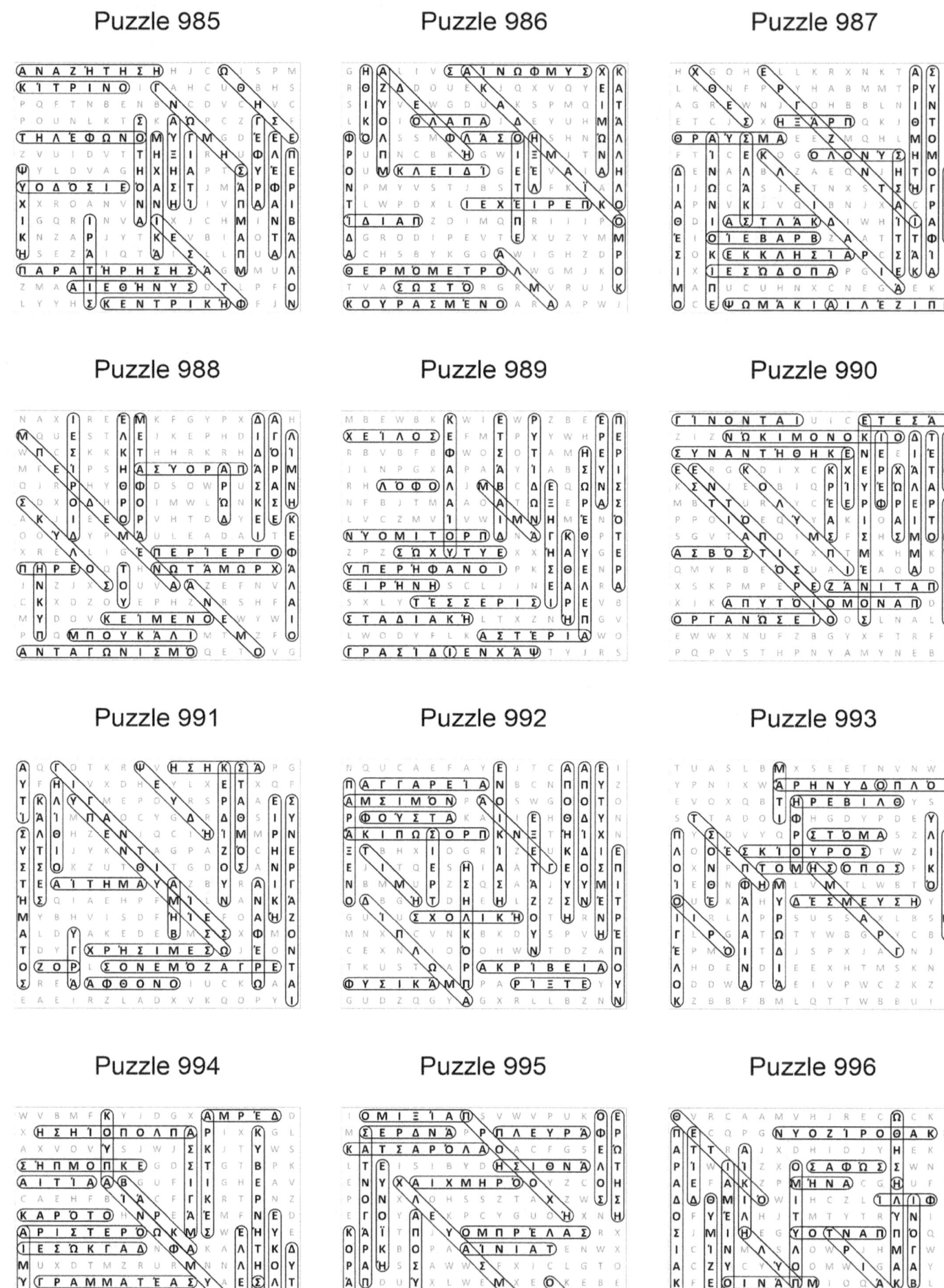

Puzzle 997

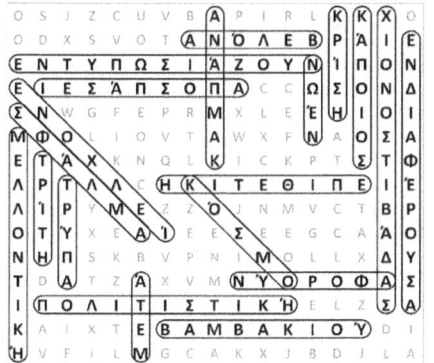

Puzzle 998

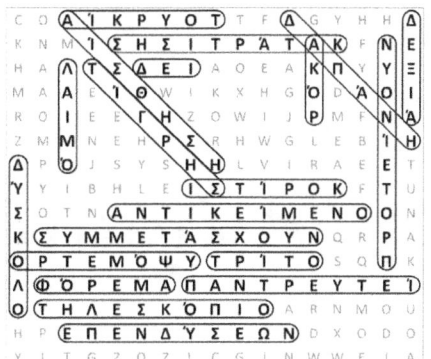

Puzzle 999

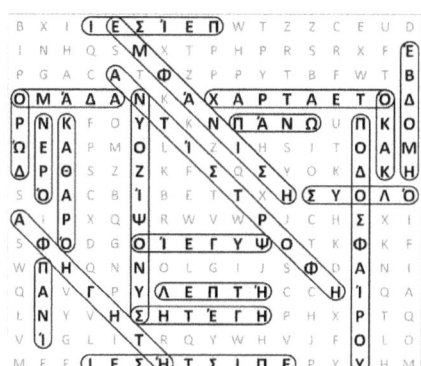

Puzzle 1000

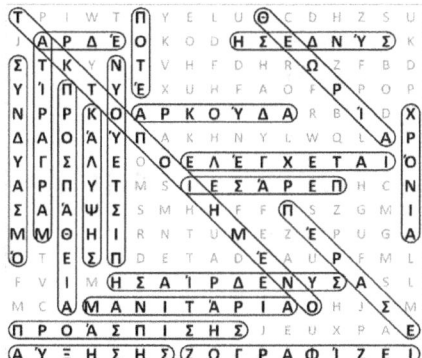

Congratulations

You made it!

We hope you enjoyed this book as much as we enjoyed making it. We do our best to make high quality games.

These puzzles are designed in a clever way to actively spark the brain and make it sharp and quick!
Did you love them?

A Simple Request

Our books exist thanks to the reviews you post on Amazon. Could you help us by leaving a review now?

Here is a short link which will take you to your Amazon orders review page.

BestBooksActivity.com/Review50

SEE YOU SOON!

Delta Classics Team